제2판

SALES MANAGEMENT FOR
CUSTOMER RELATIONSHIP BUILDING

고객관계 구축을 위한 영업관리

박찬욱

도서출판 청람

■ 머리말 ■

우리 사회는 영업에 대해 상반된 두 가지 이미지를 동시에 가지고 있다. 하나는 주로 기업 관점의 이미지로 영업은 수익의 창출을 위한 가장 핵심적인 활동이라는 인식이다. 또 하나는 일반적인 이미지로 영업은 언변과 설득을 통해 이문을 붙여 물건을 파는 매우 실리적인 활동이기 때문에 진지한 성찰이 필요하거나 큰 가치를 부여할 수 있는 활동은 아니라는 인식이다. 이러한 상반된 이미지는 현실에서도 그대로 반영되어 있다.

많은 기업에서 영업은 기업활동 중에서 가장 중요한 분야로 대접받고 있고, 영업 출신으로 경영진에 오르는 사람들의 숫자는 다른 어떤 분야에서 경영진에 오르는 사람들의 숫자보다도 많으며, 또한 가장 많은 사람들이 영업 분야에 종사하고 있다. 반면에 영업을 하고 있으면서도 이에 대해 자부심을 갖지 못하는 사람들이 많고, 대학생 중에 영업을 필생의 업으로 삼고 이 분야에 진출하려는 사람들이 많지 않으며, 영업을 정규과목으로 개설하고 있는 대학도 거의 없다. 이러한 괴리는 영업활동을 수행하는 사람들과 그렇지 않은 사람들 간에 불필요한 갈등을 조장시킴으로써 진정한 전문 영업인의 양성을 어렵게 만들고, 그로 인해 회사와 더 나아가서는 사회의 발전에도 좋지 않은 영향을 미치고 있다.

영업에 대한 부정적인 인식은 우리 사회가 가지고 있는 사농공상(士農工商)이라는 구습에서 기인하는 부분도 있지만, 시장이 어떻게 변화하고 있으며 이러한 변화에 따라 영업의 역할이 어떻게 변모해 하고 있는가를 이해하고 있지 못한 데서 기인하는 부분도 있다. 영업활동이 다른 기업활동과 가장 두드러지게 차이가 나는 점은 영업은 기업과 고객 사이에 위치하면서 고객의 니즈에 부합하는 기업활동이 이루어질 수 있도록 하는 가교 역할을 담당하고 있다는 사실이다. 시장의 포화, 치열한 경쟁, 제품의 표준화 등으로 특징지어지는 현대의 시장환경에서 기업활동의 가장 중요한 화두는 단연 '고객의 니즈'이고, 고객과의 접점을 통해 이를 파악하여 기업의 모든 활동에 반영될 수 있도록 만드는 영업활동은 기업의 성패를 좌우할 수 있는 '기업활동의 꽃'이라고 할 수 있다. 주고받는 관계로 특징지어지는 '거래적 영업'이 점차 쇠퇴하고, 고객이 가지고 있는 문제의 해결과 고객을 위한 가치의 창조에 초점을 두고 있는 '관계적 영업'이 영업의 주류를 이루어가고 있는 것도 바로 이러한 시장환경의 변화 때문이다. 이러한 시대적 추세에 따라 영업은 단순히 만든 물건에 이문을 붙여 파는 역할이 아니라, 기업의 모든 활동을 기획하고 조율하는 전략적인 역할을 담당해 가고 있다.

이 책은 영업에 대한 교육이 보다 체계적으로 이루어질 수 있도록 하기 위한 목적으로 쓰여졌다. 그래서 영업의 개념이나 역할은 물론, 영업사원의 영업활동과 영업관리자의 영업관리활동의 각 분야에 이르는 내용들을 비교적 상세하게 기술하였다. 또한 이해의 증진을 위해 많은 사례, 그림, 표 등을 담기 위해 노력하였으며, 우리나라의 영업 현실을 보다 정확하게 반영하기 위해 서적, 학술잡지, 신문, 시사잡지 등의 2차자료에 대한 철저한 검색은 물론, 30여 명에 이르는 각 산업 분야의 현장 영업인들과의 인터뷰도 실시하였다. 우리나라에 영업에 대한 포괄적인 내용을 다루고 있는 책이 거의 없기 때문에 마케팅 학자로서 이 분야를 본격적으로 다루었다는 점에 대해 개인적으로 큰 보람을 느낀다. 이 책은 대학교재를 염두에 두고 쓰여졌지만 현장의 영업인들을 위한 자료로도 유용하게 사용될 수 있을 것으로 생각된다.

이 책을 쓰는 과정에서 많은 사람들로부터 도움을 받았다. 우선 바쁜 가운데에서도 인터뷰에 응해주신 영업인들에게 감사드린다. 이 분들의 도움으로 한국적인 상황을 보다 잘 반영할 수 있는 내용을 기술할 수 있었다. 자료의 검색에 많은 도움을 준 경희대학교 일반대학원 경영학과의 김동현 조교와 조아라 조교에게도 고마움을 전하며, 이 책의 출간을 위해 애써 주신 도서출판 청람의 이수영 사장님께도 감사의 말씀을 드린다. 그리고 사랑하는 아내에게 이 책을 드린다.

2017년 1월

박찬욱

■ 차 례 ■

Part 1 | 영업사원의 영업활동

Chapter 1 영업 및 영업관리의 개관

Chapter 2 판매과정

Part 2 | 영업조직의 전략적 역할

Chapter 5 영업과 마케팅

Chapter 6 고객관계전략

Chapter 8 구역설계

Part 4 | 영업조직의 구축

Chapter 13 리더십

Chapter 14 영업경비

Chapter 15 영업자동화

Part 6 | 영업조직의 성과관리와 보상방법

Chapter 18 할당

PART 1

영업사원의 영업활동

SALES MANAGEMENT FOR CUSTOMER RELATIONSHIP BUILDING

CHAPTER 01

영업 및 영업관리의 개관

영업은 우리에게 매우 익숙하고, 또한 우리 사회에서 대단히 큰 역할을 하고 있음에도 불구하고 우리 사회가 영업에 대해 정확하게 인식하고 있다고 보기 어렵다. 제1장은 영업 및 영업관리에 대한 본격적인 논의에 앞서 영업 및 영업관리에 대한 전반적인 이해에 도움이 될 수 있는 내용을 다루고 있다. 먼저 영업 및 영업관리의 개념에 대해 기술하고, 영업관리 과정에 바탕을 둔 이 책의 구성에 대해 설명한다. 또한 현실에서의 영업의 모습을 살펴보기 위해 영업의 사회적 중요성, 영업교육의 현실과 영업의 학문적 위상, 영업의 주요 변화추세 등에 대해 기술한다. 마지막으로 직업으로서의 영업에 대한 분석의 일환으로 영업사원의 유형과 영업직의 특성과 전망에 대해 기술한다.

제1절 영업 및 영업관리의 개념

1. 영업과 영업관리의 정의

영업(selling)은 "고객과의 직접적인 커뮤니케이션을 통해 상품을 판매하고, 고객과의 관계를 구축하고자 하는 영업사원의 활동"으로 정의될 수 있다. 회사가 고객과의 커뮤니케이션을 위해 활용하는 수단에는 영업 이외에도 광고, 홍보, 판매촉진 등 여러 가지가 있지만, 이 가운데 대면(對面)에 의한 인적(人的) 커뮤니케이션 수단은 영업이 유일하다. 따라서 영업은 여타 커뮤니케이션 수단에 비해 고객 1인당 접촉비용은 매우 높은 반면, 개별적이고 심도 있는 쌍방향 커뮤니케이션이 이루어질 수 있다는 장점을 가지고 있다.

영업관리(sales management)는 "매출이나 수익과 같은 기업의 목표를 달성하기 위한 고객과의 대면접촉 활동을 기획하고, 통제하고, 지원하는 일련의 활동"으로 정의될 수 있다. 즉, 영업관리는 영업사원의 영업활동을 관리하는 활동이라고 할 수 있으며, 여기에는 영업과 관련된 전략이나 계획을 수립하는 것뿐만 아니라, 수립된 전략이나 계획을 바탕으로 영업의 수행 주체인 영업조직을 실질적으로 관리하는 제반 활동이 포함된다. 영업관리의 주체인 영업관리자는 영업관리 활동을 통해서 영업사원들의 영업활동을 기획하고, 지원하고, 통제하는 역할을 수행하게 된다. 결론적으로 영업이 고객과의 접점에서 영업사원이 전개하는 활동을 의미하는 반면, 영업관리는 영업의 활성화를 위한 영업관리자의 스태프(staff)로서의 활동을 의미한다.

2. 영업의 특징

앞서 기술한 영업과 영업관리의 정의에 비추어 볼 때 영업의 특징은 다음과 같이 요약될 수 있다. 첫째, 영업은 회사의 궁극적인 목적인 수익 창출을 실제로 구현하는 역할을 수행한다. 회사는 영업 이외에도 생산, 회계, 마케팅, 재무, 인사 등 여러 가지 기능을 수행하지만, 종국적으로 회사의 역량은 영업을 통해 가시화된다. 영업을 통해서 창출되는 수익은 회사의 존속과 발전을 위한 필수불가결한 요소이기 때문에 대부분의 회사들은 영업 활성화를 중심으로 회사의 역량을 결집시킨다. 둘째, 고객과 직접적인 접점을 형성하고 있는 영업은 단기적인 판매 활동뿐만 아니라 장기적인 관점에서 고객과의 관계를 관리하는 역할도 동시에 수행한다. 즉, 영업조직은 고객관계관리(Customer Relationship Management : CRM)의 주체라고 할 수 있다. 이러한 특성은 고객과의 장기적인 관계 형성을 바탕으로 하는 영업, 즉 관계적 영업이 중요해지면서 더욱 주목받고 있다. 제품의 표준화, 시장의 포화, 치열한 경쟁 등으로 특징져지는 최근의 시장환경에서 고객과의 장기적이고 밀접한 관계 형성의 중요성은 점점 더 커지고 있다. 영업조직은 고객관계관리의 핵심부서로서 고객의 관점에서 고객의 문제를 해결하고 새로운 가치를 창출함으로써 고객과의 장기적인 관계 형성에도 기여한다. 셋째, 영업은 단순히 전술적이고 기술적인 활동이 아니라, 전략적인 의미도 동시에 지니고 있다. '전략적'이라는 것은 '장기적인 관점'에서 '일관성 있는' 활동이 이루어진다는 것을 의미한다. 즉, 영업은 그때그때의 상황에 따라 일정한 원칙 없이 얼마든지 변할 수 있는 활동이 아니라, 회사의 비전, 경영목표, 마케팅목표 등과 일관성을 이루어야 하는 동시에, 고객과의 장기적인 관계 형성을 염두에 두고 수행되어야 하는 전략적인 활동이다. 과거에는 영업을 전술적 · 기술적인 관점에서만 판단하는 경향이 있었지만, 관계적 영업의 중요성이 부각되고 영업의 기능이 고도화되면서 영업의 전략적 역할이 더욱 부각되고 있다. 이로 인해 전략적인 관점에서 영업조직을 관리하여야 하는 영업관리자의 역할이 강조되고 있으며, 이와 더불어 영업사원의 자질과 역량의 고도화도 동시에 요구되고 있다.

영업(營業)은 한자어이지만 중국에서는 그렇게 흔하게 사용되는 용어가 아닌 반면, 일본에서는 이 용어가 매우 보편화되어 있다. 영업을 글자 그대로 해석하면 '업(業)을 영위(營爲)한다'는 매우 포괄적인 의미를 가지고 있지만, 이 용어가 일본으로부터 우리나라에 들어오는 과정에서는 단순히 '물건을 이문을 붙여서 판다'는 개념으로 쓰이게 된 경향이 있다. 그렇지만 영업을 통해 고객의 문제를 해결하고 새로운 가치를 창출해야 한다는 시대적 요구가 점차 높아지고 있기 때문에 영업이라는 용어에 대한 인식에도 변화가 있어야 한다. 또한 우리는 영어에서의 sales 혹은 selling을 판매 혹은 영업으로, sales management는 영업관리로 번역하여 쓰고 있는데, selling이나 sales가 단순히 단기적인 판매만을 의미하는 것은 아니며, 고객과의 관계적 의미도 동시에 내포하고 있다. 이는 우리나라에서 '세일'이라는 용어가 흔히 철이 지났거나 잘 안 팔리는 상품을 빨리 처분할 목적으로 싸게 파는 것을 의미하는 것으로 인식되는 것과 비교하면 큰 차이가 있다. 우리가 사용하는 판매라는 용어에도 단순히 '판다'는 의미만을 담을 필요는 없으며, 시대적 요청에 따라 보다 포괄적이고 전략적인 의미도 얼마든지 담을 수 있다. 우리의 일상생활에서는 영업과 판매 이외에 '장사'라는 용어도 흔히 사용되는데, [글 1-1]은 '장사'에도 얼마든지 전략적인 의미가 담겨 있을 수 있음을 보여주고 있다.

장사와 마케팅전략

글 1-1

어느 케이블TV의 프로인 '장터 사람들'에 경기도 하남시에 있는 덕풍 전통시장이 소개되었다. 여러 상인들의 사연들이 소개되었는데, 그 가운데 8년 전부터 어머니로부터 가업을 물려받아 굴젓, 양념게, 갓김치, 홍어회 등의 반찬류를 팔고 있는 32살 된 청년이 나왔다. 반찬은 더러 외부에서 사오기도 하지만 대부분은 어머니가 집에서 직접 만들어 주신 것을 팔고 있다.

반찬들이 놓여 있는 좌판에는 "나! 잘 생겼다고 얘기하시면 더 드립니다"라는 내용의 소박한 글씨가 쓰여 있는 조그만 마분지가 놓여 있다. 주로 40~60대 아주머니들이 손님인데, 어느 손님이 굴젓이 얼마냐고 묻자 1근에는 6천 원, 2근에는 만 원이라고 대답하니, 그 손님이 5천 원에 1근을 달라고 하자 "저 장동건보다 잘 생겼지요, 저 아이돌 맞지요, 저 꽃미남 이지요" 등등 얘기하여 너스레를 떤다. 손님도 "그럼 잘 생겼지, 아이돌보다 낫지, 꽃미남이지" 하며 맞장구를 쳐준다. 그 청년은 비닐봉지에 반찬을 담뿍 담아서 건네준다. 다른 손님들에게도 마찬가지로 웃는 낯으로 자신이 잘 생기지 않았냐고 재미스럽게 물어보기를 그치지 않는다. 그 청년은 이렇게 말했다. "웃으면서 장사하면 제 건강에도 좋고, 손님들도 좋고, 다 좋잖아요, 저는 '장사'가 재미있어요. 너무 재미있어요."

이 얘기에서 우리는 이 반찬가게 청년은 자신이 하고 있는 것을 '장사'라고 인식하고 있으며, '장사'를 하면서 나름대로 자신의 가게에 대한 컨셉을 어떻게 가져가야 하는지에 대해서도 굳건한 신념이 있을 뿐만 아니라, 마케팅의 주력 수단들인 제품, 가격, 고객과의 커뮤니케이션 등의 부문에서도 나름대로 일관된 전략을 구사하고 있음을 알 수 있다. 이를 통해 우리말의 '장사'라는 용어에도 엄연히 마케팅에서 언급하고 있는 전략적인 측면들이 담겨 있음을 알 수 있다.

제2절 영업관리의 과정과 책의 구성

[그림 1-1]은 영업사원의 영업활동과 영업관리의 관계, 그리고 영업관리 과정을 나타내고

있다. 영업사원은 제품이나 서비스를 판매하고 고객과의 관계를 관리하는 역할을 수행하며, 영업관리자는 영업사원의 영업활동을 기획하고, 통제하고, 지원하는 역할을 수행한다. 영업관리활동은 영업사원의 영업활동에 대한 이해를 바탕으로 영업조직의 전략적 역할을 정립하고, 영업계획을 수립하는 것으로부터 시작된다. 그 다음으로 전략과 계획을 실행에 옮기기 위한 구체적인 활동이 이루어진다. 즉, 영업조직을 구축하고, 영업조직의 활동을 관리하며, 영업조직의 성과를 관리하고 보상을 제공하는 활동으로 이어진다. 영업조직에 대한 성과평가는 영업사원에 대한 보상의 근거가 되는 동시에, 선행하는 모든 영업관리 단계에 성과에 대한 정보를 피드백시킴으로써 보다 발전적인 영업관리활동이 이루어질 수 있도록 하는 역할도 수행한다. 이 책의 내용도 이러한 구도에 따라 구성되었다.

그림 1-1 ❙ 영업활동과 영업관리

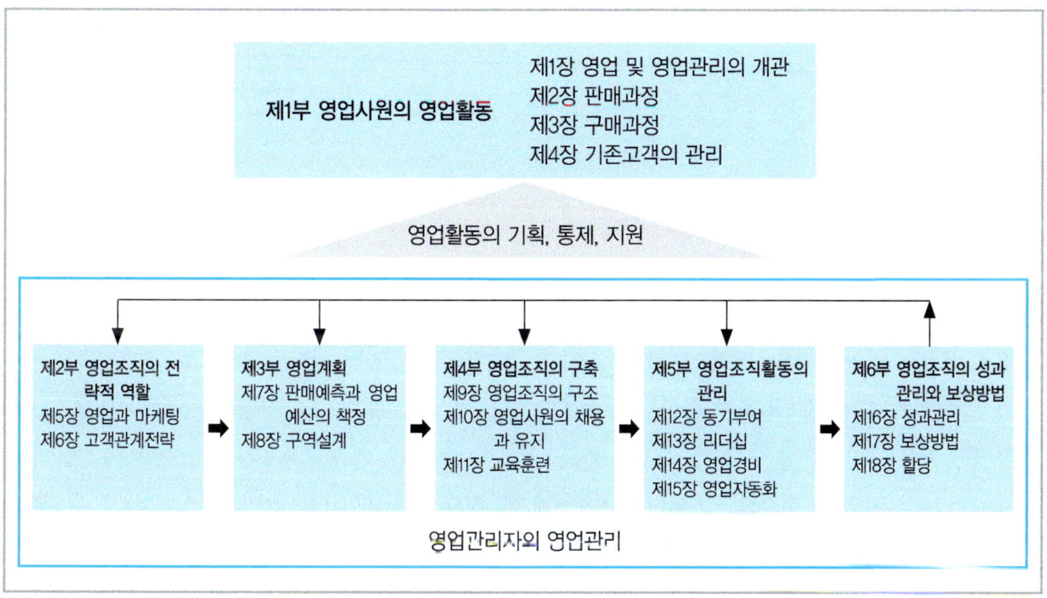

1. 제1부 : 영업사원의 영업활동

영업관리자가 영업관리를 원활하게 수행하기 위해서는 무엇보다 영업사원의 영업활동이 어떻게 이루어지는지에 대해 심도 있게 이해해야 한다. 영업사원의 영업활동은 크게 신규고객을 확보하기 위한 활동과 기존고객을 관리하기 위한 활동으로 나누어진다. 제2장 '판매과정'

에서는 영업사원들의 신규고객 확보를 위한 활동이 어떠한 단계를 거쳐 이루어지는지에 대해 기술한다. 즉, 잠재고객의 확보에서 판매종결 이후의 사후관리에 이르기까지 각 단계에서 영업사원이 구체적으로 어떠한 활동을 수행하는가를 기술한다.

영업사원이 영업활동을 원활하게 수행하기 위해서는 고객의 구매과정이 어떻게 이루어지는지를 이해하고, 이를 바탕으로 고객의 구매과정에 맞추어 자신의 판매활동을 조절할 수 있어야 한다. 제3장 '구매과정'에서는 조직구매자의 구매과정과 최종소비자의 구매과정을 구분하여 기술한다. 조직구매자에 대해서는 구매센터의 구성원, 구매의 유형, 구매과정의 단계 등에 대해 기술하며, 최종소비자에 대해서도 구매의 유형과 구매과정의 단계 등에 대해 기술한다. 제4장 '기존고객의 관리'는 영업사원의 기존고객관리가 어떻게 이루어지고 있는가에 대해 기술한다. 영업사원의 기존고객관리 활동은 크게 '유지'를 위한 활동과 '활성화'를 위한 활동으로 나누어지는데, 각각에 대해 구체적으로 영업사원이 어떠한 활동을 수행하는지에 대해 기술한다. 또한 기존고객 가운데 집중적인 관리 대상을 선정하기 위한 고객 선별 방법과 기존고객과의 갈등해소 유형에 대해서도 기술한다.

2. 제2부 : 영업조직의 전략적 역할

영업활동은 조직의 목표를 달성하기 위해 이루어지는 것이기 때문에 기업의 비전은 물론 기업의 전략, 마케팅전략 등과 일관성을 이룰 수 있어야 한다. 제5장 '영업과 마케팅'은 마케팅과 영업과의 관계에 대해 기술한다. 영업과 마케팅은 고객가치를 창출함으로써 매출, 시장점유율, 수익 등과 관련한 회사의 목표를 달성해야 한다는 공통점을 가지고 있으며, 따라서 두 부문 간의 협력은 회사의 경쟁력 강화를 위한 필수불가결한 요소가 된다. 하지만 두 부문 간에 갈등관계가 형성됨으로써 시장 변화에 대한 적절한 대응이 시의적절하게 이루어지지 못하는 경우도 발생한다. 여기에서는 영업과 마케팅 간의 갈등의 원인이 무엇이고, 이러한 갈등을 어떻게 해소시켜 나가야 하는지에 대해 기술한다. 제6장 '고객관계전략'은 회사가 고객과 맺기를 원하는 관계의 유형에 대해 다루고 있다. 고객관계전략은 영업사원의 영업활동은 물론, 영업관리자의 영업관리 활동 전반에 걸쳐 심대한 영향을 미친다. 여기에서는 고객관계를 거래적 관계, 자문적 관계, 파트너십 관계 등의 세 유형으로 나누어 기술하고, 자문적 영업이나 파트너십 영업에서 가장 핵심적인 개념이라고 할 수 있는 가치제안에 대해서도 기술한다.

3. 제3부 : 영업계획

영업목표와 영업전략이 정해지면 판매예측, 예산책정, 구역설계 등과 같이 미래의 영업활동을 위한 계획이 수립되어야 한다. 제7장에서는 '판매예측과 영업예산의 책정'에 대해 기술한다. 판매예측은 영업을 포함한 마케팅, 생산, 재무 등 회사의 모든 분야에서의 운용계획의 기반이 되며, 영업예산의 규모는 물론, 영업사원의 충원, 할당수준, 보상계획 등에도 영향을 미친다. 판매잠재력, 시장잠재력, 시장수요 등 판매예측과 관련된 개념은 물론, 판매예측의 영향요인, 판매예측 방법 등에 대해 기술한다. 영업예산의 책정에서는 영업사원과 영업관리자에 대한 급여와 인센티브, 영업경비, 소모품구입비, 사무실임대료 등 영업목표를 달성하기 위해 소요되는 비용들의 지출계획 수립에 대해 기술한다. 구체적으로는 영업예산의 기능, 영업예산의 책정방법, 영업예산의 세부항목, 예산책정주기와 예산관리 등에 대해 기술한다. 제8장 '구역설계'에서는 구역설계의 중요성, 구역조정이 필요해지는 요인, 구역조정이 힘든 이유, 구역설계 과정, 구역설계와 보상방법의 관계, 전속대리점 체제하에서의 구역설계 등에 대해 기술한다. 구역설계는 단순히 영업사원의 효율적인 업무수행에만 영향을 미치는 요소가 아니라, 영업사원의 동기부여, 만족도, 업무수행태도 등에 영향을 미치고, 이에 따라 회사의 매출, 수익 등에도 크게 영향을 미치는 매우 중요한 요인이다.

4. 제4부 : 영업조직의 구축

영업조직의 목표와 전략이 정해지고, 영업계획이 수립되면, 이제는 실제로 영업활동을 수행할 영업조직을 구축해야 한다. 제9장 '영업조직의 구조'에서는 영업조직 규모의 결정, 다양한 영업구조 유형(지리적 구조, 제품중심구조, 고객중심구조, 기능중심구조, 혼합적 구조)의 특징과 장 · 단점, 영업조직 구조와 관련하여 부각되고 있는 이슈(전속대리점, 독립판매조직, 부문통합적 영업팀 등) 등에 대해 기술한다. 영업조직의 구조는 영업목표와 이의 달성을 위한 영업전략에 부응할 수 있는 형태로 구성되어야 한다. 그렇지 않으면 조직 구성원들의 활동이 추구하는 전략과 일치하는 방향으로 이루어지지 않기 때문에 특히 주의를 기울여야 한다. 제10장 '영업사원의 채용과 유지'에서는 영업사원의 채용을 위한 모집 및 선발과 함께, 채용한 영업사원들에 대한 유지에 대해 기술한다. 영업은 영업사원에 의해 수행되기 때문에 영업사원의 자질과 능력은 회사의 존속과 성패에 큰 영향을 미친다. 따라서 자질과 능력이 우수한 영업사원을 채용하는 것은 영업관리의 다른 어떠한 부문보다도 더 중요한 의미를 지닌다. 여기에서는 채용의 중요성, 채용의 과정, 지원자의 모집, 선발도구 등에 대해 기술한다. 영업사원의 확보와 관련하여 채용에 못지않게 중요한 것은 우수한 영업사원이 이직하지 않고 오랫동안 근무할 수 있도록 하는 것이다. '영업사원의 유지'에서는 이직에 따른 비용, 이직 과정에서 영업관리자의 역할, 이직의 유형, 이직의 원인, 유지전략 등에 대해 기술한다. 제11장의 '교육훈련'에서는 교육훈련의 목적, 교육훈련의 내용과 방법, 교육훈련의 평가 등에 대해 기술한다. 현대의 영업환경은 변화가 빠르고 복잡하게 전개되는 양상을 띠고 있기 때문에 제품, 산업, 고객 등에 대한 지식이 대단히 중요하고, 고객관리나 문제해결 및 가치창출 능력도 중요시 되고 있다. 또한 팀영업시스템의 도입이 증가하면서 타인과의 커뮤니케이션 기술에 대한 필요성도 증가하고 있다. 영업사원이 이러한 지식이나 기술들을 현장에서만 익힐 수는 없기 때문에 교육훈련의 중요성이 강조되고 있다.

5. 제5부 : 영업조직활동의 관리

영업조직이 구축되어 영업사원의 영업활동이 시작되면 이러한 영업활동에 대한 관리가 본격적으로 이루어진다. 기업이 매출과 수익을 실현하기 위해서는 영업사원이 영업과 관련된 업무를 열심히 수행할 수 있도록 높은 수준의 동기부여를 유지하는 것이 중요하다. 제12장 '동기부여'에서는 동기부여의 중요성, 동기부여를 설명하는 이론적인 모델들, 동기부여의 유형과 수단, 경력의 단계와 동기부여와의 관계 등에 대해 기술한다. 영업관리자의 리더십은 영업사원이 회사의 목표를 달성할 수 있도록 하는 데 있어서 결정적인 역할을 한다. 우수한 영업관리자는 평범한 영업사원을 우수한 영업사원으로 바꾸어 놓을 수 있고, 평균적인 영업전략으로도 좋은 결과를 성취해낼 수 있다. 제13장 '리더십'에서는 영업관리자의 역할, 리더로서의 영업관리자의 바람직한 특성과 능력, 리더십의 유형(거래적 리더십, 변혁적 리더십, 상황적 리더십 등), 리더십의 수단(코칭, 영업회의 등), 리더십의 효과 등에 대해 기술한다. 영업조직은 영업경비의 형태로 회사의 돈을 사용할 수 있는 유일한 부서라고 할 수 있다. 영업경비는 영업활동을 수행하는 데 있어서 필수불가결한 요소이지만, 총비용에서 차지하는 비중이 적지 않고, 남용 및 낭비의 소지가 있기 때문에 이에 대한 관리 또한 매우 중요하다. 제14장 '영업경비'에서는 바람직한 영업경비의 특성, 영업경비 집행방법, 차량지원비/접대비 등 항목별 관리방법 등에 대해 기술한다. 제15장 '영업자동화'에서는 영업자동화(Sales Force Automation : SFA)의 개념, 도입 목적, 기능, 모바일 SFA 등에 대해 기술하고, SFA 도입의 저항요인과 극복방안에 대해서도 논의한다. 영업자동화(SFA)는 회사가 영업활동의 생산성을 향상시키고, 영업활동을 효율적으로 관리하기 위해 도입하고 있는 전산시스템이다. 이는 영업사원의 생산성을 향상시키는 역할을 수행하지만, 영업사원의 입장에서는 자신이 독점적으로 보유해 왔던 고객정보를 회사와 공유해야 하고, 또한 자신의 세세한 활동들이 영업관리자에게 모두 노출된다고 생각하기 때문에 SFA의 도입에 저항하는 모습을 보이기도 한다.

6. 제6부 : 영업조직의 성과관리와 보상방법

영업사원의 영업활동이 이루어지면 이에 대해 성과를 평가하고, 이를 바탕으로 영업사원에 대한 지속적인 지도와 피드백을 제공하며, 더 나아가 개선점을 제도화하거나 시스템화하는 일련의 과정이 요구된다. 제16장 '성과관리'에서는 성과관리의 중요성, 성과관리의 어려움, 성과관리의 과정, 성과지표(결과지표, 과정지표 등) 등에 대해 기술한다. 회사는 성과평가를 바탕으로 영업사원에게 재정적 및 비재정적 혜택을 지불하는데 이것이 바로 보상(compensation)이며, 보상은 영업사원에게 동기를 부여하는 가장 강력한 수단이 된다. 또한 경쟁력 있는 보상방법은 우수 영업사원의 유치에서도 대단히 중요한 역할을 한다. 그렇지만 기업의 입장에서 보면 보상은 비용이기 때문에 잘못 설계된 보상방법은 회사에 큰 손실을 가져다 줄 수 있다. 제17장 '보상방법'에서는 바람직한 보상방법의 특징, 보상수준, 보상방법(급여, 커미션, 보너스 등), 평가와 보상의 연계, 팀영업과 보상 등에 대해 기술한다. 할당은 영업사원에 대한 보상방법을 구축하는 데 활용될 뿐만 아니라, 동기부여, 영업사원 활동에 대한 통제, 영업활동의 장·단점 파악 등 다양한 용도도 활용될 수 있는 유용한 영업관리 수단이다. 제18장 '할당'에서는 할당의 유형, 할당의 수준 등에 대해 기술한다.

제3절 영업의 사회적 중요성

사회적으로 영업이 중요성을 지니는 가장 큰 이유는 영업이 우리 사회에서 차지하는 비중이 매우 크기 때문이다. 특정 분야가 사회에서 차지하는 비중은 다양한 방법으로 평가될 수 있지만, 그 분야에서 종사하는 사람의 수를 조사하는 것도 유력한 방법이 될 수 있다. 예를 들어 중소기업이나 농업의 중요성을 얘기할 때 흔히 해당 분야에 종사하는 사람의 수를 언급하는 것과 같은 논리이다. 그렇지만 아쉽게도 우리나라에는 영업인(영업사원과 영업관리자)의 수에 대한 신뢰성 있는 통계자료가 없기 때문에 영업인의 규모를 정확하게 알기는 어렵다. 그렇지만 여러 가지 단편적인 자료들을 통해서 우리나라 사회에서 영업직에 종사하는 사람들이 매우 많다는 사실은 확인할 수 있다.

우리나라에서 많은 영업사원이 종사하고 있는 대표적인 업종은 보험, 자동차, 제약 등의 3개 부문인 것으로 알려져 있다. 이 가운데 보험과 자동차는 B2B 부문도 있지만 주로 B2C 부문이고, 제약은 B2B 부문에 속한다. 2015년 말을 기준으로 보험업계의 경우 손해보험사의 전속설계사 약 8만 명, 생명보험사의 전속설계사는 약 12만 명으로 약 20만 명이 전속설계사이며, 또한 대리점에 소속된 설계사가 전속설계사와 비슷한 규모인 것을 감안하면 보험설계사의 수는 대략 40만 명 정도가 될 것으로 추산된다. 제약업계의 경우에는 국내 대형 및 중소형 제약사, 다국적제약사 등에 약 3만 명의 영업사원이 활동하고 있는 것으로 추산되고 있으며, 자동차 업계의 영업사원의 숫자는 대략 6~7만 명 정도로 추산되고 있다. 또한 엄청나게 많은 수의 영업사원이 종사하고 있는 분야는 다단계판매업계인데 2015년의 다단계판매 시장규모는 5조 1,531억 원이고 등록된 판매원수는 800만 명에 달했는데 이 가운데 160만 명 이상이 활발한 활동을 전개했다. 다단계판매의 주력 품목은 화장품, 건강식품, 정수기, 학습지, 가정용품 등이다. 이 이외에도 식품업계, 생활용품업계, 주류업계, 의류업계, 가전업계, 주방가구업계, 가구업계, 통신업계 등의 본사 및 대리점에서 근무하는 영업인, 제조업체에 부품이나 원자재 등을 납품하는 중소제조업체의 영업인, 그리고 컨설팅업체, SI업체, 광고대행사 등의 서비스업체에서 근무하는 영업인의 수도 상당하다.

그런데 앞에서 언급한 영업직 종사자는 사회적으로 "저 사람은 영업직에 종사하고 있구나"라는 공감대가 형성되어 있고, 본인도 "나는 영업직에 종사하고 있다"라고 생각하는 사람들이다. 그렇지만 영업사원을 "고객과의 접점에서 판매활동이나 고객관계 증진 활동에 종사하는 사람"이라고 정의하면 통상적으로 영업사원이라고 불리지 않는 사람들도 영업사원의 범주에 포함된다. 예를 들어 은행이나 증권투신사 등의 경우에 영업사원이라고 불리는 직원은 없지만, 지점장을 포함하여 지점에서 근무하는 대부분의 직원이 판매 및 고객관계관리와 관련된 업무에 종사하고 있기 때문에 영업인의 범위에 포함시킬 수 있다. 법인을 상대로 영업활동을 하는 회사의 직원들도 대부분 영업사원이라는 타이틀을 갖지 않지만 이들도 역시 영업인의 범주에 포함시킬 수 있다. 또한 기업의 최고경영진들의 가장 큰 역할도 주요 고객과의 접촉을 통해 사업을 성사시키는 것에 있기 때문에 이들도 넓은 범위의 영업인의 범주에 포함시킬 수 있다. 영업이 사회적으로 어떠한 중요성을 지니는가를 보다 현실적으로 판단하기 위해서는 이렇게 실질적으로 영업 및 영업관리 활동을 하고 있는 사람들이 얼마나 되는가를 추산하는 것이 가장 타당하다고 할 수 있다.

제4절 영업교육의 현실과 영업의 학문적 위상

영업은 우리의 생활과 밀접하게 관련되어 있는 매우 보편적인 현상이고, 또한 많은 사람들이 영업을 주업으로 삼고 있음에도 불구하고, 영업에 대한 본격적인 교육이나 심도 있는 학문적 연구는 매우 부진한 것이 현실이다.

1. 거의 전무한 대학의 정규 영업교육

먼저 정규 교육기관에 의한 영업교육을 살펴보면 우리나라에는 영업을 정규과목으로 채택하여 가르치고 있는 대학이 거의 없다. 대학에서 영업과 관련한 강좌를 개설하려고 해도 우리나라의 영업 현실을 심도 있게 분석하여 이론적인 틀과 함께 제시하고 있는 교과서가 거의 없기 때문에 많은 어려움이 따른다. 물론 서점에는 영업에 대한 풍부한 내용을 담고 있는 많은 영업관련 서적들이 나와 있지만, 기본적으로 이 서적들은 영업이나 영업관리를 실제로 수행하고 있는 영업사원과 영업관리자를 염두에 두고 쓰여졌기 때문에 대학에서 학생들을 대상으로 하는 교재로 사용하기에는 한계가 있다. 또한 영업에 관련된 강의는 마케팅을 전공으로 하고 있는 교수들에 의해 이루어져야 하는데, 우리나라의 마케팅 교수 가운데 영업을 특화 분야로 삼고 있는 교수가 거의 없다는 점도 영업교육이 이루어지지 않는 주요한 원인으로 지적될 수 있다.

대학 졸업생의 상당수가 영업 분야에 진출하는 것을 감안하면, 영업에 대해 가지고 있는 편견이나 선입관을 불식하고, 긍정적인 마인드와 자부심을 가지고 영업활동에 임할 수 있도록 하기 위해서 영업에 대한 교육은 반드시 이루어져야 한다. 영업교육은 특히 영업에 대해 관심을 가지고 있는 대학생들에게 대단히 중요한 의미를 지닌다. 영업교육은 영업에 대한 지식을 습득하기 위해서도 중요하지만, 영업에 대한 실무적인 이해를 바탕으로 자신이 원하는 분야를 선택할 수 있는 기회를 제공받을 수 있다는 의미에서도 매우 중요하다. 영업은 우리가 생각할 수 있는 모든 산업에서 존재하고 있고, 같은 산업 내에서도 기업에 따라 영업의 형태는 매우 다양하며, 또한 같은 기업 내에서도 업무에 따라 요구되는 영업활동도 크게 차이가 난다. 따라서 학생들은 막연하게 영업에 대한 관심을 갖는 것을 넘어서서 어떤 산업에서 어떠한 영업활동을 할 것인지에 대한 결정을 할 수 있어야 하는데, 영업교육은 이러한 결정을 함에 있어서 크게 도움이 될 수 있다.

미국의 경우에 2006년에는 영업에 특화된 프로그램을 가지고 있는 대학이 20여 개 정도이었지만 2011년에는 50여 개, 2015년에는 93개로 늘어났으며 계속 증가하는 추세에 있다. 이는 미국에 대학이 4,000개 정도 있다는 것을 감안하면 매우 적은 숫자이지만, 대학의 영업에 대한 관심이 점점 커가고 있다는 것은 매우 주목할 만한 현상이라고 할 수 있다. 또한 2015년의 93개 대학 대부분에서 영업전공 졸업생들의 취업률은 90%를 상회하였으며 취업률이 100%인 대학도 25개에 달하였다. 이러한 취업률 수준은 미국 대학 졸업자의 평균 취업률이 45%에도 미치지 못하는 것을 감안하면 매우 높은 것이다. 영업을 전공한 졸업생들의 높은 취업률은 업무 생산성이 매우 뛰어나기 때문인 것으로 분석되고 있다. 2007년에 영업관리자를 대상으로 실시된 한 조사에 따르면, 대학에서 영업관련 교육을 받은 영업사원은 그렇지 않은 영업사원에 비해 평균적으로 50% 정도 생산성이 높고, 이직률도 30% 정도가 낮아서 영업교육을 받은 영업사원을 1명을 채용하면 회사는 매년 18만 달러를 절약할 수 있는 것으로 분석되었다. 이러한 점들에서 미루어 볼 때 대학에서의 영업교육은 학생들을 위해서나 기업을 위해서나 매우 시급하게 이루어져야 할 사안이라고 할 수 있다. 유럽에서도 영국, 프랑스, 오스트리아, 그리스, 아일랜드 등지에서 10여 개 대학이 영업에 특화된 프로그램을 운영하고 있다.

2. 부진한 학술연구

영업에 대한 연구가 비교적 활발한 미국의 경우, 영업에 대한 이슈를 본격적으로 다루고 있는 학술잡지(Journal of Personal Selling & Sales Management)가 존재한다. 이 학술잡지에 실린 논문의 80% 이상이 영업과 직접적으로 관련된 주제를 다루고 있다. 그렇지만 Journal of Marketing, Journal of Marketing Research, Marketing Science 등 주요한 마케팅관련 학술잡지에서는 전체 논문 중에서 영업을 다루고 있는 논문은 4%에도 미치지 못한다. 우리나라의 경우는 이러한 현상이 훨씬 심각하다. 우리나라에는 영업과 관련된 전문적인 학술잡지가 존재하지 않는다. 또한 마케팅연구, 소비자학연구, 마케팅관리연구, 경영학연구 등 마케팅과 관련된 논문들이 실리는 주요 학술잡지에도 영업과 관련된 연구는 1~2%에 불과하다. 그나마 이러한 연구들도 대부분 영업사원에 대한 것들이고, 조직관리나 혁신 등 타 분야와의 연계가 필요한 영업관리에 대한 본격적인 연구는 거의 없는 형편이다.

3. 영업에 대한 교육 및 학술연구가 부진한 이유

영업이 실제 기업활동에서 차지하는 비중이 매우 큼에도 불구하고, 이에 대한 교육과 학문적인 연구가 부진한 현상에 대해 여러 가지 이유가 지적될 수 있다.

첫째, 영업에 대한 통념에 기인하는 이유를 들 수 있다. 마케팅은 전략적인 영역이고, 영업은 전술 혹은 기술적인 영역이라고 생각하는 것이 바로 그것이다. 많은 사람들의 인식 속에는 마케팅은 이론이나 실문조사 분석자료와 같은 과학적이고 객관적인 근거에 의해 뒷받침되어야 하는 영역이지만, 영업은 영업사원이 상품을 판매하기 위해 고객을 설득하는 기술적인 분야이기 때문에 본격적인 학문 연구의 대상이 되기 어렵다는 생각이 깔려 있다. 마케팅 교과서에 영업이라는 단어가 거의 등장하지 않지만 등장하는 경우에도 매우 좁거나 부정적인 의미로 서술되어 있다. 영업을 의미하는 인적판매(personal selling)는 마케팅 교과서에서 마케팅전략의 실행을 위한 도구인 4개의 마케팅믹스 변수(제품, 가격, 유통, 촉진) 중의 하나인 촉진(promotion)을 구성하는 여러 가지 수단들(예를 들어 광고, 홍보, 판매촉진 등) 중의 하나일 뿐이다. 즉, 마케팅 교과서에서의 영업의 위상은 마케팅이라는 커다란 톱니바퀴를 구성하는 하나의 톱니에 불과하다. 또한 마케팅 교과서의 앞부분에는 예외 없이 경영철학의 발전단계를 기술하고 있는데, 여기에서는 발전단계를 대체로 생산지향적 시대, 판매지향적 시대, 마케팅지향적 시대로 구분하면서, 마케팅지향적 시대의 중심에는 고객의 니즈가 있는 반면, 판매지향적 시대의 중심에는 고객이 원하든 원하지 않든 관계없이 어떻게든 판매를 실현하고자 하는 기업의 이기적인 의도가 깔려 있는 것으로 기술되어 있다. 이러한 판매지향적 시대와 마케팅지향적 시대에 대한 기술도 마케팅을 공부하는 사람들이 영업에 대해 부정적인 생각을 갖게 하는 데 큰 역할을 하고 있다고 할 수 있다.

둘째, 영업에 대한 자료나 사례를 획득하기가 매우 어렵다는 점을 들 수 있다. 마케팅분야에서는 많은 자료가 일반 소비자를 대상으로 하는 설문조사나 인터뷰를 통해 획득되는 반면, 영업분야의 교육이나 연구를 위해서는 대부분 영업사원으로부터 자료가 수집되어야 하는데, 영업사원은 일반 소비자에 비해 숫자가 훨씬 적을 뿐만 아니라, 시간이 곧 수입과 직결되는 사람들이어서 자료의 수집을 위해 접근하기가 매우 힘들다. 또한 광고나 판매촉진 등의 마케팅활동은 대중매체나 유통점을 통해 많은 사람들에게 공개되기 때문에 그 자료에 대한 접근이 비교적 수월한 반면, 영업활동은 대부분 고객과의 일 대 일 접촉을 통해 이루어지기 때문에 외부에 거의 노출되지 않고, 또한 기업의 입장에서는 영업조직이나 영업방법에 대한 정보를 매우 중시하기 때문에 외부에 공개하기를 꺼린다. 정기간행물의 경우에도 광고분야나 유통분야에서는 여러 가지 정기간행물들이 나오고 있지만, 유독 영업분야에서는 성공사례나 실패사례 등을 찾아볼 수 있는 변변한 정기간행물이 없다. 이처럼 영업에 대한 자료를 획득하기가 힘들기 때문에 당연히 이 분야에 대한 교육이나 연구가 힘들어질 수밖에 없다.

셋째, 영업이라는 현상이 매우 복잡할 뿐만 아니라 다양한 영역을 포괄하고 있는 종합적인 분야이기 때문에 연구 자체가 힘들다는 점이 지적될 수 있다. 영업은 영업사원과 고객과의 커뮤니케이션을 바탕으로 한다. 이러한 커뮤니케이션 과정에서 영업사원과 고객들로부터 매우 다양한 반응들이 나올 수 있는데, 그 반응이 구체적인 상황에 따라 모두 다르기 때문에 이를 이론적으로 모델화하기가 쉽지 않다. 국내에도 영업경력이 많은 저자들이 저술한 영업관련 서적들이 다수 나와 있지만, 대부분은 영업의 이론화를 위한 본격적인 연구라기보다는 경험을 바탕으로 현역 영업사원들이나 영업사원이 되려는 사람들을 대상으로 쓰인 실무적인 지침서라고 할 수 있다. 또한 영업에 대한 연구는 영업사원의 영업활동뿐만 아니라 영업관리자의 영업관리에 대해서도 이루어져야 한다. 실제로 영업관리 영역이 영업활동 영역보다 훨씬 더 광범위하다. 영업관리분야에 대한 본격적인 연구를 위해서는 인사관리나 조직행동은 물론 모델링, 경제학이론, 심리학이론 등 다양한 분야의 이론들을 적용할 수 있어야 하는데, 이러한 이론들을 두루 섭렵한다는 것도 쉬운 일이 아니다.

제5절 영업의 주요 변화추세

1. 시대에 따른 영업인의 역할변화

영업의 본질과 이에 따른 영업인(영업사원 및 영업관리자)의 역할은 시대의 흐름에 따라 변화해 왔다. [표 1-1]에서와 같이 이러한 변화과정은 생산시대, 판매시대, 마케팅시대, 그리고 파트너시대의 네 단계로 구분될 수 있다. 이러한 시대적 구분은 앞에서 언급한 경영철학의 시간의 흐름에 따른 발전단계 구분(생산지향적 시대, 판매지향적 시대, 마케팅지향적 시대)과도 거의 일치한다.

수요가 공급을 초과하면 공급업체 간의 경쟁이 거의 없는 공급자중심의 시장이 형성된다.

표 1-1 | 시대에 따른 영업인의 역할변화

	생산시대	판매시대	마케팅시대	파트너시대
영업사원의 역할	공급자	판매자	문제해결자	가치창조자
영업사원의 목표	판매	판매	고객니즈의 충족	고객관계의 구축
영업사원의 지향점	단기매출실적	단기매출실적	단기매출실적 및 고객니즈 충족	장기매출실적 및 고객니즈 충족
영업사원의 주요 업무	주문획득 및 배송	구매설득	고객니즈와 기존제품과의 매칭	고객니즈에 부합하는 새로운 대안창출
영업사원의 활동	방문 및 제품소개	일방적인 고객유도	적응판매를 통한 고객유도	고객관계의 구축 및 유지
영업관리자의 영업관리의 내상과 초점	개별 영업사원	개별 영업사원	개별 영업사원	영업팀
	효율적인 자원배분, 보다 적극적인 업무수행을 위한 동기부여	효율적인 자원배분, 보다 적극적인 업무수행을 위한 동기부여	선발 및 능력향상을 위한 교육훈련, 보다 효과적인 업무수행을 위한 동기부여	선발 및 영업팀에 대한 동기부여, 리더십 및 갈등관리 기술의 개발

출처 : Weitz, Barton A. and Kevin D. Bradford (1999), "Personal selling and sales management : A relationship marketing perspective," *Journal of the Academy of Marketing Science*, 27(2), 241–254.

이러한 환경을 기반으로 하는 '생산시대'에서의 영업사원의 역할은 고객의 니즈를 충족시키는 데 있는 것이 아니라 단기매출을 극대화하는 데 있다. 따라서 고객방문을 빈번히 하여 주문을 보다 많이 획득하는 것이 영업사원의 주요한 업무가 된다. 영업사원에 대한 관리도 영업사원의 능력이나 기술을 향상시키는 데 초점이 있다기보다는 보다 많은 방문을 통해 보다 많은 주문을 받을 수 있도록 시간을 적절히 배분하는 데 초점을 두게 된다. 즉, 우수한 영업사원의 채용과 잘 설계된 교육훈련을 통해서 영업사원의 능력을 향상시키는 것보다는 영업사원이 보다 부지런히 일할 수 있도록 관리하는 것이 가장 효과적인 영업관리 방법이다. 판매시대에는 공급이 수요를 초과하여 경쟁이 상당 정도 존재하는 시대이며, 따라서 영업사원의 역할도 단순히 제품을 소개하는 것을 넘어서서 잠재고객이 경쟁사의 제품이 아닌 자사의 제품을 선택하도록 설득하는 데 초점이 맞춰진다. 보다 공격적인 판매기법을 활용하여 고객을 설득하고, 이를 통해 주문을 획득하는 것이 영업사원의 가장 중요한 역할이 된다. 따라서 제품의 장점을 설명하고, 고객의 반론을 극복하며, 판매를 종결시키는 설득 커뮤니케이션이 무엇보다 중요해진다. 수요초과시대의 영업사원이 단순히 주문을 받는 역할(order-taker)을 하였다고 하면, 공급이 수요를 초과한 판매시대의 영업사원은 주문을 받아내는 역할(order-getter)을 하였다고 할 수 있다. 현재에도 독점적인 지위를 누리고 있거나 혹은 고객과의 장기적인 관계가 그다지 중요하지 않은 분야에서는 주문을 받거나 받아내는 방식의 영업이 얼마든지 존재한다.

마케팅시대의 화두는 고객의 니즈라고 할 수 있다. 즉, 마케팅시대가 이전의 시대와 구별되는 점은 공급자의 관점이 아닌 고객의 관점을 채택하기 시작하였다는 데 있다. 이는 앞에서도 언급한 바와 같이 성숙시장과 경쟁심화를 그 배경으로 하고 있다. 영업사원의 역할도 이에 부응하여 고객의 니즈를 충족시키는 데 초점을 둔다. 이를 위해서는 단발성 거래가 아니라 고객과의 장기적인 관계를 중시해야 하고, 고객의 니즈가 무엇인지를 고객의 입장에서 분석하여야 할 필요가 커진다. 이른바 고객맞춤 영업이 중요해진다. 그러나 제품이나 서비스를 생산하는 단계에서부터 고객의 니즈에 따른 개별고객화(customization)가 이루어지는 것은 아니며, 기존의 제품을 고객의 니즈에 부응하는 방식의 영업이 이루어진다. 즉, 자사가 생산하고 있는 제품을 기반으로 고객의 문제를 해결하고자 하는 데 초점이 있는 것이지, 고객을 위해 새로운 가치를 창출하는 데 초점이 있는 것은 아니다. 이러한 점에서 뒤에서 언급할 파트너시대의 영업과 차이가 있다.

파트너시대의 영업은 시장환경이 보다 더 심한 공급초과 현상을 보이면서 나타난 영업 형태라고 할 수 있다. 공급초과 현상이 심해지면서 자연히 고객의 파워는 강해지고, 따라서 고객이 공급업체에 요구하는 수준도 계속 높아진다. 고객은 현재 거래하고 있는 공급업체가 아니어도 얼마든지 선택의 여지가 있지만, 공급업체는 몇몇 주요 고객들을 상실하면 시장에서 퇴출될 수 있다. 파트너시대의 영업의 초점은 고객이 수익을 창출할 수 있는 방향으로 영업이 이루어져야 하며, 이를 위해서는 영업사원이 고객을 위해 새로운 가치를 계속 창출할 수 있어야 한다. 즉, 고객이 현재의 상황을 뛰어 넘어서 새로운 설비, 새로운 공정, 새로운 조직 등을 갖추게 함으로써 시장에서 보다 큰 성공을 거둘 수 있도록 기여해야 한다. 이를 위해서는 고객의 비즈니스를 철저하게 이해하여야 하고, 시장이나 경쟁사에 대해서도 심도 있는 지식과 식견을 가지고 있어야 한다. 또한 영업사원은 자사 내에서는 생산, 재무, 마케팅, R&D, 인사 등 여타 부서의 전폭적인 지지를 확보함으로써 고객을 위한 가치창조에 필요한 자원을 차질 없이 조달할 수 있어야 한다. 이와 같은 변화는 영업사원의 역할이 전술적인 것이 아닌 전략적인 것으로 옮아가게 하고 있다. 즉, 영업조직은 단순히 주어진 마케팅전략을 현장에서 실행하는 조직이 아니라, 고객을 세분화하여 목표고객을 정하고, 목표고객을 대상으로 관계를 강화시키기 위한 전략을 수립하고, 수립된 전략을 실행하는 전략적인 역할이 강조되고 있는 것이다. 이러한 추세에 따라 영업사원의 역할은 과거와는 비교할 수 없을 정도로 어려워지고 복잡해졌다고 할 수 있다.

2. 파트너시대의 도래에 따른 영업의 변화

파트너시대의 도래에 따른 영업의 변화로 [그림 1-2]에서와 같이 거래적 영업에서 관계적 영업으로의 전환, 개별 영업사원에 의한 영업에서 팀영업으로의 전환, 판매액에서 영업생산성으로의 전환, 관리적 활동에서 기업가적 활동으로의 전환, 관리자의 역할에서 리더의 역할로의 전환 등을 들 수 있다.

그림 1-2 | 파트너시대의 도래에 따른 영업의 변화

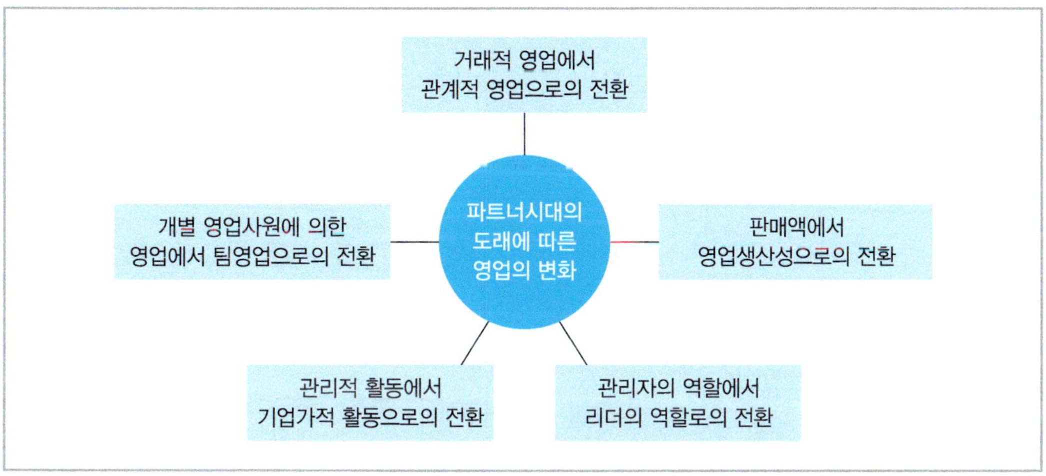

2.1 거래적 영업에서 관계적 영업으로의 전환

거래적 영업은 수렵형 영업이라고 할 수 있고, 관계적 영업은 농경형 영업이라고 할 수 있다. 수렵형 영업은 영업이 종결되는 순간이 영업의 끝이지만, 농경형 영업에서는 영업이 이루어지는 순간이 바로 지속적 영업을 위한 시발점이 된다([글 1-2] 참조). 그런데 거래중심의 영업은 관계중심의 영업으로 급속히 대체되어 가고 있다. 이는 기존고객과의 지속적인 거래가 자사의 성공에 더욱 더 중요한 요인이 되어가고 있기 때문이다. 즉, 신규고객이 그다지 많지 않은 포화시장의 환경하에서는 기존고객을 유지하고 기존고객과의 거래를 더욱 늘려가는 것이 성공을 위한 가장 확실한 방법이다.

관계적 영업의 기초는 과거처럼 인간적인 친분이나 유대감에 있는 것이 아니라 고객에 대한 실질적인 기여에 있다. 이러한 기여는 고객이 가지고 있는 문제를 해결해주고, 고객을 위

농부형 vs 사냥꾼형

글 1-2

콜센터서비스, 디렉토리 안내서비스, 목소리인식 등 통합전화서비스를 제공하는 업체인 kbg USA에서 마케팅과 영업을 담당하고 있는 한 임원은 가치창조 영업에 필요한 전략팀 리더를 '농부형'이라고 비유하고, 과거의 영업팀 리더를 '사냥꾼형'이라고 말한다. 그는 "우리 회사에는 두 가지 유형의 리더가 모두 존재합니다. 하지만 우리는 영업방식을 고객과의 보다 깊고 장기적인 관계에 두고 있기 때문에 농부형 리더들이 점점 늘고 있습니다. 고객 가까이에 머물면서 끊임없이 고객의 니즈를 탐구하고, 외교관처럼 세련되게 커뮤니케이션을 하지요. 내부 관련부서들의 협업을 이끌어내는 데 매우 능숙하며, 각 부서의 자존심을 세워주면서 투명성을 유지하는 비결을 알고 있습니다. 과거에 사용하던 '계정관리자'라는 명칭을 '계정개발자'라고 바꾸기도 했습니다. 계정개발자는 고객과 어떤 문제가 생겼을 때뿐만 아니라, 평소에도 늘 고객 가까이에서 고객을 돕는 사람입니다."

출처 : Charan, Ram (2007), *What the Customer Wants You to Know* : How Everybody Needs to Think Differently About Sales, 번역서 B2B 세일즈, 교보문고, 125.

해 새로운 가치를 창출함으로써 실현된다. 즉, 공급업체의 영업사원은 단순히 영업사원이 아니라 고객을 위한 컨설턴트로서 가치창조 영업을 실현할 수 있어야 한다. 관계적 영업을 실현하기 위해서는 전문지식, 영업기술, 자질 등 모든 측면에서 상당한 수준에 있는 영업사원이 필요하며, 이로 인해 거래중심의 영업에 비해 훨씬 많은 비용이 소요된다. 따라서 공급업체의 입장에서는 특정 고객에 대해 거래적 영업을 할 것인지, 혹은 관계적 영업을 할 것인지를 결정할 수 있어야 한다. 이에 대한 결정은 주로 해당 고객의 자사에 대한 기여도 혹은 기여 잠재력에 따라 결정된다. 기여도가 크거나 클 가능성이 높은 경우에는 관계적 영업전략을 채택하지만 그렇지 않은 경우에는 거래적 영업이 훨씬 효율적일 수 있다. 경우에 따라서는 관계적 영업은 고객에 의해 요구되기도 한다. 어떤 고객사는 자사에 제품이나 서비스를 공급하는 업체의 수를 대폭 줄임으로써 공급업체와의 거래량을 늘리고, 이에 대한 반대급부로 자사의 부서처럼 전력을 다하여 자사의 성공에 기여해 줄 것을 기대한다. 이러한 경우에 공급업체의 입장에서는 해당 고객사와 거래를 지속하려면 관계적 영업 전략 이외에는 대안이 없다.

2.2 개별 영업사원에 의한 영업에서 팀영업으로의 전환

고객과의 관계를 중시하는 가치창조영업이 이루어지기 위해서는 개별 영업사원을 중심으로 하는 영업에서 팀중심의 영업으로 전환되어야 한다. 이는 한 사람의 영업사원이 고객문제의 해결이나 고객을 위한 가치창조에 필요한 지식이나 영업기술을 모두 가지고 있지는 못하기 때문이다. 영업팀을 만드는 방법은 영업팀이 지속적인 조직인지의 여부와 누가 영업팀에 참여하는지에 따라 달라질 수 있다. 가장 적극적인 팀영업 전개방법은 각기 다른 전문성을 지닌 직원들로 구성된 영업팀을 만들어서 한 개의 고객사에 대한 영업을 전담하도록 하는 것이다. 이러한 영업팀에는 영업팀을 총지휘하는 영업사원, 고객과의 커뮤니케이션을 전담하는 영업사원, 기술적인 문제의 해결을 전문으로 하는 영업사원, 고객사의 마케팅전략이나 고객 분석을 전담하는 영업사원 등이 포함될 수 있다. 이처럼 본격적인 영업팀을 만들기 위해서는 수준 높은 고급인력이 채용되어야 하기 때문에 거래규모가 상당히 큰 전략고객(strategic account)이 아니면 만들어지기 힘들다. 가장 느슨한 형태의 영업팀은 다른 부서에 소속된 직원이 필요시점에 영업팀에 일시적으로 참여하는 방법이다. 제품에 대한 기술적인 문제를 해결하기 위해 생산부서나 R&D부서의 직원이 일시적으로 영업팀에 참여하는 것을 그 예로 들 수 있다. 이러한 형태의 영업팀을 운영하는 경우에는 특정 고객을 담당하고 있는 영업사원이 다른 부서의 직원과 같은 회사의 자원을 동원할 수 있는 능력이 얼마나 있는가가 매우 중요하다.

2.3 판매액에서 영업생산성으로의 전환

영업사원의 가장 기본적인 역할은 판매에 있으며, 많은 영업사원들이 판매액에 따라 평가도 받고 보상도 받는다. 그래서 판매액 극대화는 많은 영업사원들의 가장 주된 활동목표가 된다([글 1-3] 참조). 그런데 판매액이 증가한다고 해서 수익도 반드시 같이 증가하는 것은 아니다. 수익이 증가하기 위해서는 투입된 비용 대비판매액, 즉 생산성이 향상되어야 한다. 기업이 번창하기 위해서는 수익이 많아져야 하기 때문에 점점 많은 회사들이 판매액보다는 수익에 초점을 맞춘 영업을 하기 위해 노력하고 있다. 흔히 수익성은 지표를 관리하는 전략부서나 마케팅부서에서 관리하고, 영업부서는 판매액을 늘리는 데 주력하는 경우를 많이 볼 수 있다. 영업사원은 가격을 할인해서라도 판매액을 증가시키기를 원하지만, 가격정책을 책임지고 있는 마케팅부서의 입장에서는 적정한 수준의 수익을 확보해야 하기 때문에 영업부서의 무리한 가격할인 요청을 받아들이지 않는다.

또한 영업사원은 판매의 활성화를 위해 판매촉진활동을 적극적으로 지원해 주기를 원하지만, 이 또한 많은 비용이 소요되기 때문에 마케팅부서로서는 수익성이 보장되지 않으면 지원하기 어렵다. 이러한 이유로 마케팅부서와 영업부서는 종종 갈등관계에 서게 된다. 그러나 영업의 기능이 전술적인 것에서 전략적인 것으로 변화하면서 영업도 회사의 목표에 부합하는 활동을 하도록 요구받고 있으며, 이로 인해 영업사원들도 점점 더 판매액의 증대보다는 생산성의 향상에 진력해야 한다. CRM시스템의 도입을 통해 영업사원이 보다 많은 시간을 영업활동

어느 일본 일용품 제조회사의 판매액과 수익성

글 1-3

일본의 일용품 제조회사인 D사는 상품별로 판매액과 수익성에 대한 조사를 실시한 결과, 수익성이 낮은 상품이 판매액 구성에서 최대 점유율을 차지한다는 것을 발견하였다. 아무래도 영업사원이 이익이 적은 상품을 적극적으로 판매한 결과라고 판단되는데, 누군가가 전략적으로 그렇게 하라고 지시한 것은 아니었다.

이런 현상은 D사뿐만 아니라 많은 기업에서 일어나고 있다. 상식적으로 생각하면, 이익이 높은 상품을 우선적으로 판매해야 하는데 왜 그렇게 하지 않을까? 그 이유는 크게 두 가지이다. 먼저, 영업 현장에서 나타나는 문제 때문이다. 어떤 상품을 집중적으로 판매해야 한다는 목표 설정이 제대로 이루어지지 않은 것이다. 통상적으로는 판매액을 확보하는 상품, 이익을 확보하는 상품, 앞으로 육성해야 할 신규상품 식으로 상품별 우선순위가 있다. 그리고 그것에 근거해 고객마다 상품별 판매액목표와 이익목표를 세워야 하는데, 실제로 이를 실행하는 기업은 거의 없다. D사의 경우도 주먹구구식으로 전체 수치를 올리는 데만 신경을 썼다. 판매액목표와 이익목표를 각각 설정했지만 실제로 둘을 동시에 달성하기에는 어려운 점이 많아서, 판매액과 이익 가운데 어느 한쪽만 달성하면 상사로부터 질책은 면할 것이라고 생각한 것이다. 그래서 현장에서는 이익목표보다 손쉬운 판매액목표를 우선시하는 경향이 있다. 상품별 수익성과 전략상의 중요성은 감안하지 않고 판매액목표만 달성하기 위해서 다루기 쉬운 상품이나 판매액을 올리기 쉬운 상품을 판매하는 데 주력한 것이다.

또 다른 이유는 마케팅부문과 영업기획의 연결 문제이다. 상품별로 '이것은 판매액을 올리는 것', '이것은 이익을 확보하기 위한 것'이라고 정해서 이것을 서로 공유하는 것이 중요하다. 그런데 마케팅부문이 우선순위를 명확히 정하지 않거나, 혹은 영업기획과 현장 사이에 적절한 커뮤니케이션이 이루어지지 않는 경우가 많다. 이로 인해서 D사의 경우에도 앞으로 이익상품으로 키워야 할 상품이 오히려 덤핑 대상이 되어버렸다. 신상품 기획 담당자의 사기가 떨어지는 것은 물론, 영업부문의 노력도 물거품이 되어버린 것이다. D사는 이러한 결과를 파악하고, 마케팅부문의 방침과 영업부문의 전략 사이에 모순이 없는지를 재검토하게 되었다. 그 결과, 객관적인 데이터로 원인을 규명하고 정보를 공유함으로써 역할분담과 책임을 명확히 해서 마케팅과 영업부문이 건설적인 제휴를 맺을 수 있게 되었다.

출처 : 스기타 히로아키 (2009), 보스턴컨설팅그룹의 영업테크닉, 비즈니스맵, 번역서, 144-147.

에 활용하도록 하고, 여행비 등의 각종 비용을 목표 달성과 부합되는 방향으로 절약하여 집행하는 것들이 바로 생산성의 향상을 위한 활동의 예라고 할 수 있다. 결론적으로 보다 전략적인 역할을 수행하도록 요구받고 있는 영업조직은 판매액 극대화에서 수익성 극대화로 활동의 방향을 옮기고 있다.

2.4 관리적 활동에서 기업가적 활동으로의 전환

고객을 위한 가치창조 영업을 실행하기 위해서 영업사원은 단순히 고객이 요구하는 제품이나 서비스를 제공하고, 고객이 당면한 문제를 해결해주는 수준에서 벗어나서 능동적으로 고객이 보다 많은 수익을 실현할 수 있는 방안을 발견하여 이를 고객에게 제안함으로써 고객의 보다 큰 성공에 이바지할 수 있어야 한다. 즉, 가치창조 영업의 시대에는 영업사원은 수동적이고 관리적인 존재가 아니라 능동적이고 기업가적인 인식을 가진 존재가 되어야 한다. 이를 위해서 필요한 자질은 창조성, 적극성, 혁신성, 능동성 등이다. 이러한 자질은 상당부분 타고나거나 성장과정에서 길러지지만, 일정부분은 조직에 의해 배양될 수도 있다. 작은 실수나 단기적인 실적 부진에 대한 조직의 즉각적인 문책은 영업사원을 위축시켜서 위험부담이나 책임을 전혀 지지 않으려는 매우 수동적인 존재로 만들어 버린다. 반면에 비판이나 문책보다는 코칭이나 멘토링을 통해 단점을 보완하고 장점을 강화시킬 수 있도록 하여 주는 조직문화는 영업사원들에게 자신감을 심어주고 스스로 판단할 수 있는 능력을 배양시킴으로써 기업가적인 자세를 가지고 고객의 성공에 기여할 수 있도록 하여준다.

2.5 관리자의 역할에서 리더의 역할로의 전환

시장의 변화와 이에 따른 영업사원의 역할의 변화는 영업관리자의 역할에도 변화를 가져오고 있다. 시장환경에 변화가 별로 없는 경우에는 본사에서 결정한 내용이 현장의 영업사원에게 정확하게 전달되어 차질 없이 수행되도록 하는 것이 가장 효율적인 영업관리 방법이 된다. 따라서 영업관리자의 역할도 영업사원의 활동을 통제하고 평가하는 데 그 초점이 모아진다. 그런데 시장에서의 변화가 심하고, 고객의 요구에 신속하게 대응해야 할 필요가 증가하면 현장에서 영업사원의 판단이 중요해지기 때문에 영업관리자에 의한 통제보다는 영업사원이 신속하고 정확한 의사결정을 할 수 있도록 하는 방향으로 리더십을 발휘하는 것이 보다 중요하다. 이에 따라 영업관리자는 영업사원의 협력자로서 비판보다는 조력을 하여야 하고, 권한이양을 통해 영업사원이 스스로 판단할 수 있는 능력을 배양할 수 있도록 해야 하며, 정보를 공유함으로써 영업사원이 생산성을 높일 수 있는 방향으로 활동할 수 있도록 동기부여를 해야 한다. 영업관리자는 영업사원에게 가장 많은 도움을 줄 수 있고 지도를 해줄 수 있는 사람이어야 함에도 불구하고, 이러한 역할이 잘 수행되지 않고 통제와 실적 달성에만 주력하면 영업사원은 이에 대해 불만을 갖게 되고 회사를 떠나는 결과가 초래될 수 있다.

제6절 영업사원의 유형

영업사원은 다양한 기준에 의해 여러 가지 유형으로 나누어질 수 있다([그림 1-3] 참조). 영업사원은 먼저 영업의 장소에 따라 점포판매 영업사원과 방문활동 영업사원으로 나누어질 수 있으며, 방문활동 영업사원은 영업의 대상이 최종소비자인지 혹은 조직구매자인지에 따라 다시 B2C 영업사원과 B2B 영업사원으로 나누어질 수 있다. 또한 영업사원은 자신의 역할에 따라 자문적/파트너십 영업사원, 전략고객 영업사원, 신규고객확보 영업사원, 영업지원 영업사원, 촉진활동 영업사원, 배달 영업사원 등으로 나누어질 수 있다. 그렇지만 영업사원의 역할은 복합적일 수 있기 때문에 역할에 따른 유형 구분은 서로 배타적인 것은 아니며, 한 사람의 영업사원이 동시에 두 가지 이상의 유형에 해당될 수 있다.

그림 1-3 | 영업사원의 유형

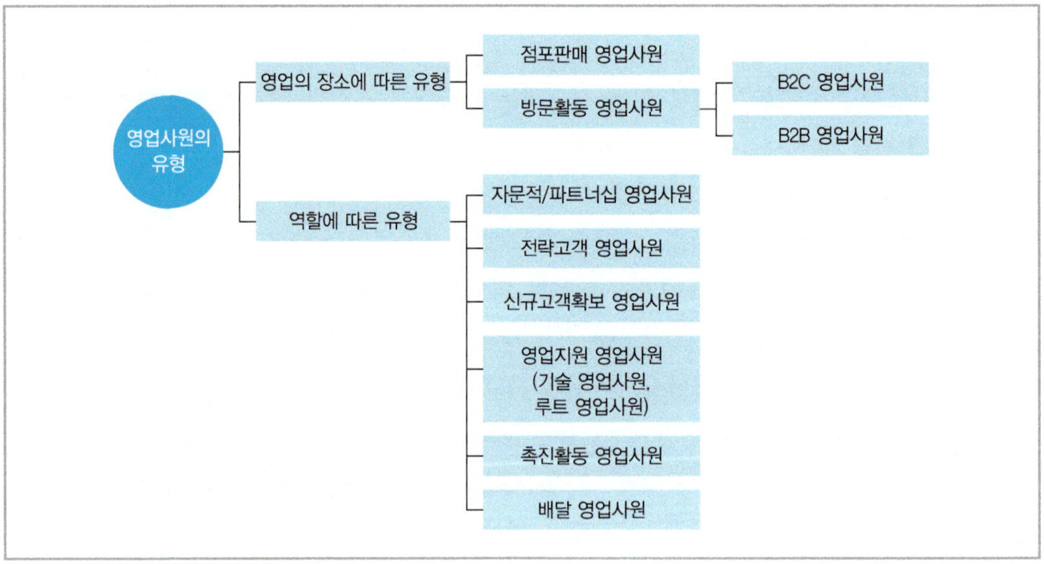

1. 영업의 장소와 대상에 따른 영업사원의 유형

1.1 영업의 장소에 따른 영업사원의 유형

우선 영업이 고객의 내점(來店)에 의해 이루어지는지 혹은 영업사원의 방문에 의해 이루어지는지에 따라 점포판매 영업사원과 방문활동 영업사원으로 구분될 수 있다. 점포판매 영업사원은 소매점에 방문하여 제품이나 서비스를 구입하는 고객을 대상으로 영업활동을 하는 영업사원을 의미한다. 이들은 가전대리점, 가전양판점, 화장품전문점, 의류상점, 통신기기 및 통신서비스판매점, 증권투신사, 은행 등 다양한 업종의 매장에서 근무하는 사람들로 대부분 최종소비자를 상대로 영업활동을 전개한다. 이러한 점포판매 영업사원들은 예를 들어 편의점, 기업형 슈퍼마켓, 대형 할인점 등에서 근무하는 계산원(캐쉬어)과 같이 단순히 계산만 해주는 것이 아니라, 고객의 니즈에 부응하는 조언도 해주고, 고객관계관리의 기능도 수행한다. 점포판매 영업사원과는 달리 방문활동 영업사원은 고객이 있는 장소로 이동하여 영업활동을 수행하는 영업사원을 의미한다. 그렇지만 방문활동에는 넓은 의미에서는 전화나 인터넷을 통한 활동도 포함될 수 있다. 예를 들어 전화를 활용하여 기존고객을 대상으로 교차판매나 상승판매를 시도하는 카드사의 영업사원이나 자동차보험 만기도래 운전자를 대상으로 자동차보험 상품의 가입을 권유하는 보험사 영업사원 등이 이에 포함된다. 이 책의 내용은 방문활동 영업사원을 중심으로 기술되었지만, 성과평가, 보상, 교육훈련, 코칭, 모집 및 선발, 동기부여 등 기술된 대부분의 내용들은 점포판매 영업사원에도 그대로 적용될 수 있다.

1.2 영업의 대상에 따른 영업사원의 유형

방문활동 영업사원은 [표 1-2]에서와 같이 영업의 대상이 누구인가에 따라 다시 B2C 영업사원과 B2B 영업사원으로 구분될 수 있다. B2C 영업사원은 최종소비자를 대상으로 제품이나 서비스를 판매하는 영업사원을 의미한다. 우리나라에서 B2C 영업에 의해 판매되는 주된 상품들로는 자동차, 화장품, 건강식품, 보험, 정수기, 학습지, 가정용품 등을 들 수 있다. B2B 영업사원은 제조업체, 서비스업체, 유통업체, 기관(학교, 정부기관 등) 등의 기관구매자(institutional buyer)를 대상으로 제품이나 서비스를 판매하는 영업사원을 의미한다. 제조업체는 자체적인 사용이나 혹은 제품 생산의 투입요소로 활용하기 위해 구매를 하고, 서비스업체도 자체적인 사용이나 서비스 제공의 수단으로 활용하기 위해 구매를 한다. 또한 유통업체는 자체적인 사용이나 재판매를 위해 구매를 하며, 기관은 주로 자체적인 사용을 위해 구매한다.

표 1-2 | 방문활동 영업사원의 유형

유형	영업대상	용도	예
B2C 영업사원	최종소비자	자신이나 가족의 사용, 선물	방문판매를 통해 건강식품을 판매하는 식품업체의 영업사원
B2B 영업사원	제조업체	자체 사용	가전업체에 생산직원 작업복을 판매하는 의류업체의 영업사원
		생산과정에 투입	식품회사에 제품포장지를 판매하는 포장지 제조업체의 영업사원
	서비스업체	자체 사용	보험회사에 복사기를 판매하는 사무기기 제조업체의 영업사원
		서비스과정에 투입	은행에 ATM기를 판매하는 ATM기 제조업체의 영업사원
	유통업체	자체 사용	유통업체에 청소용역을 판매하는 용역회사의 영업사원
		재판매	주류도매상에 맥주나 소주를 판매하는 주류회사의 영업사원
	기관	자체 사용	학교에 사무용품을 판매하는 사무용품 제조업체의 영업사원

B2C 영업과 B2B 영업은 여러 가지 측면에서 크게 차이가 있다. B2B 영업에서 판매되는 제품이나 서비스는 B2C 영업에서 판매되는 제품이나 서비스에 비해 기술적으로 더 복잡하고, 가격도 훨씬 비싸다. 따라서 B2C 영업은 거의 한 명의 영업사원에 의해 이루어지는 것이 보통이지만, 기술적으로 복잡한 큰 규모의 B2B 영업은 한 명의 영업사원이 감당하기는 어렵기 때문에 여러 명의 영업사원으로 구성된 팀이나 혹은 여러 부서의 사람들이 모인 부서통합 영업팀에 의해 이루어진다. 또한 B2B의 영업 대상인 기업의 구매의사결정 과정은 개인 소비자의 구매의사결정 과정에 비해 훨씬 더 복잡하고 시간도 훨씬 오래 걸린다. 이러한 이유들로 인해 B2B 영업사원을 관리하는 방법과 B2C 영업사원을 관리하는 방법에는 큰 차이가 있다. 즉, 성과평가, 보상방법, 교육훈련 등 영업관리의 모든 측면들이 고객을 대상으로 하는 영업인지, 혹은 조직을 대상으로 하는 영업인지에 따라 크게 달라진다.

2. 역할에 따른 영업사원의 유형

영업사원의 역할은 제품이나 서비스의 종류, 유통구조, 경쟁상황 등에 따라 크게 차이가 난다. 방문판매를 통해 고객에게 화장품을 판매하는 영업사원도 있고, 대기업을 대상으로 IT 시스템을 판매하는 SI회사의 기술영업사원도 있다. 화장품 영업은 판매주기가 비교적 짧고 판매과정도 단순하지만, IT 영업은 판매주기가 매우 길고 판매과정도 훨씬 복잡하다. 따라서 영업사원의 역할도 달라질 수밖에 없다. 경쟁상황에 따라서도 영업사원의 역할을 크게 달라진다. 경쟁이 없거나 약한 경우에는 영업사원은 단순히 주문을 받고 이를 원활하게 처리하는 역할을 수행하지만, 경쟁이 심한 경우에는 설득을 통해 주문을 받기 위한 수주활동이 매우 중요하다. 이처럼 영업사원은 상황에 따라 매우 다른 역할을 수행한다. 많은 경우 같은 회사 내에서도 세분시장별로 각기 다른 유형의 영업사원들이 존재하며, 그 역할도 매우 다르다([글 1-4] 참조). 예를 들어 대형 식품회사의 경우에 대리점을 관리하는 영업사원과 대형마트나 기업형 슈퍼마켓의 본사를 상대로 하는 영업사원이 있는데, 대리점을 관리하는 영업사원은 정기적으로 자신이 담당하고 있는 대리점들을 방문하는 것이 주요한 업무이지만, 대형 유통업체를 담당하고 있는 영업사원은 대형 유통업체의 본사에 있는 구매센터와의 관계증진이 가장 핵심적인 업무이다. 이처럼 영업사원의 역할은 매우 다양한데, 그 역할에 따라 자문적/파트너십 영업사원, 전략고객 영업사원, 신규고객확보 영업사원, 영업지원 영업사원, 촉진활동 영업사원, 배달 영업사원 등으로 구분될 수 있다.

다양한 영업사원의 유형 사례

글 1-4

한 기업 내에서도 여러 가지 유형의 영업사원이 동시에 존재할 수 있다. 이는 유통채널, 상품의 종류, 고객의 유형 등에 따라 영업사원의 역할이 달라지기 때문이다. 여기에서는 고객의 세분화에 따라 다양한 유형의 영업사원이 각기 다른 역할을 수행하고 있는 한 기업의 사례를 소개한다. 일본의 기계업체 G사가 자사의 고객을 규모에 따라 3개의 세분시장(대형고객, 중견고객, 중소고객)으로 구분하고, 각 세분시장의 역할을 정의한 후에, 이를 기반으로 판매채널, 영업사원의 유형, 영업사원의 활동내용 등을 차별화함으로써 상당한 성공을 거두고 있다. 이 회사의 기본적인 방향은 [표 1-3]과 같이 요약될 수 있다.

표 1-3 | 고객의 유형에 따른 역할, 판매채널, 영업사원 유형 구분

구분	역할	판매채널	영업사원 유형
대형고객	대외홍보, 신제품 개발의 파트너	직판	개별 영업사원
중견고객	수익실현(판매의 극대화)	직판	표준품유도 영업사원
소규모고객	수익실현(비용의 절감)	특약점	특약점관리 영업사원
		통신판매	통신판매기획 영업사원

G사에게 있어서 대형고객의 역할은 대외홍보 및 신제품의 공동개발의 두 가지로 요약될 수 있다. 먼저, 업계의 리더인 대형고객과 거래가 있다는 사실 자체만으로도 회사의 신용 강화에 노움이 되며, 따라서 대형고객과의 거래 사실을 대외 홍보에 유용하게 활용할 수 있다. 또한 대형고객은 업계 리더인 만큼 요구하는 기술이나 서비스의 수준이 높으며, 이러한 요구에 부응하는 과정에서 고객이 새로운 제품을 개발하는 과정에 자연스럽게 참여하게 된다. 즉, 대형고객이 신제품 개발의 파트너가 된다. 이렇게 개발된 제품은 표준화 과정을 거쳐서 중견고객 및 소규모고객에게 판매된다. 그렇지만 대형고객은 가격협상이 힘들고 비용이 많이 들어서

이들과의 거래를 통해 수익을 내지는 못한다. 중견고객은 수익을 가져다주는 주력 세분시장이다. G사는 중견고객에 대해서도 대형고객과 마찬가지로 자사의 영업사원을 활용한 판매활동을 전개하고 있다. 이들 중견고객들도 자사의 개별적인 니즈에 부합하는 커스터마이징된 제품을 요구하기도 하지만, 이러한 요구에 대해서는 납기가 짧고 저렴한 표준품을 구입하도록 유도하는 영업을 전개하고 있다. 소규모고객에 대해서는 특약점과 인터넷을 통해서 판매하고 있으며, 업무효율화와 "이익을 내지 못하는 고객에게 판매하지 않는다"는 철저한 수익관리를 기본방침으로 하고 있다. 그 결과 중견고객 세분시장만큼은 아니지만 그런대로 손실을 보지는 않고 있다. 이러한 판매채널 전략에 따라 이 회사는 다음과 같은 네 개 타입의 영업사원을 배치하고 있다.

■ 개발 영업사원

이들은 대형고객의 제품경쟁력을 높이기 위한 제품이나 서비스를 대형고객과 공동으로 개발하는 임무를 맡고 있은 영업사원이다. 이 과정에서 이들은 고객과의 장기적인 협력관계를 구축하는 데 있어서 핵심적인 역할을 담당한다. 이들은 기본적으로 기술에 대한 지식을 갖추고 있어야 하며, 따라서 영업적 센스를 지닌 기술자가 이 업무에 적합하다. 이들은 고객의 요청에 부응하여 고객의 구매부서는 물론 설계부문, 연구개발부문, 제조부문 등 관련부문을 폭넓게 자주 방문한다.

■ 표준품판매 영업사원

이들 영업사원의 임무는 대형고객과 공동으로 개발한 제품을 표준화 혹은 준표준화하고 이러한 제품을 중견고객을 대상으로 비교적 저렴한 가격에 판매하는 것이다. 중견고객도 대형고객과 마찬가지로 개별화된 제품을 원하기도 하지만, 이에 따른 추가비용을 지불해주지는 않는다. 따라서 이들 영업사원은 고객에게 표준품 사용에 따른 가격, 납기 등의 장점을 소구하면서 표준품으로 고객을 유도한다. 이들은 고객이 표준품을 채택하도록 하기까지는 적극적으로 방문활동을 하지만, 일단 판매가 이루어지면 관계의 유지나 제품의 모델변경 등을 위해 연간 몇 회 정도만 정기적으로 방문한다. 고객은 표준품을 채택함에 따라서 자사의 제품사양이나 가공공정을 변경해야 하는 경우도 발생하기도 하는데, 이러한 경우에 영업사원은 필요에 따라 기술부문에 지원을 요청하여 고객에게 기술적인 조언을 제공하기도 한다. 또한 개발 영업사원과는 달리 개발이 주업무는 아니기 때문에 개발 영업사원만큼 기술적인 배경이 필요한 것은 아니고 사무직 출신자도 업무수행이 가능하다.

■ 특약점관리 영업사원

이 회사 제품의 소규모고객에 대한 유통은 기본적으로 특약점을 통해 이루어진다. 특약점관리 영업사원은 특약점을 선별하고 관리하는 것이 기본업무이며, 경우에 따라서는 특약점 경영자에 대해 경영 상담의 역할도 수행한다. 이러한 업무의 수행을 위해서는 영업에 대해서도 잘 알고 있어야 함은 물론, 경영이나 회계부문에 대한 폭넓은 식견도 가지고 있어야 한다.

■ 통신판매기획 영업사원

인터넷 등을 통한 판매체제의 기획이나 관리가 이들의 주임무로 고객을 직접 방문하는 일은 없다. 이들의 업무로는 카탈로그의 제작, 인터넷상에서의 수 · 발주 업무수행, 제품납품 및 판매대금 회수를 위한 시스템의 기획 · 관리 · 갱신, 제품개발을 위한 고객니즈의 수렴 등이다. 따라서 이 업무에는 영업기술을 지닌 사람보다는 사업개발이나 마케팅 기획분야의 전문가가 적합하다.

출처 : 이마무라 히데아키 (2007), 보스턴컨설팅그룹의 B2B 마케팅, 번역서, 비즈니스맵, 149-153, 192-196.

2.1 자문적/파트너십 영업사원

자문적 영업사원이나 파트너십 영업사원은 단순히 자사의 제품이나 서비스를 제공하는 영업사원이 아니라, 고객의 보다 높은 수준의 목표달성을 위해 어떻게 기여할 수 있는지를 판단하고, 이에 부응하는 제품이나 서비스를 제공하는 영업사원을 의미한다. 자문적 영업과 파트너십 영업의 구분에 대해서는 제6장 '고객관계전략'에서 상술하였으며, 여기에서는 구분의 실익이 없어 병행하여 사용한다. 이러한 유형의 영업사원은 고객이 가지고 있는 문제를 해결하거나, 혹은 새로운 가치를 고객에게 제공함으로써 고객의 목표 실현에 기여한다. 신규고객의 확보 단계에서도 자문적/파트너십 접근방법을 채택할 수 있지만, 자문적/파트너십 영업은 주로 기존고객을 대상으로 장기적인 관계 증진의 차원에서 이루어진다.

제공하는 제품이나 서비스가 개별고객화(customization)가 원활하게 수행될 수 있는 형태일수록 자문적/파트너십 영업은 더욱 원활하게 수행될 수 있다. 즉, 제품이나 서비스의 생산과정에 고객의 니즈가 반영될 수 있도록 할 수 있으면 보다 효율적으로 자문적/파트너십 영업을 실현할 수 있다. 이러한 이유로 많은 고객을 대상으로 대규모 생산하여야 하는 B2C 부문보다는 소수의 고객을 대상으로 맞춤생산이나 맞춤서비스의 제공이 가능한 B2B 부문에서 자문적/파트너십 영업이 훨씬 더 활발하게 이루어진다([글 1-5] 참조). 자문적/파트너십 영업을 수행하기 위해서는 상당한 수준의 지식이 요구되고, 생산이나 R&D부서의 지원도 필요하기 때문에 혼자서 영업활동을 하는 형태보다 여러 분야의 직원들로 구성된 영업팀의 일원으로 활동하는 형태가 더 보편적이다. B2C 부문에서도 개별고객화가 상대적으로 용이한 금융서비스 부문에서는 자문적 영업이 활성화되고 있다. 보험사의 재무설계서비스, 은행의 프라이빗 뱅킹서비스, 증권투신사의 랩어카운트서비스가 이러한 예에 속한다.

자문적/파트너십 영업사원의 사례

글 1-5

일본의 세계적인 전자부품업체인 타이코전자(Tyco Electronics)의 직원들은 도요타 공장에 상주하면서 자사 제품의 실제 성능을 일일이 확인했다. 이를 통해 생산되는 자동차의 성능을 개선시킬 이이디어를 얻기 위해 노력했다. 그 결과 3년 동안 도요타자동차의 성능과 안전성을 높일 수 있는 아이디어를 25개나 내 놓을 수 있었다. 타이코전자는 단순히 자동차부품을 납품하는 것이 아니라 가치를 판매하고 있는 것이다.

출처 : Charan, Ram (2007), *What the Customer Wants You to Know : How Everybody Needs to Think Differently About Sales*, 번역서 B2B 세일즈, 교보문고, 30.

2.2 전략고객 영업사원

전략고객은 자사 매출의 상당부분을 차지하는 소수의 주요 고객을 의미한다. 회사는 전략고객의 중요성을 감안하여 별도의 영업사원을 배정하여 이들을 관리하게 하는데, 이들이 바로 전략고객 영업사원이다. 우리나라의 경우, 풀무원과 같은 식품업체나 유한킴벌리와 같은 생활용품 제조업체의 전략고객은 이마트와 같은 대형마트나 GS슈퍼와 같은 기업형 슈퍼마켓이고, 대형 식품업체는 다시 중소 식품원료 제조업체의 전략고객이 된다. 또한 삼성전자는 삼성SDS의 전략고객이고, 현대자동차는 수많은 납품업체의 전략고객이며, 병상수가 1,000석이 넘는 대형 종합병원은 제약업체의 전략고객이다.

전략고객 영업사원은 전략고객의 문제해결 등에 적극적인 역할을 해야 하기 때문에 앞에서 언급한 자문적/파트너십 영업사원의 역할과 겹치는 부분이 많다. 하지만 명확히 차이가 나는 점은 전략고객 영업사원은 하나 혹은 둘 정도의 대형 고객만을 대상으로 영업활동을 전개한다는 것이다. 전략고객 영업사원도 자문적/파트너십 영업사원과 마찬가지로 B2B 부문에서 집중적으로 나타난다. 하지만 VIP 고객을 대상으로 금융서비스를 제공하는 은행이나 증권투신사의 영업사원, 특급호텔에서 특급 개인고객을 대상으로 맞춤서비스를 제공하는 호텔 영업사원도 전략고객 영업사원으로 분류될 수 있다.

2.3 신규고객확보 영업사원

이 유형의 영업사원의 주된 역할은 신규고객을 획득하는 일이다. 이들은 잠재고객을 발굴하고, 접촉하고, 니즈를 파악하며, 설득하고, 판매를 종결시키는 일련의 영업활동을 수행한다. 신규고객의 확보는 영업사원의 가장 전통적이면서도 가장 보편적인 업무이며, 따라서 신규고객확보 영업사원은 가장 일반적인 유형의 영업사원이라고 할 수 있다. B2C 영업의 경우 점포판매 영업사원과 방문판매 영업사원 모두의 주업무는 신규고객을 확보하는 일이다. 다만 점포판매 영업사원의 경우에는 고객들이 점포를 찾아오기 때문에 잠재고객을 발굴하고 접촉하는 과정은 방문판매 영업사원 만큼 중요하지는 않다. B2B 부문에서도 신규고객을 확보하는 영업사원의 역할은 매우 중요하다. 법인고객의 확보가 주업무인 보험사, 은행, 카드사, 투자증권사의 법인담당 영업사원, 제조업체, 유통업체, 공공기관 등을 대상으로 장비나 시스템을 공급하는 회사의 영업사원 등도 모두 신규고객의 확보가 주업무가 된다.

이 유형의 영업사원은 신규고객 확보의 단계까지만 관여하는 경우도 있고, 신규고객을 대상으로 확보 이후의 관계의 유지와 강화를 위한 활동까지 담당하는 영업사원도 있다. 신규고객 확보의 단계까지만 관여하는 경우에는 신규고객의 지속적인 관리 업무는 여타 부서의 직원이 담당하게 된다. 카드사의 경우 CP(Card Planner)라고 불리는 카드모집인은 신규고객의 확보에만 관여하고, 신규고객의 유지 및 활성화 업무는 주로 CRM팀이나 마케팅팀과 같은 본사의 인력에 의해 이루어진다. IT회사의 경우에도 영업사원은 신규고객의 확보가 주업무이고 확보된 고객에 대한 관리는 주로 지원인력에 의해 이루어진다. 신규고객의 확보 업무와 함께 확보된 신규고객을 대상으로 관계의 유지와 강화를 위한 활동도 같이 병행하는 영업사원은 고객의 수가 점차 많아지면 신규고객 확보를 위한 업무는 점점 줄어들고 기존고객을 대상으로 매출을 확대하는 업무를 주로 수행하게 된다.

2.4 영업지원 영업사원

영업지원 영업사원은 다른 영업사원이 신규고객을 획득하거나 기존고객을 유지하고 활성화시키는 활동을 원활하게 수행할 수 있도록 지원하는 역할을 수행하는 영업사원을 의미한다. 따라서 이들은 직접 판매활동을 수행하지는 않으며, 이들에 대한 보상도 매출액에 연동되는 인센티브보다는 고정적인 급여에 의해 이루어진다. 그럼에도 불구하고 이들에 대한 평가에는 직접 영업활동을 수행하는 영업사원의 실적이 일부 포함되는 것이 일반적이다. 영업지원 영업사원의 지원 대상이 되는 영업사원은 자사에 소속된 영업사원일 수도 있고, 혹은 대리점에 소속된 영업사원과 같이 회사의 직원은 아니지만 자사의 제품판매를 주업무로 하고 있는 영업사원일 수도 있다. 대표적인 영업지원 영업사원으로 기술 영업사원과 루트 영업사원을 들 수 있다.

▪ 기술 영업사원

자사의 영업사원을 대상으로 기술적인 지원을 담당하는 기술 영업사원이 대표적인 영업지원 영업사원이라고 할 수 있다. 특히 B2B 영업에서 구매규모가 크고, 니즈가 매우 복잡하고 까다로운 고객의 경우에는 그 고객을 한 명의 영업사원이 전담하는 것이 아니라 영업팀을 구성하여 대응하게 된다. 영업팀에는 팀장으로서 판매실적과 팀의 운영에 대해 책임을 지는 영업사원도 있는 한편, 전문지식을 활용하여 영업이 활성화되도록 지원하는 영업사원도 있는데 바로 이들이 영업지원 영업사원이 된다. 예를 들어 마케팅에 특화된 영업지원 영업사원이라면 시장분석자료나 고객니즈에 대한 분석자료를 제공하고, 고객을 위한 마케팅전략을 수립하는 등의 역할을 수행한다. 기술적으로 복잡한 제품이나 서비스가 영업의 대상이 되는 경우에는 기술적인 전문지식을 가지고 있는 인력이 영업지원 영업사원으로서의 역할을 하게 되는데, 이들을 특히 영업 엔지니어(sales engineer)라고 부르기도 한다. 이들은 생산부서나 R&D

국내 제조기업의 기술영업팀

글 1-6

국내 강구조 산업의 중심에 있는 현대제철은 철강제품 생산자로서의 역할뿐만 아니라, 제품관련 기술 및 서비스도 함께 제공하는 토털 솔루션 제공자(total solution provider)로서의 역할을 수행하기 위해 다양한 철강제 이용기술을 보급한 실적을 가지고 있습니다. 해외 철강업계에서는 이미 오래전부터 이러한 기술지원 조직이 운영되어 왔으며, 특히 영국의 경우 CORUS 등의 철강사에 구성된 기술지원 그룹은 철골조 건축이 전체 건설시장의 60% 이상을 점유하는 데 큰 역할을 담당하고 있습니다. 현재 국내에도 각 제철업계별로 기술지원 업무를 담당하는 조직의 업무 영역이 넓어지면서 그 역할의 중요성이 점점 더 강조되고 있는 실정입니다.

현대제철에서는 공학박사 학위소지자와 건축구조기술사 등으로 구성된 기술영업팀이 제품이용 기술개발 및 현장 적용지원, 신제품 기획 및 실용화지원, 고객사 기술지원, 전략제품 판매기술지원, 관련 학 · 협회 공동 활동 등의 업무를 수행하고 있습니다. 수요개발 및 기술지원 업무의 효과를 극대화하기 위해 하나의 기술조직에서 모든 업무를 총괄할 수 있도록 하여, 제품의 구매를 위한 사전 조사부터 실제 구매에 이르는 전 단계에서 기술적인 서비스가 제공될 수 있도록 했다는 점에서 그 의미가 있다고 생각됩니다. 게다가 판매에 직접적인 기여를 도모하는 밀착 기술영업을 수행하고자 최근 마케팅실에서 형강영업실로 이관하여 그 역할을 더욱 강화하였습니다. 현재, 기술영업이라는 업역(業域)이 국내에서는 다소 생소하며 일반 영업활동과의 차이점에 대한 이해가 부족한 상황이기는 하지만, 현대제철 기술영업팀은 지속적인 관련 활동의 홍보와 고객사 지원을 통하여 국내 강구조 건설업계의 진정한 파트너로서 자리매김하기 위해 노력하고 있습니다.

출처 : 이재석 (2008), "현대제철 기술영업팀 소개," 한국강구조학회지, 20(4), 84-85.

부서에 소속되어 부서 간의 협업 차원에서 영업과정에 참여하기도 하지만, 전략고객과 같이 중요한 고객을 상대하는 경우에는 영업부서에 소속되어 영업팀의 일원으로 활동하기도 한다. 이들은 주로 자사의 제품이나 서비스를 고객의 니즈에 어떻게 부합시킬 수 있을 것인가에 대한 기술적인 해결책을 제시하는 역할을 수행한다. 기술적 지원이 매우 체계적으로 이루어져야 하고, 단순히 기존의 기술에 대한 지식을 전달하거나 적용하는 정도가 아니라, 고객의 요구나 새로운 가치 창출을 위해 신기술을 개발하여 제안할 필요가 큰 경우에는 기술영업팀이 별도로 구성되어 운영되기도 한다([글 1-6] 참조).

■ 루트 영업사원

기술 영업사원과 같이 자사에 소속된 영업사원을 지원하는 영업사원도 있지만, 자사의 소속은 아니면서 자사 제품이나 서비스의 판매를 위해 활동하는 영업사원을 지원하는 영업사원도 있다. 생활용품, 사무용기기, 자동차, 의류, 건축자재, 식품, 화장품, 가구, 주방가구 등 매우 다양한 분야의 제조업체는 물론, 보험이나 통신서비스 등의 서비스업체들도 대리점을 통해 제품이나 서비스를 판매하고 있기 때문에 회사의 매출의 증진을 위해서는 대리점의 영업 활성화가 무엇보다 중요하다. 따라서 제조업체나 서비스업체의 각 지점의 영업사원은 대리점의 영업이 활성화될 수 있도록 대리점에 소속된 영업사원과 점주를 교육하고 지원하는 역할을 수행하는데, 이들이 바로 영업지원 영업사원이 된다. 물론 대리점뿐만 아니라 일반 가맹점, 도매상, 소매점 등도 영업지원의 대상이 될 수 있다. 이들은 점포를 대상으로 자문서비스를 제공하고 있다는 의미에서 스토어 컨설턴트(store consultant)라고 불리기도 한다. 영업지원 영업사원들은 자신이 담당하고 있는 지역의 대리점이나 도매상 등을 정기적으로 방문하여 지원활동을 하기 때문에 루트(route) 영업사원이라고 불리며, 이들의 영업활동도 루트영업(route sales)이라고 불린다. 대리점 체제를 가지고 있는 제조업체들로서는 대리점 활성화가 가장 중요한 과제이기 때문에 소속 영업사원들의 영업활동은 대부분 루트영업으로 이루어진

루트 영업사원의 자질

글 1-7

루트 영업사원의 업무에는 상품을 공급 · 배송하고 수금하는 일도 포함되지만, 가장 중요한 업무는 거래선이 장사가 잘되도록 도와주는 일이다. 이를 잘 수행하기 위해서는 경영 컨설턴트로서의 자질을 갖추어야 한다. 제품과 시장에 대한 해박한 지식을 바탕으로 사업활성화 방안을 구체적으로 제시할 수 있어야 한다. 영업사원이 움직이는 곳에는 상품과 돈이 있다. 이것은 모두 숫자로 표현된다. 영업사원이 숫자에 밝지 않으면 아무 것도 안 된다. 거래선에 가서 이 집은 장사가 잘되는지, 부실화하고 있는지 등을 일일이 묻지 않아도 척척 알아맞히는 계수 감각이 있어야 한다. 또 루트영업이면서 납품활동을 동시에 수행하는 영업사원의 경우에는 거래처의 대차대조표, 손익계산서 등 재무제표를 보는 기본적인 계수지식은 필수적이다. 이러한 지식을 갖추면 채권관리상 큰 플러스가 된다. 산하 대리점이나 총판에 대한 것이라면 손익분기점을 보아주거나 총자본회전율을 검토해서 효과적으로 경영을 지도할 수 있다. 이러한 지식이 없으면 경영지도의 소중한 역할은 포기한 채 상품을 배송하고 수금하는 심부름꾼으로 전락하고 마는 것이다.

루트 영업사원은 비교적 소수의 거래선을 비교적 장기간 담당하며 1주일에 적어도 1~2번은 방문하게 된다. 따라서 거래선으로부터 환영받는 인품을 지니는 것은 필수조건이다. 루트 영업활동이라는 것은 방문할 때마다 물건을 팔아 달라, 많이 팔아 달라고 조르거나 밀어 넣으려는 것이 아니다. 잦은 방문을 통해서 거래선으로 하여금 "이 사람에게 협조해 주고 싶다"는 생각을 갖도록 하는 것이 곧 영업활동이다. 영업사원이 거래선으로부터 호감을 사서 언제 찾아도 반겨주는 상황을 만들기 위해서는 우선 영업사원이 서비스 마인드를 가져야 한다. 물건을 많이 팔아서 내 목표를 달성하기 이전에 우리와 거래하고 있는 거래선이 사업을 통해 돈을 벌 수 있도록 해 주어야겠다는 생각을 가져야만 가능하다. 여기에 더하여 에디켓을 갖추고 경영지식으로 무장해야 한다. 풍부한 화제를 지니는 것도 요구되며, 밝은 표정에 자신감이 충만해야 한다. 영업사원은 또 리더십도 발휘할 수 있어야 한다. 영업사원에게 리더십이 모자라서 계속 거래선이 하자는 대로 끌려간다면 그 영업사원은 존재가치를 잃고 실적도 오르지 않는다. 이러한 의미에서 영업사원은 리더십이 있어야 한다.

출처 : 김경욱, 김호정 (2002), 대리점 · 총판 마케팅 : 이렇게 하면 성공한다, 도서출판 문장, 79-85.

다. 이들은 특정 지역을 담당하게 되면 최소한 1~2년간 지속적으로 근무하는 것이 보통이다. 왜냐하면 영업사원의 입장에서 담당지역이 바뀌면 그동안 축적되었던 해당 지역이나 관리 대상 대리점에 대한 지식은 물론, 점주와의 돈독한 관계도 활용할 수 없게 되기 때문이며, 대리점의 점주나 영업사원의 입장에서도 영업사원이 자주 바뀌면 그때마다 설명을 해주어야 하고, 인간관계를 처음부터 다시 형성해야 하는 등 여러 가지 면에서 불편하고 어렵기 때문이다. 루트 영업사원은 정기적으로 거래처를 방문해야 하기 때문에 성실성, 근면성, 훌륭한 매너, 커뮤니케이션 기술 등을 갖추어야 함은 물론, 자문적인 역할도 동시에 수행해야 하기 때문에 풍부한 지식도 있어야 하고 전략을 수립할 수 있는 능력도 있어야 한다([글 1-7] 참조).

2.5 촉진활동 영업사원

촉진활동 영업사원(missionary salespeople)은 고객에 대한 방문활동을 통해 자사 제품의 정보를 제공하고 자사의 제품에 대해 호의를 가질 수 있도록 하는 역할을 수행한다. 이들도 영업지원 영업사원과 같이 판매활동을 직접 수행하는 것은 아니지만, 영업지원 영업사원이 다른 영업사원을 지원하는 역할을 하는 것과는 달리 이들은 제품을 직접 주문할 수 있는 고객을 접촉한다. 대표적인 촉진활동 영업사원으로는 제약업체와 주류업체의 영업사원을 들 수 있다.

병원을 대상으로 하는 제약업체의 영업사원은 의사를 대상으로 자사의 제품을 홍보하는 역할을 수행하지만, 의사로부터 직접 주문을 받는 것은 아니다. 제약업계에서는 의사를 대상으로 하는 제품설명이 매우 중요하기 때문에 별도로 'detail'이라는 용어를 '제품설명'의 의미로 사용하고 있으며, 우리나라에서도 영업과정에서 빈번하게 사용되고 있다. 그래서 서구에서는 제약업체 영업사원을 'detailer'라고 부르기도 한다. 우리나라에서는 제약업체 영업사원의 호칭으로 'detailer'라는 용어는 별로 사용되지 않는 반면, '의학정보전달 담당자'를 의미하는 MR(medical representative)이라는 용어가 빈번하게 사용되고 있다. 주류업체의 영업사원도 음식점, 주점 등을 방문하여 자사의 제품을 홍보하는 활동을 하지만, 역시 직접 주문을 받는 것은 아니다. 이들의 주된 역할은 음식점이나 주점의 주인을 대상으로 자사의 제품을 많이 취급해줄 것을 설득하는 것이다. 주점이나 식당 등은 주류 도매상에 주문하여 소주나 맥주 등을 조달받는다. 또한 제조업체에 파견되어 대형 할인점 등의 유통업체에서 판촉물을 전시하고, 고객들에게 제품에 대해 설명을 하고, 제품을 진열하고, 재고를 점검하는 역할을 하는 영업사원도 촉진활동 영업사원에 해당한다.

촉진활동 영업사원은 직접 주문을 받는 것은 아니기 때문에 보상도 주로 고정적인 급여의 형태로 이루어진다. 그런데 우리나라 제약업체의 영업사원의 보상방법에서는 인센티브의 비중이 높은 편이다. 이는 서구나 일본과는 달리 의사의 처방전 확보 등을 통해 판매실적을 파악할 수 있는 방법이 있기 때문이다.

2.6 배달 영업사원

배달 영업사원(delivery salespeople)은 기존고객으로부터 정기적으로 이루어지는 주문에 대해 고객이 주문한 제품이 고객에게 잘 전달될 수 있도록 하는 역할을 수행한다. 이들은 고객으로부터 수주를 받는 역할을 수행하지만, 수주의 내용은 본사 차원에서 이미 결정된 사항을 바탕으로 하는 것이기 때문에 이들의 역할은 비교적 단순하다고 할 수 있다. 식품업체의 경우에 대형 유통업체에 대한 영업활동은 본사의 전략고객 영업사원에 의해 이루어지며, 배달 영업사원은 유통업체의 각 지점에서 주문이 들어오면 주문내역을 확인하여 배송하고, 매장에서 자사의 제품이 좋은 위치에 진열될 수 있도록 하는 등의 업무를 수행한다.

제7절 영업직의 특성과 전망

1. 영업직의 특성

영업관리에서 다루고 있는 대부분의 주제들(조직구조, 채용, 교육훈련, 동기부여, 리더십, 성과관리, 보상방법 등)은 모두 경영학의 한 분야인 인사조직에서도 다루어지고 있는 내용들이다. 사실 영업관리의 기초적인 이론들은 대부분 인사조직 분야의 이론을 기반으로 하고 있다고 해도 과언이 아니다. 그런데 영업관리는 인사관리나 조직행동 등과는 별도로 분리되어 다루어지고 있다. 이는 다른 분야의 인력, 예를 들면 생산, 마케팅, 회계, 재무분야에서 종사하는 사람들을 어떻게 관리할 것인가를 별도로 다루고 있지는 않는 것과는 대조적인 현상이라고 할 수 있다. 이처럼 영업직이 다른 분야의 직종과는 달리 별도로 분리되어 다루어지고 있는 것은 다른 직종과 구분되는 특성을 지니고 있기 때문이다. 이러한 특성으로서 영업직의 중요성과 영업직의 특수성을 들 수 있다.

1.1 영업직의 중요성

먼저 영업관리가 독자적인 영역을 형성할 수 있는 이유로 기업에서 영업의 중요성이 매우 크다는 점을 들 수 있다. 기업에서 영업 기능을 중시하는 가장 큰 이유는 영업이 회사의 여러 조직 중에서 유일하게 매출을 일으키는 부문이기 때문이다. 기업은 수익이 창출되어야 존속하고 발전할 수 있기 때문에 어떤 기업이든 규모와 관계없이 모두 영업 기능을 가지고 있다. 생산기능이나 마케팅기능이 없는 기업은 있지만, 영업기능이 없는 기업은 없다. 아무리 좋은 제품을 만들어도 영업이 원활하게 이루어지지 않으면 팔리지 않는 많은 제품들이 모두 악성 재고가 되고 말지만, 반면에 영업 기능이 출중하면 생산을 하지 않고 다른 기업으로부터 좋은 물건을 OEM 등을 통해 조달받아서 얼마든지 번창한 기업으로 성장해갈 수 있다. 실제로 우리의 주변에는 이러한 기업들이 많이 있다. 기업의 입장에서 영업부문이 중요해지는 또 하나의 이유는 영업조직의 규모에 있다. 기업의 규모와 업종에 따라 다르기는 하지만 영업은 그 중요성 때문에 채용의 규모가 상대적으로 크다. 실제로 보험, 가전제품, 정수기, 자동차, 제약, 화장품, 학습지, 생활용품, 식품 등 많은 업종에서 대단히 큰 영업조직을 가지고 있는 회사들이 많다. 인력의 규모가 커지면 이를 체계적으로 관리해야 할 필요성이 커진다. 왜냐하면 인력의 규모가 클수록 관리방식의 작은 변화에 의해서도 그 결과에서는 큰 차이가 초래될 수 있기 때문이다.

1.2 영업직의 특수성

영업관리가 별도의 분야로 존재하는 또 다른 이유는 영업직이 여타 직종과는 다른 여러 가지 특수성을 지니고 있기 때문이다. 이러한 영업직의 특수성으로는 다음과 같은 점들을 들 수 있다.

- 영업조직은 고객과 직접적으로 접촉하고 있는 부서로 회사의 목표를 달성하기 위한 전략을 실행에 옮기는 역할을 한다. 군대에 비유하면 영업조직은 야전부대의 역할을 한다고 할 수 있다. 따라서 영업사원들의 활동이 회사의 전략에 부합하는 방향으로 이루어지고 있는지를 관리하는 것은 매우 중요한 의미를 지닌다.
- 영업사원은 고객을 물론 일반인에 대해서도 회사를 대표하는 역할을 한다. 왜냐하면 고객과 일반인들은 영업사원이 행동하는 모습을 통해서 영업사원이 소속된 회사와 제품에 대한 이미지를 형성하기 때문이다. 영업사원은 기본적으로 보다 높은 수준의 보상을 받기 위해 영업활동을 전개하지만 그러한 과정에서도 회사가 추구하는 이미지에 부합하는 방향으로 행동해야 한다.

- 영업사원은 회사에 대해서는 고객의 입장을 대변하는 역할을 수행한다. 즉, 영업사원은 고객과의 접촉과정에서 고객의 니즈나 문제점을 파악하고 이에 대한 정보를 회사의 내부조직에 전달함으로써, 고객의 니즈에 부합하고, 고객의 문제를 해결할 수 있는 전략이 수립될 수 있도록 하는 역할을 수행한다. 따라서 영업사원이 고객과의 접점에서 고객에 대한 정확한 정보를 확보하고, 이를 신속하게 회사와 공유할 수 있도록 하는 것이 매우 중요하다.
- 영업조직은 회사의 자금을 사용할 수 있는 권한을 가진 몇 안 되는 부서이다. 즉, 영업사원은 영업활동을 수행하는 과정에서 차량유지비, 숙박비, 통신비, 접대비 등을 영업경비의 명목으로 사용할 수 있다. 그런데 이 영업경비의 규모가 상당히 크기 때문에 영업사원이 이를 어떻게 사용하는가는 회사의 생산성과 수익성에 큰 영향을 미친다.
- 영업사원은 회사에서 내근하는 다른 직원들과는 달리 상사와 접촉할 기회가 별로 없이 혼자 활동해야 하는 경우가 많다. 따라서 회사는 영업사원이 상사나 동료들의 지속적인 피드백이 없이도 일정한 원칙을 가지고 영업활동에 임할 수 있도록 관리해야 한다.
- 영업사원은 고객과 접촉하기 위해 이동해야 하기 때문에 많은 시간을 가정으로부터 떨어져서 생활해야 한다. 또한 영업활동 과정에서 다른 회사의 영업사원들과 경쟁해야 하고, 경우에 따라서는 고객들의 부당한 대우를 참아내야 하며, 고객의 거절도 빈번하게 경험해야 한다. 따라서 영업사원은 정신적으로나 체력적으로나 매우 힘든 생활을 한다. 이러한 어려움을 극복하면서 좋은 결과를 성취하기 위해서는 강한 동기부여가 필요하다. 이러한 이유로 회사의 영업사원에 대한 관리의 초점은 어떻게 하면 영업사원에게 보다 많은 동기를 부여할 수 있을까에 모아진다.
- 영업사원은 다른 직종의 사람들과는 달리 매우 다양한 사람들을 접촉한다. 많은 수의 고객들을 만나야 하고, 더욱이 B2B의 경우에는 구매부서의 사람들뿐만 아니라 생산, R&D, 재무 등 여러 부서의 사람들과 접촉해야 한다. 또한 회사 내부에서는 자신의 소속된 영업팀이나 영업부서의 동료 영업사원들과 영업관리자는 물론, 원활한 영업활동을 위한 지원을 받기 위해 마케팅, 재무, 생산, 제품개발 등의 업무를 수행하는 직원들과 접촉해야 한다. 따라서 영업사원은 시간관리를 위해 어떤 사람을 어떠한 목적으로 만나는가에 대한 합리적인 계획을 수립할 수 있어야 할 뿐만 아니라, 원활한 의사소통에 필요한 커뮤니케이션 기술을 가지고 있어야 한다.

2. 영업직의 전망

2.1 영업직의 장점

과거에는 물론 현재에도 영업직에 대해 부정적인 생각을 가지고 있는 사람들이 많이 있지만, 이는 상당 부분 오해나 정확하게 알고 있지 못하는 데서 기인한다. 과거의 영업에서는 팔고 싶은 물건을 단순히 설득, 읍소 등을 통해 어떻게든 많이 파는 것을 최선의 목표로 하는 경우가 많았지만, 현대의 영업은 과거와는 비교할 수 없을 정도로 고도화, 전문화되어 가고 있다. 즉, B2B 부문에서는 물론 B2C 부문에서도 영업사원은 단순히 일방적인 설득 커뮤니케이션에 의해 물건을 파는 사람이 아니라, 고객의 입장에서 고객의 문제를 해결하고 새로운 가치를 제공하는 컨설턴트로서의 역할을 수행하는 방향으로 변화해가고 있는 것이다. 이러한 변화가 발생하는 것은 공급초과로 인해 고객중심의 시장이 형성되면서 힘이 강해진 고객들의 요구가 점점 더 복잡해지고 까다로워지고 있기 때문이다. 이러한 측면에서 볼 때 영업의 고도화, 전문화 추세는 일시적인 유행이 아니라 시장의 수요공급 원칙에 기반을 두고 있는 시대적 대세라고 할 수 있다. 이러한 환경에서 영업사원이 성공적인 영업활동을 수행하기 위해서는 커뮤니케이션 기술은 물론, 시장 · 제품 · 고객 등에 대한 심도 있는 지식, 프레젠테이션 기술, 분석 기술, 기획력, 추진력, 통솔력, 리더십 등 매우 많은 능력들을 갖추어야 한다.

이렇게 전문적인 직업으로서의 영업직은 전망이 매우 밝은 직종이다. 영업직은 다른 직종에 비해 여러 가지 장점을 가지고 있다. 먼저 보상의 수준이 자신의 성과와 직결되어 있기 때문에 능력이 있는 직장인이라면 조기에 큰 수입을 기대할 수 있다. 고소득을 올리고 있는 영업사원들 중에 영업관리자로의 승진을 거부하는 사람들이 많은 것은 바로 영업직이 고소득을 올릴 수 있다는 매력이 크기 때문이다. 또한 영업직은 정년이 없다는 장점이 있다. 능력만 갖추고 있으면 나이와는 상관없이 지속적으로 일할 수 있다. 40대 후반만 되어도 퇴직을 걱정해야 하는 사회적 환경에서 정년이 없다는 것은 매우 큰 장점이라고 할 수 있다. 또한 영업직은 정신적, 체력적으로 스트레스가 많은 직업이긴 하지만 지루하지 않다. 항상 새로운 고객을 만나야 하고, 새로운 제품을 알아가야 하며, 경쟁을 극복할 수 있는 방법을 끊임없이 찾아야 한다. 또한 같은 고객이라도 항상 변화하는 니즈에 능동적으로 대처해야 그 고객을 유지하고 활성화시킬 수 있다. 영업직의 이러한 특성은 성취욕이 강하고 도전정신이 강한 사람에게는 매우 매력적인 장점이 될 수 있다.

2.2 성공적인 경력관리를 위한 초석으로서의 영업직

영업직은 직장인들에게 성공적인 직장생활을 위한 여러 가지 좋은 기회들을 제공해 준다. 먼저 영업직을 수행하면서 시장과 고객에 대한 현장감 있는 지식을 얻을 수 있으며, 자사의 제품이나 경쟁사의 제품에 대해서도 전문적인 지식을 쌓아갈 수 있다. 영업사원은 이러한 지식과 경험을 바탕으로 시장과 고객을 보는 높은 안목을 가질 수 있는데, 이는 현장경험이 없는 사람들은 가질 수 없는 큰 자산이 된다. 또한 영업활동을 하는 과정에서 혼자 일하는 방법도 체득할 수도 있고, 팀영업을 통해서 동료 영업사원들과 어떻게 조화롭게 협력해갈 것인가도 익힐 수 있다. 영업활동 과정에서 끊임없이 고객의 니즈를 파악하고 고객의 문제를 해결할 수 있는 방안을 찾아야 하기 때문에 기존의 관행을 답습하기 보다는 더욱 더 새롭고 생산적인 솔루션을 찾으려는 자세를 갖게 되고, 이러한 과정 속에서 자연스럽게 새로운 아이디어를 만들어내는데 필요한 창의력이 길러진다.

영업사원은 고객과의 관계에서 항상 을(乙)의 입장이 된다. 을은 갑(甲)인 고객의 니즈가 무엇인지를 파악하고 이를 충족시켜 주어야 하기 때문에 정신적인 스트레스가 많지만, 업무를 치열하게 수행해 나가는 과정에서 프로(professional)로서의 면모를 점차 갖추어가게 된다. 왜냐하면 고객의 요구에 부합하기 위해서는 부단한 노력을 통해 경쟁자를 압도할 수 있는 실력을 갖추어야 하고, 항상 성실하고 근면한 자세로 업무에 임해야 하기 때문이다. 따라서 공급회사의 영업사원이 되어서 열심히 직장생활을 하였다고 가정할 때, 10년이 정도가 지났을 때에는 상당한 수준의 프로로 성장해 있을 가능성이 높다. 이러한 사람은 해당 회사에서 계속 성장할 수도 있고, 더 좋은 대우를 받으면서 다른 공급업체로 이직할 수도 있으며, 고객사의 제안으로 갑의 입장이 될 수도 있다. 또한 지금까지 쌓아왔던 노하우와 인맥을 바탕으로 자신의 사업을 일구어갈 수도 있을 것이다.

영업사원으로서의 경력은 향후 최고경영진으로 성장해 나가는 데 있어서 매우 강력한 발판이 될 수 있다. 실제로 외국에서는 물론 우리나라에서도 영업사원으로 성장한 직장인이 CEO의 반열에 오르는 경우가 대단히 많다. CEO로서의 중요한 덕목 중의 하나로 회사가 나아가야 할 전략적인 방향을 제시하는 능력을 들 수 있는데, 영업사원은 현장에서의 경험을 통해 매우 합리적이고 실전적인 전략을 수립할 수 있는 능력을 갖추어갈 수 있다. 또한 CEO는 주주, 투자자, 고객, 회사직원 등 다양한 사람들을 대상으로 자신의 아이디어를 세일즈할 수 있는 출중한 커뮤니케이션 능력을 갖추어야 하는데, 영업사원은 생활 그 자체가 커뮤니케이션의 연속이기 때문에 자연스럽게 이러한 능력을 갖추어갈 수 있다. 또한 영업사원으로서는 영업활동 자체가 경영자로서의 수업을 하는 과정이라고 할 수 있다. 과거에는 영업사원이 회사나 영업관리자가 정한 전략을 수동적으로 실행하는 역할을 하였지만, 현대의 영업에서는 영업사원에 대한 권한이양이 대폭적으로 이루어지면서 영업사원의 의사결정 권한이 점차 커지는 추세에 있다. 이는 경쟁의 심화와 고객니즈의 다양화 등으로 영업현장에서의 상황이 빠르고 복잡하게 전개되면서 순발력 있는 의사결정과 실행이 그 어느 때보다도 절실해졌기 때문이다. 그래서 영업사원은 자신이 담당하고 있는 구역, 고객, 제품 등에 대해 책임을 지고 운영해가는 경영인으로서의 경험을 축적해 갈 수 있다. 이러한 이유로 영업사원으로서의 경험은 CEO로 성장하고자 하는 직장인들이 반드시 갖추어야 할 필수적인 조건이 되어 가고 있다.

CHAPTER 02

판매과정

영업사원이 수행해야 하는 가장 중요한 업무는 신규고객을 대상으로 판매활동을 전개하는 것이다. 영업사원은 신규고객 대상의 판매활동 이외에도 기존고객의 관리, 서비스의 제공, 교육훈련의 참가, 자기개발, 회의참석 등 다양한 활동을 수행한다. 하지만 신규고객의 획득을 위한 활동이 이루어지지 않으면 영업활동이 지속될 수 없기 때문에 신규고객의 확보는 영업활동의 전개에 있어서 가장 핵심적인 위치를 차지한다.

판매는 신규고객의 확보를 통해 이루어질 수도 있고, 기존고객을 대상으로 하는 교차판매 등을 통해 이루어질 수도 있지만, 이 장에서의 판매과정(販賣過程)은 영업사원이 신규고객을 획득하고자 할 때 어떠한 활동을 전개해야 하는가를 중심으로 기술된다. 기존고객을 대상으로 하는 판매활동은 제4장의 '기존고객의 관리'에서 상세히 기술하였다. 신규고객의 획득을 위한 판매과정은 [그림 2-1]에서와 같이 잠재고객의 확보에서 판매종결 이후의 사후관리에 이르기까지 여러 단계로 구성된다. 이 장에서는 판매과정의 각 단계에 대해 기술하고, 판매과정과 관련된 중요한 이슈들(영업깔때기, 판매반응함수, 구매과정에 따른 판매과정의 조절)에 대해 살펴보기로 한다.

그림 2-1 | 판매과정

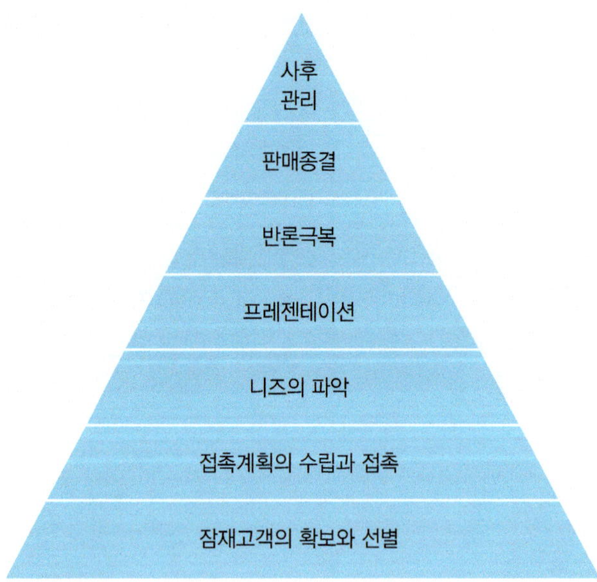

제1절 잠재고객의 확보와 선별

잠재고객(prospect, 潛在顧客)은 '자사의 제품이나 서비스를 구매하지 않은 사람 혹은 기업 중에서 향후 자사의 고객이 될 수 있는 잠재력을 가지고 있는 사람 혹은 기업'이라고 정의될 수 있다. 원래 'prospect'라는 단어는 채광(採鑛)과 관련된 용어로 동사(動詞)로서는 '금광이나 석유 따위를 찾아 시굴하다'라는 뜻을 가지고 있으며, 명사(名詞)로서는 '채광 유망지'의 뜻을 가지고 있다. 영업은 대부분 고객과의 대면접촉을 통해서 이루어지기 때문에 영업에서의 '잠재고객의 확보(prospecting)'는 구매 가능성이 있는 고객의 리스트(list)를 확보하는 것을 의미한다. 리스트를 확보한다는 것은 고객의 이름은 물론, 고객의 특성을 파악할 수 있는 정보와 전화번호나 이메일과 같은 접촉정보를 확보한다는 것을 의미한다. 잠재고객의 확보는 종종 '리드 창출(lead generation)'이라고 불리기도 한다. 양질의 잠재고객의 확보는 성공적인 영업활동의 초석이 되기 때문에 매우 중요한 의미를 지닌다. 특히 경력이 짧은 영업사원은 기존고객이 거의 없기 때문에 매출의 대부분을 신규고객에 의존하여야 하고, 따라서 잠재고객 확보의 의미는 더 크다고 할 수 있다.

1. 잠재고객의 특성 파악

잠재고객을 확보하기 위해서는 우선 어떤 유형의 고객이 목표고객인가를 알고 있어야 한다. 즉, 영업을 위한 목표고객을 설정하는 것이 잠재고객의 확보를 위한 첫 번째 단계가 된다.

마케팅전략의 수립과정에서 가장 보편적으로 사용되는 방법론은 S/T/P(세분화/타깃팅/포지셔닝)인데, 여기에서 타깃팅은 곧 목표고객의 설정을 의미한다. 예를 들어 '설화수'의 타깃은 30~50대 고소득층 여성, 'BMW'의 타깃은 대도시 거주의 30~40대 전문직 종사자 등과 같은 방식을 의미한다. 목표고객의 선정에 있어서 기준이 되는 변수로는 나이나 성별과 같은 인구통계학적 변수가 가장 빈번하게 사용되지만, 라이프스타일이나 행위적인 변수도 사용된다. B2B 부문에서는 회사의 규모, 업종, 지역, 소유형태, 의사결정 유형 등이 목표고객 선정의 기준이 될 수 있다.

그런데 영업에서의 타깃팅은 마케팅에서의 타깃팅에 비해 훨씬 더 구체적이고 실전적이다. 왜냐하면 마케팅에서의 타깃팅은 전반적인 전략방향을 제시하는 것이지만, 영업에서의 타깃팅은 대면을 통해 구체적인 영업활동을 해야 할 대상을 선정하는 것이기 때문이다. 예를 들어 은행의 VIP 지점의 컨설턴트라고 하면 인근의 대형 아파트 중대형 평수에 입주하는 입주민이 타깃이 될 수 있고, 항암치료제를 판매하려는 제약회사의 영업사원이라면 활동구역에 있는 종합병원의 외과의사가 주 타깃이 될 수 있다. 또한 미용관련 건강식품을 판매하는 영업사원은 활동구역의 상장회사에 근무하는 20~30대의 젊은 직장여성이 주 타깃이 될 수 있으며, 시스템 에어컨을 판매하는 전자회사의 영업사원의 입장에서는 땅을 파고 있거나 공사를 위해 펜스가 쳐있는 공사현장의 건물주가 타깃이 될 수 있다.

2. 잠재고객의 확보

잠재고객의 확보는 앞에서 언급한 바와 같이 구매 가능성이 있는 고객들의 리스트를 확보하는 것을 의미한다. 잠재고객은 [그림 2-2]에서와 같이 외부 리스트, 회사 내부의 정보, 기존고객의 소개, 인적 네트워크, 프로모션 활동, 임의적 방문 등 다양한 원천으로부터 확보될 수 있다.

그림 2-2 | 잠재고객의 확보방안

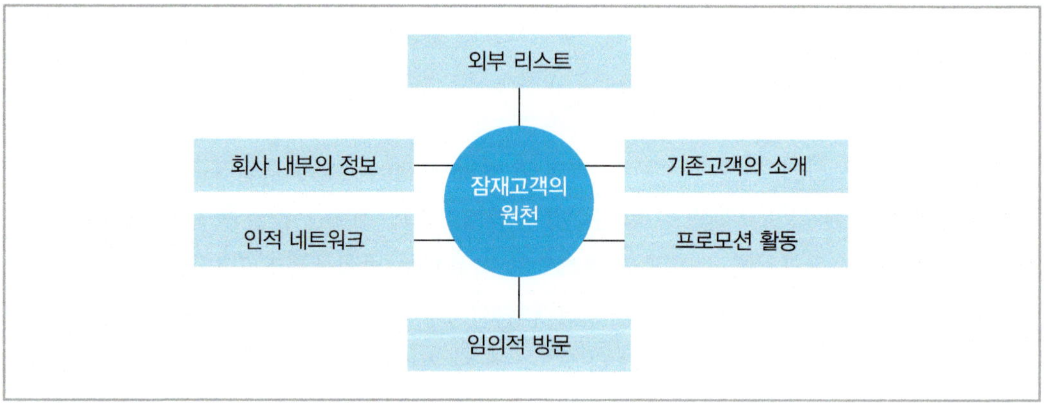

2.1 외부 리스트

다른 기업으로부터 양질의 잠재고객 리스트를 공급받을 수 있다면 이는 비용과 시간이 가장 적게 드는 방법이기 때문에 매우 바람직하다고 할 수 있다. B2B 영업을 위한 기업정보는 해당 산업 협회의 간행물, 기업연감, 정부기관 통계자료, 비즈니스 간행물 등 다양한 2차 자료를 통해 확보할 수 있다. 이러한 정보들은 대부분 공개된 정보이기 때문에 비교적 용이하게 수집할 수 있으며, 개인정보의 유출과 같은 법률적인 문제가 발생하지 않는다. 그렇지만 개인정보의 경우에는 사정이 많이 다르다. 미국의 경우에는 대부분의 주에서 고객정보를 거래하는 것이 합법화되어 있고, 또한 고객의 리스트를 제공해주는 대형 리스트 편집회사들도 다수 존재하기 때문에 B2C 기업들도 큰 비용부담 없이 조건에 맞는 잠재고객의 리스트를 외부로부터 얼마든지 확보할 수 있다. 하지만 우리나라의 경우에는 개인정보보호법에 의해 고객의 동의가 없이는 고객정보를 타기업에 제공할 수 없도록 하고 있기 때문에 잠재고객의 리스트를 거래하는 합법적인 시장이 존재하지 않고, 따라서 B2C 영업을 전개하는 기업들이 외부 기업으로부터 잠재고객의 리스트를 공급받는 것은 거의 불가능하다. 그러나 예외적인 경우도 있다. 가장 대표적인 예외로 금융지주회사에 포함되어 있는 계열사 간의 고객리스트 제공을 들 수 있다. 우리나라의 금융지주법은 동일한 금융지주회사에 포함되어 있는 계열사 간의 리스트 제공을 허용하고 있다. 그래서 예를 들어 은행계 카드사의 경우에는 같은 금융지주회사 소속의 은행으로부터 유망 잠재고객의 리스트를 공급받을 수 있다.

2.2 회사 내부의 정보

■ 대고객 커뮤니케이션 채널을 통해 확보된 잠재고객 정보

고객센터나 홈페이지 등과 같이 회사가 고객에게 제공하는 커뮤니케이션 채널을 통해서도 잠재고객에 대한 정보를 확보할 수 있다. 고객센터의 경우 불만이나 A/S 요청을 위한 전화뿐만 아니라, 제품이나 서비스에 대해 문의를 하기 위한 전화도 걸려온다. 문의를 해오는 고객들은 자사의 제품이나 서비스에 대해 관심을 가지고 있는 사람들이기 때문에 훌륭한 잠재고객이 된다. 또한 자사의 홈페이지에 접속하여 제품이나 서비스를 검색하거나, 여기에서 더 나아가 정보요청이나 문의를 위한 글을 남기는 고객들 또한 가능성이 높은 잠재고객이라고 할 수 있다. 최근에는 페이스북이나 트위터와 같은 SNS(social network service)를 통해서도 많은 수의 잠재고객들과 활발한 커뮤니케이션이 이루어지고 있기 때문에 SNS 또한 잠재고객 확보를 위한 유용한 매체가 될 수 있다.

■ 이탈고객 리스트

자사의 제품이나 서비스를 사용하다가 이탈한 고객들도 훌륭한 잠재고객이 될 수 있으며, 다양한 업종의 기업들이 이탈고객을 재획득하는 전략을 활용하고 있다([글 2-1] 참조). 특히 통신사, 은행, 카드사, 보험사, 증권사 등은 장기간 동안 거래실적이 없는 고객들의 리스트를 대량으로 보유하고 있기 때문에 이들 고객 가운데 잠재력이 큰 고객들을 선별하여 활용함으로써 영업활동을 활성화시킬 수 있다. 예를 들어 특히 우리나라의 대형 카드사들은 시장포화 현상이 매우 심한 카드시장에서 타사의 고객을 대상으로 신규고객 창출에 나서기보다는 500~1,000만 명에 이르는 자사의 이탈고객(혹은 비활성화고객)을 대상으로 이들을 재활성화시키기 위한 전략을 활발히 전개하여 왔다. 그렇지만 금융감독원은 2013년 4월부터 카드사를 대상으로 12개월 동안 실적이 없는 고객에 대해 1달 동안 해당 사실을 고지하고, 고지 이후 3개월 동안의 유예기간에도 실적이 없으면 자동으로 카드를 해지하도록 하고 있으며, 해당 고객이 보유하고 있는 자사의 모든 카드가 해지된 상태이면 그 고객은 자동으로 탈회가 되도록 하고 있다. 탈회가 된 고객에 대해서는 고객정보를 보유할 수는 있지만 사용할 수는 없다. 이렇게 개인정보에 대한 보호정책이 점차 강화되고 있기 때문에 적어도 금융업종에서는 이탈고객을 대상으로 하는 재획득전략이 더욱 어려워지고 있다.

휴면고객 대상의 신규고객 창출 사례

글 2-1

가전제품 양판점 전자랜드는 2006년에 6개월 또는 1년 이상 구매실적이 없는 '휴면고객'의 재방문을 유도하기 위해 DM(direct mail)을 보내기 시작했다. DM은 고객이 전자랜드 매장을 방문하면 사은품이나 가격할인 등 혜택을 준다는 내용을 담고 있었다. 하지만 이런 혜택만으로는 고객이 '차별화된 대우'를 받는다는 생각을 별로 하지 않는다는 사실이 드러났다. 해결책을 찾기 위해 고심하던 전자랜드는 매장 방문 고객의 대부분이 개인 차량을 이용한다는 사실에 주목했다. 그리고 고객들에게 가전제품 할인 이외에 자동차 정비 서비스를 함께 제공하는 전략을 생각해냈다. 이러한 전략은 업종 간 고객공유로 시장잠식(cannibalization)이 없고, 공통고객군(30~40대 남성 또는 20~30대 고객)을 쉽게 끌어올 수 있다는 장점이 있었다. 게다가 추가비용 지출도 거의 없었다. 전자랜드는 자동차정비업체인 스피드메이트와 공동 프로모션 계약을 맺고, 고객들에게 보내는 DM에 계절을 반영한 다양한 서비스(에어컨 정비, 황사 대비 에어컨 살균 세척, 냉각수 주입)를 추가하여 성공적으로 고객유입을 늘릴 수 있었다. 스피드메이트도 이를 통해 자연스럽게 신규고객 유입채널을 확보할 수 있었음은 물론이다.

출처 : 문종훈, 문권모 (2009), "기존 데이터에서 '숨은 보물' 캐내라," 동아비즈니스리뷰, 31, 34-36.

'이탈고객 재획득전략(customer winback strategy)'은 거래실적이 전혀 없었던 고객을 획득하는 전략에 비해 훨씬 더 비용효율적인 전략이다. 이와 관련하여 한 연구는 현재 거래관계에 있는 고객을 대상으로 추가적인 판매에 성공할 확률은 60~70%에 이르고, 이탈고객을 대상으로 판매에 성공할 확률은 20~40%에 이르지만, 자사의 제품을 구입한 경험이 없는 고객을 대상으로 판매에 성공할 확률은 5~20%에 불과하다는 것을 보여주고 있다. 또 다른 연구도 사례분석을 통해 외부리스트를 활용해서 새로운 고객을 창출하는 전략의 ROI(return on investment)는 23%에 불과한 반면, 이탈고객 재활성화 전략의 ROI는 무려 214%에 이름을 보여주고 있다. 이탈고객 재획득전략의 성공적인 수행을 위해서는 고객이 이탈한 시점에서부터 재획득전략이 시행되는 시점까지의 기간을 최소화시키는 것이 가장 중요하다. 왜냐하면 이 기간이 길어질수록 이탈고객과 자사와의 관계는 더욱 소원해지고, 이탈고객과 새로 거래를 시작한 쟁쟁사와의 관계는 더욱 돈독해지기 때문이다. 한 조사에 의하면 고객이 이탈한 후 일주일 내에 접촉하였을 경우에 재획득에 성공할 확률은 4주째에 접촉하였을 경우의 성공확률에 비해 4배에 이르는 것으로 나타났다.

이탈고객 재획득전략의 이점 중의 하나는 회사가 이탈고객에 대한 정보를 가지고 있기 때문에 이 정보에 대한 분석을 바탕으로 거래업체를 자주 바꾸는 고객, 신용도가 낮은 고객, 거래규모가 작은 고객 등과 같이 공헌 기여도가 낮을 것으로 예상되는 이탈고객을 재획득 대상에서 제외시키고, 다시 거래를 시작하였을 때 회사에 대한 기여도가 높을 것으로 예상되는 이탈고객만을 선별하여 캠페인을 전개할 수 있다는 점이다([글 2-2] 참조).

선별적 이탈고객 재획득 캠페인 사례

글 2-2

한 지역 전화회사는 주(州) 지역 장거리전화 고객의 27%를 다른 업체에 빼앗겼다. 그래서 떠나간 고객들의 부가가치를 분석하여 상위 7%에 해당하는 고객을 추출한 다음, 관계 회복을 위해 맞춤형 전략을 수립하여 실행하였다. 그 결과 서비스 공급업체를 변경한 고객 중 부가가치가 낮은 고객은 그대로 내버려둔 채, 고부가가치 고객의 거의 절반을 48시간 이내에 다시 유치할 수 있었다. 거기에 추가적인 조사과정을 거쳐 그 고객들로부터 경쟁업체의 유인전략을 파악하였고, 자체 서비스품질에 대한 고객의 평가에 귀 기울일 수 있었다. 고객의 의견으로부터 특정 지역의 서비스품질이 기준 이하라는 사실을 발견하고서 곧바로 문제를 조정한 것이 그 한 예이다. 반면에 저부가가치 고객을 모두 떠안은 경쟁회사는 그로부터 1년 뒤 심각한 경쟁력 퇴조에 직면하였다.

출처 : 해리슨 고든, 스티븐 로스 (2001), "마켓 인텔리전트 엔터프라이즈," in 프라이스워터 하우스쿠퍼스, 세계 최고 기업들의 CRM 전략, 번역서, 북21, 49-74.

2.3 기존고객의 소개

기존고객은 잠재고객의 확보를 위한 매우 훌륭한 원천이다. 왜냐하면 기존고객의 소개를 통해 확보된 고객은 그 어떤 다른 원천에 의해 확보된 고객보다도 이탈률도 낮고, 우수고객이 될 가능성도 높기 때문이다. 그렇지만 기존고객의 소개는 일반적으로 그다지 활성화되지 못하고 있다. 이에 대한 가장 중요한 이유로 영업사원이 고객에게 지인을 소개해줄 것을 부탁하지 않는 경향이 있기 때문이라는 점이 지적되고 있다. 이는 소개를 부탁하면 고객이 부담스러워 할 수 있고, 이로 인해 그 고객과의 관계가 소원해질 수 있다는 우려 때문이다. 따라서 고객에게 고객 자신을 위해서가 아니라 지인을 위해서 소개하는 것이라는 점을 충분히 인식시켜 줌으로써 자연스럽게 소개를 이끌어 내는 것이 중요하다. 또한 막연하게 주변의 관심이 있는 지인들을 소개시켜 달라고 하는 것보다는 연령, 직업, 성향 등을 보다 구체화하여 요청하는 것이 훨씬 더 효과가 있는 것으로 알려져 있다. 고객에게 소개를 요청하는 가장 좋은 시점은 고객의 문제를 성공적으로 해결하였을 때라고 할 수 있다. 즉, 고객의 문제를 해결한 뒤 주변에 비슷한 문제를 가지고 있는 지인의 소개를 부탁하는 것이 가장 효과적이다. 아래의 [글 2-3]은 B2C 영업에서의 기존고객을 통한 소개의 중요성을 기술하고 있다.

기존고객의 소개를 통한 잠재고객 확보의 중요성

글 2-3

■ 한 명의 키맨은 50건 이상의 계약을 낳는다

기존고객은 영업사원에 대한 충성도에 따라 단순고객, 단골고객, 협력고객, 충성고객, 키맨(key man) 등으로 분류할 수 있다. 소개를 통한 고객확보 방법에서 가장 효과가 큰 방법은 키맨을 활용하는 방법이다. 키맨을 활용한 소개확보 방법은 키맨 세력권 내의 거의 모든 사람들을 고객으로 만드는 방법으로 그 효과는 다른 어떤 소개 루트보다도 강력하다. 키맨을 확보하기 위해서는 설득에 많은 시간과 기술이 필요하지만, 일단 확보를 하고 나면 그 성과는 매우 크다. 키맨은 단지 영업사원을 도와주는 입장에 있지만 그 영향력은 막강해서 영업사원 한 사람 몫을 일정기간 동안 충분히 해 줄 수 있다. 실제로 대부분의 키맨들이 일정기간 동안 50명 이상을 소개해 주는 경우가 비일비재하다. 지금껏 보아온 자동차 영업사원의 키맨 중에는 자그마치 120대를 소개해준 사람도 있었다. 생명보험과 손해보험을 합해서 무려 170건, 화장품은 200명 이상을, 정수기 · 연수기 · 비데 등 생활용품은 150명까지 소개해준 사람도 있었다. 키맨을 통한 계약 성공확률은 거의 100%에 육박한다. 이것이 바로 소개마케팅의 위력이다. 소개에 의하지 않고 다른 방법에 의존하여도 비효율적이기는 하지만 그런대로 영업활동을 펼칠 수 있다. 그러나 시간이 지나가면 힘들고 피곤해진다. 왜냐하면 성공확률이 희박해서 능률이 오르지 않기 때문이다. 그러나 소개마케팅은 고객관리만 확실하게 잘한다면 그 효과가 빠르고 지속적으로 나타나 영업에 대해 자긍심을 갖게 해주는, 평생토록 할 수 있는 영업방식이다.

출처 : 김동범 (2004), 1사람이 50명의 계약을 낳는 소개마케팅, 다산북스, 154-157 요약

■ 손해보험 설계사 A의 마르지 않는 샘, '단골고객'

"저에게는 마르지 않는 샘이 있습니다. 아무리 퍼내도 다시 맑은 물을 채워주는 옹달샘, 150명의 기계약자들, 즉 저와 줄곧 거래를 맺어온 단골고객이 바로 그들입니다." 보험, 특히 자동차보험은 1년 단위로 고객이 바뀌는 특징이 있다. 설계사 A에게 자동차보험을 가입한 고객 가운데 40% 정도는 1년이 지나면 이사를 가거

나, 다른 보험설계사와의 학연 · 지연에 따라 보험 회사를 바꾸거나, 혹은 아예 자동차를 없애는 등의 사정으로 관계를 끊는다고 한다. 이런 자동차보험의 특성상 꾸준히 실적을 유지하려면 늘 신규고객을 찾아다녀야 한다. 1년 뒤면 필연적으로 사라져버릴 40%의 고객을 대체하고도 매출액을 늘리기 위해서는 새로운 고객확보에 두 배, 세 배 이상의 노력을 기울여야 한다. 바로 이런 보험영업의 특성상 꾸준히 신규고객을 소개해주고 보험영업을 간접적으로 지원해줄 원군(援軍)을 확보하는 것이 성공의 지름길이다. 설계사 A는 이런 원군, 즉 기계약자이면서 새로운 고객을 소개해주는 단골고객을 150명 확보하고 있다. 150명 기계약자와 설계사 A와의 관계는 무척 돈독하다. "그분들과 저는 내 것, 네 것을 가리지 않습니다. 내 일과 상대의 일도 구분하지 않습니다. 기계약자들에게 무슨 일이 생기면 언제라도 달려갑니다. 제가 그분들을 챙겨주는 만큼, 그분들도 저를 도와줍니다. 한마디로 형제 같은 사이라고나 할까요?" 설계사 A는 이런 기계약자들을 "동서남북 사방을 뛰어다니며 나 대신 영업을 해주는 사람들"이라고 표현했다. "소개영업을 하지 못하면 세일즈맨의 자격이 없다고 생각합니다. 나를 위해 새로운 고객을 소개해주는 주변 사람을 얼마나 많이 확보하느냐가 성공의 관건이라고 믿고 있습니다. 지금 이 순간에도 150명에 달하는 저의 분신들이 주변 사람들에게 제 얘기를 하고 있을 겁니다." 설계사 A는 "짧은 만남일지라도 고객 한 사람 한 사람을 소중히 여기고 최선의 서비스를 하면 이 기계약자를 통해 새로운 고객이 기하급수적으로 늘어난다는 것을 숱하게 경험했다"고 말한다. 지난 1년간 설계사 A와 거래한 고객은 줄잡아 6천여 명에 이른다. 요즘도 그는 한 달에 500명 정도의 고객과 거래를 튼다. 이 모두가 그와 끈끈하게 연결된 기계약자들의 적극적인 소개 덕분이다. 한 마디로 기계약자는 설계사 A에게 포도라는 과실을 안겨주는 포도나무와 같은 존재들인 것이다.

출처 : 김기영 (2002), 한국을 뒤흔든 세일즈 마케터, 시대의 창, 134-137 요약

2.4 인적 네트워크

영업사원 자신 혹은 자신이 소속된 회사를 다른 사람에게 추천해줄 수 있는 인적 네트워크(personal network)를 확보하는 방법도 많이 활용되고 있다. 예를 들어 동문회, 협회, 동호회, 봉사모임 등 각종 단체에 참여하여 네트워크를 형성함으로써 잠재고객을 소개시켜 주거나 혹은 스스로 잠재고객이 되어 주는 사람들을 만날 수 있다. 특히 우리나라와 같이 인간관계를 중시하는 사회에서는 인적 네트워크의 중요성이 매우 크다. 참여 단체는 오프라인 단체일 수도 있고, 온라인 단체일 수도 있다. 그런데 동호회 등과 같은 단체의 구성원 중에는 회원들을 대상으로 영업활동을 하는 것에 대해 부정적으로 생각하는 사람들도 있기 때문에 보다 장기적인 안목을 가지고 회원들이 자신의 문제를 해결하기 위해 스스로 다가올 수 있도록 분위기를 조성하는 것이 중요하다. [글 2-4]는 동호회를 통한 잠재고객 확보 사례를 기술하고 있다. 또한 업무의 특성상 다른 업종에 속한 기업들과 고객을 서로 소개시켜주고 소개를 받을 수 있는 업종들 간에는 일종의 네크워크가 형성되기도 한다. 예를 들어 회계법인, 로펌, 세무법인, 은행 등은 자사의 업무의 수행을 원활히 하기 위해 보완적인 역할을 할 수 있는 다른 업

동호회를 통한 잠재고객 확보 사례

글 2-4

국내 P생명보험에 근무하는 보험영업인 K씨는 골프 동호회를 세 개나 만들어 동호회 멤버들과 일주일에 세 번 이상 골프를 친다. 골프장 부킹과 회원들에게 연락하는 일은 물론 K씨가 도맡아 한다. 골프를 치면서 재미있는 이야기를 화제에 올려 그 어떤 영업인보다 고객들과 자주, 그리고 재미있게 커뮤니케이션한다. 그러다 보면 보험 이야기를 하지 않아도 골프 동호회 멤버들이 자연스럽게 자신의 고객이 되고 또한 이들에게 새로운 고객도 자주 소개받는다. K씨는 골프 동호회를 통해서 영업성과의 60% 이상을 올리고 있다.

출처 : 이성동 (2005), 영업달인은 절대 세일즈하지 않는다, 호이테북스, 149–150 요약

종의 기업들과의 네트워크를 형성하고 서로 자사의 고객을 소개시켜주는 방식으로 공생관계를 형성하기도 한다.

2.5 프로모션활동

기업은 다양한 프로모션활동을 통해서 잠재고객에 대한 정보를 수집할 수 있다. 이러한 프로모션활동은 통상적으로 마케팅부서에 의해 수행된다. 마케팅부서가 다양한 프로모션활동을 통해 잠재고객의 리스트를 확보하고, 이를 영업부서에 공급함으로써 영업사원이 영업활동에만 몰두할 수 있도록 해준다면 영업을 보다 활성화시켜 줄 수 있음은 물론, 영업부서와 마케팅부서와의 관계증진에도 크게 기여할 수 있다. 마케팅부서와 영업부서를 별도로 가지고 있는 우리나라의 어느 외국계 생명보험회사의 경우, 마케팅부서의 가장 중요한 역할은 직접반응 TV광고를 집행하고, 이를 통해 확보된 잠재고객의 리스트를 영업부서에 전달하는 것이다. 영국의 전략컨설팅회사인 Graham Communication의 설립자인 John R. Graham은 잠재고객의 획득과 관련하여 다음과 같이 언급하고 있다. "영업사원은 잠재고객을 발견하는데 시간을 낭비해서는 안 된다. 잠재고객을 발견해내는 것은 회사가 해야 할 일이지 영업사원이 할 일은 아니다. 만일 영업사원이 일일이 찾아다니면서 잠재고객을 발견해야 한다면, 영업사원들은 정작 필요한 판매에는 많은 노력을 기울이지 못하게 될 것이다." 잠재고객의 확보를 위해 이용될 수 있는 프로모션 수단들로 직접반응광고, 제휴마케팅, 퍼블리시티(publicity), 이벤트를 들 수 있다. 여기에서는 각각에 대해 간략히 기술한다.

■ 직접반응광고

직접반응광고는 제품이나 서비스의 이미지를 전달하려는 광고가 아니라, 광고를 보는 사람으로 하여금 문의, 구매, 매장방문 등과 같은 구체적인 행동을 취할 수 있도록 유도하기 위한 목적으로 집행되는 광고이며, 주문이나 문의를 위한 전화번호가 광고내용 중에 반드시 포함된다. 직접반응광고는 대중매체를 중심으로 이용되는 만큼, 많은 숫자의 소비자를 대상으로 하는 B2C 부문에서 주로 사용된다. B2B 부문에서는 전문잡지 등과 같이 매우 특화된 매체에서 제한적으로 활용된다.

우리나라에는 직접반응광고를 전문적으로 취급하는 광고대행사가 없지만, 미국이나 유럽에는 직접반응광고만을 취급하는 광고대행사가 활성화되어 있으며, 이러한 광고대행사는 광고물의 제작이나 매체의 집행뿐만 아니라 반응해온 고객들의 정보를 관리하고, 이를 분석하여 마케팅전략을 만들어내는 서비스까지 제공하고 있다. 직접반응광고의 효율적인 집행을 위해서는 목표고객에 적합한 매체의 선정, 단순하면서도 매력적인 상품내용의 구성, 고객의 반응에 대한 적절한 인센티브의 제공, 편리한 접촉수단의 제공 등 여러 가지 측면에 대한 전략수립이 필요하다. 특히 직접반응광고는 단순히 소비자의 주목을 끄는 데 목적이 있는 것이 아니라 문의나 구매와 같은 소비자의 구체적인 행동을 유도하는 데 목적이 있기 때문에 이러한 목적을 달성하기 위해서는 소비자에게 제공할 인센티브(예를 들어 가격할인, 상품정보의 무료제공, 사은품이나 경품 등의 제공)를 개발하는 것이 매우 중요하다.

직접반응광고는 보는 사람들이 전화를 거는 등의 구체적인 행동을 할 수 있도록 설득하여야 하기 때문에 많은 정보를 제공해야 하고, 이에 따라 광고의 길이도 길어지게 된다. 그래서 광고비가 비싼 공중파 방송에서는 직접반응광고가 거의 등장하지 않는다. 최근에는 우리나라에서도 광고비가 상대적으로 저렴한 케이블 TV의 보급률이 높아지고, 기업들의 광고의 투자수익률(ROI)에 대한 인식이 높아지면서 직접반응광고가 매우 활발하게 사용되고 있다. 광고를 보고 문의를 해오는 사람들은 대부분 광고에 소개된 제품이나 서비스에 대해 많은 관심을 가지고 있기 때문에 매우 훌륭한 잠재고객이 된다. 특히 금융상품, 건강식품, 발모치료제 등과 같이 광고를 통해 제품이나 서비스에 대한 상세한 설명이 어려운 경우에는 문의를 권유하는 직접반응광고를 통해 잠재고객의 리스트를 효과적으로 확보할 수 있다. 이렇게 확보된 고객리스트는 영업조직에 전달되어 영업활동에 사용된다([글 2-5] 참조).

직접반응광고는 4대 매체를 중심으로 논의되지만, 인터넷에서 정보를 입력한 사람에게 소개 자료를 보내주거나 상담서비스를 제공하는 등의 방식으로 운용되는 배너광고나 웹페이지 등도 넓은 의미의 직접반응광고의 범주에 포함시킬 수 있다. 이 방식을 사용하면 큰 비용을 들이지 않고도 광범위한 시장을 대상으로 잠재고객을 확보할 수 있으며, 특히 인터넷 비즈니

생명보험사의 직접반응광고 사례

글 2-5

영국의 생명보험회사인 Equatable Life는 자영업자가 아닌 직원으로 구성된 대리점을 통해 보험상품을 판매하는 유통구조를 가지고 있다. 본사는 주로 사업주나 전문인을 목표고객으로 하는 직접반응광고를 통해 잠재고객 리스트를 확보하고, 이렇게 확보된 리스트를 대리점에 공급해 주는 역할을 담당하고 있다. 잠재고객의 리스트를 건네받은 대리점은 바로 잠재고객과 접촉하여 방문을 통한 판매활동을 수행하도록 되어 있다. 이러한 본사의 대리점지원시스템을 통해 이 보험사는 영국 시장에서 가장 낮은 사업비 비율을 실현하고 있으며, 이러한 높은 생산성을 바탕으로 경쟁력 있는 보험료를 제시할 수 있는 여유를 가지고 있다. 이 보험사 영업의 특이한 점은 직접반응광고를 활용하고 있는 많은 보험사들이 본사에서 직접 운영하고 있는 TM센터를 통해 영업활동을 전개하는 데 반하여, 이 보험사는 대면조직인 대리점을 통해 영업활동을 전개하고 있다는 점이다. 즉, 본사는 잠재고객리스트의 확보, 대리점은 공급받은 리스트를 활용한 대면 영업활동으로 그 역할이 명확하게 구분되어 있다. 이러한 방식은 보다 복잡한 생명보험상품을 판매하는 데 적합한 구조라고 할 수 있다. 즉, 매우 단순한 생명보험상품을 개발하고, 이를 직접반응광고와 인바운드 TM을 통해서 판매할 수도 있지만, 보다 고가이면서 복잡한 상품은 전화로만 설명하기는 어렵기 때문에 대면조직을 활용함으로써 효과성을 더욱 향상시킬 수 있다.

출처 : 박찬욱 (1999), 금융기관의 데이터베이스마케팅, 시그마 인사이트 그룹, 315.

스를 하고 있는 기업들이나 네티즌이 자사 고객들의 상당 부분을 차지하고 있는 기업들이 유용하게 사용할 수 있다([글 2-6] 참조).

인터넷을 활용한 잠재고객의 확보 사례

글 2-6

아이마켓(iMarket, Inc.)은 데이터베이스 소프트웨어 및 서비스 제공업체로서 지명도가 높은 기업이며, 주요 생산품으로는 1,100만 장 이상이 보급된 Dun & Bradstreet 기업파일과 시장매칭 및 분석 프로그램 등이 있다. 아이마켓은 인터넷상에서 B2B 배너광고 및 웹페이지를 통해 판매기회를 창출하고 있다. 아이마켓에서는 잠재고객이 해당 웹사이트에 등록할 경우, 영업담당자가 온라인을 통해 직접 그 고객과 접촉한다. 따라서 기존채널을 이용하여 고객을 유치하던 경우와 비교하면 그 비용이 훨씬 저렴할 뿐만 아니라 전화와 비교하더라도 훨씬 합리적이고 효율적으로 고객의 관심을 사로잡을 수 있다. 또한 영업직원들은 채널에 관계없이 동일한 수수료를 지급받기 때문에 가급적이면 능률면에서 뛰어난 인터넷을 활용하게 된다.

출처 : 해리슨 고든, 스티븐 로스 (2001), "마켓 인텔리전트 엔터프라이즈,"
in 프라이스워터하우스쿠퍼스, 세계 최고 기업들의 CRM 전략, 번역서, 북21, 49–74.

제휴마케팅

타 기업과의 공식적인 제휴를 통해서도 타 기업의 고객을 잠재고객으로 확보할 수 있다. 잠재고객을 확보하기 위한 기업 간 제휴는 주로 마케팅 캠페인을 중심으로 이루어진다. 이 방법을 활용하면 고객리스트의 허가받지 않은 사용에 따른 프라이버시 침해의 문제를 예방할 수 있다. 왜냐하면 예를 들어 A라는 기업이 B라는 기업과 제휴를 맺고 B기업의 고객을 대상으로 자사의 제품이나 서비스를 판매하는 캠페인을 전개한다고 할 때, B기업 고객과의 커뮤니케이션은 A기업이 아니라 B기업에 의해 이루어지기 때문이다. 캠페인이 집행되는 과정에서 B기업의 고객들 가운데 A기업의 제품이나 서비스를 구입하였거나, 혹은 A기업에 의한 접근을 명시적으로 허용한 고객들에 대해서는 A기업이 연락을 취할 수 있다. 제휴마케팅은 제휴업체의 규모가 큰 경우에는 잠재고객을 대량으로 확보할 수 있는 좋은 기회가 된다. 하지만 제휴를 통한 잠재고객 확보가 효과적으로 이루어지기 위해서는 무엇보다 제휴 이전에 제휴업체 고객의 특성이 자사 고객의 특성과 일치하는가를 면밀히 검토하는 것이 중요하다. 왜냐하면 고객의 특성이 상이하면 제휴업체의 고객을 자사의 신규고객으로 전환시키기도 힘들고, 신규고객이 된다 하더라도 거래관계가 오래 지속되지 않을 가능성이 크기 때문이다.

퍼블리시티

퍼블리시티(publicity)는 기업의 홍보(弘報, public relations)활동의 일환으로, 신문이나 TV 등의 대중매체에 자사에 대한 기사(記事)가 보도될 수 있도록 하는 활동을 의미한다. 퍼블리시티는 대중매체를 이용한다는 측면에서는 광고와 같지만, 광고와 달리 언론사에 돈을 지불하지 않는다. 그렇지만 퍼블리시티를 전개함에 있어 비용이 전혀 들지 않는 것은 아니다. 기사는 기자의 이름으로 보도되지만, 실제로는 많은 경우에 기업에서 기사를 작성하여 언론사에 제공해야 하기 때문에 기사 작성이나 기자 섭외 등에 어느 정도의 비용은 소요된다. 신문이나 TV를 보는 사람들은 언론사가 그 내용을 결정하는 기사가 광고주가 그 내용을 결정하는 광고에 비해 훨씬 더 객관적이라고 생각하는 경향이 있기 때문에 퍼블리시티는 전달하고자 하는 내용에 대한 신뢰성을 확보하는 데 매우 효과적이다. 기자는 제공받은 기사를 보고 보도할만한 가치가 있는지, 과장되거나 거짓된 부분이 없는지 등을 검토한다. 따라서 기업이 퍼블리시티를 보다 적극적으로 활용하기 위해서는 사실에 근거하고 있으면서도 화제성 있는 이슈를 많이 만들어낼 수 있어야 한다. 예를 들어 획기적인 제품이나 기술의 개발, 주목을 받을 만한 마케팅활동 등이 실제로 이루어져야 퍼블리시티가 활성화될 수 있다. 이러한 기사를 보고 관심을 갖고 연락을 해오는 기업이나 사람들은 기업의 입장에서는 가능성이 높은 훌륭한 잠재고객이 될 수 있다. 퍼블리시티는 특히 실력은 있지만 광고 등을 통해 자사 제품을 적극적으로 알릴 수 있을만한 자금력을 확보하고 있지 못한 중소기업에게 매우 효율적인 잠재고객 확보수단이 될 수 있다.

▪ 이벤트

B2B의 경우에는 트레이드쇼, 컨벤션, 세미나 등의 이벤트에 참여하거나 개최함으로써 제품을 설명하는 기회를 갖고, 여기에 참여한 사람들로부터 명함을 받거나, 혹은 그들을 대상으로 간략한 설문조사를 실시하여 잠재고객의 리스트를 확보하는 방법이 많이 활용되고 있다. B2C의 경우도 이벤트 행사 등을 개최하여 잠재고객의 리스트를 확보할 수 있다. 우리나라의 한 손해보험회사는 정기적(대규모행사 연 6회, 소규모행사 월 1~2회)으로 손해보험 상품들을 소개하는 행사를 개최하여 소비자들의 내방을 유도하고, 자사의 보험설계사가 내방한 사람들을 대상으로 현장에서 계약도 체결하는 한편, 잠재고객의 리스트도 확보할 수 있도록 하고 있다.

2.6 임의적 방문

임의적(任意的) 방문(cold call 혹은 canvassing)은 사전약속 없이 자사의 제품이나 서비스에 관심이 있을 만한 소비자나 회사를 방문하는 것을 의미한다. 이 방법은 과거에는 신용카드, 학습지, 화장품 등의 분야에서 광범위하게 사용되었지만 지금은 사무실 출입을 제한하는 회사들이 늘어나고, 낯선 사람의 출입을 꺼리는 경향이 강해지면서 그 사용빈도가 많이 줄어들었다. 그렇지만 사무용품, 보험, 화장품, 건강식품 등과 같이 매우 보편적으로 사용되는 제품의 경우에는 이 방법이 아직도 상당히 광범위하게 사용되고 있다.

3. 잠재고객의 선별

잠재고객의 리스트가 어떤 방식으로 확보되었든 관계없이 누구를 방문할 것인가를 결정하기 위해서는 확보된 잠재고객을 대상으로 선별하는 작업(qualifying prospect)이 필요하다. 잠재고객의 선별이란 잠재고객 가운데 실제로 구입할 가능성이 있는가를 평가하여 구입 가능성이 없는 잠재고객을 방문대상 고객리스트에서 제외하는 것을 의미한다. 이는 제품이나 서비스에 대한 구매의사가 없는 사람들을 방문하는 것은 영업사원의 입장에서는 시간과 비용의 낭비이고, 방문을 받는 사람의 입장에서도 매우 불편한 일이 될 수 있기 때문이다. 잠재고객의 선별을 위해서 영업사원은 확보된 잠재고객이 다음과 같은 세 가지 조건을 충족하고 있는가를 검토해야 한다.

■ 자사 제품에 대한 니즈의 존재 여부

이는 잠재고객이 자사의 제품이나 서비스에 대해 관심을 가지고 있는가의 여부를 의미한다. 잠재고객이 현재 거래하고 있는 공급회사의 제품이나 서비스에 대해 만족하고 있는 경우라면 접촉대상에서 제외하는 것이 타당하다. 또한 자사의 제품이나 서비스에 대해서 관심을 갖고 있을 만한 잠재고객이더라도 예상 구매량이 작아서 수익성이 없을 것으로 판단된다면 역시 접촉대상에서 제외된다. 잠재고객의 현재 공급사의 제품이나 서비스에 대한 불만 여부나 예상 주문량 등에 대한 정보는 2차자료나 다른 영업사원들을 통해서 확보될 수도 있고, 그렇지 않다면 잠재고객과의 전화통화나 가벼운 미팅 등을 통해 파악될 수 있다.

■ 구매의사결정 권한 보유 여부

자사의 제품이나 서비스에 대해 니즈가 있다고 하더라도 구매를 결정할 수 있는 권한이 없는 경우라면 추가적인 영업 노력은 주문으로 연결되기 어렵다. 예를 들어 어느 회사의 특정 사업부에서 자사의 제품이나 서비스에 대해 관심을 갖고 있다고 하더라도 구매의사결정이 사업부 차원이 아닌 본사 차원에서 이루어진다면 그 사업부는 유력한 잠재고객이 될 수 없다.

■ 지불능력

자사의 제품에 대한 니즈도 존재하고, 의사결정 권한이 있는 경우라고 하여도 자사의 제품이나 서비스를 구매할 수 있는 금전적 능력이 부족한 경우에는 유력한 잠재고객이 될 수 없다. B2B 영업의 경우에 잠재고객의 신용에 대한 정보는 신용평가회사를 통해 쉽게 확보될 수 있다. 그렇지만 우수한 신용등급을 가지고 있다 하더라도 예산이 책정되어 있지 않거나 부족한 경우에는 판매가 이루어질 가능성이 희박하기 때문에 예산의 확보가 확인될 때까지 본격적인 영업활동을 연기하는 것이 바람직하다.

잠재고객을 선별하는 기준을 어느 정도의 수준으로 할 것인가는 영업의 성패를 결정하는 중요한 요인이 되기도 한다. 대체로 우수한 영업사원은 그렇지 않은 영업사원에 비해 잠재고객의 선별기준을 높게 설정하는 경향이 있다. 유력한 잠재고객이 될 수 없는 잠재고객을 과감하게 포기하고 새로운 잠재고객을 개발하거나 유력 잠재고객에 대한 영업활동을 더 활발히 전개하는 것이 영업생산성의 향상을 위해 바람직하다.

제2절 접촉을 위한 계획수립 및 접촉

선별된 잠재고객과의 접촉을 시도하기 위해서는 우선 고객에 대해 잘 알아야 하기 때문에 고객에 대한 정보를 광범위하게 수집해야 하고, 또한 효과적인 방문활동을 위해 방문목적을 매우 구체적으로 설정하는 작업이 필요하다. 즉, 영업사원은 선별된 잠재고객에 대한 많은 지식을 가지고 접근을 시도해야 하며, 방문을 통해 어떠한 목적을 달성해야 하는지에 대한 명확한 인식을 가지고 있어야 한다.

1. 고객정보의 수집

선별된 잠재고객이 회사인 경우에 회사 자체에 대해서는 물론, 의사결정자나 의사결정에 영향을 미치는 키맨, 그리고 그 회사가 가지고 있는 문제점 등에 대해 상세히 파악해야 한다. 회사에 대해서는 회사의 매출규모, 수익구조, 구매과정, 공장 등의 생산시설, 유통구조, 임원, 의사결정 관련 키맨 등에 대해 파악하고 있어야 하며, 접근을 시도하고자 하는 키맨에 대해서는 이름, 나이, 직책 등은 물론 거주지, 취미, 학력, 클럽 멤버십 등의 상세한 정보를 수집해야 한다. 예를 들어 의료기기를 판매하려는 영업사원의 경우 병원으로 의사를 찾아가면 의사는 통상적으로 시간에 대한 압박을 많이 받고 있기 때문에 새로 출시된 의료기기에 대한 설명을 상세하게 할 수 있는 시간을 확보하기가 어렵다. 이러한 경우에 의사결정과정에서 핵심적인 역할을 하는 의사가 병원 부근의 헬스클럽의 회원으로 그곳에서 운동을 자주 한다는 정보를 가지고 있다면 영업사원 스스로 그 헬스클럽의 회원이 되어서 자연스럽게 접근할 수 있는 기회를 확보할 수도 있다.

선별된 잠재고객에 대한 정보는 다양한 원천을 통해 수집될 수 있다. 먼저 선별된 잠재고객이 자사와 거래한 이력이 있는 경우라면 우선적으로 과거에 작성된 사내자료를 검토하는 것이 바람직하다. 수주실적자료, 방문보고서 등의 자료를 활용하여 거래하고자 하는 회사와 의사결정 키맨에 대한 다양한 정보를 확보할 수 있다. 선별된 잠재고객이 거래한 이력이 전혀 없는 경우에는 해당 회사의 홈페이지로부터 정보수집을 시작하는 것이 효율적이다. 이를 통해서 해당 회사에 대한 전반적인 정보는 물론 자료실 등에 올라와 있는 언론에 보도된 다양한 정보들을 수집할 수 있다. 또한 소속협회나 금융감독원 등과 같이 회사에 대한 정보를 제공해주는 단체의 홈페이지를 통해서도 다양한 정보를 수집할 수 있다. 이 외에도 신문이나 잡지의 기사, 해당 산업의 협회가 발간한 안내책자, 회사의 연감, 정부간행물 등을 참조할 수 있다.

위에서 언급한 2차자료뿐만 아니라 현재 잠재고객과 거래하고 있는 공급업체의 영업사원, 잠재고객의 직원, 잠재고객의 고객 등과의 접촉을 시도함으로써 양질의 정보를 확보할 수 있다. 또한 판매하고자 하는 제품이 소비재인 경우에는 해당 제품이 유통되는 소매점을 방문하여 제품은 물론, 소비자의 구매행동을 관찰함으로써 제품구색, 가격, 특징 등에 대한 다양한 정보를 수집할 수 있다. 또한 소비자나 점원과의 간단한 인터뷰를 통해서 제품에 대한 소비자의 선호도나 불만사항 등에 대한 파악도 가능하다.

2. 방문목적의 설정

선별된 고객과의 접촉을 시도하기 이전에 이에 대한 계획이 수립되어야 한다. 계획의 수립에서 가장 중요하게 다루어져야 하는 내용은 앞으로 수주단계에 이르기까지 몇 차례 정도 방문을 하게 될지를 예상하고, 각 방문 때 달성해야 할 목표를 구체적으로 정하는 것이다. 방문의 목적은 고객의 행위를 중심으로 설정되는 것이 바람직하다. 왜냐하면 고객의 행위를 통해 고객이 현재 영업사원이 행하고 있는 영업활동에 대해 얼마나 관심을 가지고 있는가를 알 수 있고, 또한 고객의 행위는 영업활동이 계획대로 수행되고 있는지를 가장 정확하게 파악할 수 있는 지표가 되기 때문이다. 이렇게 방문의 목적을 상세하게 기술할 수 있어야 방문이 방문 자체로 끝나지 않고 판매활동에 기여하는 방문이 될 수 있다. 고객의 행위를 중심으로 하는 방문의 목적으로는 다음과 같은 예들을 들 수 있다.

- 현재 사용하고 있는 제품의 사양 및 재고정보를 제공받는다.
- 공급자 선정기준에 대한 정보를 제공받는다.
- 구매의사결정에 영향을 미치는 타 부서 인사와의 미팅을 주선받는다.
- 자사 제품의 시험적 사용에 대한 동의를 얻어낸다.

다음은 병원을 대상으로 영업활동을 전개하는 제약회사 영업사원의 가상적인 방문목적의 예를 보여주고 있다. 이 세 가지 유형의 방문목적 가운데 C만이 고객의 행동적인 반응을 방문의 목표로 설정하고 있다. A나 B에 비해 C가 가장 달성하기 힘든 목적이지만, 방문목적의 달성 여부를 가장 객관적으로 판단할 수 있고, 그 이후에 방문할 때 달성해야 하는 목표도 훨씬 더 명확해질 수 있다.

A. □□병원의 원장과 10분 이상 면담한다.
B. □□병원의 원장과 10분 이상 면담을 하면서 △△의 효능을 설명한다.
C. □□병원의 원장에게 △△의 효능을 설명하고, 두 가지 이상의 질문이나 의뢰를 받는다.

다음은 보험회사의 설계사의 또 다른 방문목적의 예를 기술하고 있다. 여기에서는 B와 C가 모두 고객의 행동적인 반응을 방문의 목표로 설정하고 있지만, C가 B에 비해 잠재고객에게 훨씬 더 많은 것을 요구하고 있다. 더욱이 C의 경우 설문지를 작성하였다는 것은 잠재고객이 자신의 니즈가 어떻게 충족될 수 있는지를 보고 싶어 한다는 것이 반영된 것이기 때문에 영업이 성공적으로 이루어질 가능성이 훨씬 높다. 설계사는 잠재고객이 작성한 설문지를 바탕으로 고객의 니즈를 충족시켜 줄 수 있는 방안을 검토한 후, 다시 해당 잠재고객을 방문함으로써 영업의 성공 확률을 높일 수 있다.

A. 잠재고객에게 10분 이상 상품의 특성에 대해 설명한다.
B. 잠재고객에게 10분 이상 상품의 특성을 설명하면서 두 가지 이상의 질문을 받는다.
C. 잠재고객에게 상품의 특성을 설명하고, 잠재고객의 니즈를 파악할 수 있는 설문지를 주어서 작성하도록 한다.

3. 예행연습

고객정보의 수집이 끝나고 방문목적을 설정하였으면, 이제 잠재고객을 만났을 때 어떻게 대화를 풀어갈 것인가에 대한 예행연습(rehearsal)을 해보는 것이 바람직하다. 즉, 영업사원은 잠재고객을 만났을 때 어떻게 대화를 시작할 것인지, 어떤 질문을 받게 될 것으로 예상되는지 등에 대한 준비가 필요하다.

- **대화의 시작** : 먼저 잠재고객을 만났을 때는 제품에 대한 설명으로 대화를 시작하는 것보다는 회사나 상대방에 대한 적절한 질문으로 대화를 시작하는 것이 바람직하다. 대화를 나누는 시간이 길어질수록 잠재고객과의 관계를 증진시킬 수 있는 기회도 그만큼 많아지기 때문에 영업사원은 수집된 정보를 바탕으로 어떠한 주제를 가지고 얘기를 나눌 것인가를 미리 생각해서 방문활동을 하는 것이 바람직하다. 현재 해당 산업에서 일어나고 있는 변화, 해당 회사에 대한 언론보도 내용 등도 좋은 주제가 될 수 있고, 경우에 따라서는 상대방의 취미와 관련한 내용들도 대화를 풀어나가는 좋은 주제가 될 수 있다.

• **예상 질문** : 잠재고객으로부터 어떠한 질문을 받을 것인지를 예측하는 좋은 방법은 잠재고객의 입장이 되어서 어떠한 사항이 궁금할 것인가를 예측해 보는 것이다. 이런 관점에서 볼 때, 잠재고객으로부터 예상되는 질문들로는 당신은 어떤 회사의 직원이며, 어떤 제품을 팔려고 하며, 왜 내가 이 제품이 필요하다고 생각하며, 이 제품을 누가 사용하고 있으며 만족해 하고 있는지, 다른 제품과 비교할 때 장점을 무엇이고, 가격은 얼마이며, 가격경쟁력은 있는지 등을 들 수 있으며, 이러한 질문에 대해 적절한 대답을 할 수 있도록 준비해야 한다. 설사 잠재고객이 이러한 질문을 하지 않더라도 궁금할 것으로 예상되는 사항에 대해서는 언제 어디에서든지 설명할 수 있도록 미리 생각해 두어야 한다.

4. 방문허락의 획득

잠재고객 접근을 위한 계획이 수립되었으면 다음 단계는 잠재고객으로부터 정식 방문을 허락받는 단계이다. 방문허락을 얻지 못하면 자사의 제품이나 서비스에 대해 설명할 수 있는 기회를 전혀 가질 수 없는 것이기 때문에 이 단계는 잠재고객과의 본격적인 접촉의 관문이라고 할 수 있다. 잠재고객으로부터 방문허락을 획득하는 방법에는 다음과 같이 여러 가지가 있다.

■ 대면접촉

이는 사전약속 없이 잠재고객을 직접 찾아가는 것을 의미한다. 전화나 이메일을 보내는 것에 비해 직접 찾아가는 것이 더 성의 있게 보일 수도 있고, 또한 거절당할 확률이 더 적을 수 있다. 그렇지만 만나려는 잠재고객이 다른 업무로 바쁘면 기다려야 하고, 부재중이면 헛걸음을 하게 된다. 또한 약속 없이 찾아오는 것은 비즈니스 예의에 어긋난다고 생각하는 잠재고객인 경우에는 부재중이 아니더라고 만나는 것을 거절할 수 있으며, 더욱이 찾아온 영업사원과 공급업체에 대해 좋지 못한 인상을 갖게 될 수 있다. 따라서 잠재고객의 연락처를 가지고 있는 경우에는 바로 방문을 하는 것보다는 전화 등 다른 수단을 활용하는 것이 바람직하다.

■ 전화접촉

직접 찾아가는 것에 비해 전화는 이동할 필요가 없기 때문에 영업사원의 입장에서는 훨씬 더 편리한 수단이 된다. 잠재고객의 입장에서도 방문한 영업사원을 만나는 것에 비해 전화를 받는 것이 부담이 훨씬 덜 되기 때문에 전화를 받을 가능성은 높지만, 얼굴을 직접 보고 얘기하는 것이 아니기 때문에 모르는 사람과의 통화를 쉽게 거부할 가능성도 크다. 또한 잠재고객

표 2-1 | 전화접촉을 통한 방문허락의 획득과정

단계		내용 설명
오프닝	인사	잠재고객의 이름 확인 및 자신의 회사 소개
	전화목적 설명	전화를 건 목적에 대한 간결한 설명
	동의 점검	전화 대화를 지속할 의향이 있는지의 여부 확인
역량 소개		잠재고객이 가지고 있는 문제를 해결해 줄 수 있음을 설명(고객의 질문에 대비한 반론 극복 방법 등의 추가적인 준비 필요)
마무리		잠재고객으로부터 향후 활동과 관련된 약속 획득 • 방문허락 요청 • 방문 시 미팅시간, 장소, 참석자, 주제 등에 대한 확인 • 감사의 인사

과 통화를 하기 위해 비서를 거쳐야 하는 경우에는 비서가 전화를 바꾸어주지 않아 잠재고객과의 통화가 처음부터 불가능해질 수도 있다. 전화 접촉의 효과를 높이기 위해서는 먼저 제품을 설명하는 우편물을 보내고 도착할 것으로 예상되는 시점의 하루 혹은 이틀 후에 전화를 하는 방법을 사용할 수 있다. 너무 늦게 전화를 하면 잠재고객이 우편물 수령 여부를 잊어버릴 확률이 높기 때문에 우편물 수령 후 하루나 이틀 사이에 전화하는 것이 매우 중요하다. 우편물의 제작과 발송에 필요한 비용의 부담은 있지만, 전화상의 대화를 좀 더 자연스럽게 진행할 수 있기 때문에 방문허락을 받아낼 수 있는 확률도 그만큼 높아진다.

[표 2-1]은 방문허락의 가능성을 높이기 위해서는 전화접촉이 어떠한 과정을 거쳐 이루어지는 것이 바람직한가를 보여주고 있다. 전화접촉 과정은 오프닝, 역량 소개, 마무리 등의 3단계로 구분할 수 있으며, 각 단계에 대한 철저한 준비를 통해 방문허락 획득의 확률을 높일 수 있다.

3단계 가운데 역량 소개는 가장 핵심적인 위치를 차지한다. 이는 고객이 가지고 있는 문제를 해결해 줄 수 있다는 것을 보여주어야 접촉의 기회를 확보할 수 있기 때문이다. 역량 소개는 잠재고객의 상황에 부합할 수 있어야 하고, 잠재고객에게 어떠한 이점을 제공할 수 있는지를 구체적으로 언급할 수 있어야 한다. 또한 잠재고객이 질문을 한다거나 혹은 구체적인 문제를 제기할 경우를 대비하여 반론 극복이나 추가적인 역량 소개에 대한 준비를 해 두어야 한다.

▪ 이메일 발송

이메일을 발송하는 방법도 사용될 수 있다. 이메일 발송은 다른 방법들에 비해 두 가지 장점을 지니고 있다. 첫째는 비용적인 측면에서의 장점으로 매우 많은 사람들에게 매우 저렴한 비용으로 발송이 가능하다는 점이다. 물론 제품에 대한 소개를 담은 콘텐츠를 제작하기 위한 비용이 소요되지만 많은 사람에게 보낼 경우에는 비용이 분산되기 때문에 큰 부담이 되지 않는다. 둘째는 제품에 대한 상세한 설명이 가능하다는 점이다. 전화를 통해 전달할 수 있는 정보에 비해 훨씬 더 다양하고 상세한 정보를 전달할 수 있다. 이러한 장점을 가지고 있지만, 수신자인 잠재고객이 이를 읽어보지 않을 가능성이 매우 크다. 따라서 잠재고객의 수가 비교적 적은 경우에는 이메일만을 단독으로 사용하는 것은 그다지 큰 효과를 기대하기 어렵다. 우편물의 경우와 마찬가지로 이메일을 발송한 후 전화 통화를 시도하는 것이 바람직하다.

▪ 추천인의 활용

특히 규모가 비교적 큰 회사의 경영진을 접촉하려고 하는 경우에는 앞에서 언급한 방법들은 거의 효과를 거두기 어렵다. 이는 방문, 전화, 우편물 등 모든 접촉 시도가 비서 등 문지기(gatekeeper)의 역할을 하는 사람들에 의해 차단될 수 있기 때문이다. 이러한 경우에는 먼저 해당 회사의 간부급 직원과 친분관계를 구축하고 이 직원을 통해 경영진과의 커뮤니케이션을 시도하는 것이 바람직하다. 특히 최근에는 경영진이 독자적인 판단에 의해 공급업체를 선정하지 않고 부하직원들의 의견을 존중하는 분위기가 강하기 때문에 내부 직원의 추천은 방문허락을 얻을 때 효과가 있음은 물론, 영업의 성공률을 향상시키는 데도 크게 도움이 될 수 있다. 추천인의 활용은 B2C 분야에서도 활발하게 사용된다. 즉, 기존고객을 통해 추천을 받은 잠재고객에 대해 영업사원이 직접 전화를 하는 것보다 추천을 해준 기존고객이 전화를 걸어 방문허락을 받아주는 것이 더 효과적일 뿐만 아니라 영업을 성공시킬 가능성도 커진다. 보험, 자동차, 화장품, 건강식품 등 다양한 업종에서 추천인을 활용하는 방법이 활발하게 사용되고 있다.

제3절 니즈의 파악

정식 방문이 이루어지면 영업사원이 가장 먼저 수행하야 하는 업무는 잠재고객의 니즈나 문제를 파악하는 일이다. 최종소비자이든 혹은 기업이나 정부기관과 같은 조직구매자이든 자신의 니즈를 충족시키거나 자신이 가지고 있는 문제를 해결하기 위해 공급사로부터 제품이나 서비스를 구매하는 것이기 때문에 잠재고객의 니즈 혹은 문제를 파악하는 것은 효과적인 영업활동을 위한 필요조건이 된다.

니즈의 존재나 문제의 발생은 모두 구매의 필요성을 인지하게 되는 계기가 된다. 최종소비자가 생활을 하는 과정에서나, 혹은 회사가 경영을 하는 과정에서 문제는 수시로 발생하기 때문에 문제는 니즈를 갖게 되는 원인이 된다고 할 수 있다. 니즈와 문제의 개념을 구별하자면, 문제는 니즈에 비해 보다 구체적인 상황을 전제로 한다고 할 수 있다. 기업의 경우에 문제는 판매의 감소, 고객이탈률의 증가, 고객불만의 증가, 상품배송의 지연 등과 같이 기업의 성과에 부정적인 영향을 미칠 수 있는 구체적인 상황을 의미하는 반면, 니즈는 판매의 증진, 생산성의 향상, 우수직원의 채용, 원활한 배송체계의 구축 등과 같이 조직의 성장과 발전을 위해 필요한 사항을 의미하는 경향이 있다. 그런데 기업은 과거에 발생하였던 문제들과 또한 예상되는 문제들을 바탕으로 니즈를 형성하기 때문에 이 두 개의 개념을 명확하게 구분할 필요는 없다. 예를 들어 사람들이 건강을 원하는 것은 과거에 각종 질환에 시달린 경험이 있고, 또한 앞으로도 그럴 가능성이 있기 때문인 것과 같은 논리라고 할 수 있다. 중요한 것은 니즈이든 문제이든 이를 충족하거나 해결해줄 수 있는 방법을 찾는 것이다. 영업에 있어서도 구체적인 문제이든 추상적인 니즈이든 관계없이 고객을 만족시켜 줄 수 있는 제품이나 서비스를 제공하는 것이 목적이기 때문에 이를 특별히 구별할 필요는 없다. 이러한 이유로 여기서는 니즈와 문제를 명확하게 구분하지 않고 병행하여 사용한다.

1. 니즈 파악의 의미

영업사원이 잠재고객의 니즈를 파악한다는 것은 [그림 2-3]에서와 같이 세 가지 의미가 담겨져 있다. 첫 번째 의미는 잠재고객이 인식하고 있는 문제를 알아내는 것이고, 두 번째 의미는 잠재고객이 가지고 있는 문제의 원인을 파악하는 것이다. 세 번째 의미는 잠재고객의 문제를 해결할 수 있는 제안에 대해 잠재고객이 관심을 갖는지의 여부를 확인하는 것이다. 고객의 니즈를 파악하는 가장 좋은 방법은 적합한 질문을 함으로써 잠재고객으로부터 많은 얘기를 듣는 것이다. 더 많은, 더 좋은 질문을 할수록 고객의 니즈를 더 정확하고, 더 자세하게 파악할

그림 2-3 | 잠재고객의 니즈 파악

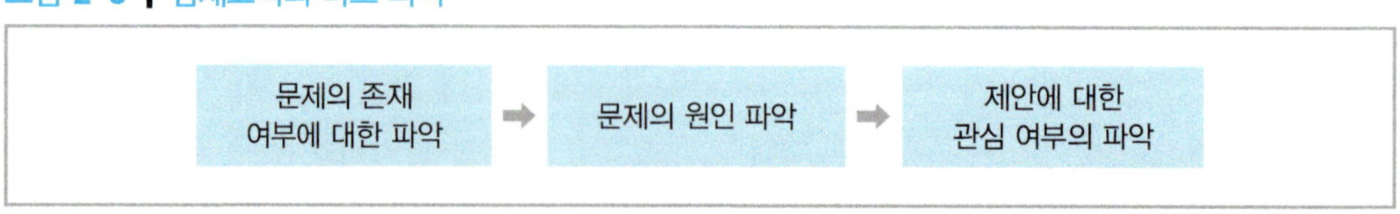

수 있기 때문에 영업에 성공할 확률도 그만큼 높아진다.

2. 니즈 파악에 소요되는 시간과 노력

잠재고객이 니즈를 파악하는 데 소요되는 시간과 노력의 양은 잠재고객이 가지고 있는 문제가 복잡할수록, 새로운 문제일수록, 문제와 관련되어 있는 사람의 수가 많을수록 더 커진다. 또한 니즈 파악에 소요되는 시간과 노력은 잠재고객이 자신의 문제에 대한 얼마나 잘 이해하고 있는가에 따라서도 크게 달라진다. 잠재고객의 자신의 문제에 대한 이해의 정도는 다음과 같이 네 가지 유형으로 나누어 질 수 있다.

- 문제의 존재와 이의 원인은 물론 해결책도 알고 있는 경우
- 문제의 존재와 원인은 알고 있지만 해결책을 모르는 경우
- 문제의 존재는 알고 있지만 그 원인을 파악하고 있지 못한 경우
- 문제의 존재조차도 알고 있지 못한 경우

잠재고객이 문제의 존재, 원인, 해결책을 모두 알고 있는 경우에는 영업사원의 역할이 최소화되고, 잠재고객은 자신이 원하는 해결책을 어떠한 조건에 공급하여 줄 수 있는지에 대한 논의가 바로 시작되기를 원한다. 반면에 잠재고객이 문제의 존재조차도 알고 있지 못하고 있는 경우에는 이를 인식시켜주는 단계부터 시작해야 하기 때문에 많은 시간과 노력이 소요된다. 예를 들어 노후관리에 대해 관심이 없는 잠재고객을 대상으로 노후 관리에 필요한 연금 상품을 판매하려는 보험 영업사원은 은퇴 후의 예상되는 생활비 등에 대한 자료를 바탕으로 잠재고객이 현재 문제를 가지고 있다는 점부터 설득해 나가야 하며, 큰 불편 없이 중앙식 공조기(空調器)를 사용하고 있는 건문주를 대상으로 절전형 공조시스템을 판매하려는 공조기 회사의 영업사원은 현새의 공조시스템의 진기료 등을 근거로 잠재고객이 문제를 가지고 있다는 점을 설명해야 한다.

3. 니즈 파악을 위한 질문

좋은 질문을 하는 것은 매우 힘든 일이다. 고객의 문제점을 파악하기 위해 질문을 하는 것이지만, 잠재고객의 사업현황에 대한 심도 있는 이해가 없이는 좋은 질문을 하기 어렵다. 잠

재고객은 자사의 상황에 대해 장황하게 설명을 해주어야 하는 영업사원보다는 짧게 설명을 해도 잘 알아듣고 자사가 가지고 있는 문제에 대해 좋은 해결책을 제시해 줄 수 있는 영업사원을 원한다. 따라서 영업사원은 사전 준비를 철저히 해야 한다.

영업사원은 잠재고객과 접촉하기 이전에 이미 '잠재고객 접촉을 위한 계획'을 수립하면서 고객정보를 수집하는 과정을 거친다. 영업사원은 이러한 과정을 통해 잠재고객에 대한 일반적인 내용은 물론, 잠재고객이 현재 가지고 있는 문제점에 대해서도 어느 정도 파악하고 있다. 따라서 잠재고객과의 방문 과정에서 니즈를 파악한다는 것은 전혀 몰랐던 니즈나 문제점을 새롭게 발견하는 것이 아니라, 고객정보 수집과정에서 이미 파악하고 있는 니즈나 문제점을 잠재고객의 입을 통해 확인하고 또한 더 상세한 얘기를 듣는다는 것을 의미한다.

영업사원이 잠재고객의 니즈를 파악하기 위한 질문은 [표 2-2]와 같이 여섯 가지 유형으로 나누어질 수 있다. 이 여섯 가지 유형의 질문을 순차적으로 활용함으로써 논리적으로 무리 없이 잠재고객과의 대화를 진행시킬 수 있다. 이 표에서는 각종 포장지를 제조하고 있는 회사가 냉동식품을 제조하는 회사에 포장지를 납품하고 있는 경우를 상정하여 질문의 유형 및 각 유형의 목적과 예를 제시하고 있다. 잠재고객인 냉동식품회사는 제품 품질에 있어서 높은 명성을 가지고 있고, 이러한 명성에 걸맞은 고급스러운 포장지를 사용하고 있지만, 운반과정에서

표 2-2 | 잠재고객의 니즈 파악을 위한 질문의 유형

질문의 유형	목적	예
상황 파악	잠재고객의 사업현황, 경쟁기업 등 현황 파악	"귀사의 제품은 경쟁사 제품과 비교할 때 어떤 장점이 있습니까?"
문제의 발견	잠재고객이 가지고 있는 포장지와 관련된 문제점 발견	"제품의 포장과 관련하여 어떠한 문제점들이 있습니까?" "기존의 거래처에서 공급하는 포장지에 대해 만족하시는지요?"
문제의 악영향의 확인	문제가 회사의 성과에 미치는 부정적인 영향에 대한 확인	"포장의 파손으로 인해 어느 정도의 금전적 손실이 발생하고 있습니까?" "귀사의 제품을 취급하는 유통업체에서는 포장지 파손과 관련하여 어떠한 불만을 제기하고 있는지요?"
문제의 원인 파악	문제가 발생하는 원인에 대한 파악	"어떠한 이유로 운반과정에서 포장지가 파손되고 있습니까?" "포장지 파손은 운반과정에서의 부주의가 주된 요인입니까 혹은 포장지의 재질상에 문제가 있는 것인가요?"
해결책의 가치 확인	영업사원이 제시한 해결책의 가치에 대한 확인	"운반 중의 파손을 절반가량 줄이면서도 30% 더 저렴한 포장지가 있다면 비용을 얼마나 절감시킬 수 있습니까?" "제품의 파손을 줄일 수 있다면 거래하는 유통업체도 늘어날 수 있습니까?"
프레젠테이션 기회 부여 의사 확인	영업사원에게 프레젠테이션 기회를 줄 것인지에 대한 의사 확인	"저희 회사에서 개발한 새로운 포장지에 대해 설명드릴 기회를 주시겠습니까?" "저희 회사의 포장지가 매우 내구성이 뛰어나다는 것을 보여드릴 수 있다면 관심이 있으십니까?"

포장지가 파손되는 문제점을 가지고 있다. 이러한 상황에서 포장지 회사의 영업사원은 표의 예에서 제시된 일련의 질문을 통해 잠재고객의 니즈를 파악할 수 있다. 이 여섯 가지 질문의 유형 중에서 상황 파악에 대한 질문은 간략히 진행하고, 그 이후의 네 가지 유형의 질문 즉, 문제의 발견, 문제의 악영향 확인, 문제의 원인 파악, 해결책의 가치 확인에 많은 시간을 할애하는 것이 바람직하다. 마지막의 질문을 통해 잠재고객의 프레젠테이션 기회 부여 의사가 확인되면 이제 영업과정은 프레젠테이션의 단계로 넘어가게 된다.

4. B2B 영업에서의 최종소비자의 니즈

B2B 영업에서 고객사의 니즈를 파악할 때 중요하게 고려되어야 하는 사항 중의 하나는 최종소비자의 니즈를 파악하는 것이다. 왜냐하면 고객사의 니즈가 고객의 고객인 최종소비자의 니즈에 따라 결정되는 경우가 많기 때문이다. [그림 2-4]는 이러한 현상을 설명하고 있다. 고객과 공급업체의 관계는 각 주체의 유통경로상의 위치에 의해 결정된다. 부품, 원료, 제품, 서비스 등은 부품, 원료 공급업체에서 시작하여 소비자의 방향으로 유통되는 반면, 금전은 반대 방향으로 움직인다. 금전을 지불하는 주체는 자신의 니즈를 충족시키기 위해 금전을 지불하는 것이기 때문에 유통구조의 가장 우측에 위치하는 최종소비자의 니즈가 가장 근원적인 니즈가 되고, 이에 따라서 유통업체의 니즈가 결정되며, 연이어서 제조업체의 니즈가 결정된다. 유통경로상에서 부품 공급업체의 고객은 완제품 제조업체이고, 완제품 제조업체의 고객은 유통업체이며, 유통업체의 고객은 최종소비자이다. 따라서 부품 공급업체는 제조업체의 니즈가 무엇인지를 파악해야 하고, 제조업체는 유통업체의 니즈가 무엇인지를 파악해야 하며, 유통

그림 2-4 | 유통경로상의 니즈의 흐름

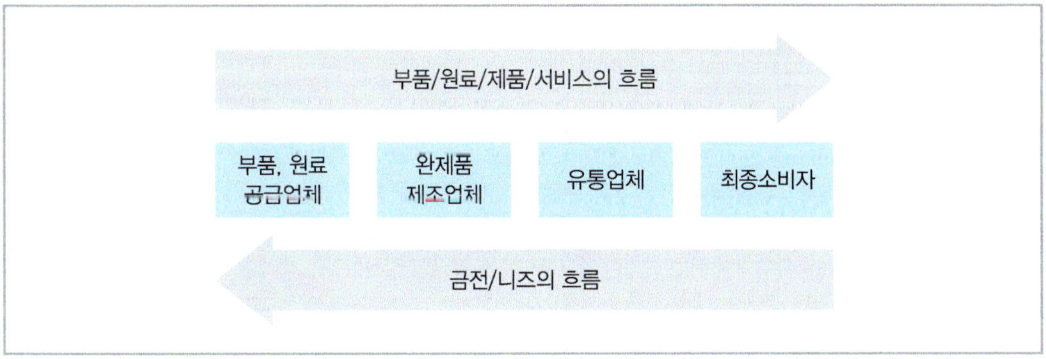

업체는 최종소비자의 니즈를 파악해야 한다. 그런데 예를 들어 완제품 제조업체는 유통업체의 니즈에 주목해야 하지만, 유통업체의 니즈는 최종소비자의 니즈로부터 나오는 것이기 때문에 완제품 제조업체는 결국 유통업체의 니즈뿐만 아니라, 최종소비자의 니즈를 파악하는 것이 중요하다. 부품 공급업체의 경우에도 1차적으로 완제품 제조업체의 니즈에 주목해야 하지만, 유통업체는 물론 종국적으로는 최종소비자의 니즈 또한 중시해야 한다([글 2-7] 및 [글 2-8] 참조).

부품업체나 제조업체가 최종소비자의 니즈에 대한 파악을 근거로 영업활동을 전개하면 다음과 같은 이점이 있다.

- 고객사의 니즈는 최종소비자의 니즈의 종속변수이기 때문에 최종소비자의 니즈를 예측하거나 파악할 수 있으면 고객사의 니즈가 어떻게 변화할 것이라는 것을 예측할 수 있다. 따라서 공급업체는 고객사의 향후의 니즈에 부응하기 위해 자사의 전략적 방향에 어떠한 변화가 있어야 하는지를 판단하여 준비작업을 진행시킬 수 있다.
- 고객의 요구가 시장상황을 제대로 반영하고 있는 것인지를 판단할 수 있고, 이러한 판단을 근거로 고객을 능동적으로 리딩하는 영업활동을 전개할 수 있다. 즉, 고객의 요구에 수동적으로 대응하는 방식에서 벗어나서 시장의 움직임을 간파하고, 이를 바탕으로 고객에게 전략적인 방향을 제시하는 자문적 영업을 전개할 수 있다. 고객은 이러한 공급업체의 능동적인 영업활동을 높이 평가하게 되고, 주문수량, 가격 등에 있어서 공급업체의 요구에 부응할 가능성이 커진다.

B2B 영업에서의 최종소비자의 중요성

글 2-7

흔히 B2B 영업이라고 하면 최종소비자를 의식하지 않고, 제품을 구매하는 회사만을 고객으로 인식하기 쉽다. 그래서 최종소비자에 대한 마케팅이나 그들을 위한 배려를 미처 하지 못하는 경우가 허다하다. 하지만 본질적으로 B2B 영업 역시 최종소비자들의 구매력을 염두에 두어야 시장 장악력을 획득할 수 있다.

LG디스플레이가 IPS 패널을 개발해 중국 시장으로 진출할 때였다. 중국 가전제품 시장의 경우 최종소비자가 아닌 전자 제조사들이 패널을 구입해서 가전제품을 제조한 후, 이를 매장에 공급하는 방식이었기 때문에 LG디스플레이의 고객은 사실상 중국 전자 제조사들이었다. 하지만 LG디스플레이는 발상을 바꾸는 새로운 시도를 했다. 어차피 매장에서 LG 제품을 구매하는 것은 최종소비자였기 때문이었다. 그들이 특정 패널 제품에 관심을 갖고 해당 제품을 찾도록 하면 전자 제조사들이 LG디스플레이에 주문을 넣을 것이 분명했다. B2B 영업에서 최종소비자의 구매력을 최대한 활용해보자는 발상의 전환이었던 셈이다. 만약 이 전략이 성공하기만 한다면 고객사인 중국 전자 제조사에 전적으로 의존하는 유통구조를 깰 수 있었다. LG디스플레이가 중국 가전 시장에서 영업적으로 우위에 설 수 있는 절호의 기회였다. 더 나아가 판매하는 자가 구매하는 자를 압도하는 위상의 변화까지도 점쳐볼 만했다.

LG디스플레이는 바로 시장조사에 나섰다. 그 결과 중국인들은 TV를 구매할 때 감성적인 성향을 보였고, 제품구매 당시 매장에 있는 현장 프로모터들로부터 가장 많은 영향을 받는다는 사실을 알게 되었다. 이렇게 준비를 마친 LG디스플레이는 B2B 영업을 위한 최종소비자 공략에 들어갔다. 가장 핵심적으로 생각한 것은 바로 최종소비자에게 IPS 패널의 우수성을 눈으로 확인시키는 것이었다. LG디스플레이의 직원들은 각 가전제품 매장으로 달려가 IPS 패널을 장착한 TV와 경쟁 제품인 VA 패널을 장착한 TV를 나란히 놓고 "두들겨 보세요. VA 제품은 두드리면 빛이 보이며 불안정한데, LG 제품은 이렇게 세게 두드리거나 흔들어도 안정적으로 구동합니다"라고 홍보하기 시작했다. 실제로 IPS 패널을 장착한 TV에는 'IPS Inside'라는 스티커를 붙여놓기도 했다. 결과는 예상보다 훨씬 좋았다. 최종소비자들이 IPS 패널의 우수성을 알고 구매하기 시작하자 중국 전자 제조사들은 앞다투어 IPS 패널을 주문했다. 전자 제조사들을 대상으로는 어떤 마케팅활동도 하지 않았음에도 불구하고 B2B 영업은 자연스럽게 이루어졌다. 또 이런 프로모션 전략을 통해 48%였던 IPS 패널 TV의 시장점유율은 57%까지 올랐다. 자연스럽게 42인치 패널 시장점유율도 55%에서 74%까지 올랐으며, 28%에서 맴돌던 47인치 패널의 시장점유율도 38%까지 상승하였다. 그뿐만 아니라 프로모션을 시작하기 전 35%였던 LG의 브랜드인지도가 6개월 만에 49%로 개선되었다. 또 IPS 패널이 장착된 TV를 구매하는 것이 마치 인텔사의 칩이 들어간 PC를 구매하는 것과 같은 효과를 발휘하기 시작했다. 최종소비자들은 크기나 디자인이 아닌 IPS 패널이 장착된 기능성 TV와 그렇지 않은 TV로 나누어 인식하게 되었다. 2010년에는 중국의 주요 온라인 쇼핑몰에서 IPS 패널 TV 제품 카테고리가 별도로 표기되어 판매되고 있을 정도로 소비자들의 인지도가 높아졌다. 이는 우수한 품질의 제품으로 인정받았기에 가능한 일이었다.

사실 LG디스플레이가 했던 마케팅전략은 기존 B2B 영업에서는 생각하지 못한 방법이라고 해도 과언이 아니다. 실제 LG 내에서도 "우리는 부품업체이기 때문에 소비자 마케팅이 필요 없다"고 생각했고, 실제 그런 인력 자체도 없었다. 하지만 LG디스플레이 직원들은 새로운 시도를 통해 중국 TV 시장을 석권하는 쾌거를 올릴 수 있었다.

출처 : 이남훈 (2011), 고객이 생각하지 못한 가치를 제안하라, 가디언, 129-131.

B2B 영업과 최종소비자의 니즈 사례

글 2-8

포장지 제조업체인 미드웨스트바코(MeadWestvaco)는 선사제품의 패킹을 생산하는 고객사인 나트라로크(Natralock)가 새로운 포장 재질에 대해 고민하고 있을 때 최종고객의 니즈를 파악하는 접근방법을 취했다. 나트라로크가 쉽게 찢어지지 않는 두꺼운 종이 포장에서 클램셸(Clamshell)로 포장재료를 바꾸려 할 때 미드웨스트바코는 나트라로크뿐만 아니라, 최종소비자의 니즈를 조사해 보았다. 클램셸 포장재료는 안의 내용물을 잘 보관할 수 있을 뿐만 아니라 디자인도 멋지고, 무엇보다 재활용이 가능한 친환경 소재라는 점이 최종소비자들에게 어필했다. 또한 쉽게 열린다는 점도 호응이 높았다. 이처럼 미드웨스트바코는 고객사뿐만 아니라, 최종소비자의 니즈까지 확인해 봄으로써 고객사의 매출증대에 기여할 수 있었다.

출처 : Charan, Ram (2007), *What the Customer Wants You to Know : How Everybody Needs to Think Differently About Sales*, 번역서 B2B 세일즈, 교보문고, 102-103

제4절 프레젠테이션

잠재고객의 니즈가 파악되고, 프레젠테이션 기회를 부여받으면, 다음은 프레젠테이션(presentation)의 단계로 넘어간다. 영업 프레젠테이션은 "영업사원이 고객에게 고객의 니즈를 충족시키거나 문제를 해결하기 위한 방안을 보여주거나 설명하는 것"이라고 정의될 수 있으며, 판매과정의 핵심적인 부분에 해당한다.

1. 특성, 장점, 그리고 혜택

프레젠테이션에서는 주로 자사의 제품이나 서비스의 특성, 장점, 혜택 등에 대한 설명이 이루어진다. 즉, "이 제품은 이러한 특성을 지니고 있어서 이러한 장점이 있고, 그래서 고객에게 이러한 혜택을 드릴 수 있다"는 방식의 설명이 이루어진다. 특성에 대한 설명은 제품이나 서비스에 내재(內在)된 특징을 중심으로 이루어지고, 장점에 대한 설명은 이러한 특성이 제품이나 서비스의 성능에 어떻게 영향을 미치는지를 중심으로 이루어지며, 혜택에 대한 설명은 이러한 장점이 고객의 니즈를 어떻게 충족시켜 줄 수 있고, 문제를 어떻게 해결할 수 있는지를 중심으로 이루어진다. 예를 들어 새로운 물질의 첨가로 내구성이 보강된 기계 부품이라고 하면, 새로운 물질의 첨가가 특성이며, 내구성의 강화가 장점이 되고, 이로 인한 부품교체비용의 절감이 혜택이 된다. 외장이 알루미늄으로 되어 있는 넷북 이라면 외장이 알루미늄 소재라는 것이 특성이며, 그로 인해 무게가 덜 나간다는 것이 장점이 되고, 이로 인해 훨씬 수월하게 휴대할 수 있다는 것이 혜택이 된다. [표 2-3]은 대형 프로젝션 TV의 예를 통해 특성, 장점, 혜택의 차이를 보다 상세하게 보여주고 있다.

프레젠테이션 과정에서 특성, 장점, 그리고 혜택을 연결시키는 방법에는 두 가지가 있다. 첫째는 혜택을 먼저 말한 다음 '왜냐하면'이라는 연결어를 사용하여 특성과 장점을 설명하는 방법이다. 예를 들어 "이 넷북은 휴대하기가 훨씬 수월합니다. 왜냐하면 외장이 알루미늄으로 되어 있어서 다른 제품에 비해 30%나 가볍기 때문입니다"라고 설명하는 방법이다. 둘째는 상품의 특징과 장점을 먼저 말한 후, 이어서 어떠한 혜택이 있다는 점을 설명하는 방법이다. 예를 들어 "이 제품은 외장이 알루미늄으로 되어 있어서 다른 제품에 비해 30%나 가볍습니다. 그래서 휴대하기가 훨씬 수월합니다"라고 설명하는 방식이다. 결론적으로 특성과 장점은 혜택을 객관적으로 뒷받침하기 위한 근거라고 할 수 있으며, 따라서 영업사원은 잠재고객의 문

표 2-3 | 대형 프로젝트 TV의 특성, 장점, 혜택

장점특성	장점	혜택
고화질 HD	• 빛을 받은 것처럼 또렷하고 깨끗한 화질	• 컴퓨터, DVD, 비디오 등의 영상이 선명하고 깨끗하게 재현된다. • 움직이는 화면을 매끄럽게 처리하여 끊김 없는 부드러운 화면을 보여준다.
선호 채널 더블 스크린, 두 화면 자동 볼륨 조절	• 좋아하는 채널을 메모리시킬 수 있다. • 두 화면을 동시에 볼 수 있다. • 채널을 바꿀 때마다 발생하는 사운드의 높낮이 변화를 없애준다.	• 불필요한 채널검색을 안 해도 된다. • 가족이 함께 보고 싶은 채널을 동시에 생생하게 감상할 수 있다. • 안정된 사운드를 즐길 수 있다.
초박형 디자인	• 벽 앞에 전용 스탠드를 이용하여 설치할 수도 있고, 벽에도 설치가 가능하며, 간단한 거치대를 이용하면 천장에 매달 수도 있다.	• 설치공간을 절약할 수 있고, 어느 곳에서든 쉽게 배치할 수 있는 고급스러운 디자인이다.

제를 해결할 수 있는 혜택을 강조하면서 이를 뒷받침하기 위한 근거로 특성과 장점을 언급하는 방식으로 프레젠테이션을 진행하는 것이 효과적이다.

2. 효과적인 프레젠테이션의 조건

훌륭한 프레젠테이션을 하는 것은 매우 어려운 일이다. 훌륭한 프레젠테이션은 [그림 2-5]에서와 같이 몇 가지 조건을 충족하고 있어야 한다.

■ 프레젠테이션의 내용은 단순해야 한다

프레젠테이션 과정에서 제품이나 서비스의 혜택을 언급함에 있어서 너무 많은 것을 얘기하려고 하면 잠재고객의 주의가 분산되어서 정작 강조하고자 하는 혜택이 깊게 각인될 수 없게 된다. 사람의 단기기억은 매우 제한되어 있어서 한꺼번에 너무 많은 정보를 전달하면 부하가 걸려서 정보를 처리해내지 못한다. 강조하고자 하는 내용을 최대한 줄여서 3개 정도로 요약하는 것이 바람직하다. 잠재고객이 프레젠테이션의 내용에 대해 관심을 갖기만 하면 프레젠테이션에 포함되지 못한 정보를 전달할 수 있는 기회는 얼마든지 있다. 따라서 전달하고 싶은 정보가 많이 있더라도 최대한 자제심을 발휘하여 핵심이 되는 혜택을 간결하면서도 강력하게 전달할 수 있도록 하는 것이 바람직하다.

그림 2-5 | 효과적인 프레젠테이션의 조건

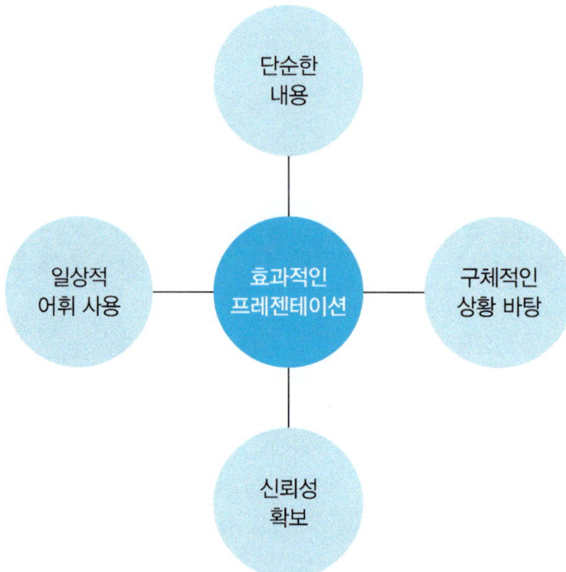

■ **프레젠테이션은 잠재고객이 일상적으로 사용하는 어휘로 진행되어야 한다**

전문용어 등의 사용은 최대한 절제하는 것이 바람직하다. 부득이 전문용어를 사용하여야 하는 경우에는 이에 대한 정의를 명확히 해서 이를 해석함에 있어서 혼선이 발생하지 않도록 해야 한다. 전문용어를 많이 사용하면 잠재고객은 이해를 할 수 없기 때문에 이 프레젠테이션이 누구를 위한 것인가에 대해 의구심을 갖게 되고, 질문도 하지 않고 잠자코 프레젠테이션이 끝나기만을 기다리며, 결국 프레젠테이션 전반에 대해 좋지 못한 평가를 내릴 수 있다.

■ **잠재고객의 구체적인 상황을 바탕으로 하는 프레젠테이션이 이루어져야 한다**

잠재고객은 지식을 늘리기 위한 강의를 들으려고 하는 것이 아니라, 자신의 문제를 해결하기 위한 해결책을 들으려고 하는 것이다. 따라서 영업사원은 반드시 프레젠테이션의 내용을 최대한 잠재고객의 구체적인 상황에 맞도록 개별화하려는 노력을 기울여야 한다. 특히 벤치마킹 자료 등을 인용함에 있어서 잠재고객이 가지고 있는 구체적인 문제와 직접적인 연관을 가지고 있는 자료만을 사용해야 하며, 가능한 한 잠재고객이 현재 처해 있는 상황에 대한 자료를 사용함으로써 현실감 있는 프레젠테이션을 할 수 있도록 노력해야 한다. 이를 위해서는 잠재고객에 대한 자료를 충실히 수집하여 프레젠테이션 자료 작성에 반영해야 하기 때문에 많은 노력이 요구된다. 영업사원은 프레젠테이션을 준비하는 과정과 실제로 프레젠테이션을 하는 과정에서 잠재고객의 입장에 설 수 있어야 한다. 잠재고객의 입장을 충분히 이해함을 물론 잠재고객의 문제를 해결하려는 열정을 가지고 프레젠테이션에 임해야 자신의 메시지를 효과적으로 전달할 수 있다. 더욱이 B2B 영업을 위한 프레젠테이션에서는 구매센터의 여러 구성원들이 참석하기 때문에 각 구성원들의 개별적인 니즈를 잘 파악해서 이에 적절히 부응할 수 있는 프레젠테이션을 실행해야 한다. 특히 잠재고객 구성원들 간의 니즈에 충돌이 있는 것으로 판단되는 경우에는 충돌하는 니즈를 포괄할 수 있는 보다 상위의 니즈를 중심으로 프레젠테이션의 내용을 구성함으로써 어느 한편의 평가가 극단적으로 낮아지는 상황을 피하는 것이 바람직하다. 부득이 어느 한편의 입장에 서야 하는 경우에는 객관적인 자료를 가지고 조직의 목표에 보다 부응할 수 있는 방안이 무엇이라는 것을 명백히 함으로써 차후에 예견되는 반론을 미연에 차단하는 것이 최선의 방안이라고 할 수 있다.

■ 신뢰성 있는 프레젠테이션이 이루어져야 한다

신뢰를 주지 못하는 프레젠테이션은 성공적일 수 없다. 신뢰성을 주기 위해서는 프레젠테이션의 내용이 논리적이어야 한다. 즉, 문제의 인식, 문제의 원인, 해결책의 제안 등의 일련의 과정이 논리의 비약 없이 자연스럽게 연결될 수 있도록 해야 한다. 즉, 프레젠테이션 자료의 작성은 한 편의 수필을 쓰는 것이 아니라, 한 편의 논문을 쓰는 것이 되어야 한다. 논리의 비약이 없도록 하기 위해서는 프레젠테이션 자료에 담겨 있는 모든 주장에 대해 객관적인 자료를 제시할 수 있어야 한다. 이러한 자료는 서적, 논문, 인터넷 검색자료, 통계자료 등의 2차자료를 활용하여 수집될 수 있지만, 대부분은 충분하지 않기 때문에 1차자료를 수집해야 하는 경우가 많다. 이러한 1차자료는 B2B 영업의 경우, 잠재고객 기업에서 근무하는 직원과의 인터뷰, 해당 분야 전문가 인터뷰, 잠재고객 기업의 고객을 대상으로 하는 인터뷰 및 설문조사, 유통점 관찰, 관련사례 분석 등을 통해 수집될 수 있다.

3. 프레젠테이션의 유형

프레젠테이션의 유형은 잠재고객의 니즈나 문제가 얼마나 보편적인가에 따라 암기형 프레젠테이션, 개요형 프레젠테이션, 그리고 제안형 프레젠테이션으로 구분될 수 있다.

암기형 프레젠테이션

암기형 프레젠테이션은 제품의 특성, 장점, 혜택 등을 잘 표현할 수 있는 원고를 작성한 뒤, 이를 암기하여 잠재고객에게 발표하는 방식의 프레젠테이션이다. 프레젠테이션 원고는 성공적인 영업사원들이 개발한 원고의 내용 중에서 가장 훌륭한 부분들을 발췌한 뒤 종합하여 작성할 수 있다. 이러한 유형의 프레젠테이션은 잠재고객의 니즈가 모두 비슷하고 잠재고객의 숫자가 매우 많을 때 효과적으로 사용될 수 있다. 또한 경험이 적은 초보 영업사원에게는 자신감을 줄 수 있다는 장점도 가지고 있다. 하지만 잠재고객에 따라 니즈나 문제점이 달라지는 경우에는 바람직한 방법이 아니다. 따라서 이러한 유형은 B2B 부문에서는 사용되기 어렵고, 제품의 특성이 비교적 단순하고 많은 사람에 의해 사용되는 일용 소비재를 방문판매 등을 통해 판매하는 경우에 사용될 수 있는 유형이라고 할 수 있다.

개요형 프레젠테이션

개요형 프레젠테이션은 프레젠테이션의 주요 내용만을 작성하여 암기하고 나머지 부분에 대해서는 고객과의 접촉 과정에서 고객의 니즈에 맞도록 구성하여 발표하는 방식이다. 즉, 제품의 특성이나 주요 반론에 대한 대응 등 핵심적인 내용은 암기하되 여타 부분은 프레젠테이션 과정에서 변화를 줄 수 있는 방식이다. 암기형 프레젠테이션에 비해 잠재고객의 니즈나 필요성을 반영할 수 있는 여지가 더 많다는 점이 장점이라고 할 수 있다. 하지만 이 방식도 암기형 프레젠테이션과 마찬가지로 고객의 니즈나 문제점에 대한 면밀한 검토가 이루어지는 것은 아니며, 따라서 B2B 부문에서는 사용되기 어려운 방식이다.

제안형 프레젠테이션

제안형 프레젠테이션은 잠재고객의 니즈나 문제점에 대한 해결책을 제안하는 형태로 진행되는 프레젠테이션을 의미한다. 이 장에서 기술된 판매과정의 내용들, 즉 잠재고객의 확보와 선별, 잠재고객 접촉 계획의 수립 및 접촉, 잠재고객의 니즈 파악 등은 모두 제안형 프레젠테이션을 하기 위한 선행작업이라고 할 수 있다. 특히 B2B 영업의 경우에는 대부분 잠재고객의 니즈가 기업의 상황에 따라 상이하기 때문에 제안형 프레젠테이션이 요구되며, B2C 부문에서도 보험이나 연금 등의 금융상품과 같이 개별고객화가 가능한 분야에서는 제안형 프레젠테이션이 효과적으로 사용될 수 있다. 프레젠테이션은 원래 말로써 설명하는 것을 의미하지만, 제안형 프레젠테이션에서는 일반적으로 제안서(proposal)를 제출해야 하며, 파워포인트와 같은 프레젠테이션 작성 소프트웨어를 이용한 발표자료도 준비되어야 한다. 제안형 프레젠테이션의 목적은 자사의 제품이나 서비스가 경쟁사의 그것에 비해 잠재고객의 니즈 충족이나 문제해결에 보다 많은 기여를 할 수 있음을 보여주는 것이다. 효과적인 프레젠테이션이 이루어지기 위해서는 잠재고객이 가지고 있는 문제점이 명확히 제시되어야 하고, 자사의 제안이 이러한 문제점을 경쟁제품에 비해 훨씬 효과적으로 해결할 수 있음을 보여주어야 한다. [글 2-9]는 문제점+해결책 형태의 프레젠테이션이 효과적인 이유를 사례를 통해 보여주고 있다.

효과적인 프레젠테이션

글 2-9

■ 분당 3,000달러짜리 프레젠테이션

해마다 9월이면 신생기업가들이 영향력 있는 언론인, 업계 전문가, 투자자들 앞에서 회사를 소개하는 행사가 2개 열린다. 하나는 센프란시스코에서 열리는 테크크런치 50(TechCrunch 50)이고, 다른 하나는 샌디에고에서 열리는 데모(DEMO)이다. 이 자리에서 하는 프레젠테이션은 창업의 성패를 좌우한다. 테크크런치는 8분을 준다. 8분 안에 발표하려면 아이디어를 최대한 다듬어야 한다. 데모는 6분을 주는데, 여기에 참가하려면 18,500달러를 내야 한다. 프레젠테이션 비용이 분당 3,000달러인 셈이다. 아이디어를 설명하기 위해 분당 3,000달러를 내야 한다면 과연 어떻게 해야 할까? 이 행사에 참여하는 벤처투자자들은 창업자들 대부분이 문제를 제시하기 전에 바로 제품을 설명하기 때문에 이야기를 흥미롭게 전달하지 못한다고 지적한다. 한 투자자는 "내게 전달하려는 정보를 머릿속에 넣으려면 새 공간을 만들어주어야 합니다. 문제를 제시하지 않고 바로 해결책으로 넘어가면 내용이 머리로 들어오지 않아요. 그것은 잔도 없이 커피를 들어붓는 것과 같아요"라고 말했다. 청중의 뇌는 정보를 흡수할 공간이 한정되어 있다. 그러나 대부분의 프레젠터들은 128KB 용량의 전송케이블에 2MB짜리 정보를 억지로 우겨넣으려고 한다. 그러니 정보가 제대로 전달될 리 없다.

데모 2008에서는 트래블뮤즈(TravelMuse)라는 회사가 가장 뛰어난 프레젠테이션을 했다. 설립자인 케빈 플라이스(Kevin Fleise)는 이렇게 프레젠테이션을 시작했다. "가장 규모가 크고 성숙한 온라인 소매 부문은 여행업입니다. 현재 미국만 해도 시장규모가 900억 달러가 넘습니다(범주 설정). 누구나 온라인으로 예약하는 방법을 압니다. 그러나 예약은 전체 여행계획의 마지막 5%에 불과합니다(문제 제시). 나머지 95%는 예약하기 전에 어디로 갈지, 어떤 일을 할지 결정하는 것입니다. 정작 어려운 부분은 바로 여기입니다. 트래블뮤즈는 필요한 기능과 정보를 자연스럽게 통합해 여행계획을 쉽게 세울 수 있도록 도와줍니다(해결책 제시)." 그는 해결책을 설명하기 전에 범주를 설정하고 문제를 제시함으로써 커피를 따를 잔을 마련했다.

투자자들은 아이디어를 보고 지분을 산다. 따라서 투자할 회사의 제품이 해결해주는 문제가 얼마나 보편적인지 알고 싶어 한다. 문제가 명확하지 않은 해결책은 매력이 훨씬 떨어진다. 투자자들은 문제와 해결책이 분명하게 드러나야만 안심하고 시장규모, 경쟁상황, 비즈니스모델 같은 다음 단계의 의문으로 넘어간다.

출처 : Gallo, Carmine (2010), *The Presentation Secrets of Steve Jobs*, 번역서 스티브 잡스 프레젠테이션의 비밀, 111–112 요약

4. 제품 시연

시연(試演, demonstration)은 많은 비용을 들이지 않고도 잠재고객에게 제품정보를 제공하고, 혜택을 설명하며, 구매의욕을 자극할 수 있는 좋은 방법이다. 특히 기술적으로 매우 복잡한 제품의 경우에는 발표자료를 통해 제품의 특성을 설명하는 것보다 제품을 직접 보여주고 이를 시연해 보임으로써 잠재고객이 시각적으로 직접 제품의 장점을 확인하도록 하는 것이 효과적이다. 제품 자체를 직접 보여주기가 어려운 경우에도 발표자료를 시연장면을 이용하여 작성함으로써 간접적으로 시연의 효과를 거둘 수 있다. 좋은 시연의 요건으로 다음과 같은 네 가지 사항을 들 수 있다.

첫째, 시연은 짧고 신속하게 진행되어야 한다. 좋은 시연은 잠재고객을 피곤하게 만들지 않는다. 둘째, 시연은 단순하게 구성해서 잠재고객이 쉽게 이해할 수 있어야 한다. 좋은 시연은 핵심 메시지를 두 가지 이상 전달하지 않는다. 시연의 목적은 잠재고객의 호기심을 자극하는 것이지, 그들을 지루하게 만드는 것이 아니다. 셋째, 시연은 핵심적인 내용을 담고 있어야 한다. 좋은 시연은 가장 멋진 기능을 보여줌으로써 경쟁 제품과의 차별성을 강조해야 한다. 다만 그 기능은 실질적인 혜택을 제공할 수 있어야 한다. 넷째, 시연은 실질적이어야 한다. 시연은 문제에 대한 실질적인 해결책을 명확하게 보여줄 수 있어야 한다. [글 2-10]은 시연을 이용한 프레젠테이션의 대가로 알려진 스티브 잡스(Steve Jobs) 전(前) 애플(Apple)사 대표의 시연 사례를 기술하고 있다.

애플사 스티브 잡스의 시연 사례

글 2-10

■ 역사를 만든 시연

스티브 잡스는 모든 프레젠테이션에서 시연을 한다. 그 중에서 역사적인 의미를 갖는 시연들도 있다.

잡스는 2007년 맥월드를 시작하면서 "오늘 우리는 역사를 만들 것입니다"라고 말했다. 그가 말한 역사적인 사건은 아이폰 출시였다. 잡스는 "우리는 휴대전화를 재발명하고자 합니다. 오늘 네 가지를 보여 드리겠습니다. 그것은 애플리케이션, 사진, 달력, SMS입니다. 일반적으로 휴대전화에 다 들어 있는 것들이지요. 하지만 오늘 보실 것은 많이 다릅니다. 그러면 같이 보시죠"라고 말했다. 그리고 언제나 그랬듯 무대 오른쪽에 있는 의자에 앉아서 시연을 했다. "모니터 왼쪽 하단에 있는 이 아이콘 보이시죠? 이걸 누르면 전화기로 넘어갑니다. 이제 전화번호부로 들어왔습니다. 어떻게 검색하느냐고요? 그냥 스크롤하면 됩니다. 지금 조니 아이브(주: 애플사의 수석 디자이너)에게 전화를 건다고 가정합시다. 여기를 누르면 그에 대한 모든 정보와 함께 전화번호가 뜹니다. 전화를 걸고 싶으면 번호를 누르면 됩니다. 지금 걸어보겠습니다." 잠시 후 발신음이 울리고 아이브가 전화를 받는다. 잡스는 아이브에게 이렇게 말했다. "이 순간까지 2년 6개월이 걸렸습니다. 아이폰으로 첫 번째 통화를 하게 돼서 정말 기분이 좋네요." 이때 마케팅 부회장 필 쉴러가 전화를 걸어왔다. 잡스는 아이브를 대기상태로 돌렸다가 두 명과 동시통화하는 시연을 했다. 이어 그는 아이폰의 SMS 기능을 선보이고 사진기능을 소개했다." "아이폰은 가장 멋진 사진관리 애플리케이션을 갖추었습니다. 휴대기기용 애플리케이션으로는 당연히 최고이고요. 아마 다른 모든 기기를 통틀어서도 그럴 겁니다." 그는 손가락만을 사용해 사진을 확대하고 조작하는 시범을 보였다. 그러고는 청중을 향해 말했다. "아주 멋지죠. 대단하지 않습니까?" 잡스는 그 순간 정말로 새로운 기능에 흥분한 것처럼 보였다. 청중 앞에서 신제품을 시연하는 그의 모습은 마치 사탕가게에 들어선 아이 같았다.

시연을 즐겨야 한다. 잡스는 확실히 시연을 즐긴다. 아이폰 시연의 마지막을 장식한 애플리케이션은 구글맵스였다. 잡스는 구글 맵스로 발표회장에서 가까운 스타벅스 매장을 검색했다. 그는 스타벅스 매장의 목록을 띄운 다음 "전화를 한번 걸어봅시다"라고 말했다. 잠시 후 점원이 전화를 받았다. 잡스는 "안녕하세요. 라떼 4,000잔을 주문하고 싶은데요. … 아니에요. 농담입니다. 전화를 잘못 걸었네요. 안녕히 계세요"라고 말했다. 그 모습에 청중은 큰 웃음을 터뜨렸다. 잡스가 시연 중에 실제로 스타벅스에 장난전화를 건 것이다. 그는 종종 이런 식으로 신제품을 선보이는데, 그럴 때마다 그의 열정이 청중에게 고스란히 전달된다. 이처럼 잡스는 사람들이 프레젠테이션을 재미있게 본다는 사실 자체에서 즐거움을 느낀다.

출처 : Gallo, Carmine (2010), *The Presentation Secrets of Steve Jobs*,
번역서 스티브 잡스 프레젠테이션의 비밀, 194–196 요약

5. 제안서

B2B 분야에서는 대부분 고객사는 제품이나 서비스를 구매할 필요가 있다고 판단되면 대상이 되는 몇몇 공급업체에게 제안요청서(request for proposal : RFP)를 발송한다. 영업의 의향이 있는 공급업체는 정해진 시간 내에 제안서를 작성하여 고객사에 제출해야 한다. 제안서는 제안의 내용을 글로 적어 놓은 것이기 때문에 당사 간에 발생할 수 있는 오해의 소지를 줄여주는 역할을 한다. 또한 B2B 부분에서는 구매와 관련한 의사결정이 집단적으로 이루어지기 때문에 제안서는 구매센터 구성원들 간의 원활한 의사소통을 위해서도 필수적인 요소라고 할 수 있다. 그런데 제안서에 담긴 내용은 일종의 약속이기 때문에 작성 시에 매우 신중을 기하여야 한다. 제안서에 담긴 내용은 통상적으로 향후 계약서에도 반영되기 때문에 실현이 어려운 내용을 포함시켜서는 안 된다. 따라서 영업사원은 제안서를 작성함에 있어 영업관리자는 물론, 생산부서, 재무부서, R&D부서, 마케팅부서 등 여타 부서와의 협의를 통해 고객사와의 약속이 실현가능한지를 확인하는 과정을 반드시 거쳐야 한다.

제안서의 작성과정에서 또 하나 주의할 점은 제안서는 고객의 니즈에 부합하는 내용을 중심으로 작성되어야 한다는 점이다. 프레젠테이션과 마찬가지로 자사의 상품의 우월성을 강조

하는 제안서가 아니라, 고객의 니즈나 문제점을 어떻게 해결할 수 있는가를 중심으로 하는 제안서를 작성해야 영업의 성공률을 향상시킬 수 있다. [글 2-11]은 B2C 부문에서 개별화된 제안서가 영업성과에 미치는 영향을 보여주는 사례를 기술하고 있다.

제안서와 영업성과

글 2-11

- 영업은 지적 게임이다

어느 대형 손해보험회사에서 보험상품을 판매하는 A씨는 하루의 방문 목표수를 정해 두고 이를 소화하려고 열심히 노력했다. 성실하고 노력파인 A씨는 접수처에서 거절당하는 일이 있어도 기죽지 않고 끈질기게 방문해서 매일매일 방문 목표수를 달성해 냈다. 그 결과 매달 목표 계약수를 달성할 수 있었고, 평균적인 영업실적을 거둘 수 있었다. 그러던 A씨가 어느 때부터인가 실적이 부쩍 향상되기 시작했다. 실적이 매달 전월 대비 20~50%의 향상을 보이게 된 것이다. 지금은 대부분의 영업사원에 비해 2.5~3배의 실적을 거두고 있다. 1~2년 사이에 몰라볼 정도로 달라진 A씨이긴 하지만, 적어도 겉보기로는 지금까지와 별다른 차이가 없었다. 예전처럼 성실하게 방문횟수를 달성하고자 노력하고 있기 때문이다. 특별히 거물급 고객을 확보했다든지, 강한 연줄에 의한 새로운 루트가 생긴 것 같지도 않았다. 그럼에도 불구하고 1~2년 전과는 눈에 띄게 다른 실적을 계속해서 거두고 있었다. 과연 어떤 비결을 갖고 있을까?

A씨에게 직접 물어봤다. "영업은 지적인 게임이라는 사실을 깨달았지요"라고 A씨는 대답했다. 그에 따르면 언젠가 잡지에서 보험 업계에서 일하고 있는 다른 회사의 영업사원을 취재한 기사를 읽었다고 한다. 그런데 그 내용으로 깨달음을 얻어 자신의 영업활동을 개선해 보고자 시도했다고 한다. "예를 들면" 하고 말하더니 그가 보여준 파일 안에는 그가 독자적으로 작성한 '고객요청별 제안서' 등의 형식이 여러 종류나 있었다. 그는 하나의 같은 상품을 판매하는 경우라도 회사가 준비한 '원패턴 제안서'와는 별도로 상대방의 요망에 맞게 기록한 제안서를 만들어 고객에게 제시하고 있었던 것이다. A씨는 좋은 영업방법을 찾아내는 것은 컴퓨터 게임의 숨은 기술을 찾아내는 것과도 같은 즐거움이 있다고 말한다. 그래서 그에게 있어서 영업은 '지적 게임'이다.

출처 : KMAC, LAC-J (2010), 세일즈 DIPS : Double IP System, KMAC, 16-19 요약

제5절 반론의 극복

영업사원은 프레젠테이션을 포함한 거의 모든 잠재고객과의 커뮤니케이션 과정에서 잠재고객의 반론(反論, objection)에 부딪히게 된다. 반론에 대한 처리를 잘 하지 못하면 판매의 기

회를 상실하게 될 수도 있기 때문에 영업사원은 이를 극복할 수 있는 방안을 숙지하고 있어야 한다. 영업사원은 잠재고객과의 미팅을 갖기에 앞서 잠재고객이 제기할 것으로 예상되는 반론을 나열하고, 각각의 반론에 대해 이를 극복하기 위한 자료를 수집하여 대응 스크립트(script)를 작성한 후, 리허설이나 역할연기를 통해 언제, 어디서, 누가 반론을 제기하더라도 자연스럽게 대응할 수 있도록 준비해야 한다. 극복을 위한 대응 스크립트는 구체적인 사례나 통계자료 등을 활용하여 객관적으로 증명해 보일 수 있는 방향으로 작성되어야 한다. 또한 교육훈련 과정에 반론 극복에 대한 부분을 반드시 포함시켜서 영업사원이 이에 대해 집중적이고 전문적인 교육훈련을 받을 수 있도록 하는 것이 바람직하다.

1. 반론극복의 과정

반론이 있다는 것은 역설적으로 잠재고객이 관심을 가지고 있다는 것을 의미한다. 고객과의 커뮤니케이션이 성공적일수록 보다 많은 반론이 제기된다. 관심이 없는 잠재고객의 입장에서는 영업사원과의 커뮤니케이션이 시간낭비에 불과하기 때문에 구태여 반론을 제기하여 시간을 더 많이 소비하려 하지 않는다. 반론은 성공적인 커뮤니케이션에서 반드시 수반되는 자연스런 현상인 것이다. 잠재고객이 입장에서 보면 반론은 자신이 가지고 있는 의구심을 해소할 수 있는 기회가 되며, 영업사원의 입장에서도 고객으로부터 보다 많은 정보를 얻을 수 있는 기회가 된다. 따라서 이를 잘 극복하면 고객과의 신뢰관계를 구축하는 데 큰 도움이 될 수 있다. 반론을 극복하기 위해서는 [그림 2-6]과 같이 경청, 질문, 확인, 반응 등의 4단계를 거치는 것이 효과적이다.

그림 2-6 | 반론극복 과정

경청 → 질문 → 확인 → 반응

■ 경청

잠재고객이 반론을 제기하면 본능적으로 방어적인 행동을 취하기 쉽다. 이러한 방어적인 행동은 즉각적인 부정이나 반론의 근거에 대한 폄하 등으로 표출된다. "그렇지 않습니다", "잘못 알고 계신 것 같은데요", "근거가 없는 얘기입니다" 등이 이러한 유형의 반응에 해당한다. 이러한 행동은 반론의 진위와 관계없이 잠재고객에게 좋지 못한 인상을 주게 되며, 이로 인해 후속적인 판매과정이 더 이상 진행되지 않게 될 수도 있다. 반론극복 과정의 첫 단계는 잠재고객의 반론을 경청하는 것이다. 잠재고객이 반론을 제기하는 과정에서 절대로 말을 끊어서는 안 된다. 이러한 행동은 잠재고객을 불쾌하게 하며, 영업사원이 프로답지 못하다는 생각을 갖게 만든다. 최대한 잠재고객의 입장에서 왜 그러한 반론을 제기하는지에 대해 이해하려고 노력해야 한다. 이러한 자세를 가져야 잠재고객에게도 자신이 대립적인 관계에 있는 것이 아니라 같이 문제를 풀어가려는 의욕을 가지고 있다는 인상을 줄 수 있다. 잠재고객은 영업사원을 개인적으로 공격하기 위해서가 아니라 자신이 가지고 있는 궁금증이나 의구심을 해소하기 위해 반론을 제기하는 것이기 때문에 영업사원은 이 점을 잘 이해하고 최대한 자제하면서 방어적인 태도를 갖지 않도록 노력해야 한다.

경청을 하는 과정에서 잠재고객의 감정 상태에 대한 공감을 표명하는 것도 좋은 방법이다. "충분히 그런 생각을 하실 수 있을 것 같습니다", "얼마나 심려가 크신지 알 것 같습니다", "다른 분들도 그런 지적을 많이 하셨습니다," 등을 이러한 예로 들 수 있다. 그러나 이러한 반응이 고객의 반론에 동의를 한다는 것을 의미하는 것은 아니다. 하지만 잠재고객의 감정 상태를 이해하고 있음을 표명함으로써 잠재고객이 보다 편안하게 대화를 나눌 수 있도록 하는 효과를 거둘 수 있다.

■ 질문

두 번째 단계는 질문을 통해 잠재고객의 반론의 근거나 원인을 파악하는 것이다. 근거나 원인을 잘 파악해야 비로소 이에 대한 보다 적합한 대응이 가능해진다. 잠재고객의 반론에 대한 근거나 원인을 이미 잘 알고 있다고 속단하여서는 안 되며, 잠재고객의 입을 통해서 이를 확인하도록 노력해야 한다. 경우에 따라서는 잠재고객이 반론의 근거나 원인을 말로 정확히 표현하지 못할 수도 있다. 이러한 경우에는 보다 구체적인 설명을 요구하거나, 혹은 영업사원이 반론의 근거나 원인이라고 생각하는 점을 먼저 이야기함으로써 잠재고객이 보다 더 구체적으로 표현할 수 있도록 유도해야 한다.

■ 확인

다음 단계는 고객이 제기한 반론의 내용과 그 원인을 잠재고객으로부터 확인하는 단계이다. 영업사원은 먼저 자신이 이해하는 반론의 내용과 원인을 얘기한 후, 제대로 이해하고 있는지를 질문함으로써 이를 확인할 수 있다. 이러한 과정을 통해 영업사원은 다음 단계에서의 자신의 반응에 대한 잠재고객의 신뢰를 높일 수 있다.

■ 반응

반론의 내용과 원인이 파악되었으면 이제 반응을 할 수 있는 단계가 된다. 반응은 최대한 구체적으로 제시되어야 한다. 반응의 내용은 어떠한 유형의 반론이 제기되었는가에 따라 달라진다. 이 부분은 매우 중요하기 때문에 별도의 항목을 설정하여 상세하게 기술한다.

2. 반론의 유형과 반응

잠재고객의 반론은 제안의 가치에 대한 반론, 제품이나 서비스에 대한 반론, 그리고 구매 연기 반론 등의 유형으로 구분될 수 있으며, 영업사원은 각각의 유형의 반론에 대한 적절한 대응방법을 숙지하고 있어야 한다.

■ 제안의 가치에 대한 반론

"필요하지 않다"든가 "가격이 너무 비싸다"라는 등의 반론은 잠재고객이 영업사원이 제시한 제안이 전혀 필요가 없다거나, 가격에 비해 가치가 없다고 판단하고 있음을 의미한다. 먼저 "필요하지 않다"는 반론은 "해결해야 할 문제가 없는데 무슨 제안을 하는가"라는 의미이기 때문에 지금까지 진행하여 온 영업활동의 근간을 흔드는 반론이며, 따라서 보다 신중하게 대처할 필요가 있다. 이러한 반론이 제기되는 이유는 두 가지로 생각해 볼 수 있다. 첫째는 잠재고객의 니즈에 대한 파악이 부실하게 이루어져서 니즈가 없거나 약함에도 불구하고 영업사원이 무리하게 영업활동을 진행하여 왔기 때문이다. 이러한 경우에는 다시 니즈 파악 단계로 돌아가서 재검토를 거친 후, 영업활동의 지속 여부를 냉정하게 판단해야 한다. 둘째는 현재까지의 진행상황에 대한 이해가 부족한 새로운 인물이 잠재고객의 구매센터에 참여하게 되었기 때문이다. 이러한 경우에는 그간의 경과에 대한 자세한 설명을 통해 새로운 인물의 이해를 촉구하는 것이 바람직하다. "가격이 너무 비싸다"라는 반론은 잠재고객이 문제의 심각성은 인정하면서도 제안의 가치에 대해서 의구심을 갖고 있음을 의미한다. 영업사원은 이러한 경우에 잠재고객에게 접촉 초기의 니즈 파악 단계에서 확인되었던 내용들을 다시 상기시켜줄 필요가 있다. 즉, 당면하고 있는 문제가 잠재고객의 성과에 미치는 부정적인 영향과 영업사원이 제시한 제안의 가치에 대해 언급하면서 잠재고객의 이해를 촉구하는 것이 바람직하다. 또한 다른 대안적인 방법과의 비교를 통해 제시된 제안이 충분한 가치가 있음을 설명하는 것도 좋은 방법이 될 수 있다.

■ 제품에 대한 반론

이는 공급업체의 제품이나 서비스가 자사의 문제를 해결할 능력이 있는가에 대한 의심의 내용을 담은 반론을 의미한다. “상품의 품질이 원하는 것보다 좋지 않다”, “소재의 내구성이 떨어진다” 등의 반응이 이러한 예에 속한다. 즉, 제안의 가치에 대한 반론이 주로 가격과 관련되어 있는 데 비해, 제품 자체에 대한 반론은 주로 제품의 문제해결 능력과 관련이 있다. 이에 대한 가장 효과적인 반응은 제품이 문제해결의 능력이 있음을 객관적이고 구체적으로 보여주는 것이다. 이를 위해서는 자사 제품을 도입하였던 기존고객의 사례, 독립적인 기관의 테스트 결과, 전문가의 의견, 통계자료, 언론보도 내용 등을 제시할 수도 있고, 시연을 해 보이거나 직접 사용해보도록 권유할 수도 있다. 그런데 반론의 내용 가운데 자사의 제품이 정말로 만족시켜 줄 수 없는 부분이 포함되어 있는 경우에는 우선 이를 인정하는 한편, 자사 제품이 가지고 있는 장점들이 지적된 약점들을 충분히 상쇄할 수 있음을 강조함으로써 제품의 가치를 높이려는 시도를 하는 것이 바람직하다.

■ 구매연기 반론

이 유형의 반론은 제안에 대해 관심은 있지만 당장은 구매하지 않겠다는 내용을 담고 있다. “좀 더 생각해 보아야겠다”, “상사에게 보고하고 논의해 보겠다”, “팀원들과 상의해 보겠다”, “다음 예산 책정 때 반영이 되도록 해 보겠다”, “다른 공급업체와도 접촉을 해보고 결정하겠다” 등의 반응이 이에 속한다. 이는 다른 유형의 반론에 비해 훨씬 더 극복하기가 힘들다. 왜냐하면 구매의 필요성은 인정하면서도 구매가 시급하지는 않다는 의미이기 때문에 영업사원이 시급성을 강조하면 강요를 하는 듯한 느낌을 줄 수도 있기 때문이다.

또한 이러한 반론은 진실일 수도 있지만 구매를 하고 싶지 않은 다른 이유를 숨기기 위한 핑계일 수도 있는데, 이를 명확하게 구분하기가 힘들다는 점도 극복하기 힘든 이유이다. 방문판매와 같은 B2C의 경우에는 이러한 반론은 거의 거절의 뜻을 담고 있지만, B2B의 경우에는 꼭 그렇지는 않다. B2B의 경우에는 접촉시점에서 실제로 구매에 이르기까지 6개월에서 1년 정도가 소요되는 것은 보통이고, 경우에 따라서는 1년 이상도 소요될 수 있기 때문에 포기하지 않고 인내심을 가지고 잠재고객의 반응을 기다릴 필요가 있다. 잠재고객이 조속히 결정하도록 압박을 가하는 것은 오히려 역효과를 가져올 수 있기 때문에, 이 경우에 취할 수 있는 가장 좋은 전략은 다음 미팅 약속이나 혹은 의사결정에 영향을 미칠 수 있는 사람의 소개를 요청하는 등 판매과정이 중단되지 않도록 노력하는 것이다.

영업사원은 반론의 유형과는 관계없이 반응 과정에서 두 가지 점에 주의를 기울여야 한다.

첫 번째는 어떤 경우이든 잠재고객과의 논쟁을 피해야 한다는 점이다. 심지어 잠재고객의 생각이나 행동이 명백히 잘못되었다고 판단되는 경우에도 논쟁은 피하여야 한다. 논쟁을 하게 되면 논쟁에서 이기더라도 판매기회는 상실된다. 두 번째는 고객의 반론의 내용에 따라 전달하고자 하는 메시지나 행동 양식에 변화를 줄 수 있어야 한다는 점이다. 즉, 적응적 판매(adaptive selling)를 구사할 수 있어야 한다. 잠재고객은 반론과정에서 자신이 공급업체나 영업사원에게 기대하는 바가 무엇인지에 대한 메시지를 끊임없이 보낸다. 언어로 표현되는 경우도 있지만 행동이나 표정을 통해서도 메시지를 보내기도 한다. 영업사원은 이러한 메시지가 담고 있는 의미를 간파하고, 이에 가장 적절하게 대응할 수 있는 방향으로 메시지, 행동, 전략 등에 변화를 줄 수 있어야 한다.

제6절 판매의 종결

판매의 종결은 영업사원이 잠재고객에게 구매약속을 요청할 때 발생하며, 성공적인 종결은 잠재고객으로부터 구매하겠다는 약속을 얻어내는 것을 의미한다.

1. 판매종결기법

B2B 영업의 경우에는 판매의 종결에 이르기까지 10회 이상의 방문이 필요할 수도 있지만, B2C에서는 판매종결이 한두 번의 방문을 통해 이루어지기도 한다. 이처럼 특히 B2C 영업에서는 단기에 판매를 종결해야 하기 때문에 영업사원들은 가능한 한 소속히 판매를 종결하기 위해 여러 가지 종결 기법을 활용하기도 한다. 대표적인 종결기법으로는 대안종결(代案終結), 요약종결(要約終結), 추정종결(推定終結) 등을 들 수 있다. 이러한 종결기법들도 물론 중요하지만, 가장 바람직한 판매종결은 잠재고객의 탐색에서 반론 극복에 이르는 과정을 순조롭게 진행함으로써 자연스럽게 판매종결이 이루어질 수 있도록 하는 것이다. 종결기법들을 간략히 설명하면 다음과 같다.

▪ 대안종결

이는 영업사원이 잠재고객에게 다양한 대안을 연속적으로 제시함으로써 고객 스스로가 선택대안을 줄이면서 의사결정에 이를 수 있도록 하는 방법이다. 예를 들어 연금보험 상품의 경우에 영업사원이 잠재고객의 보험료와 연금의 액수를 지속적으로 조절하면서 제시하고, 잠재고객이 이 과정에서 스스로 결론에 이를 수 있도록 하는 것을 들 수 있다.

▪ 요약종결

이는 영업사원이 잠재고객이 인정하는 제품이나 서비스의 혜택을 요약해서 언급하면서 고객의 구매 결심을 유도하는 방법이다. 이 종결방법은 매우 효과가 있는 것으로 알려져 있다. 미국이 Xerox사가 자사 영업사원들의 500건의 방문활동을 대상으로 조사한 바에 따르면 요약종결의 성공률이 무려 75%에 달하였다.

▪ 추정종결

이는 잠재고객이 이미 구입하는 것을 결정한 것으로 추정하고 주문의 구체적인 내용에 대해 질문을 하는 것을 의미한다. 예를 들어 "언제 물건을 보내드릴까요? 내일 오후까지 보내드리면 되겠습니까?", "3박스 정도면 충분하겠습니까?" 등과 같은 질문에 잠재고객이 대답을 하면 판매는 성공적으로 종결된다.

2. 판매종결의 어려움

판매의 종결은 잠재고객의 거절로 이어질 수 있기 때문에 영업사원들이 가장 어려워하는 부분 중의 하나이다. 물론 잠재고객이 먼저 구매의사를 밝히는 경우도 있지만 이는 매우 예외적인 경우이고, 판매의 종결은 대부분 영업사원의 주도에 의해 이루어진다.

영업사원의 입장에서 애매한 점은 구매에 대한 요청을 단 한번만 해야 하느냐는 점이다. 구매요청을 하였다가 거절을 당하면 판매활동이 실패로 종결될 수도 있기 때문에 위험부담이 크다. 그렇다고 완전하게 확신이 들 때까지 구매요청을 연기하기도 곤란하다. 이러한 경우에 활용할 수 있는 방법이 시험종결(試驗終結)이다. 판매종결이 구매에 대한 의사결정을 묻는 것이라면 시험종결은 잠재고객이 구매의사결정에 얼마나 가까이 왔는가를 파악하기 위한 질문이라고 할 수 있다. 이러한 예로 "저희들이 제시한 제안에 대해 어떻게 생각하십니까?", "이 제안이 원래 바라시던 것인지요?", "생산부서에서는 저희들의 솔루션에 대해 어떤 의견인지요?", "지난번 프레젠테이션에 대한 사내 반응을 어떠했습니까?" 등을 들 수 있다. 이러한 질문에 대한 응답이 긍정적이면 잠재고객의 구매의사결정이 임박하였다는 것으로 해석될 수 있으며, 따라서 적극적으로 본격적인 종결을 시도할 수 있다. 반대로 부정적이면 어떠한 점에 문제가 있는지를 질문을 통해 파악하고 이를 해결할 수 있는 방안을 모색해야 한다.

잠재고객은 준비가 안 된 상태에서 구매할 것을 요청받으면 강요당하는 느낌을 받을 수 있다. 만일 잠재고객이 준비가 되지 않은 상태인 것으로 판단되면 영업사원은 "혹시 궁금하신 사항을 알려주시면 설명을 드리도록 하겠습니다", "저희 제품에 대해 부족하다고 생각되시는 점을 말씀해주시면 보완책을 마련해 말씀드리겠습니다" 등과 같은 질문을 통해서 현재 잠재고객이 어떠한 점에 대해 확신을 가지고 있지 못한지를 파악해서 이에 대해 적절히 부응하려는 노력을 지속적으로 기울여야 한다. 어느 시점에서 판매를 종결할 것인가를 결정하는 것이 대단히 중요하다. 즉, 어느 시점에 판매종결을 시도하였을 때 잠재고객으로부터 "그렇게 합시다"라는 대답을 얻어낼 가능성이 높은지를 알 수 있다면 영업의 성공률을 크게 높일 수 있다. 우수한 영업사원일수록 잠재고객의 간략한 언급(言及)이나 표정, 행동 등을 통해 판매를 종결시킬 시점을 잘 파악해낸다. 구매할 준비가 되었음을 암시하는 잠재고객의 신호는 매우 다양하게 나타나기 때문에 명철한 관찰력을 가지고 종결 기회를 포착할 수 있어야 한다. 잠재고객이 구매할 준비가 되어 있음을 암시하는 행동과 언급으로 다음과 같은 예들을 들 수 있다.

잠재고객의 행동의 예

- 세금 등 각종 비용 등을 포함한 자동차 총구입비용을 핸드폰의 계산기 기능을 이용해 산출해보고 있다.
- 매장에서 상담했던 컴퓨터에 대해 지인에게 전화를 걸어 의견을 구하고 있다.
- 별 신경을 쓰지 않던 연금보험상품 자료를 꼼꼼히 읽어보고 있다.
- 상품 견본을 현재 사용 중인 제품과 비교하고 있다.
- 평소에는 오지 않던 구매담당 부사장이 회의에 참석했다.
- 내부자료를 보여 주며 자사의 현황에 대해 설명한다 등

잠재고객의 언급의 예

- 귀사의 대금지불조건은 어떻게 됩니까?
- 5개월 안에 선적이 가능하겠습니까?
- 이 제품의 온도조절 기능이 마음에 듭니다.
- 장비에 대한 실무자 교육 플랜은 어떻게 되지요?

• 보증기간의 연장은 불가능한가요? 등

제7절 사후관리

영업사원의 업무는 고객으로부터 주문을 받은 것으로 끝나는 것이 아니다. 영업사원은 계약상의 내용들이 충실하게 수행될 수 있도록 사후관리를 철저히 해야 한다. 제품의 품질, 대금결제, 배송 등이 정확히 수행되었는지를 확인해야 함은 물론, 장비의 설치, 상품의 진열, 고객사 직원의 교육훈련, 사후서비스 등이 원활하게 이루어질 수 있도록 함으로써 고객으로부터 불만이 제기되지 않도록 최선을 다해야 한다. 이러한 영업사원의 사후관리 활동은 장기적인 관점에서의 고객유지 및 활성화에도 큰 도움이 된다([글 2-12] 참조). 고객관계의 관리는 경쟁의 심화와 시장의 포화라는 환경에서 그 중요성이 점증되고 있다. 기존고객의 관리에 대해서는 제4장 '기존고객의 관리'에서 상술한다.

사무기기회사의 사후관리 사례

글 2-12

A사는 국내 유수의 사무기기 제조판매 업체로, A/S에 많은 노력을 기울이고 있다. 내구소비재인 사무기기 분야에서는 판매 후의 철저한 A/S가 회사의 신뢰를 높이는 데 중요한 역할을 한다. 그러나 A/S는 회사에게나 A/S 기사에게나 여간 골칫거리가 아니었다. 우선 회사로서는 A/S가 수입에 비해서 비용이 많이 드는 업무이기 때문이었다. A/S 업무에 들어가는 비용은 단순히 기사의 인건비뿐만 아니다. 인건비 외에도 수시로 퇴사하는 A/S 기사들을 양성하고 교육하는 데 많은 비용이 소요된다. 반면에 A/S 수수료는 고객에게 충분히 청구할 수가 없어서 고비용 · 저효율 구조가 될 수밖에 없다. A/S 기사들에게도 여러 가지 애로가 발생했다. A/S 요청이 산발적으로 발생되다 보니 실제로 A/S하는 시간보다 A/S를 위해서 이동하는 시간이 더 많아서 하루 종일 녹초가 되도록 일을 해도 처리 건수는 5~6건에 불과했다. 또한 고객사도 불만이기는 마찬가지였다. 복사기는 부서 회의 같은 것이 예정되어 있을 때 집중적으로 사용하게 되는데, 이럴 때 예기치 않은 문제가 많이 일어난다. 이 경우 급하기 때문에 대부분 외부의 문방구에 많은 비용을 지불하고 수리를 받게 되어서 나중에 회사로부터 A/S를 받게 되어도 별로 고마움을 느끼지 않게 되는 것이다. 결국 A/S 업무는 회사, A/S 기사, 고객사 모두가 불만스러워 하는 업무 중 하나였다.

이런 골칫거리인 A/S 업무를 개선하기 위해서 여러 가지 방법을 검토한 끝에 A사는 '적극적 방문'의 방식을 도입하게 되었다. 이 회사에서는 A/S 요청시점에서 해결하는 소극적인 방식을 버리고, A/S 기사가 클레임 여부와는 관계없이 일정한 주기로 고객사를 방문해서 점검하고 조치하는 '유지관리시스템'으로 변경했다.

즉, 고객사의 상황에 따라서 일주일이나 보름 간격으로 고객사를 방문하고, 약간의 문제만 있어도 즉시 처리하기로 하였다. 고객사와는 유지보수 계약을 실비로 체결하였으며, 나중에는 기기에 소요되는 복사용지 및 토너 등 소모품도 공급하게 되어서 일정한 수익 모델을 개발하는 성과도 거둘 수 있었다. 또한 A/S 기사들도 사전적인 계획 하에 일정지역을 중심으로 방문할 수 있게 됨으로써 하루에 처리하는 업무량이 4~5배나 증가하였고, 이로 인해 업무의 효율성을 크게 향상시킬 수 있었다. 고객사도 조그만 고장이라도 사전에 손보게 되어서 항상 양질의 복사 품질을 보장받게 되었으며, 부수적으로 복사기의 수명도 최소 2배 이상 연장되어서 장기적인 예산절감 효과를 거둘 수 있게 되었다.

출처 : 박익춘 (2011), 생산성 영업을 실현하는 쓰나미 세일즈, 비비에스마케팅, 76-77 요약

제8절 영업깔때기

1. 영업깔때기의 개념

잠재고객의 확보에서 판매의 종결에 이르는 판매과정에서, 많은 수의 잠재고객 중에서 성공적으로 신규고객화되는 고객은 소수에 불과하다. 예를 들어 잠재고객이 1,000명 확보되었을 때, 그 중에서 실제로 제품이나 서비스를 구매하는 고객은 10여 명에 불과할 수 있다. 즉, 영업활동이 진행되는 과정에서 많은 수의 잠재고객들이 여러 가지 이유로 더 이상 영업의 대상이 되지 못하게 된다. 예를 들어 선별의 과정에서 의사결정 권한이 없는 것으로 확인되었다거나, 니즈의 확인 과정에서 자사의 제품이나 서비스로는 니즈 충족의 가능성이 없는 것으로 확인되었다거나, 프레젠테이션 단계까지 갔지만 예기치 않게 경쟁사에 밀렸다거나, 반론의 극복이 제대로 이루어지지 못해서 잠재고객의 불만을 샀다거나, 판매종결과정에서 가격이 맞지 않아 협상이 결렬되었다거나 하는 등의 이유로 영업활동이 더 이상 이루어지지 않을 수 있다.

신규고객의 확보가 꾸준히 이루어지기 위해서는 영업과정의 각 단계에 일정 수의 고객들이 존재해야 한다. 즉, 이제 막 영업활동을 시작하는 잠재고객도 있어야 하고, 니즈 파악 단계에 있는 고객도 있어야 하며, 판매의 종결이 임박한 고객도 있어야 한다. 이렇게 각 단계에 있는 고객들을 시각적으로 나타내면 지름의 크기가 아래로 내려갈수록 점점 작아지는 깔때기의 모양이 되며, 그래서 이를 영업깔때기(sales funnel)라고 부른다. 즉, 영업깔때기는 [그림 2-7]과 같이 "영업사원의 영업활동 대상 고객들의 판매과정에서의 유형들을 한눈에 파악할 수 있

그림 2-7 | 영업깔때기

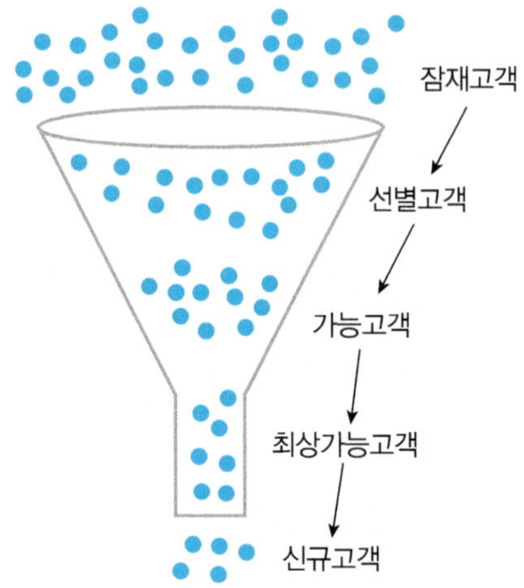

도록 시각적으로 표현한 것"을 의미한다.

영업깔때기 상에서의 고객은 잠재고객, 선별고객, 가능고객, 최상가능고객 등으로 구분될 수 있다. 잠재고객은 선별의 과정을 거쳐 선별고객이 되는데, 상당수의 잠재고객은 이 과정에서 영업의 대상에서 제외된다. 즉, 상당수의 잠재고객은 선별의 과정에서 깔때기 내에 머무르지 못하고 탈락한다. 선별고객은 가능고객과 최상가능고객의 단계를 거쳐 신규고객이 되는데, 잠재고객과 마찬가지로 니즈 파악, 프레젠테이션, 반론극복, 판매종결 등의 각 단계에서 상당수가 탈락한다. 가능고객은 신규고객화될 수 있는 가능성이 높은 고객을 의미하고, 최상가능고객은 계약이 임박한 것으로 판단되는 고객을 의미하는데, 구체적으로 어떠한 단계에 있는 고객을 가능고객 및 최상가능고객으로 정의할 것인가는 제품의 특성, 고객의 특성, 영업활동의 특성 등에 따라 달라질 수 있다. 따라서 영업사원은 영업깔때기의 개념을 효과적으로 사용하기 위해서는 제품, 고객, 영업활동 등의 특성을 고려하여 나름대로의 가능고객 및 최상가능고객에 대한 정의를 가지고 있어야 한다. 예를 들어 잠재고객은 여러 가지 기준에 의해 나름대로 정제된 고객이지만 아직 접촉이 이루어지지 않은 고객, 선별고객은 최근의 동향들이 파악되고 접촉을 통해 니즈 파악 등을 위한 초기 상담이 이루어지고 있는 고객, 가능고객은 니즈를 해결하기 위한 해결책이 작성되고 이의 제시가 이루어지고 있는 고객, 최상가능고객은 제시된 해결책을 중심으로 거래조건에 대한 조율이 이루어지고 있는 단계에 있는 고객 등으로 구분할 수 있다.

2. 영업깔때기 개념의 활용

영업깔때기의 개념은 영업사원의 영업활동이 균형 있게 이루어지고 있는가를 알아낼 수 있는 좋은 도구가 된다. 즉, 시기별로 영업목표를 설정하고, 현재 각 유형별 고객의 수를 파악하면 현재와 같은 영업활동을 지속하였을 때 영업목표를 계획한대로 달성할 수 있는지를 알 수 있고, 이를 통해 문제점이 발견되면 그 문제점을 해결하기 위한 영업활동을 보다 적극적으로 실행에 옮길 수 있다. 가장 바람직한 형태의 영업깔때기는 위의 그림에서와 같이 완만하게 좁아지는 미끈한 형태를 취한다. 그렇지 않은 경우라면 문제점이 있는 것으로 해석될 수 있다. 예를 들어 영업깔때기가 마름모 모양을 취하고 있는 경우라면 단기적으로는 신규고객 확보 실적이 좋을 수 있지만 중장기적으로는 실적이 매우 부진해질 가능성이 크다는 것을 의미하며, 따라서 잠재고객과 선별고객의 확보에 보다 많은 노력을 기울여야 한다. 또한 선별고객에서 가능고객으로 이동하는 과정에서 깔때기가 매우 급격하게 좁아지고 있는 형태라면, 선별고객을 대상으로 하는 영업활동이 매우 부진하다는 것을 의미하며, 따라서 고객접촉을 위한 준비와 접촉, 니즈 파악 등의 과정이 보다 정교하게 이루어져야 한다.

3. 영업깔때기와 수주확률 매트릭스

통상적으로 영업사원은 신규고객을 한 명 확보하고 나면 다음으로 가장 가능성이 높은 최상가능고객에게 집중하는 경향이 있다. 그러나 실적이 우수한 영업사원은 신규고객 한 명 확보하였으면 예를 들어 열 명의 잠재고객을 확보하려고 노력한다. 이는 과거의 경험으로부터 한 명의 신규고객을 확보하기 위해서는 열 명 이상의 잠재고객이 확보되어야 함을 알고 있기 때문이다. 균형 있는 영업깔때기를 유지하지 못하면 실적이 좋을 때는 우수 영업사원으로 선정될 정도로 좋지만 좋지 않을 때는 평균에도 미치지 못할 수도 있다. 영업에서는 이러한 현상을 '롤러코스터증후군'(roller coaster syndrome)이라고 부르기도 한다. 이러한 현상을 방지하기 위해서는 영업깔때기의 개념을 바탕으로 한 [표 2-4]와 같은 '수주확률 매트릭스'가 유용하게 활용될 수 있다.

먼저 자사의 고객을 판매과정 단계별로 구분하고, 각 고객에 대해 수주할 수 있는 확률을 추정한다. 확률의 추정은 객관적인 지표가 있는 것이 아니라 과거의 경험을 바탕으로 영업사원 간의 논의를 거쳐 정해진다. 이 표에서는 잠재고객의 수주확률은 0~10%로 분류되었으며, 선별고객은 10~40%, 가능고객은 20~80%, 최상가능고객은 60~100%로 되어 있다. 각 단계

표 2-4 | 판매과정에 따른 수주확률 매트릭스의 활용 예

수주확률	판매과정단계별 고객유형			
	잠재고객	선별고객	가능고객	최상가능고객
80~100%				R사
60~80%			N사	S사, T사
40~60%			O사, P사	
20~40%		H사, I사, J사	Q사	
10~20%		K사, L사, M사		
0~10%	A사, B사, C사, D사, E사, F사, G사			
예상판매액	……	1억 3천 5백만 원	2억 원	2억 3천만 원
수주시기	10주 이상	5~10주	2~5주	2주 이내

* 여기서는 모든 고객들의 예상판매액을 1억 원으로 가정하였음.

의 고객은 두 개 이상의 수주 확률로 구분될 수도 있다. 예를 들어 '니즈의 해결을 위한 해결책이 작성되어 제시된 상태에 있는 고객'으로 정의될 수 있는 가능고객은 해결책에 대한 고객의 반응에 따라 20~40%, 40~60%, 60~80% 중의 하나의 범주로 분류시킬 수 있다. 다음 단계는 각 고객별로 예상되는 판매액과 수주확률을 곱하여 고객유형별 예상 판매액을 산출하는 것이다. 이 예에서는 고객들의 예상판매액이 모두 1억 원으로 동일하다고 가정하고 각 고객유형별 예상판매액을 산출하였다. 잠재고객은 아직 상담이 진행되지 않았기 때문에 예상판매액의 산정에서 제외하였다. 그 결과 수주시기가 5~10주 후가 될 것으로 예상되는 선별고객의 예상판매액은 1억 3천5백만 원, 수주시기가 2~5주 후가 될 것으로 예상되는 가능고객의 예상판매액은 2억 원, 2주 내에 판매가 종결될 것으로 예상되는 최상가능고객의 예상판매액은 2억 3천만 원으로 계산되었다. 이러한 분석을 통해 시간이 흐를수록 판매액이 줄어들 것이라는 사실을 알 수 있고, 이는 현재의 고객 포트폴리오가 잘못되어 있음을 시사한다. 이러한 현상을 극복하기 위해서는 선별고객 및 가능고객에 대한 보다 철저한 관리를 통해 수주확률을 높이는 한편, 장기적으로는 잠재고객을 확보하기 위한 활동을 보다 활발하게 전개해야 한다.

여기에서는 영업깔때기와 수주확률 매트릭스의 개념을 신규고객의 확보를 위한 영업활동을 중심으로 기술하였지만, 이 개념은 기존고객을 대상으로 하는 영업활동에도 그대로 적용될 수 있다. 즉, 교차판매, 상승판매 등 기존고객으로부터의 영업기회도 존재하기 때문에 이러한 영업기회를 잠재기회, 선별기회, 가능기회, 최상위가능기회 등으로 구분하고 앞에서 언급한 방식으로 영업목표 달성을 위한 분석도구로 활용할 수 있다.

제9절 판매반응함수

판매반응함수(sales response function)는 일정기간 동안에 특정 고객에 대한 방문횟수가 증가할 때 그 고객에 대한 판매액이 어떠한 변화를 보이는가를 표현한 함수이다. 즉, 판매반응함수는 판매액 = f(방문횟수)로 표현될 수 있다. 이는 영업사원이 방문활동관리를 어떻게 수행하는 것이 시간관리(time management)를 위해 유용한가에 대해 시사점을 제공해줄 수 있는 도구이다.

판매반응함수는 두 가지 방법으로 도출될 수 있다. 첫 번째 방법은 판매액을 종속변수로 하고 일정기간 동안(예를 들어, 분기)의 방문횟수를 독립변수로 하는 회귀분석을 통해 도출될 수 있다. 즉, 방문일지 등을 참조하여 일정기간 동안의 방문횟수와 판매액에 대한 데이터를 수집한 후 회귀분석을 수행함으로써 판매액이 방문횟수의 증가에 따라 어떠한 변화를 보이는지를 알아낼 수 있다. 그런데 회귀분석은 두 변수 간의 선형적인 관계(linear relationship)를 도출하는 것이 목적이기 때문에 두 변수가 비선형관계에 있다면 이를 파악해내지 못한다는 단점이 있다. 두 번째 방법은 영업사원의 판단에 의존하는 방법이다. 이는 영업사원에게 일련의 질문을 함으로써 도출될 수 있다. 즉, 전기에서의 방문횟수와 판매액에 대한 자료를 바탕으로 방문을 전혀 하지 않았을 때 예상되는 판매액, 방문횟수를 반으로 줄였을 때 예상되는 판매액, 방문횟수를 늘렸을 때 예상되는 판매액 등에 대한 질문을 함으로써 함수를 도출해낼 수 있다. [그림 2-8]은 이러한 방법을 통해 도출될 수 있는 가상적인 함수 형태를 나타내고 있다.

그림 2-8 | 판매반응함수의 가상 예

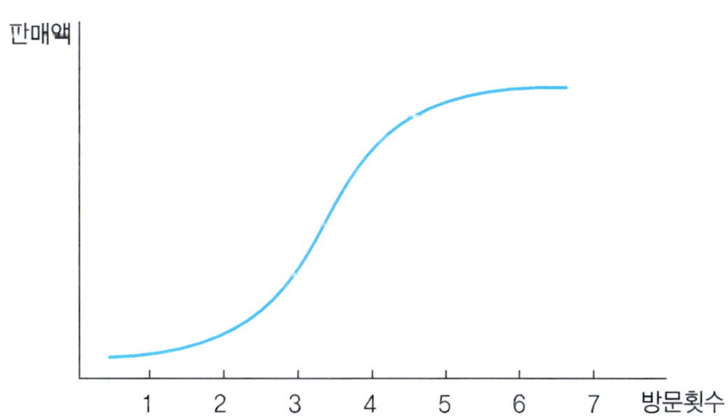

위의 가상적인 판매반응함수의 특징을 살펴보면 방문횟수가 1회에서 2회로 증가할 때는 판매액이 거의 증가하지 않다가, 2회에서 3회로 증가할 때 증가하기 시작해서 5회까지는 가파르게 상승하고, 5회 이상에 되면서부터는 정체되는 것을 알 수 있다. 따라서 4~5회가 최적의 방문횟수가 된다. 영업사원은 이러한 현상을 활용하면 여러 고객에 대한 방문활동을 조절함으로써 자신의 판매액을 최대화할 수 있다. 예를 들어, 5회를 방문한 고객을 지속적으로 방문하기보다는 1회 혹은 2회를 방문한 고객을 대상으로 방문활동을 하는 것이 판매액의 증진을 위해 보다 바람직하다. 그런데 이러한 판매반응함수는 고객과의 관계가 거래중심적인 관계로 형성되어 있을 때에 한하여 유용하게 사용될 수 있다. 고객과의 관계가 거래적인 관계가 아닌 자문적 관계나 파트너십 관계인 경우에는 고객의 니즈가 충족되었는지, 고객의 문제가 해결되었는지, 고객을 위한 새로운 가치를 창출하였는지 등과 같은 구체적인 산출물이 중요한 반면, 고객을 몇 번을 방문하였는가는 큰 의미를 갖기 어렵다.

제10절 구매과정에 따른 판매과정의 조절

1. 구매과정과 판매과정의 연계성

지금까지 영업사원의 판매과정을 고객의 구매과정을 고려하지 않고 논의하였지만, 실제로는 고객의 구매과정이 진행되어야 판매과정도 진행될 수 있기 때문에 두 개의 과정은 반드시 밀접하게 연계되어 있어야 한다. 고객이 구매과정을 진행하지 않으면 공급업체가 판매과정을 진행시키는 것이 아무런 의미를 갖지 못하기 때문에 판매과정은 구매과정에 종속되어 이루어지는 과정이라고 할 수 있다. 공급업체의 영업사원은 고객의 행동을 통제할 수 있는 것이 아니라, 고객의 행동을 이해하고 이에 적응하기 위해 노력해야 한다. 이러한 과정에서 영업사원은 고객에게 영향을 미칠 수 있는 기회도 가질 수 있다. 그러므로 "판매를 하기 위해 우리가 무엇을 해야 하는가"를 생각하는 것이 중요한 것이 아니라, "고객이 구매를 통해 무엇을 하고자 하며, 고객이 하려고 하는 일들을 실제로 할 수 있도록 하기 위해서는 우리가 무엇을 어떻게 해야 하는가"를 생각하는 것이 타당하다.

그런데 이러한 논리가 매우 기본적인 것임에도 불구하고 영업사원이 범하는 가장 큰 실수 중의 하나로 영업사원이 고객의 구매과정에 따르지 않고 자신에게 익숙한 판매과정에 맞춘 영

표 2-5 | 영업사원이 범하기 쉬운 실수

항목	비율(%)
고객사의 구매과정을 따르지 않는다	26
고객사의 니즈를 듣지 않는다	18
사후관리를 하지 않는다	17
강압적/공격적/불손한 자세를 취한다	12
자사의 솔루션을 제대로 설명하지 못한다	10
정확하지 않은 과장된 주장을 한다	6
고객의 비즈니스를 제대로 이해하지 못한다	4
너무 친한 척 행동한다	3
최고경영진을 잘 모르거나 존중하지 않는다	2
기타	2

업활동을 전개한다는 점이 지적되고 있다. 미국의 영업 및 서비스 교육 컨설팅 회사인 Forum 사가 기업의 구매 담당자를 대상으로 실시한 조사에 따르면, [표 2-5]에서와 같이 응답자들은 영업사원이 범하기 쉬운 가장 큰 실수로 "고객사의 구매과정을 따르지 않는다"는 점을 지적하고 있다. 즉, "고객사의 니즈를 듣지 않는다", "사후관리를 하지 않는다" 등과 같이 직관적으로 가장 불만이 많을 것 같은 사항보다도 훨씬 많은 응답자들이 공급업체가 자사의 구매과정에 부응하지 못하는 영업활동으로 인해 불만을 가지고 있다고 말하고 있는 것이다. 고객의 구매과정을 잘 이해하고, 이를 기반으로 현재 고객이 구매과정에서 어느 곳에 위치하고 있는가를 파악하여 이에 부응하는 영업활동을 전개하고 있느냐의 여부가 성공적인 영업사원이 되느냐 혹은 평범한 영업사원이 되느냐를 가늠하는 주요한 요인이 된다.

특히 B2B 영업의 경우에 고객사의 현재 구매과정상에서의 위치를 파악하기 위해서는 많은 노력을 기울여야 한다. 이를 파악하기 위해서는 구매센터의 여러 구성원에게 접근하여 다양한 정보를 수집해야 하며, 이러한 정보를 바탕으로 최대한 객관적이고 균형잡힌 결론을 내려야 실패의 확률을 최소화시킬 수 있다. [글 2-13]은 B2B 부문에서 고객의 구매과정에 따라 영업활동이 어떻게 달라져야 하는지에 대한 사례를 보여주고 있다.

고객의 구매단계에 따른 판매활동 사례

글 2-13

벨몬트사는 일본의 가장 대표적인 이 · 미용 관련 기업이다. 사업 초창기에는 이 · 미용실 의자를 제작하여 판매하였으나 점차 이 · 미용 관련 기구, 치과를 비롯한 병원의 의자, 화장품, 주택기기 등으로 사업영역을 확장했다. 이 회사의 전통적인 영업방식은 발품팔기식 영업이었다. 즉, 영업사원이 담당지역의 이 · 미용실을 방문해서 필요한 물건이 없는지를 물어보는 것이었다. 그러나 이러한 영업방식은 낭비가 많았다. 왜냐하면 고객이 언제, 어떠한 물건을 필요로 하는지를 사전에 파악하기가 힘들었고, 그래서 제품구매의 필요성을 느끼지 못하는 고객까지도 계속 방문해야 했기 때문이다. 이러한 영업방식을 개선하여 불필요한 인적 자원의 낭비를 줄이는 것이 벨몬트사의 중요한 과제였다.

벨몬트사의 2대 사장인 요시카와는 두 차례에 걸친 구조조정이 끝나자 영업생산성을 향상시키기 위한 개혁에 착수했다. 그 첫 작업이 SCP(Sales Coverage Plan)이었다. SCP의 핵심은 우선 고객의 행동을 과학적으로 분석한 뒤, 고객의 의사결정과정을 7단계로 분류하고, 각 단계별로 담당영업사원, 영업수단, 관리시스템을 달리 확립하는 것이었다. SCP는 조직구매 의사결정이론에 바탕하고 있다. 이는 소비자 구매의사결정과정이론을 조직 구매의사결정과정에 응용한 이론이다. 개인의 경우와는 달리 조직의 구매의사결정에는 다수의 사람이 참여하게 된다. 예를 들어 기술평가가 필요한 제품을 구매할 때는 기술팀이나 연구개발팀이 참여하고, 생산설비를 구매하는 경우에는 제품라인을 관리하는 팀이 구매의사결정에 참여하게 된다.

이러한 조직구매자의 의사결정과정을 판매자의 입장에서 분석하여 영업에 적용하는 것을 '영업의 과정 분해'라고 한다. 구매자가 제품구매의 필요성을 인식하고 구매를 결정하기까지 거치는 수순이 있듯이, 판매자 또한 이러한 수순에 대응하는 단계가 있다([표 2-6] 참조). 영업의 과정분해의 요체는 각 단계별로 영업사원을 적절히 배치하는 것이다. 이전까지는 영업 프로세스에 해당하는 '계기의 제공'에서 '납품'까지 한 명의 영업사원이 업무를 수행했다. 그러나 영업개혁을 실시한 뒤 이를 여러 단계로 분해하여 각 단계별로 각기 다른 영업사원을 투입하는 방식으로 전환했다. 고객 구매과정의 1단계에 해당하는 '문제의 인식'은 회사의 영업 과정에서는 '계기의 제공'에 해당하는데, 이 과정의 수행을 위해서는 숙련된 노하우가 필요하기 때문에 잠재적 고객 선정에 능숙한 베테랑 영업사원을 투입한다. 이 영업사원은 고객과의 초기 접촉에서 계약의 규모를 예측하고 고객의 수용도 등을 세밀하게 판단한다. 이러한 과정에서 고객들은 A, B, C의 세 그룹으로 분류된다. A는 반드시 계약할 고객, B는 계약 여부가 불투명한 고객, C는 계약하지 않을 것 같은 고객을 뜻한다. 이러한 과정을 통해 거래 가능성이 없는 고객을 신속하고 정확하게 판단함으로써 불필요한 인적 자원의 투입을 막아 영업의 생산성을 향상시키게 된다.

표 2-6 | 영업의 과정분해

고객의 구매과정	회사의 영업과정	담당자
문제의 인식	계기의 제공	베테랑 영업사원
필요제품의 파악	계획의 윤곽작성 지원	중견 영업사원
필요제품의 기술	구매담당자의 의향 확인	중견 영업사원
조달원천의 탐색	구체적인 제안	중견 영업사원
제안서의 취득과 분석	수주조건의 정비	중견 영업사원
제안서의 평가	수주확인활동	영업관리자
수주수준의 선택	납품	신입 영업사원

출처 : 김현철 (2009), CEO, 영업에 길을 묻다, 한국경제신문, 96–102 요약

2. 수동적 영업 vs 능동적 영업

영업사원의 영업활동은 고객의 구매과정에 부응하는 활동을 얼마나 적극적으로 수행하는가에 따라 수동적 영업과 능동적 영업으로 구분할 수 있다.

2.1 수동적 영업

구매의사결정과정은 소비자의 경우이든 조직구매자이든 관계없이 구매에 대한 필요성을 인식하였을 때부터 시작된다. 구매의 필요성을 인식한 후에는 실제로 구매를 할 것인가를 결정한다. 구매를 하겠다고 결정한 후에는 어떠한 특성을 지닌 제품이나 서비스를 구매하여야 하는지를 고려하게 되고, 이러한 특성을 지닌 대안들을 탐색하고 평가하여 선택에 이르게 된다. 고객이 어떠한 특성을 지닌 제품이나 서비스를 구매하여야 하는지를 정확하게 파악하고 있는 경우에는 영업사원의 가장 주된 역할은 자사의 제품이나 서비스가 품질, 가격, 서비스 등의 측면에서 경쟁력이 있다는 점을 고객에게 소구하는 것이다. 이 경우에 영업사원의 활동은 고객이 대안을 평가하는 과정에서부터 시작된다.

예를 들어 여름용 양복을 한 벌 사기 위해 백화점에 간 고객은 각 브랜드별 매장에 들러서 매장 직원으로부터 자신이 원하는 스타일과 가격대의 양복에 대한 설명을 듣고 구매 여부를 결정한다. 각 브랜드별 매장의 직원들은 자사의 브랜드가 고객이 원하는 제품임을 설득하기 위해 노력한다. 또한 자사의 상황에 적합한 CRM시스템을 구입하기로 결정한 금융기관은 내부 논의를 거쳐 CRM시스템에 대한 제품기술서를 작성하고, 이를 기반으로 몇몇 SI 업체에게 제안요청서를 발송하면 공급업체들은 비로소 자사에서 공급하는 시스템이 고객사의 니즈에 부합한다는 점을 강조하는 영업활동을 전개한다. 이러한 형태의 영업활동은 영업활동 시작의 계기를 구매업체가 제공한다는 의미에서 '수동적 영업'이라고 부를 수 있으며, [표 2-7]에서와 같이 고객구매과정의 초기에는 영업활동을 하지 않고, 대안의 평가, 구매, 구매후 행동의 단계에서만 영업활동을 수행한다.

고객이 필요성을 미처 깨닫지 못하였거나, 혹은 필요성을 인지하고 있더라고 해결방향을 결정하지 못하고 있는 경우에, 영업사원이 이러한 사실을 알고 있음에도 불구하고 고객이 필요성을 인지하고 해결방향을 결정할 때까지 기다리는 영업도 당연히 수동적 영업의 범주에 포함된다. 이렇게 영업사원이 고객의 초기 구매과정에 참여하려는 적극적인 노력 없이 고객이 제안을 해줄 것을 요청할 때까지 기다리는 영업을 하면, 특히 B2B 부문에서는 영업에 성공할 확률이 매우 낮다. 왜냐하면 이미 다른 공급업체가 구매과정 초기부터 영업활동을 전개하여 상당한 기득권을 확보하고 있을 가능성이 높기 때문이다. 즉, 문제의 해결방향이나 공급업체에 대한 평가기준 등이 이미 경쟁업체에게 유리한 방향으로 결정되어 있는 상태이기 때문에 제안요청서를 받았다고 하더라도 '들러리'를 서는 역할만 할 가능성이 매우 높은 것이다.

2.2 능동적 영업

고객이 자신의 문제를 명확하게 인지하고 있는 경우도 있지만, 그렇지 못한 경우도 있다. 이러한 경우에는 영업사원의 활동은 '수동적 영업'에서와 같이 공급업체에 대한 평가의 단계에서 시작되는 것이 아니라, 구매의 필요성을 인지하는 과정에서부터 시작되는 것이 바람직하다. 예를 들어 노후대비를 위한 자금확보의 필요성에 대한 인식이 명확히 심어져 있지 않은 사람들을 대상으로 연금상품을 판매하려는 보험사 영업사원은 노후대비가 왜 필요한지에 대한 인식을 심어주는 단계에서부터 영업활동을 시작해야 한다.

또한 영업사원의 생산성 향상을 위한 SFA시스템을 판매하고자 하는 소프트웨어 업체 혹은 SI 업체는 고객사를 대상으로 영업사원의 생산성 향상이 왜 점점 더 중요해져가고 있는지에 대한 인식을 심어줄 수 있어야 한다. 특히 새로운 기능의 제품을 판매하고자 하는 경우에는 고객이 가지고 있는 문제점을 부각시키고 이를 해결하는 방법을 제안하는 능동적인 영업활동을 전개해야 할 필요성이 더 커진다. 또한 고객이 문제점을 인식하였다고 하더라도 이를 어떻게 해결해야 하는지에 대한 구체적인 방안을 가지고 있지 못한 경우도 있다. 조직구매자의 경우에 문제점을 해소하기 위해 제품이나 서비스를 구매하기로 결정은 하였는데, 어떠한 제품이나 서비스를 구매해야 하는지가 명백하지 않기 때문에 제품기술서를 작성하지 못하고 있는 경우가 이에 해당한다. 이러한 경우에도 영업사원은 고객이 공급업체에게 제안요청서를 발송할 때까지 기다리는 것이 아니라 고객이 해결방법을 찾는 과정에서부터 영업활동을 시작해야 한다. 경우에 따라서는 공급업체가 제품명세서의 작성 과정에 적극 참여하기도 한다.

공급업체는 이러한 과정을 통해서 제품명세서가 자사에 유리하게 작성되도록 함으로써 타사와의 경쟁에서 유리한 위치를 선점할 수 있다. 이처럼 가능한 한 고객의 구매과정 초기에서부터 활동을 전개하는 형태의 영업을 '능동적 영업'이라고 부를 수 있으며, [표 2-7]에서와 같이 능동적 영업에서는 문제의 인식에서 구매후 행동에 이르기까지 고객구매과정의 모든 단계에서 영업 활동을 수행한다.

표 2-7 | 구매과정에서의 수동적 및 능동적 영업활동 영역

구매과정		수동적 영업활동	능동적 영업활동
소비자	조직구매자		
문제의 인식	구매필요성 인식		*
구매의 결정	구매의 결정		*
정보의 탐색	제품특성의 기술		*
	공급업체 탐색		*
대안의 평가	제안평가	*	*
대안의 선정	공급업체 선정	*	*
구매	실행	*	*
구매후 행동	평가	*	*

3. 고객의 구매과정 단계별 영업사원의 역할

능동적 영업에서 특히 중요한 것은 구매과정의 초기부터 영업활동을 전개함으로써 고객의 구매과정이 자사에 유리하게 전개되도록 도모하는 것이다. 조직구매자의 구매과정 단계별 영업사원의 활동은 [표 2-8]과 같이 나타낼 수 있다. 최종소비자의 경우에도 비슷한 방식을 적용할 수 있다. 이러한 영업활동 중에서 특히 중요한 활동은 구매과정의 초기에 전개되는 활동이라고 할 수 있다. 여기에서는 조직구매자 구매과정의 초기 단계에 해당하는 구매 필요성 인

표 2-8 | 조직구매자의 구매과정단계별 영업사원의 활동

조직구매자 구매과정	구매과정단계별 영업사원의 활동
구매필요성 인시	자료수집 및 고객의 문제점 파악
구매의 결정	문제해결의 시급성 및 당위성 제시, 문제해결의 방향 제시
제품특성의 기술	구체적 해결방안의 제시, 평가기준의 제시
공급업체 탐색	구체적 해결방안의 작성, 프레젠테이션
제안평가	
공급업체 선정	반론극복과 판매종결
실행	제안내용의 실행
평가	사후관리

식단계, 구매의 결정단계, 제품특성의 기술단계에서 어떠한 영업활동이 이루어져야 하는가를 중심으로 기술한다.

3.1 구매필요성의 인식단계에서의 영업활동

고객이 구매의 필요성을 아직 인식하지 못하고 있거나 혹은 이제 막 인식하기 시작하는 단계에 있을 때가 절호의 영업개시시점이 될 수 있다. 왜냐하면 이 시점에서는 영업사원이 고객이 가지고 있는 문제의 원인을 파악하거나 이를 해결하는 방향을 결정하는 과정에서 많은 도움을 줄 수 있고, 이에 따라 고객의 구매과정에 영향을 미칠 수 있는 가능성도 커지기 때문이다. 또한 경쟁사가 아직 없다는 점도 영업의 성공 가능성을 높일 수 있는 요인이 된다. 그렇지만 영업사원이 이 단계에서부터 고객에게 접근하고 있는 경우는 많지 않다. 그 이유는 고객이 아직 문제의 해결을 위한 방향을 결정하지 못하고 있기 때문에 어떠한 제안에도 귀를 기울이지 않을 것이라고 생각하기 때문이다. 그렇지만 고객이 아직 구체적인 대안을 가지고 있지 않은 상태라는 사실은 판매과정을 주도적으로 이끌 수 있는 가능성도 높다는 것을 의미하기 때문에 이 기회를 최대한 활용할 수 있어야 한다.

이 단계에서 영업사원에게 중요한 것은 고객이 어떠한 문제를 가지고 있는가에 대한 정보를 수집하는 것이다. 이 과정에서는 부서장과 같은 의사결정자나 구매부서의 직원보다도 현장에서 직접 제품이나 서비스를 사용하고 있는 직원이 가장 정확하고 구체적인 정보를 제공해줄 수 있다. 또한 '고객의 고객'으로부터 정보를 수집하는 것도 좋은 방법이 된다. 고객이 가지고 있는 문제점은 대부분 고객이 자사의 고객에게 제품이나 서비스를 제공하는 과정에서 발생하기 때문에 고객의 고객은 고객이 어떠한 문제를 가지고 있는지에 대한 실질적이고도 종합적인 정보를 제공해줄 수 있다. 예를 들어 생활용품 제조업체에 주요 원자재를 납품하고 있는 공급업체의 영업사원이 이 제조업체의 제품을 구입하여 최종소비자에게 판매하고 있는 유통업체로부터 여러 차례에 걸쳐 해당 제조업체의 제품은 경쟁제품에 비해 소비자의 트렌드 변화에 잘 적응하지 못하고 있다는 의견을 들었다면, 이 생활용품 제조업체는 소비자들의 트렌드에 부응할 수 있도록 제품을 개선해야 할 니즈를 가지고 있다는 것을 알 수 있다. 이 경우에 공급업체의 영업사원의 역할은 고객이 현재의 상황과 바람직한 상황에 대한 차이를 명확하게 인식하도록 하는 것이다. 위의 예에서 영업사원은 고객이 가지고 있는 문제점을 단순히 "소비자의 트렌드에 적응하여야 한다"가 아니라 "현재 소비자의 트렌드에 부합하기 위해서는 제품들이 어떠한 방향으로 개선되어야 한다"라고 구체적으로 표현할 수 있어야 한다.

또한 이 단계에서는 영업상담을 진행하는 데 필요한 정보를 수집하는 것도 중요하다. 즉,

구매센터의 구성원이 누구이고, 그 가운데 의사결정을 내리는 키맨을 누구이며, 이들의 니즈는 무엇인가를 파악하는 것도 중요하다. 동일한 문제점에 대해서도 구성원의 입장에 따라 선호하는 문제접근 방식이 다를 수 있고, 또한 개인적인 니즈도 다르기 때문에 원활한 판매의 진행을 위해서는 이들의 다양한 니즈를 파악하여 해결방안을 제시함에 있어서 어디에 초점을 두어야 할 것인지를 결정할 수 있어야 한다. 구매센터의 의사결정과정을 파악하는 데 유용하게 사용될 수 있는 툴로 '의사결정단위지도(Decision Making Unit map : DMU map)'가 있다. 이는 어느 부문의 누가 구매센터에 참여하고 있고, 어떠한 순서로 의사결정과정에 관여하고 있으며, 이들 각자의 평가기준은 무엇인가를 프로세스 차트에 기록한 것이다. 따라서 이를 활용하면 현재 고객의 의사결정과정이 어느 단계에 있기 때문에 누구를 대상으로 영업활동을 해야 하고, 또한 그 사람의 평가기준이 무엇이기 때문에 영업활동 과정에서 무엇을 강조해야 하는지를 일목요연하게 파악할 수 있다. [그림 2-9]는 생산설비를 구매하고자 하는 회사의 의사결정단위지도의 예를 보여주고 있다.

그림 2-9 | 의사결정단위지도

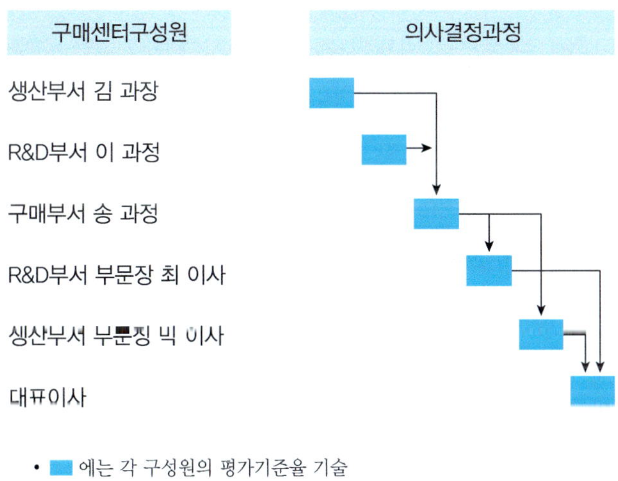

생산설비의 사용자인 생산부서의 김 과장과 박 이사, 생산설비의 유지보수를 책임지고 있는 R&D부서의 이과장과 최이사, 구매과정에 대한 책임을 지고 있는 구매부서의 송 과장, 그리고 구매의사결정의 중요성을 감안하여 회사의 최종 의사결정자인 대표이사 등 모두 6명의 구성원이 의사결정에 참여하고 있다. 먼저 생산부서의 김 과장은 사용의 편의성, 생산설비의

생산성 등을 검토하여 그 결과를 구매부서에 전달하고, R&D부서의 이 과장은 기술적 우수성, 유지보수의 용이성 등을 검토하여 역시 구매부서에 그 결과를 전달한다. 구매부서의 송 과장은 공급업체들의 가격조건, 배송조건, 지불조건 등을 검토하는 한편, 생산부서와 R&D부서의 의견을 취합하여 그 결과를 생산부서의 부서장인 박 이사와 R&D부서의 부서장인 최 이사에게 전달한다. 박 이사와 최 이사는 생산부서, R&D부서, 구매부서의 의견을 종합하여 자신의 의견을 정리하고, 각자의 정리된 의견을 대표이사에게 전달하며, 대표이사가 이를 종합적으로 검토하여 최종적인 의사결정을 내린다.

이러한 의사결정단위지도는 고객사의 내부사정을 잘 알아야 하기 때문에 작성하기가 쉽지 않다. 따라서 처음에는 당연히 알지 못하거나 애매모호한 부분이 있을 수 있지만, 그러한 부분은 일단 잠정적으로 상정하여 가안(假案)을 작성한다. 이러한 가안에 기반하여 영업활동을 실행해보면, 가안대로 진행되는 부분도 있고, 그렇지 않은 부분도 있다. 처음의 생각과 달랐던 부분은 수정해 가면서 의사결정단위지도를 점차 정교화시켜 나간다. 이러한 과정을 반복해 가면서 점차 완전에 가까운 지도를 작성해간다. 일단 특정 고객에 대해 이러한 지도를 작성할 수 있으면 해당 영업건은 물론, 그 고객에 대한 향후의 영업활동에 유용하게 활용할 수 있고, 또한 다른 고객에 대한 의사결정단위지도를 작성할 때에도 좋은 참고자료가 될 수 있다. 처음부터 모든 고객을 대상으로 이러한 지도를 작성하는 작업을 수행하기는 어렵기 때문에 우선은 주요 고객을 대상으로 이를 작성하고 점차 그 대상을 늘려나가는 것이 바람직하다.

3.2 구매의 결정단계에서의 영업활동

문제에 대한 인식이 반드시 제품이나 서비스의 구매로 연결되는 것은 아니다. 문제에 대한 인식이 구매로 연결되기 위해서는 고객이 문제가 매우 심각하기 때문에 해결책이 찾아져야 한다고 판단해야 하고, 또한 이를 위한 좋은 해결방안이 찾아질 수 있다는 확신이 있어야 한다. 따라서 이 과정에서의 영업사원의 역할은 고객으로 하여금 문제의 해결을 위한 당위성과 시급성을 느끼게 하는 한편, 문제의 해결을 위한 방향을 설정하여 이를 가지고 고객을 설득하는 것이다.

첫 번째, 문제의 시급성과 당위성을 느끼게 하기 위해서는 고객이 문제를 방치했을 때 초래하게 되는 부정적인 결과를 생각하도록 하는 방법(결과인지)과 문제의 해결을 위한 적절한 조치를 취했을 때 얻게 되는 긍정적인 결과를 알 수 있도록 하는 방법(이익인지)을 사용할 수 있다. 결과인지나 이익인지는 상담과정에서 주로 질문을 통해 이루어진다. 예를 들어 거래 대리점의 재고가 과도하게 쌓이고 있는 문제를 가지고 있는 대리점에 대해서 이 문제를 방치하였을 때 초래될 수 있는 부정적인 결과는 "이러한 현상이 지속된다면 대리점으로부터 어떠한 반응이 있을 것으로 예상하십니까?"와 같은 질문을 통해서 인지시킬 수 있으며, 이익인지를 위해서는 "현재의 재고율을 20% 줄일 수 있다면 어떠한 이득이 있을 것으로 예상하십니까?"와 같은 질문을 사용할 수 있다.

두 번째, 고객은 적절한 해결방안이 찾아질 수 있다고 확신할 때 구매에 나설 수 있다. 이 과정에서 영업사원이 해야 하는 가장 중요한 일은 고객에게 적절한 해결방안의 컨셉을 제시하는 것이다. 해결방안의 컨셉은 구체적인 해결방안을 의미하는 것이 아니라 문제의 해결을 위한 개략적인 방향과 범위, 다른 해결책과의 차별화 포인트 등을 제시하는 것이다.

고객의 문제점을 해결하기 위한 방안을 모색하는 과정을 통해 고객에게 영업사원이 단순히 제품이나 서비스를 판매하는 사람이 아니라 고객에게 도움을 줄 수 있는 컨설턴트라는 인식을 심어주게 된다. 이 과정에서는 공급사의 입장이 아니라 고객의 입장에서 무엇이 필요한지에 대한 객관적인 시각을 유지하는 것이 무엇보다 중요하다. 자사의 제품이나 서비스를 중심으로 고객을 유도하려고 하면, 고객의 니즈와는 거리가 있는 제안을 하게 될 가능성도 있고, 고객의 신뢰가 떨어져서 당장의 영업기회는 물론 미래의 영업기회도 상실될 수 있다. 경우에 따라서는 처음 기획하였던 것보다 프로젝트의 규모가 작아질 수도 있고, 경우에 따라서는 자사에서 모두 처리하지 못하고 수주를 위해서는 컨소시엄의 형태를 취해야 할 수도 있으며, 최악의 경우에는 자사의 제품이나 서비스로는 커버할 수 없는 방향으로 프로젝트의 방향이 잡힐 수도 있다. 그럼에도 불구하고 영업사원은 어떠한 상황에서도 컨설턴트로서의 자세를 견지할 수 있어야 하고, 장기적인 관점에서 미래의 수주를 생각하는 안목을 가지고 있어야 한다.

3.3 제품특성의 기술단계에서의 영업활동

고객이 구매를 할 것으로 결정하였다면 이제 고객은 어떠한 특성을 지닌 제품을 구매할 것인지를 내용으로 하는 제품명세서를 작성해야 한다. 영업사원은 이 단계에서도 주도적인 역할을 수행할 수 있다. 특히 고객이 구매하려는 제품이나 서비스가 기술적으로 매우 복잡한 경우에는 고객이 스스로 이를 작성하기가 힘들기 때문에 영업사원의 역할이 더욱 커질 수 있다. 이 경우에 공급업체의 영업사원은 고객사에 대해 보다 상세한 수준의 컨설팅 서비스를 제공하는 셈이 된다. 공급업체는 이 단계에서 구체적인 해결방안을 제시하고, 이러한 해결방안을 근간으로 제품명세서가 작성되도록 함으로써 경쟁에서 유리한 위치를 선점할 수 있다. 고객사가 공급업체를 선정하기 위해 몇몇의 잠정적인 공급업체에게 발송하는 제안요청서는 바로 제품명세서를 기반으로 작성되기 때문에 제품명세서가 자사에 유리하게 작성되었다면, 제안요청서의 내용 또한 자사에 유리한 방향으로 작성된다. [글 2-14]는 B2B 영업에서 고객이 제안요청서를 작성하기 이전에 이 제안요청서가 자사에 유리하게 작성되도록 하기 위한 사전영업의 중요성을 강조하고 있다.

또한 공급업체가 구체적인 해결방안을 제시하는 과정에서 잠정적 공급업체들의 해결방안들을 평가할 때 어떠한 가치요소들을 중시해야 하는가에 대한 논의가 자연스럽게 이루어지게 된다. 이러한 가치요소들은 향후의 공급업체 선정 과정에서 공급업체와 공급업체의 제품이나 서비스를 평가하는 기준이 된다. 따라서 이 과정에서 영업사원은 자사에 유리한 가치요소들을 제시함으로써 수주에 있어서 우위를 점하는 효과를 거둘 수 있다. 예를 들어 건축자재의 경우에 내구성, 안전성, 경제성, 심미성 등 여러 가지 판단기준 중에 고객의 상황이나 최종소비자의 트렌드에 비추어볼 때 어떠한 판단기준을 더 중시하여야 하는지를 제시함으로써 향후 평가단계에서 좋은 점수를 받을 수 있는 계기를 마련할 수 있다. 이처럼 고객에게 의사결정의 판단기준, 즉 대상들에 대한 평가기준을 설정하여 주는 것을 프레이밍(framing)이라고 한다.

B2B 영업에서 고객의 구매단계에 따른 영업사원의 역할

글 2-14

제안영업은 영업이 아니라 비즈니스 개발(Business Development, 이하 BD)이다. 영업이 개인이나 한정된 소수를 대상으로 상품이나 서비스를 판매하는 것이라면, BD는 구매자의 니즈에 따라 최적화된 솔루션을 개발해 조직차원에서 제공하는 것을 말한다. 영업과 BD의 차이점은 다음과 같다. 영업에서의 고객이 개인이나 제한된 소수라면 BD의 고객은 특정 집단 혹은 조직 전체(구매자, 평가자, 영향자가 복잡하게 얽혀 있음)이다. 따라서 영업은 영업사원 개인이나 영업팀의 역량 발휘가 중요하지만 BD는 조직의 개입 정도가 강하다.

영업이 상품이나 서비스에 대한 개인의 지식을 기초로 한다면 BD는 조직을 기반으로 판매가 일어난다. 영업은 잠재적 고객 중에서 솔루션을 실제로 구매할 고객을 찾아가는 저인망식 접근을 하지만, BD는 고객사 조직 내부의 기능이나 단위조직의 경쟁력 강화에 기여할 수 있는 솔루션을 개발한다. 물론 영업과 BD가 기계적으로 단절돼 있지는 않다. 실제 대부분의 비즈니스는 영업과 비즈니스 개발의 성격을 동시에 갖고 있다. 그럼에도 불구하고 BD를 영업과 구별해서 살펴보는 것이 중요한 이유는 표준화된 상품이나 서비스(기성복)가 아니라 고객에 따른 맞춤 솔루션(맞춤복)을 파는 것이 중요하고, 개인이나 일부 집단에 파는 것이 아니라, 조직 대 조직으로 거래하는 것이 부가가치가 높기 때문이다. 이 때문에 자신의 비즈니스를 영업으로 이해하느냐, BD로 이해하느냐는 큰 차이가 있다.

제안영업에서 해묵은 논쟁은 영업이 중요한가, 제안이 중요한가이다. 당연한 말이지만 정답은 '둘 다 중요하다'이다. 단, 영업과 제안은 프로세스상에서 역할분담이 다르다. 제안요청서(RFP)의 발송을 기점으로 고객에 대한 판매자의 영향력은 급격히 감소된다. RFP가 발송되면 그때부터 고객은 모든 판매자와 정보를 공유하는 경향이 있다. 고객에게 결정적인 영향력을 행사할 수 있는 시기는 'RFP가 발행되기 이전까지'이다. 이 시기에 고객은 자신의 문제와 니즈를 정의하고, 이에 맞는 솔루션이 무엇인가를 결정하기 위해 전문가의 도움을 필요로 한다. 제안영업에서 사전영업이 중요한 이유가 여기에 있다.

출처 : 김용기 (2010), "판매를 넘어... 고객의 비즈니스를 개발해줘라," 동아비즈니스리뷰, 61(2), 92-94.

CHAPTER 03

구매과정

제1절 구매과정 이해의 중요성

제2절 소비자의 구매과정

제3절 조직구매자의 구매과정

영업사원의 영업활동이 원활하게 이루어지기 위해서는 무엇보다 구매자가 어떠한 의사결정 과정을 거쳐 구매에 이르는가에 대한 이해가 선행되어야 한다. 일반적으로 의사결정이라고 함은 [그림 3-1]에서와 같이 의사결정에 대한 필요성이 발생하였을 때 복수의 대안(代案)들을 설정(設定)하고, 설정된 대안들을 평가하며, 평가의 결과에 따라 하나의 대안을 선정(選定)하는 과정을 의미한다. 따라서 구매과정이라 함은 구매에 대한 필요가 발생하였을 때 구매 가능성이 있는 대안들을 설정하고, 이 대상들을 평가하며, 평가 결과에 따라 최종적으로 하나의 대안을 선정하여 구매하는 과정을 의미한다. 영업사원은 이러한 잠재고객의 구매과정에 대한 이해를 바탕으로 구매자의 각 구매과정 단계에 부합하는 영업 활동을 전개할 수 있어야 한다.

그림 3-1 | 의사결정의 과정

대안의 설정 → 대안의 평가 → 대안의 선정

제1절 구매과정 이해의 중요성

영업사원의 영업대상은 최종소비자가 될 수도 있고, 조직구매자가 될 수도 있다. 즉, 보험, 승용차, 건강식품, 펀드 등과 같은 상품의 경우에는 영업대상이 주로 자신 스스로가 사용하기 위해 구입하는 소비자가 되는 반면, 철강, 의료기계, 사무용품, 의약품, 트럭 등과 같은 상품의 경우에는 기업과 같은 조직구매자가 주된 영업대상이 된다. 판매하고자 하는 제품이나 서비스가 산업재(産業財)인 경우에는 영업대상이 거의 예외 없이 조직구매자가 되지만, 소비재인 경우에는 주 영업대상이 반드시 최종소비자가 되는 것은 아니며, 오히려 산업재와 마찬가지로 조직구매자가 되는 경우가 많다. 왜냐하면 많은 소비재들이 유통업체를 통해 판매되고 있고, 따라서 소비재 제조업체의 입장에서는 유통업체가 일차적인 고객이 되기 때문이다. 즉, B2B2C 형태의 비즈니스를 영위하고 있는 제조업체의 주 영업대상은 최종소비자가 아니라 조직구매자인 유통업체가 된다. 예를 들어 우리나라의 많은 대형 식품 및 생활용품 제조업체들의 주된 영업대상은 대리점과 대형 유통업체(대형 할인점, 기업형 슈퍼마켓, 백화점 등)이기 때문에 이들 대리점 및 대형 유통업체들의 구매의사결정 과정을 잘 이해할 필요가 있다.

그렇지만 조직구매자를 대상으로 영업활동을 하는 경우에도 소비자의 구매행동에 대한 이해가 동시에 요구된다. 왜냐하면 예를 들어 조직구매자가 소비재 제조업체인 경우에, 이들 업체가 생산하는 제품의 판매가 원활하게 이루어져야 이들을 대상으로 영업활동을 전개하는 공급업체의 판매활동도 원활하게 이루어질 수 있기 때문이다. 조직구매자가 유통업체인 경우에도 똑같은 원리가 적용된다. 소매 유통업체에 제품이나 서비스를 공급하는 업체의 경우에 소매 유통업체의 소비자에 대한 판매가 원활하게 이루어져야 자사의 영업활동도 활발해질 수 있다. 결론적으로 영업활동을 전개하고자 하는 기업은 직접적으로는 1차고객의 구매의사결정 과정에 대해 잘 이해할 필요가 있지만, 궁극적으로는 공급사슬(supply chain)상에서의 모든 조직구매자 및 소비자의 구매의사결정 과정에 대한 이해가 요구된다. 예를 들어 [그림 3-2]에서와 같이 포장지를 식품업체에 납품하는 회사의 경우에 식품업체의 구매과정은 물론, 식품업체의 고객인 대형할인점과 대형할인점의 고객인 소비자의 구매과정도 잘 파악해야 효율적인 영업활동을 전개할 수 있으며, 식품업체 또한 대형할인점의 구매과정은 물론 소비자의 구매과정에 대해서도 잘 이해해야 한다.

공급사슬과 관련된 중요한 개념으로 파생수요(派生需要, derived demand)가 있다. 파생수요는 '최종소비자의 수요의 결과로 발생하는 간접적인 수요'라고 정의될 수 있다. 예를 들어 [그림 3-2]에서 대형 할인점의 냉동식품에 대한 수요는 소비자의 냉동식품에 대한 수요에서 파생되는 수요이다. 식품업체의 포장지에 대한 수요에도 같은 원리가 적용된다. 대형 할인점의 냉동식품에 대한 수요가 소비자의 냉동식품에 대한 수요에 의해 파생되는 수요이기 때문에, 결국 식품업체의 포장지에 대한 수요도 소비자의 냉동식품에 대한 수요에 의해 파생되는 수요이다. 파생수요의 개념은 B2B 부문에서의 수요가 B2C 부문의 수요에 비해 변동폭이 크게 나타나는 현상을 설명해준다. 예를 들어 [그림 3-2]의 예에서 대형 할인점이 소비자의 냉동식품에 대한 수요가 늘고 있음을 감지하면 향후에도 이러한 증가 추세가 지속될 것으로 예상하여 냉동식품의 주문을 크게 늘리고, 반대로 소비자의 수요가 감소하고 있음을 감지하면 이러한 감소 추세가 지속될 것으로 예상하여 냉동식품의 주문을 크게 줄이는 경향이 있기 때문에 대형 할인점의 냉동식품에 대한 수요는 소비자의 냉동식품에 대한 수요에 비해 그 변동폭이 훨씬 크게 나타난다. 따라서 파생수요에 의존하는 공급업체는 소비자의 최종적인 수요의 변화에 대한 모니터링을 통해 1차고객의 수요 변화를 예측하고 이에 대응해 나가는 전략이 필요하다.

소비자의 구매과정과 조직구매자의 구매과정은 비슷한 점도 있지만, 차이점도 많다. 여기서는 먼저 소비자의 구매과정에 대해 기술하고, 다음으로 조직구매자의 구매과정에 대해 기술한다.

그림 3-2 | 가치사슬상에서의 고객 구매과정의 이해

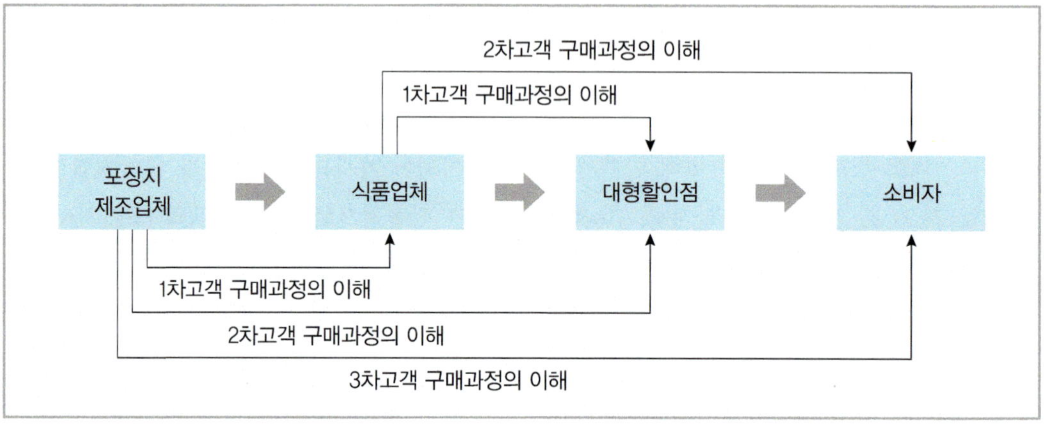

제2절 소비자의 구매과정

1. 소비자의 구매유형

소비자는 자신이나 가족이 사용할 목적으로, 혹은 선물을 하기 위한 목적으로 제품이나 서비스를 구매하는 사람을 의미한다. 소비자의 구매과정의 유형은 [그림 3-3]에서 나타내고 있는 바와 같이 소비자의 제품에 대한 관여도(關與度, involvement)와 구매경험의 정도에 따라 달라진다. 관여도는 구매하려고 하는 사람이 구매할 것을 고려하고 있는 제품에 부여하는 주관적인 중요도라고 할 수 있다. 즉, 관여도는 구매하고자 하는 제품이 자신에게 얼마나 중요한가를 의미하는 개념이라고 할 수 있으며, 따라서 관여도가 높을수록 보다 신중하게 구매의 사결정을 하게 된다. 관여도는 제품이나 서비스의 구매와 관련된 지각된 위험(perceived risk)에 의해 결정되는데, 지각된 위험에는 재정적 위험, 사회적 위험, 그리고 신체적 위험 등이 포함된다. 즉, 구입하는 데 드는 비용이 클수록, 자신의 소비활동이 다른 사람에게 노출될 가능성이 높을수록, 또한 잘못된 구매로 인해 신체적 위해를 입을 가능성이 높을수록 관여도는 높아진다.

관여도가 높은 가장 대표적인 제품으로 자동차를 들 수 있는데, 이는 자동차가 다른 제품에 비해 훨씬 고가이고, 자신이 어떤 승용차를 타는지가 다른 사람들에게 노출되고, 또한 오작동이 발생하면 신체적 위해를 입을 가능성이 크기 때문이라고 할 수 있다. 이에 반해 껌과 같은 제품은 가격도 저렴하고, 자신이 어떤 껌을 씹는지를 다른 사람이 알기 어렵고, 잘못된 구매로 인한 신체적 위험도 거의 없기 때문에 대부분의 소비자에게 있어서 껌은 저관여 제품으로 인식된다. 의사결정 경험은 과거에 동일한 제품이나 서비스에 대한 구매의사결정을 얼마나 많이 하였는가를 의미한다. 소비자가 특정 제품군에 대한 의사결정 경험이 많은 경우에는 자신이 선호하는 제품에 대해 잘 알고 있기 때문에 동일한 브랜드에 대한 반복적인 구매가 이루어질 가능성이 높다.

위에서 언급한 두 개의 변수, 즉 관여도와 의사결정 경험의 정도에 따라 소비자의 구매 유형은 [그림 3-3]에서와 같이 네 가지로 분류될 수 있다. 즉, 관여도가 높고 구매경험이 적은 경우의 포괄적(包括的) 구매, 관여도가 높고 구매경험도 많은 경우의 브랜드충성형 구매, 관여도가 낮고 구매경험이 적은 경우의 제한적(制限的) 구매, 그리고 관여도가 낮고 구매경험이 많은 경우의 관성적(慣性的) 구매 등으로 구분될 수 있다. 포괄적 구매에서는 대안의 선정, 평가, 선택의 의사결정과정이 매우 뚜렷하게 나타나는 반면, 제한적 구매에서는 이러한 과정이 나타나기는 하지만 구매하려는 제품이 그다지 중요한 제품이 아니기 때문에 포괄적 구매에 비해 매우 피상적으로 나타난다. 관성적 구매는 라면이나 티슈와 같은 저관여 제품을 구매할 때 평소에 구매하던 브랜드를 습관적 구매하는 경우를 의미하며, 브랜드충성형 구매는 고급 화장품, 오디오 등 고가의 제품을 구입할 때 로열티를 가지고 있는 특정 브랜드를 구매하는 경우를 의미한다. 따라서 관성적 구매나 브랜드충성형 구매에서는 대안의 설정, 평가, 선정이라

그림 3-3 | 소비자의 구매 의사결정의 유형

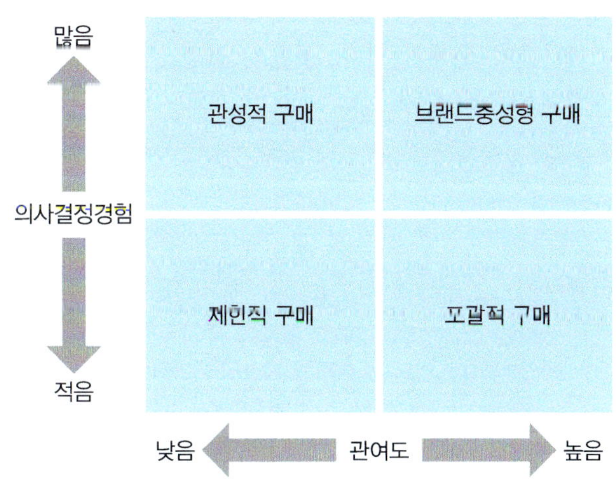

는 의사결정과정이 거의 나타나지 않는다.

소비자의 구매유형에 따라 영업사원의 역할은 크게 차이가 난다. 즉, 소비자가 구매의사결정에 대한 경험이 많은 경우에는 구매의 필요성이 발생하였을 때 어떤 제품이나 서비스를 구매하겠다는 생각을 이미 가지고 있을 가능성이 크기 때문에 주문의 처리나 배송 이외에는 영업사원의 역할은 거의 없다고 할 수 있다. 영업사원의 역할이 중요해지는 경우는 소비자가 구매의사결정 경험이 적은 경우라고 할 수 있으며, 특히 관여도가 높은 경우에는 영업사원의 역할이 더욱 커진다. 예를 들어 승용차나 보험상품과 같은 경우가 이에 해당한다고 할 수 있다. 승용차나 보험상품을 구입하기 위해서는 상당한 비용이 소요될 뿐만 아니라, 대부분의 소비자의 경우 구매경험이 많지 않기 때문에 포괄적인 구매를 해야 하고, 따라서 대안을 선정하고, 평가하고, 선택하는 과정에서 영업사원의 역할이 커질 수 있다. 우리나라의 소비재부문에서 가장 많은 영업사원이 활동하고 있는 부문이 자동차 및 보험부문이라는 사실도 이러한 관점에서 이해될 수 있다.

이처럼 영업과 가장 관련이 높은 소비자의 구매유형은 포괄적 구매이기 때문에 여기에서는 포괄적 구매과정에 대해서만 기술한다. 제한적 구매과정은 정보탐색의 정도나 대안 평가의 신중성 등에서 포괄적 구매과정과 차이가 나지만 그 과정은 동일하기 때문에 별도로 기술하지 않는다.

2. 포괄적 구매과정

소비자의 제품에 대한 관여도가 높고 구매의사결정 경험이 적은 경우에 해당되는 포괄적 구매과정은 [그림 3-4]와 같이 문제의 인식, 구매의 결정, 정보의 탐색, 대안의 평가, 구매, 구매 후 행동 등의 6단계로 나누어질 수 있다.

그림 3-4 | 소비자의 포괄적 구매과정

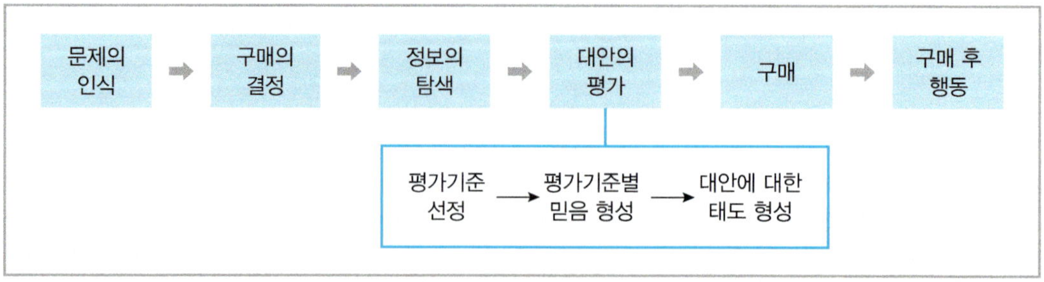

2.1 문제의 인식

문제의 인식은 소비자가 자신이 현재 처해 있는 상태와 바람직하다고 생각하는 이상적인 상태 간에 차이가 발생하였음을 알게 되었다는 것을 의미한다. 문제의 인식은 배고픔, 목마름, 미적 감각, 안전욕구 등 소비자의 내면적 요인에 의해 발생되기도 하지만, 타인의 이야기, 타인에 대한 관찰, 대중매체 광고, 거리의 광고물, 인터넷 기사 등 다양한 외부의 자극을 통해 발생되기도 한다. 예를 들어 손안의 TV로 불리는 DMB(디지털 멀티미디어 방송) 기능이 없는 핸드폰을 가지고 있는 소비자가 지하철에서 핸드폰으로 TV를 시청하고 있는 사람을 보고 자신도 그렇게 하고 싶은데 그렇게 하지 못하고 있다는 사실을 발견하게 되는 것이 바로 문제 인식의 예가 될 수 있다. 또한 TV에서 맛기행 프로를 보고 있다가 소개된 음식을 먹고 싶어지는 것도 외부의 자극에 의한 문제 인식의 예가 된다. 영업사원도 소비자에게 문제를 인식하는 계기를 제공할 수 있다. 예를 들어 화장품, 보험, 건강식품 등 분야의 영업사원들은 방문활동을 통해 소비자가 잘 모르고 있는 사실에 대한 설명을 통해 소비자가 문제를 인식할 수 있도록 도모할 수 있다.

2.2 구매의 결정

그런데 문제의 인식이 반드시 후속 구매의사결정 과정으로 연결되는 것은 아니다. 예를 들어 문제를 해결하기 위해 구매를 하고 싶은 생각이 있어도 경제적인 능력이 미치지 못하거나, 구매할 시간적 여유가 없거나, 해당 제품의 구입에 대한 사회적 제약이 많거나, 지금 당장 필요하지는 않다고 생각하는 등의 경우에는 문제의 인식이 구매의사결정 과정으로 연결되지 않는다. 즉, 구매과정이 지속되기 위해서는 소비자가 문제를 인식함은 물론, 이를 해결할 수 있는 경제적인 능력을 갖추고 있어야 하고, 문제해결의 시급성과 당위성을 느끼고 있어야 한다. 경제적인 능력을 갖추고 있지 못한 경우에는 소비자는 구매를 포기하게 되고, 시급성과 당위성의 정도가 충분하지 않은 경우에는 구매를 미루게 된다.

2.3 정보의 탐색

자신이 가지고 있는 문제를 인식하고 이를 구매를 통해 해결하기로 마음먹은 소비자는 대안을 찾기 위한 정보탐색을 시작한다. 정보탐색의 목표는 의사결정을 위해 다양한 대안들에 대한 정보를 수집하는 것이다. 정보의 원천(源泉)은 소비자 자신 스스로가 될 수도 있고, 외부가 될 수도 있다. 자신 스스로가 정보의 원천이 된다는 의미는 자신이 기억하고 있는 정보를 기억 속에서 끄집어내어 사용한다는 것을 의미한다. 소비자는 자신의 경험이나 들은 얘기, 또는 언론보도나 인터넷검색 등을 통해서 알게 된 내용 등을 장기기억 속에 저장해 놓는데, 이렇게 저장된 정보가 문제의 인지와 함께 인출(引出)되어 사용될 수 있다. 이렇게 장기기억(長期記憶)에 저장되어 있는 정보를 탐색하는 것을 내적 탐색(內的探索)이라고 한다. 그런데 포괄적 의사결정 과정에서와 같이 의사결정 경험이 적은 경우에는 장기기억 속에 저장된 정보가 적기 때문에 주로 외부의 정보원천에 의존하게 된다. 요즈음 가장 많이 사용되는 외부 정보원천으로는 단연 인터넷을 들 수 있다. 소비자들은 인터넷검색을 통해 다양한 정보를 짧은 시간에 추출할 수 있다. 이 외에도 대중매체광고, 제품사용자, 홍보책자, 잡지 및 신문기사, 매장관찰 등 다양한 원천이 활용될 수 있다. 이렇게 외부에서 정보를 탐색하는 것을 외적 탐색(外的探索)이라고 한다.

소비자의 입장에서 영업사원도 중요한 외부 정보원천 중의 하나이다. 기술적으로 매우 복잡한 제품이나 서비스의 경우에는 소비자가 3~4개 이상의 다양한 원천을 이용하는 것이 일반적이고, 또한 영업사원과 같은 전문인에 대한 의존도도 높아진다. 예전의 소비자와는 달리 요즈음의 소비자는 인터넷 등을 통해 상당한 지식을 보유하고 있기 때문에 영업사원도 이러한 점을 고려하여 일반적으로 알려져 있는 정보에 추가하여 어떠한 정보를 더 제공할 수 있는지를 연구해야 하며, 소비자와의 접촉 과정에서 자사의 제품에 대한 불리한 정보를 알고 있는 소비자의 반론에 대한 대비도 철저히 해야 한다.

2.4 대안의 평가

대안들이 설정되고 이들 대안에 대한 정보가 수집되면 그 다음 단계는 이들 대안들을 평가하는 것이다. 대안을 평가하는 과정은 평가기준을 선정하고, 평가기준들의 가중치를 정하는 것에서부터 시작된다. 이는 예를 들어 어떤 소비자가 승용차를 구입하는 경우에 다양한 평가기준 가운데 경제성, 안전도, 디자인을 평가기준으로 선택하고, 각각에 대한 가중치를 정하는 것(예를 들어 경제성 40%, 안전도 30%, 디자인 30%)을 의미한다. 평가기준과 각 평가기준의 가중치에 따라 선택의 결과는 크게 달라질 수 있기 때문에 이는 의사결정 과정에서 매우 중요한 부분이다. 평가기준이 선정되고 가중치가 결정되면 그 다음 단계는 각 평가기준에 대해 각 대안들이 얼마나 우수한지를 판단하는 것이다. 예를 들어 승용차를 구입하는 경우에 A라는 브랜드가 얼마나 경제적이고, 얼마나 안전하며, 또한 디자인이 얼마나 마음에 드는지를 판단하는 것을 의미한다. 이러한 과정을 평가기준별로 '믿음(belief)을 형성한다'고 표현한다. 이렇게 평가기준의 선정, 평가기준별 가중치의 결정, 각 대안들에 대한 평가기준별 평가 등의 과정이 끝나면 소비자는 각 대안들에 대해 태도(態度)를 형성할 수 있게 된다. 여기서 특정 대안에 태도란 그 대안을 좋아하는 정도를 의미한다. 즉, 대안에 대한 평가가 끝나면 소비자는 여러 대안들을 자신이 좋아하는 순서대로 나열할 수 있게 된다.

그런데 위에서 기술한 것처럼 정보를 탐색하고 이에 대한 평가가 이루어지는 각 단계들이 시간적 차이를 두고 명확히 구분되어 일어나는 것은 아니다. 정보의 탐색이 이루어지면서 대안에 대한 평가가 바로 이루어지기도 하고, 평가를 하는 과정에서 마음에 드는 대안이 부족하면 다시 정보를 탐색하는 과정이 반복되기도 하며, 또한 어떤 대안은 평가단계에서 태도가 형성되지 않고 고려대상에서 바로 제외되기도 하는 등 현실적으로는 매우 다양한 형태의 과정이 진행될 수 있다. 하지만 구매가 이루어지기 위해서는 정보탐색이라는 과정과 정보탐색을 통해 파악된 대안들에 대한 평가가 이루어지는 과정이 존재한다는 것은 어떠한 상황에서도 타당하다고 할 수 있다.

대안들에 대한 평가과정에서 영업사원들은 큰 역할을 담당할 수 있다. 특히 평가기준을 선정하는 과정에서 영업사원의 역할은 매우 중요하다. 소비자는 대안들에 대한 평가과정에서 다양한 평가기준을 사용할 수 있는데, 영업사원이 소비자에게 어떠한 평가기준이 가장 중요하다는 점을 강조함으로써 소비자가 자사의 제품이나 서비스를 선택할 확률을 높일 수 있다. 즉, 영업사원은 구체적인 설명을 통해 자사의 상품이 선택될 가능성을 높일 수 있는 평가기준을 알려 줌으로써 보다 효율적인 영업활동을 전개할 수 있다. 예를 들어 외제 승용차의 경우에 폭스바겐의 영업사원은 휘발유 가격의 상승 추세를 설명하면서 경제성이 가장 중요한 평가기준이 되어야 함을 강조함으로써 자사의 제품이 선택될 가능성을 높일 수 있고, 볼보의 영업사원은 우리나라에서의 자동차 대형사고의 발생이 OECD 국가 중에서 가장 높은 편에 속하기 때문에 자동차 선택에 있어서 안전도가 가장 중요하다는 강조함으로써 보다 효율적인 영업활동을 전개할 수 있다. 이처럼 소비자에게 의사결정의 판단기준, 즉 대안들에 대한 평가기준을 만들어주는 것을 프레이밍(framing)이라고 한다.

2.5 구매와 구매 후 행동

대안에 대한 평가 결과로 각 대안에 대한 태도가 형성되면, 뒤이어 각 대안에 대한 구매의도가 형성되고, 최종적으로 하나의 대안을 선택하여 구매를 결정하게 된다. 가장 좋아하는 대안에 대해 가장 높은 구매의도를 형성하게 되고, 최종적으로 그 대안을 구매하는 것이 일반적이지만, 구매의도가 가장 높은 대안을 항상 구입할 수 있는 것은 아니다. 예를 들어 소비자가 마음에 드는 대안을 구입할 수 있는 예산을 마련하지 못할 수도 있고, 남아 있는 재고가 없어서 구입하지 못하게 될 수도 있다. 소비자는 이러한 경우에 차선의 대안을 구입하든지 혹은 구매를 연기하는 선택을 해야 한다. 그런데 영업사원은 이러한 경우에 원하는 대안을 구입하되 지불을 유예할 수 있는 방법을 소비자에게 제공하거나, 혹은 시간이 다소 걸리더라도 소비자가 원하는 상품을 구해줌으로써 구매를 완성시킬 수 있다.

구매 후의 행동은 구매한 제품이나 서비스를 사용한 이후에 이루어지는 행동으로, 사용해 본 이후의 평가의 결과로 나타나는 만족 혹은 불만족이 가장 대표적이라고 할 수 있다. 소비자는 제품을 구입하기 이전에 그 제품에 대한 일정한 수준을 기대(期待)를 갖고 있는데, 사용해 본 결과 그 제품의 성과(成果)가 기대에 미치지 못하면 해당 제품에 대한 불만을 갖게 되고, 반대로 성과가 기대수준 이상이면 만족하게 된다. 만족한 소비자는 해당 제품을 지속적으로 구입함은 물론 주변의 사람들에게 긍정적인 구전을 퍼뜨린다. 반대로 불만족한 소비자는 해당 제품을 더 이상 구입하지 않음은 물론, 주변에 부정적인 구전을 퍼뜨리며, 더 나아가서는 해당 회사에 연락을 취해 불만을 호소하기도 하고, 경찰, 법원, 소비자단체 등에 고발, 고소 등의 행동을 취하기도 한다.

그런데 이러한 소비자들의 불만행동 가운데 가장 파괴적인 효과를 가지고 있는 것은 부정적 구전이라고 할 수 있다. 특히 인터넷, 트위터, 패이스북 등과 같은 커뮤니케이션 수단이 급속히 보편화됨에 따라 일부 소비자들의 불만사항이 많은 소비자들에게 빠른 속도로 알려짐으로써 해당 제품의 판매에 결정적인 타격을 줄 수 있다. 관여도가 높은 제품에 대해서는 구매 후의 평가가 이루어지는 경우가 일반적이기 때문에, 해당 제품을 판매한 영업사원은 자신으로부터 제품이나 서비스를 구매한 고객들의 만족수준을 추적함으로써 향후 어떠한 방향으로 영업활동을 개선시켜 나갈 것인지에 대한 시사점을 얻으려는 노력을 기울여야 한다.

또한 소비자는 만족 및 불만족과는 별도로 자신이 구매의사결정을 제대로 잘한 것인지에 대한 의구심을 갖게 되는 경우가 많다. 즉, 구매의사결정 과정에서 고려했던 대안 중에 자신이 구매한 제품보다 더 나은 대안이 혹시 없었는지에 대한 심리적 불안감을 가질 수 있다. 이러한 구매 후의 심리적 불안감을 인지적 부조화(認知的 不調和, cognitive dissonance)라고 부른다. 인지적 부조화는 제품에 대한 관여도가 높으면 높을수록 심하게 나타난다. 이러한 심리적 상태는 편안한 상태가 아니기 때문에 소비자는 다각적으로 자신의 의사결정을 지지해 줄 수 있는 정보를 수집하기 위해 노력한다. 영업사원은 제품판매 이후에 해당 제품의 우수성 등에 대한 자료를 소비자에게 꾸준히 제공함으로써 소비자가 심리적 불안감을 갖지 않고 구매한 제품을 사용할 수 있도록 유도하는 활동을 전개하는 것이 바람직하다.

제3절 조직구매자의 구매과정

조직구매자는 기업(제조업체, 서비스업체, 유통업체 등), 정부조직, 비영리기관(학교, 병원 등)으로 구분될 수 있다. 여기서는 먼저 조직구매자 구매의 목적과 특징에 대해 살펴본 후, 조직구매자의 구매유형과 구매의사결정의 주체인 구매센터(buying center), 구매과정의 각 단계에 대해 기술하기로 한다.

1. 조직구매자 구매의 목적과 특징

조직구매자의 구매목적은 직접적 사용, 생산부품조달, 서비스과정에 투입, 재판매 등으로 구분될 수 있다. [표 3-1]은 구매의 목적과 각각의 목적에 해당하는 구매 주체를 나타내고 있다. 제조업체는 생산부품의 조달을 위해서는 물론, 조직구성원이 직접 사용하기 위해 구매를 하고, 서비스업체 또한 서비스과정에 투입을 위해서는 물론, 직접적 사용을 위해 구매하며, 유통업체도 재판매와 직접적 사용을 위해 구매한다. 이에 비해 정부조직이나 비영리기관은 주로 직접 사용할 목적으로 구매한다.

표 3-1 | 조직구매자의 구매목적

구매의 목적	구매의 주체	예
직접적 사용	기업, 정부조직, 비영리기관	서울시가 직원들이 사용할 컴퓨터를 유통업체로부터 구매
생산부품의 조달	제조업체	삼성전자가 컴퓨터 생산을 위해 Intel사로부터 마이크로프로세서를 구매
서비스과정에 투입	서비스업체	CGV가 SONY로부터 고화질 영상기기를 구매
재판매	유통업체	롯데하이마트가 판매를 위해 컴퓨터를 LG전자로부터 구매

조직구매자의 구매도 소비자의 구매와 유사한 과정을 거쳐 이루어지지만, 그 구체적인 내용은 매우 상이하다. 조직구매자의 구매의사결정 과정은 소비자의 구매의사결정 과정과 비교할 때 다음과 같은 차이점을 보인다.

- **집단적 구매의사결정** : 소비자의 구매의사결정은 종국적으로는 한 사람의 개인에 의해 이루어지지만, 조직구매자의 구매의사결정은 여러 사람의 의견수렴을 통해 이루어진다. 물

론 소비자의 의사결정이 한 개인이 아닌 가족단위로 이루어지는 경우도 있고, 조직구매자의 의사결정도 그 조직의 대표에 의해 단독으로 이루어지는 경우도 있지만, 소비자의 구매의사결정은 대부분 한 사람에 의해 이루어지고, 조직구매자의 구매의사결정은 대부분 집단적으로 이루어진다. 따라서 조직구매자를 대상으로 영업활동을 전개하는 영업사원은 구매담당자 한두 사람만을 대응하면 되는 것이 아니라, 구매의사결정과 관련한 조직 내부의 다양한 부서의 사람들을 대응하여야 하는 것이 일반적이다.

- **합리적 구매의사결정** : 조직구매자의 구매의사결정은 소비자의 구매의사결정에 비해 보다 합리적으로 이루어진다. 소비자는 자신의 개인적인 니즈를 충족시키기 위해 구매를 하지만, 조직구매자는 조직의 목적을 달성하기 위해 구매를 하기 때문에 구매과정이 조직구성원들의 공감을 얻을 수 있어야 하고, 따라서 정해진 원칙에 따라 합리적인 구매를 하기 위해 노력한다. 이러한 이유로 소비자는 충동구매를 하는 경우가 있지만 조직구매자의 구매에서는 충동구매라는 현상이 발생하기 어렵다. 따라서 조직구매자를 대상으로 영업활동을 전개하는 영업사원은 조직구매자가 가지고 있는 문제를 정확하게 파악해야 하고, 이의 해결을 위한 보다 합리적이고 효율적인 방안을 제시할 수 있어야 한다.
- **커뮤니케이션 과정의 문서화** : 일반 소비자의 경우에는 공급업체와의 커뮤니케이션 과정이 문서화되는 경우는 별로 없지만, 조직구매자의 경우에는 공급업체와의 커뮤니케이션 과정에서 제안요청서, 제안서, 견적서, 물품공급계약서 등과 같은 문서를 작성함으로써 구매과정을 공식화시키는 것이 일반적이다.
- **많은 시간의 소요** : 조직구매자의 구매는 집단적으로 이루어지고, 또한 객관적인 평가가 이루어져야 할 필요성이 크기 때문에 구매의 필요성 인식에서 구매에 이르기까지 훨씬 더 많은 시간이 소요된다.

2. 조직구매자의 구매유형

소비자의 구매유형이 여러 가지로 구분되었던 것과 마찬가지로, 조직구매자의 구매유형도 여러 가지 유형으로 구분될 수 있다. 소비자의 구매유형을 구분할 때에는 관여도와 의사결정 경험정도의 2개 변수를 기준으로 하였지만, 조직구매자의 경우에는 의사결정의 경험 정도에 따라서 구매의 유형이 나누어질 수 있다. 왜냐하면 조직구매자의 입장에서 중요하지 않은 구매는 거의 없고, 따라서 구매에 대한 관여도는 어떠한 구매이든 항상 높은 수준을 유지하기 때문이다. 결론적으로 조직구매자의 구매유형은 구매의 경험정도에 따라 단순재구매(straight rebuy), 수정재구매(modified rebuy), 그리고 신규구매(new buy)로 나누어질 수 있다.

2.1 단순재구매

단순재구매는 과거에 구매가 반복적으로 이루어졌던 제품이나 서비스에 대한 구매를 의미한다. 이 경우에 조직구매자는 구매하고 있는 제품에 대해 만족하고 있기 때문에 제품에 변화를 주려는 생각을 거의 가지고 있지 않다. 거래처를 변경하고자 하는 생각도 거의 없으며, 단순히 부족한 재고분을 반복적으로 주문한다. 공급업체는 무엇보다 구매가 보다 신속하고 편리하게 이루어질 수 있도록 해야 한다. 예를 들어 구매발주전산시스템이나 효율적인 배송 시스템을 도입하여 조직구매자가 보다 편리하고 신속하게 구매할 수 있도록 함으로써 조직구매자의 자사에 대한 로열티를 향상시킬 수 있다. 단순재구매에서는 잘못된 구매가 이루어질 가능성이 거의 없기 때문에 구매담당부서가 구매의 모든 과정에서의 권한을 갖는 경우가 많다.

2.2 수정재구매

수정재구매는 조직구매자가 반복적으로 구매하고 있는 제품이나 서비스에 어느 정도의 변화를 주려는 경우를 의미한다. 예를 들어 조직구매자가 재구매과정에서 기술명세서의 변경, 가격이나 배송조건의 변경 등을 고려할 때가 이러한 경우에 해당한다. 또한 조직구매자는 단순재구매의 경우와는 달리 자신들이 원하는 제품을 공급할 수 있는 새로운 공급업체를 찾을 가능성도 있다. 따라서 공급업체는 새로운 가치의 창출에 대한 노력을 기울임으로써 구매자의 요구에 적절히 부응할 수 있어야 한다. 또한 조직구매자는 기존 공급업체의 새로운 제안을 검토해야 하고, 경우에 따라서는 새로운 공급업체를 찾아야 하기 때문에 구매부서는 물론, 생산부서, 기술부서, 재무부서, 사용부서 등 다양한 부서가 구매과정에 참여하게 된다.

2.3 신규구매

신규구매는 조직구매자가 구매한 경험이 거의 없는 제품이나 서비스를 구매하는 경우를 의미한다. 경험이 없기 때문에 불확실성을 줄이기 위해 더 많은 조직구성원이 구매과정에 참여하고, 더 많은 정보수집이 이루어지며, 공급업체에 대한 평가도 더 신중하게 이루어진다. 따라서 구매에 소요되는 시간도 더 길어진다. 이러한 경향은 구매규모가 클수록, 제품이 기술적으로 복잡할수록, 시급히 구매결정을 해야 할 필요성이 클수록 더욱 심하게 나타난다. 신규구매의 상황에서는 공급업체의 영업활동도 역시 복잡한 형태로 진행되어야 하기 때문에 훨씬 더 많은 노력과 시간이 요구된다. 하지만 조직구매자의 구매과정이 복잡한 만큼 그 과정에서 조직구매자를 위해 문제에 대한 해결책이나 새로운 가치를 제안할 수 있는 기회도 많아진다.

3. 구매센터

구매센터(buying center)는 '공식적으로 혹은 비공식적으로 구매의사결정 과정에 참여하는 모든 조직구성원'이라고 정의될 수 있다. 즉, 구매센터는 최종적인 구매의사결정을 하는 조직구성원은 물론, 구매의 여러 단계에서 구매의사결정에 영향을 미치는 조직 내의 모든 구성원들을 의미한다. 따라서 구매센터는 특정한 부서를 의미하는 한정적이고, 구체적인 개념이 아니라, 구매과정에 참여하는 모든 사람들을 뭉뚱그려 지칭하는 개방적이고, 추상적인 개념이라고 할 수 있다.

3.1 구매센터의 규모

구매센터에 포함되는 구성원의 수, 즉 구매센터의 규모는 여러 가지 요인에 의해 달라진다. [표 3-2]에서와 같이 이러한 요인들은 조직의 특성과 관련한 요인들과 구매상황과 관련한 요인들로 구분될 수 있다. 조직 특성과 관련하여서는 조직의 규모가 크고, 의사결정 권한이 분산되어 있을수록 구매센터의 규모는 커진다. 구매상황과 관련하여서는 구매의 규모가 클수록, 제품이 기술적으로 복잡할수록, 구매경험이 적을수록, 시간적 압박이 심할수록 구매센터의 규모는 커진다. 구매상황과 관련한 요인들은 모두 지각된 위험(perceived risk)과 관련이 있다. 즉, 제품이 복잡하고, 구매경험이 적고, 시간적 압박이 심할수록 잘못된 구매가 이루어

표 3-2 | 구매센터의 규모에 영향을 미치는 요인

구분	요인	각 요인들의 구매센터 규모에 대한 영향
조직특성 관련요인	조직의 규모	기업의 규모가 클수록 구매센터의 규모는 커진다
	의사결정집중화 정도	기업의 의사결정이 부서나 지사에 분산되어 있을수록 구매센터의 규모는 커진다
구매상황 관련요인	구매의 규모	구매의 규모가 클수록 구매센터의 규모는 커진다
	제품의 복잡성	구매제품이 기술적으로 복잡할수록 구매센터의 규모는 커진다
	구매의 경험	구매경험이 적은 신규구매일수록 구매센터의 규모는 커진다
	시간적 압박	의사결정에 대한 시간적 압박이 클수록 구매센터의 규모는 커진다

질 가능성이 크고, 구매의 규모가 클수록 잘못된 구매결정이 초래하는 손실도 커지기 때문에 보다 많은 사람들의 의견수렴을 거쳐야 할 필요성이 커진다.

3.2 구매센터의 구성원

구매센터의 구성원은 구매과정에서의 역할에 따라 제안자, 구매담당자, 사용자, 영향력행사자, 의사결정자, 문지기 등으로 구분될 수 있다. 그런데 조직의 구성원은 반드시 하나의 역할만을 수행하는 것은 아니며 두 가지 이상의 역할을 동시에 수행할 수 있다. 예를 들어 사용자는 영향력행사자와 제안자의 역할도 동시에 수행할 수 있으며, 영향력행사자도 동시에 제안자의 역할을 수행할 수 있다. 또한 구매담당자는 구매과정을 조율하는 역할뿐만 아니라, 문지기의 역할도 동시에 수행할 수 있다. 각 구성원들의 역할은 다음과 같다.

■ 제안자

제안자(提案者)는 조직이 당면하고 있는 문제의 해결이나 조직목표의 보다 원활한 달성을 위해 특정한 제품이나 서비스의 구매를 제안하는 조직구성원을 의미한다. 조직구매자의 구매과정은 이들의 제안으로부터 시작된다. 조직구성원이라면 누구나 제안자가 될 수 있다. 낡은 기계로 인해 공장의 생산성이 떨어지고 있는 상황이라면, 이 기계를 직접 다루고 있는 직원이나 생산에 대한 책임을 지고 있는 공장장도 새로운 기계 구매의 제안자가 될 수 있고, 경쟁사와의 비교를 통해 공장의 생산성이 떨어지고 있음을 발견한 생산지원부서의 팀장도 제안자가 될 수 있으며, 회사 전체의 전략적인 차원에서 공장자동화를 추구하고 있는 대표이사도 제안자가 될 수 있다.

제안자는 특히 신규고객의 확보를 위해 노력하고 있는 공급업체의 입장에서 매우 중요한 의미를 지닌다. 예를 들어 공장의 기계를 가동하기 위한 윤활유를 수년 째 기존의 공급업체로부터 조달하고 있는 제조업체가 있다고 할 때, 이 제조업체를 대상으로 성능이 개선된 윤활유를 판매하고자 하는 경쟁업체가 취할 수 있는 가장 좋은 방법 중의 하나는 해당 제조업체의 내부구성원으로 하여금 공장운영비의 절감을 위해 성능이 개선된 윤활유의 구입이 필요하다는 것을 제안하게 함으로써 새로운 구매과정이 시작되도록 하는 것이다. 즉, 제조업체가 단순재구매에서 수정재구매로 구매의 유형을 전환할 수 있도록 하기 위해 제안자를 활용하는 방법이다. 제안자로 가장 적합한 사람은 성능이 개선된 윤활유의 구입을 통해 가장 많은 혜택을 볼 수 있는 구성원이다. 이 경우에는 해당 기계를 직접 사용하고 있는 직원이나 공장장이 이러한 구성원에 해당한다.

■ 구매담당자

구매담당자는 구매부서에서 구매업무를 공식적으로 담당하고 있는 조직구성원을 지칭한다. 이들은 공급업체를 대상으로 가격이나 배송, 결제 등의 조건에 대해 협상하고, 최종적으로 계약을 체결하는 업무를 수행한다. 따라서 이들은 구매과정의 초기보다는 마무리 단계에서 보다 많은 업무를 수행하게 된다. 이들의 권한 정도는 구체적인 구매상황에 따라 달라진다. 즉, 이미 정해진 공급업체로부터 정해진 제품이나 서비스를 반복적으로 구매하는 단순재구매의 상황에서는 매우 광범위한 권한을 위임받지만, 정보탐색이나 대안에 대한 평가가 매우 신중하게 이루어져야 하는 신규구매에서는 최고경영진이나 기술진 등의 지시에 따라 협상이나 계약의 업무를 진행하는 것이 일반적이다.

■ 사용자

구매하려는 제품이나 서비스를 직접 사용하고 있는 사용자들도 구매과정에 영향을 미칠 수 있다. 이들은 구매하려는 제품이나 서비스가 자신의 업무 수행에 어떠한 영향을 미칠 것인지에 대해 잘 알고 있기 때문에 어떤 제품이나 서비스가 구매되어야 한다는 매우 실무적인 주장을 펼칠 수 있다. 그런데 이들은 구입하려는 제품이나 서비스가 자신의 업무에 어떻게 영향을 미칠 것인지에 대해서는 관심이 많지만, 회사 전체의 차원에서 어떠한 영향을 미칠지에 대해서는 크게 관심을 두지 않는 경향이 있다. 즉, 이들의 주장은 회사 차원에서의 전략적인 것이 아니라, 자신의 업무를 위한 전술적인 것일 가능성이 크다. 그렇지만 공급업체의 입장에서는 사용자는 실질적으로 구매과정에서 큰 영향력을 행사하고 있고, 또한 판매한 제품이나 서비스를 사용자가 사용을 꺼리는 경우에는 판매한 제품이나 서비스가 제 역할을 할 수 없기 때문에 사용자들이 무엇을 원하는지를 잘 파악하여 대응하는 것도 매우 중요하다. 사용자와 관련하여 3M이 Post-It을 출시하였을 때 취한 방법은 매우 유명하다. 3M은 사무용품 구입의 권한이 있는 사무실 관리자에 대한 영업활동이 효과를 발휘하지 못하자, Post-It을 직접 사용하게 될 사무실 직원이나 비서에게 샘플을 나누어 주기 시작하였으며, 이를 계기로 커다란 반향을 일으키면서 성공을 이끌어낼 수 있었다.

■ 영향력행사자

영향력행사자는 평가의 대상이 되는 제품이나 공급업체에 대한 정보를 제공하거나, 이들을 평가하기 위해 필요한 평가기준을 제공하는 역할을 하는 조직구성원을 의미한다. 주로 기술부서에 근무하는 직원이 이러한 역할을 담당하지만 사용자도 영향력행사자가 될 수 있다. 예를 들어, 항공기를 도입하고자 하는 항공사의 경우에 엔지니어가 주된 영향력행사자가 되지만 운항 경험이 많은 베테랑 파일럿도 일정한 영향력을 행사할 수 있다. 경우에 따라서는 최고경영진이 영향력행사자가 될 수도 있다. 이러한 경우에는 최고경영진의 의사가 공급업체의 선정에 결정적인 영향을 미칠 가능성이 크다. 그러나 최고경영진은 보다 합리적인 구매 의사결정을 위해 정치적인 고려에 의한 영향력 행사는 최대한 자제해야 한다.

■ 의사결정자

의사결정자는 구매의사결정에 대한 최종적인 권한을 가지고 있는 사람을 의미한다. 이들은 흔히 키맨(key man) 혹은 키퍼슨(key person)이라고 불린다. 키맨은 말 그대로 의사결정 과정에서 중요한 열쇠를 쥐고 있는 사람을 의미한다. 키맨이 "예스"라고 하면 설령 다른 사람이 반대하더라도 최종적인 의사결정이 이루어진다. 이들은 회사 전체의 경영을 담당하고 있거나 혹은 특정 사업부문을 책임지고 있는 사람들이다. 이들은 공급업체의 제안이 경영목표의 달성과 전략의 추진에 도움이 되는가를 최종적으로 판단하여 제안의 수락 여부를 결정한다. 키맨은 기술적인 문제나 전략적인 문제 등에 대해 조직 내의 다른 사람들로부터 의견을 듣기도 하지만 최종적인 결정을 함에 있어서는 다른 사람들의 지시를 받지 않는다. 키맨은 의사결정 사안에 따라 달라질 수 있다([글 3-1] 참조). 일반적으로 규모가 크고 빈번하게 이루어지지

글 3-1

키퍼슨은 일정하지 않다

주의해야 할 것은 키퍼슨은 안건의 종류와 규모에 따라 변한다는 사실이다. 어느 상담에서 A라는 사람이 키퍼슨이었다고 하더라도 다음 상담에서도 반드시 A가 키퍼슨이 되는 것은 아니다. 안건의 규모가 A의 결제권한을 초월한다면 다른 사람이 키퍼슨이 된다. 예산으로 잡힌 1천만 원 미만까지의 안건은 부장이 의사결정을 하지만 1천만 원을 초과하는 일이나 예산으로 잡혀 있지 않은 500만 원 이상의 일은 임원의 의사결정이 필요하다. 또 거래의 경험과 경기의 동향에 따라 키퍼슨이 바뀌는 경우도 있다. 첫 번째 거래는 임원이 키퍼슨이었지만, 두 번째 거래부터는 예산이 잡혀 부장급이 키퍼슨이 되어 최종 의사결정을 하는 경우가 이에 속한다. 이는 고객이 첫 거래에서 경험을 쌓아 두 번째 거래부터는 '리스크가 적다'고 판단하기 때문이다. 또 경기가 나빠지면 예산규모가 축소되고 예산의 승인 권한이 상위자로 옮겨간다. 결국 경기가 나빠지면 키퍼슨이 상위의 임원으로 이행하는 경향이 있는 것이다. 이러한 경향을 종합하면 키맨은 일반적으로 다음과 같은 경향을 가지고 있다.

- 신규상품과 새로운 거래처인 경우, 신중하게 검토해야 하기 때문에 키퍼슨은 상급자로 이동한다.
- 불경기나 예산이 축소되는 경우, 결재권이 좁아지기 때문에 키퍼슨은 상급자로 이동한다.
- 금액이 큰 경우와 거래가 장기간에 영향을 미치는 경우, 리스크가 커지므로 키퍼슨은 상급자로 이동한다.
- 복수의 부문이 관련된 안건인 경우, 부문 간의 조정이 필요하기 때문에 키퍼슨은 상급자로 이동한다.

출처 : 다카하시 가츠히로 (2005), 솔루션 영업의 기본전략, 번역서, 시공사, 136, 205.

않는 구매에 있어서는 최고경영진이나 부문장이 키맨이 되지만, 사무용품 구매와 같은 반복적이고 일상적인 구매에서는 총무부와 같은 구매부서의 책임자가 키맨이 된다.

■ 문지기

문지기(gatekeeper)는 구매과정에서의 정보의 흐름을 통제할 수 있는 위치에 있는 조직구성원을 의미한다. 이들은 자신에게 들어온 정보를 적극적으로 가공하거나 수정하는 것은 아니지만, 이 정보를 구매센터의 다른 구성원들에게 전달할 것인지의 여부와 전달한다면 어떠한 정보를 얼마나 전달할 것인지를 통제함으로써 구매과정에 영향을 미친다. 이러한 역할을 하는 대표적인 조직구성원으로 비서나 전화접수담당자를 들 수 있다. 이들은 특히 공급업체와 의사결정자, 혹은 공급업체와 구매담당자 간의 정보흐름에서 여과장치의 역할을 함으로써 구매과정에 영향을 미칠 수 있다([글 3-2] 참조). 또한 구매담당자도 문지기의 역할을 수행할 수 있다. 이들은 각 공급업체로부터의 제안서 등을 통해 확보한 정보 가운데 구매센터의 구성원들에게 어떠한 정보를 얼마나 제공할 것인지를 통제함으로써 구매과정에 영향을 미칠 수 있다. 호텔 등의 여행관련 업계에서는 해외출장이 잦은 대기업의 중역들이 주된 목표고객이 되는데, 이들과의 커뮤니케이션을 위해서는 해당 기업에서 문지기의 역할을 수행하는 비서 및 구매담당자와의 우호적인 관계가 매우 중요하다. 이러한 이유로 많은 호텔 체인들이 대기업의 비서 및 구매담당자를 대상으로 하는 멤버십 프로그램을 별도로 운영하고 있다.

구매센터의 문지기

글 3-2

어느 정도의 지위에 오른 사람은 일정 조정과 업무보조를 위해 비서업무를 담당하는 사람이 따로 있다. "적을 쓰러뜨리려면 말을 쏘라"는 말에 꼭 해당되는 것은 아니지만, 그들을 내 편으로 만들어 적어도 좋은 관계를 맺어 놓는 게 중요하다. 그들은 상사의 시간을 낭비하는 외부의 접근을 막는 문지기 역할을 한다. 외부에서 접근하는 사람을 만날 것인가에 대해 상사로부터 상담을 받는 경우도 있다. 따라서 "열심히 연락하므로 한번 얘기를 들어보는 것은 어떨습니까?"라고 말해 주는 것이 중요하다. 직접 임원들에게 연락할 수 있는 상황이더라도 일부러 "비서에게 묻는 것이 가장 빠르다고 생각해서…" 라며 무엇인가 비서에게 말을 걸어 놓는 것, 사소한 일이라도 상담이라는 형태로 비서를 통해서 하는 것이 권투에서의 보디 블로처럼 뒤에 효과를 발휘한다. 그들과 친하게 되면 여러 가지 정보가 들어온다. 키퍼슨이 현재 어떤 일로 바쁘고, 경쟁자가 언제 키퍼슨에게 접근하려고 하는지, 안건과 관련된 회의가 언제 열리는지 등과 같은 귀중한 정보를 제공받을 수 있다.

출처 : 다카하시 가츠히로(2005), 솔루션 영업의 기본전략, 번역서, 시공사, 230.

제약영업은 의사와 약사가 주고객이다. 이들은 학식이 높고 견문도 넓으므로 우리가 배울 점이 많아 그들과 교류함으로써 훌륭한 의학정보를 배울 수 있다. 그리고 이들은 평생 한 곳에 근무하거나 개업하면 대개 그 지역에서 일생을 보내며, 은퇴 후에도 의료계나 약업계 내에서 사회활동을 하며 이 업계의 어른으로서 영향력을 행사한다. 그러므로 이들과 오랜 신뢰관계를 구축한다는 것은 그 지역 의약계에 대한 정보를 얻을 수 있고, 그들로부터 어떤 도움을 받을 수 있음을 뜻하는 것이다. 또 우리가 중요시해야 할 고객들이 있다. 바로 의사, 약사와 함께 일하는 의료관련 종사자들, 즉 간호사나 수위 같은 분들이다. 대부분의 영업사원들은 자신의 고객인 의사와 약사, 그리고 종업병원에서의 소위 힘이 있다는 경영 관련자들만 만나고 간다. 하지만 병원을 가면 우선 통과해야 하는 사람들이 수위이고, 그 다음은 간호사나 비서들이다. 나는 이들에게 깍듯이 예를 다하고 항상 밝게 인사를 했다. 그랬더니 내가 기다리고 있으면 그들은 먼저 들어가 의사 선생님을 만나라고 안내해주기도 하고, 우리 약의 처방정보 등도 알려 주는 것이었다. 자신이 만나는 모든 사람이 자신의 고객이라는 생각을 잊어서는 안 된다.

출처 : 고양명 (2008), 영업의 핵심, 리드리드출판, 89-90.

3.3 구매센터 구성원의 니즈

구매센터 구성원들이 구매의사결정에 미치는 영향력의 크기도 모두 다르지만, 각자의 니즈도 다르기 때문에 공급업체는 각 구성원들의 영향력의 정도를 파악해야 하는 한편, 각 구성원이 가지고 있는 구체적인 니즈가 무엇인지를 파악하여 대응할 필요가 있다. 구성원들의 니즈는 비즈니스니즈(혹은 조직니즈)와 개인니즈로 구분될 수 있다. 비즈니스니즈는 조직구성원으로서의 역할에 바탕을 둔 니즈를 의미하며, 개인니즈는 조직의 목표달성과는 관련 없이 개인의 가치관이나 동기 등에 기반을 두고 있는 니즈를 의미한다.

■ 비즈니스니즈

비즈니스니즈는 구성원의 유형에 따라 크게 달라진다. 먼저 키맨이라고 할 수 있는 대표이사나 임원 등의 경영층과 사업부문의 부문장 등은 매출과 이익 등의 실적 및 생산성향상에 관심을 가지고 있다. 따라서 공급업체의 제안이 자사의 경영에 얼마나 도움이 되며 투자할 가치가 있는가라는 관점에서 판단을 내린다. 이들은 매출액, 순수익 등의 경영지표에 의해 평가를 받기 때문에 숫자에 대단히 민감하며, 공급업체로부터의 제안도 숫자로 바꾸어 생각하는 경향이 있다. 이들은 제품이나 서비스 자체의 특징이나 기능보다는 그 제품이나 서비스를 채택함으로써 매출증대, 비용절감, 생산성향상 등과 같은 성과의 향상이 이루어질 수 있는가에 더 많은 관심을 갖는다.

반면에 채택된 제품이나 서비스를 직접 활용하여 성과를 내야 하는 사용자들은 제안된 제품이나 서비스를 사용하면 자신의 업무가 보다 원활하게 이루어질 수 있는지, 제안된 제품이나 서비스가 원활한 업무수행을 위한 바람직한 특징이나 기능을 갖추고 있는지에 대해 관심을 갖는다. 또한 이들은 대개 직접 경비를 부담하는 것은 아니기 때문에 제품이나 서비스의 가격에는 그다지 민감하지 않다. 아래의 [표 3-3]은 밀가루 제조업체로부터 저탄수화물이면서 맛에는 차이가 없는 빵을 만들 수 있는 새로운 밀가루의 도입을 제안 받은 베이커리 업체를 상정하여 구매센터 각 구성원의 역할, 소속부서, 주요 비즈니스니즈 등에 어떠한 차이가 있는지에 대해 기술하고 있다.

표 3-3 | 구매센터 구성원들의 역할, 소속, 비즈니스니즈에 대한 가상 예

구성원 구분	역할	소속	비즈니스니즈
제안자	저탄수화물 빵 출시의 필요성 주장	마케팅부서	건강지향적 식품업체로서의 포지셔닝 강화
구매담당자	제안서 수령, 계약조건의 협상, 계약 체결	구매부서	적정 예산범위 내에서의 구매, 공급업체 선정과정의 공정성 확보
사용자	새로운 원료를 이용한 제조	생산부서	생산용이성 확보(추가적 생산설비의 필요성 및 생산공정의 변화가능성), 맛의 유지
영향력행사자	투자의 적절성에 대한 의견 제시	재무부서	투자수익률의 확보
	시장에서의 예상반응에 대한 의견 제시	영업부서	영업매출실적의 증가
	경쟁력 있는 빵 개발 가능성 제시	R&D부서	경쟁력 있는 신제품 개발의 가능성 확대
의사결정자	최종적 의사결정, 구매위원회의 리더	대표이사	자사제품의 경쟁력 확보
문지기	공급업체 및 구매센터 구성원과의 커뮤니케이션	구매부서	원활할 커뮤니케이션의 확보, 거래업무의 공정한 처리

■ 개인니즈

구매센터 구성원은 조직의 일원인 동시에 개인이기도 하기 때문에 조직과 관련한 업무를 수행하는 과정에서 자신의 개인적인 니즈를 충족시키기 위해 노력한다. 이러한 개인니즈를 파악하여 적절하게 대응하지 못하면 성공적인 영업을 실현하기가 힘들어진다. 즉, 똑같은 업무를 수행하는 구성원 간에도 개인니즈는 크게 차이가 날 수 있기 때문에 이러한 개인니즈는 비즈니스니즈와 더불어 정확하게 파악하여 대응하는 것이 중요하다. 이러한 개인니즈는 여러 가지로 분류될 수 있다. 미국의 저명한 심리학자인 David C. MaClleland는 1961년 그의 저서 『The Achieving Society』에서 니즈에 기반한 동기모델(needs-based motivational model)을 바탕으로 사람들의 니즈를 권력니즈(needs for power), 성취니즈(needs for achievement), 관계니즈(needs for affiliation) 등의 3가지 유형으로 구분하였다. 여기에서는 이를 기반으로 구매센터 구성원의 개인니즈에 대해 기술한다.

- **권력니즈** : 권력에 대한 니즈가 많은 사람은 영향력 행사를 추구하며, 주변의 상황을 장악하려고 한다. 이들은 다른 사람들로부터 지시나 지도를 받기를 좋아하지 않으며, 자신 스스로가 리드하기를 좋아한다. 공급업체와의 접촉과정에서도 모든 과정을 장악하기를 원하며, 제품이나 서비스의 도입에 의해 자신의 영향력이 얼마나 확대될 수 있을 것인가에 대해 관심을 갖는다. 이러한 유형의 구성원에 대해서 공급업체는 상대방의 지위를 인정하고, 조언을 구하며, 고객 스스로가 아이디어를 내고 결정하도록 유도하는 것이 바람직하다. 또한 제안을 할 때에는 반드시 복수의 대안을 제시하여 고객이 결정할 수 있도록 해야 한다. 반면에 동의를 구하지 않고 일을 처리한다거나, 아무리 좋은 제안이라고 하더라도 선택의 여지가 없는 방식으로 제시한다거나, 업무의 진행상황을 알리지 않는다거나 하는 행동은 삼가야 한다.
- **성취니즈** : 성취니즈가 강한 사람은 쉽게 달성할 수 있는 일에 대해 매력을 느끼지 못하고, 높은 수준의 목표를 설정하여 이를 초과 달성하고자 하며, 다른 사람을 능가하기 위해 노력한다. 일의 진행과정에서 어려움이 닥치더라도 이를 극복하고자 하는 도전의식이 강하다. 이러한 구성원에 대하여 공급업체는 성과에 초점을 맞추어서 자사의 제품이나 서비스가 어떻게 고객의 목표를 달성하는 데 도움을 줄 수 있는지를 보여주는 것이 매우 중요하다. 또한 자사의 제품이나 서비스가 구매자를 다른 사람들과 어떻게 차별화시킬 수 있는지와 과거의 업무를 어떻게 개선시킬 수 있을 것인지에 대해 초점을 맞추어 설명해야 한다. 이러한 니즈가 강한 구성원들은 자신의 목표 달성을 위해서는 어느 정도의 위험은 기꺼이 감수하고자 하기 때문에 혁신적인 제안을 하는 것도 좋은 방법이 될 수 있다. 반면에 이러한 유형의 구성원은 시간을 낭비하고, 약속을 이행하지 않고, 목표달성과는 관련이 적은 제품이나 서비스를 제시하고, 인간관계에 의존하여 판매하고자 하는 것 등을 매우 싫어하기 때문에 이러한 점에 주의를 기울여야 한다.

성취니즈와 관련이 있으면서 구매자의 행동에 크게 영향을 미치는 니즈로 위험회피니즈가 지적될 수 있다. 성취니즈가 약한 구성원은 의사결정에 있어서 최대한 위험을 회피함으로써 현재의 상태를 유지하려는 성향을 보인다. 위험회피니즈가 강한 구성원은 위험부담이 있는 의사결정을 좋아하지 않으며, 가장 위험성이 적고 안전한 방법을 선택하려고 한다. 이러한 유형의 구성원은 사후에 발행할 수도 있는 실패나 원활하지 못한 진행에 대한 책임을 회피하고자 하기 때문에 의사결정 자체를 하지 않거나 지연시키려는 경향이 강하다. 이러한 유형의 구성원에 대해서는 새롭거나 혁신적인 방안보다는 이미 효과가 입증되어 있는 방법을 제안하는 것이 바람직하다. 의사결정의 형식에 있어서도 개인의 결정보다는 집단 의사결정의 형식을 갖춤으로써 책임을 최소화할 수 있는 방안을 모색하여 주는 것이 중요하다. 반면에 혁신적이거나 새로운 제안은 최대한 자제해야 하며, 개인적으로 책임을 많이 느끼게 하는 형식의 회의나 의사결정은 삼가야 한다.

- **관계니즈** : 관계니즈가 강한 사람은 다른 사람들과 좋은 관계를 맺기를 즐기며, 다른 사람들로부터 좋은 평가와 칭찬을 받기를 원한다. 또한 다른 사람들과 같이 일하는 것을 좋아하며, 갈등을 최소화하기 위해서 노력한다. 이러한 구성원에 대해서는 사소한 일도 기억해주고, 친구처럼 지내며, 고객의 가족이나 친구에 대해서도 관심을 갖는 것이 중요하다. 또한 공급업체의 제품이나 서비스의 채택으로 인해 고객이 다른 구성원들로부터 좋은 평가를 받을 수 있음을 설득시키는 것도 좋은 방법이 될 수 있다. 반면에 공식적인 관계만을 강조함으로써 사적인 접촉을 꺼린다거나, 고객의 취미 등과 같은 사적인 부분에 대해 전혀 관심을 갖지 않는 것은 영업에 부정적인 영향을 미칠 수 있다.

4. 구매과정

조직구매자의 구매유형 가운데 가장 복잡한 형태의 구매과정을 보이는 유형은 신규구매이며, 그 과정은 [그림 3-5]와 같이 구매의 필요성 인식, 구매의 결정, 제품특성의 기술, 공급업체의 탐색, 제안서의 요청 및 수령, 제안에 대한 평가와 공급업체의 선정, 실행 및 평가의 7단계로 나누어질 수 있다. 단순재구매나 수정재구매의 구매과정은 신규구매 구매과정의 일부로 볼 수 있기 때문에 별도로 기술하지 않는다.

그림 3-5 | 조직구매자의 신규구매 구매과정

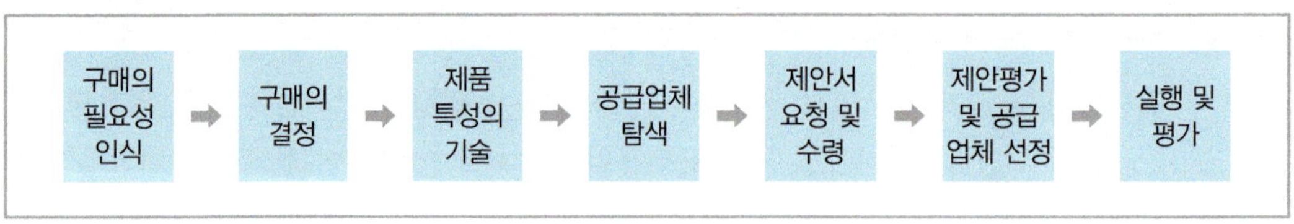

4.1 구매의 필요성 인식

조직구매자의 구매과정은 소비자의 구매과정과 마찬가지로 구매 필요성을 인식하는 단계에서부터 시작된다. 구매의 필요성을 인식하게 되는 계기(契機)는 매우 다양하다. [표 3-4]에서와 같이 내부적인 계기에 의해 구매의 필요성을 인식할 수도 있고, 외부적인 계기에 의해 인식하게 될 수도 있다.

표 3-4 | 구매 필요성을 인식하게 되는 계기의 유형과 예

구분	유형	예
내부적인 계기	현상유지가 어려운 사안의 발생	재고의 감소, 기계의 노후화 등
	부정적 증상 발생, 부정적 현상의 가시화	매출의 감소, 수익의 감소, 비용의 증가, 시장점유율 감소, 강력한 경쟁사의 등장 예상, 법규환경의 변화, 자사제품의 사양화 가능성 등
	보다 높은 수준의 목표 설정	시장점유율 · 수익률 등의 획기적 향상, 새로운 사업계획의 수립
외부적인 계기	비인적 커뮤니케이션	인터넷사이트 검색, 산업박람회의 참가, 광고 및 홍보물 등
	인적 커뮤니케이션	공급업체 영업사원의 제안

내부적 계기

내부적인 계기는 다시 일상적인 상태를 유지하기 어려운 사안의 발생, 부정적 증상의 발생이나 부정적인 외부환경의 조성, 보다 높은 수준의 목표 설정 등으로 구분될 수 있다.

- **일상적인 상태를 유지하기 어려운 사안의 발생** : 일상적인 상태를 유지하기 어려운 사안의 발생으로 인한 계기의 예로는 특정 제품의 재고가 재주문(reorder) 수준 이하로 떨어졌다든지, 혹은 기계가 노후화되어 생산에 차질이 빚어지고 있다든지 하는 것 등을 들 수 있다. 이러한 계기에 의한 구매 필요성 인식은 매우 즉각적이어서 인식을 하는 데 많은 노력이나 시간이 소요되지 않는다.
- **부정적인 증상의 발생이나 부정적인 외부환경의 조성** : 보다 복잡한 과정을 거쳐야 구매의 필요성이 인식되는 경우는 현재의 상황을 보다 개선시켜나가지 않으면 안 되는 현상들이 발생하였을 때라고 할 수 있다. 예를 들어 매출의 감소, 시장점유율의 감소, 생산성의 하락, 비용구조의 악화 등의 부정적인 증상(症狀, symptom)이 나타나고 있거나, 가까운 미래에 강력한 경쟁사의 진입 예정, 법규환경의 변화로 인한 영업환경의 악화, 급속한 기술발전으로 인한 자사 제품의 사양화(斜陽化) 가능성 등과 같이 당장은 아니더라도 가까운 미래에 매출이나 수익에 악영향을 미칠 수 있는 외부환경이 조성되고 있는 것이 이러한 예에 해당한다. 먼저 매출의 감소 등과 같은 부정적인 증상이 나타나면 우선 그 원인에 대한 파악이 이루어져야 한다. 매출이나 수익의 감소가 제품의 품질에 문제가 있는 것인지, 영업활동이나 마케팅활동의 부진에 그 원인이 있는지, 비용이 과나하게 지출되고 있기 때문인지, 고객관리의 미흡으로 고객이탈이 가속화되고 있기 때문인지 등에 대한 면밀한 검토가 이루어져야 한다. 이러한 원인에 대한 파악을 기반으로 부정적 증상을 해소할 수 있는 방안이 마련되어야 한다. 또한 가까운 미래에 매출이나 수익에 악영향을 줄 수 있는 외부환경이 조성되고 있다면 이에 대처하기 위한 방안이 모색되어야 한다. 부정

적인 증상과 외부환경에 대처할 수 있는 방안이 모색되면, 비로소 이러한 방안이 자체적으로 해결될 수 있는 것인지 혹은 외부로부터 무엇인가를 구입해야 하는지를 결정할 수 있다. 이처럼 현재의 상황을 보다 개선시켜야 하는 사안이 발생한 경우에는 현상유지를 위한 사안의 발생에 비해 구매의 필요성을 인식하기까지 훨씬 더 많은 시간과 노력이 요구된다.

- **보다 높은 수준의 목표 설정** : 현재 아무런 부정적인 증상 없이 순조로운 경영이 유지되고 있는 경우에도 회사는 보다 높은 수준의 목표를 설정하고 이에 도달하기 위해 노력하는 것이 일반적이다. 시장점유율, 생산성, 매출액, 수익률 등을 획기적으로 높이기 위한 대책을 세운다거나, 현재 수행하고 있는 사업이 성숙기에 접어들 것을 대비하여 미래의 먹거리를 마련하기 위한 새로운 사업계획을 수립하는 것 등이 이러한 예에 속한다. 이를 실현하기 위해서 회사는 투자를 계획하게 되는데 투자는 곧 외부로부터의 구매를 의미한다.

■ 외부적 계기

외부적인 계기는 다시 비인적인 커뮤니케이션에 의한 계기와 인적 커뮤니케이션에 의한 계기로 나누어질 수 있다.

- 비인적인 커뮤니케이션을 계기로 하는 구매 필요성의 인식은 조직의 구성원이 인터넷사이트, 해당 산업계의 전문 잡지, 산업박람회의 참가, 광고, 공급업체의 홍보물, 경쟁사에 대한 벤치마킹 등을 통해 수집한 정보를 계기로 구매의 필요성을 인식하게 되는 것을 의미한다.
- 인적 커뮤니케이션에 의한 계기는 주로 공급업체의 영업사원과의 접촉에 의해 만들어진다. 구매자가 구매의 필요성을 전혀 느끼지 못하고 있는 경우에도 영업사원은 판매하려는 제품이나 서비스가 지니고 있는 장점과 혜택에 대한 설명을 통해 구매자가 구매에 대한 필요성을 인식할 수 있도록 할 수 있다. 병원을 대상으로 새로 개발된 약품을 판매하려는 제약회사의 영업사원, 온라인쇼핑 회사를 대상으로 성능이 개선된 로그파일 분석도구를 판매하려는 소프트웨어 회사의 영업사원, 대량생산방식의 도입으로 생산원가가 저렴해진 유기농 농산물을 유통업체에 납품하고자 하는 기업형 농장의 영업사원 등이 이러한 예에 속한다고 할 수 있다.

4.2 구매의 결정

구매 필요성의 인식이 반드시 구매로 연결되는 것은 아니다. 구매를 할 수 있는 예산이 확보되지 못하였다거나, 조직 내부에 구매에 대한 공감대가 형성되지 않았다거나, 지금 당장 구매하는 것보다는 추이를 살펴보고 결정하여도 늦지 않다고 판단하는 등의 경우에는 구매가 이루어지지 않는다. 즉, 구매 필요성의 인식 이후에 구매과정이 지속되기 위해서는 회사가 문제를 해결할 수 있는 예산을 확보하고 있어야 하고, 구매의 시급성과 당위성에 대한 공감대도 형성되어 있어야 한다. 그렇지 못하면 회사는 구매를 포기하거나 미루게 된다.

4.3 제품특성의 기술

구매에 대한 필요성을 인식하고 구매하기로 결정하였다면, 그 다음 단계는 구매하고자 하는 제품의 특성을 기술하고 구매수량과 구매시기 등을 결정하는 것이다. 이러한 사항들에 대한 결정은 구매자가 공급하는 제품에 대한 시장수요는 물론, 그 제품을 생산하기 위한 생산 및 운영 프로세스와 관련이 있기 때문에 매우 까다롭다. 예를 들어 대형 유통업체에 냉동식품을 납품하고 있는 식품회사의 경우, 유통업체로부터의 포장과 관련된 다양한 요구사항(예를 들어 포장지의 내구성, 포장의 크기, 포장의 단위 등)에 부합하는 포장지를 포장지 제조회사로부터 구매를 하여야 하기 때문에 납품을 받고자 하는 포장지의 특성에 대한 자세한 사항들을 결정해야 한다. 또한 구매수량에 대해서도 너무 많으면 재고비용이 추가로 발생하고, 너무 적으면 판매기회를 상실하기 때문에 이것도 매우 중요한 결정사항이 된다. 구매시기도 적절하여야 재고비용도 절감할 수 있고, 판매기회를 상실하지 않을 수 있다. 특히 제품의 특성에 대해서는 상세한 내용이 기술된 제품명세서(製品明細書, product specification)가 준비되어야 한다. 제품명세서에는 제품의 성능, 품질, 크기, 무게, 안전도, 내구성, 디자인, 포장 등의 사항들이 구체적으로 명시된다. 제품명세서는 주로 기술부서에 의해 수행되는 제품가치분석(product value analysis)의 결과를 바탕으로 작성된다. 제품가치분석은 원가분석기법 중의 하나로 필요한 제품의 기능을 최소의 비용으로 얻기 위해 제품의 여러 구성 요인들을 체계적으로 분석하는 것을 의미한다. 제품명세서가 작성되는 과정에서 향후에 이루어질 공급업체 제안 내용의 평가를 위한 평가기준(평가항목 및 각 항목별 가중치)도 자연스럽게 결정된다. 공급업체 제안에 대한 평가는 뒤의 '제안에 대한 평가와 공급업체의 선정'에서 상세히 기술한다.

구매하려는 제품이나 서비스가 비교적 단순한 경우에는 조직구매자가 자체적으로 제품명세서를 작성하고 이를 근간으로 적합한 공급업체를 탐색하게 된다. 그런데 구매하려는 제품이나 서비스가 기술적으로 매우 복잡한 경우에는 조직구매자가 어떠한 특성을 지닌 제품이나 서비스가 자사의 니즈를 충족할 수 있는지에 대한 결정을 하기 어려울 수도 있다. 이러한 경우에 공급업체가 제품명세서의 작성 과정에 참여하기도 한다. 공급업체의 영업사원은 이 경우에 구매업체에 대해 컨설팅의 역할을 수행하는 셈이 된다. 공급업체는 이러한 과정을 통해서 자사에 유리한 제품명세서가 작성되도록 함으로써 경쟁에서 유리한 위치를 선점할 수 있다. 공급업체와 구매업체가 오랜 기간 동안 파트너십을 유지하여 온 경우에는 구매업체는 미리 공급업체를 정해놓고 두 업체가 처음부터 끝까지 공동으로 제품명세서를 작성하기도 한다. 또한 구매업체는 공정성을 기하기 위해 컨설팅사 등과 계약하여 제품명세서를 작성하는 경우도 있다. 정부기관이나 비영리조직과 같이 구매과정의 공정성이 특히 강조되는 조직구매자의 경우에는 이러한 관행이 흔히 행해진다. 예를 들어 고객관계관리(CRM)시스템의 필요성을 인식하고 이를 도입하기로 결정한 정부산하기관의 경우에 CRM에 대한 노하우가 일천하여 제품명세서를 작성하기가 거의 불가능하고, 구매과정의 공정성에 대한 요구로 인해 특정 공급업체를 미리 선정하거나 접촉하기도 어렵기 때문에 공급업체와의 접촉에 앞서서 컨설팅사에 의뢰하여 제품명세서를 작성하기도 한다.

4.4 공급업체의 탐색

구매하고자 하는 제품의 특성과 구매수량 및 시기 등이 결정되면 다음 단계는 공급업체를 탐색하는 단계이다. 기존 공급업체가 비교적 만족스러운 경우에는 공급업체의 탐색이 기존의 공급업체를 포함하여 매우 적은 수로 한정되는 것이 일반적이다. 반면에 구매하고자 하는 제품이 새로운 제품이거나, 기술적으로 복잡하고 가격이 비싼 경우에는 구매와 관련된 위험성이 높아지기 때문에 이를 감소시키기 위해 적합한 제품을 공급할 수 있는 공급업체에 대한 탐색이 광범위하게 이루어진다. 구매업체는 협회발간의 주소록, 인터넷사이트, 추천, 해당산업의 정기간행물, 산업박람회 등의 다양한 원천을 통해서 공급업체의 리스트를 확보할 수 있다. 따라서 공급업체는 구매업체가 주로 어떠한 원천을 통해 공급업체에 대한 정보를 탐색하는지를 파악하여 자사의 이름과 제품이 많이 노출될 수 있도록 해야 하며, 또한 기존의 거래하고 있는 구매업체를 통해 추천이 되는 경우도 있기 때문에 기존고객의 관리도 소홀히 하지 않아야 한다.

4.5 제안서의 요청 및 수령

공급업체에 대한 탐색이 끝나면 몇몇 공급업체를 선택하여 제안을 요청하게 된다. 사무용품과 같이 빈번하게 구매되며, 표준화되어 있고, 기술적으로 복잡하지 않은 제품에 대해서는 이러한 과정이 매우 간단하다. 즉, 구매업체는 몇몇 공급업체의 카탈로그나 인터넷사이트에 올라온 정보를 검토한 후, 잠재적 공급업체에 전화를 걸거나 미팅을 통해 가격 등을 확인 하는 것으로 이 과정을 마칠 수 있다. 그렇지 않고 기술적으로 복잡하고, 규모가 큰 제품이나 서비스를 구매하는 경우에는 몇몇 공급업체에 공식적으로 제안요청서(RFP : request for proposal)를 발송하여 제안서를 제출해 줄 것을 요청하는 것이 일반적이다. 제안요청서에는 자사가 구매하기를 원하는 제품이나 서비스의 특성 등의 요구 사항을 기술한 뒤, 이를 어떻게 충족시켜줄 수 있을지에 대한 제안서를 제출해달라는 내용이 담겨 있다.

제안요청서는 제품이나 서비스의 특성에 대한 기술이 주를 이루기 때문에 앞에서 언급한 제품명세서를 근간으로 작성되지만, 납기 등 여타 조건에 대한 내용도 포함될 수 있다. 제안요청서가 얼마나 잘 작성되는가는 공급업체가 제출하는 제안서의 품질에도 영향을 미치고, 또한 궁극적으로는 구매과정의 성공 여부에도 영향을 미치기 때문에 제안요청서는 매우 신중하고 꼼꼼하게 작성되어야 한다. 통상적으로 제안서와 더불어 입찰견적서(入札見積書)를 동시에 제출하도록 요구한다. 입찰견적서는 업무의 수행을 위해 필요한 인건비, 물품비, 마진 등을 항목별로 산출하여 희망하는 수주가격을 기재한 서류를 의미한다. 특히 정부기관, 비영리단체와 같이 공정성이 매우 중시되는 경우에는 입찰견적서의 중요성이 더욱 강조된다. 입찰견적서에 적힌 제안가격이 최종적인 제안가격이 될 수도 있지만, 구매업체는 우선협상대상 공급업체를 선정한 후 가격에 대해 협상을 벌일 수도 있다. 구매업체는 이렇게 제출된 제안서와 입찰견적서를 검토하여 부적합한 공급업체를 제외한 몇몇 공급업체를 대상으로 공식적인 프레젠테이션을 요청하기도 한다. 프레젠테이션에 대해서는 제2장의 '판매과정'에서 상술하였다.

4.6 제안에 대한 평가와 공급업체의 선정

제안서도 제출되고 이에 대한 공급업체의 프레젠테이션도 끝나면 조직구매자는 각 공급업체의 제안을 평가하고 평가결과에 따라 공급업체를 선정하게 된다. 공급업체에 대한 평가가 이루어지기 위해서는 평가기준이 마련되어야 한다. 평가기준은 공급업체로부터 제안서를 받은 후에 만들어지는 것이 아니라 공급업체에 대한 탐색이 이루어지기 이전인 제품 특성의 기술 단계에서 작성되는 것이 일반적이다. 따라서 공급업체의 영업사원은 구매업체가 어떠한 평가기준을 사용하는가를 미리 파악하고, 이에 부응할 수 있도록 제안서와 입찰견적서를 작성하고 프레젠테이션을 준비하는 것이 무엇보다 중요하다. 구매업체의 입장에서도 공급업체가 이러한 평가기준을 잘 알고 제안서와 프레젠테이션을 준비를 하는 것이 자사가 적합한 공급업체를 선정하는 데도 유리하기 때문에 평가기준에 대한 정보를 미리 제공하기도 한다.

평가기준을 마련한다는 것은 두 가지를 의미한다. 첫째는 평가를 위한 항목을 결정하는 것이고, 둘째는 각 항목의 가중치를 결정하는 것이다. 평가항목은 구매하려는 제품이나 서비스의 유형 등 구매의 구체적인 상황에 따라 달라진다. [표 3-5]는 제조업체가 공급업체인 경우에 보편적으로 사용되는 평가항목들을 보여주고 있다. 평가항목은 대체로 제품관련 요인, 납품관련 요인, 기술/공정관련 요인, 경영관련 요인 등의 4개 범주로 나누어질 수 있다. 평가항목에 못지않게 중요한 것이 평가항목들의 가중치이다. 가중치는 구매업체의 유형이나 구매하고자 하는 제품의 특성에 따라 크게 차이가 난다. 기술적으로 복잡한 제품의 경우에는 제품의 품질이나 과거의 실적 등의 중요성이 커지는 반면, 표준화된 제품의 경우에는 가격이나 A/S 등의 요인의 중요성이 커진다. 또한 유통업체나 JIT를 추구하는 제조업체의 경우에는 납기준수능력이나 주문수량 변경대응능력 등이 특히 강조될 수 있다.

표 3-5 | 공급업체 평가항목

구분	평가항목
제품관련 요인	공급가격, 제품관련 총비용, 품질, 취급제품의 다양성, A/S의 용이성 및 신속성, 제품 클레임 발생 시 대응능력, 제품보증 등
납품관련 요인	생산능력, 납품소요시간, 납기준수능력, 주문수량 변경대응능력, 주문내역 변경대응능력, 긴급주문 대응능력 등
기술/공정관련 요인	기술수준, 제품개선 및 신제품개발 능력, 제품 및 공정개선노력, 문제해결능력 등
경영관련 요인	평판도 및 지명도, 재무상태, 과거 실적, 대금결제방식의 편의성, 원활한 의사소통 및 협상의 유연성 등

평가 및 선정과정에서 단순재구매의 경우에는 구매담당자가 이에 대한 전권을 갖기도 하지만, 수정재구매나 특히 신규구매의 경우에는 구매담당자가 평가와 관련된 행정적인 절차의 진행에만 관여하고 구매센터의 여러 구성원들이 실질적인 평가에 참여한다. 보통 평가위원회가 구성되고 여기에 속한 위원들이 제안서, 입찰견적서, 프레젠테이션을 통해 확보한 정보를 종합적으로 검토하여 평가를 하게 된다. 경우에 따라서는 평가위원회에 외부 인사가 참여하는 경우도 있다. 특히 공정성이 강조되는 정부부문의 프로젝트에서는 이러한 예를 흔히 찾아볼 수 있다. 평가작업이 완료되면 구매업체는 공급업체를 선정하고 그 공급업체와 제품명세, 구매수량, 배송일정 등에 대해 협의한다. 공급업체의 선정은 단수로 이루어지는 것이 보통이지만, 경우에 따라서는 복수로 이루어지기도 한다. 복수로 이루어지는 경우에 역할을 분리하여 공급업체들이 보다 잘할 수 있는 분야에 특화하도록 하는 경우도 있고, 혹은 동일한 서비스나 제품을 동시에 공급하도록 하는 경우도 있다. 후자의 경우는 안정적인 공급을 확보하는

한편, 공급업체 간의 경쟁을 통해 보다 좋은 품질과 가격의 제품이나 서비스를 지속적으로 제공받고자 하는 전략의 일환이라고 할 수 있다.

4.7 실행 및 평가

구매과정은 공급업체를 선정하고 주문하는 것으로 끝나는 것이 아니라, 주문의 내용이 제대로 실행되었는지를 확인하고, 이를 바탕으로 공급업체의 성과를 평가하는 작업이 후속적으로 이루어진다. 구매업체는 주문한 제품이 계약서의 내용대로 자사에 배송되었는지에 대해 검수한 뒤, 이를 인수하게 된다. 공급업체에 대한 평가는 제품에 대해서는 물론 배송, A/S 등 다양한 측면에 대해 이루어진다. 특히 구매한 제품의 사용자에 의한 평가는 매우 중요하다. 제조업체의 경우 원료나 부품의 사용은 공장에서 이루어지기 때문에 공장의 직원들이 제품의 품질에 대해 평가한다. 경우에 따라서는 이를 공식적인 문서로 작성하여 계약의 이행이 계약서에 명기된 바와 같이 이루어졌는지를 파악하는 데 사용하기도 하고, 또한 향후에 해당 공급업체와 거래를 지속할 것인가를 결정할 때 참조하기도 한다. 구매제품의 판매회전율이 높아야 하는 유통업체의 경우에는 주로 판매실적을 통해 성과평가가 이루어진다. 유통업체는 판매실적이 부진한 제품에 대해서 주문을 중단하거나 혹은 판매부진에 대한 보상금을 공급업체에 요구하기도 한다. 또한 매장에서의 소비자 구매행동에 대한 관찰이나 소비자를 대상으로 하는 설문조사를 통해서 평가가 이루어지기도 한다. 실행 및 평가의 단계는 공급업체의 입장에서는 두 가지 측면에서 매우 중요한 의미를 지닌다. 첫째, 단기적으로는 계약 내용에 대한 성실한 이행을 통해 고객의 기대에 부응하도록 함으로써 고객이 만족할 수 있도록 노력해야 한다. 둘째, 장기적으로는 이번의 거래가 향후에도 고객에게 새로운 가치를 제공하고, 보다 공고한 관계를 형성할 수 있는 기회로 활용될 수 있도록 하여야 한다.

CHAPTER 04

기존고객의 관리

제1절 기존고객관리의 의미와 중요성

제2절 기존고객관리 활동

제3절 신규고객확보 활동과 기존고객관리 활동의 배분

제4절 기존고객의 선별

제5절 갈등관리

제1절 기존고객관리의 의미와 중요성

기존고객의 관리는 기존고객과의 관계를 유지하거나, 혹은 더욱 활성화시키는 활동을 의미한다. 기존고객의 관리는 신규고객의 확보와 더불어 영업활동의 근간을 이루고 있다. 1990년대 들어서 우리나라의 대다수의 기업들도 고객관계관리(Customer Relationship Management : CRM)의 개념을 도입하면서 기존고객의 관리를 위해 노력하고 있다. 미국 등 선진국에서 실시된 연구들은 업종에 관계없이 기존고객을 관리하는 것이 아래와 같은 중요성을 지니고 있음을 보여주고 있다. 즉, 기존고객의 유지 및 활성화는 회사의 매출 및 이익 증가에 결정적인 역할을 할 수 있으며, 기존고객의 관리 소홀로 인한 고객불만의 증가나 고객 이탈은 회사에 파괴적인 영향을 가져올 수 있음을 보여주고 있다.

- 기존고객의 이탈률을 5% 줄이면 업종에 따라 회사의 이윤은 35%에서 95%까지 증가한다. 이윤이 가장 많이 증가하는 업종으로 광고대행(95%), 생명보험(90%), 출판(85%), 은행예금(85%), 자동차보험(84%) 등을 들 수 있다.
- 평균적인 회사의 매출 중 65% 정도는 만족한 기존고객을 통해 이루어진다.
- 신규고객을 획득하는 데 소요되는 비용은 기존고객에게 서비스하는 비용의 5배에 달한다.
- 1주일에 50달러를 소비하는 고객이 1년간 매일 한 사람씩 이탈하면 다음 해에 판매액은 100만 달러가 줄어든다.
- 만족을 얻지 못한 고객의 91%는 절대로 그 회사의 물건을 다시 구입하지 않으며, 최소한 9명에게 자신이 겪은 불쾌감을 얘기한다.
- 불만족한 고객들의 10% 미만이 자신이 느낀 불만을 호소하기 위해 해당 회사에 연락을 취한다.

기존고객관리의 중요성이 증가하고 있는 가장 주된 이유로 시장의 포화와 경쟁의 심화를 들 수 있다. 이 두 개의 조건이 형성되면 신규고객의 확보를 위해서는 대부분 타사 고객의 자사로의 이탈을 유도하여야 하기 때문에 마케팅비용이 많이 들고, 따라서 비용적인 측면에서 신규고객의 확보보다는 기존고객의 관리를 통해 고객을 유지하고 활성화시키는 것이 훨씬 유리해진다. 우리나라의 경우에도 대부분의 산업에서 시장포화와 경쟁심화라는 시장환경이 조성되고 있기 때문에 기존고객 관리의 중요성은 점점 더 커지고 있다.

그런데 기존고객의 관리는 영업부문에서 상대적으로 소외되어 왔던 부분이라고 할 수 있다. 영업사원들은 자신이 받는 보상이 판매성과에 따른 인센티브(커미션 및 보너스)에 크게 의존하고 있기 때문에 고객의 유지와 같이 회사의 입장에서는 중요하더라도 인센티브와 직결되어 있지 않은 부분에 대해서는 상대적으로 소홀해지게 된다. 이로 인해서 기존고객의 중요성에 대한 관점이 회사와 영업사원이 다를 수 있다. 즉, 회사 차원에서는 기존고객의 관리가 신규고객 창출에 못지않은 중요성을 지니지만, 영업사원에 대한 보상체계가 신규고객의 획득에 무게 중심이 있는 경우에는 영업사원은 회사의 기대와는 달리 기존고객의 관리에는 소홀하고 신규고객의 확보에만 매진하는 경향을 보인다. 보험회사, 통신회사, 카드회사 등과 같이 계약상품의 경우에는 이러한 현상이 더욱 두드러지게 나타난다. 예를 들어 보험회사의 경우, 판매에 대한 커미션이 영업사원인 FC(Financial Consultant) 혹은 FP(Financial Planner)의 정착을 활성화시키기 위해 보험가입 초기 2년에 집중되어 있기 때문에 가입 2년이 지난 고객에 대한 관리가 수입 차원에서는 의미가 없고, 따라서 기존고객의 관리에 소홀해질 수 있다. 만일 보상체계가 100% 커미션으로만 구성되어 있는 경우라면 보험 영업사원의 입장에서는 이탈하지 않고 계속 보험료를 잘 내고 있는 고객보다는 2년마다 해지하고 다시 가입하는 고객이 훨씬 많은 소득을 가져다준다. 그렇지만 회사의 입장에서는 해지하지 않고 지속적으로 보험료를 납부해주는 고객이 훨씬 더 바람직하다. 영업사원이 기존고객을 소홀하게 관리하는 경우가 발생하기 때문에 신규고객 확보는 영업사원이 담당하지만 기존고객의 관리는 본사의 지원 부서에서 담당하는 예들도 볼 수 있다. 그러나 영업사원이 고객과의 접점을 담당하고 있기 때문에 기존고객에 대한 관리도 영업사원의 주도로 이루어지는 것이 이론적으로는 물론 현실적으로도 타당하다. 지원부서의 직원은 고객과의 직접적인 접점을 갖고 있지 않기 때문에 고객을 관리하는 데 있어서 명확한 한계가 있기 때문이다. 영업사원이 신규고객의 확보는 물론 기존고객의 관리에도 진력할 수 있도록 하기 위해서는 고객유지율이나 교차판매율 등을 성과지표에 포함시키고, 이를 보상과 연계시킴으로써 회사의 목표와 영업사원의 목표가 같은 방향으로 갈 수 있도록 도모하는 것이 바람직하다.

제2절 기존고객관리 활동

신규고객의 창출을 통한 판매에 비해 기존고객의 유지 및 활성화를 통한 판매는 비용이 덜 들기 때문에 수익성의 차원에서 훨씬 유리하다. 즉, 기존고객 대상의 판매에는 신규고객 대상의 판매에 비해 판매촉진, 프레젠테이션, 고객방문 등의 영업활동이 훨씬 덜 요구되기 때문에 판매 비용이 덜 소요되고, 따라서 같은 판매 실적을 올린 경우라면 기존고객 대상의 판매를 하였을 경우의 수익성이 더 높게 나타난다. 기존고객에 대한 관리활동은 '유지를 위한 활동'과 '활성화를 위한 활동'으로 구분될 수 있다.

1. 기존고객의 유지

기존고객의 유지 활동은 고객관리 활동의 가장 중추가 되는 활동이라고 할 수 있다. 이는 앞에서 언급한 바와 기존고객의 관리를 통하여 재구매를 유도하는 데 소요되는 비용이 신규고객 한 명을 확보하는 데 드는 비용에 비해 훨씬 적고, 또한 이탈률을 낮춤으로써 기업의 수익률을 획기적으로 증가시킬 수 있기 때문이다([글 4-1] 참조). 기존고객 유지 활동은 기존고객의 존속기간(longevity)을 늘려주는 것이 그 핵심적인 내용을 이룬다. [그림 4-1]에서와 같이 존속기간이 2, 3, 4, 5년으로 증가함에 따라 유지율이 급격히 증가하기 때문에 신규고객의 확보에 소요되는 비용을 절감할 수 있을 뿐만 아니라, 안정적인 관계를 바탕으로 향후에 교차판매나 상승판매와 같은 고객 활성화를 위한 기반을 마련하는 데도 유리하다.

그림 4-1 | 고객존속기간과 고객유지율과의 관계

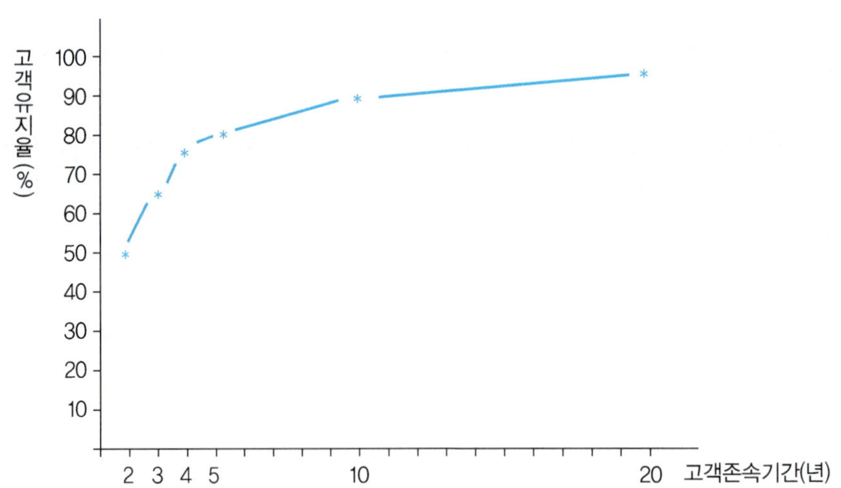

출처 : Reichheld, Frederick F.(1999), *The Loyalty Effect, The Hidden Force Behind Growth, Profits, and Lasting Value*, Harvard Business School Press, 53.

일본 제약회사의 기존고객 유지 사례

글 4-1

일본의 규슈 구마모토현에 위치한 사이 칸제약(再春館製鯨所)은 기초화장품과 한방약을 제조하여 판매하는 회사로 종업원 수는 약 1,000명에 이른다. 이 회사는 전형적인 직접반응광고에 의한 영업방식을 채택하고 있다. 먼저 TV나 라디오 같은 대중매체를 활용한 광고를 통해 사람들이 상품에 대한 관심을 갖게 하고, 광고를 보고 전화나 인터넷으로 문의하는 잠재고객에게 '무료 샘플 세트'를 보내서 사용해 보도록 한다. 이렇게 확보된 잠재고객을 대상으로 첫 구매를 유도하고, 첫 구매한 고객이 지속적으로 구매할 수 있도록 하는 것이 이 회사의 영업 방식이다.

이 회사에는 외근직 영업사원은 없으며, 400명 이상의 모든 영업사원들이 사내의 콜센터에서 근무하고 있다. 이들은 칸막이가 없는 넓은 공간의 사무실에 비치된 부채꼴 모양의 책상에서 근무하고 있으며, 모두가 파트타임이 아닌 정규직원이다. 이들은 회사에서 오퍼레이터가 아니라 고객을 기쁘게 한다는 뜻의 '고객 플리저(pleaser)'라고 불린다. 고객 플리저는 샘플팀, 육성팀, 회원팀으로 나누어져 고객관리를 하고 있다. 샘플팀의 역할은 샘플을 받은 고객이 첫 구매를 할 때까지를 관리하는 것으로, 적당한 시기에 고객에게 전화를 걸어 첫 구입을 권유하는 역할을 담당한다. 육성팀은 첫 구매를 한 고객에게 두 번째 및 세 번째 구입을 권유하는 역할을 맡는다. 그리고 회원팀은 세 번 이상 구매한 반복구매 고객을 '회원'으로 관리한다. 샘플을 사용해본 사람의 25%가 첫 구매를 하였으며, 첫 구매를 한 사람의 재구매확률은 약 60%, 두 번 구매한 사람의 재구매확률은 약 75%, 세 번째 구매한 사람의 재구매확률은 약 80%, 8번 이상 구매한 사람의 재구매확률은 약 90%로 구매횟수가 늘어날수록 재구매율은 높아진다. 이 회사는 판매액의 증대를 위해서는 두 번째 및 세 번째의 구매율을 높이는 데 있다고 판단하고 육성팀의 활동에 주목했다. 육성팀은 첫 구매 후 2~3개월이 경과하면 판매를 목적으로 고객에게 전화를 걸었다. 이는 상품구입 후 내용물이 떨어질 때까지의 기간을 2개월로 가정하고 그 시기에 접촉하는 것이 효과적이라고 보았기 때문이다. 이때 고객이 상품을 구입하지 않으면 2월 후에 다시 전화를 걸어 구매를 권유하였다.

2002년 들어 성장이 둔화되면서 위기감을 갖게 된 이 회사는 지금까지 실행해온 영업방식에 어떠한 변화가 있어야 하는지에 대한 검토를 하기 시작하였다. 고객정보에 대한 분석을 실행하는 과정에서 1년간 지속적으로 이용한 고객의 재구매율이 매우 높음을 발견하였다. 즉, 지금까지 구매횟수를 기준으로 고객을 관리하였던 것에서 고객의 1년 유지율을 경영지표로 삼는 변화를 시도하였다. 이러한 변화를 통해 1년 후에는 고객유지율을 현재보다 5% 끌어 올리는 것을 목표로 하였다. 구체적으로 어떠한 변화를 도입해야 하는지를 모색하기 위해 1년 이내에 이탈한 고객을 대상으로 다른 브랜드로 옮겨간 이유에 대해 조사하였다. 그 결과 제품의 효과적인 사용방법이나 제품의 기능에 대한 정보가 제대로 전달되지 않아서 타사 제품과의 차별성을 그다지 느끼지 못하는 것이 주된 원인인 것으로 나타났다. 이러한 분석 결과를 바탕으로 첫 구매를 한 고객에게 첫 전화를 거는 시기가 2~3개월이 경과한 시점이 아닌 10~15일 후로 변경되었다. 또한 전화를 거는 목적에도 변화가 있었다. 전화를 거는 목적이 과거에는 구입을 권유하는 것이었지만, 지금은 구입을 권유하는 것이 아니라, 제품에 대한 문의에 응답하고 상담하는 것으로 바뀌었다. 또한 지속적인 구매를 유도하기 위해서는 고객들이 사용하는 동안 열심히 관리하려는 열정이 식어버리는 현상을 극복하는 것이 중요했기 때문에 45~60일 사이에 다시 전화를 걸고 있다.

이러한 변화를 정착시키기 위해 고객 플리저를 대상으로 하는 4가지 행동지침이 만들어졌다. 첫째, 고객의 마음을 열기 위해 고객의 고민을 고객의 관점에서 이해한다. 둘째, 고객의 고민에 대해 정확한 조언을 한다. 고객 한 사람 한 사람의 고민에 따라 자사 제품과 타사 제품의 기능 차이를 설명한다. 셋째, 제품의 효과를 설명하고 나서 반드시 올바른 사용법과 용량을 제시해 제품의 효과를 실감할 수 있도록 한다. 넷째, 메이크업 제품은 판매하고 있지 않지만, 고객의 피부 고민을 해결해 주기 위해 메이크업에 의한 피부자극 대치법이나 클린징 방법, 피부에 좋은 생활습관 등 상품과 직접 관련이 없는 부분에 대해서도 적극적으로 조언한다. 이러한 활동의 결과로 판매를 위한 아웃바운드 콜은 없어지고, 고객의 주문 전화로 구매가 이루어지는 인바운드 콜이 대부분을 차지하게 되었다. 고객의 유지를 위한 변화 관리는 큰 성과를 가져왔다. 변화를 실행한지 1년 후의 고객유지율은 목표했던 대로 약 5%가 향상되었으며, 이를 통해 연간 약 12억 엔 정도의 판매액 증가가 예상되었다.

출처 : 스기타 히로아키 (2009), 보스턴컨설팅그룹의 영업테크닉, 비즈니스맵, 번역서, 61-80.

기본적으로 높은 고객유지율의 달성을 위해서는 이에 상응하는 높은 수준의 고객만족도를 달성하는 것이 중요하기 때문에 고객만족도를 제고시키기 위한 모든 기업활동이 고객유지를 위한 활동이 된다고 할 수 있다. 예를 들어 제품 및 서비스품질의 개선, 생산성 향상을 통한 경쟁력 있는 가격의 제시, 이미지 차별화를 위한 광고 캠페인의 전개, 편리한 쇼핑환경 조성을 위한 판매채널의 다각화 등 제품, 가격, 프로모션, 유통 등의 4P믹스 변수를 활용한 모든 마케팅활동은 곧 고객유지율 제고를 위한 활동이라고 할 수 있다. 여기에서는 이러한 활동 가운데 고객의 개별적인 니즈의 충족을 위해 이루어지는 활동, 고객과의 일대일 커뮤니케이션을 통해 이루어지는 활동 등을 중심으로 기술한다. 이러한 활동에는 로열티 프로그램의 운영, 이탈방지 캠페인의 전개, 회사의 업무프로세스 · 제도의 개선, 해지방어 전담팀의 운영, 맞춤서비스의 제공, 인간적 유대강화 등을 들 수 있다.

1.1 로열티 프로그램의 운영

고객유지는 로열티(충성도)를 나타내는 가장 주요한 지표 중의 하나이며, 따라서 기업에서 운영하는 모든 로열티 프로그램은 고객유지를 위한 중요한 활동이 된다. 기업의 로열티 프로그램은 우수고객우대 프로그램과 마일리지 프로그램으로 나누어진다. 우수고객우대 프로그램은 회사에 대한 기여도가 큰 고객을 우수고객으로 선정하고, 이들만을 대상으로 배타적인 서비스를 제공하는 프로그램을 의미한다. 마일리지 프로그램은 고객들의 반복적인 구매를 증진시키기 위해 다양한 형태의 인센티브를 제공하는 일련의 활동을 의미한다. 우수고객우대 프로그램이 소수의 우수고객을 대상으로 하는 프로그램인 반면에 마일리지 프로그램은 대다수의 고객을 대상으로 전개되는 프로그램이라는 점에서 차이가 있다.

우리 주변에는 다양한 형태의 마일리지 프로그램이 운영되고 있다. 소규모의 음식점, 커피

전문점, 제빵제과점 등에서는 해당 점포에서만 적용되는 스탬프 기반의 단골고객 프로그램을 운용하기도 하고, OK캐쉬백과 같이 수많은 대규모 기업들이 참여하는 연합포인트 제도도 활성화되어 있다. 또한 항공사의 마일리지 프로그램, 백화점이나 대형 할인점과 같은 대형 유통업체들의 멤버십 프로그램, 이동통신사의 멤버십 프로그램 등도 모두 마일리지 프로그램의 일환이라고 할 수 있다. 로열티 프로그램이 회사에 대한 진정한 로열티를 형성하는 데 도움이 되는가에 대해서는 많은 논란이 있지만, 로열티 프로그램은 기본적으로 구매실적을 기준으로 인센티브를 제공하기 때문에 고객의 전환비용을 증가시킴으로써 고객이 이탈하지 않게 하는 효과를 거두고 있는 것은 확실하다고 할 수 있다.

1.2 이탈방지 캠페인의 진개

고객유지를 위해서는 고객이탈이 줄어야 하기 때문에 많은 B2C 기업들이 고객들의 이탈을 방지하기 위한 캠페인을 전개한다. 포화된 시장에서의 마켓리더의 경우에는 특히 고객의 이탈을 방지하는 것이 가장 중요한 경영전략이 된다. 왜냐하면 포화된 시장환경에서는 가장 많은 고객을 보유하고 있는 마켓리더로부터 고객을 탈취해 오는 것이 모든 경쟁업체들의 가장 주된 시장확대전략이 되기 때문이다. 이탈을 방지하기 위한 캠페인을 전개하기 위해서는 캠페인의 대상, 제안(offer), 커뮤니케이션 방법 등의 세 가지 사항이 결정되어야 한다. 이 가운

그림 4-2 | 이탈방지 캠페인의 대상고객군의 선정

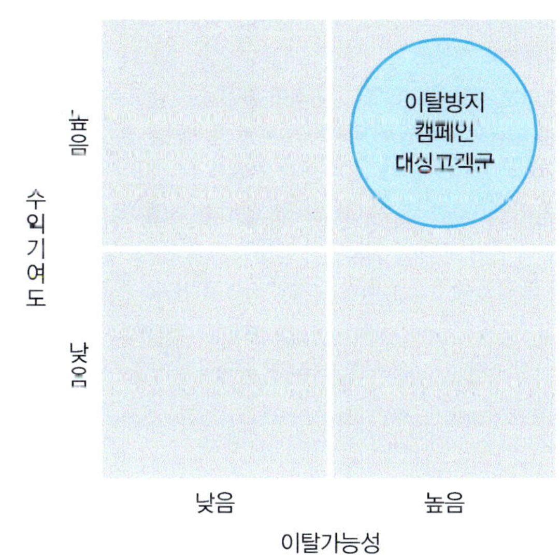

데 성공적인 캠페인의 전개를 위해서는 무엇보다 이탈을 방지할 가치가 있는 고객군을 선정하는 것이 가장 중요하다. 이를 위해 필요한 분석은 고객의 수익기여도에 대한 분석과 이탈가능성에 대한 분석이라고 할 수 있다. 즉, [그림 4-2]에서와 같이 수익기여도가 높으면서 동시에 이탈가능성도 높은 고객이 이탈방지 캠페인의 대상이 된다.

이탈가능성이 높은 고객을 추출하기 위해 흔히 이탈가능성 예측모델을 구축하여 사용한다. 방법론적으로 보면, 이탈가능성 예측모델은 과거에 이탈했던 고객들과 그렇지 않은 고객들의 특성을 비교하여 두 집단 간의 차이를 나타내줄 수 있는 변수들을 중심으로 구축된다. 구축된 모델을 기반으로 현재 고객들의 이탈가능 확률을 산출하여 이탈가능 확률이 높은 고객들을 추출하고, 이들 가운데 수익기여도가 높은 고객들을 선별하여 이탈방지 캠페인의 대상고객으로 선정하게 된다. 그렇지만 이탈방지 대상고객이 반드시 복잡한 분석을 통해서만 추출되는 것은 아니다. 이탈을 예견할 수 있는 특정 변수가 발견되면 그 변수 하나만을 기준으로 대상고객을 추출하여도 훌륭한 이탈방지 캠페인을 전개할 수 있다([글 4-2] 참조). 캠페인의 대상이 되는 고객들이 선정되면 이들을 대상으로 DM, TM, 이메일 등 다양한 커뮤니케이션 채널을 활용하여 가격할인 기회나 부가서비스의 제공 등을 인센티브로 제공하는 캠페인을 전개하게 된다.

단일변수에 의한 이탈방지 캠페인 대상고객의 선정 사례

글 4-2

백만 명이 넘는 가입자를 가지고 있는 미국의 무선인터넷 회사인 Sonic Wireless는 높은 서비스품질을 자랑한다. 이 회사의 월 고객이탈률은 2%이다. 이 회사의 경영진은 한 달에 3번 이상 서비스지원부서에 전화를 걸어 온 고객들이 60일 이내에 이탈할 확률은 그렇지 않은 고객에 비해 4배나 높다는 것을 발견하였다. 이러한 발견을 바탕으로 이 회사는 한 달에 3번 이상 전화를 걸어온 고객들을 대상으로 이탈을 방지하기 위한 캠페인을 실시하였으며, 그 결과 월 이탈률을 2%에서 1.8%로 감소시킬 수 있었다. 월 0.2%는 연간 2.4%로 가입자의 수가 약 100만 명인 점을 감안하면 이탈방지 캠페인으로 인해 이탈고객이 연 24,000명 감소한다는 것을 의미한다. 고객 1인당 공헌수익이 약 30달러이고, 고객 유지기간이 평균 40개월 정도이기 때문에 고객 1인당 평생가치는 약 1,000달러 정도이다. 따라서 이탈방지 캠페인을 통해서 매년 2천4백만 달러의 순현재가치의 증가가 이루어지고 있는 셈이 된다.

출처 : Hawkins, Trace (2010), "Retain customer and win : How a comprehensive churn management approach improves margins," North Highland White Paper.

1.3 회사의 업무프로세스·제도의 개선

고객이 이탈하는 원인은 매우 다양하고, 따라서 이를 해결할 수 있는 방안도 매우 다양하다. 해결방안이 신제품의 개발이나 장비의 도입 등과 같이 대규모 투자와 오랜 준비기간을 요하는 경우도 있지만, 그렇지 않고 회사 업무 프로세스의 변화나 제도개선 등과 같이 큰 비용적인 부담 없이 회사의 의지나 결정에 의해 조속히 이루어질 수 있는 부분도 있다. 예를 들어 우수고객들이 이탈하는 주요한 원인 중의 하나가 회사가 신규고객을 창출하는 과정에서 우수고객들을 역차별하기 때문이라고 한다면 회사는 업무 프로세스를 변경하여 신규고객의 창출을 위해 제공하는 혜택을 우수고객에게 우선적으로 제공하는 방식을 채택할 수 있다. 또한 고객이탈의 원인이 임직원에 대한 성과평가나 보상체계 등과 같은 관리제도의 변경을 통해서 해결될 수 있다면 그러한 제도를 도입하는 것은 조직구성원들의 큰 저항이 없다면 매우 비용효율적인 방안이 될 수 있다([글 4-3] 참조).

제도의 개선을 통한 이탈방지 사례

글 4-3

The Daily Tribune은 약 백만 명의 독자를 가지고 있는 미국의 지역신문사이다. 최근까지 이 신문사는 고객으로부터 배달이 번번이 늦어서 더 이상 구독하지 않겠다는 연락이 오면 사과하는 내용을 담은 이메일을 보내는 한편, 몇 주 동안 공짜로 신문을 볼 수 있는 혜택을 제공하였다. 이런 정책을 몇 년 동안 실행하고 있었는데, 한 의욕이 넘치는 젊은 중견간부가 고객데이터를 분석하여 "1년 동안 최소한 2번 이상 지연배달로 인한 할인혜택을 받은 고객이 전체 고객의 50%에 이른다"고 지적했다. 지연배달로 인한 할인 관행이 매출에 미치는 영향은 실로 어마어마하게 큰 것이었으며, 더욱 충격적인 사실은 3번째 할인혜택을 받은 고객은 거의 신문구독을 갱신하지 않고 영원히 떠나버린다는 것이었다. 이러한 발견을 바탕으로 고객서비스관리팀은 배달과정을 조사하여 배달이 지연되는 이유는 보급소의 관리소장이 배달차당 운전자에게 오전 7시 30분 이전에는 도저히 배달을 완료할 수 없을 정도로 많은 수의 신문을 배정하기 때문이라는 것을 알아냈다. 또한 관리소장이 운전자에게 과도하게 신문을 배정하는 것은 자신에 대한 보상체계가 정시배달이 아니라 배달차량 1대당 배달 신문 숫자에 치우쳐 있기 때문이라는 점도 알아냈다. 이 신문사는 관리소장에 대한 보상체계를 배달숫자에서 정시배달로 바꾸는 것만으로 지연배달의 문제를 해결할 수 있었으며, 그 결과 연간 수백만 달러를 절약할 수 있었다.

출처 : Hawkins, Trace (2010), "Retain customer and win : How a comprehensive churn management approach improves margins," North Highland White Paper.

1.4 해지방어 전담팀의 운영

신문, 잡지, 학습지, 유무선통신, 케이블TV, 보험, 카드, 랜트정수기 등 일정기간 동안의 계약을 바탕으로 거래가 이루어지는 업종에서는 고객의 명시적인 의사표시에 의해 계약의 해지가 이루어질 수 있고, 계약이 해지되면 고객의 이탈이 발생한 것이 된다. 이러한 업종에서는 고객이 계약해지를 위해 연락을 해 오는 순간이 기업으로서는 이탈을 방지할 수 있는 마지막 순간이라고 할 수 있다. 해지를 효과적으로 방어할 수 있는 방법은 해지를 위한 채널을 최대한 단일화하고, 여기에 전담 상담요원을 배치하여 충분한 상담이 이루어지도록 하는 것이다. 고객들이 해지를 하겠다고 하는 이유는 매우 다양하지만, 어쩔 수 없는 이유(이사, 이민, 사망, 졸업 등)가 아니라면 대부분은 불쾌한 경험을 하였다거나 제품이나 서비스에 대해 만족하지 못하였기 때문이다. 따라서 고객의 마음을 돌려 거래를 지속하도록 만드는 것은 매우 힘든 일이다.

상담원은 우선 경청을 통해 해지의 이유를 정확하게 파악할 수 있어야 하고, 미봉책이 아닌 고객이 가지고 있는 불만이나 문제를 근원적으로 해결시켜 줄 수 있는 방안을 제시할 수 있어야 한다. 즉, 상담원은 어떻게 해서든 해지만은 막으려는 생각을 갖기보다는 영업사원의 입장에서 새롭게 제품이나 서비스를 판매한다는 생각을 가지고 상담에 임하는 것이 바람직하다. 이러한 방식으로 상담에 임해야 비록 해지방지에는 실패하더라도 고객에게 더 나쁜 감정을 갖지 않게 할 수 있고, 또한 고객이 해지하려는 이유를 정확하게 파악하여 향후에는 같은 일이 반복되지 않도록 조치를 취할 수 있다. 일부 기업들은 해지절차를 복잡하고 불편하며 고객에게 매우 불리하게 해 놓음으로써 해지가 원천적으로 쉽지 않게 해 놓기도 하지만, 이러한 것은 일시적으로는 효과를 볼 수 있지만 고객의 불만을 가중시킬 수 있으며, 공정거래 위반으로 주무 관청의 제재를 받을 수도 있다. 이러한 점에 유념하여 기업들은 해지절차를 간소화하고 편리하게 하면서도 적극적으로 해지를 방어할 수 있는 정교한 전략을 마련해야 한다.

1.5 맞춤서비스의 제공

"고객의 개별적인 니즈에 부합하는 개별화된 제품이나 서비스를 제공하는 것"을 의미하는 '맞춤(커스터마이제이션)'은 고객의 니즈를 충족시킴으로써 고객유지율을 제고시킬 수 있는 매우 유용한 수단이다. 서비스 분야에서는 생산과 소비가 동시에 이루어지는 특성이 있기 때문에 제조업에 비해 맞춤이 보다 더 활발히 이루어지고 있으며, 특히 보험, 펀드 등의 금융부문에서 두드러지게 나타나고 있다. 제조업 분야에서도 공급업체가 제품설계의 단계부터 참여하거나 부분적인 맞춤제작이나 대량생산된 부품의 맞춤조립 등을 통해 고객이 원하는 상품을

롤스로이스의 맞춤설계

글 4-4

'비스포크(bespoke)'는 맞춤생산을 뜻한다. 롤스로이스는 이 의미에 충실하게 고객이 요구한 것을 그대로 제작한다. 차를 타는 고객 아이디어를 모두 반영하겠다는 롤스로이스의 의지는 상상을 뛰어넘는다. 개빈 하틀리 비스포크 시니어 디자이너는 "7년 전 혼자 이 파트를 맡았지만 지금은 디자이너 6명과 함께 일한다"고 말했다. 예를 들어 고객이 스테인리스를 활용해 내부 디자인을 꾸며 달라고 요구하면 그렇게 해준다. 야외활동이 많은 고객이 피크닉 세트를 차 트렁크에 넣어 달라고 하면 최고의 피크닉 도구와 제품을 아웃소싱해 차에 아주 정교하게 맞춤형으로 넣는다. 와인셀러를 원하는 사람이 있다면 그런 패키지를 제공한다. 롤스로이스는 최고의 가죽가공 기술을 보유하고 있지만 고객이 원할 경우 과감히 이를 포기하고 다른 브랜드의 것을 쓰기도 한다. 파리의 한 호텔에서 프랑스 브랜드인 에르메스의 가죽을 써 달라고 요청한 것을 받아들이기도 했다. 중동의 한 고객은 황금빛에 가까운 옐로골드 컬러의 차 외관에 같은 색상의 가죽시트를 주문했는데 당황했던 처음과 달리 실제 모델이 나왔을 때는 훌륭하게 느껴졌다는 것이 그의 고백이다.

출처 : 매일경제, "안전만 빼고 고객요구 100% 들어줍니다" : 게빈 하틀리 비스포크 디자이너, 2012년 11월 22일

제공하기 위해 노력하고 있다([글 4-4] 참조).

그런데 핵심이 되는 제품이나 서비스에 대한 맞춤은 물론, 그에 수반되는 부수적인 서비스(auxiliary service)를 맞춤화하는 정도로도 고객유지율을 획기적으로 제고시킬 수 있다. 부수적인 서비스의 맞춤화가 부각되는 것은 핵심적인 제품이나 서비스의 차별화가 힘들어지면서 상대적으로 부수적인 서비스의 중요성이 커졌기 때문이다. [글 4-5]는 제조업에서의 부수적인 서비스의 맞춤화를 통해 고객유지율이 제고되었음을 보여주는 사례를 기술하고 있다.

일본 자동차 딜러의 맞춤서비스 사례 : 평생 친구가 되어 드립니다

글 4-5

일본의 자동차 딜러는 도요타와 같은 제조기업으로부터 판매권을 받아 자동차를 판매한다. 일본의 자동차 딜러는 여러 가지 특징을 지니고 있다. 첫째, 일본의 딜러는 넓은 지역을 담당하기 때문에 다수의 점포를 가지고 있다. 평균적으로 일본의 자동차 딜러는 4.2개의 점포를 가지고 있다. 도요타의 경우에는 현(우리나라의 도에 해당)당 딜러를 하나만 두는 정책을 취하고 있으며, 각 딜러는 평균적으로 14개의 점포를 보유하고 있다. 둘째, 자동차 제조기업이 딜러에 자본 참여를 하는 경우가 많다. 전체 딜러 중 47%에 제조기업의 자본이 들어가 있고, 제조업체의 자본 소유 비율이 100%인 딜러도 15%나 된다. 셋째, 제조업체와 딜러 간의 상호 의존도가 높다. 일본의 제조기업은 자본참여, 인재파견뿐만 아니라 다양한 형태로 딜러를 지원한다. 점포개설비 지원, 판매원의 교육훈련, 지역광고 지원, 회사경영 지도 등이 그

예이다.

일본에서는 자동차 제조기업과 판매를 담당하는 딜러 간의 관계뿐만 아니라 딜러와 고객 간의 관계도 대단히 안정적이다. 딜러가 고객에게 종합적인 풀 서비스를 제공하기 때문이다. 즉, 차량 구입부터 처분에 이르기까지 모든 단계에 딜러가 관여하기 때문에 고정고객이 많을 뿐만 아니라 신규고객도 쉽게 개척할 수 있다. 구입 단계에서부터 살펴보면 일본의 자동차 영업사원은 고객의 가정에 직접 방문하여 판매하는 비율이 높다. 이는 일본의 부동산 임대료가 비싸서 전시장을 충분히 확보할 수 없기 때문에 생겨난 관행이다. 영업사원은 카탈로그를 가지고 가정을 방문하여 고객의 수입이나 가족구성, 생활양식 등을 파악한 후에 고객에게 적합한 차량을 제시한다. 또한 딜러는 차량등록이나 할부판매, 보험, 중고차처분 등 차량구입과 관련하여 풀 서비스를 제공한다. 특히 중요한 것은 중고차처분인데, 일본에서는 신차 딜러가 중고차를 사들이고, 더구나 일반 중고차 전문업자보다 높은 가격을 제시한다. 일본의 자동차 딜러가 제공하는 또 하나의 풀 서비스는 차량정비 및 수리서비스이다. 일본의 자동차 딜러는 미국에 비해 규모가 크기 때문에 정비서비스를 제공할 수 있는 공간 및 설비 시설을 함께 보유하고 있다. 딜러는 오일교환 등의 정비는 물론이고, 법규상 신차구입 후 3년 이내 혹은 이 이후로 2년마다 정기적으로 받게 되어 있는 차량검사를 대신해주기도 한다. 각 고객의 담당 판매원은 정기적으로 고객에게 연락을 취해 차량정비 시기를 알려준다. 또한 차량검사 시기가 되면 직접 가정으로 방문하여 차량을 가져가고 차량검사가 끝난 후에 다시 가정에 차량을 인도해주는 등의 서비스를 제공한다. 고객이 직접 차를 가지고 방문하는 경우에는 짧은 시간 내에 차량을 정비해줄 뿐만 아니라 정비하는 과정을 직접 확인할 수 있게 해준다. 또한 고객이 사고를 냈을 때, 연락만 하면 보험 담당 판매원이 처리부터 차량수리서비스까지 모든 것을 해결해준다.

이처럼 일본의 자동차 딜러들은 자동차와 관련하여 골치 아픈 일들을 모두 해결해준다. 이 때문에 고객들의 딜러 만족도가 높고 자동차 기업에 대한 브랜드 로열티도 매우 높다. 실제 도요타의 경우 동일한 딜러에게서 새 차를 구입하는 비율이 40%나 되며, 다시 도요타를 구입하는 비율도 60%나 된다.

출처 : 김현철 (2009), CEO, 영업에 길을 묻다, 한국경제신문, 20–23.

1.6 인간적 유대의 강화

고객유지를 위해서는 로열티프로그램, 이탈방지 캠페인의 전개, 맞춤서비스의 제공 등 고객에게 혜택을 부여할 수 있는 프로그램을 운영하는 것도 중요하지만, 그에 뒤지지 않게 중요한 것으로 고객과의 인간적인 유대를 강화하는 것이다. 인간적인 유대감을 강화하기 위해서는 고객과의 접촉 과정에서 고객에게 당신이 우리 회사를 지탱하게 해주는 매우 중요한 인물이라는 메시지와 당신이 원하는 것에 부응할 수 있도록 최선의 노력을 기울이겠다는 메시지를 전달하는 것이 무엇보다 중요하다. 호텔 등에서 실시하고 있는 고객인지프로그램은 고객과의 인간적인 유대감을 강화시키기 위한 의식적인 노력을 이라고 할 수 있다([글 4–6] 참조). B2C 부문에서는 물론 B2B의 경우에도 결국 비즈니스에 대한 의사결정을 하는 것은 사람이기 때문에 고객들과의 인간적인 측면에서의 유대 강화는 비즈니스의 성과에 큰 영향을 미칠 수

리츠칼튼 호텔의 고객인지프로그램

글 4-6

1898년 프랑스 파리에서 설립되어 현재는 미국 조지아주 아틀랜타에 본사를 두고 있는 리츠칼튼 호텔은 전 세계에 약 40개의 체인을 가지고 있다. 이 호텔은 상위 5%의 고객을 목표시장으로 하여 최상의 개별화서비스를 제공하고 있는 것으로 유명하며, 호텔로서는 유일하게 미국 상공부가 수여하는 최고 권위의 Malcolm Baldrige National Quality Award를 2차례(1992년 및 1999년)에 걸쳐 수상하였다.

이 호텔의 주요 전략 중의 하나는 고객유지율을 100%를 달성하는 것이며, 이를 실현하는 가장 주된 수단으로 '고객인지프로그램(customer recognition program)'을 운영하고 있다. 이 프로그램은 두 개의 정보시스템(COVIA과 Encore)에 기반하고 있다. COVIA는 본사에서 관리하는 전 세계의 예약시스템이며, Encore는 각 개별 호텔에서 예약을 기록하고 고객들의 선호를 관리하는 지역시스템이다. 고객이 어느 지역의 호텔에 예약을 하면 호텔의 고객인지관리자(guest recognition manager)는 COVIA로 고객선호 파일을 요청하여 Encore시스템에 다운로드할 수 있다. 이때 개별호텔은 일정액의 수수료를 본사에 지불한다. 고객인지관리자는 매일 아침의 회의를 통해 예약고객에 대한 정보를 층별책임자, 객실관리자, 식음료부관리자 등의 관계자들에게 제공한다. 이러한 시스템을 통해 고객에 대한 정보를 전달받은 모든 직원은 고객의 선호에 부합하는 서비스를 능동적으로 제공하기 위해 노력한다. 예를 들어 객실유형, 침대유형, 베개의 유형 및 숫자, 음료수나 크리넥스와 같은 소모품, 장식품 등은 물론 음식에 대한 취향, 모닝콜 시간, 운동종목과 시간, 회의장 유형 및 장비 등에 대해 고객이 일일이 요청하지 않아도 확보된 정보에 의해 준비하여 제공한다. 종업원은 관찰이나 대화를 통해 새로이 파악된 고객의 선호에 대한 정보를 항상 소지하고 다니는 고객선호수첩(guest preference pads)에 기록한다. 여기에는 베개를 어떻게 사용하는지, 시계는 어디에 두는지 등과 같은 매우 사소한 것까지도 기록하고, 이를 층별 책임자에게 제출한다. 층별 책임자는 이를 취합하여 다시 고객인지관리자에게 제출하며, 고객인지관리자는 Encore에 입력하는데 이 정보는 COVIA에도 전송되어 전 세계의 체인에서 공유할 수 있게 된다. 이러한 고객인지프로그램을 통해 고객들의 만족도를 제고시키고, 높아진 고객만족도가 높은 고객유지율로 이어질 수 있도록 도모하고 있다.

참고 : 오준석 (2010), "The Ritz-Carlton Case : "We are Ladies and Gentlemen Serving Ladies and Gentlemen"," 專門經營人硏究, 13 (1), 1-19.
나눔자리, 리츠칼튼호텔의 고객지향전략, 2008년 4월 21일,
http://blog.naver.com/su12192000/80050994806

있다([글 4-7] 참조).

B2B 부문에서의 인간적 유대 강화를 통한 고객유지 전략 사례

글 4-7

회사가 한 사람의 고객을 안다는 것은 단순히 종이 위에 적혀 있는 자료를 연구하는 일이 아니며, 실제적인 친교가 추구되어야 한다. 브리티시 콜롬비아의 써레이(Surrey)시에 있는 클로버데일 페인트(Cloverdale Paint Inc.)의 윙크 포겔 사장은 이러한 인간적 접촉의 가치를 잘 알고 있다. 그는 매년 최고의 고객들과 낚시 여행을 함께 한다. 그들은 소풍나온 기분으로 다음 날 이른 아침까지 밤새도록 대화한다. 그런 것을 통하여 사장은 사업에 도움이 될 인간적 만남들을 강화하거나 새롭게 만들었다. 포겔은 또한 고객의 문제를 처리할 때도 그런 인간적 관심을 기울이는데 소홀히 하지 않는다. 그의 방법은 성과를 나타내서, 그의 회사는 브리티시 콜롬비아주 및 알베르타주 시장의 10% 이상을 획득하게 되었고, 판매고는 매년 평균 15%씩 상승하고 있다.

출처 : 윌리엄 밴드 (1994), 고객을 위한 가치창조, 번역서, 21세기북스, 193.

2. 기존고객의 활성화

신규고객의 확보가 타인과의 관계를 지인(知人)의 관계로 이끄는 활동이고, 기존고객의 유지가 지인의 관계를 친구의 관계로 이끄는 활동이라고 하면, 기존고객의 활성화는 친구의 관계를 더 심화시켜 동반자(partner)의 관계로 이끄는 활동이라고 할 수 있다. 동반자 관계의 형성을 위해서는 고객과의 관계가 양적으로 확대되어야 함은 물론 질적으로도 심화되어야 한다. 고객관계의 양적 확대는 고객과의 연결고리의 숫자를 확대해 나가는 것을 의미하며, 고객관계의 질적 심화는 하나하나의 연결고리가 보다 더 심도 있게 이루어질 수 있도록 도모하는 것을 의미한다. 기존고객의 활성화를 위한 활동에는 교차판매, 상향판매, 고객참여 유도, 고객의 소개활동 활성화 등이 포함된다.

2.1 교차판매

교차판매(cross-selling)는 이미 판매한 제품이나 서비스와 관련이 있는 제품이나 서비스를 판매하는 것을 의미한다. 온라인 소매유통기업인 미국의 아마존(Amazon)은 창업 이후 한동안은 책만 취급하였지만, 수익다각화를 위해 책 이외에 CD, DVD 등을 팔기 시작하였고, 이제는 종합 온라인쇼핑몰의 면모를 갖추고 있다. 교차판매는 추가적인 상품의 판매를 통해 고객과의 관계를 양적으로 확대시켜주는 역할을 한다. 교차판매는 두 가지 측면에서 중요한 의미를 지닌다.

- 첫째, 신규고객의 확보에 비해 판매에 소요되는 비용이 훨씬 적을 뿐만 아니라, 이미 형성된 관계를 바탕으로 하기 때문에 판매가보다 수월하다는 점이다. 즉, 판매가보다 용이하게 이루어질 수 있을 뿐만 아니라 비용이 적게 들어서 수익률이 높다.
- 둘째, 고객관계의 연결고리가 늘어날수록 고객의 이탈확률이 급격하게 감소한다는 점이다. 예를 들어 미국 대리점 보험협회는 10년에 걸쳐 실시한 연구를 통해 가입한 보험상품의 수가 1개에서 2개로 증가할 때 유지율은 40%가 증가하고, 2개에서 3개로 증가할 때에는 무려 90%가 증가함을 보고하고 있다. 미국에서 실시된 또 다른 조사에서도 1개의 보험상품에 가입한 고객의 연간 실효율(失效率)은 10.4%의 높은 수준인 데 반하여, 가입상품의 수가 2개, 3개, 4개로 증가함에 따라 실효율이 6.9%, 3.3%, 2.4%로 대폭 낮아지는 것으로 나타났다. 실효율 감소가 가져다주는 많은 이익을 감안하면 교차판매는 단순한 판매증진 이상의 큰 이점을 지니고 있음을 알 수 있다. 교차판매에는 이러한 이점들이 있기 때문에 많은 기업들이 교차판매의 활성화를 위해 노력하고 있다([글 4-8] 참조).

교차판매는 주로 캠페인과 같이 기업이 주도가 되는 커뮤니케이션 활동을 통해서 이루어지는 것이 일반적이지만, 볼일을 보기 위해 영업점에 내방한 고객이나, 문의나 불만표출 등을 위해 고객센터에 전화를 걸어온 고객을 대상으로 이루어지기도 한다. 전자의 경우를 아웃바운드 교차판매(outbound cross-selling)라 하고, 후자를 인바운드 교차판매(inbound corss-selling)라 한다. 인바운드 교차판매는 아웃바운드 교차판매에 비해 계획적으로 이루어지기가

케이블 방송사의 번들판매 사례

글 4-8

콕스커뮤니케이션즈(Cox Communications)는 2003년을 기준으로 미국 전역에 600만 명의 고객을 가지고 있는 미국 내에서 업계 5위 정도의 케이블 방송사이다. 콕스커뮤니케이션즈의 서비스 영역은 매우 넓어서 가정용 케이블방송 서비스를 기본으로 전화, 인터넷, 디지털비디오, 음성데이터 통합서비스 등을 제공하고 있다. 그런데 콕스커뮤니케이션즈는 기존고객의 자료를 분석하여 두 개 이상의 서비스를 이용하고 있는 고객들의 이탈률이 하나의 서비스만을 이용하고 있는 고객들의 이탈률보다 낮다는 사실을 발견했다([그림 4-3] 참조). 즉, 하나의 서비스를 이용할 때에 비해 2개의 서비스를 이용하면 이탈률이 3분의 2 수준으로 떨어졌고, 3개의 서비스를 이용하면 절반 이하의 수준으로 떨어졌다. 복합 서비스가 고객들을 묶어 놓고 있었던 것이다. 이에 콕스커뮤니케이션즈는 자사의 서비스를 두 개 이상 상품으로 구성된 번들(bundle)로 판매하는 데 역점을 두었고, 그 결과 [그림 4-4]에서와 같은 판매성과를 거둘 수 있었다.

그림 4-3 | 콕스커뮤니케이션즈의 보유제품과 월평균 이탈률과의 관계

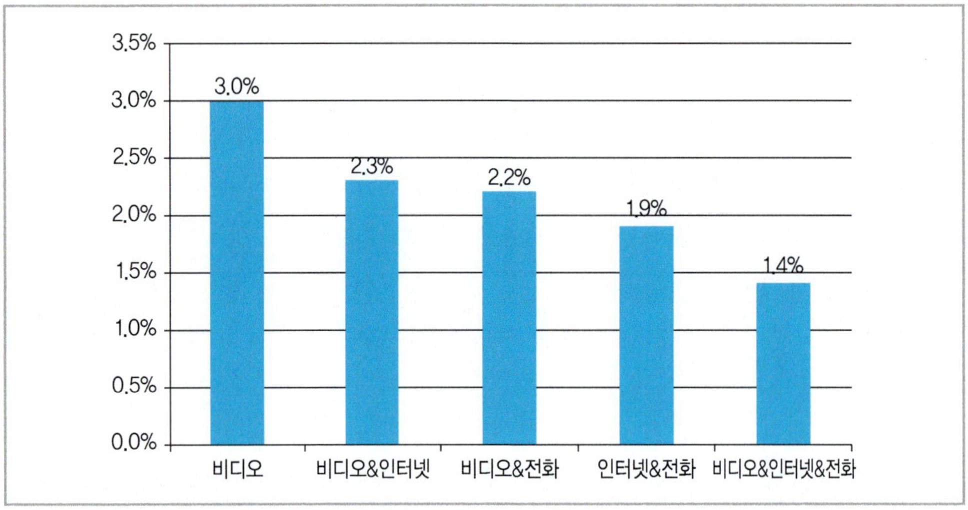

그림 4-4 | 콕스커뮤니케이션즈의 번들판매의 성과

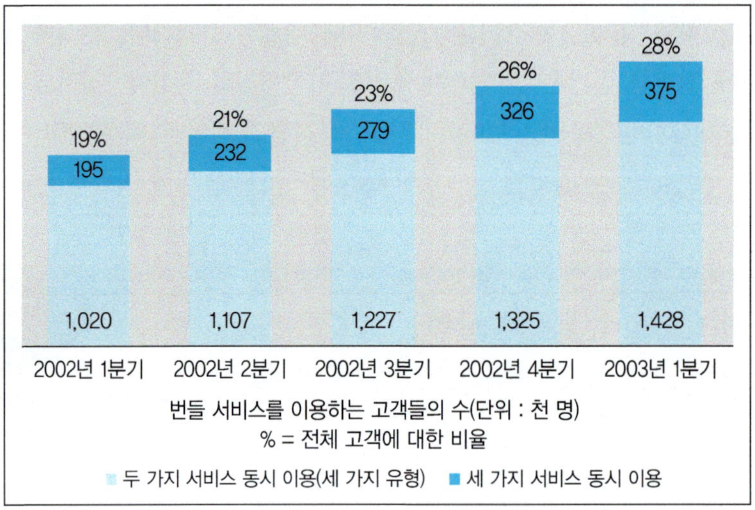

출처 : 서닐 굽타, 도날드 레흐만(2006), 당신의 고객을 업그레이드 하라, 번역서, 럭스미디어, 86-88.

인바운드 교차판매 사례

글 4-9

미국의 카드사인 캐피털 원(Capital One)은 기업이 고객을 대상으로 전화를 거는 전통적 텔레마케팅 기법에 비해 고객이 전화를 하는 인바운드 콜의 경우에 그 구매율이 훨씬 높다는 사실을 발견하였다. 따라서 고객이 불만을 표현하거나 또는 부가 정보를 목적으로 전화를 걸어왔을 때, 일단 문제를 바람직하게 처리한 후에 통화시간을 상품판매의 기회로 이용하였다. 데이터웨어하우스에 담긴 정보로 무장한 콜센터 직원은 고객들에게 자동차보험에서부터 신용대출, 담보대출, 장거리 전화서비스에 이르기까지 폭넓은 제품의 구매기회를 제공할 수 있었다. 1998년 캐피털 원의 신규고객 중 신용카드에 가입한 후 1년 이내에 금융상품을 추가구매한 비율은 50%에 불과했다. 하지만 지금은 비용이 거의 들지 않는 고객서비스 마케팅을 통해 연간 100만 건 이상, 금액으로는 수백만 달러 이상의 추가판매 효과를 거두고 있다.

출처 : 스탠리 브라운(2001), "신용카드사의 CRM 전략 : 신용카드사 캐피털 원의 대량 맞춤형 서비스 성공 비결," in 프라이스워터하우스쿠퍼스, 세계 최고 기업들의 CRM 전략, 번역서, 북21, 75–84.

힘들고, 그 규모도 상대적으로 적을 수밖에 없지만, 비용이나 성공률 등의 측면에서는 매우 우수한 것으로 알려져 있다([글 4–9] 참조).

교차판매는 자사의 제품만을 대상으로 이루어질 수 있지만, 동일한 고객을 대상으로 하는 서로 연관된 업종 간에도 이루어질 수 있다. 예를 들어 자동차나 주택을 구매하는 고객들은 대출서비스에 대한 니즈를 가지고 있기 때문에 할부금융 등과 같은 금융서비스와의 연계가 가능하다. 이러한 이업종 간의 교차판매는 토탈서비스(total service), 원스톱쇼핑(one-stop shopping) 등을 추구하는 기업에 의해 많이 이루어진다([글 4–10] 참조).

이업종 간 교차판매 사례

글 4-10

1964년에 설립된 일본의 오릭스그룹은 일본에서 가장 큰 비은행금융기구이다. 오릭스그룹은 일본 1위의 자동차 리스회사인 오릭스 오토리스의 고객정보분석을 바탕으로 이(異)업종 간 교차판매서비스를 제공하여 고부가가치를 창출하고 있다. 즉, 오릭스 오토리스 고객 중 중견 · 중소 기업인들이 세무, 금융에 관해 어려움을 느낀다는 사실을 파악하고 이들에게 맞는 오릭스그룹의 생명보험, 증권, 할부, 융자, 부동산 등의 금융상품을 제공하고 있다. 2002년에는 이러한 교차판매로 일본의 포터상(賞)을 수상하였다.

출처 : 일본경제신문, "복합화로 고수익 올리는 오릭스," 2004년 10월 6일, 신형원, 이승현, 홍선영 (2008), "한국기업의 CRM 성공전략," 삼성경제연구소 CEO Information, 647호, 재인용

2.2 상향판매

상향판매(up-selling)는 이미 판매한 제품이나 서비스에 비해 가격이나 품질 등의 측면에서 높은 수준에 있는 제품이나 서비스를 판매하는 것을 의미한다. 3만원 대의 와인을 구매한 고객을 대상으로 5만원~10만원 대 와인을 판매하는 것이나, 건강보험 상품을 가지고 있는 고객을 대상으로 종신보험 상품을 판매하는 것 등이 이러한 예에 속한다. 교차판매가 고객관계의 양을 확대하는 것이라면 상향판매는 고객관계의 질을 심화시키는 활동이라고 할 수 있다. 이는 제품이나 서비스의 가격이 높아질수록 고객은 그 제품이나 서비스를 보다 중요하게 생각하게 되고, 이에 따라 그 제품을 공급한 회사나 영업사원과의 관계를 보다 중시하는 경향이 있기 때문이다.

상향판매를 위한 효과적인 방법은 고객으로 하여금 보다 상위 단계의 제품이나 서비스를 경험해보도록 하는 것이다. 특히 대규모 시설을 기반으로 하는 서비스업의 경우에 팔리지 않은 서비스를 활용하여 이러한 업그레이드된 경험을 원활하게 제공할 수 있다. 예를 들어 항공사에서 이코노미 단골고객으로 하여금 업그레이드 서비스를 통해 비즈니스석을 경험해보도록 하는 것이나, 호텔에서 단골고객에게 스위트룸과 같은 고급룸을 체험해보도록 하는 것이 이러한 예에 속한다. 화장품, 와인 등의 제조업의 경우에도 가능성이 있는 고객들을 대상으로 보다 고급상품을 경험할 수 있는 기회를 제공할 수 있다. 일단 업그레이드된 제품이나 서비스를 경험한 고객은 평소에 사용하던 제품이나 서비스에 만족하기 어렵기 때문에 그렇지 않은 고객에 비해 훨씬 더 용이하게 상향판매 캠페인에 반응할 수 있다.

2.3 고객참여의 유도

기업은 고객을 단순히 자사의 제품이나 서비스를 구매하는 구매자로 보는 것이 아니라, 고객을 기업활동 전반에 걸쳐 참여시킴으로써 고객관계의 활성화를 도모할 수 있다. 즉, 고객으로 하여금 제품이나 서비스의 설계 단계에서 시작하여 생산된 제품이 배송되어 사용되기까지의 모든 과정에서의 의사결정에 참여하게 함으로써 고객관계의 질을 향상시킬 수 있다. 기존 고객의 유지에서 언급한 제품이나 서비스의 설계과정에서 뿐만 아니라, 주문 및 결제방식, 배송방법 및 절차, 사후서비스의 내용 및 시기, 교육훈련서비스의 내용 및 시기 등 다양한 부문에서 고객의 의견이 반영되도록 함으로써 고객과의 관계를 심화시켜 나갈 수 있다.

2.4 고객의 소개활동 활성화

많은 업종에서 기존고객의 소개는 신규고객을 확보하기 위한 가장 강력한 수단이 되고 있다. 기존고객은 자신과 유사한 특성을 가지고 있는 주변의 지인들을 소개해주는 경향이 있기 때문에 특히 우수고객이 소개한 신규고객은 향후 우수고객이 될 가능성이 크다. 기존고객의 소개활동은 이렇게 우수한 신규고객을 확보하기 위한 훌륭한 수단이기도 하지만, 소개를 한 고객과의 관계 증진을 위해서도 바람직하다. 이는 지인을 소개한 고객은 지인이 원하는 제품이나 서비스를 구매하였는지, 영업사원으로부터 제대로 서비스를 잘 받고 있는지 등에 대해 관심을 갖게 되기 때문이다. 영업사원은 이러한 점을 활용하여 기존고객과의 관계를 더욱 강화시켜 나갈 수 있다.

2.5 고객 커뮤니티의 활성화

고객들 간의 관계를 향상시키기 위한 목적으로 고객 커뮤니티를 활성화시키는 것도 고객관계의 질을 향상시키기 위한 좋은 방안이 될 수 있다. 전 세계적으로 64만여 명이 가입한 것으로 추산되고 있는 할리 데이비슨(Harley-Davidson)의 운전자 동호회인 HOG(Harley Owner Group)가 가장 빈번하게 인용되고 있는 사례이다. 그 밖에도 은행이 미래고객의 육성을 위해 자산가 고객들의 2세들을 위한 모임을 활성화시킨다거나, 영업사원이 골프, 여행 등의 취미를 중심으로 하는 동호회를 결성하는 것도 고객 커뮤니티 활용의 사례로 볼 수 있다([글 4-11] 참조). 고객 커뮤니티의 형성은 인터넷상에서도 활발하게 이루어지고 있다. 기업은 고객들이 자발적으로 형성한 온라인 고객 커뮤니티를 후원하거나, 혹은 직접 온라인 고객 커뮤니티를 개설함으로써 고객들 간의 커뮤니케이션을 활성화시키고, 이를 통해 자사에 대한 로열티의 증진을 도모해 갈 수 있다.

영업사원의 동호회 결성 사례

글 4-11

지방의 한 보험 영업인은 자신의 고객 중 요트에 취미가 있는 사람들과 요트동호회를 결성하여 매월 또는 2개월에 한 번씩 요트도 타고, 낚시도 한다. 이 동호회에는 이 보험 영업인의 고객이 아닌 사람들도 회원으로 가입하게 되었고, 이들도 자연스럽게 자신의 고객이 되었다. 이처럼 취미가 같은 고객들과 동호회를 결성하여 적극적으로 활동하면 기존고객을 충성고객으로 만들 수 있고, 더 나아가 신규고객을 확보할 수 있는 기회도 자연스럽게 만들어진다.

출처 : 이성동 (2005), 영업달인은 절대 세일즈하지 않는다, 호이테북스, 307.

제3절 신규고객확보 활동과 기존고객관리 활동의 배분

영업사원은 자신의 영업활동 시간을 신규고객의 획득을 위한 활동과 기존고객의 관리를 위한 활동에 어떻게 분배하여야 하는가를 결정해야 하는데, 이러한 결정은 다음과 같이 다양한 요인들에 의해 영향을 받는다.

■ 회사의 고객관계전략

회사의 고객관계전략은 크게 거래중심적인 전략과 장기적 관계구축전략으로 나누어질 수 있다. 거래중심적인 전략이 단기적인 판매위주의 전략이라고 하면, 장기적 관계구축전략은 고객과의 밀접한 관계를 바탕으로 고객의 문제해결이나 새로운 가치의 제시와 같은 보다 고도화된 서비스를 제공하고자 하는 전략이라고 할 수 있다. 거래중심적인 전략을 취하면 상대적으로 신규고객의 확보에 치중하게 되고, 장기적 관계구축전략을 취하면 상대적으로 기존고객의 관리에 치중하게 된다. B2C와 B2B를 비교하면, B2C의 고객의 숫자가 B2B의 고객의 숫자에 비해 훨씬 많고, 따라서 B2C에 비해 B2B부문에서는 기존고객의 관리의 비중이 더 크다. 일반적으로 잠재고객의 숫자가 적을수록 기존고객관리의 중요성이 더 커진다. 예를 들어 우리나라 대부분의 대형 생활용품 및 식품제조업체의 매출의 70~80%가 몇몇 대형 할인점 및 기업형 슈퍼마켓을 통해서 이루어지기 때문에 이들 제조업체들은 거의 예외 없이 별도의 부서를 두고 이들 고객들을 집중적으로 관리하고 있다.

■ 기존고객의 매출비중

신규고객의 획득을 위한 활동과 기존고객의 관리를 위한 활동의 비중을 결정하는 데 있어서 고려해야 할 가장 중요한 요인은 기존고객의 매출이 전체 매출에서 차지하는 비중이라고 할 수 있다. 기존고객의 매출비중이 클수록 신규고객의 창출보다는 기존고객의 유지 및 활성화에 더 많은 시간을 할애하는 것이 바람직하다. 따라서 기존고객을 많이 보유하고 있는 베테랑 영업사원은 경력이 짧은 영업사원에 비해 자연히 기존고객의 관리에 더 많은 영업활동 시간을 할애한다. 회사 전체의 입장에서도 기존고객에 대한 의존도가 높을수록 기존고객의 유지에 보다 많은 노력을 기울인다. 자동차 부품을 납품하는 협력업체들의 경우에는 대상이 되는 고객의 숫자가 한두 개에 불과하기 때문에 신규고객 확보의 개념은 거의 존재하지 않고 거의 모든 영업활동이 기존고객을 관리하기 위한 활동이 된다. 신규업체와 기존업체를 비교하면, 신규업체의 경우에는 기존고객이 거의 없기 때문에 당연히 신규고객의 획득을 위한 활동의 비중이 크고, 기존업체는 상대적으로 기존고객의 유지 및 활성화를 위한 활동의 비중이 크다.

▪ 기존고객의 소개활동

기존고객이 직접 구매를 하지 않더라도 주변의 지인들을 많이 소개시켜 주는 경우에는 여전히 기존고객의 관리는 중요하다. 즉, 기존고객이 양질의 잠재고객을 확보하는 데 큰 기여를 하는 경우에는 기존고객으로부터의 매출이 많지 않더라도 기존고객과의 관계를 돈독하게 하기 위한 활동을 적극적으로 전개할 필요가 있다. 대부분의 스타급 영업사원들이 기존고객의 관리에 힘쓰는 것도 기존고객들이 양질의 잠재고객을 풍부하게 제공하여 주기 때문이다.

▪ 구매주기

제품이나 서비스의 구매주기가 매우 긴 경우에는 기존고객의 매출에만 의존하기가 어렵기 때문에 신규고객의 창출이 중요해진다. 예를 들어 자동차나 냉장고 등과 같이 구매주기가 매우 긴 상품의 경우에는 생활용품과 같이 구매주기가 짧은 상품에 비해 신규고객 창출의 중요성이 더 커진다.

▪ 제품의 제품수명주기상의 단계

제품의 수명주기상에서 도입기에 있는 신규 제품인 경우는 기존고객이 없기 때문에 신규고객을 찾는 활동에 주력해야 한다. 반면에 성숙기나 쇠퇴기에 있는 경우에는 신규고객의 확보보다는 기존고객의 유지가 훨씬 더 중요하다. 그렇지만 신제품이더라도 기존제품과 연관성이 많은 경우에는 그렇지 않을 수 있다. 예를 들어 다양한 생활용품을 취급하는 방문판매회사와 같은 경우에 신제품이 빈번하게 출시되더라도 신제품의 판매를 위해 새로운 고객을 찾는 것보다 기존고객을 대상으로 하는 교차판매가 훨씬 수월하다. 제약회사와 같은 경우에도 새로운 전문 의약품을 출시하였다고 하더라도 기존의 병원이나 의원이 여전히 주요한 고객이기 때문에 이로 인해 새로운 고객을 더 열심히 찾아야 할 필요성이 발생하지는 않는다.

▪ 판매후 서비스의 필요성

판매후 서비스의 필요성이 많은 경우일수록 기존고객의 관리에 할애하는 시간이 많아지게 된다. 일반적으로 일반 소비재보다는 내구 소비재가 판매후 서비스가 더 필요하고, 소비재보다는 산업재의 판매후 서비스가 더 많이 요구된다. 판매후 서비스는 그 자체가 매출증진에 크게 기여하는 것은 아니지만, 부실해질 경우에는 고객의 불만을 초래하여 거래관계가 단절될 우려가 있으며, 반면에 충실하게 이루어질 경우에는 교차판매, 상승판매, 고객소개 등으로 이어지면서 매출 및 수익성 향상에 크게 기여할 수 있다.

■ **신규고객의 잠재력**

신규고객 창출이 무리하게 이루어져서 한계고객(限界顧客 : 구매력, 충성도 등에서의 잠재력이 부족한 고객)들의 비중이 높아지면 향후의 고객유지율, 고객1인당 구매량 등이 낮아지는 부작용이 발생한다. 따라서 신규고객의 잠재력이 낮아지는 현상이 발생하고 있는 경우에는 기존고객의 유지 및 활성화 활동을 강화해 나갈 필요가 있다.

제4절 기존고객의 선별

기존고객을 대상으로 영업활동을 전개하기 위해서는 기존고객 중 어떠한 고객을 대상으로 어느 정도의 영업활동을 전개할 것인가에 대한 의사결정이 필요하다. 즉, 영업활동을 전개하기 위해서는 시간과 비용 등 영업사원이 가지고 있는 소중한 자원을 사용해야 하기 때문에 이러한 자원을 기존고객들에게 어떻게 배분할 것인가에 대한 결정이 필요하다. 여기에서는 이러한 의사결정에 사용될 수 있는 모델에 대해 기술한다.

1. 단일요소기준 배분모델

단일요소기준 배분모델은 하나의 요소를 기준으로 영업사원의 자원을 배분하는 것을 의미한다. 배분의 기준으로는 매출기여도와 매출잠재력이 가장 보편적으로 사용된다.

- **매출기여도기준 배분모델** : 매출기여도기준 배분모델은 고객의 구매액을 기준으로 방문횟수와 같은 영업활동을 조절하는 것을 의미한다. 고객의 매출기여도는 고객DB에 있는 자료에 대한 분석을 통해 비교적 어렵지 않게 산출할 수 있다. 업종에 따라 정도의 차이는 있지만 소수의 고객이 매출의 상당 부분을 올려주는 현상은 어느 업종에서나 나타난다. 이에 따라 많은 기업들이 고객의 매출기여도에 따라 고객의 등급을 구분하며, 이러한 등급에 따라 차별화된 서비스를 제공하고 있다. 영업사원은 이러한 구분을 기준으로 자

신의 시간과 노력을 분배함으로써 보다 효율적인 영업활동을 전개할 수 있다. 즉, 고객의 기여도에 대한 고려가 전혀 없이 고객의 요청에 의하거나 혹은 모든 고객에게 동일하게 자신의 시간과 노력을 기울이는 것에 비해 주요 고객을 중심으로 하는 영업활동을 전개함으로써 우수고객의 이탈을 보다 효율적으로 방지할 수 있고, 보다 많은 매출실적도 올릴 수 있다. 그렇지만 과거의 매출실적이 반드시 미래의 구매잠재력과 일치하지 않고, 또한 현재의 고객관계 강도나 고객의 이탈가능성 등과도 다를 수 있기 때문에 보다 다양한 변수를 고려할 수 있는 모델이 요구된다.

- **매출잠재력기준 배분모델** : 매출잠재력은 미래의 매출가능성을 평가하는 것을 의미하는데, 두 단계의 분석과정을 통해 산출될 수 있다. 먼저 기존고객에 대한 데이터분석을 통해 매출기여도에 영향을 미치는 변수들과 이 변수들의 가중치를 산출한 후, 이 가중치를 각 고객에게 적용시키면 잠재력 지수를 산출할 수 있다. 이를 위해서는 회귀분석과 같은 다변량분석기법의 활용이 요구된다.

2. 포트폴리오 모델

2.1 포트폴리오 모델의 개념

포트폴리오 모델(portfolio model)은 고객을 자사의 분산투자의 대상이 되는 포트폴리오라고 가정하고, 고객을 2~3개의 변수를 기준으로 몇 개의 집단으로 구분한 뒤, 각 집단의 매력도에 따라 방문활동과 같은 영업활동의 수준을 결정하는 모델을 의미한다. 하나가 아닌 2~3개의 변수를 동시에 활용하기 때문에 단일요소기준 배분모델보다는 더 복잡한 분석이 요구된다. 2개의 변수를 사용하는 경우에는 각 변수를 높고 낮은 두 개의 수준으로 구분하여 전체를 4개(2×2)의 집단으로 구분하며, 같은 논리로 3개의 변수를 사용하는 경우에는 전체의 고객을 8개(2×2×2)의 집단으로 구분하게 된다. 포트폴리오 모델은 각 고객의 위치와 세분시장별 고객의 분포를 시각적으로 명확하게 표현할 수 있기 때문에 여러 가지 이점이 있다. 첫째는 자사의 고객 포트폴리오가 바람직한 모습을 갖고 있는지를 쉽게 평가할 수 있으며, 이를 기반으로 바람직한 고객 포트폴리오의 구성을 위해서는 어떠한 노력을 기울여야 하는지에 대한 정확한 방향 설정이 가능하다. 예를 들어 분석을 통해 핵심고객으로 파악된 고객의 숫자가 너무 적다면 여타 고객군을 핵심고객화시키는 방향으로 노력을 집중해야 한다는 방향 설정이 가능해진다. 둘째는 구성원 간의 커뮤니케이션, 특히 영업관리자와 영업사원과의 커뮤니케이션이

용이해져서 영업활동의 방향에 대한 공감대를 형성시키는 데 매우 유용하게 사용될 수 있다. 즉, 영업관리자가 영업사원들의 활동에 대한 방향을 제시하는 데 있어서 보다 설득력 있게 설명하는 것이 가능해지고, 따라서 영업사원에 대한 동기부여에 있어서도 큰 도움이 된다.

2.2 변수의 선택

어떠한 변수들을 사용하여 고객을 구분할 것인가는 영업활동의 목적에 따라 달라진다. 예를 들어, 수익중심의 영업활동을 전개하고자 하는 경우에는 총판매액에서 제품비용을 차감한 총마진(gross margin)과 고객관리를 위해 소요되는 영업활동비용을 중심으로 고객을 4개의 집단으로 구분한 후, 가장 매력적인 집단에 대해 보다 집중적인 영업활동을 전개할 수 있다. 이 경우에 가장 매력적인 집단은 총마진은 높으면서 영업활동비용이 적게 드는 집단이라고 할 수 있다. 또한 총마진은 많지만 여러 가지 까다롭고 무리한 요구를 많이 하여 영업활동비용이 많이 소요되는 집단보다는 총마진은 많지 않지만 영업활동비용이 미미해서 수익성이 높은 고객이 더 우선적인 영업활동의 대상이 될 수 있다. 또 다른 예로 고객의 이탈이 심해지고 있는 환경하에서는 기존고객의 이탈을 방지하기 위한 활동이 우선되어야 한다. 이를 위해서는 구매잠재력이 높으면서 동시에 이탈가능성도 높은 고객이 최우선적인 영업활동의 대상이 될 수 있다. 이러한 고객들을 추출하기 위해서는 우선 각 기존고객에 대해서 구매잠재력과 이탈가능성을 평가해야 한다. 이를 위해서는 구매잠재력과 이탈가능성 지수를 산출해야 하는데, 이는 단순히 판매액이나 영업활동비용을 계산하는 것보다 훨씬 더 복잡하기 때문에 다변량분석기법이나 데이터마이닝(data mining) 등을 활용한 분석이 요구된다. 이러한 분석기법들은 책의 범위에서 벗어나기 때문에 상술하지 않지만, CRM이나 마케팅리서치 관련 책자를 참조하면 이에 관한 정보를 얻을 수 있다. 구매잠재력과 이탈가능성이 계산되면, 4개의 고객집단(구매잠재력도 높고 이탈가능성도 높은 집단, 구매잠재력은 높지만 이탈가능성은 낮은 집단, 구매잠재력은 낮지만 이탈가능성이 높은 집단, 구매잠재력도 낮고 이탈가능성도 낮은 집단)으로 구분할 수 있고, 이 가운데 가장 효율적인 이탈방지를 위해 구매잠재력도 높고 이탈가능성이 높은 집단을 대상으로 집중적인 영업활동을 전개할 수 있다. 이러한 방법은 특히 금융, 통신, 유통 등 대규모의 고객 데이터베이스를 보유하고 있는 B2C부문에서 활발히 사용되고 있다.

2.3 판매기회 및 경쟁적 위상 중심의 포트폴리오 모델

포트폴리오 모델에서 고객의 매력도 평가를 위해 가장 많이 사용되는 2개의 변수는 판매기회의 수준과 자사의 경쟁적 위상이다. 판매기회의 수준은 해당 고객이 현재와 미래에 자사의 제품이나 서비스를 구입할 능력이 얼마나 있는가를 의미한다. 이에 대한 측정은 현재까지의 거래규모, 고객 비즈니스의 예측성장률, 재무건전성, 고객의 시장경쟁력 등에 의해 평가될 수 있다. 경쟁적 위상은 자사와 해당 고객과의 관계의 강도를 의미한다. 이는 고객의 구입액에서 차지하는 자사 매출의 비중, 계약의 형태, 고객만족도, 고객사 의사결정자와의 친분 정도 등에 의해 평가될 수 있다. 이 두 개의 변수를 기준으로 고객을 4개의 집단으로 구분할 수 있다. [그림 4-5]는 4개의 집단에 대한 매력도 평가와 각 집단에 대한 영업전략을 기술하고 있다. 예를 들어 구매잠재력과 자사의 경쟁적 위상이 모두 높은 고객은 핵심고객으로, 가장 많은 영업자원이 투여되어야 하고, 반대로 구매잠재력과 자사의 경쟁적 위상이 모두 낮은 고객은 문제고객으로, 최소한의 영업자원을 투여하거나 혹은 거래를 중단해야 한다.

그림 4-5 | 포트폴리오 모델 : 판매기회의 수준과 자사의 경쟁적 위상

판매기회의 수준 \ 자사의 경쟁적 위상	높음	낮음
높음	**핵심고객** • 매력도 : 매우 높음 • 영업전략 : 자사의 경쟁적 위상이 높고, 판매기회도 많기 때문에 집중적인 영업활동을 전개하여야 함	**성장고객** • 매력도 : 잠재적으로 높음 • 영업전략 : 자사의 경쟁적 위상을 강화시킬 수 있는 가능성이 있는 고객을 추가적 분석을 통해 추출하고 그러한 고객에 대해서만 집중적으로 영업활동을 전개하여야 함
낮음	**무신고객** • 매력도 : 보통 • 영업전략 : 자사의 경쟁적 위상이 높음에도 불구하고 판매가 늘어날 가능성이 적기 때문에 현재의 위치를 유지할 정도의 영업활동을 전개함	**문제고객** • 매력도 : 낮음 • 영업전략 : 자사의 경쟁적 위상도 낮고 판매가 늘어날 가능성도 적기 때문에 최소한의 영업활동을 전개하고, 비인적 마케팅활동을 강화함. 경우에 따라서는 거래를 중단함

제5절 갈등관리

1. 갈등의 본질

기존고객은 공급업체와 일정한 관계를 가지고 있고, 또한 서로가 서로에 대해 상당한 정도의 정보를 가지고 있는 상태이기 때문에 공급업체가 기존고객을 대상으로 판매의 유지나 증진을 도모하는 과정에서 요구되는 커뮤니케이션 방법은 신규고객을 확보하는 과정에서 요구되는 커뮤니케이션 방법과 다를 수밖에 없다.

공급업체에 대해 만족하고 있는 고객은 해당 공급업체와 거래를 지속하지만, 크고 작은 불만을 가지고 있는 기존고객은 공급업체 대해 이러한 불만사항들의 해소를 요구할 수도 있고, 또한 이러한 불만이 해소될 가능성이 없다고 판단되면 공급업체의 교체를 시도할 수도 있다. 거래하고 있는 공급업체를 교체하기 위해서는 새로운 공급업체의 탐색과 평가와 같은 공급업체 선정과정을 새롭게 거쳐야 하기 때문에 상당한 시간과 노력이 소요된다. 따라서 기존고객은 거래하고 있는 공급업체가 경쟁력 있는 제품과 서비스를 경쟁력이 있는 조건으로 제공한다면 거래를 지속할 가능성이 크다. 기존고객이 불만을 가지고 있는 경우에 공급업체의 입장에서는 이를 해소할 수 있는 방안을 모색해야 하는 입장에 서게 된다. 그런데 이러한 불만들의 내용은 제품이나 서비스 자체에 대한 것인 경우보다는 대부분 가격, 납기, 대금지불조건, 하자보증기간 등과 같은 거래조건일 가능성이 크다. 왜냐하면 고객의 니즈를 파악하고 자사의 제품이나 서비스를 활용하여 이를 충족시킬 수 있는 해결책을 제시하는 과정들은 고객확보의 과정에서 이미 수행되었기 때문이다.

기존고객과의 갈등을 해소하는 방법은 신규고객의 확보 과정에서 요구되는 커뮤니케이션 방법과는 차이가 있다. 즉, 신규고객의 확보의 과정에서는 프레젠테이션, 반론극복, 판매종결과 같은 잠재고객에 대한 설득 커뮤니케이션이 중요한 반면에, 고객과의 지속적인 거래의 과정에서는 고객의 불만으로 야기된 갈등을 어떻게 해소할 것인가가 초점이 된다. 따라서 기존고객을 대상으로 영업활동을 전개하는 영업사원의 역할은 설득을 위한 커뮤니케이션보다는 갈등의 해소를 위한 커뮤니케이션을 수행하는 데 있다.

2. 갈등관리의 유형

갈등(conflict)은 거래의 일방 혹은 쌍방이 상대방이 자신의 목표를 달성하기 위해 취하는 행동을 방해하거나 간섭하고자 할 때 갖게 되는 감정이나 행동을 의미하며, 갈등관리(conflict management)는 이러한 갈등을 해소하기 위해 취하는 행동을 의미한다. 갈등관리의 유형은 Kenneth Thomas의 제안에 따라 [그림 4-6]에서와 같이 5가지 유형으로 나누어질 수 있다. 유형의 구분에 있어서 두 가지 기준이 활용되었는데, 하나는 자신이 목적을 달성하는 것에 대해 얼마나 관심을 가지고 있느냐는 것이고, 둘째는 상대방이 목적을 달성하는 것에 대해 얼마나 관심을 가지고 있는가에 대한 것이다. 즉, 그림에서 y축은 영업사원이 매출증진과 같은 자신의 목적달성에 대해 얼마나 관심을 가지고 있느냐를 의미하고, x축은 영업사원이 고객의 비용절감이나 생산성향상과 같은 목적달성에 대해 얼마나 관심을 갖고 있느냐를 의미한다. 영업사원이 고객의 목적달성에 관심이 많다는 것은 고객과의 관계를 중시하고 있다는 것을 의미한다.

그림 4-6 | 갈등관리의 유형

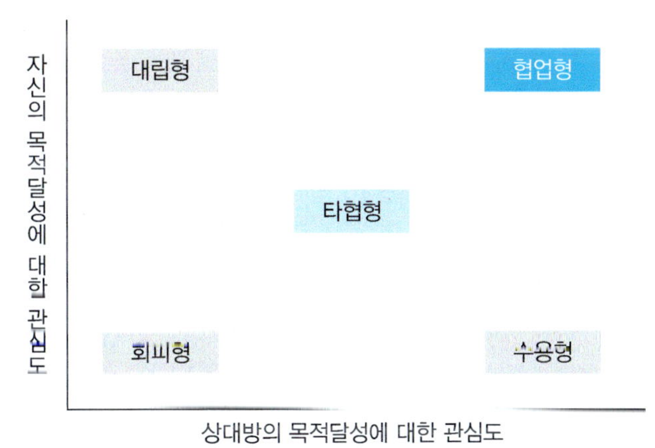

먼저 회피형(avoidance)은 영업사원이 고객의 목적달성은 물론 자신의 목적달성에도 관심이 없고, 갈등 자체를 싫어하여 회피해버리는 갈등관리 유형이다. 수용형(accommodation)은 영업사원이 고객과의 관계를 중시하여 자신의 이익이 손상되더라고 고객의 의견을 받아들이는 갈등관리 유형을 의미한다. 대립형(confrontation)은 고객의 이익에는 관심이 없고 오직 자신의 목적달성에만 관심을 갖는 유형의 갈등관리를 의미한다. 이 세 가지 유형의 갈등관리 유형은 현실에서 나타나기가 매우 힘든 유형이라고 할 수 있다. 왜냐하면 영업사원이 자신의 목적달성에 관심을 갖지 않을 수 없고, 또한 고객의 목적달성에 관심을 갖지 않으면 고객관계가 유지되기 어렵기 때문이다. 타협형(compromise)과 협업형(accommodation)은 자신의 목적달성은 물론 고객의 목적달성에도 관심을 갖는 유형의 갈등관리이다. 타협형은 서로 한 발짝씩 양보하여 타협점을 찾는 형태의 갈등관리 유형이고, 협업형은 협력관계를 통해서 쌍방이 모두 만족할 수 있는 해결책을 찾는 유형의 갈등관리이다. 즉, 타협형이 일정한 크기의 파이(pie)를 쌍방이 어떻게 나눌 것인가에 대해 초점이 있다면, 협업형은 파이를 더 크게 만들어서 쌍방이 모두 제 몫을 갖도록 만드는 것에 초점이 있다. 협업형은 특히 고객사의 성공을 자사 성공의 전제조건으로 삼는 파트너십 영업에서 흔히 사용되는 갈등관리 유형이라고 할 수 있다.

이상과 같은 5개의 갈등관리 유형 가운데, 기존고객의 관리에 있어서 가장 효율적으로 활용될 수 있는 유형은 협업형이라고 할 수 있다. 그런데 협업형의 갈등관리가 실효를 거두기 위해서는 쌍방에 이득이 될 수 있는 방안을 찾아야 하기 때문에 노력과 시간이 가장 많이 소요되는 유형이라고 할 수 있다. 5개의 갈등관리 유형의 특징과 단점은 [표 4-1]과 같이 기술될 수 있다.

표 4-1 | 갈등관리 유형의 특징과 단점

유형	특징	단점
회피형	영업사원이 고객과 맞서기를 싫어하고, 어려운 이슈가 다루어지는 것 자체를 싫어한다.	고객의 요구가 제대로 논의되지 않기 때문에 더 많은 불만과 갈등이 야기될 수 있다.
수용형	영업사원이 고객의 요구를 적극적으로 수용함으로써 고객과의 화합을 모색하려는 경향을 갖는다.	갈등의 해소 과정에서 영업사원이 회사의 니즈를 적극적으로 반영하지 않기 때문에 회사에 불리한 행동을 할 수 있다.
대립형	영업사원이 고객의 입장을 반영하지 않고 자신의 이득만을 앞세우는 입장을 견지한다.	고객은 자신의 이득만 앞세우는 영업사원에 대해 불신하게 되고, 어쩔 수 없는 경우가 아니라면 새로운 공급업체를 모색하게 된다.
타협형	서로가 양보하여 적당한 선에서 조속히 결론을 지으려는 경향을 보인다.	쌍방에 최선의 결과를 가져다주는 것보다는 신속하게 갈등을 해소하는 데 초점을 두기 때문에 결국에는 쌍방 모두가 만족하지 못하는 결론에 이를 수 있다.
협업형	영업사원이 자신의 목적달성을 중시하지만, 동시에 고객의 입장을 충분히 이해하기 위해 노력한다.	새로운 가치를 창출해야 하기 때문에 결론을 도출하기가 힘들고, 가능하다 하더라도 많은 시간과 노력이 요구된다.

PART 2

영업조직의 전략적 역할

CHAPTER 05

영업과 마케팅

제1절 영업과 마케팅에 대한 인식

제2절 기업 조직구조에서의 영업과 마케팅

제3절 영업과 마케팅의 갈등

제4절 영업과 마케팅의 통합 정도의 측정

제5절 영업과 마케팅의 통합의 중요성

제6절 영업과 마케팅의 통합방안

영업과 마케팅은 모두 고객의 가치를 창출함으로써 매출, 시장점유율, 수익률 등과 관련한 회사의 목표를 달성해야 한다는 공동의 목표를 가지고 있다. 따라서 두 부문 간의 협력은 회사의 경쟁력 강화를 위한 필요불가결한 요소라고 할 수 있다. 그렇지만 두 부문 간에 긴밀한 협조가 이루어지지 못하거나, 오히려 갈등관계가 형성됨으로써 시장에 대한 적절한 대응이 적시에 이루어지지 못하는 경우도 발생한다. 이러한 현상을 극복하고 회사의 목표 달성이 원활하게 이루어지도록 하기 위해서는 영업과 마케팅 간의 갈등의 원인이 무엇인지를 파악하고, 이러한 갈등을 어떻게 해소해나갈 것인지에 대한 방안을 마련하여 실천하는 것이 매우 중요하다.

제1절 영업과 마케팅에 대한 인식

두 부문 간의 관계를 살펴보기 이전에 우리 사회에서 영업과 마케팅은 어떻게 인식되고 있으며, 현재 기업에서는 두 부문이 어떠한 위상을 차지하고 있는가를 살펴볼 필요가 있다. 먼저 마케팅 교과서에 반영된 영업 및 마케팅에 대한 인식과 일반인들이 가지고 있는 영업에 대한 인식을 살펴보고, 우리나라의 기업에서 영업과 마케팅이 어떠한 위상을 가지고 있는지에 대해 기술한다.

1. 마케팅 교과서에 표현된 영업에 대한 인식

마케팅 교과서에 기술되어 있는 영업은 4개의 마케팅믹스 변수(제품, 가격, 유통, 촉진) 중의 하나인 촉진을 구성하는 여러 가지 수단(광고, 홍보, 판매촉진, 인적판매 등) 중의 하나일 뿐이다(인적판매가 곧 영업에 해당한다). 즉, 마케팅의 관점에서 영업은 현대 마케팅에서 가장 보편적인 전략적 프레임이라고 할 수 있는 STP(Segmentation, Targeting, Positioning)를 구체화시키기 위한 많은 수단 중의 하나에 불과하다. 따라서 마케팅중심 시각에서는 마케팅은 보다 상위의 개념이라고 할 수 있는 전략(strategy)의 위상을 지니지만, 영업은 보다 하위의 개념으로서 전략의 실현을 위한 전술(tactics) 혹은 기술(arts)에 해당한다. 이러한 이유로 마케팅 교과서를 통해 마케팅을 접한 많은 사람들은 영업은 단지 마케팅전략을 구현하는 하나의 수단일 뿐이라는 인식을 가지고 있다.

마케팅을 배우는 사람들이 영업에 대해 편견을 갖게 되는 또 하나의 이유는 마케팅 교과서의 제일 앞부분에 기술되어 있는 경영철학의 구분에서도 발견된다. 경영철학은 대체로 생산지향적, 판매지향적, 마케팅지향적 경영철학으로 구분된다. 먼저 생산지향적 경영철학의 개념은 수요가 공급보다 많은 시대를 배경으로 하고 있으며, 어떻게 하면 비용효율적인 생산을 실현할 수 있을 것인가에 관심을 두고 있다. 그런데 공급이 수요를 초과하기 시작하면서 기업들은 자사의 제품을 판매하기 위해 노력하는 판매지향적 경영철학의 개념을 갖게 된다.

판매지향적 개념은 소비자의 니즈에는 별 관심이 없고 "우리는 무엇이든 팔 수 있다"를 좌우명으로 삼고 있는 것으로 기술된다. 즉, 고객이 원하는 제품을 만드는 것보다는 만들 수 있는 제품을 판매하는 것에 중심을 두고 있으며, 따라서 고객과의 관계도 장기적이며 상생을 추구하는 우호적인 관계가 아니라, 거래의 성사에만 관심을 두는 단기적인 관계이며, 경우에 따라서는 판매의 과정에서 과장광고 등으로 인해 고객에게 피해를 줄 수 있는 것으로 기술된다. 판매지향적 개념 이후에 나타난 마케팅지향적 경영철학의 개념은 시장의 포화와 경쟁의 심화를 배경으로 하고 있으며, 고객의 니즈에 부응하는 제품을 만들어서 고객이 원하는 방법으로 판매하는 것을 지향하는 개념으로 기술된다. 마케팅지향적 개념에서는 고객의 니즈에 부응하고 고객가치를 창출하는 것이 매출과 이익을 실현하는 가장 좋은 방법이며, 따라서 고객과의 관계는 장기적이고, 상생적이며, 고객의 행복은 곧 회사의 행복이 된다.

판매지향적 개념과 마케팅지향적 개념의 차이는 [그림 5-1]과 같이 나타낼 수 있다. 판매지향적 개념은 인사이드아웃(inside-out)의 관점을 가지고 있다. 이 개념의 출발점은 공장이고, 기존제품의 판매에 초점을 두고 있으며, 강력한 판매와 촉진을 수단으로 하여 많은 매출을 실현함으로써 이익을 창출하는 것을 목표로 삼고 있다. 반면에 마케팅지향적 개념은 아웃

그림 5-1 | 마케팅 교과서에 실린 판매지향적 경영철학과 마케팅지향적 경영철학의 비교

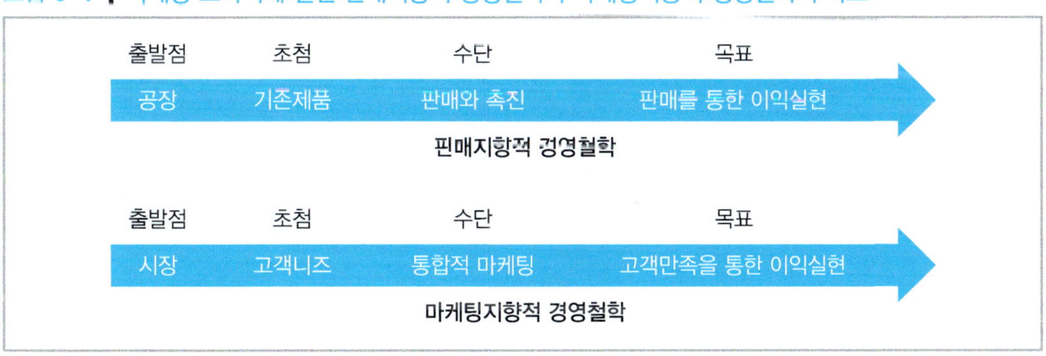

사이드인(outside-in)의 관점을 가지고 있다. 이 개념의 출발점은 시장이고, 고객니즈의 충족에 초점을 두고 있으며, 통합적 마케팅활동을 수단으로 고객만족을 극대화시킴으로써 이익을 창출하는 것을 목표로 삼고 있다.

이처럼 마케팅 교과서에 기술되어 있는 마케팅은 고객에게 매우 우호적인 존재이지만, 영업은 고객에게 피해를 줄 수도 있는 경계해야 할 존재인 것이다. 모든 마케팅 교과서에 위에서 기술한 내용들이 포함되어 있기 때문에 마케팅 교과서를 통해 마케팅을 공부하는 사람들은 거의 예외 없이 영업에 대해 부정적인 인식을 갖게 된다. 영업의 역할에 대한 시대적인 요구의 변화로 영업의 실제적인 모습에 많은 변화가 이루어지고 있음에도 불구하고, 마케팅 교과서에 기술된 내용이 바뀌지 않는다면, 적어도 마케팅 교과서를 통해 마케팅을 접하게 되는 사람들의 영업에 대한 부정적인 인식은 상당기간 동안 지속될 수밖에 없다.

2. 영업에 대한 일반인들의 인식

일반인들의 인식상에서도 마케팅과 영업 사이에는 많은 차이가 있다. 우리나라에서 마케팅과 영업에 대한 인식은 조선시대를 지배했던 사농공상(士農工商) 의식과 직접적인 관련이 있다. 우리나라는 예로부터 물건을 사서 이문을 붙여서 되파는 '장사'는 천한 것이라는 인식이 있어 왔는데, 이러한 인식이 영업에 이식되면서 지금까지도 영업에 대한 인식에 부정적인 영향을 미치고 있다. 반면에 1960~70년대에 주로 미국에서 공부한 학자들에 의해 도입되기 시작한 마케팅은 합리적이고 과학적이며, 상당한 사회적 지위와 지식을 가지고 있는 사람들이 수행하는 전문적인 영역으로 인식되었다. 결론적으로 사농공상(士農工商)적인 시각에서 영업은 아직도 상(商)의 위치에 머물러 있는 반면, 마케팅은 도입 초기부터 상당한 식견과 지식이 요구되는 사(士)의 위치를 점하였던 것이다.

영업에 대한 부정적인 인식에는 영업직의 보상체계에 기인하는 이유도 존재한다. 즉, 대부분의 직종에서는 고정급여와 보너스 형태의 보상체계를 가지고 있고, 보통 1년 단위로 고정급여의 수준이 정해지며, 보너스도 통상적으로 연말을 포함하여 2~3차례 지급된다. 영업직의 보상체계에도 고정급여와 보너스가 활용되지만, 영업직 보상체계의 가장 큰 특징은 영업실적에 비례하는 커미션(commission)이 주력 수단이 되고 있다는 점이다. 커미션은 성과정산주기에 맞추어 훨씬 더 빈번하게(예를 들어 월단위, 격주단위, 주단위 등) 지급된다. 이러한 보상체계는 영업직원의 단기적인 이익을 중시하는 행동을 부추기기 때문에 장기적인 안목에서의 고객관계 증진에 소홀하고, 경우에 따라서는 강매나 허위광고 등 고객의 이익에 반하는 행동도 할 수 있다는 인식이 깔려 있다. 또한 대중매체를 통해 간간이 보도되는 회사의 무리한 영업관리로 인한 영업사원들의 희생도 일반인들의 영업에 대한 부정적인 인식을 형성하는데 한몫을 하고 있다. 대학생들 사이에서도 영업직을 기피하는 현상이 존재한다([글 5-1] 참조). 마케팅관련 수업시간에 학생들에게 졸업 후에 영업직으로 진출할 계획이 있느냐고 질문하면 그렇다고 응답하는 학생은 10%에도 미치지 못한다. 그렇지만 졸업 후 영업직으로 취업하는 비율은 정확한 통계는 없지만 경영학과 졸업생의 경우에 대체로 30%를 상회한다.

글 5-1

취업준비생의 영업에 대한 편견

■ 아무리 취직 못해도 영업은 싫다?

"영업직이 무슨 일을 하는 건가요?" "○○사 영업직에 합격했는데, 출근하기가 망설여져요." "○○업종 영업직은 자기 돈 메워 넣는 일이 많다는데, 사실인가요?" 취업 커뮤니티 게시판에는 늘 영업직 관련 질문이 차고 넘친다. 그런데 그 뉘앙스가 어딘지 부정적인 경우가 많다. 댓글들 역시 썩 밝은 내용은 아니다. 흔히 영업을 기업의 근간이라고 말한다. 아무리 잘 만든 상품도 시장에서 팔지 못하면 헛일인 까닭이다. 영업의 성패가 기업의 생존을 좌우한다고 해도 과언이 아니다. 그래서 신규 채용 인원 중 영업직이 차지하는 비율도 꽤 높다. 하지만 구직자의 인식은 이와 동떨어져 있다. 영업직이 무슨 일을 하는지 잘 모르고 있는 것은 물론, 막연한 두려움을 품고 기피하는 취업준비생이 적지 않다. 심각한 괴리가 아닐 수 없다. 왜 그럴까? 많은 사람들이 영업직에 대해 잘못된 선입관을 갖고 있는 것은 아닐까? 당신은 어떤가? 무작정 '영업직은 싫다'고 생각하는 건 아닌가? 잘 알지도 못하면서….

한국에서 영업직이 부정적 이미지를 갖게 된 데는 몇 가지 이유가 있다. 가장 큰 이유는 해묵은 고정관념이다. 무조건 팔아오라는 식의 방문판매가 영업사원을 달갑지 않은 직업으로 인식하게 만들었다. 아직도 '영업직=외판원'으로 아는 사람이 적지 않은 게 사실이다. 여기에 보험설계, 자동차판매 등 비교적 진입문턱이 낮은 영업직이 더해져 인식의 왜곡이 한층 더 심해졌다. 문제는 직업 선택을 앞둔 취업준비생의 인식 역시 보통 사람과 다르지 않다는 것이다. 영업직을 언제든 마음만 먹으면 할 수 있는 일, 막다른 골목에 다다르면 생각해볼 일 등으로 취급하는 경향이 짙다. 김치성 제닉스 취업솔루션 대표는 "영업직에 대해 단단히 잘못 알고 있는 구직자가 수두룩하다"면서 "직무에 대한 오해를 풀어야 올바른 직업선택을 할 수 있다" 고 말했다.

출처 : 잡앤조이 (2010), 아무리 취직 못해도 영업은 싫다?, 9월, 제5호

3. 기업에서의 영업과 마케팅의 위상

이렇게 학문적인 측면에서, 또한 일반인들의 인식적인 차원에서 영업은 마케팅에 비해 열등한 처지에 있지만, 현실 경영에서는 이와는 정반대의 현상을 보이고 있다. 즉, 많은 기업에

서 영업은 매출과 이윤을 창출하는 가장 주된 부서로 자리 잡고 있고, 마케팅은 대부분 영업을 지원하는 역할을 수행한다. 또한 [글 5-2]에서 기술된 바와 같이 마케팅 인력은 영업 인력에 비해 수적인 면에서도 턱없이 적다. 즉, 대부분의 기업에서 영업은 마케팅에 비해 압도적인 위상을 차지하고 있다. 이로 인해 우리나라 기업에서 순수하게 마케팅부문에서 성장하여 임원직에 오르는 직장인들의 수는 영업부문에서 성장하여 임원직에 오르는 직장인의 수에 비해 비교할 수 없을 정도로 적다.

영업인력과 마케팅인력의 상대적 규모

글 5-2

삼성전자에는 제품생산을 담당하는 사업부가 있고, 이들이 생산한 제품을 판매하는 8개의 영업본부가 전 세계에 흩어져 있는데, 그 중 국내영업을 담당하는 곳이 국내영업사업부이다. 국내영업사업부에는 1,600명 정도의 정규사원이 있는데, 이들은 전속유통영업팀(전속대리점인 디지털프라자 관리), 전략유통영업팀(백화점, 할인점, 양판점 등 비전속 판매점 관리), 애니콜영업팀(핸드폰판매점 관리), B2B영업팀(기업, 관공서 등 관리) 등으로 나누어져 있다. 이들 가운데는 영업을 지원하는 스태프도 있지만 대부분은 현장에서 영업하는 인력이거나, 이들을 관리하는 사람들이다. 여기에 점포에서 제품을 판매하는 리빙프라자 주식회사, 제품의 배달 및 설치를 담당하는 삼성전자 로지텍 주식회사, 제품수리서비스 등을 제공하는 삼성전자서비스 주식회사 등 실제로 판매와 관련된 업무를 수행하는 관계 회사들의 영업인력까지 포함하면 삼성전자의 영업인력은 20,000명을 훨씬 넘는다. 이에 반해 시장조사나 광고, 판촉 등을 수행하는 마케팅 인력은 스태프 조직에 속해 있는데 모두 200명 정도에 불과하다. 이는 국내영업사업부 영업인력의 12.5%, 관계사까지 포함한 영업인력의 1%에도 미치지 못하는 규모이다.

현대자동차도 삼성전자와 마찬가지로 국내의 판매를 담당하는 국내영업본부가 있으며, 그 밑에 판매사업부, 영업지원사업부, 애프터서비스사업부 등의 조직이 있다. 또한 판매사업부 산하에는 23개의 지역본부가 있으며 지역본부 밑에 다시 400여 개의 직영판매점과 직영판매점과 비슷한 수의 대리점이 있다. 국내영업본부 내에는 1만 명 이상의 직원이 직영판매점과 관련된 영업과 영업지원 업무를 수행한다. 여기에 대리점에 근무하는 영업직원들을 더하면 현대자동차의 전체 영업직원 규모는 20,000명에 이른다. 판매기획, 판촉, 광고 등 마케팅업무를 담당하는 인력은 국내영업본부 내에 70여 명이며, 여기에 제품전략본부에서 제품기획이나 시장전략을 담당하는 마케팅 직원의 수를 더해도 전체 마케팅 인력은 200여 명에 불과하다. 삼성전자와 마찬가지로 마케팅인력은 영업인력의 1% 정도에 지나지 않는다.

출처 : 김현철 (2009), CEO, 영업에 길을 묻다, 한국경제신문, 31-32, 57.

제2절 기업 조직구조에서의 영업과 마케팅

제9장의 '영업조직의 구조'에서는 영업부서 내부 이슈로서 어떠한 구조의 영업조직을 구축하는 것이 바람직한가에 대한 문제를 다루고 있다. 그러나 영업부서의 범위를 넘어서서 기업 전체의 조직구조에서 영업조직을 어떻게 위치시킬 것인가도 매우 중요한 의미를 지닌다. 단순한 거래의 방식이 아니라 고객이 가지고 있는 구체적인 문제를 해결하는 방식의 영업이 점차 보편화되면서 영업사원 고유의 영업기술만을 가지고 영업활동을 원활하게 수행하는 것이 힘들어지고 있다. 또한 고객중심의 조직구조를 구축해야 한다는 논리가 설득력을 가지면서 어떠한 조직구조가 이러한 시대적 요구를 가장 적절하게 반영할 수 있을 것인가에 대한 논의도 활발하게 이루어지고 있다. 이러한 추세에 맞추어 영업, 마케팅, 생산, R&D, 회계 및 재무 등 여러 부서 간의 협력관계가 주목을 받고 있다. 영업부문은 특히 마케팅부문과 매우 긴밀하면서도 미묘한 관계에 있기 때문에 전체 조직구조에서 영업과 마케팅의 관계를 어떻게 정립할 것인가가 중요한 의미를 갖는다. 회사 전체의 조직구조에서 영업과 마케팅 간의 관계는 회사나 제품의 특성에 따라 매우 다양한 형태를 취하고 있으며, 대체로 영업부서만 존재하는 구조, 동일 조직구조, 독립적인 구조 등의 3가지의 유형으로 나누어볼 수 있다.

1. 영업부서만 존재하는 구조

첫째, 영업부서만 존재하고 마케팅부서는 존재하지 않는 경우이다. 회사의 규모가 작아서 마케팅 인력을 별도로 둘 수 있는 여력이 없는 중소기업에서 흔히 볼 수 있다. 그렇다고 마케팅 기능이 없는 것은 아니고, 영업부서나 영업지원부서, 혹은 전략기획실이나 경영진 등에서 마케팅 업무를 겸하게 된다. 광고대행사의 예를 보면 규모가 큰 경우에는 마케팅을 담당하는 부서가 별도로 있어서 소비자조사를 통한 광고 컨셉의 설정 등의 업무를 수행하지만, 규모가 작은 경우에는 영업을 담당하는 AE(Account Executive)가 마케팅 업무를 겸한다. 회사의 규모가 크더라도 브랜드의 수가 작고, 고객의 수가 작으며, 시장의 변화가 크지 않아 마케팅 인력을 별도로 둘 필요가 적은 경우도 이에 해당한다. B2C 부문의 기업보다는 B2B 부문의 기업들 중에 이러한 기업들이 많다. 예를 들어 SK에너지, GS칼텍스 등의 정유사의 영업사원들은 주유소의 주문처리, 판촉지원, 주유소 마케팅 컨설팅 지원업무 등 영업과 마케팅 기능을 모두 수행한다. 이렇게 마케팅부서가 존재하지 않는 경우에는 처음부터 영업과 마케팅 간의 갈등은 존재하지 않는다.

2. 동일 조직구조

둘째, 영업부서와 마케팅부서가 동일한 조직에 속해 있는 경우이다. 즉, 한 명의 부서장이 영업과 마케팅을 동시에 책임지고 있는 경우인데, 이러한 형태의 조직에서는 두 개의 기능이 서로 독립된 조직체계를 가지고 있는 경우에 비해 영업과 마케팅 간의 갈등이 심하지 않다. 왜냐하면 영업을 담당하는 인력의 수가 마케팅을 담당하는 인력의 수에 비해 훨씬 많아서 영업을 담당하고 있는 팀장의 직급이 마케팅을 담당하고 있는 팀장의 직급보다 높은 경우가 많고, 또한 두 개 부문을 한 사람의 임원이 담당하고 있어서 의견의 조율이 상대적으로 용이하기 때문이다. 예를 들어 우리나라의 한 의류업체는 마케팅의 여러 기능 가운데 광고와 홍보를 담당하고 있는 팀은 별도로 두고 있지만, 가격책정이나 판매촉진 등 그 외의 마케팅 기능을 담당하는 팀을 영업부서 내에 소속시켜 영업을 지원하는 역할을 수행하도록 하고 있다.

호텔체인은 영업과 마케팅이 동일한 조직에 속해 있는 대표적인 업종이라고 할 수 있다. 호텔체인은 본사와 지점에 모두 S&M(sales and marketing)부서를 두고 있으며, 마케팅팀에서는 주로 브랜드이미지의 관리, 명절이나 휴가 시즌의 이벤트, 대규모의 사은행사 등의 업무를 수행하고, 영업팀에서는 기업고객 및 개인고객의 관리, 여행사의 관리, 신규고객의 개척 등의 업무를 수행한다. 다만 홍보업무는 호텔업계에서 매우 비중 있게 다루어져서 영업과 마케팅과는 별도의 조직으로 되어 있는 것이 일반적이다. 예산의 배정과 관련하여 할인 등을 통한 경쟁력 있는 가격책정을 원하는 영업팀과 적정수준의 가격을 유지하면서 고객서비스의 강화에 예산이 배정되기를 원하는 마케팅팀 간에 갈등이 발생하기도 하지만, 평가의 주체가 동일하고 KPI를 공유하는 경우도 많기 때문에 구조적인 갈등관계는 아니라고 할 수 있다.

제약회사의 경우에도 영업부문과 마케팅부문이 동일한 조직에 속해 있는 경우가 많다. 위에서 언급한 호텔업계와 다른 점은 대부분 영업본부 내에 영업팀과 마케팅팀을 두고 있다는 것인데, 이러한 경우에는 마케팅팀이 영업팀을 지원하는 역할을 주로 수행한다. 영업팀은 고객유형별(대형병원, 중소병원, 의원, 약국 등)로 나누어져 구성되어 있고, 마케팅팀은 상품별(예를 들어 피부질환, 고혈압, 의료기기 등)로 나누어져 각각의 상품을 PM(제품관리자)이 담당하는 구조이다. 마케팅팀의 업무는 신약이 출시되었을 경우 이를 위한 마케팅전략을 수립하는 업무, 학술회의 등에서 부스를 설치하고 제품을 홍보하는 업무, 제약분야의 학술지에 광고를 게재하는 업무, 영업사원의 요청에 따라 의사를 대상으로 제품설명회를 개최하는 업무 등을 수행한다. 그런데 각 상품을 담당하고 있는 PM에 대한 성과평가 지표에는 해당 상품의 판매실적도 포함되어 있기 때문에 PM의 영업사원들에 대한 의존도가 크다고 할 수 있고, 또한 영업사원의 입장에서도 의사를 대상으로 하는 제품설명을 위해서는 PM의 도움이 필요하기 때문에 서로 의존적인 관계에 있다고 할 수 있다.

은행도 이와 같은 형태에 속한다. 은행에서는 대부분 사업본부장(개인영업본부, 기업영업본부 등의 본부장으로 주로 부행장급)이 영업부서와 마케팅부서를 함께 담당하는 구조를 가지고 있다. 마케팅부서는 상품개발, 마케팅기획, 영업전략 수립 등의 업무를 수행한다. 마케팅부서에서 영업전략을 수립하지만 영업을 총괄하고 있는 사업본부장을 보좌하는 역할을 하고 있기 때문에 처음부터 영업 활성화에 초점을 둔 전략안이 만들어지고, 따라서 두 부서 간의 심각한 갈등은 발생하지 않는다. 다만 영업부서에서는 가격에 대한 보다 유연한 정책을 원하는 반면, 마케팅부서는 은행의 방침에 따른 원칙을 강조하는 전략을 수립하는 경향이 있기 때문에 이를 둘러싸고 갈등이 발생하기도 한다. 그렇지만 이러한 경우에도 사업본부장이 중재적인 역할을 하기 때문에 감정의 골이 생길 정도의 갈등은 발생하기 어렵다.

3. 독립적인 구조

셋째, 영업과 마케팅이 서로 독립적인 부서로서 존재하는 경우이다. 마케팅부서에서는 마케팅 믹스 변수 가운데 영업부서가 담당하고 있는 인적판매를 제외한 대부분의 업무를 수행한다. 주로 마케팅전략의 수립, 시장조사, 브랜드컨셉의 개발, 제품의 개발 혹은 소싱, 판매촉진, 광고, 홍보, 가격, 유통 등과 관련된 업무를 수행한다. 마케팅부서는 고객들의 제품에 대한 인지, 지식, 호감 등을 증진시키는 역할을 담당하고, 영업부서는 이를 바탕으로 실제로 제품을 판매하고 판매 후에 고객들을 지속적으로 관리하는 역할을 수행한다. 금융회사와 같이 상품의 개발이 매우 중요한 경우에는 상품개발부가 마케팅부서와는 별도의 조직으로 되어 있는 경우도 있고, 호텔이나 항공사 등과 같이 홍보의 역할이 중요한 경우에는 홍보부가 별도의 조직으로 운용되는 경우도 많이 찾아볼 수 있다. 하지만 이러한 부서들 역시 범 마케팅 관련 부서로 분류될 수 있다.

그런데 마케팅의 기능 가운데 현장영업과 매우 밀접한 부문이라고 할 수 있는 판매촉진, 이벤트, 영업지원 판촉물제작 등의 기능을 영업부서에 배속시키는 경우가 많다. 이러한 부서를 리테일 마케팅팀, 마케팅 지원팀 등으로 부르기도 하지만, 그 기능은 매우 제한적이다. 경우에 따라서는 마케팅부서에서 잠재고객을 확보하여 그 리스트를 영업부서에 제공하는 역할을 수행하기도 한다. 예를 들어 소프트웨어 벤더사의 경우 새로운 솔루션이 개발되면 마케팅부서에서는 호텔 등에서 공간을 빌려서 고객을 초청하여 행사를 진행한다. 행사에 참가한 고객들로부터 명함을 받고 설문조사도 실시하면서 관심을 갖고 있는 고객들의 명단을 확보하여 영업조직에 전달하는 이른바 잠재고객 창출(lead generation)의 역할을 수행한다.

영업과 마케팅이 서로 독립적인 부서로서 존재하는 구조는 두 부서 간의 갈등이 발생할 가능성이 가장 큰 구조라고 할 수 있다. 즉, 이러한 구조하에서는 두 부서가 상하관계가 아닌 대등관계에 있고, 보고체계도 상이하며, KPI나 평가의 주체도 다르기 때문에 판매가 원활하게 이루어지지 않을 경우에 서로 상대방을 비난하는 경우가 발생할 수 있다. 예를 들어 마케팅부서에서는 좋은 제품을 만들어서 공급하였는데 영업부서에서 이를 제대로 팔지 못하고 있다고 비난할 수 있고, 영업부서에서는 마케팅부서에서 현실을 반영하지 못하는 제품을 만들어서 영업을 어렵게 하고 있다고 비난할 수 있다. 두 부서는 정례 영업회의 등을 통해 서로의 의견을 조율하지만, 발생하는 의견충돌을 구조적으로 해결할 수 있는 방법이 없기 때문에 두 부서 간의 갈등은 상존하게 된다. 이러한 갈등을 최소화하기 위해 마케팅부서에서 제품기획 등의 전략을 수립할 때 초기 단계부터 영업과의 충분한 협의를 거쳐서 영업 밀착적인 안을 만들기도 한다. 이러한 방법을 통해 만들어진 전략은 대개 그 판매실적이 좋은 경우가 많다. 왜냐하면 영업부서에서는 이렇게 만들어진 전략에 대해서 상당한 책임감을 가지게 되며, 따라서 이를 성공시키기 위해 더 많은 노력을 기울이기 때문이다.

영업사원과 마케터의 공생관계

글 5-3

미국의 Medline사는 의료장비를 제조하고 유통시키는 회사로 병원, 양로원, 가정의료 서비스센터 등을 고객으로 하고 있다. 이 회사에서는 700명 정도의 영업사원이 무려 10만 종이 넘는 의료관련 제품과 서비스를 판매하고 있다. 이 회사의 마케팅팀은 제품군 단위로 구성되어 있으며, 각 팀에는 해당 제품군의 마케팅을 책임지고 있는 제품관리자가 있다. 제품의 종류가 매우 많기 때문에 영업사원은 각 제품에 대한 최신 정보를 제품관리자로부터 공급받는다. 제품관리자는 자신의 실적을 달성하기 위해서 판촉자료나 협상을 통해 영업사원이 자신이 담당하는 제품에 관심을 갖도록 노력한다. 한 제품관리자는 다음과 같이 말한다. "영업이 모든 것을 꾸려가고 있는 셈입니다. 나는 영업사원이 내 제품을 성공적으로 팔 수 있도록 영업사원을 돕는 데 내 시간의 4분의 1을 쓰고 있지요. 나는 제품에 대한 전문성을 가지고 있기 때문에 큰 거래 건을 도울 수 있습니다. 영업사원이 성공하면 나도 성공하는 것이지요."

출처 : Zoltners, Andris A., Prabhakant Sinha, and Sally E. Lorimer (2009), *Building a Winning Sales Force*, AMACOM, 446–447.

그러나 이렇게 별도의 부서로 되어 있는 경우라도 마케팅의 실적이 영업의 실적과 관련이 있고, 영업도 마케팅의 협조가 직접적으로 필요한 구조에서는 심한 갈등이 일어나지는 않는다. 예를 들어 외국 회사의 한국지사의 경우, 마케팅부서는 각 제품을 담당하는 PM(product manager)나 BM(brand manager), 또는 제품군을 책임지는 CM(category manager)으로 구성되어 있는데, 본사의 많은 제품들 가운데 한국 시장에서 판매가 잘 이루어질 것으로 기대되는 제품을 선별하는 역할을 수행한다. 마케팅부서의 PM, BM 또는 CM들은 영업부서에서 어떠한 제품의 판매에 주력하느냐에 따라 자신의 실적이 달라질 수 있기 때문에 영업사원의 협조가 필요하고, 또한 영업부서의 입장에서도 광고, 전시물, 사은품 등을 위해 마케팅부서의 지원이 필요하기 때문에 마케팅부서와의 원활한 커뮤니케이션이 필요한 입장이 된다. 이렇게 상호 의존성이 강한 경우에는 광고 물량이나 사은품, 전시물 등의 지원 정도를 놓고 영업부서와 마케팅부서와의 갈등이 있어나기도 하지만 심각한 수준은 아니다([글 5-3] 참조).

제3절 영업과 마케팅의 갈등

영업과 마케팅은 고객가치의 창출을 통해 회사 목표의 달성에 기여한다는 공통적인 목표를 가지고 있으며, 이를 위해 서로 협력해야 하는 당위성을 가지고 있다. 그렇지만 두 부문 간에는 종종 조화로운 협력이 아닌 갈등관계가 형성된다([글 5-4] 참조). 이러한 갈등은 조직의 목표가 원활하게 달성되고 있을 때에는 크게 표면화되지 않지만, 조직의 목표달성이 어려워지고 있는 경우에는 가시화될 수 있다. 마케팅부서에서는 잘 세워진 마케팅전략을 영업부서가 제대로 실행하지 못하고 있다고 주장하고, 반대로 영업부서는 마케팅부서가 현장에 대한 심도 있는 지식도 없이 그저 현실성 없는 전략만 쏟아내고 있다고 주장한다. 마케팅부서는 영업부서에 대해 시장 전체의 흐름을 보지 못하는 근시안적인 시각을 가지고 있다고 생각하고, 영업부서는 마케팅부서에 대해 영업현장에서 어떠한 일들이 일어나고 있는지에 대해 모르고 있고, 알려고도 하지 않는다고 생각하는 경향이 있다.

마케팅과 영업 분리의 함정

글 5-4

기업들은 고객세분화와 마케팅자료의 개발 등 마케팅전략 개발에 엄청난 비용을 투입한다. 그러나 이러한 과정은 종종 마케팅부서 내에서만 이루어지기 때문에 실제 영업현장의 현실과 괴리되는 경우가 많다. 거시적 관점에서 고객을 이해하기 위해 마케터들은 '니즈에 기반한' 세부적인 고객세분화안을 도출하고, 도출된 고객세분화안을 바탕으로 마케팅자료를 개발한다. 그리고 마케팅전략은 개발 과정에서 영업부서의 의견이나 자문이 전혀 수렴되지 않은 채 완성되어 영업부서로 전달된다. 이런 식으로 마케팅전략을 통보받은 영업부서에서는 마케팅전략을 실제 영업 현실과 동떨어진 이론적인 허상일 뿐이라고 여길 가능성이 높다. 따라서 영업부서는 통보받은 마케팅안을 실행하기보다는 자신들이 직접 구상한 좀 더 단순하고 실행가능성이 높은 고객세분화안을 채택하고, 지금까지 사용해 온 판매방법이나 메시지를 그대로 사용할 가능성이 높을 수밖에 없다. 그리하여 마케팅전략들은 마케팅부서에서 기대한 통합 고객전략이 아니라 할인이나 수시판촉 활동에 바탕을 둔 즉흥적이고 임시적인 영업프로그램으로 전락하게 된다. 우리 경험에 비추어 볼 때 이러한 마케팅과 영업의 비통합적 마케팅전략 수립 과정은 일반 기업에서 다반사로 발생한다. 예를 들어 당사 고객사 중 하나인 유명 제지업체는 최근 최종소비자의 니즈에 맞춰 마케팅조직을 대대적으로 개편했다. 이러한 노력의 일환으로 마케팅자료를 영업조직에 반영하기 위한 프로그램도 개발했다. 그러나 이 마케팅자료는 영업조직에서 대고객 영업활동에 직접 필요로 하는 것과는 전혀 동떨어진 것이었다. 결국 마케팅조직에서 소비자니즈 파악을 위해 막대한 시간과 돈을 투자했음에도 불구하고 영업사원들이 직접 고객을 위한 판촉안을 개발할 수밖에 없었다.

출처 : 메리 라슨, 롬니 레스니 (2008), "영업효율 투자의 덫," 동아비즈니스리뷰, 10월, 18호, 94-96,
원문 : Larson, Mary and Romney Resney (2004), "Why "sales force effectiveness" isn't", *Handbook of Business Strategy*, 5 (1), 233-238.

1. 갈등의 원인

회사의 목표 달성을 위해 두 부문 간의 보다 조화롭고 생산성 있는 관계를 정립하기 위해서는 두 부문 간의 갈등의 원인이 무엇인지를 살펴볼 필요가 있다. [그림 5-2]는 갈등의 원인과 갈등의 발생관계를 설명하는 모델을 제시하고 있다. 두 부문 간의 갈등이 발생하는 가장 근원적인 원인은 두 부문의 역할이 다르기 때문이다. 이러한 역할의 차이로 인해 각각의 업무를 수행하는 형태에도 차이가 발생하고, 구성원들의 특성에도 차이가 발생하며, 회사의 경쟁력을 어떻게 확보할 수 있을 것인가에 대한 관점상에서의 차이도 발생한다. 이러한 차이들로 인해 두 부문 간에는 마케팅믹스 변수의 운용, 예산의 할당, 서로의 역할에 대한 평가 등을 둘러싼 갈등이 발생하게 된다.

그림 5-2 | 영업과 마케팅 간의 갈등모델

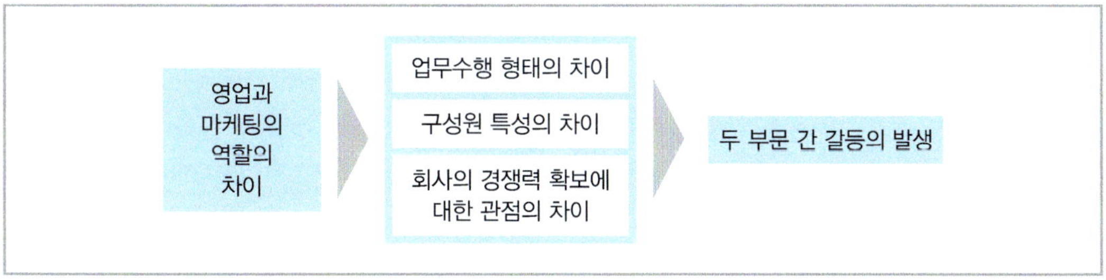

1.1 영업과 마케팅의 역할의 차이

영업의 역할이 매우 다양해지고 복잡해지기는 하였지만, 영업의 가장 기본적인 역할은 고객과의 직접적인 접촉을 통해 제품이나 서비스를 판매하는 것이다. 판매 없이는 회사가 존속할 수 없기 때문에 영업부서는 회사의 규모나 업종 등과 관계없이 모든 기업에서 매우 중요한 부서로 존재하여 왔다. 이에 반해 마케팅의 역할과 중요성은 회사의 규모나 업종 등 여러 가지 요인에 의해 크게 차이가 난다. 마케팅이 영업을 보조하는 역할을 수행하거나, 중요성이 그다지 크지 않은 경우에는 두 부문 간에 갈등이 거의 발생하지 않지만, 반면에 마케팅부서의 역할이 영업의 역할과 명확하게 분리되어 있고, 규모와 중요성도 큰 경우에는 두 부문 간의 갈등이 첨예화될 가능성이 있다. 즉, 영업과 마케팅의 갈등은 회사에서 마케팅이 수행하는 업무의 중요성에 따라 크게 차이가 난다.

마케팅의 주된 역할은 크게 두 가지로 구분될 수 있다. 첫째는 마케팅전략을 수립하는 것으로 여기에는 시장세분화, 목표고객 선정, 그리고 브랜드 컨셉의 도출 등이 해당된다. 둘째는 브랜드 컨셉의 구체화를 위한 마케팅믹스 변수전략을 세우는 것으로, 제품전략, 가격전략, 유통전략, 촉진전략 등이 이에 해당한다. 즉, 마케팅에서는 판매가 잘 이루어지기 위한 기반을 조성하는 업무를 담당한다고 할 수 있다. 이러한 이유로 흔히 영업부서는 라인(line, 직계조직), 마케팅은 스태프(staff, 참모조직)로 분류된다. 스태프인 마케팅은 영업이 활성화될 수 있도록 지원하는 역할을 담당하고, 라인인 영업부서는 회사의 목표를 직접적으로 실현하는 역할을 담당한다. 특히 소비재부문에서 마케팅 인력은 브랜드관리자(brand manager) 혹은 제품관리자(product manager)로 불리는데, 이들은 특정 브랜드나 제품군에 대한 마케팅전략의 수립과 집행을 책임지고 있다.

마케팅의 역할은 회사의 규모와 업종에 따라 크게 달라진다. 회사의 규모가 작은 경우에는 마케팅 업무만을 담당하는 인력을 따로 두고 있지 않은 경우가 많고, 이러한 경우에는 영업에서 마케팅 업무까지 겸해서 수행한다. 따라서 이 경우에는 두 부문 간의 갈등이 발생할 가능성이 원천적으로 존재하지 않는다. 회사의 규모가 커지면서 영업부문의 업무를 덜어주기 위해 마케팅 전문인력을 채용하여 시장의 동향분석, 마케팅전략 수립, 시장세분화, 제품개발, 가격설정, 광고 등의 업무를 수행하게 되었다([글 5-5] 참조). 마케팅의 영역이 넓어지면서 마케팅의 역할도 강화되고 마케팅 인력의 수도 증가하게 되었는데, 이러한 추세가 진전됨에 따라 두 부문의 갈등도 표면화되기 시작하였다. 마케팅부서의 규모는 업종과도 관련이 깊다. 즉, 상대적으로 시장세분화, 목표고객의 선정, 브랜드 컨셉 등이 중요한 B2C 업종에서는 마케팅의 중요성과 규모가 커지지만, 잠재고객의 수가 제한적이고, 브랜드 컨셉보다 고객과의 관계가 보다 더 중요한 의미를 지니는 B2B 업종에서는 마케팅의 역할이 제한적이기 때문에 마케팅부서의 규모도 작다. 결론적으로 영업과 마케팅과의 갈등은 규모가 큰 B2C 업종의 기업에서 가장 첨예하게 발행한다고 할 수 있으며, B2B 업종이나 소규모 기업에서는 상대적으로 두 부문 간의 갈등이 적다고 할 수 있다.

역사적 관점에서의 영업과 마케팅

글 5-5

"역사적인 관점에서 설명하면 영업사원들이 마케팅전문가의 연구를 필요로 하였다. 영업직은 너무 바쁘기 때문에 스스로 마케팅연구를 할 시간이 없었다. 또한 영업사원들은 판매가능성이 높은 곳을 알고 싶어 했다. 그리고 이들은 브로슈어나 광고를 만들 능력이 없었다. 그래서 사실 마케팅은 마케팅부서가 생기기 전에는 영업부서의 일부였던 것이다. 그 이후에 브랜드 관리자, 세분시장관리자가 생겨나고 가격전문가도 나타났다. 나중에야 마케팅부서가 영업부서로부터 독립한 것이다. 마케팅부서는 영업부서를 돕기 위해 존재한다. 그래서 마케팅부서가 영업 쪽의 호응을 받지 못한다면 존재할 수 없다. 왜냐하면 영업사원들이 더 이상 마케팅에 돈을 쓰지 않으면 좋겠다고 말할 것이기 때문이다. 차라리 영업 쪽에 돈을 더 많이 주고 마케팅부서를 없애는 것이 좋겠다고 말이다. 마케팅 쪽에서 항상 유념해야 할 것은 마케팅은 영업을 위해 존재한다는 것이다."

출처 : 동아비즈니스리뷰 (2012), 필립 코틀러 교수와의 토크쇼, Issue 2, No. 119, 92-99.

1.2 업무수행 형태, 구성원의 특성, 관점의 차이

브랜드 컨셉을 설정하고 이의 구체화를 위한 마케팅믹스 전략을 수립하는 마케팅의 역할은 현장에서 고객과의 관계를 형성하고 이를 바탕으로 제품이나 서비스를 판매하는 영업의 역할과는 상당한 차이가 있고, 이러한 차이로 인해 두 부문에서 업무를 수행하는 형태도 다르고, 업무를 수행하는 직원들의 특성도 다르며, 회사의 경쟁력을 어떻게 강화시킬 수 있을 것인가에 대한 관점도 다르다.

▪ 업무수행 형태의 차이

마케팅관련 업무를 수행하는 직원(이하 마케터)들은 주로 전략 수립과 관련된 업무를 수행하기 때문에 직관이나 경험보다는 논리와 데이터 분석을 기반으로 업무를 수행한다. 업무의 수행을 위해 2차자료의 수집과 분석은 물론, 경쟁사나 대표적인 외국회사에 대한 벤치마킹, 설문조사와 인터뷰와 같은 1차자료의 수집과 분석, 아이디어 창출을 위한 브레인스토밍 등의 다양한 방법을 활용한다. 또한 경우에 따라서는 전략의 수립을 위해 컨설팅 회사와 계약을 체결하여 협업을 하기도 한다. 이들은 주로 시장 전체의 흐름이 어떠한가에 관심이 있기 때문에 현장에서의 개별적인 사례에 대해서는 큰 관심을 두지 않으며, 그보다는 통계자료나 설문조사 자료와 같이 전체적인 경향을 파악할 수 있는 자료에 의존하여 업무를 수행한다. 이러한 업무적인 성격으로 인해 이들은 거의 대부분 회사 내의 사무실에서 근무한다. 즉, 회사 내에서 자료의 수집과 분석, 전략보고서 작성, 마케팅전략 프레젠테이션 등의 업무를 수행한다.

반면에 영업사원의 주된 역할은 고객관계의 관리와 판매의 실현이기 때문에 고객과의 접촉이 가장 중요한 업무이고, 따라서 고객이 있는 장소가 곧 업무를 수행하는 장소가 된다. 이들은 고객과의 접촉 과정에서 거절을 당하기도 하고, 주어진 할당을 채우지 못해 상사로부터 질책을 받기도 하고, 그 결과로 인센티브를 받지 못하는 등 업무 스트레스가 매우 심하다. 대신 실적이 좋으면 많은 인센티브를 받을 수 있고, 회사가 자신의 활동을 통해서 매출과 이익을 실현한다는 자부심을 갖게 된다. 영업사원들도 회사의 사무실에서 업무를 보기도 하지만 이는 외부에서의 활동을 위한 보조적인 활동일 뿐 주된 활동은 아니다. 이렇게 주로 사무실에서 자료와 씨름하며 근무하는 마케터와 주로 외부에서 고객과 씨름하며 근무하는 영업사원 간에는 생활패턴 자체가 다르기 때문에 서로 간의 이해의 폭이 좁을 개연성이 존재한다.

▪ 구성원 특성의 차이

두 부문의 역할의 차이는 구성원들의 특성의 차이를 불러온다. 마케터의 경우에는 자료를 수집하고 분석하는 업무를 수행해야 하고, 파워포인트 등을 활용하여 잘 구성된 전략보고서를 작성할 수 있어야 하며, 또한 외국사의 동향 파악을 위해 외국어로 된 문서를 읽거나 외국인과 대화를 하기 위해 외국어 실력도 갖추어야 하기 때문에 적어도 학사학위를 가지고 있는 것이 일반적이다. 규모가 큰 기업의 경우에는 석사나 박사학위를 가지고 있는 마케터들도 많다. 반면에 영업사원의 경우에는 학사학위를 소지한 경우도 많지만 그 이하의 학력을 가지고 있는 경우도 많다. 제약영업이나 기술영업 등 전문분야에 대한 지식이 요구되는 경우에는 석사학위 이상의 학력을 가지고 있는 영업사원도 있지만 이는 예외적인 경우에 속한다. 또한 성격적으로 보면 논리적이고 분석적이며 원칙주의적인 성향을 지닌 사람들이 마케터로 적합하며, 친화적이고 인간적이며 상황적응적인 성향을 지닌 사람들이 영업사원에 어울린다. 마케터는 자신의 분석력, 직관력, 전략수립능력 등을 통해 자아를 실현해 가지만, 영업사원은 고객과의 관계를 통해 자아를 실현해 간다. 영업사원에게 있어서 분석력이나 전략수립능력은 고객과의 관계증진을 위한 수단적인 의미밖에 지니지 못한다. 이러한 학력의 차이나 성격적인 차이도 두 부문 간에 갈등을 발생시키는 주요한 원인이 된다.

■ 회사의 경쟁력 확보에 대한 관점의 차이

두 부문 간의 역할의 차이로 인해 두 부문은 회사의 경쟁력을 확보하는 방법에 대해 매우 상이한 관점을 갖게 된다. 이러한 차이는 [그림 5-3]에서와 같이 4가지 측면에서 분석될 수 있다. 마케팅전략을 수립하기 위해서는 전사적인 관점, 장기적인 관점, 브랜드중심의 관점, 수익중심의 관점이 중시된다. 이에 반해 영업현장에서 판매업무를 수행하여야 하는 영업의 입장에서는 전사적인 관점보다는 영업현장의 구체적인 상황을 중시하는 관점, 장기적인 관점보다는 매출 등의 단기적인 성과를 중시하는 관점, 브랜드보다는 고객과의 관계를 중시하는 관점, 수익보다는 매출중심의 관점을 갖게 되는 경향이 있다.

- **전사적 관점 vs 구체적 상황중심 관점** : 마케팅부서는 영업현장에서의 개별적인 상황보다는 시장 전체의 평균적인 상황과 추세를 중시한다. 이는 회사의 경쟁력 강화를 위한 마케

그림 5-3 | 영업과 마케팅 간의 회사의 경쟁력 확보에 대한 관점의 차이

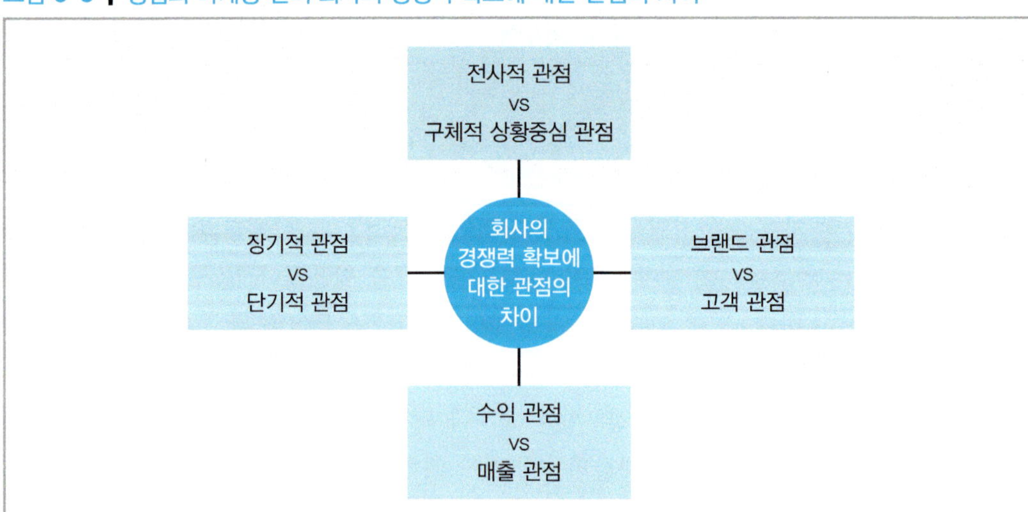

팅전략을 수립하기 위해서는 개별적인 상황을 모두 고려할 수 없으며, 평균적인 상황과 추세에 적합한 전략을 수립하여 전사적으로 일관성 있게 추진하는 것이 바람직하다고 판단하기 때문이다. 즉, 영업현장에서의 개별적인 특수한 케이스를 전략에 반영시킬 수는 없으며, 가능하다고 하여도 바람직하지 않다고 생각한다. 그러나 영업부서는 실제로 현장을 체험하고 있기 때문에 현재 눈앞에서 전개되고 있는 구체적인 상황이 주된 관심사가 된다. 회사의 전사적인 마케팅전략도 중요하고 또한 존중되어야 하지만, 현장에서 적용되지 못하는 전략은 가치가 떨어진다고 생각한다. 전사적으로 모든 상황에 예외 없이 일관성 있게 적용되어야 하는 회사의 마케팅전략은 구체적인 상황을 반영할 수 없고, 따라서 매우 비효율적일 수 있다는 관점을 가지고 있다.

• 장기적 관점 vs 단기적 관점 : 마케팅부서는 경쟁력 강화를 위해서는 장기적인 안목에서 전략을 세우고 추진해나가야 한다고 생각한다. 단기적인 매출이나 이익도 중요하지만, 지속적으로 매출이나 이익을 실현하기 위해서는 장기적인 시각에서 현재를 바라보는 것이 중요하다고 생각한다. 그래서 현재의 매출이나 이익도 중요하지만, 만일 현재의 매출이나 이익을 실현하는 과정에서 미래의 매출이나 이익이 손상을 입을 가능성이 있다고 판단하면 이에 대해 적극 반대하는 입장을 취한다. 영업부서는 생각이 다르다. 그들의 생각에는 현재가 없는 미래는 없다. 미래를 위해서는 현재가 존중되어야 하고, 보다 나은 미래를 준비하기 위해서는 현재에 실현하는 매출과 이익은 많을수록 좋다는 생각을 가지고 있다. 그래서 영업의 입장에서는 1년이나 2년 후의 미래를 논하는 마케팅은 '현실을 모르면서 지적 유희를 즐기는 존재'로 비춰질 수 있다.

• 브랜드 관점 vs 고객 관점 : 마케터는 자신이 소속된 팀에서 관리하는 브랜드를 매우 중시한다. 더욱이 자신이 특정 브랜드의 기획단계에서부터 참여한 경우에는 더욱 더 큰 애착을 갖는다. 특히 B2C 분야의 마케터는 브랜드의 파워가 강하면 판매는 저절로 이루어진다고 생각하는 경향이 있다. 그래서 마케터는 구체적으로 어떤 사람이 이 제품을 구매하는가에 대해서는 별 관심이 없다. 다만 목표고객이 제대로 설정되었는지를 확인하기 위해 구매자의 평균적인 특성이 어떠한지에 대해 관심을 가질 뿐이다. 이들은 고객들의 브랜드에 대한 충성도가 강하면 수요는 저절로 창출된다고 믿기 때문에 고객과의 접촉을 통한 영업활동보다는 광고 등과 같이 소비자들의 마인드에 대한 투자가 강력하게 이루어져야 한다고 생각한다. 이른바 풀전략(pull strategy)에 대한 믿음을 굳게 가지고 있는 것이다. 이에 반해 영업사원은 고객과의 관계를 통해 제품이나 서비스를 판매하기 때문에 개별브랜드보다는 고객에 훨씬 더 무게의 중심을 둔다. 영업사원에게 있어서 브랜드가 중요한 경우는 자신이 관리하고 있는 고객들이 특정 브랜드를 많이 찾을 때이며, 그 경우

에도 브랜드 자체에 대한 애착이 우선되지는 않는다. 즉, 영업사원은 고객과의 관계가 긴밀하면 어떠한 제품이나 서비스도 판매할 수 있다고 생각한다. 마케터와는 달리 이른바 푸시전략(push strategy)에 대한 믿음을 굳게 가지고 있는 것이다. 결론적으로 회사의 경쟁력 강화를 위해 마케터는 브랜드중심적인 전략의 전개가 필요하다고 믿는 경향이 있는 반면, 영업사원은 고객중심의 전략이 필요하다고 믿는 경향이 있다.

- **수익 관점 vs 매출 관점** : 마케터는 일정한 수익이 확보되지 않는 판매는 의미가 없다고 생각하는 경향이 있다. 매출액도 중요하고 시장점유율도 중요하지만 회사의 목표는 이윤의 극대화이기 때문에 제품이나 서비스는 적정한 가격을 받고 판매되어야 한다고 생각한다. 이러한 경향은 마케터의 브랜드에 대한 애착과도 관계가 있다. 자신이 소속된 팀에서 관리하고 있는 브랜드가 잦은 가격할인 행사와 같은 판촉활동을 통해 판매되는 것을 좋아하지 않으며, 제 값을 받고 정당한 대우를 받으면서 판매되기를 원한다. 영업사원의 입장은 이와는 차이가 있다. 일단 매출이 많아야 시장에서 회사의 위치를 공고히 할 수 있다고 믿기 때문에 경우에 따라서는 판매의 활성화를 위해 가격할인과 같은 판매촉진 수단을 원활하게 활용할 수 있어야 한다고 생각한다. 이를 통해 고객과의 관계가 유지되고 개선될 수 있다면 미래의 판매에도 좋은 영향을 미칠 수 있다고 생각하기 때문이다. 이러한 생각은 영업사원에 대한 성과평가나 인센티브가 매출과 직결되어 있는 경우가 많기 때문에 더욱 강화된다. 즉, 영업사원의 입장에서는 매출이 많아야 인센티브도 많이 받을 수 있고, 회사 내에서의 파워도 커지기 때문에 가격할인을 포함한 여러 가지 수단들을 원활하게 사용하여 판매를 극대화시킬 수 있기를 원한다.

2. 갈등의 발생

두 부서 간의 업무수행 형태의 차이, 구성원들의 특성의 차이, 회사의 경쟁력 확보에 대한 관점의 차이는 두 부서 간의 갈등을 유발시킨다. 이러한 갈등은 마케팅믹스 변수에 대한 의사결정, 영업활동의 방향, 상대방의 역할에 대한 평가 등에 대한 갈등으로 구분하여 살펴볼 수 있다.

2.1 마케팅믹스 변수에 대한 의사결정

두 부문 간의 갈등은 제품, 광고, 프로모션 등 다양한 마케팅믹스 변수에 대한 의사결정 과정에서 첨예화될 수 있다. 제품 개발의 방향을 결정함에 있어서 시장 전체의 평균적인 성향을 중시하는 마케팅은 많은 고객에게 어필할 수 있는 상품을 출시하고자 하는 경향을 보인다. 이에 대해 개별 고객의 니즈에 대한 관심이 많은 영업은 마케팅에서 기획한 제품이 고객의 구체적인 니즈를 반영하고 있지 못하다고 비판할 수 있다. 영업은 다양한 고객들의 개별적인 니즈에 부합할 수 있도록 개별화가 가능한 제품이 출시되기를 원하지만, 수익성의 확보나 브랜드이미지의 구축을 중시하는 마케팅부서는 이러한 개별화될 수 있는 상품의 개발에 대한 요구에 적극적으로 부응할 생각이 별로 없다. 가격에 대해서도 마케팅과 영업은 상반된 견해를 가지고 있다. 영업은 판매가 잘 이루어질 수 있도록 가능한 한 경쟁력 있는 가격이 설정되기를 바라고, 또한 고객과의 협상이 원활하게 이루어질 수 있도록 가격조정에 대한 권한이 대폭 영업부서에 이양되기를 원한다. 하지만 수익성과 브랜드이미지를 중시하는 마케팅은 영업의 이러한 요구에 대해 반대하는 입장을 취한다.

프로모션 수단에 대해서도 풀전략을 중시하는 마케팅과 푸시전략을 중시하는 영업은 그 입장이 명확히 구분된다. 마케팅은 자사 브랜드에 대한 고객들의 인지, 관심, 선호 등과 같이 판매에 선행하는 소비자의 마인드에 대한 투자를 중시해야 한다고 생각한다. 하지만 영업은 특히 TV광고와 같이 브랜드인지도나 선호도를 향상시키기 위해 많은 예산을 사용하는 것은 낭비이며, 그보다는 판매에 직접적으로 도움이 될 수 있도록 예산이 영업조직의 규모를 키우고, 영업사원들의 능력을 제고시키는 데 집중적으로 배정되어야 한다고 생각한다. 프로모션의 한 수단인 판매촉진을 둘러싸고도 영업부서와 마케팅부서 사이에 갈등이 생기는 경우가 많다. 예를 들어 일용 소비재기업의 영업부서에서는 판매의 활성화를 위해 사은품, 원플러스원, 가격할인 등과 같은 판촉행사를 하기를 원하는데 마케팅부서는 이러한 판촉행사에 대해 수익성을 이유로 난색을 표명하는 경우가 많다. 또한 대형마트와 같이 강한 힘을 가지고 있는 유통업체를 담당하고 있는 전략고객 영업팀이 판촉과 관련한 대형마트의 무리한 요구를 마케팅부서에 여과 없이 전달하여 집행해주기를 요구하는 경우에 두 부서 간의 갈등은 피하기 어려워진다.

2.2 영업활동의 방향

영업활동의 방향에 대해서도 브랜드이미지와 수익성을 중시하는 마케팅과 단기적 실적을 우선시 하는 영업 간에는 갈등관계가 형성될 수 있다. 장기적인 관점에서 브랜드를 키워나가야 한다고 생각하는 마케팅부서는 영업부서에 대해 마케팅전략 수립과정에서 도출된 브랜드이미지의 구축에 부합하는 영업활동을 요구하고 있는데, 영업부서가 이러한 요구와는 달리 단기적인 실적을 가장 잘 올릴 수 있는 방향으로 영업활동을 전개하고 있다면 두 부서 사이의 갈등은 피할 수 없게 된다. 예를 들어 마케팅부서에서는 젊은층을 대상으로 젊은 브랜드의 이미지를 각인시키기 위해 광고활동 등을 전개하고 있는데, 영업부서에서는 위험부담을 줄이기 위해 연령층을 구분하지 않고 기존의 익숙한 고객들을 대상으로 영업활동을 하는 경우가 이에 속한다. 주력 판매제품에 대해서도 마케팅은 영업부서에서 수익성이 좋고 성장가능성이 높은 제품을 중심으로 영업활동을 전개하기를 원하지만, 할당을 주요 동기부여 수단으로 사용하는 회사에서는 영업사원이 할당을 채우기에 적합한 저마진의 제품을 중심으로 영업활동을 전개할 가능성이 높다.

2.3 상대방의 역할

시장 전체의 흐름을 중시하고 장기적인 시각에서 시장을 보아야 한다고 생각하는 마케팅과 고객의 니즈를 중심으로 판매를 최우선시하는 영업은 상대방의 역할에 대해 좋은 평가를 하지 않으려는 경향을 보인다. 또한 주로 사무실에서 근무하면서 설문조사자료나 통계자료를 중시하는 마케팅과 현장에서 뛰면서 고객의 구체적인 목소리를 중시하는 영업 간에는 조직문화에 있어서 차이가 엄연히 존재하며, 이러한 차이는 서로에 대한 깊은 이해를 저해하는 요인으로 작용한다.

마케팅은 영업에 대해 전체 시장을 보지 못하고 개별적인 경험을 너무 중시하며, 일관성이 없고, 단기적인 매출에만 관심을 가지고 있다고 생각한다. 즉, 회사의 발전을 위해 매출이 중요한 것은 사실이지만, 회사의 경쟁력 강화를 위해서는 시장 전체를 장기적인 안목에서 바라볼 수 있어야 하는데, 영업은 그러한 역할을 해주지 못하고 있다고 비판한다. 그래서 진정으로 회사의 경쟁력 강화에 기여할 수 있는 부서는 영업이 아닌 마케팅이며, 영업은 마케팅부서에서 수립한 전략을 차질 없이 충실하게 실행하는 것이 최선이라고 생각한다. 이에 대해 영업은 최종적으로 회사의 매출이나 수익에 대해 책임을 지고 있는 것은 영업이고, 따라서 마케팅은 영업을 적극적으로 지원해야 함에도 불구하고, 실제로는 회사의 매출이나 수익과는 동떨어져 보이는 전략만 탁상공론식으로 만들어내고 있다고 비판한다. 즉, 영업은 마케팅에 대해 영업현장에 대해 알지도 못하면서 실속도 없이 겉으로만 그럴듯한 전략들은 늘어놓고 있다고 비판한다.

보상 등의 처우 수준에 대해서도 두 부문의 입장은 극명하게 갈린다. 마케터는 자신들은 높은 수준의 지적인 능력과 창의성이 요구되는 마케팅전략의 수립을 위해 장시간 열심히 일하고 있고, 또한 학력 등의 측면에서 보아도 당연히 영업사원들보다 더 좋은 대우를 받아야 함에도 불구하고, 주변을 돌아보면 자신들보다 훨씬 더 많은 소득을 올리는 영업사원들이 너무 많다고 불만을 터뜨릴 수 있다. 또한 자신들은 급여만 받고 있는데, 영업사원들은 돌아다니면서 교통비, 숙박비, 통신비, 접대비 등의 영업경비 명목으로 회사 돈을 마구 쓰고 있다고 비판할 수 있다. 영업사원은 반대로 매출은 영업에서 올리고 있는데, 마케팅은 별 하는 일도 없이 높은 임금을 받으면서 자신들이 번 돈을 낭비하고 있다고 비판할 수 있다.

상대방의 역할에 대한 평가와 관련하여 뚜렷한 입장 차이를 보이고 있는 부문 중의 하나가 바로 마케팅부서에서 확보하여 영업부서에 공급하는 잠재고객의 리스트에 대한 것이다. 잠재고객을 확보하여 이들의 리스트를 영업부서에 제공하는 것은 마케팅의 영업지원을 위한 매우 중요한 활동이며, 따라서 이 활동은 영업과 마케팅이 실무적으로 밀접하게 소통할 수 있는 계기를 마련해줄 수 있다. 그렇지만 이 부문에서도 양 부문 간에는 상당한 정도의 갈등이 발생할 수 있다. 마케터는 "잠재고객을 확보하기 위해서는 많은 노력은 물론, 창조적인 아이디어와 인사이트가 요구된다. 영업은 우리가 제공한 리스트를 활용하여 판매를 종결지을 뿐임에도 불구하고, 과도할 성노로 보상을 차지하고 실력을 인정받는다. 그리고 어떤 영업사원들은 우리가 제공한 리스트를 제대로 사용하지도 않는다. 리스트를 이용하여 신규고객의 창출에 힘써야 함에도 불구하고, 그저 자신들에게 익숙한 고객들만 찾아다닌다"고 비판할 수 있다. 이에 대해 영업사원은 "잠재고객이 실제로 제품을 구입하도록 만드는 일은 잠재고객을 확보하는 것보다 훨씬 더 어렵다. 마케터는 단지 잠재고객의 리스트를 제공해주고 있을 뿐인데, 이에 대해 너무 생색을 낸다. 더욱이 마케팅에서 제공해준 리스트의 질이 만족스럽지 못하다. 연락처가 바뀐 곳도 있고, 실제로 접촉을 해보면 전혀 관심이 없는 고객들도 많다"고 불평할 수 있다.

제4절 영업과 마케팅의 통합 정도의 측정

영업과 마케팅의 통합 수준을 어떻게 측정할 것인가도 중요한 이슈 중의 하나가 된다. 영업과 마케팅의 통합(integration)은 "각 부서의 활동이 상대 부서가 자신의 목표를 달성할 수 있도록 도움을 주는 방향으로 이루어지고 있는 상태"로 정의될 수 있다. 통합은 상호작용(interaction)과 협업(collaboration)의 두 개의 요인으로 구성된 개념이다. 상호작용은 두 부문 간의 커뮤니케이션과 정보교환이 얼마나 잘 이루어지고 있는가를 의미하고, 협업은 두 부문 간에 자원이 얼마나 원활하게 공유되고 있으며, 두 부문이 공동의 목표를 위해 얼마나 원활하게 협력하고 있는가를 의미한다.

상호작용과 협업 간에는 상호작용이 원활할수록 협업이 잘 이루어지는 관계가 형성된다. 이러한 논의에 의하면 통합은 두 부문이 물리적으로 합쳐지는 상태를 의미하는 것은 아니며, 두 부문이 고유의 정체성을 가지고 별도로 존재하되, 공동의 목표달성을 위해 원활히 정보를 교환하면서 협력하고 있는 상태를 의미한다. 많은 학자들이 통합의 정도에 대한 측정도구를 제공하고 있는데, [글 5-6]은 이 가운데 가장 포괄적이고 구체적인 항목들을 소개하고 있다. 여기에서는 각 문장에 대해 1~5의 숫자로 동의의 정도를 표시하도록 되어 있는데, 1은 '전혀 동의하지 않음'을 의미하고 5는 '전적으로 동의함'을 의미한다. 당연하게도 통합이 잘 이루어지고 있지 않다면 두 부문 간의 갈등이 보다 심각하게 발생하고 있다는 것을 의미한다.

영업과 마케팅의 통합 수준의 측정

글 5-6

1. 회사의 실제 판매액은 판매예측과 대체로 일치한다.
2. 일이 잘못 되었거나 결과가 실망스러운 경우에도 서로를 탓하거나 비난하지 않는다.
3. 마케팅부서의 직원들은 판매과정에서 핵심 고객들과 자주 미팅을 갖는다.
4. 마케팅에서는 마케팅계획을 수립할 때 영업의 참여를 요청한다.
5. 영업사원들은 마케팅에서 제작한 소개책자가 영업에 큰 도움이 되고 있다고 판단하고 있다.
6. 영업은 마케팅에서 요청한 피드백을 제공하는 데 매우 협조적이다.
7. 영업과 마케팅은 커뮤니케이션 과정에서 서로 이해할 수 있는 공통 용어를 사용한다.
8. 마케팅과 영업의 관리자들은 아이디어 창출, 시장동향, 제품개발 등의 전략적인 이슈에 대해 정기적으로 논의한다.
9. 영업과 마케팅은 서로 밀접하게 협력하면서 고객의 구매행동을 파악한다.
10. 영업과 마케팅은 회의에서 갈등해소나 위기관리 등을 논의하는 데 많은 시간을 허비할 필요가 없다.
11. 영업과 마케팅의 관리자들은 향후 2~3년 이내에는 출시되지 않을 제품이나 서비스에 대한 사업계획을 수립할 때에도 같이 협의한다.
12. 영업과 마케팅의 성공 여부를 결정함에 있어서 공통된 지표를 사용한다.
13. 마케팅은 핵심고객에 대한 영업전략을 수립하고 실행하는 과정에 적극적으로 참여한다.
14. 영업과 마케팅은 초기의 시장조사에서부터 고객서비스에 이르기까지의 모든 과정을 포괄하는 비즈니스 과정을 공동으로 개발하고 이를 이용하여 각자의 활동을 관리한다.
15. 마케팅은 영업과정에서 산출된 데이터를 분석하고 이를 이용하여 각 영업과정의 예측가능성과 효과성을 향상시키는 데 크게 기여하고 있다.
16. 영업과 마케팅은 "흥하면 같이 흥하고 망하면 같이 망한다"는 인식을 가지고 있다.
17. 영업과 마케팅은 CCO(Chief Customer Officer)나 CRO(Chief Revenue Officer)와 같은 공통된 한 사람의 임원에게 보고한다.

18. 영업과 마케팅 간에는 인적 교류가 활발히 이루어지고 있다.
19. 영업과 마케팅은 교육훈련 프로그램, 이벤트, 학습기회 등을 공동으로 개발하여 실행하고 있다.
20. 영업과 마케팅은 상대방이 최고경영진을 대상으로 계획을 보고할 때 이에 대한 준비와 프레젠테이션 과정에 적극적으로 참여한다.

모두 20개의 항목으로 구성되어 있고, 각 항목별 최고점수는 5점이기 때문에 가능한 최대점수는 100점이 된다. 점수가 높을수록 통합의 정도가 높다고 할 수 있고, 따라서 갈등이 발생할 확률도 적어진다. 점수 수준별 통합의 정도는 다음과 같이 평가될 수 있다.

- 20~39점 : 통합의 정도 하
- 40~59점 : 통합의 정도 중하
- 60~79점 : 통합의 정도 중상
- 80~100점 : 통합의 정도 상

출처 : Kotler, Philip, Neil Rackham, and Suj Krishnaswamy (2006), "Ending the War Between Sales & Marketing," *Harvard Business Review*, 84(7–8), 68–78.

제5절 영업과 마케팅의 통합방안

영업과 마케팅이 원활하게 통합이 되기 위해서는 두 부문 간의 커뮤니케이션이 활발히 이루어져야 한다. 이를 위해서는 두 부문이 의사소통할 수 있는 기회를 많이 확보하는 것이 중요하고, 회사도 이를 제도적으로 뒷받침해야 한다. 또한 두 부문 간의 통합은 조직구조의 변화를 통해서도 모색될 수 있다. 두 부문이 모두 참여하는 통합팀을 구성한다거나, 두 부문을 모두 관리하는 임원을 선임하는 것 등이 이에 포함된다. 이러한 논의에 따라 영업과 마케팅의 통합방안은 [그림 5–4]에서와 같이 커뮤니케이션의 활성화와 통합에 적합한 조직구조의 구축의 두 가지 측면에서 살펴볼 수 있다. 전자에는 합동회의체의 구성, 마케팅전략의 공동수립, 순환근무제의 도입, KPI의 공유, 교육훈련 프로그램의 공유, 정보시스템의 도입 등이 포함될 수 있고, 후자에는 총괄 부사장제의 도입, 영업 및 마케팅 통합팀의 구성, 커뮤니케이터의 임명, 필드(field) 마케팅부서의 구성 등이 포함될 수 있다.

그림 5-4 | 영업 및 마케팅의 통합방안

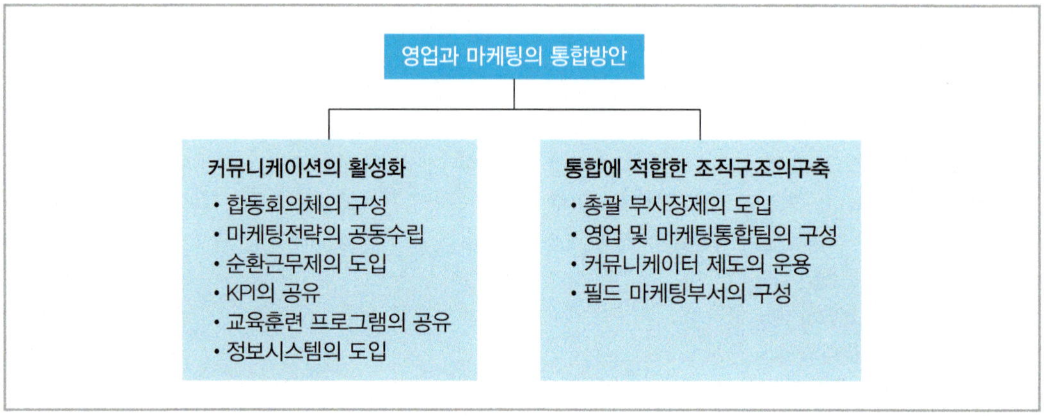

1. 커뮤니케이션의 활성화

두 부문 간의 커뮤니케이션이 활성화되기 위해서는 두 부문이 모두 참여하는 회의체가 활성화되어야 할 뿐만 아니라, 두 부문이 공동작업을 할 수 있도록 제도적인 장치를 마련하는 것이 중요하다.

1.1 합동회의체의 구성

일반적으로 두 부문의 직원이 모두 참여하는 회의는 시급한 사안을 해결하기 위해 반드시 필요한 경우가 아니면 이루어지지 않는다. 왜냐하면 일단 갈등관계에 있는 상대 부서의 직원들과 한 자리에 같이 있는 것이 불편하고, 또한 자기 부서의 업무를 상대 부서에서 자세하게 알게 되는 것을 원치 않기 때문이다. 영업과 마케팅은 고객가치의 창출과 고객관계의 관리라는 공동의 목표를 가지고 있기 때문에 이러한 부서중심의 문화를 타파하고 공동의 목표를 달성하는 것을 최우선으로 하는 새로운 조직문화를 창조해 나갈 필요가 있다. 고객은 영업활동과 마케팅활동을 구분하지 않는다. 고객의 관점에서는 마케팅이 곧 영업이고, 영업이 곧 마케팅이다. 영업과 마케팅은 단지 회사의 업무 수행상의 필요성에 의해 구분되었을 뿐이다. 따라서 두 부문은 고객을 향한 일관되고 통일된 커뮤니케이션을 지향하는 통합적 마케팅 커뮤니케이션(IMC : Integrated Marketing Communication)의 구현을 위해 두 부서가 같이 참여하는 회의체를 활성화시킬 필요가 있다. 이를 위해 영업회의에 마케터를 참여하도록 하거나, 마케팅 회의에 영업사원을 참여시켜서 상대 부서의 의견을 청취하는 것으로부터 시작하여, 더 나아가서는 두 부서가 같이 참여하는 합동회의체를 구성하여 정례화하는 것(예를 들어 매달, 격월, 분기별 통합회의 개최)이 바람직하다. 이러한 합동회의체를 통해 영업 및 마케팅 현안에 대해 양 부서의 의견을 실질적으로 조율할 수 있는 논의가 이루어질 수 있도록 하는 것이 중요하다.

1.2 마케팅전략의 공동 수립

영업과 마케팅 간의 관계에 있어서 마케팅전략의 수립 주체와 이를 실행하는 주체가 서로 다르다는 것도 두 부문 간의 갈등을 일으키는 주요한 원인으로 지적될 수 있다. 목표고객 설정, 가격, 제품디자인, 판매채널, 판매촉진 등 영업에 큰 영향을 미치는 마케팅전략은 마케팅부서에 의해 수립되고, 실제로 필드에서 제품이나 서비스를 판매해야 하는 것은 영업이기 때문에 판매가 부진할 경우 두 부서 간의 갈등은 피할 수 없다. 영업은 마케팅전략이 잘 못되었다고 비판하고, 마케팅은 영업활동이 충실히 이루어지지 않고 있다고 비판한다. 이러한 갈등을 사전에 예방하기 위해서는 마케팅전략의 수립과정에 영업을 참여시키는 것이 바람직하다. 이 방법은 두 가지의 중요한 장점을 가지고 있다.

첫째, 마케팅전략이 보다 정확한 정보를 바탕으로 수립될 수 있다는 점이다. 고객과의 접점을 형성하고 있는 영업부서는 고객과 시장에 대한 가장 최신의 정보를 가장 풍부하게 가지고 있다. 이러한 정보를 적기에 활용하면 보다 현실적이고 보다 효과적인 마케팅전략을 만들어 낼 수 있다. 예를 들어 자사 제품의 가격이나 디자인 등에 대한 고객들의 의견, 고객들이 요구하는 신제품 컨셉, 경쟁 제품에 대한 고객들의 반응, 예상치 못했던 구매층의 출현, 새로운 유통채널의 확대가능성 등에 대한 정보는 효과적이고 실전적인 마케팅전략을 수립함에 있어서 결정적인 역할을 수행할 수 있다. 둘째, 영업조직의 실행에 대한 책임의식을 향상시킴으로써 보다 높은 실적 달성을 기대할 수 있다는 점이다. 똑같은 전략이 만들어졌다고 하더라고 영업부서의 입장에서는 자신들의 의견이 반영되어서 만들어진 것인지의 여부에 따라 그 전략에 대해 느끼는 책임감이 크게 달라질 수밖에 없다. 두 부서의 합의에 의해 만들어진 전략은 이미 타부서만의 소유가 아니라 공동의 소유이고, 따라서 만들어진 전략을 실행하였을 때 실적이 부진하면 책임을 미룰 상대가 없다. 따라서 영업부서는 만들어진 전략이 매우 좋았다는 평가를 얻기 위해서라도 실행에 더욱 매진하게 된다.

1.3 순환근무제의 도입

영업과 마케팅 인력을 교차 근무하도록 하는 것도 커뮤니케이션의 활성화를 위한 매우 효과적인 방안이다. 순환근무제는 양 부서의 인력이 상대 부서의 업무를 익힐 수 있는 기회를 제공하는 대표적인 제도적 장치라고 할 수 있다. 실제로 많은 기업들이 순환근무제를 도입하고 있다. 세계 최대의 반도체 회사인 Intel사는 영업 · 마케팅 순환근무 프로그램을 마련하고, 영업이나 마케팅부서에서 근무하기를 원하는 대졸 신입사원이 입사하면 1년은 마케팅부서에서, 다음 1년은 영업부서에서 근무하도록 하고 있다. 신입사원은 이러한 과정을 통해서 제품이나 서비스에 대한 심도 있는 지식을 쌓을 수 있고, 회사의 비즈니스 모델에 대해서도 깊이 이해할 수 있게 된다. 신입사원은 2년에 걸쳐 이 프로그램을 이수한 후에 영업부서나 마케팅부서에 배속된다. 우리나라의 많은 기업들도 직원들의 영업에 대한 이해를 높이는 것이 매우 중요하다고 인식하고, 신입사원을 일정기간 동안 의무적으로 영업직에 배치하거나, 승진의 필수요건으로 영업현장에서의 근무경력을 규정하고 있다.

1.4 KPI의 공유

순환근무가 일정기간 동안 상대 부서에서 근무하면서 업무를 익히도록 하기 위한 제도적 장치라면, KPI(Key Performance Index, 핵심성과지표)의 공유는 소속된 부서에서 근무하면서 상대 부서의 직원과 적극적으로 커뮤니케이션을 하도록 만들기 위한 제도적 장치라고 할 수 있다. KPI는 성과평가와 직결되어 있고, 성과평가는 보상과 연계되어 있기 때문에 KPI의 공유는 두 부서의 구성원이 공통된 목표를 가지고 협업을 할 수 있도록 하는 강력한 수단이 된다. 그런데 KPI의 공유는 여러 가지 문제점도 동시에 가지고 있다. 먼저 두 부문의 업무가 매우 다르기 때문에 공동의 성과지표를 정하는 것 자체가 매우 힘든 작업이고, 더 나아가서 이러한 공동의 성과지표는 각 부서의 고유의 업무의 수행을 저해할 가능성이 있다. 예를 들어 단기적인 실적을 위주로 KPI를 정하면 당연히 마케팅부서의 업무에 지장이 올 수 있고, 반대로 장기적인 실적을 위주로 KPI를 정하면 영업부서의 단기적인 실적이 떨어질 수밖에 없다.

그렇지만 KPI의 공유가 두 부서가 완전히 동일한 KPI를 사용해야 한다는 것을 의미하는 것은 아니다. KPI를 부분적으로만 공유하는 것도 얼마든지 가능하며, 실제로 전체 KPI 중에서 5~10% 정도만 공유하게 하는 것만으로도 충분한 효과를 거둘 수 있다. 왜냐하면 공유하고 있는 KPI가 전체 KPI에서 차지하는 비중은 적지만, 다른 성과지표상에서의 차이가 크지 않을 경우에는 공유 KPI가 해당 직원의 평가에 결정적인 역할을 할 수 있기 때문이다. 직원들은 이러한 점을 잘 인식하고 있기 때문에 5~10% 정도의 KPI의 공유만으로도 영업사원과 마케터의 근무 행태에 근본적인 변화를 가져올 수 있다.

1.5 교육훈련 프로그램의 연계

일반적으로 대부분의 기업들이 영업과 마케팅의 영역은 별개라고 생각하고 교육훈련도 각 분야에 특화된 프로그램을 설계하여 실행한다. 그렇지만 실제로는 영업과 마케팅은 많은 분야에서 서로 의존해야 하는 관계에 있으며, 따라서 교육훈련에 있어서도 영업과 마케팅이 연계될 수 있는 프로그램을 마련하여 실행함으로써 두 부문 간의 연계를 강화시킬 수 있다. 예를 들어 고객의 문제를 해결하는 것을 목적으로 하는 자문적 영업의 비중이 높은 B2B 기업의 경우에, 영업과 마케팅에 공통으로 적용될 수 있는 자문적 영업 교육훈련 프로그램을 마련하고, 영업과 마케팅부서의 인력 모두가 이를 이수하도록 함으로써, 각 부서의 인력이 자문적 영업이 원활하게 이루어지기 위해서는 어떤 방식으로 상대방 부서와 협업을 이루어나가야 하는지에 대해 잘 이해할 수 있도록 도모할 수 있다. 또한 양 부문의 직원들은 이러한 연계교육훈련 프로그램에 참여함으로써 상대 부서의 직원과의 친분을 돈독히 할 수 있는 기회도 가질 수 있다. 이러한 친분관계는 업무를 수행하는 과정에서 양 부문의 협력관계를 강화하는 데 크게 기여할 수 있다.

1.6 정보시스템의 도입

고객관계관리(CRM)시스템이나 영업자동화(SFA)시스템 등과 같은 정보시스템도 영업과 마케팅의 커뮤니케이션 활성화에 기여할 수 있다. 마케팅부서에서는 정보시스템을 통해 제품정보, 최신 홍보자료, 경쟁사정보, 잠재고객정보, 영업조직 단위별 실적정보 등을 제공할 수 있으며, 영업사원들은 이러한 정보를 활용하여 영업활동을 보다 효율적으로 수행할 수 있다. 반대로 영업사원은 고객정보, 시장정보, 경쟁사정보 등을 시스템에 입력함으로써 마케팅부서에서 변화에 대한 대응능력을 높일 수 있는 전략을 수립하는 데 도움을 줄 수 있다. 또한 고객과의 커뮤니케이션이 영업 및 마케팅부서의 여러 팀과 다각적으로 이루어지고 있는 경우에 이 시스템을 활용하면 모든 관련 구성원이 해당 고객과 회사 구성원들과의 최신 접촉 정보를 쉽게 얻을 수 있고, 따라서 두 부서 간의 커뮤니케이션이 원활해질 수 있다. SFA시스템에 대한 상세한 내용은 제15장 '영업자동화'에서 기술하였다.

2. 통합에 적합한 조직구조의 구축

회사는 영업과 마케팅의 커뮤니케이션과 협업을 활성화시키기 위해 조직구조의 변화를 꾀하기도 한다. 조직구조의 변화에 의해 구성원들의 소속이 달라질 수도 있고, 부서나 직책이 새로 만들어지거나 없어질 수도 있기 때문에 조직구조의 변화는 조직구성원의 초미의 관심사가 된다. 그렇기 때문에 회사의 입장에서 조직구조의 변화는 회사의 의지를 조직구성원에게 인식시켜 줄 수 있는 강력한 수단이 된다. 영업과 마케팅의 통합에 기여할 수 있는 조직구조의 구축을 위해서 회사는 총괄 부사장의 선임, 통합팀의 구성, 연락 담당자의 임명, 필드 마케팅부서의 설립 등을 검토할 수 있다.

2.1 총괄 부사장제의 도입

영업과 마케팅이 독립적인 부서로 되어 있는 경우에 각 부서의 구성원은 각 부서의 책임자에게 보고하고, 각 부서의 책임자는 회사의 최고경영자(CEO)에게 보고하는 체제로 되어 있다. 그런데 최고경영자는 회사의 모든 부문을 총괄하고 있기 때문에 두 부서 간의 통합에 대해 소홀할 수 있으며, 따라서 각 부서는 회사 전체 차원의 이득보다는 부서의 이득을 우선하게 되기 쉽다. 이러한 이유로 두 부서 간에는 긴장이 조성되고, 예산 등을 둘러싸고 경쟁하는 관계가 형성된다. 이러한 문제를 근원적으로 해결하기 위해 두 부서를 총괄하는 임원을 둘 수 있다. 즉, 영업 및 마케팅을 동시에 담당하는 총괄 부사장제를 도입하여 총괄 부사장이 양 부문으로부터 모두 보고를 받고, 이를 종합하여 CEO에게 보고하는 체제를 구축할 수 있다. 총괄 부사장은 두 부서 모두를 책임지고 있기 때문에 두 부서가 조화를 이루어 공동의 목표를 달성할 수 있도록 조율하는 노력을 기울이게 된다. 총괄 부사장은 당연히 영업과 마케팅의 두 부문 모두에 대한 경험과 식견을 가지고 있어야 함은 물론, 고객가치의 창조와 고객관계의 강화를 위해 두 부문이 어떻게 협력을 해 나가도록 할 것인가에 대한 구체적인 생각도 가지고 있어야 하며, 무엇보다 공평하고 객관적인 관점에서 두 부서의 실적을 평가할 수 있어야 한다. 즉, 총괄 부사장이라는 직책 자체만으로 두 부서 간의 통합이 저절로 이루어지는 것은 아니며, 어떠한 능력과 자질을 갖춘 임원이 총괄 부사장이 되느냐에 따라 그 결과는 크게 달라질 수 있다.

2.2 영업 및 마케팅 통합팀의 구성

영업과 마케팅은 영업의 과정에서 서로 협력해야 하는 경우가 많다. 예를 들어 제약영업이나 기술영업에서는 고객을 대상으로 제품이나 서비스에 대한 기술적인 설명이 필요한 경우에 마케터가 이 과정에 참여하여 영업을 지원한다. 또한 신규고객 유치를 위해 영업과 마케팅을 포함한 많은 부서의 직원들이 참여하는 부서 통합적 영업팀이 구성되기도 한다. 이러한 영업팀은 한시적으로 운영되기도 하고, 매우 중요한 전략고객을 대상으로 하는 경우에는 항시적으로 운영되기도 한다. 그런데 위에서 기술한 형태의 협업은 진행되고 있는 영업 건을 성사시키기 위한 것이기 때문에 "두 부서 간의 협업을 위해 매우 중요함에도 불구하고 당장의 영업 건과는 관련이 없는" 현안들을 다루지는 못한다.

두 부서 간의 조율이 필요한 중요한 현안들을 선정하고, 이러한 현안들을 지속적이고 본격적으로 논의하면서 해결방안을 찾아가는 것을 주요 업무로 하는 통합팀을 구성하는 것도 두 부서의 통합을 위해 매우 바람직한 방법이 될 수 있다. 통합팀에서 논의할 수 있는 공통 현안으로는 두 부서의 공동 KPI 항목의 선정과 각 항목 가중치의 결정, 영업실적에 따른 두 부서 간의 인센티브 분배기준의 결정, 잠재고객 선정기준의 결정, 제품 및 서비스의 포지셔닝, 가치 제안의 방향 설성, 제품 및 서비스의 가격실정, 판매예측, 판매촉진방안의 결정, 대고객 커뮤니케이션 메시지의 결정 등을 들 수 있다. 이러한 현안들을 통합팀에서 결정하기 위해서는 한 부서에서 일방적으로 결정하는 것에 비해 두 부서의 이해관계를 조율해야 하기 때문에 결론에 이르기까지 더 많은 시간과 노력이 필요하지만, 두 부서의 의견이 폭넓게 반영될 수 있기 때문에 보다 현실적인 안이 만들어질 수 있고, 또한 이렇게 만들어진 안의 실행은 두 부서 모두의 책임이기 때문에 보다 충실하게 행동으로 옮겨질 수 있다.

영업사원과 마케터는 서로 다른 관점을 가지고 있기 때문에 통합팀은 항상 갈등이 발생할 가능성을 내포하고 있다. 통합팀 내에서 발생할 수도 있는 갈등을 적절하게 관리하지 못하면 통합팀 구성의 의도와는 달리 두 부서 간의 갈등은 더욱 증폭될 수도 있다. 이를 방지하기 위해서는 불협화음을 최소화하면서 협력관계를 유지할 수 있도록 구성원을 교육하는 한편, 팀에 대한 보상체계도 이에 적합하게 조성할 필요가 있다. 또한 팀을 구성할 때 두 부서 간의 통합에 대해 긍정적인 태도를 가지고 있는 직원들을 포함시키는 것도 중요하다.

2.3 커뮤니케이터 제도의 운용

두 부서의 커뮤니케이션을 원활하게 할 수 있도록 마케팅부서의 직원 한 명을 커뮤니케이터로 임명하는 것도 도움이 될 수 있다. 이 직원은 소속은 마케팅부서이지만 영업부서에서 근무하면서 영업사원들과 행동을 같이 한다. 고객방문도 같이하고, 경쟁 프레젠테이션에도 참여하며, 고객사의 전략회의에도 참여한다. 그렇지만 이 연락 담당자는 시장세분화나 제품 개발과 같은 마케터의 고유 업무는 수행하지 않는다. 이들의 가장 주된 역할은 영업부서의 업무의 현황, 시장과 고객에 대한 정보 등을 마케팅부서에 상시적으로 전달함으로써 영업활성화에 도움이 될 수 있는 마케팅활동이 이루어질 수 있도록 하는 것이다. 이 연락 담당자는 양 부서의 입장을 잘 조율할 의무가 있기 때문에 커뮤니케이션 능력이 탁월해야 함은 물론, 양 부서로부터 신뢰를 받고 있는 사람이어야 한다. 그런데 커뮤니케이터를 임명한다는 것은 한 명의 직원을 더 채용한다는 것을 의미하기 때문에 상당한 비용이 발생하게 된다. 따라서 커뮤니케이터 제도는 상시적으로 운용되기보다는 신제품 개발이나 전략고객을 위한 가치창출 업무 등과 같이 업무내용이 어렵고 복잡하여 양 부문 간의 커뮤니케이션이 매우 중요할 때 한시적으로 사용되는 것이 바람직하다.

2.4 필드 마케팅부서의 구성

마케팅부서를 장기적 · 전사적 · 브랜드중심적 활동을 수행하는 본사 마케팅팀과 단기적 · 국지적 · 고객중심적 활동을 수행하는 필드 마케팅팀으로 나누어 운영하는 것도 영업과 마케팅의 통합에 도움을 줄 수 있다. 필드 마케팅팀은 영업현장에서 영업팀과 행동을 같이 하면서 영업이 원활하게 이루어질 수 있도록 판매촉진, 잠재고객의 확보 등의 업무를 수행한다. 영업사원의 입장에서는 영업에 필요한 마케팅 관련 업무를 마케팅담당자가 바로바로 지원해주기 때문에 보다 효과적인 영업활동을 전개할 수 있고, 또한 시간적으로도 영업활동에 더욱 전념할 수 있게 된다.

CHAPTER 06

고객관계전략

제1절 고객관계전략의 개념과 중요성

제2절 고객관계전략의 유형

제3절 고객관계전략과 공급업체관계전략의 매칭

제4절 관계적 영업의 영역

제5절 가치제안

제6절 관계영업에서의 니즈 파악

제7절 B2C 분야에서의 관계적 영업

회사가 고객과 어떠한 관계를 맺기를 추구하느냐에 따라 영업사원의 영업활동은 물론, 영업관리자의 영업관리 활동 전반에 걸쳐 심대한 영향을 미친다. 여기에서는 먼저 B2B 분야를 중심으로 고객관계전략에 대해 기술하고, 다음으로 B2C 분야에서의 관계적 영업에 대해 기술한다.

제1절 고객관계전략의 개념과 중요성

1. 고객관계전략의 개념

'고객관계전략(account relationship strategy)'은 "회사가 고객과 맺기를 원하는 관계의 유형"을 의미하며, 따라서 '고객관계전략에 대한 의사결정'은 고객과 어떠한 관계를 추구할 것인가를 결정하는 것을 의미한다. 뒤에서 기술하는 바와 같이 고객관계전략은 주로 고객관계의 강도를 어느 정도로 유지할 것인가에 따라 그 유형이 구분된다.

공급업체의 입장에서 고객과의 관계 강화를 위해 노력하는 것은 일반적으로 매우 바람직하다. 하지만 노력에는 비용과 시간이 수반되기 때문에 이러한 노력이 정당화되기 위해서는 두 가지 조건이 충족되어야 한다. 첫 번째 조건은 투자한 것보다 더 많은 이득이 발생할 수 있다는 확신이 있어야 한다는 점이다. 그러기 위해서는 고객과의 거래규모가 일정수준 이상이거나 혹은 현재는 그렇지 못하다고 하더라도 가까운 미래에 거래규모가 확대될 가능성이 높아야 한다. B2B 기업들은 구매규모가 큰 고객들을 전략고객으로 지정하여, 부문통합적 영업팀의 도입 등 영업조직의 구조까지 변경시켜가면서 이들을 관리하기 위한 노력을 기울인다. B2C의 경우에도 거래규모가 큰 고객을 우수고객으로 지정하고, 영업사원들은 이들을 관리하기 위해 우수고객 우대 프로그램 등 여러 가지 다양한 활동을 전개한다. 그런데 B2C 기업의 경우에 B2B 기업과 차이를 보이는 점 중의 하나는 B2C 고객의 경우에는 자신의 구매규모가 크지 않더라도 주변의 지인들을 영업사원에게 많이 소개시켜주는 고객들도 집중적인 관리의 대상이 될 수 있다는 점이다. 대부분의 제품이나 서비스의 경우에 개인적 니즈에 의해서 구매할 수 있는 수량은 제한되어 있지만, 주변의 사람을 자신이 거래하는 영업사원에게 소개시켜줌으로써 영업사원의 영업을 활성화시켜 줄 수 있기 때문에 영업사원의 입장에서는 소개를 많이 시켜주는 고객도 집중적인 관리의 대상이 된다.

고객관계 강화 활동을 위한 두 번째 조건은 고객이 공급업체와 밀접한 관계를 형성하기를 원하여야 한다는 점이다. 고객이 단순히 제품이나 서비스의 가격과 품질에 의한 거래만을 원하는 경우에는 그 고객과의 밀접한 관계 형성은 불가능하다. 즉, 고객이 공급업체와의 관계 형성을 위해 노력할 생각이 없는 경우에는 단순히 사고파는 것 이상의 관계가 형성되기 어렵다. 그래서 거래규모가 큰 고객사의 경우에도 고객사의 태도에 따라서는 단순한 거래적 관계 이상의 관계가 형성되지 않는다. 예를 들어 세계 최대의 소프트웨어 공급업체인 Miacrosoft사의 경우, 자사의 몇몇 대형 고객들과는 거래적 관계만을 유지하고 있다. 왜냐하면 이러한 몇몇 대형 고객들은 원래부터 공급업체와 밀접한 관계를 맺지 않는 기업문화를 가지고 있거나, 혹은 자사의 중요한 기업정보가 공급업체에게 알려지기를 원치 않기 때문이다. 주식거래와 같은 경우에도 증권사 영업사원(투자상담사)의 조언을 원하는 투자자의 경우에는 영업사원이 투자자와 밀접한 관계를 형성할 수 있지만, 주식투자의 고수(高手)로 온라인 트레이딩을 하는 투자자의 경우라면 영업사원이 이 고객과 밀접한 관계를 형성하기는 거의 불가능하다.

2. 고객관계전략의 중요성

[그림 6-1]에서와 같이 회사는 거래규모와 같은 고객의 특성, 경쟁환경, 시장의 규모, 자사의 역량 등의 요인을 고려하여 어떠한 고객관계전략을 추구할 것인지를 결정한다. 이렇게 정해진 고객관계전략은 영업사원의 영업활동은 물론, 영업관리 전반에 걸친 정책 방향에 크게 영향을 미치는데, 이것이 바로 고객관계전략이 중요해지는 이유이다.

먼저 회사가 추구하는 고객관계전략에 따라 고객관계의 관리주체인 영업사원의 활동 형태

그림 6-1 | 고객관계전략의 선행요인과 후행요인

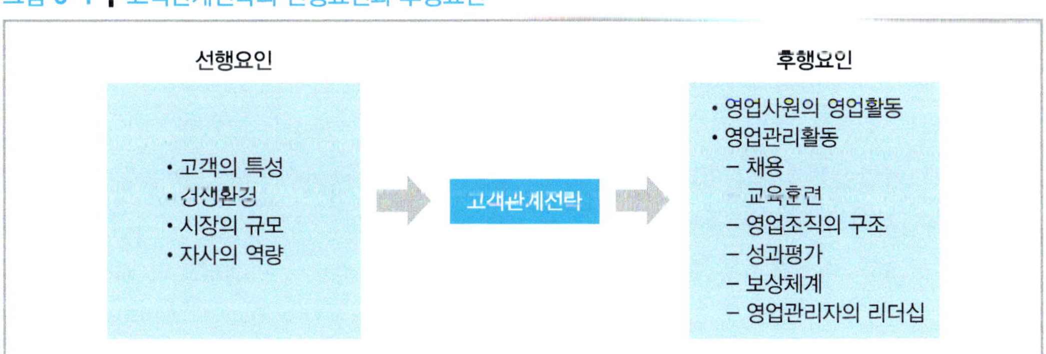

가 크게 달라진다. 회사가 고객과 단순한 거래적 관계 이상의 관계를 추구할 필요가 없다고 판단하면, 영업사원들도 이에 적응하기 위해 가장 비용효율적으로 판매가 이루어질 수 있는 방안을 모색한다. 즉, 영업사원은 자신의 시간을 절약하기 위해 직접적인 방문보다는 전화나 인터넷을 통한 접촉을 선호하고, 고객의 구체적인 상황을 파악하기 위해 노력하기보다는 회사로부터 보다 좋은 가격조건이나 판촉수단을 얻어내기 위해 노력한다. 또한 고객과의 장기적인 관계 유지에 대한 관심이 적기 때문에 고객이 현재 처해 있는 문제가 무엇인지에 대한 심도 있는 이해를 하려고 하지 않으며, 판매 후의 서비스제공도 시간과 비용이 소요되기 때문에 최소화하려고 한다. 대신에 고객으로부터 다른 고객들을 소개받는다거나 고객이 추가적인 구매를 해주는 것 등도 별로 기대하지 않는다.

단순한 거래를 위한 영업활동은 상대적으로 복잡하지 않기 때문에 영업사원들이 팀을 이루어 같이 활동을 할 필요가 적고, 따라서 각자가 홀로 활동하는 것이 일반적이다. 반면에 회사가 고객과 장기적인 관계를 추구하면, 영업사원들의 활동도 단기적인 판매와 함께 고객과의 관계를 강화할 수 있는 방향으로 이루어진다. 고객에 대한 심도 있는 이해와 고객의 문제를 해결할 수 있는 방안을 만들어 내야 하기 때문에 혼자 모든 것을 감당하기 힘들고, 따라서 팀 단위로 영업활동을 하는 경우가 많아진다. 당연히 고객과의 접촉도 방문에 의한 직접적인 접촉이 주류를 이루게 되고, 판매 후의 서비스활동도 판매 자체만큼이나 중요해진다.

회사의 모든 영업관리활동도 추구하는 고객관계전략에 따라 달라진다. 회사가 고객과 심도 있는 관계를 구축하기 위해서는 고객중심의 마인드가 형성되어 있으면서, 고객과의 커뮤니케이션을 원활하게 수행할 수 있고, 해당 산업에 대한 심도 있는 지식을 갖추고 있는 영업사원을 양성해야 한다. 이를 위해서는 영업사원 채용 프로세스나 교육훈련의 내용도 이에 맞게 구성되어야 한다([글 6-1] 참조). 영업조직의 구조도 단순한 형태의 지역적 구조가 아니라, 고객을 중심으로 하는 구조를 도입하는 것이 바람직하다. 성과평가에 있어서도 사후 서비스의 제공횟수나 고객만족도와 같은 고객중심의 성과평가기준의 비중이 높아져야 하고([글 6-2] 참조), 또한 보상방법도 단순한 거래관계를 추구하는 경우에 비해 결과보다는 과정이나 행동변화를 중심으로 정비되어야 하며, 팀단위의 영업이 많이 이루어지는 만큼 지원부서에 대한 보상시스템도 갖추어야 한다([글 6-3] 참조). 반면에 회사가 추구하는 고객관계가 단순한 거래관계라면 영업현장에서의 어려움과 스트레스를 스스로 잘 극복하면서 영업활동을 전개할 수 있는 영업사원의 양성을 위한 채용 프로세스나 교육훈련 프로그램을 갖추어야 하고, 지역을 중심으로 하는 영업조직을 도입해야 하며, 주로 매출을 기준으로 인센티브의 비중이 높은 보상방법을 갖추어야 한다. 또한 추구하는 고객관계전략에 따라 영업사원을 관리하는 영업관리자의 리더십의 형태도 달라진다. 회사가 추구하는 고객관계가 단순한 거래관계이면 영업관리자와 영업사원과의 관계도 거래적인 관계가 되고, 이에 따라 영업관리자의 리더십도 거래적 리더십이 적합하다. 반대로 회사가 고객과 장기적이고 심도 있는 관계를 추구하는 경우라면, 영업관리자는 영업사원이 단기적인 개인적 이득보다는 회사의 장기적 목표를 우선시 하도록 만들 수 있는 변혁적 리더십을 발휘한 수 있어야 한다. 거래적 리더십과 변혁적 리더십에 대해서는 제13장 '영업관리자의 리더십'에서 상술하였다.

고객관계전략과 교육훈련 프로그램

글 6-1

1. 시장의 급격한 변화에 대응하기 위해 Sony Broadcast & Professional Europe은 고객들과 단순한 제품 공급업체의 수준을 넘어서는 관계를 구축하기를 원하고 있었다. 즉, 이 회사의 장기적인 비전은 고객들로부터 전략적이고 정교한 커뮤니케이션 솔루션을 공급하는 업체로 인정받는 것이었다. 이러한 비전을 달성하기 위해서는 지금보다 훨씬 더 자문적인 영업방식을 채택할 필요가 있었다. 이를 위해 이 회사는 IBM의 도움을 받아서 IBM의 자문적 영업을 위한 교육훈련 프로그램을 자사에 맞게 개편하였으며, 이를 이용하여 영업사원들이 고객의 문제를 해결함으로써 고객들과 보다 친밀한 관계를 구축할 수 있도록 교육하였다. 이 교육훈련 프로그램의 주된 목적은 자사의 영업사원들이 고객을 위한 컨설턴트의 입장에서 생각하고 행동하도록 하는 것이었으며, 이를 위해 고객들의 문제해결에 중점을 둔 사례연구와 역할연기 등을 그 내용으로 담고 있었다.
2. 금융서비스 회사인 Comdata는 지금까지와는 전혀 새로운 상품을 출시하기로 하였는데, 영업관리자들은 영업사원들이 잠재적 구매자인 CEO처럼 생각할 수 있다면 이 상품을 보다 효과적으로 판매할 수 있다는 것을 알게 되었다. 즉, 영업사원들이 CEO가 처한 상황과 전략을 이해할 수 있다면, 자사의 상품이 어떻게 고객들의 성공에 기여할 수 있는지를 보다 효과적으로 커뮤니케이션할 수 있을 것이며, 결과적으로 보다 효과적으로 판매를 이루어낼 수 있을 것으로 판단하였다. 이를 실현하기 위한 교육훈련 프로그램의 일환으로 Paradigm Learning사가 개발한 Zodiak라는 보드게임(판을 놓고 그 위에서 말을 이동시켜 가며 하는 게임의 통칭)을 활용하여 영업사원들에게 CEO처럼 생각하는 방식을 교육시켰다. 영업사원들은 이 게임을 하면서 3년 간에 걸친 전략적 투자에 대한 의사결정을 하였고, 이러한 결정이 수익에 어떠한 영향을 미치는지를 관찰하였다. 이러한 과정을 통해 영업사원들은 자신들이 판매하는 상품이 CEO들이 직면하고 있는 문제들을 어떻게 해결할 수 있는지를 이해할 수 있게 되었다. 이 회사는 이러한 교육훈련 프로그램을 활용하여 영업사원들이 단순히 상품을 판매하는 것이 아니라 '가치'를 판매하는 데 익숙해지도록 할 수 있었다.

출처 : Zoltners, Andris A., Prabhakant Sinha, and Sally E. Lorimer (2009), *Building a Winning Sales Force*, AMACOM, 155–156.

고객관계전략과 성과평가

글 6-2

일반적으로 문제해결형 제안영업, 솔루션영업은 시간이 걸린다. 단기적인 매출증가를 추구하면 솔루션영업은 할 수 없다. 고객과의 관계는 납품한 것으로 끝나지 않는다. 고객의 문제가 정말로 해결되었는지를 계속 살펴봐야 한다. 그런 과정에서 새로운 상담이 발생하기도 한다. 따라서 단기매출지표만으로 평가하면 장기계획이 필요한 솔루션 영업을 방해하게 된다. 특히 문제해결형 제안영업, 솔루션영업으로의 이행기에는 단기적인 업적 평가는 오히려 마이너스가 된다. 솔루션영업이 궤도에 올라 업적이 안정될 때까지 성급한 결과를 추구해서는 안 된다. 최고경영자의 기다림과 인재가 필요한 것이다.

그렇다면 실제로 평가를 어떻게 해야 하는가? 문제해결형 제안영업, 솔루션영업을 위한 '정말 의미 있는 지표'를 관리하는 것이 핵심이다. 예를 들어 고객의 변화와 관련된 정보량, 키퍼슨(경영자, 책임자 등)에 대한 접근상황, 고객만족도 등이 그것이다. 어떤 회사에서는 자사의 솔루션 영업을 보여 줄 수 있는 쇼룸에 고객을 초청해 시연하는 횟수를 평가지표에 포함시켜 성과를 올렸다. 문제해결형 제안영업, 솔루션영업에서는 고객의 성공을 궁극적인 목표로 삼고 있다. 고객의 문제가 어느 정도 해결됐는가를 측정하는 것은 매우 어려운 일이다. 따라서 그것의 대체수단으로 고객만족도를 성과지표의 하나로 채용하는 방법이 있다. 문제의 해결에 만족한 고객은 다음 안건도 거래했던 영업조직과 다시 거래하려고 하는 의향이 강하다. 또 납품한 뒤의 사후관리도 중요한 영업활동이며, 그 활동에 대한 고객의 평가는 고객만족도에 반영된다. 게다가 영업사원이 매우 세심하게 사후관리함으로써 다음 안건을 이른 시기에 알아챌 수 있다는 장점도 있다.

다음으로 잊어서는 안 되는 것은 솔루션 안건에 공헌한 팀멤버에 대한 평가이다. 왜냐하면 그런 활동은 조직이 모두 참여하는 영업활동이어서 하나의 안건이 성공하는 데는 많은 스태프와 경우에 따라서는 다른 영업사원들도 연결되어 있기 때문이다. 그들의 지원에 대해 공헌한 정도에 맞춰 '공헌포인트'와 '공헌매출'을 설정해 평가에 반영시키는 등의 장치를 만들어 놓을 필요가 있다. 상담을 지원한 스태프의 공헌에 대해서는 수주로 이어지지 않더라도 최저수준으로라도 평가하고, 수주로 연결됐을 때는 보너스 점수를 가산해 주면 원활하게 돌아간다. 왜냐하면 관련된 안건이 수주됐을 때만 평가하면 수주확률이 낮은 안건에 대한 지원이 제대로 이루어지지 않고, 지원 그 자체를 후회하는 경우가 많기 때문이다. 수주확률을 높이기 위해 일부러 그런 스태프 지원체제를 만든 것이기 때문에 평가기준이 잘못되어 원래의 취지가 손상되는 일이 발생하여서는 안 된다.

출처 : 다카하시 가츠히로 (2005), 솔루션 영업의 기본전략, 번역서, 시공사, 268-270.

고객관계전략과 보상방법

글 6-3

가치창조 영업전략의 실행을 위해서는 과거의 보상시스템을 개선해야 한다. 대부분의 보상이나 실적 인센티브 프로그램은 매출에 근거해서 평가된다. 즉, 계량적인 영업 목표치를 달성했는가의 여부에 따라 성과가 결정되는 것이다. 하지만 가치창조 영업전략에서는 거래실적뿐만 아니라 직원들의 행동 변화도 고려되어야 한다. 포장관련 사업을 정비한 미드웨스트바코가 2006년에 도입한 사례를 살펴보자. 이 회사는 인사부서를 가치창조 영업전략의 실행을 위한 핵심부서로 삼고, 기존의 보상플랜을 가치창조 영업전략에 적합하게 재편했다. 각 사업부 특성에 맞게 새로운 영업 인센티브를 만들고, 이를 가치창조를 위한 변화에 동참한 영업사원들을 평가하는 기준으로 삼았다. 인사부서의 부사장인 린다 슈라이너는 "기본 보상 평가 요인들은 사업부의 특성에 맞게 바꾸되, 과거의 보상시스템과 가장 큰 차이점은 결과만 보는 것이 아니라 과정을 평가한다는 것입니다. 가치창조를 실행하면서 일어나는 변화가 어떻게 수익창출에 기여하는가를 관찰하고, 이를 기반으로 보상을 하고 있습니다"라고 말한다.

새로운 보상플랜은 영업사원들이 가치창조 영업전략을 실행할 역량이 얼마나 되는지를 평가하는 전략적 평가 지표를 포함하고 있다. 보상 재정비 컨설팅을 담당했던 앤지 패리시는 이에 대해 "연초에 세웠던 계획과 함께 과정 및 가치창조의 실행을 위한 행동을 살펴보기 위함입니다. 고객사의 의사결정자와 얼마나 연락을 많이 하는지, 고객사에게 제공하고자 하는 가치가 명료하게 나타나 있는지 등의 행동적인 측면도 놓치지 않고자 합니다"라고 말한다. 과거에는 지원부서의 보상시스템과 영업부서의 보상시스템이 전혀 관계가 없었지만, 새로운 영업 인센티브 플랜은 지원부서의 보상시스템에도 영향을 미치게 된다. 앤지 패리시는 "각 지원부서가 영업에 얼마나 기여하는지 평가하고 있습니다. 영업에 가장 큰 기여를 한 사람들은 영업부서의 직원들이겠지만 마케팅, 기술 및 고객관리부서에서 기여한 것에 대해서도 보상을 해주어야 합니다. 새로운 보상플랜에는 다른 부서 사람들도 영업부서의 보상시스템의 일부로 포함되어 있습니다"라고 말한다. 미드웨스트바코의 새로운 보상플랜은 2007년에 도입되었으며, 초기 결과는 상당히 긍정적이었다. 최고경영진이 중시하는 요소들이 중심이 되어 있는 이 플랜에 대해 영업부서는 물론, 지원부서들도 매우 만족해 하고 있는 것으로 나타났다.

출처 : Charan, Ram (2007), *What the Customer Wants You to Know: How Everybody Needs to Think Differently About Sales*, 번역서 B2B 세일즈, 교보문고, 199–201.

제2절 고객관계전략의 유형

공급업체가 고객과 맺고 있는 관계는 단순한 거래 관계로부터 장기적인 파트너십 관계에 이르기까지 관계의 강도에 따라 [그림 6-2]에서와 같이 연속선상에 표현될 수 있다. 연속선상에 존재하기 때문에 유형을 몇 가지로 명확하게 구분할 수는 없지만, 대체로 거래적 관계(transactional relationship), 자문적 관계(consultative relationship), 그리고 파트너십 관계(partnership relationship)의 3가지 유형으로 구분할 수 있다. 공급업체와 고객이 단순거래를 포함한 어떠한 관계도 맺고 있지 않은 경우를 0으로 하고, 공급업체와 고객과의 완전한 관계(완전한 관계라고 하면 B2B의 경우에는 공급업체가 고객사의 내부조직처럼 활동할 정도의 관계, B2C의 경우에는 영업사원이 고객의 친구나 동반자와 비견될 수 있을 정도의 관계를 의미함)를 100으로 보았을 때 거래적 관계는 60점 이하, 자문적 관계는 60~90점, 그리고 파트너십 관계는 90점 이상인 경우로 볼 수 있다.

그림 6-2 | 고객관계의 세 가지 유형

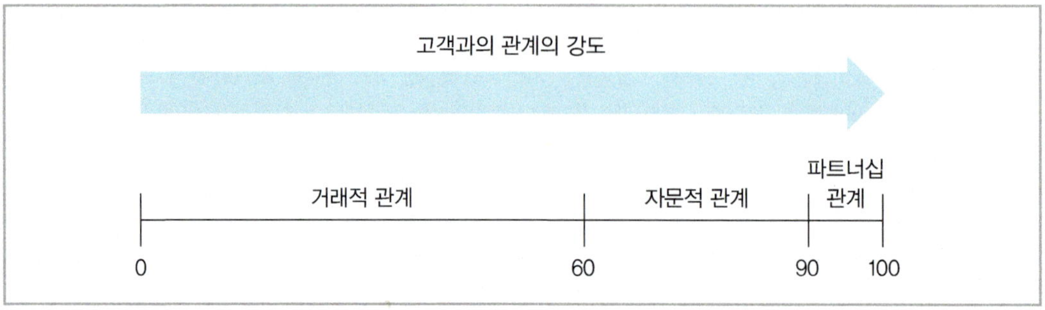

이러한 논의는 거래적 관계에서 자문적 관계로, 또한 자문적 관계에서 파트너십 관계로 발전하기 위해서는 대단히 많은 노력이 요구된다는 점과, 따라서 대다수의 고객사와 공급업체의 관계가 거래적 관계에 머물러 있으며, 소수의 관계만이 자문적 관계나 파트너십 관계에 도달해 있다는 점을 시사한다. 하지만 이러한 논의가 특정 회사가 특정한 하나의 고객관계전략만을 추구한다는 것을 의미하는 것은 아니다. 각 회사의 고객들은 동질적이 아니기 때문에 세분시장의 특성에 따라 각기 다른 고객관계전략을 채택하는 경우가 많다. 예를 들어 B2B 공급업체의 경우, 효율적인 영업활동을 위해 초대형 기업에 대해서는 파트너십 관계, 대형 기업에 대해서는 자문적 관계, 그리고 중소형 기업에 대해서는 거래적 관계를 추구할 수 있다. [표 6-1]은 위에서 논의한 세 가지 유형의 고객관계의 특성을 보여주고 있다.

거래적 관계에 기반을 둔 영업을 거래적 영업(transactional selling), 자문적 관계에 기반을

표 6-1 | 고객관계 유형별 특징

관계의 속성	고객관계의 유형		
	거래적 관계	자문적 관계	파트너십 관계
관계에 대한 시각	단기적	장기적	장기적
상대방에 대한 관심	낮음	높음	높음
관계를 위한 투자	낮음	높음	높음
관계의 본질	협상	협력	협업
신뢰수준	낮음	높음	높음
관계의 주체	영업사원	회사	회사
잠재적 혜택	낮음	중간	높음
관계의 위험성	낮음	중간	높음

둔 영업을 자문적 영업(consultative selling), 그리고 파트너십 관계에 기반을 둔 영업을 파트너십 영업(partnership selling)이라고 부른다. 또한 자문적 영업과 파트너십 영업을 통칭하여 관계적 영업(relationship selling)이라고 부른다. 이를 종합하면 고객관계의 유형에 따른 영업의 유형은 [그림 6-3]과 같이 나타낼 수 있다. 즉, 영업은 고객관계의 유형에 따라 거래적 관계에 기반한 거래적 영업과 자문적 관계나 파트너십 관계에 기반한 관계적 영업으로 구분될 수 있다.

그림 6-3 | 고객관계의 유형에 따른 영업의 유형

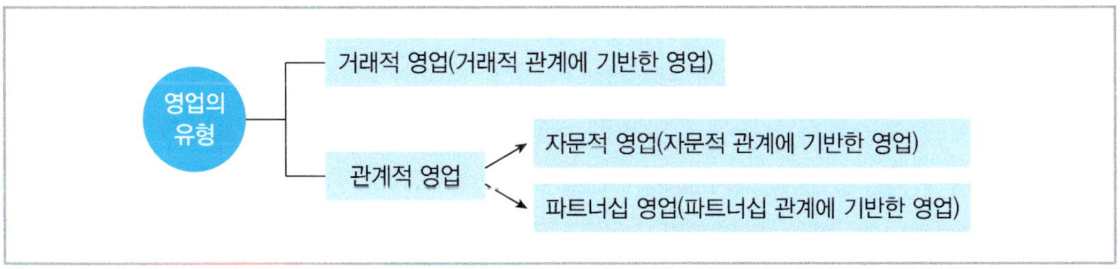

1. 거래적 관계

먼저 거래적 관계에서는 고객의 공급업체 선별기준이 경쟁력 있는 품질과 가격, 그리고 거래의 편의성에 있다. 고객이 자신이 원하는 것이 무엇이고, 이의 실현을 위해서는 어떠한 제품이나 서비스가 필요하다는 것을 잘 알고 있는 경우, 고객은 공급업체와의 거래적 관계를 선호한다. 예를 들어 어떠한 상품을 취급하는 것이 자사의 제품회전율을 증진시키는 데 바람직한가에 대해 잘 알고 있는 대형 유통업체의 경우에 제품의 품질과 가격, 거래의 편의성이 중요한 구매결정 요인이 되고, 따라서 거래적 관계를 선호하는 경향이 있다.

공급업체의 영업사원은 자사의 제품이나 서비스가 고객의 니즈를 만족시켜 줄 수 있음을 강조하고, 고객이 가치를 느낄 수 있는 가격을 제안하며, 또한 편리한 방법으로 거래를 할 수 있도록 해줌으로써 판매를 실현할 수 있다. 텔레마케팅, 인터넷쇼핑, 구매발주전산시스템, 효율적인 배송시스템 등은 거래적 영업을 위한 좋은 수단이 된다. Dell Computer는 인터넷과 텔레마케팅을 통해 일반 매장에서보다 15% 정도 저렴하게 상품을 판매함으로써 거래적 관계에서 가장 중요한 덕목인 가격경쟁력과 거래의 편의성을 확보할 수 있었다. 또한 Shell Oil은 소규모 고객들이 자사의 영업사원들의 방문을 원치도 않고 상담을 할 시간도 없다는 것을 발견하고, 자사의 영업사원들을 규모가 큰 고객들로 전환시키는 한편, 소규모 고객에 대해서는 텔레마케팅을 활용하기 시작하였다. 그 결과 규모가 큰 고객은 물론, 소규모 고객들의 만족도도 향상되었다. 또한 회사의 비용도 절감되었고, 판매도 향상되었으며, 이에 따라 이익이 급격히 향상되는 효과를 거둘 수 있었다.

B2B의 경우, 거래적 관계가 자문적 관계나 파트너십 관계와 크게 차이가 나는 점 중의 하나는 고객과의 관계가 주로 영업사원과 구매담당자와의 개인적인 관계를 중심으로 형성된다는 점이다. 복잡한 거래가 아닌 단순한 거래일 경우에는 거래적 관계가 형성되는 것이 일반적이고, 단순한 거래인 경우에 고객사 구매부서의 담당자가 전권을 가지고 구매의사결정을 하는 경우가 많기 때문에 영업사원은 거래적 영업을 활성화시키기 위해 구매담당자에게 공을 들일 수밖에 없다. 즉, 회사 차원에서 고객사와의 관계 증진을 위해 투자하는 것은 매우 적고, 고객과의 관계 증진을 위한 노력은 영업사원 개인에 의해 이루어지며, 그 노력의 대상도 구매담당자 개인에게 집중된다. 영업사원과 구매담당자의 사이에는 신뢰가 쌓이면서 서로 공생하는 관계가 형성된다. 문제는 영업사원이나 구매담당자가 바뀌었을 때 발생한다. 구매담당자의 로열티는 공급업체가 아니라 영업사원 개인을 중심으로 형성되었기 때문에 영업사원이 만일 경쟁사로 자리를 옮기면 구매담당자도 공급업체를 영업사원이 이동한 경쟁사로 옮길 가능성이 있다. 이른바 영업사원의 이탈에 따른 고객의 동반이탈이 발생할 수 있다. 반대로 구매담당자가 바뀌면 회사 차원에서 기존의 공급업체에 대한 로열티를 가지고 있는 것은 아니기 때문에 신임 구매담당자는 자신과 친분이 있는 영업사원이 소속된 공급업체로 거래처를 바꿀 가능성이 높다. 공급업체는 고객에게 대해 장기적인 관점에서 관계를 형성하고자 하는 것이 아니기 때문에 고객에 대한 관심 수준도 낮고, 관계의 증진을 위해 많은 투자를 한 것도 아니기 때문에 고객이 이탈하였을 때 부담해야 하는 위험성도 낮다. 고객도 공급업체 자체에 대해 관심을 가지고 있는 것이 아니라 자신이 필요한 제품을 좋은 가격에 편리하게 구매할 수 있는지에 대해서만 관심을 갖는 것이기 때문에 공급업체와의 관계를 중시하지 않으며, 공급업체를 빈번하게 바꾸는 경향이 있다.

2. 자문적 관계

2.1 자문적 관계의 개념

자문적 관계는 공급업체가 단순히 상품이나 서비스를 판매하는 것에서 넘어서서 고객이 가지고 있는 문제를 해결하거나, 고객이 미쳐 생각하고 있지 못한 새로운 가치를 제공하는 관계를 의미한다. 그래서 자문적 관계에 의한 영업, 즉 자문적 영업은 솔루션 영업, 가치제안(價値提案) 영업 등으로도 불린다. 특히 B2B 영업의 경우에 고객과 자문적 관계를 형성하기 위해서는 영업사원 한 사람의 개인적 역량만으로는 부족하기 때문에 영업팀을 구성하여 팀단위로 고객을 관리한다. 즉, 공급업체는 고객관리를 거래적 관계에서처럼 영업사원 한 사람에게 위임하는 것이 아니라, 회사 조직의 다양한 역량을 동원하여 대응한다. 그래서 자문적 관계에서는 고객과의 관계가 영업사원의 개인적인 차원이 아닌 회사의 차원에서 이루어지는 것이 일반적이다. 자문적 관계는 고객의 상황이 보다 다양하고 복잡하고 어려울수록 그 가치가 더욱 선명하게 드러날 수 있고, 따라서 소비재 분야보다는 산업재 분야에서 더 많은 성과를 낼 수 있다. 그렇지만 B2C 분야에서도 은행의 프라이빗뱅킹(private banking), 증권사의 랩어카운트(wrap account) 등에서는 자문적 관계를 기반으로 하는 영업활동이 활성화되어 있다. 또한 파이낸셜컨설턴트(보험), 헬스컨설턴트(건강식품), 뷰티컨설턴트(미용) 등의 용어가 시사하는 바와 같이 B2C의 다양한 분야에서 고객의 입장에서 문제를 해결하는 방식의 영업을 실현하고자 하는 움직임을 보이고 있다. 프랜차이즈가맹점, 대리점, 도매상 등을 대상으로 영업활동을 하는 루트 영업사원들을 지칭할 때도 자문적 영업을 강조하기 위해 스토어컨설턴트라는 용어를 활용하고 있다.

영업사원이 자문적 영업을 실행하기 위해서는 자사의 제품이나 서비스에 대한 지식은 물론이고, 고객사가 속해 있는 산업, 고객사의 제품이나 서비스, 고객사의 비즈니스 모델, 고객사의 시장에서의 지위, 고객사의 경쟁사, 고객사의 고객의 니즈 등에 대해 면밀히 분석하고, 이를 바탕으로 고객의 문제를 해결하거나 새로운 가치를 창출할 수 있는 솔루션을 내놓을 수 있어야 하기 때문에 상당한 지식과 자질이 요구된다. 자문적 관계에서 영업사원이 수행해야 하는 업무는 다음과 같이 세 가지로 요약될 수 있다. 첫째, 고객이 자신이 가지고 있는 문제나 시장이 제공하고 있는 새로운 기회를 이해하도록 돕는 업무, 둘째 고객이 보다 바람직한 문제해결방안을 찾을 수 있도록 돕는 업무, 셋째 자신의 회사에서 고객을 위한 옹호자가 되어 고객의 니즈를 충족시키는 데 필요한 자원이 적기에 공급될 수 있도록 하는 업무이다.

미국의 리더십 및 영업관련 컨설팅 회사인 HR Chally사는 8만 명 이상의 B2B 분야의 고객을 대상으로 이들이 영업의 다양한 측면에 대해 부여하는 중요도를 조사하였는데, 가격이 가장 중요할 것이라는 통념과는 달리 39%의 고객들이 영업사원이 자사와의 거래 과정에서 창출하는 부가가치를 기준으로 공급사를 결정한다고 응답하였다. 그 다음으로는 완벽한 해결방안의 제시(22%), 제품이나 서비스의 품질(21%), 가격(18%)의 순으로 나타났다. 또한 이 조사에서 고객들은 영업사원이 전통적인 형태의 영업기술을 가지고 있는지에 대해서는 그 다지 관심이 없는 반면, 다음과 같은 세 가지 사항에 대한 욕구가 큰 것으로 파악되었다. 첫째, 경영에 대한 폭넓은 안목과 자사의 비즈니스를 이해할 수 있는 능력, 둘째 영업사원이 소속사에서 자사의 이익을 대변해줄 수 있는 능력, 셋째 문제해결능력과 혁신적인 사고방식이다. 이러한 조사결과는 특히 B2B 분야에서 많은 고객사들이 공급업체에 대해 단순한 거래적 영업이 아닌 자문적 영업을 수행할 것을 요구하고 있음을 보여주고 있으며, 이를 수행하는 영업사원의 문제해결과 가치창출능력이 원활한 자문적 영업활동을 위한 필수적인 요건임을 시사해주고 있다. [글 6-4]는 보험사의 자문적 영업사례를 보여주고 있다.

보험사의 자문적 영업사례

글 6-4

미국 Philadelphia에 본사를 두고 있는 B2B 보험중개인 사업자인 Graham Company는 자문적 영업이 어떻게 이루어지는지에 대한 좋은 사례를 보여주고 있다. 이 회사는 미국에서 51번째로 큰 보험중개사로 연간보험료가 약 2억 달러에 이르고 있다. 그런데 비슷한 규모의 경쟁사가 2천~3천 개의 고객사를 가지고 있는 반면, 이 회사는 불과 200개의 고객사로부터 전체 매출을 올리고 있다. 이는 이 회사의 고객점유율이 대단히 높다는 것을 의미한다. 이 회사는 새로운 고객사를 영입하는 데 있어서 대단히 선별적인 접근방식을 택하고 있다. 이 회사는 연간 약 350개사 정도의 신규영입대상 고객사만을 접촉해서 이 가운데 10%인 35개사 정도를 선별하여 적극적인 영업 활동을 벌이고, 이 가운데 약 28개사와 거래를 성사시키고 있다. 그런데 이 회사의 특이한 점은 영업활동을 수행함에 있어서 고객사의 상황을 진단하는 데 대단히 많은 자원을 쏟아붇는다는 점이다. 고객사의 보험에 대한 이슈 사항을 진단하기 위해 이 회사는 진단팀을 보내는데, 여기에는 변호사, 위험관리사, 엔지니어, CPA, 고객사 사업분야의 산업전문가 등이 포함되어 있다. 진단 작업에 드는 비용은 전적으로 이 회사가 부담하는데, 컨설팅시장에서 이러한 작업은 약 7만 5천 달러의 가치가 있는 것으로 평가된다. 이러한 전략은 매우 큰 성과로 이어지고 있다. 신규고객사 영입 과정에서의 고객전환율은 75%에 이르고 있는데, 이 산업에서의 평균 고객전환율이 15%에 불과하다는 점을 감안하면 매우 높은 수준이다. 또한 이 회사의 고객유지율은 무려 98%로 거의 대분분의 고객사가 이 회사와의 거래를 지속하고 있다.

영입의 대상이 되는 잠재고객의 선별이 매우 까다롭게 이루어지고 있고, 또한 고객유지율이 대단히 높기 때문에 다른 보험사처럼 영업사원이 많은 고객사를 접촉할 필요가 없다. 또한 영업사원뿐만 아니라 이 회사의 변호사, 영역 전문가, 엔지니어, 회계사 등도 실제적으로는 영업과정에 참가하면서 영업사원의 업무를 지원하고 있다. 그래서 이 회사는 많은 영업사원을 채용할 필요가 없다. 이 회사에서 영업사원의 직함을 가지고 있는 직원은 전체 170명의 직원 중 10% 미만에 불과하다. 이 회사의 영업사원의 생산성이 업계에서 최고 수준일 것이라는 점을 쉽게 짐작할 수 있는 대목이다.

출처 : Kinni, Theodore (2004), "How strategic is your sale strategy?," *Harvard Management Update*, 9(2), 3–5.

2.2 자문적 관계의 형성 원인

고객과 공급업체 간에 자문적 관계가 형성되는 것은 자문적 관계가 고객 및 공급업체 모두에게 혜택을 가져다 줄 수 있기 때문이다. 먼저 공급업체의 입장을 살펴보자. 공급업체는 어떠한 상황에서든 안정적인 매출이 확보될 수 있기를 원한다. B2B 영업의 경우에, 매번 경쟁 프레젠테이션을 통해 수주를 하고, 힘들게 확보한 고객이 한두 번의 단기적인 거래로 이탈해 버리고, 또 다시 경쟁 프레젠테이션에 참여해야 하는 과정을 원하는 공급업체는 없다. 왜냐하면 이러한 과정은 실속도 없이 업무만 많아서 수익성을 확보하기 힘들기 때문이다. 그보다는 고객사와 지속적으로 거래하면서 안정적 기조 속에서 수익이 창출되기를 원한다.

그런데 이렇게 되기 위해서는 단순히 경쟁력 있는 가격, 우수한 품질, 편리한 거래방식만을 가지고 승부하기는 어렵다. 왜냐하면 언제든 이러한 요소들에 대해 더 우수한 경쟁력을 가지고 진입해오는 경쟁사가 있게 마련이기 때문이다. 따라서 공급업체는 고객사와 보다 밀접한 관계를 형성하기 위해 고객이 가지고 있는 문제점을 해결해 줌으로써 마치 고객사의 내부 부서와 같은 대우를 받는 위치에 서게 되기를 원한다. 그렇게 되면 고객사의 입장에서도 전환비용이 높아져서 공급업체를 쉽게 교체하지 못한다. 물론 고객사의 문제와 이에 대한 원인을 파악하고 해결책을 제시하기 위해서는 추가적인 비용이 소요되지만, 매번 신규고객의 확보를 위해 비용을 지출하는 것에 비하면 훨씬 이득이 많다고 생각한다. 또한 관계의 진전에 따라 수주물량도 늘어나기 때문에 규모의 경제가 발생하여 생산비도 줄어들고, 경험이 보다 빠른 속도로 축적되기 때문에 생산기술이 빠르게 개선되는 효과도 누릴 수 있다.

그렇지만 고객과 공급업체 간에 자문적 관계가 형성되는 가장 중요한 이유는 고객이 가지고 있는 문제가 점점 더 다양해지고 복잡해져가고 있기 때문이다. 자신의 문제가 점점 더 복잡해져가고 있다는 것을 잘 알고 있는 고객에게는 두 가지 해결방안이 있다. 첫째는 문제의 원인 파악과 이에 대한 해결책을 찾는 작업을 회사 내부에서 수행하고, 이를 바탕으로 자사의 요구에 부응할 수 있는 공급업체를 탐색하는 방법이다. 문제가 비교적 단순한 경우에는 이러한 방식이 매우 효율적이다. 하지만 문제가 복잡하고, 그 문제의 영역이 자사의 전문성을 벗어나는 경우에는 이를 자체적으로 수행하기 위해서는 매우 많은 비용이 소요된다. 왜냐하면 이를 해결할 수 있는 전문인력을 추가적으로 채용해야 하기 때문이다. 그래서 고객사는 두 번째 방법, 즉 공급업체를 활용하는 방법을 모색한다. 공급업체는 해당 분야에 대한 전문성을 이미 확보하고 있기 때문에 이를 활용하면 내부에서 해결하려고 하는 것보다 비용도 적게 들 뿐만 아니라 훨씬 더 효율적인 문제 해결 방법을 찾아낼 가능성이 높다.

그런데 그렇게 하기 위해서는 공급업체에게 반대급부를 주어야 하는데, 공급업체가 자사에 대해 가치제안을 하는 과정에서 지출한 비용을 별도로 보전해 주는 것이 아니라, 해당 공급업체에 대해 주문 물량을 늘려줌으로써 자사에 대한 충성심을 확보하려고 한다. 그런데 주문할 수 있는 물량은 제한되어 있기 때문에 이를 위해서는 공급업체의 수를 줄일 수밖에 없다. 그래서 많은 업체들이 공급업체를 줄임으로써 거래 공급업체의 공급물량을 늘려주고 있는 것이다. 한 예로 Xerox사는 현재는 약 500개 정도의 공급업체와 거래하고 있지만, 약 20년 전에는 공급업체의 수가 무려 5,000개에 달하였다. 20년 사이에 공급업체의 수가 10%로 줄어든 것이다.

3. 파트너십 관계

3.1 파트너십 관계의 개념

파트너십 관계는 자문적 관계와 같이 장기적인 관점에서 고객의 문제를 해결하고 가치를 창출하는 관계를 의미하지만, 파트너십 관계의 공급업체는 거의 고객사의 내부 조직과 유사한 대우를 받으면서 영업활동을 한다는 점에서 자문적 관계와 구분된다. 파트너십 관계가 형성되는 것은 대규모의 고객사가 공급업체를 줄임으로써 매출을 몇몇 공급업체에 집중시키고, 이에 대한 반대급부로 공급업체가 자사의 성공을 위해 보다 높은 수준의 서비스와 비용절감 기회를 제공할 것을 요구하기 때문이다. 공급업체가 이러한 대규모 고객사의 요구에 부응하기 위해 자사의 모든 역량을 총동원하여 대응하기 시작하면서 고객사와 공급업체 사이에는 파트너십 관계가 형성된다. 거래적 관계과 자문적 관계는 B2B 및 B2C 부문 모두에서 존재할 수 있지만, 파트너십 관계는 정의상 회사와 회사의 관계이기 때문에 B2B 부문에서만 존재한다. [글 6-5], [글 6-6], [글 6-7]은 각각 제약회사, 반도체 부품제조업체, 모니터 편광판 제조업체의 파트너십 영업의 사례를 기술하고 있다.

제약회사의 파트너십 영업사례

글 6-5

우리나라의 B제약회사는 창업한 이래로 매년 제약업계에서의 순위가 꾸준히 높아질 정도로 줄곧 성장세를 이어왔으며, 회사의 규모도 급격히 커졌다. 그러나 외환위기 이후 급격하게 바뀐 제약시장 환경은 알지 못하는 사이에 회사 내부에 여러 가지 문제를 만들고 있었으며, 급기야 영업조직의 이직률이 타 기업에 비해 매우 높은 수준에 이르렀다. 이러한 현상을 타개하기 위해 이 제약회사는 영업활동의 질적인 개선을 위한 혁신을 추진하였다. 그 결과 영업조직의 인당 생산성은 비약적으로 높아졌고 이는 뚜렷한 매출성장이라는 결과로 이어졌다. 하지만 무엇보다 중요한 성과는 고객들에 대한 영업사원들의 인식이 바뀌고 있다는 것이었다. 의사들과 자주 만나고, 두터운 친분만 쌓고자 했던 영업방식에서, 이제는 고객인 병원의 성장이 결국 자신들의 성장으로 연결된다는 믿음이 생겼고, 이를 위한 새로운 아이디어들이 개선 사례발표회나 성과발표회에서 쏟아져 나오기 시작한 것이다. 예를 들면, 일부 기능만 갖고 있는 서로 다른 병원에 협진을 제안하고, 이를 실현시켜 고객 병원의 성장을 돕는다거나, 규모가 작아서 이용객들에게 제대로 홍보하지 못하고 있는 병원을 위해 포털사이트에 홈페이지를 만들어 준다거나 하는 방식으로 일종의 세일즈 컨설턴트로서의 활동을 진행하고 있는 것이다. 이러한 활동은 단순히 고객의 성장을 돕는 것뿐만 아니라 고객들에게 감동을 전달해 줌으로써 고객과의 신뢰관계를 높이는 또 다른 힘으로 작용하고 있다.

출처 : KMAC, LAC-J (2010), 세일즈 DIPS : Double IP System, KMAC, 165-184 요약

반도체 부품제조업체의 파트너십 영업사례

글 6-6

LG실트론은 반도체의 핵심 재료인 웨이퍼(wafer)를 생산하는 기업으로 1985년에 설립되었으며, 2007년 현재 매출액 약 7억 4천만 달러로 시장점유율 7.5%를 차지하며 세계 7위의 기업으로 자리매김하고 있다. 이 시장에서 일본의 SEH와 SUMCO가 세계 1, 2위를 다투고 있다. LG실트론의 주요 고객은 하이닉스, 삼성전자반도체, Toshiba, SANYO, NSC 등이며, 이 가운데 국내 기업들에 대한 매출비중은 약 40% 정도이다. LG실트론이 후발업체임에도 불구하고 세계시장에서 자리잡을 수 있었던 것은 지속적인 혁신을 통한 생산성 향상과 R&D 투자, 그리고 강력한 고객밀착 영업 때문인 것으로 파악되고 있다. LG실트론은 주요 국내 고객사인 하이닉스, 삼성전자반도체에 직원들을 상주시켜 신제품 개발, 사양변경, 조직변경 등의 정보를 실시간적으로 입수하여 신속한 대응을 하도록 하고 있다. 특히 고객사가 신제품을 개발할 때 함께 참여하여 기술개발 및 생산방법 등에 대해 심도 있는 검토를 수행함으로써 고객사의 기술수준 향상에도 크게 도움을 주고 있다. 또한 VMI(Vendor Managed Inventory, 공급자 주도형 재고관리)를 통한 신속한 재고 보충을 통해 고객사의 기회비용 및 원가를 절감함으로써 고객사의 경쟁우위 확보에 기여하고 있다. SANYO의 경우에, LG실트론은 약 10년간 일본 현지 주재원의 잦은 정기 방문을 통해 지속적인 밀착 영업을 실시한 결과, 일본의 세계 최대 기업인 SEH와 SUMCO를 제치고 SANYO의 웨이퍼 납품 1위(약 40%)의 기업이 되었다.

출처 : 전동균, 오은주, 신용필, 오현주 (2011), B2B 마케팅 원리, 학현사, 292-295.

모니터 편광판 제조업체의 파트너십 영업사례

글 6-7

모니터 부문에서 확실한 기술력을 보유하고 있었던 LG화학은 2004년 대만의 모니터 편광판 시장에 진출하기로 결정하면서, 대만 로컬업체 한 곳을 파트너로 선택해 시장점유율을 높이는 방향으로 전략방향을 잡았다. LG화학은 고심 끝에 대만업체 중에서 CMO를 파트너사로 선정했다. CMO는 당시 대만시장에서 업계 3위를 차지하는 메이저 회사였다. 하지만 1, 2위와의 격차가 컸기 때문에 새로운 기술과 시장 확장에 대한 욕구가 그만큼 높았다. 또한 CMO는 TV시장에서는 선전하고 있었지만, 모니터 기술 면에서의 노하우는 상대적으로 떨어졌다. 이는 LG화학의 기술력이 파고들어갈 여지가 많다는 것을 의미했다. 여러 상황들을 고려한 결과, LG화학에게는 CMO가 최적의 파트너라는 생각을 굳히게 되었다. 하지만 CMO의 입장에서는 LG화학의 전략적 제휴 제안이 너무도 갑작스러운 일이었다. 당시 대만시장에는 이미 LG디스플레이가 활동하고 있었기 때문에 LG화학의 사업 제안이 어리둥절할 법도 했다. CMO는 "만약 원자재 공급 부족 현상이 발생하면 우리보다 LG디스플레이에 먼저 공급할 것 아니냐"는 우려를 표명했다. 한마디로 믿지 못하겠다는 것이었다.

신뢰와 관련된 문제는 이익과 실적보다 자세와 태도에서 결정되는 경우가 적지 않다. 보통 고객사를 대하는 자세와 태도는 "고객사를 통해서 우리 회사가 돈을 벌어야 한다", "파트너와 일을 잘해서 성과를 내고 내가 승진한다"는 것이다. 최종 과녁이 파트너가 아닌 나와 우리 회사에 맞춰져 있다. 하지만 LG화학의 접근방식은 좀 달랐다. 애초에 대만의 CMO와 일을 시작하겠다는 마음을 먹을 때부터 "CMO의 담당 파트너는 반드시 승진시킨다", "CMO에게 반드시 돈을 벌게 해주겠다"는 생각을 굳게 가졌던 것이다.

신뢰관계의 형성을 위해서는 CMO가 극복하지 못한 과제가 무엇인가를 찾아내어, 이를 해결할 수 있도록 도와주는 것이 핵심이었다. LG화학 직원들은 곧바로 CMO가 두려워하는 경쟁사들의 현황을 분석하고 장·단점을 도출하는 일에 착수했다. 그리고 CMO가 앞으로 나아갈 방향을 다양한 각도에서 제시해 주었다. 당시 프로젝트에 참여했던 한 직원은 이렇게 회고한다. "우리가 고객사 키맨들을 얼마나 잘 알고 있는지, 그들을 어떻게 LG화학의 팬이 되게 할 것인지를 고민하고 노력했다. 어느 회사든지 아쉬워하는 부분이 있게 마련인데, 이 이슈를 잘 해결해주는 것이 핵심이다. 그들이 궁금해 하는 것에 대한 전략적 방향을 제시하고 정보를 공유하는 것이다. 고객사의 경쟁자들을 잘 분석하고 장단점을 도출한 후에 이 정보를 고객사와 공유하는 것도 상당한 도움이 되었다." 당시 사업을 전개하던 LG화학은 고객이 원하는 것이라면 어떤 것이든 해준다는 신념으로 리더들이 실무자보다 더 발 빠르게 뛰어다녔다. 만약 "내일까지 샘플을 달라"고 하면 밤을 새워서 제품을 준비해 저녁 비행기라도 타고 가서 기한을 맞춘 적도 한두 번이 아니었다. 부장, 팀장들이 먼저 나서서 초기 대응을 하고, 어떤 문제가 발생하더라고 매번 한달음에 달려와 해결하는 변함없는 성의를 보였다. LG화학의 이러한 헌신에 힘입어 CMO는 자신 없어 하던 모니터 시장에 전념할 수 있게 되었고, 시장점유율을 높일 수 있었다.

결국 CMO는 감동하고 말았다. 그 결과 CMO의 영업담당자들은 LG화학에 전폭적인 신뢰를 보냈고, 자발적으로 최선을 다해 영업현장을 뛰어다녔다. LG화학은 대만시장에서 당시 1위를 기록하고 있던 일본 기업 닛또덴꼬(NITTO DENKO)를 따라잡고 새로운 강자로 등극했다.

출처 : 이남훈 (2011), 고객이 생각하지 못한 가치를 제안하라, 가디언, 170–177.

3.2 파트너십 관계의 특성

파트너십 관계에서는 공급업체가 더 이상 여러 공급업체 중의 하나가 아니며, 고객사의 내부 조직과 유사한 대우를 받는다. 고객사의 정보에 대한 접근도 비교적 자유롭고, 양사의 직원들 간에는 공식적인 의사소통뿐만 아니라 비공식적인 의사소통도 매우 활발하게 이루어진다. 고객사의 입장에서는 자사의 기업 비밀에 해당하는 부분까지 공급업체에 노출될 수 있으며, 따라서 높은 신뢰 관계가 형성되지 않으면 파트너십 관계는 형성될 수 없다. 그래서 자사의 정보가 외부에 노출되기를 원치 않는 회사는 공급업체와 파트너십 관계를 형성하지 않는다.

파트너십 관계에서는 공급업체와 고객사와의 관계가 매우 장기적이다. 파트너십 공급업체로 선정되기까지 시간도 많이 걸리고, 과정도 까다롭지만, 일단 파트너가 되면 롱런할 가능성이 높아진다. 이는 고객사의 입장에서 공급업체가 자사에 대해 너무 많은 것을 알고 있고, 또한 공급업체에 이미 많은 투자를 하여서 공급업체를 교체하는 데 필요한 전환비용이 높아져 버렸기 때문이다. 파트너십 관계에서는 고객사의 성공이 공급업체의 성공과 직결된다. 특히 공급업체가 중소기업이면 몇몇의 대규모 고객사가 고객의 전부일 수 있으며, 이러한 경우에는 고객사의 성공 여부가 자사의 존속 여부까지 좌우할 정도의 중요성을 지닌다.

공급업체는 일반적으로 특정고객에 대한 과도한 의존을 피하고 다양한 고객 포트폴리오를 유지하는 것이 바람직하다. 그렇지만 파트너십 관계에서는 거래하는 고객사의 수가 적을 수밖에 없다. 따라서 특정 고객사에 대한 매출 부진이 공급업체에 미치는 영향이 심대하다. 또한 대형 고객사와 관계를 맺고 강화하기 위해서는 상당한 정도의 '선행 투자'를 해야 하는 경우도 많다. 따라서 공급업체의 입장에서도 파트너십 관계의 고객사를 선정하려고 할 때는 신중을 기해야 한다. 선정기준으로는 다음과 같은 사항들을 들 수 있다. 첫째, 많은 매출과 수익을 가져다 주고 있어서 많은 투자를 할 가치가 충분히 있어야 한다. 즉, 성장 가능성이 있는 기업인지, 프리미엄 가격을 지불해줄 의사와 능력이 있는지, 다양한 제품과 서비스를 구매해줄 것인지, 계속해서 반복적으로 구매해줄 것인지 등에 대한 면밀한 평가가 선행되어야 한다. 둘째, 전략적 파트너십에 대한 의지를 가지고 있을 만큼 충분히 혁신적이어야 한다. 즉, 변화를 수용함으로써 경쟁력을 강화시키려는 강한 의지를 가지고 있어야 한다. 셋째, 전략적 파트너십을 통해 공급업체가 보다 많은 것을 얻기 위해서는 파트너십 고객이 다른 고객이 제공할 수 없는 기술을 가지고 있거나, 시장에 대한 보다 심도 있는 지식과 경험을 가지고 있어야 한다.

파트너십 관계가 형성되면 고객사의 요구에 대한 공급업체의 반응이 매우 신속해진다. 이는 매일 빈번한 접촉이 이루어지고 있어서 고객사의 니즈를 파악하는 데 많은 시간이 필요하지 않고, 또한 내부적으로도 고객사의 요구에 부응하기 위한 의사결정이 신속하게 이루어지기 때문이다. 또한 공급업체는 고객사의 니즈와 문제뿐만 아니라 조직 내부에서 발생하는 작지만 중요한 문제들까지도 세세하게 알게 되며, 따라서 문제의 해결책을 제안할 때에도 이러한 조직 이슈를 충분히 고려하여 신속하게 실행에 옮길 수 있는 해결책을 제안할 수 있게 된다. 고객사와 공급업체는 고객사 제품의 제조원가를 낮추기 위해 공동으로 노력하고, 이를 통해 절약된 부분을 서로 나누어 갖는다. 따라서 고객사는 공급업체의 부품이나 원료의 공급 가격을 낮추는 데 주력하기보다는 공급업체와의 공동 노력을 통해 제조원가를 낮추어서 제품이 시장에서 경쟁력을 확보할 수 있도록 노력한다.

공급업체도 보다 높은 가격을 받기 위해 노력하기보다는 고객사 제품의 경쟁력을 강화시킬 수 있는 방향으로 노력을 기울인다. 공급업체의 영업사원은 고객사의 직원들과 함께 문제점 파악, 원인 분석, 시장기회의 발견, 니즈의 파악 등의 업무를 수행하며, 신제품을 개발하는 경우에는 개발 단계 초기부터 참여한다. 그래서 공급업체의 엔지니어 출신 영업사원이 고객사의 생산부서나 R&D부서에서 근무하는 경우가 많다. 예를 들어 일본 타이코 전자(Tyco Electronics)의 직원들은 실제로 도요타공장에 상주하면서 타이코 제품의 실제 성능을 일일이 확인하는 한편, 도요타를 개선시킬 아이디어를 얻고자 노력했다. 그 결과 타이코는 3년 동안 도요타자동차의 성능과 안전성을 높일 수 있는 아이디어를 25개나 내놓을 수 있었다. 타이코는 단순히 자동차 부품을 납품하는 것이 아니라, 도요타에게 가치를 판매한 것이다.

파트너십 관계에서 공급업체 영업사원의 역할은 거래적 관계나 자문적 관계와는 크게 다르다. 새로운 고객의 창출을 위한 잠재고객의 발견과 같은 업무는 거의 사라지고, 고객사의 가치창출을 위한 커뮤니케이터의 역할이 강조된다. 즉, 영업사원은 주로 고객사와 자사와의 원활한 커뮤니케이션이 이루어질 수 있도록 하며, 고객의 가치창출을 위해 자사의 역량을 최대한 동원할 수 있도록 하는 역할을 수행한다. 영업활동도 한 사람의 영업사원이 아니라 영업팀의 단위로 이루어지며, 근무지도 자사가 아닌 고객사 건물인 경우가 많다.

3.3 공급업체의 대응

파트너십 관계에서 공급업체와 고객사와의 관계의 본질은 협상이나 협력이 아니라 협업(collaboration)이라고 할 수 있다([표 6-1] 참조). 협업이란 두 주체가 공동의 목표를 위해 매진한다는 의미를 담고 있으며, 파트너십 관계에서의 공동목표는 '고객사의 성공'이 된다([글 6-8] 참조). 즉, 협업은 공급업체가 고객사의 성공을 자사의 성공의 필요조건으로 삼고 있다는 의미를 담고 있다. 이러한 의미에서 협업은 자문적 관계에서 공급업체와 고객사와의 관계

비즈니스에 대한 새로운 시각

글 6-8

새로운 영업 패러다임은 공급업체인 우리 회사의 성공이 아닌, 고객사의 성공에 초점을 둔다. 이는 과거의 영업사원들이나 영업조직이 취해 왔던 관점과 근본적으로 다르다. 더 이상 우리 회사의 성공을 논하지 말라. 대신 우리 회사의 도움으로 고객사가 얼마나 성공했는지 주의 깊게 살펴라. 특정 제품이나 서비스를 얼마나 많이 팔 수 있을지가 아니라, 고객사가 최종 소비자들을 만족시켜서 성공을 거둘 수 있을지에 대해 관심을 가져라. 현재 당신 회사의 가용 자원들을 모두 동원해서 고객사의 비즈니스 목표와 우선 과제를 달성할 수 있도록 최선을 다하라. 이러한 방식으로 고객사를 위한 가치를 창출하고, 고객사가 경쟁에서 이겨 시장에서 살아남게 만들어야 한다. 고객을 위해 충분한 가치를 창출했다면 고객사로부터 충분한 보상을 받을 수 있다. 이러한 의미에서 내가 제시하는 새로운 영업 패러다임을 '가치창조 영업전략(value creation selling strategy)'이라고 부르겠다.

출처 : Charan, Ram (2007), What the Customer Wants You to Know: How Everybody Needs to Think Differently About Sales, 번역서 B2B 세일즈, 교보문고, 19-20.

의 본질이라고 할 수 있는 협력(corporation)과 구분된다.

협력의 관계에는 두 주체가 모두 각자의 목표를 상대방의 목표보다 우선시하는 것을 전제로, 쌍방 모두에게 이득이 될 수 있는 부분에 한정하여 공동의 노력을 기울인다는 의미가 담겨 있다. 파트너십 관계에 내재되어 있는 협업에 대해서 고객사에게만 이득이 될 뿐, 공급업체는 공급가격만 낮추는 결과를 가져와서 결국에는 매출과 이익에 부정적인 영향을 미친다는 견해도 있다. 그렇지만 공급업체가 고객사와의 파트너십 관계를 어떻게 활용하느냐에 따라서는 이를 통해 많은 이득을 얻을 수 있다. 이러한 이득으로는 다음과 같은 점들을 들 수 있다. 첫째, 대형 고객사와 장기적인 관계를 구축할 수 있다. 파트너십 관계를 통해 고객사의 업무 프로세스에 깊이 관여하게 되면, 자사가 없이는 고객사의 업무가 원활하게 돌아가지 않게 되고, 이에 따라 고객사가 향후의 사업에서도 자사를 제외시키기가 어려워진다. 이른바 고정화(lock-in) 효과가 발생한다. 둘째, 대형 고객사의 다양하고 난이도가 높은 요구에 대응하다보면 자사의 제품개발, 배송, 내부 커뮤니케이션, 관리업무 등에 대한 노하우가 쌓이게 되어서 경쟁력을 강화할 수 있다. 또한 대형 고객사와 공동으로 개발한 제품을 표준화시켜 이를 다른 기업들을 대상으로 판매할 수 있는 기회도 얻을 수 있다. 셋째, 고객사도 공급업체를 착취만 하면 장기적이고 안정적인 공급체제를 구축할 수 없기 때문에 협업을 통한 비용절감 이익을 공급업체와 공유하거나, 발주량을 늘리거나, 선진 기술을 제공하는 등의 조치를 취하게 된다.

공급업체의 입장에서 파트너십 관계는 위험성도 가지고 있지만 공급업체가 대형 고객사와 협업 관계를 맺는 것은 산업 전반에 걸쳐 큰 흐름을 형성하고 있기 때문에 자사가 적절하게 대응하지 못하면 경쟁사가 그 자리를 차지하게 된다. 따라서 어차피 대형 고객사와 협업 관계를 맺어야 한다면 이를 피하기보다는 어떻게 자사의 경쟁력 강화와 이익 증진에 활용할 것인가를 신중하게 판단하여 강력하게 추진해 나가야 한다.

제3절 고객관계전략과 공급업체관계전략의 매칭

거래적 관계에서 자문적 관계, 자문적 관계에서 파트너십 관계로 관계가 심화됨에 따라 공급업체는 관계의 형성을 위해 보다 많은 금전적 · 비금전적 투자를 해야 한다. 예를 들어 공급업체가 고객사와 자문적 관계나 파트너십 관계를 유지하기 위해서는 단순히 경쟁력 있는 가격을 제시하여 제품이나 서비스를 판매하여서는 안 되며, 고객의 문제를 인지하고, 원인분석을 통해 그 문제를 해결할 수 있는 방안을 모색하여 고객에게 이득을 줄 수 있는 가치제안을 할 수 있어야 한다. 이러한 업무를 수행하기 위해서는 영업사원이 고객사를 보다 자주 방문하여야 하고, 고객의 산업, 비즈니스모델, 고객사의 고객의 니즈, 고객사의 경쟁사, 운영현황 등에 대해 면밀하게 검토해야 하기 때문에 상당한 시간과 비용을 지출하여야 한다. 경우에 따라서는 영업사원이 보다 밀착된 서비스를 제공하기 위해 고객사에서 근무하기도 하는데, 이 영업사원의 급여를 포함한 모든 비용을 공급업체가 부담해야 하기 때문에 상당한 비용이 소요된다. 하지만 고객의 입장에서도 공급업체와 거래적 관계가 아닌 자문적 관계나 파트너십 관계를 유지하기 위해서는 역시 보다 많은 투자를 해야 한다. B2B 부문 고객사의 경우, 공급업체에 대한 가장 중요한 투자는 시간과 정보의 공유라고 할 수 있다. 즉, 공급업체의 영업사원에게 자사의 상황과 문제를 설명하기 위해서는 정보공유가 이루어져야 하고, 설명을 위해 많은 시간을 할애해야 하기 때문에 상당한 부담이 될 수밖에 없다.

[그림 6-4]는 공급업체가 채택하고 있는 고객관계전략과 고객이 채택하고 있는 공급업체관계전략이 왜 일치해야 하는가를 공정관계선(fair relationship line)을 이용하여 설명하고 있다. 이 그림은 공급업체의 입장에서 볼 수도 있고, 고객사의 입장에서 볼 수도 있지만, 그 결과는 동일하다. 이하에서는 공급업체의 입장에서 해석해 보기로 한다. 가칭 경희산업은 A, B, C, D, E 모두 5개의 고객사와 거래를 하고 있다. 그 가운데 A, B, C는 공정관계선상에 위치하고 있다. 고객사 A와는 거래적 관계를 맺고 있고, 고객사 B와는 자문적 관계를 맺고 있으며, 고객사 C와는 파트너십 관계를 맺고 있다. 어떠한 관계를 맺는가는 고객의 유형에 따라

그림 6-4 | 공정관계선

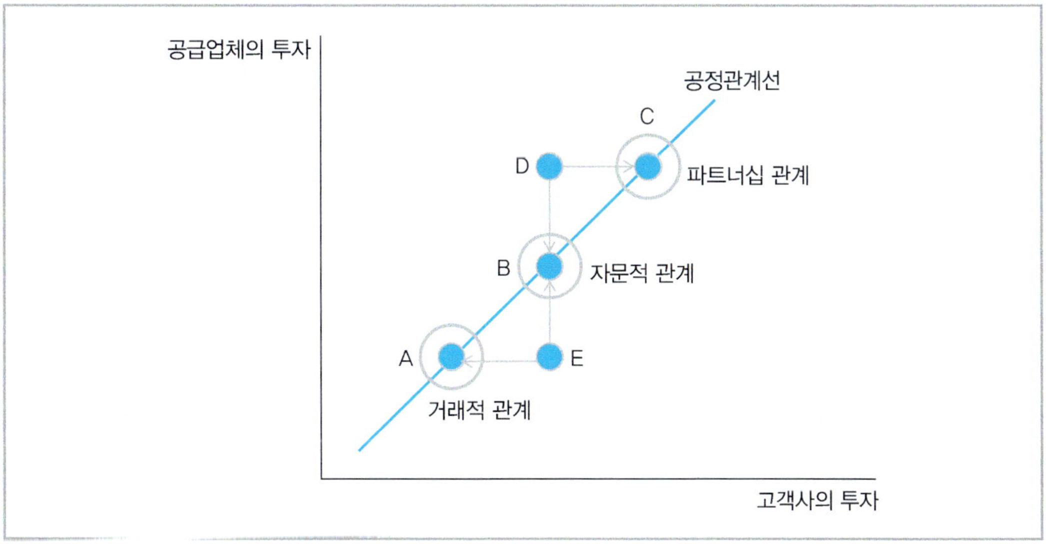

달라진다. 고객의 요구가 복잡하고, 또한 그러한 요구에 부응하였을 때 공급업체에 돌아오는 이득이 있다고 판단되면 고객사의 위치는 공정관계선을 따라 우상향으로 이동한다. 공정관계선상의 어디에 위치하든 고객사와 공급업체 모두 거래가 공정하게 이루어지고 있다고 판단한다. 왜냐하면 양측에서의 투자가 균형을 이루고 있기 때문이다. 그런데 고객사 D와 고객사 E는 현재 공정관계선상에 위치하고 있지 않다. 먼저 고객사 D의 경우에 공급업체의 투자가 고객사의 투자를 상회하고 있다. 즉, 고객사는 자문적 관계를 원하고 있는데, 공급업체는 파트너십 관계 수준의 투자를 하고 있는 상황이다. 이러한 경우에 공급업체에는 손실이 누적되기 때문에 상황을 개선시킬 방안을 마련해야 한다. 공급업체가 선택할 수 있는 방법은 두 가지이다. 첫 번째 방법은 현재 고객사가 원하는 정도의 관계를 유지할 수 있을 정도로 투자를 줄이는 것이고, 두 번째 방법은 관계가 심화되었을 경우에 고객사가 누릴 수 있는 혜택을 강조함으로써 고객사가 관계 증진을 위해 투자를 늘리도록 하는 방법이다. 고객사 E의 경우는 고객사 D와는 반대로 공급업체보다 더 많은 투자를 하고 있다. 즉, 공급업체는 거래적 관계라고 판단하고 있는 반면에, 고객사 E는 자문적 관계를 맺기 위한 투자를 하고 있는 상황이다. 이러한 경우는 흔하지는 않지만, 공급업체가 고객사의 요구에 부응할 수 있는 능력이 없기 때문에 의도적으로 투자를 늘리지 않거나, 혹은 고객사의 의도를 미처 파악하고 있지 못하는 경우에 발생할 수 있다. 이러한 경우에 공급업체가 선택할 수 있는 최선의 방법은 고객사에 대한 투자를 늘려서 관계의 정도를 심화시켜나가는 것이다. 그렇지 않으면 고객사 E는 이탈해버릴 가능성이 매우 높다. 혹은 고객사 E를 설득하여 투자를 줄이도록 하는 방법도 생각해 볼 수 있지만, 현실적으로는 실현가능성도 적고 바람직하지도 않다. 이상과 같은 역학관계가 존재하기 때문에 공급업체와 고객사의 관계는 종국적으로 공정관계선상에 위치하게 된다. [글 6-9]는 어느 건축자재업체가 고객과의 관계를 거래적 관계에서 자문적 관계로 이동시킨 사례를 보여주고 있다.

거래적 영업에서 자문적 영업으로의 전환

글 6-9

건축자재업체인 X사는 내화용 규산칼륨 칸막이 판자를 제조하여 판매하고 있다. 그런데 이 회사는 내화용 칸막이의 소재에는 규산칼륨 이외에도 다양한 경쟁 소재가 있다는 것을 깨닫지 못하고, 규산칼륨 판자끼리의 경쟁만을 의식하여, 타사의 규산칼륨 판자를 품질이나 가격 면에서 어떻게 이길 수 있을까에 줄곧 몰두해 왔다. 어쨌든 그 결과, X사는 규산칼륨 판자 칸막이 시장에서 2위에 올라 비교적 건투하고 있다고 할 수 있었다.

그런데 시장 확대를 위해 컨설턴트를 고용하여 여러 가지를 조사하는 과정에서 자사의 시장을 보는 방법이 고객의 관점과 크게 차이가 있다는 점을 발견하였다. 고객은 주로 건설업체나 시공사업자인데, 그들은 내화용 칸막이 시장을 엘리베이터 주변의 칸막이, 계단 주변의 칸막이, 구획 칸막이 등과 같이 건축물의 장소에 따라 구분하고 있었다. 더욱이 각각의 장소에 어떤 소재를 사용할 것인지 소재 간의 비교도 하고 있었다. 즉, 규산칼륨 이외에도 ALC, 석고보드, 성형시멘트 등의 소재 중에서 어떤 것을 사용할 것인지를 선택하고 있었으며, 여기서 규산칼륨을 선택해야 비로소 어느 규산칼륨 판자업체의 칸막이를 채택할지를 검토하게 되는 것이었다. 즉, 우선은 건물의 장소별로 소재 간의 경쟁이 벌이지고 있었다. 나아가서, 이 회사는 고객들이 칸막이 판자의 제품뿐만 아니라 그 외의 요소도 고려하고 있다는 사실을 알게 되었다. 특히 고객들이 건물에 적합한 내화용 칸막이의 설계 자체에 대한 조언이나 현장에서의 시공 제안을 높게 평가하며, 그러한 제안을 염두에 두고 소재나 공급업체를 선택하고 있는 것을 알게 되었다. 고객으로서는 그다지 차이가 없어 보이는 칸막이 소재 자체의 품질을 상세하게 검토하기보다는 건물 전체의 비용이나 공기(工期), 공사 관리가 우선 중요하므로 거기에 가장 적합한 소재나 공급업체를 선택하는 일이 최대의 관심사였던 것이다.

이러한 사실이 서서히 드러남에 따라 X사의 접근방법도 변하지 않을 수 없었다. 지금까지는 자사의 규산칼륨 판자가 얼마나 뛰어난지를 건설업체의 구매 창구에 어필하는 것이 영업활동의 중심이었다. 그러나 향후에는 건물의 장소별 설계 담당자 등에게 건물 전체의 비용이나 공기, 공사관리 등의 관점에서 타 소재 대비 규산칼륨 판자의 우위성을 설명하기로 하였다. 동시에 건설업체의 부담을 경감시키거나 건물 전체의 가치를 높일 수 있는 설계나 시공법에 대해서 제안하기로 하였다. 이러한 접근방법을 실행하자 그 효과가 차츰 실적으로 나타나게 되었다. X사는 이러한 경험에 입각하여, 영업 · 기술 · 설계 등 입장이 다른 여러 분야의 담당자가 함께 고객의 관점에서 시장을 인식하기 위한 '조율(調律)의 장(場)'을 정기적으로 갖기로 하였다. 또한 건설업체를 비롯한 주요 고객의 설계 · 구매 · 공사관리 등의 부문과도 정기적으로 대화를 갖기로 하였다. 자사 제품의 관점에 얽매이지 않고, 고객의 눈으로 자사의 제품을 보는 것의 중요성을 뒤늦게나마 깨닫게 된 것이다.

출처 : 이마무라 히데아키 (2007), 보스턴컨설팅그룹의 B2B 마케팅, 번역서, 비즈니스맵, 161–164.

제4절 관계적 영업의 영역

고객과 공급업체의 상황에 따라서 관계적 영업이 활성화될 수도 있고, 그렇지 않을 수도 있다. 여기서 '고객의 상황'이라는 것은 고객이 자신의 문제나 니즈를 인식하고 있는가의 여부와 문제나 니즈를 인식하고 있다면 이에 대한 해결방안을 알고 있는가를 의미한다. 또한 '공급업체의 상황'은 공급업체가 고객의 문제나 니즈를 충족시켜 줄 수 있는 해결방안을 알고 있는가를 의미한다. [그림 6-5]는 고객과 공급업체의 상황에 따른 관계적 영업의 영역을 나타내고 있다.

먼저 A와 B영역은 고객이 자신의 문제나 니즈가 무엇인지를 인지하고 있지 못하고 있는 경우이다. 이러한 경우는 의외로 흔히 발생할 수 있다. 비용을 절약하고, 생산성을 향상시키고, 매출을 증대시킬 수 있는 방법이 얼마든지 있을 수 있음에도 불구하고 관행적으로 업무를 수행하다보면 이를 미처 깨닫지 못하고 있는 경우가 흔히 있을 수 있기 때문이다. 또한 고객이 새로운 기술이나 제품에 대한 정보가 어두워서 좋은 기회를 활용하지 못하고 있는 경우도 이에 해당한다. 그런데 공급업체가 고객의 문제나 니즈에 대해 언급할 때, 고객은 이에 대해 반

그림 6-5 | 관계적 영업의 영역

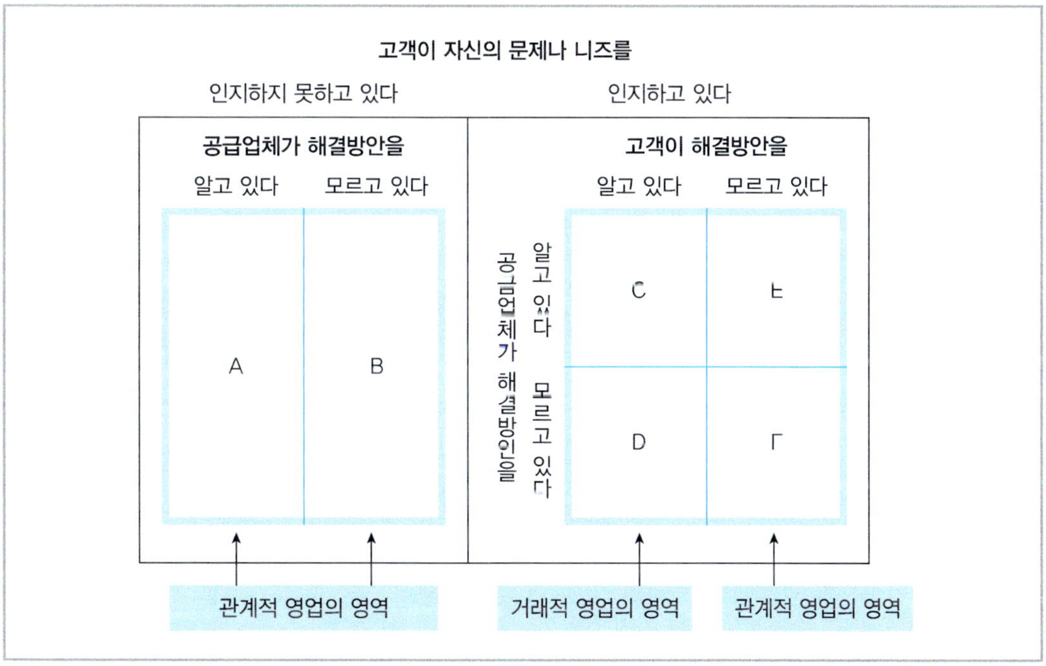

감을 가질 수 있다. 왜냐하면 공급업체로부터 자사, 자신이 소속된 부서, 혹은 자신의 잘못을 지적을 받는 느낌을 받을 수 있기 때문이다. 따라서 고객에게 문제를 인식시켜 주려고 할 때에는 매우 신중한 접근이 요구된다.

그렇지만 이러한 과정을 잘 극복하면 공급업체는 고객이 자신의 니즈나 문제점을 잘 알고 있는 경우에 비해 훨씬 더 유리한 영업기회를 확보할 수 있다. 왜냐하면, 첫째 경쟁업체가 없기 때문에 수주의 가능성을 높일 수 있고, 둘째 향후에 경쟁이 있더라도 자사는 이미 영업활동을 시작한 것이기 때문에 경쟁의 구도를 자사에 유리하게 만들어갈 수 있는 시간적 여유가 있기 때문이다. A와 B영역의 차이는 공급업체가 해결방안을 알고 있는지의 여부이다. 당연히 해결방안을 알고 있을 때 영업활동이 보다 수월해진다. 반면에 해결방안을 모르고 있는 경우에는 고객과 접촉하기 이전에 해결방안을 찾아서 A영역으로 이동하든지, 혹은 고객을 설득하여 고객의 문제나 니즈를 해결하는 방안을 협업을 통해 찾아야 한다. 따라서 B영역의 관계적 영업은 A영역의 관계적 영업에 비해 훨씬 더 어려울 수밖에 없으며, 실질적으로 영업활동이 이루어지기 힘들다고 할 수 있다.

C와 D영역은 고객이 자신의 문제나 니즈가 무엇인지를 파악하고 있고, 그 해결책, 즉 어떠한 제품이나 서비스를 구입해야 할지도 알고 있는 경우이다. 고객은 공급업체들 간의 경쟁을 통해서 자신이 원하는 품질의 제품이나 서비스를 가장 저렴하고, 가장 편리한 방법으로 구입하기를 원한다. 따라서 공급업체들 간의 경쟁은 치열해질 수밖에 없다. 즉, 이 영역에서는 관계적 영업이 아니라 고객이 주도하는 거래적 영업이 이루어지며, 공급업체의 영업활동은 고객이 공급업체를 탐색하는 단계에서 비로소 시작된다. 즉, 공급업체는 능동적인 영업은 할 수 없고 수동적인 영업활동 밖에 할 수 없다. C영역과 D영역의 차이는 공급업체가 해결책을 알고 있는가의 여부인데, 두 영역 모두 고객이 주도하는 영업이 이루어지기 때문에 그 구분은 그다지 중요하지 않다.

E와 F영역은 고객이 자신의 문제나 니즈가 무엇인지는 알고 있지만, 그 해결방안은 모르고 있는 경우이다. 즉, 고객은 제품이나 서비스의 구매에 대한 필요성을 느끼고 있지만 어떠한 제품이나 서비스를 구매해야 할지에 대해서는 모르고 있는 상황이다. 공급업체로서는 이러한 상황이 관계적 영업을 실행하기 가장 좋은 환경이 된다. 특히 공급업체가 해결방안을 알고 있는 경우에는 강한 주도권을 가지고 영업활동에 임할 수 있다. 따라서 공급업체는 E영역에 있는 고객을 발굴하여 집중공략하는 것이 영업의 성과를 올릴 수 있는 좋은 방법이 된다. 그렇지만 고객이 이미 자신의 니즈나 문제를 인식하고 있기 때문에 일반적으로 여러 공급업체와 접촉하여 해결방안을 모색하려고 한다. 따라서 공급업체의 입장에서는 다른 공급업체보다 빨리 문제나 니즈를 인식하고 있는 고객을 발견하고, 이를 해결할 수 있는 우수한 가치제안을

함으로써 영업기회를 선점하는 것이 매우 중요하다. 즉, 고객이 공급업체를 탐색하는 단계에 이르기 전에 능동적으로 접근하여 영업활동을 전개하는 것이 성공 여부에 크게 영향을 미치게 된다. F영역의 경우에는 공급업체도 해결방안을 알지 못하기 때문에 고객을 설득하여 서로 협력하여 해결방안을 찾아야 한다. 그러나 고객의 입장에서는 해결방안을 가지고 있는 공급업체를 찾는 것이 더 효율적이기 때문에 공급업체로서는 영업을 성공적으로 이끌 가능성이 많다고 할 수는 없다. 따라서 F영역에서의 관계적 영업은 공급업체가 해결방안을 모색할 수 있는 노하우나 인적 · 물적 인프라가 출중하거나, 고객과 오랜 기간 동안의 실적을 바탕으로 하는 신뢰관계가 형성되어 있지 않다면 이루어지기가 힘들다.

제5절 가치제안

가치제안은 관계적 영업(자문적 영업 및 파트너십 영업)에서 가장 핵심적인 개념이라고 할 수 있다. 왜냐하면 공급업체가 고객에게 경쟁사보다 우월한 차별적인 가치를 고객에게 제안할 수 있을 때 비로소 고객과의 장기적인 관계를 기반으로 하는 영업이 이루어질 수 있기 때문이다. 여기에서는 가치제안의 개념, 가치제안의 내용 등에 대해 기술한다.

1. 가치제안의 개념

가치제안(價値提案, value proposition)의 개념은 1988년 컨설팅사인 McKinsey의 컨설턴트들에 의해 소개된 이후에 업계에서 가장 빈번하게 쓰이는 용어 중의 하나가 되었으며, 최근에는 학계에서도 이에 대한 연구가 활발하게 이루어지고 있다. 가치제안은 “고객에게 가치를 제공할 수 있는 방안을 제안하는 것”이라고 정의될 수 있다. 그런데 가치는 혜택에서 비용을 차감한 것이기 때문에 가치제안은 “고객에게 비용을 절감하고, 혜택을 제공할 수 있는 방안을 제안하는 것”을 의미한다. 다르게 표현하면 가치제안은 고객이 자사로부터 제품이나 서비스를 구매해야 하는 이유를 제시하는 것이라고 할 수 있다. 따라서 고객에게 가치를 제안하기 위해서는 자사의 제품이나 서비스를 통해 고객이 어떻게 비용을 절감하고, 어떠한 혜택을 부여받을 수 있을지에 대한 연구가 선행되어야 하는데, 이를 실행에 옮기기는 매우 힘들며, 그래서 실제로 훌륭한 가치제안 사례를 발견하기는 쉽지 않다. [글 6-10]과 [글 6-11]은 각각 포장지 제조회사와 중소 공조기 회사의 가치제안 사례를 소개하고 있다. 가치제안이 관계적 영업을 실행하기 위한 필수적인 도구임에도 불구하고 이에 대한 심도 있는 이해는 매우 부족하다고 할 수 있으며, 따라서 영업사원을 대상으로 가치제안이 무엇이며, 이를 실행에 옮기기 위해서

포장지 제조회사의 가치제안 사례

글 6-10

2005년 미국의 버지니아주에 위치한 포장지 제조회사인 미드웨스트바코(MeadWestvaco)에 결성된 '가치창조' 영업팀의 팀원들은 한자리에 모여서 고객사에 어떤 가치를 제공할 수 있을지에 대해 논의했다. 논의의 대상이 되었던 고객사는 유통업체에 프리미엄급의 전통(ethnic) 냉동식품을 판매하고 있는 중견 기업으로, 네슬레(Nestle), 콘아그라(ConAgra), 타이슨(Tyson)과 같은 대기업들과 경쟁하고 있었다. 팀원들은 고객사에 대한 정보를 수집했으며, 해당 시장과 소비자들의 행동을 잘 이해하고 있는 전문가들의 의견도 수렴하였다. 좋은 재료를 엄선하기 때문에 신선도와 품질이 우수하다는 점이 이 회사의 차별화 포인트였다. 프리미엄 이미지를 어필하고, 높은 가격을 받기 위해서 독특한 포장도 고안했다. 하지만 포장의 문제로 인해 많은 양의 제품이 매장에 진열되기도 전에 망가졌다. 중간에 파손되어서 팔릴 수 없는 제품이 점점 늘어났고, 독특한 디자인 때문에 냉장 공간도 충분히 확보할 수 없었다. 망가진 제품으로 인한 손실보다 더 큰 문제는 소비자들의 75% 정도가 포장이 망가진 제품은 절대 사지 않기 때문에 포장이 브랜드 이미지에 오히려 악영향을 미치고 있다는 사실이었다. 조사에 의하면 브랜드 인지도 점수가 포장이 정상적인 경우에는 70점 이었지만, 포장 파손 시에는 41점으로 급감했다.

미드웨스트바코는 소비자들의 쇼핑 패턴을 알아내기 위해 심층조사를 수행하였으며, 냉동식품 업계에 대해서도 연구했다. 냉동식품 시장의 각 세그먼트마다 향후 시장을 전망해보았는데, 그 결과 전체 냉동식품 시장은 크게 성장하지 않겠지만, 그 중 프리미엄급 전통 냉동식품 시장은 높은 성장률을 보일 것으로 예상되었다. 만약 계속해서 파손되는 제품이 늘어나면 그만큼 손해가 늘어날 것이고, 종국에는 고객사가 사업을 접어야 할 가능성도 배제할 수 없었다. 미드웨스트바코는 조사를 통해 고객사의 이러한 중대한 문제를 파악할 수 있었으며, 이에 대한 해결책도 제시하였다. 이 회사는 CNK(Coated Natural Kraft)라는 코팅된 크래프트지로 포장 재질을 바꿈으로써 그래픽 디자인도 강화하고, 보관도 더 용이하며, 운반 과정 중의 파손도 최소화할 수 있다는 가치제안을 하였다. 이처럼 미드웨스트바코는 최대한 완벽하게 고객사에 가치제안을 하였고, 이를 바탕으로 고객사가 가지고 있는 문제를 성공적으로 해결할 수 있었다. 포장용기가 저렴한 CNK로 바뀌면서 원가도 절감되었고, 파손되는 제품도 40% 가량 감소시킬 수 있었으며, 동시에 개선된 포장용기 덕분에 공간 활용도를 높임으로써 대형 유통업체에도 납품할 수 있게 되었다. 더불어서 브랜드 인지도도 향상되었다. 미드웨스트바코의 가치창조 영업팀은 고객사뿐만 아니라, 고객사의 고객인 유통업체들도 이득을 볼 수 있다는 사실을 보여주었다. 결론적으로, 가치창조 영업을 실행하기 위해서는 비용뿐만 아니라 고객사의 성장 가능성까지 염두에 두는 발상의 전환이 필요하다. 미드웨스트바코는 가치창조 영업을 통해서 자사의 매출을 늘릴 수 있었을 뿐만 아니라, 고객사의 신뢰와 존경까지 얻어낼 수 있었다.

출처 : Charan, Ram (2007), *What the Customer Wants You to Know: How Everybody Needs to Think Differently About Sales*, 번역서 B2B 세일즈, 교보문고, 110–112.

는 무엇을 어떻게 해야 하는지에 대한 교육훈련이 절실히 요구되고 있다([글 6-12] 참조).

중소 공조기 회사의 가치제안 사례

글 6-11

우리나라의 한 중소 공조기(空調器) 회사는 가치제안의 중요성을 보여주는 좋은 사례를 제공해 주고 있다. 이 회사는 어느 용접봉 회사의 공조기 설치 입찰에 참여하였는데, 이 입찰에서 국내 유수의 대기업과의 경쟁을 극복하고 수주에 성공할 수 있었던 것은 고객사의 문제점을 파악하고, 이에 대한 해결책을 제공하였기 때문이다. 이 회사는 고객사의 실외기 설계 도면에 대한 검토를 통해 실외기의 설치 위치가 부적절하여 겨울철에 제상수(除霜水)가 실내로 유입되고 있는 문제점을 발견하고, 이를 해결할 수 있도록 설계 도면을 수정하였으며, 이를 기반으로 고객사에게 다양한 가치를 제공할 수 있었다. 즉, 설계를 개선하면 제품비용, 설치공사비, 전기공사비 등을 절감할 수 있다는 것을 객관적인 자료와 함께 제시함으로써 입찰에서 가장 높은 가격을 제시하였음에도 불구하고 수주에 성공할 수 있었다. 또한 이러한 실적을 바탕으로 고객사의 여타 시설에 대한 공조기 설치 작업을 진행할 수 있는 기회도 획득할 수 있었다.

가치제안을 위한 영업사원 교육훈련 프로그램 사례

글 6-12

미국의 Quaker Chemical은 고객사에서 근무하면서 고객사를 위한 가치제안을 기획하고 실행하는 책임을 맡고 있는 영업사원들을 대상으로 가치제안 교육훈련 프로그램을 실행하고 있다. 교육대상 영업사원들은 먼저 동료 영업사원들에 의해 다양한 산업 분야에서 성공적으로 수행되었던 고객가치 중심 영업의 성공사례들을 검토하는데, 이 사례들에는 영업사원들이 고객사에 어느 정도의 비용절감을 약속하였으며, 실제로 어느 정도의 비용절감 성과를 거두었는지가 기술되어 있다. 그런 후, 몇 명이 한 팀이 되어 관심 있는 한 고객사를 선정하고, 그 고객사를 위한 가치제안을 작성하는 경쟁 컨테스트에 참여한다. 영업사원들은 해당 고객사의 직원과의 인터뷰를 통해 가치제안의 작성에 필요한 자료를 수집한다. 각 팀이 제출한 가치제안을 평가하여 가장 높은 점수를 받은 팀은 이 회사에서는 매우 영예롭게 여기는 "자랑할 수 있는 권리"라는 명칭의 상을 수여받는다. 이 회사는 이 교육훈련 프로그램을 통해서 영업사원들이 다시 고객사에 복귀했을 때 고객사를 위한 비용절감 제안을 할 수 있는 능력을 높여줄 수 있다고 믿고 있다.

이 교육훈련 프로그램의 마지막 단계는 영업사원들로 하여금 실제로 그들이 담당하고 있는 고객사를 위한 비용절감 제안서를 90일 내에 작성하여 제출하도록 하는 것이다. 영업관리자는 영업사원들이 작성한 제안서를 검토하여 피드백을 해 주는데, 제안서가 잘 작성되었다고 판단하면 해당 영업사원에게 상품권을 준다. 이러한 제안들을 실행하게 되면 회사는 각 고객사당 1년 평균 5백만 달러에서 6백만 달러에 이르는 비용절감을 실현할 수 있다.

출처 : Anderson, James C., James A. Narus, and Wouter Van Rossum (2006), "Customer value propositions in business markets," *Harvard Business Review*, 84(3), 91–99.

표 6-2 | 가치제안에 대한 다양한 시각

	모든 혜택	차별점	공명점(共鳴点)
의미	자사의 제품이나 서비스가 제공할 수 있는 모든 혜택	경쟁사의 제품이나 서비스에 비해 우월한 점	가까운 미래에 고객에게 큰 가치를 제공할 수 있는 차별점
필요 지식	자사의 제품과 서비스에 대한 지식	자사 및 경쟁사의 제품이나 서비스에 대한 지식	경쟁사 대비 고객에게 보다 우월한 가치를 제공할 수 있는 방법에 대한 지식
단점	자사의 제품이나 서비스가 제공할 수 있는 모든 혜택들이 고객에게 가치를 제공할 수 있다고 생각하는 오류를 범함	경쟁사 대비 우월한 특징들이 모두 고객에게 가치를 부여할 수 있다고 생각하는 오류를 범함	고객의 가치에 대한 심도 있는 연구가 요구됨

가치제안은 고객에게 가치를 제안하는 것이지만, 실제로 공급업체들은 가치제안에 대해 다양한 시각들을 가지고 있다. 이러한 다양한 시각들은 [표 6-2]에서와 같이 세 가지 유형으로 정리될 수 있다. 첫째는 공급업체가 가치제안을 하면서 자사의 제품이나 서비스가 제공할 수 있는 모든 혜택들을 나열하는 것이다. 이러한 혜택들이 경쟁사의 제품이나 서비스와 비교하여 어떠한 차별점을 가지고 있는지, 더 나아가서 고객의 니즈에 부합하는 것인지에 대한 고려는 없다. 따라서 이러한 가치제안이 고객의 공감을 불러일으키기는 불가능하다. 둘째는 가치제안을 하면서 자사의 제품이나 서비스가 경쟁사의 그것보다 우월한 점을 나열하는 것이다. 그렇지만 경쟁사와의 차별점이 반드시 고객에게 가치를 가져다주는 것은 아니기 때문에 이 또한 고객의 공감을 얻기 힘들다. 이 두 가지 시각은 모두 고객지향적이라기보다는 상품지향

상품중심에서 니즈중심으로의 가치제안의 수정 사례

글 6-13

건물의 도장(塗裝) 작업에 사용되는 특수 도료(塗料)를 생산하는 한 제조업체는 앞으로 점점 더 엄격한 환경규제 법안이 만들어지면서 주요 고객사인 도장전문 시공업체들이 이로 인해 큰 압력을 받게 될 것이라는 것을 알게 되었다. 또한 이 회사는 어떤 시공업체도 새로운 환경 법안에 적응해가는 과정에서 작업의 생산성이 떨어지는 것을 원치는 않을 것이라고 판단하였다. 그래서 이 회사는 가격이 더 비싸기는 하지만, 더 엄격한 환경보호 기준에 부응하면서도 업무의 생산성에는 영향을 미치지 않는 새로운 도료를 개발하였다. 이 회사는 몇몇 고객사에 시험 삼아 신제품을 사용해 보도록 하였는데, 뜻밖에도 고객사들의 반응은 냉담했다. 대부분의 고객사들이 법규가 실제로 실시되기 전까지는 절대로 새로운 도료를 사용하지 않겠다는 의견이었다.

그래서 이 회사는 할 수 없이 무엇이 잘못되었는가를 알기 위해 고객사들을 대상으로 FGI나 설문 등을 통해 이들이 추구하는 가치가 무엇인지에 대해 조사하였다. 이러한 고객가치 조사를 통해 알게 된 가장 중요한 사실은 도료가 도장 회사의 총비용에서 차지하는 비중은 15% 정도에 불과하고, 인건비가 가장 많은 비중을

차지한다는 것이었다. 그래서 만일 새로운 도료가 생산성을 높일 수만 있다면(예를 들어 건조시간이 짧아져서 1교대 시간인 8시간 동안 2번의 작업이 가능할 수만 있다면), 시공업체는 더 높은 도료 가격을 충분히 수용할 수 있었다. 그래서 이 도료 회사는 환경법규의 준수에 유리하다는 하나의 메지시를 담은 가치제안을 고객의 니즈에 부합하는 가치제안으로 수정하였다. 새로운 가치제안은 "이 도료를 사용하면 엄격해진 환경법규에도 저촉되지 않을 뿐만 아니라, 한 교대 시간 동안 두 번의 작업이 가능하여서 생산성을 향상시킬 수 있습니다"로 바뀌었다. 고객사는 이러한 가치제안을 열렬히 받아들였고, 그 결과 이 도료의 생산업체는 다른 도료회사에 비해 무려 40%나 높은 가격을 받을 수 있었다.

출처 : Anderson, James C., James A. Narus, and Wouter Van Rossum (2006), "Customer value propositions in business markets," *Harvard Business Review*, 84(3), 91–99.

적 · 내부지향적이라고 할 수 있다. 세 번째 시각은 가치제안을 하면서 가까운 미래에 고객에게 가장 큰 가치를 제공할 수 있는 공명점(共鳴点)을 제시하는 것이다. 이러한 시각만이 진정한 가치제안이라고 할 수 있다. 가치제안의 시발점이 자사에 있지 않고 고객에게 있으며, 자사의 제품이나 서비스가 그 자체로서 가치를 갖는 것이 아니라 고객에게 가치를 제공할 수 있을 때 비로소 가치 있는 제품이나 서비스가 된다([글 6-13] 참조). 이를 실현하기 위해서는 무엇보다 고객의 가치에 대한 심도 있는 연구가 선행되어야 하기 때문에 가치제안을 위해서는 많은 노력과 시간이 소요된다.

2. 가치제안의 내용

훌륭한 가치제안에는 진정으로 고객의 니즈에 부합하는 가치가 기술되어 있어야 함은 물론이고, 그 외에도 다음과 같은 조건을 충족하고 있어야 한다. 첫째, 다양한 가치들을 나열하는 것보다는 경쟁사와 차별화할 수 있는 한두 개의 핵심적인 가치를 간결하고 강렬하게 부각시키는 것이 중요하다. 가치제안에 있어서는 많다고 좋은 것이 아니다. 너무 많은 제안을 하게 되면 오히려 고객의 주의가 분산되어서 제안의 초점이 흐려지는 역효과를 불러올 수 있다. 욕심을 내지 않고 고객에게는 그다지 중요하지 않은 차별점은 언급하지 않고, 고객이 가장 중요시하는 가치에 초점을 맞추는 것이 바람직하다. 이러한 전략은 자사의 자원을 효율적으로 활용하기 위해서도 매우 중요하다. 너무 많은 제안을 하게 되면 나중에 선택이 되었을 때 자사의 자원을 분산시킬 수밖에 없으며, 따라서 핵심적인 가치의 창출에 소홀해질 수 있다. 둘째, 고객에게 부여하는 가치를 구체적인 숫자로 제시할 수 있어야 한다. 즉, 제시하고자 하는 가치

가치제안의 내용

글 6-14

가치제안을 함에 있어서 다음과 같은 세 가지 사항이 구체적으로 명기되어야 한다. 첫째, 수량화(예측되는 개선/향상의 정량화), 둘째 시점(효용의 발생시기, 비용부과시기, 투자금액 회수시기 등), 셋째 결과/성과의 측정과 추적방법. 이러한 방법론을 사용해 가치제안을 실시한 사례는 다음과 같다. "A그룹은 B컴퓨터와 매년 200만 달러의 IT 지원계약을 체결하여 향후 5년간 350만 달러의 비용절감 효과를 거두게 된다. 20XX년 5월 1일부로 A그룹은 IT 자산을 50만 달러에 B컴퓨터에 매각하고, 나머지 모든 IT 지원에 대해서는 B컴퓨터가 담당하게 된다. 합의된 가격과 서비스 수준이 계속 유지된다는 조건하에서, A그룹은 5년 동안 연간 30%의 IT 비용절감 효과를 누리게 될 것이다."

출처 : 김용기 (2010), "판매를 넘어… 고객의 비즈니스를 개발해줘라," 동아비즈니스리뷰, 61(2), 92–94.

는 측정이 가능해야 한다. 고객사의 입장에서는 추상적인 문구로 기술되어 있는 가치가 중요한 것이 아니라, 공급업체의 제안이 자사에 얼마나 구체적으로 기여할 수 있는지가 중요하기 때문에 기여할 수 있는 가치를 구체적인 숫자로 제안해야 한다([글 6–14] 참조). 그런데 공급업체가 일단 고객사에게 부여할 수 있다고 주장하는 가치를 숫자로 제안하게 되면 선정되었을 경우에 이에 대해 책임을 져야 하기 때문에 공급업체는 가치를 숫자로 제시함에 있어서 매우 신중을 기하여야 한다. 셋째, 공급업체의 가치 제공이 단발성에 그치지 않고 일정한 기간 동안 꾸준히 이루어질 수 있어야 한다. 이는 일시적인 무리한 노력에 의한 가치제공이 아니라 자사의 역량이 뒷받침될 수 있는 내용을 중심으로 가치제안이 이루어져야 한다는 것을 의미한다. 그렇지 않으면 시간이 지나면서 고객사가 공급업체의 능력 부족을 감지하게 되고, 이에 따라 관계는 단절될 수 있다.

이 세 가지 조건 가운데 특히 주목해야 할 조건은 고객에게 부여할 수 있는 경제적인 가치를 숫자로 제시하는 것이라고 할 수 있다. 앞에서 언급한 바와 같이 고객의 가치는 고객에 부여하는 혜택에서 비용을 차감한 것이다. 생산설비를 도입하고자 하는 고객사의 경우에 생산설비의 도입을 위해서는 생산설비의 구매비용뿐만 아니라, 구매에 따르는 다양한 부대비용이 발생한다. 부대비용에는 설치 및 시운전비용, 설비관리자의 인건비, 유지보수비, 오일 등 소모품 비용, 소프트웨어 업데이트 비용, 금리 및 보험 등의 금융비용 등이 포함된다. 혜택 측면을 살펴보면, 생산설비의 도입으로 인한 생산성의 향상과 이에 따른 생산비의 절감, 새로운 제품의 생산이 가능하게 됨으로써 기대되는 매출상승 등이 혜택에 포함될 수 있다. 이러한 모든 비용과 혜택을 평가하여 생산설비의 도입이 고객에게 어느 정도의 가치를 가져다 줄 수 있을지를 제시해야 한다.

경제적 가치를 제시하기 위해서는 고객의 니즈를 잘 파악하여 고객에게 최대한의 혜택을 제시할 수 있는 방안을 찾는 것이 중요하다. 예를 들어 어떤 제약회사를 상대로 소프트웨어를 판매하려고 하는 두 곳의 공급회사가 있다고 하자. 공급업체 A는 5억 원짜리 소프트웨어를 구입하면 매년 2억 5천만 원을 절감할 수 있다고 강조했다. 그렇다면 구입 후 1년 동안의 투자 대비 회수금액의 비율인 투자수익률은 50%가 된다. 대부분의 영업사원은 이러한 방식으로 계산한 결과를 가지고 영업 협상을 진행한다. 경쟁사인 공급업체 B도 같은 가격의 소프트웨어를 공급하고 있는데, 이 제품은 매년 2억 원 정도의 비용절감 효과가 있다. 즉, 비용절감 측면에서만 보면 투자수익률은 경쟁사의 그것에 미치지 못하는 40%에 불과하다. 하지만 B사의 제품은 영업사원이 만나야 하는 고객의 명단을 그날그날 뽑아주는 유용한 기능을 가지고 있는데, 이를 활용하면 매년 2억 원 정도의 매출 증가 효과가 기대된다. 영업사원들이 이를 사용할 수 있는 방법에 대한 교육도 실시해준다. 따라서 추가 매출 효과를 비용절감 효과와 합산하면 투자수익률은 경쟁사의 그것을 훨씬 상회하는 80%에 이른다. 또한 B사의 제품은 만기가 도래하는 채권을 미리 표시해주는 기능이 있어서 관리자가 채권을 조기에 회수할 수 있도록 도와준다. 이 새로운 기능을 활용하면 제약회사는 매년 3억 원을 회수하는 효과를 거둘 수 있으며, 이는 회사의 유동성 확보에 크게 기여할 수 있다. 제약회사의 입장에서 두 소프트웨어 회사의 제안을 받았을 때 어느 회사를 선택할 것인가는 자명하다.

[그림 6-6]은 콜센터 설비를 도입하는 것을 가정하여 고객을 위한 경제적 가치를 산정하는 구체적인 예를 보여주고 있다. 콜센터 설비의 도입을 위한 투자비용은 10억 원이 소요된다. 여기에는 하드웨어, 소프트웨어, 설치, 유지보수 등 모든 비용이 포함되어 있다. 그러나 콜센터 설비투자를 통해 각종 혜택이 발생한다. 먼저 지금까지 수작업으로 해오던 자료청구 접수가 콜센터에서 수행할 수 있게 되어 인건비가 감소한다. 또한 자료송부 및 신제품 계약 후의 팔로우 콜을 할 수 있게 되어 계약이 증가하는 효과를 기대할 수 있게 되었고, 대금미납 독촉콜을 통해 대금회수율의 향상도 기대할 수 있게 되었다. 결론적으로 콜센터 설비 도입을 위해서는 10억 원의 비용이 발생하지만, 인건비의 절감과 추가적인 수입의 발생을 통해 전체적으로는 도입 비용을 모두 충당하고도 6억 원의 가치가 창출되는 것으로 계산되었다.

그런데 이러한 경제적 가치는 절대적인 기준에서의 가치가 아니라, 특정 고객이 인식하는 상대적 가치이다. 여기에서 상대적 가치란 자사의 제품이나 서비스를 경쟁사의 그것과 비교했을 때의 가치, 고객이 현재 사용하고 있는 제품이나 서비스와 비교했을 때의 가치, 고객이 사용하지 않았을 때와 비교했을 때의 가치 등을 의미한다. 또한 경제적 가치는 일반적인 시장 가치를 의미하는 것이 아니라 특정한 니즈를 가지고 있는 고객이 자사의 제품이나 서비스를 사용하면서 느끼는 가치를 의미한다. 따라서 경제적 가치는 같은 제품이나 서비스라고 하더

그림 6-6 | 경제적 가치의 산정 예

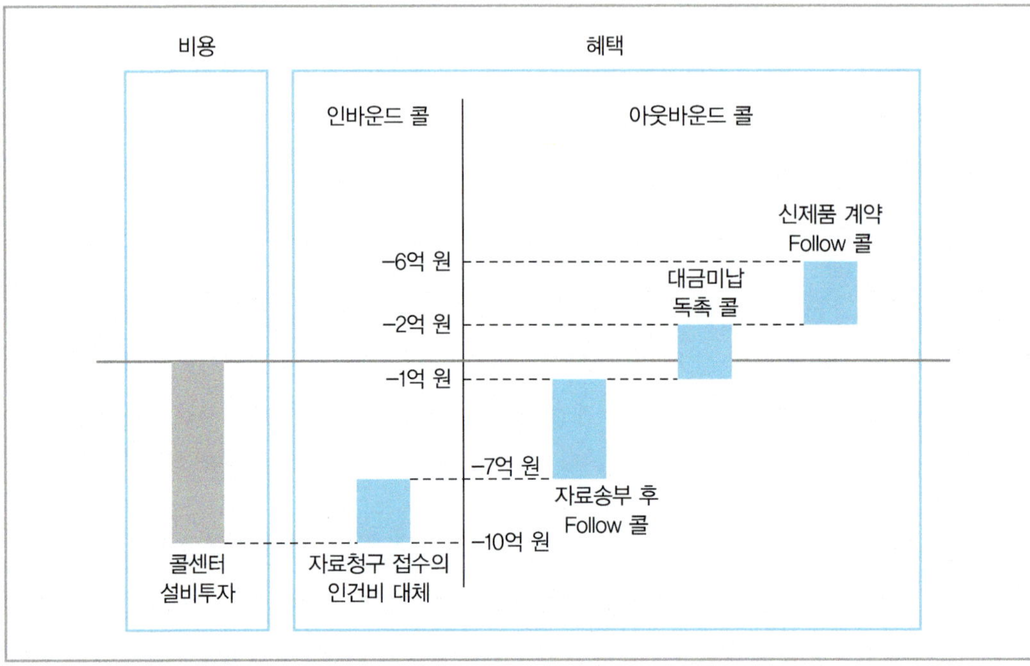

출처 : 이마무라 히데아키 (2007), 보스턴컨설팅그룹의 B2B 마케팅, 번역서, 비즈니스맵, 177.

라도 어떤 고객이 어떤 목적으로 사용하며, 또한 그 가치를 무엇과 비교하느냐에 따라 달라질 수 있다.

제6절 관계영업에서의 니즈 파악

1. 니즈의 유형

관계적 영업(자문적 영업, 파트너십 영업)이 원활하게 이루어지기 위해서는 무엇보다 먼저 고객의 진정한 니즈가 무엇인지를 파악해야 한다. 즉, 고객의 표면상의 니즈가 아닌 진정한 니즈가 무엇인지를 파악하여 이를 충족시켜 줄 수 있을 때 비로소 고객과의 공고한 관계 구축이 가능해진다. B2B 영업에서 고객사의 니즈는 상품니즈, 업무니즈, 경영니즈의 세 단계로 구분될 수 있다([표 6-3] 참조). 상품니즈는 구체적인 사양을 가지고 있는 제품을 공급받고자 하는 니즈를 의미하고, 업무니즈는 공급받은 제품을 활용하여 수행하고자 하는 업무에 대한 니즈를 의미하며, 경영니즈는 업무를 통해 달성하고자 하는 매출, 수익, 점유율 등과 관련된 경영상의 니즈를 의미한다.

표 6-3 | 니즈의 유형

니즈의 유형	설명	예(시공업체의 바닥재에 대한 니즈)
상품니즈	제품이나 서비스의 사양에 대한 니즈	특정 재질, 크기, 디자인의 바닥재
업무니즈	수행하는 업무를 개선하고자 하는 니즈	시공기간의 단축
경영니즈	경영목표를 실현하고자 하는 니즈	비용절감을 통한 수익증대

상대적으로 상품니즈는 표면적이고 구체적인 니즈라고 할 수 있고, 업무니즈와 경영니즈로 갈수록 점점 더 포괄적이고 심층적인 니즈가 된다. 이 세 가지 유형의 니즈는 수단과 목적의 관계에 있다. 즉, 이 세 가지 유형의 니즈는 상품니즈에서 업무니즈, 업무니즈에서 경영니즈로 이어지는 계층구조를 형성하고 있다. 상품니즈는 업무니즈를 충족시키기 위한 수단이 되고, 반대로 업무니즈는 상품니즈의 목적이 된다. 또한 업무니즈는 경영니즈의 수단이 되고, 반대로 경영니즈는 업무니즈의 목적이 된다. 예를 들어 어느 시공업체의 마루 바닥재에 대한 니즈에 있어서 상품니즈는 마루 바닥재의 특정한 재질, 크기, 디자인 등에 대한 니즈를 의미한다. 즉, '가볍고, 견고하며, 다양한 사이즈'와 같이 원하는 구체적인 제품 사양이 상품니즈가 된다. 이러한 상품니즈를 통해서 달성하고자 하는 업무니즈는 특정한 사양의 바닥재를 사용함으로써 바닥재 시공 기간을 단축시키는 것이 될 수 있고, 또한 이러한 업무니즈를 통해 달성하고자 하는 경영니즈는 총비용에서 차지하는 비중이 높은 인건비의 절감을 통해 수익성을 향상시키는 것이 될 수 있다. 따라서 이 세 가지 니즈의 관계는 [그림 6-7]과 같이 세 유형 간의 인과관계로 표현될 수 있다. 이러한 세 가지 유형의 니즈들 간의 관계는 최종소비자가 제품이나 서비스에 대해 소구하는 속성, 혜택, 가치의 관계와 유사하다. 예를 들어 어느 소비자

그림 6-7 | 세 가지 단계의 니즈의 예

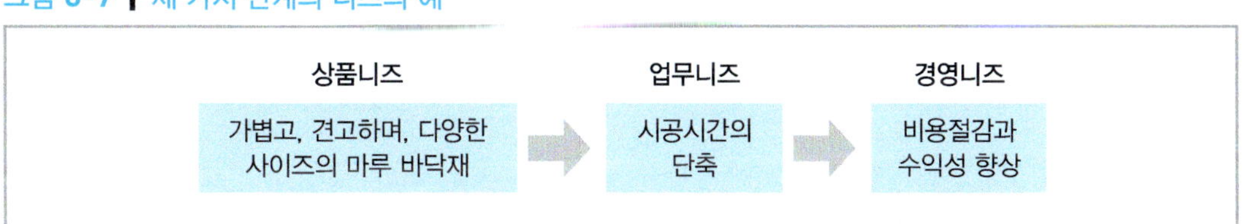

가 자동차를 구입할 때 ABS 기능을 선호하는 이유는 사고를 최소화시킬 수 있다는 혜택을 누릴 수 있기 때문이고, 이러한 혜택은 운전자에게 '안전'이라는 가치를 부여해 준다. 따라서 속성은 혜택을 실현하는 수단이 되고, 혜택은 다시 가치를 실현하는 수단이 된다.

2. 니즈의 발견 방법

거래적 영업에서는 고객과 공급업체 사이에 상품니즈에 대한 커뮤니케이션이 주류를 이룬다. 즉, 고객은 자신이 원하는 품질의 제품이나 서비스를 제시하고, 공급업체는 이를 얼마에 어떠한 방법으로 공급할 것인가에 초점을 둔다. 영업이 고객의 상품니즈를 충족시키는 수준에서 이루어지면 경쟁업체들과의 치열한 가격경쟁을 피할 수 없다. 치열한 가격경쟁에서 벗어나기 위해서는 상품니즈의 상위에 있는 니즈, 즉 업무니즈와 경영니즈를 파악하고 이를 근간으로 경쟁사와 차별되는 가치제안을 할 수 있어야 한다. 이를 성공적으로 수행할 때 비로소 고객과의 장기적인 관계 형성이 가능해진다. 즉, 업무니즈나 경영니즈에 대한 파악과 이를 근간으로 하는 경쟁력 있는 가치제안은 관계적 영업을 위한 필수조건이 된다.

앞에서 언급한 바와 같이 상품니즈, 업무니즈, 경영니즈는 서로 수단과 목적의 관계에 있기 때문에 이러한 관계를 바탕으로 하는 적절한 질문을 통해 하위수준의 니즈를 기반으로 상위수준의 니즈를 파악할 수 있고, 또한 상위수준의 니즈를 기반으로 하위수준의 니즈를 파악할 수 있다([그림 6-8] 참조). 하위수준의 니즈에서 상위수준의 니즈를 파악하기 위해서는 이유를 묻는 "왜?"라는 질문이 적합하다. 예를 들어 건설 시공업체가 바닥재로 특정한 재질, 크기, 디자인의 바닥재를 주문하였다고 하면, "왜 특정한 바닥재를 주문하였는가?"라는 질문을 통해 상위의 니즈인 업무니즈가 시공기간의 단축이라는 것을 알아낼 수 있고, "시공기간의 단축이 왜 중요한가?"라는 질문을 통해 총건축비에서 차지하는 인건비의 비중이 높기 때문에 시공기간의 단축이 인건비의 절감을 통해 수익성의 향상이라는 경영니즈를 충족시키는 데 매우 중요하다는 사실을 파악할 수 있다. 반대로 상위수준의 니즈에서 하위수준의 니즈를 파악하기 위해서는 "어떻게?"라는 질문이 적합하다. 위의 예에서 시공업체의 경영니즈인 수익성의 향상을 위해서는 어떠한 업무 개선이 이루어져야 하는가를 파악함으로써 업무니즈를 도출할 수 있고, 시공기간의 단축을 어떻게 달성할 수 있을 것인가를 파악함으로써 건축자재에 대해 어떠한 상품니즈를 가지고 있는지를 파악할 수 있다.

그림 6-8 | 니즈 파악의 방법론

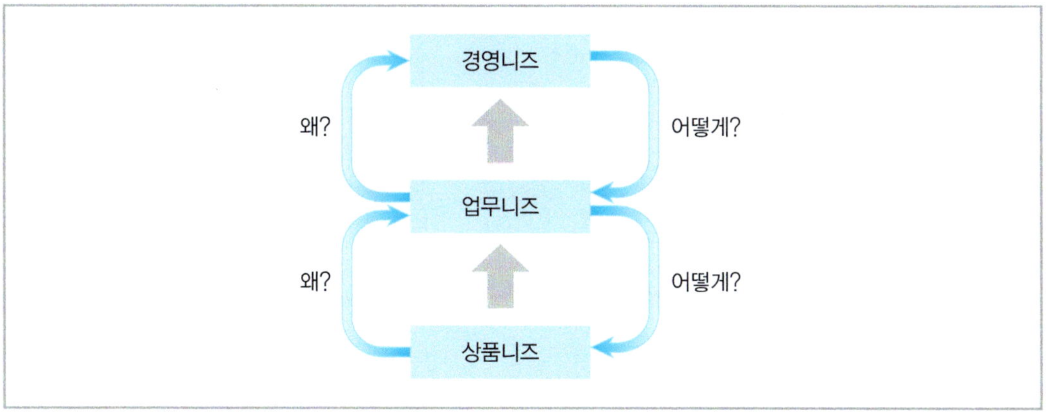

3. 상위니즈 파악의 이점

상위니즈 파악의 첫 번째 이점은 단순히 상품니즈가 아니라 업무니즈나 경영니즈를 기반으로 영업활동을 전개함으로써 고객의 만족도를 높일 수 있어서 가격경쟁도 피할 수 있고, 고객과의 장기적인 관계도 구축해나갈 수 있다는 점이다. 고객들은 자신이 말한 상품니즈 이상의 것에 대해서는 대응할 능력이 없다고 판단되는 공급업체를 싫어한다. 고객들은 내심 상품니즈 밖에 말하지 않았지만 자신의 입장을 잘 이해하고 자신이 말한 것 이상을 실현시켜 줄 수 있는 공급업체를 원한다. 즉, 자신이 진정으로 원하는 것을 명확하게 말로는 표현하기가 어렵기 때문에 공급업체가 이러한 점까지 헤아려서 대응해주기를 원하는 것이다. 실제로 고객들은 "공급업체들은 우리들의 비즈니스모델과 사업목표를 이해하였으면 응당 자신들이 할 수 있는 일들을 능동적으로 제안을 해주어야 하는데 그렇게 할 수 있는 능력이 있는 회사도 거의 없고, 또한 시도하려고도 하지 않는다"는 불만을 많이 가지고 있다. 이러한 상황이기 때문에 공급업체는 상위의 니즈에 대한 파악을 통해 능동적으로 이를 해결할 수 있는 구체적인 방안을 제시함으로써 영업 성공의 확률도 높일 수 있고, 고객과의 공고한 관계 구축의 기회도 잡을 수 있다.

상위니즈의 파악의 두 번째 이점은 고객에게 보다 다양한 제안을 함으로써 수주의 규모를 대폭 확대시킬 수 있는 기회를 확보할 수 있다는 점이다. 이러한 이점은 [그림 6-9]를 통해 살펴볼 수 있다. 위의 예에서 특정 마루 바닥재를 주문한 시공업체의 업무니즈는 시공기간을 단축하는 것이었고, 기공기간을 단축하려는 이유는 인건비의 절감을 통해 수익성의 향상이라

그림 6-9 | 니즈 파악을 통한 영업기회의 창출

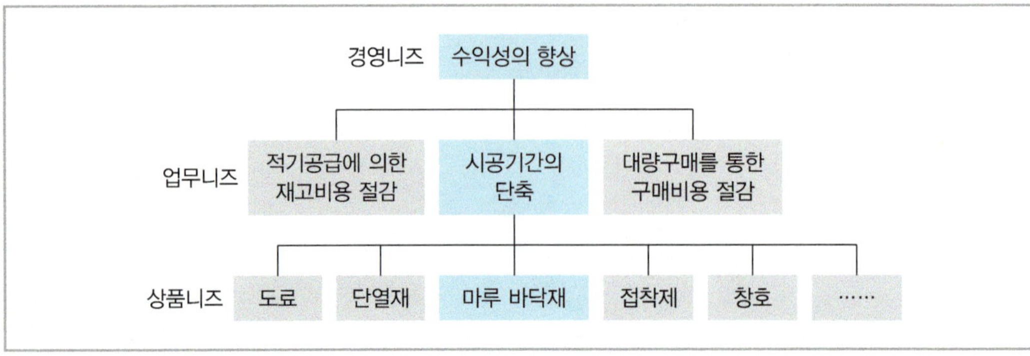

는 경영니즈를 달성하기 위함이었다. 그런데 이 시공업체는 수익성 향상이라는 경영니즈를 달성하기 위해 시공기간의 단축뿐만 아니라, '적기공급에 의한 재고비용의 절감'과 '대량구매를 통한 구매비용의 절감'이라는 또 다른 업무니즈들을 가지고 있었고, 또한 시공기간의 단축을 위해서도 마루 바닥재뿐만 아니라 도료, 단열재, 접착재, 창호 등 다양한 건축자재를 대상으로 시공기간을 단축할 수 있는 자재를 찾으려는 상품니즈를 가지고 있는 것으로 파악되었다. 공급업체는 이러한 분석을 바탕으로 해당 시공업체를 대상으로 다양한 가치제안을 제시할 수 있다. 다양한 건축자재를 취급하고 있다면 시공기간을 단축시킬 수 있는 또 다른 건축자재를 소개할 수 있고, 더 나아가 대량구매를 조건으로 수량할인을 제시할 수도 있으며, 수주발주 전산시스템을 활용을 통해서 적기소량배송을 실현함으로써 시공업체의 업무니즈와 경영니즈에 부합하는 가치제안을 실행에 옮길 수 있다. 이처럼 고객의 니즈를 심층적으로 파악하면 영업의 폭도 확대할 수 있고, 규모도 훨씬 더 크게 만들어갈 수 있다([글 6-15] 참조).

진정한 니즈 발견의 이점

글 6-15

고객의 표면상의 니즈가 아니라 배후에 있는 진정한 니즈를 이해하기 위한 수법이 '심층니즈 발굴 맵(map)'이다. 표면적으로 나타난 니즈를 거꾸로 더듬어서 고객의 진정한 니즈를 찾아내는 길을 그려가는 작업이어서 '맵'이라고 부른다. 고객으로부터 "A라는 제품을 만들어달라"는 의뢰를 받았다고 하자. 일반적으로는 이에 부응하여 "A를 어떻게 하면 싸고 품질 좋게 만들 수 있을까?"에 대한 검토를 시작해 버린다. 그러나 '잠깐만' 하고 멈추어서 생각해보는 것이 중요하다. 즉, 진정한 니즈에 대한 가설을 설정해보는 것이다. "A를 확보하는 것이 진정한 니즈일까?", "보다 근본적인 니즈는 없을까?"라는 질문을 반복하여 "실제로는 A가 아니라 X를 달성하고 싶은 것은 아닐까?"라는 식으로 검토해 나간다. 더 나아가 고객의 사업에 대한 공개 정보를 조사하거나, 업계 · 거래처 · 사내 등에서 고객에 대한 정보를 광범위하게 수집하여 그 가설에 살을 붙여나간다. 가능하다면 고객과 A에 대한 미팅을 갖고 X에 관한 가설의 방향성이 올바른지 확인해보는 것도 좋은 방법이다. 만약 X가설이 맞아떨어지는 것으로 판단되면, 그 다음에는 "X를 달성하기 위해서는 어떠한 방법들이 있을까?"에 대해서 해결방안들을 작성한다. 물론 X를 달성하기 위한 옵션에는 A도 포함된다. 나아가서 A를 포함한 복수의 옵션들을 비교평가하여 고객이 X를 달성하기 위한 최적의 옵션이 무엇인지를 검토한다. 아울러 각 옵션에 대해서 고객에게 발생되는 비용, 시간, 편익에 대한 간단한 평가도 수행한다.

어느 정도 대체안과 그에 대한 평가가 이루어지면 고객에게 대체안을 프레젠테이션한다. 이른바 고객에게 역제안을 하는 것이다. 이 역제안은 고객과 공급업체의 보다 본질적이고 깊이 있는 대화가 시작되는 계기가 된다. X라는 과제는 통상적으로 A라는 의뢰보다 더 고차원적이고 복잡한 경우가 많다. 따라서 고객측에서도 이러한 문제를 대응해본 적이 없기 때문에 "그런 문제라면 꼭 한 번 저희 상사에게도 말씀해 주십시오", "저희 부서뿐만 아니라 관련 부서도 부르겠습니다"라는 식의 반응이 올 수 있고, 이를 통해 지금까지 관계했던 레벨보다 상층부 혹은 광범위한 부문으로 파고드는 계기가 된다. 다만 이러한 역제안에 대해 '쓸데 없는 간섭'이라고 반발하는 고객도 있으므로, 제안하는 상대를 잘 선택하여야 하고, 말을 꺼낼 때도 주의하여야 한다.

출처 : 이마무라 히데아키 (2007), 보스턴컨설팅그룹의 B2B 마케팅, 번역서, 비즈니스맵, 170–175.

제7절 B2C 분야에서의 관계적 영업

1. B2C 분야에서의 관계적 영업의 특징

B2C 영업에서의 관계적 영업은 B2B에서의 관계적 영업과는 매우 다른 형태로 나타난다. 이는 B2C에서는 B2B에서와는 달리 고객과 영업사원과의 관계가 고객사와 공급사의 관계라는 공식적인 관계보다는 고객과 영업사원 간의 개인적인 친분에 의존하는 경향이 크고, 따라서 B2B 영업에 비해 개인의 감성적인 요소가 개입될 여지가 크기 때문이다. 이러한 이유로 B2B 분야에서의 고객 관계에 있어서는 원활한 주문처리, 사후서비스의 제공, 문제의 해결, 새로운 가치의 제안 등이 중요한 역할을 하지만, B2C 분야에서는 이와 더불어 감성적인 요인을 어떻게 활용할 것인가가 매우 중요하다.

B2C 분야에서의 관계적 영업은 관계마케팅의 관점에서 논의될 수 있다. 관계마케팅에 대한 논의는 고객관계가 중시되면서 활발히 이루어져 왔다. 관계마케팅은 "고객과의 관계를 창출하고, 유지하고, 제고시키는 것"이라고 정의될 수 있다. B2C 분야에서 관계마케팅에 대한 관심이 부각되는 이유로는 다음과 같은 두 가지 사항을 들 수 있다. 첫째, 경쟁의 심화와 품질

의 표준화로 인하여 제품이나 서비스 자체만을 가지고 경쟁우위를 차지하기가 힘들어졌다는 점과, 둘째 데이터베이스 기술의 발전으로 많은 고객을 보유한 기업들도 고객 수가 적은 기업들과 마찬가지로 자사의 고객에 대해 많은 것을 알 수 있게 되었다는 점을 들 수 있다. 거래 중심적 마케팅에 비해 관계마케팅은 신규고객의 창출보다는 기존고객의 유지 및 활성화에 초점을 두고 있다. 이는 시장이 성숙되고 경쟁이 심화되면 신규고객의 창출에 의한 매출증대보다는 기존고객의 유지와 이들을 대상으로 하는 추가적인 구매유도가 이윤극대화를 위한 보다 효율적인 방안이 되기 때문이다. 관계마케팅은 전통적으로 유통이나 산업재부문과 같은 B2B 분야에서 주로 논의되었지만, 1990년대에 들어 B2C 분야에서도 활발히 논의되고 있으며, 그 중에서도 고객과의 상호작용이 사업의 핵심을 이루고 있는 서비스업에서 가장 활성화되어 있다.

2. B2C 영업에서의 관계적 혜택

관계마케팅을 통한 혜택, 즉 관계적 혜택(relational benefit)은 주로 기업의 관점에서 논의되어 왔다. 즉, 기업이 고객과의 관계 증진을 통해 이탈고객의 감소, 추가 구입의 증대, 긍정적인 구전을 통한 신규고객의 확보, 고객관리비용의 감소 등의 혜택을 누릴 수 있음이 강조되어 왔다. 그런데 1990년대 중반부터는 기업의 관점이 아닌 고객 관점에서의 관계적 혜택에 대한 논의가 본격적으로 이루어지기 시작하였다. 고객 관점에서의 관계적 혜택은 '서비스 제공자와의 장기적인 관계 형성을 통해 고객이 핵심서비스 이외에 추가적으로 얻을 수 있는 혜택'을 의미한다. 여기서 서비스 제공자라고 함은 서비스를 제공하는 기업이 될 수도 있지만, 주로 고객과의 접점에서 서비스를 제공해주고 있는 고객접점사원, 즉 영업사원을 의미한다.

고객이 영업사원으로부터 누릴 수 있는 관계적 혜택은 여러 가지로 구분될 수 있지만, 가장 대표적인 구분 방법은 확신적 혜택, 사회적 혜택, 특별대우 혜택의 세 가지 유형으로 구분하는 것이다. 확신적 혜택(confidence benefit)은 구매와 관련된 위험의 감소, 서비스제공자의 진실성에 대한 믿음, 예측가능한 미래의 서비스 등을 의미하고, 사회적 혜택(social benefit)은 개별적 인지, 개인적 친분, 인간적 유대감 등을 의미하며, 특별대우 혜택(special benefit treatment)은 가격할인과 같은 금전적인 혜택과 시간절약, 추가적인 서비스나 배려의 제공, 과거 거래이력에 대한 인지 등과 같은 비금전적 혜택을 의미한다. 이 가운데 확신적 혜택과 특별대우 혜택은 영업활동 자체의 원활한 수행 과정에서의 혜택이라는 점에서 기능적 혜택(functional benefit)으로 불리기도 한다.

이 세 개의 혜택 가운데 가장 중요한 혜택은 확신적 혜택이라고 할 수 있다. 고객이 영업사원에 대한 믿음이 없고 제품에 확신이 가지 않으면 구매가 이루어질 수 없기 때문이다. 따라서 영업사원이 해야 할 가장 우선적인 역할은 고객에게 신뢰를 주고, 고객이 제품에 대해 확신을 가질 수 있도록 하는 것이다. 이러한 의미에서 확신적 혜택은 가장 기본적이며 핵심적인 혜택이라고 할 수 있다. 그런데 이러한 확신적 혜택은 고객과 영업사원과의 관계 형성에 있어서 기본적인 전제가 될 수는 있지만, 이로 인해 반드시 고객과의 강한 관계가 구축되는 것은 아니다. 왜냐하면 확신적 혜택은 다분히 거래의 완성을 위한 필요조건으로서의 역할을 수행할 수 있을 뿐이기 때문이다. 보다 심도 있는 관계의 형성을 위해서는 거래를 기반으로 하는 관계가 아니라 인간적인 측면을 기반으로 하는 관계가 필요해지며, 이러한 의미에서 사회적 혜택은 영업사원과 고객과의 관계의 심도를 결정하는 역할을 수행한다. 즉, 사회적 혜택은 확신적 혜택보다는 중요성은 떨어지지만, 확신적 혜택이 확보된 상태에서는 고객과의 관계 증진에 있어서 결정적인 역할을 수행한다. [그림 6-10]은 기능적 관계는 사회적 관계의 구축을 위한 기본적인 조건이 되며, 관계적 영업의 실현은 사회적 관계를 바탕으로 이루고 있음을 표현하고 있다. 많은 연구들이 고객이 영업사원과 지속적인 관계를 유지하는 이유 중의 하나로 영업사원과의 사회적 유대감을 지적하고 있다. 고객과 장기적인 관계를 맺고 있는 영업사원은 단순히 서비스를 공급하는 입장을 넘어서서 고객의 동료 혹은 친구가 된다. 한 연구는 23명의 소비자들과의 심층면접을 바탕으로 고객과 영업사원과의 관계는 일상적인 의미에서의 친구 사이와 같은 사회적 관계이며, 고객과 영업사원과의 우정은 사업의 성공을 위한 중요한 요소가 된다고 지적하였다. 또 다른 연구는 인터뷰 대상 소비자 21명 중 5명이 자발적으로 영업사원을 가족이나 친한 친구에 비유하고 있다고 보고하였다.

시간이 흐름에 따라 고객들이 추구하는 혜택은 확신적 혜택이나 특별대우 혜택과 같은 기능적 혜택에서 점차 사회적 혜택으로 전이해 가며, 이러한 의미에서 확신적 혜택이나 특별대우 혜택을 기반으로 하는 기능적 관계는 낮은 단계의 관계이고, 사회적 혜택을 기반으로 하는 사회적 관계는 높은 단계의 관계라고 할 수 있다. B2C 분야에서 관계적 영업의 핵심은 고객의 소개 활동이다. 즉, B2C 분야에서 성공적인 영업활동의 수행을 위한 가장 핵심적인 사항은 바로 고객의 소개 활동이 얼마나 활발한가에 있는데, 이러한 소개 활동은 영업사원과의 기

그림 6-10 | B2C 분야에서의 관계적 영업의 실현 과정

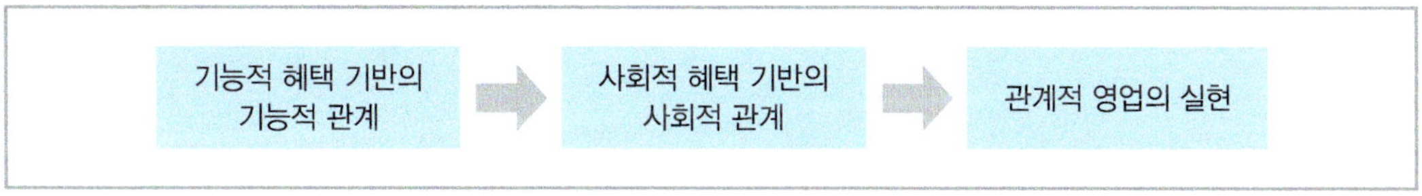

능적인 관계에 바탕을 두고 있다기보다는 사회적인 관계에 바탕을 두고 있다. [글 6-16]은 사회적 혜택이 관계적 영업에 어떻게 작용하고 있는가에 대한 사례를 제시하고 있다.

영업사원의 사회적 혜택에 대한 사례

글 6-16

정수기를 판매하는 A영업사원의 또 다른 성공 세일즈 노하우는 영업인이기 이전에 카운슬러로 고객에게 다가가는 전략이었다. A영업사원이 근무지를 바꿔 떠나기 직전까지 김장 때에도 김치를 담글 필요가 없었다고 한다. 그의 고객들이 김장 때마다 가져다주는 김치만으로도 김치냉장고가 가득 찰 정도였기 때문이다. 그가 근무지를 옮길 때 그의 손을 붙잡고 눈물을 흘리는 고객도 있었다. 한마디로 A는 고객들에게 친언니나 동생, 친구 같은 존재였다. 고객들은 개인적인 사정은 물론 남편과 시댁식구와의 문제, 아이들 교육문제에 이르기까지 A와 상의하기를 주저하지 않았다. A는 고객들에게 없어서는 안될 친구요, 카운슬러였던 것이다. 그의 영업활동은 이처럼 고객과의 1차적 신뢰관계를 만들고 가꾸어가는 과정이었다.

"고객들의 얘기를 많이 들어주는 것만큼 확실한 영업 노하우는 없을 거예요. 절대로 내가 말을 많이 하려고 해서는 안 됩니다. 정수기 고객의 절대 다수는 여성입니다. 같은 여자의 입장에서 마음을 터놓고 대화를 나누는 것, 이것이 제 영업의 시작입니다." 이렇게 고객을 만나 그들의 이야기를 열심히 들어주다보니 한번은 정수기 얘기는 꺼내보지도 못하고 4시간 동안 고객의 얘기를 들어주기만 하다가 일어난 적도 있었다고 한다. 그런데 며칠이 지난 아침, 그 고객에게서 전화가 걸려왔다. 전화기 저편의 고객은 수줍은 목소리로 "오늘 낮 12까지 자기 집에 들려줄 수 있느냐"고 물어왔다. 그는 당연히 그러겠다고 대답했다. 약속시간, 그 고객의 집에 도착해보니 정성껏 마련한 음식들이 식탁에 놓여 있었다. 그 고객은 성의껏 자신의 얘기를 들어준 A영업사원에게 고마움의 표시로 점심식사를 대접하고 싶었다며 초대의 이유를 설명했다. 그리고 그 자리에서 정수기 구매계약서에 서명했다.

이런 식이었다. A영업사원은 조금 시간이 걸릴지언정 상대방의 얘기를 열심히 들어주고 함께 고민을 나누며 고객들과 정서적으로 가까워지는 방식을 택했다. 그 결과 근무지였던 인구 13만의 소도시에서 A영업사원과 일상적으로 고민을 나누는 고객만도 150명이 되었다. 그는 "그 사람들 모두가 저의 팬클럽이라 불러도 좋을 정도를 저를 아껴주는 분들"이라고 자신 있게 말했다. 이들 고객들의 소개로 또 다른 고객을 만나는 식으로 영업영역은 넓혀졌다.

출처 : 김기영 (2002), 한국을 뒤흔든 세일즈 마케터, 시대의 창, 226-227.

PART 3
영업계획

SALES MANAGEMENT FOR CUSTOMER RELATIONSHIP BUILDING

CHAPTER 07

판매예측과 영업예산의 책정

제1절 판매예측의 개념

제2절 판매예측의 영향요인

제3절 판매예측방법

제4절 영업예산의 기능

제5절 영업예산의 책정방법

제6절 영업예산의 세부항목, 책정주기, 관리

영업활동이 전개되고, 이에 대한 영업관리가 이루어지기 위해서는 적정한 수준의 영업예산이 책정되고 집행되어야 한다. 영업활동과 관련하여서는 영업사원에 대한 급여와 인센티브, 영업경비, 판촉활동경비 등을 위한 예산이 필요하고, 영업관리와 관련하여서는 사무실 임대료, 소모품 구입비, 채용, 교육훈련, 영업사원의 자기개발 지원 등을 위한 예산이 필요하다. 이러한 각종 비용들의 지출계획을 세우는 것이 바로 영업예산 책정의 과정이라고 할 수 있고, 그 과정의 결과물이 영업예산이 된다. 예산의 규모는 얼마나 많은 영업활동이 이루어져야 하는가에 따라 달라지기 때문에 적정한 규모의 예산을 책정하기 위해서는 영업활동을 통해서 어느 정도 규모의 매출을 달성할 수 있을 것인가에 대한 결정이 선행되어야 한다. 따라서 영업예산의 규모는 판매예측의 결과에 따라 크게 달라진다. 이 장에서는 우선 판매예측의 개념과 예측방법 등에 대해 논의한 후, 영업예산의 기능, 책정방법, 세부항목 등 예산 책정과 관련한 내용들에 대해 논의한다.

제1절 판매예측의 개념

1. 판매예측의 정의

판매예측(sales forecasting)은 "개별 기업이 자사가 기획한 특정한 마케팅전략하에서 향후의 일정기간 동안 특정 시장에서 이루어질 것으로 예측하고 있는 자사의 제품이나 서비스의 판매액 혹은 판매량"으로 정의될 수 있다. 이러한 판매예측의 정의에 따르면 판매예측에는 다음과 같은 네 가지의 요소가 포함되어 있어야 한다.

- 판매예측 상품
- 판매예측 시장
- 판매예측 기간
- 계획하고 있는 마케팅전략

먼저 판매예측은 회사의 모든 제품에 대해 이루어질 수도 있고, 제품 계열이나 개별 제품에 대해 이루어질 수도 있다. 판매예측의 대상이 되는 시장과 관련하여서도 판매예측은 전체 시장을 대상으로 이루어질 수도 있고, 특정 세분시장을 대상으로 이루어질 수도 있다. 판매예측의 기간은 분기별, 반기별, 혹은 연단위로 나누어질 수 있는데, 예측기간이 길어질수록 판매예측의 정확도는 당연히 떨어진다. 회사의 모든 지출에 대한 계획은 1년을 단위로 이루어지기 때문에 판매예측도 이에 맞추어 회계연도에 따라 이루어지는 것이 일반적이다. 그렇지만 계절상품과 같은 경우에는 판매예측기간이 짧은 것이 더 합리적이다. 예를 들어 에어컨이나 전열기와 같은 계절상품의 경우에는 계절적으로 수요가 집중되기 때문에 1년 단위의 예측보다는 계절별 예측이 더 적합하다. 또한 의류와 같은 경우에도 계절별로 제품이 전혀 상이하기 때문에 계절별 판매예측이 이루어지는 것이 일반적이다. 즉, 의류업계에서는 봄상품, 여름상품, 가을상품, 겨울상품 등 계절별로 판매예측이 이루어진다. 또 경우에 따라서는 판매예측기간이 3~5년과 같이 중장기적으로 이루어질 수도 있다. 회사 차원에서 공장의 신축이나 시설확장 등을 위한 자본출자를 계획하고 있어서 중장기적인 판매예측 자료를 필요로 하는 경우가 이에 속한다. 판매예측은 회사가 어떠한 마케팅전략을 가지고 있는가에 따라서도 달라진다. 회사가 소극적인 마케팅활동을 계획하고 있는 경우와 공격적인 마케팅활동을 계획하고 있는 경우의 판매예측은 크게 달라질 수 있다. 즉, 판매예측은 회사의 마케팅전략의 함수이다.

2. 판매와 관련된 예측의 유형과 활용

2.1 판매와 관련된 예측의 유형

판매와 관련된 예측은 [표 7-1]에서와 같이 두 가지 기준(적용범위 및 영업/마케팅전략의 수준)에 의해 4가지의 유형으로 구분될 수 있다. 첫 번째 기준은 예측의 적용범위가 산업 전체인가 혹은 개별 기업인가에 대한 것이다. 두 번째 기준은 영업 및 마케팅전략의 수준으로 기업(들)이 채택하고 있는 영업/마케팅전략이 가용할 수 있는 모든 자원을 최대한 동원한 수준의 전략인지, 혹은 실현가능한 현실적인 수준의 전략인지에 대한 것이다. 판매가 이루어지기 위해서는 기본적으로 고객의 니즈가 존재해야 하지만, 기업이 어떠한 영업 및 마케팅전략을 구사하는가에 의해서도 판매수준은 크게 달라질 수 있다. 예를 들어 가격을 낮춘다거나, 광고활동을 활발히 전개한다거나, 영업조직의 규모를 늘린다거나 하는 공격적인 전략을 채택하면 판매는 증가한다. 시장잠재력이나 판매잠재력에서의 잠재력은 산업 전체 혹은 개별 기업의 영업이나 마케팅전략이 판매를 최대한 증가시키는 방향으로 전개되었을 경우의 판매액이나 판매수량을 의미한다. 따라서 시장잠재력이나 판매잠재력은 가능성은 있지만 현실적으

표 7-1 | 예측의 유형

		영업/마케팅전략의 수준	
		최선의 전략	현실적인 전략
적용범위	산업차원	시장잠재력예측	시장수요예측
	기업차원	판매잠재력예측	판매예측

로는 실현하기가 거의 불가능한 수준이라고 할 수 있다. 사전적(辭典的)으로도 잠재력의 잠재(潛在)는 '겉으로 드러나지 않고 속에 잠겨 있거나 숨어 있음'을 의미한다. 이에 반해 시장수요예측이나 판매예측은 보다 현실적인 관점에서 이루어질 수 있을 것으로 판단되는 판매액이나 판매량을 의미한다.

▪ 시장잠재력

시장잠재력(市場潛在力, market potential)은 "일정한 기간 동안 일정한 지역에서 특정 산업 전체의 제품이나 서비스에 대한 최대 수준의 판매액이나 판매수량"이라고 정의될 수 있다. 즉, 특정 산업에 속해 있는 모든 기업들이 판매를 증진시키기 위해 최선의 영업전략과 마케팅전략을 구사한다고 가정하였을 때의 판매수준을 의미한다. 다른 유형의 예측과 마찬가지로 시장잠재력에 대한 예측에 있어서도 아래와 같은 세 가지 요소가 반드시 포함되어야 한다. 시장잠재력은 예를 들어 "우리나라 맥주시장의 시장잠재력은 2013년에 ○○원에 이를 것으로 예상된다"는 방식으로 기술된다.

- 예측의 대상이 되는 제품이나 서비스
- 예측기간(3개월, 6개월, 1년, 3년 등)
- 적용지역(세계, 국가, 권역, 구역 등)

시장잠재력은 특정 제품이나 서비스를 생산하고 있는 모든 기업들을 포괄하고 있는 개념이며, 따라서 한 기업 차원에서 가능할 것으로 예상되는 판매액이나 판매수량을 의미하는 판매잠재력과 구분된다. 시장잠재력은 또한 특정 시장에서 현재 실현되고 있는 판매액이나 판매량을 의미하는 시장수요와도 구분된다. 시장잠재력에는 현재는 가시화되고 있지 않지만 미래에 실현될 가능성이 있는 판매도 포괄하고 있는 개념이다. 즉, 시장수요가 실제로 시장에서 나타나고 있는 판매의 수준을 의미하고 있는 반면에 시장잠재력은 시장에서 실현이 가능할 것으로 예상되는 최대의 판매액을 의미한다.

■ 판매잠재력

판매잠재력(販賣潛在力, sales potential)은 하나의 기업 차원에서 자사의 제품이나 서비스를 일정기간 동안에 특정 시장에서 가능할 것으로 예상되는 판매액이나 판매수량을 의미한다. 따라서 판매잠재력은 '시장잠재력×최대점유율'로 표현될 수 있다. 한 회사의 판매예측이 판매잠재력과 혼동되어 사용되기도 하지만, 두 개의 개념 사이에는 명백한 차이가 존재한다. 회사의 여건상 판매예측은 판매잠재력에 미치지 못하는 것이 일반적이다. 예를 들어 생산시설이 최대의 수요에 부응할 수 없다거나, 재정 여건이 허락하지 않아 최대의 마케팅활동을 전개하기 어렵다거나, 유통망이 부족하여 물류가 원활하지 않은 지역이 존재한다거나 하는 경우에는 판매예측은 당연히 판매잠재력의 수준에 이르지 못한다. 즉, 판매예측은 회사의 제반 여건이 시장의 최대 수요에 충분히 부응할 수 있는 경우에만 판매잠재력의 수준에 이를 수 있다.

■ 시장수요

시장수요(市場需要, market demand)는 "일정한 기간 동안 일정한 지역에서 특정 산업 전체의 영업 및 마케팅 노력하에서 실현되는 특정 제품이나 서비스의 판매액이나 판매수량"으로 정의될 수 있다. 시장수요는 실현되고 있는 영업/마케팅전략이 반영되어 있다는 점에서 시장잠재력이나 판매잠재력과 구분될 수 있다.

2.2 시장잠재력과 판매잠재력의 예측

시장잠재력과 판매잠재력의 예측에 가장 많이 사용되는 방법은 연쇄비율법(chain ratio method)으로 이는 구매와 관련된 여러 가지 수치와 비율들을 연속적으로 곱함으로써 잠재력을 추정하는 방법이다. 따라서 사용되는 수치와 비율이 얼마나 정확한가에 따라 예측의 정확도가 결정된다. 이 방법은 다음과 같은 단계를 거쳐 시장잠재력과 판매잠재력을 산출한다.

- 첫째, 잠재구매자의 규모를 추정한다. 이를 위해서는 정부의 통계자료, 협회나 업계의 발간자료, 관련 연구기관의 연구보고서 등을 참조한다.
- 둘째, 잠재구매자 1인당 잠재구매액을 추정한다. 잠재구매액은 자료의 유형에 따라 잠재구매량에 판매단가를 곱해서 구해질 수도 있고, 잠재구매액에 대한 자료를 구할 수 있으면 그 자료를 그대로 활용하면 된다. 잠재구매액이나 잠재구매량에 대한 자료의 수집을 위해서는 협회나 업계의 발간자료, 시장조사자료, 과거실적자료, 관리자의 판단 등이 활용될 수 있다.

- 셋째, 잠재구매자의 규모에 잠재구매액을 곱하여 시장잠재력을 산출한다.
- 넷째, 시장잠재력에 자사의 최대 시장점유율을 곱하여 판매잠재력을 산출한다. 회사의 최대시장점유율은 주로 마케팅관리자가 회사의 규모, 과거 실적, 유사제품의 실적 등을 감안하여 판단한다.

즉, 잠재구매자의 규모, 잠재구매량, 잠재구매액, 판매단가 등에 대한 자료가 수집되고, 최대 시장점유율에 대한 판단이 이루어지면 연쇄비율법에 의한 시장잠재력 및 해당 회사의 판매잠재력은 다음과 같이 계산될 수 있다.

- 시장잠재력 = 잠재구매자의 규모 × 잠재구매량 × 판매단가
- 판매잠재력 = 시장잠재력 × 최대 시장점유율

예를 들어 우리나라의 가정용 헤어드라이기의 시장잠재력과 판매잠재력은 다음과 같이 산출될 수 있다.

- 시장잠재력
  = 대한민국 가구수(잠재구매자의 규모) × 헤어드라이기의 평균 보유 수량(잠재구매량) × 연간교체 비율 × 평균단가
  = 15,988,000가구(통계청 자료) × 1.5개(미용협회 자료) × 30%(이미용신문) × 12,000원(이미용신문) = 약 860억 원
- 판매잠재력 = 시장잠재력 × 해당 회사의 최대 시장점유율 = 860억 × 40% = 344억 원

[표 7-2]는 시장잠재력과 판매잠재력 예측에 대한 또 하나의 가상 예를 보여주고 있다. 예측의 대상이 되는 제품은 주류 중에서 약용주에 속하는 인삼주로, 한 회사에서 새로 출시한 인삼주에 대한 A지역에서의 시장잠재력과 이를 출시한 회사의 판매잠재력을 예측하고 있다. 시장잠재력과 판매잠재력은 A지역의 총인구수를 출발점으로 하여 가정용 주류제품 구입비, 약용주 구입비, 인삼주 구입비 등을 연속적으로 추정하여 산출된다. 그 결과 시장잠재력은 300억 원, 판매잠재력은 120억 원으로 예측되었다.

표 7-2 | 시장잠재력 및 판매잠재력 추정의 가상 예

구분	단계	계산	자료원천 및 계산방법
잠재구매자의 규모	A지역의 총인구수	1,000만 명	인구센서스
	만 19세 이상의 인구비율	50%	인구센서스
	A지역의 만 19세 이상 인구수	500만 명	1,000만 명×0.5
시장잠재력	개인당 연간 가정용 주류제품 구입비	10만 원	주류협회
	A지역의 연간 가정용 주류제품 구입비	5,000억 원	500만 명×10만원
	주류제품 중 약용주 구입비율	30%	주류협회
	A지역의 연간 약용주 구입비	1,500억 원	5,000억 원×0.3
	약용주 중 인삼주 구매비율	20%	주류협회
	A지역의 연간 인삼주 판매가능금액	300억 원	1,500억 원×0.2
판매잠재력	자사의 최대 시장점유율	40%	회사 관리자의 판단
	A지역의 연간 자사 인삼주 판매가능 금액	120억 원	300억 원×0.4

출처 : 황민우 (2007), 반드시 통과되는 마케팅 보고서, 마젤란, 136.

2.3 예측의 활용

예측 자료에 대한 활용은 크게 잠재력예측 자료의 활용과 판매예측 자료의 활용으로 구분하여 살펴볼 수 있다. 먼저 시장잠재력이나 판매잠재력과 같은 잠재력에 대한 예측은 시장기회를 확인하고, 이에 따라 영업자원을 얼마나 배분할 것인지에 대한 의사결정을 함에 있어서 매우 중요한 역할을 한다. 시장잠재력이 크다는 것은 산업 전체의 차원에서 특정 제품이나 서비스의 판매를 통해 수익이 실현될 가능성이 크다는 것을 의미한다. 판매잠재력은 시장잠재력을 개별기업 차원으로 전환한 것인데, 판매잠재력이 크다는 것은 자사 제품의 판매를 통해 수익을 실현할 가능성이 크며, 따라서 상당한 영업자원을 투입하는 것이 바람직함을 의미한다. 잠재력에 대한 예측은 특히 구역에 대한 설계를 함에 있어서 중요한 역할을 한다. 구역설계를 함에 있어서 각 구역의 시장잠재력이 동일하도록 설계하는 것이 바람직하고, 이를 위해서는 구역을 구성하는 통제단위의 시장잠재력에 대한 정확한 평가가 전제되어야 한다.

잠재력이 아니라 실현가능한 판매수준을 의미하는 판매예측은 영업, 마케팅, 생산, 재무 등 회사의 모든 분야의 운용계획의 기반이 된다. 먼저 판매예측은 영업예산의 책정에 중요한 역할을 한다. 즉, 영업조직의 규모, 구역별/영업사원별 할당, 영업사원에 대한 보상 등 영업관리와 관련된 주요한 의사결정의 근간이 된다. 또한 판매예측 자료는 생산계획(생산일정, 생산수량, 원료조달 등)을 수립하는 데도 중요한 역할을 한다. 즉, 생산을 위해 원료의 조달이나 생산일정관리 등은 판매수량에 맞게 이루어져야 하기 때문에 영업부서와 생산부서 간에는 판매예측을 중심으로 하는 긴밀한 협조관계가 요구된다. 판매가 생산에 미치지 못하면 재고가 쌓여서 창고비, 금융비 등 각종 비용이 발생하고, 운영자금이 경색되는 현상이 발생할 수 있다. 반대로 생산이 판매를 따라가 주지 못하면 주문을 받지 못해 판매기회를 상실하게 되고, 주문한 물건을 약속한 시점에 배송하지 못해 고객들의 불만이 발생한다. 판매예측은 영업과 생산분야 이외의 분야에도 큰 영향을 미친다. 자금운용 계획도 판매예측을 기반으로 해야 하고, 광고나 판촉 등의 마케팅예산도 판매예측에 따라 달라진다. 이처럼 판매예측은 회사의 모든 부문에 영향을 미치고 있기 때문에 정확한 판매예측이 이루어지고 있는지의 여부에 따라 회사의 각 분야의 운용이 순조롭게 이루어질 수 있는가의 여부가 크게 영향을 받는다.

그렇지만 판매가 정확하게 예측되지 못하는 상황이 빈번히 발생하는데 그 주된 이유는 크게 세 가지로 요약될 수 있다. 첫째, 판매예측은 아무리 신중하게 이루어졌다고 하더라도 시장상황의 변화에 따라서 지속적으로 최신화되어야 하는데, 모든 관련자가 1년에 한두 차례 한자리에 모여서 판매예측을 확정하고, 이를 기반으로 생산, 마케팅, 영업, 재무 등에 대한 계획을 세우는 경우가 많다는 점이 지적될 수 있다. 둘째, 영업구역이 지역적으로 넓게 분포되어 있어서 각 구역에서의 판매상황을 적시에 취합하기가 힘들다는 점을 들 수 있다. 그런데 인트라넷 등 웹기반의 기술을 활용하면 앞에서 언급한 두 가지 단점들을 해소하는 데 크게 도움을 받을 수 있다. 즉, 각 구역에서의 판매정보를 웹을 통해 취합하여 이를 기반으로 새로운 판매예측 자료를 수시로(예를 들어 매주 혹은 격주로) 만들어 내고, 이를 기반으로 생산물량을 조정해 나가는 과정을 반복하면 번거롭게 모두가 모일 필요성도 줄어들고, 자료 취합의 불편함도 해소할 수 있다. 셋째, 시장상황이 판매예측을 어렵게 만들 수 있다는 점을 들 수 있다. 제품이나 서비스가 성숙기에 접어들어 있고, 또한 경쟁상황도 어느 정도 안정이 되어 있는 상황에서는 꾸준히 일정한 수준의 판매가 이루어지게 되고, 따라서 판매예측이 수월하게 이루어질 수 있다. 하지만 도입기나 성장기에 있는 상품이거나, 경쟁상황이 매우 불투명한 경우에는 판매예측이 어려워진다. 더욱이 신제품의 경우에는 과거의 자료가 전혀 없는 상태이기 때문에 어려움이 더 커질 수밖에 없다.

제2절 판매예측의 영향요인

정확한 판매예측치를 산출해 내기 위해서는 많은 요인들에 대한 분석이 바탕이 되어야 한다. 이러한 요인들은 [그림 7-1]에서와 같이 크게 내부적인 요인(마케팅전략)과 외부적인 요인으로 나누어질 수 있으며, 외부적인 요인은 다시 시장수요요인과 경쟁요인으로 나누어질 수 있다.

그림 7-1 | 판매예측의 영향요인 구분

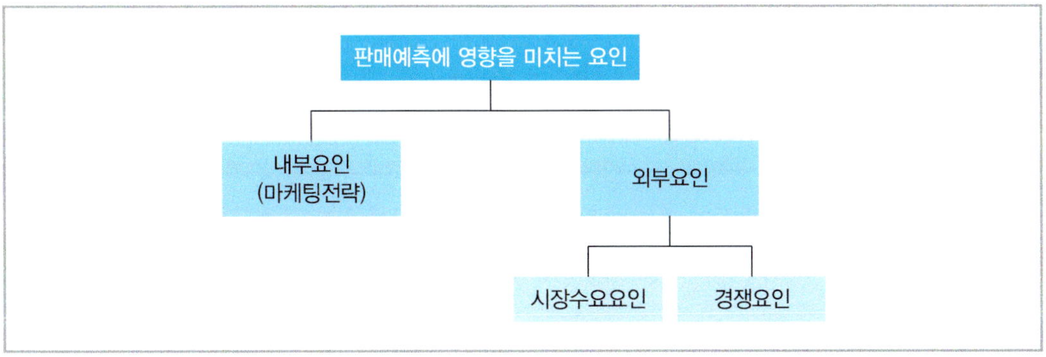

1. 마케팅전략

앞에서도 언급한 바와 같이 회사가 어떠한 마케팅전략을 가지고 있는가에 따라 예측되는 판매액은 크게 달라질 수 있다. 예를 들어 성능이 향상된 제품을 출시할 계획을 가지고 있다거나, 공격적으로 광고나 판촉활동을 전개하기 위한 예산을 확보하여 놓았다거나, 가격인상의 계획을 가지고 있다거나, 인터넷 판매개시 등을 통한 유통채널의 다각화를 계획하고 있다거나 하는 모든 마케팅활동은 판매에 영향을 미칠 수 있고, 따라서 이러한 요인들이 판매예측을 할 때 고려되어야 한다. 이를 위해 회사는 자사가 기획하고 있는 마케팅전략이 판매량이나 판매액에 어느 정도 영향을 미칠 것인가에 대한 분석을 할 수 있어야 한다. 예를 들어 가격의 인상을 계획하고 있다면 수요의 가격탄력성에 대한 분석을 통해 판매 감소량이 어느 정도 될 것인지, 이에 따라 총판매액에 미치는 영향은 어느 정도가 될 것인지에 대한 분석이 필요하다. 가격이 인상이 되어 수요가 줄어들더라도 수요의 감소율이 가격인상률에 미치지 않으면 총판매액은 오히려 증가할 수도 있지만, 반대로 수요의 감소율이 가격인상률을 상회하면 총판매액은 줄어들게 된다. 이와 같은 유형의 분석을 통해 최대한 정확한 판매예측이 이루어질 수 있도록 도모해야 한다.

2. 시장수요요인 및 경쟁요인

자사상품의 판매수준은 시장수요요인에 의해 달라지기 때문에 이에 대한 고려가 필요하다. 시장수요요인은 매우 다양하게 나타날 수 있다. 전반적인 경제상황도 이러한 요인에 속한다. 즉, 경기가 하락하고 있는 국면에 있는지 혹은 상승하고 있는지에 따라 판매예측은 달라진다. 실제로 판매예측의 많은 기법들은 향후의 경제상황에 대한 예측을 적극 반영하고 있다. 또한 특정 시장의 여건 변화도 시장수요에 영향을 미치기 때문에 판매예측에 이를 반영해야 한다. 예를 들어 유가의 인상은 소형차나 태양에너지 설비에 대한 수요를 진작시킬 수 있고, 한류의 활성화는 해외 여행객의 증가로 이어질 수 있으며, 평균기온의 상승은 냉방기에 대한 수요를 증가시키는 반면 난방기에 대한 수요는 위축시킬 수 있다. 또한 노인인구의 증가는 노인관련 제품이나 서비스에 대한 수요를 증가시키고, 신생아의 감소는 유아용품 시장의 수요를 감소시키며, 1인 가구의 증가는 간편식, 소형주택 등에 대한 수요를 증가시킨다. 따라서 회사는 자사의 제품에 대한 수요가 어떠한 시장요인과 관련이 있는지를 파악하고 이의 동향에 대한 분석을 거쳐 이를 판매예측에 반영할 수 있어야 한다. 경쟁환경의 변화도 자사 제품의 수요에 직접적인 영향을 미친다. 새로운 경쟁사가 출현하였거나 기존의 경쟁사가 소비자의 최신 트렌드를 반영한 신제품을 출시할 계획을 가지고 있다면 이를 반영하여 판매예측 수준을 하향조정해야 한다. 반대로 예를 들어 국내에 진출하였던 외국계 경쟁사가 철수할 것으로 예상된다거나, 주요 경쟁사가 파업 등으로 인해 사세가 급속히 기울고 있다면 판매예측은 상향조정되어야 한다.

제3절 판매예측방법

1. 판매예측방법의 유형 구분

판매예측방법은 [그림 7-2]에서와 같이 크게 주관적 방법과 객관적 방법으로 구분될 수 있다. 주관적인 방법은 고객, 영업사원, 영업관리자, 경영진 등의 주관적인 판단에 근거한 자료를 기반으로 판매를 예측하는 것을 의미하며, 객관적 방법은 실제의 판매자료를 기반으로 판매를 예측하는 것을 의미한다. 주관적 방법에는 사용자구매의도조사법, 영업사원예측합산법, 경영진의견조사법, 델파이기법, 선행지표활용법 등이 포함되고, 객관적 방법에는 이동평균법, 지수평활법, 회귀분석법, 시장테스트 등이 포함된다. 주관적 방법에서는 수집된 자료에 대한 통계적인 분석보다는 조사자의 판단에 의한 예측이 이루어지기 때문에 흔히 질적 방법(質的方法)이라고도 불리며, 객관적 방법에서는 대부분 판매자료에 대한 통계적 분석이 이루어지기 때문에 양적 방법(量的方法)이라고도 불린다.

주관적 방법은 판매정보를 가지고 있지 못할 때 흔히 사용된다. 특히 신제품의 경우에는 판매정보가 전혀 없기 때문에 판매정보를 필요로 하지 않는 주관적 방법에 주로 의존할 수밖에 없다. 객관적 방법 중에서는 시장테스트에 의한 방법이 유일하게 신제품의 판매예측에 적용할 수 있다. 제품의 판매실적정보가 풍부하게 있다고 하더라도, 과거의 판매실적이 큰 의미를 갖기 어려운 상황(예를 들어 전쟁, 대규모 자연재해, 공황, 대규모 정치시위, 급격한 인플레이션 등)이 발생하였을 때에도 주관적 방법을 선택할 수밖에 없다. 또한 주관적 방법에서는 구

그림 7-2 | 판매예측방법

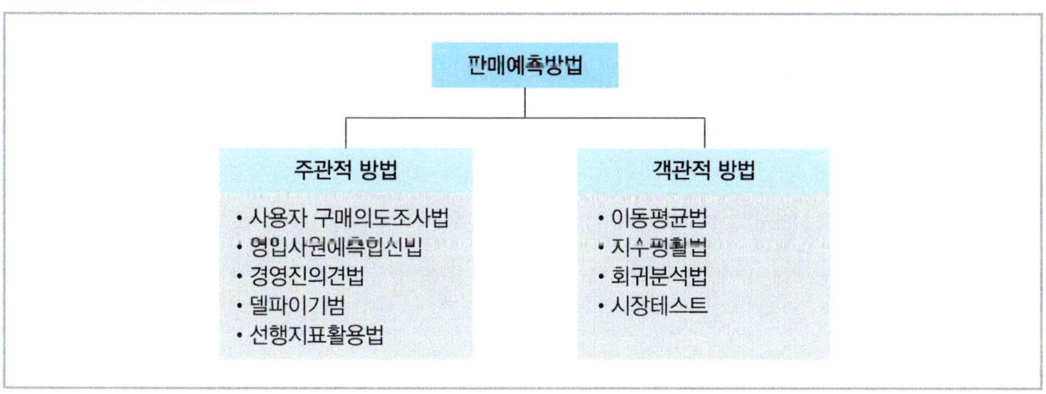

성원들의 판단이 중요하기 때문에 영업사원, 영업관리자, 경영진 등의 경험이 매우 풍부할 때보다 잘 적용될 수 있다.

2. 판매예측방법의 효율적 선택

판매예측방법을 효율적으로 사용하기 위해서는 두 가지 사항에 유의할 필요가 있다.

첫째는 자사제품이나 서비스의 특징에 따라 적합한 예측방법이 선택되어야 한다는 점이다. 앞에서 언급한 바와 같이 신제품의 경우에는 시계열 데이터의 축적이 요구되는 이동평균법이나 지수평활법 등은 사용할 수 없으며, 주로 주관적 방법을 활용해야 한다. 제품이나 서비스가 최종소비자를 대상으로 하는지 혹은 조직구매자를 대상으로 하는지에 따라서도 적합한 판매예측방법이 달라질 수 있다. 최종소비자를 대상으로 하는 경우에는 주관적 방법과 객관적 방법이 모두 활발하게 사용될 수 있지만, 조직구매자를 대상으로 하는 산업재의 경우에는 거래가 빈번하게 일어나지 않기 때문에 통계적인 분석을 할 수 있을 만큼의 많은 자료가 존재하지 않는 경우가 많은 반면, 구매자의 수도 적고, 영업사원이 비교적 구매자에 대한 정보를 많이 가지고 있기 때문에 주관적 방법을 적극적으로 활용하는 것이 더 바람직하다. 또한 제품의 특성상 강력한 선행지표가 존재하는 경우에는 이 선행지표가 대단히 유용하게 사용될 수 있다. 신생아수의 영향을 받는 유아용품, 신규분양 주택수의 영향을 받는 건축자재나 전자제품 등의 경우가 이에 해당한다고 할 수 있다. 또한 해당 시장의 전반적인 상황에 따라서도 적합한 예측방법은 달라질 수 있다. 시장이 안정적인 추세를 보이고 있는 경우에는 과거의 자료를 바탕으로 통계적인 분석을 하는 방법이 타당성이 있지만, 시장이 천재지변, 국제정치, 경기침체 등의 외부적인 요인에 의해 크게 영향을 받는 시기에는 통계적 분석보다는 전문가의 판단에 의존하는 방법이 더 정확할 수 있다.

두 번째 유의할 점은 가능한 한 2개 이상의 판매예측방법을 병행하여 활용하는 것이 바람직하다는 점이다. 예측방법에 따라서 예측치는 상당한 차이를 보일 수 있기 때문에 어느 하나의 방법에만 의존하면 잘못된 판단을 내릴 가능성이 있다. 따라서 2개 이상의 예측방법을 사용하여 예측치들이 수렴하는지의 여부를 확인하고, 예측치 간에 많은 차이를 보이는 경우에는 그러한 차이가 왜 발생하는지를 파악하여 어떠한 분석방법이 더 타당한지에 대해 판단을 내리는 것이 중요하다. 예를 들어 이동평균법과 영업사원예측합산법을 사용하여 판매예측을 하였는데, 영업사원예측합산법에 의한 예측치가 이동평균법에 의한 예측치에 비해 현저하게 적었다고 할 때, 그 원인이 영업사원들은 갑작스런 경기침체로 과거의 추세가 지속되지 않을 것으로 판단하였기 때문이고 이러한 판단이 타당성이 있다고 하면, 이동평균법의 예측치보다는 영업사원예측합산법의 예측치를 활용하는 것이 더 정확할 수 있다. 더 나아가 이러한 판단을 확인해보기 위해 제3의 예측방법, 예를 들어 '사용자의 구매의도'를 추가적으로 조사하는 것도 매우 바람직하다.

3. 주관적 판매예측방법

3.1 사용자구매의도조사법

사용자구매의도조사법은 잠재구매자에게 특정한 제품이나 서비스를 제시한 가격에 구매할 의도가 있는지를 응답하게 하고, 이 응답을 바탕으로 판매액을 예측하는 방법이다. 이 방법에서는 대상 제품을 구매할 가능성이 있는 고객집단으로부터 자료를 수집하기 때문에 상당히 정확한 자료를 근거로 판매액을 예측하는 것이라고도 볼 수 있지만, 사실은 이러한 기대와는 달리 조사 주체는 잠재고객들의 구입의사를 보수적으로 해석할 필요가 있다. 왜냐하면 응답자가 실제로 구매할 의사가 있어서 구매하겠다고 응답하였다고 하더라도 여러 가지 구체적인 상황, 예를 들어 응답자가 구매의사 결정권을 갖고 있지 않다든지, 구매력이 없다든지, 구매할 장소를 찾지 못한다든지, 현재 사용하고 있는 경쟁사 제품의 재고가 있어서 당장은 구매할 필요가 없다든지 하는 상황하에서는 구매가 실제로 일어나기 어렵기 때문이다. 따라서 사용자구매의도에 대한 조사로부터 산출된 예측판매액은 실현가능한 판매액을 예측하는 데보다는 판매액의 최대치, 즉 판매잠재력을 평가하는 데 더 적절하다고 할 수 있다.

3.2 영업사원예측합산법

영업사원예측합산법(sales force composite)은 각 영업사원으로부터 자신이 담당하고 있는 구역에서 향후 일정기간 동안 판매될 것으로 예측되는 제품이나 서비스의 수량에 대한 자료를 수집한 후, 이를 회사 전체 차원에서 합산하여 판매를 예측을 하는 방법이다. 이 방법의 강점은 영업사원은 고객과 가장 가까운 위치에 있기 때문에 고객의 니즈를 가장 잘 예측할 수 있다는 점에 있다. 따라서 이 방법은 많은 고객을 대상으로 하는 B2C 분야보다는 소수의 고객을 빈번하게 접촉하는 B2B 분야에서 보다 정확하게 판매를 예측할 수 있다. 이 방법의 또 하나의 장점은 영업사원이 제시한 판매예측이 해당 영업사원의 보상을 결정하는 중요한 기준이 되기 때문에 회사와 영업사원 간에 보상을 둘러싼 갈등이 발생할 가능성이 적어진다는 점이다.

그렇지만 이 방법은 영업사원이 의도적으로 과소한 혹은 과대한 판매예측자료를 제출할 수 있다는 단점을 가지고 있다. 만일 영업사원이 제시한 판매예측자료를 근거로 해당 영업사원의 판매 할당이 정해지는 경우, 영업사원은 자신에게 주어지는 할당의 수준을 낮추기 위해 과소한 판매예측자료를 제출할 가능성이 높다. 반면에 영업사원이 수요가 넘쳐서 항상 수량이 부족한 인기상품을 취급하고 있는 경우에는 상품물량을 최대한 많이 확보하려는 의도에서 과대한 판매예측자료를 제출할 가능성이 있다. 이러한 단점이 있기 때문에 영업관리자는 영업사원이 제시한 자료를 그대로 수용하지 말고, 과거의 실적자료 등을 참조하여 영업사원이 제시한 예측이 합리적인지에 대한 판단을 거쳐서, 필요하면 예측치를 조정해야 한다. 그런데 이러한 과정이 길어질 경우 영업관리자와 영업사원의 시간을 많이 빼앗는 결과를 초래할 수 있기 때문에 최대한 조속히 조정이 이루어질 수 있도록 노력해야 한다.

3.3 경영진의견법

경영진의견법(executive opinion)은 경영진으로부터 판매에 대한 예측치를 수집하여 이를 기반으로 회사의 판매액을 예측하는 방법이다. 경영진의 판단은 실제의 판매액 자료를 바탕으로 할 수도 있지만, 자신의 경험이나 직관, 지식 등에만 의존해서 이루어질 수도 있다. 이렇게 수집된 경영진의 예측치들은 그 평균을 계산하여 회사의 예측판매액이 될 수도 있고, 그렇지 않고 이견이 있는 부분에 대해 경영진들 간의 토론을 걸쳐서 의견을 수렴할 수도 있다. 이 방법의 장점은 매우 신속하고 수월하게 판매예측치를 산출해낼 수 있으며, 시장이나 경제 전반의 환경변화 등에 대한 경영진의 풍부한 경험과 식견을 살릴 수 있다는 데 있다. 이러한 이유로 매출의 규모가 작거나 판매액 예측에 많은 노력과 시간을 할애하기 어려운 중소규모의 기업에서 이 방법을 선호한다. 그러나 이 방법은 직관에 의존한 판단이 빈번하게 이루어지기 때문에 비과학적이라는 비판을 면하기 어려우며, 경영진들 간의 이견을 조율해야 하는 경우에는 이를 위해 많은 시간이 소요될 우려도 있다. 또한 영업현장에 대한 지식과 경험이 풍부한 경영진의 의견보다는 지식이나 경험이 부족함에도 불구하고 지위가 더 높거나 발언의 강도가 높은 경영진의 의견이 수용될 가능성도 있다.

3.4 델파이기법

델파이기법(Delphi Technique)은 전문가들의 의견을 수렴하는 방법으로 널리 사용되고 있다. 이 방법의 첫 번째 특징은 여러 명의 전문가를 참여시키되 전문가들 간의 개별적이거나

그림 7-3 | 델파이기법의 진행과정

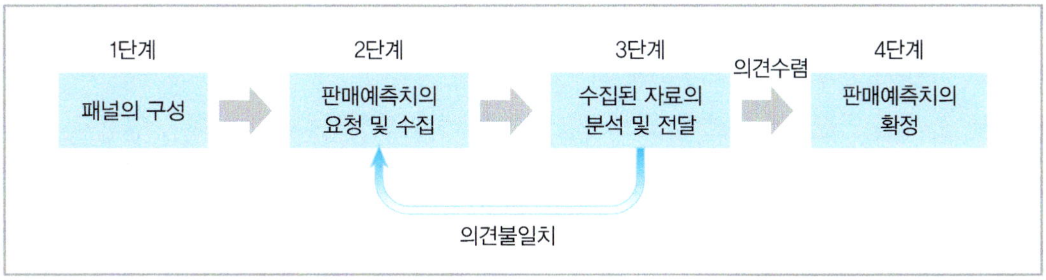

직접적인 교류 없이 의견의 수렴이 이루어질 수 있도록 한다는 점이다. 전문가들은 다른 전문가들의 종합적인 의견이나 익명의 의견은 볼 수 있지만, 개별적이거나 직접적인 접촉은 허용되지 않는다. 이 방법의 두 번째 특징은 반복적인 과정을 거쳐서 의견의 수렴이 이루어진다는 점이다. [그림 7-3]에 제시되어 있는 바와 같이 첫 단계에서 패널이 구성된 후에는 2단계와 3단계가 반복적으로 수행되는 과정에서 예측이 이루어진다.

이 기법을 진행하는 1단계는 전문가 패널을 구성하는 것인데, 판매예측에서는 대부분 경험이 많은 영업관리자로 패널을 구성하게 된다. 2단계에서는 각 전문가들에게 개별적으로 판매예측치를 요청하여 자료를 수집한다. 전문가는 판매예측을 주관하는 부서로부터 어떠한 자료나 의견도 전달받지 않으며, 오직 자신의 판단과 지식 혹은 자신이 보유하고 있거나 수집한 자료 등만을 바탕으로 판매액을 예측한다. 판매예측을 주관하는 부서에서는 수집된 자료를 분석하여 평균치와 전혀 동떨어진 판매예측치를 제시한 전문가들에게 그렇게 판단한 이유에 대한 추가적인 의견을 요청하여 수집할 수 있다. 3단계에서는 수집된 자료를 분석한 자료를 다시 전문가들에게 보내서 각 전문가들이 다른 전문가들은 어떻게 전망하고 있는지를 검토할 수 있게 한다. 각 전문가는 전체 전문가들의 판매예측치의 평균값이나 각 전문가의 자신의 판단에 대한 이유 등에 대한 자료를 전달받지만, 어느 전문가가 어떤 의견을 제시하였는지에 대한 정보는 전달받지 못한다. 다음 단계는 다시 2단계로 돌아가서 각 전문가들에게 제공된 자료를 검토한 후 다시 판매예측치를 제시하도록 한다. 다시 3단계에서는 이를 분석하여 다시 전문가들에게 전달한다. 이러한 순환적인 과정은 패널에 포함된 전문가들 간에 판매예측치에 대해 어느 정도 의견이 수렴되었다고 판단될 때까지 지속된다.

3.5 선행지표활용법

선행지표(先行指標, leading indicator)라 함은 제품에 대한 수요에 영향을 미치는 변수로서, 그 발생시점이 제품에 대한 수요가 일어나기 이전(예를 들면 3개월, 6개월, 1년 등)이기 때문에 그 변화를 잘 주시하면 제품의 수요변화를 예측하는 데 도움이 될 수 있는 변수를 의미한다. 따라서 선행지표가 유용하게 사용되기 위해서는 예측하고자 하는 시기를 기준으로 적어도 몇 개월 이전부터의 선행지표에 대한 통계치가 확보될 수 있어야 한다. 냉장고, 세탁기, TV, 식기세척기 등의 대형가전 제품에 대한 수요는 아파트 신규분양 숫자와 밀접하게 관련이 있고, 춘절을 맞아 한국행 비행기를 예약한 중국인의 숫자는 호텔, 요식업계, 유통업체 등의 수요예측에 도움을 줄 수 있다. 또한 주택건설 착공 숫자, 건축허가 숫자, 내구재 주문 숫자, 공장 신축규모, 신생아의 숫자, 결혼부부의 숫자, 고등학교 졸업생의 숫자 등은 수많은 회사의 판매예측에 좋은 정보를 제공할 수 있다. 선행지표는 특히 수요가 증가하고 있는 추세에서 감소로 돌아서거나, 반대로 감소하고 있는 추세에서 증가하는 추세로 돌아서는 터닝 포인트(turn point)를 예측하는 데 매우 유용하게 사용될 수 있다. 통계적인 방법은 이러한 터닝 포인트를 감지해내기 어렵지만 선행지표를 활용하면 트렌드의 변화를 예측해낼 수 있다.

4. 객관적 판매예측방법

객관적 판매예측방법에서는 수집된 자료에 대한 통계적 분석이 이루어지기 때문에 그 예측이 얼마나 정확한가를 산출해낼 수 있다. 여기서는 먼저 예측의 정확도를 평가하는 방법에 대해 기술하고, 이어서 구체적인 객관적 판매예측방법들을 논의한다.

4.1 예측정확도의 평가

객관적 방법은 앞에서 언급한 바와 같이 과거의 판매자료를 기반으로 미래의 판매를 예측하는 방법이다. 즉, 현재를 t기(期)라고 할 때 미래인 $(t+1)$기의 판매액을 t기 이전의 데이터를 가지고 예측하는 방법이다. 같은 논리로 t기의 판매액은 $(t-1)$기 이전의 자료를 가지고 예측해 볼 수 있고, $(t-1)$기의 판매액은 $(t-2)$기 이전의 자료를 가지고 예측해 볼 수 있다. 따라서 t기의 예측 판매액의 정확도에 대한 평가는 이를 t기의 실제 판매액과 비교함으로써 이루어질 수 있고, $(t-1)$기의 예측판매액의 정확도에 대한 평가는 이를 $(t-1)$기의 실제판매액과 비교함으로써 이루어질 수 있다. 이러한 논리를 적용하여 예측의 정확도를 판단하는 기준으로 아래와 같은 공식의 평균절대비율오차(Mean Absolute Percentage Error : MAPE)를 사용할 수 있다. MAPE의 분자는 각 기(期)에서의 오차의 정도를 모든 기에 걸쳐 합산한 것이고, 이를 예측이 이루어지는 기간으로 나누어 MAPE가 구해진다. 예측이 이루어지는 모든 시점에 대해서 예측치와 실제치가 일치하면 MAPE는 0이 되고, 그 차이가 커질수록 MAPE도 커진다.

$$\text{평균절대비율오차} = \frac{\sum_{i=1}^{n} |E_i - A_i| / A_i}{n} \times 100$$

E_i : i기의 예측판매액
A_i : i기의 실제판매액
n : 예측이 이루어지는 기간

4.2 이동평균법

이동평균법(移動平均法, moving average)은 아래의 공식에서 보여주는 바와 같이 과거 2개 이상 기간의 판매액의 평균으로 다음 기의 판매액을 예측하는 방법이다. 이동평균법의 '이동평균'의 의미는 새로운 시기의 판매액이 예측될 때 전 시기의 판매액이 예측될 때 사용되었던 판매액 중에서 가장 오래된 시기의 판매액이 빠지고 이를 대신하여 가장 최근의 판매액이 새롭게 포함되어 평균값이 계산된다는 의미이다. 즉, 예측에 사용되는 판매액이 계속적으로 최근의 시기로 이동된다는 의미에서 이러한 이름이 붙여졌다. 과거의 몇 개 기간의 판매액을 다음 기의 판매액 예측에 사용할 것인가에 따라 2기 이동평균법, 3기 이동평균법 등으로 불린다. 2기 이동평균법의 경우, 예를 들어 4사분기의 예측판매액은 2사분기와 3사분기의 판매액의 평균으로 계산된다.

$$E_{t+1} = (A_t + A_{t-1} + \cdots + A_{t-n+1})/n$$

E_t : t기의 예측판매액
A_t : t기의 실제판매액
n : 사용된 실제판매액의 수

[표 7-3]은 이동평균법을 이용한 가상의 예를 보여주고 있다. 2기 이동평균을 사용할 경우 2015년 3사분기의 판매액 예측치는 2015년 1사분기와 2사분기의 판매액의 평균, 즉 (94.4+92.8)/2=93.6이 되고, 4사분기의 예측치는 2사분기와 3사분기의 판매액의 평균, 즉 (92.8+91.7)/2=92.3이 된다. 표의 자료를 이용하여 똑같은 논리를 계속 적용해 가면 아직 판매실적자료가 없는 2017년 1사분기까지의 예측판매액을 계산할 수 있다. 3기 이동평균을 사용할 경우에는 과거 3기의 평균이 예측판매액이 된다. 예를 들어 2015년 4사분기의 예

표 7-3 | 이동평균법을 활용한 판매예측의 가상 예

(단위 : 백만 원)

		2015년				2016년				2017년
		1사분기	2사분기	3사분기	4사분기	1사분기	2사분기	3사분기	4사분기	1사분기
실제판매액		94.4	92.8	91.7	91.7	109.7	108.1	112.5	111.5	
예측 판매액	2기 이동평균			93.6	92.3	91.7	100.7	108.9	110.3	112.0
	3기 이동평균				93.0	92.1	97.7	103.2	110.1	110.7

측 판매액은 2015년 1, 2, 3사분기 판매액의 평균, 즉 (94.4+92.8+91.7)/3=93.0이 되고, 2016년 1사분기의 예측 판매액은 2015년 2, 3, 4사분기 판매액의 평균, 즉 (92.8+91.7+91.7)/3=92.1이 된다.

과거의 몇 개 기간을 판매예측에 사용할 것인가는 자사의 자료에 대한 분석을 바탕으로 결정된다. 즉, 과거의 자료를 바탕으로 사용되는 기간을 달리 하면서 시뮬레이션을 실시해보고, 실제판매액에 가장 가까운 예측 결과를 산출해주는 기간의 수를 선택하면 된다. 앞에서 논의한 평균절대비율오차(MAPE)를 활용하면 사용되는 과거기간에 따른 예측정확도를 산출해낼 수 있다. 이 공식에 따라 [표 7-3]에서 예측에 사용된 2기 이동평균과 3기 이동평균의 정확도를 계산하면 2기와 3기의 평균절대비율오차는 각각 4.7과 7.3이다. 이러한 계산의 결과에 따라 3기 이동평균보다는 2기 이동평균이 보다 정확한 예측치를 산출해주고 있음을 알 수 있으며, 이를 근거로 향후에는 3기 이동평균법보다는 2기 이동평균법을 채택하는 것이 보다 합리적이라고 할 수 있다.

이동평균법은 그 계산이 매우 간단하다는 점에 큰 강점이 있다. 그렇지만 이러한 강점이 잘 발휘되기 위해서는 예측하고자 하는 제품의 매출액이 큰 변화 없이 안정적인 기조를 유지하고 있어야 한다. 만일 매출액의 변동폭이 매우 큰 제품의 경우에는 과거의 실적치를 바탕으로 예측을 하는 이 방법은 정확한 예측치를 산출해내기 어렵다. 또한 이 방법은 예측하고자 하는 시기에 발생할 것으로 예상되는 변화를 반영할 수 없는 단점이 있다. 예를 들어 판매에 영향을 줄 수 있는 새로운 법규가 시행될 예정이라거나, 새로운 경쟁사가 진입을 준비하고 있다거나 할 때 이러한 변화는 과거에 없었던 일이기 때문에 과거의 자료를 바탕으로 하는 이동평균법에서의 예측은 부정확할 수밖에 없다.

4.3 지수평활법

지수평활법(指數平滑法, exponential smoothing)은 아래의 공식에 표현되어 있는 바와 같이 이동평균법에 비해 예측판매액을 산출함에 있어서 가장 최근의 판매액의 영향력과 그 이전의 판매액의 영향력을 쉽게 조절할 수 있는 방법이다. 즉, 이동평균법에서는 현재와 과거의 영향력이 동일하게 유지되는 반면, 지수평활법에서는 0에서 1 사이의 값을 취하는 평활상수(smoothing constant)인 w값을 조정함으로써 현재와 과거 판매량의 영향력을 조정할 수 있다. w가 1에 가까울수록 현재의 판매량의 영향력이 커지고, 0에 가까울수록 과거 판매량의 영향력이 더 커진다. 따라서 오랜 기간 동안 판매량의 변화가 적은 경우에는 w를 작게 유지함으로써 안정성을 줄 필요가 있고, 급격한 변화를 보이고 있는 추세라면 최근의 변화를 잘 반영할 수 있도록 w를 크게 설정하는 것이 바람직하다.

$$
\begin{aligned}
E_{t+1} &= wA_t + (1-w)E_t \\
&= wA_t + (1-w)\{wA_{t-1} + (1-w)E_{t-1}\} \\
&\quad \cdots\cdots\cdots\cdots\cdots\cdots \\
&= wA_t + w(1-w)A_{t-1} + (1-w)^2 A_{t-2} + \cdots + w(1-w)^t A_1
\end{aligned}
$$

E_t : t기의 예측판매액
A_t : t기의 실제판매액
w : 평활상수(smoothing constant)

지수평활법은 위에 제시된 식에서 보는 것처럼 과거 실적치의 영향력은 시간이 갈수록 지수적으로(exponentially) 혹은 기하급수적으로 감소한다는 의미를 담고 있다. 사실 지수평활법은 과거보다는 현재 실적치의 상대적인 영향력을 강화하기 위한 의도에서 만들어졌다고 할 수 있다. w의 크기를 어떻게 정할 것인가에 대한 것은 이동평균법에서의 n(사용된 실제판매액의 수)에 대한 결정과 마찬가지로 평균절대비율오차(MAPE)를 사용한 시뮬레이션을 통해 예측정확도를 계산하여 정해질 수 있다. [표 7-4]는 w가 0.8인 경우와 0.2인 경우의 가상적인 예를 보여주고 있다. 가장 초기의 판매예측치는 없기 때문에 이 경우에만 실제판매액이 사용된다. 따라서 w가 0.8인 경우에 2015년 3사분기의 예측판매액은 $0.8 \times 92.8 + 0.2 \times 94.4 = 93.1$로 계산되며, 이 이후로는 공식을 이용하여 계산된다. w가 0.8인 경우와 0.2인 경우를 비교하면 시간이 지날수록 w가 0.8인 경우의 예측정확도가 훨씬 우수하다는 것을 알 수 있는데, 이 이유는 실제의 판매액이 해를 지나면서 증가하는 추세를 보이고 있어서 최근 판매액의 영향력을 크게 하는 것이 예측정확도를 높이는 데 유리하기 때문이다.

표 7-4 | 지수평활법을 활용한 판매예측의 가상 예

(단위 : 백만 원)

		2015년				2016년				2017년
		1사분기	2사분기	3사분기	4사분기	1사분기	2사분기	3사분기	4사분기	1사분기
실제판매액		94.4	92.8	91.7	91.7	109.7	108.1	112.5	111.5	
예측 판매액	w=0.8			93.1	92.0	91.8	106.1	107.7	111.5	111.5
	w=0.2			94.1	93.6	93.2	96.5	98.8	101.5	103.5

4.4 회귀분석법

회귀분석(回歸分析, regression)은 영향을 받는 변수인 종속변수와 영향을 주는 변수인 독립변수 간의 선형관계(linear relationship)의 정도를 추정하기 위한 다변량분석방법(multivariate analysis) 중의 하나이다. 회귀분석의 목적은 종속변수의 값과 독립변수의 값 간의 관계를 가장 잘 설명해 줄 수 있는 선형회귀식을 도출하는 데 있는데, 이렇게 도출된 선형회귀식은 독립변수의 값이 변함에 따라 종속변수의 값이 어떻게 변화해 갈 것인가를 예측하는 데 사용될 수 있다. 이러한 이유로 회귀분석은 판매액을 예측하는 데도 유용하게 사용될 수 있다.

회귀분석은 단순회귀분석(simple regression)과 중회귀분석(multiple regression)으로 나누어진다. 회귀식을 도출함에 있어 사용되는 독립변수의 수가 1개이면 단순회귀분석이 되고, 독립변수의 수가 2개 이상이면 중회귀분석이 된다. 하지만 이 두 종류의 회귀분석은 독립변수의 수에서만 차이가 날 뿐 적용논리는 완전히 동일하다. 이동평균법이나 지수평활법에서 미래의 판매액의 예측을 위해 사용된 자료는 과거의 판매액이다. 즉, 미래의 판매액을 예측하기 위해 과거의 판매액이라는 한 개의 변수만이 사용된다. 회귀분석에서도 판매액만을 가지고 미래의 판매액을 예측할 수 있다. 이 경우에 종속변수는 시기별 실제판매액이 되고, 독립변수는 해당 판매액의 시기가 되며, 추정을 위한 회귀식은 다음과 같이 표현될 수 있다.

$$S_t = a + bT$$

S_t : t기의 판매액
T : 시기의 순서
a : 상수
b : 회귀계수(regression coefficient)

표 7-5 | 회귀분석을 활용한 판매예측의 가상 예

(단위 : 백만 원)

		2015년				2016년				2017년
		1사분기	2사분기	3사분기	4사분기	1사분기	2사분기	3사분기	4사분기	1사분기
실제판매액		94.4	92.8	91.7	91.7	109.7	108.1	112.5	111.5	–
회귀분석	종속변수(S_t)	94.4	92.8	91.7	91.7	109.7	108.1	112.5	111.5	–
	독립변수(T)	1	2	3	4	5	6	7	8	9
	회귀식	$S_t=86.3+3.4T(R^2=0.746)$								
	예측판매액	89.7	93.1	96.5	99.9	103.3	106.7	110.1	113.5	116.9

위의 [표 7-5]는 실제판매액 자료를 바탕으로 종속변수와 독립변수의 값이 어떻게 입력되는지를 보여주고 있다. 판매액은 그대로 종속변수가 되고, 독립변수는 시기별 순서가 된다. 이 자료를 이용하여 회귀분석을 수행한 결과 회귀식 $S_t = 86.3 + 3.4T$가 도출되었는데, 이는 8,630만 원의 판매는 기본적으로 이루어지면서 1사분기가 지나면 약 340만 원씩 매출이 늘어나는 추세를 보이고 있음을 의미한다. 이제 이 회귀식을 이용하여 과거 시기의 예상매출액은 물론 미래 시기의 매출액을 예상해 볼 수 있다. 예를 들어 9기에 해당하는 2017년 1사분기의 예측판매액은 $S_9=86.3+3.4\times9=116.9$이며, 그 이후의 판매액에 대한 예측도 같은 방식으로 계산될 수 있다. 회귀식이 얼마나 예측력이 있는가는 수행 결과 산출되는 통계치 중의 하나인 R^2에 의해 판단된다. 이는 0에서 1까지의 값을 취하는데, 그 크기는 회귀식이 관찰치를 설명할 수 있는 비율을 의미하고, 이 값이 클수록 예측력은 높아진다. 이 회귀식의 경우에는 R^2이 0.746이었으며, 이는 추정된 회귀식이 관찰치의 변동을 74.6% 설명하고 있음을 의미한다.

이동평균법이나 지수평활법 등과 구분되는 회귀분석의 장점은 다양한 변수를 사용한 판매예측이 가능하다는 점이다. 앞에서 언급한 바와 같이 이동평균법이나 지수평활법에서 판매액의 예측을 위해 사용된 자료는 과거의 판매액뿐이지만, 단순회귀분석이 아닌 중회귀분석을 사용하면 다양한 변수를 판매예측에 포함시킬 수 있다. 즉, 판매량은 광고, 판매촉진 등 회사가 채택하는 마케팅전략의 함수이기 때문에 이러한 변수들을 포함하여 보다 정확한 판매예측을 하고자 할 때, 회귀분석은 매우 유용하게 사용될 수 있다. 예를 들어 아래의 식에서와 같이 광고와 영업사원의 수를 주요한 전략변수로 선택하였다면, 그 경우의 회귀분석은 독립변수로 시기의 순서와 함께 광고비와 영업사원의 수가 포함된 중회귀분석의 형태로 나타낼 수 있다. 종속변수와 독립변수의 자료를 수집하여 회귀분석을 수행하여 상수와 회귀계수의 값을 구한 후 앞에서 언급한 논리에 따라 미래의 판매량에 대한 예측을 수행할 수 있다.

$$S_t = a + b_1T + b_2A_t + b_3P_t$$

S_t : t기의 판매액
T : 시기의 순서
A_t : t기의 광고비
P_t : t기의 영업사원의 수
a : 상수
b_1, b_2, b_3 : 회귀계수(regression coefficient)

4.5 시장테스트

시장테스트(test markets)는 신제품이나 상당한 정도의 개선이 이루어진 기존제품의 본격적인 출시에 앞서서 대표적인 지역을 선택하여 이들 제품을 실제로 판매해 보고, 여기에서의 반응을 바탕으로 전체 시장에서의 판매액을 예측하고자 할 때 사용되는 기법이다. 시장테스트의 대상지역으로는 인구통계적 특성 등에서 전체 시장의 특성을 가장 잘 반영할 수 있는 시장이 선택되는 것이 일반적이다. 시장테스트에서는 실제로 시장에서 판매가 이루어지는 것이기 때문에 이를 기반으로 하는 판매예측도 매우 현실적이라는 장점을 가지고 있다. 이 외에도 시장테스트는 그 결과가 좋지 않을 때 본격적인 출시를 미루거나 포기할 수도 있기 때문에 본격적인 출시 이후의 실패에서 오는 막대한 손실을 막아주는 역할도 한다.

그렇지만 이 방법은 여러 가지 단점도 함께 가지고 있다. 먼저 비용과 시간이 매우 많이 소요된다. 본격적인 것은 아니더라도 생산과 판매가 실제로 이루어져야 하기 때문에 제품의 생산 및 판매관련 비용이 소요되고, 생산에서 시작하여 소비자의 반응을 파악하기까지 많은 시간이 소요된다. 또한 이 방법은 적용될 수 있는 제품이 제한될 수 있다. 즉, 시장의 진입을 위해 많은 고정자산이 투자되어야 하는 경우에는 이 방법을 적용하기 힘들며, 제품 인지로부터 구매까지 걸리는 시간이 너무 길거나 구매가 대단히 드물게 일어나는 경우에도 적용되기 힘들다. 이 방법은 빈번하게 구매되고, 소량을 비교적 적은 비용으로 제작할 수 있는 제품에 적합하다. 따라서 시장테스트는 산업재나 내구소비재보다는 일용소비재 시장에서 훨씬 더 빈번하게 사용된다. 이 이외에도 일부 지역에서만 전개되기 때문에 회사나 소비자들의 과도한 주목을 받아서 여기에서의 판매수준이 과대 포장될 가능성도 있으며, 제품에 대한 정보가 경쟁사에게 모두 노출되기 때문에 시장 테스트를 통해 본격적인 출시를 준비하는 동안 경쟁사가 유사제품을 만들어 시장을 선점해버릴 우려도 있다.

5. 계절성의 제거

판매예측이 연 단위로 이루어지는 경우에는 계절적인 요인을 고려할 필요가 없지만, 특히 계절상품과 같이 계절별 판매예측이 이루어져야 하는 경우에는 정확한 판매예측을 위해서는 계절적 요인이 고려되어야 한다. 그렇지 않으면 매우 부정확한 판매예측이 이루어질 수 있다. 예를 들어 의류회사가 이동평균법을 사용하여 판매예측을 하는 경우에, 여름철과 가을철의 판매량의 평균으로 겨울철의 판매를 예측하면 비수기인 여름철의 판매량이 포함된 자료를 바탕으로 성수기인 겨울철에 대한 판매를 예측하기 때문에 당연히 과소한 판매예측이 이루어지며, 반대로 겨울철과 봄철의 판매량의 평균으로 여름철의 판매를 예측하면 과대한 판매예측이 이루어지게 된다.

계절성을 제거한 판매예측을 하는 가장 일반적인 방법은 [그림 7-4]와 같이 표현될 수 있다. 먼저 계절지수(季節指數)를 계산한 뒤, 이를 활용하여 원자료를 계절성을 제거한 자료로 전환시킨다. 이렇게 전환된 자료를 바탕으로 다양한 기법(예를 들어 이동평균법)을 사용하여 판매예측을 수행한 뒤, 다시 계절지수를 적용하여 계절성이 포함된 자료로 전환시키는 것이다.

[표 7-6]은 계절지수를 산출하는 방법을 제시해주고 있다. 여기에서는 가상적인 회사의 4년 동안의 분기별 판매액 자료가 제시되어 있다. 자료를 살펴보면 연도별 판매액은 매년 증가

그림 7-4 | 계절성을 제거한 판매예측 절차

계절지수의 산출 → 계절지수를 활용하여 원자료를 계절성이 제거된 자료로 전환 → 계절성이 제거된 자료를 바탕으로 통계적 판매예측 시행 → 계절지수를 활용하여 판매예측자료를 계절성이 포함된 자료로 전환

표 7-6 | 계절지수의 산출

(단위 : 백만 원)

	2013년	2014년	2015년	2016년	분기별 합계	분기별 평균	계절지수
1사분기	50	57	68	79	254	63.5	0.72
2사분기	77	88	103	120	388	97.0	1.11
3사분기	83	93	110	135	421	105.2	1.20
4사분기	68	75	88	107	338	84.5	0.96
전체	278	313	369	441	1,401		

평균 분기 판매액 = (4년 총판매액)/16 = 1,401/16 = 87.6

하는 추세에 있으며, 판매액의 수준이 3사분기>2사분기>4사분기>1사분기의 순으로 되어 있다. 또한 분기별로 차이가 나는 수준을 볼 때(3사분기의 판매액이 1사분기 판매액의 1.63배), 계절성이 존재하고 있음을 알 수 있다. 계절지수를 산출하기 위해서는 먼저 각 분기별로 4년 동안의 평균판매액을 계산한다. 예를 들어 1사분기의 4년 평균판매액은 254,000,000원/4=63,500,000원이다. 이렇게 구해진 분기별 평균판매액을 4년 전체의 평균 분기별 판매액(4년 총판매액/16=1,401,000,000원/16=87,600,000원)으로 나누면 각 분기별 계절지수가 산출된다. 예를 들어 1사분기의 계절지수는 63,500,000원/87,600,000원=0.72가 된다.

이렇게 구해진 계절지수를 원자료에 적용시키면 계절성이 제거된 자료를 산출해 낼 수 있다. 이는 원자료를 계절지수로 나누면 구해질 수 있다. 예를 들어 2013년 1사분기의 계절성이 제거된 판매액은 50,000,000원/0.72=69,400,000원이 된다. [표 7-7]은 이렇게 구해진 계절성이 제거된 판매액 자료를 제시하고 있다.

표 7-7 | 계절성이 제거된 판매액

(단위 : 백만 원)

	2013년	2014년	2015년	2016년
1사분기	69.4	79.2	94.4	109.7
2사분기	69.4	79.3	92.8	108.1
3사분기	69.2	77.5	91.7	112.5
4사분기	70.8	78.2	91.7	111.5

그 다음의 단계는 계절성이 제거된 자료를 가지고 이동평균법, 지수평활법, 회귀분석법 등 다양한 판매예측기법을 적용하는 것이다. 예를 들어 이동평균법을 활용하여 예측을 하였다면 [표 7-8]과 같은 결과를 얻을 수 있다. 즉, 2016년의 자료를 가지고 2017년 1사분기의 매출액을 예측하려는 경우에 [표 7-7]에서 제시된 계절성이 제거된 자료를 바탕으로 2017년 1사분기의 판매액을 예측할 수 있다. 2017년 1사분기의 2기 이동평균과 3기 이동평균은 각각 (112,500,000원+111,500,000원)/2=112,000,000원과 (108,100,000원+112,500,000원+111,500,000원)/3=110,700,000원이 된다. 마지막 단계는 이렇게 산출된 예측판매량을 계절지수를 활용하여 다시 계절성이 반영된 자료로 전환시켜주는 것이다. 이 예에서 2017년 1사분기의 계절성을 감안한 예측치는 2기 이동평균법을 이용하였을 때는 112,000,000원×0.72=80,600,000원, 3기 이동평균법을 이용하였을 때는 110,700,000원×0.72=79,700,000원이 된다.

표 7-8 | 계절성이 제거된 자료를 이용한 판매예측

	2016년				2017년
	1사분기	2사분기	3사분기	4사분기	1사분기
판매액(백만 원)	109.7	108.1	112.5	111.5	
2기 이동평균			108.9	110.3	112.0
3기 이동평균				110.1	110.7

제4절 영업예산의 기능

영업예산은 [그림 7-5]에서와 같이 계획, 조정과 통제, 그리고 평가의 3개 기능을 수행한다.

그림 7-5 | 영업예산의 기능

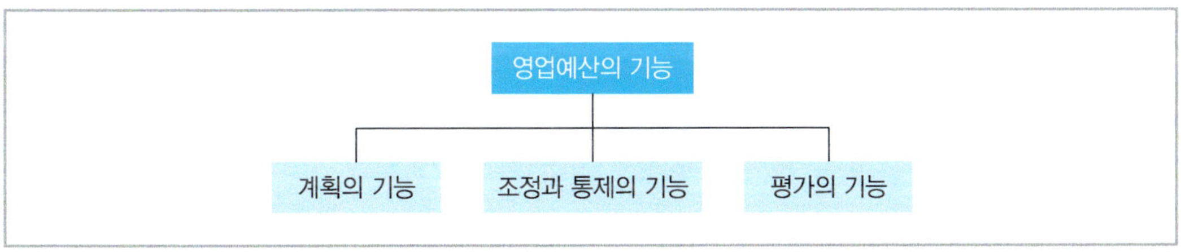

1. 계획의 기능

영업예산은 "영업목적을 달성하기 위해 일정기간 동안 추진하게 되어 있는 영업전략을 재무적이고 계량적으로 표현한 것"이라고 정의될 수 있다. 이는 영업예산이 단순히 영업에서 사용할 수 있는 금액만을 의미하는 것이 아니라, 이의 집행을 통해서 달성하고자 하는 영업목표와 그 영업목표를 달성하기 위해 필요한 영업전략이 담겨져 있다는 것을 의미한다. 예를 들어 특정 지역에서 특정 제품을 특정 고객군을 대상으로 판매하고자 하는 기업의 경우, 이 기업의 영업예산에는 구역별, 제품별, 고객별로 어느 정도의 영업활동을 어떻게 전개할 것인지에 대한 계획이 반영되어 있다. 또한 영업은 여러 가지 마케팅 프로모션 수단 중의 하나이기 때문에 영업예산은 회사 전체의 마케팅 프로모션에서 영업이 차지하는 위상을 반영해준다. 즉, 영업예산에는 회사에서 영업을 바라보는 전략적인 시각도 동시에 담겨져 있다. 예를 들어 광고 등의 pull전략에 대한 의존도가 높은 제품의 경우에는 영업의 상대적인 위상은 낮아지고, 반대로 push전략에 의존해야 하는 제품의 경우에는 영업의 상대적인 위상이 높아지는데, 이러한 전략적인 판단도 영업예산에 그대로 반영된다. 결론적으로 영업예산에는 영업부서 차원에서의 영업목표와 전략은 물론, 영업을 포함한 회사 전체 차원에서의 마케팅목표와 전략도 함께 반영되어 있다.

2. 조정과 통제의 기능

영업예산은 영업 조직구성원들의 활동을 조정(調整)하고 통제(統制)하는 기능을 수행한다. 즉, 영업예산은 영업 조직구성원들의 활동이 조화롭게 이루어질 수 있도록 조정하고, 일탈행위가 발생하지 않도록 통제하는 역할을 수행한다. 이러한 기능은 생산적인 영업조직의 구축과 유지를 위해 매우 중요하다. 왜냐하면 영업사원은 상대적으로 독립적인 성향이 강하고, 따라서 영업조직의 전체 차원에서의 최적화보다는 개인적인 차원 혹은 자신이 속한 영업팀 차원의 최적화를 추구하는 경향이 크기 때문이다. 보다 중요한 것은 회사 전체 차원에서의 최적화이기 때문에 영업사원들이 자신과 팀의 성과 증진을 도모하는 동시에 자신들의 행동이 회사의 목표 달성과도 일관성을 이룰 수 있도록 유도할 수 있어야 하는데, 영업예산이 바로 이를 위한 가이드 역할을 해준다고 할 수 있다. 또한 영업예산은 구성원 간의 이해관계의 충돌이 발생하였을 때 이를 조정하는 기준을 제공하며, 구성원들이 회사의 자원을 자신의 이득을 위해 남용하지 못하도록 통제하는 역할을 수행한다.

3. 평가의 기능

영업예산에는 이의 집행을 통해 달성하고자 하는 목표가 반영되어 있기 때문에 영업예산은 영업성과를 평가(評價)하는 기능도 수행한다. 영업은 일정한 비용을 치르면서 매출을 추구하는 활동이고, 이의 집행을 위한 영업예산에는 어느 정도의 매출을 어느 정도의 비용을 치르면서 달성하겠다는 의지가 담겨 있다. 따라서 예산집행을 통해 추구하는 목표를 달성하였다면 성공적인 성과를 거두었다고 할 수 있고, 반면에 추구하는 목표가 달성되지 못하였다면 영업활동은 실패한 것으로 평가할 수 있다. 이를 좀 더 분석적으로 살펴보면 [표 7-9]와 같이 정리될 수 있다. 정해진 예산을 초과해서 쓰기는 어렵지만 예산을 모두 집행하지 못하는 경우는 종종 발생하기 때문에 영업예산 집행의 정도와 영업목표 달성 여부를 기준으로 모두 4개의 부분으로 나누어 분석할 수 있다.

먼저 계획된 예산을 모두 집행하면서 영업목표를 달성하였다면 영업활동이 계획한 대로 성공적으로 수행되었다고 평가할 수 있다. 반면에 계획된 예산을 모두 집행하였음에도 불구하고 영업목표를 달성하지 못하였다면 실패한 것이기 때문에 이에 대한 원인이 무엇인지를 파악해야 한다. 이는 영업생산성이 기대에 미치지 못하였기 때문일 수도 있고, 경기의 하강이나 경쟁의 심화와 같은 영업환경의 악화가 원인일 수도 있다. 예산이 모두 집행되지 않았음에도 불구하고 영업목표가 달성되었다면 영업생산성의 향상이나 영업환경의 개선이 그 원인일 수도 있지만, 처음부터 영업예산이 과다하게 책정된 것은 아닌지 검토해볼 필요가 있다. 마지막으로 영업목표가 미달되었음에도 불구하고 예산이 모두 집행되지 않았다면 세부항목 차원의 예산책정이 처음부터 잘못되었다거나, 영업사원과 영업관리자 간의 갈등과 같이 예산집행 과정에서 문제점이 발생하였기 때문일 수도 있고, 영업활동이 태만하게 이루어진 결과일 수도 있다.

표 7-9 | 영업예산의 집행 정도와 영업목표 달성 여부에 따른 평가

		영업목표의 달성 여부	
		달성	미달성
영업예산의 집행	모두 집행	영업활동의 성공적 실행	영업생산성의 하락 영업환경의 악화 영업예산의 부족
	미집행 부분 발생	영업생산성의 향상 영업환경의 개선 영업예산의 과다 책정	예산책정의 오류 예산집행 과정에서의 문제점 발생 영업활동의 태만

제5절 영업예산의 책정방법

영업예산을 책정하는 방법은 크게 하향식 방법과 상향식 방법의 두 가지로 나누어질 수 있다.

1. 하향식 방법

하향식(top-down) 방법은 구체적으로 수행해야 하는 영업활동을 기반으로 하지 않고 경영진의 판단에 의존하여 영업예산을 책정하는 방법을 의미한다. 이 방법하에서는 실제로 영업활동을 수행하는 실무자의 의견이 반영되지 못하고 영업예산이 회사의 경영진에 의해 일방적으로 정해지는 경향이 있기 때문에 권위적인 방법이라고 할 수 있다. 하향식 방법 가운데 가장 많이 사용되는 방법은 판매목표치에 일정한 비율을 곱하여 영업예산을 책정하는 방법이다([그림 7-6] 참조). 회사가 일정한 판매액을 달성하기 위해서는 영업과 관련된 비용은 물론, 제조, 물품구입, 마케팅활동, 지원인력인건비, 건물임대, 감가상각비, 장비구입 등 다양한 비용을 지불해야 한다. 판매액에서 모든 비용을 차감한 것이 수익이 되는데, 회사는 일정한 수준의 수익을 달성하기 위해서는 어느 정도의 비용이 지출되는 것이 적당하다는 판단을 하게 되고, 이러한 판단은 영업과 관련된 비용에 대해서도 당연히 이루어지게 된다. 즉, 하향식 영업예산 책정 방식에서는 판매목표치에 수익을 고려한 일정한 비율이 곱해져서 영업예산이 책정된다. 이때 판매목표치에 곱해지는 일정한 비율은 최종적으로는 경영진의 판단에 의해 정해지지만, 이러한 판단의 근거로 자사의 과거 실적자료나 혹은 산업별, 제품별, 회사규모별로 나와 있는 매출액 대비 영업예산의 비율에 대한 외부자료가 활용되기도 한다. 한 미국 통계자료에 따르면 영업예산이 판매액에서 차지하는 비중은 회사의 규모에 따라서는 4~15%, 제품이나 서비스 유형(산업재, 소비재 등)에 따라서는 5~9%, 산업 유형(화학, 교육, 호텔, 기계, 도매 등)에 따라서는 2~48%의 분포를 나타나고 있는데, 이는 영업예산의 비율을 정할 때 자사의 규모, 제품 유형, 산업 유형 등을 고려하는 것이 중요하다는 점을 시사해주고 있다. 그런데 우리나라에는 이러한 체계적인 외부자료를 획득하기가 힘들기 때문에 업계를 선도하는 회사들의 영업예산의 비율에 대한 자료를 수집하여 반영하기도 한다.

그림 7-6 | 하향식 영업예산 책정 과정

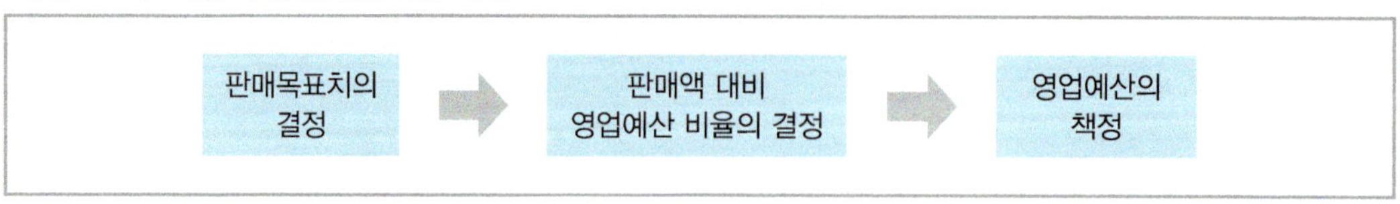

2. 상향식 방법

상향식 방법(bottom-up)은 구체적인 영업업무를 수행하기 위해 필요한 지출 수준을 도출하고 이를 기반으로 영업예산을 설정하는 방법이다. 상향식 방법 가운데 가장 보편적으로 사용되는 방법은 목표과업법(目標課業法)으로 이는 목표의 달성을 위한 과업을 중심으로 예산을 책정하는 방법이다. 상향식 방법은 판매목표치의 결정을 시발점으로 한다는 점에서는 하향식 방법과 동일하지만, 목표수익을 어느 시점에 반영하는가에 있어서는 크게 차이가 난다. 하향식 방법에서는 앞에서 언급한 바와 같이 처음부터 목표수익의 달성이 가능한 수준에서 영업예산이 판매목표치에서 차지하는 비율을 결정하지만, 상향식 방법에서는 [그림 7-7]에서와 같이 판매목표치의 달성을 위한 업무와 소요비용이 산출된 뒤, 이러한 비용이 목표수익의 달성을 위해 적합한 수준인지에 대한 검토가 사후적으로 이루어진다. 만일 목표수익의 달성을 위해 적합하다고 판단되면 영업예산이 확정되고, 그렇지 않으면 판매목표치의 달성을 위한 업무를 변경한다든지 혹은 업무의 수행을 위한 비용을 절감할 수 있는 방법을 찾게 되며, 이러한 순환적 과정이 최적의 방법이 찾아질 때까지 계속된다. 상향식 방법은 하향식 방법에 비해 영업사원이나 일선 영업관리자의 의견이 훨씬 더 많이 반영될 수 있기 때문에 참여적인 형태의 예산책정 방법이라고 할 수 있다. 상향식 방법은 실무자들이 보다 많은 책임감을 느끼고 판매목표치의 달성에 노력하게 되는 장점이 있으며, 또한 실무자들이 영업의 구체적인 내용을 가장 잘 알고 있기 때문에 수행해야 하는 업무나 비용의 산출에 있어서 보다 현실적이며 합리적일 수 있다는 장점도 있다.

그림 7-7 | 상향식 영업예산 책정 과정

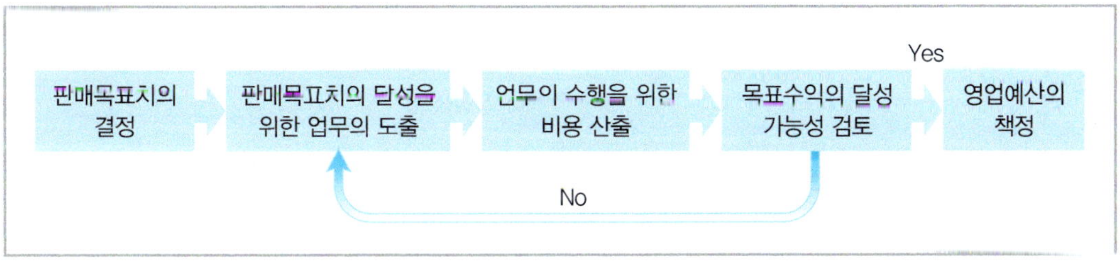

제6절 영업예산의 세부항목, 책정주기, 관리

1. 영업예산의 세부항목

영업예산의 세부항목은 [표 7-10]에서와 같이 크게 영업활동 관련비용과 영업관리 관련비용으로 나누어질 수 있다. 영업활동 관련비용은 대부분 영업사원에게 지급되는 비용으로 직 · 간접의 금전적 보상, 영업경비, 판촉활동경비 등이 이에 해당한다. 영업사원의 성과와 연관되어 지급되는 직접적인 금전적 보상에는 영업예산에서 가장 큰 비중을 차지하는 급여, 커미션, 보너스 등이 포함되고, 판매 콘테스트와 관련된 비용도 이에 포함될 수 있다. 간접적인 금전적 보상은 영업사원의 성과보다는 시간과 관련된 금전적 보상으로 4대보험, 퇴직금, 유급휴가 등이 이에 포함된다. 영업경비에는 교통비, 차량유지비, 숙박비, 접대비, 식대, 통신비 등 다양한 항목들이 포함되고, 판촉활동경비에는 견본이나 판촉물의 제작 혹은 구입비용 등이 포함된다. 영업관리 관련비용은 사무실의 운영이나 채용, 교육훈련, 동기부여 등과 관련되어 지출되는 비용을 의미한다. 영업관리자나 사무실 지원인력에 대한 금전적 보상은 물론, 사무용품 및 집기 구입비, 임대료, 관리비 등도 포함되고, 채용, 교육훈련, 영업사원의 자기개발 지원 등과 관련된 비용들도 모두 이에 포함된다.

표 7-10 | 영업예산의 세부항목

	구분	내용
영업활동	직접적 보상	• 영업사원에 대한 급여, 커미션, 보너스 • 판매 콘테스트 관련비용
	간접적 보상	• 영업사원에 대한 4대보험(국민연금, 건강보험, 고용보험, 산재보험), 퇴직금, 유급휴가 등
	영업경비	• 교통비, 차량유지비, 숙박비, 접대비, 식대, 통신비 등
	판촉활동경비	• 견본 제작, 판촉물 제작 혹은 구입 등
영업관리	사무실 운영	• 영업관리자에 대한 급여, 커미션, 보너스 • 사무실 지원 인력(행정, 전산, 교육 등)의 급여 • 영업관리자 및 지원인력에 대한 4대보험, 퇴직금, 유급휴가 등 • 사무용품, 집기, 통신비, 임대료, 관리비 등
	채용, 교육훈련, 동기부여 등	• 모집 및 심사 관련 비용, 교육훈련비용 등 • 자기개발 지원비용(세미나/워크숍 참가비, 대학등록금 지원, 학원/헬스클럽의 수강료 지원 등)

2. 예산책정주기

예산의 책정은 1년을 단위로 이루어지는 것이 일반적이지만, 추가경정예산을 통해 반기별로 수정을 할 수 있도록 하기도 한다. 또한 에어컨과 같이 계절성이 강한 제품을 판매하거나 혹은 의류와 같이 계절별 상품을 판매하는 경우에는 계절성을 반영하여 분기별 예산을 책정하기도 한다. 예산책정기간이 짧을수록 보다 더 정확한 예산 책정이 가능해지고, 따라서 실제의 집행 금액이 책정된 예산에서 벗어날 확률은 적어지지만, 서류작성, 회의 등과 같은 행정적인 업무가 늘어나기 때문에 실질적인 업무시간이 줄어들게 된다. 따라서 예산책정기간을 결정할 때에는 통제와 정확성을 더 중요할 것인지 혹은 행정적 편의성과 영업활동시간의 확보를 더 중시할 것인지를 판단해야 한다.

3. 예산관리

영업조직은 재무관련 부서로부터 실제의 예산집행 상황에 대한 자료를 매월 받아볼 수 있으며, 이를 예산과의 비교함으로써 계획대로 예산이 집행되고 있는지를 파악할 수 있다. 만일 계획된 대로 예산이 집행되지 않고 있다고 하면 영업관리자는 어떤 이유에서 그렇게 되고 있는지를 파악하여 필요하면 적절한 조치를 취할 수 있어야 한다. 예를 들어 영업사원들에 대한 영업경비의 집행이 예산에서 책정된 금액을 훨씬 초과하여 집행되고 있다고 할 때, 경기의 호조로 판매가 예상보다 많이 이루어지고 있기 때문이라고 한다면 충분히 이해가 가는 현상이기 때문에 문제가 없는 것이지만, 그렇지 않고 판매가 예상만큼 이루어지고 있지 않은 상태에서 지출만 초과하고 있다면 시장상황이 예상에서 빗나가 있거나 혹은 영업사원에게 문제가 발생한 것이기 때문에 원인을 빨리 파악하여 대처할 수 있어야 한다. 강력한 경쟁자의 등장이 그 원인이라면 단순히 방문횟수를 증가시키는 정도가 아니라 신제품의 출시나 경쟁제품에 대한 철저한 분석을 통한 대응논리의 개발 등이 그 대안일 수 있고, 베테랑 영업사원의 이탈로 신입 영업사원이 많아진 것이 원인이라면 코칭활동의 강화나 영업기술이나 지식의 증진을 위한 집중적인 교육훈련이 해결을 위한 대안일 수 있다.

CHAPTER 08

구역설계

제1절 구역설계의 개념

구역(territory)은 사전적(辭典的)으로는 지리적인 개념이지만, 영업에 있어서 중요한 것은 고객이기 때문에 영업에서의 구역 또한 고객을 중심으로 하는 개념이다. 영업구역은 "일정한 지역에 존재하면서 한 사람의 영업사원에 의해 관리되는 일단의 고객들"로 정의될 수 있다. 따라서 구역설계(區域設計, territory design)는 "지역적인 관점에서 전체 고객을 한 사람의 영업사원이 관리할 수 있는 고객 규모로 세분화하는 것"을 의미한다.

영업사원은 대부분 일정한 구역을 중심으로 영업활동을 전개한다. 지리적 영업조직 구조를 가지고 있는 경우는 물론이고, 제품, 고객, 기능, 유통구조 등을 근간으로 하는 영업조직이 구축되어 있는 경우에도 지리적 요소와 혼합된 조직구조를 가지고 있는 경우가 일반적이기 때문에 영업사원은 거의 대부분 일정 구역을 중심으로 활동한다. 물론 지역적인 한계를 갖지 않거나 혹은 지역적 구분을 필요로 하지 않는 경우도 있다. 예를 들어 전화나 인터넷을 주력 영업채널로 활용하는 경우에, 매체 자체가 공간적 제약을 갖지 않기 때문에 이를 활용하는 영업사원도 지역적 한계를 갖지 않고 영업활동을 전개할 수 있다. 또한 고객사의 본사를 대상으로 영업활동을 전개하는 영업사원의 경우도 지역적인 분할이 큰 의미를 갖지 않는다. 예를 들어 대형 할인점을 대상으로 영업활동을 전개하는 생활용품 제조업체의 영업사원, 다국적기업을 대상으로 영업활동을 전개하는 호텔체인의 영업사원, 대기업을 대상으로 기술영업을 하는 벤더사의 영업사원 등의 경우에는 고객사의 구매의사결정이 거의 본사에 집중되어 있기 때문에 영업 대상이 본사에서 근무하는 구매센터의 임직원이며, 따라서 이들에게는 영업구역이 중요한 것이 아니라 담당하는 고객사가 중요하다. 또한 다단계판매를 통해 B2C 영업을 하고 있는 회사의 경우에도 구역설계는 필요한 업무가 아니다. 왜냐하면 판매원의 모집이 전적으로 기존의 판매원을 통해 이루어지고 있어서, 회사가 사전적인 지역적 구분을 통해 판매원의 활동범위를 한정시켜 놓을 수가 없기 때문이다([글 8-1] 참조).

그렇지만 이러한 예외적인 경우를 제외하고는 대부분의 영업사원은 일정한 구역 내에서 영업활동을 전개하기 때문에 구역설계는 대부분의 영업조직에 있어서 매우 중요한 의미를 지닌다. 또한 구역설계는 자사에 소속된 영업사원뿐만 아니라 전속대리점이나 가맹점과 같은 유통 파트너가 있는 경우에도 이들의 영업구역을 설정하기 위해서 반드시 수행되어야 하는 업무에 속한다. 물론 대리점의 경우에는 공정거래법상 대리점의 영업구역을 한정하는 것이 불법이기 때문에 구역설계의 결과를 가지고 대리점의 영업구역을 한정시켜 놓을 수는 없지만, 회사의 전략상 지역적 구분에 의해 하나의 대리점이 활동할 수 있는 적정한 영업구역을 설정해

방문판매조직과 구역설계

글 8-1

방문판매조직을 통해 B2C 영업을 하고 있는 기업의 경우에 매출실적은 방문 영업사원의 수에 크게 의존하고 있고, 영업사원의 모집은 거의 기존의 조직에 의해 이루어지기 때문에 본사에 의한 영업구역의 설정이 큰 의의를 갖기 어렵다. 다음의 예는 이러한 현상에 대한 실증적인 예를 보여주고 있다.

방문판매업을 하고 있는 기업을 대상으로 실시된 한 연구에서 서울시에 소재한 522개 동 가운데 과거 매출을 기준으로 시장잠재력이 높은 42개 동과 시장잠재력이 낮은 34개 동을 선정하고, 이 두 집단 간에 영업성과와 행태에 있어서 어떠한 차이를 보이는가를 분석하였다. 두 지역 간의 최근 8개월 동안의 매출실적을 분석하였는데, 시장잠재력이 높은 지역에서의 매출은 시장잠재력이 낮은 지역의 매출에 비해 약 2.7배가 많았다. 구역설계와 관련한 흥미로운 분석 결과는 잠재력이 높은 동을 관할하고 있는 지점의 관할 동 내에서의 매출이 이 지점의 전체 매출에서 차지하는 비중은 평균 10.9%에 불과하였으며, 시장잠재력이 낮은 동을 담당하고 있는 지점의 경우는 더 낮아서 평균 2.75%인 것으로 나타났다는 점이다. 이러한 수치는 두 가지 중요한 사실을 시사해 주고 있다. 첫째는 시장잠재력이 낮은 지역의 지점에 소속된 영업사원들은 시장잠재력이 높은 지역의 지점에 소속된 영업사원들에 비해 타 지역으로 이동하여 영업활동을 하는 비중이 높다는 점이다. 둘째는 영업사원은 대부분 자신이 소속된 지점의 관할 지역에서 영업활동을 하지 않는다는 점이다. 이러한 결과는 지역적 분할에 의한 담당 구역의 설정이라는 것이 방문판매의 경우에는 거의 의의를 갖기 힘들다는 점을 시사해주고 있다.

참조 : 임현우, 임종원, 이한석 (2009), "방문판매 영업의 지역거점 구조 개선에 관한 연구 : 공간통계기법을 이용한 매출 분포분석을 중심으로," 마케팅연구, 24(4), 87-105.

놓는 것은 여전히 중요한 의미를 지닌다. 이렇게 유통 파트너가 존재하는 경우에는 유통 파트너의 영업구역에 대한 설계가 이루어지고, 이를 바탕으로 유통 파트너를 관리하는 영업사원들에 대한 구역설계가 후속적으로 이루어지게 된다.

제2절 구역설계의 중요성

구역을 잘 설계하여야 하는 이유는 구역설계가 영업사원의 영업활동에 미치는 영향이 크고, 따라서 회사의 판매와 수익에도 큰 영향을 미치기 때문이다. 한 연구에 의하면 영업사원의 구역설계에 대한 만족도가 높아질수록 자신이 어떠한 일을 수행하여야 하는지를 보다 더 정확하게 인식하게 되고, 더 열심히 일하며, 더 좋은 성과를 낼 뿐만 아니라, 자신의 직업에

그림 8-1 | 구역설계의 중요성

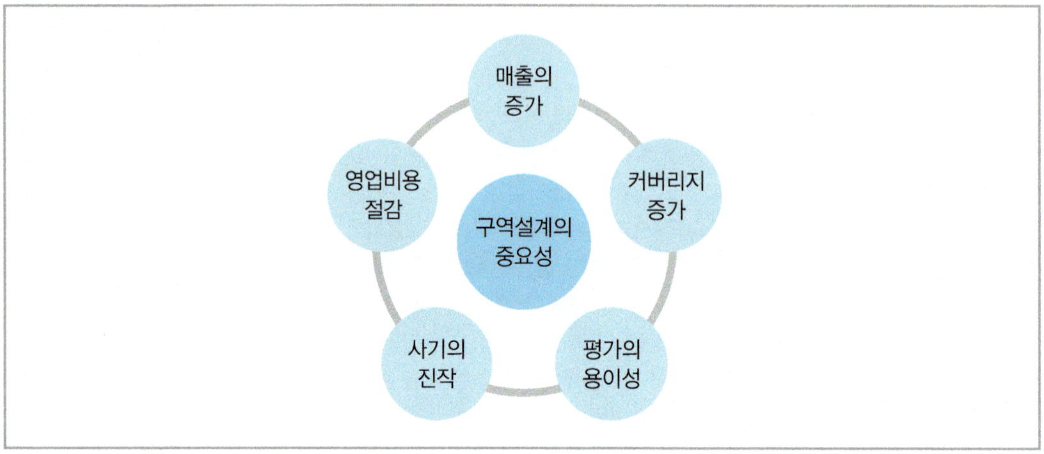

대한 만족도도 높아지는 것으로 나타났다. 즉, 구역설계는 단순히 영업사원의 효율적인 업무 수행에만 영향을 미치는 요소가 아니라, 영업사원의 동기부여, 만족도, 업무수행태도 등에 영향을 미치고, 이에 따라 회사의 매출, 수익 등에도 크게 영향을 미치는 매우 중요한 요인이다. 구역설계의 중요성은 [그림 8-1]에서와 같이 매출의 증가, 시장 커버리지의 증가, 비용의 절감, 영업사원 사기의 진작, 성과평가의 용이성 등으로 요약될 수 있다.

1. 매출의 증가

구역설계를 잘하는 것만으로도 매출이 증가될 수 있다. 즉, 잠재력이 너무 큰 구역을 담당하고 있는 영업사원의 구역의 일부를 잠재력이 너무 적은 구역을 담당하고 있는 영업사원에게 추가적으로 담당하게 함으로써 매출을 증가시킬 수 있다. 한 사람의 영업사원이 가지고 있는 시간 등의 자원은 유한하기 때문에 구역의 잠재력이 증가할 때 매출이 그에 따라 비례해서 증가하는 것이 아니라 증가율이 점차 줄어들면서 증가한다. 따라서 영업사원이 담당한 구역의 잠재력이 비슷하도록 구역을 조정하면 구역이 줄어든 영업사원의 매출은 물론 감소하지만, 구역이 늘어난 영업사원의 매출증가분이 줄어든 구역의 매출감소분을 상쇄하고도 남기 때문에 전체적으로는 매출이 증가하게 된다. [그림 8-2]에서의 가상적인 예는 이러한 현상을 설명해주고 있다. 잠재력이 각각 10억 원 및 30억 원인 2개의 구역이 있고, 두 사람의 영업사원이 영업구역을 각각 하나씩 관리하고 있으며, 작은 구역에서의 매출액은 5천만 원, 큰 구역

그림 8-2 | 구역조정에 따른 매출증대 효과

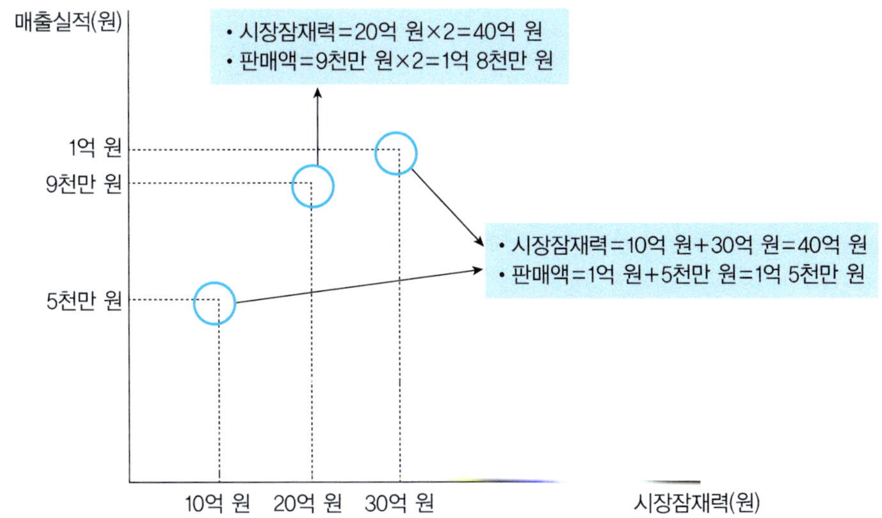

에서의 매출액은 1억 원이다. 큰 구역과 작은 구역의 시장잠재력은 3배의 차이가 나지만, 매출액의 차이는 2배에 불과하다. 이러한 현상이 나타나는 이유는 앞에서 언급한 바와 같이 구역의 잠재력이 증가할 때 매출은 그림에서와 같이 증가하기는 하지만 증가율이 감소하기 때문이다. 이러한 상황에서 구역조정을 통해 두 개 구역의 잠재력이 각각 20억 원으로 동일하도록 조정이 이루어졌다. 그 결과 2명의 영업사원은 모두 9천만 원씩의 매출을 올렸다. 즉, 구역조정 전에 큰 구역을 맡고 있던 영업사원의 매출은 1억 원에서 9천만 원으로 1천만 원 정도가 줄었을 뿐이지만, 작은 구역을 맡고 있던 영업사원의 매출은 5천만 원에서 9천만 원으로 4천만 원이 증가하여, 전체적으로는 3천만 원의 매출 증가를 실현하였다.

2. 시장 커버리지의 증가

시장 커버리지(market coverage)는 "해당 시장에 존재하는 고객 가운데 실제로 자사의 제품이나 서비스를 사용하고 있는 고객의 수"를 의미한다. 시장 커버리지의 개념은 특히 제조업체의 유통전략과 관계가 깊다. 소매상이나 도매상을 통해서 제품을 판매하고 있는 제조업체의 경우에, 시장 커버리지는 자사의 제품을 취급하고 있는 소매상이나 도매상의 수를 의미한다. 따라서 시장 커버리지가 크다는 것은 자사의 제품을 취급하고 있는 소매상이나 도매상의 수가 많다는 것을 의미한다. 커버리지 비율은 전체 고객 중에서 실제로 자사의 제품이나 서비스가 공급되고 있는 고객들의 비율을 의미하며, 따라서 커버리지 비율이 높다는 것은 시장침투율(market penetration rate)이 높다는 것을 의미한다. 대부분의 기업들은 시장 커버리지를 확대하기 위해 많은 노력을 기울인다. 대리점을 통해 소매점으로 자사의 제품을 유통시키는 제조업체의 경우에, 이 제조업체에 소속된 영업사원의 주된 임무 중의 하나는 대리점들로 하여금 자사제품을 취급하는 소매점의 수를 늘리는 영업활동을 적극적으로 수행하도록 하는 것이다. 즉, 시장 커버리지를 증가시키도록 유도하는 것이 주요한 임무 중의 하나이며, 이를 위해 시장정보의 제공, 판촉활동의 지원, 신규 소매점 확보에 대한 인센티브 제공 등 다각적인 지원활동을 전개한다.

구역설계는 시장 커버리지에도 큰 영향을 미친다. 담당구역이 너무 클 경우에는 방문할 수 있는 시간이 모자라기 때문에 영업사원은 어쩔 수 없이 구역 내의 많은 고객들을 간과할 수밖에 없게 된다. 이러한 경우에 영업사원은 매출이 쉽게 나올 수 있고, 지역적으로 방문이 용이하고, 면식이 있는 편안한 고객들을 선별적으로 방문하게 된다. 따라서 자연히 잠재적으로 매출 가능성이 큼에도 불구하고 영업사원의 방문활동 대상에서 제외되는 고객들이 생겨나게 된다. 반면에 구역이 너무 작은 경우에는 방문의 대상이 되는 고객들이 너무 적기 때문에 영업사원은 매출가능성이 적거나 혹은 매출가능성이 크더라도 매출규모가 작고 비용이 많이 소요되어 수익성이 없는 고객들까지 방문하게 된다. 즉, 생산성이 떨어지는 영업활동을 할 수밖에 없는 처지에 놓이게 된다. 따라서 영업사원의 역량에 부합할 수 있는 정도의 규모로 영업구역을 조정하면 과도하게 넓은 구역을 담당하고 있던 영업사원의 방문대상 고객의 수는 크게 영향을 받지 않는 반면, 너무 좁은 구역을 담당하고 있던 영업사원의 방문활동 대상이 되는 고객의 수는 늘어나기 때문에 전체 시장의 커버리지는 증가한다.

[표 8-1]은 구역설계에 따른 커버리지 증가 효과를 가상적인 예를 통해 보여주고 있다. 이 표에서의 가정은 다음과 같다. (1) 전체 시장에는 100명의 고객이 있고, 각 고객의 구매력은 모두 동일하다. (2) 각 고객에 대해 영업활동을 전개하기 위해서는 최소 월 2회의 방문활동이 요구된다. (3) 한 사람의 영업사원이 수행할 수 있는 월 최대 방문활동횟수는 100회이다. 따라서 100명의 고객 모두를 대상으로 영업활동을 전개하기 위해 요구되는 방문횟수는 총 200회(100명×2회)이고, 필요한 영업사원의 수는 2명(200회/100회)이 된다. [표 8-1]은 두 가지의 시나리오를 보여주고 있다. 시나리오 1은 100명의 고객을 각각 40명, 60명으로 구성된 두 개의 구역으로 나누어 영업사원을 배치한 경우이고, 시나리오 2는 고객을 50명으로 똑같이 나누어 두 개의 구역을 만든 뒤 영업사원을 배치한 경우이다. 시나리오 1에서 A구역을 담당한 영업사원은 80회의 방문만 하면 되고, 따라서 자신의 시간의 20%는 영업활동에 사용되지 않

표 8-1 | 구역조정에 의한 커버리지 증가 효과의 예시

	시나리오 1		시나리오 2	
구역	A구역	B구역	A구역	B구역
고객수	40명	60명	50명	50명
필요방문횟수	80회	120회	100회	100회
영업사원의 가능 방문횟수	100회	100회	100회	100회
커버리지 비율	90%[(40 + 50)/100]		100%[(50 + 50)/100]	

게 된다. B구역을 담당한 영업사원은 120회의 방문활동이 요구되지만 100회만 방문할 수 있기 때문에 60명의 고객 중에서 10명은 방치할 수밖에 없다. 따라서 시장 커버리지는 90이 되고, 커버리지 비율은 90%가 된다. 시나리오 2에서는 A구역과 B구역에서 공히 영업사원에게 요구되는 방문횟수가 100회이고, 각 영업사원은 100회의 방문활동을 할 수 있기 때문에 모든 고객을 대상으로 영업활동을 전개할 수 있다. 따라서 시장 커버리지는 100이 되고, 커버리지 비율은 100%가 된다. 즉, 적절한 구역설계를 통해서 시장 커버리지가 10% 증가하는 효과를 거두고 있다.

[그림 8-3]은 구역설계가 시장 커버리지를 극대화할 수 있는 방향으로 이루어지고 있는지를 평가하는 데 유용하게 사용될 수 있다. 100개의 영업구역이 있는 회사를 가정할 때, 이 그림에서의 가로축은 100개의 영업구역을 업무량의 순서로 정렬한 것이다. 업무량은 구역의 넓

그림 8-3 | 구역설계의 적정성에 대한 평가

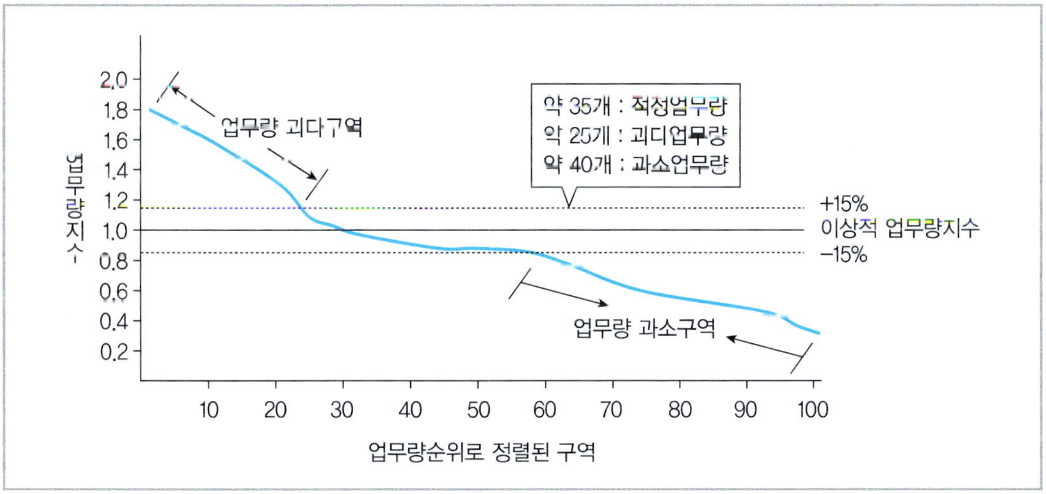

이, 고객 1인당 적정방문횟수, 고객의 수 등에 의해 측정될 수 있다. 세로축은 업무량지수로 1.0은 한 사람의 영업사원이 소화할 수 있는 가장 적정한 업무량을 의미한다. 영업사원에 따른 업무량의 편차를 15% 정도까지 용인한다고 하면 적정한 업무량지수의 범위는 0.85~1.15가 된다. 잘 이루어진 구역설계는 모든 구역에서의 업무량지수가 그림에서 상하 점선 사이의 영역에 위치해야 한다. 그러나 그림의 예시에서는 약 35개 정도의 구역만 적정 업무량 범위에 포함되어 있고, 25개 정도의 구역은 과다한 업무량, 그리고 40개 정도의 구역은 과소한 업무량이 요구되는 구역으로 분류된다. 과다한 업무량을 보이는 25개 구역을 축소하고, 여기에서 추출된 지역을 과소한 업무량을 보이는 40개 구역에 재분배하는 방향의 구역설계를 실시하여 대부분의 구역에서 영업량이 적정범위에 들어올 수 있도록 함으로써 고객 커버리지를 증가시킬 수 있다.

3. 영업비용의 절감

구역설계가 잘 이루어지지 못하면 영업사원이 고객을 방문하기 위해 소요해야 하는 시간이 늘어난다. 경우에 따라서는 자신의 구역 내의 고객을 방문하기 위해서는 다른 영업사원의 구역을 반드시 통과해야 할 수도 있다. [그림 8-4]는 이러한 상황을 보여주고 있다. 왼쪽 그림에서 영업사원 B는 자신이 담당하는 고객을 만나기 위해 간선도로를 이용해서 영업사원 A의 담당구역을 통과하면서 먼 거리를 이동해야 한다. 오른쪽 그림은 구역조정 이후의 상황을 보

그림 8-4 | 구역조정에 따른 이동시간의 단축

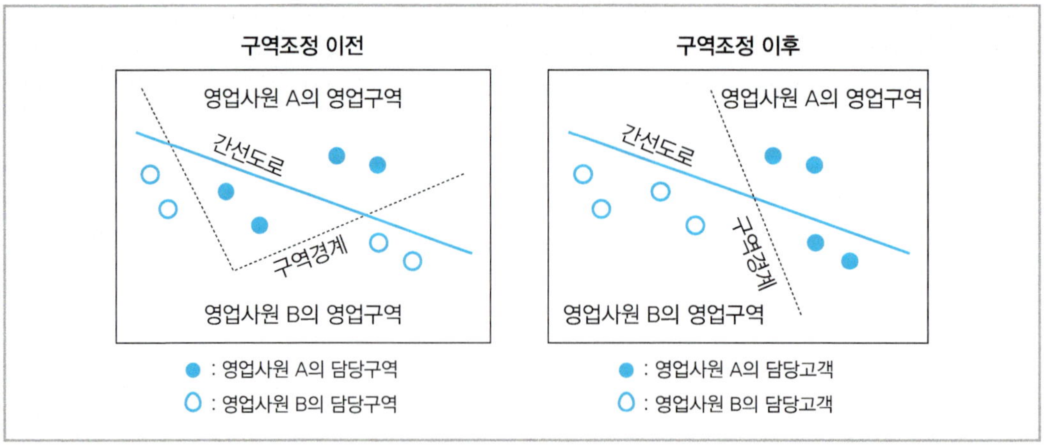

여주고 있는데, 영업사원이 다른 영업사원의 구역을 거쳐서 이동하지 않아도 되고, 이동거리도 대폭 단축되었다. 이처럼 영업사원의 동선(動線)을 고려한 구역설계는 영업사원의 이동시간과 교통비 등을 줄여줌으로써 영업경비가 감소할 뿐만 아니라, 이동에 걸리던 시간을 절약하여 영업활동에 사용할 수 있게 됨으로써 판매도 증가하게 되며, 이에 따라 영업사원의 수입도 증가하고 사기도 올라가는 효과를 볼 수 있다.

4. 영업사원 사기의 진작 및 성과평가의 용이성

시장잠재력은 다른 어떠한 변수보다도 매출에 많은 영향을 미친다. 즉, 매우 뛰어난 영업기술과 능력을 갖춘 영업사원이 아무리 열심히 영업활동을 한다고 하여도 담당하고 있는 구역의 시장잠재력이 낮은 경우에는 좋은 성과를 내기 어렵다. 반대로 담당하고 있는 구역의 잠재력이 풍부하면 노력을 그다지 하지 않아도 일정수준의 매출은 쉽게 달성할 수 있다. 만일 회사의 영업사원에 대한 성과평가가 담당구역의 잠재력에 대한 고려 없이 판매액으로만 이루어진다면, 잠재력이 적은 구역을 담당하고 있는 영업사원은 좋은 평가를 받기가 대단히 어렵고, 이에 따라 수입이 적어져서 사기가 떨어지며, 이직을 심각하게 고려해보아야 하는 상황에 처할 수도 있다. 반대로 잠재력이 풍부한 구역을 담당하고 있는 영업사원은 많은 노력을 기울이지 않아도 상당한 매출이 나오기 때문에 당장은 높은 수입에 만족할 수 있지만, 영업기술이나 능력 등의 개발에 소홀해지기 때문에 장기적으로는 경쟁력을 갖추기가 어려워진다. 이처럼 한 구역의 시장잠재력의 과소 혹은 과다로 발생하는 문제점들은 회사의 장기적인 발전을 위해 결코 바람직하지 않다. 또한 시장잠재력뿐만 아니라 구역 내에서의 경쟁의 정도, 고객의 규모, 구역의 면적 등도 동일한 노력을 기울일 때 기대되는 판매액에 영향을 미치기 때문에 이러한 요소도 구역설계에 추가적으로 고려되어야 한다. 즉, 구역설계를 함에 있어서 잠재력과 함께 '요구되는 업무량'도 고려되어 한다. 결론적으로 가장 바람직한 구역설계의 방향은 구역의 잠재력과 요구되는 업무량이 모두 동일하게 설계되는 것이다. 그렇게 되면 영업사원들의 성과의 차이는 영업사원의 능력과 노력에 의해서만 결정되기 때문에 영업사원의 성과에 대한 평가도 매우 공평하고 수월하게 이루어질 수 있다.

잘 이루어진 구역설계는 영업사원에게 적절하게 도전적인 영업환경을 조성해주고, 객관적이고 공정하며 명료한 성과평가가 가능하도록 해주며, 성과평가에 따른 보상에 있어서도 어느 영업사원도 부당하게 불이익을 받는 일이 발생하지 않도록 해줌으로써 영업사원의 사기를 진작시켜 준다. 구역설계와 영업사원의 사기와의 관계는 특히 영업사원의 수입이 판매에 따른 커미션을 통해 이루어질 때 더욱 첨예하게 나타난다. 이러한 경우에는 특히 공정한 성과평가가 이루어질 수 있도록 구역의 잠재력과 요구 업무량이 최대한 일정하게 유지하는 것이 중요하다.

제3절 구역조정의 필요성 발생

구역의 조정(調整)이라고 하면 기존의 구역설계를 변경시키는 것을 의미한다. 얼마나 많은 조정이 필요한가는 발생한 사안의 중요성에 따라 달라진다. 구역조정의 필요성을 발생시키는 사안들로 부적합한 기존의 구역설계, 시장환경의 변화, 회사의 전략 등을 들 수 있다.

1. 부적합한 기존의 구역설계

한 명의 영업사원이 담당하고 있는 구역이 너무 넓거나 좁을 때는 물론, 구역 간의 시장잠재력 편차가 심할 때는 구역에 대한 조정이 반드시 이루어져야 한다. 앞에서 기술한 바와 같이 이러한 구역 간 불균형이 발생하면 영업사원의 실적, 시장 커버리지, 영업사원의 사기 등에 부정적인 영향을 미친다. 회사는 구역조정을 통해 이러한 불균형을 해소시키는 것만으로도 영업실적을 향상시킬 수 있다. 회사는 고객과 영업사원들의 불평을 통해 불균형이 발생하고 있음을 감지할 수 있다. 너무 넓은 구역의 고객은 “영업사원을 도대체 볼 수가 없고, 제대로 서비스를 받고 있지 못하다”고 불평할 수 있으며, 반대로 너무 좁은 구역의 고객은 너무 빈번한 영업사원의 방문을 오히려 짜증스럽게 여기거나, 공급가격을 올리기 위해 그러는 것은 아닌지 의심할 수 있다. 불균형적인 구역설계로 불이익을 보고 있다고 생각하는 영업사원의 불평은 훨씬 심하게 나타난다. “노력에 비해 수입이 너무 적다”, “어느 영업사원은 너무 많이 받는다”, “영업구역 배정이 공평하지 않다”, “길에서 버려지는 시간이 너무 많다” 등의 불평의 배경에는 적절하지 않은 구역설계가 있기 때문에 회사는 이를 조정하기 위해 노력해야 한다.

2. 시장환경의 변화

시장환경이 변화하면 영업환경은 더 좋아질 수도 있고 더 악화될 수도 있다. 회사는 시장이 제공하는 기회를 최대로 활용하고, 또한 시장으로부터의 위험을 최대한 회피할 수 있는 방향으로 영업구역을 조정할 수 있어야 한다. 예를 들어 특정 지역에 대규모 아파트 단지가 조성되어서 입주가 시작될 예정이라든지, 도로망이 좋아지면서 이동시간이 대폭 단축되었다든지, 대형 잠재고객이 특정 지역에 지점을 개설하였다든지 등과 같은 영업기회를 제공하는 사안이 발생하면 회사는 영업구역의 조정을 통해 이에 적극적으로 대응해야 한다. 또한 경쟁사가 특정 지역에서 집중적인 영업활동을 벌이면서 기존고객의 이탈이 발생하고 있다든지, 연령별 구성비가 달라지면서 자사 제품에 대한 수요에 좋지 않은 영향을 미치고 있다든지 등과 같은 위협요인이 발생하는 경우에도 이에 적절하게 대응하기 위한 영업구역의 조정이 요구된다.

3. 회사의 전략

회사의 경영전략이나 마케팅전략 등에 의해서도 구역조정의 필요성이 발생한다. 이러한 회사전략상의 변화로 영업조직의 규모 및 구조의 변화, 신제품의 출시, 인수와 합병 등을 들 수 있다.

▪ 영업조직의 규모 및 구조의 변화

영업조직의 규모나 구조가 변화하면 이에 따라 구역에 대한 조정도 필요해진다. 사업의 확대를 위해 영업조직의 규모가 늘어나면 기존의 구역들이 보다 세분화되면서 새로운 영업사원들이 배치된다. 반대로 사업의 축소로 인해 영업조직의 규모를 축소해야 하는 경우에는 기존의 구역들이 통폐합되면서 재배치되거나 회사를 떠나야 하는 영업사원들도 생겨난다. 영업조직 구조의 변화는 대대적인 구역조정을 가져올 수 있다. 예를 들어 지역적 조직구조를 가지고 있던 회사가 영업사원이 제품에 대한 전문성을 제고시키기 위해 제품별 조직구조로 전환하는 경우에는 회사가 제품의 유형을 몇 개로 구분하느냐 따라 한 사람의 영업사원이 담당해야 하는 구역의 크기는 몇 배로 늘어날 수도 있다.

▪ 신제품의 출시

신제품이 출시되면서 영업사원이 취급해야 하는 상품이 증가하면 한 명의 영업사원이 담당하는 구역의 크기를 줄이는 것이 바람직하다. 왜냐하면 제품의 수가 증가할수록 제품 하나 하나에 대해 관심을 갖기가 힘들어지고, 그렇게 되면 신제품의 성공적인 론칭도 힘들어질 수 있기 때문이다. 따라서 제품의 수가 어느 정도 늘어나면 회사는 구역을 줄임으로써 영업사원이 방문해야 하는 고객의 수를 줄여주는 대신, 같은 고객에게 다양한 제품을 판매할 수 있도록 유도하는 것이 바람직하다. 영업사원의 입장에서도 담당구역이 줄어들더라도 판매할 수 있는 제품의 수가 늘어나면 자신의 수입에는 큰 변동이 없기 때문에 담당구역의 축소를 큰 저항 없이 받아들일 수 있다.

▪ 인수와 합병

인수나 합병을 통해 두 개의 회사가 합쳐지면 두 회사에 소속되어 있던 영업조직도 통합이 되어야 하며, 따라서 영업구역의 조정은 반드시 필요한 업무가 된다. 두 기업이 합쳐지면 영업사원의 수가 증가하는 것은 물론, 제품이나 목표고객에도 큰 변화가 발생하기 때문에 영업조직의 구조에도 근본적인 변화가 있을 수 있다. 이러한 경우에는 큰 규모의 구역조정이 요구된다. 그러나 너무 급속한 변화는 구성원들의 불안과 반발을 불러일으킬 수 있기 때문에 장기적인 안목을 가지고 조직이 적응해갈 수 있을 정도의 규모와 속도로 구역조정을 해 나갈 필요가 있다.

제4절 구역조정이 힘든 이유

구역조정은 영업사원의 이해관계와 밀접하게 연관되어 있고, 또한 일단 정해지면 상당 기간 동안 지속되기 때문에 구역조정으로 불이익을 보거나 생활이 불편해질 수 있다고 판단하는 영업사원들의 저항을 불러올 수 있다. 또한 회사의 입장에서도 구역조정은 많은 시간과 비용이 소요되는 어려운 과업일 뿐만 아니라 기존고객과의 관계가 악화될 수 있는 우려도 있다. 이러한 이유들로 인해 구역의 조정에는 많은 어려움이 수반된다. 구역조정의 안착이 이루어지기 힘든 이유로 다음과 같은 요인들이 지적될 수 있다.

1. 영업사원의 생활에 대한 부정적인 영향

구역의 조정으로 영업사원이 거주지를 옮겨야 하는 경우에 영업사원은 일상생활에서 여러 가지 불편을 감수해야 한다. 이사를 해야 함은 물론, 자녀들의 학교나 배우자의 일자리를 옮겨야 하는 등 가족들의 생활에 큰 불편이 초래될 수 있다. 거주지를 옮기지 않는다고 하더라도 방문활동을 위해 훨씬 더 먼 거리를 이동해야 할 수도 있다. 또한 새로운 환경에 적응해야 하고, 아무런 관계가 없었던 고객들과 새롭게 관계를 구축해나가야 한다. 이러한 일들을 하기 위해서는 상당한 노력과 시간이 필요하며, 따라서 상당기간 동안 매출실적과 이에 따른 수입에 부정적인 영향을 미칠 수 있다. 내부적으로도 구역조정으로 자신을 담당하는 영업관리자가 바뀌는 경우에는 바뀐 영업관리자와의 관계를 새롭게 정립해나가야 하는 부담이 발생한다. 이러한 이유들로 인해 영업사원은 구역조정에 저항할 수 있고, 이로 인해 영업조직의 생산성 향상을 위해 계획된 구역조정이 제대로 정착되지 않거나, 혹은 정착되는 데 많은 시간이 소요되어서 상당기간 동안 회사의 매출실적에 부정적인 영향을 미칠 수 있다.

2. 영업사원의 수입에 대한 부정적인 영향

구역조정은 영업사원의 수입에 직접적이고도 강력한 영향을 미칠 수 있는 사안이기 때문에 이를 실행하는 과정에서 영업사원의 강한 저항에 부딪힐 수 있다. 영업사원에 대한 보상이 인사고과에 의한 급여로 이루어지는 경우에는 구역조정으로 인해 급여가 감소하는 것은 아니기 때문에 구역조정에 대한 저항이 비교적 적지만, 매출 등을 기준으로 하는 커미션이 주 수입원인 경우에는 자신의 담당구역이 감소되거나 혹은 주요 고객을 다른 구역으로 이동시키는 구역조정에 적극적으로 저항하게 된다. 실적을 많이 내는 우수한 영업사원일수록 저항의 강도는 높아진다. 이는 이들이 많은 수입을 올리고 있기 때문에 구역조정으로 인해 잃게 되는 것이 상대적으로 많기 때문이기도 하지만, 자신이 회사 매출에 크게 기여하고 있어서 강하게 반발하면 회사가 자신에게 불리한 구역조정을 강행하지 못할 것이라고 판단하기 때문이다. 이러한 경우에 회사도 당장 회사의 매출에 대한 악영향을 우려하여 원래 계획했던 구역조정을 꺼리게 될 수 있다.

3. 고객관계의 악화가능성

회사가 구역조정을 꺼리는 또 하나의 중요한 이유는 구역조정으로 인한 영업사원의 교체가 기존고객과의 관계에 좋지 않은 영향을 미칠 수 있다는 우려 때문이다. 특히 고객에 대한 심도 있는 지식과 고객과의 밀접한 관계가 영업성과에 큰 영향을 미치는 업종일수록 이러한 경향은 더 심하게 나타날 수 있다. 단순재구매와 같은 거래적 영업이 이루어지는 경우에는 주문처리나 배송 등이 평소와 같이 원활하게 수행되기만 하면 구역조정으로 인한 영업사원의 교체는 매출에 전혀 영향을 미치지 않는다. 거래적 영업과는 달리 관계적 영업이 이루어지는 경우에는 고객의 문제해결이나 새로운 고객가치의 창출을 위해 고객에 대한 심도 있는 지식이 반드시 필요하다.

그런데 영업사원이 새로 오게 되면 많은 시간을 들여서 이러한 지식을 축적해야 하고, 고객들도 영업사원에게 자사의 상황에 대해 설명해주어야 하는 등 영업사원이 자사의 문제를 잘 이해할 수 있을 때까지 상당한 노력을 기울여야 한다. 고객의 입장에서는 영업사원의 교체로 인하여 자사에 대해 잘 알고 있는 이전의 영업사원으로부터 누렸던 혜택이 대부분 사라져버린 셈이 되기 때문에 그렇다면 이번 기회에 공급업체를 바꾸는 것도 하나의 좋은 대안이 될 수 있다고 판단할 수 있다. 즉, 거래처를 바꾸는 데 지불해야 했던 전환비용(轉換費用, switching cost)이 대폭 낮아진 셈이 되기 때문에 영업사원의 교체는 고객들의 이탈로 이어질 수 있다. [글 8-2]는 영업사원의 교체로 인한 고객관계의 악화로 고객이 이탈할 수 있음을 보여주고 있으며, [글 8-3]은 영업사원의 교체에 따른 고객사 키맨의 관리에 대해 기술하고 있다.

영업사원의 교체가 매출에 미치는 영향에 대한 사례

글 8-2

미국의 한 산업재 유통회사는 대대적인 영업구역조정을 실시하였는데, 이 과정에서 많은 고객사들의 담당 영업사원이 바뀌게 되었다. 이 회사는 구역조정으로 인한 영업사원의 교체가 매출에 미치는 영향을 알아보기 위해 구역조정으로 인해 영업사원이 바뀐 고객사의 매출과 바뀌지 않은 고객사의 매출이 구역조정 전후로 어떠한 변화가 있는지를 관찰하였다.

이 회사는 매출규모를 기준으로 고객사를 일반고객, 우량고객, 초우량고객의 3개 카테고리로 구분하였다. 일반고객은 매출규모가 2천~5만 달러에 이르는 고객들로서, 영업사원은 평소에도 이 유형의 고객들과 밀접한 관계를 형성하고 있는 것은 아니었으며, 따라서 영업사원이 바뀐 경우에도 매출에는 큰 변화가 없었다. 우량고객은 매출규모가 5만~10만 달러에 이르는 고객들로서, 영업사원은 이 유형의 고객들과 평소에도 밀접한 관계를 형성하고 있었다. 이러한 관계는 매출에도 영향을 미쳐서 구역조정을 통해 담당 영업사원이 바뀐 고객사의 매출규모는 바뀌지 않은 고객사의 매출규모에 비해 20%나 적었다. 초우량고객은 매출규모가

10만 달러 이상인 고객들로서 우량고객과 마찬가지로 영업사원과 이들 고객과의 밀접한 관계는 매우 중요하다. 회사는 이러한 중요성을 인식하여 담당 영업사원이 바뀐 고객사에 대해서 관계의 이전(移轉)이 원활하게 이루어질 수 있도록 하는 프로그램을 진행하였다. 이 프로그램에 따라 전임 영업사원이 후임 영업사원을 고객사에 소개시켜주는 것은 물론, 일정기간 동안 두 사람의 영업사원이 같이 고객사를 담당하도록 하였으며, 커미션도 서로 공유하도록 하였다. 이러한 세심한 프로그램의 결과, 구역조정이 이루어진 이후에도 매출규모에는 전혀 변화가 없었다. 이러한 결과는 고객과의 관계가 중요한 역할을 하는 경우에는 구역조정이 매출에 부정적인 영향을 미치는 것은 사실이지만, 관계이전 프로그램과 같은 전략적인 대비책을 활용하면 충분히 극복할 수 있음을 보여주고 있다.

출처 : Zoltners, Andris A., Prabhakant Sinha, and Sally E. Lorimer (2009), *Building a Winning Sales Force*, AMACOM, 124-125.

영업사원의 교체와 키퍼슨의 관리

글 8-3

고객사의 키퍼슨과의 관계는 영업하는 회사에게 매우 귀중한 재산이다. 키퍼슨과 관계를 구축하는 것은 많은 영업 담당자들이 어려움을 겪는 것에서 알 수 있듯이 쉬운 일이 아니다. … 키퍼슨과의 관계가 끊어지고 마는 주요한 이유 중의 하나는 담당 영업사원의 교체이다. 따라서 영업조직의 간부는 자사의 영업 담당자가 담당 회사를 인수할 때 키퍼슨과의 관계를 전임자로부터 확실히 인수받았는가에 대해 주의를 기울일 필요가 있다. 키퍼슨이 최근의 상담에 출석하지 않아서 키퍼슨에게 담당 영업사원이 바뀌었다는 인사를 하지 않는다거나, 키퍼슨이 바빠서 면담을 주선하는 것이 매우 어려워서 명함을 교환해주는 것만으로 인계가 끝났다고 생각하는 회사와 영업 담당자가 적지 않다. 이로 인해 후임 영업담당자가 인수를 받은 뒤에 키퍼슨을 만나지 않아서 거래가 감소되는 것은 당연한 결과다. 매우 어처구니없는 일이지만 스스로 재산을 버리고 마는 것이다.

이러한 현상을 방지하기 위해서는 인계의 정보를 서류와 데이터로 남기는 것, 특히 인맥과 키퍼슨의 정보에 관해서는 조직적으로 유지하는 것이 중요하다. 더욱이 경영조직의 매니저와 부장 및 경영진이 때때로 고객의 키퍼슨을 방문해서 관계를 구축함으로써 담당 영업사원이 바뀌더라도 거래에 영향을 주지 않는 상태를 만드는 것이 중요하다. 바꿔 말하면 팀영업의 추진이 담당 영업사원의 교체에 따르는 리스크를 감소시킬 수 있는 것이다.

출처 : 다카하시 가츠히로 (2005), 솔루션 영업의 기본전략, 번역서, 시공사, 216-218.

4. 구역조정 작업의 복잡성

구역조정이 이루어지기 힘든 가장 현실적인 이유는 구역조정이 생각보다 훨씬 복잡하기 때문에 기존의 구역설계를 개선시킬 수 있는 방안을 찾기 힘들다는 점이다. 즉, 회사가 영업사원들이나 고객들의 불평을 통해 현재의 구역설계에 문제점이 있다는 것을 알고 있다고 하더라도 이를 개선할 수 있는 방안을 찾기 어렵기 때문에 기존의 구역설계를 그대로 사용하는 경향이 있다. 구역설계를 '구역설계 소프트웨어'의 도움 없이 하기는 매우 어렵다. 왜냐하면 업무량, 시장잠재력, 교통망 등의 변수와 많은 수의 영업사원, 많은 수의 구역 등을 동시에 고려하여야 하기 때문이다.

그런데 우리나라에는 이러한 작업을 해줄 수 있는 상업용 소프트웨어는 거의 없다. 상업용 소프트웨어 시장이 형성되지 않은 주된 이유는 시장이 작기 때문이다. 영업은 업종에 따라 매우 상이하기 때문에 각 업종에 맞는 구역설계 소프트웨어가 개발되어야 하는데, 전체 기업의 수는 많다고 하더라도 이를 업종별로 분류하면 각 업종에 속해 있는 기업들의 수는 많지 않아서 각 업종에 특화된 구역설계 소프트웨어가 상업성을 갖기 힘들다. 작은 수의 기업을 대상으로 수지타산을 맞추기 위해서는 소프트웨어가 매우 고가가 되어야 하는데, 그렇게 되면 구매하려는 기업은 거의 없게 되어 버린다. 그래서 각 기업은 자사에게 개발한 소프트웨어 프로그램을 활용하거나 혹은 엑셀 등을 이용하여 매우 간단한 형태로 구역설계를 하고 있는 실정이다. 이러한 상황이기 때문에 회사가 구역설계가 잘못되어 있어서 영업사원들 간의 형평성에 문제가 있다는 것을 알고 있음에도 불구하고, 일정한 원칙을 정해서 일률적으로 적용하기에는 너무 일이 커지고 감당할 수가 없는 수준이 되어버리기 때문에 엄두를 내지 못하는 경우도 발생한다.

제5절 구역설계 과정

1. 구역설계의 기본방향

구역설계의 방향을 결정하는 가장 중요한 변수는 [그림 8-5]에서와 같이 시장잠재력, 요구되는 업무량, 그리고 영업사원의 수행가능 업무량이라고 할 수 있다. 바람직한 구역설계의 방향은 이 3개의 변수를 중심으로 다음과 같이 요약될 수 있다.

첫째, 모든 구역에서의 시장잠재력이 동일한 것이 바람직하다. 시장잠재력이 같다는 것은 모든 영업사원에게 똑같은 기회를 부여한다는 것을 의미한다. 각 구역의 시장잠재력이 같으면 성과평가도 명료하고 용이해지며, 따라서 이를 근간으로 하는 보상에 대해서 구성원들 간

그림 8-5 | 구역설계의 방향을 결정하는 주요 변수들

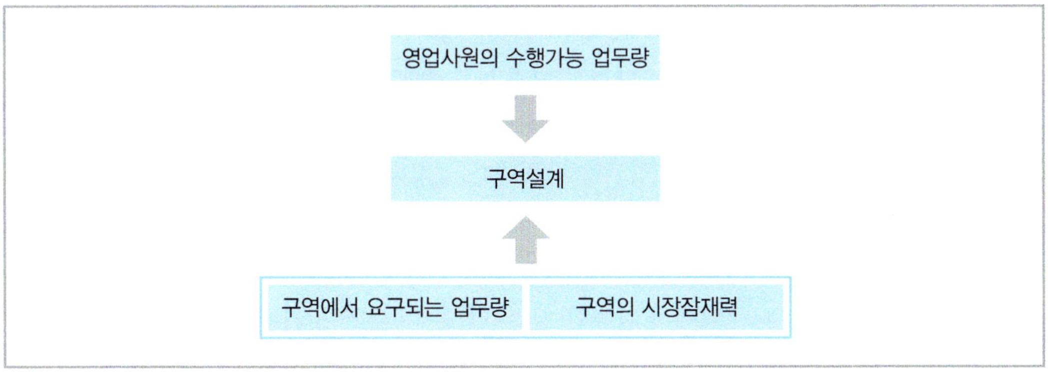

에 갈등이 발생할 가능성도 훨씬 줄어든다. 이는 영업사원들의 사기에도 영향을 미쳐서 영업사원은 자신의 업무에 대해 더 많은 만족감을 갖게 되고, 더 많은 열정을 가지고 업무에 임하게 된다.

둘째, 모든 구역에서의 요구되는 업무량이 동일한 것이 바람직하다. 시장잠재력이 증가하면 일반적으로 요구되는 업무량도 늘어난다. 그러나 시장잠재력의 크기와 요구되는 업무량의 크기가 반드시 비례하는 것은 아니다. 즉, 시장잠재력이 동일한 두 개의 구역도 여러 가지 변수에 의해 요구되는 업무량에 있어서 상당한 차이를 보일 수 있다. 예를 들어 두 개 구역의 시장잠재력은 같은데 면적이 크게 차이가 난다고 하면 면적이 넓을수록 이동에 걸리는 시간이 많아지기 때문에 요구되는 업무량도 증가한다. 또한 시장잠재력은 같은데 한 구역에는 대형고객이 많고, 다른 구역에는 중소 고객들이 많다면 중소 고객이 많을수록 동일한 매출을 올리는 데 필요한 방문횟수가 많아지게 되고, 따라서 요구되는 업무량도 증가한다. 해당 구역에서의 경쟁의 정도도 업무량에 크게 영향을 미친다. 경쟁이 적으면 매출을 올리기가 상대적으로 용이하기 때문에 요구되는 업무량도 그만큼 적어진다. 시장잠재력이 동일하다고 하더라도 요구되는 업무량이 다르면 성과를 평가함에 있어서 어려움이 발생할 수 있다. 즉, 모든 구역에서의 잠재력이 동일하다고 하더라도 매출만을 기준으로 성과를 평가하게 되면 업무량이 많은 구역의 영업사원은 당연히 불만을 갖게 된다. 따라서 최대한 요구되는 업무량이 동일하도록 구역을 설계하는 것이 바람직하다.

셋째, 시장잠재력과 요구되는 업무량이 반드시 비례하는 것이 아니기 때문에 구역설계를 함에 있어서 어느 변수를 우선적으로 고려할 것인가가 매우 중요해진다. 모든 구역에서 시장잠재력과 요구되는 업무량을 동시에 동일하도록 만드는 것이 가장 이상적이지만 이를 실현하는 것은 불가능에 가깝다. 따라서 현실적으로는 두 개의 변수 가운데 먼저 고려할 변수를 선

택하여 잠정적인 구역설계를 하고, 나머지 변수는 잠정적인 구역설계를 변경하여 최종적인 구역설계를 만들어 내는데 활용하거나, 혹은 구역설계에는 반영하지 않더라도 사후적으로 영업사원의 성과를 평가하는 단계에서 나머지 변수의 수준에 따라 우수한 실적의 수준에 차등을 두는 방법을 활용할 수도 있다. 예를 들어 요구되는 업무량을 우선적으로 고려할 변수로 선택하였다면, 모든 구역에서 요구되는 업무량이 최대한 일정하도록 구역설계를 한 후에, 그 결과를 기준으로 각 구역의 시장잠재력이 최대한 유사해 질 수 있도록 구역설계를 부분적으로 변경하거나, 혹은 성과평가 단계에서 시장잠재력 지수를 활용하여 똑같은 실적을 올렸다고 하더라도 시장잠재력이 적은 구역에서 활동한 영업사원을 더 높게 평가해주는 방법을 활용할 수 있다.

넷째, 요구되는 업무량이 영업사원의 수행가능 업무량을 초과하여서는 안 된다. 모든 구역에서의 요구되는 업무량이 동일하다고 하더라도 영업사원이 수행가능한 업무량을 초과하면 요구되는 업무량이 동일하다는 것이 의미를 갖기 어렵게 된다. 왜냐하면 요구되는 업무량이 수행가능한 업무량을 초과하면 영업사원은 수행가능한 업무 중에서 수월하면서도 효과가 많이 날 수 있는 업무를 선별적으로 수행하고, 이로 인해 시장 커버리지, 고객관계 등에 있어서 문제가 발생하기 때문이다([글 8-4] 참조). 가장 바람직한 방향은 모든 영업사원에 대해 요구되는 업무량과 수행가능한 업무량을 일치시킴으로써 영업사원이 최선을 다하였을 때 비로소 요구되는 업무를 모두 수행할 수 있도록 하는 것이지만 이는 현실적으로 실현이 불가능하다. 왜냐하면 영업사원이 수행할 수 있는 업무량은 영업사원의 능력과 노력에 따라 크게 차이가 나기 때문이다. 따라서 평균적인 영업사원의 수행가능 업무량을 계산하고 이를 구역설계에 반영하는 것이 현실성 있는 대안이 된다.

과도한 요구업무량의 부작용

글 8-4

영업사원에게 방문처를 자유롭게 일임하면 자신이 가기 쉬운 곳을 선택하는 경향이 강하다. 대형고객이며 특히 성장성이 있는 고객은 모든 회사의 영업사원이 노리고 있으므로 경쟁이 치열하다. 게다가 이런 고객은 기술력이나 품질관리수준도 높아서 공급업체에 대한 요구도 엄격한 법이다. 즉, 영업사원에게 있어서는 별로 유쾌한 방문처가 아닌 경우가 많다. 그렇기 때문에 무심코 발길이 멀어지기 마련이다. 한편, 소형고객이나 그다지 성장성이 없는 고객은 경쟁도 느슨하고, 방문하면 그런대로 환영받기 때문에 아무래도 그쪽으로만 발길을 옮기게 되는 것이다. 이처럼 방문처를 영업사원에게 일임하면 고객별 매출잠재력 지수가 높아질수록 영업사원의 방문빈도가 적어지는 이상한 현상이 발생한다.

출처 : 이마무라 히데아키 (2007), 보스턴컨설팅그룹의 B2B 마케팅, 번역서, 비즈니스맵, 30.

2. 구역설계 과정

구역설계의 과정은 [그림 8-6]에서와 같이 나타낼 수 있다. 앞에서 언급한 바와 같이 구역설계를 함에 있어서 시장잠재력과 요구되는 업무량 가운데 어느 변수를 우선적으로 고려할 것인가를 결정해야 한다. 이에 대한 결정은 두 개의 변수 가운데 상대적으로 지역 간에 큰 편차를 보이는 변수가 채택되는 것이 바람직하다. 예를 들어 지역별로 시장잠재력에는 큰 차이를 보이고 있지 않지만 지형이 복잡하고 경쟁상황이 상이해서 요구되는 업무량에서는 상당한 차이를 보이고 있다면 요구되는 업무량이 우선적으로 고려되는 것이 바람직하고, 반대로 지역별로 요구되는 업무량에는 큰 차이가 없는데, 시장잠재력에서는 큰 차이가 있다면 시장잠재력을 우선적으로 고려하는 것이 바람직하다. 여기에서는 구역설계 과정을 요구되는 업무량을 우선적으로 고려하고, 시장잠재력을 잠정적인 영업구역을 조정하여 영업구역을 최종적으로 확정하는 데 활용하는 방향으로 기술하였다.

그림 8-6 | 구역설계의 과정

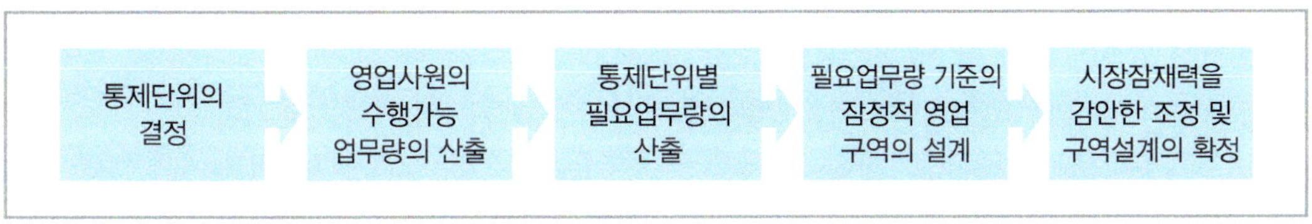

2.1 통제단위의 결정

통제단위(control unit)는 구역을 구성하는 최소 단위를 의미하며, 따라서 한 사람의 영업사원이 담당하는 구역은 여러 개의 통제단위로 이루어진다. 통제단위의 규모는 업종에 따라 크게 차이가 날 수 있다. 예를 들어 B2B 영업에서는 고객의 수가 많지 않기 때문에 최종소비자를 상대로 하는 B2C 영업에 비해 한 사람의 영업사원이 담당하는 구역이 훨씬 더 크고, 따라서 통제단위도 그에 따라 커지게 된다. 통제단위가 작을수록 구역설계를 보다 더 유연하게 할 수 있지만, 통제단위의 수가 많아지기 때문에 구역설계의 복잡성은 그만큼 증가하게 된다. 따라서 유연성과 복잡성을 감안하여 적정한 통제단위를 설정할 필요가 있다.

우리나라의 행정기구단위로 광역자치단체에는 특별시, 광역시, 도, 특별자치도 등이 있고, 기초자치단체에는 시, 군, 구, 읍, 면, 동, 리 등이 있다. 특별시의 경우에 한 사람의 영업사원이 담당하는 구역이 구(區) 정도의 규모라면 그 아래의 행정단위인 동(洞)이 통제단위가 될 수 있으며, 한 사람의 영업사원이 담당하는 구역이 동 정도의 규모라면 동일한 우편번호를 가지고 있는 지역이 통제단위가 될 수 있다. 우리나라에서는 많은 기업들이 영업구역을 설계함에 있어서 행정단위에 의존하지 않고 자사의 특성을 반영한 통제단위를 설정하고 있다. 즉, 도로망, 하천, 산, 건물, 아파트, 학교 등을 중심으로 자사의 특성에 적합한 방향으로 지역을 세분화하여 이를 통제단위로 삼는 경우가 많다.

2.2 영업사원의 수행가능 업무량의 산출

두 번째 단계는 영업사원의 수행가능 업무량을 산출하는 것인데, 이는 주로 1년 동안 몇 회 정도의 고객방문이 가능한가를 기준으로 계산된다. 1년 동안의 방문가능횟수는 하루에 방문가능한 고객의 수에 1년 동안의 근무일수를 곱하여 산출될 수 있다. 하루에 방문이 가능한 고객의 수는 하루 동안의 총근무시간 및 비영업근무시간, 고객방문을 위한 이동시간, 방문당 평균소요시간 등을 고려하여 아래과 같은 공식에 따라 계산될 수 있다. 즉, 하루의 근무시간 중에서 서류작성 등을 위한 비영업근무시간을 빼면 이동과 방문을 위해 사용할 수 있는 시간이 되며, 이를 방문을 위한 이동시간과 방문당 소요시간의 합으로 나누면 방문횟수가 산출된다.

1일근무시간 − 비영업근무시간 = 방문횟수 × (이동시간 + 방문당 소요시간)

예를 들어 하루 근무시간이 8시간, 비영업근무시간이 2시간, 고객으로의 이동시간이 30분, 방문당 소요시간이 1시간이라면 하루에 가능한 방문횟수는 4회가 된다. 또한 1년 중 근무일수가 250이라면 1년 동안 가능한 고객방문횟수는 1,000회가 된다.

8시간 − 2시간 = 방문횟수 × (30분 + 1시간)
⇒ 6시간 = 방문횟수 × 90분
⇒ 방문횟수 = 360분 / 90분 = 4회
⇒ 연간 가능방문횟수 : 4회 × 250일 = 1,000회

2.3 통제단위별 필수업무량의 산출

세 번째 단계는 통제단위별로 필요업무량을 산출하는 것인데, 필요업무량은 주로 필요한 방문횟수를 기준으로 측정된다. 통제단위가 동(洞)이라고 하면 필요방문횟수는 동단위에 속해 있는 고객들의 수와 특성, 그리고 경쟁상황 등에 의해 결정된다. 즉, 고객들의 수가 많을수

록, 고객의 중요도가 높을수록, 시장에서의 경쟁이 심할수록 필요방문횟수는 증가한다. 이러한 여러 가지 요인을 고려하면 통제단위별 필요방문횟수가 산출될 수 있다. [표 8-2]는 A동의 고객들이 매출규모에 따라 S1, S2, S3의 세 개의 등급으로 나누어져 있을 경우에 필요방문횟수가 어떻게 계산될 수 있는지를 가상적인 예를 통해 보여주고 있다. S1 등급의 고객은 10명이고, 1개월에 1회 정도 방문을 해야 한다고 하면 S1 고객군에 대한 필요방문횟수는 연간 120회가 된다. S2, S3 고객군에 대해서도 동일한 방식으로 연간 필요방문횟수가 계산될 수 있다. 각 고객 등급에 대해 계산된 필요방문횟수를 합산하면 연간 총필요방문횟수가 산출된다. 이렇게 산출된 필요방문횟수는 해당 동에서의 경쟁 수준에 따라 조정되어야 한다. 왜냐하면 A동이 다른 동에 비해 경쟁이 심하다면 경쟁력을 높이기 위해 다른 동보다 방문빈도가 높아야 하기 때문이다. 경쟁의 정도는 경쟁사의 수, 경쟁사의 영업집중도 등을 감안하여 정성적인 판단에 따라 이루어진다. 이러한 조정계수를 감안하면 최종적인 필요방문횟수가 산출된다.

표 8-2 | 통제단위의 필요방문횟수의 산출 가상 예

고객등급	고객의 수	필요방문빈도	필요방문횟수	조정계수	최종 필요방문횟수
S1	10	1개월에 1회	120	1.1	132
S2	12	2개월에 1회	72		79
S3	11	3개월에 1회	44		48
	33		236		259

2.4 잠정적 영업구역의 설계

네 번째 단계는 계산된 영업사원의 수행가능 업무량과 통제단위별 필요업무량(필요방문횟수)을 바탕으로 영업구역을 나누는 단계이다. [표 8-3]은 10개의 통제단위 내에서 영업활동을 하는 규모가 작은 회사의 예를 들어 이를 설명하고 있다. 각 동의 필요방문횟수를 감안하여 다섯 개 동(A동~E동)을 1구역에 배정하고, 나머지 다섯 개 동(F동~J동)을 2구역에 배정하면 각각의 연간 필요방문횟수는 980회와 960회가 되는데, 이는 모두 영업사원의 가능업무량(연간 가능방문횟수 1,000회) 범위 내에 속하고, 구역별로 필요업무량이 비슷해야 한다는 조건에도 어느 정도 부합한다.

표 8-3 | 필요방문횟수를 기준으로 한 잠정적 구역설계

<table>
<tr><th>통제단위</th><th>필요방문횟수</th><th>구역</th><th>구역별 필요방문횟수</th></tr>
<tr><td>A동</td><td>260</td><td>1</td><td rowspan="5">1구역 : 980</td></tr>
<tr><td>B동</td><td>200</td><td>1</td></tr>
<tr><td>C동</td><td>120</td><td>1</td></tr>
<tr><td>D동</td><td>130</td><td>1</td></tr>
<tr><td>E동</td><td>270</td><td>1</td></tr>
<tr><td>F동</td><td>330</td><td>2</td><td rowspan="5">2구역 : 960</td></tr>
<tr><td>G동</td><td>100</td><td>2</td></tr>
<tr><td>H동</td><td>220</td><td>2</td></tr>
<tr><td>I동</td><td>140</td><td>2</td></tr>
<tr><td>J동</td><td>170</td><td>2</td></tr>
</table>

2.5 시장잠재력을 활용한 구역조정 및 구역설계의 확정

마지막 단계는 잠정적으로 정해진 구역을 시장잠재력을 기준으로 일부 조정하여 최대한 구역별로 시장잠재력이 비슷한 수준을 유지할 수 있도록 하는 것이다([표 8-4] 참조). 해당 구역의 시장잠재력은 고객의 수, 고객 1인당 구매력 등의 변수를 통해 측정될 수 있다. 잠정적

표 8-4 | 시장잠재력을 통한 구역조정 및 최종적 영업구역설계의 확정

<table>
<tr><th>통제
단위</th><th>필요
방문횟수</th><th>구역</th><th>구역별
필요방문횟수</th><th>시장잠재력
(억 원)</th><th>잠재력 합계
(억 원)</th><th>조정</th><th>최종 결과 요약</th></tr>
<tr><td>A동</td><td>260</td><td>1</td><td rowspan="5">980</td><td>2.8</td><td rowspan="5">14.6</td><td>1</td><td rowspan="10">• 구역 1
– 통제단위 : A, B, D, E, G동
– 필요방문횟수 : 960회
– 시장잠재력 : 15.7억 원

• 구역 2
– 통제단위 : C, F, H, I, J동
– 필요방문횟수 : 980회
– 시장잠재력 : 15.6억 원</td></tr>
<tr><td>B동</td><td>200</td><td>1</td><td>3.9</td><td>1</td></tr>
<tr><td>C동</td><td>120</td><td>1</td><td>1.9</td><td>2</td></tr>
<tr><td>D동</td><td>130</td><td>1</td><td>2.7</td><td>1</td></tr>
<tr><td>E동</td><td>270</td><td>1</td><td>3.3</td><td>1</td></tr>
<tr><td>F동</td><td>330</td><td>2</td><td rowspan="5">960</td><td>4.0</td><td rowspan="5">16.7</td><td>2</td></tr>
<tr><td>G동</td><td>100</td><td>2</td><td>3.0</td><td>1</td></tr>
<tr><td>H동</td><td>220</td><td>2</td><td>4.4</td><td>2</td></tr>
<tr><td>I동</td><td>140</td><td>2</td><td>2.0</td><td>2</td></tr>
<tr><td>J동</td><td>170</td><td>2</td><td>3.3</td><td>2</td></tr>
</table>

으로 정해진 1구역과 2구역의 시장잠재력은 각각 14.6억 원과 16.7억 원으로 15%가량의 차이를 보이고 있다. 이러한 차이를 최대한 줄이기 위해 잠정적 구역설계에서 1구역에 속해 있던 C동을 2구역으로 이동시키고, 잠정적 구역설계에서 2구역에 속해 있던 G동을 1구역으로 이동시켰다. 그 결과 두 구역 간의 필요 업무량의 차이는 그대로 유지하면서 시장잠재력의 차이를 대폭 감소시킬 수 있었다. 이렇게 조정이 이루어지면 영업구역설계가 최종적으로 확정된다.

제6절 구역설계와 보상방법

구역설계는 회사와 영업사원 모두에게 매우 중요하면서도 민감한 문제이다. 이는 회사로서는 전체 영업조직의 생산성과 직결되어 있는 문제이고, 영업사원으로서는 자신의 수입과 직결되어 있는 문제이기 때문이다. 따라서 회사는 구역설계나 구역조정에 있어서 조직의 목표를 달성시키면서도 영업사원들의 불만증대나 사기저하 등의 현상이 발생하지 않도록 하는 보상방법을 채택할 수 있어야 한다.

1. 구역별 차이를 감안한 보상방법

회사의 규모를 확장하면서 영업사원의 채용이 지속적으로 이루어지고 있는 회사의 경우에 영업구역은 빈번하게 조정해야 하고, 보상방법도 이러한 빈번한 구역조정에 적합한 형태가 채택되어야 한다. 그렇지 않으면 구역조정과 관련하여 회사와 영업사원, 영업사원과 영업관리자, 그리고 영업사원들 간의 갈등이 발생하면서 회사 전체적으로 영업생산성에 심대한 악영향을 미칠 수도 있다.

보상방법은 고정급과 성과급으로 나누어진다. 연봉제와 같은 고정급 제도를 채택하고 있는 경우에는 구역조정이 영업사원의 소득과 밀접하게 관련되어 있는 것은 아니기 때문에 구역의 업무량을 최대한 비슷하도록 설계함으로써 영업사원의 큰 반발 없이 구역조정을 해나갈 수 있다. 성과급은 다시 커미션과 보너스의 두 개의 형태로 나누어진다. 커미션은 주로 판매액의 일정한 비율을 수수료의 형태로 지급하는 형태를 취하고, 보너스는 일정한 할당수준을 달성하였을 때 일정액을 지급하는 형태를 취한다. 커미션제도를 채택하고 있는 경우에는 영업사원들이 자신이 담당하는 구역의 잠재력에 매우 민감하기 때문에 잠재력이 비슷하도록 신중하게 구역을 조정해야 한다. 반면에 할당의 달성 여부에 따른 보너스를 채택하고 있는 경우에는 구역의 잠재력에 따라 할당의 수준을 달리 책정하면 되기 때문에 구역 간의 잠재력에 차이가 있다고 하더라도 영업사원은 크게 관심을 갖지 않는다. 따라서 빈번한 구역조정이 필요한 경우에는 구역 간의 잠재력의 차이를 쉽게 수용할 수 있는 할당-보너스중심의 보상방법이 훨씬 현명한 선택이 된다. [글 8-5]는 우리나라의 한 기업이 각 통제단위에서의 매출잠재력을 비롯한 여러 가지 여건의 차이를 영업사원에 대한 성과평가에 어떻게 반영하고 있는가에 대한 사례를 기술하고 있다.

W사의 효과적인 영업관리를 위한 영업성과 평가시스템 도입사례

글 8-5

W사는 1992년 정수기 판매를 개시한 이후 빠른 성장을 거듭하면서 2006년 말 현재 정수기는 물론, 비데, 공기청정기, 연수기 등 주력 제품 모두에서 시장점유율 1위를 차지하고 있었다. 그런데 2000년대 중반 이후 웰빙시대의 도래로 웰빙 생활가전의 시장규모가 급증하였으며, 국내 대기업뿐만 아니라 해외 유명 업체들이 이 시장에 진입하면서 경쟁이 심화되었다. 이에 따라 W사 내부에서는 지속적인 경쟁우위를 유지하기 위해서는 영업구역의 정비 및 영업조직 성과평가 체계의 개선을 통해 영업기반을 강화하는 것이 무엇보다 시급하다는 인식이 점차 확산되고 있었다.

2006년 당시 W사의 영업조직은 34개의 총국과 362개의 지국, 그리고 9,863명의 영업사원으로 구성되어 있었다. 지국은 서울의 경우 각 동에 하나 정도로 구성되어 있다. 또한 전국의 지역을 4만여 개의 급지(급지는 관리하는 지역의 최소단위 즉, 통제단위를 의미)로 분할하여 관리하고 있었는데, 1개의 지국이 작게는 수십 개에서 많게는 백여 개의 급지를 관리하고 있었다. 4만 개의 급지는 우편번호체계를 근간으로 만들어졌는데, 미할당 및 중복할당 지역이 다수 존재하여 지국 간의 관할 및 관리 문제가 야기되었고, 영업사원의 동선이 고려되지 않아 업무의 부담으로 작용하고 있었다. 또한 급지를 평가하는 기준도 모호하여 영업조직 성과평가의 형평성에 대한 논란이 끊임없이 제기되었다.

W사 고객의 특성을 살펴보면 연령층으로는 30대가, 거주지역으로는 아파트에 거주하는 고객이 가장 많았다. 따라서 연령층 및 거주형태의 분포에 따라 급지 간에 영업성과에 있어서 크게 차이가 날 수 있음에도 불구하고, W사는 이러한 특성을 고려하지 않고 절대적인 판매액에만 의존하여 총국이나 지국의 영업성과를 평가하고 있었다. 이로 인해 영업조직 개편이 있을 때마다 총국과 지국 간에 우량급지를 취하고 가치가 떨어지는 급지를 받지 않으려는 갈등이 끊임없이 발생하고 있었다. 이러한 이유로 기존의 성과평가 방식을 개선하여 해당 지역의 가구수, 연령비율, 주거형태, 소득수준, 기존실적 등을 포괄적으로 반영한 새로운 급지평가기준을 설정함으로써 총국과 지국의 성과평가의 형평성을 높여야 한다는 필요성이 대두되었다.

W사는 이 문제의 해결을 위해 전국을 지역의 특성 및 근접성을 근간으로 15만여 개의 급지로 나눈 후, 내부 실적 정보와 외부 정보를 활용하여 급지에 대한 평가 모델을 개발하고, 그 결과를 시스템화시키는 프로젝

트를 진행하였다. 15만 개의 급지를 생성함에 있어서는 현실적인 영업여건들이 반영되었다. 즉, W사 고객의 약 3분의 2가 아파트 거주자임을 감안하여 대규모 아파트 단지는 건물 동별로 급지를 생성하였다. 또한 구역 관리의 편의성을 고려하여 주거 및 상업지역은 도로를 중심으로, 외곽지역은 산, 강, 고속도로를 중심으로 급지를 생성하였다. 특히 학교는 비데, 공기청정기, 정수기 등을 다량으로 렌탈할 가능성이 높기 때문에 별도의 급지로 구분하였다. 이와 더불어 영업사원 1인당 관리가능한 계정이 약 400개 정도임을 감안하여 400개 이상의 계정이 포함된 급지는 2개 이상으로 다시 분할하였다. 이러한 과정을 통해 15만 개의 급지를 생성하였는데, 이 중에서 40.8%는 아파트, 59.2%는 일반 주택으로 구성되었다.

급지에 대한 평가 모델링은 '급지매출등급', '급지리스크등급', '급지활동등급', '급지채용등급' 등의 4개 부문으로 나누어 이루어졌으며, 각각에 대해 1~3등급체계로 급지를 구분하였다. 예를 들어 '급지매출등급'이라고 하면 특정 급지가 매출을 기준으로 할 때 1~3등급에서 어느 등급에 속하는가를 의미하는데, 내부 데이터와 외부 데이트를 이용하여 매출에 영향을 미치는 변수를 추출하여 회귀분석을 실시하고, 여기에서 구해진 회귀계수를 기반으로 각 급지의 매출 등급을 예측하는 방법으로 이루어졌다. 이러한 과정을 거치면 각 급지가 각 기준(매출, 리스크, 활동성, 채용)의 1~3등급에서 어느 등급에 속하는지가 파악될 수 있다. 각 급지에 대한 종합적인 평가기준을 정하기 위해 4개의 등급에 가중치를 적용하여 종합등급을 S, A, B, C, D의 5단계로 구분하였다. 종합등급이 높다는 것은 매출잠재력이 높고, 리스크는 낮으며, 영업사원이 활용하기가 용이하고, 신입 영업사원을 쉽게 채용할 수 있다는 것을 의미한다. 즉, 종합등급이 높다는 것은 영업활동의 여건이 좋아서 영업실적을 쉽게 올릴 수 있다는 것을 의미한다. 따라서 공정한 평가를 위해서는 똑같은 실적을 올린 두 개 지역이 있을 경우 각 지역의 여건에 따라 달리 평가하여야 한다. W사는 급지의 평가등급에 따라 실적 평가구간을 달리 설정함으로써 급지의 여건을 성과평가에 반영하였다. 아래의 [표 8-5]에서와 같이 급지평가가 S급인 경우에 성과평가에서 S급을 획득하기 위해서는 80점 이상을 획득하여야 하지만, A급 급지인 경우에는 75점을 획득하면 S급 성과평가를 획득할 수 있고, D급 급지의 경우에는 60점만 획득하여도 S급 성과평가를 획득할 수 있다. 이렇게 영업지역의 여건을 반영한 성과평가시스템을 도입함으로써 보다 내실 있는 영업조직 관리를 위한 기틀을 마련할 수 있었다.

표 8-5 | W사의 급지별 영업여건에 따른 영업성과 평가방안

		급지평가구간				
		S	A	B	C	D
성과평가구간	S	80점 이상	75점 이상	70점 이상	65점 이상	60점 이상
	A	70~79점	65~74점	60~69점	55~64점	50~59점
	B	60~69점	55~64점	50~59점	45~54점	40~49점
	C	50~59점	45~54점	40~49점	35~44점	30~39점
	D	50점 미만	45점 미만	40점 미만	35점 미만	30점 미만

출처 : 박진수, 장남식 (2008), "효과적인 영업관리를 위한 W사의 지역정보 평가시스템 구축 사례," *Entrue Journal of Information Technology*, 7(1), 105-118.

2. 구역조정과 보상방법

구역조정이 이루어지면서 특정 고객을 담당하는 영업사원이 바뀌었을 때 고객이 동요하지 않도록 관계이전(關係移轉) 프로그램을 운용할 필요가 있으며, 보상방법은 이러한 관계이전 프로그램에서 핵심적인 위치를 차지한다. 관계이전 프로그램에서 중요한 것은 전임 영업사원이 신임 영업사원과 자신이 담당하던 고객과의 관계가 안정될 때까지 신임 영업사원을 돕도록 만드는 것이다. 이를 위해 기존의 영업사원이 자신이 담당하고 있던 고객의 매출에 근거한 인센티브의 일부를 수령하도록 하는 방법을 활용할 수 있다. 즉, 일정기간 동안 담당하던 고객에 대한 관리를 통해 수입을 올릴 수 있도록 함으로써 신임 영업사원이 적응을 위한 시간을 충분히 확보할 수 있도록 하는 것이다. 이러한 방법은 영업사이클이 길어서 상당기간 동안 신구 영업사원들 간의 긴밀한 업무협조가 요구되는 경우에 특히 유용하게 사용될 수 있다.

또한 구역조정이 대폭 이루어져서 이에 대한 불만이 발생할 소지가 많은 경우에는 이를 완화시키기 위해서 영업사원에게 전에 담당하던 구역에서의 수입을 보상구조에 반영시키는 방법을 활용할 수 있다. 예를 들어 구역조정이 이루어진 첫 해에는 전 구역에서 올렸던 수입의 80%와 현 구역에서 올린 수입 중에서 큰 쪽을 지급함으로써 최소한 지난 해에 올렸던 수입의 80%를 보장받도록 하고, 다음 해부터는 이 비율을 점차 줄여가는 방법을 사용할 수 있다. 이러한 방법을 통해 영업사원이 구역조정을 통해 자신의 수입이 급격히 줄어들 수 있다는 우려 없이, 시간적 여유를 가지고 새로운 구역에 적응해 나갈 수 있도록 도모할 수 있다.

제7절 전속대리점 체제하에서의 구역설계

전속대리점 체제를 가지고 있는 회사의 경우 구역설계는 두 개의 유형으로 나누어진다. 첫째는 전속대리점에 대한 구역설계이고, 둘째는 이들을 관리하는 자사 소속 영업사원들에 대한 구역설계이다. 전속대리점에 대한 구역설계는 전속대리점들의 활동 구역을 어떻게 구분할 것인가에 대한 것이고, 자사 영업사원들에 대한 구역설계는 영업사원들로 하여금 어느 구역의 전속대리점들을 관리하도록 할 것인가에 대한 것이다. 자사 소속 영업사원에 대한 구역설계는 앞서 논의하였으므로 여기에서는 전속대리점에 대한 구역설계에 대해 기술한다.

1. 전속대리점 구역설계의 중요성

직접적인 영업활동을 전개하는 영업사원을 보유하고 있는 경우는 물론, 전속대리점 체제를 구축하고 있는 경우에도 구역설계는 매우 중요하다. 회사와 전속대리점과의 관계는 계약에 의해 이루어지는데, 이 계약조건에는 관할구역에 대한 조항이 명시적으로 포함될 수는 없다. 왜냐하면 우리나라의 경우 대리점의 관할지역을 제한하는 것은 '독점규제 및 공정거래에 관한 법률'에 위반되기 때문이다. [글 8-6]은 전속대리점의 관할지역 금지 조항을 위반한 어느 제조업체가 공정거래위원회의 명령에 의해 전속대리점에 보낸 통지문과 해당 법규를 기술하고 있다. 전속대리점에 대해 특정 지역에 대한 배타적인 권리를 부여하고 그 지역에서만 영

글 8-6

판매구역 제한 금지를 위반한 제조업체의 특약점 통지문안과 관련 법조항

특약점 통지문안

공정거래법 위반사실의 통지

저희 (주)□□□은 특약점들과 거래함에 있어서 특약점으로 하여금 특정 구역 내에서만 상품을 판매하도록 하고 이를 어길 경우 불이익을 주는 등 거래상대방의 사업활동을 부당하게 구속하는 조건으로 거래하는 행위를 함으로써 '독점규제 및 공정거래에 관한 법률' 제23조 제1항 제5호를 위반하고, 또한 특약점들로 하여금 일정한 가격으로만 제품을 판매하도록 하고 이를 어긴 경우 불이익을 주는 등 재판매가격유지행위를 하여 '독점규제 및 공정거래에 관한 법률' 제29조 제1항을 위반하여 공정거래위원회로부터 시정명령을 받았음을 알려드립니다.

20△△년 월 일

(주)□□□ 대표이사 ○○○

- 제23조(불공정거래행위의 금지)
  제1항 : 사업자는 다음 각 호의 어느 하나에 해당하는 행위로서 공정한 거래를 저해할 우려가 있는 행위(이하 "불공정거래행위"라 한다)를 하거나, 계열회사 또는 다른 사업자로 하여금 이를 행하도록 하여서는 아니된다.
  제1항 제5호 : 거래의 상대방의 사업활동을 부당하게 구속하는 조건으로 거래하거나 다른 사업자의 사업활동을 방해하는 행위
- 제29조(재판매가격유지행위의 제한)
  제1항 : 사업자는 재판매가격 유지행위를 하여서는 아니 된다. 다만, 상품이나 용역을 일정한 가격 이상으로 거래하지 못하도록 하는 최고가격 유지행위로서 정당한 이유가 있는 경우에는 그러하지 아니하다.

출처 : http://cafe.naver.com/changuptop100/72, 2006년 2월 26일 게재

업활동을 하도록 제한할 수는 없지만, 그래도 한 행정단위 지역에 한 개의 대리점을 두는 것과 2개 이상의 대리점을 두는 것은 전속대리점의 수익에도 크게 영향을 미칠 뿐만 아니라, 회사의 영업전략의 실행에도 크게 영향을 미치기 때문에 회사로서는 지역적인 개념을 가지고 전속대리점을 만들어 나간다. 전속대리점이 암묵적으로 합의한 구역에서 벗어나 활동하는 것을 본사에서 못하도록 제재를 가할 수는 없지만, 대리점이 계약의 연장을 염두에 두고 있는 경우에는 회사의 정책에 반하는 영업활동을 하는 경우는 흔하지 않다.

회사와 전속대리점의 갈등관계

글 8-7

다음과 같은 가상적인 상황을 가정해보자.

"X라는 대리점이 있다. 이 대리점의 판매구역의 크기는 가구수 5만으로 상당히 넓다. 그리고 한 달에 7천만 원 정도의 매출을 유지하고 있고, 마진율은 20%여서, 이 대리점의 경영자는 총이익에서 경상비용을 빼고 월간 4백만 원의 이익을 견실히 확보하고 있다. 이 대리점에는 차량 2대와 기사 2명, 영업사원 2명, 기타 1명 등 총 5명의 직원이 있다. 그런데 이 인원이나 장비로 전체 구역의 60% 밖에는 커버하지 못하고 있다. 만일 차량 1대를 더 늘리고 영업사원을 2~3명 더 늘리면 매출은 추가적인 비용을 감당할 만큼 늘어날 것이 거의 확실하다."

이러한 경우 본사의 영업사원이 대리점 경영자에게 차량과 인원을 늘리라고 권고했다고 했을 때 선뜻 응해서 그대로 실행하는 경우는 대단히 드물다. 대리점 경영자는 우선 머릿속으로 계산을 해본다. 인원과 장비를 늘리면 그만큼 판매는 늘겠지만, 우선 관리가 힘들다고 생각한다. 동시에 먼저 자금이 투입되고 열매는 그 뒤 2~3개월이나 4~5개월 뒤부터 나올 것이라는 예측도 한다. 그렇다면 그 기간 동안 현재의 월간 순수입인 4백만 원이 보장되지 않을 것이라는 생각을 한다. 선투자를 하고, 수입은 2백50만 원이나 3백만 원으로 줄어든다고 생각하면 "그렇게 서두를 필요는 없지 않은가?"라는 생각을 하게 된다. 현재로서는 한 달에 약 4백만 원 정도의 수입이 있으면 살아가는 데 별 지장이 없는데, 장래를 보고 사업을 확대하는 것은 필요하기는 해도 그다지 긴요하지는 않다고 생각하기 쉽다. 말하자면 적은 이익을 안정적으로 지키는 것이 성과가 불확실한 투자를 하는 것보다 낫다고 생각하는 것이다. 이 경우, 회사는 시장확대의 기회를 놓치는 것이 되기 때문에 문제가 된다. 회사의 정책에 대해 비협조적인 대리점은 아예 경영이 부실해서 의욕을 상실한 경우이거나, X 대리점처럼 장사는 잘 되지만 확장하지 않고 적은 이익을 지키려는 경우일 때가 많다. 이렇게 보면 대리점 경영자의 입장에서 좋은 것이 회사로서는 난제가 될 수 있다.

필자가 L사의 Y대리점을 조사한 일이 있다. Y대리점의 판매구역은 약 10만 가구의 넓은 지역인데 이곳을 유지하기 위해서는 4대의 차량이 있어야 한다. 그러나 이 대리점에는 3대밖에 없다. L사는 증차를 장려하기 위해 1대를 증차할 때마다 월 30만 원의 지원비를 제공한다. 이에 대해 Y대리점 경영자는 이렇게 말했다. "나는 증차하지 않을 것이다. 증차하면 조금은 더 팔리겠지만 판매비용이 늘어난다. 그러니까 30만 원의 지원금을 안 받고 증차하지 않는 것이 계산상 이득이다." 이런 경우 회사의 영업사원은 속이 답답할 것이다. 만일에 자사의 시장점유율이 떨어진다면 영업사원의 책임으로 돌아오지 않겠는가?

출처 : 김경욱, 김호정 (2002), 대리점 · 총판 마케팅 : 이렇게 하면 성공한다, 도서출판 문장, 132-134.

전속대리점에 대한 구역설계의 목적도 자사 영업사원을 대상으로 구역설계의 목적과 동일하다. 즉, 일정지역 내에서의 시장 커버리지를 최대화하는 한편, 고객에 대한 관리가 원활하게 이루어질 수 있도록 하는 데 있다. 이를 위해서는 해당 전속대리점의 구역이 너무 넓어도 바람직하지 않고, 또한 너무 좁아도 문제가 된다. 전속대리점 체제를 가지고 있는 회사의 경우에 고객과의 접촉을 전속대리점의 영업사원들이 담당하기 때문에 구역설계가 그다지 문제될 것이 없다고 생각할 수도 있다. 왜냐하면 넓은 구역을 담당하고 있는 전속대리점은 영업사원의 수를 늘림으로써 커버리지율이 100%에 근접할 수 있도록 하는 것이 이론적으로는 가능하기 때문이다. 그러나 회사의 의도와는 달리 전속대리점이 영업사원을 추가로 고용하여 커버리지율을 늘리지 않을 수도 있다. [글 8-7]은 이러한 현상이 대리점 경영자의 개인적인 성향에 의해 발생하는 것이 아니라, 상당히 구조적인 원인을 가지고 있음을 시사해주고 있다.

2. 전속대리점 구역설계의 방향

전속대리점에게 허용된 영업활동 구역이 너무 좁으면 열심히 영업활동을 하여도 일정한 수입을 확보할 수 없기 때문에 회사에 대해 불만이 발생하고, 이로 인해 전속대리점 계약을 유지하려고 하지 않는다. 혹은 적정수준의 수입창출을 위해 다른 전속대리점의 구역을 침범하여 문제를 일으키기도 한다. 이러한 현상들은 회사의 입장에서도 바람직하지 않다. 전속대리점의 입장에서는 허용된 영업활동 구역이 클수록 유리하다. 왜냐하면 활동구역이 넓은 전속대리점은 쉽게 영업을 할 수 있는 고객들만 대상으로 영업을 하여도 일정한 수준의 수입을 확보할 수 있기 때문이다. 따라서 이러한 전속대리점은 구태여 힘들게 새로운 고객을 확보하려는 노력을 하지 않게 되고, 이에 따라 시장 커버리지율이 떨어진다. 영업활동의 내용도 고객의 문제를 해결하거나 새로운 가치를 창출하는 등의 관계적 영업을 추구하는 것이 아니라, 친분이 있는 고객들을 대상으로 안면에 의한 반복적인 거래적 영업에 치중하게 된다. 회사의 입장에서는 이러한 현상으로 인해 창출할 수 있는 수익을 상실하는 셈이 된다. 당장의 손실이 발생하는 것은 물론이고, 장기적으로도 경쟁사가 시장을 잠식해 들어오는 것을 막아내지 못하여 시장에서의 입지가 약화된다. 따라서 회사의 입장에서는 전속대리점에 대해 영업활동 구역의 크기를 적정한 수준에서 결정할 수 있어야 한다.

그런데 적정한 수준을 결정하는 것이 쉽지 않을 뿐만 아니라, 결정할 수 있다고 하여도 시간이 지나면 시장상황도 변화하기 때문에 기존의 결정이 더 이상 적절하지 못하게 될 수도 있다. 예를 들어 특정 지역에 공단이나 아파트단지가 들어서면서 인구와 구매력이 크게 늘었다거나, 반대로 인근지역에 큰 상권이 생겨서 지역 내의 매출이 전반적으로 감소했다거나 하는 현상이 발생하면 기존의 구역설계는 큰 의미를 갖지 못하게 된다. 따라서 회사의 입장에서 최선의 방법은 상황의 변화에 따라 구역을 지속적으로 조정하는 것이다. 그런데 이러한 변화의 과정에서 일부 대리점들의 기득권이 침해되기 마련이기 때문에 이 대리점들의 심한 반발을 불러오게 된다. 이러한 반발을 이겨내지 못하면 회사는 회사의 정책에 비협조적인 전속대리점에 끌려다니는 처지가 될 수 있다. 이러한 현상이 발생하지 않도록 하기 위해서는 구역조정을 매년 할 수 있도록 하는 제도적 장치를 마련하는 것이 중요하다. 즉, 전속대리점과의 계약을 장기로 하지 않고 1년 단위의 단기로 하여서 매년 새로 계약을 하면서 구역조정도 같이 이루어질 수 있도록 하는 것이 최선이다. 원활한 전속대리점의 유치나 오래된 대리점 경영자와의 관계를 의식해서 이러한 계약조건을 제시하기가 힘들 수 있다. 이러한 경우에는 당장에는 2~3년의 계약을 하더라도 차기부터는 1년 단위의 계약을 통해 시장 커버리지가 극대화될 수 있는 방향으로의 구역조정이 원활하게 이루어질 수 있도록 도모하는 것이 바람직하다.

PART 4

영업조직의 구축

SALES MANAGEMENT FOR CUSTOMER RELATIONSHIP BUILDING

CHAPTER 09

영업조직의 구조

일반적으로 기업이 달성해야 할 목표가 세워지면 그 목표를 달성하는 데 필요한 전략이 수립되고, 뒤이어 수립된 전략을 실행하기 위한 구체적인 활동들이 따르게 된다. 이러한 활동들이 원활하게 이루지기 위해서는 이를 담당하는 조직이 만들어져야 한다. 이 장에서는 영업목표를 달성하기 위해 구축되는 영업조직의 구조에 대해 논의한다. 논의의 내용에는 영업조직 구조의 중요성, 영업조직의 규모, 영업조직구조의 유형, 주요 영업조직 대안 등이 포함된다.

제1절 영업조직구조의 중요성

활동을 수행하는 조직이 수립된 전략에 적합한 형태로 만들어지지 않으면 전략이 실현이 어려워지고, 따라서 목표의 달성도 이룰 수 없기 때문에 조직이 어떠한 구조를 갖는가는 매우 중요한 의미를 지닌다. 이러한 의미에서 조직의 구조는 [그림 9-1]에서와 같이 기업의 전략과 전략의 구체적인 실행을 연결시키는 가교의 역할을 한다고 할 수 있다.

그림 9-1 | 조직구조의 가교 역할

조직은 기본적으로 2명 이상의 사람들이 전개하는 활동들이 정렬(整列)되어진 것을 의미한다. 조직을 만드는 이유는 구성원 각자가 따로 업무를 수행하는 것보다 조직을 갖추어 업무를 수행할 때보다 효과적으로 업무를 수행할 수 있기 때문이다. 조직의 목표는 사람 그 자체가 아니라, 그 사람이 수행하는 '업무'를 통해서 달성된다. 따라서 업무의 수행은 사람에 의해 이루어지는 것이지만, 조직구조는 사람이 아닌 업무를 중심으로 결정되어야 한다.

영업부문에서도 영업조직의 구조는 영업목표와 이의 달성을 위한 영업전략에 부응할 수 있는 형태로 구성되어야 한다. 영업전략과 영업조직의 구조가 조화를 이루지 못하면 조직구성원들의 활동이 추구하는 전략과 일치하는 방향으로 이루어지지 않는다. 그러면 자연히 조직이 추구하는 목표도 달성할 수 없게 된다. 예를 들어 어떤 회사가 조직의 영업목표를 시장점유율 20% 증가에 두고, 이를 달성하기 위한 영업전략으로 상위 10%의 주요 고객을 대상으로 관계 강화 활동을 통해 매출을 30% 이상 증가시키는 데 두고 있다고 하자. 그런데 영업조직

그림 9-2 | 영업조직의 구조와 여타 영업관리수단과의 관계

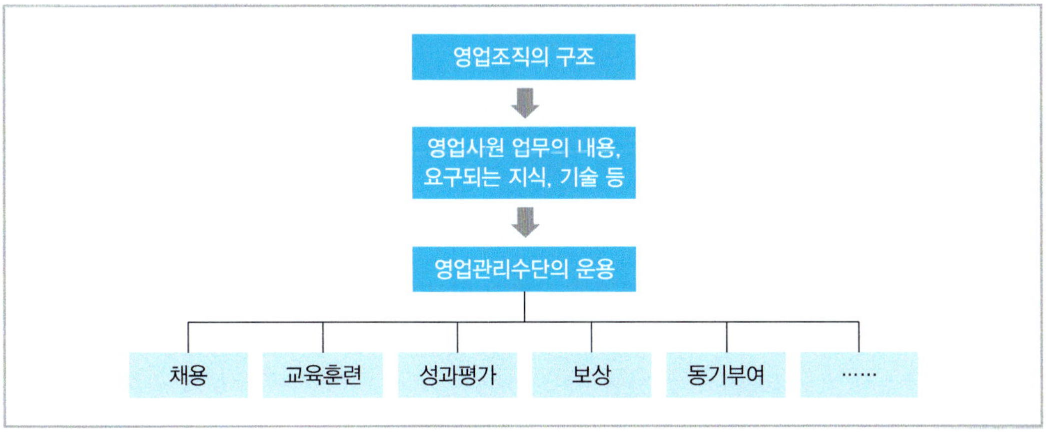

의 구조가 지리적 조직의 형태를 지니고 있어서 영업사원의 활동이 모든 고객에 대해 균등하게 이루어진다면 추구하는 전략이 제대로 전개될 수 없고, 따라서 목표의 달성도 어려워진다. 이러한 경우에는 지리적 조직구조가 아니라 주요 고객을 담당하는 영업팀이 조직구조의 근간이 되는 고객중심적 영업조직구조가 적합하다.

또한 영업조직의 구조는 [그림 9-2]에서와 같이 영업관리의 여러 가지 수단들에 대한 의사결정의 방향을 설정하는 근간이 된다. 즉, 영업조직이 지역적 구조인지, 제품이나 고객 혹은 기능을 중심으로 하는 구조인지에 따라서 영업사원 업무의 내용이 달라지고, 이에 따라 요구되는 영업기술이나 지식도 달라진다. 따라서 영업조직의 구조는 어떤 사람을 채용할 것인지, 어떠한 교육훈련이나 코칭을 실시할 것인지, 성과평가나 보상을 어떻게 할 것인지 등의 모든 영업관리의 수단을 운용하는데 영향을 미치게 된다. 결론적으로 영업조직이 전략의 수행에 적합한 형태를 취하고 있지 않으면 채용, 교육훈련, 코칭, 보상, 성과평가, 동기부여, 영업관리자의 선발 등의 여러 가지 영업관리 수단들이 전략에 적합한 방향으로 운용될 수 없다. 그래서 항상 영업관리 수단들에 대한 의사결정을 하기 이전에 영업조직의 구조에 대한 결정이 우선적으로 이루어지게 된다.

영업조직의 구조는 외부적으로는 고객에게도 직접적인 영향을 미친다. 우선 영업조직의 구조에 따라 고객이 접하는 영업사원의 수도 달라지고, 영업사원의 고객의 니즈에 부응하는 정도나 속도도 달라지며, 영업사원의 고객이나 제품에 대한 지식의 정도도 달라진다. 예를 들어 지역적 구조를 가지고 있는 영업조직에서는 고객은 여러 사람의 영업사원을 만날 필요는 없지만, 제품별 구조를 가지고 있는 영업조직에 비해 영업사원의 제품에 대한 지식은 떨어질 수 있다. 따라서 고객의 니즈에 부합하는 영업이 이루어지기 위해서는 영업조직의 구조에 대한

의사결정을 함에 있어서 고객에게 미치는 영향에 대한 검토가 선행되어야 한다.

제2절 영업조직의 규모

영업조직의 구체적인 형태를 결정하기에 앞서서 영업조직의 규모를 결정해야 한다. 영업조직은 회사의 매출을 창출하는 원천이지만, 동시에 이의 유지를 위해서는 많은 비용이 소요되기 때문에 적정한 영업조직의 규모를 결정하는 것은 회사의 이익 실현을 위해 매우 중요하다. 영업조직의 규모를 결정하는 방법으로 총판매액예측법, 매출반응법, 업무량분석법 등을 들 수 있다.

1. 총판매액예측법

총판매액예측법은 다음 연도의 판매액을 예측하고, 이를 영업사원 한 명의 평균판매액으로 나누어 필요한 영업사원의 규모를 계산하는 방법으로, 아래의 공식과 같이 표현될 수 있다. 예를 들어 다음 해의 총판매예측액이 60억 원이고 영업사원 1인당 평균판매액이 3억 원이라고 가정하면, 이 경우의 적정 영업사원의 규모는 60/3=20명이 된다. 이 방법은 총판매액이 안정적으로 예측될 수 있으면 매우 간편하게 적정 영업사원의 수를 산출해 낼 수 있다는 장점이 있다. 따라서 이 방법은 시장의 안정으로 판매액의 변동이 심하지 않고, 회사의 영업전략에도 큰 변화가 없는 경우에 매우 유용하게 사용될 수 있다.

그런데 총판매액은 영업사원의 수 이외의 여러 변수에 의해 영향을 받을 수 있기 때문에 영업사원을 과소 혹은 과다하게 책정할 가능성이 높다는 단점이 있다. 또한 이 방법은 총판매액이 결정되면 이에 따라 영업사원의 규모가 결정되는 것으로 가정하고 있지만, 논리적으로 판매는 결과이고 영업사원의 수는 수단이기 때문에 영업사원의 수가 결정되면 이에 따라 총판매액이 결정된다는 것이 보다 타당하다. 이 방법은 기업에서 전년도 매출액의 일정한 비율을 기준으로 광고예산을 책정하는 것과 유사하다. 논리적으로는 광고비의 규모에 따라 매출액이 달라지는 것이지, 매출액이 광고비에 영향을 미치는 것은 아니기 때문에 이러한 방법은 실행상의 편의성은 있을 수 있지만 광고비의 정당성을 논할 때는 논리적 하자가 있다.

$$영업사원의 수 = \frac{예측총판매액}{영업사원 1인당 평균판매액}$$

2. 매출반응법

매출반응법은 영업사원의 수가 증가할 때 매출이 어느 정도 증가하는가를 기준으로 영업사원의 수를 결정하는 방법을 의미한다. 영업사원의 숫자가 늘어나면 판매도 증가하고 비용도 증가하지만 판매가 증가하는 형태와 비용이 증가하는 형태는 매우 다르다. 영업사원의 숫자가 증가하면 인건비, 경비 등의 비용들은 거의 비례하여 증가하지만, 판매액은 그 증가속도가 점차 떨어지는 형태로 증가한다. 영업사원의 수가 증가할 때 판매액이 증가속도가 점차 떨어지는 이유는 영업은 가장 높은 매출이 나올 수 있는 고객, 구역, 제품들을 대상으로 우선적으로 이루어지고, 점차 매출가능액이 적은 고객, 구역, 제품들로 영업이 대상이 옮겨가기 때문이다. [그림 9-3]에서와 같이 영업사원의 수에 따른 총비용선과 총판매액 곡선이 도출되면 최적 영업사원의 규모가 도출될 수 있다.

최적 영업사원의 규모는 한계비용과 한계판매액이 교차하는 수준에서 결정된다. 한계비용은 '영업사원이 한 명 증가할 때 발생하는 비용의 증가분'을 의미하는데, 총비용이 직선의 형태이기 때문에 한계비용선은 x축과 평행을 이루는 형태로 나타난다. 이는 영업사원이 한 명 증가할 때 늘어나는 비용이 일정하다는 것을 의미한다. 한계판매액은 영업사원이 한 명 증가할 때 늘어나는 판매액을 의미하는데, 총판매액은 앞에서 기술한 바와 같이 영업사원의 수가 증가할 때 증가하는 속도가 점차 줄어들면서 증가하기 때문에 한계판매액은 영업사원의 수가

그림 9-3 | 최적 영업사원 규모의 도출

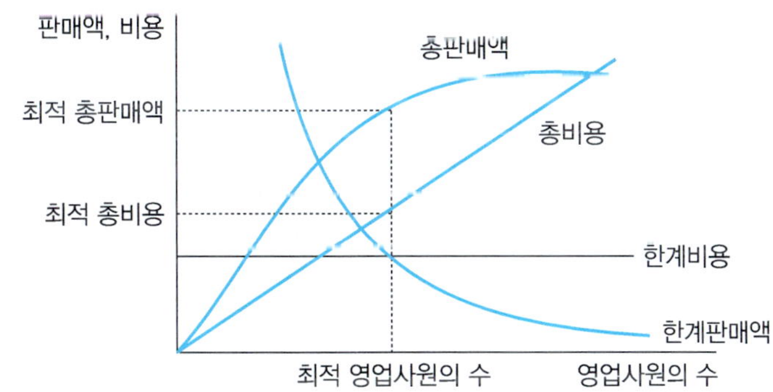

증가함에 따라 점차 감소하는 형태로 나타난다. 총수익의 극대화를 위해서 기업은 영업사원이 한명 증가할 때 증가하는 판매액이 증가하는 비용보다 크면 영업사원을 늘리고, 반대로 늘어나는 판매액이 늘어나는 비용보다 작으면 영업사원을 줄인다. 따라서 최적 영업사원의 규모는 한계비용과 한계판매액이 교차하는 수준에서 결정된다. 최적 영업사원의 수가 결정되면 최적 총판매액과 최적 총비용이 결정되고, 최적 총판매액과 최적 비용의 차이가 실현할 수 있는 최대의 이익이 된다.

그러나 이 방법을 사용하기 위해서는 영업사원에 따라 총판매액이 어떻게 증가하는가를 나타내는 함수, 즉 총판매액 = *f*(영업사원의 수)가 도출될 수 있어야 하는데, 현실적으로 이를 도출하는 것은 매우 어려운 작업이다. 왜냐하면 총판매액에 영향을 미치는 변수는 영업사원의 수 이외에도 경쟁상황, 경기, 마케팅활동, 영업관리활동 등 무수히 많은데, 이러한 모든 여타 변수들의 영향을 제거하고 영업사원의 수가 총판매액에 미치는 영향만을 도출하기는 매우 어렵기 때문이다. 이처럼 정교한 매출반응함수를 도출하는 것은 매우 어려운 작업이지만, 영업사원들의 영업활동이 매출에 가장 많은 영향을 미치고 있고, 시장이 안정적인 경우에는 간단한 방법으로 이러한 함수를 도출하고 이를 기반으로 영업사원의 규모를 결정할 수 있다.

이러한 함수를 도출하는 방법으로는 사내에 축적된 자료를 활용하는 방법과 영업사원 및 영업관리자의 판단을 활용하는 방법을 들 수 있다. 먼저 사내에 축적된 자료를 활용하는 방법은 방문일지, 판매실적 등의 자료를 활용하여 방문횟수와 매출과의 관계를 도출하는 것이고, 영업사원과 영업관리자의 판단에 의존하는 방법은 이들로부터 질문을 통하여 방문횟수의 현재수준 유지, 50% 감소, 50% 증가, 100% 증가 등의 경우에 판매가 어떻게 변화할 것인지에

그림 9-4 | 방문횟수에 따른 매출의 변화

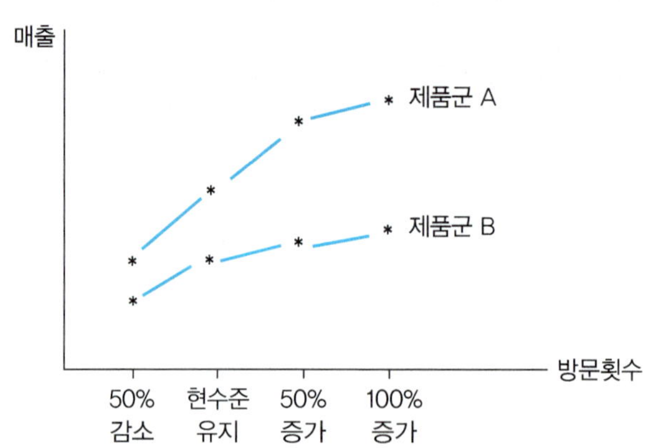

대한 판단을 구하고, 이를 기반으로 반응함수를 도출하는 것이다. 예를 들어 어느 기업이 두 개의 제품군을 가지고 있고, 특정 구역에서의 판매반응함수가 [그림 9-4]에서와 같이 도출되었다고 하면, 제품군 B의 경우에는 방문횟수의 증가에 따라 매출의 증가가 매우 완만하기 때문에 영업사원의 수를 현 수준에서 유지하는 것이 바람직하다는 결정을 내릴 수 있고, 제품군 A의 경우에는 방문횟수를 50% 증가시킬 때 매출이 급격하게 증가하고, 그 이후에는 매우 완만하게 증가하기 때문에 영업사원을 현재보다 50% 정도 더 증가시키는 것이 바람직하다는 결정을 내릴 수 있다.

3. 업무량분석법

업무량분석법은 먼저 회사 전체 차원에서 요구되는 영업사원의 업무량을 산출하고, 이를 한 사람의 영업사원이 수행할 수 있는 평균업무량으로 나누어 적정 영업사원의 수를 산출해내는 방법이다. 영업사원의 업무량으로는 고객방문횟수가 가장 보편적으로 사용된다. 영업사원의 1인당 평균방문횟수는 다양한 방법에 의해 산출될 수 있다. 가장 보편적으로 사용될 수 있는 방법은 고객을 신규고객과 기존고객으로 구분하고, 사내에 축적된 데이터에 대한 분석을 통해 신규고객을 대상으로 하는 영업사원의 1인당 연평균방문횟수와 기존고객을 대상으로 하는 영업사원의 1인당 연평균방문횟수를 산출하는 방법이다. 회사 전체 차원에서 요구되는 영업사원의 업무량도 신규고객과 기존고객을 구분하여 산출할 수 있다. 신규고객 확보를 위한 총필요방문횟수는 시장점유율이나 성장률 등과 같은 회사의 정책을 감안하여 목표로 하는 연간 신규고객 확보수를 설정한 뒤, 여기에 데이터분석을 통해 산출된 신규고객 한 명을 확보하기 위해 필요한 평균적인 방문횟수를 곱하여 산출할 수 있다. 따라서 총필요방문횟수의 산출을 위해서는 회사가 성장을 추구하는지 혹은 기존수준의 유지를 목표를 하는지와 같은 정책적인 판단이 전제되어야 한다. 기존고객 유지를 위한 총필요방문횟수는 경쟁의 강도 등을 감안하여 기존고객을 유지하는 데 필요한 평균적인 연평균방문횟수를 산출하고, 여기에 기존고객의 수를 곱하여 산출할 수 있다. 이를 감안한 산출공식은 아래와 같이 표현될 수 있다. 영업사원의 업무에는 방문활동뿐만 아니라 많은 유형의 비방문활동도 포함되고, 산업이나 기업에 따라 영업사원의 활동 유형도 매우 다양하게 나타나지만, 그럼에도 불구하고 업무량분석법에서의 기본적인 논리는 동일하게 적용될 수 있다.

$$\text{영업사원의 수} = \frac{\text{총필요방문횟수}}{\text{영업사원 1인당 평균방문횟수}}$$

$$= \frac{\text{신규고객 확보를 위한 총필요방문횟수}}{\text{신규고객 확보 영업사원 1인당 평균방문횟수}} + \frac{\text{기존고객 유지를 위한 총필요방문횟수}}{\text{기존고객 유지 영업사원 1인당 평균방문횟수}}$$

4. 추가적 고려사항

지금까지 적정 영업사원의 수를 도출함에 있어 판매액, 비용, 방문횟수, 목표성장률 등의 변수들을 감안하였지만 이와 함께 영업사원의 이탈률과 외부인력의 활용가능성 등과 같은 변수가 추가적으로 고려되어야 한다. 이탈률은 연간 이탈 영업사원의 수를 1년평균 영업사원의 수로 나누어 구해질 수 있다. 영업사원이 이탈하면 회사는 매우 큰 비용부담을 지게 된다. 그간 해당 영업사원을 위해 지출된 채용, 교육훈련 등과 관련된 비용들이 낭비되는 셈이 된다. 더욱이 해당 영업사원의 이탈로 인해 담당구역에서의 매출이 급격히 줄어드는 등의 기회비용이 발생하게 되며, 이 기회비용은 신입 영업사원이 들어와서 안정적인 영업활동을 할 때까지 지속적으로 발생하기 때문에 채용이나 교육훈련 등에 소요되는 비용에 비해 훨씬 더 커질 수 있다. 회사는 이러한 기회비용을 최소화하기 위해 영업사원들의 이탈률을 감안하여 적정 영업사원의 수를 책정할 필요가 있다. 즉, 위에서 기술한 업무량분석법 등을 통해 산출된 적정 영업사원의 수가 100명이고, 연간 영업사원의 이탈률이 20%라고 하면 수정된 적정 영업사원의 수는 120명이 되어야 한다.

영업사원을 외부에서 아웃소싱하는 것도 적정 영업사원의 수를 책정하는 데 매우 중요한 고려사항이다. 외부 영업사원이라고 함은 인력공급회사에 소속되어 있거나 혹은 프리랜서로 일하는 영업사원으로 해당 회사에서 충분히 근무할 수 있는 능력을 갖춘 영업사원을 의미한다. 특히 회사의 매출이 계절, 사회적인 이벤트, 경기, 고객사의 상황 등에 따라 크게 변동이 있는 경우에 회사는 영업사원을 정규직으로 채용하기보다는 외부의 인력을 한시적으로 활용하는 것이 훨씬 유리할 수 있다. 즉, 영업사원의 적정규모는 일시적으로 매출이 급증하는 시기를 제외한 평균적인 시기를 기준으로 책정하고, 일시적인 매출 급증은 외부 영업사원을 아웃소싱을 통해 해결함으로써 고정비의 부담을 줄일 수 있다. 이들 외부 영업사원은 특히 제품이 단순하고 거래중심의 영업이 이루어지는 분야에서 활발히 사용될 수 있다. 반면에 제품이 복잡하여 전문적인 지식이 요구되고, 관계중심의 영업이 이루어져야 하는 분야에서는 외부

인력을 활용하는 것이 거의 불가능하다.

제3절 영업조직의 구조

영업조직의 구조에 대한 의사결정은 두 가지 차원에 대해 이루어진다. 첫째는 조직관리의 폭과 깊이에 대한 것이고, 둘째는 조직의 유형에 대한 것이다. 조직관리의 폭과 깊이에 대한 의사결정은 한 사람의 관리자가 몇 사람을 통솔할 것인가와 조직의 관리를 위해 몇 단계의 위계(位階)를 둘 것인가에 대한 결정을 의미하고, 조직의 유형에 대한 의사결정은 지역, 고객, 제품, 기능 등과 같은 변수들 가운데 무엇을 기준으로 영업조직을 구축할 것인가에 대한 결정을 의미한다. 먼저 영업조직관리의 폭과 깊이에 대해 논의하고, 이어서 영업조직의 유형에 대해 논의한다.

1. 영업조직관리의 폭과 깊이

영업조직에 대한 관리를 위해서는 한 사람의 영업관리자가 몇 사람을 관리하게 할 것인가와 몇 단계의 위계를 두어 관리할 것인가에 대한 결정이 이루어져야 한다. 전자는 '관리의 폭'에 대한 결정으로 예를 들어 한 사람의 지역 영업관리자가 몇 사람의 지구 영업관리자를 관리하도록 할 것인가를 의미하고, 후자는 '관리의 깊이'에 대한 결정으로 최고 영업관리자에서 말단 영업사원에 이르기까지 몇 단계의 위계를 둘 것인가를 의미한다. 그래서 관리의 폭은 '통제의 범위'(span of control), 관리의 깊이는 '위계의 수'로 불린다. 그런데 관리의 폭과 관리의 깊이는 서로 상반되는 방향으로 움직이는 경향을 갖는다. 즉, 같은 숫자의 영업사원이 있을 경우에, 위계의 숫자가 늘어나면 한 사람의 관리자가 관리해야 하는 사람의 숫자는 줄어들고, 위계의 숫자가 줄어들면 관리해야 하는 사람의 숫자는 늘어난다. [그림 9-5]는 이러한 현상을 나타내고 있다. 우측의 그림은 좌측의 그림에 비해 통제의 범위는 넓지만, 위계의 수는 적다.

통제의 범위가 넓어지면 통제가 제대로 이루지지 않는 단점이 있고, 위계의 수가 많아지면 의사결정 과정이 길어지고, 간접비용이 과다하게 소요되며, 조직이 관료화되는 단점이 있다. 따라서 관리의 폭과 깊이를 결정하는 것은 쉬운 일이 아니며, 장 · 단점을 고려하여 조직의 목

그림 9-5 | 영업조직관리의 폭과 깊이

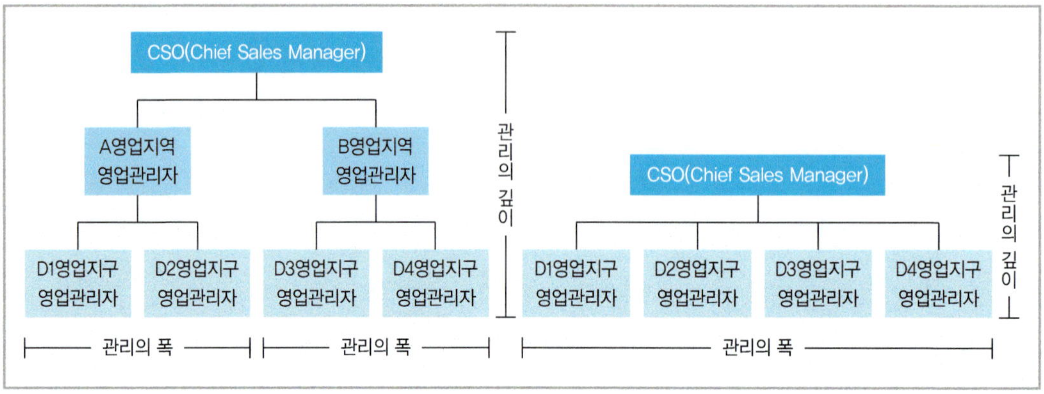

표에 부합할 수 있는 방향으로 결정되어야 한다. 이러한 결정에 영향을 주는 요인으로 직무의 내용, 구성원들의 숙련도, 커뮤니케이션의 난이도, 성과측정의 정도와 통제수단의 유무 등을 들 수 있다. 즉, 직무내용이 단순할수록, 구성원들의 숙련도가 높을수록, 커뮤니케이션이 수월하게 이루어질수록, 성과측정이 잘 이루어지고 통제수단이 강력할수록 관리자는 하급자의 행동을 일일이 관리할 필요가 줄어들기 때문에 통제의 범위가 늘어날 수 있고, 따라서 위계의 수는 줄어든다.

관리의 폭과 깊이에 대한 결정이 최근에 들어 더욱 중요성을 갖는 이유는 이에 대한 결정이 의사결정의 집중화 및 분권화와 관련이 있기 때문이다. 의사결정의 집중화를 도모할 때에는 상급자가 내린 결정이 하부조직에 신속하고 정확하게 전달될 수 있어야 하고, 이를 위해서는 통제의 범위가 좁고 위계의 수는 많은 조직이 바람직하다. 반면에 의사결정의 분권화를 도모할 때에는 관리의 필요성이 상대적으로 적기 때문에 상급자가 많은 하급자를 관리할 수 있고, 따라서 통제의 범위가 넓으면서 위계의 수가 적은 조직이 바람직하다. 위계의 수가 많고 통제의 범위가 좁은 집중화된 조직은 상의하달(上意下達)에는 적합하지만 하급자로부터 상급자로의 하의상달(下意上達)은 잘 이루어지지 않는다. 위계의 수가 작고 통제의 범위가 넓은 분권화된 조직은 반대로 하의상달은 잘 이루어지지만 상의하달은 잘 이루어지지 않는다. 집중형 조직은 시장이 안정적이고 고객의 니즈에 변화가 많지 않은 환경하에서 적합한 조직이라고 할 수 있으며, 시장에서의 변동이 심하고 고객의 니즈가 복잡하면서 변화가 많은 환경에서는 시장환경이나 고객니즈의 변화에 신속하게 대응할 수 있는 분권형 조직이 더 유리하다. 현대의 영업에서는 경쟁이 심해지고 고객의 니즈가 복잡해지면서 영업사원들이 현장에서 신속하게 결정을 내리고 행동을 취해야 할 상황들이 늘어나고 있으며, 이에 따라 의사결정에 시간이 오래 걸리고 현장에서의 의견이 반영되기 어려운 집중형 조직보다는 하급자에게 많은 권한을 부여함으로써 신속한 의사결정이 이루어질 수 있도록 하는 분권화조직이 보다 많은 지지를 받는 경향을 보이고 있다.

2. 바람직한 영업조직 유형의 기준

영업조직의 유형에 대한 선택이 잘 되었는지를 판단할 때 사용할 수 있는 기준으로 적응성(adaptability), 효율성(efficiency), 그리고 효과성(effectiveness)을 들 수 있다. 먼저 적응성은 외부에 어떠한 변화가 발행하였을 때 기존 조직구조의 큰 변화 없이 얼마나 신속하게 외부의 변화에 대처할 수 있는가를 의미한다. 따라서 적응성이 뛰어난 영업조직이란 판매하려는 제품이나 목표시장에서 변화가 발생하였을 때 기존 영업조직구조를 크게 바꾸지 않고도 영업 프로세스를 원활하게 변화시킬 수 있는 조직을 의미한다.

효율성과 효과성의 의미는 조직의 일반적인 운영 프로세스를 통해 살펴볼 수 있다. 어떠한 조직이든 인적자원과 물적자원을 투입하여 업무를 수행하고, 이러한 업무의 수행을 통해서 목표로 하는 결과를 성취하고자 하는데, 이때 효율성은 투입된 자원과 수행된 업무의 양과의 비율을 의미하고, 효과성은 수행된 행동과 이에 의해 나타난 결과의 비율을 의미한다. 이를 영업분야에 적용하면, 회사는 영업조직에 대한 투자를 통해 고객 방문 등과 같은 활동을 수행하고, 이러한 방문활동 등을 통해 판매를 성취하고자 한다. 따라서 [그림 9-6]에서와 같이 영업활동에서의 효율성이란 영업조직에 대한 투자에 대비하여 고객방문 등과 같은 영업사원들의 영업활동이 얼마나 활발하게 이루어지고 있는가를 의미하고, 효과성이란 영업사원이 영업활동을 전개하였을 때 이러한 활동이 얼마나 활발하게 매출로 연결되고 있는가를 의미한다.

그림 9-6 | 효율성과 효과성의 차이

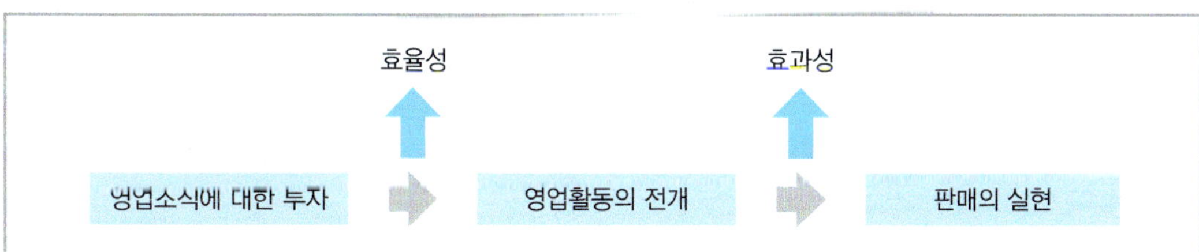

3. 영업조직구조의 유형

여기에서는 먼저 외부의 영업조직을 활용하지 않고 자사에서 보유하고 있는 영업조직이 고객과의 일대일 대면을 통한 영업활동을 수행하고, 내부적으로도 타부서의 인력과는 거의 독립적으로 활동하며, 큰 고객이든 작은 고객이든 고객의 규모에 대해서 특별한 고려를 하지 않았을 때를 전제로 하여 영업조직의 유형을 살펴보기로 한다. 즉, 여기에서의 영업조직구조 유형은 다음과 같은 조건을 전제로 하여 기술된다. ① 영업사원의 자체적인 보유, ② 고객과의 일대일 대면에 의한 영업활동, ③ 타부서 인력과의 매우 제한적인 협력관계, ④ 고객의 규모에 따른 비차별화이다. 이러한 전제조건하에서 영업조직구조 유형은 [그림 9-7]에서와 같이 일반적 영업조직구조, 특화된 영업조직구조, 혼합형 영업조직구조 등으로 나누어질 수 있다. 일반적 영업조직구조는 지리적 영업조직구조를 의미하며 특화된 영업조직구조는 제품, 고객, 기능 등을 중심으로 하는 영업조직구조를 의미하고, 혼합형 영업조직구조는 지리적 영업조직구조와 특화된 영업조직구조가 혼합된 영업조직구조를 의미한다. 다음 절에서는 앞서 기술한 조건들을 완화하여 외부 영업조직의 활용, 타부서 인력과의 유기적 협력, 고객규모에 따른 차별화, 비대면 고객 커뮤니케이션 수단의 활용 등을 고려하였을 때 영업조직의 구조에 어떠한 변화가 발생하는가에 대해 기술하였다.

그림 9-7 | 영업조직의 구조

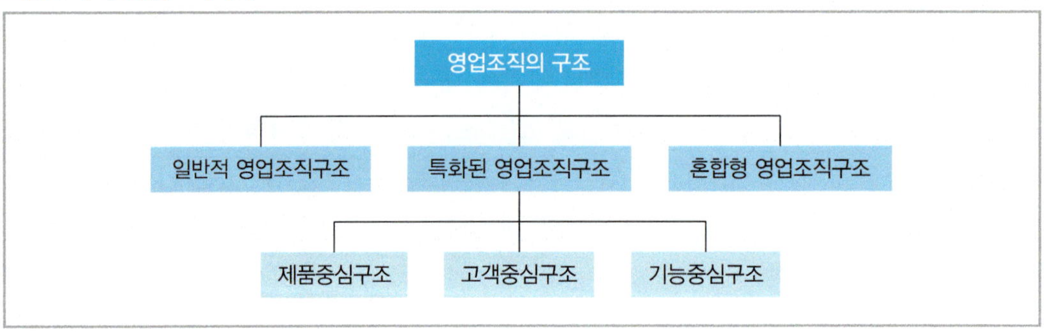

4. 지리적 영업조직구조

영업에서 가장 일반적으로 사용되는 조직구조는 지리적 지역을 중심으로 업무영역을 구분하는 지리적 조직구조이다. 지리적 조직구조하에서는 각 영업사원은 구역(territory)라고 불리는 일정한 지리적 영역에서 배타적인 권리를 가지고 영업활동을 전개한다. 적정한 수의 인접한 구역이 합쳐져서 지구(地區)를 형성하는데, 영업사원들은 자신의 구역이 포함되어 있는 지구의 영업책임자인 지구 영업관리자의 지휘를 받게 된다. 지구 영업관리자의 지휘를 받는 영업사원은 산업의 특성이나 기업의 규모에 따라 차이가 많지만 대체로 5~20명 정도가 된다. 지구 영업관리자는 최일선 영업관리자이며, 영업관리에 있어서 가장 핵심적인 역할을 담당한다. 이 책에서 영업관리자라고 하면 특별한 언급이 없을 때에는 항상 최일선 영업관리자인 지구 영업관리자를 지칭한다.

몇몇 인근한 지구는 합쳐져서 지역(地域)을 구성하며, 이 지리적 단위에서의 영업책임자는 지역 영업관리자가 된다. 규모가 큰 지리적 영업조직을 가지고 있는 경우 보통 3~4단계 위계의 영업관리자가 존재하게 된다. [그림 9-8]은 지리적 영업조직구조의 예를 보여주고 있는데, 여기에서는 CSO(Chief Sales Officer), 지역수준의 영업관리자, 지구수준의 영업관리자의 3단계 위계의 영업관리자가 있으며, 최일선의 영업관리자인 지구 영업관리자가 지구 내의 5개의 구역을 담당하는 5명의 영업사원을 관리하고 있음을 나타내고 있다. 우리나라의 경우에 지역적 구분은 업종과 기업에 따라 다양하게 불리고, 관리자의 명칭도 다양하다. 지역과 지구는 각각 지구와 지부로 불리기도 하고, 권역과 지점으로 불리기도 한다. 또한 위계의 단계에 따라 차이는 있지만, 지구 영업관리자는 주로 팀장, 소장 등으로 불리며, 지역수준의 영업관리자는 지역장, 본부장, 지점장 등의 명칭으로 불린다.

지리적 영업조직에서 영업사원은 구역 내의 모든 기존고객 및 잠재고객을 대상으로 회사

그림 9-8 | 지리적 영업조직구조의 예

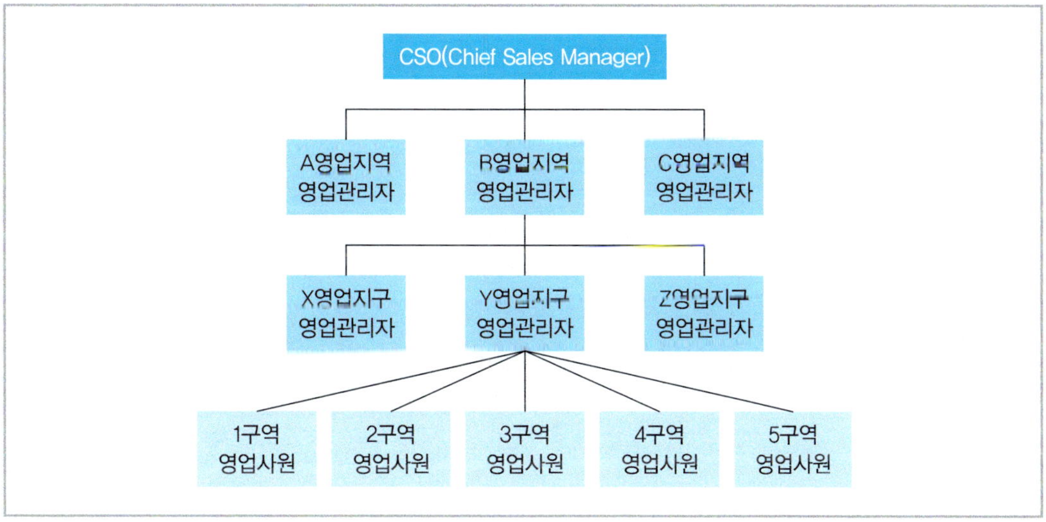

표 9-1 | 지리적 영업조직과 제품중심 영업조직의 효율성 비교의 예

영업조직구조의 유형	영업사원의 수	영업구역
지리적 영업조직	100명	• 영업사원 1인당 평균 전 지역의 1% 담당
제품중심 영업조직	제품 A 담당 40명 제품 B 담당 60명	• 제품 A 영업사원 : 1인당 평균 전 지역의 2.5% 담당(100/40), 지리적 영업조직구조 영업사원의 2.5배 • 제품 B 영업사원 : 1인당 평균 전 지역의 1.67% 담당(100/60), 지리적 영업조직구조 영업사원의 1.67배

의 모든 제품이나 서비스를 판매하며, 또한 잠재고객의 발굴에서 판매 후의 서비스에 이르기까지 모든 활동을 수행한다. 따라서 지리적 영업조직에서 한 영업사원이 담당하는 구역은 제품이나 고객중심의 영업조직에서 한 영업사원이 담당하는 구역보다 협소한 것이 일반적이다. 지리적 영업조직의 가장 큰 장점은 효율성이 매우 높다는 데 있다. 왜냐하면 담당구역이 비교적 협소해서 고객 방문을 위해 이동해야 하는 시간이 적게 걸리기 때문이다. [표 9-1]은 2개의 제품을 판매하고 있는 기업이 100명의 영업사원을 두고 영업활동을 하고 있을 때를 가정하여 지리적 영업조직의 효율성이 높은 이유를 제품에 특화된 영업조직과의 비교를 통해 설명하고 있다. 또한 지리적 영업조직의 영업사원은 상대적으로 좁은 지역에서 활동하기 때문에 담당구역의 시장, 경쟁, 경제 등의 대한 상황을 상세하게 파악하는 데 유리하다. 따라서 지리적 영업조직의 영업사원은 경쟁구도의 변화 등 구역에서 발생하는 여러 가지 변화에 대해 보다 신속하게 대응할 수 있으며, 고객의 니즈에 대한 부응이나 요구하는 서비스의 제공도 보다 신속하게 이루어질 수 있다. 영업관리자의 입장에서도 영업사원들이 비교적 협소한 지역에서 활동하기 때문에 이들의 활동에 대한 관리가 상대적으로 수월하다.

5. 특화된 영업조직구조

5.1 특화된 영업조직의 필요성

지리적 영업조직구조가 가장 효율적인 구조이라면 모든 영업조직이 지리적인 형태의 구조를 가지고 있어야 하는데, 꼭 그렇지는 않은 이유는 무엇일까? [그림 9-9]에서와 같이 이에 대한 이유는 영업사원이 취급하는 제품, 구역 내의 세분시장, 수행하는 기능 등의 이질성의 정도에서 그 이유를 찾을 수 있다. 제품이나 고객, 그리고 수행하는 기능 등이 이질적이면 이질적일수록, 영업사원에게 요구되는 영업기술이나 지식은 매우 다양해진다. 요구되는 영업기

그림 9-9 | 특화 영업조직의 필요성

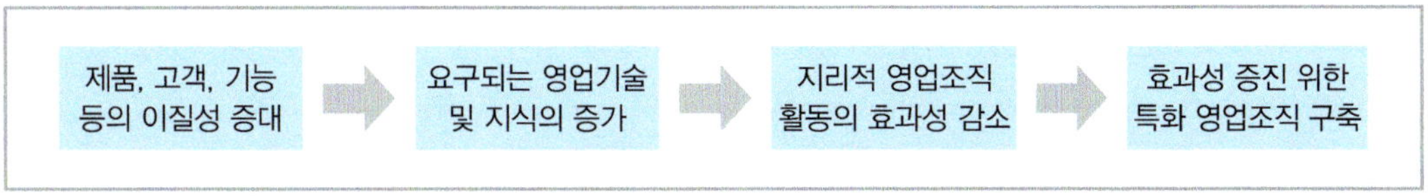

술이나 지식이 다양해질수록 한 영업사원이 이를 모두 감당하기는 더욱 어려워지고, 따라서 고객을 방문하였을 때의 판매성공확률, 즉 효과성도 줄어들게 된다. 이러한 경우에 회사에서는 효과성을 높이기 위해 제품, 세분시장 혹은 기능별로 특화된 영업사원을 두어 효과성의 증진을 모색하게 된다.

그렇지만 특화된 영업조직을 구성하게 되면, 영업사원들 간의 담당구역이 중복되기 때문에 효율성은 자연히 감소하게 된다. 따라서 특화된 영업조직을 구축하기 위해서는 효과성의 증진으로 인한 이득이 효율성의 감소로 인한 손실보다 크다는 확신이 있어야 한다. 결론적으로 지리적 영업조직을 선택할 것인지 혹은 특화된 영업조직을 선택할 것인지는 영업활동에 있어서 노력이 더 중요한지 혹은 영업기술이나 지식이 더 중요한지에 따라 달라진다. 즉, 영업기술이나 지식이 많이 요구되지 않는 경우에는 효율성을 극대화시킬 수 있는 지리적 영업조직구조가 유리하고, 영업기술이나 지식이 많이 요구되는 경우에는 잦은 방문활동보다는 영업 성공의 확률을 높일 수 있는 특화된 영업조직구조가 유리하다.

지리적 영업조직을 특화된 영업조직으로 변경할지의 여부는 효율성이나 효과성에 대한 고려 이외에도 구성원들의 매우 미묘한 이해관계가 작용하는 문제이기 때문에 회사의 입장에서는 매우 어려운 의사결정에 속한다. 회사는 효과성의 증진을 위해 특화된 영업조직으로 변경할 필요가 있다고 판단할 경우에 현실적인 문제를 충분히 고려하여 사전 정지작업 등을 수행함으로써 부작용이 최소화할 수 있도록 조치할 필요가 있다. 회사가 특화된 영업조직으로의 구조 변화를 꺼리는 이유로 아래와 같은 사항들을 들 수 있다.

- 영업사원이든 영업관리자든 관계없이 특화된 조직구조로의 개편을 통해 권한이 줄어드는 사람이 생기게 마련이고, 이들은 회사에 대해 불만을 갖게 된다. 특히 불만을 가진 우수한 영업사원이 회사를 떠나게 되면 회사는 큰 타격을 입을 수 있다.
- 신제품을 출시하려고 할 때 기존의 조직구조를 흔들면 성공적인 신제품 론칭이 어려워질 수 있다.
- 새로운 조직이 안착될 때까지 시간이 걸리기 때문에 상당기간 동안 매출목표의 달성이 어려워질 수 있다.
- 동일 산업의 다른 기업들은 대부분 지리적 영업조직구조를 그대로 유지하고 있다.

어떠한 변수를 기준으로 특화된 영업조직을 구축할 것인가는 어떠한 변수가 가장 많은 이질성을 지니고 있는가에 따라 결정된다. 예를 들어 B2B 부문에서 산업별로 고객사들이 매우 이질적이어서 요구되는 영업 프로세스나 영업기술에서 큰 차이가 있다고 하면 산업별로 영업조직을 구축하는 것이 타당하고, 다루는 제품이 매우 많을 뿐만 아니라 제품 하나 하나가 매우 복잡하여 한 명의 영업사원이 이에 대한 지식을 모두 갖추기는 불가능하다고 하면 제품군을 중심으로 하는 영업조직의 구성을 검토해야 한다. [그림 9-10]은 제품과 고객의 이질성의 정도에 따라 제품중심의 조직구조, 고객중심의 조직구조, 지리적 조직구조 가운데 어떠한 조직구조가 적합한가를 보여주고 있다.

그림 9-10 | 제품과 고객의 이질성에 따른 영업조직의 구조

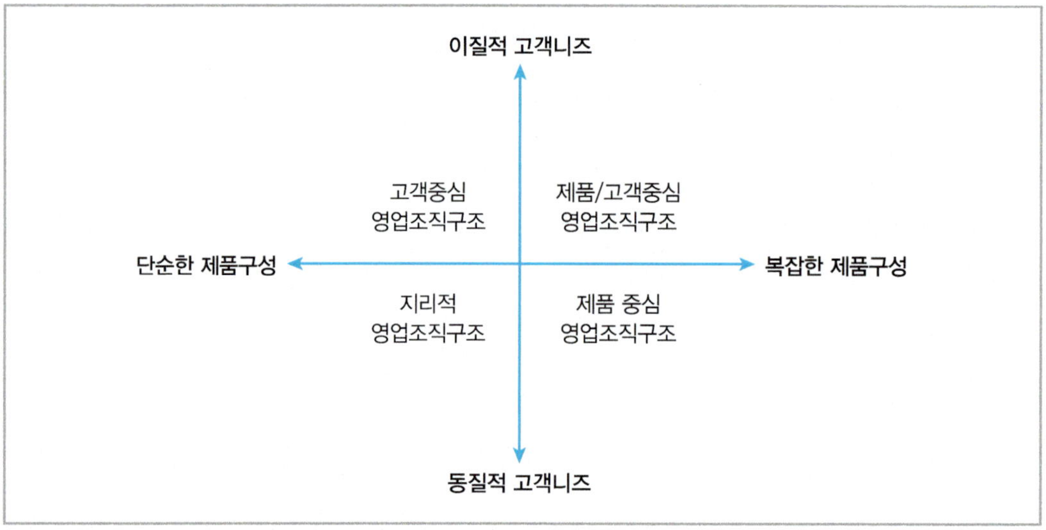

5.2 제품중심의 영업조직구조

제품중심의 영업조직구조는 매우 다양하고 복잡한 제품계열을 가지고 있을 때 적합한 조직구조라고 할 수 있다. 예를 들어 우리나라의 의류업체는 거의 예외 없이 제품중심의 영업조직구조를 가지고 있다. 이는 의류의 경우에는 브랜드에 따라 고객층이 완전히 분리되어 있거나(예를 들어 남성의류와 여성의류), 추구하는 브랜드이미지가 매우 다른 경우가 많기 때문이다. 제품이 복잡하고 다양해지는 것은 신제품이 계속 빈번하게 출시된 결과일 수도 있고, M&A(합병 및 인수) 등에 의한 결과일 수도 있다. 또한 사업부가 통폐합되면서 한 부서 내에 많은 제품을 보유하게 되는 경우도 있다. 이러한 조직의 장점은 특정 제품에 필요한 만큼의

그림 9-11 | 제품중심 영업조직구조의 예

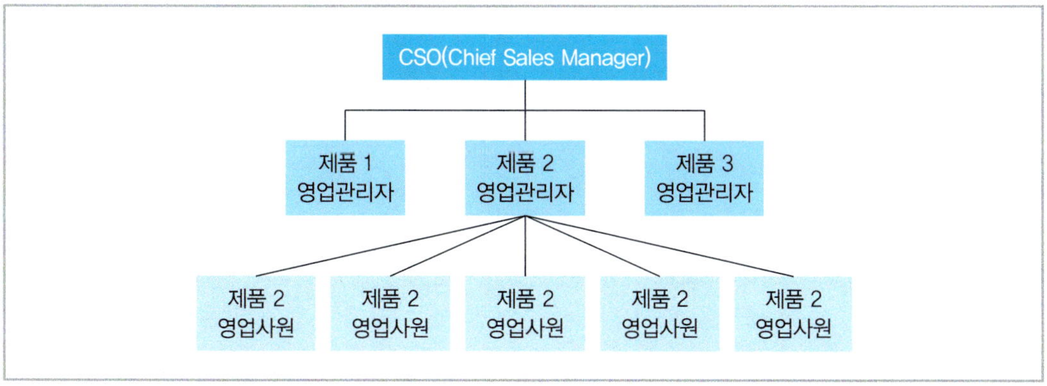

영업사원을 정확하게 배치하여 효과적인 영업활동이 이루어질 수 있도록 도모할 수 있다는 점이다. 즉, 지리적 영업조직하에서는 특정 제품에 투입되는 영업사원들의 노력을 조정하는데 일정한 한계가 있지만, 제품중심의 영업조직구조하에서는 특정 제품에 기울여지는 영업사원들의 노력의 수준을 적극적으로 조정할 수 있다. [그림 9-11]은 제품중심의 영업조직구조의 예를 보여주고 있다. 영업관리자가 제품별로 구분되어 있고, 각 영업관리자가 복수의 영업사원을 관리하는 형태를 취하고 있다.

제품중심의 영업조직구조는 어떤 경우에는 유일한 선택대안이 될 수도 있다. 예를 들어 한 회사에서 경쟁관계에 있는 상품들을 판매해야 하는 경우가 이에 해당될 수 있다. 약품, 주류, 의류, 시계 등의 도매상과 같은 경우에는 경쟁 회사들의 제품을 동시에 판매하는데, 한 명의 영업사원이 경쟁이 되는 복수의 브랜드를 동시에 취급하기는 어렵다. 이러한 경우에 제품별로 영업사원을 달리 구성함으로써 다양한 브랜드의 제품들이 모두 원활하게 판매될 수 있도록 도모할 수 있다. 또한 한 회사가 제품 컨셉이 전혀 상이한 제품(예를 들어 건강식품과 약품)을 동시에 생산하고 있는 경우에도 한 영업사원이 이들을 같이 판매하기는 어렵다. 이러한 경우에도 제품별로 영업사원을 두는 것이 바람직하다. 제품계열에 따라 별도로 회계처리가 시행되는 제도를 가지고 있는 회사의 경우와 같이 회계상의 이유로 제품중심의 영업조직구조를 선택할 수밖에 없는 경우도 있다.

제품중심 조직구조의 가장 큰 단점은 영업사원이 넓은 지역을 커버해야 하기 때문에 이동시간도 오래 걸리고, 또한 교통비나 숙식비 등의 경비도 많이 소요되기 때문에 효율성이 감소된다는 점이다. 또한 여러 명의 영업사원이 동일한 고객을 중복해서 방문하게 되기 때문에 이를 조정해야 할 필요성이 높아지고, 따라서 더 많은 관리비용이 소요된다. 적응성의 관점에서도 영업사원이 특정한 제품 구색만을 가지고 고객의 요구사항에 신속하고 유연하게 부응하는 데는 명확한 한계가 있기 때문에 이 조직구조는 여타 조직구조에 비해 고객들의 니즈 변화 등에 대한 적응 속도 및 강도가 떨어지는 단점이 있다. 고객의 입장에서도 혼란이 올 수 있다. 같은 회사에서 여러 명의 영업사원이 방문하여 영업활동을 하기 때문에 한 영업사원만을 상대하여 자신의 문제를 원스톱으로 해결하고 싶지만 그렇게 하지 못하고 여러 영업사원을 상대하여야 하는 불편함을 감수해야 한다.

또한 영업사원이 취급하는 제품이 특성이나 기능 등에서 크게 차이가 나지 않을 경우에는 영업사원 간의 내부경쟁도 큰 문제가 될 수 있다. 예를 들어 호텔 체인의 경우, 호텔의 각 지점마다 영업사원을 두어 영업을 하게 되면 위치 이외에는 크게 다르지 않은 서비스를 가지고 같은 호텔 체인의 영업사원들이 치열한 경쟁을 벌이는 결과가 초래되며, 이렇게 되면 고객은 혼란스러워질 수 있다. 또한 호텔 본사의 입장에서도 지점 간의 치열한 경쟁으로 인해 가격체계나 서비스구조에 있어서 일관성을 유지하기 힘들어질 가능성도 있다.

5.3 고객중심의 영업조직구조

고객중심의 영업조직구조는 영업사원이 특정 고객이나 세분시장을 전담하여 회사의 모든 제품을 판매할 수 있는 형태의 영업조직으로, 고객들의 구매 프로세스나 니즈 등이 다양하고 복잡할 때 유용하게 사용될 수 있다. 고객들은 제 각기 다른 특성을 지니고 있다. 어떤 고객들은 가격에 대해 매우 민감한 반면, 어떤 고객들은 자신의 니즈에 꼭 맞는 제품이라면 가격에는 비교적 관대하다. 또 어떤 고객은 회사에 매우 많은 이익을 가져다 주지만, 기업에 주는 이익이 거의 없는 고객들도 있다. 이러한 경우에 기업은 고객들 간에 차이가 많이 나는 변수를 선택하여 이를 기준으로 고객을 세분화하고 각각의 세분시장을 각기 다른 영업사원에게 분배하여 활동하게 함으로써 고객에 대한 대응이 보다 적절하게 이루어질 수 있도록 할 수 있다. 고객들의 특성이 다양할수록, 구매 프로세스나 니즈가 복잡할수록 한 명의 영업사원이 다양한 고객들을 상대로 효과적인 영업활동을 전개하는 것이 어려워지기 때문에 특정 고객에 특화된 영업사원을 배치하고, 그 영업사원으로 하여금 특정 고객에게 적합한 지식과 영업기술을 축적해 나가게 할 필요가 있다.

기업들이 시장지향적 · 고객지향적 전략을 강화하면서 [그림 9-12]에서와 같이 영업조직을 지역중심이나 제품중심에서 고객중심의 구조로 전환시키는 경향을 보이고 있다([글 9-1] 참조). 즉, 내부지향적인 조직구조인 지역중심이나 제품중심의 구조에서 외부지향적인 조직구조인 고객중심 구조로 전환되는 경향을 보이고 있다. 이러한 경향의 가장 근본적인 원인은 고객이 단순히 제품이나 서비스를 공급받는 데서 벗어나서 자신이 가지고 있는 문제를 공

그림 9-12 | 영업조직구조의 추세

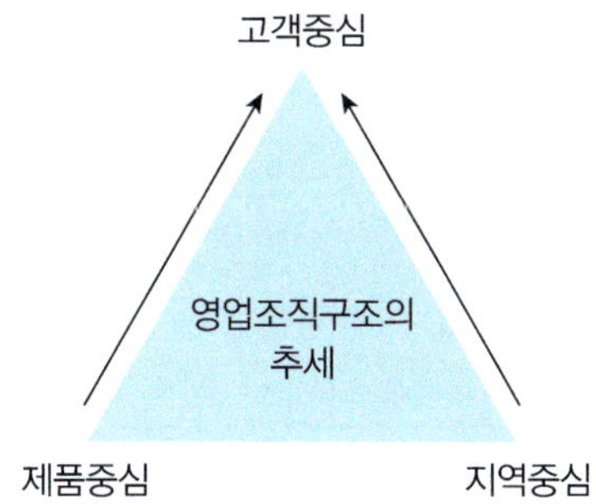

고객중심 영업조직구조로의 전환 사례

글 9-1

1. Wal-Mart에 비누, 세제, 식품 등 여러 제품을 공급하고 있었던 P&G는 제품별 판매 담당자들을 묶어 80명으로 구성된 Wal-Mart 전담팀을 구성하였다. 이 팀은 Wal-Mart에 납품되는 모든 제품에 대한 영업을 책임졌으며, 재고, 물류비용, 납기 등을 최소화하기 위해 P&G 공장에서 Wal-Mart 물류 창고로 이동하는 제품흐름과 관련된 모든 기능을 동시에 관리하였다. Wal-Mart의 글로벌 시장 진출이 가속화됨에 따라, 현재 이 팀은 250여 명의 직원들로 확대 운영하여 Wal-Mart의 글로벌 점포를 지원하고 있다.

2. 지속적인 성과하락과 파산위기에 직면했던 IBM은 새롭게 정립된 비전과 전략적 목표를 효과적으로 달성하기 위해 고객중심 조직체계로 전환하였다. IBM의 전임 CEO인 Gerstner가 취임할 당시, IBM 조직은 지역과 제품 중심의 조직으로 운영되는 과정에서 고객보다 조직 내부의 세력 다툼에 관심을 쏟으면서 시장의 변화에 점점 둔감해졌다. 그 결과 동일한 고객이라 하더라도 새로운 지역에 진출하면 지역을 담당하는 새로운 IBM 조직과 다시 관계를 형성해야 했고, 이로 인해 시장대응력 약화와 내부자원 활용상의 제약 문제가 발생하였다. 이런 문제점을 해결하기 위해 Gerstner는 지역과 제품 중심의 조직을 고객과 시장 중심으로 재편하여 고객군을 12개 그룹으로 구분하고, 각 그룹에 예산과 인력에 관한 권한과 책임을 부여하였다. 지역 책임자들의 반발이 심했으나, 원칙의 재정립, 리더십의 정비, 시스템의 개선 등 지속적인 실행을 통해 동사는 위기를 극복하고 성과를 극대화할 수 있었다.

출처 : 정영철 (2005), "맞춤 소비 시대, 조직 구조도 고객맞춤형으로," LG주간경제, 10월 19일, 20-25.

급사가 적극적으로 해결해 주기를 원하고, 공급사는 이러한 요구에 부응하기 위해 고객밀착적인 영업활동의 전개에 유리한 조직구조를 채택할 필요가 증대하고 있기 때문이다. 따라서 이러한 형태의 영업조직은 회사가 거래적 영업(transactional selling)이 아닌 관계적 영업(relationship selling)을 전개하고자 할 때 특히 유용하게 사용될 수 있다.

은행이 영업부문을 개인영업본부, 기업본부, 대기업본부, PB(private baking)본부 등으로 구분하여 운영하는 것이나, 제약회사가 영업조직을 종합병원, 중소병원, 의원, 약국 등으로 구분하고 있는 것도 모두 고객중심의 조직구조라고 할 수 있다. [글 9-2]는 제약회사에서 세분시장별 영업조직을 채택하고 있는 이유에 대해 기술하고 있다. 또한 고객을 산업(industry)별로 구분하고 각 산업별로 별도의 영업조직을 운용하는 방법도 흔히 사용되고 있다. 어떤 기업이 다양한 산업에 속한 고객들을 상대로 영업활동을 전개하고 있을 때, 산업별로 제품에 대한 니즈가 다를 수 있기 때문에 각 산업에 특화된 영업활동을 전개함으로써 효율을 높일 수 있다. 이 방법은 특히 기술영업이 요구되는 B2B 분야에서 빈번하게 사용되고 있다. 예를 들어 한국 IBM은 영업조직을 금융사업본부(은행, 증권사, 보험사 등), 제조 · 장치산업본부(자동차, 전자, 화학, 정유, 철강 중공업 등), 통신 · 에너지 · 항공사업본부(통신, 에너지, 항공 등), 공공사업본부(정부기관, 자치단체, 국공영기업, 교육기관, 보건의료산업 등) 등과 같이 산업별로 구분하여 편성하고 있다. 이렇게 산업별 영업조직을 구축함으로써 해당 산업에 특화된 서비스 및 솔루션 개발에 대한 집중적인 투자를 용이하게 하고, 성공사례가 영업사원을 통해 해당 산업 내에서 효과적으로 전파될 수 있도록 도모하고 있다.

고객중심 영업조직의 가장 큰 장점은 영업의 효과성을 증가시킬 수 있다는 점이다. 영업사원은 자신이 담당하고 있는 고객과의 잦은 접촉을 통해 고객과 고객이 속한 산업에 대한 전문적인 지식을 쌓게 되고, 이에 따라 고객의 니즈와 문제를 더욱 깊게 이해할 수 있게 되며, 이런 과정을 거치면서 자연히 영업사원은 고객 니즈의 변화에 보다 신속하고 유연하게 대응할 수 있게 된다. 또한 고객과 항상 밀착 관계를 유지할 수 있기 때문에 고객니즈의 변화나 혹은 외부의 변화에 신속하고 유연하게 대처할 수 있는 장점이 있다. 고객중심의 영업조직의 또 하나의 장점은 고객이 기업에 주는 가치(customer equity)의 크기에 따라 회사의 자원을 적절

제약업체 목표고객의 의사결정과정

글 9-2

제약회사의 목표고객은 종합병원, 중소병원, 의원, 약국 등으로 분류할 수 있다. 종합병원과 같은 대형 병원의 경우에는 구매의사결정과정이 매우 복잡하고, 연초에 예산이 편성되어 그 무렵에 집중적으로 계약이 이루어지는 반면, 상대적으로 규모가 작은 병원이나 개인 약국의 경우에는 오너가 직접 의사결정을 하는 것이 일반적이다. 따라서 각 목표고객의 특성을 파악하고 이에 적절히 대응하는 것이 매우 중요하다. 구매의사결정과정이 복잡한 대형 병원에 개인병원이나 약국과 같은 방법으로 접근하면 실패할 가능성이 매우 높다. 따라서 목표고객에 따라 각기 다른 영업방법을 선택하여야 하며, 영업조직의 구조도 이에 적합하여야 한다.

하게 분배할 수 있다는 점이다. 즉, 고객가치에 부합하는 영업조직을 구성함으로써 기업의 자원이 최적으로 활용될 수 있도록 도모할 수 있다. 이 구조의 단점으로는 제품중심의 영업조직 구조와 마찬가지로 지리적 영업조직구조에 비해 효율성이 떨어진다는 점이 지적될 수 있다. 또다른 단점으로 한 고객에 대해 두 명 이상의 영업사원이 배속되었을 경우 개별 영업사원의 기여도에 대한 명확한 측정이 힘들다는 점이 지적될 수 있다. 또한 영업사원이 고객의 니즈에 대해 유연하고 신속한 대응을 하기 위해서는 자사에서 판매하고 있는 제품에 대한 많은 지식을 갖추어야 한다는 점도 단점으로 지적될 수 있다. 이러한 단점을 보완하기 위해 회사가 제품전문가를 별도로 두고, 영업사원이 필요할 때 동행하여 고객의 요구에 대응할 수 있도록 할 수 있다. [그림 9-13]은 고객중심 영업조직구조를 보여주고 있다. 각 세분시장을 책임지는 영업관리자가 있고, 이들의 관리하에 복수의 영업사원이 활동하는 구조를 취하고 있다.

그림 9-13 | 고객중심 영업조직구조의 예

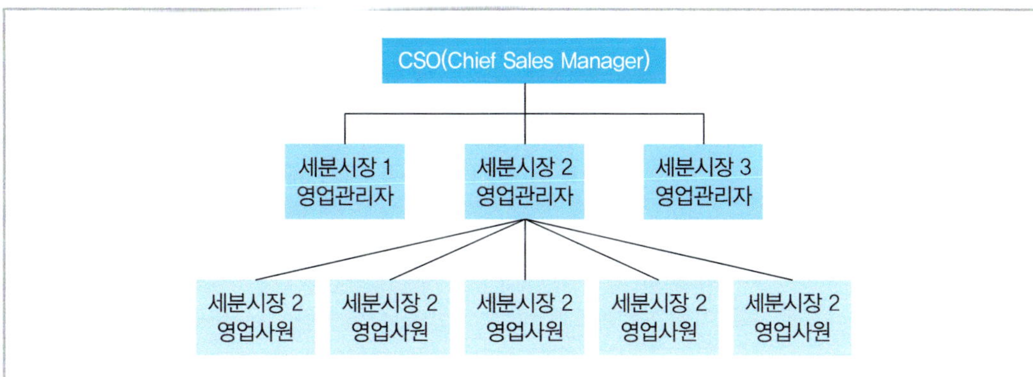

5.4 기능중심의 영업조직구조

영업활동이 다양해지고 복잡해짐에 따라 요구되는 기술이나 지식도 다양화되어가고 있다. 이러한 추세에 따라 영업사원이 수행하는 기능(function)을 중심으로 특화된 영업조직을 구성하면 영업의 생산성을 증가시킬 수 있다. 반면에 기능중심의 영업조직구조는 현실적으로 구체적인 업무의 수행이 힘들 가능성이 높다는 단점이 있다. 왜냐하면 기능중심의 영업조직이 효과를 발휘하기 위해서는 기능별로 나누어진 영업사원 간의 원활한 협력관계가 전제되어야 하는데 이것이 쉽지 않은 과제이기 때문이다. 예를 들어 영업조직이 신규고객유치 영업팀과 기존고객유지 영업팀으로 구분되어 있을 경우에 신규고객유치 영업팀에 소속된 영업사원의 활동을 높이 평가하여 거래를 시작한 고객은 자신이 다른 영업사원으로 이관이 되는 것을 거부할 수도 있고, 또한 두 조직이 고객이나 실적을 둘러싼 내재적인 갈등 때문에 원만한 협력 관계를 형성하기 힘들어질 수도 있다. 따라서 기능중심의 영업조직구조를 채택하는 경우에는 이러한 점들에 대한 사전적인 고려를 통해 부작용이 최소화될 수 있도록 도모해야 한다. 특화된 기능을 기반으로 하는 영업조직으로 다음과 같은 예를 들 수 있다.

■ 신규고객 확보 영업팀과 기존고객 관리 영업팀

신규고객 확보 영업팀은 신규고객의 확보에 특화된 영업팀으로 잠재고객을 발굴하고, 이들을 신규고객으로 전환시키는 역할을 수행한다. 기존고객 관리 영업팀은 기존고객이 이탈하지 않고, 더 나아가 보다 다양한 상품을 구매하도록 하는 역할을 수행한다. 더욱이 대부분의 산업에서 소수의 우수고객으로부터 나오는 매출이나 수익이 전체 매출이나 수익에서 차지하는 비중이 매우 높기 때문에 우수고객의 유지 및 활성화는 기업의 생존에 결정적인 역할을 한다. 특히 B2B 영업에서는 신규고객을 담당하는 영업사원과 기존고객을 담당하는 영업사원이 분리되어 있는 경우를 흔히 찾아볼 수 있다. 즉, 신규고객과의 계약이 체결되면 신규고객의 확보를 담당하고 있는 영업사원의 역할은 끝나고 기존고객 관리 영업팀의 영업사원이 고객사와의 모든 커뮤니케이션을 담당한다. 경우에 따라서는 기존고객 관리 영업팀에 소속된 영업사원이 고객사에서 풀타임으로 근무하는 경우도 있다. 이러한 경우에 급여는 물론 공급업체로부터 받는다. 고객사가 제조업체인 경우에 고객사에서 근무하는 부품공급업체의 영업사원은 부품의 주문에 대한 업무는 물론, 부품의 설계과정에 참여함으로써 양사 간의 커뮤니케이션이 신속하고 효율적으로 이루어질 수 있도록 하는 역할을 수행한다. [글 9-3]은 우리나라 카드사의 영업조직이 신규고객의 확보를 위한 조직과 기존고객을 관리하는 조직으로 이원화되어 있음을 기술하고 있다.

카드사의 영업조직

글 9-3

카드사의 영업이 활성화되기 위해서는 취급고가 올라가야 한다. 취급고는 제조업체의 매출액에 해당되는 개념이며, 아래와 같은 공식에 의해 산출된다. 즉, 취급고의 증가는 이용가능 회원의 증가, 이용률의 증가, 인당 이용액의 증가의 3가지 방법을 통해 이루어진다. 이용가능 회원의 증가는 신규회원의 확보를 통해 이루어진다. 이용률은 이용가능 회원 가운데 실제로 이용하는 회원의 비율을 의미하며, 이용률의 제고는 신규로 카드를 발급받은 고객의 사용을 촉진시키거나, 장기 무실적 기존회원을 다시 사용하도록 유도하는 방법을 통해 이루어진다.

취급고=이용가능 회원×이용률×인당 이용액

이러한 영업방식에 부응하여 카드사의 영업조직도 신규회원의 확보를 통해 이용가능 회원을 증가시키는 업무를 수행하는 영업조직과 이용률과 인당 이용액을 증진시키는 업무를 수행하는 영업조직으로 구분된다. 신규회원을 증가시키는 영업조직은 다시 제휴카드의 발급을 주업무로 하는 법인 영업팀(혹은 제휴 영업팀)과 카드모집인(CP : Card Planner)의 관리를 주업무로 하는 모집인 영업팀으로 구분된다. 이용률과 인당 이용액의 제고는 카드의 사용을 촉진시키기 위한 캠페인을 통해 이루어지는데, 고객과의 커뮤니케이션 매체로는 주로 SMS, 이메일, 발신TM(outbound TM) 등이 사용된다. 그런데 이러한 업무를 수행하기 위해서는 고객DB에 대한 분석과 캠페인 기획 등의 업무가 수행되어야 하기 때문에, 마케팅과 관련된 부서나 혹은 CRM(Customer Relationship Management)부서에서 이 업무를 담당하게 된다. 즉, 마케팅부서나 CRM부서는 영업부서에 소속되어 있지 않더라도 실질적으로는 영업기능을 수행하는 셈이 된다. 우리나라의 대표적인 한 카드사에는 고객분석팀이라는 부서가 있는데, 이 부서의 주업무는 고객DB의 분석을 통해 다양한 캠페인을 기획하고, 자체적으로 보유하고 있는 콜센터를 활용하여 기획된 캠페인을 실행하는 것이다. 이 부서의 명칭에 영업이라는 용어가 포함되어 있지는 않지만, 실제로 수행하는 업무는 영업이라고 할 수 있다. 결론적으로 우리나라 카드사의 영업조직은 신규회원을 유치하는 영업팀과 기존고객의 유지 및 활성화를 목적으로 하는 영업팀으로 확연히 구분되어 있다.

■ 최종소비자 특화 영업팀

유통업체를 통해 제품이나 서비스를 판매하는 회사의 경우 영업사원의 영업대상은 대부분 유통업체가 된다. 그런데 최종소비자의 수요가 없다면 유통업체를 대상으로 하는 영업이 의미를 갖기 힘들다. 최종소비자 특화 영업팀은 최종소비자를 대상으로 영업활동을 전개하는 기능을 수행한다. 여기에 소속된 영업사원들은 직접 판매를 하는 것이 아니라, 자사의 제품이나 서비스에 대한 정보를 제공함으로써 최종소비자가 유통업체를 통해 자사의 제품이나 서비스를 구매할 것을 설득하는 역할을 담당한다.

■ 미친다이징 영입팀

미친다이징 영입팀은 판매하는 데 조섬을 누고 있는 영업팀과는 달리 거래하는 소매점에서 제품의 진열, 판촉물의 설치, 재고관리 등의 기능을 수행한다. 즉, 매출의 증대보다는 소매점과의 관계 증진에 초점을 두고 있는 영업조직이라고 할 수 있다. 우리나라에서는 대형 할인점이나 SSM 등에서 판촉활동을 하고 있는 영업사원들이 이에 해당한다고 할 수 있다.

■ 영업 엔지니어팀

영업 엔지니어팀은 특히 하이테크 산업재 기업에서 성공적으로 활용되고 있는 영업조직이다. 여기에 소속된 영업사원은 고객사의 신제품 개발에 기여하고 개발된 제품의 초기 판매에 참여하기도 한다. 이들은 제품의 개발에 참여하기 때문에 개발 영업사원(developmental salespeople)이라고도 불린다. 이들은 시장의 규모나 고객의 니즈 파악을 위한 마케팅조사를 실시하고, R&D부서의 개발 업무에 조력하며, 개발된 신제품을 판매하는 역할까지 수행하기도 한다. 고객사의 니즈를 잘 파악하고 있고, 자사의 능력도 잘 알고 있으며, 해당 분야의 공학적인 지식을 지니고 있는 영업사원이라면 개발 영업사원으로서의 자질을 갖추고 있다고 할 수 있다. 이들은 원활한 업무의 수행을 위해 고객사에서 근무하면서 고객과의 강한 신뢰관계를 바탕으로 신제품 과정에 참여하고, 고객사와 자사와의 커뮤니케이션 과정에서 주도적인 역할을 수행하면서 자사가 고객사의 신제품 개발에 최대한 기여할 수 있도록 하는 노력을 기울인다.

■ 서비스 특화 영업팀

영업사원이 제품을 판매한 후 자신의 가용할 수 있는 시간의 15~30%를 서비스와 관련된 업무에 사용하는 것이 보편적이다. 주문, 선적, 대금지불 등과 관련된 서비스가 그러한 예라고 할 수 있다. 판매활동을 수행하는 영업사원의 영업활동시간을 확보해주기 위해 판매 후의 서비스에 특화된 영업팀을 둘 수 있다. 여기에 소속된 영업사원은 보통 3~4명의 영업사원을 지원하는데, 판매활동을 수행하는 영업사원이 직접 처리하기는 힘들지만 고객가치의 창출을 위해서는 매우 중요한 업무를 처리해준다. [글 9-4]는 이러한 방식을 통해 영업사원의 영업활동시간을 늘리는 데 기여한 사례를 보여주고 있다.

우리나라 건설회사 해외영업팀의 영업활동시간 확보 사례

글 9-4

대부분의 영업사원들이 실제로 영업업무에 할애하는 시간은 근무시간 중 절반이 채 되지 않는다. 이들이 본연의 업무에 주력할 수 있도록 세일즈 운영을 재편할 수 있는 방안을 살펴보자. 결코 낯설지만은 않을 풍경을 소개한다.

한 글로벌 회사의 내근직 영업사원은 텔레마케팅을 위해 수화기를 몇 번 들어보지도 못한 채 근무시간의 75%를 지연된 딜을 처리하고 고객 문의사항에 답변하기 위해 황급히 정보를 검색하거나 극히 단순한 요청 건에 대해서조차 일회성 품의서를 작성하는 데 보내야 했다. 일선 현장의 고액 영업사원들의 상황 역시 크게 다르지 않아, 근무시간의 45%가 내부 영업지원 및 딜의 경과를 확인하는 데 소요되곤 했다. 표준적 제안서 하나를 작성하는 데에는 무려 7명의 인원이 참여하는 회의들이 소집됐으며, 현장 직원들이 특가 관련 품의서 한 건에 대한 승인을 받기 위해서는 최대 3주에 달하는 끈질긴 노력이 기본이었다. 이러한 비효율적 영업모델은 주먹구구식으로 신상품이 출시되면서 결국 그 바닥을 드러내고 말았다. 초기 주문 확보를 위한 품의서가 시한 내에 처리되지 않은 것이다.

이 사건은 비효율적 영업운영에 대한 경종을 울렸으며 결국 이 회사는 2년에 걸친 글로벌 세일즈 운영 효율화 작업에 돌입했다. 먼저 영업지원 인력(역할을 명확히 정의)과 딜 코디네이터(영업사원들을 대신해 시스템상에서 매출기록관리를 담당)들로 구성된 '세일즈 팩토리(Sales Factories)'를 신설했다. 또한 내부 프로세스의 표준화 및 단순화와 함께 포괄적인 성과관리시스템도 도입했다. 이는 오랜 기간이 소요되는 어려운 작업으로, 모든 기업들이 이러한 대대적 변화를 성공적으로 추진할 수 있는 것은 결코 아니다. 그러나 그 효과를 고려한다면 이는 충분히 도전할 만한 가치가 있다. 이 프로그램을 국가별로 이행한 결과 단 4개월 만에 가시적 효과가 나타난 지역도 있었다. 즉 영업사원들에게는 영업에 전념할 수 있는 시간이 평균 15% 더 늘어났으며 실판매 전환율은 5% 상승하고, 내부 영업 프로세스 사이클은 20% 단축됐다.

출처 : 매일경제 (2011), "영업에 주력할 수 있는 환경, 어떻게 구축할까," Luxmen, 제13호(10월)

6. 혼합형 영업조직구조

지금까지 영업조직을 구성하는 기준이 되는 변수로 지역, 제품, 고객, 기능 등을 제시하였고, 이 가운데 하나의 변수를 기준으로 영업조직이 구축되는 것으로 기술하였다. 그러나 실제로는 이러한 변수들이 결합하여 사용되는 경우가 훨씬 더 일반적이다. 먼저 많은 산업에서 고객에 특화되어 있으면서 지리적 분할이 같이 결합되어 있는 영업조직구조를 채택하고 있다. 고객과 지역이 결합된 영업조직구조의 예로 은행을 들 수 있다. 은행의 영업조직은 우선 고객유형별(기업고객, 개인고객, 대기업고객 등)로 구분되고, 기업고객과 개인고객을 담당하는 영업조직은 다시 지역별로 나누어지는 구조를 가지고 있다.

제약업체의 영업조직도 종합병원, 중소병원, 의원, 약국을 담당하는 조직으로 먼저 구분되고 각각의 조직이 다시 지역별로 나누어지는 구조를 가지고 있다. 일반 생활용품이나 식품과 같은 FMCG(Fast Moving Consumer Goods) 산업의 경우에도 대부분 대리점을 관리하는 영업조직과 뒤에서 기술할 전략고객(strategic account)을 관리하는 영업조직으로 구분되고, 대리점을 관리하는 영업조직이 다시 지역을 기반으로 나누어지는 구조를 가지고 있다. 한 기업이 여러 브랜드를 가지고 있고, 이 브랜드들의 대상고객이나 이미지가 전혀 달라 같은 장소에서 판매하기가 어려운 경우에는 브랜드로 특화되어 있으면서 지리적 분할이 결합된 영업조직구조를 가지고 있다. 의류업체의 영업조직이 이러한 대표적인 예에 속한다. 즉, 영업조직이 브랜드별로 나누어져 있고, 각 브랜드별 영업조직이 전국적인 조직체를 갖추어 대리점이나 백화점을 관리하는 형태를 취하고 있다.

또한 회사의 전략적 필요에 따라 제품과 고객이 같은 레벨에서 혼재되어 있는 경우도 찾아볼 수 있다. 예를 들어 우리나라의 한 가전업체의 국내사업부는 영업조직을 전속대리점 영업팀, 비전속판매점(백화점, 할인점 등) 영업팀, B2B(기업, 관공서 등) 영업팀, 그리고 휴대용 단말기 영업팀으로 나누고 있는데, 이는 유통망에 따른 세분시장을 중심으로 하면서 성장추세에 있는 제품(휴대용 단말기)을 감안한 영업조직이라고 할 수 있다. 또한 고객유형별 조직을 근간으로 하면서 자사의 캐쉬카우(cash cow)의 역할을 하는 대표적인 제품 하나만을 취급하는 영업조직을 별도로 조직하는 것도 이러한 유형에 속한다. 동아제약이 박카스에 특화된 영업조직을 별도로 두고 있는 것을 그 예로 들 수 있다.

[그림 9-14]는 지역과 제품이 결합된 형태의 영업조직구조의 두 가지 예를 보여주고 있다. 좌측의 조직구조는 지리적 영업조직을 중심으로 하면서 제품에 특화된 영업사원을 운용하는 방법으로, 이를 지리적 영업조직과 비교하면 CSO(Chief Sales Officer), 지역수준의 영업관리자, 지구수준의 영업관리자의 3단계 위계의 영업관리자가 있는 것은 동일하지만, 최일선의 영업관리자인 지구 영업관리자의 관리대상이 각 지구를 담당하는 영업사원이 아니라 특정 제품을 담당하는 영업사원이라는 점이 상이하다. 우측의 조직구조는 제품중심의 조직구조를 중심으로 하면서 각 제품의 영업관리자 밑에 지리적 조직구조를 위치시키는 방법이다. 이러한 구

그림 9-14 | 혼합형 영업조직구조의 예

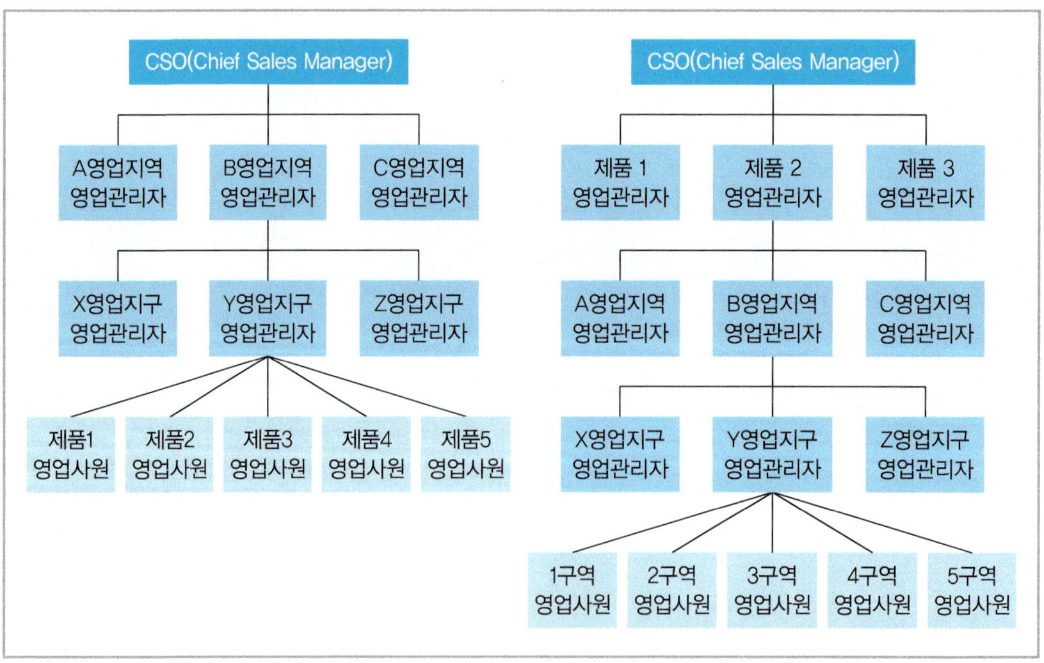

조는 영업지역이 대단히 넓어서 한 명의 영업사원이 전 지역을 대상으로 영업활동하는 것이 불가능하거나 매우 비효율적일 경우에 채택될 수 있다.

제4절 주요 영업조직 대안

지금까지의 영업조직에 대한 논의는 앞에서 기술한 바와 같이 영업사원의 자체적인 보유, 고객과의 일대일 대면에 의한 영업활동, 타부서 인력과의 매우 제한적인 협력관계, 고객의 규모에 따른 비차별화 등을 전제로 하고 있다. 그러나 실제의 영업현장에서는 이러한 전제조건들에 부합하지 않는 현상들이 나타나고 있으며, 이에 따라 다양한 형태의 영업조직이 출현하고 있다. 첫째, 많은 기업들이 효율적인 영업활동의 전개를 위해 자체적으로 많은 영업사원을 보유하지 않고 외부의 판매조직이나 전속대리점을 활용하는 경향이 커지고 있다. 둘째, 고객들의 요구가 다양해지고 복잡해지면서 영업은 물론 R&D, 재무, 생산, 마케팅 등 다양한 분야의 인력으로 구성된 영업팀 단위의 활동에 대한 요구가 커지고 있다. 셋째, 소수의 주요 고객들의 구매규모가 커지고 구매과정이 복잡해짐에 따라 이들 전략고객들을 집중적으로 관리해야 하는 필요성이 점증하고 있다. 넷째, 비용효율적인 영업활동의 전개를 위해 텔레마케팅이나 인터넷을 활용한 영업활동이 증가하고 있다. 다섯째, 유통의 중요성이 커지면서 유통 채널을 중심으로 하는 영업조직이 증가하고 있다. 이러한 추세는 [그림 9-15]에서와 같이

그림 9-15 | 주요 영업조직 대안

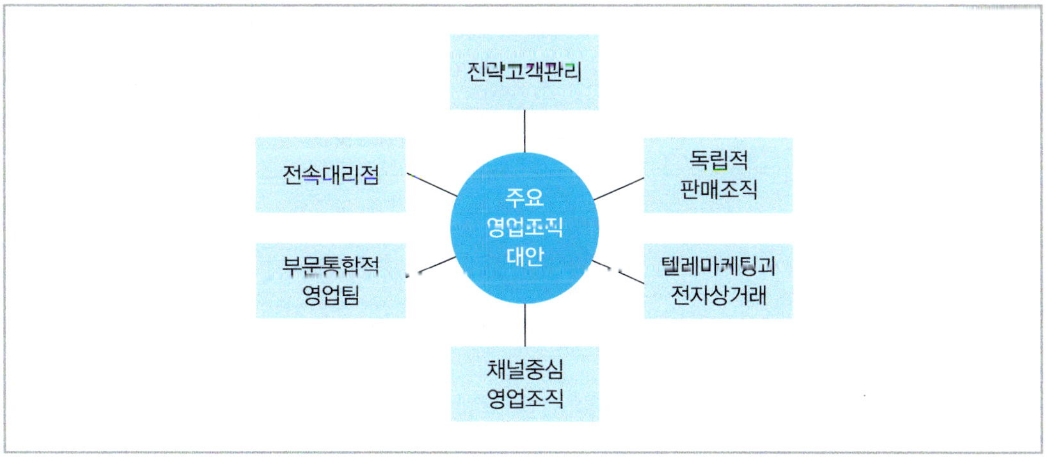

소수 초우량 고객들의 관리를 위한 전략고객관리, 전문성의 향상을 위한 부문통합적(cross-functional) 영업팀의 구성, 영업력을 갖춘 독립 판매조직의 활용, 외부조직이면서도 상당 수준의 통제력을 발휘할 수 있는 전속대리점의 활용, 비대면 영업수단인 텔레마케팅과 전자상거래, 유통채널중심의 영업조직의 증가 등으로 요약될 수 있다.

1. 전략고객관리

영업조직과 관련하여 최근 그 중요성이 부각되고 있는 사항 중의 하나는 전략고객(strategic account)을 관리하는 영업조직을 별도로 구축하는 것이다. 전략고객은 "자사의 매출에 대한 기여도가 매우 크거나 클 가능성이 높은 고객"이라고 정의될 수 있으며, 이에 따라 전략고객관리(Strategic Account Management : SAM)는 "전략고객 관리자를 별도로 임명하여 전략고객을 관리하게 하는 것"이라고 정의할 수 있다. 전략고객 관리자는 배정받은 전략고객과의 지속적인 커뮤니케이션을 수행하고, 자사의 모든 자원을 동원하여 전략고객의 니즈를 충족시키기 위한 최선의 노력을 기울이는 역할을 부여받는다. 전략고객은 핵심고객(key account), 주요고객(major account)으로도 불리며, 전략고객이 다국적기업인 경우에는 국제적(international) 전략고객 혹은 글로벌(global) 전략고객이라고 불린다.

1.1 전략고객의 중요성이 점증하는 이유

전략고객관리의 중요성이 커지는 이유는 세 가지 정도로 정리될 수 있다. 먼저 고객사들이 공급업체를 줄이려는 경향이 커지고 있다는 점을 들 수 있다. 이러한 경향이 커지는 이유는 고객사들이 시장에서 경쟁력을 확보하기 위해서는 시장의 변화에 신속하게 대응할 수 있어야 하는데, 이를 위해서 자사를 위해 전심전력을 다하여 일해 줄 수 있는 공급업체를 집중적으로 양성할 필요가 있기 때문이다. 기업들이 공급업체의 수를 줄이면 한 공급업체로부터의 구입 규모가 커지게 되고, 이로 인해 자연히 고객사의 상대적인 파워도 커진다. 상대적인 파워가 커진 고객사는 가격조건 등에서 더 유리한 협상을 할 수 있게 되고, 더 많은 서비스를 요구할 수도 있다. 판매사의 입장에서는 소수의 판매실적이 우수한 고객에 대한 의존도가 더욱 커지게 되고, 따라서 이들을 잘 관리함으로써 장기적인 관계를 증진시켜야 할 필요성도 커지게 된다.

전략고객관리가 중요해지는 두 번째 이유로는 고객사들이 점차 중앙집권화된 구매의사결정을 하는 추세에 있다는 점이 지적될 수 있다. 즉, 지역적으로 넓게 분포되어 있는 기업의 경우에 각 지역의 지점에서 구매의사결정을 하는 것이 아니라, 본부에서 구매의사결정을 하고 이 결정에 따라 구매가 이루어진 제품을 각 지점에서 사용하는 방식을 택하는 경향이 점차 커지고 있다. 이러한 추세에 대응하기 위해서는 지역의 구분을 뛰어넘어서 영업 자원을 사용할 수 있어야 하고, 영업 이외 부서의 자원도 동원할 수 있는 체제의 구축이 필요한데, 전략고객관리가 바로 이러한 역할을 수행한다. 전 세계에 지점을 두고 있는 다국적기업의 경우에 임직원들이 출장을 갔을 때 호텔에서 머무르게 되는데, 그 비용이 대단히 크기 때문에 호텔 선정에 대한 의사결정을 본사에서 일괄적으로 수행한다. 예를 들어 IBM은 본사에서 메리어트나 하얏트와 같이 전 세계적으로 지점을 보유하고 있는 호텔과 단가 등에 대한 일괄계약을 맺고 출장 시에는 이렇게 정해진 단가를 적용받는다. 따라서 호텔 체인도 본사에 전략고객을 담당하는 영업사원을 두고 고객의 이러한 의사결정 방식에 부응하게 된다.

세 번째 이유는 유통업체의 채널 파워가 커지면서 제조업체가 거대 유통업체를 본격적으로 관리해야 할 필요성이 커졌다는 점을 들 수 있다. 우리나라의 생활용품 제조업체나 식품업체의 경우 전략고객은 대형 할인점, 기업형 슈퍼마켓, 백화점과 같은 대형 유통업체들이며, 가전업체의 입장에서도 하이마트나 전자랜드와 같은 대형 카테고리 킬러가 전략고객이 된다. 우리나라에서도 1970~80년대에는 대규모 제조기업이 유통을 지배하는 구조였지만, 1990년대에 들어서면서 유통업체가 대형화되고, 또한 스캐너와 같은 정보기술의 발전으로 고객과의 접점을 가지고 있는 유통업체가 고객정보를 장악하게 되면서 채널상에서의 힘의 균형이 급속하게 제조업체에서 유통업체로 기울었고, 이에 따라 제조업체들은 대형 유통업체를 전략고객으로 관리를 해야 하는 환경이 조성되었다. 우리나라에서 특히 일용 소비재의 유통은 점점 더 소수의 대형 유통업체로 집중되어 가고 있고, 이에 따라 전략고객관리의 중요성도 증대하고 있다고 할 수 있다. 우리나라의 한 생활용품 제조업체는 영업본부 내에 대형마트본부를 두고 있으며, 대형마트본부 내에 다시 홈플러스팀, 이마트팀, 롯데마트팀을 두어 전략고객인 대형 할인점을 관리하고 있다.

전략고객은 규모가 큰 구매를 통해 회사에 많은 이득을 가져다주는 고객으로 그 구매과정이 여타 고객의 구매과정에 비해 매우 복잡하며, 이에 따라 판매과정도 복잡해진다. 전략고객의 입장에서는 구매규모가 큰 만큼 그 중요성도 크기 때문에 보다 신중한 의사결정을 위해 구매에 참여하는 사람들이 많아진다. 구매부서나 사용부서의 임직원들은 물론 R&D부서, 생산부서, 마케팅부서, 재무부서 등의 임직원들이 구매과정에 참여하게 된다. 더욱이 구매규모가 커질수록 회사의 대표가 영향력을 행사할 가능성도 커진다. 구매에 참여하는 사람이 많아지고 또한 최고경영층이 참여함에 따라 구매과정도 복잡해진다. 또한 거대 구매자는 가격할인,

특별서비스, 별도제작, 판촉지원 등 요구사항도 매우 다양하고 까다롭기 때문에 복잡성이 가중된다. 판매사의 입장에서도 거대 고객은 매우 중요하기 때문에 임원은 물론 회사의 대표가 나서서 관리하는 경우도 많다. 더욱이 전략고객은 대개 지역적으로 넓게 분포되어 있어서 각 지역의 많은 영업사원들이 각 지역에 있는 전략고객의 지점과 접촉하게 되기 때문에 회사의 입장에서는 이들의 활동에 대한 적절한 통제도 필요하다. 거대 구매고객과 판매사와의 관계는 판매사의 영업사원과 구매사의 구매사원과의 관계를 훨씬 뛰어넘어서 회사 대 회사의 관계가 된다. 판매사의 입장에서는 전사의 역량을 결집하여 관계를 유지 및 강화시켜야 하기 때문에 일반적인 관계에 비해 추가적으로 감안해야 할 부분도 많아진다. 이러한 모든 점들로 인해 전략고객의 구매과정과 판매사의 판매과정은 매우 복잡해진다.

전략고객관리가 효율적으로 이루어지기 위해서는 고객사가 판매사와의 장기적인 협력관계에 대한 의지를 가지고 있는 것이 매우 중요하다. 즉, 전략고객은 단순히 가격조건이 좋고 품질이 우수한 제품을 공급받는 데서 만족하는 것이 아니라, 자사가 가지고 있는 문제를 판매사와의 협력을 통해 해결해 나가고 이러한 과정을 통해서 상호 신뢰적인 관계를 형성하면서 동반성장을 하고자 하는 의지를 가지고 있어야 한다. 장기적인 관계를 구축하려는 의지 없이 단지 좋은 조건의 거래만을 하고자 하는 고객을 전략고객으로 선정하더라도 장기적인 관점에서의 관계증진이나 동반성장이라는 목표를 달성하기는 어렵다.

1.2 전략고객의 관리방안

성공적인 전략고객의 관리를 위해서는 어떠한 조직을 활용하여 관리할 것인가에 대한 문제가 신중하게 고려되어야 한다. 다음은 전략고객관리를 위한 여러 가지 조직관련 대안들을 기술하고 있다.

■ 기존 영업조직의 활용

가장 손쉽게 생각해 볼 수 있는 방안은 기존의 영업조직을 그대로 활용하는 방법이다. 이 방법은 조직의 변화에 따른 위험부담이 전혀 없고, 추가적인 비용부담도 없다. 그렇지만 기존의 영업조직이 보다 집중적으로 전략고객을 관리한다고 해도 전략고객에만 특화되어 있는 조직은 아니기 때문에 별도의 조직을 통해 관리하는 것에 비해 고객밀착적인 서비스를 제공하는 데는 명백한 한계가 있다. 또한 전략고객과의 관계는 장기적인 관점에서 거래중심이 아닌 관계중심의 관리가 이루어져야 하지만, 단기적인 매출에 의해 평가를 받아야 하는 기존의 영업조직으로서는 장기적인 관계의 구축에 소홀해질 수 있다. 이러한 이유로 이 방법을 채택하면 단기적인 비용절감에는 유리하지만 장기적으로는 전략고객이 이탈하거나 거래규모를 축소시킴으로써 회사가 큰 타격을 입을 가능성이 있다.

■ 영업담당 최고경영진의 활용

회사에서 영업을 담당하는 최고경영진으로 하여금 전략고객을 담당하도록 하는 방법을 취할 수도 있다. 이 방법은 기업의 규모가 작아서 별도의 전략고객 담당 영업조직을 구성할 여유가 없거나, 혹은 전략고객의 매출비중이 너무 커서 회사에서 집중적인 관리를 할 필요가 있을 때 활용된다. 우리나라 제약회사의 경우에는 병상수가 1,000석이 넘는 대형 종합병원이 전략고객이 된다고 할 수 있는데, 이러한 종합병원에 대해서 영업부문의 최고의사결정자가 직접 관리하는 경우도 있다. 이 방법의 이점은 최고경영진은 최종적인 의사결정을 할 수 있는 권한을 가지고 있기 때문에 전략고객과의 미팅을 통해서 거래조건이나 협력방안 등의 제반 사항에 대해 빠른 의사결정을 할 수 있다는 점을 들 수 있다. 단점으로는 최고경영진이 전략고객의 관리에 많은 시간을 할애함에 따라 전체 영업조직에 대한 기획이나 관리에 사용할 수 있는 시간이 대폭 줄어든다는 점을 들 수 있다.

■ 별도 영업조직의 구성

전략고객을 위한 별도의 영업조직을 구성하는 방법을 들 수 있다. 예를 들어 Hewlett-Packard는 영업팀을 레드팀, 블루팀, 그린팀으로 나누고, 레드팀은 전략고객, 블루팀은 도매상 등의 유통업체, 그린팀은 여타 고객들을 담당하도록 하고 있다. 전담팀을 구성하지 않고도 비슷한 효과를 볼 수 있는 방법도 사용되고 있다. 즉, 유능한 영업사원을 특정 전략고객의 담당 영업사원으로 임명하고, 그로 하여금 고객사나 고객사 부근에서 근무하게 하면서 그 지역을 담당하고 있는 영업팀과의 협업을 통해 영업활동을 전개하게 하는 방법도 사용될 수 있다. 이 영업사원은 자신의 활동 내용을 그 지역의 영업관리자에게 보고하는 것이 아니라 본사의 전략고객담당 영업관리자에게 보고하고, 전략고객담당 영업관리자는 다시 전략고객담당 임원에게 보고하게 된다. [글 9-5]와 [글 9-6]은 각각 우리나라 일용소비재 기업들과 일본 에너지 회사가 별도의 영업조직을 통해 전략고객을 관리하는 방안에 대해 기술하고 있다.

■ 부문통합적 영업팀의 구성

최근 들어서 전략고객에 능동적으로 대응하는 방안의 하나로 부문통합적인 영업팀(corss-functional selling team)의 활용이 주목받고 있다. 이는 영업사원뿐만 아니라 생산, 개발, 서비스, 재무 등 여러 부문의 전문인력으로 구성된 팀을 구성하여 고객에게 종합적인 서비스를

우리나라 일용소비재 제조기업의 전략고객관리

글 9-5

우리나라의 일용소비재(Fast Moving Consumer Goods : FMCG) 제조업체들의 영업조직은 유통구조와 밀접한 관계가 있다. 우리나라에서 화장품 등을 제외한 식품, 가정용품 등의 일용소비재 유통은 60~80%가 백화점, 대형 할인점, 그리고 기업형 슈퍼마켓(SSM : Super Supermarket) 등의 대형 유통업체를 통해서 이루어진다. 따라서 일용소비재 제조업체(예를 들어 식품부문의 풀무원, 대상, CJ 등)의 입장에서는 이러한 대형 유통업체들이 전략고객이 된다. 대형 유통업체들은 구매의사결정을 본사에서 일괄적으로 시행하기 때문에 제조업체도 전략고객을 담당하는 영업조직을 본사에 두고 이에 대응하고 있다. 즉, 본사 조직에 전략고객 전담부서를 두고 각 채널을 담당하는 관리자(예를 들어 이마트 담당관리자, 홈플러스 담당관리자 등)로 하여금 이들 전략고객을 대상으로 공급가격, 판촉계획, 판매생산계획 등의 업무를 수행하도록 하고 있다. 그런데 이러한 전략고객들은 전국적인 유통망을 가지고 있기 때문에(예를 들어 우리나라 3대 SSM인 롯데슈퍼, GS 슈퍼마켓, 홈플러스 익스프레스 3개사의 점포수는 2010년을 기준으로 전국적으로 약 400개에 이르고 있음) 제조업체들도 전국적으로 흩어져 있는 전략고객의 점포를 관리하기 위한 영업조직이 필요하다. 그래서 각 도, 대도시 혹은 광역권(예를 들어 수도권, 중부권, 호남권, 영남권 등)을 기준으로 영업지점을 두고 본사의 전략고객에 대한 의사결정 사항들이 잘 실행되고 있는지를 점검하는 역할을 수행하도록 하고 있다. 이와 더불어 영업지점은 각 지역의 특색에 맞는 영업전략을 수립하여 실행하기도 한다. 즉, 전략고객에 대한 의사결정의 80~90%는 본사에서 이루어지지만, 나머지 부분에 대해서는 각 지점에서 지역특성에 적합한 영업활동을 하도록 하고 있기 때문에 각 지점에서는 이 부분에 대한 업무도 더불어 수행한다. 또한 전략고객의 각 매장에는 홍보, 판매는 물론 물류, 진열, 재고관리 등의 업무를 수행하는 판촉사원이 있기 때문에 지점에서는 이들 판촉사원을 관리하는 역할도 수행한다.

일본 H에너지회사의 전략고객관리

글 9-6

전력이나 가스와 같은 에너지는 상품 자체의 차이가 그다지 없는 커머디티 상품이어서 시장세분화가 별로 없을 것으로 생각될 수도 있지만, 그러나 실제로는 사용량, 사용패턴, 품질이나 가격에 대한 니즈, 규제 · 비규제 등의 조건 등에 의해 의외로 많은 세분시장으로 나뉜다. 일본의 H에너지회사는 고객을 대형산업용 · 업무용 고객, 중소산업용 · 업무용 고객, 일반 거주자(가정용) 등으로 세분화하고 있다. 대형산업용 · 업무용 고객에 대해서는 회사별로 혹은 몇 개의 회사를 담당하는 영업사원을 두고 한 회사마다 세심한 배려를 하도록 하고 있다. 이러한 영업사원이 바로 전략고객전담 영업사원이 된다. 중소산업용 · 업무용 고객에 대해서는 회사별로 전담 영업사원을 두고 있지는 않지만, 이 고객들을 산업 등을 기준으로 다시 세분화하여 세분시장별로 표준화된 패키지를 판매하고 있다. 가정용 세분시장에 대해서는 영업사원을 두지 않고 콜센터 등의 매스마케팅으로 대응하고 있다. [표 9-2]는 이 회사에서 전략고객을 담당하는 영업사원이 수행하는 업무들의 내용을 기술하고 있다. 이들은 고객에 밀착하여 이들의 다양한 니즈에 대응함으로써 최대 만족을 이끌어내는 역할을 수행한다. 전력이나 가스회사 등은 종래에는 규제로 보호를 받아 별도의 영업을 하지 않고도 전력이나 가스를 판매해 왔지만, 시장이 자유화되어 경쟁이 도입된 이후에는 기술한 바와 같이 영업사원을 육성하고 배치하는 새로운 영업방식이 매우 중요해지고 있다.

표 9-2 | 일본 H에너지회사의 전략고객담당 영업사원의 업무내용

항목	내용
고객관계의 강화	• 고객의 획득, 고객의 유지 • 고객니즈의 심층 발굴 • 구매센터 구성원 및 의사결정과정 파악 • 고객의사결정과정에 영향력 행사 • 자사에서 고객의 대변자로서 고객의 이해를 대변
계약교섭	• 상품과 서비스를 고객에 맞추어 커스터마이징 • 고객의 니즈와 부담 능력에 맞춘 요금 및 가격의 설정 • 고객에게 계약의 연장 · 갱신요구
시너지효과의 실현	• 고객의 에너지 소비의 최적화를 위해 고객업무를 재점검하여 최적화방안 제안 • 이러한 제안을 위한 관련정보의 체계적 수집 : (예) 한 사업소당 부하곡선, 최대부하, 현재의 프로세스 흐름 등
거래비용의 절감	• 클레임의 관리 : (예) 기술상의 과제, 요금 · 청구의 과제, 서비스 내용의 과제 • 정보교환 방법의 간소하 • 정기적인 의사교환 기회의 설정

출처 : 이마무라 히데아키 (2007), 보스턴컨설팅그룹의 B2B 마케팅, 번역서, 비즈니스맵, 196-200.

제공하는 것을 의미한다. 즉, 영업사원 개인이 권한을 부여받아 고객과의 교섭을 주도하는 형태가 아니라, 여러 분야의 인력으로 구성된 영업팀이 고객과의 교섭을 주도하고 결정을 이루어나가는 방식이다. 부문통합적 영업팀은 전략고객관리뿐만 아니라 다양한 용도로 활용될 수 있고, 또한 그 중요성도 크기 때문에 별도의 항목에서 상세하게 기술하였다.

■ 별도의 사업부 구성

이 방안은 전략고객을 담당하는 부서를 별도로 만드는 방안이다. 위에서 기술한 별도의 영업조직을 구성하는 것은 사업부 내에서 전략고객을 담당하는 영업팀을 별도로 만드는 것을 의미하지만, 별도의 사업부를 구성하는 방법은 전략고객을 전담하는 사업부를 따로 분리하여 영업은 물론 생산, 마케팅, 회계, 재무, 인사 등의 모든 기능을 독립적으로 갖추는 것을 의미한다. 이 방안은 특정 전략고객의 유지 여부가 회사의 성장에 결정적인 영향을 미칠 때 활용된다. 예를 들어 유명 백화점과 같은 특정 대형 유통업체에 PB상품을 납품하는 의류 제조업체의 경우에 이러한 방안을 활용할 수 있다. 이 방안은 전략고객에게 밀착하여 신속하고 고객의 니즈에 부합할 수 있다는 큰 장점이 있지만, 마케팅, 생산 등 영업을 제외한 모든 부문에서 다른 사업부와 중복되는 기능을 독자적으로 운영해야 하기 때문에 비용이 많이 든다는 단점이

있다.

위에서 기술한 전략고객을 관리하는 방안들을 회사가 얼마나 적극적으로 전략고객에 대응하는가를 기준으로 분석해보면 [그림 9-16]과 같이 나타낼 수 있다. 분석의 기준은 기존 영업조직에 변화가 있는지의 여부와 타부문과의 연계가 이루어지는지의 여부라고 할 수 있다. 먼저 기존의 영업조직을 이용하는 방안은 기존 영업조직에 전혀 변화가 없고, 최고경영진을 활용하는 방안도 보고체계에서는 약간의 변화가 있지만 기존 영업조직에 대한 영향은 미미하다. 별도의 영업조직을 운영하는 방안은 조직구조의 변화가 수반되지만 영업부서 내에서의 조직구조 변화로 타부문에 대한 영향은 거의 없다. 부문통합적 영업팀을 구성하는 방안과 별도의 사업부를 구성하는 방안은 타부문과의 연계를 바탕으로 하는 조직구조의 변화가 수반된다. 별도의 사업부를 구성하는 것은 기존의 영업부서와는 완전히 독립적으로 운영되는 새로운 사업단위를 만드는 것이기 때문에 영업부서 내에서 새로운 팀을 신설하는 부문통합적 영업팀을 구축하는 방안에 비해 더 적극적인 방안이라고 평가할 수 있다.

그림 9-16 | 전략고객관리 조직구성에서의 적극성의 강도

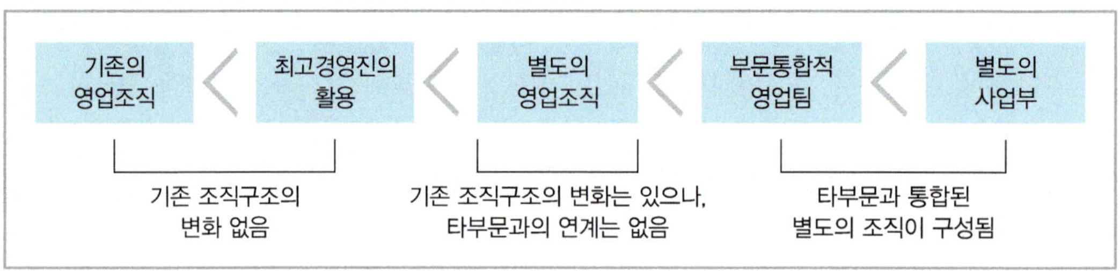

2. 부문통합적 영업팀

2.1 부문통합적 영업팀의 필요성

앞에서 기술한 바와 같이 부문통합적 영업팀은 전략고객관리를 수행하는 데 적합한 조직구조로 많이 활용되고 있지만, 이러한 형태의 영업팀은 전략고객관리 이외에도 다양한 용도로 활용될 수 있다. 부문통합적 영업팀이 주도하는 영업이 주목을 받고 있는 주된 이유는 고객의 요구가 점차 고도화되어 가고 있기 때문이다. 즉, 영업조직은 단순히 제품이나 서비스를 판매하는 것을 넘어서서 고객이 가지고 있는 문제를 해결해주고, 더 나아가 고객이 미쳐 인식하지

못하고 있는 새로운 가치를 창출해줄 수 있는 제안을 해줄 것을 요구받고 있다. 또한 고객은 상품도 자사의 니즈에 맞는 개별화된 상품을 요구하기도 하고, 신속하고 유연한 서비스제공을 요구하기도 한다. 이러한 고객들의 다양하고 까다로운 요구에 부응하기 위해서는 여러 분야에 대한 전문적인 지식을 고루 가지고 있어야 함은 물론, 합리적이고 정확한 의사결정을 신속하게 내릴 수 있어야 한다. 그런데 한 사람의 영업사원이 고객이 요구하는 모든 능력을 갖출 수는 없기 때문에 여러 분야의 전문인력으로 구성된 영업팀이 필요해진다. 은행의 PB 조직이 VIP 고객을 관리하기 위해 고객관리자를 중심으로 세무전문가, 부동산전문가, 금융상품전문가 등이 한 팀을 이루어 활동하는 것이 이러한 예에 속한다고 할 수 있다. 부문통합적 영업팀을 구성하여 고객의 니즈에 부응하고자 하는 것은 이 구조가 다음과 같은 이점을 가지고 있기 때문이다.

- 여러 부문의 인력이 협업을 함으로써 새로운 지식을 창출해내는 데 유리하다. 즉, 영업, 생산, R&D, 마케팅, 재무 등 여러 부문의 직원들이 같이 모여서 일하는 과정에서 고객의 니즈에 부응할 수 있는 다양한 관점의 아이디어들이 나올 수 있다.
- 더 활발한 부서 간 정보공유가 가능해진다. 부문통합적 영업팀에는 다양한 부서에서 모인 직원들이 근무를 하고 있기 때문에 이 팀에서 논의된 내용들이나 각 부서에서 가지고 있는 정보들이 부서 간의 장벽을 뛰어 넘어 보다 원활하게 공유될 수 있다.
- 시장의 변화에 보다 신속하게 대응할 수 있다. 시장의 변화에 대응하기 위해서는 단지 영업 프로세스의 변화가 아니라 전사적인 차원에서의 대응이 요구된다. 부문통합적 영업팀은 시장의 변화에 대한 전사적 · 종합적 관점에서의 해결방안을 제시할 수 있는 최적의 조직 형태라고 할 수 있다.

2.2 부문통합적 영업팀의 유형

이러한 흐름에 따라 많은 기업들이 부문통합적인 영업팀을 운영하고 있다. 예를 들어 Proctor & Gamble(P&G)은 제품 유형별로 구성되어 있던 조직구조를 영업사원과 함께 물류, 시장조사, 재무 및 회계부문의 전문가로 구성된 영업팀의 형태로 조직구조를 바꾸었다. 이렇게 구성된 영업팀은 특정 고객과의 모든 관계에 대해 책임을 진다. 영업팀의 구성원들은 그 영업팀에 전속되며, 고객사의 본사에 들어가서 혹은 고객사 본사의 부근 건물에서 업무를 수행한다. AT&T는 자사의 제품과 고객에 대한 수준 높은 지식을 가지고 있는 고객관리자(account manager)와 기술적인 지원을 해줄 수 있는 2~3명의 제품 및 기술전문가로 구성된 370여 개의 전략고객 영업팀을 운영하고 있다. IBM도 산업별 조직구조에서 고객중심의 조직구조로 재구성하였다. 그런데 P&G나 AT&T와 다른 점은 영업팀의 구성에 있다. 영업팀에는 관계관리자라고 불리는 고객관리자가 리더의 역할을 하는데, 고객사의 니즈에 따라 사내에서 필요 분야의 전문가를 소싱하여 한시적인 영업팀을 구성한다. 따라서 리더를 제외한 구성원들은 영업팀에 전속되어 있는 것이 아니라 영업팀과 원소속 부서의 임무를 동시에 지게 되어 있다. 즉, 부문통합적 영업팀은 P&G나 AT&T과 같이 상시적인 조직으로 운영될 수도 있고, IBM과 같이 필요에 따라 조직되었다가 해체되는 한시적인 조직으로 운영될 수도 있다([글 9-7] 참조).

우리나라의 다국적 벤더사들에서는 상시적인 부문통합적 영업팀이 운영되는 경우보다는 기술적인 지원을 해 줄 수 있는 부서를 별도로 두고 영업팀에서 필요할 때 지원을 요청하여 일시적으로 팀단위로 움직이는 형태로 운영되는 것이 일반적이다. 즉, 영업사원이 영업을 하는 과정에서 고객사로부터 솔루션에 대한 소개, 자사에 적합한 모델의 제시, ROI의 제시 등을 요청받았을 때 지원부서으로부터 적합한 인력을 지원받아 고객의 요구에 부응하게 된다. 그러나 매우 중요한 전략고객의 경우에는 기술인력이 포함된 상시적인 영업팀에 운영되기도 한다.

최근에는 사내의 여러 부문을 통합하는 것을 넘어서서 고객사의 직원을 영업팀에 포함시키는 기업통합적 영업팀도 구성되고 있다. GE(General Electric)는 주요 고객을 위해 부문통합적이며 기업통합적인 140명 규모의 영업팀을 구성한 적이 있는데, 140명 가운데 60명은 GE의 직원으로, 80명은 고객사의 직원으로 채워졌다. 여기서 더 나가가 생산시설을 공급하는 공급업체와 고객사가 공동으로 영업팀을 구성하고, 고객사의 생산비 절감에 대한 목표치를 합의하여 설정한 뒤, 절감액이 목표치를 초과하였을 경우에는 초과된 절감액을 양사가 배분하

IBM의 영업팀 구성

글 9-7

IBM의 영업팀은 주요 고객의 진정한 니즈를 파악하고, 니즈의 해결을 위한 대안을 검토하여 제안하는 솔루션 영업을 담당한다. 이 영업팀은 다양한 분야의 전문가로 구성된다. 고객과의 관계를 구축 · 유지하고 영업 전반의 관리를 담당하는 고객관계전문가, 고객의 업계에 정통한 산업전문가, 고객의 기술적 니즈를 파악하고 시스템 전략과 프로젝트를 제안하는 솔루션전문가, 시스템의 요건을 정의하고 시스템을 설계하는 정보기술전문가, 시스템 개발 프로젝트의 관리를 수행하는 프로젝트관리전문가 등으로 구성된다. 이러한 각 분야의 전문가들이 모여서 영업팀을 이루고 고객에게 커스터마이즈된 솔루션을 제공하게 된다. [그림 9-17]은 판매과정의 어떠한 단계에서 어떤 전문가가 관여하며, 구체적으로 어떠한 업무를 수행하는지를 나타내고 있다. 프로젝트가 완료되면 고객관계전문가 이외는 모두 해당 프로젝트에서 이탈하여 다른 프로젝트에 다시 참여하게 된다.

그림 9-17 | 판매과정 단계별 각 분야 전문가들의 역할

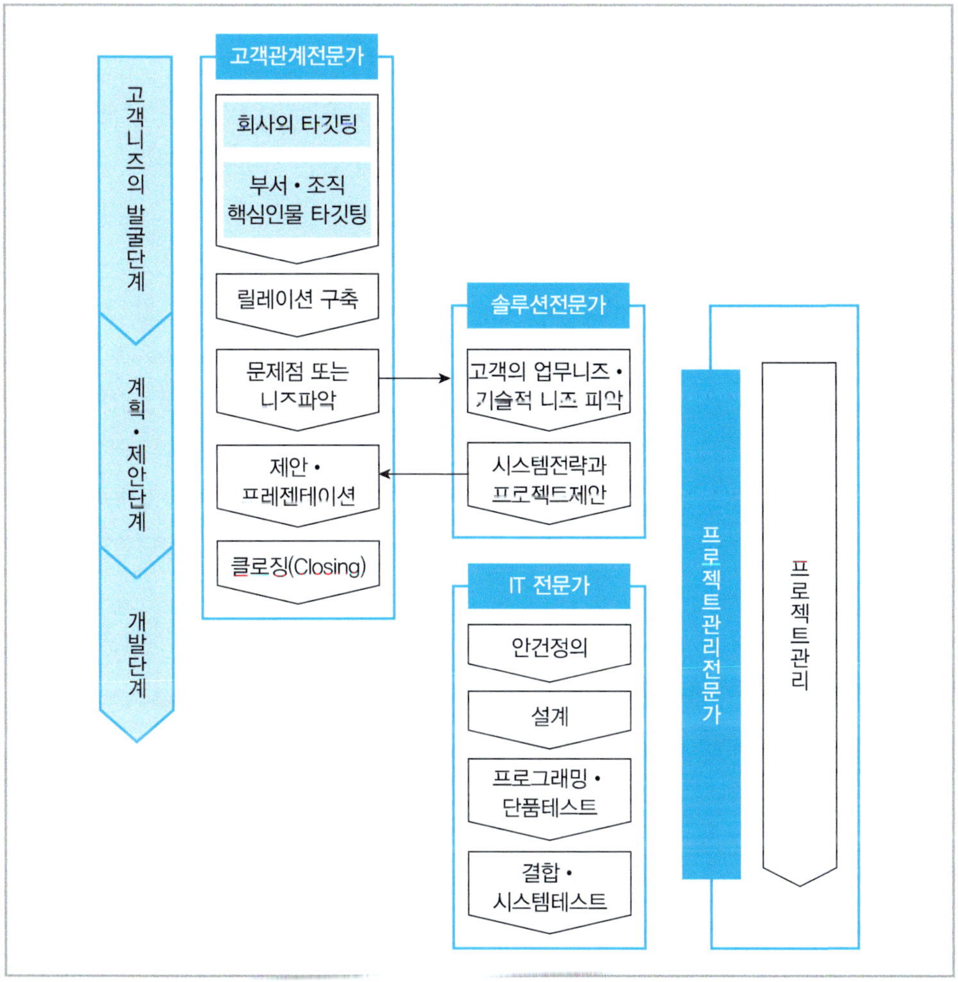

출처 : 이마무라 히데아키 (2007), 보스턴컨설팅그룹의 B2B 마케팅, 번역서, 비즈니스맨, 201-211.

여 갖고, 반대로 절감액이 목표치에 미달하였을 경우에는 미달된 절감액을 공급업체가 부담하는 방식으로 운영하기도 한다. 즉, 고객사와 공급사가 KPI(Key Performance Index)를 공유하면서 하나의 조직처럼 활동하는 것이다. 또한 경우에 따라서는 공급업체가 자사의 영업팀과 고객사의 구매팀과의 미팅을 위한 별도의 장소를 마련하기도 한다. 이러한 장소는 흔히 영업센터(selling center)라고 불리는데, 고객사의 사무실에서 미팅을 하는 것에 비해 보다 허심탄회한 의견 소통이 가능하고, 이에 따라 고객과의 관계 증진에 크게 도움이 되는 것으로

알려져 있다.

2.3 부문통합적 영업팀의 효율적 운영

부문통합적 영업팀을 구성하는 데는 많은 비용이 소요되기 때문에 한정된 부문에 대해서만 활용되어야 한다. 영업팀을 구성하는 전제조건으로 다음과 같은 사항들을 들 수 있다.

- 고객사의 판매 및 수익잠재력이 매우 커야 한다. 따라서 중소 규모의 고객사를 대상으로 영업팀을 구성하는 것은 바람직하지 않다.
- 잠재력이 높은 고객사의 경우라도 고객사의 구매 프로세스가 복잡하지 않은 경우에는 영업팀을 도입할 필요가 없고, 일상적인 영업팀이 업무를 수행하는 것으로 충분하다. 구매 프로세스가 복잡한 경우로는 신규구매를 들 수 있다. 특히 처음 거래를 시작하려는 잠재력이 높은 고객에 대해 부문통합적 영업팀을 구성하여 대응함으로써 수주의 확률을 대폭 높일 수 있다. 구매프로세스가 복잡한 경우에는 고객사는 구매팀을 구성하여 보다 신중한 구매를 하려고 하는데, 이러한 경우에 공급업체도 부문통합적 영업팀을 운영하여 대응하는 것이 적절하다.
- 또한 기존의 고객사라고 하더라도 제품을 구매하는 것이 아니라 구체적인 문제를 해결할 수 있는 솔루션과 개별고객화된 상품을 구입하고자 하는 경우에는 매번 구매의 성격이 달라질 수있기 때문에 상시적인 영업팀을 운영할 수 있다. 더욱이 고객사가 자사가 가지고 있는 문제에 대해 정확히 파악하고 있지 못하고, 이러한 문제를 공급사와 함께 해결하고자 할 때는 영업팀을 운영하는 것이 바람직하다.

영업팀을 구성하기 위해서는 사전에 영업팀의 규모와 기능은 물론, 영업팀 및 영업팀 구성원에 대한 성과평가 및 보상방법 등 여러 가지 사항들에 대한 고려가 이루어져야 한다. 이러한 사항들에 대한 결정은 그 영업팀의 전략적 목표가 무엇인지에 따라 달라진다. 예를 들어 SI(System Integration) 업체의 경우에 고객들은 시스템의 설치 이후의 애프터서비스, 운용상의 기술지원, 소프트웨어 업그레이드 등에 대한 관심이 높다. 따라서 영업팀에는 지원인력은 물론 하드웨어 및 소프트웨어 엔지니어를 포함시킴으로써 구매협상을 보다 원활하게 이끌 수 있다. 영업팀은 전문성이 각기 다른 여러 사람으로 구성되기 때문에 각자의 목표나 사고방식의 차이에서 오는 의견대립으로 생산성이 저하될 가능성이 있다. 이러한 갈등은 사내의 다른 부서에서의 경험을 가지고 있는 직원들을 영업팀에 포함시킴으로써 완화될 수 있다. 예를 들어 R&D부서에서 일을 해본 경험이 있는 영업사원이나 현재는 마케팅부서에서 일하고 있지만 과거에 생산부서에서 근무한 경험이 있는 직원을 영업팀에 포함시킴으로써 이들이 영업팀 내의 다양한 시각들을 조화롭게 융합시킬 수 있도록 유도하는 것이 바람직하다.

영업팀에는 각 분야의 전문가가 참여해야 하기 때문에 전문성을 갖춘 인재의 양성이 중요하고 따라서 전문성을 지원하기 위한 제도적 지원이 필수적이다. 이러한 제도적 지원은 방법론의 축적, 전문가 네트워크의 구축, 전문인 양성을 위한 인사제도 및 성과평가제도의 도입 등 여러 분야에 걸쳐 광범위하게 이루어져야 한다.

첫째, 먼저 프로젝트의 수행을 위한 방법론을 축적하고 정형화하는 작업이 요구된다. 각 분야에 대한 다양한 경험을 바탕으로 솔루션 제공에 유용한 방법론을 정리하고 분류하여 축적함으로써 이를 필요로 하는 구성원이 언제든지 조회하여 사용할 수 있도록 표준적인 형태로 준비해 두는 것이 중요하다. 프로젝트 라이브러리, 템플리트(template), 개발 가이드 등의 매뉴얼, 개발모듈 등의 개발이 이러한 지원책에 해당한다.

둘째, 전문가 네트워크를 구성하는 것이다. 전문성의 향상을 위해서는 전문가 간의 교류가 필수적이다. 필요할 때 신속하게 조언을 구할 수 있고, 성공 및 실패의 경험을 공유할 수 있는 네트워크의 구성이 조직학습을 통해 전문성을 기를 수 있는 관건이 된다. 이러한 네트워크는 시스템을 통해서도 구현될 수 있지만 오프라인에서도 장려되어야 한다. 예를 들어 경험이 많은 선배가 새로 입사한 신입 전문가 후보와 도제관계를 맺고 육성해가는 방안도 매우 중요하다.

셋째, 전문화를 지원하기 위한 인사제도 및 성과평가 제도가 요구된다. 관리직 인재의 양성에 치우친 인사제도하에서는 전문성을 갖춘 인재가 제대로 처우를 받기는 힘들다. 이렇게 되면 전문인으로서 성장하려는 사람은 없어지고 모두 관리직으로의 진출을 모색하게 된다. 이러한 현상을 방지하기 위해서는 전문가로서의 경력을 관리해나갈 수 있도록 하는 인사제도가 필요하다. 또한 해당 분야에서 두각을 나타내는 전문인으로 성장한 인재에 대해서는 경영진으로서 처우를 하는 것도 중요하다. 영업팀에 대한 성과평가와 보상방법은 혼자 활동하는 영업사원에 대한 것과는 매우 달라야 하기 때문에 이에 대한 고려가 영업팀의 구성 이전에 이루어져야 한다. 이와 관련하여 영업팀 인력의 숫자가 늘어날수록 구성원들은 노력을 덜 기울이는 경향이 있고, 심지어 무임승차(free riding)의 문제까지 발생할 수 있기 때문에 업무량이 충분히 확보되지 않는 인력은 포함시키지 않는 것이 바람직하다. 영업팀의 보상에 대한 내용은 제17장의 '보상방법'에서 기술하고 있기 때문에 여기에서는 상세하게 논의하지 않는다.

3. 독립적 판매조직

최종소비재를 생산하는 제조업체들은 거의 대부분 다양한 형태의 외부의 독립적 판매조직을 활용하여 최종소비자에게 자사의 제품을 판매하고 있다. 이에 비해 산업재를 생산하는 제조업체는 중간상을 거치지 않고 고객사에 직접 판매하는 비율이 훨씬 높지만, 그래도 상당 부분 독립적 판매조직을 통해 판매한다. 즉, 제조업체는 대부분 다른 업체의 영업조직을 활용하여 자사의 제품을 판매하고 있다. 따라서 독립적 판매조직은 제조업체의 입장에서는 자사의 제품이나 서비스를 구매하는 고객인 동시에 자사의 제품을 판매하는 영업조직이기도 하다. 통신사, 항공사, 보험사, 호텔 체인 등의 많은 서비스업체들도 독립적 판매조직을 이용하여 자사의 서비스를 판매하고 있다. 예를 들어 항공사나 호텔 체인은 여행사를 활용하여 자사의 항공권이나 객실을 판매하고 있으며, 보험사의 방카슈랑스의 경우 자사의 보험상품을 은행 조직을 활용하여 판매한다.

독립적 판매조직에는 직접판매회사, 독립대리점(independent agent 혹은 general agent), 브로커(broker), 상인도매상(merchant wholesaler), 파트너 등이 포함된다. 이 가운데 상인도매상은 자신의 책임하에 제조업체로부터 제품을 구입하여 소유권을 보유하지만, 독립대리점이나 브로커는 제품에 대한 소유권도 갖지 않고, 재고도 갖지 않으며, 제품의 판매에 대한 커미션을 수입원으로 한다. 여기서는 먼저 독립적 판매조직의 각 유형에 대해 기술하고, 이어서 어떠한 경우에 독립적 판매조직을 활용할 것이며, 이를 어떻게 선정하고 관리할 것인가에 대해 기술한다.

3.1 직접판매회사

우리나라의 방문판매법은 방문판매를 순수방문판매, 후원방문판매, 다단계판매의 3가지 유형으로 구분하고 있다([글 9-8] 참조). 순수방문판매는 보험업계에서 찾아볼 수 있는 형태로, 해당 영업사원의 수입이 자신의 판매실적에 의해서만 결정되는 형태의 방문판매를 의미한다. 이와는 달리 후원방문판매나 다단계판매에서는 해당 영업사원의 수입이 자신의 실적은 물론 자신의 소개로 들어온 영업사원들의 실적에 의해서도 영향을 받는다. 업계에서는 방문판매 가운데 순수방문판매를 제외한 후원방문판매와 다단계판매를 합쳐서 직접판매(direct selling)라고 부르고 있다.

직접판매의 원래적인 의미는 도매상이나 소매상을 거치지 않고 직접 최종소비자와의 커뮤니케이션에 의해 제품이나 서비스를 판매하는 모든 형태를 포괄하지만, 여기에서는 업계에서

우리나라 방문판매법상의 직접판매 유형

글 9-8

우리나라의 '방문판매법'에서는 방문판매의 형태를 순수방문판매, 후원방문판매, 다단계판매의 세 가지 유형으로 구분하고 있다. 세 유형 모두 영업사원이 대리점이나 영업소와 같은 사업장 이외의 장소에서 소비자에게 권유하여 계약의 청약을 받거나 혹은 계약을 체결하여 제품이나 서비스를 판매한다는 점에서는 공통점을 지닌다. 세 유형은 두 가지 기준에 의해 구분될 수 있다. 첫 번째 기준은 영업사원으로서의 가입이 회사와의 직접적인 관계를 통해 이루어지는가의 여부이다. 영업사원으로서의 가입이 다른 모든 영업사원들과 동일하게 회사와의 직접적인 관계를 통해 이루어지는 경우는 순수방문판매에 해당되고, 그렇지 않고 다른 영업사원의 소개에 의해 가입이 이루어지고, 권유한 영업사원의 하위 영업사원으로 배속이 되는 경우는 후원방문판매나 다단계 판매에 해당된다. 후원방문판매나 다단계판매의 경우에는 영업사원이 되기 위해서는 반드시 기존 영업사원의 소개가 있어야 한다. 따라서 후원방문판매나 다단계판매 업체의 경우에는 직접 영업사원을 모집하지 않고, 이 업무를 전적으로 기존의 영업조직이 수행하도록 하고 있다. 순수방문판매의 경우에는 자신의 판매실적에 따른 커미션만이 수입이 되며, 후원방문판매나 다단계판매의 경우에는 자신의 판매실적에 따른 커미션 이외에 자신의 소개로 영업사원이 된 사람들의 판매실적에 따른 후원수당이 별도로 지급된다. 두 번째 기준은 후원방문판매와 다단계판매의 구분에 대한 것으로, 특정 영업사원에 대한 후원수당이 바로 하위의 영업사원의 실적에 의해서만 결정되는 경우에는 후원방문판매가 되고, 그렇지 않고 자신보다 하위에 위치한 모든 영업사원들의 실적에 따라 결정되면 다단계판매가 된다. 따라서 다단계판매의 경우에는 자신이 직접 소개한 영업사원뿐만 아니라, 자신이 소개한 영업사원이 소개한 영업사원, 또 그 사람이 소개한 영업사원 등 자신을 정점으로 형성된 영업조직에 속한 모든 영업사원들의 실적에 따른 후원수당을 수령한다.

순수방문판매는 해당 구 혹은 시청에 신고만 하면 사업이 가능하지만, 후원방문판매나 다단계판매의 경우에는 해당 구 혹은 시청에 등록을 하여야 하고, 후원수당 총액제한(매출액 대비 38%), 취급제품 가격 상한(160만원), 소비자피해 보상보험 가입 의무화 등 3대 규제를 받는다. 그러나 후원방문판매의 경우에는 최종소비자에 대한 판매비중이 70% 이상인 경우에는 이러한 3대 규제가 면제된다.

참조 : 공정거래위원회 (2012), "'방문판매 등에 관한 법률 시행령 · 시행규칙 개정안' 입법예고," 보도자료

와 같이 직접판매를 후원방문판매와 다단계판매에 한정시켜 지칭하기로 한다. 우리나라에도 매우 많은 수의 직접판매회사가 존재하는데, 이 회사들은 크게 세 가지 유형으로 나누어질 수 있다. 첫째는 모기업과 계열관계에 있는 직접판매회사로 모기업에서 생산된 제품만을 판매하는 회사이다. KGC라이프앤진 · 청호인터내셔널 · 웅진코웨이개발 등과 같은 회사들이 이에 해당되는데 숫자는 매우 적다. 둘째는 자체 개발한 상품을 직접판매방식으로 판매하는 회사이다. 아모레퍼시픽 · LG생활건강 · 코리아나화장품 · 한국화장품 · 한불화장품 등의 화장품회사, 대교 · 웅진씽크빅 · 한솔교육 등 학습지회사, 풀무원 건강생활 · 김정문알로에 · 유니베라 등 식품회사, 암웨이 · 뉴스킨 · 메리케이코리아 · 유니시티 등 외국계 직접판매회사가 이에 해당된다. 이들 회사는 상품개발조직은 물론 자체적인 생산시설도 가지고 있는 경우도 있고, 그

렇지 않고 상품개발조직만 가지고 있는 경우도 있으며, 생산시설을 가지고 있는 경우라도 일부 품목만 자체 생산하고 나머지는 OEM으로 생산하는 경우도 많다. 셋째는 OEM으로 생산한 제품도 취급하지만 주로 다른 기업에서 생산된 제품을 판매하는 회사이다. 직접판매회사의 대다수가 이 유형에 해당한다. 제품을 제조할 수 있는 능력은 있지만 영업조직이 없는 중소기업의 경우에는 이러한 세 번째 유형의 직접판매회사가 자사의 제품을 판매할 수 있는 유력한 수단이 될 수 있다. 이들 직접판매회사들은 제조업체에 대금을 지불하고 물건을 공급받기도 하고, 판매에 대한 수수료를 수입으로 하는 위탁판매의 형태를 취하기도 한다. 취급하는 상품은 매우 다양하지만 주로 화장품, 건강식품, 웰빙제품 등이 주류를 이루고 있다. 뒤에서 기술할 상인도매상이 특정 품목에 대해 여러 경쟁사의 물건을 취급하는 반면, 직접판매회사는 여러 경쟁사의 물건을 동시에 취급하기보다는 잘 팔릴 수 있을 것으로 판단되는 특정 회사의 특정 제품을 선별하여 판매하는 것이 일반적이다. 이러한 직접판매회사들은 자체적으로 제품을 개발하는 것은 아니기 때문에 제품력보다는 강한 영업조직을 경쟁의 원천으로 하고 있으며, 따라서 경쟁력이 있는 제품을 가지고 있지만 판로가 부족한 중소기업이 많은 매출을 단기간에 올릴 수 있는 유용한 수단이 될 수 있다. 하지만 과대광고, 강압적인 판매방식의 사용 등 무리한 영업활동으로 인해 사회적인 문제가 되는 경우도 발생하고 있기 때문에 직접판매회사를 선정함에 있어서 매우 신중해야 한다([글 9-9] 참조).

다단계판매업체 정보공개제도

글 9-9

■ 다단계업체 5곳 올해 1분기에 폐 · 휴업

지난 1분기에 전국 다단계판매업체 가운데 5개사가 폐 · 휴업한 것으로 나타났다. 공정거래위원회는 19일 올해 1분기에 다단계판매업체 11곳에서 주요 정보가 변경됐다고 발표했다. 지난해 말까지 정상영업을 한 74개 사업체 가운데 이엠스코리아, 와이드라이프, 디제이코리아, 씨앤에스매니지먼트 등 4곳이 올해 1분기에 폐업했고, 이젠탑플러스는 휴업에 들어갔다. 이엠스코리아는 대학생을 상대로 방판법상 금지된 다단계판매를 한 사실이 적발돼 지난해 12월 시정조치를 받으면서 공제조합과의 공제계약이 해지되자 자진 폐업을 했다. 나머지 3곳은 영업부진 탓에 스스로 폐업을 결정했다. 공정위는 이들 업체는 공제조합과 맺은 공제계약이 해지돼 소비자피해보상보험에 들어 있지 않으므로 거래할 때 주의해야 한다고 당부했다. 건강기능식품 및 생활용품을 취급하는 앨리글로벌은 특수판매공제조합과 소비자피해보상계약을 체결하고 올해 신규등록을 했다. 공정위는 다단계판매와 관련한 소비자 정보 제공 및 피해 예방을 위해 2006년부터 분기마다 주요 정보를 공개해 왔다. 휴업 · 폐업신고, 상호변경, 주된 사업장 주소 · 전화번호변경 등이 공개 대상이다.

출처 : 헤럴드경제 (2012), 다단계업체 5곳 올해 1분기에 폐 · 휴업, 4월 19일

직접판매회사를 선정함에 있어 가장 기본적으로 검토해야 할 사항은 해당 직접판매회사가 직접판매공제조합이나 특수판매공제조합과 같은 소비자피해 보상단체에 가입되어 있는지를 확인하는 것이다. 물론 이것으로 직접판매회사에 대한 신뢰도가 100% 보장되는 것은 아니지만 여기에 가입되어 있지 않은 회사를 접촉하는 것은 위험부담이 큰 선택이라고 할 수 있다.

3.2 상인도매상

상인도매상은 제품을 구입하여 소유권을 가지며 자신의 책임과 판단하에 제품을 판매하는 독립된 사업체를 의미한다. 따라서 이들은 재고를 쌓아둘 수 있는 창고시설이 매우 중요하다. 상인도매상은 한 회사의 제품만 취급할 수도 있지만, 대부분은 경쟁관계에 있는 여러 회사의 제품을 취급한다. 우리나라에도 의류도매상, 의약품도매상, 농수산물도매상, 수류도매상, 화장품도매상, 문구도매상, 신발도매상 등 다양한 분야의 상인도매상이 존재한다. 상인도매상 가운데 특히 소매상이 아닌 제조업체를 대상으로 제품을 판매하는 상인도매상을 산업재 유통업자라고 부른다.

상인도매상은 제조업체의 규모가 작은 업종일수록, 품목의 수가 많은 업종일수록, 또한 각 품목의 규모가 작은 업종일수록 많이 나타난다. 즉, 제조업체의 자금력이 약하고, 자사의 제품만을 가지고 자체적인 영업조직을 운영하기가 어려운 경우에 유통의 기능을 상인도매상이 수행하는 경우가 많다. 우리나라에는 문구업계, 직물업계, 건축자재업계, 잡화업계 등이 이에 해당한다고 할 수 있다. 또한 제약업계와 주류업계의 경우에는 법규에 의해 도매상을 경유한 유통이 이루어지도록 하고 있다. 그런데 대형 할인점과 같은 대형 유통점들이 자금력과 정보력을 앞세워 급속히 점포를 늘려가고, 대형 제조업체들도 자체적인 유통망 구축에 나섬에 따라 상인도매상의 입지는 점점 더 좁아지고 있다.

3.3 독립대리점

독립대리점(independent agent)은 제조업체와의 계약을 통해 일정지역에서 제조업체의 제품을 판매할 수 있는 배타적인 권리를 갖는다. 독립대리점은 제조업체의 제품을 소유하지 않으며, 재고도 확보하지 않는다. 독립대리점에 대한 보상은 판매에 비례하는 커미션의 형태로 지불된다. 따라서 독립대리점을 활용하는 데 드는 비용은 모두 변동비용으로, 판매가 이루어지지 않으면 비용도 발행하지 않는다. 커미션 비율은 적게는 1%에서 많게는 50%까지 이를 수도 있지만, 통상적으로 10%에서 25% 사이에서 결정된다.

독립대리점의 가장 대표적인 형태는 제조업체대리점(manufactures' agent)이다. 제조업체는 보통 하나의 대리점만 활용하는 것이 아니라 특화되어 있는 지역이 각기 다른 여러 대리점을 활용한다. 대리점도 한 회사의 제품만을 판매하는 것이 아니라 연관성은 있지만 경쟁관계에 있지는 않은 여러 제조업체의 제품을 판매한다. 제조업체대리점은 통상적으로 일정한 지역에서 활동하면서 특정 고객군을 대상으로 이들에게 적합한 여러 제조업체들에서 생산된 연관성이 높은 상품들을 판매한다. 이들은 특정 지역에서 활동하고 있기 때문에 제품이나 시장에 대해 많은 지식을 가지고 있으며, 그 지역의 고객들과도 상당한 유대관계를 가지고 있다. 제조업체대리점이 이러한 특성을 가지고 있기 때문에 제조업체는 이들의 영업조직을 이용하면 이들이 가지고 있는 시장에 대한 지식과 고객들과의 관계를 활용할 수 있다.

독립대리점의 또 하나의 형태로 판매대리점(selling agent)을 들 수 있다. 이 판매대리점은 제품에 대한 소유권을 갖지 않고, 커미션을 수입원으로 한다는 점에서는 제조업체대리점과 동일하지만, 계약에 의해 특정 제품이 아니라 제조업체의 전 품목을 지역에 관계없이 판매할 수 있는 권한을 부여받는다. 즉, 판매대리인은 실질적으로 제조업체의 영업부서로서의 역할을 수행한다. 이러한 이유로 판매대리인은 가격, 판매조건 등을 조정할 수 있는 폭넓은 권한을 부여받으며, 제조업체의 판매촉진전략에도 적극적으로 관여한다.

독립대리점은 서비스 업종인 보험업계에서도 널리 사용되고 있다. 예외도 있지만 보험회사의 독립대리점은 대부분 여러 보험회사의 상품을 취급한다. 그런데 보험회사의 독립대리점은 상품의 특성상 특정 지역에 대한 배타적인 권리를 갖는 것은 아니다. 예를 들어 특정 보험사의 서울지역 독립대리점에 소속된 FC나 FP는 전국을 대상으로 영업활동을 할 수 있다.

3.4 브로커

브로커는 구매자와 판매자 간의 거래를 촉진시키는 역할을 수행한다. 브로커는 구매자나 판매자 중 어느 한편 만을 대표할 수 있으며, 고용한 측으로부터 일정한 액수의 보수를 받는다. 통상적으로 브로커와 고용한 측과의 관계는 단 한 번의 거래로 끝나는 단기적인 관계이다. 브로커가 독립대리점과 다른 점은 거래의 성사를 위해 가격을 협상할 수 있다는 점이다. 예를 들어 구매자로부터 의뢰를 받은 보험 브로커는 구매자에게 유리한 가격조건을 확보해 주기 위해 여러 보험사를 대상으로 가격협상에 나설 수 있으며, 부동산 브로커는 구매자를 위해 좋은 땅이나 건물 등을 가능한 한 저렴한 가격에 구매할 수 있도록 지주나 건물주들을 대상으로 협상할 수 있다. 브로커는 특히 주식이나 본드(bond)와 같은 금융서비스 부문에서 주된 역할을 하고 있다. 우리나라의 경우 증권회사의 증권브로커는 투자상담사 자격증을 가지고, 주식, 채권, 펀드 등에 대해 투자상담, 주문 등의 업무를 수행한다. 우리나라의 보험업계에도 중

개인 제도가 있지만, 제도적인 이유로 인하여 활성화되지 못하고 있다.

3.5 파트너

동종 업계의 중소규모의 회사를 자사의 파트너사로 활용하는 방식은 특히 솔루션 벤더사의 B2B 영업에서 매우 활성화되어 있다. 우리나라에서는 특히 IBM, Cisco, HP, Adobe, Oracle 등 외국계 벤더사들이 파트너사를 활용하는 영업을 많이 사용하고 있다. 즉, 다국적 솔루션 벤더사는 주로 시스템 통합을 주업무로 하는 중소형 회사를 파트너로 선정하여 일정한 협력 관계를 형성하고, 잠재고객을 확보하는 단계에서부터 시작하여 프로젝트가 수주되었을 경우 이를 실행하는 모든 과정에서 파트너와 함께 업무를 진행하는 경우가 많다. 이들 벤더사들은 고객사와의 계약도 자사가 직접 하지 않고 파트너사를 내세워 계약을 체결하고, 자사는 파트너사와 물품 공급을 중심으로 하는 계약을 체결하는 경우가 많다. 이렇게 하는 이유는 솔루션 벤더사가 모든 업무를 자사의 직원을 통해서 하기에는 인건비의 비중이 너무 높아지기 때문에 자사에서는 하드웨어, 소프트웨어 등의 솔루션에 집중하고, 이를 고객사에 실제로 안착시키는 업무는 주로 파트너사가 담당하도록 함으로써 비용을 줄이면서도 보다 현장지향적인 영업을 할 수 있기 때문이다. 그래서 벤더사는 상대적으로 영업사원이 중심이 되는 조직체계를 갖게 되고, 파트너사는 실행을 중심으로 해야 하기 때문에 영업사원보다는 컨설턴트가 많은 조직체계를 갖는다. [글 9-10]은 한 다국적 벤더사의 파트너사의 활용을 통한 영업활성화에 대해 기술하고 있다.

다국적 벤더사의 파트너중심 영업

글 9-10

세계적인 네트워크장비 회사인 시스코(Cisco)가 중견 · 중소기업 시장 공략을 강화하기 위해 '100% 파트너중심' 기치를 들고 나왔다. 15일부터 이틀간 싱가포르에서 열리고 있는 '시스코 파트너 레드(partner led) 네트워크 2011' 행사에서 시스코는 한국을 비롯해 일본, 중국을 포함한 아시아태평양지역(APJC) 등 전 세계에서 대형 기업 5,000곳을 제외한 중견 · 중소기업 시장에서 철저한 '파트너 레드' 모델(파트너에 의해 견인되는 사업모델)을 실현할 계획이라고 밝혔다. 앤드류 세이지 시스코 전 세계 파트너 레드 부문 부사장은 "시스코 사업 중에서 중견 · 중소기업 시장 대상의 커머셜 시장이 가장 빠른 성장률을 나타내고 있다"며, "단순 · 집중화된 사업구조로 민첩하게 고객 요구사항에 대응할 수 있는 '파트너 레드' 전략 가속화를 위해 투자를 강화할 것"이라고 말했다. '파트너 레드'는 기존의 통신사업자와 대기업에 집중된 사업구조를 탈피하고 중견기업과 100인 이하의 중소기업 시장을 공략하기 위한 시스코의 새로운 사업전략이다.

이 자리에서 시스코는 APJC 지역에서 '파트너 레드' 모델 성공사례가 나타나고 있다고 강조하며, 파퓨아뉴기니와 인도에서의 성과를 소개했다. 4년 전 가장 먼저 '파트너 레드' 모델을 도입한 파퓨아뉴기니의 경우, 전체 매출의 76%를 창출하고 있다. 스타니미라 콜레바 시스코 APJC 파트너 비즈니스 그룹총괄이사는 "파퓨아뉴기니는 파트너 레드 프로그램 도입 당시보다 4배가량 매출이 성장했다"고 소개했다. 그는 "고객사별로 시스코 담당자를 운영하면서 나타났던 커뮤니케이션 불편함을 해소, 파트너를 담당하는 시스코 직원을 단일화해 신속한 지원이 지속적으로 이루어질 수 있게 돼 고객과의 관계 강화에도 크게 성과를 거뒀다"고 평가했다. 고객관리를 위한 조직 혁신이 결과적으로 성공을 거뒀다는 자평이다. 인도 역시 '파트너 레드' 프로그램 도입으로 중소기업 부문에 해당되는 '파트너 레드 벨로시티' 영역에서 100% 이상 성장하는 성과를 냈다. 한국에서는 지난해 9월 말부터 박희범 부사장이 이끄는 커머셜 조직에서 '파트너 레드' 모델을 가동한 상태다. 이 모델을 시행하면서 시스코코리아는 기업고객사별로 담당을 나눴던 어카운트 매니저(AM)도 폐지해 TBM(테리토리비즈니스매니저)들이 각각 담당하는 파트너와 함께 움직이고 있다.

시스코는 AJPC에서의 '파트너 레드' 전략 가속화를 위해 투자할 1,500만 달러를 파트너와의 공동 마케팅, 파트너와 고객과의 소통 강화 및 관리, 파트너 업무 지원 자동화 프로그램 강화에 사용할 계획이다. 파트너 인센티브 프로그램과 마진 및 수익성 향상을 위한 추가 투자도 준비하고 있다.

출처 : 디지털데일리 (2011), 시스코가 중견시장에서 급성장한 비결?… "고객조직관리 혁신", 11월 16일

3.6 자체 영업조직 vs 독립적 판매조직

자사의 영업사원을 활용할 것인지 혹은 독립적 판매조직을 이용할 것인지는 기업목표 부합도, 경제성, 회사 및 제품의 특성, 시장의 여건, 필요통제의 수준 등의 요인에 대한 판단에 의해 결정된다.

■ 기업목표 부합도

기업목표 부합도는 기업목표를 달성하기 위해 자체 영업조직이 더 적합한지 혹은 독립적 판매조직이 더 적합한지를 의미하며, 영업조직의 선정에 있어서 가장 우선적으로 고려되어야 하는 요인이다. 가장 우선적으로 고려되어야 한다는 것은 기업목표 부합도에 의한 결정이 다른 요인에 의한 결정과 다른 경우에 기업목표 부합도에 의한 결정이 이루어져야 한다는 것을 의미한다. 회사는 각 세분시장에 대해 영업목표를 설정하고, 또한 이 목표를 달성하기 위한 전략을 수립하게 되는데, 바로 이 전략에 따라 어떠한 영업조직을 이용할 것인지에 대한 결정이 이루어지게 된다. 예를 들어 영업목표가 최대한 빠르게 신제품을 시장에 출시하는 것이라면 신제품을 판매하기 위한 자체적인 영업조직을 구축하는 데는 많은 시간이 소요되기 때문에 독립적 판매조직을 활용하는 것이 보다 합리적인 선택이 된다. 반대로 특정 고객집단과 장기적인 관계구축이 목표라고 하면 비용과 시간이 더 많이 소요되더라도 처음부터 자체적인 영업조직을 통해 영업활동을 전개하는 것이 더 바람직하다.

■ 경제성

어떠한 영업조직이 보다 더 경제적인가에 대한 분석을 통해 더 적합한 영업조직을 결정할 수 있다. 경제성을 분석할 수 있는 이유는 자체 영업조직을 운영할 때와 독립적 판매조직을 활용할 때의 비용구조가 상이하기 때문이다. 자체 영업조직을 운영하기 위해서는 고정비가 상대적으로 많이 드는 반면, 실적에 따른 변동비는 상대적으로 적게 든다. 여기서 고정비라고 하면 영업사원에 대한 급여, 영업조직 운영비 등과 같이 실적과 무관하게 지출되어야 하는 비용을 의미하고, 변동비는 주로 성과에 따른 커미션을 의미한다. 반대로 독립적 판매조직을 활용하면 고정비를 매우 적게 드는 반면 성과에 따른 변동비가 상대적으로 많이 소요된다. 따라서 판매액이 높아질수록 고정비를 분산시킬 수 있기 때문에 높은 판매수준에서는 자체적인 영업조직이 유리하고, 낮은 판매수준에서는 독립적 판매조직이 유리하다. [그림 9-18]은 이러한 논의를 그래프로 나타내고 있다. 만일 자체적인 영업조직을 운영할 때 발생하는 비용은 고정비용이 5,000만 원이고 커미션 비율이 3%이며, 독립적 판매조직을 활용할 때 발생하는 비용은 고정비용이 1,000만 원이고 커미션 비율이 5%라고 하면 어느 쪽을 사용하여도 소요되는 비용이 동일한 판매수준인 손익분기점(Break-Even Point : BEP)은 다음과 같은 식을 이용하여 계산될 수 있다.

$$5{,}000\text{만원} + 0.03 \times BEP = 1{,}000\text{만원} + 0.05 \times BEP$$

위의 식에서 BEP를 계산하면 20억 원이 된다. 따라서 판매액이 20억 원에 미치지 못하면 독립적 판매조직을 활용하는 것이 효과적이며 판매액이 20억 원을 초과하면 자체적인 영업조직을 운영하는 것이 더 효과적이다.

그러나 실제의 적용에 있어서는 [그림 9-18]과 같이 이론의 여지없이 명확하게 결론이 내려지지 않을 수도 있다. 예를 들어 자체 영업조직을 활용하는 경우에 일정 판매량을 넘어서면 영업사원이 증원되어야 한다든지 혹은 할당에 의한 보너스가 보상체계에 포함되어 있다는지 하는 경우에는 비용선이 직선이 아닌 계단형으로 나타날 수 있고, 그렇게 되면 BEP가 1개가 아닌 2개 이상으로 나타날 수 있다. 또한 이러한 경제성 분석에 의한 의사결정이 실효성을 갖기 위해서는 자체 영업조직을 활용할 때나 독립적 판매조직을 활용할 때나 영업사원의 판매 효율이 비슷해야 하는데 만일 그렇지 않다면 잘못된 의사결정이 이루어질 수도 있다. 예를 들어 현재 독립적 판매조직을 활용하고 있는데, 판매액이 BEP를 초과하고 있다면 비용절감을 위해서는 영업조직을 독립적 판매조직에서 자체 영업조직으로 바꾸는 것이 바람직하다. 그런데 만일 독립적 판매조직의 판매가 고객들의 이 판매조직에 대한 높은 충성도나 혹은 이 판매

그림 9-18 | 자체 영업조직과 독립적 판매조직의 경제성 분석

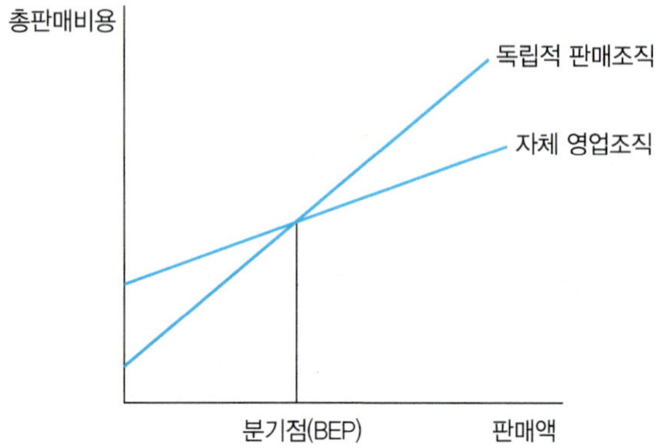

조직의 해당 시장에 대한 풍부한 지식이나 영업 노하우에 의해 이루어졌다면, 자체 영업조직으로 전환하였을 때 BEP에 미치지 못하는 실적이 나올 수도 있다. 이러한 점들 때문에 경제성에 의한 의사결정이 어려워질 수 있다.

■ 회사 및 제품의 특성

회사의 특성과 판매하려는 제품의 특성에 따라서도 적합한 판매조직은 달라질 수 있다. 즉, 자체 영업사원을 통해서 제품을 판매하기에는 회사의 역량이 충분하지 않거나, 제품 자체가 단순하여 심도 있는 제품지식이나 세심한 관리 등에 대한 필요성이 적을 때에는 독립 판매조직을 활용하는 것이 더 바람직하다. 독립 판매조직의 활용을 더 바람직하게 만드는 회사와 제품의 구체적인 특성은 다음과 같다.

- 회사의 인지도가 낮음.
- 회사가 특정 시장에 대한 지식을 많이 가지고 있지 않음.
- 회사가 판매하는 제품의 숫자가 적음.
- 제품의 특성이 단순하여 이해하는 데 어렵지 않음.
- 제품의 특성상 지속적인 사후서비스가 그다지 필요하지 않음.
- 제품의 특성상 판매주기가 짧고 소량주문이 주종을 이룸.
- 제품의 특성상 영업활동이 단순하여 통제할 필요가 적음.
- 제품의 특성상 상세한 고객정보가 그다지 필요하지 않음.

■ 시장의 여건

시장의 여건도 자체 영업조직과 외부의 독립된 판매조직 중 어느 쪽을 이용하는 것이 바람직한가를 결정하는 데 영향을 미친다. 자체적인 영업조직을 유지하려면 고정비가 많이 들기 때문에 이를 정당화하기 위해서는 시장의 현재 규모나 앞으로의 잠재력이 일정수준을 넘어서야 한다. 또한 시장이 상대적으로 복잡하여 해당 시장에 접근하기 위한 노하우를 축적하는데 많은 비용과 시간이 소요되는 경우에는 해당 시장에 대한 전문성을 보유하고 있는 독립된 판매조직을 활용하는 것이 바람직하다. 독립된 판매조직의 활용을 더 바람직하게 만드는 구체적인 시장특성은 다음과 같다.

- 시장의 잠재력이 그다지 크지 않음.
- 시장의 개발 정도가 아직 낮은 수준에 있음.
- 시장이 매우 세분화되어 있음.
- 고객들을 발견하는 것이 매우 어려움.
- 고객들의 구매가 분권화되어 있음.
- 특정 지역에 대한 지식과 지역 특유의 유통채널이 매우 중요함.
- 지역 시장에 대한 전문성을 가지고 있는 독립적 판매조직이 존재함.

■ 필요통제의 수준

제품을 판매하는 데 있어서 어느 정도의 통제수준이 요구되는가도 자체적인 영업조직을 구축할 것인지에 대한 결정에 영향을 미친다. 자체적인 영업조직을 구축하면 영업사원의 시간을 회사가 거의 완벽하게 통제할 수 있지만, 독립된 판매조직을 이용하는 경우에는 통제가 이루어지기 힘들다. 독립된 판매조직은 통상적으로 여러 회사의 제품을 취급하고 있기 때문에 자사 제품의 판매에 할애되는 시간을 통제하기 어렵고, 또한 자사가 원하는 방식으로 판매가 이루어지는지에 대한 통제도 어렵다. 그래서 고객에 대한 특별한 접근방식이나 세심한 배려가 필요한 제품의 경우에는 독립된 판매조직을 이용하는 것이 바람직하지 않다.

3.7 독립적 판매조직의 선정과 관리

■ 독립적 판매조직의 선정

앞에서 언급한 여러 가지 기준에 비추어 볼 때 독립된 판매조직을 이용하는 것이 바람직하다고 판단될 경우에 자사에 적합한 독립된 판매조직을 선정하는 것이 매우 중요한 과제가 된다. 독립적 판매조직을 선정하는 기준으로 다음과 같은 사항들을 들 수 있다.

- 독립적 판매조직의 규모와 판매능력
- 독립적 판매조직의 마케팅전략 및 조직문화
- 자사 제품과 독립적 판매조직이 취급하는 상품들과의 관계
- 자사 제품의 독립적 판매조직 내에서의 위상

우선 독립적 판매조직을 이용하는 회사는 독립된 판매조직을 통해 최대한 많은 매출을 올려야 하기 때문에 독립된 판매조직의 규모나 판매능력이 매우 중요한 기준이 된다. 하지만 이보다 오히려 더 중요할 수 있는 기준은 독립된 판매조직의 마케팅전략이나 조직문화가 자사의 마케팅전략이나 조직문화와 부합하는 정도라고 할 수 있다. 예를 들어 판매가 많이 이루어진다 하더라도 고객에 대한 판매방식에 문제가 있다면 판매 후에 고객불만이 크게 나타날 수 있고, 이로 인해 회사나 제품 이미지에 큰 손상을 입을 수 있다. 고객의 불만이 크게 일어났을 경우에 독립된 판매조직은 계약에 의한 손해배상의 책임을 질 수는 있지만 또 다른 회사의 제품을 취급하면 되기 때문에 큰 타격을 입지 않는 반면, 판매를 의뢰한 회사는 회사와 제품의 이미지에 결정적인 타격을 입고 시장에서의 입지가 급격히 좁아질 수 있다.

또한 독립된 판매조직이 취급하고 있는 제품들과 자사의 제품이 경쟁관계가 아닌 보완적인 관계를 가지고 있는가도 매우 중요한 기준이 된다. 이는 독립된 판매조직은 자사의 이익이 최대가 될 수 있는 방향으로 판매활동을 전개하기 때문에 직접적인 경쟁관계에 있는 제품이 많을수록 자사 제품의 판매에 기울이는 노력이 적어질 확률이 크지만, 반면에 보완관계에 있는 상품들이 취급되고 있는 경우에는 판매에 있어서의 시너지효과를 기대할 수 있기 때문이다. 또한 가능한 한 자사의 제품이 독립된 판매조직의 주력상품이 되도록 함으로써 독립된 판매조직이 최대한 많은 시간을 자사 제품의 판매에 할애하도록 만드는 것이 중요하다. 이러한 이유들로 인해 독립된 판매조직을 이용하려는 기업은 자체적인 영업조직을 구축하기 위해 영업사원을 채용하고 교육하는 데 기울이는 노력에 상응하는 노력을 기울여서 자사에 가장 적합한 독립적 판매조직을 선정해야 한다.

독립적 판매조직의 관리

독립적 판매조직을 이용할 경우에 당면하는 가장 큰 어려움은 앞에서 언급한 바와 같이 독립적 판매조직에 대한 통제가 매우 힘들다는 점이다. 이로 인해서 다음과 같은 문제점들이 발생할 수 있다. 첫째는 독립적 판매조직의 영업사원이 자사 제품의 판매에 할애하는 시간이나 노력을 거의 통제할 수가 없다. 물론 자사의 제품이 독립적 판매조직의 주력 상품이면 독립적 판매조직의 영업사원들이 최선을 다해 판매에 나설 것이기 때문에 문제가 되지 않겠지만, 브

랜드의 인지도가 낮은 경우에는 매우 심각한 문제가 될 수 있다. 커미션 비율을 높여 줌으로써 이러한 문제를 완화할 수는 있지만 그럴 경우에 수익률이 낮아지기 때문에 꼭 바람직한 방법이라고는 할 수는 없다. 둘째는 독립적 판매조직의 영업사원들로 하여금 고객서비스와 같은 비판매활동을 수행하도록 하기가 어렵다는 점이다. 왜냐하면 이러한 활동은 커미션과 직결되어 있지 않기 때문이다. 더욱이 규모가 크고 판매하는 제품을 자유롭게 선택할 수 있을 정도로 평판이 좋은 독립적 판매조직일수록 비판매활동을 수행하도록 하기가 더욱 힘들다. 이 문제를 완화하기 위해서 회사는 자사의 직원을 독립적 판매조직에 파견하여 업무를 지원할 수 있도록 할 수 있다. 즉, 파견된 직원으로 하여금 독립된 판매조직의 직원을 교육시키기도 하고, 소매업체 등 독립된 판매조직이 판매하는 고객들을 방문하여 제품에 대한 정보도 제공하고, 구매를 권유하는 등의 판촉영업(missionary selling)활동을 수행하게 할 수 있다. 이러한 활동과 더불어서 구매에 영향을 미치는 사안에 대해서 독립적 판매조직의 영업사원과의 충분한 논의를 통해 의사결정을 하는 등의 파트너적인 관계를 형성해가는 것도 매우 중요하다.

4. 전속대리점

4.1 전속대리점의 개념

전속대리점은 계약관계에 의해 특정 회사의 제품이나 서비스만을 판매하는 조직을 의미한다. 이러한 의미에서 여러 회사의 제품을 동시에 취급하는 독립대리점이나 상인도매상과 구분된다. 또한 전속대리점은 회사의 소유가 아니라는 점에서 회사가 직접 운영하고 있는 직영점과도 구분된다. 우리나라에서는 가정용품, 자동차, 화장품, 의류, 가전제품, 가구, 주방가구, 전자공구, 식품, 보험, 통신 등 매우 많은 업종에서 전속대리점을 활용하고 있다.

전속대리점을 활용하고 있는 기업들은 전속대리점과 함께 직영점을 같이 운영하기도 한다. 예를 들어 현대자동차의 전체 판매점 가운데 직영점이 53%, 전속대리점이 47%를 차지하고 있다. 우리나라의 가구시장의 1위 업체인 한샘도 전체 매출의 54%가 매장에서 판매되고 있는데, 이 가운데 38%를 대리점, 16%를 플래그십 매장으로 운영되는 직영점이 차지하고 있다. 삼성전자의 대리점인 디지털프라자도 자영업자가 경영하는 전속대리점과 삼성전자의 관계사인 리빙프라자 주식회사가 소유하고 있는 직영점으로 나누어져 있다. SKT, KT, LGT 등의 통신회사들도 전속대리점 체계가 주를 이루고 있지만, 최근 들어 시장통제력을 강화하기 위해 직영점의 구축에 적극 나서고 있다. 그렇지만 외관상 전속대리점인지 직영점인지를 구분하기는 어렵고, 소비자의 입장에서는 이를 구분할 필요도 사실상 없다고 할 수 있다. 다만 직영점의 경우에는 플래그십 스토어(flagship store)의 개념으로 상당히 큰 규모의 체험형 매장을 구축하는 경우가 있다. 예를 들어 부피가 큰 제품을 취급하는 가전제품 대리점의 통상적인 크기가 30~40평인 데 반하여, 직영점은 70~100평 정도의 크기로, 보다 다양한 제품을 전시하고 고객에게 직접 체험할 수 있는 공간을 제공하고 있다. 통신대리점의 경우에는 전시해야 하는 공간이 크게 필요하지 않기 때문에 넓이가 통상적으로 10평 미만인 데 반하여, 직영점은 약 30~40평 정도의 규모로 구축함으로써 고객들에게 충분한 체험공간을 제공할 수 있도록 도모하고 있다.

제조업체들은 전속대리점 개설 의사가 있는 자영업자를 모집하고, 이들과 일정한 계약관계를 통해 대리점을 개설해준다. 따라서 전속대리점에서 근무하는 직원은 물론이고, 전속대리점 사장도 제조업체의 직원은 아니다. 계약서의 내용은 업종이나 회사에 따라 약간의 차이는 있지만 대부분 비슷하다. 여기에는 상품배송방법, 대금지불시점, 담보조건, 계약해지사유 등에 대한 내용이 포함된다. 그렇지만 대리점의 활동 구역을 정하는 것은 공정거래법상 위법이기 때문에 계약서에 담당구역이나 배타적 권리구역에 대한 내용은 포함될 수 없다. 그렇지만 실질적으로 대리점을 개설할 때 일정한 활동구역에 대한 합의는 이루어진다고 할 수 있다. 왜냐하면 대리점주의 입장에서는 회사가 같은 지역 내에 대리점을 또 개설하면 사업에 큰 타격을 입기 때문에 일정지역에 대한 기득권을 보장받고 싶어 하고, 회사의 입장에서도 전속대리점이 인근 지역까지 영업구역을 확대하게 되면 다른 대리점과 분쟁이 발생할 수 있기 때문에 전속대리점이 일정구역 내에서만 영업활동을 해주기를 원하기 때문이다. 이러한 이해관계가 존재하기 때문에 계약서상에는 명기하지 않지만 대체로 기존 대리점 주변 일정거리 내에는 추가적으로 대리점을 개설하지 않는다는 암묵적인 합의가 이루어지는 것이 보통이다. 전속대리점이 다른 전속대리점이 있는 지역에서 영업활동을 하여도 회사는 이를 강제적으로 하지 못하도록 할 수 있는 수단은 없지만, 다음 번 대리점 계약을 연장할 때 이를 이유로 계약 연장을 하지 않을 수도 있기 때문에 계약 연장을 원하는 전속대리점은 회사가 원하지 않은 구역침범은 잘 하지 않는다.

4.2 전속대리점의 유형

사전적(辭典的) 의미의 대리점은 타 기업에서 생산하는 제품이나 서비스의 판매를 대행하고 판매에 대한 수수료를 수입으로 하는 조직으로, 제품을 소유하지도 않고 재고도 갖지 않는다. 그런데 우리 주변의 많은 대리점들은 제조업체로부터 구입한 제품을 일정한 마진을 붙여 판매하는 형태의 영업을 하고 있다. 이처럼 우리가 현실 생활에서 접하는 대리점은 크게 두 가지 유형으로 나누어진다.

첫 번째 유형은 제조업체로부터 물품을 구입하여 마진을 붙여 판매하는 유형으로 식품, 생활용품 등의 분야의 대리점들이 대부분 이에 해당한다. 이러한 유형의 전속대리점은 창고도 가지고 있어야 하고, 자기책임하에서 제조업체로부터 물품을 구입해야 한다. 생활용품을 취급하는 전속대리점의 경우에 월 1억 원 정도의 매출을 올리기 위해서는 약 150평 정도의 창고 시설을 가지고 있어야 한다. 상점에 진열하여 판매할 상품도 대리점주가 선택하여 주문하고, 제품구입대금은 대부분 다음 달 초(예를 들어 다음 달 2~3일)에 송금하도록 되어 있다. 팔리지 않고 남아 있는 제품은 이미 소유가 대리점으로 넘어간 것이기 때문에 반품을 받아주지 않는 것이 원칙이지만, 장기 판매부진 재고나 단종 재고 등과 같이 제조업체의 책임이 일부 있을 수 있는 제품에 한하여 예외적으로 받아준다.

두 번째 유형은 대리점의 사전적인 의미와 부합하는 형태로 제조업체의 제품을 위탁판매(委託販賣)하는 형태이다. 우리나라에서는 대부분의 의류업체대리점이 위탁판매의 형태를 취하고 있다. 이러한 유형의 대리점의 수입은 수수료가 되며, 팔리지 않은 제품은 원래부터 제조업체의 소유이기 때문에 100% 반품된다. 진열되는 제품도 대리점주가 선택하는 것이 아니라 제조업체가 자사의 영업전략에 따라 일방적으로 정하여 대리점으로 보내진다. 의류대리점의 경우에 수수료는 옷의 종류에 따라 차이가 있지만 대개 30% 내외이며, 대리점은 판매한 제품 대금에서 수수료를 제외한 금액을 본사로 송금하도록 되어 있다. 보험이나 이동통신과 같이 무형재를 취급하는 경우에도 판매마진이 아닌 판매수수료나 고객관리수수료를 수입원으로 한다. 통신회사의 경우 전속대리점이 가입자를 유치하면 가입자가 지불하는 요금의 일정 항목에 대해서 고객이 이탈하지 않는 한 3~5년 동안 약 7% 정도를 고객관리수수료의 명목으로 지불하고 있다.

4.3 전속대리점 지원활동

전속대리점은 제조업체로부터 경영지원, 판촉지원, 기술지원 등 매우 다양한 형태의 지원을 받는 동시에 판매방식, 판매가격, 상품구색, 구역관리 등에 대해 강력한 통제를 받는다. 이러한 면에서 전속대리점은 독립적인 운영을 하는 상인도매상이나 독립대리점 등과는 큰 차이가 있다. [표 9-3]은 회사가 전속대리점에 지원하는 내용들을 기술하고 있다.

표 9-3 | 전속대리점에 대한 지원내용

구분		지원내용
경영지도	경영지원	상품구색, 거래선관리, 자금관리 등에 대한 컨설팅
		경영문제 전반에 걸친 세미나, 연구회 등의 개최
		경영전문가 파견, 경영관리 대행
	자료 및 정보의 제공	카탈로그, 브로슈어, 자료, 사보 등의 배포
		대리점장 경영전략회의 등 각종 회의, 영업사원의 교육훈련
	물품 및 자금의 제공	사무실 집기, 비품 등의 제공
판매활동지원	판매지도	영업활동에 대한 컨설팅
		외상판매대금의 수금 등에 대한 조언
		영업사원의 교육훈련
		거래처 이벤트 현장 지원인력 파견, 거래처 판매원 훈련전문가의 파견
	자료 및 정보의 제공	POP, 광고물 등의 제공
		시장정보 제공
		신제품에 대한 자료 및 정보 제공
		수요예측정보 제공(점포수, 인구, 구매력 등)
	물품 및 자금의 지원	초도물량 염가 제공
		공동광고 일부 부담
기술적 측면의 지원	기술지원	상품의 기술적 측면에 대한 지도
		기술자 양성지원 또는 양성시설지원
		전문기술자의 파견
	자료 및 정보의 제공	새로운 기술정보의 제공
		기술자 양성 세미나, 강습회 등
	물품 및 자금의 지원	기술상 필요한 기구, 설비, 비품의 제공
		대리점 거래처의 종업원 기술향상을 위한 경비 부담

4.4 전속대리점의 활성화 원인

우리나라에서 전속대리점이 매우 보편화되어 있는 이유로 두 가지를 들 수 있다. 첫째는 제조업체가 전속대리점을 통해 유통부문을 내부화함으로써 시장지배력을 강화할 수 있기 때문이다. 즉, 제조업체는 전속대리점을 통해 실질적인 직판체제를 구축하는 셈이 된다. 이는 제조업체에 의한 수직적 통합 가운데 전방통합(前方統合)으로 이해될 수 있다. 삼성전자나 LG

전자 등의 가전업체가 하이마트나 전자랜드와 같은 대형 전자제품 유통업체들이 존재하고 있음에도 불구하고 전속대리점을 육성하기 위해 심혈을 기울이는 것이나, SKT나 KT 등의 통신업체가 여러 회사의 제품을 취급하는 판매점을 줄이고 전속대리점 체계를 강화하고 있는 것 등도 전속대리점 체제를 통해 시장지배력을 강화하려는 시도로 이해될 수 있다. 두 번째 이유는 도매상이 도매상으로서 수행해야 하는 기능들을 제대로 수행하지 못하였기 때문이라고 할 수 있다. 원래 도매상이라고 하면 상품의 매입, 금융기능, 충격흡수기능, 판촉기능, 보관기능, 배송기능 등의 기능을 수행해야 하는데, 이러한 기능을 원활하게 수행하지 못하였기 때문에 유통에서 배제되기 시작하였다고 할 수 있다. 예를 들어 많은 도매상들이 상품을 매입하기보다는 위탁판매의 형태를 취하고 있다. 즉, 제조업체로부터 상품을 받으면 대금을 지불하여 제조업체로 자금이 유입되도록 해야 하는데, 많은 도매상들이 거래처로부터의 수금이 이루어진 후에 결제하는 위탁판매의 형태를 취하기 때문에 제조업체는 자금 경색에 처할 가능성이 높아진다. 또한 창고시설을 갖추어서 출고를 조절해 가면서 가격유지에도 노력해야 하지만 그렇지 않은 경우도 많다. 결국 도매상은 도매상으로서 수행해야 하는 여러 가지 기능 가운데 상품을 받아서 배송하는 정도만 수행하는 경우가 많다. 따라서 제조업체로서는 도매상을 믿고 사업을 수행하기가 어렵기 때문에 상당한 정도의 통제가 가능한 전속대리점 전략을 추진하게 된 것으로 볼 수 있다.

4.5 전속대리점 운영의 어려움

회사와 전속대리점은 자사의 제품이나 서비스를 많이 판매함으로써 같이 공생할 수 있는 관계에 있지만, 항상 같은 방향의 생각을 갖고 있는 것은 아니다. 회사는 전속대리점의 적극적인 영업활동을 통해 시장에서 경쟁우위를 차지하고자 하지만, 자신의 책임하에 운영을 하

표 9-4 | 회사와 전속대리점의 상반된 관점

회사의 전속대리점에 대한 요구사항	전속대리점의 회사에 대한 요구사항
• 모든 상품을 골고루 적극적으로 판매하라. • 본사의 판촉활동에 적극적으로 협조하라. • 유통질서를 지켜라. • 가격체계를 유지하라. • 담당구역의 고객을 적극적으로 개발하라. • 적정한 재고를 가지고 영업하라. • 고객에게 적정한 수준의 서비스를 제공하라. • 시장정보를 피드백하라.	• 경쟁력 있는 다양한 상품을 만들어라. • 광고를 많이 해서 회사와 상품의 인지도를 높여라. • 공정한 마진을 보장하라. • 판매구역을 보장하라. • 신속한 배송을 하라. • 판촉지원을 적극적으로 하라.

여야 하는 전속대리점주의 입장에서는 투자를 최소화하면서 안정적인 수익이 확보되기를 원한다. 즉, 회사는 전속대리점이 위험부담을 하면서라도 적극적으로 영업활동에 나서 주기를 원하지만, 전속대리점은 우수한 상품의 개발이나 적극적인 광고집행 등을 통해 상품이 저절로 많이 팔려나가기를 기대한다. 회사는 전속대리점을 통한 푸시전략에 초점을 맞추고 있는 반면, 전속대리점은 회사의 마케팅활동에 의한 풀전략을 기대하고 있다고도 표현될 수 있다. [표 9-4]는 이러한 상반된 입장을 기술하고 있다. 따라서 회사는 영업사원의 활동을 통해 전속대리점을 지원하는 한편, 합리적이고 체계적인 관리를 통해 갈등을 최소화하면서 전속대리점 체제를 구축한 목표가 순조롭게 달성될 수 있도록 많은 노력을 기울여야 한다.

5. 텔레마케팅과 전자상거래

전화, 인터넷, TV, 팩스 등의 매체를 영업활동의 수단으로 활용하는 회사들의 숫자가 점차 증가하고 있다. 이 가운데에서도 전화와 인터넷은 가장 광범위하게 활용되고 있는 영업활동의 수단이다. 이러한 매체들이 영업의 수단으로 사용되는 것은 고객과 회사 모두에게 이점이 있기 때문이다. 고객의 입장에서는 제품이 표준화되어 있거나, 혹은 단순재구매와 같이 구매과정이 정형화되어 있는 경우에는 영업사원을 만나서 추가적인 설명을 들을 필요가 거의 없기 때문에 전화나 인터넷을 이용한 주문이 훨씬 편리하다. 판매사의 입장에서도 많은 이점이 있다. 즉, 전화나 인터넷을 이용하면 고객이 있는 장소로 이동할 필요가 없기 때문에 교통비, 숙식비, 접대비 등의 경비를 절감할 수 있고, 또한 영업에 소요되는 시간을 대폭 절약할 수 있기 때문에 영업사원은 전략고객관리, 수익성이 높은 제품의 판매, 신제품의 개발 등의 업무에 보다 많은 시간을 할애할 수 있다. 텔레마케팅이나 전자상거래는 각 기업의 특성에 따라 주력 영업수단, 보조적 영업수단, 대면 영업조직에 대한 지원, 사후서비스의 제공 등 다양한 용도로 활용되고 있다.

■ 주력 영업수단

먼저 전화나 인터넷은 어떤 기업의 경우에는 주력 영업수단이 되기도 한다. 대면 영업조직을 운영할만한 여력이 없는 회사의 경우에는 전화나 인터넷 등이 유일한 영업수단이 된다. 인터넷쇼핑몰을 개설하는 소규모 회사들이 이러한 경우에 속한다고 할 수 있다. 그렇지만 대규모 기업의 경우에도 텔레마케팅이나 전자상거래를 주력 영업수단으로 활용하기도 한다. 예를 들어 델컴퓨터(Dell Computer)는 창업시점부터 전화, 인터넷 등을 통해 주문을 받고 고객이 주문한 사양의 제품을 맞춤생산하는 시스템을 운영하고 있으며, 영국의 시장점유율 1위의 자동차보험회사인 Direct Line도 회사의 이름이 시사하는 바와 같이 창업시점부터 전화를 활용한 영업활동을 전개해오고 있다. 이러한 회사들의 경우에는 콜센터가 곧 영업현장이 된다. 우리나라에도 전화로 판매되는 다이렉트 자동차보험 상품은 삼성화재, 현대해상, LIG손해, 동부화재 등 여러 보험사들에 의해 취급되고 있다. 또한 국내의 카드회사들의 경우에도 텔레마케팅은 주력 영업 수단이라고 할 수 있다. 특히 상위 카드사의 경우에는 카드발급 건수가 2,500~3,000만 건에 이르고 이 가운데 사용 카드수는 500만~1,000만 정도가 되기 때문에 신규고객을 대상으로 카드를 발급하는 방식보다는 자사의 고객데이터베이스에 저장되어 있는 고객정보를 바탕으로 텔레마케팅을 통해서 현재 자사 카드를 사용하고 있지 않은 고객을 대상으로 사용을 권유하거나 사용하고 있는 고객이라도 업그레이드 등을 권유하는 방식이 훨씬 효율적인 영업방법이 된다. [글 9-11]은 우리나라의 한 카드사의 텔레마케팅을 활용한 판매사례를 보여주고 있다.

우리나라 어느 카드사의 사례

글 9-11

이 카드사의 고객분석팀에서는 고객정보의 분석을 통한 캠페인의 기획은 물론, 자체적으로 보유하고 있는 콜센터를 통해 캠페인을 직접 실행에 옮기고 있다. 즉, 한 부서에서 고객정보 분석기능과 캠페인 기획기능은 물론, 콜센터를 통한 영업기능까지를 포괄하여 운영하고 있다.

이 회사가 이러한 조직구조를 갖추면서 콜센터가 주력 영업채널로 부상한 이유는 시장의 포화와 신규카드사들의 등장으로 성장보다는 수성(守城)이 더 중요해졌기 때문이다. IMF 이전까지 주력 모집채널이었던 모집인 조직은 그 속성상 고객유지에는 관심이 적다. 왜냐하면 모집인에 대한 인센티브는 대부분 신규카드 발급수에 의해 결정되기 때문이다. 따라서 수성을 위해서는 회사가 직접 나설 수밖에 없고, 그러한 이유로 이 카드사는 모집인 조직의 규모를 줄이는 대신 콜센터 등 내부조직을 활용하여 고객유지 및 활성화를 위한 활동에 적극 나서게 되었다. 이 카드사는 현재 전국적으로 9개의 콜센터에 약 1천 명 정도의 콜센터 요원들을 보유하고 있다. 이 회사에서 캠페인은 월단위로 기획되고 기획된 캠페인의 내용에 따라 캠페인의 대상이 되는 고객이 각 콜센터에 할당되며, 콜센터에서 수행된 캠페인의 실적은 분석이 되어 다시 캠페인 기획이나 콜센터의 활동에 피드백되는 과정이 순환된다. 월별로 약 50개의 캠페인이 수행되고 월별 접촉고객수는 140만 명에 이른다. 콜센터 요원들은 보수의 60% 정도를 고정급으로, 40% 정도를 성과급으로 받고 있으며, 그 외에도 성과에 따른 각종 시상 프로그램이 운용되고 있다.

출처 : 박찬욱 (2005), 한국적 CRM 실천방안, 시그마인사이트, 194-196.

■ 보조적 영업수단

이렇게 전화가 주력 영업수단이 되는 경우도 있지만, 텔레마케팅이나 전자상거래는 대부분 보조적인 영업수단으로 활용되고 있다. 소비자의 라이프스타일이 다양해지면서 선호하는 접촉채널도 다양해지고 있으며, 이러한 추세에 부응하기 위해 많은 기업들은 기존의 대면 영업사원 이외에 텔레마케팅, 전자상거래 등을 활용하고 있다. 또한 텔레마케팅이나 전자상거래는 비용이 적게 드는 영업채널이기 때문에 특히 소규모 거래고객에 대한 채널로 활용되고 있다([글 9-12] 참조). 은행의 경우 거래의 규모가 큰 우수고객에 대해서는 이들의 유치와 관리를 위해 별도의 대면 영업조직을 구성하지만, 반면에 소액거래의 고객에게는 인터넷뱅킹, 텔레뱅킹, ATM 등의 수단을 권유하는 것이 이러한 예에 속한다고 할 수 있다.

이렇게 대면 영업조직과 텔레마케팅 영업조직이 병존하는 경우에는 이들 간의 갈등이 발생하지 않도록 하기 위한 세심한 기획과 실행이 필요하다. 이는 대면 영업사원들은 텔레마케터들을 경쟁자 혹은 위협의 대상으로 간주할 수 있기 때문이다. 우리나라의 손해보험사의 경우 텔레마케팅 조직을 통해 자동차보험 상품을 판매하기 시작한 것은 비교적 최근의 일인데, 이처럼 텔레마케팅 도입이 늦어진 가장 주된 이유는 대면 설계사들의 반발로 인하여 영업에 큰 타격이 있을 것이라는 우려 때문이었다고 할 수 있다. 영업활동을 수행하는 텔레마케터들은 지역의 한계가 없고, 이동시간도 필요하지 않기 때문에 기존의 영업사원에 비해 영업전략 수립에 투여할 수 있는 시간도 더 많다. 또한 영업비용의 측면에서도 대면 영업에 비해 비용이 훨씬 덜 소요되기 때문에 절감되는 비용의 일부를 가격할인에 반영할 수도 있다. 따라서 제품

3M의 텔레마케팅 도입

글 9-12

3M의 의료 및 수술제품사업부(Medical and Surgical Product Division)는 병원을 상대로 청진기, 세정제, 멸균기, 의료용 반창고 등 진료 및 수술과 관련된 다양한 제품들을 판매하는 사업부이다. 이 사업부에 소속된 영업사원의 1회 고객방문당 소요비용은 약 200달러이며, 판매가 이루어지기 위해서는 평균 4.3회의 고객방문이 필요하기 때문에 판매 건당 영업비용은 860달러에 달한다. 소규모 병원의 경우에는 이러한 영업비용을 정당화할 수 있을 만큼의 매출이 이루어지지 않는다. 3M은 이러한 소규모 병원이 이 사업부와 거래하는 전체 병원의 약 절반에 달하는 것으로 보고 있다. 3M은 이러한 문제를 해결하기 위해 텔레마케팅 영업조직을 도입하였다. 텔레마케터는 대면 영업사원에 비해 1일당 고객접촉수가 훨씬 많기 때문에 평균 전화 고객방문당 비용은 대면 영업사원의 고객방문 평균 소요비용의 8분의 1 수준인 25달러로 줄어들었다.

출처 : Cron, William L. and Thomas E. DeCarlo (2010), *Sales Management : Concepts and Cases*, 10th ed., John Wiley & Sons, Inc., 165.

의 기능이나 특성이 매우 간단하거나 혹은 소비자가 상품의 특성에 대해 잘 알고 있는 경우에는 대면 영업사원에 비해 텔레마케터가 훨씬 더 효율적으로 영업활동을 전개할 수 있다. 이러한 이유로 텔레마케팅 영업조직을 대면 영업조직과 동일하게 같은 상품을 같은 고객군을 대상으로 영업활동을 하게 하면 두 조직 간의 갈등이 심해져서 영업에 큰 타격이 있을 뿐만 아니라 대 고객관계에서도 심각한 문제가 초래될 수 있다. 이러한 경우에는 영업 대상이 되는 고객의 유형을 구분한다든지 혹은 상품의 유형을 구분하는 등의 원칙을 세워서 두 조직의 충돌을 최소화시켜야 한다.

■ 대면 영업조직에 대한 지원

텔레마케팅은 대면 영업조직을 지원하기 위한 목적으로 활용되기도 한다. 이는 텔레마케팅 조직에서 잠재고객의 확보와 확보된 잠재고객을 대상으로 구매의사, 구매능력, 그리고 영업사원과 접촉할 의사를 확인하는 과정까지를 수행하고, 이렇게 확인된 고객의 리스트를 영업사원에게 전달하여 영업의 효율을 높이는 것을 의미한다. 미국의 AT&T는 이러한 방법을 활용하여 영업 성사율을 획기적으로 향상시킬 수 있었다. 즉, 영업을 지원하는 텔레마케팅을 도입하기 이전까지는 영업사원의 고객방문 10회당 거래 성사횟수가 단 1건에 불과하였지만, 도입 이후에는 6.5건으로 괄목할만한 성장을 이루었다. 우리나라의 S증권사도 잠재고객의 데이터를 분석하여 증권거래에 관심이 있는 고객을 선별해내고, 텔레마케팅을 통해 거래의사를 확인한 뒤 이를 고객의 소재지와 가장 근거리에 있는 지점의 영업사원에게 전달하여 이들로 하여금 고객과 접촉하여 계좌를 개설하도록 함으로써 신규고객의 확보에 크게 기여한 바가 있다.

■ 사후서비스의 제공

텔레마케팅은 판매 후의 서비스를 제공하는 수단으로도 활발히 사용되고 있다. 가전제품과 같이 기술적인 지원이 필요한 경우에 특히 활발하게 사용된다. GE의 응답센터(Answer Center)는 이 부문에서 세계적인 명성을 얻고 있다. 여기에서는 약 250명의 텔레마케터가 연 300만 건에 달하는 문의에 응답하고 있다. 그 이름이 시사하는 바와 같이 이 센터는 고객의 GE와 관련된 어떠한 문의에도 응답한다는 설립 목적을 가지고 있다. 이 회사는 고객데이터베이스는 물론 제품, 유통점, 임직원 등에 대한 데이터베이스를 마련하고 구매한 고객과 구매하려는 고객들의 다양한 문의에 대응하고 있다. 예를 들어 제품의 애프터서비스에 대한 문의가 들어오면 제품데이터베이스를 화면에 올리고 고객 스스로가 해결할 수 있는 방안을 매뉴얼에 근거하여 알려준다. 텔레마케터가 해결할 수 없는 수준의 문의이면 고객에게 양해를 구하고, 이 정보를 기술자에 넘겨서 24시간 내에 해결책을 찾아주는 서비스를 제공하고 있다.

6. 채널중심의 영업조직구조

기업들은 자사 제품의 판매를 위해 하나의 유통채널만을 활용하는 경우보다 다양한 유통채널을 동시에 활용하는 경우가 훨씬 더 일반적이다. 예를 들어 우리나라의 화장품 제조업체는 백화점, 방문판매, 전속대리점, 면세점, 전문점, 대형 할인점 등의 채널을 활용한 영업을 하고 있으며, 보험회사는 전속설계사, 전속대리점, 독립대리점, 텔레마케팅, 인터넷, 은행 등의 채널을 활용하고 있다. 각 유통채널은 구매의사결정과정, 구매의 규모 및 빈도, 제조업체와의 커뮤니케이션 방법, 제조업체와의 관계의 형태 등의 여러 가지 측면에서 각기 다른 특성을 지니고 있기 때문에 여러 유통채널을 이용하는 제조업체의 경우에는 각 유통채널에 적합한 영업활동을 수행해야 한다. 따라서 어떠한 유통채널을 활용하느냐에 따라 각기 다른 형태의 영업활동이 이루어져야 하고, 이를 수행하기 위해서는 각기 다른 영업기술과 영업지식이 요구된다. 이러한 이유로 많은 기업들이 각 유통채널을 담당하는 영업사원이나 영업팀을 별도로 두고 관리하도록 하고 있다.

우리나라의 많은 기업들이 이러한 유통채널 중심의 영업조직을 가지고 있다. 예를 들어 우리나라 화장품 회사의 영업조직은 백화점, 전문점, 방문판매, 할인점, 면세점, 대리점 등을 중심으로 이루어져 있으며, 이 가운데 전문점, 방문판매 등의 영업조직은 전국적으로 영업이 이루어지고 있기 때문에 지리적인 구조를 가지고 있다. 대형 주류회사의 영업조직구조는 종합주류 도매상을 관리하는 영업조직과 대형 할인점과 같은 연쇄점 본부 및 지부를 관리하는 영업조직으로 구분되어 있으며, 도매상을 관리하는 조직은 다시 지역별로 구분되어 있다. 또한 주류가 식당, 주점 등에서 많은 소비가 이루어지기 때문에 이러한 주점, 고기집, 횟집 등을 담당하는 지역별 영업조직이 별도로 운영되고 있다. 보험회사의 영업조직은 전속설계사 영업조직, 대리점 영업조직, TM 영업조직, 방카슈랑스 영업조직 등으로 나누어져 있으며, 전속설계사 조직은 다시 지역별로 나누어진다. 생활용품이나 일반식품 등의 FMCG 기업의 영업조직은 전속대리점, 대형 할인점, SSM, 백화점, 인터넷, 방문판매, 특판 등으로 구분되어 있으며, 전속대리점, 할인점, 방문판매 등을 관리하는 영업조직은 다시 지역별로 세분화된다.

채널중심의 영업조직은 B2C 기업에서는 물론 유통업체를 대상으로 하는 B2B 기업에서도 가장 보편적으로 나타나는 영업조직 형태이기 때문에 이에 대한 이해가 매우 중요하다. 따라서 영업조직에 대한 이해를 위해서는 각 제품이나 서비스의 유통구조에 대한 심도 있는 이해가 선행되어야 한다.

CHAPTER 10

영업사원의 채용과 유지

기업은 수입이 창출되지 않으면 생존할 수 없기 때문에 수입을 창출하는 영업은 기업의 흥망성쇠를 결정한다. 그런데 영업은 영업사원에 의해 수행되기 때문에 영업사원이 얼마나 자질이 있고 능력이 있는가는 회사의 존속과 성패에 큰 영향을 미친다. 따라서 자질이 우수한 영업사원을 채용하는 것은 영업관리의 다른 어떠한 부문보다도 중요한 의미를 지니고 있다. 또한 우수한 영업사원의 이직이 발생하면 이들의 채용이나 교육훈련 등에 소요된 비용이 낭비가 되어버림은 물론, 매출기회가 상실되는 결과가 초래되기 때문에 우수한 영업사원의 유지는 영업관리의 또 다른 중요한 이슈가 된다. 이 장에서는 채용의 중요성, 채용과정, 모집과 선발, 영업사원의 유지 등에 대해 기술한다.

제1절 채용의 중요성

채용의 중요성이 부각되는 이유로는 교육훈련의 한계성, 영업사원 역할의 고도화, 잘못된 채용의 부정적인 영향, 부족한 인력자원, 후속 영업관리 부문에 대한 영향 등의 요인들이 지적될 수 있다([그림 10-1] 참조).

그림 10-1 | 채용의 중요성이 부각되는 이유

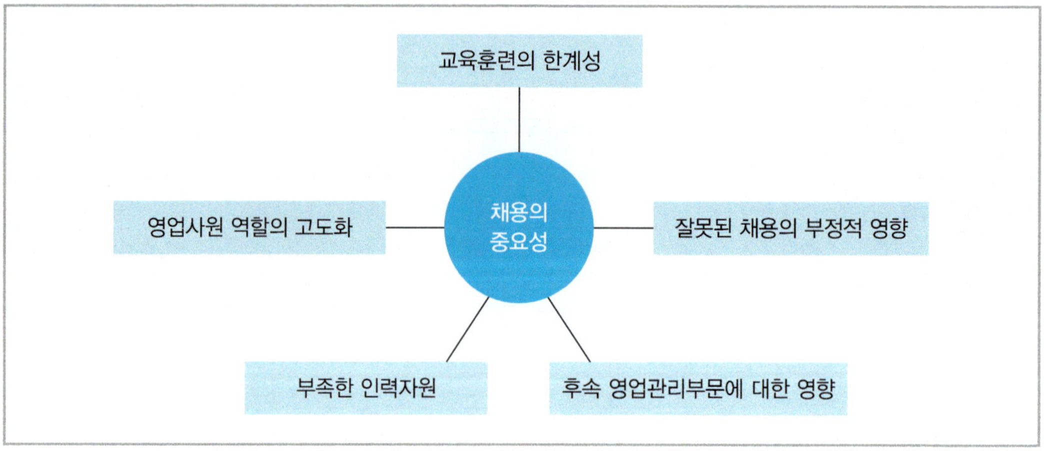

1. 교육훈련의 한계성

"성공적인 영업사원은 만들어지는 것인가, 혹은 타고나는 것인가"라는 주제는 영업관리에서 대단히 중요한 의미를 지닌다. 만들어지는 측면이 강하다면 교육훈련이 매우 중요한 의미를 지니게 되고, 반면에 타고나는 측면이 강하다면 교육훈련보다는 채용이 훨씬 더 중요한 의미를 지니게 된다.

성공적인 영업사원으로서의 특성에 대해 많은 연구들이 이루어졌는데, 영업사원의 특성과 영업성과와의 관련성에 대한 기존연구들을 종합적으로 분석한 미국의 한 연구는 영업사원의 특성들을 28개로 구분하고, 이 변수들이 영업사원들 간의 성과의 차이를 얼마나 잘 설명하는가를 보고하고 있다. 이 연구에 따르면 가장 많은 성과의 차이를 설명하고 있는 영업사원의 특성으로 다음과 같은 7개의 변수들을 들고 있다(중요도 순서).

- 개인의 이력 및 성장 배경
- 결혼 유무와 자녀의 수 및 연령
- 영업기술(소속된 산업 및 회사의 특성과 관련된 기술) 및 지식(제품지식, 회사지식 등)
- 리더십
- 인지적 능력
- 경제적 능력
- 고객 커뮤니케이션 관련 기술(니즈파악, 프레젠테이션, 반론극복, 판매종결 등)

이 변수들 가운데 교육훈련을 통해 강화할 수 있는 특성은 영업기술 및 지식과 고객 커뮤니케이션 관련기술 정도이고, 나머지 변수들은 모두 교육훈련과 관련이 전혀 없는 특성이거나(개인의 이력 및 가족 배경, 결혼 유무와 자녀의 수 및 연령, 인지적 능력, 경제적 능력), 혹은 관련이 적은 특성(리더십)이라고 할 수 있다.

우리나라에서는 영업사원의 특성과 성과와의 관련성에 대해 보고하고 있는 연구가 그다지 활발하게 이루어지지 못하였지만, 몇몇 연구들은 영업사원의 성과지향성, 학습지향성, 고객지향성, 감정조절능력, 개념적 사고능력, 분석적 사고능력, 솔선성, 자신감, 타인을 이해하는 능력, 질서에 대한 관심 등의 다양한 특성들이 성과에 영향을 미치고 있음을 보여주고 있다. 이러한 영업사원의 특성들도 부분적으로는 교육훈련을 통해 양성할 수도 있지만 대부분은 영업사원이 되기 이전부터 가지고 있는 특성이라고 할 수 있다. 결론적으로 성공적인 영업활동을 수행하기 위해서는 교육훈련을 통해 영업기술이나 지식을 배양하는 것도 중요하지만, 성공적인 영업사원이 되기 위해 갖추어야 할 많은 특성들은 타고 나거나, 혹은 성장하는 과정에서 자연스럽게 길러지는 것이기 때문에 성공적인 영업사원으로서의 자질을 갖추고 있는 영업사원을 채용하는 것이 매우 중요하다([글 10-1] 참조). [그림 10-2]는 영업사원의 능력을 기술, 지식, 자질 등의 3개의 차원으로 구분하고, 그 가운데 보이는 부분(기술과 지식)에 대해서는 교육훈련을 통해서, 보이지 않은 부분(자질)에 대해서는 채용을 통해서 충족시키는 것이 타당하며, 보이는 부분보다는 보이지 않는 부분의 중요성이 성공적인 영업활동을 위해 더 중요하다는 점을 표현하고 있다.

영업사원으로서의 선천적 자질

글 10-1

Nordstrom은 미국의 대표적인 백화점으로 완벽에 가까운 고객서비스로 명성이 높다. 우리는 이 백화점의 매니저에게 다음과 같이 질문했다 : "Nordstrom은 영업사원 교육을 어떻게 시키기에 저렇게 고객에 대한 서비스 정신이 투철하지요?" 그 매니저는 다음과 같이 대답했다. "Nordstrom은 교육훈련을 시키지 않아요. 교육훈련은 영업사원들의 가족들이 하는 것이지요." 결론적으로 Nordstrom의 성공에는 채용 프로세스가 결정적인 역할을 하고 있음을 알 수 있다.

출처 : Zoltners, Andris A., Prabhakant Sinha, and Greggor A. Zoltners (2001), *The Complete Guide to Accelerating Sales Force Performance*, AMACOM, 162.

LG화재의 대리점 대표로 LG화재 설계사의 최고의 명예인 '골드 멤버 마스터상'을 수상한 조주환 대표는 누구나 영업을 할 수는 있지만 아무나 성공한 영업사원이 되는 것은 아니라고 믿고 있다. "성공적인 영업사원은 '끼'가 있어야 한다고 생각합니다. 저는 그 끼를 구성하는 요건을 크게 네 가지로 봅니다. 첫째는 욕심이 있어야 합니다. 나는 이 분야에서 최고가 되겠다는 욕심에 있어서는 둘째가라면 서러워할 사람입니다." 조 대표가 주장하는 두 번째 요건은 근성이다. 누구에게든 지기 싫어하는 승부욕, 그것이 없으면 성공할 수 없다는 것이다. 셋째는 성실성이다. 다른 모든 성공한 세일즈맨처럼 조 대표는 일찍 출근하고 늦게 퇴근하기를 생활화한 지 오래다. 마지막 요건은 순발력이라고 한다. "순발력은 다른 말로 민첩한 판단력이라고 말할 수 있습니다. 저의 경우 따로 훈련받은 적은 없지만 고객과 상담할 때 첫 마디만 나눠보면 고객이 무엇을 원하는지, 보험에 가입할 고객인지 아닌지, 가입한다면 어떤 보험을 원하는지를 정확히 감별할 수 있습니다. 이런 순발력은 훈련한다고 되는 게 아닙니다. 타고나야 한다고 생각합니다. 이런 점에서 저는 행운아라고 생각합니다."

출처 : 김기영 (2002), 한국을 뒤흔든 세일즈 마케터, 시대의 창, 132-133.

그림 10-2 | 채용과 교육훈련의 빙산 모델

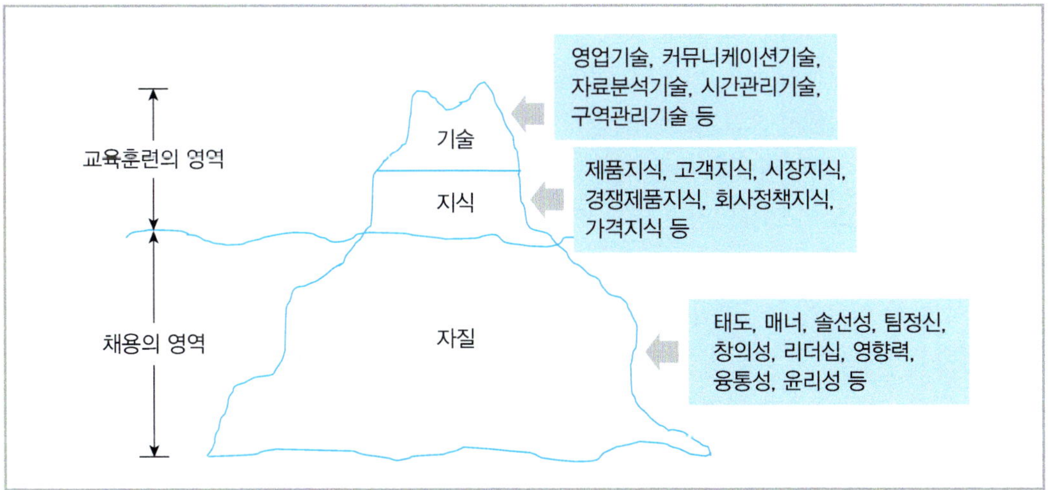

2. 영업사원 역할의 고도화

경쟁의 심화와 시장의 포화가 가져온 영업환경의 변화는 영업활동의 고도화를 요구하고 있다. 즉, 경쟁의 심화와 시장의 포화로 인해 고객과의 장기적인 관계를 기반으로 하는 자문적 영업이나 파트너십 영업이 중시되면서, 영업사원의 기능이 단순히 거래를 활성화시키는 것에서 벗어나 고객의 문제를 적극적으로 해결하고 고객을 위해 새로운 가치를 창출하는 방향으로 진화하고 있다. 또한 고객관계관리(CRM)의 중요성이 강조되고, 고객과의 접점을 책임지고 있는 영업사원이 CRM을 주도해야 한다는 주장이 힘을 얻어가면서, 영업사원이 축적된 고객정보를 활용한 CRM 전략의 수립 및 집행과 관련된 업무도 원활하게 수행해야 하는 환경이 조성되고 있다. 이처럼 영업사원의 역할이 보다 확대되고 고도화되면서 영업사원의 모집과 선발의 중요성도 커지고 있다.

3. 잘못된 채용의 부정적인 영향

모집과 선발의 과정을 수행하기 위해서는 많은 비용이 소요된다. 즉, 모집과 선발을 위해서는 광고도 게재해야 하고, 모집 전문기관에 의뢰도 해야 하며, 서류심사나 면접과 같은 선발과정도 거쳐야 하는데, 이 모든 과정에서 많은 비용과 시간이 소요된다. 이러한 과정을 거쳐서 선발된 영업사원이 성과를 내지 못하거나, 오래 근무하지 못하고 이직을 하게 되면 모집과 선발의 과정에서 지출된 모든 비용이 낭비가 되어 버리는 결과가 초래된다. 영업사원을 모집하고 선발하는 과정에서 소요되는 비용도 적지 않지만, 영업사원을 잘못 선발하였을 때 회사가 감수해야 하는 여타 비용도 매우 크다. 즉, 급여, 교육훈련비, 영업경비 등의 지출은 물론이고, 정상적인 영업이 이루어지지 않기 때문에 발생하는 기회비용(opportunity cost)도 발생한다.

채용이 잘못 이루어지면 직접적인 비용손실과 매출부진에서 오는 손실뿐만 아니라 장기적인 관점에서의 손실도 크다. 잘못 채용된 영업사원은 영업조직 전체의 사기에 부정적인 영향을 미친다. 능력이 부족한 영업사원의 채용은 특히 성과가 우수한 영업사원들에게 많은 영향을 미친다. 팀영업이 이루어지는 경우에 우수한 영업사원들은 자신들과 비슷한 수준의 영업사원들과 같이 근무하기를 원하는데, 능력이 부족한 영업사원이 들어오면 업무가 원활하게 돌아가지 않기 때문에 불만이 쌓이게 되고, 이러한 상황이 개선되지 않으면 결국 회사를 떠나게 될 수도 있다. 또한 잘못 선발된 영업사원이 회사를 그만두게 되면 그 자리를 누군가가 채워야 하기 때문에 남아 있는 영업사원들의 사기는 더욱 저하되고, 따라서 생산성도 낮아진다. 영업사원들의 이직률이 높아지면 조직 내에 영업 노하우도 축적되지 않아 생산성도 떨어지고, 고객에 대한 서비스에도 악영향을 미쳐서 고객관계도 악화된다. 이렇게 생산성의 하락이나 고객관계의 악화로 인해 장기적으로 발생하는 손실은 회계장부상에는 정확히 기록되지 않지만 결국은 모두 회사의 재정적인 부담으로 작용한다. 우리나라의 경우 대기업에 취업한 영업사원들의 1년 이내 이직률은 15%에 이르고 있다. 따라서 정교한 채용 프로세스를 채택함으

채용과정과 이직률

글 10-2

산업재를 생산하는 어느 기업은 채용과정에 심리테스트를 도입함으로써 영업사원의 이직률을 무려 절반 수준으로 줄일 수 있었다. 설문지는 추진력, 커뮤니케이션기술, 활동량, 법규준수 등의 네 개의 분야로 나누어서 지원자의 행동을 평가할 수 있도록 구성되었다. 이 테스트를 회사의 우수 영업사원들을 대상으로 실시하였는데, 이들의 성적에서 매우 안정적인 패턴이 발견되었다. 즉, 우수 영업사원들은 거의 대부분 추진력과 커뮤니케이션 기술에서 높은 점수를 획득하였다. 이러한 결과를 근거로 이 회사는 심리테스트의 성적 패턴이 우수 영영사원의 그것과 일치하는 지원자만을 영업사원으로 채용하고 있다.

출처 : Zoltners, Andris A., Prabhakant Sinha, and Sally E. Lorimer (2009), Building a Winning Sales Force, AMACOM, 408-409.

로써 적성이 맞지 않거나 실적을 내지 못할 가능성이 높은 사람은 처음부터 채용하지 않는 것이 최선의 방법이다([글 10-2] 참조).

4. 부족한 인력자원

인력시장에 우수한 인력자원이 많으면 영업사원의 모집과 선발의 과정이 매우 수월하다. 그러나 영업사원으로서의 자질이 우수한 인력자원을 발견하는 것은 현실적으로 매우 어려우며, 그래서 모집과 선발의 과정이 더욱 중요한 의미를 지닌다. 우리나라의 다양한 업종의 영업직 모집공고에서 '학력무관(無關)', '경력무관'이라는 문구가 유달리 많이 발견되는 것도 우수한 자질을 갖춘 영업사원의 모집이 현실적으로 매우 어렵다는 점을 반영하고 있다. 우수한 인력자원을 발견하기 힘든 가장 큰 이유는 사람들이 가지고 있는 영업에 대한 부정적인 인식에서 찾아질 수 있다.

우리나라의 대학생 졸업생들의 상당 비율이 영업부문에 취업하고 있음에도 불구하고, 재학 시에 영업분야로의 진출을 희망하는 학생들은 극소수에 불과하다. 그 이유는 많은 사람들이 영업에 대해 강매, 속임수, 판매 전후의 영업사원의 급격한 태도 변화 등과 같은 부정적인 인식을 가지고 있기 때문이다. 더욱이 우리나라가 예로부터 이윤을 붙여 물건을 파는 행위를 천시하는 인식을 가지고 있었던 것도 영업에 대한 부정적 인식의 형성에 한몫 하였다고 할 수 있다. 이러한 이유로 우수한 인재들이 영업부문으로 진출하지 않으려는 경향이 있다. 또한 영업에 대해 크게 관심을 갖고 있지 않기 때문에 영업직이 가지고 있는 장점에 대해서 잘 알지 못하고 있는 것도 우수 인재들의 영업부문으로의 진출이 적은 이유로 지적될 수 있다. 그렇지만 최근 들어 우리나라에서도 이러한 인식들이 서서히 바뀌어가고 있다. 영업의 중요성이 새롭게 인식되고, 회사의 영업사원에 대한 대우가 좋아지면서 전문직으로서의 영업직에 진출하려는 도전적인 젊은이들이 늘어나고 있다.

5. 후속 영업관리부문에 대한 영향

회사가 아무리 훌륭한 교육훈련, 코칭, 동기부여, 성과평가, 보상 등을 위한 프로그램과 제도를 가지고 있다고 하여도, 자질이 부족한 영업사원을 선발하면 원활한 운용이 어려워진다. 예를 들어 똑같은 교육훈련 과정을 이수한 영업사원들이라도 자질과 능력에 따라 교육훈련의 효과는 크게 차이가 날 수 있다. 그래서 우수한 영업사원의 채용은 영업관리자가 성공적으로 수행해야 하는 가장 중요한 책무가 되고 있다.

제2절 채용과정

채용(採用)의 과정은 [그림 10-3]에서와 같이 채용계획의 수립, 모집, 선발, 채용, 그리고 동화의 5단계로 구분될 수 있다. '채용의 과정' 혹은 '채용계획의 수립'에서의 채용과 채용을 구성하는 하나의 단계로서의 채용은 각각 넓은 의미와 좁은 의미로 해석될 수 있다. 즉, 좁은 의미의 채용은 선발된 지원자를 자사의 직원으로 만들기 위한 공식적인 절차를 의미하고, 넓은 의미의 채용은 계획수립단계에서 모집과 선발을 거쳐 신입 영업사원이 조직에 동화되기까지의 전 과정을 의미한다.

그림 10-3 | 채용과정

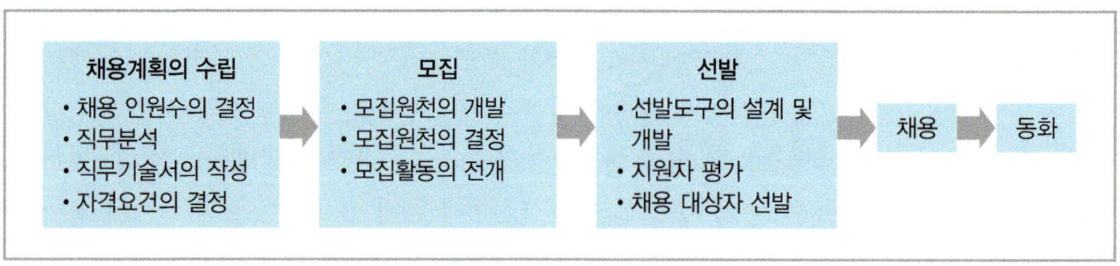

1. 채용계획의 수립

채용계획의 수립은 몇 명 정도를 채용할 것이며, 어떠한 자격을 갖춘 사람을 채용할 것인가를 결정을 하는 것을 의미한다. 어떤 자격을 갖춘 사람을 채용할 것인가를 결정하기 위해서는 직무에 대한 분석과 이에 바탕을 둔 직무기술서의 작성, 그리고 자격요건의 결정이 이루어져야 한다.

1.1 필요 영업사원수의 결정

정확한 채용인원을 정할 수 있어야 지원자의 모집과 선발과정이 순조롭게 이어질 수 있다. 선발해야 할 영업사원의 수는 목표영업성장률, 마케팅전략의 변화, 영업사원이직률 등의 여러 요소에 의해 결정된다. 성장하고 있는 시장에서는 회사의 목표성장률도 높아지고 이에 따라 선발 영업사원의 수도 증가하며, 반대로 정체되거나 침체된 시장에서는 목표성장률도 낮아지고 따라서 선발 영업사원의 수도 작아진다. 즉, 시장성장률에 대한 예측에 따라 하나의 구역이었던 곳을 두 개로 분할할 수도 있고, 반대로 특정 구역을 다른 구역에 통합시킬 수도 있으며, 이에 따라 선발 영업사원의 수는 달라진다. 회사의 마케팅전략의 변화도 채용하여야 하는 영업사원의 수에 영향을 미친다. 예를 들어 회사가 더 이상 외부의 독립적 판매조직을 이용하지 않고 자체적인 영업조직을 운영하기로 하였다면 선발해야 할 영업사원의 수가 크게 증가한다. 반대로 회사가 영업비용의 절감을 위해 전화나 인터넷을 활용한 영업을 계획하고 있다면 선발할 영업사원의 수는 크게 감소하게 된다. 목표영업성장률이나 마케팅전략 등에 큰 변화가 없어서 현재의 영업사원 규모를 유지하려는 목적으로 채용을 하는 경우에는 채용 영업사원의 수는 다음과 같이 결정된다.

채용 영업사원의 수 = 관리직으로 승진할 영업사원의 수 + 예상은퇴자의 수
+ 예상이직자의 수

이 세 개의 변수 가운데 승진자의 수는 회사에게 결정하는 것이고, 은퇴자의 수는 비교적 정확한 예측이 가능하기 때문에 문제가 될 것은 없지만, 예상이직자의 수는 회사가 가능한 한 정확히 예측하기 위해서 노력해야 하는 부분이라고 할 수 있다. 이는 전체 영업사원의 수에 예상이직률을 곱하여 산출되며, 예상이직률은 과거 일정기간 동안의 이직자의 수를 같은 기간 동안의 전체 영업사원의 수로 나누어서 구할 수 있다.

1.2 직무분석

직무분석(job analysis)은 회사의 목적을 달성하기 위해 영업사원이 수행해야 하는 활동이 무엇인지를 파악하는 것을 의미한다. 영업사원에게 요구되는 구체적인 활동은 산업에 따라 크게 차이가 난다. 예를 들어 방문활동을 통해 일반 소비자들에게 건강식품이나 보험상품을 판매하는 영업사원의 활동과 기업을 대상으로 전산장비를 판매하는 영업사원의 활동에는 많은 차이가 있다. 또한 같은 회사 내에서도 영업사원들의 활동이 많은 차이를 보이기도 한다.

예를 들어 식품회사의 경우에 대형 할인점이나 기업형 슈퍼마켓 등 대형 유통업체를 대상으로 영업활동을 전개하는 영업사원과 대리점 조직을 관리하는 영업사원 간에는 요구되는 활동에 큰 차이가 있다.

직무분석은 영업조직이나 인사부서에서 수행되거나 혹은 외부업체에 의뢰하여 수행되기도 한다. 영업의 직무분석을 하기 위해서는 여러 가지 방법이 사용될 수 있다. 이러한 방법들은 어떻게 자료를 수집하는가에 따라 1차자료에 의한 방법과 2차자료에 의한 방법으로 구분될 수 있다. 1차자료에 의한 방법에는 심층 인터뷰, 설문, 관찰 등이 포함된다. 먼저 심층 인터뷰는 가장 많이 사용되고 있는 직무분석방법으로 영업사원, 영업관리자, 영업담당임원, 고객 등을 대상으로 실시된다. 영업관리자나 영업담당임원을 대상으로는 회사의 영업 및 마케팅전략이 무엇이며, 이를 수행하기 위해 영업사원이 어떠한 활동을 해야 하는지를 파악하는 데 초점을 둔다. 영업사원에 대해서는 자신의 역할에 대해 어떠한 생각을 가지고 있는지, 자신의 시간을 어떠한 활동을 하는데 사용하고 있는지를 파악하는 데 초점을 둔다.

고객에 대해서는 영업사원이 어떠한 역할을 수행하고 있으며, 또한 어떠한 역할을 추가로 수행해 주기를 원하는지를 파악한다. 설문은 주로 영업사원이나 고객을 대상으로 실시된다. 영업사원을 대상으로 하는 설문은 주로 영업과 관련된 여러 가지 활동을 나열하고, 각 활동의 중요성과 실제의 활동수준을 답하는 형식으로 구성된다. 고객을 대상으로 하는 설문에서는 영업사원이 어떠한 활동을 하고 있으며, 이러한 활동에 대해 어떻게 평가하는지를 묻게 된다. 관찰에 의한 직무분석을 위해서는 분석자는 영업사원과 동반하여 영업현장에 다니면서 영업사원이 실제로 어떠한 활동을 하고 있는지, 또한 우수한 영업사원과 평범한 영업사원 간에는 활동상에서 어떠한 차이가 있는지를 관찰하고 분석한다. 2차자료에 의한 방법은 사내에 있는 영업사원의 활동과 관련된 자료들을 수집하여 분석하는 것이다. 이러한 자료에는 영업보고서나 영업사원이 수행한 활동과 시간을 적어 놓은 업무일지 등이 포함된다.

1.3 직무기술서

직무분석을 마치면 이를 바탕으로 직무기술서(job description)가 작성된다. 직무기술서는 매우 자세하게 작성되어야 하며, 통상적으로 다음과 같은 내용들이 포함된다.

- 직무의 명칭 : 영업 직무의 명칭(특히 한 회사 내에 여러 가지 형태의 영업 직무가 존재하는 경우에는 이를 명확히 구분)
- 조직구조상에서의 위치 : 소속 부서와 사업부, 보고체계, 다른 부서(마케팅, 생산, R&D 등)의 직원들과의 접촉이 필요한 상황 및 접촉방법

- 판매해야 하는 제품이나 서비스
- 영업대상이 되는 고객사의 유형과 고객사 조직 내의 방문해야 하는 사람(구매부서 직원, 엔지니어, R&D부서 직원, 재무부서 직원 등)
- 직무와 관련된 의무와 책임 : 기획업무, 조사 및 정보수집활동, 판매활동, 고객서비스업무, 가종 행정 및 보고업무 등
- 정신적 · 육체적 업무 강도 : 제품이나 서비스에 대한 지식, 영업기술, 여행빈도 등

직무분석과 직무기술서의 작성은 채용과정에서 가장 먼저 수행되어야 하는 업무로, 후속하는 업무를 위한 전략적인 가이드라인을 제시하는 역할을 한다. 즉, 면밀한 직무분석과 잘 작성된 직무기술서를 바탕으로 하여 지원서, 심리테스트, 선발기준 등과 같은 선발도구가 개발되어야 잘못된 배치나 이직 등과 같은 부정적인 결과를 최소화시킬 수 있다. 직무분석과 직무기술서는 단지 모집과 선발과정에만 활용되는 것이 아니라 영업관리의 다양한 영역에서 유용하게 활용될 수 있다. 예를 들어 영업사원의 교육훈련을 담당하고 있는 관리자는 직무기술서를 바탕으로 영업사원이 수행해야 할 역할이 무엇이고, 이를 원활하게 수행하기 위해서는 무엇을 교육해야 하는지를 정할 수 있다. 또한 영업사원이 정확하게 어떠한 업무를 수행하는지를 알아야 이들의 성과를 어떻게 평가할 것인지, 어떠한 보상체계가 적합한지를 판단할 수 있다. 더 나아가 영업관리자는 직무기술서를 바탕으로 영업사원의 업무량이 적절한 수준인가를 판단할 수 있다.

1.4 자격요건

직무기술이 직무와 관련된 활동과 책임 등에 중점을 두고 있는 반면, 직무자격요건(job qualification)은 그 직무를 성공적으로 수행하는 데 필요한 태도, 기술, 지식, 성격적 특성 등에 중점을 둔다. 선발할 영업사원의 자격요건을 정하는 것은 선발의 전 과정을 통틀어서 가장 어려운 일이다. 왜냐하면 영업사원의 자격요건에 대해 일반적으로 통용되는 법칙이나 규범이 존재하는 것이 아니고, 실제로 영업사원의 성과가 해당 영업사원이 소속된 회사, 판매하는 제품, 관할구역 등에 따라 큰 차이를 보이기 때문이다. 어떤 회사에서 근무할 때에는 성과가 부진했던 영업사원이 다른 회사로 옮긴 후에는 좋은 성과를 내는 경우도 있고, 같은 회사 내에서도 담당 구역을 바꾼 후에 성과가 급상승하는 경우도 있다. 그렇기 때문에 회사의 입장에서는 시행착오를 거쳐가면서 경험에 입각하여 각 영업직에 맞는 자격요건을 정하는 수밖에 없다. 이 과정에서 회사가 사용할 수 있는 좋은 방법은 자사의 성과가 우수한 영업사원들을 다

양한 측면에서 분석하는 것이다. 즉, 이들의 행동, 기술, 성격적 특성 등을 분석함으로써 어떠한 자격요건을 갖춘 사람이 성공적인 영업활동을 수행할 수 있는지를 정할 수 있다. 모든 영업직에 통용될 수 있는 자격요건은 존재하지 않지만, 일반적으로 바람직한 영업사원의 특성을 기술, 지식, 자질의 세 가지 측면에서 살펴볼 수 있다. 기술적인 측면에서는 기획능력, 커뮤니케이션기술, 설득기술, 프레젠테이션기술, 자료분석기술, 협상기술, 시간관리기술, 구역관리기술, 컴퓨터기술 등이 언급될 수 있고, 지식적인 측면에서는 제품지식, 고객지식, 시장지식, 경쟁제품지식 등을 들 수 있다. 또한 자질적인 측면에서는 솔선성, 성실성, 팀정신, 창의성, 리더십, 융통성, 윤리성, 낙관성, 외향성, 적응력 등을 들 수 있다.

시대의 변화에 따라 성공적인 영업사원의 자격요건도 변화하고 있다. 먼저 정보화 추세에 따라 영업사원도 인터넷을 통해 다양한 정보를 검색할 수 있어야 하고, 회사와의 원활한 커뮤니케이션을 위해 통신기기도 잘 다룰 수 있어야 한다. 특히 SFA(영업자동화)시스템의 도입이 증가하면서 이러한 기술은 이제 필수가 되어가고 있다. 또한 양질의 프레젠테이션을 하기 위해 필요한 파워포인트를 비롯한 다양한 문서작성 도구를 자유롭게 사용할 수 있어야 한다. 고객과의 파트너십에 바탕을 두는 자문적 영업이 강조되고, 더욱이 전략고객의 중요성이 점증하면서 팀영업(team selling)의 활용이 늘어나고 있다. 팀영업에서는 개인의 능력에 의존하는 영업에서 미덕으로 여겨졌던 독립성, 자급성 등이 오히려 장애요인이 될 수 있다. 회사는 팀영업의 활성화를 위해서는 환경적응능력이 뛰어나고, 다른 사람들과 공유하려는 정신을 가지고 있으며, 자신의 이득보다는 팀의 목표를 우선시하는 영업사원이 더 바람직하다. 우리나라의 한 연구는 분석적인 인지적 능력보다는 감성적인 능력이 우수한 영업사원의 주요한 핵심적인 역량이 되고 있음을 보여주고 있으며, 따라서 자격요건을 정함에 있어 이러한 측면도 고려하는 것이 바람직하다([글 10-3] 참조). 이러한 분석들은 바탕으로 하여 회사는 대략 다음과 같은 항목들에 대해 자격요건을 정하게 된다.

- 인지적 능력(기획능력 및 문제해결능력)
- 경험(영업 및 타 업종에서의 경험)
- 교육(학력, 전공)
- 성격적 특성(적응력, 설득력 등)
- 신체적 특성(체력, 용모 및 매너)
- 기술(커뮤니케이션, 대인관계, 정보기술 등)

자동차 영업사원의 핵심역량에 대한 연구

글 10-3

자격요건은 개인적 역량(力量, competence)과 비슷한 의미라고 할 수 있다. 역량의 사전적 정의는 '특정한 업무를 효과적으로 수행하는 데 필요한 개인의 특성'이라고 할 수 있다. 우리나라의 한 연구는 자동차 영업사원에게 요구되는 핵심적인 역량이 무엇인가에 대한 탐색적인 조사를 실시하였다. 이 연구는 자동차 영업사원들과의 면접, 관찰, 설문조사자료에 대한 분석 등을 통해 아래의 [표 10-1]에서와 같이 자동차 영업사원의 핵심역량을 '성취와 행동 역량군', '대인서비스 역량군', '개인효과성 역량군' 등의 3대 역량군으로 나누고 있다.

표 10-1 | 자동차 영업사원의 핵심역량 및 중요도

역량군	세부역량	중요도	세부역량의 내용
성취와 행동 역량군	성취지향성	4.6	도전적 목표설정과 개선의식을 통해 성과를 달성해내는 능력
	기술적 전문성	4.2	업무관련 지식을 습득하고 이를 확장, 사용, 전파시키는 능력
	소명의식	4.3	자신의 직업에 대한 소명의식
	정보수집	4.3	다양한 정보를 수집하고 분석하여 업무에 적용시키는 능력
	전체 평균	4.4	
대인서비스 역량군	고객지향성	4.4	고객을 최우선시 하고, 고객의 요구에 능동적으로 대처하는 능력
	진실성	4.8	고객을 대하는 진실한 태도와 마음가짐
	대인이해	4.6	상대방의 이야기를 경청하고, 상대방의 입장에서 이해하는 능력
	관계형성	4.4	사람들과 잘 융화하고, 인적 네트워크를 구성하는 능력
	전체 평균	4.5	
개인효과성 역량군	이미지관리	4.7	자신의 첫인상과 이미지를 좋게 만들 수 있는 능력
	자기통제	4.4	어떠한 상황에서도 감정과 언행을 조절할 수 있는 능력
	자기확신	4.4	업무를 추진함에 있어 자신감을 견지할 수 있는 능력
	체력	4.3	업무로 인한 피로와 스트레스를 극복할 수 있는 능력
	전체 평균	4.5	

이 연구의 주요 결과는 감성적인 역량이 중요해지고 있다는 것으로 요약될 수 있다. 기존의 연구들에서는 기술적 전문성이나 분석적, 개념적 사고능력, 정보수집능력 등이 강조되어 왔으나, 이 연구에서는 오히려 진실성이나 이미지관리 등과 같은 감성적인 역량들이 상대적으로 높은 중요도를 나타냈다. 분석적 사고, 설득능력, 시간관리 등과 같은 역량은 영업사원들에 의해 최하위로 평가되어 핵심역량에서 제거되었으며 고객을 진심으로 대하려는 마음가짐이나 고객과의 만남에서 첫인상을 좋게 만드는 능력의 중요성이 최상위를 차지하였다. 이 같은 결과는 광고매체와 인터넷의 발달, 온라인 커뮤니티의 증가로 영업사원은 영업에 필요한 각종 정보를 수집하고 분석하기가 용이해졌고, 고객의 입장에서도 영업사원을 만나기 전에 사전조사가 가능해

지면서 인지와 관련된 역량의 중요성이 상대적으로 감소한 것으로 생각해 볼 수 있다.

이 연구의 결과는 모집과정에서 영업사원의 자격요건을 정하는 데 있어서는 물론, 선발의 과정에서도 어떠한 측면에 중점을 두어야하는가에 대해 많은 것을 시사해 주고 있다고 할 수 있다. 즉, 학력이나 경험 등과 같이 객관적인 자료를 통해 파악할 수 있는 역량보다는 진실성이나 타인의 감정을 읽을 수 있는 능력과 같은 정성적인 역량이 더 중요하다는 점과, 이러한 정성적 · 감성적 역량을 갖춘 사람들을 채용하기 위해서는 모집 및 선발의 과정에서 기존의 틀을 벗어난 새로운 방법을 모색할 필요가 있다는 점을 강력하게 시사해주고 있다.

출처 : 오헌석, 배진현, 윤정이 (2010), “자동차 영업사원의 핵심역량에 관한 연구,” 기업교육연구, 12(1), 41–68.

기업들은 자격요건을 결정하기 위해 직무기술서의 분석, 영업사원의 경력 분석 등의 방법을 채택하고 있다.

■ 직무기술서에 대한 분석

잘 쓰인 직무기술서는 자격요건을 정하는 데 유용하게 사용될 수 있다. 예를 들어 판매대상이 되는 제품이나 서비스에 따라서 요구되는 지식수준 등이 자격요건에 반영될 수 있다. 예를 들어 제약회사의 영업사원이나 컨설팅사에서 기술영업을 담당해야 하는 경우에는 특정 분야에 대한 지식수준에 대한 자격요건을 포함시킬 수 있다. 또한 접촉하는 고객의 유형, 직무의 내용, 업무강도 등에 대한 내용들도 자격요건을 정하는 데 반영될 수 있다.

■ 영업사원의 경력분석

현재 및 과거의 영업사원들에 대해 선발 당시의 해당 영업사원의 특성과 실제의 영업성과가 관련이 있는지의 여부를 분석하여 우수한 성과를 올리고 있거나 올렸던 영업사원들이 가지고 있었던 선발 시의 특성을 자격요건에 반영할 수 있다. 예를 들어 학사 학위를 가지고 있는 영업사원이 그렇지 않은 영업사원에 비해 영업성과가 우수하다면 학사 학위를 자격요건에 반영하는 방식이다. 그런데 이 방법은 상당한 기간 동안 비교적 큰 규모의 영업활동을 하고 있는 회사에서만 사용될 수 있는 방법이다. 왜냐하면 규모가 너무 작거나 혹은 영업을 시작한지 얼마 되지 않는 회사의 경우에는 분석을 위한 자료를 충분히 확보할 수 없기 때문이다. 이 방법은 다음과 같은 과정을 거쳐 이루어진다.

- **단계 1(현재 및 과거 영업사원들의 리스트추출)** : 규모가 비교적 작은 회사의 경우에는 모든 영업사원을 대상으로 분석을 실시하고, 규모가 큰 경우에는 단순무작위 표본추출 등을 통해 안정적인 분석이 가능한 규모의 표본을 추출한다.

- 단계 2(영업사원에 대한 정보의 수집) : 분석의 대상인 영업사원을 대상으로 선발 당시의 정보(지원서, 인터뷰 보고서 등)와 영업성과 정보(판매액, 할당달성률, 공헌마진, 판매대비 비용, 판매활동수준 등)를 수집한다.
- 단계 3(영업사원의 구분) : 영업사원을 영업성과 수준에 따라 2~3개의 그룹으로 분리한다.
- 단계 4(영업사원 특성 나열) : 영업성과에 영향을 줄 수 있는 영업사원의 특성을 나열하는 과정이다. 연령, 성별, 학력, 경력 등과 같은 변수들은 물론 지력이나 성격 등에 대한 변수도 포함될 수 있다. 지력이나 성격 등에 대한 변수가 포함되기 위해서는 선발 당시에 지력 테스트나 인성 테스트 등이 실시되었어야 한다.
- 단계 5(그룹 간 영업사원 특성 분석) : 영업사원의 각 특성에 대하여 우수 그룹과 비우수 그룹 간에 차이가 있는지를 분석하는 과정이다. 예를 들어 선발 시의 나이, 영업경력, 학력 등이 우수그룹과 비우수그룹 간에 차이를 보이는지를 분석하는 과정이다. 분석방법으로는 난순히 교자표를 만들어서 시각적으로 분석하는 방법도 있고, 통계 패키지를 이용하여 판별분석(discriminant analysis)과 같은 다변량 분석방법을 활용할 수도 있다.

제3절 지원자의 모집

영업사원에 대한 자격요건이 정해지면, 그 다음은 필요 영업사원을 모집(recruitment)하고 선발(selection)하는 과정이다. 영업사원의 확보는 외부인력의 채용을 통해 이루어질 수도 있고, 내부인력의 개발을 통해 이루어질 수도 있는데, 여기에서는 주로 외부인력의 채용을 통한 필요 영업사원의 확보에 대해 논의하고, 내부인력의 개발을 통한 확보 부분은 제11장의 '교육훈련'을 참소하면 된다. 영업사원의 모집은 회사의 영업목적 달성에 기여할 수 있는 외부인력의 원천(源泉)을 개발하고, 이들 인력으로 하여금 회사에 관심을 갖고 회사에서 일할 기회를 찾을 수 있도록 하는 과정을 의미한다. 따라서 지원자 중에서 적합하다고 판단되는 사람을 선발하는 활동은 모집과정에 포함되지 않는다. 선발하는 활동은 모집활동에 연이어서 이루어지게 된다.

1. 모집의 중요성

회사의 영업사원에 대한 인력수요에는 항상 변화가 따른다. 승진, 은퇴, 이직 등의 자연적인 인력감소는 물론, 회사의 성장 등의 변화와 따라 영업사원의 적정규모나 구성도 항상 변화한다. 회사의 성장을 위해서는 능력을 갖춘 새로운 인력이 외부로부터 꾸준히 유입되어야 하고, 따라서 모집은 회사의 존속과 발전에 큰 의미를 지닌다.

좋은 지원자가 없으면 좋은 영업사원의 선발이 이루어질 수 없기 때문에 지원자 모집과정은 매우 중요하다. 지원자 모집에 대한 계획이 잘 세워지지 않으면 좋은 지원자를 확보할 수 있는 원천을 놓쳐버릴 수도 있고, 지원자가 부족하여 자격 미달의 사람을 선발해야 하는 상황이 될 수도 있다. 더욱이 지원자를 모집하기 위해서는 상당한 비용이 지출되기 때문에 신중한 계획이 세워져야 한다. 지원자 모집과 관련한 직접적인 비용으로는 모집 업무를 수행하는 인력을 유지하는 데 드는 비용과 광고게재비용 등이 포함된다. 그러나 이러한 직접적인 비용보다 더 중요한 것은 지원자 모집과정이 선발과 교육훈련에 소요되는 비용에 미치는 영향이다. 좋은 지원자를 확보하지 못하면 선발과정 자체가 매우 어려워지고, 경우에 따라서는 선발과정을 진행하지 못하게 되어 모집과정을 다시 반복해야 할 수도 있다. 좋은 지원자를 확보하지 못한 상태에서 선발을 꼭 해야 하는 상황에서는 선발한 인력에 대해 더 많은 교육훈련비를 지출해야 하는 처지에 놓이게 된다. 또한 자격 미달의 지원자가 너무 많이 몰리게 되면 선발과정이 길어지고, 따라서 이에 따른 비용도 증가한다.

지원자의 모집은 통상적으로 특정 지역을 담당하는 영업사원의 결원이 발생하였을 때 실시되는데, 따라서 모집기간이 길어지면 길어질수록 해당 지역에서의 판매가 이루어지지 않는 데 따른 기회비용이 발생한다. 이러한 기회비용을 최소한으로 줄이기 위해서는 모집과정이 결원이 발생하였을 때 실시되는 단발성 이벤트가 아니라 상시적인 프로그램으로 운용되는 것이 바람직하다. 즉, 모집활동은 영업조직의 인력수요에 대한 정확한 예측하에 시간적인 여유를 가지고 꾸준히 전개되어야 한다. 더욱이 외부 영업인력시장에서 구인난이 심한 분야의 경우에는 이러한 필요성이 더욱 커진다. 이를 위해 영업관리자는 언제든지 있을 수 있는 결원에 대비하여 자격을 갖춘 지원자의 리스트를 미리 확보하고 있는 것이 중요하다. 은퇴나 승진 등에 의한 결원은 물론 이직 등에 의해 결원이 발생할 수 있는 가능성을 예측하고 이에 대비하여 적정규모의 지원자 리스트를 확보해서 실제 결원이 발생하였을 때에는 신속하게 자격을 갖춘 영업사원을 배치할 수 있도록 해야 한다. 이 부분에 대해서는 제6절 '영업사원의 유지'에서 상세히 기술하였다.

2. 적정한 지원자의 수

좋은 영업사원을 선발하기 위해서는 적정규모의 지원자가 확보되어야 한다. 지원자 가운데 일부만을 선발하게 되고, 또한 합격한 지원자 모두가 채용제안을 받아들이는 것은 아니기 때문에, 1명의 영업사원을 선발하기 위해 필요한 지원자의 수(R)는 아래와 같은 공식에 의해 정해질 수 있다. 예를 들어 10명의 지원자 가운데 5명을 서류심사를 통해 걸러내고, 1차면접을 통해 2~3명을 더 걸러낸 다음, 나머지 2~3을 대상으로 2차면접, 시험 등의 선발도구를 활용하여 심사한 뒤 최종적으로 1명을 선발한다고 하면, S는 10명 가운데 1명이므로 10%가 된다. 만일 20명을 선발해야 하고, 선발자의 채용을 수용할 확률이 80%라고 가정하면 필요한 지원자의 수는 20/(0.1×0.8) = 250명이 된다.

$$R = \frac{H}{S \times A}$$

H : 선발영업사원의 수
S : 선발확률
A : 지원자의 채용수용확률

3. 모집방법

영업사원은 다양한 원천으로부터 모집된다. 업무의 내용과 자격요건에 변화가 없는 경우에 모집의 원천을 찾는 가장 바람직한 방법 중의 하나는 회사 내의 우수한 영업사원들이 어떠한 원천을 통해 모집되었는지를 검토하는 것이다. 그렇지만 영업사원을 처음 모집하거나 혹은 지금까지와는 다른 새로운 업무를 수행해야 하는 영업사원을 모집하는 경우에는 이 방법을 사용할 수 없다. 이러한 경우에는 직무기술서나 자격요건을 검토하여 어떠한 원천이 바람직한가를 정할 수 있다. 예를 들어 특정 분야에 대한 전문적인 지식을 갖춘 영업사원이 필요한 경우에는 해당 전공 과정이 개설되어 있는 대학도 좋은 원천이 될 수 있고, 특정 분야의 교육을 실시하는 학원으로부터 특정 자격증을 획득한 사람을 추천받을 수도 있다. 또한 특정 분야의 실무 경력이 필요한 경우라면 현재 재직하고 있는 직원들을 통해 추천을 받는 방안이 적극 검토될 수 있다. 경우에 따라서는 특정 분야를 다루는 신문이나 잡지 등에 광고를 게재하는 것도 많은 지원자를 확보할 수 있는 좋은 대안이 될 수 있다. 일단 좋은 원천이 파악되면 당장

그림 10-4 | 모집의 원천

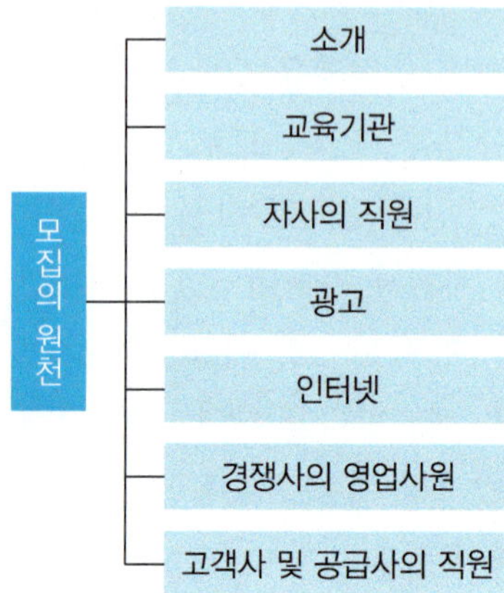

모집이 필요한 경우가 아니더라도 평소에 해당 원천과 좋은 관계를 유지하는 것이 매우 중요하다. 예를 들어 좋은 지원자를 보내준 대학의 교수, 좋은 영업사원을 추천해준 기존고객, 좋은 지원자를 확보할 수 있었던 신문사나 잡지사 등과 수시로 접촉하면서 좋은 관계를 지속적으로 갖는 것이 바람직하다. 모집은 [그림 10-4]와 같이 다양한 원천을 통해 이루어질 수 있다.

3.1 소개

소개(referral)는 어떤 사람이 적합하다고 판단되는 다른 사람을 고용할 것을 회사에 추천하는 것을 의미하며, 영업사원의 모집을 위한 가장 핵심적인 원천이라고 할 수 있다. 소개를 하는 사람은 사내의 직원일 수도 있고, 고객사 소속의 직원일 수도 있으며, 혹은 회사와는 직접적인 관계가 없는 외부 인사가 될 수도 있다. 소개를 하는 사람은 회사에 대해 어느 정도 잘 알고 있고, 호의를 가지고 있으며, 추천에 대한 책임감도 가지고 있기 때문에 소개를 통해 추천된 사람은 회사가 요구하는 자격요건을 갖추었으면서 회사의 문화에도 잘 적응할 가능성이 높다. 또한 추천된 사람도 추천한 사람에 대한 책임감을 가지고 있기 때문에 그렇지 않은 경우에 비해 더 성실하게 근무할 가능성도 높고, 이직률도 낮으며, 만족도도 높다. 그래서 추천은 대부분의 회사에 있어서 매우 선호하는 원천이다. 특히 회사 내의 영업사원은 많은 사람들과 빈번한 접촉을 하고 있기 때문에 적합한 사람을 소개할 가능성이 높으며, 고객사의 구매부서에 근무하는 직원들도 여러 회사의 영업사원을 접하기 때문에 좋은 모집원천이 될 수 있다.

소개의 원천으로서의 영업사원의 중요성

글 10-4

영업관리자가 영업사원 리크루팅을 잘하기 위해서는 이것 하나만은 반드시 기억하여야 한다. 리크루팅 자원은 영업사원으로부터 나온다. 이것이 리크루팅을 풀어나가는 핵심 노하우이다. 혼자서 리크루팅을 풀어가려고 하는 영업관리자는 백발백중 실패하고 만다. 영업사원이 주변 사람들을 적극적으로 소개해주는 분위기를 만들어가야 한다. 영업관리자 혼자서 리크루팅 대상자를 찾으려면 몇 명이 되지 않지만, 영업사원들이 적극적으로 소개해주면 그 인원은 기하급수적으로 늘어난다. 만약 영업사원이 15명이라고 하면 영업사원 한 사람으로부터 10명씩만 이름을 소개받아도 150명의 대상자를 확보할 수 있다. 만약 영업사원이 20명이라면 200명, 영업사원이 30명이라면 최소한 300명의 리크루팅 대상자를 찾을 수 있다. 이것이 바로 리크루팅 풀(pool)제를 운영하는 방법이다.

언젠가 영업사원들을 대상으로 리크루팅 대상자를 소개할 때 주로 어떤 사람을 소개하는가에 대한 설문조사를 실시한 적이 있는데 다음과 같은 분석 결과가 나왔다. 이웃 사람을 소개해주는 경우가 36%, 친구를 소개해주는 경우가 23%, 고객을 소개해주는 경우가 21%, 친인척을 소개해주는 경우가 10%, 전에 다니던 직장 동료를 소개해주는 경우가 10% 등이었다. 즉, 이 조사자료에 의하면 100명 중 80명 정도가 이웃사람, 친구, 고객을 소개해주고 있었다.

출처 : 문충태 (2006), 프로는 리크루팅을 하고 아마추어는 영업을 한다, 중앙경제평론사, 132, 149, 165-166.

[글 10-4]는 현재 근무하고 있는 영업사원이 모집에 있어서 결정적인 역할을 할 수 있음을 강조하고 있다.

소개를 통한 모집은 많은 장점을 가지고 있지만, 반면에 한꺼번에 많은 사람을 모집하기가 어렵다는 단점이 있다. 따라서 선발하고자 하는 인원이 소수인 경우에는 소개만으로도 충분한 인력자원을 확보할 수 있지만 많은 인원을 선발하고자 하는 경우에는 소개에만 의존하기가 어렵다. 많은 기업들이 소개가 가지고 있는 가치를 잘 알고 있기 때문에 소개를 활성화시키기 위한 제도적인 장치를 만들기도 한다. 즉, 기존고객이 다른 고객을 소개할 때에 이에 대한 적절한 인센티브를 소개한 기존고객에게 제공하는 경우가 있는 것과 마찬가지로, 신입 직원을 소개한 기존 직원들을 대상으로 인센티브를 제공하는 제도를 실행하기도 한다. 이렇게 기존 직원의 신입 직원 소개를 활성화시키기 위해 만들어진 제도적인 장치를 직원소개프로그램(ERP : Employee Referral Program)이라고 부른다. [글 10-5]는 우리나라 보험업계의 ERP를 기술하고 있다. 그런데 여러 조사의 결과들은 금전적인 보상이 직원들이 지인을 회사에 소개시키는 유일한 이유도 아니고, 또한 가장 중요한 이유도 아님을 보여주고 있다.

미국에서 실시된 한 조사에 의하면 응답자의 42%가 소개의 가장 주된 이유로 '친구가 빨리 직업을 찾기를 원해서'라고 응답하였고, 24%는 '회사를 돕고 싶어서'라고 응답하였으며, 24%만이 '인센티브를 받을 수 있어서'라고 응답하였다. 우리나라의 한 조사에서도 영업사원들이

> **우리나라 보험회사의 직원소개프로그램**
>
> 글 10-5
>
> 우리나라의 보험업계에서 보험설계사의 모집은 90% 이상이 기존 보험설계사들의 소개를 통해 이루어진다. 이는 신문광고나 인터넷광고 등 다른 방법을 통해 보험설계사를 찾는 것보다 소개를 통해서 질적인 면에서 훨씬 우수한 보험설계사를 확보할 수 있기 때문이다. 보험업계에서는 모집선발을 증원 혹은 도입이라고 하는데, 신입 보험설계사를 소개한 기존 보험설계사는 회사로부터 도입수당이라고 불리는 모집 인센티브를 받는다. 이 인센티브는 신입 보험설계사의 실적과 연계하여 지급되는데, 대략 신입 보험설계사의 1년 보험료 수입의 20% 정도 수준으로, 많이 받는 경우에는 신입 보험설계사 1인당 1천만 원 이상도 받을 수 있다. 영업의 활성화를 위해서는 우수한 보험설계사를 많이 모집하는 것이 무엇보다 중요하기 때문에 영업관리자인 FP(혹은 FC) 소장의 가장 중요한 역할은 보험설계사의 모집과 관련된 업무이다. 이를 위해 FP 소장이 직접 소개를 하기도 하고, 자신의 팀에 소속된 보험설계사에게 좋은 사람을 소개할 것을 종용하기도 한다. 자신이 직접 소개를 하면 모집 인센티브는 모두 자신의 몫이 되고, 자신의 팀에 소속된 보험설계사가 소개한 경우에도 모집 인센티브의 일부를 가져간다. 이러한 방식의 강력한 직원소개프로그램을 도입하는 것은 소개가 보험설계사의 모집에 그만큼 효율적이기 때문이다.

소개에 참여하게 된 동기로 '분위기 때문에' 38.4%, '보람을 느껴서' 28.8%, '영업관리자의 부탁 때문에' 20.4%, '인센티브 때문에' 7.6%, 기타 4.8%의 순으로 나타났다. 즉, 100명 중 약 8명 정도만 인센티브 때문에 소개를 하게 되었고, 나머지 90% 이상은 인센티브와 무관하게 소개를 한 것으로 나타났다. 그렇지만 이러한 조사결과들이 ERP가 효과가 없다고 단정할 수 있는 근거가 되기는 어렵다. 왜냐하면 일단 금전적인 인센티브를 중시하는 영업사원들이 다수는 아니지만 분명히 존재하고, 또한 ERP의 실시로 인해 자신이 많은 직원을 소개하였다는 사실이 공개되는 것 자체가 심리적인 보상이 될 수 있기 때문이다. 많은 직원을 소개하였다는 것은 곧 조직의 발전을 위해 기여를 많이 하였다는 의미로 해석될 수 있기 때문에 ERP를 통한 인센티브의 수령은 액수의 크기와는 관계없이 그 자체가 매우 명예롭게 여겨질 수 있다.

3.2 교육기관

교육기관도 영업사원의 모집을 위한 훌륭한 원천이 될 수 있다. 4년제 대학도 대상이 될 수 있고, 2년제 대학도 대상이 될 수 있으며, 더 나아가 고등학교도 대상에 포함될 수 있다. 교육기관은 모집원천으로서 여러 가지 장점을 지니고 있다. 첫째, 교육기관에는 취업을 하고자 하는 학생들이 많이 있기 때문에 한꺼번에 많은 사람들을 접촉할 수 있는 기회를 확보할 수 있다. 둘째, 대학에는 다양한 전공이 있기 때문에 특정 분야에 대한 전문적인 지식을 갖춘 지원자를 모집하기가 용이하다. 셋째, 학교는 졸업생을 취업시키기 위해 회사에서 모집팀이 오면 통상적으로 행사준비를 모두 해주기 때문에 교통비나 자료준비에 필요한 비용 이외에는 비용이 거의 소요되지 않는다. 우리나라의 경우에도 최근 들어 보험사나 생활용품 회사들을 중심으로 대학에서 적극적으로 영업사원 모집활동을 벌이는 회사들이 나타나고 있으며, 이에 대한 학생들의 반응도 매우 호의적이다.

그런데 대학을 대상으로 영업사원을 모집함에 있어서 주의해야 할 점은 대학생이 중요시하는 영업직의 특성과 회사에서 대학생이 중요시할 것이라고 판단하는 영업직의 특성 사이에는 차이가 있을 수 있다는 점이다. 대학생들은 보수 수준이나 승진 등에도 관심이 있지만 자기개발 기회, 회사의 재무건정성 등에도 많은 관심을 가지고 있기 때문에 이에 대한 사전조사를 통해서 학생들에게 어떠한 점을 특히 강조할 것인가를 미리 파악해 두는 것이 중요하다. 회사는 단발적인 행사의 형태로 모집활동을 할 수도 있지만, 관련된 특정 학과나 전공 학생들에 대한 장학금 지급이나 인턴 기회의 제공 등을 통해서 보다 강력한 유대관계를 형성하고, 이를 기반으로 지속적인 모집이 이루어질 수 있도록 도모할 수도 있다.

3.3 자사의 직원

이는 생산, 마케팅, 고객서비스, R&D 등의 여타 부서에서 근무하는 직원들이 영업직에 지원하도록 하는 방안을 의미한다. 여타 부서 직원들은 회사의 제품은 물론 회사의 제도나 문화, 업무 프로세스 등에 대해 익숙하고, 사내의 여러 부서 직원들과도 친분을 갖고 있기 때문에 영업사원으로서의 자질만 갖추고 있다면 적응을 빨리 할 수 있고, 또한 높은 성과도 올릴 수 있다. 영업부서의 입장에서도 관찰을 통해서 혹은 그 부서에 근무하는 사람들로부터의 의견을 통해서 타 부서 직원의 영업사원으로서의 자질을 비교적 정확하게 파악할 수 있기 때문에 보다 적합한 사람을 모집할 수 있는 가능성이 크다. 회사로서도 이들을 영업사원으로 확보할 수 있으면 모집이나 선발은 물론 교육훈련에 소요되는 비용을 크게 줄일 수 있다는 장점이 있다. 보다 독립적인 환경에서 자신의 능력을 최대한 발휘하여 보다 높은 소득을 올리고자 하는 직원들은 영업직으로의 이동을 선호하기 때문에 직원 전체의 사기진작을 위해서도 바람직한 방법이라고 할 수 있다.

그러나 이 원천도 몇 가지 단점을 가지고 있다. 첫째는 근무하던 직원을 영업부서로 보내야 하는 부서의 입장에서는 잘 일하고 있는 우수한 직원을 빼앗긴다는 생각을 가질 수 있기 때문에 부서 간의 위화감이 조성될 수 있다는 점이다. 이 문제에 대해서는 해당부서와 영업부서의 입장도 고려되어야 하겠지만, 이에 우선하여 회사 전체의 발전과 해당 직원의 개인적 발전을 위해 어떻게 하는 것이 바람직한 것인가를 중심으로 결정이 이루어져야 한다. 둘째는 영업부서로 옮겨온 직원이 영업이라는 새로운 문화에 잘 적응하지 못하고, 옮기기 전의 사고방식이나 업무수행방식을 그대로 갖고 있음으로 해서 성과를 제대로 올리지 못할 수 있다는 점이다. 예를 들어 R&D부서에서 온 직원이 고객방문 활동 과정에서 제품의 기술적인 측면을 필요 이상으로 강조하여 고객들이 잘 이해하지 못하는 상담을 실시한다거나, 마케팅부서에서 온 직원이 전략은 잘 짜는데 고객과의 접촉과정에서 스트레스를 너무 받는다거나 하는 경우가 이에 해당된다. 이러한 경우에는 교육훈련이나 코칭 등을 통해서 해결할 수 있는 방안을 모색하는 것이 바람직하다.

3.4 광고

영업사원의 모집을 위해 사용될 수 있는 광고매체로는 지역신문, 업계신문, 업계간행물, 생활신문, 인터넷 등이 있다. 인터넷광고도 광고의 영역에 속하지만 그 특성상 별도의 항목에서 기술한다. 영업사원은 특정 지역에서 모집되는 경우가 많기 때문에 지역신문이나 생활신문이 효과적으로 활용될 수 있고, 또한 특정 분야에 관심을 두고 있는 사람들을 모집하기 때문에 특정 업계의 신문(예를 들어 화장품업계의 장업신문, 제약업계의 약업신문, 보험업계의 보험일보, 보험매일, 보험신보, 한국보험신문 등)이나 잡지 등이 광고를 게재할 수 있는 매체가 될 수 있다. 그런데 잡지는 물론 업계신문도 매일 발행되는 것은 아니기 때문에 게재 결정에서 실제로 게재되는 시점까지 상당한 시간이 걸릴 수 있으며, 따라서 이러한 점을 감안하여 모집계획이 세워져야 한다.

광고매체를 활용하면 한꺼번에 많은 사람에게 메시지를 전달할 수 있기 때문에 1인당 접촉비용이 매우 저렴하다는 장점이 있다. 하지만 특히 신문의 경우에는 최소 몇 백만 원 이상은 소요되기 때문에 1인당 접촉비용은 적더라도 선발하는 인원이 작은 경우에는 부담이 될 수 있다. 많은 사람에게 도달할 수 있다는 점은 장점도 되지만 경우에 따라서는 단점이 되기도 한다. 왜냐하면 자격 미달의 지원자가 너무 많이 몰려서 선발과정에서 많은 비용과 시간이 소요될 수 있기 때문이다. 이러한 현상을 방지하기 위해서는 광고 내용에 판매제품, 수행해야 하는 업무, 활동지역, 학력, 업무강도, 요구되는 경력, 보상의 수준 및 방법 등을 비교적 상세하게 게재하는 것이 바람직하다.

3.5 인터넷

인터넷은 여러 매체들 가운데 가장 신속하게 광고를 게재할 수 방법이라고 할 수 있다. 우선 자사의 웹사이트를 활용할 수 있다. 보험회사와 같이 영업사원의 채용규모가 큰 경우에는 자사의 웹사이트에 FC(financial consultant) 모집에 대한 부분을 두고 상시 지원할 수 있도록 하고 있으며, 상시 지원이 아닌 경우에는 지원시기를 정해 놓은 채용공고를 내고 지원서를 받고 있다. 이러한 방법의 가장 큰 장점은 지원자를 확보하는 데 드는 비용이 매우 적다는 점이다. 또한 지원자가 자사의 웹사이트에 접속하여 지원서를 제출하였다는 것은 자사에 대한 어느 정도 이상의 관심과 지식을 가지고 있다는 것을 의미하기 때문에 좋은 지원사를 확보하기 위한 효율적인 방안이 될 수 있다. 지원자의 데이터 입력을 자유입력이 아닌 정형화된 형태로 입력하도록 하면 자격요건에 맞지 않는 지원자를 시스템을 통해 자동으로 걸러낼 수도 있다.

상업적으로 운영되는 타사의 웹사이트를 이용하는 방법도 광범위한 지원자 확보를 위해 활용될 수 있다. 우리나라에는 인쿠르트, 잡코리아, 파인드잡 등 일반적인 구인구직 사이트도 있고, 영업분야에 특화된 사이트(영업나라, 영업인, 영업천국, 세일즈탑, 세일즈아이템 등)도 있으며, 업계신문들도 인터넷 사이트를 운용하고 있다. 인터넷은 가장 저렴하면서 신속한 광고게재가 가능하다는 장점이 있지만, 인터넷에 익숙하지 않은 계층에는 접근하기 힘들기 때문에, 이러한 계층이 모집의 대상이 되는 경우에는 다른 매체노 함께 고려하는 것이 바람직하다.

3.6 경쟁사의 영업사원

경쟁사의 영업사원도 주요한 원천 중의 하나이다. 경쟁사의 영업사원을 채용하는 것에 대해서는 긍정적인 시각과 부정적인 시각이 공존한다. 먼저 긍정적인 측면에서 보면 경쟁사의 영업사원은 제품이나 시장에 대해서 잘 알고 있기 때문에 교육훈련이 거의 필요하지 않고, 따라서 채용과 동시에 영업 현장 투입이 가능하다. 그래서 사업을 막 시작하려는 회사의 경우에는 빠른 사업의 추진을 위해서 불가피하게 이러한 전략에 크게 의존하게 된다. 또한 경쟁사에서 온 영업사원이 자신이 관리하던 고객들과 같이 오는 경우에는 단기간에 매출실적을 크게 향상시킬 수도 있다. 예를 들어 우리나라의 호텔업계에서 유능한 영업사원의 이동은 고객의 이동으로 이어져서 각 사의 매출에 크게 영향을 미치는 것으로 알려져 있다.

경쟁사 영업사원의 채용은 부정적인 측면도 함께 가지고 있다. 경쟁사에서 온 영업사원이 회사의 제도나 업무 프로세스에 잘 적응하지 못하거나 기존의 영업사원들과 잘 융합하지 못하면 기대한 만큼의 성과를 이루어낼 수 없다. 또한 경쟁사로부터 영업사원을 모집하는 관행이 보편화되면 해당 산업에서의 건전한 영업 문화의 정착이 힘들어진다. 대부분의 경쟁사들이 타사의 영업사원을 주요한 모집원천으로 삼게 되면 산업 전체적으로 영업사원의 이직률이 높아질 수밖에 없다. 이직률이 높아지면 모집, 선발, 교육훈련 등의 과정이 빈번하게 필요해져서 비용 부담이 커질 뿐만 아니라, 영업에 대한 노하우가 조직 내부에 축적되기가 어려워진다. 또한 영업사원, 특히 모집의 주요 타깃이 되는 우수한 영업사원은 실적 향상을 통해서 보상수준을 높이려는 노력을 하기보다는 경쟁사로의 전직 과정에서의 협상을 통해 많은 보상을 받으려는 노력을 더 기울일 수도 있다. 더 나아가 영업사원은 협상 과정에서 보다 좋은 조건을 이끌어내기 위해 자신이 관리하던 고객의 정보를 이전 회사와 공유하지 않고 자신만의 자산으로 만들어서 옮겨온 회사에서 적극 활용하려는 생각을 갖게 될 가능성이 높다. 이러한 행동은 영업사원 개인의 단기적인 수입 증진에는 도움이 될 수 있지만, 회사의 입장에서는 생산성은 향상되지 않고 비용만 증가하는 결과가 초래된다.

또한 경쟁사의 영업사원을 채용하는 것은 경쟁사의 보복이나 소송을 불러올 수도 있다. 그렇게 되면 업계 전체의 생산성 하락, 비용 증가 등의 악순환이 더 심해진다. 이러한 현상으로 인해 회사가 활성화되지 못하면 그 구성원인 영업사원들도 결국에는 피해를 볼 수밖에 없다. 우리나라에서 영업사원의 경쟁사로의 이동은 특히 제약업계, 보험업계, 증권업계, 의류업계 등에서 많이 나타나는 것으로 알려져 있다. 경쟁사 영업사원의 모집 관행은 우리나라의 많은 산업 분야에서 영업사원 정착률이 매우 낮은 수준을 보이고 있는 이유 중의 하나로 지적될 수 있다.

3.7 고객사 및 공급사의 직원

자사의 고객사의 직원도 모집의 원천이 될 수 있다. 예를 들어 소매업체에 납품을 하는 제조업체나 도매상의 경우 소매업체의 직원이 좋은 모집원천이 될 수 있다. 소매업체 직원은 제품에 대해서 알고 있을 뿐만 아니라, 채용하려는 회사의 고객인 소매업체의 구매행동에 대해서도 잘 알고 있기 때문이다. 또한 채용하려는 회사에 물건이나 서비스를 공급하는 회사의 영업사원들도 모집원천이 될 수 있다. 이들은 이미 영업기술을 가지고 있고, 채용하려는 회사의 제품에 대해서도 잘 알고 있어서 교육훈련이 크게 필요하지 않다. 그러나 고객사나 공급업체의 직원을 영업사원으로 채용하기 위해서는 고객사 혹은 공급업체와 사전적인 의견교환이 충분히 이루어져서 채용으로 인해 관계가 악화되는 일이 발생되지 않도록 주의를 기울여야 한다.

또한 자사와는 직접적인 거래관계가 없는 회사의 영업사원도 모집원천이 될 수 있다. 즉, 채용하려는 회사의 제품과 관련이 있는 제품을 취급하고 있거나, 혹은 채용하려는 회사의 목표고객과 유사한 목표고객을 대상으로 영업을 하고 있는 회사의 영업사원도 모집의 원천이 될 수 있다. 제약회사의 영업사원이 이직을 할 때 다른 제약회사로 이직하는 경우가 가장 많지만, 의약품 도매상으로 가기도 한다. 의약품 도매상의 입장에서는 공급업체인 제약회사의 영업사원을 자사의 영업사원으로 채용하는 셈이 된다. 또한 제약회사 영업사원은 보험회사나 외국자동차회사의 영업사원이 되기도 한다. 즉, 의사를 대상으로 의약품을 판매하던 제약회사의 영업사원은 보험회사나 외국자동차회사의 영업사원이 되어서도 여전히 자신의 영업 대상이었던 의사를 대상으로 보험상품이나 고급 승용차를 판매한다. 상품은 바뀌었지만 목표시장에는 변함이 없기 때문에 나타나는 현상이라고 할 수 있다.

4. 경력사원 vs 비경력사원

영업사원의 채용과 관련하여 회사가 결정해야 하는 또 하나의 중요한 사항은 영업경력을 가지고 있는 사람을 채용할 것인지 혹은 영업경력이 없는 사람을 채용할 것인지에 대한 것이다. 경력사원과 비경력사원은 소요비용, 새로운 조직문화에의 적응, 고객반응, 기존 영업사원의 사기, 영업관리, 성공적 채용가능성 등 여러 가지 측면에서 많은 차이가 있다. 따라서 회사는 이 두 가지 대안의 장 · 단점을 분석하여 두 개의 대안을 어느 정도의 비율로 활용할 것인지를 결정할 수 있어야 한다.

▪ 비용적 측면에서의 차이

비경력사원은 경력사원에 비해 급여 등의 보수수준은 낮지만, 영업에 대한 기술이나 지식이 부족하기 때문에 교육훈련이나 코칭을 하는 데 더 많은 비용이 소요되고, 생산성이 낮아서 단시일에 좋은 성과를 내기는 어렵다. 이에 반하여 경력사원은 영업기술도 있고, 제품이나 시장상황도 잘 알고 있으며, 고객들과의 유대관계도 가지고 있기 때문에 채용이 이루어지면 단시일에 성과를 낼 수 있다는 장점이 있다. 반면에 경력사원은 비경력사원에 비해 급여 등에 있어서 더 많은 비용이 소요된다. 왜냐하면 성과가 좋은 경력사원을 채용하기 위해서는 회사는 해당 영업사원이 현재 받고 있는 보상수준보다 더 높은 수준의 보상수준을 제시해야 하고, 그렇지 못할 경우에는 조속한 승진 등을 약속하여야 하기 때문이다.

▪ 새로운 조직문화 적응 측면에서의 차이

비경력사원은 처음으로 영업사원으로서의 조직생활을 시작하는 것이기 때문에 성공적인 영업사원이 되려는 열망이 강하고, 따라서 회사의 문화에 가능한 한 빨리 적응하려는 노력을 기울인다. 반면에 경력사원의 경우에는 전직장 등과의 비교를 통해 현직장의 조직문화에 대한 장 · 단점을 자연스럽게 느끼게 되고, 자신에게 불리하거나 불편한 부분에 대해서는 비판적인 입장을 취하게 될 수 있다. 이러한 현상이 심하게 나타나면 동료 영업사원은 물론, 영업관리자나 경영진과도 갈등을 겪게 되고, 따라서 성과에도 부정적인 영향을 미치게 된다. 예를 들어 SFA(영업자동화)시스템이 없었던 회사에서 SFA가 일상화되어 있는 회사로 옮겨온 경력사원의 경우에, 고객정보의 공유문화는 매우 이질적인 문화로 받아들여질 수 있다. 회사에서 고객정보의 입력건수와 정확도를 성과지표의 하나로 관리하고 있다면, 과거의 습관을 바꾸지 못한 경력사원은 이에 대해 반감을 갖게 되고, 결국 성공적인 안착이 힘들어질 수 있다. 따라서 회사가 지금까지와는 다른 새로운 영업문화의 정착을 도모하고 있다면 비경력사원의 채용에 주력하는 것이 바람직하다. 우리나라에서 최초로 다이렉트 자동차보험 상품을 판매했던 한 보험회사는 기존 보험 영업사원들의 고객정보 사유화 성향이 조직문화에 끼칠 좋지 못한 영향을 우려하여 보험영업의 경험이 전혀 없는 사람만을 대상으로 영업사원을 채용하였다. 그렇지만 경력사원의 채용은 외부의 시각을 받아들여 회사의 체질을 강화하는 계기를 마련해줄 수도 있다. 즉, 경력사원이 전직장에서 경험한 좋은 제도나 정책 등을 영업관리자나 경영진에 제안함으로써 회사의 비효율적인 관행을 개선하고, 선진적인 제도를 받아들이는 계기가 될 수도 있다.

■ 고객반응에서의 차이

영업경험이 없는 신참 영업사원을 상대해야 하는 고객은 영업사원에게 자신의 업무 프로세스나 니즈 등에 대해 일일이 설명을 해주어야 하기 때문에 매우 불편하게 생각할 수 있다. 이에 반해 경력사원의 경우에는 업무의 미숙으로 인해 고객에게 불편을 끼치는 일이 발생할 가능성은 매우 적다. 그렇지만, 고객들의 업무 프로세스나 니즈가 전직장에서의 고객들의 그것과 상이함에도 불구하고 영업사원이 과거의 경험대로 행동을 하게 되면, 고객들은 자신들이 제대로 대접받지 못하고 무시당하고 있다는 느낌을 받을 수 있기 때문에 상당히 심각한 정도의 갈등이 유발될 수 있다.

■ 기존 영업사원의 사기 차원에서의 차이

기존 영업사원의 사기를 위해서는 경력사원의 비중이 높은 것이 그다지 바람직하지 않다. 물론 성과도 우수하고 새로운 환경에도 잘 적응하는 우수한 영업사원이 들어오는 경우에는 기존 영업사원들도 많은 도움을 받을 수 있기 때문에 좋은 측면이 있지만, 외부에서 오는 영업사원은 대체로 자신들보다 보상의 수준이 높기 때문에 이것이 불만요인으로 작용할 수 있다. 일반적으로 기존 영업사원들은 젊고 경험이 없는 신참 영업사원들을 훨씬 더 편하게 받아들인다. 기존 영업사원들은 마음에 드는 신참 영업사원들의 멘토 역할을 하면서 그들과 유대관계를 형성해 나가는 것을 좋아한다. 외부영입보다는 내부승진이 많은 조직일수록 영업사원의 회사에 대한 신뢰도 높고, 이직률도 낮으며, 회사에 해를 끼칠 수 있는 기회주의적 행동도 적어지는 경향이 있다. 반대로 경력 영업사원의 채용이 많아지면, 자신이 승진할 수 있는 기회가 적어지고 자신도 승진을 하거나 보상수준을 높이기 위해서는 이직을 해야 한다고 생각할 가능성이 높아지기 때문에 근무만족도는 낮아지고, 이직률은 높아지는 결과가 초래될 수 있다.

▪ 영업관리 측면에서의 차이

영업경력이 없는 영업사원이 영업관리자의 지시에 불복하거나 태만하는 경우는 거의 발생하지 않지만, 영업경력이 많은 영업사원일수록 관리를 받지 않으려는 성향이 강해서 영업관리자의 지시에 불복하거나 태만한 행동을 보일 가능성이 있다. 더욱이 전직장에서의 영업성과가 좋아서 상당한 대우를 받으면서 스카우트되어 온 경우에는 이러한 경향이 더 두드러질 있다. 그렇게 되면 영업관리자와의 관계가 좋지 않게 되어서 판매활동을 원활하게 전개할 수 없게 되고, 이로 인해 회사의 입장에서나 영업사원 개인의 입장에서나 소기한 목적을 달성할 수 없게 된다. 따라서 경력사원을 채용하고자 할 때에는 당연히 회사의 목표 달성을 최우선적으로 고려해야 하지만, 동시에 영업관리자와의 커뮤니케이션이 잘 이루어질 수 있는 경력사원을 채용하도록 노력하는 것도 매우 중요하다.

▪ 성공적 채용가능성에서의 차이

성공적 채용가능성은 시장에 좋은 인적자원이 얼마나 많은가에 따라 영향을 받는다. 시장에서의 채용가능한 사람의 수는 경기에 따라 크게 차이가 난다. 경기가 좋을 때에는 기존의 영업사원들 중에서 취업할만한 사람은 모두 취업해 있는 상태이기 때문에 대학생 등 경력이 없는 사람을 대상으로 채용할 때 성공적인 채용이 이루어질 가능성이 높다고 할 수 있다. 반대로 불경기가 되면 기업들이 비용절감 차원에서 구조조정을 하는 과정에서 많은 영업사원들이 인력시장으로 나오게 되고, 따라서 이러한 경우에는 영업경력이 있는 사람들을 대상으로 채용하는 것이 채용의 성공확률을 높이는 좋은 방법이 될 수 있다. 그런데 영업경력이 있는 사람들을 대상으로 채용을 하는 경우에는 경력이 없는 사람들을 대상으로 채용을 할 때에 비해 다음과 같은 이유 때문에 모집 및 선발과정에서 더욱 더 많은 주의가 요구된다. 첫째, 불경기로 인해 영업경력이 있는 사람이 인력시장에 많이 있다고 하여도, 정말 우수한 영업사원은 이직하지 않고 그대로 현직장에 머물러 있을 가능성이 높기 때문에 참고인 조회 등을 통해 모집 및 선발 대상자에 대해 전직장에서의 성과나 동료와의 관계 등을 주의 깊게 살펴볼 필요가 있다. 둘째, 경력사원의 경우에는 영업활동을 통해 면접을 매우 능숙하게 할 수 있는 능력을 갖추게 되기 때문에 면접을 통해서 그 사람의 진면목을 평가하기가 매우 힘들다. 따라서 면접의 비중을 낮추고 선발시험, 참고인조회, 평가센터법 등을 활용하여 대상자가 실제로 영업능력을 갖추었는가를 객관적으로 평가할 수 있어야 한다.

제4절 채용대상자의 선발

모집을 통해서 지원서가 접수되면 선발의 과정이 시작된다. 선발은 주어진 회사의 여건하에서 지원자 가운데 가장 적합한 자격을 갖추었다고 판단되는 사람들을 선택하는 과정을 의미한다. 채용에 대한 계획이 잘 세워지고 모집이 성공적으로 이루어졌다고 하더라도 선발의 과정이 원활하게 수행되지 못하면 좋은 성과를 낼 수 있는 잠재력이 큰 영업사원을 채용할 수 없게 된다. 이러한 의미에서 회사의 목표달성에 기여할 수 있는 잠재력을 지닌 지원자를 가려내는 선발과정은 회사의 영업인력관리의 측면에서 매우 중요한 전략적인 의미를 지닌다. 선발과정에서는 [그림 10-5]에서와 같이 세 가지의 업무가 수행된다. 첫째는 정해진 자격요건에 부합하는 영업사원을 선발하는 데 필요한 도구를 개발하는 것이며, 둘째는 개발된 도구를 활용하여 영업사원을 평가하는 것이고, 셋째는 평가를 기반으로 채용대상자를 선발하는 것이다. 선발과정이 끝나면 선발된 영업사원을 채용하게 되고, 마지막으로 채용된 영업사원을 조직에 동화시키는 과정이 뒤따라 수행된다.

지원자에 대한 평가과정은 통상적으로 1차심사(initial screening)와 본심사로 나누어진다. 1차심사의 목적은 부적합한 지원자를 빠르게 떨어뜨려서 이어서 수행될 본 심사의 대상자수를 줄이는 데 있다. 1차심사에서는 비용적인 측면에서도 가장 비용이 적게 드는 도구와 절차가 사용된다. 1차심사 과정에서 많이 사용되는 선발도구에는 지원서, 면접, 테스트 등이 있는데, 1차심사의 목적이 빠르고 저렴하게 부적합한 지원자를 떨어뜨리는 것이기 때문에 지원서

그림 10-5 | 선발과정

심사, 면접, 테스트 등이 매우 간단한 형태로 이루어진다. 1차심사 과정이 끝나면 걸러진 지원자를 대상으로 본격적인 심사가 이루어진다. 선발도구마다 특성을 가지고 있기 때문에 어떤 정보는 면접을 통해서만 알 수 있고, 또 다른 정보는 테스트를 통해서만 수집될 수 있다. 따라서 여러 선발도구들은 서로 보완적인 역할을 하면서 지원자를 종합적으로 평가할 수 있도록 해준다. 즉, 여러 가지 선발도구들을 활용하여 심사를 하면 그렇지 않은 경우에 비해 보다 높은 성과를 낼 수 있는 영업사원을 선발할 가능성이 높아진다.

그런데 선발도구는 영업사원을 선발하는 관리자 혹은 경영진이 보다 정확한 판단을 하도록 도와주는 역할을 하는 것이지, 그 자체가 판단을 대체할 수 있는 것은 아니다. 선발도구는 매우 부적합한 사람을 떨어뜨리거나 혹은 매우 우수한 사람을 찾아내는 데는 결정적인 역할을 하지만, 이렇게 극단적인 경우를 제외한 대다수의 경우에는 지원자의 영업사원으로서의 잠재력을 평가하는 데 도움을 줄 수 있을 뿐이다. 따라서 아무리 훌륭하고 다양한 선발도구를 사용한다 하더라도 관리자나 경영진의 경험에 입각한 주관적인 판단은 여전히 중요한 역할을 한다. 주요한 선발도구로는 [그림 10-6]에서와 같이 지원서, 면접, 선발시험, 참고인조회, 신용 및 경력조회, 평가센터, 신체검사, 인턴사원제도 등을 들 수 있다.

그림 10-6 | 선발도구의 유형

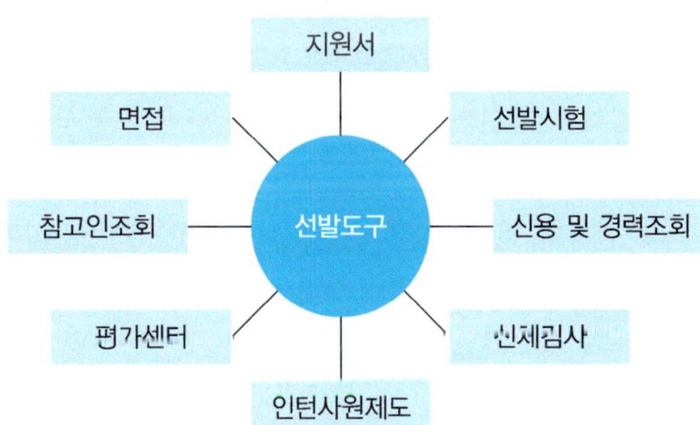

1. 지원서

지원서(application blanks)는 면접 및 테스트와 함께 가장 널리 쓰이는 선발도구이다. 지원서는 이력서와는 달리 표준화된 형식으로 정보를 기입하도록 되어 있기 때문에 심사자는 비교적 신속하고 손쉽게 이를 활용하여 심사를 진행할 수 있다. 어떤 회사는 간단한 지원서 양식과 상세한 지원서 양식을 병행하는 경우도 있다. 간단한 지원서 양식은 부적합한 지원자를 빨리 떨어뜨리기 위한 1차심사에서 사용하고, 상세 양식은 1차심사 시에는 물론 본격적인 심사과정에서도 활용된다. 지원서에 담겨져 있는 내용들은 면접과정에서 면접관들이 질문을 하기 위한 기초자료로도 사용된다. 예를 들어 지원서에 쓰인 지원자의 직장경력에 대한 내용을 바탕으로 면접관은 지원자가 전직장에서 어떠한 경험을 하였는지에 대한 질문을 할 수 있으며, 직장경력에 공백이 있다면 그 이유에 대해서도 질문할 수 있다.

지원서상의 질문들은 특히 학력, 직장경력, 직장외 활동 등에 대한 정보를 수집하는 데 유용하게 사용될 수 있다. 기술영업이나 제약영업 등과 같이 영업과정에서 특정 분야에 대한 일정수준 이상의 지식이나 지적 능력이 요구되는 경우라면 영업관리자는 지원자의 학력이나 전공 등에 대한 관심이 높을 수밖에 없다. 또한 학교에서 취득한 성적에 대한 정보는 지원자의 지적 능력은 물론 성실성이나 근면성을 판단하는 데도 유용하게 사용될 수 있다. 직장경력도 영업관리자가 매우 관심을 갖는 정보이다. 특히 모집 시의 자격요건에 일정 이상의 업무경력이 포함되어 있다면 지원서에 적혀 있는 직장경력은 지원자가 업무경력에 대한 자격요건을 충족하고 있는가를 판단하는 근거가 된다. 회사는 지원서상의 직장경력에 대한 정보를 바탕으로 지원자가 어떠한 부문에 장점이 있는지, 영업인으로서 일관성 있는 경력을 쌓아오고 있었는지 등에 대한 판단을 할 수 있다.

또한 지원서상에서 전직장들을 그만두게 되었던 이유에 대해서도 물어볼 수 있는데, 회사는 이 정보를 바탕으로 지원자가 자신의 경력관리를 어떠한 사고방식을 바탕으로 해왔는지를 판단할 수 있다. 만일 특정 지원자가 유력한 선발 후보라고 하면 가능하다면 회사는 지원자가 전직장을 그만둔 이유를 지원자가 아닌 다른 사람을 통해 추가적으로 확인해보는 것이 바람직하다. 영업관리자는 지원자가 지금까지 해왔던 직장외 활동에 대해서도 많은 관심을 갖는다. 동호회나 사회단체 등의 가입단체 및 그 단체에서의 역할과 활동, 취미활동, 체력단련방법 등과 같은 정보는 지원자의 성격이나 취미는 물론 리더로서의 잠재력이나 타인과의 친화력 등을 판단하는 데 유용하게 사용될 수 있다. 예를 들어 가입단체에서의 활발한 활동은 친화력이 뛰어나다는 점을 시사해줄 수 있고, 비교적 큰 조직의 간부를 맡고 있다면 리더로서의 잠재력을 가지고 있다고 판단할 수 있다. 영업활동의 수행과정에서 상당한 체력이 요구되는 경우라면 체력단련과 관련된 정보가 유용하게 사용될 수 있다.

그런데 한 가지 주의해야 할 사항은 고용평등에 관한 법률에서 허용하고 있지 않은 정보를 요구하여서는 안 된다는 점이다. 우리나라의 '남녀고용평등과 일 · 가정 양립 지원에 관한 법률'은 사업주는 근로자를 모집하거나 채용할 때 남녀를 차별하여서는 안 되며, 여성근로자를 모집 · 채용할 때 그 직무의 수행에 필요하지 않은 용모, 키, 체중 등의 신체적 조건이나 혼인 상태에 대한 조건 등을 요구하여서는 안 되는 것으로 규정하고 있다. 따라서 이러한 사항을 지원서에 기입하도록 하면 차별의 의도가 있는 것으로 의심을 받을 수 있고, 또한 채용되지 못한 지원자가 나중에 여러 가지 경로로 이의를 제기할 수 있기 때문에 주의를 기울여야 한다. 우리나라의 법규에 명시되어 있지는 않지만 종교, 출생지, 본적, 부모의 직업 등을 기입하게 하는 것도 차별의 의혹을 줄 수 있기 때문에 삼가는 것이 바람직하다.

2. 면접

면접은 선발과정에서 필수불가결한 선발도구이다. 즉, 지원서나 시험 등에서 획득될 수 있는 정보가 면접을 통해서 획득될 수 있는 정보를 대체할 수 없다. 근래에 선발 자격요건으로 학력보다는 능력이 강조되면서 지원자의 능력을 판단하는 도구로서의 면접의 중요성이 크게 부각되고 있다.

2.1 면접의 특징

여타 선발도구와 비교할 때 면접의 가장 중요한 특징은 면접자와 피면접자 간의 쌍방향적인 의사소통이 이루질 수 있다는 데 있다. 그렇기 때문에 면접은 다른 선발도구를 통해 획득할 수 없는 지원동기나 장래의 계획 등에 대한 보다 심층적인 정보를 획득하는 데 유용하게 사용될 수 있다. 또한 면접은 언어적인 부분뿐만 아니라 표정이나 행동 등과 같은 부분도 관찰할 수 있다는 점도 특징으로 지적될 수 있다. 이를 통해 표현력, 설득력, 대화를 이끄는 능력 등을 판단할 수 있으며, 행동이나 표정을 통해 진실성이나 성실성 등 인성적인 측면에 대한 예측도 가능해진다. 또한 면접을 통해서 지원자의 용모나 옷을 입는 매너 등에 대한 관찰도 할 수 있다. 면접의 과정에서 지원서에 쓰인 내용을 확인할 수 있으며, 더 나아가 그 내용에 대한 추가적인 정보의 획득도 가능하다. 예를 들어 지원서에 전직장에서 영업관리자로 일을 하였다고 쓰여 있다면, 몇 명의 영업사원을 관리하였고, 어떤 책임을 지고 있었는지에 대한 질문을 함으로써 추가적인 정보를 획득할 수 있다. 면접관이 면접을 통해서 판단하고자 하는 것은 다음과 같이 요약될 수 있다.

- 지원자가 직무를 수행할 수 있는 능력이 있는지의 여부
- 지원자가 직무를 원하고 있는 정도

- 채용이 되면 최선을 다해 직무를 수행할 것인지의 여부
- 직무가 지원자의 인생 목표의 달성에 도움이 되는지의 여부

2.2 면접의 시점

면접은 1차심사에서는 물론 본심사 과정에서도 수행된다. 1차심사 과정에서의 면접에서는 지원자에게 대상이 되고 있는 직무를 소개해주고, 지원자가 그 직무에 대해 관심을 가지고 있는지와 그 직무를 위한 자격요건을 갖추고 있는지를 확인하는 내용으로 이루어진다. 1차 면접의 목적은 앞에서 언급한 바와 같이 관심이 없거나 자격요건을 갖추지 못한 지원자를 신속하게 떨어뜨려서 2차면접을 위한 대상자를 가려내는 데 그 목적이 있다. 따라서 첫 번째 면접에서는 직무에 대해 간단히 설명한 뒤, 현재의 직업, 지원동기, 직무에 대한 이해, 희망 급여 수준, 장래의 희망 등에 대한 최소한의 질문만으로 이루어진다. 1차면접은 이동시간과 비용을 절약하기 위해 전화면접으로 이루어지기도 한다. 또한 이동시간과 비용을 절약하면서도 상대방을 볼 수 없다는 전화면접의 단점을 극복할 수 있는 화상회의면접(videoconference interview)을 실시할 수도 있다. 모집의 원천이 대학인 경우에는 모집팀이 대학을 방문하여 졸업예정자를 대상으로 면접을 실시하는데, 통상적으로 한 학생당 면접시간은 10분에서 20분 정도로 짧게 이루어지며, 이를 통해 채용 가능성이 있는 학생들을 가려내게 된다.

1차면접이 끝나면 가려진 지원자를 대상으로 통상적으로 2차례 이상의 면접이 이루어진다. 3차례의 면접에 계획되어 있다면, 채용인력의 규모에 따라 달라지기는 하지만 일반적으로 1차면접에서는 주로 일선 영업관리자와 베테랑 영업사원 등과 같은 실무자가 면접관이 되고, 2차면접에서는 지사장, 지점장, 본부장과 같은 간부급 영업관리자들이 면접관이 되며, 3차 면접에서는 최고경영진이 면접관이 된다. 1차면접은 전화나 화상회의를 통해서도 이루어지지만 2차면접부터는 대면면접이 이루어진다. 1차면접에서와는 달리 회사에 대한 소개도 훨씬 더 자세하게 이루어지고, 지원자에 대한 질문도 훨씬 다양하고 심층적으로 이루어진다. 더 많은 사람이 더 많은 시간 동안 지원자와 대화를 나눌수록 지원자에 대해 더 많은 것을 알게 되기 때문에 신중한 채용일수록 면접은 더 여러 차례 이루어지고, 면접에 참여하는 사내의 인사들도 많아진다. 경우에 따라서는 지원자들을 단체로 모아놓고 면접관들과 같이 식사나 운동을 하면서 대화를 나누는 방식도 활용된다. 이러한 방법을 활용하면 지원자들과의 대화를 통해서는 물론 행동을 통해서 지원자의 성격, 리더십, 친화력 등에 대해 보다 정확한 정보를 획득할 수 있다.

2.3 면접의 실제성과 예측력

면접은 가장 보편적으로 활용되는 선발도구이다. 많은 연구들이 면접은 지원자의 실제성과를 예측할 수 있는 훌륭한 도구라는 점을 보여주고 있다. 특히 영업사원의 선발에 있어서 면접의 실제성과에 대한 예측력은 다른 직종에 비해 더 높다고 할 수 있는데, 그 이유는 지원자가 면접에서 보여주는 대화 기술이 실제의 영업에서도 필요한 기술이기 때문이다. 그러나 면접이라는 선발도구의 단점은 그 유용성이 면접관의 능력에 의해 크게 좌우된다는 점이다. 면접관과 관련한 면접의 문제점으로 다음과 같은 사항들이 지적될 수 있다.

- 면접관에 따라서는 어떤 질문을 해야 할지에 대해서 잘 알지 못하고, 자격요건과는 관계없는 질문을 하기도 하며, 지원자의 반응을 어떻게 해석해야 하는지에 대해서도 미숙할 수 있다.
- 지원자의 응답은 면접관의 행동이나 멘트에 의해 크게 영향을 받기 때문에 면접관은 시종일관 가장 객관적이고 중립적이며 일관된 자세를 견지해야 하지만 훈련되지 못한 면접관은 이러한 자세를 유지하기 힘들다.
- 면접관이 지원자의 자격에 대한 객관적인 판단보다는 지원자의 한두 개의 특징에 근거하여 직감적인 판단을 할 수 있다. 즉, 객관적인 판단보다는 편견에 의한 판단을 할 가능성이 있다.
- 면접관의 주된 역할은 지원자의 말을 많이 듣고 지원자의 자격요건에 대해 판단하는 것임에도 불구하고 자신이 너무 말을 많이 하고, 대답할 수 있는 기회를 적게 부여할 수 있다.
- 면접관은 지원자의 긍정적인 측면보다는 부정적인 측면에 의해 더 많은 영향을 받는다. 그래서 지원자를 불합격시켜야 하는 이유는 잘 설명하지만, 합격시켜야 할 이유는 잘 설명하지 못하는 경향이 있다.
- 면접을 받고 있는 지원자의 특성이 그 이전에 면접을 한 지원자의 특성과 대조적인 경우, 극단적인 평가를 내릴 가능성이 높다.

면접이 가지고 있는 이러한 단점들을 최소화시키고 실제성과에 대한 예측력을 높이기 위해서는 면접관들에 대한 사전교육이 선행되어야 한다. 즉, 면접관의 개인적인 특성과는 관계없이 지원자의 자격요건을 판단하기 위해 적절한 질문이 이루어질 수 있도록 사전준비와 교육을 철저히 할 필요가 있다. 또한 평가를 표준화하기 위해 표준화된 평가양식을 사용하는 것도 면접관들 간의 편차를 줄일 수 있는 좋은 방법이 된다. 이러한 면접관에 대한 사전교육의 중요성은 지원자가 많아서 면접관들이 서로 다른 지원자들과 면접을 해야 하는 경우에 더 커지게 된다. 면접이 이렇게 여러 가지의 단점을 지니고 있지만 잘 계획되고 실행되는 면접은 선발을 위한 필수적인 도구라는 점에는 변함이 없다.

2.4 면접의 유형

면접의 유형은 질문 항목이 사전에 정해져 있는지의 여부에 따라서 구조적 면접(structured interview)과 비구조적 면접(unstructured interview)으로 나누어질 수 있다. 이러한 구분과는 달리 최근에 들어서는 행동의도나 실제행동을 중심으로 질문이 이루어지는 행동기반 면접과 면접과정에서 성과가 측정될 수 있도록 하는 성과기반 면접이 활발히 활용되고 있다. 또한 고의적으로 정신적인 스트레스를 주고 이에 대해 지원자가 어떻게 반응하는가를 관찰하는 스트레스 면접도 활용되고 있다. [글 10-6]은 우리나라의 대표적인 화장품 회사에서 실시하고 있는 다양한 형태의 면접 유형을 보여주고 있다.

우리나라 A화장품 회사의 면접과정

글 10-6

……서류전형 이후에는 전문성면접, 역량면접, 최종면접으로 이어지는 세 단계 면접 전형을 통과해야 한다. 1차 전문성면접에는 지원분야의 실무진이 면접관으로 참여한다. 지원자 4~5명이 한 조를 이뤄 30~40분간 면접관과 이야기를 나누는 다대다(多大多) 방식의 면접이다. 1차면접에서는 "아리따움의 장 · 단점과 개선점을 이야기하라", "아모레퍼시픽의 생활용품 종류를 말해보라" 등과 같이 업무에 대한 관심과 역량을 묻는 질문이 주로 나온다. "자신이 원하지 않는 부서로 발령이 난다면 어떻게 하겠는가"처럼 조직적응력을 보기 위한 질문도 주어진다.

2차면접은 협상면접과 사례연구면접의 형태로 진행된다. 아모레퍼시픽 입사에 필요한 공통 역량을 보기 위한 전형이다. 협상 면접은 주어진 상황에 대해 조원들과 결론을 도출하는 협상과정을 평가하는 전형이다. 인사담당자는 "협상안의 도출 여부와 관계없이 그 과정에서 지원자가 어떻게 행동하는지를 평가한다"고 말했다. 사례연구면접은 일종의 프레젠테이션 면접이다. 주어진 시간 안에 주제에 대한 답안을 준비해 면접관 앞에서 발표하고 질의응답을 진행하는 방식으로 치러진다. '아모레퍼시픽이 뷰티헬스 분야에서 글로벌 10이 되기 위한 블루오션전략', '아모레퍼시픽이 마트 및 인터넷시장에서 성공하기 위한 전략'과 같이 회사와 관련된 이슈가 문제로 출제되는 경우가 많다. 면접에 임하기 전에 기사검색을 통해 회사 자료를 충분히 수집하고 주력 사업, 최신 이슈 등을 파악하려는 노력이 필요하다.

최종면접은 임원진이 참여해 지원자 개개인의 인성과 자사의 인재상 부합 여부를 살핀다. "동아리활동에 대해 이야기해보라", "아모레퍼시픽이 자신을 뽑지 않으면 후회할 이유를 설명해보라", "경쟁사에 대한 아모레퍼시픽의 대응전략을 말해보라", "피카소 그림에 대해 어떻게 생각하는가"처럼 다양한 질문이 주어진다. 최종면접은 앞서 진행된 모든 전형의 점수를 종합적으로 평가해 최종 합격자를 선발한다.

출처 : 잡앤조이와 한국경제취업기자단, 2011. 10. 31, wldnjs6209.blog.me/120143760451.

■ 구조적 면접

구조적 면접에서는 모든 면접관들이 지원자에게 질문할 내용이 적혀 있는 인터뷰 가이드(interview guide)를 이용하여 질문을 하고, 지원자의 각 질문에 대한 응답내용을 기록한다. 앞에서 언급한 바와 같이 선발도구로서의 면접의 단점 중의 하나는 면접관이 어떠한 질문을 해야 하는지를 모를 수 있다는 것인데, 구조적 면접은 이러한 단점을 근원적으로 해결해 줄 수 있다. 따라서 면접관이 평가에 숙달되지 않은 경우에는 반드시 구조적 면접을 실시하는 것이 바람직하다. 또한 지원자에게 동일한 질문을 하기 때문에 지원자를 평가하기가 수월하고 또한 여러 명의 면접관이 각기 다른 지원자를 면접해야 하는 경우에도 지원자에 대한 평가가 보다 객관적이고 일관성 있게 이루어질 수 있다. 연구 결과들에 의하면 대체로 비구조적인 면접보다는 구조적인 면접이 실제성과를 보다 정확하게 예측할 수 있는 것으로 나타나고 있다.

구조적 면접은 질문이 정해져 있기 때문에 유연성이 떨어진다는 비판이 있을 수 있지만, 면접관이 인터뷰 가이드의 취지에서 크게 벗어나지 않는 범위 내에서 질문의 내용에서 융통성을 발휘함으로써 그 단점을 최소화할 수 있다. 이렇게 필요한 정보를 수집하되 인터뷰 가이드에 적혀 있는 질문을 글자 그대로 읽어 주는 것이 아니라 상황에 따라 질문의 내용에 융통성을 발휘하는 면접을 준구조적 면접(semistructured interview)이라고 한다. 이 유형의 면접은 특히 영업경력자를 선발할 때 유용하게 사용될 수 있다. 예를 들어 전략고객을 담당하는 베테랑 영업사원을 선발하고자 하는 경우에, 이 영업사원은 고객의 문제를 해결하고 새로운 가치를 창출할 수 있는 창의성, 솔선성, 적응성 등을 갖춘 사람이어야 하는데, 고정적인 질문보다는 면접과정에서의 대화가 물이 흐르듯이 자연스럽게 이루어질 수 있도록 융통성을 발휘하는 질문이 지원자가 바람직한 특성들을 가지고 있는지를 판단하는 데 더 적합하다.

■ 비구조적 면접

비구조적인 면접은 면접관이 최소한의 질문만을 하고 지원자가 자신의 경험, 일상생활, 장단기 목표 등에 대해 자유롭게 말할 수 있도록 하는 형태로 이루어진다. 즉, 면접관은 지원자가 지속적으로 말을 할 수 있도록 하는 데 필요한 최소한의 말만을 한다. 비구조적인 면접의 이론적인 배경은 자유롭게 말을 많이 하게 할수록 그 사람의 자질이나 성격 등에 대해 더 많이 알 수 있다는 것이다. 이 방법의 단점으로는 획득한 정보의 양에 비해 너무 많은 시간이 소요될 수 있다는 점, 지원자의 말 가운데 어떤 말들은 주제와 전혀 관계가 없거나 평가하기 곤란한 것일 수도 있다는 점, 면접관이 정작 평가하고자 하는 측면에 대한 말이 전혀 나오지 않을 수도 있다는 점 등을 들 수 있다.

■ 행동기반 면접

면접과정에서 지원자의 추상적인 의견이 아니라, 가상적인 상황에서의 행동의도나 과거의 실제행동에 대해 묻는 경향이 커지고 있다. 이러한 질문을 위주로 진행되는 면접을 행동기반 면접(behavior-based interview)이라 한다. 행동기반 면접이 각광을 받는 이유는 지원자의 행동의도나 과거의 행동이 지원자가 미래에 어떠한 행동을 할 것인가를 예측하는 데 유용한 지표가 될 수 있기 때문이다. 가상적인 상황에서의 행동의도를 묻는 질문을 '상황기반적 질문'이라고 하고, 과거의 행동을 묻는 질문을 '행동기반적 질문'이라고 한다. [표 10-2]는 전형적인 질문과 상황기반적 및 행동기반적 질문에 대한 예를 제시하고 있다. 그런데 과거의 행동에 대해 묻는 행동기반적 질문을 하기 위해서는 지원자가 현재 선발의 초점이 되고 있는 직무와 관련된 경험을 가지고 있어야 한다. 따라서 영업과 관련된 구체적인 경험이 전혀 없는 대학졸업 예정자 등에 대해서는 이러한 질문을 할 수 없다. 그러나 상황기반적 질문은 이러한 경우에도 적용이 가능하다.

표 10-2 | 상황기반적 질문과 행동기반적 질문의 예

전형적 질문	상황기반적 질문	행동기반적 질문
주요 고객이 회사의 방침과 다른 요구를 하는 것에 대해 어떻게 생각하십니까?	주요 고객이 회사의 방침과 다른 요구를 해왔을 때 어떻게 대처하시겠습니까?	주요 고객이 회사의 방침과 다른 요구를 해왔을 때 어떻게 대처하셨습니까?
고객의 이탈을 방지하기 위해서는 어떠한 활동이 중요하다고 생각하십니까?	오랫동안 거래하고 있는 고객이 이탈 조짐을 보이고 있다면 어떻게 대처하시겠습니까?	오랫동안 거래하고 있는 고객이 이탈 조짐을 보이고 있을 때 어떻게 대처하셨습니까?

■ 성과기반 면접

성과기반 면접(performance-based interview)은 면접과정에서 면접자의 성과를 일정부분 평가할 수 있는 형태로 이루어지는 면접을 의미한다. 성과기반 면접의 가장 전형적인 형태는 면접과정에서 필기도구나 컴퓨터와 같은 면접장에 있는 물건을 지적하고 그 물건을 면접관에게 팔아보라고 요구하는 것이다. 이를 통해 지원자가 얼마나 빠르고 창의적으로 판매전략을 세우고 이를 실행에 옮길 수 있는지를 관찰할 수 있다. 또는 지원자에게 질문을 주고, 일정시간이 경과한 뒤에 판매전략에 대한 프레젠테이션을 하도록 하는 형태의 '프레젠테이션 면접'도 사용되고 있다. 이러한 형태의 면접을 통해 지원자의 전략수립능력, 자료작성능력, 표현력 등 다양한 측면에 대한 관찰이 가능하다. 현재 우리나라 기업들도 이러한 방식을 적극적으로 도입하고 있다.

그런데 이러한 형태의 면접에서 질문의 유형이나 준비나 발표에 주어지는 시간 등은 채용규모에 따라서 크게 차이가 날 수 있다. 통상적으로 채용규모가 커서 프레젠테이션을 해야 하는 지원자가 많은 경우에는 한두 줄의 간단한 질문, 준비시간 30분 내외, 발표시간 5~10분, 질문시간 5~10분, 화이트보드의 사용 등의 조건하에서 프레젠테이션이 이루어지지만, 채용규모가 작아서 프레젠테이션을 해야 하는 인원이 적고, 매우 신중하게 선발을 해야 하는 경우에는 특정한 제품에 대해 설명도 해주고 관련자료도 배포한 뒤, 몇 시간의 준비시간을 주고 파워포인트로 자료를 작성하게 한 뒤, 20~30분 동안 발표를 하게 하는 경우도 있다.

또한 성과기반 면접은 면접관과 지원자가 대화를 하는 형식에서 벗어나서, 지원자들을 소집단으로 편성하여 특정한 주제에 대해 자유토론을 벌이게 하는 형식으로 진행될 수도 있다. 이를 통해 지원자의 분석력, 창의력, 표현력, 설득력, 합의도출능력 등의 다양한 측면을 평가할 수 있다. 이러한 형태의 면접을 '토론 면접'이라고 부른다. 성과기반 면접의 가장 극단적인 형태는 면접관이 지원자를 대동하고 실제의 영업현장에 가서 그 지역을 담당하고 있는 영업사원이 콜드콜(cold call : 사전예약이 없는 방문)을 하는 것을 관찰하게 한 후, 지원자에게 실제로 콜드콜을 해보도록 하는 것이다. 이러한 형태의 면접을 통해 지원자가 영업사원으로서의 자질을 얼마나 갖추고 있는지를 종합적으로 평가할 수 있다. 그런데 너무 많은 스트레스는 지원자를 필요 이상으로 괴롭히게 되고, 더 나아가서는 영업에 대한 관심을 잃어버리게 할 수도 있기 때문에 통상적인 면접에 비해 그 실시에 있어서 더 세심한 주의를 요한다.

■ 스트레스 면접

스트레스 면접(stress interview)은 말 그대로 지원자를 스트레스가 많은 상황으로 몰았을 때 어떻게 행동하는지를 관찰하는 형태의 면접을 의미한다([글 10-7] 참조). 이를 통해 지원자의 성격과 태도에 대해 보다 많은 정보를 획득할 수 있다. 영업사원 지원자에 대해서 이러한 형태의 면접이 특히 유효한 이유는 영업사원은 실제의 영업 상황에서 삼재고객의 거절과 같은 많은 스트레스를 받게 되는데, 이에 대해 지원자가 어떻게 대처하는지를 예측하는 것이 평가에 큰 도움을 줄 수 있기 때문이다. 면접과정에서의 스트레스 상황은 면접관이 침묵을 지키고 있다거나, 공격적인 질문을 지속적으로 한다거나, 영업과는 관련이 없는 까다로운 퀴즈를 낸다거나 하는 방식으로 조성된다. 이러한 방식을 통해 인내심, 순발력, 창의력 등 지원자의 다양한 측면을 관찰할 수 있다. 앞서 언급한 성과기반 면접도 통상적인 면접에 비해 지원자가 받는 스트레스의 수준이 훨씬 높기 때문에 스트레스 면접의 범주에 포함될 수 있다. 즉, 스트레스 면접은 성과기반 면접에 비해 더 큰 범주를 구성하고 있다고 할 수 있다.

스트레스 면접

글 10-7

세계 최고 소프트웨어 기업 마이크로소프트(MS) 신입사원 면접장. 빌 게이츠 회장은 "미국 내 교도소 수가 모두 몇 개인가?"라는 황당한 질문을 던졌다. 법무부 내 소수의 실무자들이나 알만한 질문에 대충 숫자를 던지거나 얼버무리는 프로그래머가 입사자 명단에 등장하는 일은 극히 드물다. '스트레스 면접' 또는 '압박 면접'이라고 불리는 이런 방식은 제2차 세계대전 중 연합군이 적진에 침투할 공작원을 선박하는 과정에서 사용됐다.

12일 재계에 따르면 국내 기업들이 자사가 추구하는 인재상을 담은 독특한 면접들을 속속 도입하고 있다. 취업준비생들 사이에 가장 '스트레스가 심한' 면접으로 정평 난 두산그룹은 박용만 회장의 최종 면접 전 이미 3시간여에 걸쳐 실무자 면접을 진행한다. 서류전형을 통과한 지원자들은 SI(Structured Interview)와 DISE(Doosan Integrated Simulation Exercise) 면접을 거친다. 지원자들은 DISE 면접에서 비즈니스 현장에서 벌어지는 특정 상황을 접한 뒤 해결방안을 도출한다. 준비시간 1시간 뒤 발표 및 질의응답을 한다. SI에서는 인성을 본다. 2명의 면접관이 꼬리에 꼬리를 무는 질문을 퍼붓는다. 2개 면접은 각각 1시간 30분 안팎으로 3시간에 달한다. 2개 면접을 하루에 하는 곳은 두산이 거의 유일하다. 지원자들마다 차이는 있지만 대체로 SI 면접에서 상당한 스트레스를 호소한다. 인간성의 밑바닥이 고스란히 드러나기 때문이다. 답변 중 거짓말을 하면 낭패를 본다. 질문이 꼬리를 물기 때문에 거짓말이 거짓말을 낳게 되고 나중에는 말문이 막힐 수밖에 없다. 두산은 해외매출이 거의 대부분이어서 진실성에 기반을 둔 비즈니스 인재를 우선한다. 박용만 회장은 "두산 고유의 면접을 통과한 지원자들은 최종 면접에서 추려낼 필요가 없을 정도"라고 만족감을 나타냈다.

SK건설의 경우 이공계 지원자들을 대상으로 창의력을 테스트 한다. 흥미로운 건 면접장에 '레고'가 등장한다는 점. 레고로 집을 지어보라고 한다. 6명이 1개 조를 이뤄 1시간 40분간 집을 짓고 왜 이런 집을 지었는지, 어떤 방식이 동원됐는지 등 프레젠테이션을 한다. 재료가 한정돼 창의력 차이를 확인할 수 있고 6명의 팀워크를 통한 조직적응력 등도 판단할 수 있다. 웅진그룹의 '상황극' 면접도 유명하다. 면접관이 직원 1명에 미리 선발한 직원 1명을 붙여 상황연기를 시킨다. 예를 들어 선배가 후배가 돼 선배(입사지원자)에게 "회사 생활이 힘들어서 못 하겠다"는 고민 상담을 해온다. 면접관들은 지원자가 선배 입장에서 어떻게 대응하는지를 관찰한다. 선배가 블랙컨슈머가 돼 지원자에게 악의적 민원을 제기하는 상황도 자주 등장한다. 인성과 실무적 능력을 동시에 평가하는 게 이 상황극의 목적이다. 산업은행은 지원자들끼리 팀을 짜서 스포츠경기를 하는 스포츠 면접을 도입하는가 하면, 농협은 하나로클럽에서 매장 상품진열에 대한 개선점을 프레젠테이션으로 발표하도록 시킨다.

무차별적으로 이력서를 뿌리고 획일화된 면접을 보던 관행은 이미 사라진지 오래다. 기업, 기관별로 면접 방식이 천차만별이어서 개별 기업별 면접학원들도 성행하고 있다. 취업난이 가중되면서 학원수요는 그만큼 증가하는 추세다. 하영목 커리어코치협회 회장은 "최근 기업들은 저마다 해당 업종을 정확히 이해하고 희망하는 부서의 업무이해도가 얼마나 높은지를 면접에서 관찰한다"며 "업종과 업무이해도가 높다는 건 시간과 공을 들였다는 게 증명되는 것이어서 인성평가 기준이 되기도 한다"고 말했다.

출처 : 머니투데이. "대기업 면접 3시간, 인간성 바닥 드러나…," 2012년 12월 13일

3. 선발시험

3.1 선발시험의 개요

선발시험에는 지능검사, 적성검사, 성격검사, 취향검사 등 다양한 형태가 있다. [글 10-7]은 영업사원을 대상으로 실시될 수 있는 선발시험의 다양한 유형을 보여주고 있으며, 통상적으로 두 가지 이상의 유형의 시험이 선발과정에서 사용된다. 시험성적과 실제의 성과 간의 관련성에 대해서는 많은 논란이 있으며, 그렇기 때문에 선발시험은 지원서나 면접에 비해 유용성에 대한 논란이 가장 많이 이루어지고 있는 선발도구라고 할 수 있다. 그렇지만 지원자의 지능, 영업사원으로서의 적성, 적응성과 같은 성격적 특성 등이 성과와 관련이 있다는 것은 직관적으로 타당성이 있고, 또한 이를 지지하는 연구결과들도 있기 때문에 선발시험의 유용성을 부정하기는 어렵다. 또한 잘못된 선발은 회사에 많은 비용적 손실을 가져오기 때문에 선발과정의 오류를 줄이기 위해서라도 선발시험은 다른 선발도구와 함께 빈번하게 사용되고 있다. 그렇지만 시험성적을 그 자체만으로 합격 여부를 판단하는 기준으로 사용하는 것은 바람직하지 않다. 그보다는 시험을 통해서 나타난 결과로부터 의문스러운 점을 파악하여 이를 면접과정에서 확인한다거나, 혹은 면접에서 발견된 사실을 시험 결과를 통해 확인하는 방식으로 선발시험을 이용하면 선발도구 간의 시너지효과를 향상시킬 수 있다.

선발시험에 사용할 시험문제를 개발함에 있어서 채용의 기획단계에서 파악된 기준들이 적절하게 측정될 수 있도록 하는 것이 매우 중요하다. 시험문제는 자체적으로 개발하여 이용하는 방법도 있고, 외부의 컨설팅 회사에서 개발한 문제를 활용하는 방법도 있다. 우리나라의 대기업들의 경우에 직무적성검사 문제를 자체적으로 개발하여 실시하고 있다. 그런데 제목은 적성검사로 되어 있지만, 실질적인 내용은 대부분 언어능력, 수리능력, 공간지각능력, 시사상식 등 지적능력을 측정하는 내용을 담고 있다. 그런데 영업사원으로서의 적성이 있는가의 여부는 영업사원으로서의 자질을 판단하는 데 매우 중요하기 때문에 영업사원에 특화된 문제를 개발하는 것이 시급히게 해결해야 할 과제라고 할 수 있다. 미국의 경우에는 판매적성검사(sales aptitude test), 판매적성체크리스트(sales aptitude checklist), 판매성취예측(sales achievement predictor) 등 영업사원으로서의 적성을 검사하기 위한 상업적인 여러 종류의 문제 패키지가 판매되고 있다.

영업직은 다른 직종과는 차별되는 특징을 많이 지니고 있고, 또한 영업직의 형태도 매우 다양하기 때문에 가능하면 자사의 특성에 맞는 시험문제를 개발하는 것이 가장 바람직하다. 전문업체에서 개발한 시험문제를 활용하더라도 이러한 문제들은 다양한 업종을 포괄하고 있거나 영업 일반에 대한 것이기 때문에 이를 그대로 활용하기보다는 이를 참고하여 자사의 영업 활동에 요구되는 인지적 능력이나 적성을 측정할 수 있는 시험문제를 개발해야 한다. 개발한 문제는 그 타당성을 검증하여 지속적으로 개선해 나가야 하는 과정을 거쳐야 한다. 타당성을 검증하는 방법은 채용된 영업사원을 대상으로 그 영업사원의 영업성과와 채용 당시의 선발시험점수 간에 상관관계가 있는지를 분석하는 것이다. 전체 성적은 물론 분야별 성적과 성과와의 상관관계를 면밀히 검토해서 자사의 영업사원으로서 좋은 성과를 내기 위해서는 어떠한 능력이나 적성을 가지고 있는 것이 바람직한가를 파악하고, 이러한 능력이나 적성을 중심으로 시험문제를 지속적으로 개선시켜 나가야 한다.

선발시험의 여러 가지 유형

글 10-8

- 지능검사(intelligence test) : 이는 지원자의 IQ(Intelligence Quotient)나 학습능력을 측정하기 위한 목적으로 실시된다. 주로 언어능력, 수리능력, 논리력 등이 측정된다. 이 검사는 적성검사나 성격검사에 비해 업무성과를 보다 잘 예측할 수 있는 것으로 알려져 있다.
- 적성검사(aptitude test) : 이는 지원자가 영업업무에 어느 정도의 흥미를 가지고 있는가를 측정하기 위한 목적으로 실시된다. 영업업무가 고객과의 빈번한 접촉을 통해 이루어지기 때문에 이 범주에는 사회적성(혹은 사회지능)에 대한 것도 포함된다.
- 성격검사(personality test) : 이는 지원자의 성실성, 친화성, 외내향성, 탐구성, 정서적 안정성 등의 여러 가지 성격적 특성을 측정하기 위해 실시된다. 그런데 특정한 영업 직무에 적합한 성격적 특성에 대해 아직 모르고 있는 부분이 많이 있기 때문에 이 검사의 결과를 해석하고 이용하는 데는 많은 논란이 따를 수 있다.
- 취향검사(interest test) : 이는 지원자가 가지고 있는 취미나 관심의 경향이 성공적인 영업사원들의 그것과 부합하는 정도를 측정하기 위해 실시된다.

3.2 선발시험의 문제점

회사가 선발시험을 통해서 선발하려고 하는 사람은 상식적인 사고방식을 가지고 있는 사람 중에서 우수한 사람이기 때문에 정말로 영업에 대한 창의성이나 활동성이 뛰어난 사람이라고 하더라도 시험에 약한 사람은 절대로 선발될 수 없다. 선발시험은 객관성을 가지고 있을 뿐만 아니라 선발 결정에 있어서의 공정성을 확보할 수 있는 유력한 수단이기는 하지만, 영업에 대해 많은 재능을 가지고 있는 사람을 탈락시킬 개연성은 항상 존재한다. 이러한 문제는 특히 선발시험을 다른 선발도구의 보조적인 수단으로 활용하지 않고, 선발시험의 점수를 지원자의 당락에 그대로 반영할 때 더 심각해질 수 있다. 많은 심리학자들은 일정점수 이상의 시험점수를 획득한 사람들은 실제의 성과에 있어서 큰 차이가 없다는 점에 동의하고 있다. 그럼에도 불구하고 선발시험의 점수를 선발 결정에 그대로 반영하는 것은 우수한 지원자를 타당한 근거 없이 탈락시킬 가능성을 높이는 결과를 불러올 수 있다.

우리나라의 경우에는 지원서 등에 대한 서류심사에서 합격한 지원자를 대상으로 1차면접과 적성검사를 실시하고, 여기에서 통과된 지원자를 대상으로 2차면접을 실시하는 경우가 많다. 따라서 적성검사점수는 당락을 결정하는 중요한 요소로 작용하고 있다. 특히 대기업의 경우에는 직군과 관계없이 공통된 적성검사를 실시함으로써 영업직을 원하는 지원자도 적성검사에 합격하지 못하면 아무리 영업에 대한 관심과 재능이 있어도 영업사원으로 취업하기가 불가능하다. 따라서 이러한 취약점을 개선하기 위해서는 직군에 맞는 선발시험이 이루어져야 하며, 또한 낙제점이 아니면 다음 단계로 넘어갈 수 있는 기회를 부여하는 것이 바람직하다. 또한 성격검사나 취향검사와 같은 경우에는 지원자는 어떻게 응답하는 것이 합격을 위해 유리하다는 것을 알고 있기 때문에 자신의 성격이나 취향과는 관계없이 좋은 성적을 받을 수 있는 방향으로 응답할 가능성이 크다는 것도 선발시험의 문제점으로 지적될 수 있다.

4. 참고인조회

참고인은 지원자에 대한 여러 가지 의견을 구할 수 있는 사람으로 지원자가 지원서에 기입한 사람을 의미하며, 참고인조회는 참고인으로부터 지원자에 대한 정보를 수집하는 것을 의미한다. 참고인을 기입하는 경우에는 참고인의 이름, 지원자와의 관계와 함께 전화번호, 이메일주소 등의 접촉정보를 기입하도록 되어 있다. 서구의 경우에는 지원서에 참고인을 기입하게 하는 것이 보편적이지만, 우리나라의 경우에는 추천서를 제출하게 하거나 간혹 누가 취업을 권유했는가를 적게 하는 경우는 있지만 참고인을 지원서에 기입하게 하는 경우는 거의 없다. 그 이유는 두 가지로 생각해볼 수 있다.

첫째는 지원자가 참고인을 기입할 때 자신에 대해 좋은 평가를 해줄 수 있는 사람만을 기입하기 때문에 참고인으로부터의 정보가 판별력을 갖기 힘들다는 점이다. 두 번째 이유는 주로 전직장의 상사가 가장 유력한 참고인이 될 수 있는데, 어떤 회사이는 내부정보의 외부 유출에 대한 제한이 있기 때문에 퇴사한 직원의 인사문제에 대해 응답하기를 꺼린다는 점이다. 더욱이 지원자에 대한 부정적인 정보가 유출되었을 경우에는 명예훼손과 같은 법률적인 문제에 휘말릴 수 있기 때문에 대부분의 경우 공식적인 의견 제시를 꺼린다. 이러한 이유로 적어도 우리나라의 경우에는 공식적으로 참고인으로부터 지원자에 대한 의견을 받는 것은 거의 불가능에 가깝다. 서구의 경우도 정도의 차이는 있겠지만 직접방문이든, 이메일이든, 전화이든, 참고인으로부터 의견을 받는 것이 쉽지 않다. 직접방문을 하려면 시간과 비용이 많이 들고, 이메일을 보낸다는 것은 문서가 남기 때문에 꺼리게 되고, 전화의 경우도 일면식도 없는 사람에게 전직원에 대한 심층적인 얘기를 하는 것도 편하지 않은 일이기 때문이다.

그러나 지원자에 대해서 가장 잘 알고 있는 사람은 전직장의 동료나 상사이기 때문에 이들로부터의 정보는 매우 중요한 가치를 지닌다. 지원자가 전직장을 왜 떠나게 되었는지, 재직시의 근무태도는 성실하였는지, 영업성과는 어떠하였는지, 떠난 이후로 지원자가 담당하던 지역의 성과에는 어떠한 변화가 있었는지, 지원자가 어떠한 점을 보완을 해야 하는지 등에 대한 답변은 지원자를 판단하는 데 있어서 그 어떤 정보보다도 결정적인 역할을 할 수 있다. 이러한 정보를 공식적으로 지원자의 전직장을 통해서 받는 것은 불가능하지만 비공식적인 루트를 통해 정보를 확보하는 것은 노력을 기울이면 어느 정도 가능할 수 있다. 그렇지만 지원자의 수가 많을 때에는 지원자별로 일일이 비공식적인 루트를 통해 전직장에서의 상사나 동료로부터 의견을 듣는 것은 거의 불가능한 일이다. 참고인 조회는 소수의 지원자를 대상으로 정밀한 검토가 필요할 때는 유용하게 사용될 수 있다. 또한 영업경력이 일정기간 이상인 사람을 대상으로 영업관리자나 영업팀 팀장 등과 같이 비중 있는 직책의 직원을 선발하고자 하는 경우에는 전직장의 상사나 동료는 물론, 그 사람의 현고객이나 과거고객도 매우 유효한 참고인이 될 수 있다. 이는 고객들이 자신의 경험을 바탕으로 영업기술, 성실성, 성격, 고객마인드, 제품지식 등 지원자의 영업활동과 관련된 모든 측면에 대한 가장 정확한 정보를 제공해줄 수 있기 때문이다.

5. 신용 및 경력조회

지원자가 지원서에 전직장에서의 직책, 재직기간, 급여수준은 물론, 학력 등에 대해서도 허위로 기재하는 경우가 발생할 수 있다. 이러한 경우에 이를 제대로 검증하지 않고 지나가게 되면 자격미달의 사람을 채용하거나 필요 이상으로 많은 급여를 지급하는 결과를 초래하게 된다. 미국의 Equifax와 같은 거대 신용평가회사(credit bureau)는 신용정보뿐만 아니라 다양한 원천으로부터의 정보를 활용하여 지원자의 직장경력은 물론 전과기록, 운전기록 등에 대한 정보도 제공해줄 수 있다. 그런데 우리나라의 경우에는 이러한 기관이 없기 때문에 고용하고자 하는 회사에서 이를 개별적으로 확인할 수밖에 없다. 모든 지원자에 대해 일일이 확인하기는 힘들기 때문에 합격자를 대상으로 학력, 경력 등을 확인하는 것이 바람직하다.

신용정보에 대해서는 미국의 경우에는 고용자가 지원자의 신용정보를 지원자의 동의 없이도 조회할 수 있으며, 다만 신용조회를 통해서 획득된 정보를 바탕으로 불합격 결정이 내려졌을 경우에 한하여 지원자에게 신용정보의 원천을 고지해 주어야 한다. 우리나라에도 한국신용정보(NICE), 한국신용평가정보(KIS), 코리아크레딧뷰로(KCB) 등의 신용평가정보를 제공해 줄 수 있는 기관들이 있지만, 지원자의 동의가 없이는 회사가 지원자의 신용정보를 조회할 수 없도록 되어 있다. 따라서 회사는 합격자에 한하여 지원자의 동의를 받아 조회할 수 있도록 하는 것이 바람직하다.

6. 평가센터

평가센터(assessment center)는 "다수의 평가자가 여러 가지 평가기법을 활용하여 대상자의 역량을 종합적으로 평가하는 것"으로 정의될 수 있다. 원래 센터(center)는 장소의 의미를 담고 있는데 이것이 선발도구의 명칭으로 사용되는 이유는 대상자를 종합적으로 평가하기 위해서는 대상자들을 2~3일 동안 수용할 수 있는 시설이 필요하기 때문이라고 할 수 있다. 평가센터는 1950년대 중반에 AT&T에 의해 처음 개발되었는데, 처음에는 하위관리자를 대상으로 2~3일에 걸쳐 그들의 잠재능력을 집중적으로 평가함으로써 승진가능성을 평가하는 데 사용되기 시작하였다. 그 후 이 기법은 각층의 관리자들의 능력 평가에도 확대 적용되었으며, 더 나아가 입사지원자를 평가하는 데도 사용되기 시작하였다. 평가를 위해서는 직무와 관련된 여러 가지 유형의 모의실습이 이루어진다. 즉, 프레젠테이션, 역할연기, 사례연구, 비즈니스게임, 집단토론 등 다양한 형태의 모의실습이 이루어지며, 지원자는 실제로 조직에서 근무하는 것처럼 주어진 업무를 수행해야 한다. 우리나라 기업들도 자사의 연수원 등을 활용하여 평가센터법을 활용하는 예가 늘고 있다. 지원자들을 소집단으로 편성하여 특정 주제를 놓고 토론을 하게 한다거나, 주제를 주고 개인별로 프레젠테이션을 하도록 하는 등 다양한 측면에서 지원자를 평가하고자 하는 시도가 증가하고 있다.

7. 신체검사

신체검사는 지원자가 직무를 담당할 수 있는 신체적 · 정신적 건강상태를 평가하기 위하여 실시하는 검사로, 현재의 건강상태가 업무수행에 큰 지장을 줄 수 있는 정도인지를 확인하는 것이 주목적이다. 우리나라에서는 2006년까지는 회사가 채용자에 대한 신체검사를 반드시 실시해야 했지만, 현재는 그렇지는 않고 회사가 판단하여 그 필요 여부를 결정할 수 있다.

신체검사는 일반적으로 선발과정의 가장 마지막 단계에서 치러진다. 신체검사는 모든 지원자를 대상으로 실시되는 것이 아니라 채용제안을 받은 지원자를 대상으로 실시되며, 이들은 신체검사에서 합격하면 최종적으로 채용이 결정된다. 회사는 신체검사에 불합격한 지원자에 대해서는 채용을 거부할 수 있다. 지원자는 회사로부터 채용신체검사서를 요구받으면 지정된 의료기관에서 건강검진을 받고 채용신체검사서를 회사에 제출하면 된다. 채용신체검사 항목에는 신체계측(키, 체중, 가슴둘레, 혈압, 청력, 시력, 색각), 요당검사, 빈혈검사, 흉부질환검사, 간기능검사, 구강검사 등이 포함된다.

영업사원은 여행도 많이 해야 하고, 많은 사람과 대화를 나누어야 하며, 영업의 과정에서 스트레스가 많은 일들을 견디어 내야 하기 때문에 어느 직종보다도 강한 체력과 정신력이 요구된다. 영업사원이 체력이 약하거나 질병에 걸리면 구역관리에 소홀할 수밖에 없고, 따라서 회사의 목표 달성이 불가능해지게 된다. 또한 회사가 영업사원의 의료비를 부담해야 하는 상황이 빈번하게 발생할 수도 있다. 따라서 신체검사는 영업사원의 채용에 있어서 반드시 필요한 과정이라고 할 수 있다.

8. 인턴사원제도

최근 우리나라에 영업직 인턴사원을 선발하는 경우가 크게 늘어나고 있다. 원래 인턴사원제도는 대학 재학생을 대상으로 주로 방학기간을 이용하여 관심 있는 분야에서의 실무경험을 쌓고 해당 회사에 대해서도 알 수 있는 기회를 제공하기 위해 만들어졌는데, 우리나라의 경우에는 회사로서는 자사의 업무 특성이나 조직문화에 맞는 지원자를 찾을 수 있는 좋은 수단으로, 또한 취업하려는 사람으로서는 취업을 하기 위한 좋은 방안으로 그 역할에 변화가 있어 왔다. 그래서 지금은 대학생뿐만 아니라 대학졸업자에게도 인턴사원의 기회가 주어지고 있다.

인턴사원제도는 우리나라에는 1980년대 중반에 도입되었으며, 1990년대에 들어서 급속히 확산되기 시작하였다. 주로 사무직이나 관리직을 중심으로 이루어지던 인턴사원제도는 1990년대 후반에 들어서 영업직으로 확산되었다. 지금은 제약, 유통, 자동차, 항공사, 화장품, 정유사 등 다양한 분야에서 영업직 인턴사원을 선발하고 있다. [표 10-3]은 어느 제약회사의 영업직 인턴사원 모집공고를 그대로 옮겨놓은 것이다. 이 공고는 '8개월 수습기간 종료 후 평가 우수자 정규직 전환 예정'이라는 문구를 특히 강조하고 있다. 즉, 우리나라의 회사들은 단순히 대학생들에게 영업실무 경험의 제공이라는 측면이 아니라, 대학생이나 대학졸업자가 정식사원으로 입사했을 때 현장중심의 업무능력을 갖출 수 있도록 하기 위한 목적으로 인턴사원제도를 실시하고 있다. 인턴사원으로 근무하는 기간은 대략 6개월 내외이며, 인턴기간이 끝난 후 일정한 선발과정을 거쳐 인턴사원 중의 일부를 정규직 영업사원으로 채용한다.

이렇게 영업직에서 인턴사원이 활발히 이용되고 있는 이유는 두 가지로 생각해볼 수 있다. 첫째는 양질의 인력을 비교적 저렴한 비용으로 확보할 수 있다는 점이다. 보통 인턴사원의 월급은 70~100만 원 정도이고, 보험 등과 같은 여타의 비용적인 부담이 없기 때문에 숙련도가 높지 않은 업무에 있어서는 비용적인 측면에서 정규직 영업사원에 비해 훨씬 유리하다. 또한 인턴사원 지원자는 정규직으로의 취업이라는 당면한 목표를 가지고 있기 때문에 동기부여의 수준도 높아서 매우 열심히 근무하는 경향이 있다. 둘째는 대학생이나 막 대학을 졸업한 사람들의 경우에 영업직이 매우 생소한 경우가 많기 때문에 인턴사원의 경험을 통해 영업직이 자신의 적성에 맞는지를 체험할 수 있도록 함으로써, 인턴사원 가운데 영업직이 적성에 맞고 또한 회사의 문화에도 잘 적응할 수 있는 사람을 선별하여 뽑을 수 있다는 점이다. 회사는 이를 통해 영업직의 고질적인 문제 중의 하나인 영업사원의 높은 이직률 문제를 완화시킬 수 있다.

표 10-3 | 어느 제약회사의 영업직 인턴사원 모집공고

모집부문	구분	응시자격	근무지	인원
영업(병원, 의원, 약국)	신입(인턴)	• 4년제대학 기졸업자/졸업예정자 • 제약영업에 관심 있고 적극적 마인드 소유자 • 서울, 경인지역 근무가능한 분	서울지점/ 경인(수도권) 지점	○○명
공통사항	• 8개월 수습기간 종료 후 평가우수자 정규직 전환 예정 • 남자의 경우 병역필 • 해외영행에 결격사유가 없는 자 • 여성도 지원가능			

제5절 채용대상자의 결정, 채용, 사회화

1. 채용대상자의 결정

선발을 위한 평가과정이 모두 끝나면 채용대상자를 결정하여 채용을 제안하는 단계에 들어

가게 된다. 평가가 끝나면 지원자의 등수가 매겨지기 때문에 누구를 대상으로 채용제안을 할 것인가가 거의 정해진 상태가 된다. 그런데 여기에서 회사가 감안해야 될 한 가지 사항은 채용을 제안받은 지원자 모두가 제안을 받아들이지는 않는다는 사실이다. 따라서 회사의 입장에서는 선발과정에서의 성적만을 근거로 채용제안을 할 것인지, 혹은 지원자가 자사에 취업하는 것을 얼마나 원하는지를 추가로 감안할 것인지를 결정해야 한다.

우수한 성적을 받은 지원자들은 다른 회사에서의 선발과정에서도 높은 성적을 받았을 가능성이 높기 때문에 자사의 제안을 받아들이지 않을 가능성이 가장 큰 집단이라고 할 수 있고, 지원자가 채용제안을 받아들이지 않으면 지금까지 모집과 선발에 들인 비용과 시간이 낭비가 되어버릴 수도 있기 때문에 신중을 기하여 결정해야 한다. 이에 대한 결정은 경쟁사의 보상수준, 최상위 순위의 지원자와 그보다 낮은 지원자의 질적인 차이, 시간적 긴급성의 정도 등에 의해 영향을 받는다. 즉, 경쟁사의 보상이 높을수록, 합격대상자 간의 질적인 차이가 적을수록, 시간적 긴급성이 높을수록 약간의 성적의 차이보다는 자사에 대한 애착도가 높은 지원자를 선발하는 것이 더 바람직하다.

그런데 대학에서 합격자를 발표할 때 후보 합격자를 동시에 발표하는 것과 같이 회사는 성적순으로는 합격 대상에 포함되지 못하였지만 성적도 좋고 자사에 대한 애착도도 높은 일정수의 지원자들에게 불합격을 통보하지 않고 합격자들의 채용제안에 대한 수락 여부를 기다리는 방법을 사용할 수도 있다. 그러나 이 경우에는 회사가 합격자들의 수락 여부를 빨리 확인하여 후보 합격자에 대한 채용 여부를 신속하게 결정할 수 있어야 한다.

2. 채용

여기에서의 채용은 모집과 선발과정을 모두 포괄하는 의미의 채용이 아니라, 선발된 지원자를 자사의 직원으로 만들기 위한 공식적인 절차를 뜻하는 좁은 의미의 채용이다. 잘 계획된 채용과정은 채용제안을 받은 지원자가 회사에 대해 좋은 인상을 갖게 해줌은 물론, 자신이 이 회사의 입장에서 매우 중요한 사람이며, 이 회사에서 많은 기여를 할 수 있다는 생각을 갖게 함으로써 제안을 수락할 수 있는 가능성을 크게 높일 수 있다. 회사가 지원자에게 제시하는 제안 중에서 가장 중요한 것은 영업사원으로서 받게 될 보상에 대한 것이다. 보상방법에 대해서는 제17장에서 자세히 기술하였으므로 여기에서는 상술하지 않는다.

보상패키지 내에는 금전적인 보상 이외에도 여러 가지 복리후생이 포함된다. 여기에는 보험, 해외여행경비, 자녀교육비지원, 자동차지원, 이주경비 등이 포함된다. 영업관리자나 전략고객을 담당하게 될 영업사원과 같이 그 역할이 매우 중요한 경우라면 배우자의 취업에 대한 제안도 할 수 있다. 배우자의 취업이 지원자에게 매우 중요한 사안인 경우에, 배우자와 같은 지역에서 근무할 수 있도록 해줄 수 있다면 지원자는 다른 회사로부터의 매력적인 제안에도 불구하고 자사의 제안을 받아들일 가능성이 훨씬 높아진다.

지원자에 대한 채용제안은 주로 그 영업사원을 담당하게 될 영업관리자가 하는 경우도 있고, 인사부서의 채용담당자가 하는 경우도 있으며, 경우에 따라서는 채용의 중요성을 감안하여 최고경영진이 직접 나서는 경우도 있다. 지원자에게 채용제안을 하기 전에 두 가지 사항에 대한 의사결정을 해야 한다. 첫째는 지원자에게 결정할 수 있는 시간을 얼마나 줄 것인가에 대한 것이고, 둘째는 지원자가 제안의 내용에 대해 협상을 원하는 경우에 어느 수준까지 협상할 것인가에 대한 것이다. 이러한 사안에 대한 결정은 모든 지원자에 일관되게 적용되어야 하기 때문에 영업관리자의 차원이 아니라 회사 전체 차원에서의 결정이 이루어져야 한다. 채용제안은 주로 전화를 통해서 이루어지지만, 지원자를 회사에 불러서 직접 제안할 수도 있다. 지원자와 직접 대면해서 제안을 하면 전화를 통해서 하는 경우보다 지원자의 의사를 더 분명하게 알 수 있고, 또한 의사결정의 속도도 더 빠를 수 있다.

3. 사회화

사회화(socialization) 과정은 신입사원이 회사 및 기존 구성원들의 가치와 문화를 수용해 가는 과정을 의미하며, 교육훈련과 같은 공식적인 프로그램을 통해서는 물론 동아리활동과 같은 비공식적인 커뮤니케이션 등을 통해서도 이루어진다. 사회화는 어느 일정기간 동안만 시행되는 것이 아니라, 신입사원이 입사하기 이전부터 시작되어 회사의 문화에 완전히 동화(同化)될 때까지 지속된다. 사회화가 잘 이루어지면 신입 영업사원은 새로운 직무에 큰 어려움 없이 잘 적응할 수 있고, 직무에 대한 만족도도 높아질 수 있으며, 이에 따라 높은 성과도 기대할 수 있게 된다.

3.1 채용 이전의 사회화

사회화과정은 채용이 확정되지 않은 모집 및 선발단계에서부터 시작된다. 회사는 모집과정에서 지원자에게 회사의 사업내용이나 추구하는 가치, 비전 등은 물론 교육훈련, 복리후생, 자기개발 프로그램 등에 대한 내용을 담은 홍보책자나 CD를 배포할 수 있다. 또한 면접 과정에서는 면접관이 면접 대상자들을 대상으로 회사, 제품, 근무여건 등에 대해 직접 설명도 하고 질문도 받는 기회를 제공할 수 있다. 어떤 회사는 지원자들로 하여금 실제로 영업사원과 동행하여 영업사원의 고객방문이 어떻게 이루어지는지를 관찰하도록 하고, 더 나아가 실제로 고객과 접촉해보도록 함으로써 직무에 대한 보다 현실적인 생각을 가질 수 있도록 하고 있다. 이러한 활동들이 모두 입사 이전 단계에서의 사회화과정으로 이해될 수 있다.

이러한 과정을 통해서 지원자는 자신이 이 회사에 채용되면 어떠한 업무를 수행해야 하고, 그 업무를 수행하기 위해서는 어떠한 기술이 필요하며 얼마나 많은 노력을 기울여야 하는지에 대한 보다 정확한 예상을 할 수 있게 된다. 또한 회사의 역사, 비전, 미션 등에 대해 알게 됨으로써 회사의 가치관이 자신의 가치관과 어느 정도 부합하는가에 대해서도 알 수 있게 된다. 채용 이전의 사회화과정은 선발과정을 보다 원활하게 수행할 수 있도록 해줄 수 있으며, 또한 영업직에 대해 정확한 인식을 가지고 있는 지원자를 선발할 수 있게 함으로써 채용 후의 신입 영업사원들의 정착률을 높이고 직무에 대한 만족도를 높이는 데 기여할 수 있다.

3.2 신입 영업사원의 동화

사회화과정의 두 번째 단계인 동화는 채용과 동시에 시작된다. 신입사원은 담당하게 될 업무를 익혀야 하고, 업무 수행과정에서 관계를 맺게 될 사내의 사람들과도 익숙해져야 한다. 이를 위해 통상적으로 신입사원 오리엔테이션과 같은 집체교육이 이루어지지만, 이것으로 충분한 것은 아니며 신입사원이 조직문화에 적응하는 데 필요한 정보나 경험 등을 충분하고 신속하게 제공할 수 있도록 하는 세심한 배려가 필요하다. 특히 영업직의 경우에는 신입 영업사원이 채용과 동시에 지역에 배치되어 지역에서 교육훈련을 받는 경우에는 본사의 인력을 잘 모르게 되기 때문에 사회화가 매우 어려워질 수 있다. 이러한 이유로 일정기간 동안 신입 영업사원을 본사에 머무르게 함으로써 영업지원 인력은 물론 생산, 마케팅, R&D 등 여타 부서의 인력과도 친분을 갖도록 하는 것이 바람직하다.

신입 영업사원의 조속한 동화를 위해서는 영업관리자의 역할이 대단히 중요하다. 신입 영업사원은 근무시작 후 일정기간 동안 가장 힘든 시간을 보내게 된다. 외부적으로는 영업기술, 지식, 경험 등이 부족하기 때문에 고객과의 접촉과정에서 많은 스트레스를 받게 되고, 내부적으로는 다른 영업사원이나 지원부서의 직원들을 잘 알지 못하고 업무 프로세스도 익숙하지 않기 때문에 업무의 효율도 떨어지고 항상 불안한 마음을 가질 수 있다. 이러한 경우에 신입사원은 자신에게 조언을 해주고 도움을 줄 수 있는 사람이 필요한데, 바로 영업관리자가 이러한 역할을 해주어야 한다. 영업관리자는 영업에 관련된 조언을 해줌은 물론 신입 영업사원이 사내에서 조속히 적응할 수 있도록 도움을 주어야 한다. 영업관리자는 신입 영업사원을 대동하여 다른 영업사원이나 지원부서 직원에게 소개를 해줌으로써 서로에 대해 알도록 해주고 이를 기반으로 신입 영업사원 스스로가 필요시에 소개받은 직원들과 교류할 수 있도록 해주어야 한다.

또한 영업관리자는 회사의 역사, 경영철학, 경영방침, 복지제도, 동아리 등에 대해 상세한 정보를 제공해 줌으로써 신입 영업사원이 회사에 애착을 가지고 적응할 수 있도록 배려해야 한다. 이러한 동화 작업은 신입 영업사원이 영업업무의 수행과 회사 내에서의 다른 사람과의 커뮤니케이션이 안정된 수준에 도달할 때까지 지속되는 것이 바람직하다. 이러한 과정 속에서 신입 영업사원은 소속감을 느끼게 되고, 언제든 도움을 청할 수 있는 사람이 있다는 믿음 때문에 의욕을 가지고 자신의 업무에 임할 수 있게 된다.

영업관리자가 취할 수 있는 가장 나쁜 태도는 신입 영업사원에 대해 관심을 갖지 않고 방임하는 것이다. 실제로 많은 영업관리자가 이러한 태도를 취한다. 이는 자신도 스스로 하나하나 깨우치면서 여기까지 왔기 때문에 신입 영업사원도 당연히 스스로가 모든 일을 해쳐나가야 하며 그러한 과정에서 더 강해질 수 있다는 생각을 가지고 있기 때문이다. 이러한 경우에 신입 영업사원은 모든 일을 시행착오를 거치면서 스스로가 해결해야 하기 때문에 적응하는 데 시간도 오래 걸릴 뿐만 아니라, 회사에 대한 로열티도 형성되지 않기 때문에 이직할 확률이 높아지게 된다. 영업관리자의 가장 큰 임무는 영업사원들이 업무를 원활하게 수행하도록 동기부여를 하는 데 있기 때문에 신입 영업사원에 대해서도 동기부여가 가장 잘될 수 있는 방법을 시행함으로써 가능한 한 조속히 동화될 수 있도록 노력해야 한다.

3.3 멘토링

신입 영업사원의 조속한 동화를 위해 멘토링(mentoring)제도를 시행하는 회사가 늘고 있다. 사전적으로 멘토(mentor)는 경험 없는 사람에게 오랜 기간에 걸쳐 조언을 해주고 도움을 베풀어주는 선배를 의미하며, 멘토링은 선배가 후배에게 조언과 도움을 주는 행위를 의미한다. 멘토링과 코칭(couching)은 모두 일대일 커뮤니케이션을 통해 이루어진다는 공통점이 있지만 그 내용과 형식에 있어서는 일정한 차이가 있다.

코칭에서는 효율적인 영업활동에 필요한 영업기술, 지식 등이 주된 내용이 되는 반면, 멘토링에서는 영업활동에 필요한 영업기술이나 지식뿐만 아니라 전문인으로 성장하는 데 필요한 조언이나 개인적인 고민에 대한 상담 등도 그 내용이 될 수 있다. 즉, 코칭에서의 커뮤니케이션은 영업업무를 중심으로 이루어지지만, 멘토링에서의 커뮤니케이션은 영업을 포함하여 신입 영업사원의 발전과 관련한 모든 사안에 대해 이루어질 수 있다. 또한 코칭의 주체는 대부분의 경우 영업관리자이지만, 멘토링은 사제관계를 형성하는 것이기 때문에 직속 상관인 영업관리자와 같이 신입 영업사원의 보상이나 승진 등에 영향을 끼질 수 있는 사람은 멘토가 될 수 없다. 그리고 코칭은 주로 회사나 영업현장에서 근무시간에 이루어지지만 멘토링은 사제지간의 비공식적인 커뮤니케이션이기 때문에 장소나 시간에 구애를 받지 않는다.

신입 영업사원의 멘토가 될 수 있는 사람은 두 가지 조건을 갖추고 있어야 하는데, 첫째는 영업에 대한 지식, 기술, 경험 등이 풍부해야 하고, 둘째는 신입 영업사원의 승진이나 보상에 영향력을 행사할 수 없어야 한다. 이러한 조건이 형성이 되어야 신입 영업사원은 평가에 대한 두려움 없이 편안한 마음으로 멘토에게 의견을 구할 수 있다. 멘토는 3가지 유형으로 나누어진다. 첫째는 고참 영업사원이고, 둘째는 고참 영업관리자이며, 셋째는 임원이다. 고참 영업사원은 현장에 같이 동행도 할 수 있기 때문에 영업기술 등에 대한 보다 실질적인 조언을 해줄 수 있고, 같은 일을 하고 있기 때문에 보다 많은 공감대를 형성할 수 있다는 장점이 있다. 임원은 오랜 동안의 경험을 바탕으로 보다 장기적인 관점에서의 경력관리 방법이나 준비해야 사항 등에 대한 조언을 해줄 수 있다는 장점이 있지만, 활동하는 장소가 크게 다르기 때문에 많은 시간을 같이 할 수 없다는 단점이 있다. 고참 영업관리자는 관리자의 입장에서 세세한 사항에 대한 조언을 해줄 수 있을 뿐만 아니라 영업 전문인으로서 성장하기 위해 어떠한 준비를 해야 하는지 등에 대한 조언을 해줄 수 있다.

제6절 역량중심의 채용

영업사원의 채용은 성공적인 영업조직의 구축을 위한 가장 핵심적인 내용이라고 할 수 있지만 우리나라 기업들 중에서 영업사원 채용에 관련하여 과학적인 프로세스를 가지고 있는 경우는 매우 드물다. 영업사원을 채용하는 과정에서 다른 직군에서도 활용하고 있는 적성테스트를 그대로 사용하는 경우도 많고, 면접에서도 자사의 영업활동에 적합한 잘 선별된 자격요건들을 활용하기보다는 면접관들 간에 일관성이 없는 주관적인 판단기준이 활용되는 경우도 많다. 영업사원은 다른 직군과는 상당히 다른 특성을 많이 지니고 있고, 또한 한 기업 내에서도 영업사원의 유형에 따라 업무가 매우 상이한 경우도 많기 때문에(예를 들어 B2C 영업부서와 B2B 영업부서가 모두 있는 경우) 기업들은 자사가 수행하고 있는 특정 유형의 영업을 성공적으로 수행하기 위해 어떠한 요건을 갖춘 지원자를 선발하는 것이 타당한가에 대한 명확한 기준을 가지고 있어야 한다. 이러한 기준으로 제시될 수 있는 것이 바로 '역량(competency)'이라고 할 수 있다. 여기에서는 영업사원의 역량의 개념, 구성요소 등에 대해 알아보고 이를 채용과정에서 어떻게 활용할 수 있을 것인지에 대해 기술한다.

1. 영업사원의 역량의 개념

역량(力量 : competency)의 개념은 1973년 미국의 David C. McClelland에 의해 처음 소개되었다. McClelland는 전통적인 지능검사로는 업무의 성과나 인생의 성공 여부를 예측할 수 없으며, 이를 위해서는 지능검사가 아닌 역량에 대한 측정이 이루어져야 한다고 주장하였다. 역량에 대한 또 다른 대표적인 학자인 Boyatzis는 1982년에 관리자를 대상으로 하는 역량의 개념을 발표하였는데, 이를 계기로 역량의 개념은 경영학 등 여타 부문에도 널리 알려지게 되었으며, 이에 따라 1990년대 이후에는 영업사원의 역량에 대한 연구도 이루어지기 시작하였다. 역량의 개념이 소개된 이래 많은 연구자들에 의해 역량에 대한 연구가 이루어졌고, 이 과정에서 역량에 대한 다양한 정의가 제시되었다. 이러한 정의들은 '우수한 성과'에 초점을 두고 역량을 정의하고 있다는 점에서는 모두 일치하지만, 우수한 성과를 가져오는 '개인적 특성'에 대해서는 성격, 지식, 기술, 능력, 동기, 신념, 가치, 태도, 행동 등 매우 다양한 측면들을 지적하고 있다.

또한 역량과 관련하여 행동적 특성에 중점을 두어야 하는지 혹은 내재적 특성에 중점을 두어야 하는지에 대한 논란이 있다. 행동적 특성은 대인관계와 같이 외부적으로 관찰이 용이하고 성과에 직접적인 영향을 미치며 교육훈련에 의한 육성이 가능하다는 특징이 있다. 반면에 내재적 특성은 성격이나 감성지능 등과 같이 상대적으로 파악하기가 쉽지 않고, 성과에 대한 영향이 행동을 통해서 간접적으로 이루어지며, 대부분 타고나거나 성장과정에서 형성되기 때문에 교육훈련을 통한 개선이 제한적이라는 특징이 있다. 그러나 내재적 특성은 업무수행 활동에 영향을 미치고, 역량을 파악하고자 하는 시도는 단기적인 성과뿐만 아니라 중장기적인 성과에도 관심을 가지고 있기 때문에 역량에는 행동적 특성뿐만 아니라 내재적 특성도 같이 포함되는 것이 바람직하다. 이러한 논의를 바탕으로 역량을 '우수한 성과자와 평범한 성과자를 구별할 수 있는 개인의 내재적 및 행동적 특성들의 집합'으로 정의할 수 있다. 이에 따라 '영업사원의 역량'은 다음과 같이 정의될 수 있다.

우수한 성과를 내는 영업사원과 평범한 성과를 내는 영업사원을 구별할 수 있는 개인의 내재적 및 행동적 특성들의 집합

2. 영업사원 역량의 구성요소

영업사원의 역량은 크게 자질역량과 업무수행역량으로 구분될 수 있다([그림 10-7] 참조). 자질역량은 '타고나거나 혹은 성장과정에서의 가정생활 · 학교생활 · 사회생활 등을 통해 자연스럽게 형성되는 역량'으로 정의될 수 있으며, 주로 성격적 특성이나 감성역량과 관련되어 있다. 이에 반해 업무수행역량은 '영업사원이 우수한 성과를 내기 위해 필요한 활동들과 관련된 역량'으로 정의될 수 있으며 주로 지식, 기술, 행동 등과 관련되어 있다. Spencer and Spencer(1993)의 빙산모델이나 Lucia and Lepsinger(1999)의 역량 피라미드 등은 역량 간에 계층구조가 존재하다는 점을 지적하고 있는데, 이는 보다 근원적인 역량인 자질역량이 표면적으로 나타나는 업무수행역량의 선행요인이 될 수 있음을 시사한다.

많은 연구들이 역량모델의 적용이 가장 많이 이루어지고 있는 분야로 채용과 교육훈련을 지적하고 있다. 먼저 채용은 높은 업무성과를 낼 수 있는 잠재력을 가지고 있는 지원자를 선발하는 것이 목적이기 때문에 주로 '내재적인 자질'을 중심으로 하는 역량이 더 중시되고, 교육훈련은 조직구성원을 대상으로 높은 업무성과를 낼 수 있는 행동을 촉진시키려는 것이 목적이기 때문에 주로 지식, 기술, 행동 등과 같은 업무수행역량이 더 중시되어야 한다.

그림 10-7 | 영업사원 역량의 구성요소

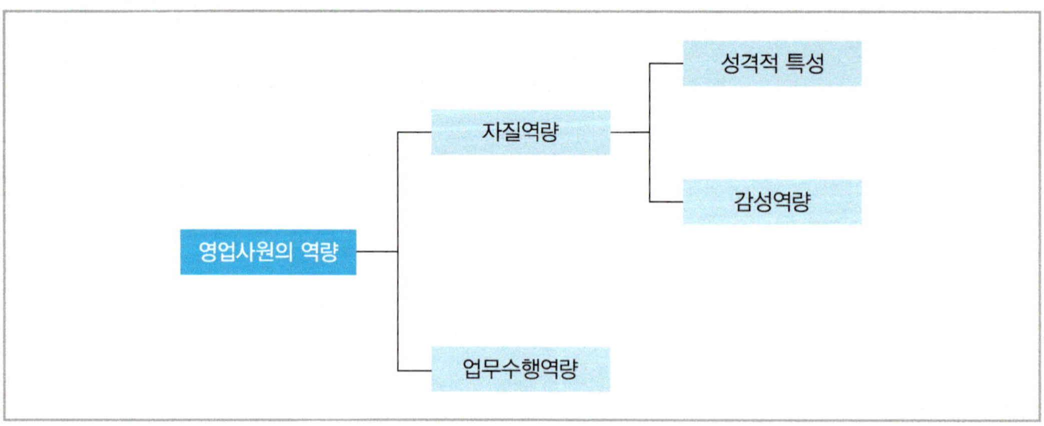

3. 자질역량

자질(資質 : talent)은 사전적(辭典的)으로는 '타고난 성품이나 소질'을 의미한다. 따라서 자질역량은 영업사원이 되기 이전에 생래적으로 혹은 성장하는 과정에서 형성되는 역량으로 이에는 성격적 특성, 감성역량 등과 같은 내재적인 특성들이 포함된다. 자질역량은 영업사원이 되기 이전에 이미 깊게 체화되어 있는 역량이기 때문에 상대적으로 교육훈련을 통해 양성되기가 어렵다. 그렇기 때문에 기업은 자사의 영업활동을 수행하기 위해 바람직한 자질을 파악하고 이를 채용과정에서 활용함으로써 바람직한 자질역량을 가지고 있는 지원자를 선발하는 것이 최선이다.

3.1 성격적 특성

영업사원의 성격적 특성은 오래 전부터 연구의 대상이 되어왔다. 즉, 많은 학술적 연구들이 영업사원의 어떠한 성격적 특성이 영업사원의 조직유효성(직무몰입, 직무만족도, 이직의도)과 업무성과에 영향을 미치는지에 대해 기술하고 있다. 영업사원의 성격적 특성과 영업성과와의 관계에 대한 대부분의 연구들에서 사용하고 있는 가장 보편적인 성격 차원 분류체계로 Big Five(외향성, 성실성, 친화성, 개방성, 정서적 안정성)를 들 수 있다. Big Five가 제시하는 5개의 성격 차원이 어떠한 환경(예를 들어 다양한 문화, 다양한 언어, 다양한 자료원천, 다양한 이론적 모형, 다양한 측정도구, 응답자의 다양한 지적 수준 등)에서 적용되더라도 상당히 안정적으로 나타난다는 것이 많은 연구들에 의해 검증되면서 Big Five는 가장 일반적인 성격 차원으로 활용되고 있다. 이에 따라 영업분야에서도 Big Five를 활용한 영업사원의 성격적 특성에 대한 연구들이 많이 이루어졌다. Big Five가 제시하고 있는 5개의 성격 차원은 [표 10-4]와 같이 정의된다.

표 10-4 | Big Five의 성격 차원들에 대한 정의

차원	정의
외향성	타인과의 상호작용을 원하고, 타인의 관심을 끌고자 하는 성격적 특성
친화성	다른 사람들과 편인하고 조화로운 관계를 유지하려는 성격적 특성
성실성	사회적 규범, 원칙 등을 기꺼이 지키려는 성격적 특성
개방성	지금까지 경험해보지 않았던 새로운 것에 대해 많은 관심을 갖는 성격적 특성
정서적 안정성	세상을 적대시 하지 않고, 자신을 잘 통제할 수 있는 성격적 특성

3.2 감성역량

감성역량은 '감정과 관련된 문제에 직면했을 때 효과적으로 상황에 대처하고 궁극적으로는 업무를 성공적으로 이끄는 능력'으로 정의될 수 있다. 감성역량의 대표적인 연구자인 Goleman은 감성역량을 대상(자신 및 타인) 및 능력(인지능력 및 관리능력) 등의 2개 차원을 기준으로 모두 4개의 역량군(자기인식 역량군, 자기관리 역량군, 사회적인지 역량군, 관계관리 역량군)으로 구분하고 각 역량군에 속하는 개별 역량들과 각 개별 역량에 대한 측정항목들을 제시하고 있다([표 10-5] 참조).

표 10-5 | Goleman에 의한 감성역량 분류체계

	역량군	역량
1	자기인지 역량군	자기감정 인지, 자기감정 평가, 자신감
2	자기관리 역량군	자기감정 조절, 투명성(진실성), 적응성, 성취지향성, 주도성, 긍정적 사고
3	사회적인지 역량군	감정이입, 조직인지, 서비스지향성
4	관계관리 역량군	영감적 리더십, 타인육성, 영향력, 갈등관리, 팀워크

4. 업무수행역량

업무수행역량은 영업업무를 수행하는 과정에서 발휘되어야 하는 행동, 지식, 기술 등과 관련한 역량을 의미한다. 업무수행역량은 전통적인 영업수행역량과 가치제안 중심의 영업수행역량으로 구분될 수 있다. 먼저 전통적인 업무수행역량으로는 사회적 관계형성역량, 제품지식, 커뮤니케이션 스킬, 협상력 등을 들 수 있다. 또한 영업의 고도화가 진행되면서 전통적인 접근방식에서 벗어나 가치창조와 가치제안을 중심으로 하는 영업사원의 자문적 영업관련 역량이 강조되고 있다.

5. 채용과정에서의 역량 활용방안

채용과정에서는 업무수행역량보다도 자질역량이 더 중요한 의미를 지닌다. 더욱이 영업에 대한 경험이 없는 지원자를 대상으로 선발 여부를 결정해야 하는 경우에는 거의 전적으로 자질역량에 의존하여 선발해야 한다. 채용과정에서의 역량 활용은 필요역량의 파악, 선발도구의 개발, 선발과 피드백 등의 과정을 거쳐 이루어질 수 있다.

5.1 필요역량의 파악

가장 먼저 실시되어야 하는 단계는 필요역량을 파악하는 것이다. 이를 위해서는 영업사원을 대상의 행동사건면접, 전문가패널의 활용, 일반역량사전의 활용 등의 방법이 활용될 수 있다. 그런데 모든 기업들의 영업조직은 나름대로의 특성을 가지고 있기 때문에 전문가패널이나 일반역량사전보다는 자사의 우수 영업사원이나 영업경력이 있는 우수 영업관리자를 대상으로 하는 심층면접을 활용하는 것이 바람직하다. 예를 들어 자사의 우수 영업사원 가운데 10여 명을 대상으로 자신이나 자사 우수 영업사원의 영업성공 사례, 우수 영업사원의 성격적 특성과 감성적 역량 등을 주제로 1시간 정도에 걸쳐 대화를 나누면서 녹음을 하고 이를 분석하는 과정을 거쳐 자사의 영업사원이 가지고 있으면 바람직하다고 판단되는 성격적 특성과 감성역량을 추출하는 과정이다. 성격적 특성과 감성역량을 추출하는 과정에서는 앞에서 제시한 Big Five와 감성역량 분류체계를 활용하면 편리하다.

5.2 선발도구의 개발

다음 단계에서는 특정한 자질역량을 가진 지원자를 선발하는데 유용하게 사용될 수 있는 선발도구를 개발하는 과정이다. 영업사원의 선발과정에서 가장 빈번하게 사용되는 선발도구는 면접이기 때문에 여기에서는 면접을 중심으로 선발도구를 개발하는 과정을 기술한다. 면접은 인성관련 정보 등 심층적인 정보를 획득하는 데 유리하다는 장점이 있는 반면에, 면접관의 능력에 따라 그 유용성이 크게 영향을 받는다는 단점이 있다. 따라서 이러한 단점을 극복하면서 특정한 자질을 갖춘 지원자를 선발할 수 있는 면접방안을 모색하는 것이 바람직하다. 그와 같은 방법으로 앞서 기술한 행동기반적 면접을 도입할 필요가 있다. 즉, 피평가자의 의견을 묻는 방식의 질문 대신에 피평가자의 과거의 실제행동에 대해 묻는 질문을 도입한 면접을 통해 피면접자의 자질에 대한 보다 객관적인 평가가 가능해진다. 질문뿐만 아니라 피평가자의 응답에 대한 평가에 있어서도 면접관에 의한 주관적인 판단에 의존하는 것이 아니라 행동지표에 기반을 둔 평가지표를 개발하여 활용하는 것이 바람직하다. [그림 10-8]은 '타인육성'이라는 감성역량에 대한 질문과 평가지표를 제시하고 있다. 면접자는 "노력과 시간을 들여서 주변 사람들의 발전을 위해 도와 준 경험이 있다면 말씀해 주시기 바랍니다"라고 묻고 응답의 구체성, 응답에 반영된 지원자의 노력의 정도와 마음가짐 등을 평가하여 1점에서 5점 사이의 점수로 평가한다. 측정하고자 하는 자질항목이 모두 5개라면 지원자가 획득할 수 있는 총 면접점수는 5~25점이 된다.

이러한 면접방식의 단점으로는 많은 지원자들이 질문에 대해 제대로 된 답변을 하지 못하는 비율이 매우 높아서 지원자수가 적을 경우 적합한 지원자를 발견하지 못할 가능성이 있다는 점이 지적될 수 있다. 하지만 이러한 방식의 면접은 피평가자의 진솔한 면목을 관찰할 수 있는 좋은 방식이기 때문에 보다 많은 수의 양질의 지원자를 확보하기 위한 노력을 기울일만한 가치가 있다.

그림 10-8 | 감성역량 '타인육성'의 측정을 위한 질문과 평가지표

면접관 질문 : "노력과 시간을 들어셔 주변 사람들의 발전을 위해 도와 준 경험이 있다면 말씀해 주시기 바랍니다."

면접관 평가지표

점수	1	2	3	4	5
평가지표	경험에 대해 전혀 얘기를 하지 못한다. 얘기를 한다고 해도 줄거리가 산만하고 구체적인 내용이 없다.		다른 사람의 발전에 대해 관심을 가지고 있지만 노력과 시간을 들이는 것에서 미흡함이 느껴진다.		다른 사람이 발전하는 것에 대해 상당한 관심을 가지고 있고, 이를 위해 자신의 시간과 노력을 기울이는 것에서 기쁨과 보람을 느낀다.

5.3 선발과 피드백

개발된 설문을 바탕으로 면접을 실시하여 지원자를 선발하고, 실제로 현업에 투입된 이후에 일정한 기간이 경과한 뒤 이들의 영업성과를 분석하여 자사에서 선별한 자질역량이 적합했는가의 여부에 대해 검토한다. 그 검토 결과를 다시 선발과정에 반영함으로써 보다 개선된 선발이 이루어질 수 있도록 하는 선순환적인 과정을 반복한다.

제7절 영업사원의 유지

좋은 영업사원을 채용하는 것도 중요하고, 교육훈련을 통해 채용한 영업사원들의 능력을 향상시키는 것도 중요하지만, 우수한 영업사원이 이직하지 않도록 하는 것도 채용이나 교육훈련에 못지않게 중요하다. 물론 일정한 수준의 영업사원의 이직은 매우 정상적일 현상일 뿐만 아니라, 영업조직을 위해서 바람직할 수도 있다. 예를 들어 성과가 부진한 영업사원이 이직을 하고, 비워진 자리를 새로운 아이디어와 능력으로 무장한 의욕이 충만한 영업사원이 채우면 영업조직에 활기를 불어넣을 수 있다. 그렇지만 이직률이 높아지면 비용적인 손실이 워낙 커지기 때문에 회사로서는 이를 방지하기 위한 조치를 취해나가야 한다. 특히 실적이 우수한 영업사원이 이직을 하면 다시 원래의 모습대로 회복하는 데 몇 년이 걸릴 수도 있기 때문에 이들의 이직을 방지하기 위해 특별히 더 많은 노력을 기울일 필요가 있다.

1. 이직에 따른 비용

이직에 따른 비용은 두 가지로 나누어질 수 있다. 첫째는 이직에 따라 직접적으로 발생하는 직접비용이고 또 하나는 매출기회의 상실에서 오는 기회비용(opportunity cost)이다.

1.1 직접비용

직접비용은 이직하는 영업사원의 퇴사 절차와 새로운 영업사원의 채용 및 교육훈련에 소요되는 비용으로, 다음과 같은 사항들이 포함된다.

- 퇴지금 지급 등 이직하는 영업사원에 대한 퇴사 절차에 소요되는 행정비용
- 이직한 영업사원을 대체할 영업사원을 충원하는 데 소요되는 채용관련 비용. 여기에는 모집을 위한 광고비용이나 외부모집기관에 지불하는 비용은 물론, 서류심사나 면접 등 선발과정에서 소요되는 모든 비용이 포함된다.
- 새로 채용된 영업사원의 교육을 위해 소요되는 비용. 여기에는 정규 교육훈련은 물론, 영업관리자에 의한 코칭이나 동료 영업사원들에 의한 멘토링 등에 소요되는 모든 비용들이 포함된다.

1.2 기회비용

직접비용은 실제로 지출이 이루어져야 하는 비용이기 때문에 체감하기가 매우 용이하다. 하지만 직접비용보다 훨씬 더 심각할 수 있는 비용은 판매기회의 상실에서 오는 기회비용이다. 기회비용은 [그림 10-9]에서와 같이 영업사원이 이직하는 시점과 새로운 영업사원이 채용되어 배치되는 2개의 시점을 기준으로 후퇴기간, 공백기간, 적응기간의 3가지 기간으로 나누어 살펴볼 수 있다. 후퇴기간은 영업사원이 이직을 생각하기 시작한 시점부터 이직시점까지를 의미한다. 즉, 매출손실은 이직한 시점부터 발생하는 것이 아니라 퇴사를 고려하는 시점부터 발생한다. 왜냐하면 이직을 고려하고 있는 영업사원은 평소와 같이 열심히 일하지 않을 가능성이 높기 때문이다. 공백기간은 영업사원의 퇴사시점부터 신입 영업사원이 채용되어 배치되는 시점까지를 의미하고, 적응기간은 배치된 신입 영업사원이 적응하는 시점까지를 의미한다. 후퇴기간에도 매출은 평소에 비해 서서히 감소하다가 공백기간이 되면서 매출감소는 본격화되고, 새로운 영업사원이 배치되는 적응기간이 되면 매출이 회복되어 가는 추세를 보인다.

그림 10-9 | 이직으로 인한 기회비용

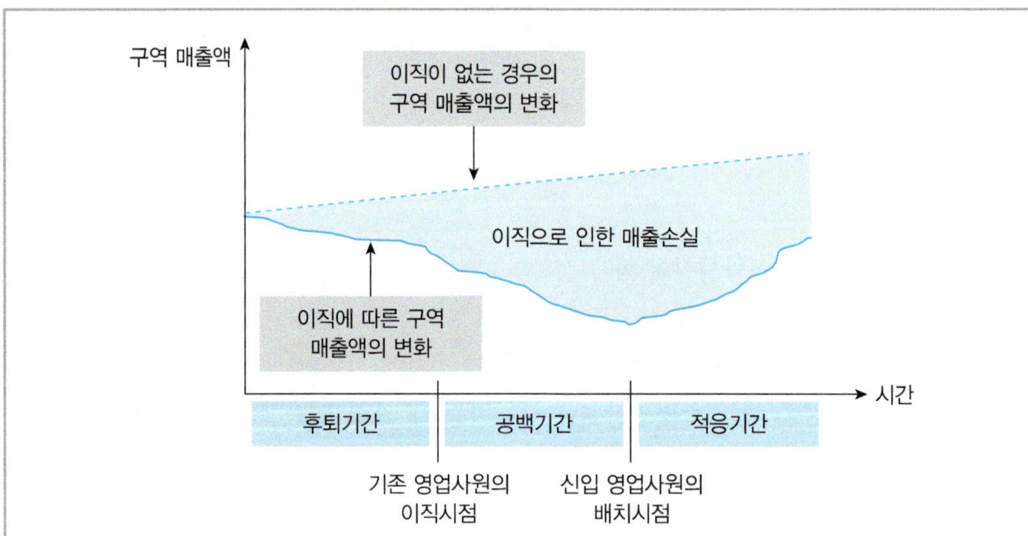

2. 이직과정에서의 영업관리자의 역할

영업사원이 이직을 하게 되면 비용은 증가하고 매출은 감소해서 수익성이 악화되기 때문에 영업관리자는 이직이 발생하면 이에 대한 업무를 다른 일에 우선하여 수행해야 한다. 영업관리자의 이직과 관련한 역할도 후퇴기간, 공백기간, 적응기간 등의 기간별로 나누어 살펴볼 수 있다.

2.1 후퇴기간에서의 영업관리자의 역할

영업관리자는 평상시에도 여러 가지 정보원을 통해서 이직가능성이 높은 영업사원을 파악하려는 노력을 기울이는 것이 매우 중요하다. 정보원은 같은 회사의 영업사원일 수도 있고, 다른 회사에 소속된 사람일 수도 있으며, 경우에 따라서는 경쟁사의 영업관리자나 고객이 될 수도 있다. 또한 매출실적의 추이를 보고 이상징후가 있음을 감지한 후, 이의 원인을 영업사원 본인이나 주변 인물을 통해 확인해볼 수도 있다. 이직을 고려하고 있는 영업사원이 실적도 좋지 않을 뿐만 아니라 앞으로의 발전가능성도 적은 경우에는 이에 대해 아무런 조치를 취하지 않는 것도 방법이 될 수 있지만, 그렇지 않고 실적이 우수한 영업사원이거나 현재는 영업실적이 평범하지만 발전가능성이 많은 영업사원이라면 최종적인 결정을 하기 전에 불만요인을 찾아 해결해 줌으로써 이직을 막는 노력을 기울여야 한다.

2.2 공백기간에서의 영업관리자의 역할

영업사원의 공백으로 인한 매출감소를 최소화시키기 위해서는 공백기간을 최대한 단축시키고, 공백기간 동안에 주요 고객들이 동요하지 않도록 관리하는 것이 중요하다.

■ **공백기간의 최소화**

이직으로 인한 기회비용을 줄이기 위해서는 공백기간을 최대한 단축시켜야 한다. 이직이 발생한 후에 채용과정을 시작하면 신입 영업사원이 배치되기까지 시간이 많이 걸릴 수밖에 없다. 따라서 영업관리자는 과거의 이직과 관련한 통계자료를 분석하여 일정기간 동안에 발생하는 이직의 규모를 예측하고, 이를 바탕으로 평소에 일정규모의 신입 영업사원을 채용함으로써 공백기간을 최소화시킬 수 있어야 한다. 신입 영업사원을 채용하여 배치하기 위해서는 교육훈련도 실시해야 하기 때문에 모집과 선발에 걸리는 기간은 물론 교육훈련기간까지 감안하여야 한다.

이직의 규모가 크고 교육훈련기간이 오래 걸리는 경우에는 평상시에 일정규모의 신입 영업사원들을 채용하여 교육훈련까지 받은 상태에서 이직이 발생하면 바로 배치할 수 있도록 하는 것도 좋은 방법이 될 수 있다. 이는 야구 등의 프로구단에서 1군 선수의 부상, 성적 부진, 갑작스런 은퇴 등에 대비하여 2군 프로팀을 운영하는 것에 비유될 수 있다. 교육훈련기간이 길지 않고 이직 규모가 작은 경우에도 채용과정을 지속적으로 실시하여 공백이 발생하면 바로 채용과정을 마무리하여 배치할 수 있도록 해야 한다. 경력사원을 대상으로 채용을 하는 경우에는 채용과정도 훨씬 단축되고 교육훈련기간도 길지 않기 때문에 영업관리자는 추천 등을 통해 언제든 채용할 수 있는 경력 영업사원들의 명단을 작성하고 이들을 체계적으로 관리해 나가는 것도 좋은 방법이 될 수 있다.

■ 주요 고객들에 대한 관리

고객들은 영업사원의 부재로 인해 소홀히 대우받고 있다고 판단하면 이 기회에 더 좋은 거래조건을 제시하는 공급업체로 거래선을 옮기는 것이 좋겠다는 생각을 할 수 있다. 특히 우수고객인 경우에는 경쟁사가 공백기간을 틈타서 이 고객들을 영입하기 위해 심혈을 기울일 가능성이 높다. 따라서 영업관리자는 해당 구역을 담당하는 영업사원이 없는 공백기간 동안에도 주요 고객들에 대한 관리가 소홀해지지 않도록 조치를 취해야 한다.

영업관리자는 자신이 주요 고객들을 직접 관리하든지 혹은 대체 영업사원을 지정해서 관리하도록 하게 된다. 그렇지만 이러한 임시적인 조치는 전담 영업사원이 있는 경우에 비해 불완전할 수밖에 없다. 왜냐하면 영업관리자든 대체 영업사원이든 일단 다른 업무와 겸해서 하는 것이기 때문에 많은 시간을 할애하기가 어렵고, 더욱이 제품, 산업, 고객 등에 대한 많은 지식이 요구되는 경우에는 이의 습득을 위해 많은 노력을 추가적으로 기울여야 하기 때문이다. 임시적인 조치로 인해 주요 고객에 대한 관리가 소홀해지는 현상을 완화하기 위해 여러 가지 추가적인 조치들이 취해질 수 있다. 대체 영업사원을 배치하는 경우에 예를 들어 이 영업사원의 여타 업무를 감소시켜준다거나, 관리대상 주요 고객으로부터의 매출실적을 인센티브에 반영시켜주는 방법 등을 사용할 수 있다.

이직한 영업사원이 경쟁사로 옮긴 경우에는 경쟁사가 이직해 온 영업사원과의 밀접한 관계를 활용하여 고객들까지 옮겨오도록 작업을 할 가능성이 높기 때문에 더 많은 주의를 기울여야 한다. 특히 영업사원과 고객과의 관계가 밀접하게 형성되는 관계적 영업의 경우에는 이른바 동반이탈이 종종 발생한다. 이를 방지할 수 있는 가장 적합한 방법은 고객이 담당 영업사원 이외의 다른 영업사원이나 다른 부서의 직원들과 다면적인 관계가 형성될 수 있도록 함으로써 고객이 영업사원 개인과의 관계가 아닌 공급업체 자체와의 관계를 중시할 수 있도록 유도하는 것이다. 회사는 이 방법을 이직이 발생하였을 때 일시적으로 시행할 것이 아니라, 평소에 지속적으로 실시함으로써 이직의 부정적인 영향이 최소화될 수 있도록 해야 한다. 고객과의 다면적인 관계를 구축하기 위해 영업관리자가 고객과의 중요한 미팅에 직접 참여하거나, 고객의 기술적인 문제해결에 영업엔지니어(혹은 기술영업사원)를 적극 관여시키거나, 고객을 서비스부서나 기술지원부서와 같은 영업부서 이외의 부서의 직원들과 연계시키거나, 고객과의 비즈니스를 전사적인 차원에서 조율하는 스티어링 커미티에 고객사의 최고경영진과 함께 자사의 최고경영진을 참여시킴으로써 양사의 수장이 직접 커뮤니케이션을 할 수 있는 기회를 마련하는 등의 방법을 활용할 수 있다.

2.3 적응기간에서의 영업관리자의 역할

영업관리자는 배치된 영업사원이 잘 적응할 수 있도록 많은 도움을 주어야 한다. 잘 설계된 교육훈련 프로그램을 통해서 신입 영업사원이 회사 문화에 조속히 적응하도록 하는 한편, 영업에 필요한 지식이나 기술 등을 습득할 수 있도록 해야 한다. 또한 영업현장에서의 세심한 코칭을 통해서 신입 영업사원이 현장감각을 익힐 수 있도록 함으로써 해당 구역에서의 매출이 최대한 빨리 이전 상태로 회복될 수 있도록 노력해야 한다.

3. 이직의 원인

이직의 원인은 매우 다양한데, 크게 산업 요인, 회사 요인, 그리고 영업조직 요인으로 나누어볼 수 있다. 산업 요인은 회사가 속해 있는 산업의 특성에 기인하는 요인을 의미하고, 회사 요인은 회사가 영업을 뒷받침해 줄 수 있는 능력이 얼마나 있는가에 따른 요인을 의미하며, 영업조직 요인은 영업업무 자체나 영업사원이 일상적으로 접촉하는 영업관리자나 동료 영업사원에 기인하는 요인을 의미한다.

3.1 산업 요인

해당 기업이 속해 있는 산업의 특성은 이직에 큰 영향을 미친다([그림 10-10] 참조). 먼저 해당 산업이 성장하는 산업일수록, 업체들 간의 경쟁이 치열할수록 이직의 가능성은 높아진다. 왜냐하면 이러한 산업에서는 성장을 위해 우수한 영업사원이 많이 필요하고, 따라서 경쟁사의 영업사원들을 유치하려는 유인이 커지기 때문이다. 또한 제품 간의 차별성이 적어서 영

그림 10-10 | 영업사원 이직의 산업 요인

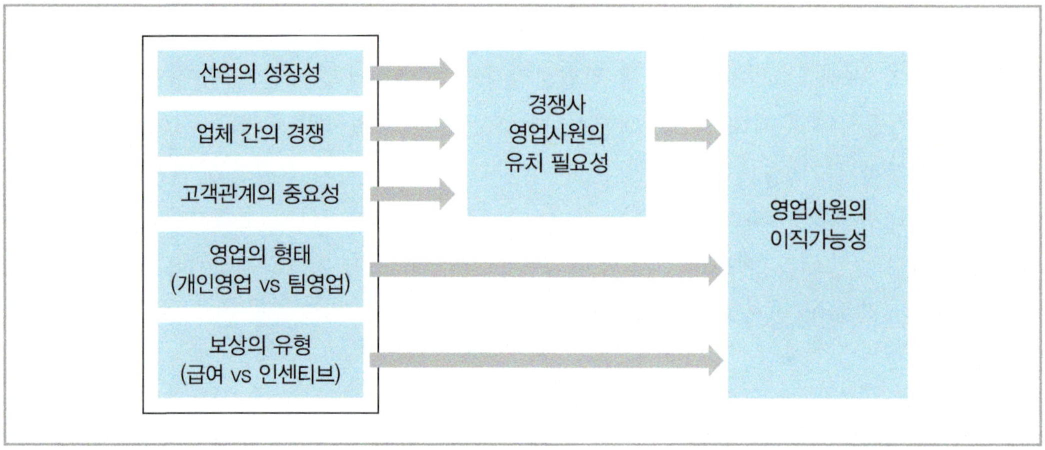

업사원과 고객과의 관계에 의해 매출 수준이 크게 달라지는 산업인 경우에도 이직의 가능성이 높아진다. 고객과의 관계가 돈독한 영업사원을 유치하면 고객도 같이 영입할 수 있는 가능성이 높아지기 때문에 기업들은 경쟁사의 우수 영업사원을 유치하기 위해 많은 노력을 기울인다.

또한 산업에 따라서 영업의 형태(개인영업 vs 팀영업)와 보상의 유형(급여 vs 인센티브)에도 상당한 차이가 있는데, 이러한 변수들에 의해서도 이직률은 영향을 받는다. 예를 들어 IT 솔루션, 철강, 화학제품 등을 대상으로 하는 기술영업의 경우에 원활한 영업을 위해서는 영업사원이 상당한 수준의 지식을 가지고 있어야 하고, 개인적인 차원의 영업이 아니라 팀에 의한 영업이 이루어지는 경우가 많으며, 판매주기가 상당히 길기 때문에 인센티브보다는 급여에 의한 보상이 이루어지는 경우가 많다. 이러한 업종에서는 영업사원이 노하우를 습득하기까지 상당한 시일이 소요되고, 개인적인 차원에서는 영업이 이루어질 수 없기 때문에 팀과 회사에 대한 소속감이 강하며, 급여에 의한 보상이 이루어지기 때문에 경력 초기단계에서도 안정적인 수입을 보장받을 수 있다. 이러한 이유로 기술영업이 이루어지는 산업에서의 영업사원의 이직률은 낮은 편이다. 이에 비해 건강식품, 정수기, 보험, 자동차, 학습지 등의 분야에서는 대부분 팀단위의 영업이 아니라 영업사원 개인 차원에서의 영업이 이루어지고, 판매주기가 상대적으로 짧아서 보상의 대부분이 인센티브의 형태로 이루어진다. 이러한 업종의 영업사원은 고객들과의 개인적인 관계에 의존하여 영업을 하기 때문에 회사가 달라지더라도 자신의 영업활동에는 큰 문제가 발생하지 않고, 급여보다는 주로 인센티브에 의해 보상을 받기 때문에 특히 입사 초기에 빨리 적응을 하지 못하면 생활에 곤란을 겪을 가능성이 높다. 이러한 이유로 인해 개인적인 차원에서 영업이 이루어지고 보상이 주로 인센티브에 의존하는 산업에서의 영업사원의 이직률은 높은 편이다.

3.2 회사 요인

영업사원에 대한 성과평가나 보상은 주로 판매실적에 따라 이루어지기 때문에 영업사원은 똑같은 노력을 기울였을 때 더 많은 매출을 올릴 수 있는 회사를 선호한다. 제품의 품질이 우수할수록, 브랜드에 대한 인지도와 선호도가 높을수록, 회사에 대한 평판이 좋을수록 영업활동을 통해 보다 많은 성과를 낼 수 있고, 따라서 이러한 회사의 영업사원들의 이직률은 낮아진다. 또한 최고경영진이 강한 리더십을 발휘하고, 영업을 중시하는 기업문화가 정착되어 있을수록 이직의 가능성은 낮아진다. 반대로 제품의 품질이 좋지 않고, 브랜드 파워도 약하고, 회사의 평판도 좋지 않으며, 최고경영진의 리더십도 약하고, 영업을 경시하는 조직문화를 가지고 있는 경우에는 영업사원의 이직이 많아질 수밖에 없나. 또한 영업사원의 이직은 회사의 영업사원에 대한 보상방법과도 밀접하게 연관되어 있다. 노력을 기울인 것에 비해 보상이 적절하지 않다고 판단하는 경우에 이직의 가능성은 높아진다. 보상방법에 대한 불만은 보상의 절대적인 수준에 대한 불만도 있지만, 보상의 형평성에 대한 불만도 있다. 즉, 성과에 대한 평가가 공정하지 않게 이루어져서 보상에 불이익을 보고 있다고 판단하는 영업사원은 자신이 받는 보상의 절대적인 수준과는 관계없이 불만을 갖게 되고, 이직을 고려하게 된다.

3.3 영업조직 요인

영업조직 요인은 영업사원이 실제로 수행하고 있는 업무 및 소속집단의 구성원과 관련된 요인을 의미한다.

▪ 업무관련 요인

먼저 수행하고 있는 업무와 관련하여, 업무 자체가 재미있고 만족스러우며, 자신의 미래를 위한 발전을 위해서도 도움이 된다고 판단하는 경우에는 그렇지 않은 경우에 비해 이직가능성이 낮아진다. 또한 특히 실적이 우수한 베테랑 영업사원의 경우에는 자율성과 권한이양의 정도도 이직의 가능성에 크게 영향을 미칠 수 있다. 이러한 영업사원은 자신을 회사에 매여 있는 직원으로 보기보다는 거의 독립적으로 자신의 책임하에 영업활동을 전개하는 사업자로 보는 경향이 있기 때문에 영업관리자에 의해 엄격하게 관리되는 것을 매우 싫어한다. 따라서 영업관리자는 이러한 영업사원들에게 대해서는 권한과 자율성을 충분히 보장하되, 그 결과에 대해 평가하는 방식의 리더십을 발휘하는 것이 훨씬 효과적이다.

■ 소속구성원 관련 요인

영업사원에게는 영업관리자나 동료 영업사원 등 자신이 소속된 영업조직의 구성원과의 관계가 매우 중요하다. 특히 직속 상관이라고 할 수 있는 일선 영업관리자가 영업기술의 향상은 물론, 영업사원이 당면하고 있는 문제의 해결이나 심리적인 동기부여에 얼마나 도움을 줄 수 있느냐에 따라 영업사원의 이직률은 크게 영향을 받는다.

3.4 이직이유에 대한 조사

영업사원이 실제로 어떠한 이유로 이직하는가를 아는 것은 매우 중요하다. 이를 알기 위해 영업관리자나 인사담당자가 이직하는 영업사원과 직접 인터뷰를 하는 것을 생각해볼 수 있지만, 이 경우 기대와는 달리 이직하는 영업사원으로부터 솔직한 답변을 듣기 어려울 수 있다. 왜냐하면 영업사원의 입장에서는 떠나는 마당에 솔직하게 답변함으로써 구태여 회사에 좋지 않은 인상을 줄 필요가 없고, 또한 혹시 나중에라도 다른 회사나 모집전문 회사로부터 자신에 대한 문의가 회사로 왔을 때 회사가 자신에 대해 좋지 않은 의견을 줄 수도 있다고 생각하기 때문이다.

인터뷰를 실시하는 경우에 보다 바람직한 방법은 조사 회사나 컨설팅 회사와 같은 외부기관을 활용함으로써 영업사원의 익명성이 보장될 수 있도록 하는 것이다. 이러한 방법을 활용하면 이직 영업사원으로부터 훨씬 더 솔직한 답변을 얻어낼 수 있으며, 이직 원인을 체계적으로 분석하는 데도 많은 도움을 받을 수 있다. 평소에 영업사원을 대상으로 불만요인, 걱정거리, 관심사, 요구사항 등에 대해 정기적으로 설문조사를 실시하는 것도 이직의 원인을 파악하는 데 도움이 된다. 즉, 어떤 영업사원이 이직을 하였을 때 이 영업사원이 작성했던 설문지를 분석해보면 이직 영업사원들이 평소에 회사에 대해 어떠한 생각을 가지고 있었는지를 파악할 수 있다. 이러한 방법을 활용하면 이직 후에 인터뷰를 하는 것에 비해 훨씬 더 솔직한 영업사원의 생각을 알 수 있다.

4. 이직의 유형

이직의 유형을 이해하면 이직에 보다 효율적으로 대응할 수 있다. 이직은 [그림 10-11]에

그림 10-11 | 영업사원 이직의 유형

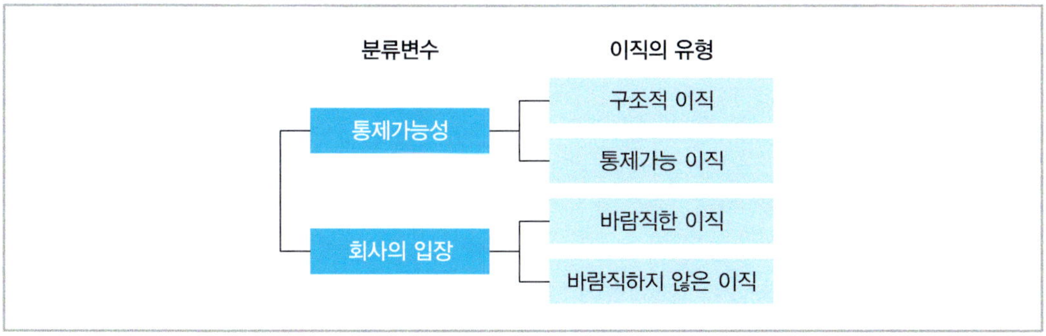

서와 같이 통제가능성에 따라 구조적 이직과 통제가능 이직으로 나누어질 수 있으며, 특정 영업사원의 이직에 대한 회사의 입장에 따라 바람직한 이직과 바람직하지 않은 이직으로 나누어질 수 있다.

4.1 구조적 이직과 통제가능 이직

구조적 이직은 회사나 영업조직이 통제할 수 없는 이직으로 주로 해당 회사가 속해 있는 산업과 관련된 요인에 의한 이직을 의미한다. 앞에서 언급한 바와 같이 해당 회사가 속해 있는 산업의 특성에 따라 이직률은 크게 차이가 나는데, 회사가 업종을 바꾸지 않는 한은 해당 산업에서의 평균적인 영업사원 이직률은 감수할 수밖에 없다. 통제가능 이직은 회사나 영업조직과 관련된 요인에 의한 이직을 의미한다. 동일한 산업에 속해 있는 기업들 간에도 회사나 영업조직의 특성에 따라 이직률은 크게 차이가 나며, 회사의 노력 여하에 따라서는 통제가능 이직을 줄여갈 수 있다. 즉, 회사는 자사 제품의 품질 향상, 광고 등을 통한 브랜드와 회사 이미지의 제고, 영업 중심의 기업문화 정착, 동종 업계의 다른 회사에 비해 높은 수준의 보상 제공, 영업관리자의 적극적 지원과 강한 동기부여, 우호적인 영업조직 분위기의 소성 등을 통해 영업사원의 이직률을 낮출 수 있다.

자사의 영업사원 이직률이 어느 정도의 수준이고 어느 수준까지 낮출 수 있는가를 알기 위해서는 자사의 이직률을 구조적 이직률과 통제가능 이직률로 구분할 수 있어야 한다. 통제가능 이직률은 자사의 이직률에서 구조적 이직률을 차감한 부분으로 계산될 수 있으며, 구조적 이직률은 객관적인 측정이 어렵기 때문에 주로 동종 업계 기업들의 영업사원 이직률 가운데 가장 낮은 이직률을 활용하는 것이 일반적이다. 예를 들어 자사의 이직률이 15%이고, 동종 업계의 기업 중에서 A사의 영업사원 이직률이 10%로 동종 업계 최저수준이라고 하면, 자사의 통제가능 이직률은 15%－10%＝5%가 된다. 이 통제가능 이직률이 바로 회사의 노력에 의해 줄여갈 수 있는 부분이 된다.

4.2 바람직한 이직과 바람직하지 않은 이직

회사의 입장에서 이직이 항상 나쁜 것은 아니며, 오히려 바람직할 수도 있다. 실적이 좋지 않고, 잠재력도 없다고 판단되는 영업사원이 이직을 하는 것은 바람직한 것이며, 바람직하지 않은 이직은 실적이 우수하거나 잠재력이 뛰어난 영업사원이 이직을 하는 경우이다. 따라서 전체적인 이직률을 감소시키는 것도 중요하지만 어떠한 영업사원이 이직을 하는가를 분석하여 그에 상응하는 적절한 조치를 취하는 것도 매우 중요하다.

바람직한 이직과 바람직하지 않은 이직이 전체의 이직에서 각각 어느 정도의 비중을 차지하는지를 알기 위해서는 이직한 영업사원을 재직 시의 실적을 기준으로 분류하는 방법을 사용할 수 있다. 즉, 판매액, 시장점유율, 수익률, 할당달성률 등의 실적변수에 대해 상 · 중 · 하의 등급을 정하고(예를 들어, 판매액이 일정액 이상이면 상급 등), 이직한 영업사원들의 최근 몇 년간의 실적평균을 산출하여 해당 영업사원이 각 실적변수의 어느 등급에 해당하는지를 표시해 나가면 이직한 영업사원들이 주로 실적이 좋은 영업사원이었는지, 그렇지 않고 주로 실적이 부진한 영업사원이었는지 등을 분석해낼 수 있다. 그런데 이러한 방법은 재직기간이 3~4년 이상인 영업사원들에 대해서는 잘 적용될 수 있지만, 재직기간이 1~2년 이하인 신참 영업사원에 대해서는 적용하기 어렵다. 왜냐하면 신참 영업사원은 배워가는 과정에 있기 때문에 짧은 기간 동안의 실적이 해당 영업사원의 능력을 충분히 반영하고 있다고 보기는 힘들기 때문이다. 이러한 경우에는 영업사원의 잠재력에 대한 영업관리자의 평가가 분류기준이 될 수 있다. 영업관리자는 평소에도 영업사원들의 성과관리를 위해 성과평가를 하고 있기 때문에 방문활동과 같은 구체적인 활동이나 리더십이나 커뮤니케이션 기술과 같은 능력에 대한 평가자료를 바탕으로 잠재력을 평가하여 이를 기준으로 이직한 영업사원들을 분류할 수 있다.

5. 영업사원 유지전략

영업사원 유지전략이라고 함은 영업사원의 이직을 줄이기 위해 적합한 영업관리 수단을 구사하는 것을 의미한다. 영업관리자는 채용, 보상, 교육훈련, 구역설계, 성과관리, 코칭 등 다양한 영업관리 수단을 사용할 수 있기 때문에 이를 활용하여 영업사원의 유지를 위한 활동을 전개할 수 있다. 이처럼 영업관리자는 영업사원의 유지에 있어서도 핵심적인 역할을 담당한다. 따라서 영업사원의 유지전략은 통제가능 이직을 줄이기 위한 영업관리자의 노력이라고 할 수 있다. 어떠한 영업관리 수단을 주로 활용할 것인가는 실적과 잠재력을 기준으로 분류된 영업사원의 유형에 따라 크게 달라진다. 실적과 잠재력을 기준으로 영업사원은 아래와 같이 세 가지 유형으로 나누어질 수 있으며, 각각에 적합한 영업관리 수단은 [표 10-4]와 같이 나타낼 수 있다.

- 제1유형 : 실적도 좋지 않고, 잠재력도 부족한 영업사원
- 제2유형 : 실적은 좋지 않지만, 잠재력이 우수한 영업사원
- 제3유형 : 실적이 우수한 영업사원

표 10-4 | 영업사원의 유형에 따른 영업사원 유지전략

영업관리 수단	실적과 잠재력에 따른 영업사원의 유형		
	제1유형	제2유형	제3유형
모집	✓		
성과관리	✓		
구역조정, 역할조정		✓	
코칭		✓	
교육훈련		✓	
보상		✓	✓
인정, 긍정적 피드백		✓	✓
승진			✓

✓ 표시는 각 유형에 대한 주력 영업관리 수단을 의미함.

5.1 제1유형의 영업사원에 대한 전략

회사는 실적이 좋지 않고 잠재력도 부족한 영업사원의 이직에 대해서는 이를 가속화시킬 필요가 있다. 즉, 이 유형의 영업사원은 유지의 대상이 아니라 퇴출의 대상이 된다. 제1유형의 영업사원의 이직이 빈번하게 발생하지 않도록 하기 위한 가장 효과적인 방법은 처음부터 영업사원으로서의 성장잠재력이 적은 사람을 채용하지 않는 것이다. 어떠한 기업이든 채용과정에서 가장 최선의 선택을 하려고 하지만, 잠재력이 부족한 영업사원이 채용되는 것은 채용과정에 문제가 있기 때문이다. 선발의 과정에서 지원서, 면접, 선발시험, 경력 조회, 인턴사원제도, 평가센터 등 다양한 선발도구들이 활용되는데, 이러한 도구들에 의한 평가가 입사 후

의 실적과 얼마나 연관이 있는가를 분석하여 자사의 특성에 맞는 선발도구들을 개발해나갈 필요가 있다. 실적이 좋지 않고 잠재력이 부족한 영업사원이라고 하더라도 이직이 빈번하게 이루어지면 많은 비용이 발생하기 때문에 자사에 적합한 선발도구를 개발하는 투자를 통해서 이직이 원천적으로 발생하지 않도록 해야 한다.

제1유형의 영업사원에 대한 또 하나의 전략은 이러한 유형의 영업사원을 가능한 한 조기에 발견하여 이직을 시키는 것이다. 왜냐하면 이러한 영업사원이 조직에 오래 머물면 실적 향상에도 도움이 되지 않을 뿐만 아니라 조직의 사기에도 부정적인 영향을 미칠 수 있기 때문이다. 이를 위해서는 합리적인 성과관리 체계를 수립하고 이를 철저하게 실행해 나가는 것이 최선이라고 할 수 있다. 제1유형의 영업사원의 퇴출로 인해 바람직한 이직이 증가하면 전체적인 이직률도 증가하게 되지만, 장기적으로 보면 미래에 발생할 수도 있는 보다 큰 비용을 절감할 수 있고, 보다 유능한 영업사원을 채용할 수 있는 기회가 될 수 있다.

5.2 제2유형의 영업사원에 대한 유지전략

제2유형의 영업사원의 이직이 많다는 것은 회사가 미래의 수익창출을 위한 인재를 제대로 관리해 나가고 있지 못하다는 것을 의미한다. 제2유형의 영업사원은 회사의 미래를 위해 반드시 유지해야 하는 대상이 된다. 잠재력이 있는 젊은 영업사원이 조기에 이직하는 현상은 특히 영업을 성공적으로 이끌기가 매우 힘들고, 보상이 주로 인센티브에 의해 이루어지는 경우에 많이 나타난다. 경쟁이 치열하고 자사 제품이나 서비스가 경쟁사 제품에 비해 뒤처지지는 않더라도 두드러지게 내세울 것도 없는 경우에, 생계를 꾸려갈 수 있는 수준 이상의 실적을 올리기 위해서는 영업기술의 향상, 고객기반의 구축 등이 전제되어야 하고 이를 위해서는 상당한 시간도 요구되는데, 당장의 수입이 매우 적기 때문에 생계를 꾸려갈 수가 없어 이직하는 경우가 많이 발생하는 것이다. 영업관리자는 이러한 점을 인식하여 적절한 영업관리 수단을 구사할 필요가 있다.

제2유형의 영업사원의 유지를 위한 전략은 [표 10-5]에서와 같이 크게 세 가지로 분류될 수 있다. 첫째는 이들이 경력 초기에 안정적인 생활을 할 수 있도록 보장해주는 것이다. 이를 위해서는 이들이 성공적인 영업활동을 수행할 수 있게 되기까지의 일정기간 동안 인센티브의 비중을 대폭 줄이고 고정급여의 비중을 늘림으로써 생계에 대한 부담 없이 영업 경험을 쌓아갈 수 있도록 배려하는 것이 매우 중요하다. 또한 비교적 용이한 영업환경을 조성시켜주는 것도 좋은 방법이 될 수 있다. 즉, 시장잠재력이 우수한 구역을 배정해주거나, 경쟁력 있는 제품이나 구매력이 높은 세분시장을 담당하도록 함으로써 영업기술이 크게 뛰어나지 않고 고객

표 10-5 | 제2유형의 영업사원 유지전략

목적	전략	영업관리 수단
현재의 실적은 우수하지 않지만, 잠재력이 뛰어난 영업사원의 유지	안정적인 수입의 보장	보상체계의 조정, 구역 및 역할 조정
	잠재력의 개발	코칭활동 강화, 체계적 교육훈련
	우수인재임을 인식시킴	인정, 긍정적 피드백

기반이 별로 없다고 하더라도 일정수준 이상의 매출을 올릴 수 있도록 배려하는 것도 좋은 방법이다. 둘째는 이들의 잠재력이 조기에 발휘될 수 있도록 하는 것이다. 이를 위해서는 이들이 체계적인 교육훈련을 받을 수 있도록 하는 것이 중요하다. 이들로 하여금 본사, 지점, 외부 등에서 실시되는 다양한 교육훈련에 적극 참여하게 함으로써 영업에 필요한 지식, 기술, 자질 등을 갖추어나갈 수 있도록 해야 한다. 또한 영업관리자의 코칭활동은 잠재력의 조기 발휘에 결정적인 역할을 할 수 있다([글 10-6] 참조). 이들 영업사원은 대부분 의욕이 넘치는 젊은층이기 때문에 영업관리자의 세심한 코칭활동은 최대의 효과를 이끌어낼 수 있다. 셋째는 이들에게 자신들이 회사의 미래를 위한 소중한 인재임을 인식시켜 주는 것이다. 현재는 실적이 많지 않아 회사에 크게 기여하고 있지 못하지만 멀지 않은 미래에 회사 영업조직의 중추적인 역

신입 영업사원의 유지전략 사례

글 10-9

어느 다이렉트마케팅 회사는 자사 영업사원의 이직통계를 분석하는 과정에서 많은 수의 재능 있는 신입 영업사원들이 6개월도 되지 않아 회사를 떠나고 있는 것을 알게 되었다. 또한 이직하는 영업사원들과의 인터뷰를 통해 교육훈련의 부족과 일선 영업관리자의 관심 부족이 주된 이직 사유임을 알게 되었다. 물론 신입 영업사원의 교육훈련이나 코칭 등은 영업관리자의 주된 임무이기는 하지만, 이 회사의 영업관리자는 영업관리 업무 이외에 자신 스스로가 영업활동을 하도록 되어 있으며, 영업관리자에 대한 보상의 상당 부분이 자신의 영업실적과 직결되어 있었다. 즉, 이 회사의 영업관리자는 영업관리자로서의 역할과 영업사원으로서의 역할을 동시에 수행하고 있었다. 이로 인해 영업관리자가 시간 부족으로 인해 신입 영업사원의 관리에 소홀해지는 결과가 초래되고 있었던 것이다.

회사는 이러한 상황을 개선하기 위해 영업관리자에 대한 보상체계를 대폭 개선하였다. 즉, 영업관리자의 영업 실적과 연관된 보상을 대폭 줄이고, 본연의 임무와 관련된 부분을 강화하였다. 예를 들어 신입 영업사원의 할당 달성 수준이나 전년 대비 담당지역 매출성장액 등을 영업관리자의 보상 프로그램에 추가시켰다. 그 결과 신입 영업사원의 이직률을 줄이는 동시에 판매액도 증가시키는 성과를 얻을 수 있었다.

출처 : Zoltners, Andris A., Prabhakant Sinha, and Sally E. Lorimer(2009), Building a Winning Sales Force, AMACOM, 412–413.

할을 담당할 수 있다는 점을 인식시켜 주는 것이 매우 중요하다. 이러한 인식은 어려움을 극복하고, 자신을 꾸준히 개발시켜나가는 데 큰 힘이 된다. 영업관리자는 공식적 · 비공식적인 인정이나 코칭활동 과정에서의 긍정적 피드백을 통해 이러한 인식을 심어줄 수 있다.

5.3 제3유형의 영업사원에 대한 유지전략

제2유형의 영업사원의 유지가 회사의 미래를 위한 투자의 의미를 담고 있다면, 현재 실적이 뛰어난 영업사원의 유지는 수익창출을 통해 생존과 발전을 위한 자금을 확보한다는 의미를 담고 있다. 실적이 뛰어난 영업사원은 고객과 경쟁사의 눈에 띄게 마련이어서 항상 스카우트의 표적이 된다. 경쟁사의 표적이 되는 경우가 훨씬 많지만, 고객사가 거래하던 공급업체의 영업사원을 스카우트하는 경우도 많다. 우수 영업사원의 이직은 회사의 매출과 이익에 큰 타격이 될 수 있으며, 이를 회복하는 데 몇 년이 소요될 수도 있다. 더욱이 팀 단위의 영업이 아니라 개인적 차원에서의 영업이 이루어지는 분야에서는 이러한 문제가 더 심각해질 수 있다. 따라서 회사로서는 모든 영업관리 수단을 동원하여 우수 영업사원의 이직을 최대한 막아야 한다. 우수 영업사원들은 교육훈련이나 코칭 등에 대한 니즈는 매우 적은 반면에 보상수준, 자신에 대한 인정, 자기개발, 경력관리 등에 대해 관심이 많다. 따라서 최고 수준의 매출실적을 충분히 반영시켜 줄 수 있는 보상체계, 최고경영자과정 등록금 지원 등과 같은 자기개발지원 프로그램, 명장이나 명예이사의 칭호와 같은 인정, 관리자로의 승진을 통한 경력관리 등이 우수 영업사원의 유지에 적합한 영업관리전략이 될 수 있다.

CHAPTER 11

교육훈련

제1절 영업 교육훈련의 개념

인적자원관리 분야에서 교육훈련(training)과 개발(development)이라는 두 개의 용어가 호환적으로 사용되지만, 엄밀한 의미에서는 차이가 있다. 교육훈련은 조직구성원이 자신의 업무에 즉각적으로 적용할 수 있는 지식, 기술, 능력 등을 가르치는 것을 의미하는 반면, 개발은 보다 장기적인 관점에 초점을 맞춘 자기개발이나 자기관리능력을 향상시키는 것을 의미한다. 따라서 교육훈련은 비교적 단기적인 성과의 증진에 초점이 있는 반면, 개발은 구성원의 장기적인 발전과 조직의 장기적인 니즈 달성에 초점이 있다. 영업분야에서는 교육훈련이 개발을 포함한 포괄적인 개념으로 쓰이는 경우가 많으며, 이 책에서도 포괄적인 개념으로서의 교육훈련을 기술한다. 이러한 의미에서 영업 교육훈련(sales training)은 '영업사원의 성과증진과 경력개발을 위한 지식, 기술, 능력, 자질, 행동 등을 개발하는 것'으로 정의될 수 있다.

영업환경에 큰 변화가 없는 경우에는 영업사원이 영업현장에서의 경험을 통해 영업에 필요한 기술과 능력을 개발하는 것이 가능하지만, 영업환경의 변화가 빠르게 일어나는 상황에서는 실무경험과 더불어 교육훈련이 꼭 필요하다. 현대의 영업환경은 변화가 매우 빠르고 또한 다양한 현상들이 일어나는 복잡한 양상을 띠고 있다. 제품수명주기가 빨라지고 고객의 니즈도 빠른 속도로 변화하고 있기 때문에 제품에 대한 지식이나 제품개발능력이 대단히 중요하고, 고객과의 관계에 기반을 둔 영업기법이 필요해지면서 고객관리나 문제해결 및 가치창출 능력도 중요시되고 있다. 또한 고객의 니즈가 고도화되고 전문화되면서 팀영업(team selling) 전략의 도입이 증가하고 있으며, 이에 따라 팀워크나 타인과의 커뮤니케이션 기술에 대한 필요성도 증가하고 있다. 영업사원이 이러한 지식이나 기술들을 현장에서만 익힐 수는 없기 때문에 교육훈련을 통해 필요한 지식, 기술 등에 대한 보완이 이루어져야 한다. 즉, 교육훈련은 영업사원이 지속적으로 좋은 성과를 내도록 할 수 있는 수단이라고 할 수 있다. 기존의 연구결과들은 영업기술이나 동기부여, 역할인식 등과 같이 교육훈련을 통해 개발될 수 있는 특성들이 용모나 개성과 같이 교육훈련을 통해 변화되기 힘든 특성에 비해 영업성과와 더 밀접하게 관련되어 있음을 보여주고 있다. 이러한 의미에서 우수한 영업사원은 타고나는 것이 아니라 개발되는 것이라고 할 수 있다.

교육훈련이 필요한 정도와 교육훈련에 소요되는 비용은 채용에 대한 의사결정 방향과 밀접하게 관련되어 있다. 대학생과 같이 젊고 패기가 있지만 실무경험이 거의 없는 사람을 대상으로 채용이 이루어지는 경우에는 교육훈련이 대단히 중요한 의미를 지닌다. 이러한 경우에는 신입사원에 대한 인건비는 상대적으로 적지만 많은 교육훈련비가 소요된다. 또한 교육훈련기간도 길어야 하기 때문에 상당한 기간이 지나야 이들을 비로소 영업현장으로 보낼 수 있다. 어떤 기업들은 이러한 방식을 선호하는데 그 이유 가운데 하나는 경력을 가지고 있지 않은 신입사원들이 경력이 많은 신입사원에 비해 회사의 방침이나 조직문화, 가치관 등을 공유시키는 데 훨씬 용이하기 때문이다. 반대로 동일한 산업에서의 영업경험이 많은 사람을 신입사원으로 채용하는 경우에는 교육훈련은 조직문화나 회사의 업무 프로세스에 대한 것 정도로 충분하고, 기간도 1~2주일이면 충분하다. 결론적으로 채용과 관련된 의사결정과 교육훈련에 대한 의사결정은 서로 연관되어 있으며, 따라서 두 분야에 대한 의사결정이 조화를 이룰 수 있어야 한다.

영업 교육훈련의 과정은 [그림 11-1]과 같은 순환적 과정으로 이해될 수 있다. 먼저 교육훈련에 대한 니즈분석이 이루어지고, 이를 기반으로 다음 단계에서는 교육훈련의 달성 목표가 설정되고 이에 필요한 예산도 정해진다. 다음으로는 교육훈련의 목적의 달성에 적합한 교육훈련 프로그램이 설계되고 집행된다. 집행 후에는 이에 대한 평가 및 피드백이 이루어지고, 이러한 피드백을 바탕으로 교육훈련의 목적이 다시 수정된다. 이러한 일련의 과정은 순환적으로 반복되면서 조직의 성과 증진에 보다 많은 기여를 할 수 있는 교육훈련 프로그램이 만들어진다.

그림 11-1 | 교육훈련의 순환과정

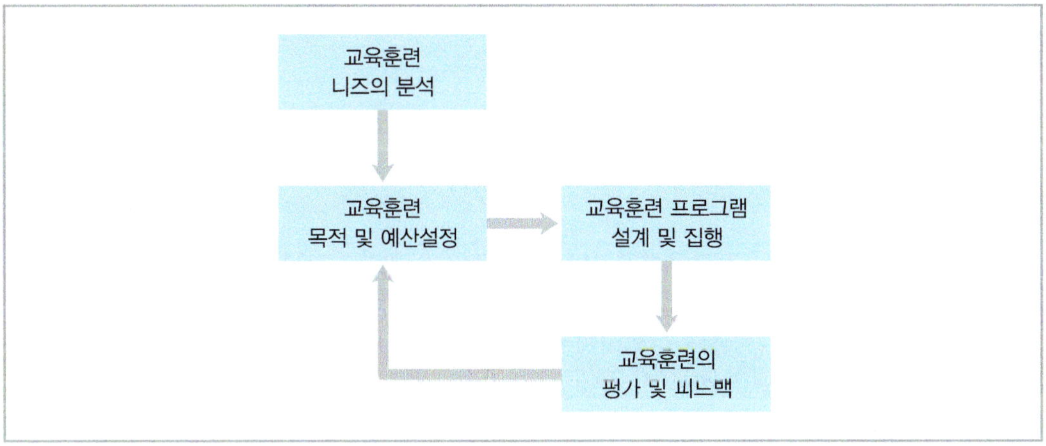

제2절 영업 교육훈련의 목적

영업 교육훈련의 목적은 [그림 11-2]와 같이 나타낼 수 있다. 가장 직관적이고 중요한 목적은 영업사원의 생산성의 향상이지만 그 외에도 사기의 진작, 이직률의 감소, 고객관계의 증진, 원활한 커뮤니케이션 등이 영업 교육훈련의 목적에 포함된다.

그림 11-2 | 영업 교육훈련의 목적

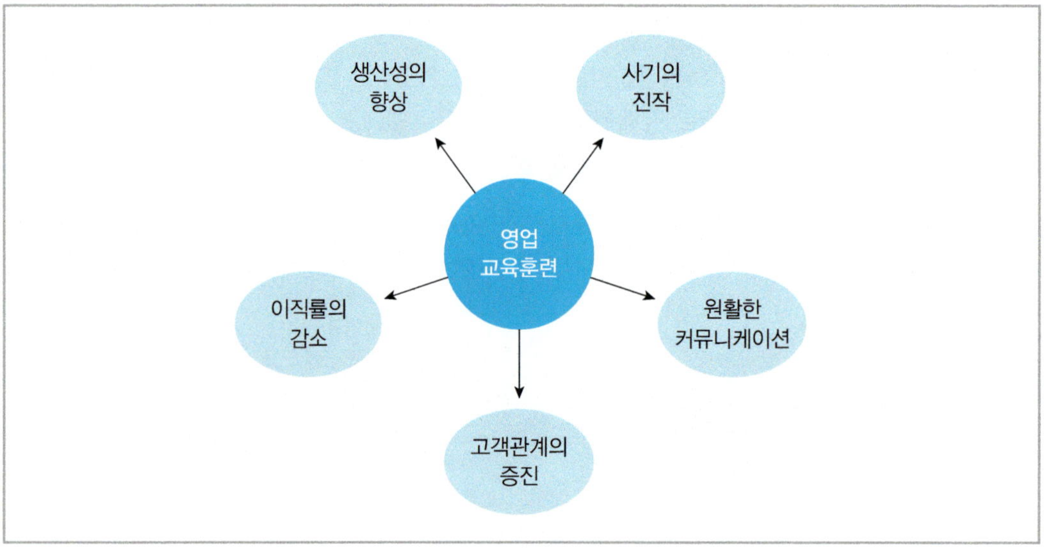

■ 생산성의 향상

영업의 궁극적인 목적은 영업사원의 생산성 향상을 통해 보다 많은 수익을 창출하는 데 있기 때문에 많은 교육훈련이 영업사원들의 생산성 향상을 위해 실시된다. 수익의 향상은 매출의 증진이나 지출의 감소를 통해 이루어지기 때문에 어떤 교육훈련은 영업사원 1인당 매출의 증진을 목적으로 실시되고, 어떤 교육훈련은 지출의 감소를 목적으로 실시된다. 다른 측면에서 보면 영업사원 생산성의 향상은 영업사원 활동의 효율성과 효과성의 향상을 통해 실현될 수 있기 때문에 영업사원의 생산성 향상을 위한 교육훈련은 영업활동의 효율성 혹은 효과성을 증진시키기 위해 실시된다고도 할 수 있다. 총업무시간에서 영업활동이 차지하는 시간의 비중을 의미하는 효율성을 향상시키기 위해서는 교육훈련은 영업사원의 시간관리기술, 구역관리기술, 모바일기기의 사용능력 등의 향상을 위해 실시될 수 있고, 영업활동 시간당 영업성과를 의미하는 영업 효과성을 향상시키기 위해서는 잠재고객 확보기술, 프레젠테이션기술, 상담기술 등의 영업기술을 확보하기 위한 목적으로 실시될 수 있다. 특히 최근에는 영업사원들의 생산성을 향상시키기 위해 SFA(sales force automation)와 같은 IT 시스템의 도입이 늘어나고 있다. 이를 통해 영업사원은 본사의 시스템에 저장되어 있는 각종 자료를 검색할 수 있음은 물론, 이동에 걸리는 시간을 대폭 절감할 수 있다. 영업사원이 이를 원활하게 활용하기 위해서는 컴퓨터는 물론 모바일기기의 사용에 대한 교육훈련이 요구된다.

■ 사기의 진작

교육훈련은 영업사원의 사기(士氣, morale)를 증진시키는 역할을 한다. 영업사원의 사기는 영업직에 대한 열정, 영업사원으로서의 자부심 등을 의미한다. 교육훈련을 통해 잘 준비된 영업사원은 영업현장에서 무엇을 어떻게 해야 하는지에 대해 잘 알고 있기 때문에 업무 미숙으로 인해 당황스러운 상황을 겪게 될 확률이 적고, 영업에 성공할 확률도 높다. 이에 따라 영업직에 대한 자부심도 갖게 되고 만족감도 느끼게 된다. 교육훈련을 잘 받지 못한 경우에는 고객의 질문에 응답하지 못하는 등 업무를 제대로 처리하지 못하여 당황하는 경우가 빈번히 발생한다. 당연히 실적도 좋지 않아 수입도 적고 이에 따라 실망감을 갖게 되고 자신감을 상실하게 될 수도 있다.

■ 이직률의 감소

이직률은 이직한 영업사원의 수를 평균 영업사원의 수로 나누어 계산된다. 교육훈련은 두 가지 측면에서 이직률을 감소시키는 효과를 갖는다. 첫째, 교육훈련을 잘 받은 영업사원은 그렇지 않은 영업사원에 비해 성공적인 영업활동을 수행할 가능성이 높고, 따라서 이직할 확률도 더 적다. 둘째, 잘 설계된 교육훈련은 특히 신입 영업사원으로 하여금 영업의 실패로 겪게 되는 실망이나 좌절도 영업사원이 초기 시절에는 얼마든지 겪을 수 있는 일로 받아들이도록 만든다. 한 연구에 의하면 교육훈련을 잘 받은 신입 영업사원은 그렇지 않은 신입 영업사원에 비해 영업의 성공이나 실패에 의해 감정이 흔들리는 정도가 훨씬 덜한 것으로 조사되었다. 이는 신입 영업사원이 교육훈련을 통해 시간이 흐르면서 경험과 지식이 쌓여 가면 현재 겪고 있는 어려움이 자연스럽게 해소될 수 있다는 것을 깨달을 수 있기 때문이라고 할 수 있다. 이러한 이유들로 교육훈련은 이직률을 감소시키는 효과를 갖는다.

■ 고객관계의 증진

고객은 미숙한 영업사원과 일하기를 원치 않는다. 미숙한 영업사원과 일을 하려면 자사의 제품이나 사업에 대해 설명을 해주어야 하는데, 이러한 상황을 좋아할 고객은 아무도 없으며, 따라서 이러한 상황이 지속되면 고객과의 관계는 악화될 수 있다. 고객과 좋은 관계를 유지하기 위해서는 영업사원은 고객의 제품과 업무 프로세스, 산업동향 등에 대해 잘 알고 있어야 한다. 더욱이 단순히 제품이나 서비스를 제공하는 것을 넘어서서 자사의 문제에 대한 해결책을 제시해주기를 원하는 고객들이 늘어나면서 문제해결능력을 갖춘 영업사원에 대한 요구가 증가하고 있다. 또한 고객들의 구매과정이 복잡해지면서 구매부서의 인력뿐만 아니라 생산, R&D, 마케팅, 재무회계 등 다양한 부서의 직원들을 대상으로 하는 교육훈련의 필요성도 증가하고 있다.

■ **원활한 커뮤니케이션**

교육훈련을 통해 영업사원이 회사에 제공하는 고객이나 시장상황에 대한 정보가 회사의 성장을 위해서는 물론 영업사원에 대한 보다 효율적인 지원을 위해 매우 중요하다는 인식을 확산시킬 수 있다. 실제로 고객정보의 공유가 잘 이루어지지 않는 경우가 많기 때문에 이러한 교육은 회사의 지속적 성장과 건전한 조직문화의 형성을 위해 반드시 필요하다.

제3절 영업 교육훈련 니즈의 분석

교육훈련 니즈의 분석(need assessment)은 교육훈련이 필요한지의 여부를 확인하고, 더 나아가 어떠한 목적의 교육훈련이 이루어져야 하는지를 결정한다는 것을 의미한다. 이러한 과정은 후속단계인 교육훈련의 구체적인 달성 목표와 예산의 설정, 교육훈련 프로그램의 설계를 위한 기초가 된다.

1. 교육훈련의 필요성 인식

교육훈련의 필요성에 대한 인식은 여러 가지 사안들을 계기로 이루어진다. 첫째, 회사의 전략에 변화가 발생하였을 때에 교육훈련에 대한 니즈가 발생한다. 이러한 변화는 영업전략이나 마케팅전략의 변화일 수도 있고, 더 나아가 M&A와 같이 회사 전체의 전략의 변화일 수도 있다. 둘째, 시장이나 경쟁구도 등의 환경의 변화가 있을 경우에도 교육훈련에 대한 니즈가 발생한다. 셋째, 영업과 관련된 여러 가지 부정적인 징후가 나타났을 경우에도 교육훈련이 필요해진다. 회사 전략의 변화나 환경의 변화의 경우와는 달리 부정적인 징후는 발견하는 것이 반드시 용이한 것은 아니기 때문에 지속적인 노력을 통해 부정적인 징후를 발견하고 이것의 원인을 치유할 수 있는 교육훈련이 마련되어야 한다.

■ 전략의 변화

회사의 영업이나 마케팅전략의 변화는 새로운 교육훈련에 대한 수요를 창출한다. 판매하고자 하는 제품의 변경, 판매대상이 되는 타깃고객의 변화, 고객관계 강화를 통한 변화의 모색, 유통망의 확장이나 변경, 해외진출 등 회사가 지향하는 전략적인 목표에 변화가 발생하였을 때 교육훈련에 대한 필요성도 발생한다. 또한 M&A 등으로 조직구조에 큰 변화가 발생하였을 때에는 더욱 대규모의 교육훈련이 요구된다. 이 경우에 자사의 제품, 시장환경, 경쟁제품 등에 대한 교육은 물론 회사의 문화, 가치관, 업무 프로세스 등 영업사원의 동화를 위한 체계적이고 비교적 장기적인 교육훈련이 필요해진다.

■ 환경의 변화

시장상황의 변화나 경쟁구도의 변화 등과 같은 환경의 변화도 교육훈련에 대한 수요를 창출한다. 시장의 흐름이 현재 어떻게 되어가고 있으며, 이러한 추세에 맞추어 고객응대, 주력상품 등에 어떠한 변화가 있어야 하는지에 대한 교육이 필요하다. 예를 들어 증권투자사의 경우, 장기 불황이 예상된다면 고객에게 권유해야 하는 투자상품 등이 달라져야 하고, 따라서 영업사원인 투자상담사를 대상으로 불황기의 투자전략 등에 대한 교육이 필요해진다. 또한 새로운 경쟁자가 시장에 진입하였을 경우에도 경쟁제품에 대한 대응 논리, 기존고객들의 동요 방지 등에 대한 교육훈련이 요구된다.

■ 문제점의 발견

회사의 전략적 목표나 시장환경에 큰 변화가 없다고 하더라도, 영업과 관련된 여러 가지 부정적인 징후(symptom)가 감지되었을 때 이러한 징후들을 발생시킨 근본적인 문제점들을 해결하기 위한 교육훈련이 필요해진다. 영업과 관련된 부정적인 징후로는 수익의 저하, 시장경쟁력의 약화, 유능한 영업사원의 이직, 생산성의 저하, 부서 간의 갈등 등을 들 수 있으며, 데이터분석이나 설문조사 등 다양한 원천을 통해 이러한 부정적인 징후가 존재하는지의 여부를 파악할 수 있다.

2. 문제점의 발견방법

회사는 다양한 정보에 대한 분석을 통해서 문제점을 확인할 수 있다. 즉, 판매액, 방문횟수, 영업경비, 고객불만, 관리고객의 수, 영업사원의 이직 등에 대한 다양한 형태의 분석을 통해 영업사원에 어떠한 문제가 있는지를 확인할 수 있다. 예를 들어 방문횟수 대비 영업성공률이 영업사원의 경력에 따라 큰 차이를 보이고 있다면 경력이 적은 영업사원들을 대상으로 상담기술 등에 대한 교육훈련이 필요하다는 점을 인식할 수 있고, 경쟁사가 주력하고 있는 구역에서의 판매고가 지속적으로 감소하고 있다면, 이 구역을 담당하고 있는 영업사원을 대상으로 경쟁제품에 대한 대응논리나 고객관리기법 등에 대한 교육이 이루어져야 한다. 또한 영업사원에 대한 관찰을 통해서도 어떠한 점을 보완해야 하는지를 확인할 수 있다. 특히 우수한 영업사원과 평범한 영업사원의 고객접촉 행동에 어떠한 차이가 있는지를 분석함으로써 평범한 영업사원을 대상으로 어떠한 점을 보완해야 하는지를 확인할 수 있다.

고객을 대상으로 교육훈련에 대한 니즈를 확인하는 것도 좋은 방법이 된다. 이는 설문조사와 FGI(Focus Group Interview)의 두 가지 방식으로 이루어질 수 있다. 설문조사의 경우, 설문에는 여러 가지 영업기술의 중요성에 대한 평가, 현재 영업사원의 각 영업기술 수준에 대한 평가, 영업사원에게 기대하는 점, 보완되어야 할 점, 우수한 영업사원의 자질, 실망스러운 경험 등에 대한 내용이 포함될 수 있다. FGI는 6~10명의 고객을 한 자리에 모은 후 대화의 형식으로 이루어지는데 설문조사에 비해 보다 심층적인 정보를 얻을 수 있다. 특히 전략고객과 같이 회사에 매우 중요한 고객들을 대상으로 FGI를 실시함으로써 이들을 보다 세심하게 관리하기 위해서는 어떠한 점들에 대한 보완이 이루어져야 하는지를 확인할 수 있다. 영업사원을 대상으로 설문조사를 실시하는 것도 교육훈련에 대한 니즈를 확인하는 좋은 방법이 된다. 원활한 영업활동을 위해 필요한 기술, 지식, 능력 등을 나열하고 각각에 대해 스스로를 평가하게 함으로써 어떤 부분에 대한 보완이 시급한지를 확인할 수 있다.

실패사례에 대한 분석을 통해서도 교육훈련에 대한 니즈를 확인할 수 있다. 이는 영업에 실패한 사례들을 나열하고, 각각에 대해 어떠한 점에 문제점이 있었는지에 대한 분석을 통해 이루어진다. 예를 들어 잠재고객을 선별하는 데 문제점이 있었다고 하면 잠재고객의 확보에 대한 교육훈련이 필요하고, 프레젠테이션에 문제점이 있었다면 프레젠테이션 기술의 향상을 위한 교육훈련이 이루어져야 한다.

3. 달성목표치와 예산의 설정

교육훈련에 대한 니즈가 확인되면 다음 단계는 달성목표치를 설정하고 이에 소요되는 예산을 정하는 것이 된다. 교육훈련을 통해 달성하고자 하는 목표치는 매우 구체적이고 측정가능한 형태로 기술되어야 한다. 이렇게 기술된 달성목표치는 여러 가지 측면에서 유용하게 사용될 수 있다. 첫째, 구체적이고 측정가능한 형태로 기술된 달성목표치는 교육훈련이 끝난 후에 교육훈련의 효과에 대한 평가가 수월하게 이루어질 수 있도록 해준다. 둘째, 달성목표치를 설정하는 과정에서 어떠한 교육훈련에 대한 니즈가 시급한지에 대한 확인이 가능하기 때문에 시간의 배정 등 교육훈련 프로그램을 설계하는 데 도움을 줄 수 있다. 즉, 현재의 상태와 달성해야 하는 상태의 차이가 클수록 더 집중적인 교육훈련이 필요하고, 따라서 해당 교육훈련에 배정되는 시간이나 순서 등에 영향을 미칠 수 있다. 셋째, 이렇게 작성된 달성목표치는 최고경영진과의 커뮤니케이션을 원활하게 함으로써 예산배정 등에 있어 최고경영진의 지원을 획득하는 데 유리하다. 이러한 과정을 통해 최고경영진의 교육훈련에 대한 관심을 제고시킴으로써 교육훈련의 성공가능성을 높일 수 있다.

교육훈련의 예산은 여러 가지 요인에 의해 결정된다. 이러한 요인들로 교육훈련의 목적 및 대상, 제품의 유형, 교육의 장소, 피교육생의 수 등을 들 수 있다. 먼저 숙련된 영업사원을 대상으로 하는 특정 주제(예를 들어 SFA의 사용방법, 신제품의 특성 및 효과적인 판매방법 등)에 대한 교육훈련은 2~5일 정도면 충분하지만, 신입 영업사원으로 하는 영업에 대한 전반적인 교육훈련은 1달에서 길게는 수개월이 소요될 수 있다. 따라서 예산도 그만큼 많이 소요된다. 또한 제품의 유형이 복잡할수록 교육훈련의 기간은 길어지고 교육훈련 예산도 증가한다. 교육훈련의 장소도 예산에 영향을 크게 미치는 요인이다. 현장에서 실시되는 분권적 교육훈련에 비해 중앙에서 실시되는 집중적 교육훈련에 더 많은 예산이 소요되며, 특정한 장소에 모일 필요가 없는 온라인 교육을 도입하면 예산을 대폭 절감할 수 있다. 교육훈련의 장소와 소요 예산과의 관계는 뒤의 교육훈련의 장소에서 상술하였다.

제4절 교육훈련 프로그램의 설계

교육훈련을 통해 달성하고자 하는 구체적인 목표가 설정되고 이를 달성하기 위해 소요되는

그림 11-3 | 교육훈련 프로그램의 설계

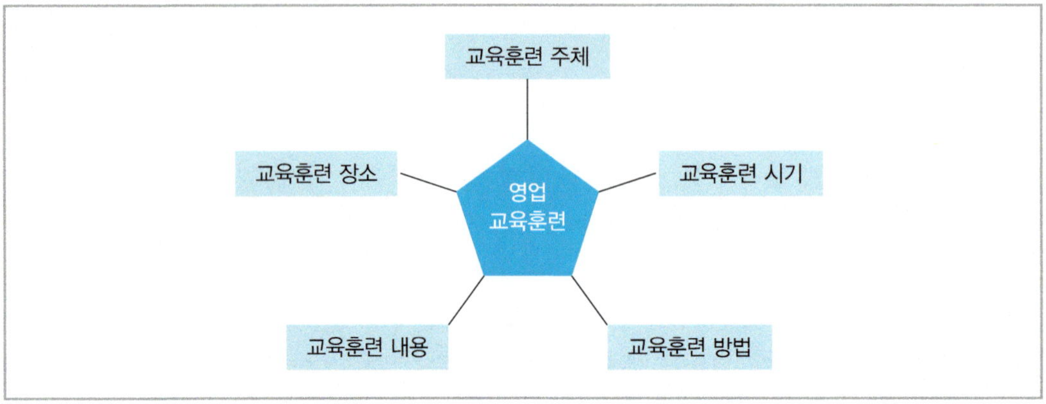

예산이 정해지면, 그 다음은 프로그램을 구체적으로 설계하는 단계로 들어가게 된다. 이 단계에서는 [그림 11-3]과 같이 교육훈련 주체, 교육훈련 장소, 교육훈련 시기, 교육훈련 내용, 교육훈련 방법 등의 5개 사항에 대한 결정이 이루어져야 한다.

1. 교육훈련 주체

교육훈련은 영업관리자나 베테랑 영업사원과 같이 영업조직 내부의 인력에 의해 실시될 수도 있고, 영업 교육훈련팀과 같은 스태프부서의 인력에 의해 이루어질 수도 있으며, 또한 외부의 영업 교육훈련 전문가에 의해서도 이루어질 수 있다. 물론 이들이 혼합된 형태로도 이루어질 수 있다. 각각에 대해 살펴보면 다음과 같다.

1.1 영업조직 내부인력

영업사원에 대한 교육훈련은 영업관리자나 경험이 많은 영업사원에 의해 가장 빈번하게 이루어진다. 현재 직접 영업을 하고 있지는 않더라도 과거에 영업에서 상당한 실적을 올렸던 경험이 있는 영업관리자가 강사로 나서는 것이 보통이다. 왜냐하면 강의의 실제 내용과는 관계없이 강사의 영업에 대한 경험에 따라 피교육생인 영업사원들의 강의에 대한 수용도가 달라지기 때문이다. 특히 지역관리나 고객관리와 같이 현장에서의 영업활동과 직접적으로 관련이 있는 분야라면 이러한 경향은 더 심해진다. 그렇지만 경우에 따라서는 동료 영업사원을 강사로 기용하는 경우도 있다. 즉, 우수한 자질을 갖춘 영업사원으로 하여금 자신의 경험을 다른 영업사원들과 공유하도록 함으로써 비슷한 경력을 가지고 있는 많은 영업사원들이 자신들도 당면하고 있는 비슷한 영업현장에서의 어려움을 극복하는 데 도움을 줄 수 있다.

장점

스태프부서의 인력이나 외부 전문가에 비해 영업조직의 내부 인력은 영업에 대한 성공적인 경험을 가지고 있는 경우가 많기 때문에 피교육생의 강의 수용도를 높일 수 있다는 장점이 있다. 더욱이 영업관리자가 강사로 나서는 경우에, 영업관리자는 교육훈련 이후에도 영업사원의 활동을 지속적으로 관찰할 수 있고 또한 성과평가에도 관여하기 때문에, 영업사원은 교육훈련 과정에서 영업관리자가 기대하는 것이 무엇인가를 적극적으로 파악하려 하고, 영업 현장에서도 이를 실천에 옮기기 위해 더 많은 노력을 기울이게 된다. 즉, 영업관리자를 강사로 기용하면 교육훈련의 효과를 크게 높일 수 있다. 영업관리자의 입장에서도 교육훈련 과정을 통해 향후 현장에서 영업사원의 활동에 대한 피드백을 제공하는 데 기반이 되는 내용을 교육할 수 있다. 또한 교육훈련 과정은 영업사원과 영업관리자 간의 더욱 돈독한 관계를 형성하는 데 좋은 기회가 될 수 있다.

단점

이 방법의 단점으로 영업관리자와 같은 중요한 내부인력의 시간을 빼앗게 된다는 점이 지적될 수 있다. 교육훈련을 하기 위해서 영업관리자는 교재를 개발해야 하고, 또한 강의 준비에 많은 시간을 할애해야 하기 때문에 본연의 업무에 소홀해지는 결과가 초래될 수 있다. 또한 영업을 잘하는 것과 교육훈련을 잘하는 것과는 상당한 차이가 있기 때문에 좋은 강사를 발견하는 것이 상당히 어렵다. 성공적인 영업경험이 많으면서도 동시에 교육훈련에 능숙한 영업관리자는 매우 드물고, 이로 인해 몇몇 소수의 영업관리자가 반복적으로 교육훈련 강사로 나서게 되면, 강사로 나서는 영업관리자는 너무 많은 시간을 교육훈련에 뺏기게 되고, 또한 반복되는 내용을 들어야 하는 피교육생인 영업사원의 교육훈련 몰입도도 떨어질 수 있다. 그러나 이러한 단점은 회사의 노력 여하에 따라 충분히 극복될 수 있다. 즉, 회사가 교육훈련을 위한 사례개발이나 교재개발 등 영업관리자가 교육훈련에 투여해야 하는 시간을 줄여주기 위해 적극 노력하고, 우수 영업관리자를 대상으로 교육훈련 방법론에 대한 교육을 실시함으로써 교육훈련 강사로서도 우수한 자질을 갖출 수 있도록 지원함으로써 이 방법의 장점을 최대한 발휘하도록 할 수 있다.

1.2 스태프 인력

스태프(staff) 인력은 영업조직의 영업활동을 지원하는 역할을 수행하는 회사 내부 부서의 직원으로, 교육훈련 업무를 전문적으로 수행하기 위해 채용된 직원이 이에 해당한다. 우리나라의 큰 기업들은 대부분 별도의 건물을 가지고 있는 인력개발원과 같은 조직이 있는데, 여기에 소속된 직원들이 바로 교육훈련을 위한 스태프 인력이 된다. 별도의 조직을 가지고 있지 않다 하더라도 교육훈련 전문인력을 인사부서 등에 소속시켜서 교육훈련을 전담하도록 하는 것도 이러한 경우에 해당된다.

또한 교육훈련 담당부서나 전문인력을 별도로 두지 않고 인사부서나 생산, R&D 여타 부서에 근무하는 직원을 교육훈련 강사로 기용할 수도 있다. 그러나 여타 부서의 직원들은 우선 본연의 업무가 있고, 또한 영업에 대한 경험이 없거나 일천할 뿐만 아니라, 교육훈련의 전문가가 아니기 때문에 강사로서 적합하지 않은 경우가 대부분이다. 인사부서의 인력은 교육훈련 프로그램을 기획하고 진행하는 책임을 맡을 수는 있지만 영업에 대한 교육훈련 강사로서는 적합하지 않다. 생산이나 R&D 소속의 직원의 경우에도 제품의 기술적인 특성이나 응용방법 등에 대한 지식이 영업 수행과정에 매우 중요한 경우에 한하여 영업 교육훈련 강사로 기용될 수 있다.

교육훈련을 위한 스태프 인력을 채용하는 경우 이 인력의 기능은 크게 두 가지로 구분된다. 첫째는 영업 교육훈련을 개발 · 기획 · 진행하는 업무이고, 둘째는 첫 번째의 업무와 함께 직접 영업 교육훈련의 강사로 참여하는 업무이다. 직접 강사로 참여하는 경우에도 모든 과정을 소화하기는 어렵기 때문에 회사 내부 혹은 외부에서 강사를 섭외하는 업무를 병행하는 것이 일반적이다. [표 11-1]은 우리나라 어느 생명보험회사에서 인터넷상에 올린 영업 교육훈련 담당자를 모집하는 광고를 보여주고 있는데, 교육훈련의 개발 · 기획 · 진행뿐만 아니라 영업 기술에 대한 강의가 가능한 사람을 찾고 있음을 알 수 있다.

■ 장점

교육훈련을 전담하는 인력은 근무시간을 모두 교육훈련에 집중시키기 때문에 체계적인 교육훈련을 수행하는 데 매우 유리하다. 과정 개발, 교재 개발은 물론 직접 강의를 하기도 하고, 적합한 강사를 사내외에서 섭외하는 업무 등을 수행하며, 특히 피교육생에 대해 충분한 관심을 기울임으로써 효과적인 교육이 이루어지는 데 기여할 수 있다.

■ 단점

우선 교육훈련 전문가를 채용하기 위해서는 적지 않은 비용이 소요된다는 점이 지적될 수 있다. 따라서 규모가 작은 기업에서는 이를 실천에 옮기기 어렵다. 그러나 규모가 큰 기업에 있어서는 규모의 경제가 발생하기 때문에 영업관리자를 더 선발하는 것보다 교육훈련 전담 인력을 채용하는 것이 더 경제적일 수 있다. 또 다른 단점으로 스태프부서의 인력은 영업관리자와 같은 영업라인의 인력이 아니기 때문에 피교육자인 영업사원에 대한 통제가 어렵다는 점이 지적될 수 있다. 그러나 교육훈련의 과정 개발은 물론 교육훈련 방법, 교육훈련 성과평가 등에 대한 사안들을 영업부서와 충분한 사전 논의를 거쳐서 결정하고, 이를 통해 교육훈련의 주체가 영업부서라는 인식을 심어줌으로써 피교육생에 대한 통제력을 확보해 갈 수 있다.

표 11-1 | 영업교육 담당자 모집공고 사례

회사	• 외국계 생명보험사
포지션	• 영업교육 경력직(대리~과장급)
담당업무	• 영업교육 프로그램 기획 • 영업교육 프로그램 개발 및 실행 • 세일즈 스킬 교육
자격요건	• FC(Financial Consultant) 경험 2년 이상 • 보험사 교육 경력자 • AFPK, CFP 자격자 우대 • 영어 가능자 우대 • 프레젠테이션 스킬 우수자

1.3 외부 전문가

회사 외부의 영업 교육훈련 전문가를 활용한 영업 교육훈련은 세 가지의 형태로 나누어서 살펴볼 수 있다. 첫째는 사내에서 자체적으로 개발한 교육훈련 프로그램의 강사로 외부 전문가를 초빙하는 방식으로 가장 일반적인 형태라고 할 수 있다. 사내에서 교육훈련 프로그램을 직접 개발하고 영업조직이나 스태프조직에서 강사를 선발한다고 해도 외부의 전문가도 함께 프로그램에 참여시키는 것이 일반적이다. 이러한 경우 자사의 영업업무의 특성에 적합한 전문인을 섭외하는 것이 매우 중요하다. 같은 영업직이라 하더라도 보험, 제약, 자동차, 철강, 광고, 건강식품, 화장품 등 업종에 따라 유통구조가 모두 다르고, 요구되는 영업기술이나 지식도 각기 다르기 때문에 각 분야에 적합한 영업 교육훈련 전문가의 풀(pool)을 가지고 운용하는 것이 바람직하다.

영업사원의 위탁교육

글 11-1

지난 4월 한 가구업체에 영업사원으로 입사한 A씨는 입사 후 한 달 동안 외부교육기관에서 교육을 받았다. 회사 업무에 대한 기초지식뿐 아니라 현장에 투입됐을 때 필요한 부엌 설계 기술을 배웠다. 시공 현장과 공장에 들러 실습도 해봤다. 그는 "두루뭉술한 큰 그림만 배우는 것이 아니라 현장에서 실제로 활용가능한 기술을 배울 수 있어 도움이 됐다"고 말했다. 직원 채용 후 외부훈련기관에 교육을 맡기는 모델이 확산되고 있다. 특히 대기업처럼 별도의 연수원이 있거나 전담부서가 달라붙어 신입사원을 체계적으로 교육하기 힘든 중견, 중소기업에서 그런 경우가 많다. 서류전형, 면접이라는 수단 말고도 교육과정에서 자연스레 실무 적성평가를 할 수 있다는 것도 장점이다. 구직자 입장에서도 취업이 확정된 상태에서 배우기 때문에 취업준비를 하느라 다른 데 한눈팔지 않고 교육에 전념할 수 있다.

어느 보일러업체는 보일러 서비스인력 150여 명과 주유소 근무직원 100여 명을 선발해 외부훈련기관에 교육을 의뢰했다. 이 회사의 인사총무 부장은 "업무 강도가 세서 이직률이 높은 편이라 교육 중에도 퇴사자가 많이 나왔는데 외부전문기관이 교육을 대행해 도움이 된다"고 말했다. 또 다른 가구 및 인테리어업체도 올해 뽑은 영업담당 신입사원의 입사교육을 외부훈련기관에 의뢰할 예정이다. 위탁교육업체 관계자는 "노동부 지원을 받아 1~6개월 동안 신입사원 교육을 대행하는데 교육비용과 인력 · 시간을 줄일 수 있어 반응이 좋다"고 소개했다.

출처 : http://blog.joinsmsn.com/khnews, 2010년 9월 8일 입력

두 번째는 교육훈련 프로그램을 모두 외부기관에 위탁하는 위탁교육 방식이다. 회사의 규모가 작아서 교육훈련을 위한 인력이나 시설 등의 인프라가 부족한 경우에는 교육훈련 프로그램을 자체적으로 운영하는 것보다는 외부의 적합한 영업 교육훈련 전문회사를 찾아서 영업사원의 교육훈련을 전적으로 의뢰하는 것이 비용적으로 유리할 수 있다. 교육훈련은 의뢰를 받은 전문기관에서 실시될 수도 있고, 의뢰한 회사 내에서 출장교육의 형태로 실시될 수도 있다. [글 11-1]에서와 같이 우리나라에서도 중소기업 혹은 중견기업을 중심으로 영업사원에 대한 위탁교육이 점차 증가하는 추세에 있다.

세 번째 방식은 사외 교육훈련으로 이는 영업사원들이 외부에 나가서 다른 회사의 직원들과 함께 교육을 받는 것을 의미한다. 이러한 교육훈련서비스를 제공하는 회사 중에는 산업분야와는 관계없이 영업 전반에 대한 교육훈련을 실시하는 회사도 있으며, 특정 산업에 특화된 영업 교육훈련을 실시하는 회사도 있다. 우리나라의 경우에는 개별적으로 활동하는 영업 전문강사는 많이 있지만, 체계적으로 사외 영업 교육훈련을 받을 수 있는 회사는 많지 않다. 한국생산성본부(KPC), 한국능률협회컨설팅(KMAC) 등이 대표적인 예라고 할 수 있으며, 이 기관들은 영업관리자 양성과정, 영업사원능력 향상과정, 비즈니스 협상스킬 향상과정 등을 제

공하고 있다. 미국에는 부동산, 제약, 광고 등의 분야에 특화된 영업 교육훈련 회사들이 많이 있지만, 우리나라의 경우에는 광고영업에 특화된 프로그램을 제공하는 기관(한국방송광고공사, 광고교육원 등) 이외에는 산업별로 특화된 영업 교육훈련서비스를 제공하는 기관은 거의 없다. 이러한 사외 교육훈련에 대한 회사의 지원은 등록비, 교통비 등 교육에 참가하는 데 필요한 경비를 지원하는 형태로 이루어진다.

2. 교육훈련 시기

교육훈련에 대한 필요성이 발생하였거나 혹은 발생할 것으로 예상되면 이에 대응하기 위한 교육훈련이 적절한 시기에 실시되어야 한다. 즉, 회사 전략상의 변화가 발생하였거나(예를 들어 신제품의 출시, 유통망의 확장, M&A, 해외진출 등), 영업환경이 변화하였거나(예를 들어 시장이나 경쟁구도 등의 변화), 혹은 부정적 징후가 나타났을 경우에(예를 들어 매출 저하, 시장경쟁력의 약화, 유능한 영업사원의 이직 등) 이에 대응하기 위한 교육훈련이 적절한 시기에 실시되어야 한다. 예를 들어 신제품의 출시를 앞두고 있는 경우에 제품의 특성과 기능을 중심으로 하는 교육을 미리 여유를 가지고 실시함으로써 영업현장에서 제품에 대한 지식의 부족으로 인해 판매나 고객관계에 부정적인 영향이 미치지 않도록 해야 한다.

또한 교육훈련에 대한 필요성이 명확하게 나타나지 않는 경우라도 영업사원의 영업기술이나 영업지식의 증진, 자질향상 등을 위한 교육훈련은 지속적으로 실시되어야 한다. 지속적인 교육훈련은 이전에 실시된 교육훈련을 보완하기 위한 목적으로도 실시된다. 한 번의 교육훈련으로 영업사원의 행동이 바로 바뀌기는 어렵기 때문에 반복교육을 통해 그 중요성을 일깨워 주는 것이 바람직하다. 이러한 교육훈련은 현장에서의 코칭을 통해 이루어지는 것이 가장 일반적이지만, 강의 형식이나 혹은 웹기반 방식을 통해서도 이루어진다.

교육훈련의 시기와 관련하여 가장 관심의 대상이 되는 것은 신입 영업사원에 대한 교육의 시기에 대한 것이다. 여기에는 두 가지 방안이 있다. 첫째는 영업사원을 영업현장에 내보내기 전에 거의 완벽한 교육훈련을 시키는 방법이고, 둘째는 기본적인 교육훈련만 시켜서 영업사원을 영업현장에 내보낸 후, 영업사원이 일정 이상의 실적을 올렸을 때 비로소 본격적인 교육훈련을 시키는 방법이다.

첫 번째 방법은 영업사원이 영업현장에서 보다 원활한 영업활동을 수행하는 데 유리하다는 장점이 있지만, 비용이 많이 들뿐만 아니라 영업사원이 영업경험이 없기 때문에 교육훈련의 중요성을 절실히 느끼기 힘들고 따라서 교육훈련의 효과가 감소될 수 있다는 단점이 있다. 이에 반하여 두 번째 방법은 영업에 대한 경험을 가지고 있는 영업사원이 교육훈련을 통해 어떠한 점을 보완해야 한다는 것을 잘 알고 있기 때문에 교육훈련에 대한 몰입도가 높아지고, 따라서 교육훈련의 효과를 높일 수 있다는 장점이 있다. 예를 들어 영업현장에서 고객들로부터 가격이 비싸다는 불만이 많이 제기되었다면 이를 경험한 영업사원은 반론 극복에 대한 교육훈련에 대해 관심을 가지고 이를 습득하기 위해 많은 노력을 기울이게 된다. 즉, 영업경험이 전혀 없는 영업사원을 대상으로 하는 교육훈련에 비해 영업경험이 있는 영업사원을 대상으로 한 교육훈련이 더 많은 효과를 거둘 수 있다. 또한 현장경험은 영업사원으로 하여금 영업의 어려움과 영업에 대한 자신의 적성을 판단하는 계기를 마련해 줌으로써 자질이나 적성이 부족한 영업사원이 스스로 이직을 하게 하는 효과를 거둘 수 있다.

결론적으로 기본교육에 이은 영업현장 투입, 그리고 영업경험이 있는 영업사원을 대상으로 하는 본격적인 교육방식이 비용절감은 물론 교육훈련의 효과를 증진시키는 데 보다 바람직하다. 반면에 이 방법의 단점은 처음부터 많은 교육훈련을 받았다면 훌륭한 영업활동을 전개할 수도 있었던 영업사원이 교육훈련의 부족으로 인해 성과를 내지 못함은 물론 고객과의 관계도 악화시키고, 더 나아가 영업에 대한 자신감이 떨어져서 회사를 떠나는 결과가 초래될 수도 있다는 점이다.

두 방법 모두 장 · 단점을 지니고 있기 때문에 어떠한 방법이 바람직할 것인가는 회사의 구체적인 영업 상황에 따라 달라진다. 즉, 두 번째의 방법이 바람직한 경우는 제품이 비교적 단순하여 제품에 대한 지식을 습득하는 데 시간이 많이 걸리지 않고, 제품이나 고객의 특성상 까다로운 영업기술이 요구되지 않으며, 영업이 단순반복적으로 이루어져서 개별 판매의 실패 여부가 전체의 판매나 고객관계에 크게 영향을 미치지 않는 경우 등이라고 할 수 있다. 반면에 산업재의 경우와 같이 영업주기가 매우 길고 제품이나 서비스의 판매단가도 매우 높으며, 장기적인 관점의 고객관계, 고도의 제품지식과 영업기술 등이 요구되는 경우라면 거의 완벽한 교육훈련을 시킨 후에 영업사원을 영업현장에 내보내는 교육훈련 방식이 바람직하다고 할 수 있다.

3. 교육훈련 장소

교육훈련의 장소에 대한 논의는 교육훈련을 집중적(centralized)으로 할 것인가 혹은 분권적(decentralized)으로 할 것인가를 중심으로 이루어진다. 집중적 교육훈련은 영업사원을 한 곳에 모아 놓고 실시되는 형태를 의미하고, 분권적 교육훈련은 소규모 단위로 각 지역에서 독립적으로 실시되는 형태를 의미한다. 그런데 지역적으로 널리 퍼져 있는 영업조직의 특성상 영업사원을 한 장소에 모으기 위해서는 비용과 시간이 많이 들고, 또한 지역적으로 상황에 적합한 교육훈련이 요구되는 경우가 많기 때문에 특별한 이유가 없는 경우에는 분권적 교육훈련이 바람직하다고 할 수 있다. 또한 일정한 장소에서 이루어지는 집중적, 분권적 교육훈련과는 달리 인터넷 등의 정보기술이 발전되면서 장소에 제한을 받지 않는 웹기반의 교육훈련도 확산되고 있다.

3.1 분권적 교육훈련

각 지역의 영업지점에서 실시되는 분권적 교육훈련은 여러 가지 장점을 가지고 있다.

먼저 집중적 교육훈련에 비해 비용이나 시간의 측면에서 훨씬 유리하다. 많은 영업사원이 이동할 필요가 없이 현장에서 교육훈련을 받기 때문에 회사는 영업사원이나 본사의 교육훈련 스태프를 지원하기 위한 비용을 지출할 필요가 없다. 또한 영업사원의 시간도 절약해 줄 수 있으며, 이에 따라 영업사원이 영업기회를 상실할 가능성도 그만큼 줄어든다. 분권적 교육훈련은 교육훈련의 효과 측면에서도 유리하다. 주로 한 장소에서 강의 형식으로 진행되는 집중적 교육훈련에 비해 분권적 교육훈련은 영업사원의 수준이나 능력에 따른 맞춤 교육이 가능하고, 일대일의 쌍방적 의사소통을 기반으로 교육이 이루어질 수 있기 때문에 교육훈련의 효과도 더 높다. 또한 분권화 교육훈련은 영업지점 관리자의 책임하에서 이루어지기 때문에 관리자는 교육훈련의 효과에 대해 많은 관심을 가질 수밖에 없고, 따라서 보다 성과지향적인 교육훈련이 이루어지게 된다. 관리자가 교육훈련에 대한 효과를 현장에서 바로 관찰할 수 있다는 점도 분권적 교육훈련의 장점이라고 할 수 있다.

분권적 교육훈련의 가장 큰 단점은 교육훈련을 실시해야 하는 영업지점 관리자가 적절한 교육훈련을 제공하지 못할 수도 있다는 점이다. 이는 교육훈련에 대한 기술이 부족하기 때문일 수도 있고, 시간이 부족하거나 의욕이 없기 때문일 수도 있다. 또 다른 단점으로는 고가의 장비나 시설이 필요한 경우에는 각 지점에서 이를 모두 갖추어 교육훈련을 실시하기는 어렵다는 점을 들 수 있다.

3.2 집중적 교육훈련

집중적 교육훈련은 영업사원을 한 장소에 모아놓고 실시하는 형태로 이루어진다. 큰 기업들은 숙박시설을 갖춘 연수원을 가지고 있는 경우가 많기 때문에 주로 여기에서 교육훈련이 실시되며, 그렇지 않은 경우에는 본사의 강당 혹은 다른 회사의 시설을 임대하여 이루어진다.

집중적 교육훈련의 장점으로는 많은 영업사원이 모이기 때문에 최고의 전문가를 강사로 초빙하기가 용이하다는 점과 경영진이 교육훈련이 이루어지는 현장들을 일일이 돌아다닐 필요가 없기 때문에 시간을 절약할 수 있다는 점을 들 수 있다. 또한 강의실이나 장비 등의 시설 면에서도 집중적 교육훈련이 분권적 교육훈련에 비해 훨씬 유리하다. 영업사원의 입장에서는 집중적 교육훈련을 통해 경영진은 물론 본사에서 근무하는 다른 부서의 직원, 그리고 다른 지역의 영업사원들과도 교류할 수 있는 기회를 가질 수 있는 이점이 있다.

분권적 교육훈련의 장점은 곧 집중적 교육훈련의 단점이 된다. 집중적 교육훈련을 하기 위해서는 영업사원의 이동과 숙박에 필요한 비용을 지출해야 하기 때문에 많은 비용이 소요됨은 물론, 현장에서 상대적으로 오랫동안 떨어져 있어야 하기 때문에 영업기회를 상실할 가능성이 더 높다. 교육기간이 길어지면 길어질수록 피교육생인 영업사원들은 현장에서 떨어져 있다는 불안감이 커질 수 있고 이로 인해 교육훈련의 효과도 감소할 수 있다. 또한 많은 영업사원을 대상으로 하는 교육훈련은 대부분 강의의 형식으로 이루어지기 때문에 각 영업사원의 니즈에 맞는 맞춤형 교육훈련이 이루어지기 힘들다는 점도 단점으로 지적될 수 있다. 집중적 교육훈련의 이러한 단점들 때문에 집중적 교육훈련과 분권적 교육훈련이 결합된 교육훈련이 이루어지기도 한다. 즉, 회사의 경영전략이나 방침, 보상체계나 영업조직구조 등의 변화, 신제품에 대한 소개, 시장에서의 새로운 조류, SFA 등 정보기술의 도입 등과 같이 영업조직 전체에 동일하게 적용되는 내용이면서 주로 강의의 형태로 이루어질 수 있는 부분에 대한 교육훈련은 집중적 교육훈련을 통해 실시하고, 현장의 상황에 적합한 구체적인 영업활동에 대한 교육훈련은 맞춤형식의 분권적 교육훈련을 통해 실시하는 방안이 활용되기도 한다.

3.3 웹기반 교육훈련

웹기반 교육훈련(web-based training)은 인터넷이나 인트라넷(intranet)을 활용한 교육훈련을 의미한다. 이를 활용하면 영업사원은 원하는 장소에서, 원하는 시간에, 원하는 내용에 대해, 원하는 속도로 교육훈련을 받을 수 있다. 즉, 이를 활용하면 영업사원은 장소의 제한을 받지 않고 자신이 원하는 최신 정보와 트렌드에 접할 수 있으며, 영업현장에 그대로 머물 수 있기 때문에 영업활동 시간을 최대한 확보할 수 있다. 회사의 입장에서 이 방법의 가장 큰 장점은 교육훈련에 소요되는 비용을 대폭 절감할 수 있다는 점이다. 회사는 영업사원의 이동에 필요한 여비, 숙박비 등은 물론 교육훈련 진행을 위해 지출해야 하는 스태프 요원들이나 강사에 대한 인건비도 줄일 수 있다. 또한 이 방법을 활용하면 해외를 포함하여 지역적으로 넓게 퍼져 있는 직원 모두를 대상으로 교육훈련을 실시할 수 있다. 이러한 이유로 점차 많은 기업들이 웹기반 교육훈련 방식을 채택하고 있다.

이 방법의 단점으로 초기 구축비용이 많이 소요될 수 있다는 점과 영업업무과 교육훈련을 병행해야 하기 때문에 영업활동으로 인하여 교육훈련에 지장이 초래될 수 있다는 점을 들 수 있다. 이러한 단점들보다 더 중요한 단점으로 강사와 영업사원 간의 직접적인 커뮤니케이션이 제한된다는 점을 들 수 있다. 특히 수준이 높은 기술적인 내용의 교육훈련의 경우에는 질문 등을 통한 쌍방향 커뮤니케이션이 더욱 중요하기 때문에 이러한 단점은 교육훈련의 효과를 크게 저하시킬 수 있다. 물론 현대의 정보기술을 활용하면 화상, 음성, 문자를 이용한 쌍방향적인 커뮤니케이션이 모두 가능하지만, 그렇다고 하더라도 실제로 강사와의 일대일 커뮤니케이션은 이루어지기 힘들다. 더욱이 외부 전문인의 강의 내용을 녹화한 영상물이 주요한 교육훈련 교재인 경우에는 해당 강사와의 직접적 커뮤니케이션은 거의 불가능하다. 이러한 단점을 보완하기 위해 영업사원의 질문에 응답을 해줄 수 있는 현장교사를 지정할 수 있다. 단점을 보완하는 또 하나의 방법은 웹기반 교육훈련과 오프라인 교육훈련을 병행하는 것이다. 즉, 제품이나 고객에 대한 기본지식이나 기초가 되는 영업기술 등에 대해서는 웹기반 교육훈련을 활용하고, 좀 더 수준이 높은 내용에 대해서는 오프라인 교육훈련을 실시함으로써 두 교육훈련 방법의 장점을 모두 살릴 수 있다. 웹기반 교육훈련의 또 다른 단점으로 피교육자를 지켜보는 사람이 없기 때문에 영업사원이 교육훈련에 게을러질 수 있다는 점을 들 수 있다. 그렇지만 적합한 교육 교재를 제공하고, 교육훈련 기간을 일정 기간으로 제한하며, 교육훈련 이후 테스트를 실시하여 좋은 성과를 거둔 경우에 보상을 제공하는 등의 방법을 통해 이러한 단점을 최소화시킬 수 있다.

4. 교육훈련 내용

교육훈련의 내용에는 영업기술은 물론 다양한 형태의 영업관련 지식(제품지식, 고객지식, 회사지식, 법률지식)이 포함된다. 영업기술과 영업관련 지식은 영업현장에서 바로 적용시킬 수 있는 내용들로서 교육훈련의 가장 주된 주제가 된다. 영업기술이나 영업관련 지식 이외에도 영업기술이나 영업관련 지식의 원활한 습득에 도움이 되는 자질의 향상이나 마인드의 형성은 물론, 영업사원의 장기적인 발전을 위한 내용들도 교육훈련의 주제가 될 수 있다. 주요 교육훈련 내용은 [그림 11-4]와 같이 나타낼 수 있다.

그림 11-4 | 교육훈련 내용

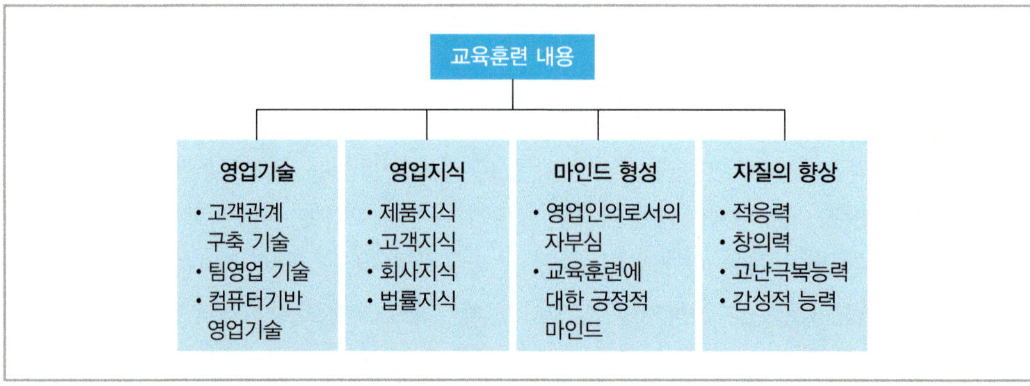

4.1 영업기술

영업기술의 내용에는 잠재고객확보 기술, 고객의 니즈파악 기술, 고객접근 기술, 프레젠테이션 기술, 고객관리 기술, 구역 및 시간관리 기술 등 다양한 주제들이 포함된다. 이 부분에 대해서는 제2장 '판매과정'과 제4장 '기존고객의 관리'에서 상술하였으며, 따라서 여기에서는 기술하지 않는다. 우리나라에서 출간된 영업관련 서적들의 대부분이 이러한 영업기술과 관련된 내용들로 채워져 있을 만큼 영업기술은 교육훈련의 주된 주제가 되고 있다. 실제로 영업기술은 교육훈련의 내용 가운데 가장 큰 비중을 차지하고 있다. 영업기술에 대한 교육훈련의 최신 동향을 살펴보면 고객과의 장기적인 관계구축 기술, 팀영업 기술, 컴퓨터기반 영업기술 등에 대한 중요성이 강조되고 있다.

■ 고객관계구축 기술

거래적 영업을 뛰어넘어 고객과의 관계를 중시하는 자문적 영업과 파트너십 영업이 강조되면서 교육훈련에 있어서도 고객의 문제를 어떻게 파악할 것이며, 이를 어떻게 해결할 수 있을 것인가에 대한 내용들이 주목을 받고 있다. 즉, 영업사원이 단순히 제품이나 서비스를 파는 사람이 아니라 고객의 전략적인 목표 달성에 기여할 수 있는 '작은 CEO'(mini-CEO)로서의 자질을 향상시키는 데 초점을 두고 있다. 이에 따라 고압적 영업기술과 같이 거래를 조기에 성사시키기 위한 기술보다는 고객니즈의 충족, 고객문제의 해결, 고객을 위한 새로운 가치의 창출, 장기적 파트너십의 구축 등을 위해 필요한 영업기술들이 더욱 주목을 받는 교육훈련의 주제가 되고 있다. 이러한 경향은 특히 구매주기가 길고, 판매단가가 높으며, 산업과 제품에 대한 심층적인 지식이 요구되는 B2B 분야에서 많이 나타나고 있다.

■ 팀영업 기술

고객관계의 증진을 위한 영업기술과 더불어 많은 주목을 받고 있는 또 하나의 영업기술은 팀영업(team selling)과 관련된 것이다. 팀영업은 특히 매출이 상당 부분을 차지하는 전략고객의 비중이 커지면서 나타난 형태로서, 여러 명의 영업사원이나 혹은 영업사원을 포함한 다양한 부서의 직원들로 구성된 영업팀이 전략고객의 관리를 책임지게 되면서 주목을 받고 있다. 팀영업에서의 영업기술은 개별적으로 활동하는 영업사원의 영업기술과는 상당한 차이가 있다. 팀영업을 위해서는 내부구성원 간의 원활한 커뮤니케이션, 정보의 공유, 합의의 도출, 동료에 대한 배려, 자신보다 팀의 성공을 앞세우는 정신, 협동심 등과 관련된 기술들이 요구된다. 이러한 기술들은 고객의 설득을 위한 기술이라기보다는 고객에게 보다 수준 높은 서비스를 제공하기 위한 기술이며, 지식보다는 가치관과 지향성과 관련된 것이기 때문에 강의의 형식보다는 토론이나 사례연구 등이 보다 적합한 교육훈련 방법이 될 수 있으며, 개별적으로 활동하는 영업사원을 위한 영업기술에 비해 습득하는 데 보다 많은 시간이 소요된다. 우리나라의 회사들도 B2B의 경우에는 대부분 전략고객을 갖고 있기 때문에 팀영업 기술은 점차 보편화되어 가는 영업기술이 되고 있다.

■ 컴퓨터기반영업 기술

영업사원의 생산성을 향상시키기 위해 정보기술이 도입되면서 영업사원이 이를 활용하여 생산성을 높일 수 있도록 하는 교육훈련이 많이 이루어지고 있다. 특히 SFA(영업자동화)와 관련한 기술은 제약, 보험 등의 산업을 중심으로 빠르게 보급되고 있다. 영업사원은 이를 이용하여 제품정보 등에 대한 검색이나 본사와의 커뮤니케이션은 물론, 주문의 처리, 견적서나 제안서의 작성, 방문 보고서의 작성 등의 업무를 수행할 수 있고, 더 나아가 고객분석, 잠재고객의 선정, 제안상품의 선정, 최적 방문스케줄, 시간관리, 특정 고객에 적합한 전략의 수립 등에 대해서도 도움을 받을 수 있다. 정보기술이 영업사원의 생산성을 제고시킬 수 있는 잠재력을 가지고 있기 때문에 많은 회사들이 영업과 정보기술과의 접목을 시도하고 있으며, 도입한 정보기술의 원활한 활용을 위한 교육훈련을 실시하고 있다. 그런데 영업사원들이 고객정보의 공유 등과 관련하여 정보기술의 도입에 저항하는 경향도 있기 때문에 이 부문에서의 교육훈련은 정보기술의 활용 자체에 대한 것뿐만 아니라, 정보기술의 도입이 회사의 성장은 물론 영업사원 자신의 발전을 위해서도 바람직하다는 내용의 교육훈련도 같이 병행된다.

4.2 영업지식

영업기술과 더불어 영업 교육훈련 내용의 또 하나의 중요한 축을 형성하고 있는 영업지식에는 제품지식, 고객지식, 회사지식, 법률지식 등이 포함된다.

▪ 제품지식

많은 교육훈련이 판매하는 제품이나 서비스에 대한 지식의 향상을 위해 이루어진다. 제품지식에 대한 교육훈련은 단순히 제품의 특징을 설명하기 위함이 아니라, 해당 제품을 통해 고객의 문제를 어떻게 해결할 수 있으며 고객을 위해 어떠한 가치를 창출할 수 있는지를 가르쳐 줄 목적으로 실시된다. 이러한 유형의 교육훈련은 제품이나 서비스가 복잡할수록 그 중요성이 커진다. 예를 들어 의료기기처럼 복잡한 제품을 다루는 경우에는 제품에 대한 지식이 영업의 성공을 위해 매우 중요하기 때문에 제품지식의 향상을 중심으로 하는 교육훈련이 이루어진다. 또한 은행이나 증권투신사의 영업사원의 경우에는 판매하고자 하는 상품에 대한 자격증을 소지하고 있지 않으면 판매할 수가 없기 때문에 교육훈련이 주로 금융연수원과 같은 사외 교육훈련기관을 통해 금융자산관리사, 투자상품상담사와 같은 자격증을 획득하는 형태로 이루어진다. 영업사원은 자사의 제품뿐만 아니라 경쟁제품에 대해서도 잘 알고 있어야 한다. 경쟁제품의 장점과 단점을 숙지함으로써 고객과의 상담이나 프레젠테이션 과정에서 자사 제품의 우월성을 논리적이고 설득력 있게 설명할 수 있어야 한다.

▪ 고객지식

거의 모든 산업부문에서 공급이 수요를 초과하는 고객중심의 시장이 형성되어 있기 때문에, 영업사원은 고객지향적인 마인드를 가져야 하고 또한 고객에 대해 잘 알고 있어야 한다. 특히 B2B의 경우에 영업사원은 고객사의 비즈니스 모델에 대해서도 잘 이해하고 있어야 하며, 고객사가 현재 어떠한 문제를 가지고 있는지에 대해서도 알고 있어야 한다. 더 나아가 심층적인 연구를 통해 고객사를 위해 어떠한 새로운 가치를 창출할 수 있는지에 대한 아이디어도 제시할 수 있어야 한다. 또한 B2B의 경우에는 구매부서뿐만 아니라 고객사 내의 여러 사람들이 구매의사결정에 영향을 미치고 있기 때문에 누가 구매의사결정에 관여하고 있으며, 각 주체의 선호나 우선순위가 무엇인지를 파악하고 있어야 한다. B2B의 경우에는 고객사도 자사의 고객을 대상으로 영업활동을 해야 하기 때문에 공급업체는 고객사의 고객을 이해하는 것도 매우 중요하다. 예를 들어 유통업체에 냉동식품을 납품하는 식품회사의 경우에 자사의 고객사인 유통업체에 대해서도 잘 알고 있어야 하지만, 고객사에 대한 보다 깊은 이해를 위해서는 고객사의 고객인 최종 소비자에 대한 이해가 필요하다. 이러한 이해가 있을 때 비로소 제조업체는 고객사인 유통업체를 대상으로 보다 가치 있는 제안을 할 수 있게 된다.

■ 회사지식

영업사원은 회사의 목표, 전략과 방침, 조직구조, 업무 프로세스 등에 대해 잘 알고 있어야 한다. 즉, 영업 업무의 수행을 위해서 회사 내부의 누구를 접촉하여 어떠한 업무를 어떠한 차례로 수행해야 하는지 등에 대해서 알고 있어야 한다. 또한 원활한 고객과의 커뮤니케이션을 위해서는 회사의 가격정책, 고객서비스정책, 생산주기, 배달 프로세스 등의 다양한 방면에 대한 지식을 가지고 있어야 한다. 이와 더불어 영업사원은 회사의 역사, 비전, 미션 등에 대해서도 숙지할 필요가 있다. 이는 회사에 대한 자부심을 갖는데 도움이 될 뿐만 아니라, 회사의 가치를 자신의 가치로 받아들이는데도 도움이 되며, 이러한 회사에 대한 관심과 자부심은 고객과의 접촉과정에서도 고객에게 신뢰감을 주는 데 기여할 수 있다. 특히 다른 회사에서 많은 경력을 쌓은 영업사원이 채용되어 들어온 경우에는 교육훈련과정에서 회사에 대한 지식을 강조할 필요가 있다. 왜냐하면 익숙한 업무처리 방식을 버리고 새로운 업무처리 방식을 받아들이는 것은 새롭게 배우는 것보다 더 힘들 수 있고, 더욱이 새로운 가치관을 받아들이는 것은 사고방식의 전환을 의미하는 것이기 때문에 이에 대한 충분한 근거를 마련해주지 않으면 그 영업사원이 정착을 하는 데 상당한 어려움을 겪을 수 있기 때문이다. 이러한 과정이 원활하게 이루어지지 않으면 경력직 영업사원은 회사의 문화나 업무 프로세스에 쉽게 동화하기가 어려워지고, 이는 동료 영업사원이나 영업관리자와의 관계 소원이나 갈등으로 이어질 수 있으며, 결국에는 생산성의 하락과 이직 등이 초래될 수 있다.

■ 법률지식

고객이 자사가 판매한 제품이나 서비스에 대해 회사에 직접 손해배상을 요구하거나, 한국소비자원과 같은 기관에 진정서를 제출하거나, 경찰에 고발장을 접수하거나, 법원에 소송을 제기하는 일 등이 발생하면 회사는 이를 처리하기 위해 상당한 노력을 기울여야 한다. 우리나라에서도 증권사의 펀드 판매와 관련하여 고객들이 투자상담사의 영업 행위를 문제 삼아 고발을 하거나 소송을 제기하는 예가 있으며, 건강식품의 경우에도 영업사원의 건강식품의 효과에 대한 과대설명을 문제 삼아 고발하는 예가 심심치 않게 보도되고 있다. 이러한 일들이 발생하면 회사는 금전적인 손실을 입을 수 있음은 물론, 경우에 따라서는 해당 제품이, 더 나아가서는 회사 전체가 더 이상 시장에서 존립하기 어려운 상황에 처할 수도 있다. 법률과 관련된 문제가 발생하는 것은 제품 자체에 하자가 있는 경우도 있지만, 판매과정에서의 과대광고나 불공정거래에 기인하는 경우도 있기 때문에 영업사원은 고객들의 불만이 제기되지 않도록 영업사원은 최소한의 법률적 지식을 가지고 법률의 테두리 내에서 영업활동을 전개할 수 있도록 해야 한다.

4.3 마인드 형성과 자질 향상

영업활동에 도움이 되는 마인드의 형성과 자질의 향상도 중요한 교육훈련의 내용이 된다. 영업활동에 적합한 마인드의 형성과 영업인으로서의 자질의 향상은 앞에서 언급한 영업기술이나 지식의 습득을 촉진시키는 역할을 할 뿐만 아니라, 습득한 영업기술이나 지식을 영업현장에서 적용시키는 데 큰 도움을 줄 수 있다.

▪ 마인드 형성

먼저 마인드의 형성과 관련하여 교육훈련을 통해 영업사원이 영업인으로서의 자부심을 가질 수 있도록 해야 한다. 이를 위해서는 영업은 회사의 생존과 발전을 위해 가장 중요한 기능을 담당하고 있으며, 수익창출 활동을 하고 있는 영업사원은 회사와 고객과의 가교(架橋) 역할을 하면서 회사의 생존과 발전에 결정적인 기여를 하고 있다는 사실을 주지시키는 것이 중요하다. 또한 영업사원이 교육훈련 자체에 대해서도 긍정적인 생각을 갖도록 해야 한다. 우수한 영업사원은 타고나는 것이 아니라 노력과 훈련을 통해 얼마든지 만들어질 수 있는 것임을 인식시킴으로써 교육훈련에 적극 참여하여 자신의 능력을 배가시킬 수 있도록 유도하여야 한다.

▪ 자질의 향상

영업사원의 자질 향상을 위해서는 교육훈련을 통해 적응력, 창의력, 고난극복능력, 감성적 지능 등을 배양하는 것이 바람직하다. 우수한 영업사원은 고객에 따라서, 같은 고객인 경우에도 상황에 따라서 적합한 전략을 구사할 수 있어야 한다. 즉, 적응력이 뛰어난 영업사원이 높은 성과를 거둘 수 있다. 적응력의 제고를 위해서 영업사원은 다양한 전략을 습득하고 있어야 함은 물론, 어떠한 상황에 어떠한 전략이 적합한가를 순발력 있게 판단하고 적용할 수 있어야 한다. 창의력을 향상시키는 교육훈련도 자질 향상을 위해 매우 중요하다. 현대의 영업은 고객이 가지고 있는 다양한 문제를 해결할 수 있어야 하고, 더 나아가 고객의 사업을 활성화시킬 수 있는 새로운 가치를 제공할 수 있어야 하는데, 이를 위해서는 과거 경험의 답습이 아니라 계속해서 새로운 아이디어를 창출할 수 있어야 한다. 이러한 능력을 갖추기 위해서는 현재의 현상을 그대로 받아들이는 것이 아니라 창조적인 부정을 통해 새로운 대안을 모색할 수 있는 교육훈련이 요구된다.

또한 영업사원은 영업활동 중에 많은 어려움을 겪으면서 정신적으로 많은 갈등과 스트레스를 경험하게 된다. 교육훈련을 통해 영업사원이 갈등이나 스트레스를 지혜롭게 극복할 수 있는 전략을 숙지할 수 있도록 하는 것도 중요하다. 영업에 있어서는 이성적인 판단이나 합리적 접근도 중요하지만 고객에 대한 감성적인 이해도 그에 못지않게 중요하다. 감성적인 접근을 할 수 있어야 고객의 입장에서 고객의 시각으로 생각할 수 있으며, 이에 따라 고객의 니즈를 더 정확하게 파악하고, 이를 기반으로 고객의 공감을 얻을 수 있는 제안을 할 수 있다. 이러한 능력을 배양하기 위해서는 감성적인 지능(emotional intelligence)을 향상시키기 위한 교육훈련이 병행되는 것이 바람직하다.

5. 교육훈련 방법

영업사원의 교육훈련에는 강의, 토론, 시연, 역할연기, 현장훈련 등 다양한 방법들이 사용될 수 있다. 이러한 방법들은 각기 장 · 단점을 지지고 있기 때문에 교육훈련의 내용과 청중인 영업사원의 특성에 맞는 방법이 선택되어야 한다. 또한 여러 가지 방법들을 상승효과가 발생할 수 있도록 결합시킴으로써 교육훈련의 효과를 극대화할 수 있어야 한다.

5.1 강의, 토론, 시연

일반적인 교육훈련과정에서도 흔히 사용되는 방법인 강의, 토론, 시연 등은 영업사원에 대한 집중적 교육훈련과정에서도 가장 보편적으로 사용되고 있다. 먼저 강의의 가장 큰 장점은 영업기술이나 제품지식 등을 짧은 시간에 많은 사람에게 전달해 줄 수 있다는 점이다. 그래서 강의는 기본적인 영업기술이나 영업관련 지식의 전달을 위한 가장 효율적인 교육훈련 방법이라고 할 수 있다. 반면에 강의의 단점으로 지적될 수 있는 것은 강사의 일방적인 의사소통으로 인해 청중인 영업사원들의 강의에 대한 집중력이 저하될 수 있다는 점이다. 이러한 단점을 극복하기 위해서는 청중의 지속적인 집중을 유도할 수 있는 유능한 강사를 섭외하는 것도 중요하지만, 청중인 영업사원들의 참여도를 높이는 것이 보다 효율적인 방법이 된다. 참여도를 높이는 방법으로는 영업사원들 간의 토론을 유도하는 방법과 특정한 주제에 대한 발표를 하도록 하는 방법 등을 들 수 있다. 즉, 강사가 토론주제에 대해 간단히 설명한 후 영업사원들 간의 토론을 유도하거나, 주제를 주고 개별적으로 혹은 몇 명으로 구성된 팀별로 발표를 하게 하는 방법이다. 이를 통해서 영업사원들은 주어진 주제에 대해 보다 명확하게 이해할 수 있으며, 이와 더불어 다른 사람들의 의견을 청취할 수 있는 기회를 제공받을 수 있다.

토론은 강의의 과정에서도 이루어질 수 있지만, 원탁회의(roundtable)나 패널토론(panel discussion)의 형식을 빌려 토론이 중심이 되는 형식으로도 이루어질 수도 있다. 즉, 특정 주제에 대해 전문가라고 할 수 있는 여러 인사들을 중심으로 토론과 발표가 이루어지고, 뒤이어 청중들의 질문이나 의견 제시가 이어지는 방식을 통해 토론을 활성화시킬 수 있다. 예를 들어 팀영업이라는 주제를 놓고 이에 대한 경험이 많은 영업사원이나 영업관리자 3~10명이 토론자로 나서서 각자의 경험이나 의견에 대해 토론을 벌인 뒤, 청중으로 참가한 영업사원들의 질문을 받거나 의견을 들음으로써 참여한 사람들 모두가 팀영업의 개념이나 중요성을 보다 명확하게 인지할 수 있음은 물론, 팀영업에 대한 자신의 의견이나 앞으로의 활동 계획을 정리할 있는 기회를 가질 수 있다. 토론은 특히 경험이 적은 영업사원이 경험이 많은 영업사원의 노하우를 벤치마킹(bench marking)할 수 있는 매우 좋은 기회로 활용될 수 있다.

시연(試演)은 제품활용 방법을 실제로 보여줌으로써 영업사원들이 제품지식을 체득할 수 있도록 하는 데 기여할 수 있다. 제품이 복잡할수록 시연은 제품지식의 전달을 위한 더욱 유용한 방법이 된다. 예를 들어 부엌가구 영업사원의 경우에 현장에서 부엌가구를 설치하는 방법을 시연함으로써 제품에 대해 보다 깊이 이해할 수 있도록 할 수 있다. 더 나아가 시연을 통해 습득한 제품지식을 활용하여 영업사원 스스로가 직접 실습을 할 수 있는 기회를 제공하는 것도 좋은 방법이 된다. 시연은 영업기술에 대한 교육훈련에도 유용하게 활용될 수 있다. 즉, 말로 표현하기 어려운 특정 상황하에서의 영업기술을 시연을 통해 보여줌으로써 영업사원들이 해당 영업기술을 보다 명확하게 이해할 수 있다. 예를 들어 반론극복에 대한 영업기술을 영업사원들에게 전달하고자 할 때, 고객들의 반론의 유형과 이에 대한 대응 멘트를 강의식으로 설명하는 대신에, 고객 역할을 하는 사람과 영업사원 역할을 하는 사람이 다양한 상황에서 어떻게 행동하는가를 관찰하게 함으로써 영업사원이 자연스럽게 반론극복 영업기술을 체득하도록 할 수 있다.

5.2 역할연기

역할연기(role-playing)는 영업사원에 대한 교육훈련에서 매우 유용하게 사용할 수 있는 방법이다. 영업현장에서 일어날 수 있는 다양한 상황에 대한 모의실험(模擬實驗)이 가능한 역할연기는 영업사원의 상황대처능력을 향상시키는 데 크게 도움이 된다. 역할연기는 신참 영업사원을 대상으로 영업기술에 대한 교육훈련을 실시할 때 특히 유용하게 사용될 수 있다.

역할연기에서는 대부분 피교육생 한 명이 영업사원이 되고, 또 한 명의 피교육생이 구매자가 된다. 두 사람의 연기 장면은 대개 비데오테이프에 녹화되며, 연기가 끝난 후에는 훈련교관과 교육훈련에 참여한 동료 영업사원들의 역할연기에 대한 평가가 이어진다. 훈련교관이나 역할연기를 관람한 영업사원들의 피드백은 역할연기를 활용한 교육훈련의 가장 핵심적인 내용이라고 할 수 있다. 이는 훈련교관이나 다른 영업사원의 평가나 의견이 역할연기를 한 영업사원의 영업기술 향상을 위한 중요한 계기가 될 수도 있기 때문이다. 예를 들어 역할연기를 한 영업사원이 평소에 무심코 하고 있는 행동이 영업활동을 크게 저해하고 있었다면 이에 대한 훈련교관이나 다른 영업사원의 지적은 앞으로의 영업성과에 바로 영향을 미칠 수 있다. 따라서 역할연기의 효과가 극대화되기 위해서는 피드백을 하는 사람도, 피드백을 받는 사람도 발전지향적인 마인드를 가질 필요가 있다. 역할연기를 평가하는 사람은 우선 잘된 부문에 대해 긍정적인 평가를 하는 것을 잊지 말아야 하며, 또한 단점을 지적하는 경우에는 건설적인 대안을 포함한 비판을 하는 것이 중요하다. 또한 역할연기를 실행한 영업사원은 다른 사람의 비평을 자신의 발전을 위한 계기로 삼으려는 자세를 가져야 한다.

역할연기는 영업기술뿐만 아니라 적응력, 창의력, 고난극복능력, 감성적 지능 등 영업사원의 자질 향상을 위한 도구로도 유용하게 사용될 수 있다. 영업사원의 역할연기에서 나타난 부적합한 행동을 훈련교관이나 동료들이 지적해주고, 이를 반복적인 역할연기를 통해 개선시킴으로써 영업사원으로서의 자질을 향상시키는 데 기여할 수 있다.

5.3 CD, 팟캐스트

영업사원은 많은 시간을 이동해야 하고 또한 기다려야 하는 시간도 많기 때문에 이러한 시간을 교육훈련을 위한 기회로 활용할 수 있다. 이를 위해서는 휴대가 간편한 교육훈련 교재가 있어야 하는데 이러한 이유로 CD(compact disk), 팟캐스트(podcasts) 등의 매체가 유용하게 활용되고 있다. 영업사원은 이러한 매체를 이용하여 동기부여 등 다양한 주제에 대한 강연도 들을 수 있고, 영업기술이나 시간관리 등의 다양한 분야의 지식도 습득할 수 있다. 이러한 매체를 이용하면 시간의 제약이 없기 때문에 영업사원은 자신의 스케줄에 맞추어 학습시간을 조절할 수 있다.

5.4 인터넷, 인트라넷

인터넷과 인트라넷은 비용효율적인 교육훈련 수단으로 각광받고 있다. 인터넷이나 인트라넷을 이용하면 영업사원은 장소나 시간의 제약을 받지 않고 원하는 정보를 얻을 수 있다. 회사의 입장에서도 교육훈련 자료를 영업사원에게 배포할 필요가 없기 때문에 CD나 팟캐스트에 비해 훨씬 용이하게 필요한 정보를 전달할 수 있으며, 접속 여부에 대한 체크가 가능하기 때문에 영업사원들의 교육훈련 참여를 점검하기도 용이하다. 이 방법의 장 · 단점에 대해서는 앞의 '교육훈련 장소'의 '웹기반 교육훈련'에서 상술하였다.

5.5 현장훈련

현장훈련(on-the-job training)은 모든 교육훈련 방법들 가운데 가장 빈번하게 사용되고 있다. 특히 교육훈련 대상이 되는 영업사원이 몇 명밖에 되지 않는 중소기업의 경우에는 다른 교육훈련 방법을 사용하기 위해 소요되는 비용을 부담하기가 어렵기 때문에 현장훈련은 거의 유일한 선택 대안이 된다. 이 방법의 목적은 실제 영업현장에서의 관찰이나 실습을 통해 훈련생인 영업사원이 영업기술을 체득하도록 하는 데 있다.

교육훈련을 받는 영업사원은 경험이 많은 우수 영업사원의 고객방문 행동을 관찰함으로써 실적적인 영업기술을 체득할 수 있다. 또한 훈련생 스스로가 고객방문 활동을 수행하고 이를 지켜본 훈련교관이 훈련생의 행동에 대해 코칭하는 형태로 이루어지기도 한다. 이 방법은 다른 어떤 교육훈련 방법보다도 가장 실질적인 방법이면서 동시에 학습한 영업기술과 지식을 가장 종합적으로 적용해볼 수 있는 방법이라고 할 수 있다. 또한 모든 교육훈련 방법 가운데 훈련생에게 정신적인 스트레스를 가장 많이 줄 수 있는 방법이기도 하다. 이러한 이유로 이 방법은 신참 영업사원 교육훈련 과정의 가장 마지막 단계에서 사용되거나, 혹은 기존 영업사원의 보수교육(補修敎育)을 위한 수단으로 사용된다. 코칭에 대해서는 제13장의 '영업관리자의 리더십'에서 상술하였다.

이 방법도 여러 가지 단점을 지니고 있다. 첫째는 훈련생이 경험을 쌓는 과정에서 많은 비용을 치르게 될 수도 있다는 점이다. 즉, 미숙한 훈련생으로 하여금 고객방문을 하도록 함으로써 판매기회를 상실하거나 고객관계를 악화시키는 결과가 초래될 수 있다. 둘째는 훈련교관인 베테랑 영업사원의 질이 일정하지 않기 때문에 교육훈련의 질도 일정하지 않다는 점이다. 셋째는 훈련생이 훈련교관의 나쁜 버릇을 여과 없이 받아들일 수도 있다는 점이다. 이러한 단점을 방지하기 위해서는 교육훈련을 실시하는 훈련교관에 대한 교육이 선행되어야 함은 물론, 이 방법에만 의존하지 말고 강의나 역할연기 등 다양한 교육훈련 방법을 같이 병행하는 것이 바람직하다.

멘토링(mentoring)은 보다 비공식적인 형태의 현장훈련 방법이라고 할 수 있다. 베테랑 영업사원과 신입 영업사원이 짝을 이루어 멘토(mentor)인 베테랑 영업사원이 멘티(mentee)인 신입 영업사원에게 조언과 지원 등을 제공하는 형태로 이루어진다.

제5절 교육훈련의 성과평가

교육훈련과정의 마지막 단계는 교육훈련의 성과를 평가하는 단계이다. 교육훈련의 성과평가는 두 가지의 목적을 가지고 있다. 첫째는 교육훈련을 위해 지출된 비용에 대비하여 효과가 있었는가를 평가하는 것이다. 이는 교육훈련에 소요된 비용을 투자라고 보면 투자수익률(return on investment)을 평가한다는 의미로 해석될 수 있다. 둘째는 교육훈련이 잘 수행되었다면 잘 수행된 이유에 내해서, 또한 부족한 면이 있었다면 그 이유에 대해 분석함으로써 향후의 교육훈련을 보다 개선시킬 수 있는 방안을 찾는 것이다. 이러한 과정을 통해서 교육훈련을 점차 개선시켜 나갈 수 있게 된다.

교육훈련의 성과를 평가하기 위해서는 어떤 결과물을 기준으로 평가할 것이며, 또한 이러한 결과물을 어떻게 측정할 것인가를 결정해야 한다. 교육훈련의 결과물은 교육훈련의 목적을 기반으로 설정된다. 즉, 교육훈련의 목적이 매출의 증진이었다면 교육훈련의 결과물은 매출이 된다. 앞에서 기술한 바와 같이 교육훈련의 기획단계에서 교육훈련 니즈에 대한 분석을 통해 교육훈련의 목적이 결정되고, 이를 기반으로 구체적인 달성 목표가 설정된다. 주로 사용되는 교육훈련의 목적으로는 매출의 증진, 비용의 감소, 사기의 진작, 이직률의 감소, 고객관계의 증진 등이 있다. 예를 들어 교육훈련의 목적이 매출의 증진이고, 달성 목표는 전년 대비 매출성장률 20%이었다고 하면 교육훈련에 대한 평가도 교육훈련을 통해 매출성장률 20%를 달성하였는가의 여부를 기준으로 이루어져야 한다.

그런데 이러한 방식의 평가가 가장 바람직하고 논리적이기는 하지만 현실적으로는 이런 방식의 평가 방식을 채택하기가 힘들다. 왜냐하면 판매는 교육훈련 이외에도 여러 가지 요인에 의해 영향을 받기 때문에 교육훈련만의 효과를 별도로 추출해내기가 매우 어렵고, 또한 교육훈련이 매출에 미치는 영향은 장기적으로 서서히 이루어지기 때문에 정확한 측정을 위해서는 장기간에 걸쳐 여러 번 측정이 이루어져야 하는 어려움이 있기 때문이다. 이러한 이유로 교육훈련의 성과에 대한 평가는 교육훈련의 궁극적인 목적보다는 목적의 달성을 위해 거치게 되는 중간단계의 과정을 중심으로 이루어지는 경향이 있다. 이러한 유형의 대표적인 교육훈련 성과평가 방법론으로 Donald L. Kirkpatrick이 제시한 4단계 모델이 있다. 이 모델은 교육훈련의 성과평가가 반응(reaction), 학습(learning), 행동(behavior), 결과(results) 등의 4단계에 걸쳐 이루어질 수 있음을 제시하고 있으며, 단순하면서도 실용적이어서 널리 이용되고 있다.

▪ 반응

여기서의 반응(reaction)은 주로 교육훈련에 참가한 영업사원들의 교육훈련에 대한 반응을 의미한다. 즉, 교육훈련을 통해 부족하였던 부분이 보완이 되었는지, 교육훈련에 대해 어느 정도 만족하는지 등을 측정하며, 측정도구로는 주로 영업사원을 대상으로 한 설문지가 이용된다. 이 방법이 타당성을 갖기 위해서는 영업사원들의 교육훈련에 대한 반응(예를 들어, 교육훈련에 대한 만족도)과 교육훈련 이후의 영업현장에서의 성과(예를 들어, 판매액)가 밀접한 연관이 있어야 하지만 이에 대해서는 대체로 부정적인 의견이 많다. 그럼에도 불구하고 영업사원의 교육훈련에 대한 반응은 교육훈련 성과의 평가에 가장 보편적으로 사용되고 있다.

▪ 학습

학습(learning)은 영업사원이 교육훈련을 통해 얼마나 많은 정보를 습득하였는가를 의미한다. 정보에는 주로 영업기술과 영업관련 지식(제품지식, 고객지식 등)이 포함된다. 이에 대한 측정은 주로 시험을 통해 이루어지지만, 고객에게 의견을 묻는 형태로도 이루어질 수 있다. 시험은 교육훈련 전후로 두 번 실시하는 것이 이론적으로는 타당하지만, 대부분 교육훈련 이후에 한 번 실시된다.

▪ 행동

이는 교육훈련 이후에 영업사원의 영업과 관련된 행동(behavior)에 어느 정도의 변화가 있었는지를 의미한다. 즉, 교육훈련을 통해 습득한 영업기술이나 영업관련 지식이 영업사원의 영업현장에서의 행동에 어떠한 변화를 가져왔는지를 평가하는 것이다. 이에 대한 측정은 주로 영업사원에 대한 지속적인 관찰이 가능한 영업관리자를 통해 이루어지지만, 영업사원의 스스로에 대한 평가나 고객의 평가를 통해서도 이루어질 수 있다.

▪ 결과

여기에서의 결과(result)는 매출증진, 비용절감, 이직률감소 등과 같은 교육훈련의 궁극적인 목적을 의미한다. 앞에서 언급한 바와 같이 매출증진과 같은 결과변수들은 교육훈련 이외에도 많은 변수들에 의해 영향을 받기 때문에 교육훈련의 영향을 별도로 추출하기가 매우 힘들다. 그래서 결과는 앞에서 기술한 반응, 학습, 행동 등 다른 지표에 비해 가장 사용빈도가 낮다. 이러한 단점을 극복하기 위해 실험적인 방법을 사용할 수 있다. 즉, 교육훈련을 받을 집단과 교육훈련을 받지 않을 집단을 미리 정해 놓고, 교육훈련을 받을 것으로 정해진 집단을 대상으로 교육훈련을 실시한 뒤, 일정기간이 경과하고 나서 두 집단의 성과를 비교하는 방법이다. 이 방법을 사용하면 상당히 정확하게 교육훈련의 성과에 대한 측정이 가능하지만 잘 알려져 있지도 않고 또 번거롭기 때문에 잘 사용되지는 않는다. [글 11-2]는 이러한 방식을 통한 교육훈련 성과측정 사례를 보여주고 있다.

글 11-2

우리나라 가전업체의 영업사원교육

삼성전자는 전국에 분포되어 있는 대리점 영업사원들을 대상으로 '고객맞춤 세일즈' 교육을 실시하고 있다. 4박5일의 합숙으로 이루어지는 이 교육 프로그램에는 보통 한 번에 20~30명의 영업사원이 참여한다. 첫째 날과 둘째 날은 세일즈 마인드와 비전, 그리고 이미지 메이킹 등 세일즈의 기본을 배운다. 셋째 날부터 본격적인 고객맞춤 세일즈기법에 대한 교육과 실습이 진행된다. 셋째 날에는 고객의 니즈를 알아내기 위한 질문 및 경청법을 배운다. 넷째 날에는 상품교육을 중심으로 세일즈 포인트를 찾아내고 고객에게 맞춤 추천하는 등의 핵심 내용을 접한다. 다섯째 날은 세일즈 역할연기와 콘테스트를 실시하여 그동안 배운 고객맞춤 세일즈를 직접 체험해보고, 콘테스트를 통해 경쟁력을 높일 수 있도록 하고 있다. 즉, 4박5일 동안 고객맞춤 세일즈의 기본이론 교육과 세일즈 역할연기를 반복함으로써 고객맞춤 세일즈 기술을 완전히 몸에 익히도록 하고 있다. 교육장 안에는 실제로 매장과 비슷한 느낌이 들도록 대형 TV와 냉장고, 세탁기 등이 설치되어 있다. 또 세일즈 역할연기를 할 때는 매장에서 고객에게 하듯이 직접 상품 앞에서 세일즈 포인트를 설명하고 실연하도록 하고 있다. 이렇게 실제와 비슷한 상황을 경험할 수 있는 기회를 줌으로써 영업사원들의 참여도와 교육효과를 극대화시키고 있다.

이 프로그램을 실시한 후 교육적인 효과는 판매성과로 나타나고 있다. 대리점 영업사원들에 대한 교육성과를 객관적으로 측정하기 위해 직영점인 리빙프라자에서 근무하는 1~2년차 영업사원 가운데 대리점 영업사원과 어느 정도 동등하다고 판단되는 20명을 비교집단으로 선정하여 이들의 성과를 교육집단의 성과와 비교하였다. 성과평가를 위해 두 집단에 속한 모든 영업사원에 대해 교육 시작시점 이전 1개월과 교육 종료시점 이후 1개월 동안의 판매량 및 판매액을 조사하였다. 성과분석 결과, 교육과정에 참가한 영업사원들은 교육을 받기 이전에 비해 판매량 13%, 매출액 21%의 증가율을 보였다. 뿐만 아니라 비교집단(리빙프라자 영업사원 20명)에 비해서도 판매량은 22%, 매출액은 무려 28%나 높게 나왔다. 또한 상품지식, 고객맞춤 세일즈 스킬, 친절도 등의 3개 항목을 중심으로 평가되는 5점 만점의 판매력지수는 교육 전의 3.57점에서 교육 후에는 4.81점으로 35% 증가하였다. 무엇보다도 커다란 성과는 많은 영업사원들이 고객맞춤 세일즈 교육에 참가한 이후, 영업에 대해 부정적이던 기존의 마인드가 변화되었고, 고객과의 상담기술도 크게 향상되었다고 스스로 평가하고 있다는 점이다. 이러한 성과에 힘입어 현재 삼성전자는 전국 대리점의 영업사원을 대상으로 고객맞춤 서비스교육을 실시하고 있다.

출처 : 삼성전자 유통연수소 · 마케팅 MBA (2003), 삼성전자 고객맞춤 세일즈, 21세기북스, 11-22.

PART 5

영업조직활동의 관리

SALES MANAGEMENT FOR CUSTOMER RELATIONSHIP BUILDING

CHAPTER 12

동기부여

제1절 동기부여의 의미와 중요성

1. 동기부여의 정의와 차원

기업이 매출과 이익을 실현하기 위해서는 영업사원이 영업과 관련된 업무를 열심히 수행할 수 있도록 해야 한다. 따라서 기업의 중요한 책무 중의 하나는 영업사원들이 높은 수준의 동기부여(動機附與, motivation)를 유지할 수 있도록 하는 것이라고 할 수 있다. 일반적으로 동기부여란 "다른 사람으로 하여금 특정한 목표를 달성하기 위한 노력을 기울이도록 만들어나가는 것"을 의미한다. 따라서 영업사원의 동기부여는 "영업사원이 영업과 관련된 다양한 활동을 수행하기 위한 노력을 기울이도록 만들어 나가는 것"으로 정의될 수 있다. 즉, 영업사원이 열심히 일하려고 하는 열정이나 의욕이 넘칠 때 동기부여가 잘 되어 있다고 표현할 수 있다.

그런데 실제로 높은 수준의 업무성과를 달성하기 위해서는 노력의 양은 물론 노력의 질도 중요하기 때문에 동기부여가 잘 되어 있다고 해서 반드시 업무성과가 높아지는 것은 아니다. 예를 들어 신입 영업사원의 경우에는 아무리 동기부여가 잘 되어 있다고 하더라도 영업과 관련된 기술이나 지식이 부족하기 때문에 노력한 만큼의 성과가 나오지 않을 수 있다. 그렇지만 노력을 기울이지 않으면 업무를 수행하는 방법이 아무리 훌륭하더라도 성과를 이룰 수 없기 때문에 동기부여는 높은 수준의 영업성과를 달성하기 위한 필요조건이라고 할 수 있다.

동기부여에는 [그림 12-1]에서와 같이 방향(方向), 강도(强度), 지속성(持續性) 등의 세 가지의 차원이 존재한다. 방향은 노력을 기울이는 대상을 의미하고, 강도는 노력의 양을 의미하며, 지속성은 노력이 얼마나 오랫동안 계속되는가를 의미한다. 예를 들어 우수고객을 대상으로 1년 내에 고객당 소개건수 10건 달성을 목표로 하고 있는 보험사의 영업사원이라면, 우수

그림 12-1 | 동기부여의 차원

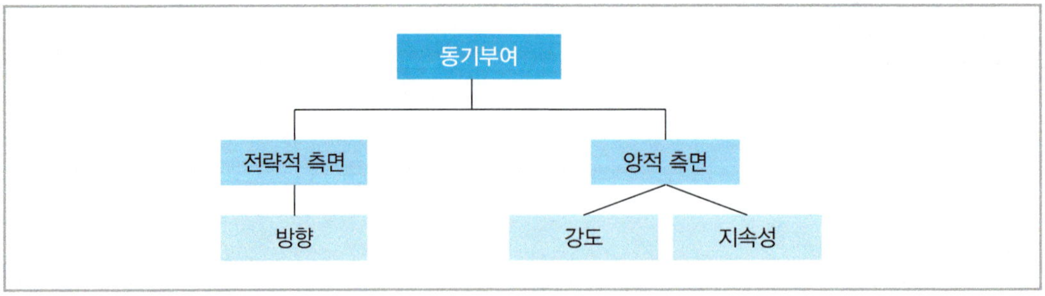

고객이 동기부여의 방향이 되고, 1달에 1회 이상의 방문활동이 동기부여의 강도가 되며, 10건의 소개건수를 달성하는 시점까지가 동기부여의 지속성이 된다. 강도나 지속성이 주로 노력의 양적인 측면을 의미하는 데 비해, 방향은 상대적으로 노력의 전략적인 측면이 강조된다. 영업사원은 영업업무의 수행과정에서 매우 다양한 활동을 수행해야 하기 때문에 어떠한 업무를 선택하는가는 얼마나 열심히 업무를 수행하느냐에 못지않게 중요한 의미를 지닌다. 동기부여의 방향의 중요성이 부각되는 가장 큰 이유는 회사의 전략적인 목표와 일관성을 이루는 방향으로 영업사원에 대한 동기부여가 이루어져야 하기 때문이다. 예를 들어 신제품을 개발하여 이를 전략상품으로 육성하고자 하는 제약회사의 경우에 신제품에 대한 인지도 향상이나 매출 신장이 전략적인 목표가 되는데, 만일 영업사원이 판매액의 유지를 위해 여전히 판매하기가 용이한 기존 제품의 판매에 주력하고 있다면 영업사원이 기울이는 노력의 강도나 지속성과는 관계없이 회사는 전략적인 목표를 달성할 수 없게 된다. 또 다른 예로 고객의 유지율이 점차 하락하고 있음을 감지한 보험회사가 영업사원에게 고객의 이탈을 방지하기 위한 활동의 강화를 요구하고 있는데, 영업사원은 인센티브의 극대화를 위해 여전히 신규고객 확보에 주력하고 있다면 고객유지율의 향상은 기대하기 어려워진다. 이러한 경우에 회사는 영업사원의 노력이 회사의 전략적인 목표와 같은 방향으로 이루어질 수 있도록 보상방법 등에 대해 변화를 모색하여야 한다.

2. 동기부여의 중요성

영업사원에 대한 동기부여는 영업직이 가지고 있는 특성으로 인해 그 중요성이 더욱 강조되고 있다. 영업사원에 대한 동기부여를 더욱 중요하게 만드는 영업직의 특성으로 다음과 같은 세 가지 점을 들 수 있다.

첫째는 업무의 수행과정에서 감정의 기복이 매우 심하게 나타날 수 있다는 점이다. 영업사원은 계약이 성공적으로 이루어졌을 때는 기쁨과 성취감을 느끼게 되지만, 방문을 거절당하거나 열심히 노력한 결실이 이루어지지 않으면 낙담할 수 있다. 통상적으로 성공률은 실패율보다 훨씬 높다. 따라서 영업사원은 감정상태를 조절하고 어려움을 극복하면서 지속적으로 영업활동을 전개할 수 있어야 하는데, 이를 위해서는 강한 동기부여가 필수적이다. 또한 영업의 대상이 되는 사람들 중에는 예의바르고, 영업사원을 잘 대해주는 사람도 있는 반면에 예의없고, 거칠며, 영업사원을 하대하는 사람도 있다. 따라서 영업사원을 대하는 사람의 성향과는 관계없이 감정을 조절하면서 일관성 있게 자신의 업무를 추진해나갈 수 있어야 하는데, 이를 위해서도 강한 동기부여는 필수적인 요인이 된다. 둘째는 대부분의 영업활동이 독립적으로 이루어진다는 점을 들 수 있다. 외부에서 활동해야 하는 영업사원은 거의 독립적으로 자신의 업무를 수행한다. 동료나 상사의 도움을 받지 못하고 자신이 수립한 계획에 따라 혼자서 어려움을 극복하면서 업무를 수행해야 한다. 따라서 강한 동기부여가 없이는 소기한 성과를 달성할 수 없다. 셋째는 강한 동기부여가 없이는 잠재고객을 설득할 수 없다는 점이다. 영업을 원활하게 수행하기 위해서는 판매하고자 하는 제품이나 서비스에 대한 확고한 신념과 고객의 문제를 해결하겠다는 강한 의지를 가지고 있어야 한다. 고객은 이러한 신념과 의지가 없는 영업사원으로부터 제품이나 서비스를 구매하려 하지 않는다. 따라서 확고한 신념과 강한 의지를 뒷받침해 줄 수 있는 동기부여는 영업활동을 위한 필수적인 요소가 된다.

3. 동기부여의 어려움

영업사원에 대한 동기부여는 영업생산성의 향상을 위해 매우 중요하지만, 영업사원 성향의 다양성, 회사목표의 다양성, 그리고 시장환경의 변화 등으로 인해 수행하기가 매우 어려운 업무가 되고 있다.

■ 영업사원 성향의 다양성

영업사원은 개인적인 목표, 장 · 단점, 가치관 등이 매우 다양하기 때문에 동일한 동기부여 수단(motivator)으로 모든 영업사원을 동기부여시킬 수는 없다. 특히 영업사원은 업무의 특성상 개성이 강하고 독립적인 성향을 가지고 있기 때문에 영업사원들 간의 개별적 차이는 사무직 직원들 간의 차이보다 더 큰 것이 일반적이다. 영업사원의 개인적인 성향에 따라 각기 다른 동기요인을 제공하는 것이 최선일 수 있지만, 이는 현실적으로 실행하기가 불가능하다. 따라서 회사의 입장에서는 대부분의 영업사원에게 적용될 수 있는 동기요인과 영업사원의 개별적인 성향을 반영할 수 있는 동기요인이 적절히 혼합된 유연한 형태의 동기요인을 제공하는 것이 현실적으로 가장 바람직한 방법이다. 하지만 실행상의 복잡성과 모든 영업사원의 개별적인 성향을 파악하기가 용이하지 않다는 점 때문에 이는 매우 어려운 일에 속한다.

■ 회사목표의 다양성

회사가 영업활동을 통해 달성하려는 목표는 매우 다양한데, 경우에 따라서는 이러한 목표들이 서로 충돌할 수 있다. 예를 들어 신제품 판매의 증진과 전체 판매액의 증진은 서로 충돌되는 목표가 될 수 있다. 왜냐하면 전체 판매액의 극대화를 위해서는 설명하는 데 시간이 많이 필요한 신제품보다는 잘 팔리고 있는 제품을 더욱 많이 파는 것이 더 효과적이기 때문이다. 또한 특정 세분시장에서의 시장점유율 향상과 전체 영업수익성의 증진도 충돌되는 목표가 될 수 있다. 왜냐하면 특정 세분시장에서의 판매를 증가시키기 위해 소요되는 판매건당 경비는 판매가 가장 잘 이루어지고 있는 세분시장에서의 판매건당 경비에 비해 더 크기 때문이다. 이렇게 충돌되는 목표를 동시에 달성하기 위해서는 각각의 목표에 대해 각기 다른 동기부여 수단을 도입해야 하는데, 이 또한 매우 복잡하고 어려운 작업에 속한다.

■ 시장환경의 변화

소비자니즈의 변화, 고객요구의 다양성 증가, 유통환경의 변화, 경쟁상황의 변화, 제품수명주기상의 변화 등의 시장환경의 변화에 따라 기업의 전략이 달라질 수 있고, 이에 따라 영업사원에 대한 동기부여 수단의 변화도 요구된다. 시장환경의 변화에 따라 지금까지 잘 작동하여 왔던 동기부여 수단이 더 이상 효율적이지 못하게 될 수도 있기 때문에 회사는 시장환경의 변화를 꾸준히 모니터링하면서 높은 동기부여 수준을 지속적으로 유지할 수 있도록 동기부여 수단을 변화시켜나가지 않으면 안 된다.

제2절 동기부여모델

동기부여의 과정을 설명하는 가장 대표적인 모델은 Victor H. Vroom에 의해 제안된 기대이론(期待理論, expectancy theory)이다. 기대이론은 사람들이 특정 업무에 기울이려 하는 노력의 정도가 어떻게 결정되는가를 설명해주고 있다. 기대이론은 [그림 12-2]에서와 같이 기대(期待, expectancy), 수단성(手段性, instrumentality), 그리고 유인성(誘引性, valence)의 세 부분으로 나누어진다.

일반적으로 기업은 영업사원의 동기부여를 위해 다양한 수단을 사용하기 때문에 이를 감안하면 동기부여는 아래와 같은 공식에 의해 결정된다. 즉, 동기부여의 크기는 각 동기부여 수단(금전적 보상, 비금전적 보상 등)별로 세 요소의 곱을 계산한 뒤, 이를 모두 합산하여 산출된다. 따라서 기대가 클수록, 수단성이 클수록, 그리고 유인성이 클수록 동기부여는 커지지만, 어느 한 요소의 값이 0에 근접하는 경우에는 다른 요소의 값의 크기와는 관계없이 동기부

그림 12-2 | 기대이론

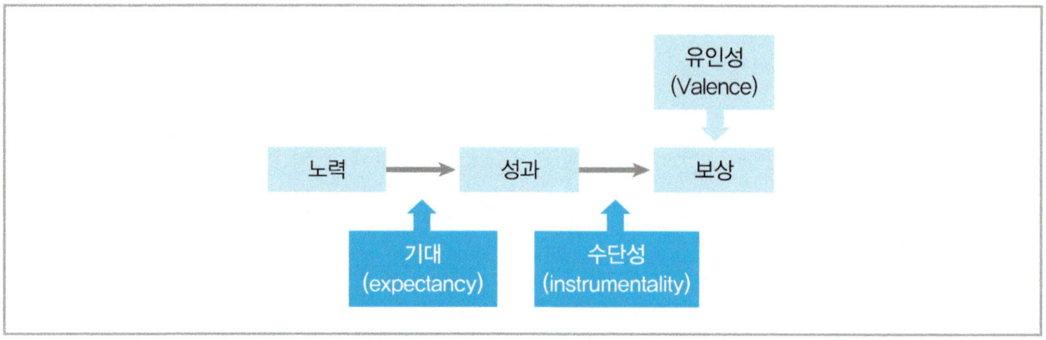

여는 매우 작은 값을 갖게 된다.

$$\text{동기부여} = E \times \sum_{k=1}^{n} (I_k \times V_k)$$

E :노력이 성과를 가져다줄 가능성에 대한 예상치(기대)
I_k : 성과를 통해 k번째 보상을 얻을 가능성에 대한 예상치(수단성)
V_k : k번째 보상에 부여하는 가치(유인성)
k : k번째 보상
n : 회사가 제공하는 보상의 수

1. 기대 : 노력과 성과의 연관성

기대(expectancy)란 노력이 성과를 가져올 수 있다고 믿는 정도를 의미한다. 즉, 이는 영업활동에 기울이는 노력이 판매와 같은 성과로 이어질 가능성에 대한 예측이라고 할 수 있다. 이처럼 기대는 확률이기 때문에 0에서 1 사이의 값을 취할 수 있다. 기대가 0이라면 영업사원은 아무리 많은 노력을 기울여도 성과가 나지 않을 것이라고 믿고 있다는 것을 의미하고, 반대로 기대가 1이라면 노력을 기울이기만 하면 성과가 반드시 나온다고 믿고 있음을 의미한다. 따라서 영업사원은 기대가 클수록 더 많은 노력을 기울이게 된다.

그런데 영업사원이 아무리 많은 노력을 기울여도 노력의 방향이 잘못되어 있을 경우에는 성과가 제대로 나올 수 없고, 이러한 상황이 지속되면 영업사원은 아무리 노력해도 성과가 나오지 않는다고 믿게 되며, 이에 따라 포기에 이르게 될 수도 있다. 예를 들어 판매제품의 변화에 따라 방문대상 고객군을 변경해야 한다든지, 프레젠테이션 방식이나 반론극복 기술 등을 개선하는 노력이 필요한데, 영업사원이 기존의 방식대로 기존의 고객군에 대한 정기적인 방문활동을 계속하고 있다면 성과가 제대로 나오지 않을 가능성이 높고, 영업사원은 이러한 상황에 대해 그 이유를 몰라 당황하게 될 수 있다. 노력에는 '열심히 일하는 것'(work hard)과 '똑똑하게 일하는 것'(work smart)의 두 가지 차원이 있다. '똑똑하게 일한다'는 것은 효율적으로 일한다는 것을 의미하며, 이를 성취하기 위해서 영업사원은 적합한 영업기술도 갖고 있어야 하고, 정확한 영업정보도 확보하고 있어야 하며, 본사의 지원부서로부터 필요한 지원을 얻어내는 방법도 숙지하고 있어야 하는 등 같은 시간을 보다 효율적으로 활용할 수 있는 방법을 체득하고 있어야 한다. 따라서 영업관리자는 교육훈련이나 코칭 등의 방법을 통해서 적합한 영업기술과 정보를 제공해 주어야 한다. 이처럼 영업관리자의 교육훈련, 코칭 등의 활동은 영업사원의 동기부여와 밀접하게 연관되어 있다. 또한 회사의 차원에서도 SFA와 같은 시스템을 제공함으로써 영업사원이 보다 효율적으로 영업활동을 전개할 수 있는 환경을 조성해주어야 한다.

기대와 관련하여 또 한 가지 검토되어야 할 사항은 영업사원이 자신의 성공이나 실패와 같은 성과에 대한 원인을 어디에서 찾는가에 대한 것이다. 귀인이론(歸因理論, attribution theory)은 자신이나 타인의 성공이나 실패와 관련한 원인을 설명하는 방식에 대한 이론이다. 이 이론은 사람들이 성공이나 실패의 원인을 무엇으로 인지하느냐에 따라 차후의 행동방식이 달라질 수 있다고 주장한다. 귀인이론에서 성과의 원인은 소재(所在), 안정성, 통제가능성의 세 가지 차원에서 분류된다. 첫째는 자기 내부적인 요인에서 원인을 찾는가(내적 귀인) 혹은 외부적인 요인에서 원인을 찾는가(외적 귀인)에 따른 분류이며, 둘째는 변화가능성이 적은 것에서 원인을 찾는가(안정적 귀인) 혹은 변화가능성이 높은 것에서 원인을 찾는가(불안정적 귀인)에 따른 분류이고, 셋째는 원인이 통제가능한 것인가(통제가능 귀인) 혹은 통제 불가능한 것인가(통제 불가능 귀인)에 따른 분류이다. 영업사원은 성과의 원인을 외적인 요인보다는 내적인 요인에서, 안정적인 요인보다는 불안정적인 요인에서, 그리고 불가능한 요인보다는 가능한 요인에서 찾을 때 노력과 성과의 연결고리에 대해 보다 명확한 인식을 갖게 된다고 할 수 있고, 이에 따라 기울이고자 하는 노력의 수준, 즉 동기부여도 증가하게 된다. 예를 들어 실패의 원인을 노력의 부족에서 찾았다고 하면, 노력은 내적이며, 변화가능성이 높고, 통제가능한 원인으로 영업사원은 이를 보완함으로써 실패를 극복하려는 노력을 기울일 수 있다. 반면에 영업사원이 제품의 품질이 좋지 않은데서 실패의 원인을 찾았다면 이는 외적이며, 변화가능성이 낮고, 또한 영업사원의 입장에서는 통제가 불가능한 원인이기 때문에 상황이 빠른 시일 내에 변화되기 어렵다고 판단하고, 이에 따라 영업활동을 포기하게 될 수도 있다. 따라서 영업관리자의 역할 중의 하나는 영업사원이 성과의 부진에 대한 원인을 경쟁환경이나 제품의 품질과 같은 통제가 불가능한 외부적인 요인에서 찾으려는 경향을 줄이고, 노력과 같은 내부적인 요인에서 원인을 찾도록 유도함으로써 영업사원이 보다 나은 성과를 달성하기 위해 자발적인 노력을 기울이도록 만들어 나가는 것이 바람직하다.

2. 수단성 : 성과와 보상의 연관성

수단성(instrumentality)은 성과가 보상으로 이어질 것이라고 믿는 정도를 의미한다. 즉, 이는 영업활동을 통해 이룬 성과가 인센티브와 같은 보상으로 이어질 가능성에 대한 예측이라고 할 수 있다. 기대와 마찬가지로 수단성도 확률이기 때문에 0에서 1 사이의 값을 취할 수 있다. 수단성이 0이라면 영업사원은 아무리 많은 성과를 올려도 보상이 이루어지지 않을 것이라고 믿고 있다는 것을 의미하고, 반대로 수단성이 1이라면 성과를 이루기만 하면 보상은 반드시 이루어진다고 믿고 있음을 의미한다. 따라서 영업사원은 수단성이 높을수록 더 많은 노력을 기울이게 된다. 수단성을 높이기 위해서는 두 가지 조건이 충족되어야 한다. 첫째, 영업사원이 자신의 성과를 쉽게 파악할 수 있어야 한다. 이를 위해서는 성과에 대한 평가지표를 단순화함으로써 쉽게 이해될 수 있도록 해야 하고, 성과평가가 객관적이고 공정하게 이루어질 수 있도록 해야 한다. 둘째, 성과와 보상이 직결될 수 있는 보상방법이 마련되어야 한다. 판매액에 비례하여 금전적인 인센티브를 제공하는 커미션(commission)제도가 성공적일 수 있었던 것은 위에서 언급한 두 가지 조건들을 모두 갖추고 있기 때문이다.

수단성과 관련하여 특히 유의해야 할 것은 공정성(equity)에 대한 것이다. 영업사원은 자신이 받은 보상의 수준을 다른 영업사원들이 받은 보상수준과 비교하게 되는데, 만일 다른 영업사원이 성과를 자신보다 덜 냈음에도 불구하고 자신과 비슷하거나 혹은 자신보다 더 많은 보상을 받았다고 판단하면 자신이 공정하게 대우받고 있지 못하다고 느끼게 된다. 공정성이론(equity theory)은 이러한 현상에 대해 설명하고 있다. 이 이론에 따르면 보상과 관련하여 영업사원이 불만을 갖게 되는 상황은 다음과 같이 나타낼 수 있다.

$$\frac{\text{자신의 보상}}{\text{자신의 성과}} < \frac{\text{타인의 보상}}{\text{타인의 성과}}$$

즉, 영업사원은 보상과 성과의 비율을 계산하여 이를 타인의 보상과 성과의 비율과 비교하는데, 만일 타인의 것이 더 크다고 판단되면 보상이 공정하게 이루어지지 않았다고 생각하고 불만을 갖게 된다는 것이다. 이 이론은 이러한 경우에 불만을 감소시키기 위해서 성과를 줄임으로써 자신의 비율과 타인의 비율을 맞추려는 노력을 기울이게 된다고 예측하고 있다. 성과를 줄인다는 것은 성과의 바탕이 되는 노력을 감소시키는 것, 즉 동기부여의 저하를 의미한다. 영업관리자는 이러한 현상이 발생하지 않도록 객관적이고 투명한 성과평가 및 보상방법의 수립을 통해 모든 영업사원에 대한 보상이 공정하게 이루어질 수 있도록 세심한 주의를 기울여야 한다.

많은 기업들은 영업사원이 자신이 어떠한 평가기준에 의해 어떻게 평가되는지를 명확하게 알 수 있도록 하기 위해 목표관리법(Management by Objectives : MBO)을 도입하고 있다. 이 제도는 대체로 다음과 같은 형태로 이루어진다.

- 영업관리자와 영업사원은 상의를 통해 영업사원이 수용할 수 있는 범위 내에서 각 평가지표에 대한 목표를 정한다. 목표는 가능한 한 도전적인 수준에서 결정하는 것이 바람직하고 또한 시기, 측정방법 등이 구체적으로 정해져야 한다.
- 영업관리자는 다양한 보상수단을 활용하여 영업사원이 목표를 달성하도록 독려하는 한편, 적절한 교육훈련과 필요한 정보를 제공하고, 중간 중간에 목표 달성의 정도를 알려준다.
- 정해진 기간이 경과하면 영업관리자와 영업사원은 함께 성과(목표달성 정도)를 평가하고 차기의 목표를 다시 설정한다.

이처럼 이 제도는 단순히 목표의 달성 여부를 평가하는 것이 주목적이 아니라, 성과의 평가를 공정한 처우 및 객관적 보상방법과의 연계시킴으로써 영업사원을 효율적으로 동기부여시키는 것이 주목적이라고 할 수 있다.

3. 유인성 : 보상에 대한 주관적 가치

유인성(誘引性, valence)은 단어의 뜻을 그대로 풀이하면 "보상이 영업사원을 끌어당기는 힘의 크기"를 의미하며, 이는 보상이 자신의 욕구(needs)를 얼마나 충족시켜줄 수 있을 것인지에 대한 주관적 판단이라고 해석될 수 있다. 앞에서 논의된 기대와 수단성이 모두 최대치인 1.0의 값을 갖더라도 보상이 영업사원에게 충분히 매력이 있는 것이 아니라면 동기부여가 될 수 없다. 그런데 모든 영업사원들이 여러 형태의 보상에 대해 동일한 가치를 부여하는 것은 아니기 때문에 영업관리자는 각 영업사원들이 중시하는 보상이 무엇인지를 파악하는 것이 매우 중요하다. 예를 들어 금전적인 인센티브에 대한 가치를 중시하는 영업사원에게는 승진이나 표창과 같은 보상은 효과적인 보상 수단이 될 수 없다. 실제로 실적이 매우 좋은 영업사원 가운데는 영업관리자로의 승진을 거부하는 사람들도 있는데, 이는 승진이라는 보상이 이 영업사원에게는 큰 가치가 없기 때문이다. 또한 일정수준 이상의 인센티브를 받고 있는 우수한 영업사원의 경우에는 추가적인 금전적 인센티브보다는 가족과 같이 시간을 보낼 수 있는 휴가나 지역사회에 대한 기여 등이 훨씬 더 많은 가치를 가질 수 있다. 이러한 경우에는 보상수단으로 가족을 위한 여행패키지나 지역사회의 학교에 대한 장학금 지급이 오히려 더 효과적인 보상수단이 될 수 있다.

제3절 영업사원의 욕구

1. 욕구와 동기부여의 연관성

동기부여의 과정을 설명하는 가장 대표적인 모델이라고 할 수 있는 기대이론은 노력, 성과, 그리고 보상의 연결고리를 밝히는 데 초점을 두고 있다. 그런데 이러한 과정을 보다 심도 있게 이해하기 위해서는 영업사원이 어떠한 욕구를 가지고 있는지에 대한 이해가 선행되어야 한다. 왜냐하면 자신이 가지고 있는 욕구를 충족시켜 줄 수 없는 보상은 가치를 가질 수 없기 때문이다. 보상이 가치를 가질 수 없다는 것은 기대이론에서 유인성의 값이 0이 된다는 것을 의미하며, 따라서 동기부여의 수준도 0이 된다. 동기부여의 과정은 영업사원의 욕구를 시발점으로 하여 [그림 12-3]과 같이 재구성될 수 있다. 먼저 기업에서 제공하는 보상이 자신의 욕구를 충족시켜줄 수 있는가에 대한 판단이 이루어지고, 둘째 이러한 보상은 성과를 통해 획득될 수 있는지에 대한 판단이 이루어지며, 셋째 노력을 통해 성과를 이룰 수 있는지에 대한 판단이 연이어 이루어진다. 이 모든 단계에서의 판단이 긍정적이면 영업사원은 많은 노력을 기울이게 되고, 그렇지 않으면 현상을 유지하거나 혹은 노력의 양을 줄이게 된다. 여기에서는 동기부여의 가장 핵심적인 내용이라고 할 수 있는 욕구에 대해 기술한다.

그림 12-3 | 동기부여의 조건

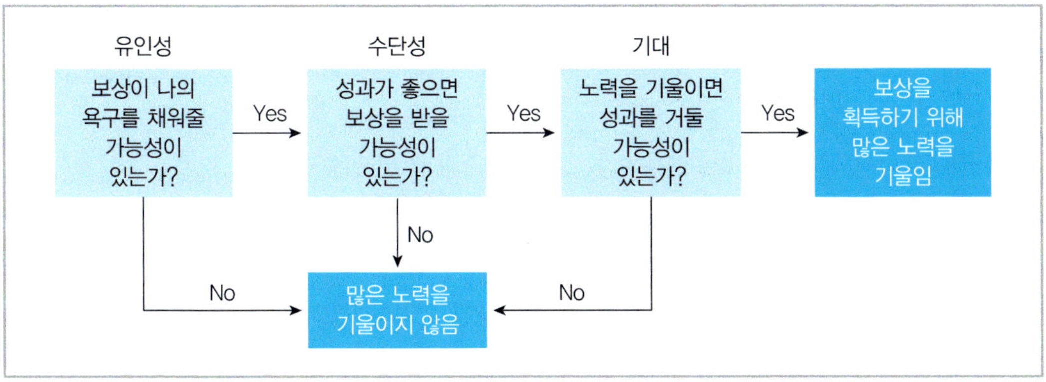

2. 욕구이론

기대이론이 동기부여의 과정에 초점을 맞추고 있는 반면, 욕구이론은 동기부여를 가져오는 실체가 무엇이냐에 대해 초점을 맞추고 있다. 즉, 욕구이론은 과정이 아닌 욕구 자체를 다루고 있다. 가장 대표적인 욕구이론으로 Abraham H. Maslow에 의해 주창된 '욕구계층이론'(hierarchy of needs theory)을 들 수 있으며, 그 외에 ERG 이론, 동기-위생이론, 성취욕구이론 등이 있다.

욕구계층이론은 [그림 12-4]에서와 같이 사람들이 충족하기를 원하는 욕구를 생리적 욕구(physiological needs), 안전욕구(safety needs), 사회적 욕구(social needs), 존경욕구

그림 12-4 | Maslow의 욕구계층의 구조

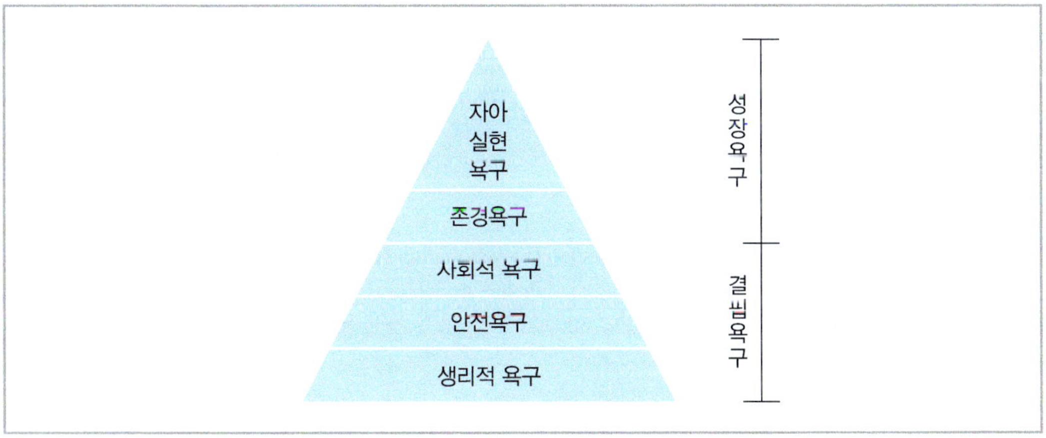

(esteem needs), 자아실현욕구(self-actualization needs) 등의 다섯 가지로 구분하고 있으며, 이 다섯 가지 욕구를 다시 결핍욕구(deficiency needs)와 성장욕구(growth needs)로 구분하고 있다. 결핍욕구는 현재의 기본적인 삶을 영위하기 위해 부족한 부분이 발생하기 때문에 생기는 욕구로 생리적 욕구, 안전욕구, 사회적 욕구가 이에 포함되고, 성장욕구는 더 발전하기 위해 생기는 욕구로 존경욕구와 자아실현욕구가 이에 포함된다. 즉, 결핍욕구는 육체를 가지고 공동생활을 해야 하는 인간으로서 살아가기 위해 필요한 최소한의 것들에 대한 욕구라고 하면, 성장욕구는 기본적인 것이 충족된 상태에서 정신적으로 보다 많은 행복감을 누리기 위해 필요한 것들에 대한 욕구라고 할 수 있다. 욕구계층이론의 가장 큰 특징은 이 다섯 가지의 욕구가 상하관계의 계층구조를 이루고 있으며, 하위단계의 욕구가 실현되면 욕구의 대상이 상위단계의 욕구로 옮겨 간다고 주장하는 데 있다. [표 12-1]은 다섯 가지의 욕구의 주요 내용과 영업관리 차원에서의 각 단계의 욕구를 충족시키기 위해 취할 수 있는 활동들을 기술하고 있다. 또한 [표 12-2]는 국내의 한 보험사의 영업사원에 대한 지원 활동을 5개의 욕구유형에 따라 구분한 내용을 보여주고 있다.

표 12-1 | 욕구의 주요 내용과 영업관리 활동의 예

구분	주요 내용	욕구 충족을 위한 영업관리 활동
생리적 욕구	의 · 식 · 주, 건강	주택자금 지원, 보험 등 복리후생제도의 제공, 자녀교육 지원, 건강검진 지원 등
안전욕구	물질적 안정, 신체적 안전	안전한 업무환경 제공, 고용안정, 적정수입 보장, 성과평가 및 보상방법의 확립
사회적 욕구	소속감, 우정, 교류	멘토 프로그램 운영, 팀셀링 실행, 동아리 지원 등
존경욕구	지위, 인지, 존경	승진, 타이틀 부여, 표창, 업적에 대한 인정 등
자아실현욕구	자아발전, 도전	도전적 목표설정, 특별임무 부여, 특별 교육훈련 제공 등

표 12-2 | 국내 보험사의 보험영업사원 지원의 욕구유형에 따른 구분

구분	지원 내용
생리적 욕구	• 주거안정 지원 : 주택구입자금 대출, 주책임차자금 대출, 사택 및 합숙소 운영 • 건강문화생활 지원 : 연중 휴양소 운영, 정기건강검진 실시, 사내 헬스케어센터 운영, 배우자 건강검진 지원, 사내 체육행사 지원 • 생활안정 지원 : 상해보험 및 개인연금보험 지원, 탁아비 지원, 자녀장학금 지원, 자녀 해외어학연수 지원, 자녀대상 영어캠프 운영, 경조 휴가 및 경조금 지급
안전욕구	• 안전한 근무환경 : 고객으로부터 존경받는 보험회사, 높은 대외신용평가 등급, 윤리경영, 높은 수익성, 높은 재무건전성 • 안정적 소득 : 높은 수준의 안정적 소득
사회적 욕구	각종 사내서클 지원, 경영진의 영업사원과의 적극적 소통(임원진의 공연 등)

존경욕구	고객만족 FP 대상(시상금 및 해외연수 기회제공, 명예이사 부여 등), FP 프라임 클럽(최고경영자과정 학비 지원, 프라임클럽 멤버스카드 지급 등), 명예의 전당 헌액
자아실현욕구	• 금융전문가 성장을 위한 교육시스템 : 필수과정, 특별과정(생애설계 전문 FP과정), 전문가과정(보험 MBA과정, 최고경영자과정) • 금융전문 자격증 취득 지원 : 국제공인 재무설계사, 변액보험 판매관리사, 펀드투자 상담사

출처 : 교보생명 홈페이지, www.kyobo.co.kr/KBLCM/rm/fpView.do

욕구계층이론 이외에 욕구를 다루고 있는 대표적인 이론들로는 동기-위생(motivation-hygiene)이론, ERG이론, 학습욕구(learned needs)이론 등이 있다. [표 12-3]은 이 세 개의 이론이 제시하는 욕구와 특징을 기술하고 있다.

표 12-3 | 여러 동기부여이론의 개요

이론명 및 주창자	욕구 구분	특징
동기-위생이론 Frederich Herzberg	위생요인 동기요인	• 위생요인(hygiene factor)은 회사정책, 작업환경, 관리감독 등과 같이 업무의 환경과 관련된 요인이고, 동기요인(motivation factor)은 책임, 성취감, 인정, 승진 등과 같이 업무 자체와 관련된 요인이다. • 위생요인은 부족하면 불만족의 원인이 되지만 만족을 가져다주는 요인은 아니며, 동기요인은 만족을 가져다주는 요인이지만 부족하다고 해서 불만족을 느끼는 것은 아니다. 즉, 두 개의 요인은 보완적이 아니라 독립적이다.
ERG이론 Clayton P. Alderfer	생존욕구 관계욕구 성장욕구	• 욕구계층이론의 5단계를 3단계로 축약 : 생리적 욕구 & 안전욕구 → 생존욕구, 사회적 욕구 & 존경 욕구 → 관계욕구, 자아실현욕구 → 성장욕구 • 욕구계층이론의 주장과 같이 하위의 욕구가 충족되면 보다 상위의 욕구에 초점이 맞추어 지지만, 욕구계층이론과 다른 점은 상위의 욕구가 충족되지 않으면 다시 하위의 욕구에 초점이 맞추어 진다. 즉, 만족 → 진행의 과정도 있지만, 좌절 → 퇴행의 과정도 발생한다.
학습욕구이론 David McClelland	성취욕구 소속욕구 권력욕구	• 인간의 욕구는 선천적으로 주어지는 것이 아니라 학습되어지는 것으로 보았으며, 학습된 욕구를 성취욕구, 소속욕구, 권력욕구로 구분하였다. • 성취욕구와 소속욕구는 주로 영업사원의 성과와 관련이 있으며, 권력욕구는 주로 영업관리자의 성과와 관련이 있다.

제4절 동기부여수단

1. 동기부여의 유형과 수단

[그림 12-5]에서와 같이 영업사원의 동기부여는 내재적 동기부여(intrinsic motivation)와 외재적 동기부여(extrinsic motivation)로 나누어질 수 있다. 내재적 동기부여는 영업사원이 업무수행에서 오는 성취감, 자신의 능력에 대한 확인, 자아발전, 직무에 대한 흥미 등의 내재적인 보상에 의해 열심히 일하려는 것을 의미하고, 외재적 동기부여는 회사가 제공하는 금전적 보상, 승진, 고용안정 등의 외재적인 보상에서 열심히 일할 수 있는 동기를 발견하는 것을 의미한다.

회사는 적절한 동기부여수단을 활용함으로써 영업사원이 회사의 목표를 달성하는 방향으로 영업활동을 전개하도록 할 수 있어야 한다. [그림 12-5]에서 화살표로 표시된 부분은 회사가 동기부여수단의 활용을 통해 영업사원의 외재적 동기부여의 수준을 높일 수 있음을 의미한다. 동기부여수단은 실적에 바탕을 둔 동기부여 수단과 실적에 바탕을 두지 않은 동기부여 수단으로 구분될 수 있다. 실적에 바탕을 두지 않은 동기부여수단은 주로 영업관리자의 영업관리활동을 통해 제공되는 수단이라고 할 수 있다. 즉, 영업관리자는 코칭, 교육훈련, 성과평가, 영업조직구조의 변화, 할당 등을 통해 영업사원에게 동기를 부여할 수 있다. 실적에 바탕을 둔 동기부여수단은 다시 금전적 수단과 비금전적 수단으로 나누어진다. 실적에 바탕을 둔 수단은 실적에 대한 보상을 의미하기 때문에 금전적 수단과 비금전적 수단은 각기 금전적 보상과 비금전적 보상을 의미한다. 금전적 보상은 영업사원의 동기부여를 위한 가장 강력한 수단이라고 할 수 있다. 가장 보편적인 금전적 보상에는 급여, 커미션, 보너스의 3가지가 포함된다.

국내의 한 연구는 자동차 판매회사에서 근무하는 영업사원들의 판매실적 자료를 이용하여, 보상방법이 연공서열에 따른 급여제도에서 고정급여의 수준을 낮추고 대신 성과와 연계한 인센티브가 강화된 보상방법으로 전이하였을 때 영업사원들의 생산성에 어떻게 영향을 미치는지를 분석하였다. 분석 결과, 성과급제는 영업사원의 생산성에 유의한 영향을 미치며, 이러한 효과는 특히 도입 이전에 생산성이 낮았거나 혹은 직위가 높았던 영업사원들에게서 더욱 두드러지게 나타났다. 즉, 인센티브는 급여에 비해 특히 성과가 저조했던 영업사원의 성과를 높이는 데 효과적이라는 것을 알 수 있다. 급여, 커미션, 보너스 외에도 퇴직금이나 보험 등이 금전적인 보상에 포함될 수 있지만, 퇴직금이나 보험은 영업사원의 성과보다는 회사의 정책에

그림 12-5 | 영업사원의 동기부여의 유형과 수단

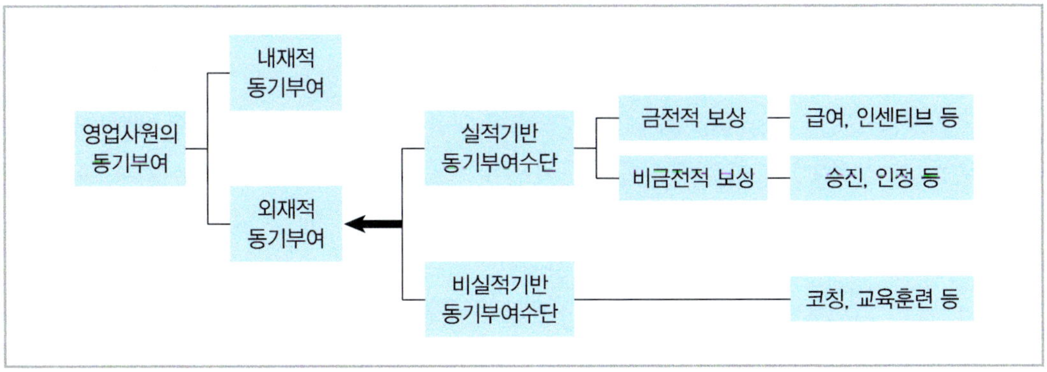

의해 정해지기 때문에 동기부여를 위한 유력한 수단이라고 보기 어렵다. 금전적 보상방법이 동기부여에 어떻게 영향을 미치는가에 대해서는 제17장 '보상방법'에서 상술하였기 때문에 여기에서는 논의하지 않는다.

승진이나 인정 등과 같은 비금전적 보상도 동기부여를 위해 상시적으로 활용되고 있다. 여행사 영업사원을 대상으로 이루어진 국내의 한 연구는 다양한 동기부여수단이 영업성과에 미치는 영향을 조사하였다. 책임감&성취감, 보수&승진, 신분안정&업무자체 등의 3개 변수가 영업성과에 대해 미치는 영향을 조사한 결과, 3개 변수가 모두 영향을 미치고 있는 것으로 나타났다. 즉, 내재적 요인이나 금전적인 보상은 물론 승진이나 신분안정과 같은 비금전적 보상도 영업사원의 성과에 영향을 미치고 있음을 알 수 있다.

2. 동기부여수단의 개별화 정도

영업사원의 욕구가 무엇인지를 파악하는 것은 쉬운 일이 아니지만, 영업관리자는 영업사원의 욕구에 부응하는 동기부여수단을 활용할 수 있어야 한다. 예를 들어 영업의 도전적인 특성 때문에 영업활동을 열심히 수행하는 영업사원에 대해서, 영업관리자는 신제품의 판매나 신시장의 개척 등과 같이 이 영업사원의 도전적 성향에 맞는 직무를 부여함으로써 더욱 열심히 일할 수 있도록 유도할 수 있으며, 자기개발의 욕구가 강한 영업사원에게는 다양한 교육훈련의 기회를 부여함으로써 자기개발 욕구를 충족시키면서 영업활동을 열심히 할 수 있도록 할 수 있다. 또한 금전적인 보상에 대한 욕구가 강한 영업사원에 대해서는 성과와 금전적 보상이 최대한 밀접하게 연계되어 있는 보상방법을 제시함으로써 최선의 노력을 이끌어낼 수 있다.

그런데 회사의 차원에서 영업사원의 동기부여를 위한 제도를 만들 때 모든 영업사원의 개별적인 욕구에 일일이 맞춘 제도를 시행하기는 어렵다. 그렇지만 영업사원의 개별적인 욕구를 제도에 반영하는 것은 매우 중요하기 때문에 현실적인 대안이 모색되어야 한다. 이를 위해서는 두 가지의 대안을 생각해볼 수 있다. 첫 번째 대안은 영업사원을 일정기준에 의해 몇 개의 그룹으로 구분하고, 각 그룹에 적합한 동기부여수단을 만드는 것이다. 그룹을 나누는 기준으로는 가장 비슷한 욕구를 가진 영업사원들을 동일한 그룹에 속할 수 있도록 하는 기준이 선택되어야 하는데, 이러한 기준으로는 영업사원으로서의 경력이나 전문분야 등이 예가 될 수 있다. 이 장의 뒷부분에서 언급하였지만 경력의 단계에 따라 선호하는 동기부여수단이 달라지기 때문에 경력은 영업사원을 구분하는 유력한 기준이 될 수 있다. 또한 자신의 전문 영업분야에 따라서도 영업사원의 욕구는 크게 달라질 수 있기 때문에 이 또한 영업사원을 구분하는 좋은 기준이 될 수 있다. 예를 들어 한 조직에 있는 영업사원이라도 장기적인 관계가 중시되는 전략고객을 대상으로 하는 영업사원과 많은 숫자의 대리점을 상대로 매출 증진을 독려하여야 하는 영업사원 간에는 동기부여수단에 있어서 분명히 차이가 있고, 회사는 이러한 차이를 감안하여 각 그룹에 맞는 동기부여수단을 설계하는 것이 바람직하다. 두 번째 대안은 회사가 급여, 인센티브, 승진, 포상 등의 다양한 동기부여수단들을 가지고 몇 개의 동기부여 프로그램을 마련한 후에 영업사원으로 하여금 자신들이 원하는 동기부여 프로그램을 선택하도록 하는 것이다. 이는 몇 가지 종류의 세트메뉴를 제공하는 식당에서 손님이 그 중 하나를 선택하는 것과 같은 원리라고 할 수 있다. 영업사원은 여러 프로그램 가운데 자신이 가장 선호하는 프로그램을 선택할 수 있고, 회사는 제한된 숫자의 프로그램만을 제공함으로써 동기부여 프로그램이 너무 복잡해지는 것을 방지할 수 있다.

3. 비실적기반 동기부여수단

앞에서 언급한 바와 같이 비실적기반의 동기부여수단은 다양한 영업관리활동을 통해 이루어진다. 예를 들어 영업관리자는 코칭이나 교육훈련을 통해 영업사원이 영업활동이 회사에 기여하는 바를 명확하게 인식하게 하고, 영업활동과 성과와의 관계를 정확하게 이해하게 함으로써 자부심과 자신감을 가지고 영업에 임하도록 할 수 있다. 자기개발욕구가 강한 영업사원에 대해 회사는 세미나 혹은 워크숍 등의 참가비, 대학등록금, 학원이나 헬스클럽의 수강료 등의 지원을 통해 영업사원의 자기개발욕구의 충족을 지원할 수 있다. 특히 젊고 패기 있는 영업사원일수록 자기개발에 대한 욕구가 강하기 때문에 훌륭한 자기개발 지원 프로그램은 동기부여에 기여할 수 있다. 또한 영업관리자는 도전적인 영업사원에 대해서 통제할 수 있는 권한을 늘려주고, 권한을 위임하고, 보다 많은 책임을 부여함으로써 강한 의욕을 불러일으킬 수 있다. 영업사원이 하나의 업무만을 지속적으로 수행하게 되면 지루해지고 나태해질 수 있기 때문에 다른 업무나 다른 환경에서 업무를 수행하도록 함으로써 업무의욕을 고취시킬 수 있다. 또한 보다 원활한 고객 방문활동을 할 수 있도록 하기 위해 모바일기기를 지급하는 등 보다 좋은 업무환경을 조성해주는 것도 동기부여의 수단이 될 수 있다. 영업사원이 내재적으로 가지고 있는 성취의욕, 자기개발의욕, 성장욕구, 다양성추구 성향 등은 영업활동의 생산성의 향상에 크게 도움이 되지만, 회사가 이러한 영업사원의 내재적 욕구의 정도를 측정하여 보상을 할 수는 없다. 하지만 위에서 언급한 바와 같이 다양한 영업관리활동을 통해서 영업사원들이 성취의욕, 자기개발의욕 등을 너욱 키워갈 수 있도록 도모할 수 있다.

4. 비금전적 보상

금전적인 보상은 영업사원에 대한 가장 강력한 동기부여의 수단이기 때문에 영업관리자는 최적의 금전적 보상방법을 만들어내기 위해 많은 노력을 기울인다. 그러나 영업사원은 금전적 보상뿐만 아니라 승진, 인정, 칭찬, 성취감 등 비금전적 보상에 의해서도 크게 동기부여를 받을 수 있기 때문에 비금전적 보상을 적극 활용할 수 있어야 한다.

4.1 승진

영업사원의 승진이 반드시 영업관리자로의 승진만을 의미하는 것은 아니다. 오히려 영업사원의 신분을 유지하면서 승진이 이루어지는 것이 훨씬 일반적이며, 일반 영업사원에서 대리, 과장, 부장 등으로의 승진이 이를 의미한다. 이 경우에 금전적 보상이 동반되는 것이 일반적이다. 영업사원은 높은 직급으로 올라갈수록 더 중요한 고객들을 담당하거나, 판매과정에서 더 어려운 단계(예를 들어 판매과정 초기에 고객이 문제를 인식할 수 있도록 돕는 단계)를 담당하는 등 맡은 책임이 더 커지게 된다. 그런데 영업사원에서 영업관리자로 승진이 이루어지는 경우, 금전적 보상은 오히려 감소할 수 있다. 왜냐하면 영업사원으로서 실적이 좋으면 인센티브를 통해 많은 보상을 얻을 수 있지만, 영업관리자가 되면 직접 영업을 할 수 있는 기회가 거의 없기 때문이다. 이러한 경우에 영업사원이 금전적 보상과 비금전적 보상 중 어떠한 보상을 더 중시하는가를 가늠할 수 있게 된다. 금전적 보상을 중시하면 영업관리자로의 승진을 거부하고 그대로 영업사원으로 남게 되고, 비금전적 보상을 중시하면 수입의 감소를 감수하고 영업관리자로서의 길을 걷게 된다.

4.2 인정

영업사원의 업적에 대한 인정(認定)은 동기부여에서 매우 중요한 위치를 차지한다. 인정은 비공식적인 인정과 공식적인 인정의 두 가지로 나뉜다. 비공식적인 인정은 많은 사람들에게 공공연히 알려지는 형태로 진행되지 않으며, 상금이나 상패 등 부상이 수반되는 것은 아니라는 점에서 공식적인 인정과 구분된다. 영업관리자가 영업사원과 대화를 하면서 영업사원의 업적을 칭찬하는 것, 최고경영진이 업적이 우수한 영업사원에게 전화를 걸어 치하하는 것, 영업사원의 집으로 감사의 편지를 보내는 것 등이 비공식적 인정에 포함된다. 특히 영업사원과 가장 근거리에 있는 영업관리자의 격려와 칭찬은 매우 중요한 동기부여의 원천이 된다. 비공식적인 인정은 부상이 수반되는 것은 아니기 때문에 비용이 거의 들지 않고, 또한 영업사원이나 경영진이 영업사원의 업적을 인지하였을 때 바로 이루어질 수 있기 때문에 시의성이 뛰어나다는 장점이 있다.

공식적 인정은 영업조직을 가지고 있는 대부분의 회사에서 보편적으로 사용되고 있는 동기부여 방식이다. 공식적 인정의 과정에서 상금이나 상품이 부상으로 제공되기도 한다. 공식적 인정은 두 가지 점에서 여타 동기부여 방식과 구별된다. 첫째, 공식적 인정은 동료 영업사원, 경영진, 가족 등 많은 사람이 참석하는 공식적인 자리에서 이루어진다는 점이다. 이는 공식적 인정이 해당 영업사원을 격려하는 의미를 담고 있지만, 동시에 여타 영업사원들에게도 자극이 될 수 있기 때문이다. 그래서 영업조직의 규모가 큰 경우에는 상당히 화려하고 성대한 공식적인 행사가 치러지는 경우도 흔히 볼 수 있다. 우리나라의 경우에는 특히 보험회사 및 자동차회사들이 [글 12-1]에서와 같이 판매왕을 선발하는 크고 작은 행사를 매년 진행하고 있다. 이러한 행사를 진행하려면 많은 비용이 소요되지만, 인정의 대상이 되는 영업사원을 포함한 모든 영업사원에게 동기를 부여하는 효과를 갖기 때문에 기꺼이 투자하는 경향이 있다. 둘째, 인정의 대상이 되는 영업사원에게 심리적인 가치를 부여할 수 있는 징표가 제공된다는 점이다. 이러한 징표로는 상패, 배지, 증명서 등이 사용되며, 경우에 따라서는 특별히 실적이 우수한 영업사원으로 구성된 클럽을 운영하기도 한다. 기아자동차는 누적 2,000대 이상 판매한 영업사원에게 '판매스타'라는 칭호를 부여하는데, 이 클럽에 가입한 영업사원은 2011년 말을 기준으로 30여 명 수준이다. 현대자동차는 누적 2,000대를 판매한 영업사원에게는 '판매장인', 3,000대는 '판매명장', 4,000대 이상은 '판매명인'이라는 칭호를 주고 있다. BMW도 프리미엄클럽 멤버제도를 두고 있으며, ING생명은 가장 많은 실적을 올린 영업사원에게 'Royal Lion'이라는 직급과 명예이사의 호칭을 부여한다. 생명보험 업계에서는 미국에서 시작되어 전 세계에 퍼져 있는 MDRT(Million Dollar Round Table)를 운영하고 있다. 이는 생명보험업계의 명예의 전당이라고 할 수 있으며, 생명보험 영업사원으로서는 최고의 영예로 꼽힌다. 여기의 회원이 되기 위해서는 연간 1억 6,000만 원 이상의 보험료나 7,400만 원 이상의 수수료 실적을 올려야 한다. MDRT보다 높은 등급인 'Court of the Table'과 'Top of the Table'도 운영되고 있다.

판매왕 시상식 행사 사례

글 12-1

■ 기아차, 우수 영업사원 시상식

기아자동차는 10일과 11일 양일간 강원도 알펜시아 리조트에서 김창식 기아차 국내영업본부장을 비롯해 106명의 우수 카마스터(영업직 사원)와 가족 등 총 550여 명이 참석한 가운데 '2012 기아 스타 어워즈'행사를 개최했다. 이번 행사에는 지난해 120대 이상 판매한 기아 영업직원들이 참석했다. 기아차는 전국에서 가장 많은 차량을 판매한 '기아차 판매왕'에게 K7 1대를, 2위에게 쏘울 1대를, 3위에게 700만 원의 포상금을 부상으로 수여했다.

출처 : 아시아경제, www.asiae.co.kr/news/view.htm?idxno=2012021209451035539, 2012년 2월12일 입력

5. 콘테스트

콘테스트(contest)는 설정된 목표를 달성하는 영업사원에게 시상하는 방식으로 운영되는 단기적인 동기부여수단이다. 콘테스트는 경쟁의 형태로 이루어지기 때문에 선발된 영업사원에게 자부심과 성취감을 느낄 수 있게 하는 기회를 제공할 수 있으며, 일반적으로 현금이나 여행패키지 등이 부상으로 주어진다. 따라서 콘테스트는 공식적 인정과 같은 '비금전적 보상'의 요소와 인센티브와 같은 '금전적 보상'의 요소를 모두 가지고 있으며, 이러한 이유로 여기에서도 어느 한쪽으로 구분하지 않고 별도로 기술하였다.

성공적인 콘테스트가 이루어지기 위해서는 달성 목표의 유형, 콘테스트의 유형, 시상 상품(賞品) 등이 동기부여가 가장 잘될 수 있는 방향으로 정해져야 한다. 미국에서 소비재, 산업재, 의료서비스 부문의 3개 기업에 소속된 약 800명을 대상으로 이루어진 한 연구는 기대이론을 기반으로 콘테스트의 설계와 관련된 여러 요소들에 대한 가설을 설정하고 검증하였는데,

주요 분석 결과는 다음과 같다. 첫째, 영업사원들은 판매노력이나 영업기술과 같은 과정중심의 목표보다는 판매증가율과 같은 성과중심의 목표를 더 선호한다. 둘째, 선발하는 영업사원의 수와 관련하여서, 일정기준 이상의 실적을 달성한 모든 영업사원을 시상하는 개방형이나 숫자를 너무 많이 제한하는 방식(상위 20%)보다는 적정한 수준(상위 40%)의 영업사원을 선발하는 것을 더 선호한다. 셋째, 시상의 내용으로는 여행패키지나 카탈로그에서 원하는 상품을 선택하게 하는 것보다는 현금을 더 선호하다. 우리나라에는 이러한 조사가 실시된 바는 없지만 상당히 유사한 결과가 나올 것으로 판단된다.

5.1 달성목표의 유형

콘테스트에서 설정되는 목표로는 주로 판매액, 판매증가율, 확보된 신규고객의 수, 신제품 판매액, 재고상품 판매액 등과 같이 판매 결과와 관련 있는 목표가 설정되지만, 영업기술이나 우수한 서비스제공 등 과정중심의 목표가 설정되기도 한다([글 12-2] 참조).

콘테스트 사례

글 12-2

■ 사례 1(판매 콘테스트) : ㈜좋은사람들의 언더웨어 브랜드 보디가드가 지난 12일, 2011년 보디가드 판매 경진대회 최우수매장 시상식을 개최했다. 보디가드는 우수 매장을 선정해 마진율을 현재 37%에서 40%로 3% 확대하는 제도인 변동마진제를 운영 중이며, 판매실적, 신장률, 신규회원 가입률, 회원매출 등을 평가해 선정된 상위 매장 점주들에게 혜택을 주고 있다. 2010년 대비 2011년에 가장 높은 성장률을 보인 곳은 원주로 65%의 매출신장을 기록했으며, 그 뒤를 이은 종각, 구리, 이천 등 서울 · 경기지방 역시 평균 43%의 성장률을 보여, 매출이 지난 보디가드 MW의 성공적인 런칭 이후로 지속적인 상승세를 보이고 있다.

보디가드의 변동마진제는 점주의 사기를 증진하고 공로를 치하하기 위해 매년 2회 진행되며, 변동마진제 외에도 우수 점주 포상 등 브랜드 전문점과의 신뢰를 바탕으로 한 파트너십을 구축해 상호 윈윈하기 위한 노력들을 활발하게 펼치고 있다. 한편 몸이 편한 속옷으로 인기를 얻고 있는 보디가드는 2011년 한 해 동안 15% 신장된 650억 원의 매출을 달성해 성장세를 이어나가고 있다.

출처 : 시사위크, www.sisaweek.com/sub_read.html?uid=3097, 2010년 1월 19일 입력

■ 사례 2(고객관리 콘테스트) : 인피니티는 26일, 서울 강남전시장에서 우수한 세일즈 컨설턴트를 발굴 · 육성하는 '2011 인피니티 고객관리 콘테스트(Infiniti Customer Care Contest)'를 실시한 결과, 분당전시장 김종찬 팀장이 최우수 컨설턴트로 선정됐다고 밝혔다. 올해로 4회째를 맞는 '인피니티 고객관리 콘테스트'는 매년 한 해를 마무리 하며 고객관리의 중요성을 되짚어보고, 고객만족도의 증대를 도모하고자 진행되는 행사이다. 심사방식은 세일즈를 위한 준비단계부터 전시장에서의 고객응대,

차량판매 이후의 고객관리까지 총 2단계 10개 항목에 대한 객관적인 평가가 이루어지며, 각 전시장 본부장들이 해당 전시장 소속 세일즈 컨설턴트를 제외한 다른 참가자들의 평가 및 심사를 맡는다.

1차 예선은 지난 10월부터 약 2개월에 걸쳐, 전국 9개의 전시장에서 인피니티의 판매를 담당하고 있는 100여명의 서비스 컨설턴트 직원들이 참가해 판매를 위한 덕목들을 객관적으로 평가받았다. 이날 진행된 최종 결선에는 각 전시장을 대표해 가장 높은 점수를 받은 9명의 컨설턴트들이 모여 고객응대에 대한 롤플레이를 실시, 고객 서비스 및 차량 판매 과정을 구현하며 종합적인 평가를 받았다. 이들은 고객을 대하는 용모, 복장에서뿐만 아니라 경쟁사와 차별화하여 설명할 수 있는 제품지식, 빠르고 효과적인 니즈파악, 고객을 리드할 수 있는 자신감과 열정 등 개개인이 가진 전문성을 검증받았다. 이날 최우수 컨설턴트에 선정된 분당전시장(천일오토모빌) 김종찬 팀장은 탁월한 전문성을 인정받아 2009년에 이어 두 번째로 본상을 수상했으며, 트로피와 상금 300만 원을 수여받았다. 근소한 차이로 2등과 3등에 선정된 강남 전시장(SS 모터스) 김진우 대리와 광주전시장(노블 모터스) 주혁 주임은 각각 트로피와 상금 200만 원과 100만 원을 수여받았다.

출처 : 매일경제, news.mk.co.kr/newsRead.php?year=2011&no=833788, 2011년 12월 27일 입력

5.2 콘테스트의 유형

콘테스트의 유형은 [그림 12-6]에서와 같이 경쟁대상, 평가지표, 선발자의 수에 따라 여러 가지로 구분될 수 있다. 첫째, 경쟁대상이 누구인가에 따라 전사적 경쟁 콘테스트, 그룹별 경쟁 콘테스트, 개인별 콘테스트로 나누어진다. 전사적 경쟁 콘테스트는 회사에 소속된 모든 영업사원이 경쟁의 대상이 되는 형태로 진행되는 콘테스트를 의미한다. 그룹별 경쟁 콘테스트

그림 12-6 | 콘테스트의 유형

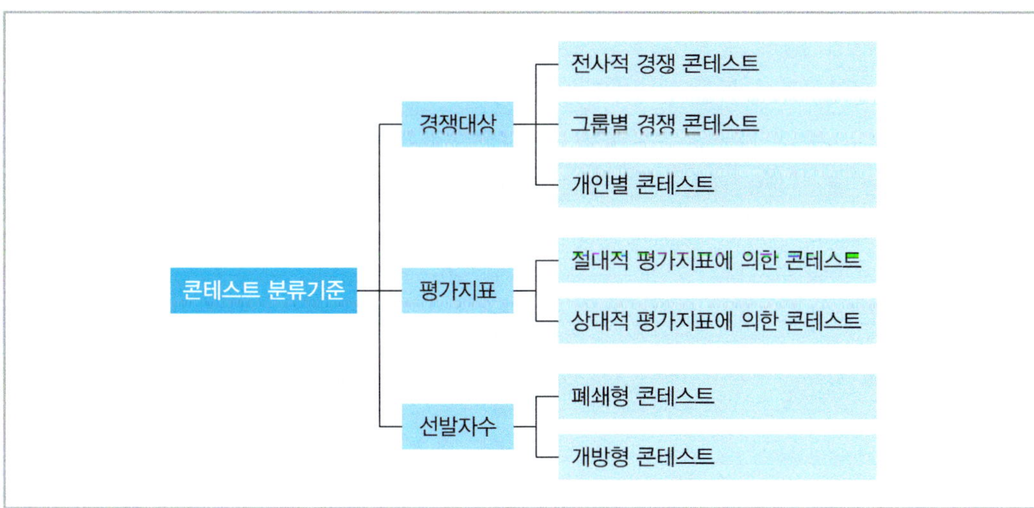

는 영업사원을 몇 개의 그룹으로 나누고 각 그룹이 경쟁하는 형태로 전개되는 콘테스트를 의미한다. 각 그룹은 전년도의 매출실적, 영업사원의 경력, 담당하고 있는 구역의 잠재력 등을 기준으로 나누어진다. 이러한 구분은 비슷한 경력이나 영업환경을 가지고 있는 영업사원들을 경쟁의 대상으로 규정함으로써 보다 공정한 경쟁이 이루어질 수 있도록 하는 데 그 목적이 있다. 개인별 콘테스트는 개인별로 달성하고자 하는 목표를 설정하고, 설정된 목표를 달성하였는가의 여부를 기준으로 시상자를 선발하는 형태로 전개되는 콘테스트를 의미한다. 즉, 개인별 콘테스트에서는 다른 영업사원이 아니라 자기 자신만이 경쟁의 대상이 된다. 둘째, 평가지표가 어떻게 정해지는가에 따라 절대적 평가지표에 의한 콘테스트와 상대적 평가지표에 의한 콘테스트로 나누어진다. 예를 들어 판매액이 얼마인가를 기준으로 선발이 이루어지면 절대적 평가지표에 의한 콘테스트가 되고, 전년 대비 판매액 증가율을 기준으로 선발이 이루어지면 상대적 평가지표에 의한 콘테스트가 된다. 셋째, 선발자의 수가 제한되어 있는지의 여부에 따라 폐쇄형 콘테스트와 개방형 콘테스트로 나누어진다. 폐쇄형 콘테스트에서는 시상자의 수가 제한되어 있는 형태의 콘테스트를 의미하고, 반면에 개방형 콘테스트는 시상자의 수가 제한되어 있지 않은 형태의 콘테스트를 의미한다.

콘테스트의 유형은 얼마나 많은 영업사원이 콘테스트에 관심을 가지고 참여하는가와 콘테스트에 얼마나 많은 긴장감(緊張感)이 연출될 수 있는가와 관련이 있다. 예를 들어 전사의 모든 영업사원을 대상으로 하여(전사적 경쟁 콘테스트), 일정기간 동안의 판매액을 기준으로(절대적 평가지표에 의한 콘테스트), 제한된 숫자의 영업사원을 선발하는(폐쇄형 콘테스트) 형태의 콘테스트의 경우에는 극적인 효과는 극대화시킬 수 있지만, 선발의 가능성이 없다고 생각하는 많은 영업사원들이 콘테스트에 적극적으로 참여하지 않는 현상이 빚어지게 된다. 반면에 영업사원 개개인이(개인별 콘테스트), 정해진 판매액 성장률을 달성하였는지의 여부를 기준으로(상대적 평가지표에 의한 콘테스트), 몇 명이 되었든 관계없이(개방형 콘테스트) 시상하는 형태의 콘테스트의 경우에는 콘테스트의 긴장감은 떨어지지만, 모든 영업사원이 자신과의 경쟁에서 이기면 시상의 대상이 될 수 있기 때문에 참여율은 높아지게 된다. 따라서 회사는 최우수 영업사원의 선발을 통한 극적인 효과를 중시할 것인지, 혹은 많은 영업사원들의 참여를 중시할 것인지를 감안하여 콘테스트의 유형을 결정해야 한다.

5.3 콘테스트의 상품

콘테스트의 상품(賞品)으로 무엇을 제공하는가도 콘테스트의 성공 여부에 큰 영향을 미친다. 상품으로는 현금, 상품권, 상품(商品), 여행패키지 등이 가장 일반적으로 활용되고 있다.

현금은 영업사원이 자신이 원하는 용도로 사용할 수 있다는 큰 장점을 가지고 있기 때문에 선호도가 매우 높다. 상품이나 여행패키지는 용도가 극히 제한되지만, 현금에 비해 훨씬 더 많은 상징성을 부여할 수 있고, 또한 이를 받는 영업사원이 체감하는 가치가 회사가 이를 제공하기 위해서 지불하는 비용에 비해 훨씬 큰 것이 일반적이기 때문에 영업사원들이 선호하는 상품이나 여행패키지를 잘 선택하여 제공하면 현금에 비해 훨씬 더 큰 가치를 영업사원에게 제공할 수 있다. 영업사원에게 선택의 범위를 넓혀주기 위해 포인트제도를 실시할 수도 있다. 즉, 상품으로 포인트를 제공하고 회사가 제공하는 카탈로그에서 영업사원이 필요로 하는 제품이나 서비스를 포인트로 구매하도록 함으로써 영업사원이 자신이 원하는 제품이나 서비스를 저렴한 가격에 구입하도록 할 수 있다.

5.4 콘테스트의 문제점

콘테스트는 예상하지 못한 부작용을 초래할 수도 있다. 시상의 기준을 판매액이나 판매증가율 등으로 설정하는 경우에 영업사원은 경쟁에서 이기기 위해 구매자에게 구매하도록 압력을 가하거나 읍소를 하는 등 무리한 판매활동을 전개할 가능성이 있다. 또한 영업사원이 구매자로 하여금 콘테스트 기간에 구매를 집중시키도록 유도함으로써 콘테스트가 종료되면 판매액이 급격히 감소하게 될 수도 있다. 이러한 이유들 때문에 많은 비용을 들여 치러져야 하는 콘테스트가 과연 동기부여에 긍정적인 효과를 갖는가에 대한 의문이 제기된다. 콘테스트의 부정적인 효과는 대부분 영업사원들 간의 과도한 경쟁의식에서 오는 것이기 때문에 이를 완화하기 위해서는 앞에서 언급한 바와 같이 전사적 경쟁 콘테스트보다는 그룹별 경쟁 콘테스트나 개인별 콘테스트를 채택하는 것이 바람직하다. 또한 절대적 평가기준보다는 상대적인 평가기준을 채택하고, 일정한 기준을 달성한 모든 영업사원들을 시상의 대상으로 하는 개방형 콘테스트를 채택하는 것이 바람직하다. 또한 판매액이나 판매증가율 대신에 신규고객 확보수나 영업기술의 수준 등을 평가지표로 선정함으로써 콘테스트 이후에 판매액이 감소하는 현상을 방지하고, 장기적으로도 매출 신장이 꾸준히 이루어질 수 있도록 도모할 수 있다.

제5절 경력의 단계와 동기부여

영업사원도 다른 직장인들과 마찬가지로 신입 영업사원으로 경력을 시작할 때부터 퇴직시

그림 12-7 | 영업사원의 경력단계

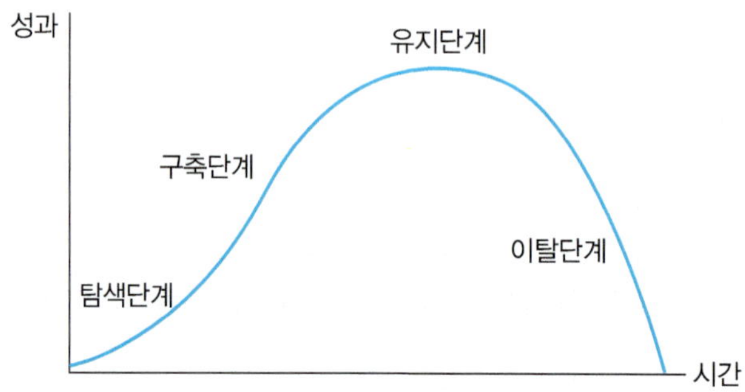

점에 이르기까지 여러 단계를 거친다. 영업사원의 경력단계(career stages)는 [그림 12-7]과 같이 사람이나 제품의 수명주기와 마찬가지로 탐색단계, 구축단계, 유지단계, 이탈단계의 4개의 단계로 나누어질 수 있다. 연령으로 보면 탐색단계는 대체로 영업사원으로서의 경력을 시작할 때인 20대에 해당하고, 구축단계는 30대 초반~30대 후반, 유지단계는 40대 초반~50대 중후반, 이탈단계는 50대 후반 이후의 시기에 해당된다. 경력단계가 동기부여에서 중요한 위치를 점하는 이유는 각 단계에 따라 기대이론에서 동기부여의 수준을 결정하는 3개의 요소인 기대, 수단성, 그리고 각 동기부여 수단의 유인성이 달라지기 때문이다.

1. 탐색단계

탐색단계(探索段階)는 영업사원으로서의 경력을 이제 막 시작하는 시기를 의미한다. 이 단계의 영업사원은 자신이 과연 영업사원으로 성공할 수 있을지, 또한 영업이 자신의 적성에 맞는 직종인지에 대해 불안감을 가지고 있다. 더욱이 이들은 영업기술과 영업지식이 낮은 수준이어서 열심히 영업활동을 해도 성과도 잘 나오지 않기 때문에 업무에 대한 만족도도 높지 않고, 정서적으로 매우 불안한 상태에 있다. 이러한 상태를 잘 극복하지 못하면 영업이 적성이 맞지 않는 것으로 판단하고 퇴사해 버리거나, 혹은 성과가 좋지 않아 해고를 당하는 결과가 초래된다.

이 단계에서의 영업사원은 노력을 하면 성과가 잘 나올 수 있다는 확신이 없기 때문에 기대 수준도 낮고, 어느 정도의 성과를 올려야 자신이 원하는 보상(예를 들어 성취감, 금전적 보상, 승진, 인정 등)을 얻을 수 있을지에 대해서도 잘 알지 못하기 때문에 수단성의 수준도 낮다. 그런데 이 단계에서의 영업사원들은 대체로 금전적인 보상보다는 자기개발이나 영업관리자 등 다른 사람으로부터의 인정을 더 중시한다. 이는 이들이 자기개발을 통해 자신이 부족한 부분을 채우려는 의지를 가지고 있고, 또한 자신이 영업사원으로서 제대로 성장해가고 있음을 다른 사람으로부터 확인하고 싶은 욕구를 가지고 있기 때문이다. 따라서 이 단계의 영업사원에 대한 동기부여를 위해서는 영업기술과 영업지식의 향상을 위한 교육훈련 및 코칭활동에 주력함으로써 영업사원이 보다 효율적이고 효과적으로 영업활동을 전개할 수 있도록 해야 하며, 영업사원의 성과에 대해 금전적인 보상은 물론 공식적 및 비공식적 칭찬과 격려를 통해 영업사원 스스로가 성과를 이루면 자신이 원하는 보상을 얻을 수 있다는 점을 확신할 수 있도록 해주는 것이 중요하다.

2. 구축단계

구축단계(構築段階)는 영업사원으로서의 기반을 어느 정도 갖추고 빠른 속도로 성장해 나가는 시기를 의미한다. 이 단계의 영업사원은 다른 어떤 단계의 영업사원보다도 성공에 대한 열망이 더 강렬하다. 상당한 수준의 영업기술과 영업지식을 습득하고 있는 이 단계의 영업사원들은 경험을 통해 노력을 기울이면 성과가 나온다는 것을 잘 알고 있고, 또한 성과가 있으면 반드시 보상이 따라온다는 것도 잘 알고 있다. 즉, 탐색단계의 영업사원과는 달리 기대와 수단성의 수준이 매우 높다. 주로 30대인 이 단계의 영업사원은 결혼, 주택마련, 출산 및 육아 등 가정을 꾸리기 위한 자금이 많이 필요하기 때문에 금전적 보상을 매우 중요시한다. 그러나 이들이 가장 중시하는 것은 영업관리자나 경영진으로부터의 인정과 이를 바탕으로 이루어지는 승진이다. 승진은 자신이 성공적인 영업사원이라는 심리적인 만족감을 주는 동시에 더 높은 수준의 급여를 제공한다. 승진에 대한 열망은 이 단계의 영업사원에서 가장 강하게 나타난다. 따라서 승진을 하지 못한 영업사원이 감내해야 하는 실망감이나 좌절감도 그만큼 크다. 그래서 승진이 기대에 미치지 못한다고 생각하는 영업사원은 빠른 승진을 약속하는 다른 회사로 이직을 하거나 혹은 영업직을 떠나버리는 선택을 하게 된다.

이 단계의 영업사원에 대한 동기부여를 위해서는 노력 및 성과에 상응하는 금전적인 보상을 제공하는 보상방법을 마련하여야 하고, 공평한 승진제도의 운영을 통해 승진 누락에 대한 불만을 최소화시켜야 함은 물론, 승진가능성에 대한 과도한 기대를 갖지 않도록 유도하는 것이 중요하다.

3. 유지단계

적게는 10여 년에서 많게는 20년 정도의 경력을 가지고 있는 유지단계(維持段階)의 영업사원은 영업기술, 영업지식 등 모든 측면에서 원숙한 단계에 도달해 있으며, 상당한 수준의 영업실적도 올리고 있고, 직급도 상당히 높다. 이들이 가장 원하는 것은 큰 변화 없이 현재의 지위나 실적 등을 가능한 한 오랫동안 유지하는 것이다. 이들은 자녀들의 교육이나 보다 넓은 주택의 마련을 위한 자금이 많이 필요하기 때문에 금전적 보상을 매우 중시한다. 반면에 더 높은 직급으로의 승진은 매우 어렵다는 것을 알고 있을 뿐만 아니라, 구축단계에 있을 때만큼 절실하지도 않다. 대신에 자신의 존재가치를 여러 사람에게 확인시켜주는 여타 비금전적 보상수단에 대한 욕구는 대단히 크다. 즉, 공식행사에서 자신의 공적을 인정받는 상을 받는다든지, 명예 호칭을 부여받는다든지 하는 데 대한 강한 욕구를 가지고 있다. 이 단계에 있는 영업사원에 대한 동기부여를 위해서는 공식적인 수상의 기회를 많이 마련하는 한편, 지속적인 높은 수준의 실적 달성을 유도할 수 있는 금전적 보상방법을 구축하는 것이 중요하다. 또한 이들은 현재의 상태를 가능한 한 오랫동안 유지하고자 하기 때문에 회사의 고용안정 정책도 효과적인 동기부여의 수단이 될 수 있다.

4. 이탈단계

50대 후반이나 60대 초반에서 시작되는 이탈단계(離脫段階)의 영업사원은 이제 은퇴를 준비하는 단계에 접어든다. 일에 대한 흥미도 떨어져서 많은 노력을 기울이려 하지 않으며, 적당한 수준의 실적에 만족한다. 영업활동에 투자하던 시간을 이제는 취미활동에 할애한다. 따라서 이 시기의 영업사원의 실적은 신입 영업사원을 제외하고는 가장 낮은 수준이다. 또한 이 시기의 영업사원은 어떠한 보상수단에 대해서도 크게 관심이 없다. 과거처럼 자금수요가 많지 않기 때문에 금전적 보상에 대한 욕구도 과거보다 훨씬 적고, 자기개발, 승진, 인정 등에 대해서도 관심이 적다. 따라서 이 단계의 영업사원에 대한 동기부여는 매우 어렵다. 그렇지만 이들이 가지고 있는 지식이나 기술을 회사를 위해 활용할 수 있도록 하는 것은 매우 중요하다. 이들의 관심을 불러일으킬 수 있는 방법 중의 하나는 이들이 평소에 관심을 두고 있는 분야와 관련된 특별한 임무를 부여하는 것이다. 예를 들어 특정 제품이나 산업에 관심을 가지고 있다면 교재개발이나 강의 등 그 분야에 대한 교육훈련을 담당하도록 하는 것 등을 들 수 있다.

제6절 정체영업사원 문제

정체(停滯)영업사원(plateaued salespeople)은 과거에는 실적이 좋았지만, 이제는 발전이나 개선에 대한 의욕을 상실해버린 영업사원을 의미한다. 대부분의 경우에는 은퇴할 나이에 이르러서 업무에 대한 의욕을 상실하는 것이 일반적이지만, 정체영업사원은 은퇴할 나이에 훨씬 미치지 못하였음에도 불구하고 영업에 대해 흥미를 상실해버린 영업사원으로, 주로 40대와 50대에서 발생한다. 이들은 영업에 대한 흥미를 잃었음에도 불구하고 퇴직도 하지 않고 요령을 피우면서 회사에 머물러 있기 때문에 문제가 발생한다. 회사가 이들을 해고하는 것도 쉽지 않은데, 이는 이들이 오랜 기간에 걸쳐 몇몇 중요한 고객들과 매우 밀접한 관계를 구축하여 왔고, 이러한 관계 형성을 바탕으로 별로 노력도 하지 않으면서 일정수준 이상의 실적을 올리고 있기 때문이다. 이 영업사원들을 해고하면 고객들도 같이 이탈할 가능성이 높기 때문에 회사로서는 이들을 해고하는 것이 매우 힘든 결정이다. 회사의 입장에서는 이들에 대한 인건비 등이 비효율적으로 지출됨은 물론, 이들의 존재가 다른 영업사원에게 좋지 않은 영향을 미치기 때문에 이들을 어떻게 관리해야 하는가에 대해 고민하게 된다.

1. 정체의 징후

정체의 징후는 여러 가지로 나타난다. 특별한 이유도 없이 결석이 잦아지고 근무시간도 짧아진다. 또한 얼마 있지 않아 그만둘지도 모른다는 생각을 갖고 있기 때문에 잠재고객을 관리하여 자신의 고객으로 만들려는 노력을 기울이지 않는다. 기존고객에 대한 관리에도 소홀하게 되고, 이에 따라 고객들의 불만이 증가한다. 업무에 대한 의욕이 없기 때문에 창의적인 노력이나 논리적인 업무 진행도 찾아보기 힘들어진다. 새로운 제품이나 기술에 대해서도 공부를 하지 않기 때문에 업무와 관련한 질문을 해도 잘 대답하지 못한다. 일상적인 대화에서도 화려했던 과거에 대한 얘기를 하기 좋아하고, 영업환경의 변화나 새로운 영업기술 등 미래지향적인 얘기를 하기 싫어한다.

2. 정체의 원인과 해결방안

영업사원의 정체의 원인으로는 여러 가지가 지적될 수 있지만, 대체로 다음과 같이 네 가지로 나누어질 수 있다. 첫째로는 한 가지 업무를 너무 오랜 기간 동안 해오는 데서 기인하는 권태감을 들 수 있고, 둘째로는 가까운 미래에 승진이나 보다 높은 수준의 업무를 수행할 가능성이 없을 것이라는 좌절감을 들 수 있다. 셋째로는 과도한 업무수행으로 인한 탈진(脫盡, burnout)을 들 수 있으며, 넷째로는 영업을 통해서 자신의 원하는 금전적 보상을 다 얻었기 때문에 더 이상 전력을 대해 영업업무를 수행할 필요가 없다는 생각이 지적될 수 있다.

영업관리자는 먼저 영업사원의 실적이나 행동에 대한 관찰을 통해 정체의 징후를 조기에 발견할 수 있어야 하며, 그러한 징후가 발견된 영업사원과의 대화를 통해서 정체의 원인이 무엇인가를 파악하는 것이 중요하다. 정체에 대한 해결방안은 정체의 원인에서부터 찾아져야 한다. 먼저, 지루함이 정체의 원인이라면 새로운 업무를 부여하는 것이 해결책이 될 수 있다. 예를 들어 신입 영업사원을 대상으로 교육훈련이나 코칭을 하는 역할, 고객 및 경쟁사의 정보를 수집하는 역할, 새로운 제품에 대한 고객들의 아이디어를 수집하는 역할, 새로운 구역을 개척하는 역할 등과 같이 지금까지와는 다른 새로운 역할을 부여함으로써 지루함으로 인한 정체를 최소화시킬 수 있다. 둘째, 정체가 승진이나 보다 높은 수준의 업무수행에 대한 가능성이 없을 것이라는 예상 때문에 발생하는 것이라면 회사는 영업사원을 영업관리자로 승진시키는 것은 아니더라도 영업사원에게 보다 많은 책임과 권한을 가지고 업무를 수행할 수 있는 직책을 마련해 줌으로써 영업사원들이 스스로 경력관리를 할 수 있도록 하는 것이 중요하다. 예를 들어 성과가 좋은 영업사원을 보다 도전적이고 잠재력이 높은 구역에 배치한다거나, 보다 규모가 크고 수익성이 높은 중요한 고객의 관리에 대한 책임을 부여한다거나, 영업사원으로서의 직급을 올려주는 등의 방안을 고려할 수 있다. 셋째, 탈진은 일에 대한 흥미가 떨어지기 때문에 나타나는 현상이 아니라 체력적으로나 정신적으로 영업활동을 감당해낼 수 없기 때문에 발생하는 현상이기 때문에 영업사원의 체력 소모를 최대한으로 줄여주는 방향의 해결책이 모색되어야 한다. 탈진은 남자 영업사원보다는 여자 영업사원의 경우에 훨씬 더 빈번하게 발생되는데, 그 이유는 여자가 남자보다 육아 및 살림에 더 많은 시간을 할애하여야 하기 때문이다. 따라서 회사는 탁아소의 운영을 통해 육아의 부담을 줄여주거나, 여성전용 휴게실의 설치 등을 통해 휴식의 기회를 많이 부여함으로써 탈진 현상을 완화시킬 수 있다. 마지막으로 영업활동을 통해 원하는 금전적 보상을 얻을 만큼 얻었기 때문에 정체가 발생하는 것이라면 영업사원으로 하여금 인정이나 승진과 같은 비금전적 보상의 가치를 인식하게 하는 것이 해결방안이 될 수 있다. 즉, 금전적 보상도 중요하지만 앞으로도 많이 남은 직장생활과 사회생활을 원만하게 해나가기 위해서는 자신의 가치를 대외적으로 보여줄 수 있는 승진이나 공식적인 인정 등이 중요함을 인식시켜줌으로써 동기부여를 할 수 있다. 이러한 유형의 정체는 특히 영업사원들에 대한 보상방법이 커미션을 중심으로 되어 있을 때 흔히 나타난다. 커미션제의 특징은 많은 실적을 올린 영업사원이 최대한의 보상을 받아가도록 되어 있는 시스템이기 때문에 이를 채택하고 있는 조직에서는 고액의 수입을 올리는 영업사원이 나타나기 마련이다. 많은 금전적 보상을 확보한 영업사원들이 정체의 현상을 보이는 경우가 많이 관찰된다면, 커미션중심의 보상방법에 문제가 있다는 것을 의미하고, 따라서 이에 대한 개선을 고려하여야 한다.

CHAPTER 13 리더십

제1절 영업관리자의 리더십 개념과 중요성

일반적으로 리더십(leadership)은 "가치 있는 목적의 달성을 위해 다른 사람의 행동에 영향을 미치거나 고무(鼓舞)시키는 능력"이라고 정의될 수 있다. 영업에서의 리더십은 "영업사원이 회사의 성공에 기여할 수 있도록 행동하는 데 영향을 미칠 수 있는 최일선(最一線) 영업관리자의 능력"을 의미한다. 즉, 리더십이 있는 영업관리자란 영업사원이 자발적으로 자신은 물론 회사의 목표를 위해 매진할 수 있도록 고무시킬 수 있는 능력이 있는 사람이다.

물론 영업관리자에는 최일선 영업관리자뿐만 아니라 그 상위 직급의 영업관리자도 포함되지만, 영업사원과 직접적인 접촉을 하면서 이들을 일차적으로 관리하는 책임을 지고 있는 사람은 최일선 영업관리자이기 때문에 이들의 역할이 가장 중요하다고 할 수 있고, 따라서 이 장에서 영업관리자라고 하면 별도의 언급이 없는 경우에는 항상 최일선 영업관리자를 의미하는 것으로 한다. 영업관리자는 회사의 매출에 직접적으로 기여하는 사람이 아니다. 회사의 매출을 주도함으로써 회사가 성장할 수 있도록 직접적인 기여를 하는 사람은 영업사원이다. 영업관리자는 영업사원을 대상으로 리더십을 발휘함으로써 간접적으로 회사의 성장에 기여한다.

영업사원과 직접 교류하는 최일선 영업관리자는 모든 영업조직에서 가장 중요한 위치를 점한다. 물론 최고경영진이 조직의 최상위 전략을 결정하지만, 이러한 전략의 구체적인 실행을 담당하는 사람은 영업관리자이다. 우수한 영업관리자는 평범한 영업사원을 우수한 영업사원으로 바꾸어 놓을 수 있고, 평균적인 영업전략으로도 좋은 결과를 성취해낼 수 있다. 평범한 영업관리자는 평범한 영업사원을 그저 평범하게 유지하고, 좋은 영업전략을 갖고도 평균적인 성과밖에 올리지 못한다. 평균보다 처지는 영업관리자는 우수한 영업사원을 성과가 좋지 않은 영업사원으로 전락시키고, 좋은 영업전략을 가지고도 좋지 못한 성과를 낸다. 따라서 영업관리자의 리더십은 전체 조직의 운영에 대단히 중요한 의미를 지니다.

영업분야에서 좋은 리더가 된다는 것은 다른 분야에서보다 훨씬 더 어려운 일이다. 영업사원은 거의 매일 영업현장에서 고객을 만나야 하기 때문에 영업관리자가 영업사원을 접촉하는 것조차 힘들다. 영업사원은 직업상 매우 독립적인 성향을 갖고 있어서 대체적으로 다른 사람의 간섭을 더욱 싫어한다. 더욱이 영업사원은 판매를 위해 고객을 설득해야 하고 홀로 경쟁을 이겨내야 하는 스트레스가 심한 업무를 수행하고 있으며, 또한 이런 과정에서 고객으로부터 종종 거절을 당하는 경험을 해야 한다. 이러한 영업사원을 대상으로 리더십을 발휘하기 위해서는 영업사원의 고충을 이해함은 물론, 이들에게 비전을 심어주고 힘들더라도 그 비전을 향하여 매진할 수 있도록 설득하고 독려할 수 있는 능력을 갖추어야 한다. 영업사원은 관심이 실적에 맞추어져 있기 때문에 영업관리자는 영업사원이 영업현장에서 실질적으로 적용할 수 있는 방안을 제시해줄 수 있어야 하고, 그러한 방안이 영업사원의 개인의 발전은 물론 회사의 발전에도 바람직할 수 있도록 조율해 나가야 한다.

영업현장은 매우 역동적으로 변화하기 때문에 영업현장에 있지 않은 영업관리자가 영업현장에서 발생하는 모든 업무에 대해 일일이 지시를 하는 것을 불가능하다. 그렇기 때문에 영업사원이 스스로의 판단에 따라 의사결정을 해야 하는 경우가 종종 발생한다. 그러나 그러한 의사결정을 함에 있어서도 일정한 원칙을 가지고 있어야 하고, 그러한 원칙은 회사의 비전과 부합하는 것이어야 한다. 멀리 떨어져 있는 영업사원이 현장에서 발생하는 다양한 업무를 처리함에 있어서 일정한 원칙과 비전을 가지고 그 업무를 능동적이고 원활하게 수행할 수 있도록 영업사원의 의식을 바꾸고 영업사원의 능력을 증진시키는 역할을 하는 사람이 바로 영업관리자인 것이다.

[표 13-1]은 리더와 관리자의 행동상의 차이점을 보여주고 있다. 영업관리자라는 용어에 '관리자'가 포함되어 있지만, 영업관리자의 리더로서의 중요성을 부각시키기 위해서는 '영업리더'라는 용어가 더 적합하다고 할 수 있다. 이 책에서는 영업관리자라는 용어를 관행상 쓰고 있지만, 영업관리자가 [표 13-1]에서 기술된 관리자의 특성을 갖는 것은 아니며 리더로서의 특성을 가져야 한다는 점을 지적할 수 있다.

표 13-1 | 리더와 관리자의 행동상의 차이점

<table>
<tr><th>리더</th><th>관리자</th></tr>
<tr><td>• 구성원에 대해 발전적인 비전을 제시하는 데 관심을 갖는다.
• 미래에 발생할 수 있는 문제를 예견하고 이에 대해 능동적인 조치를 취한다.
• 장기적인 비전을 위해 모두가 같이 일할 수 있는 팀을 구축한다.
• 일방적인 지시보다는 솔선수범하여 롤모델이 되려고 한다.
• 적극적으로 영업사원의 말을 경청하고, 쌍방향 커뮤니케이션을 통해 영업사원의 고충을 해결해 나간다.
• 회사의 비전과 부합되는 업무를 수행해 나간다. 즉 무엇을, 왜 하여야 하는지에 대해 관심을 갖는다.
• 주어진 현실에 대해 도전하는 성향을 가지고 있다.</td><td>• 구성원들의 활동을 통제하는 데 관심을 갖는다.
• 발생한 일을 수동적으로 처리해 나간다.
• 단기적인 이슈에 대해 관심을 갖는다.
• 행동으로서 롤모델이 되기보다는 우수한 실적에 대한 칭찬과 같은 말 위주의 피드백을 실행한다.
• 회사의 방침이나 규정을 전달하는 것과 같은 일방적인 커뮤니케이션에 주로 의존한다.
• 주어진 업무를 실수 없이 수행하는 데 주력한다. 즉, 주어진 업무를 어떻게, 언제 하여야 하는지에 대해 관심을 갖는다.
• 주어진 현실을 받아들이는 성향을 가지고 있다.</td></tr>
</table>

제2절 영업관리자의 역할

리더로서의 영업관리자에게 어떠한 특성과 기술이 요구되며, 또한 어떠한 유형의 리더십이 바람직한지에 대한 논의를 위해서는 먼저 영업관리자가 어떠한 역할을 수행하는가에 대한 논의가 이루어지는 것이 바람직하다. 영업팀을 리딩하는 영업관리자의 역할은 [그림 13-1]에서와 같이 영업사원의 채용, 영업팀의 구축, 영업팀의 통솔, 영업팀의 관리, 영업팀의 보상 등의 다섯 가지로 구분하여 논의될 수 있다.

그림 13-1 | 영업관리자의 역할

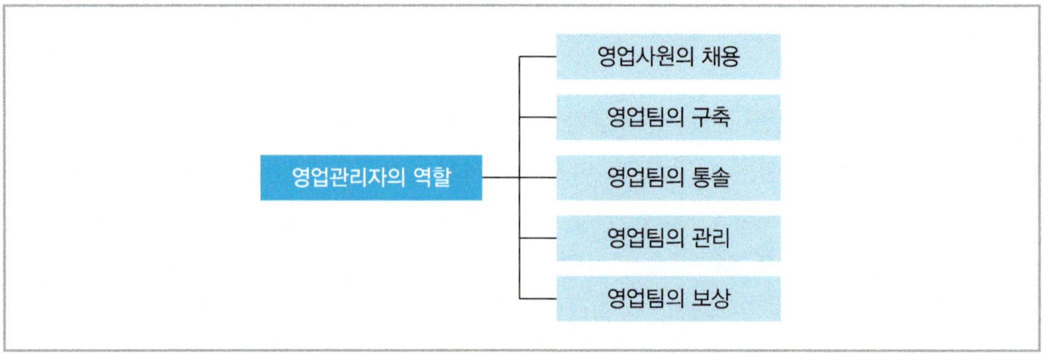

1. 영업사원의 채용

최일선의 영업관리자는 영업사원의 채용에서 매우 중요한 역할을 수행한다. 물론 영업관리자가 서류심사, 면접 등의 과정을 거쳐 지원자 가운데 몇 명을 상위직급의 관리자에게 추천하면 그가 최종 결정을 하지만, 신규 영업사원은 영업관리자가 책임을 지고 함께 일을 해나가는 것이기 때문에 상위직급의 관리자는 대부분 영업관리자가 추천한 사람을 채용하게 된다. 따라서 영업관리자는 신규 영업사원을 선택할 때 자질과 적성을 충분히 고려하여 신중하게 선택해야 한다. 자질이 부족하거나 적성에 맞지 않는 영업사원이 들어오면 교육훈련이나 코칭을 통해서도 제대로 자신의 몫을 할 수 있는 영업사원으로 만들기는 거의 불가능하다. 또한 이러한 영업사원은 조기에 퇴사할 가능성도 높다. 채용한 영업사원이 조기에 퇴사하면 회사는 큰 손실을 입게 된다. 왜냐하면 급여나 선발, 교육훈련 등에 소요된 비용은 물론, 구역을 제대로 관리하지 못하는 데서 오는 기회비용 등이 발생하기 때문이다.

어떤 사람을 채용하느냐는 기존의 영업사원의 사기나 태도에도 크게 영향을 미친다. 자질이나 적성이 부족한 사람이 들어왔다는 것 자체가 기존의 영업사원에게는 대단히 좋지 않은 메시지를 전달하는 셈이 된다. 즉, 영업관리자가 영업사원에게 거는 기대가 높지 않다는 메시지로 해석될 수도 있고, 기존 영업사원의 능력을 낮게 평가하고 있다고 해석될 수도 있다. 따라서 기존 영업사원들의 사기는 저하되고, 구성원 간의 응집력도 떨어진다. 반대로 자질이 우수한 신입 영업사원이 들어오면 그를 통해 영업사원에게 요구되는 자질을 읽을 수 있으며, 자극을 받아 더욱 분발하는 계기로 삼을 수도 있다. 신입 영업사원을 선발하는 업무는 영업관리자에게 있어서 필요할 때 급하게 처리해야 하는 일이 아니라 상시적으로 수행해야 하는 일이다. 기존 영업사원의 퇴사나 이동, 혹은 업무의 확장 등으로 언제든지 영업사원의 선발 필요성이 발생할 가능성이 있기 때문에 영업관리자는 항상 잠재적인 신입 영업사원에 대한 정보를 수집하여 관리해 나가는 것이 중요하다.

2. 영업팀의 구축

자신이 관리하는 영업팀이 성공적으로 업무를 수행할 수 있도록 영업사원들의 영업기술, 지식, 자질 등을 제고시키는 것도 영업관리자의 임무 중 하나이다. 영업관리자는 영업사원이 자신이 담당하고 있는 구역에서 기존고객과 잠재고객에 대해 최선의 영업을 할 수 있는 우수한 능력을 보유할 수 있도록 노력해야 한다. 이를 위해서는 각 영영사원이 어떠한 점이 취약한지를 파악하고, 이러한 약점에 대해 도전적인 목표를 설정하여 이를 달성할 수 있는 계획을 수립하고, 영업사원이 이를 달성하도록 독려하는 한편, 결과를 모니터링하여 목표가 이루어졌을 때에는 이를 인시해주고 보상하는 활동을 통해 영업사원의 사기를 높이는 등의 활동을 지속적으로 해나가야 한다.

가장 적합한 영업 프로세스는 시간에 흐름에 따라 바뀌어 가는데, 특히 시장이 전환기에 있을 때에는 더 빠른 속도로 변해간다. 이러한 변화를 빨리 간파하고 기존의 영업 프로세스를 개선하여 시대의 흐름에 적응할 수 있는 최선의 방법론을 찾아 영업팀에 전파하는 것도 영업관리자의 책무이다. 영업관리자는 또한 영업사원의 코칭을 위한 개인 코치의 역할도 수행한다. 가장 효율적인 코칭은 현장에서 같이 고객을 방문한 후에 이루어진다. 영업관리자는 영업사원에게 방문을 통해 무엇을 이루려고 하였는지에 대해 물어 보고 만일 그 대답의 내용이 자신이 관찰한 것과 차이가 나면 왜 이러한 상황이 발생하였는지, 개선할 수 있는 방법은 무엇인지에 대해 토론함으로써 영업사원이 학습을 할 수 있도록 유도해야 한다. 대부분의 영업사원은 현재의 위치에 만족하지 않고 더 높은 꿈과 이상을 가지고 있는 것이 보통이다. 영업관리자는 영업사원의 장기적인 발전에 대해서도 관심을 가지고 상담도 해주고 도움도 줄 수 있어야 한다. 영업관리자의 앞서 기술한 역할과 활동을 통해 영업팀은 능동적이고 효율적이며 생동감이 넘치는 영업팀으로 성장하게 된다.

3. 영업팀의 통솔

영업관리자가 영업팀을 통솔(統率)하기 위해서는 구성원들의 신뢰와 헌신을 확보해야 한다. 이를 위해 영업관리자는 자신의 영업팀이 단기적으로는 물론 장기적으로 무엇을 성취해 나가야 하는가에 대한 명확한 비전을 가지고 있어야 한다. 즉, 영업관리자는 영업팀 전체에 대한 비전을 설정하여 이를 구성원들과 공유할 수 있어야 함을 물론, 영업사원 개개인에 대한 비전도 제시해줄 수 있어야 한다. 영업팀의 효율적인 통솔을 위해서는 구성원들을 잘 이해할 수 있어야 하는데, 이를 위해서는 무엇보다 이들의 얘기를 경청하여 그들의 관심사가 무엇이고, 또한 그들의 관점은 무엇인지에 대해 잘 알고 있어야 한다. 또한 자신이 가지고 있는 비전이나 예상, 기대 등에 대해서도 구성원들에게 명확하게 전달할 수 있어야 한다. 즉, 영업관리자는 효율적인 커뮤니케이터의 역할을 훌륭히 수행해낼 수 있어야 한다. 또한 영업관리자가 훌륭한 리더가 되기 위해서는 영업과 관련한 많은 지식을 가지고 있어야 한다. 해당 산업, 일반 경제상황, 고객의 니즈, 경쟁기업, 자사의 핵심역량 등에 대한 지식을 가지고 이를 영업사원들과 공유할 수 있어야 한다. 영업관리자는 이러한 지식을 바탕으로 영업팀의 전략이나 영업 프로세스의 변화가 필요하다고 판단되면 이를 적극적으로 실행에 옮길 수 있어야 한다. 이러한 변화관리(變化管理)는 현대와 같이 시장의 변화 빠른 속도로 이루어지고 있는 경우에 더욱 필요한 영업관리자의 책무가 된다.

4. 영업팀의 관리

영업관리자는 원활한 영업활동이 이루어질 수 있도록 일상적인 업무도 잘 관리해야 한다. 인사, 재무, 마케팅 등 영업팀 내부의 모든 업무를 원활하게 수행함으로써 영업사원이 현장에서 고객을 획득하고 유지하고 강화하는 활동에 몰두할 수 있는 여건을 만들어야 한다. 영업관리자가 관리해야 하는 영역은 매우 다양하다. 먼저 영업관리자는 훌륭한 인사관리자가 되어야 한다. 영업사원을 선발하고 생산성 있는 영업팀을 만들어가는 것은 물론, 성과를 평가하여 보상을 제공하는 것도 영업관리자의 업무이다. 훌륭한 영업관리자는 어떤 경우에 구역이나 고객관리 등과 같은 구체적인 업무에 대한 의사결정을 영업사원에게 위임해야 하고, 어떤 경우에 지시에 의한 업무수행을 해야 하는지를 잘 알고 있어야 한다. 정도가 심한 지시나 감독을 받는 것을 좋아하는 영업사원은 없지만, 경우에 따라서는 지시에 의한 관리가 필요한 경우가 있기 때문에 영업관리자는 이를 결정할 수 있는 합리적인 판단기준을 가지고 있어야 한다.

영업관리자는 회사의 자산에 대한 관리 업무도 수행해야 한다. 회사의 자산에는 사무실, 차량, 컴퓨터, 통신기기, PT장비 등이 포함된다. 이러한 자산들이 적재적소에 효율적으로 사용될 수 있도록 해야 한다. 또한 영업관리자는 지출되는 비용도 합리적으로 관리해 나가야 한다. 영업사원에 대한 급여는 물론 차량관련비용, 숙식비, 통신비, 교통비, 샘플비용, 사무용품 구입비, 교육비, 발송비 등 모든 비용에 대해 지속적으로 관리해야 한다. 영업관리자는 더 나아가 시장에서의 기회를 파악하고, 고객들의 니즈에 부합하는 전략을 세우고, 판매전략을 세우는 등 전략적인 안목을 가지고 시장환경의 변화에 능동적으로 대처해 나갈 수 있어야 하며, 이를 위해 회사 내부적으로 상사나 다른 영업팀은 물론 마케팅, 생산, R&D 등 여타 부서와의 커뮤니케이션도 원활하게 수행해야 한다.

5. 영업팀의 보상

영업관리자는 성과에 대한 보상에 있어서도 매우 중요한 역할을 수행한다. 물론 급여나 인센티브와 같은 금전적 보상방법은 회사 전체의 차원에서 결정되지만, 이를 구체적으로 운용하는 것은 영업관리자의 책무이다. 또한 영업관리자가 구사할 수 있는 보상에는 급여 인상이나 보너스 지급, 여행 등과 같은 외재적(外在的) 보상만이 아니라 격려, 인정, 표창과 같은 내재적(內在的) 보상도 포함되고, 또한 이러한 긍정적인 보상뿐만 아니라 급여의 인하나 질책과 같은 부정적인 보상도 포함된다. 영업관리자는 이러한 보상을 어떻게 운용할 것인지에 대한 명확한 기준을 가지고 있어야 한다. 보상은 명확한 근거를 가지고 부여되어야 하고, 받는 사람뿐만 아니라 영업팀 전체의 구성원이 이의 정당성을 인정할 수 있어야 하며, 받는 사람에게 가치있게 받아들여질 수 있어야 한다. 즉, 보상이 일상적인 사소한 것이 되어버려서는 안 되며 유형적인 보상이든 무형적인 보상이든 받는 사람이 자부심을 가질 수 있도록 운용되어야 한다.

제3절 리더로서의 영업관리자의 특성과 능력

성공적인 리더로서의 영업관리자의 특성과 능력이 정해져 있는 것은 아니지만 대체로 [표 13-2]에서 기술된 사항들이 유능한 영업관리자가 되기 위해 갖추어야 할 성격적 특성 및 관

표 13-2 | 유능한 영업관리자의 성격적 특성 및 관리적 능력

구분	항목	내용
성격적 특성	자신감	영업관리자는 자신감을 가지고 있어야 한다. 자신에 대한 믿음이 없으면 영업사원에게 자신감을 불어넣어줄 수 없다. 자신의 능력과 자질에 대한 자신감을 바탕으로 어떠한 어려움이나 문제도 해결해 나갈 수 있다는 마음가짐을 가지고 있어야 한다.
	능동성	영업관리자는 리더로서 어떤 일에서든 능동적이어야 한다. 능동성을 갖는다는 것은 도전적인 정신을 갖고 변화를 기꺼이 받아들이며, 변화를 모색하는 과정에서 있을 수 있는 위험도 감수하려는 자세를 갖는다는 것을 의미한다. 즉, 외부의 환경변화에 수동적으로 적응해가는 존재가 아니라 조직의 목표를 위해 끊임없이 변화를 모색해 가는 것이 리더로서의 바람직한 자세이다.
	열정	영업관리자는 많은 사람과 좋은 관계를 유지해야 하고, 영업관리와 관련한 매우 여러 가지 업무를 처리해야 한다. 이러한 모든 업무를 무리 없이 수행하기 위해서는 열정을 가지고 있어야 하고, 이를 뒷받침할 수 있는 체력도 있어야 한다. 영업관리자가 이러한 열정을 가지고 있을 때 그 주변의 사람들도 이에 영향을 받아 더 열심히 업무에 임하게 된다.
	성숙성	영업관리자는 인격적으로 성숙하여야 한다. 이는 자신의 이득보다는 조직의 이득과 주변의 사람들의 발전을 먼저 생각한다는 것을 의미한다. 영업관리자가 이러한 자질을 가지고 있을 때 그가 관리하는 영업팀이 그를 중심으로 응집력을 가지고 조직목표 달성에 진력할 수 있다.
	창의성	개발영업, 제안영업, 솔루션영업, 컨설팅기반영업 등의 용어가 표현하는 것처럼 고객의 문제를 해결하기 위한 영업이 요구되면서 아이디어를 창출하고 상상력을 발휘할 수 있는 창의성이 점점 더 요구되고 있다. 영업관리자는 창의적인 영업을 실현하는 데 주도적인 역할을 수행해야 한다.
관리적 능력	문제해결 능력	현대 영업의 성패는 고객의 문제를 해결해 줄 수 있는가의 여부에 달려 있다. 따라서 유능한 영업관리자는 고객의 문제를 감지하고, 이의 원인을 파악하며, 문제를 해결할 수 있는 해결방안을 제시할 수 있어야 한다. 다른 능력이 아무리 뛰어나도 문제를 해결할 수 있는 능력을 갖추지 못하면 유능한 영업관리자가 될 수 없다.
	대인관계 기술	영업관리자는 영업사원들과 좋은 업무적 관계를 유지할 수 있어야 한다. 조직의 목표는 영업사원들을 통해 이루어지기 때문에 무엇이 가장 그들에게 동기를 부여할 수 있는지를 알아야 하고, 이를 제공할 수 있도록 노력을 기울여야 한다. 또한 영업관리자는 자신의 상사와도 원만한 업무적 관계를 유지할 수 있어야 한다.
	의사소통 기술	목표설정, 코칭, 교육훈련, 성과평가, 보상 등 영업관리자가 수행하는 모든 업무는 의사소통을 통해 이루어진다. 상사로부터의 정보를 영업사원들에게 전달하여야 하고, 또한 영업사원들의 의견을 상사에게 전달하여야 한다. 그러므로 유능한 영업관리자는 글이나 말을 통해 적시에 정확하고 명료하게 정보를 전달할 수 있는 기술을 가지고 있어야 한다.
	설득력	유능한 영업관리자는 강압이나 위협이 아니라 설득을 통해서 영업사원으로 하여금 자신이 원하는 업무를 수행하도록 할 수 있어야 한다. 강압이나 위협은 일시적으로 표면적인 복종을 끌어낼 수 있을지 모르지만 불만과 반발을 초래하여 응집력 있는 영업팀을 구축할 수 없게 된다.

리적 능력으로 지적될 수 있다. 주요한 성격적 특성으로는 자신감, 능동성, 열정, 성실성, 창의성 등을 들 수 있고, 관리적 능력으로는 문제해결능력, 대인관계기술, 의사소통기술, 설득력 등을 들 수 있다.

제4절 리더십 스타일

리더십 스타일(leadership style)이란 "A가 B의 행동에 영향을 미치려고 시도할 때 B가 A가 사용하고 있다고 인지하는 행동패턴"을 의미한다. 이를 영업관리의 맥락에서 표현하면, 영업관리자의 리더십 스타일은 "영업관리자가 영업사원들의 행동에 영향을 미치려고 시도할 때, 영업사원들이 영업관리자가 사용하고 있다고 인지하는 행동패턴"이라고 정의될 수 있다. 유능한 영업관리자가 되기 위해 필요한 성격적 특성과 관리적 능력을 갖추었다는 것은 유능한 영업관리자로서의 잠재력을 갖추었다는 것을 의미할 뿐이며, 그 자체로 훌륭한 리더라는 것을 의미하는 것은 아니다. 유능한 리더가 되기 위해서는 리더로서 적합한 '행동'을 보여줄 수 있어야 한다. 왜냐하면 리더를 따라야 하는 사람의 입장에서는 리더가 어떤 내재적인 특징을 가지고 있는 사람인가 보다는 실제로 어떻게 행동하는가가 더 중요한 의미를 갖기 때문이다. 이러한 의미에서 영업관리에서 영업관리자의 리더십 스타일은 매우 중요한 주제가 된다.

1. 거래적 리더십과 변혁적 리더십

영업관리자의 모든 행동은 거래적 리더십과 변혁적 리더십의 두 가지 리더십 스타일 중 하나로 분류될 수 있다.

1.1 거래적 리더십

거래적(去來的) 리더십(transactional leadership)은 리더가 조직의 목표를 달성하기 위해 부하들로부터 노력을 얻어내는 대가로 유형적·무형적 보상을 제공함으로써 그들의 욕구를 충족시켜 주는 데 중점을 둔 리더십을 의미한다. 즉, 거래적 리더십은 리더와 부하와의 관계를 주고받는(give-and-take) 거래관계로 파악하는 리더십으로 서로의 이득을 위해 상대방과

그림 13-2 | 거래적 리더십의 특성

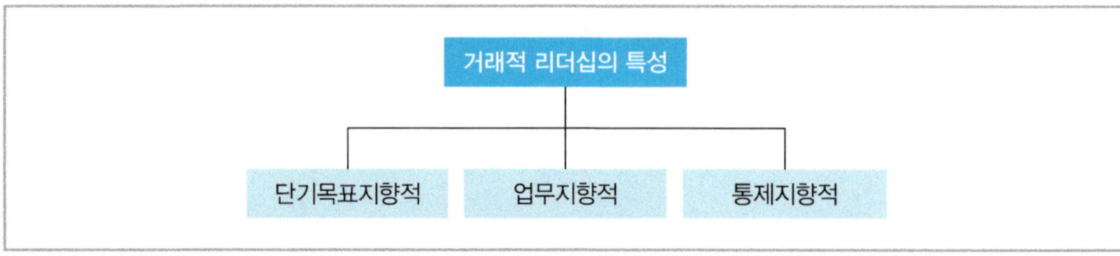

거래하는 이기적인 동기에 근거한 리더십이라고 할 수 있다.

거래적 리더의 특징은 [그림 13-2]에서와 같이 '단기목표지향적', '업무지향적', '통제지향적'의 세 가지로 요약될 수 있다. 첫째, 거래적 리더는 단기적이고 가시적인 목표의 달성을 금과옥조로 삼는다는 점이다. 단기적인 목표와 함께 장기적인 비전을 갖고 장기적인 관점에서도 발전적인 방향으로 업무가 이루어질 수 있도록 도모하는 것이 아니라, 오로지 자신에게 주어진 혹은 자신이 스스로 설정한 목표를 달성하는 데 온 힘을 쏟는다. 영업에서는 자신의 지역에 주어진 할당, 목표수익률, 혹은 자신의 승진이나 수상을 위한 매출성장률 1위 등이 그 목표가 될 수 있다. 둘째, 기본적으로 거래적 리더는 업무에 관심이 있는 것이지 부하라는 '사람'에 대해 관심이 있는 것이 아니다. 거래적 리더는 부하는 자신이 설정한 목표를 달성하기 위한 '수단'이며, 보상을 제공함으로써 얼마든지 노력을 이끌어낼 수 있다고 믿는다. 즉, 부하가 좋은 성과를 올렸을 때는 금전적(보너스, 급여인상 등), 비금전적(칭찬, 표창 등) 보상을 제공하고, 성과가 좋지 못할 때는 질책을 하거나 불이익(승진누락, 보너스 미지급 등)을 줌으로써 얼마든지 업무를 효율적으로 수행할 수 있다고 믿는다. 관심의 대상이 '사람'이 아니기 때문에 부하들이 전문인으로 성장해 가는 데 무엇을 어떻게 해 주어야 할 것인지에 대해서도 관심이 없으며, 자신의 기대에 부합하지 못하는 부하에 대해서 그의 능력을 개발하는 것보다는 전출시키거나 해임시키는 것이 더 좋은 방식이라는 생각을 가지고 있다. 셋째, 거래적 리더는 보다 효율적으로 부하의 노력을 이끌어내기 위해서는 그들의 일상적인 활동을 철저하게 감독하고 통제해야 한다고 믿는다. 부하들에게 목표 달성을 위해서 무엇을 언제 어디서 어떻게 해야 하는지, 또한 회사의 방침이나 규정은 무엇인지 등에 대해 알리고, 지시하고, 점검한다. 따라서 의사소통은 항상 일방적이다. 거래적 리더십의 영업관리자는 매일 매일의 회의를 통해 영업사원의 활동 계획을 점검하고 필요한 사항을 지시하며, 또한 영업사원들이 제출하는 보고서 등을 통해 영업사원의 활동이 계획대로 이루어졌는지를 철저하게 점검한다.

1.2 변혁적 리더십

변혁적(變革的) 혹은 변환적(變換的) 리더십(transformational leadership)은 부하들의 기본적 가치, 믿음, 태도 등을 변화시켜서 조직이 기대하는 것보다 더 높은 수준의 성과를 스스로 추구하도록 만드는 리더십을 의미한다. '변혁(變革)'은 구성원들이 조직의 목표를 인지하고 이를 자신의 것으로 수용할 수 있도록 변화시켜 나간다는 의미를 담고 있다. 즉, 구성원들이 자신의 이해보다는 조직의 목표를 우선시할 수 있도록 만들어 나가는 것을 의미한다.

변혁적 리더는 조직구성원에게 조직의 목표를 실현해 가는 과정에서 자신의 목표도 실현해 가는 것이 가장 바람직하다는 것을 인지시키고, 또 그렇게 행동하도록 만들어 나간다. 이를 위해 변혁적 리더는 부하들을 세심하게 배려한다. 항상 그들의 관심사나 걱정거리를 기꺼이 들어주고 이에 대해 조언하고 지원을 제공하며, 지시와 같은 일방적인 커뮤니케이션이 아니라 그들의 생각을 존중하고 경청하는 쌍방향 커뮤니케이션을 실행한다.

거래적 리더가 당면한 문제를 수동적으로 해결해 나가는 데 초점을 두는 반면, 변혁적 리더는 미래를 내다보고 미래의 모습을 만들어 나가기 위해 필요한 조치를 능동적으로 취해 가는 데 관심을 둔다. 즉, 거래적 리더가 주어진 일을 수행하는 데 있어서 필요한 방법을 잘 알고 있는 리더인 반면, 변혁적 리더는 미래를 위해 어떤 일을 해야 옳은지에 대해 잘 알고 있는 리더이다. [그림 13-3]에서와 같이 변혁적 리더십을 갖추기 위해 영업관리자가 수행해야 하는 행동들로 '회사와 팀의 비전 제시', '롤모델의 제시', '공동목표 달성을 위한 조직문화의 조성',

그림 13-3 | 영업관리자의 변혁적 리더십

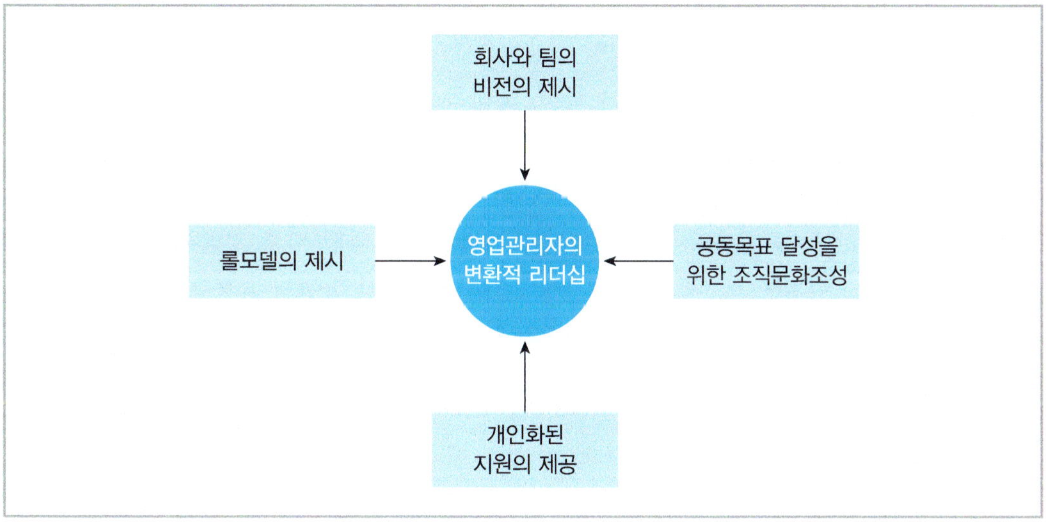

'개인화된 지원의 제공' 등을 들 수 있다.

▪ 비전의 제시

회사 전체의 비전(vision)이나 미션(mission)은 영업관리자가 정하는 것이 아니라 회사의 최고경영진이 정하는 것이지만, 이를 영업의 맥락에서 해석하고 분석하여 영업사원들이 쉽게 이해할 수 있는 구체적인 표현으로 만들어 내는 것은 분명 영업관리자의 몫이다. 이러한 업무도 결코 쉬운 일은 아니다. 공허한 구호로만 들릴 수도 있는 회사의 비전이나 미션을 영업사원들이 공감할 수 있는 구체적인 비전으로 바꾸어 이를 공동목표로 설정될 수 있도록 만드는 것은 매우 창조적인 작업이다. 또한 영업관리자는 이렇게 제시된 비전을 달성하는 것이 회사와 영업팀 구성원 모두에게 어렵지만 매우 보람찬 일이라는 것을 설명할 수 있어야 한다. 더 나아가 경우에 따라서는 영업팀 구성원들의 개인적인 목표가 희생되는 일이 발생하더라도 모두가 공동의 목표를 위해 나아갈 수 있도록 독려해야 한다. 즉, 영업관리자는 회사의 목표와 일관성을 이루는 영업팀의 비전을 제시하고, 이의 달성이 곧 회사의 비전의 달성이 된다는 점을 영업사원들이 잘 인지할 수 있도록 해야 한다.

▪ 공동목표 달성을 위한 조직문화 조성

두 번째, 영업관리자는 영업팀의 구성원들이 비전에 담겨진 공동 목표의 달성을 위해 협력해 나갈 수 있는 조직문화를 조성시켜 나가야 한다. 구성원 모두가 팀으로서의 의식을 가지고 팀의 목표를 위해 개인의 목표를 기꺼이 희생할 수 있도록 설득해야 한다. 즉, 영업사원 개개인이 자신만의 이득을 극대화시키는 국지적 극대화(local maximization)가 아니라 영업팀 공동의 목표를 달성함으로써 영업팀 전체의 이득을 극대화시키는 포괄적 극대화(global maximization)를 추구해 나가도록 해야 한다. 공동목표의 달성을 위해서는 영업팀의 구성원들이 서로를 기꺼이 도울 수 있어야 한다. 경험이 많고 실적이 우수한 영업사원은 신참 영업사원이나 실적이 좋지 않은 영업사원을 위해 멘토의 역할을 해줄 수 있어야 하고, 영업현장에서도 자신의 실적에는 직접적인 도움이 되지 않더라도 필요하면 다른 영업사원을 지원을 할 수 있어야 한다. 또한 마케팅, 생산, 기술개발 등 여타 부서와의 원활한 협력관계를 형성하지 않고는 원활한 영업이 이루어지기 힘들기 때문에 영업관리자는 영업사원들이 타부서 직원들의 중요성을 잘 인식하고 이들과의 우호적인 관계를 갖도록 독려해야 한다.

▪ 롤모델의 제시

롤모델(role model)은 "자신이 마땅히 해야 할 직책이나 임무 등의 본보기가 되는 대상이나 모범"을 의미한다. 영업관리자가 영업사원에게 롤모델이 되어야 한다는 의미는 영업사원이 자신의 업무인 영업을 실행함에 있어서 본받고 싶은, 모방하고 싶은 대상이 되어야 한다는 것을 의미한다([글 13-1] 참조). 롤모델이 되기 위해 영업관리자는 자신이 주장하는 공동의 목표를 달성하는 데 필요한 행동을 솔선수범해서 행해야 한다. 영업관리자가 주장하는 것과 행동하는 것이 다르면 이를 바라보는 영업사원은 영업관리자가 강조하는 공동의 목표를 자신의 목표로 받아들이지 않으며, 영업관리자를 신뢰하지 않게 된다. 영업관리자를 신뢰하지 않으면 영업관리자는 리더십을 발휘할 수 없다. 영업관리자 스스로가 약속시간을 잘 지키고, 복장을 단정히 하고, 매너 있는 행동을 할 때 영업사원도 이러한 행동을 본받는다. 수익성을 위해 지출을 아끼자는 주장이 받아들여지기 위해서는 영업관리자가 스스로 명분이 명확한 부분에만 지출을 해야 하며, 영업사원들이 고객의 말을 경청하는 문화를 정착시키기 위해서는 스스로가 영업사원의 말을 경청하고 필요한 조치를 취해주어야 한다. 가장 중요한 모범적인 행동은 탁월한 영업기술을 보여줌으로써 영업사원에게 어떻게 영업활동을 하는 것이 효율적인지를 깨닫게 하는 것이다. 이를 위해서는 영업관리자도 영업현장에서는 떠나 있지만 영업기술이나 지식의 습득을 위해 꾸준히 노력해야 한다.

호텔영업 영업사원의 롤모델

글 13-1

"지지자불여호지자, 호지자불여락지자(知之者不如好之者, 好之者不如樂之者)." "아는 사람은 좋아하는 사람만 못하고, 좋아하는 사람은 즐기는 사람보다 못하다"는 이치는 이미 현대 사회인의 머릿속에 자리 잡은 지 오래다. 더욱이 이는 수많은 직업군 중에서도 이른바 '영업맨'에게는 더욱 필요하다. 거절당하는 것이 일상인 영업은 그 자체를 즐기지 않으면 견디기 힘들 수밖에 없다. 아주그룹 계열사 하얏트리젠시제주의 김황용 과장은 호텔영업 부문에서 후배들의 롤모델이다. 후배들은 그를 가리켜 '호텔영업의 종결자'라고 부른다. 그러나 사실 김 과장의 호텔영업 경력은 그다지 길지 않다. 호텔 식음료부문에서 18년 가까이 근무해오다 지난 2004년 부서를 이동했으니 7년 남짓에 불과하다. 처음엔 당연히 영업에 대한 경험이 없고 마땅히 가르쳐줄 선배도 없었다. 하나하나 혼자 발품을 팔아가며 개척해야만 했다. 여행사 사무실 문을 열고 들어가 한참을 서 있었음에도 어느 누구 눈길조차 주지 않는 일도 다반사였다. 하지만 그는 이내 실력을 발휘하며 글로벌 하얏트호텔이 주관하는 '2009년 판촉영업 마스터'에 선정됐다. 제주도 안에서 하루 평균 6곳 이상의 여행사를 방문했고 매달 4 · 5일은 청주, 대전, 대구, 광주, 울산, 부산 등을 돌아다니며 영업활동을 벌인 '성실함'을 인정받은 것이다. 김 과장은 자신의 성실함 속에 '즐길 줄 아는 지혜'가 있다고 말한다. 두려워하지 않고 부지런하게 뛰어다니며 고객이 한 명씩 늘어나는 것에서 행복을 찾았다는 것이다. 그는 "친화력과 성실성, 건강의 기본 3가지에 일을 즐기는 적극성까지 있으면 '금상첨화'"라며 "지금은 영업이 천성인 것 같다"고 말했다. 그러나 비즈니스 세계는 냉정하다. 그것만으로는 부족하다는 뜻이다. 김 과장은 자신의 노하우에 대해 "패키지 상품 등 남들과 차별화한 서비스를 소개하되 형식적이 아니라, 솔직하게 다가가는 마음이 있어야 한다"고 조언했다. "실천할 수 있는 것은 100% 책임을 지고 지키지 못할 약속은 솔직하게 털어 놓으라"는 설명이다. 김 과장은 400여 개가 넘는 여행사의 담당자와 연락처를 막힘없이 암기하고 있다. 명함은 4,000여 장이 넘지만 언제 어디서 만나 주고받은 것인지, 그 명함의 주인공 생김새까지 모두 기억하고 있단다. 아주그룹은 김 과장을 '5월의 달인'으로 선정했다.

출처 : 파이낸셜뉴스 2011년 5월 29일

■ **개인화된 지원의 제공**

영업관리자는 영업사원 개개인에 적합한 지원을 해줄 수 있어야 하는데, 이를 위해서는 이들에 대해 마음으로부터 우러나는 애정과 관심을 가져야 한다. 이들이 자신의 장래를 위해 어떠한 계획을 가지고 있는지, 영업현장에서는 어떠한 어려움을 겪고 있는지에 대해 이해하고 그들에게 도움이 되는 적절한 지원을 해줄 수 있어야 한다. 이를 위해서는 끊임없이 이들과 대화를 나누어야 하고, 이들에 대해 좀 더 심도 있게 알기 위해 노력해야 한다. 이들의 성장과정, 생활환경, 가족, 취미 등에 대해 아는 것도 이들을 이해하는 데 큰 도움이 된다. 영업사원은 영업현장에서 많은 사람을 만나야 하고, 거절당하는 경우도 비일비재하며, 영업의 성사에 노심초사해야 하기 때문에 감정의 기복과 스트레스가 심하다. 따라서 영업관리자가 영업사원의 당면한 어려움을 이해하고 개개인에 적합한 지원을 하는 것은 매우 중요하다. 이러한 일은 매우 힘들고 시간이 많이 소요되지만, 변혁적 리더십의 확립을 위해서는 필수불가결한 요소이다.

1.3 사냥꾼형 리더십과 농부형 리더십

거래적 리더십과 변혁적 리더십은 각각 사냥꾼형(hunter) 리더십과 농부형(farmer) 리더십으로 비유될 수 있다. 사냥꾼은 사냥감을 어떻게 하면 잘 잡을 수 있을까를 궁리한다. 가장 비용효율적으로 많은 사냥감을 잡는 사냥꾼이 우수한 사냥꾼이다. 사냥꾼은 사냥감이 고갈되는 것에 대해서 걱정은 하지만 주된 관심사는 아니다. 왜냐하면 사냥감이 고갈되면 좀 불편하더라도 사냥터를 다른 곳으로 옮기면 되기 때문이다. 사냥꾼들을 관리하는 관리자도 사냥감을 많이 잡아온 사냥꾼을 높게 평가하고 많은 보상을 해줌으로써 더 많은 사냥감을 잡아오도록 독려한다. 그래서 사냥꾼을 관리하는 사람에게는 거래적 리더십이 요구된다.

사냥꾼과는 달리 농부는 한 장소에서 곡식을 재배한다(혹시 경작지를 바꾸는 화전민이라면 그 속성은 사냥꾼과 흡사하다). 농부도 사냥꾼과 마찬가지로 많은 수확을 올려야 하지만 장소를 이동할 수가 없기 때문에 한 장소에서 올해는 물론 내년에도 또 내후년에도 계속해서 농사를 잘 지으려면 지력도 길러주어야 하고, 품종개량도 해야 한다. 또한 사냥꾼은 혼자서도 다닐 수 있지만, 농부는 혼자서는 농사를 짓기 힘들기 때문에 어떻게 하면 다른 사람들과도 잘 어울리면서 농사를 지을 수 있는지에 대해서도 잘 알아야 한다. 농부를 관리하는 관리자도 이러한 농사의 특성에 맞추어 다른 사람과 협력할 줄도 알고, 지력향상이나 종자개량에 대해 좋은 아이디어도 내고 이를 실천에 옮기는 농부를 높게 평가하고 많은 보상을 해주어야 한다. 즉, 현재는 물론 미래의 더 많은 수확을 위해 다른 사람들과 협력하면서 종자개량이나 지력강화 등을 위한 변화를 모색하도록 농부들을 독려해야 한다. 그래서 농부를 관리하는 사람에게는 변혁적 리더십이 요구된다.

1.4 고객관계의 유형과 리더십 유형의 관계

요구되는 리더십의 유형은 공급업체가 고객과 어떠한 관계를 갖고 있는가에 따라 달라진다. 제6장 '고객관계전략'에서 기술된 바와 같이 공급업체와 고객과의 관계는 거래적 관계, 자문적 관계, 파트너십 관계 등으로 나누어질 있다. 거래적 관계의 특징은 고객과의 관계의 주체가 영업사원 개인이 되며, 관계의 지속 여부는 영업사원이 경쟁력 있는 제품이나 서비스를 고객에게 지속적으로 공급할 수 있느냐의 여부에 의존한다는 점이다. 따라서 이렇게 고객과의 관계가 거래적 관계인 경우에는 영업관리자는 영업사원이 고객과 좋은 관계를 가지면서 지속적으로 거래를 할 수 있도록 독려하는 것이라고 할 수 있다. 즉, 영업사원과 고객과의 거래적 관계에 부응하여 영업관리자와 영업사원의 사이에도 거래적 관계가 형성되며, 따라서 요구되는 영업관리자의 리더십도 거래적 리더십이 된다. 즉, 영업관리자는 거래를 성사시킨 영업사원에 대해 유형적·무형적 보상을 제공함으로써 그들의 욕구를 충족시켜 주는 데 중점을 둔다.

반면에 고객과 자문적 관계나 파트너십 관계를 형성하고 있는 경우에는 고객은 공급업체에 대해서 경쟁력 있는 제품이나 서비스의 공급을 넘어서서 자사가 가지고 있는 문제를 해결해 주고 자사를 위해 새로운 가치를 창출해주기를 요구한다. 고객사를 위해 새로운 가치를 창출해준다는 것은 단순히 좋은 가격에 품질이 좋은 제품을 공급함으로써 비용을 절감할 수 있도록 해준다는 것을 의미하는 것이 아니라, 고객사가 시장에서 지속적으로 수익을 창출할 수 있도록 적극적이고 주도적인 역할을 수행한다는 것을 의미한다. 이러한 업무는 영업사원 개인의 차원을 넘어서는 일이며 영업팀의 단위로 공동의 목표를 설정하여 함께 추진해야 하는 업무가 된다. 영업팀에는 영업사원뿐만 아니라 다른 부서의 구성원들도 참여할 수 있다. 따라서 이 경우에 영업관리자는 영업사원 개개인의 수주를 독려하는 역할이 아니라 고객의 문제해결과 새로운 가치의 창출이라는 공동목표를 위해 모두로부터 능동적이고 상호 협력적인 노력을 이끌어내야 한다. 즉, 고객과의 자문적 관계나 파트너십 관계를 추구하는 영업관리자는 거래적 리더십이 아닌 변혁적 리더십을 갖추어야 한다.

2. 상황적 리더십

상황적 리더십(situational leadership)이론은 거래적 리더십 vs 변혁적 리더십이론과는 달리 구체적인 상황에 따라 적합한 리더십 유형은 달라질 수 있다고 주장한다. 즉, 거래적 리더십과 변혁적 리더십에서는 일방적인 지시와 쌍방향적인 지원 중의 하나에 주목하지만, 상황적 리더십이론에서는 일방적인 지시와 쌍방향적인 지원 중에서 한쪽만 나타날 수도 있지만, 두 개가 모두 나타날 수도 있고, 또한 모두 나타나지 않을 수도 있다는 점에 그 특징이 있다. 따라서 상황적 이론은 다른 리더십이론에 비해 구체적인 상황을 보다 유연하게 설명할 수 있다는 장점을 가지고 있다.

2.1 상황적 리더십에서의 리더십 스타일

상황적 리더십에서는 리더십 스타일을 2개의 기준에 따라 4개 유형으로 구분하고 있다. [그림 13-4]에서와 같이 리더십 스타일을 구분하는 두 개의 기준은 리더의 행동에서 나타나는 지시적(혹은 업무적) 행동의 정도 및 지원적(혹은 관계적) 행동의 정도이다. 두 개의 기준을 각각 높고 낮은 수준으로 구분하여 2×2=4개의 리더십 스타일을 제시하고 있다. 두 개의 기준 가운데 하나인 지시적 행동은 업무의 효율적인 수행을 위해 리더가 부하에게 일방적으로 지시하는 행동으로, 앞서 논의한 거래적 리더십에서 흔히 나타나는 행동양식이라고 할 수 있다. 반면에 또 하나의 기준인 지원적 행동은 부하를 지원하고 쌍방향적인 의사소통을 중시하는 행동으로 앞서 논의한 변혁적 리더십에서 흔히 나타나는 행동양식이라고 할 수 있다.

이러한 두 개의 기준에 따라 상황적 리더십이론은 리더십 스타일을 지시형(telling), 설득형(selling), 지원형(supporting), 그리고 위임형(delegating)의 4가지로 구분하고 있다. 지시형 리더십 스타일은 리더가 업무의 내용, 수행방법 등을 일일이 지시하고 규정하면서 쌍방향 의사소통에 의한 정서적인 지원은 거의 하지 않는 스타일을 의미한다. 설득형 리더십 스타일은 지시를 많이 하면서도 부하를 정서적으로 지원하고 부하와의 관계의 증진을 통해 공동의 목표를 달성하고자 하는 스타일이다. 지원형은 지시는 거의 하지 않고 부하들이 의사결정을 자발

그림 13-4 | 상황적 리더십에서의 리더십 스타일

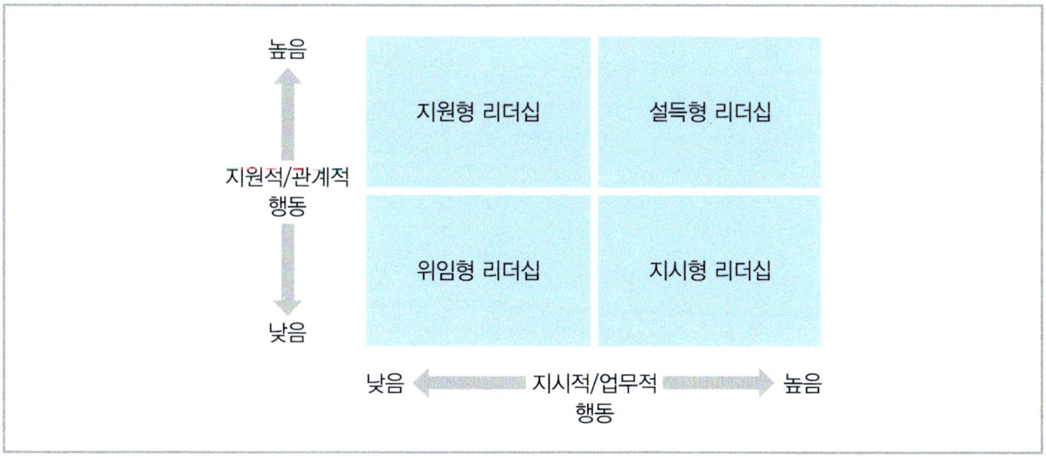

직으로 수행해 나갈 수 있도록 정서적으로 지원하는 스타일이며, 위임형은 지시도 하지 않고, 정서적으로 지원도 하지 않는 스타일을 의미한다. 이 가운데 지시형 리더십이 거래적 리더십에 가깝고, 지원형 리더십이 변혁적 리더십에 가깝하고 할 수 있다.

2.2 영업사원의 성숙도에 따른 리더십 스타일

상황적 리더십이론은 리더십 스타일을 위에서 기술한 4가지 유형으로 구분한 뒤, 어떤 상황에서 어떤 리더십 스타일이 적합한가에 대해 논의하고 있다. 이 이론은 적합한 리더십 스타일을 결정하는 변수로 부하들의 성숙도(成熟度)를 제시하고 있다. 성숙도의 개념에는 업무수행능력과 업무수행의욕의 두 가지가 모두 포함된다. 따라서 이 이론은 부하들의 업무수행능력과 업무수행의욕의 두 가지에 따라 적합한 리더십 스타일이 다르다는 주장하고 있는 셈이 된다. 업무수행능력과 업무수행의욕의 두 개 변수를 높고 낮은 수준으로 나누면 2×2=4개의 경우의 수가 도출되는데, 상황적 리더십이론에서는 [그림 13-5]에서와 같이 이렇게 도출된 각각의 경우를 상황적 리더십의 4개 유형과 매칭시키고 있다.

- 첫 번째 유형은 영업사원들이 영업업무를 수행할 수 있는 능력도 부족하고 업무의욕도 저하된 상태에 있는 경우로, 영업관리사가 택할 수 있는 적합한 리더십 스타일은 지시형이 된다. 경력이 짧은 영업사원으로 연이은 영업 실패로 인해 의기소침해 있는 경우가 이에 해당될 수 있다. 이러한 경우에는 업무에 익숙해지고 영업기술을 쌓을 수 있도록 상세하게 업무를 지시하는 것이 효율적이다.

그림 13-5 | 영업사원의 성숙도에 따른 리더십 스타일

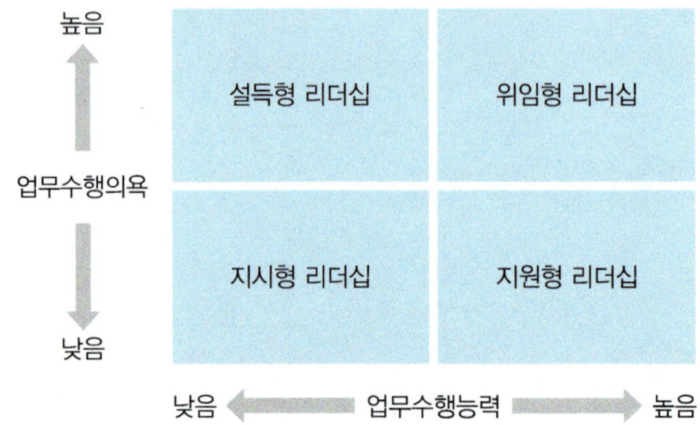

- 두 번째 유형은 영업사원의 업무수행능력은 부족하지만, 동기부여가 잘 되어 있어 의욕이 넘치는 경우이다. 즉, 열심히 하려는 마음은 많지만 영업기술이나 지식 등이 부족한 경우이다. 의욕에 넘치는 신참 영업사원이 대부분 이에 해당된다. 이러한 경우에는 효율적인 업무수행을 위한 지시도 많이 내리지만, 동시에 영업사원의 의견도 반영해주는 설득형 리더십이 적합한 리더십 스타일이 된다. 예를 들어 영업관리자는 영업사원에게 효율적이라고 판단되는 방문일정을 주어서 이를 기반으로 방문활동을 하라고 지시하지만, 영업사원의 의견이 타당성이 있다고 판단되는 경우에는 방문일정의 변경을 허용할 수도 있다.
- 세 번째 유형은 업무수행능력은 뛰어나지만 업무를 열심히 하려는 의욕이 별로 없는 경우이다. 예를 들어 베테랑 영업사원이지만 이제는 나이가 들어 체력도 예전 같지 않고 생활이 안정되면서 자연히 업무의욕이 떨어져 있는 경우, 혹은 부업을 시작하였는데 상당히 성공적이어서 본 업무에 시간을 많이 할애하지 않는 경우 등이 이에 해당한다고 할 수 있다. 이러한 경우에는 지시보다는 영업사원을 정서적으로 지원해주고 일상적인 업무에 대해서도 스스로 의사결정을 할 수 있도록 허용하는 지원형 리더십이 적합한 리더십 스타일이 된다. 예를 들어 방문일정을 결정하는 일에 있어서 영업관리자는 과거의 자료를 참고자료로 제공해주지만, 그 결정은 영업사원이 스스로 할 수 있도록 하고, 만들어진 방문일정을 보고 필요한 경우에만 영업사원과의 의사소통을 통해 수정을 할 수 있도록 하는 것이다.
- 네 번째 유형은 업무수행능력도 뛰어나고 의욕도 넘치는 경우이다. 커리어의 전성기에 있는 우수 영업사원들이 이에 해당된다. 이러한 경우에는 지시도 지원도 최소화하고 대

부분의 의사결정을 영업사원 스스로가 하도록 허용하는 위임형 리더십이 적합하다. 예를 들어 해당 영업사원이 담당하고 있는 구역에 새로운 경쟁사가 진입하여 최근 매출이 감소하는 경향이 있다고 할 때, 영업관리자는 영업사원과 이 문제의 심각성에 대해 공감대는 형성하지만, 그 문제를 어떻게 해결해 나갈 것인가에 대한 구체적인 방안을 마련하는 것을 모두 영업사원에게 일임하는 것이다. 즉, 기존고객들의 이탈을 방지하기 위해 어떠한 전략을 어떻게 구사할 것이며, 경쟁력을 높이기 위해 방문패턴이나 방문일정 등에 어떠한 변화를 줄 것인지 등을 모두 영업사원 스스로가 결정하고 수행하도록 한다.

제5절 리더십의 수단

영업관리자는 앞에서 기술한 영업사원의 채용, 영업팀의 구축, 영업팀의 통솔, 영업팀의 관리, 영업팀의 보상 등 자신의 역할을 수행하는 모든 과정에서 리더십을 발휘할 수 있다. 즉, 영업관리자는 자신이 채용하는 영업사원의 특성, 영업사원들의 담당구역 설정, 교육훈련의 내용 구성, 성과평가방법과 보상방법의 결정 등과 같은 영업관리와 관련한 구체적인 행동을 통해 영업사원들에게 리더로서의 면모를 보여줄 수 있다. 따라서 리더십에 대한 내용은 각 영업관리 영역에 대한 기술에 포함되어 있다고 할 수 있다. 여기에서는 각 영역에서의 리더십에 대해 별도로 기술하지 않고, 영업사원과의 직접적인 접촉을 통해 이루어지는 리더십에 한정하여 논의한다. 이러한 활동에도 여러 가지가 있지만 가장 집중적으로 논의되어야 하는 주제는 코칭과 영업회의라고 할 수 있다. 코칭과 영업회의는 영업관리과정에서 가장 빈번하게 사용되는 수단이라고 할 수 있으며, 그 효과도 매우 강하고 빠르게 나타날 수 있다.

1. 코칭

1.1 코칭의 개념

영업사원들의 자발적 노력과 창의성을 이끌어 냄으로써 효율적인 영업이 이루어질 수 있도록 하는 것이 영업관리자의 가장 중요한 책무이다. 특히 현대와 같이 경쟁이 심하고 변화가 많은 시장환경하에서는 고객과의 접점을 담당하고 있는 영업사원의 역할이 더욱 커지기 때문에 이들의 역량을 강화시키지 않고는 회사의 성장을 이루어 갈 수 없다. 따라서 영업사원이 지닌 잠재력을 최대한 이끌어낼 수 있도록 해야 하는데, 이를 위한 가장 중요한 수단이 코칭(coaching)이라고 할 수 있다. 즉, 영업관리자는 코칭을 통해 영업사원의 능력을 향상시키고, 또한 이러한 능력을 업무를 수행하는 데 충분히 발휘하도록 해야 한다. 코칭이 제대로 이루어지면 영업사원의 직업만족도, 역할지각, 성과 등에 긍정적인 영향을 미치지만, 좋지 않은 코칭이 이루어지면 위에서 언급한 모든 변수에 부정적인 영향을 미칠 수 있다([글 13-2] 참조).

'코치(coach)'라는 단어의 어원은 1500년대에 헝가리의 한 도시인 코치(Kocs)에서 처음으로 만들어진 '네 마리의 말이 끄는 마차'에서 유래한다. 이 마차가 영국에서는 코치(coach)로 불리워졌으며, 현대에도 이 단어는 영어에서 '마차'의 의미도 가지고 있다. 마차는 손님이 원하는 곳으로 최적의 길을 선택하여 편안하고 안전하게 손님을 이동시키는 역할을 수행한다. 가는 길에 장애물이 있더라도 마차는 이를 극복하여 손님을 원하는 장소로 이동시켜준다. 마차를 의미하던 코치라는 용어는 19세기 말부터 스포츠에 적용되어 '운동선수를 지도하는 사람'을 지칭하는 용어로 사용되기 시작하였다. 운동선수가 아무리 우수한 경기력을 지니고 있다고 하더라도 시합에서 제 기량을 충분히 발휘하지 못하면 좋은 결과를 기대할 수 없다. 코치는 이러한 상황에 대비하여 운동선수의 기량을 향상시키고, 또한 실전에서 자신의 기량을 최대한 발휘할 수 있도록 준비시키는 역할을 수행한다.

코치에 ing를 붙인 코칭(coaching)은 코치를 하는 행동을 의미하는데, 미국에서는 1980년대 후반에 기업들이 이 개념을 도입하여 부하 양성의 주요한 수단으로 삼기 시작하였으며, 우리나라에는 2000년대 초반에 이 개념이 도입되었다. 코칭은 흔히 집체훈련을 의미하는 트레이닝(training)과 비교된다. 트레이닝은 기차를 의미하는 train에 ing를 붙인데서 유래한다. 마차는 손님이 있는 장소에 가서 손님에 원하는 목적지까지 데려다 주는 개별 서비스의 도구인 데 반해서, 기차는 손님들이 정해진 역에서 승차하면 손님들을 정해진 경로와 속도로 정해진 역으로 데려다주는 역할을 수행한다. 따라서 코칭이나 트레이닝이 모두 대상자를 개발시킨다는 공통점을 갖고 있지만, 이를 행하는 방식에 있어서 코칭은 일대일로 이루어지는 서비스인 반면, 트레이닝은 많은 사람을 대상으로 동시에 이루어지는 일대다의 서비스라는 차이가 있다.

영업관리에서 코칭은 "영업관리자가 대화나 모범적인 행동을 통하여 영업사원이 효율적인 영업의 수행에 필요한 영업기술, 자질, 지식 등을 향상시키기 위해 자발적이고 적극적인 노력을 기울이도록 유도하는 일련의 과정"이라고 정의할 수 있다. 즉, 코칭의 궁극적인 목적은 영업사원의 자발적이고 적극적인 노력을 유도함으로써 영업사원의 능력을 향상시키고 이를 통해 보다 우수한 성과를 낼 수 있도록 도모하는 데 있다. 또한 코칭의 형태는 대화를 통한 피

영업관리자의 코칭활동과 영업사원의 성과의 관계에 대한 사례

글 13-2

아래의 [그림 13-6]은 일본의 한 공급업체가 4명의 영업관리자를 대상으로 코칭활동시간, 코칭의 대상, 영업사원의 영업관리자에 대한 평가 등을 분석한 결과를 보여주고 있다. 4명의 영업관리자 가운데 A가 담당하고 있는 영업팀의 성과가 가장 좋았고, 그 다음으로 B, C 순이었으며, D가 담당하고 있는 영업팀의 성과가 가장 나빴다. 영업관리자의 근무시간과 코칭활동시간을 살펴보면, 성과가 가장 우수한 영업팀의 영업관리자는 코칭활동에 할애하는 시간도 가장 길었고, 근무시간도 가장 길었다. 반면에 성과가 가장 나쁜 영업팀의 영업관리자는 코칭활동에도 소홀했을 뿐만 아니라, 근무시간도 가장 짧았다. 또한 모든 영업사원을 대상으로 코칭활동을 수행했던 영업관리자는 영업사원으로부터의 평가도 가장 좋았고, 담당하고 있는 영업팀의 성과도 가장 우수했다. 반면에 코칭활동에 대한 관심이 없었던 영업관리자는 영업사원으로부터의 평가도 가장 좋지 않았고, 담당하고 있는 영업팀의 성과도 가장 좋지 않았다. 이러한 분석 결과는 영업관리자의 코칭활동이 영업사원의 성과에 크게 영향을 미친다는 점을 시사해주고 있다.

그림 13-6 | 영업관리자의 코칭활동시간, 코칭대상 및 영업사원의 영업관리자에 대한 평가

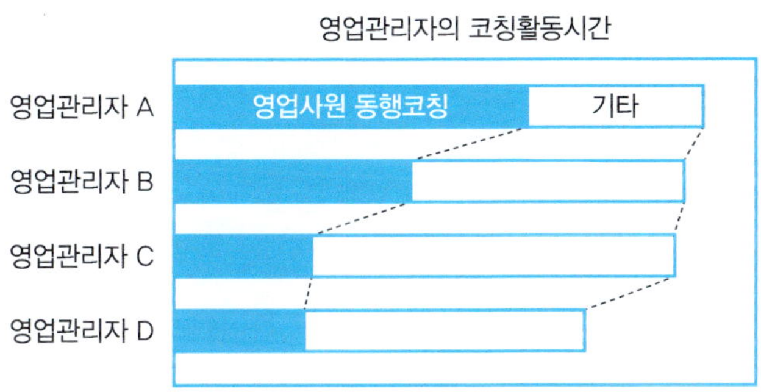

	영업관리자의 코칭 대상	영업사원의 영업관리자에 대한 평가
영업관리자 A	전 영업사원을 성장단계에 따라 코칭	필요할 때 동행해준다. 영업관리자의 방법을 보면 참고가 되고, 과제를 부여해준다.
영업관리자 B	실적이 나쁜 영업사원과 신입사원으로 한정하여 코칭	영업관리자가 동행할 때 지적해주므로 대단히 참고가 된다.
영업관리자 C	신입사원에게만 기본 활동부터 코칭	영업관리자는 신입사원에게만 전력하고, 나에게는 영업동행도 코칭도 해주지 않는다.
영업관리자 D	코칭을 별로 중요시하지 않음	내 방법이 잘된 건지, 잘못된 건지 불안하다. 영업관리자가 좀 더 동행하고 코칭해 주었으면 좋겠다.

출처 : 이마무라 히데아키(2007), 보스턴컨설팅그룹의 B2B 마케팅, 번역서, 비즈니스맵, 228–230.

그림 13-7 | 코칭의 개념도

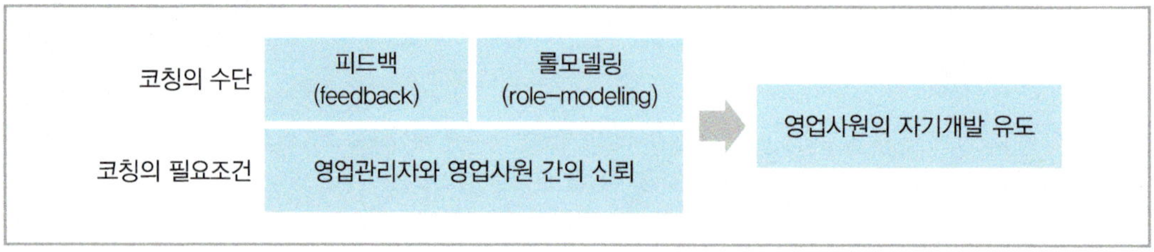

드백(feedback)의 형태를 취할 수도 있고, 스스로가 영업사원의 롤모델(role model)이 됨으로써 영업사원이 행동의 방향을 설정하는 데 도움이 될 수 있는 형태를 취할 수도 있다. 그런데 대화를 통한 피드백이든 행동을 통한 롤모델링이든 그 효과를 발휘하기 위해서는 영업사원과 영업관리자 간의 신뢰관계가 바탕이 되어야 한다. 한 연구에 의하면 신뢰관계에 바탕을 두지 않은 롤모델링은 영업사원의 직업만족도나 성과에 아무런 영향도 미치지 못하는 것으로 나타났다. 영업관리자가 영업사원의 신뢰를 얻기 위해서는, 첫째 업무에 대한 숙달 정도가 뛰어나고 영업에 대한 경험도 풍부해야 하며, 둘째 영업사원의 입장을 이해하고, 영업사원의 관점에서 생각할 수 있어야 하며, 영업사원이 성장해 나가는 것을 도우려는 순수한 마음을 가지고 있어야 한다. 위에서 기술한 내용을 종합하면 코칭은 [그림 13-7]에서와 같이 영업관리자와 영업사원 간의 신뢰를 바탕으로 피드백과 롤모델링을 통하여 이루어지는 자기개발 유도 과정으로 개념지을 수 있다.

한 연구는 코칭활동의 증가에 따라 영업사원의 의식에 어떠한 변화가 생기며, 더 나아가 이러한 변화의 정도가 어떠한 변수들에 의해 영향을 받는지에 대해 보고하고 있다. 이 연구에 따르면 영업관리자의 코칭활동이 활발할수록 영업사원은 회사에 대해 더 많은 감정적인 애착을 갖게 되고, 성공적인 영업사원이 되고자 하는 동기가 더 많이 생기며, 자신의 역할이 무엇인지가 더 명료해진다. 또한 직업에 대한 만족도도 증가하며 영업관리자에 대한 만족도도 증가한다. 그런데 코칭활동의 영향력은 여러 가지 변수에 따라 달라진다. 즉, 영업사원이 자신의 가치관이 회사의 가치관에 잘 부합한다고 생각할수록, 영업사원의 정규교육수준이 높을수록, 또한 자사 상품의 품질을 높이 평가할수록 코칭의 효과는 떨어지는 것으로 나타났다. 즉, 영업사원이 회사의 가치나 상품에 대해 높이 평가하고 있거나 학습능력이 높은 경우에는 영업관리자를 통해 이루어지는 코칭활동의 효과가 상대적으로 적은 것으로 나타났다.

코칭은 대화를 통해 이루어질 수도 있고, 행동을 보여주는 것을 통해서도 이루어질 수 있다. 대화를 통한 코칭은 피드백의 형태로 이루어지고, 행동을 통한 코칭은 롤모델 제시의 형태로 이루어진다. 롤모델의 제시는 변혁적 리더십의 특성에서 이미 기술하였기 때문에 여기서는 피드백에 대해서만 기술하기로 한다.

1.2 피드백

피드백(feedback)의 사전적 의미는 "어떤 행위의 결과가 최초에 설정한 목표에 부합되는 것인가를 확인하고, 그 확인된 정보를 행위의 원천으로 되돌려 보내어 그 원천의 행위가 보다 적절한 상태가 되도록 수정을 가하는 것"이다. 피드백을 활용하는 조직체, 유기체, 시스템 등은 이러한 과정의 반복을 통해서 설정된 목표를 달성하고자 한다. 영업관리자의 피드백도 같은 맥락에서 정의될 수 있다. 즉, 영업관리자의 영업사원에 대한 피드백은 "영업사원의 행동의 결과가 회사의 목표에 부합되는지를 확인하고 이를 영업사원에게 알려줌으로써 영업사원이 보다 바람직한 행동을 할 수 있도록 하는 것"으로 정의될 수 있다.

■ 피드백의 유형

영업관리자의 영업사원에 대한 피드백은 [그림 13-8]에서와 같이 피드백의 방향(긍정적 vs 부정적)과 피드백의 대상(결과 vs 행동)에 따라 4가지로 구분될 수 있다. 결과중심의 피드백은 매출이나 공헌이익, 수익률 등과 같은 성과에 대한 피드백을 의미하며, 행동중심의 피드백은 영업기획, 태도, 시간관리, 영업기술, 지식, 고객 프레젠테이션, 시연 등의 영업사원의 구체적인 행동에 대한 피드백을 의미한다. 이러한 분류체계를 이용한 한 연구에 의하면 피드백과 성과 및 만족도의 관계가 다음과 같이 분석되었다. 긍정적인 피드백은 영업사원에게 정보를 제공하는 역할과 함께 동기를 부여하는 역할도 하며, 영업사원의 성과와 영업사원의 영업

그림 13-8 | 피드백의 유형

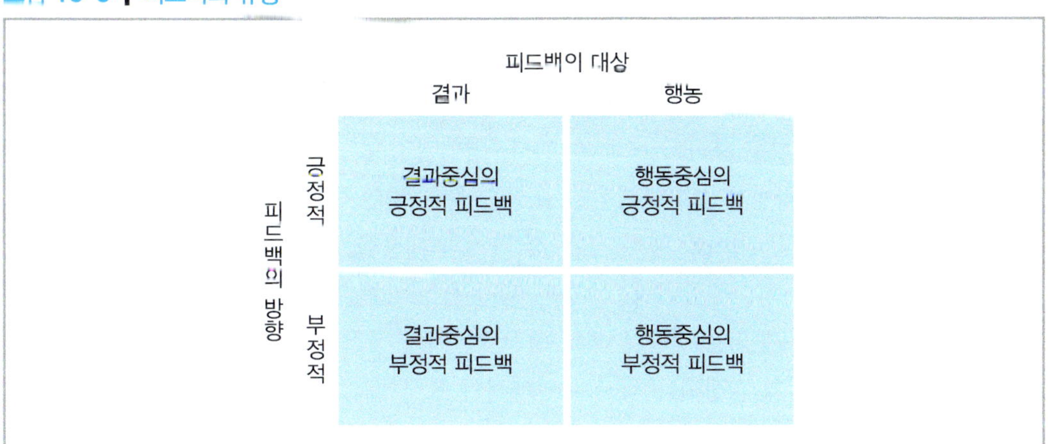

관리자에 대한 만족도에 긍정적인 영향을 미친다. 반면에 부정적인 피드백은 동기를 부여하는 역할은 하지 못하고 단지 정보를 전달하는 역할만을 수행하며, 성과에 미치는 영향도 미미하다. 또한 성과에 미치는 영향은 결과중심의 긍정적 피드백이 가장 크고, 영업관리자에 대한 만족도에 미치는 영향은 과정중심의 긍정적 피드백이 가장 크다. 방문판매회사 대리점의 영업사원을 대상으로 조사를 실시한 국내의 한 연구에서도 긍정적인 피드백은 영업사원이 자신의 역할을 보다 더 명확하게 지각할 수 있도록 하는 데 기여하며, 또한 영업사원이 자신의 역할을 더 명확하게 지각할수록 성과도 올라가는 것으로 나타났다. 즉, 긍정적인 피드백은 영업사원의 역할지각을 매개변수로 영업사원의 성과에 정의 영향을 미치는 것으로 나타났다.

■ 피드백의 기술

효과적인 피드백이 이루어지기 위해 영업관리자는 영업사원이 거부감이나 두려움 없이 자신의 생각과 감정을 표현할 수 있도록 해야 하며, 또한 일방적으로 해결책을 제시하기보다는 효과적인 질문을 통하여 영업사원 스스로가 자신의 행동의 효과와 적절성을 돌아볼 수 있도록 해야 한다. 이러한 과정을 통해서 영업사원은 스스로 자신의 문제를 해결할 수 있는 대안을 찾게 되고, 자발적으로 이를 행동으로 옮기게 된다. 영업관리자의 피드백에서의 기술은 크게 듣는 기술, 질문하는 기술, 그리고 결과전달기술 등 세 가지로 나누어질 수 있다.

- 첫 번째 기술은 듣는 기술이다. 영업관리자는 적극적인 경청(傾聽)의 자세로 영업사원의 말을 들을 수 있어야 한다. 적극적인 경청이란 말하는 사람의 말을 비판이나 판단 없이 그대로 수용하고, 그 사람의 생각은 물론, 감정이나 정서까지도 진심으로 이해하려고 노력하는 태도로 의사소통에 참여하는 것을 의미한다. 영업사원은 영업관리자가 적극적으로 자신의 말을 경청하고 있다고 느낄 때 비로소 자신의 마음을 열수 있기 때문에, 영업사원의 말을 경청하는 것은 성공적인 코칭을 위한 필요조건이 된다. 또한 적극적 경청은 영업사원으로 하여금 자신의 생각이나 감정을 자유롭게 표현하도록 격려하는 효과를 갖으며, 더 나아가 코칭에 대한 책임감을 갖게 하여 스스로 문제의 원인과 해결책을 탐색하려는 생각을 갖게 하는 효과도 거둘 수 있다. 영업관리자가 영업사원을 깊이 올바르게 이해하기 위해서는 영업사원의 언어적인 표현은 물론 비언어적인 표현에도 주의를 기울여야 한다. 영업사원은 언어를 통해 크게 세 가지의 내용을 표현한다. 첫째는 그가 경험한 사실이고, 둘째는 그의 생각이며, 셋째는 그의 감정 또는 정서이다. 몸짓이나 표정과 같은 비언어적으로 표현되는 내용은 생각이나 객관적인 사실보다는 감정이나 정서이다. 비언어적인 표현에서의 감정이나 정서는 언어적인 표현에서보다 더 강렬하게 나타난다. 영업관리자는 언어적인 표현과 비언어적인 표현을 종합하여 영업사원의 진정한 마음을 이

해하도록 노력해야 한다.

영업사원의 마음을 열기 위해서는 영업관리자는 영업사원에게 적극적으로 자신의 말을 경청하고 있다는 점을 인식시켜 주어야 한다. 즉, 영업사원이 한 말을 좀 더 명확하게 하기 위한 질문을 던진다거나(명료화), 영업사원이 한 말을 다르게 표현해 준다거나(부연설명), 영업사원이 표현한 감정을 보다 강력하게 표현해 준다거나(감정투영), 영업사원의 말을 핵심을 요약하여 표현하는(요약) 등의 반응을 보임으로써 영업사원에게 자신이 적극적으로 경청하고 있다는 것을 확신시켜 주어야 한다. 또한 올바른 청취 자세를 취하는 것, 인정과 동의의 표시인 적절한 끄덕임, 시선 맞추기 등 비언어적인 수단을 통해서도 적극적으로 경청하고 있다는 것을 나타낼 수 있다.

- 두 번째 기술은 질문하는 기술이다. 적절한 질문은 영업사원으로 하여금 자신의 문제를 직시하고, 이에 대한 해결책을 스스로 찾을 수 있도록 도와준다. 질문은 답변을 요구하기 때문에 영업사원은 영업관리자의 질문에 대해 여러 측면에서 생각을 해야 한다. 즉, 질문과 대답의 과정에서 영업사원은 자신의 문제를 여러 측면에서 생각해보는 계기를 갖게 되며, 이것이 영업사원의 변화와 성장으로 이어질 수 있다. 즉, 영업관리자는 적절한 질문을 통해서 영업사원의 잠재력을 이끌어 낼 수 있는 것이다([글 13-3] 참조). 흔히 질문은 '코칭기술의 꽃'이라고 불리는데, 이는 질문이 매우 중요하다는 점을 지적함과 동시에 좋은 질문을 하는 것이 매우 어렵다는 점도 시사하고 있다. 좋은 질문을 하기 위해서 영업관리자는 영업사원이 처한 문제를 해결할 수 있는 가장 좋은 해답은 영업사원 본인이 가지고 있다는 철학을 가지고 있어야 한다. 왜냐하면 동일한 문제에 대해서도 여러 가지 해결방안이 있을 수 있고, 결국 훌륭한 대안이라는 것은 선택되었을 때 좋은 결과를 가져올 수 있을 정도로 강력하게 추진될 수 있는 대안이라고 할 수 있는데, 강력하게 추진되도록 하기 위해서는 그 대안을 실행할 당사자가 스스로 선택하게 하는 것이 바람직하기 때문이다.

영업관리자는 질문 과정에서 신디식 질문보다는 개방형 질문을 함으로써 영업사원이 좀 더 넓은 범위에서 생각할 수 있도록 하고, 이를 통해 객관적 사실은 물론 영업사원의 생각이나 감정까지 이끌어낼 수 있어야 한다. 또한 부진한 성과나 바람직하지 않은 행동에 대한 질문을 함에 있어서는 영업사원이 거부감이나 방어적 자세를 갖게 하기 쉬운 '왜'로 시작하는 질문보다는 '어떻게'로 시작하는 질문을 통해 영업사원 스스로가 자신에 대한 문제의 해결책을 제시할 수 있도록 유도하는 것이 바람직하다. 또한 코칭은 과거에 대한 평가보다는 미래를 위한 발전이 목적이기 때문에 과거지향적인 질문보다는 미래지향적인 질문을 통해 영업사원 스스로가 미래를 생각하고 설계할 수 있는 계기를 마련해주는 것도 중요하다.

- 세 번째 기술은 질문을 통해 영업사원의 말을 경청한 뒤 그에 대한 결과를 영업사원에게 전달하는 기술이다. 피드백의 유형에서 기술한 바와 같이 피드백은 긍정적 피드백과 부정적 피드백으로 구분된다. 긍정적 피드백은 칭찬과 인정으로 표현된다. 칭찬은 탁월한 고객관리와 같은 긍정적인 행동과 그 행동의 영향에 대해 구체적으로 언급하면서 신뢰와 감사를 표현하는 것을 의미하며, 인정은 영업사원의 탁월한 업무수행능력과 같은 영업사원의 특성을 받아들인다는 의사표현을 의미한다. 칭찬과 인정은 영업사원으로 하여금 자신감을 갖게 하고 더욱 노력할 수 있는 동기를 부여해주는 최고의 수단이라고 할 수 있다. 효과적인 긍정적 피드백이되기 위해서는 칭찬이나 인정이 구체적이어야 하고, 간결해야 하며, 결과뿐만 아니라 과정과 노력에 대한 부문도 같이 포함되는 것이 바람직하다.
  긍정적 피드백의 반대는 부정적 피드백이지만, 부정적 피드백의 주요 내용이 질책이나 비판이 되어서는 곤란하다. 왜냐하면 코칭의 목적은 영업사원의 잠재력을 이끌어내어 보다 효율적인 영업활동을 수행하도록 하는 것이기 때문에 질책이나 비판으로 영업사원이 자신감을 잃게 하는 것은 코칭의 목적에 부합하지 않는다. 따라서 부정적 피드백이라는 용어보다는 '발전적 피드백'이라는 용어가 더 적합하다. 발전적 피드백은 영업사원의 성과나 행동이 기대에 미치지 못하였을 때 문제가 되는 점을 구체적으로 언급하고 이를 개선할 수 있는 방안을 제시하는 것이다. 이는 영업사원의 발전과 성장에 초점을 맞추고 있기 때문에 부진한 성과나 바람직하지 않은 행동에 대해 이를 지적하고 질책하는 데 그치는 것과는 차원이 다르다.
  발전적 피드백은 AID(activity, impact, desired activity)의 원칙에 따르는 것이 제안되고 있다. 첫째, 사람이 아닌 구체적인 활동(activity)에 대해 지적한다. 둘째, 행동이 미치는 영향(impact)에 대해 얘기한다. 셋째, 바람직한 활동(desired activity)에 대해 언급한다. 예를 들어 신규고객의 확보가 매우 부진한 영업사원에게 다음과 같은 피드백이 바람직하다. "신규고객 확보가 매우 부진한 상태입니다(행동). 이런 추세가 계획된다면 앞으로 6개월 이내에 담당하고 있는 구역에서의 판매실적이 갑자기 급격하게 감소할 우려가 있습니다(영향). 앞으로는 SFA(영업자동화시스템)에서 제공되는 잠재고객 리스트를 활용하여 하루에 세 명 이상의 잠재고객을 꾸준히 방문하는 활동을 전개하는 것이 좋겠습니다(바람직한 활동)."

코칭전문가 : 스스로 답을 찾도록 질문하는 '조력자'

글 13-3

"누구든 자신을 객관적으로 바라보기 어렵기 때문에 누군가의 코칭이 필요합니다." 세일즈 코칭 분야 국내 1호 박사이자 국제코치연맹의 인증 코치인 김상범 김정문알로에 상무는 코칭전문가를 '숨은 조력자'라고 부르며 이렇게 설명했다. 그는 객관적으로 자신을 돌아보도록 돕고, 잘하는 것과 다르게 해야 할 것을 스스로 깨닫도록 피드백하는 것이 코칭전문가의 역할이라고 말했다. 그래서 코칭의 첫걸음을 '질문'이라고 밝혔다. "코치가 질문을 던져 스스로 답을 찾아내도록 길을 놓아줘야 합니다. 답을 미리 알려주면 '잔소리'와 다를 바가 없지요." 김 상무가 코칭을 접한 것은 2002년, 정수기회사에서 일할 때였다. 방문판매실적이 좋은 여성 직원들이 영업관리자로 승진하더니 오히려 리더십을 발휘하지 못했다. "나처럼 잘할 수 있다"고 영업사원에게 잔소리하기에 바빴다. 영업사원과 영업관리자의 역할이 다르다는 것을 깨닫지 못한 탓이었다. 코칭을 배우던 김 상무가 이들 영업관리자에게 질문을 던지기 시작했다. "영업사원과 영업관리자의 차이가 무엇일까", "영업은 잘했는데 왜 영업관리자 일은 어려울까", "영업관리자가 어떤 것을 잘하면 영업사원이 성과를 낼까", 영업관리자들이 답을 찾을 때까지 묻고 또 물었다. 비슷한 위기를 잘 극복한 성공사례도 들려줬다. 놀랍게도 영업관리자들이 스스로 깨우친 해답을 행동으로 실천하며 제몫을 찾아갔고, 그 결과 영업실적이 두 배가량 올랐다.

출처 : 한겨레 2011년 11월 24일, 내용 정리

■ **영업현장에서의 피드백**

영업사원의 행동에 대한 피드백은 사무실에서 영업사원과의 대화를 통해서도 이루어질 수 있지만, 가장 효과적인 피드백은 영업관리자가 영업사원의 구역을 방문하였을 때 이루어진다. 영업관리자는 영업사원에 대한 교육훈련이나 평가뿐만 아니라 주요 고객의 불만응대, 신상품 고객방문 시범 등 여러 가지 목적으로 영업사원의 구역을 방문한다. 이렇게 방문이 이루어질 때 영업사원과 동행하여 영업사원의 고객응대를 관찰할 수 있는 기회를 가질 수 있는데, 피드백을 위한 가장 좋은 시점은 고객방문을 마친 바로 다음이다. 영업관리자가 코칭을 위해 영업사원과 함께 고객을 방문할 때 주의해야 할 점은 반드시 영업사원이 고객과의 커뮤니케이션을 주도하도록 해야 한다는 점이다. 영업관리자는 단지 영업사원의 영업기술을 관찰하기 위해 동반하는 것이기 때문에 고객을 방문하기 이전에 자신은 절대로 고객과의 커뮤니케이션에 개입하지 않는다는 점을 분명히 해야 한다. 그래야 영업관리자는 영업사원의 영업기술을 정확하게 평가할 수 있고, 그 평가 결과에 따라 효율적으로 코칭을 수행할 수 있다.

2. 영업회의

2.1 영업회의의 개념

영업회의에서는 영업사원과 영업관리자가 주로 참여하지만, 경우에 따라서는 경영자나 연관부서의 직원들도 참여하여 영업현안에 대해 논의한다. 영업회의에서 가장 중요한 요소는 원활한 의사소통이다. 영업사원들과 영업관리자, 또한 영업사원들 간의 원활한 의사소통을 통해서 영업사원들에게 각자의 구역에서 개별적으로 활동하는 격리되어 있는 존재가 아니라 공동의 목표를 위해 매진하고 있는 공동체의 일원이라는 정신을 심어줄 수 있으며, 이를 통해 성과를 향상시킬 수 있다. 또한 영업회의는 영업관리자가 리더십을 발휘하여 공동의 목표를 달성하기 위해 구성원들의 의지를 결집시킬 수 있는 좋은 기회가 된다. 영업회의의 유형에는 연차회의, 분기별회의, 월례회의, 주간회의, 조석회의, 프로젝트회의 등이 있다.

어떠한 유형의 영업회의이든 영업회의는 [그림 13-9]에서와 같이 투입물과 산출물의 관점에서 파악될 수 있다. 영업회의에서의 투입물은 영업사원과 영업관리자 모두가 제공한다. 영업사원은 구역상황, 고객동향, 자신의 영업활동의 내용 및 영업성과 등에 대한 정보를 제공하고, 영업관리자는 영업전략, 영업방침 등에 대한 정보를 제공한다. 이러한 투입물을 활용하여 영업회의가 산출할 수 있는 것들로는 영업사원에게 제공되는 전략적 아이디어, 전술적 실행방안, 사기진작, 시장정보, 고객정보 등을 들 수 있다. 또한 영업회의는 영업관리자에게도 구

그림 13-9 | 영업회의의 투입물과 산출물

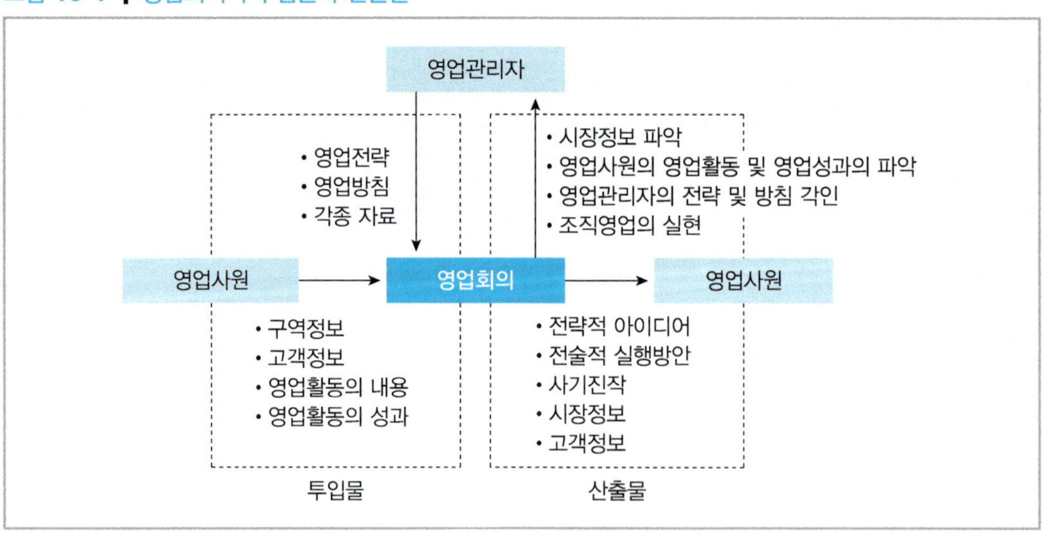

체적인 시장정보의 파악, 영업사원의 영업활동 및 영업성과 파악, 자신의 영업전략 및 방침의 각인, 조직영업의 구현 등을 실행할 수 있는 기회를 제공한다.

2.2 영업회의와 리더십

영업관리자는 영업회의가 원활하게 잘 이루어질 수 있도록 회의주제의 선정과 회의일시의 선정을 비롯한 준비작업도 세심하게 해야 하고, 회의 자체도 원활하고 생산적으로 진행될 수 있도록 도모해야 한다.

▪ 회의주제의 선정

회의의 주제가 구성원들의 흥미를 끌지 못하면 회의가 활발하게 이루어지지 못하고 시간 낭비가 되어버린다. 시간의 낭비는 영업성과와 이에 따른 보상에까지 좋지 않은 영향을 미치기 때문에 영업사원은 회의에 대해 큰 불만을 가질 수 있다. 영업회의가 활발하고 생산적으로 이루어지기 위해서는 무엇보다 영업사원들이 현재 직면하고 있는 문제를 회의의 주제로 선정하는 것이 중요하다. 즉, 회사의 관점에서의 중요성도 감안해야 하지만, 가능한 한 영업사원의 이해득실과 직접적으로 관련되어 있는 현실적인 문제를 회의의 주제로 선정하는 것이 바람직하다.

이러한 주제들로는 현장에서 사용하게 될 영업전략 및 전술에 대한 검토 및 방침의 결정, 담당고객 및 담당지역의 변경과 변경상에서 예외적으로 고려해야 할 요인에 대한 결정, 성과 평가 및 보상방법에 대한 의견수렴 및 본사에 건의할 영업팀 전체의 의견결정, 제품납기 등과 관련하여 최근 발생한 고객서비스 문제에 대한 대책 논의, 주요 전략고객과의 거래상황 논의 및 키맨 등 주요 정보의 교환 등을 들 수 있다. 또한 신제품 정보의 제공이나 회사의 마케팅 지원활동에 대한 설명도 회의주제가 될 수 있고, 이벤트성이 가미된 연차회의의 경우에는 우수실적 영업사원에 대한 표창, 우수사례 발표 등도 포함될 수 있다.

그리고 회의주제는 가능한 한 구체적으로 정해져야 한다. 예를 들어 회의의 주제가 '고객기반의 확충'이라고 하면, 그 범위가 너무 넓어서 다양한 세부 주제들에 대한 논의가 어지럽게 이루어지면서 회의가 아무런 결론도 없이 끝나버릴 수 있다. 따라서 회의의 주제는 '고객기반의 확충'과 같이 막연하게 정하기보다는 '기존고객 대상의 교차판매 활성화 방안', '휴면고객 재활성화 방안', '미개척 분야인 A산업 고객의 유치 방안', '고객유지율 하락 추세에 대한 대책' 등과 같이 최대한 구체적으로 정해져야 영업사원들의 관심을 한 곳으로 모을 수 있고, 이에 따라 심도 있는 논의도 가능해진다.

그림 13-10 | 동일주제의 반복횟수와 참여자 관심 및 논의 성과와의 관계

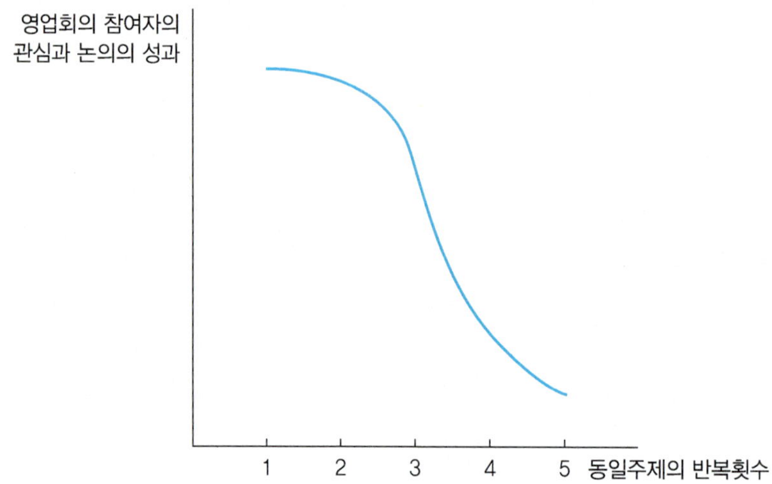

회의의 주제는 매번 새로운 것으로 바꾸는 것이 바람직하다. 월례회의의 경우 일반적으로 지난달의 성과보고와 다음 달의 활동계획이 중요한 주제가 되지만, 이와는 별도의 주제를 정해서 비중 있게 다루는 것이 중요하다. 왜냐하면 [그림 13-10]에서와 같이 영업회의에서 동일한 주제가 반복적으로 논의되면 영업사원들의 관심과 논의의 성과가 회의의 횟수가 거듭됨에 따라 급격하게 감소하기 때문이다. 물론 몇 번에 걸쳐 같은 주제를 가지고 지속적으로 논의해야 하는 경우도 있지만, 이러한 경우에도 동일한 내용이 반복적으로 이루어져서는 안 되며, 연관성을 갖되 지난 회의 때보다는 훨씬 더 진전된 논의가 이루어질 수 있도록 주의를 기울여야 한다.

몇 개의 주제를 선정할 것인가도 매우 중요한 이슈이다. 회의주제를 선정하기 위해서는 먼저 회의주제로 될 수 있는 안건들을 나열하고 중요성과 시급성 등을 기준으로 우선순위를 정해야 한다. 회의시간이 길어지면 회의 참석자들의 몰입도가 떨어질 수 있기 때문에 회의시간이 두 시간 이상 경과하는 것은 바람직하지 않다. 따라서 충분한 논의가 이루어지고 결론까지 도출되기 위해서는 회의주제는 우선순위가 가장 높은 하나 혹은 두 개 정도로 제한하는 것이 바람직하다.

■ 회의 일시의 선정 및 회의 통지

회의의 주제가 결정되고 참석자가 결정되면 회의 일시를 정하여 이를 참석 대상자들에게

통지해야 한다. 연차회의나 분기별회의는 연초에 날짜를 미리 정해두는 것이 바람직하다. 또한 월례회의나 주간회의 등과 같이 일정한 날짜에 개최되는 회의도 예를 들어 매월 1일 오전 9시, 매주 금요일 오전 9시 등으로 미리 정해 놓으면 된다. 부정기적으로 이루어지는 회의는 영업사원이 시간을 내기 쉬운 날짜에 맞추어서 계획한다. 그렇지만 고객으로부터의 클레임이나 제품사용 중의 안전사고 등과 같은 긴급한 상황이 발생하였을 경우에는 영업관리자의 직권으로 '1시간 내에 모든 영업사원이 참석하는 긴급회의 개최'와 같은 신속한 조치를 취할 수도 있어야 한다. 회의 일시가 정해지면 참석 대상자에게 회의통지서를 발송하는 것이 바람직하다. 회의 개최 사실을 구두로 알릴 수도 있지만 듣고 나서 잊어버릴 수도 있기 때문에 부득이한 경우가 아니라면 정확성을 기하기 위해 문서를 통해 알리는 것이 바람직하다. 회의통지서에는 회의 주제, 회의 일시 및 장소, 준비물 등이 기술된다. 회의통지서를 신속하게 발송하여 주면 영업사원에게는 두 가지 이점이 있다. 첫째는 회의 일시를 감안하여 고객방문 일정 등을 조정하기가 수월해진다. 또한 회의의 주제를 미리 알 수 있기 때문에 그 주제에 대해 생각을 정리하거나, 관련된 자료를 찾아볼 수 있는 시간적인 여유를 가질 수 있다.

■ 회의의 진행

회의의 진행과정에서 영업관리자는 활발하고 생산적인 논의가 이루어질 수 있도록 함으로써 회의를 통해 영업사원의 사기진작과 생산성향상에 도움이 될 수 있도록 해야 한다. 이를 위해서는 [그림 13-11]에서와 같은 5가지 사항에 대해 주의를 기울여야 한다.

- **결론을 도출한다** : 회의에서는 반드시 구체적인 결론이 도출되어야 한다. 결론의 도출 여부는 회의의 성공 여부를 결정한다고 할 수 있을 만큼 중요한 의미를 지닌다. 또한 토론 주제에 대한 결론은 영업사원이 내일부터 어떠한 일을 수행할 것인지, 어떤 절차를 거쳐

그림 13-11 | 효과적인 영업회의 진행을 위한 주의점

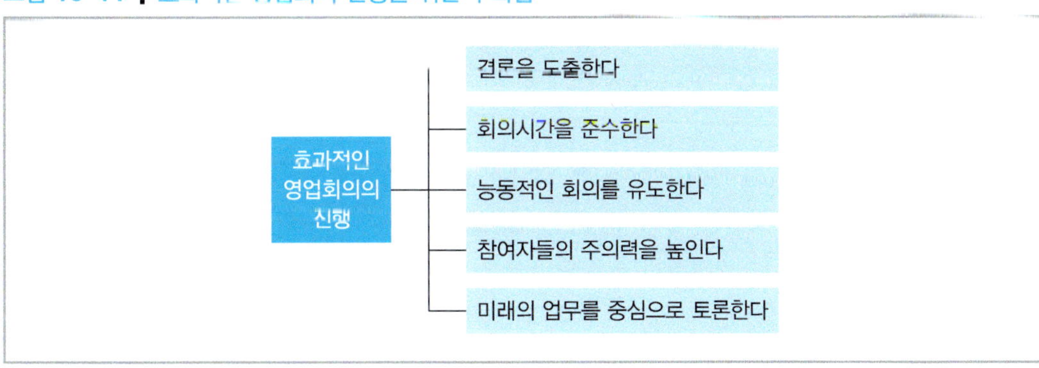

업무를 수행할 것인지, 다른 영업사원이나 본부의 지원인력과 어떠한 관계를 가지고 업무를 수행할 것인지 등과 같이 매우 구체적으로 정해져야 한다. 이를 위해서 영업관리자는 회의 개최 이전에 자신이 의도하는 회의의 결론을 대강 정해 놓는 것이 중요하다. 영업회의에서 많은 의견을 듣고 조율하는 과정은 반드시 필요하지만 영업사원들의 평균적인 의견이 반드시 최선의 의견이라고 할 수는 없다. 왜냐하면 영업사원들의 의견이 회사의 입장에서는 받아들이기 힘든 것일 수도 있고, 자신이 속한 구역의 특수한 사정을 반영한 주장일 수도 있기 때문이다. 또한 주제에 대해 다각적으로 심도 있게 생각하지 못하고 내놓은 의견일 수도 있다. 주제에 대해 신중하고 진지하게 생각하는 사람은 대부분 영업관리자와 몇몇 우수 영업사원에 불과한 경우가 많다. 따라서 약간 비민주적으로 비추어질 수도 있지만, 영업관리자는 몇 가지 결론을 미리 정해놓은 후에 정해놓은 방향으로 결론이 나올 수 있도록 회의를 진행하는 것이 바람직하다.

- **회의시간을 준수한다** : 회의의 시작시간과 종료시간을 준수하고, 회의를 느슨하지 않게 진행하는 것도 매우 중요하다. 영업회의의 성과가 오르지 않는 중요한 요인 중의 하나가 시작시간을 지키지 않기 때문이다. 모든 참석 예정자가 모일 때까지 기다리는 것은 시간을 준수한 참석자들의 사기를 떨어뜨리는 결과를 초래할 수 있다. 따라서 정시에 회의를 시작하는 것이 중요하고, 습관적으로 지각하거나 결석하는 영업사원에 대해서는 일정한 불이익을 주는 방법도 고려해야 한다. 또한 회의 종료시간을 미리 알림으로써 영업사원들이 주어진 시간에 몰입하여 회의에 임할 수 있도록 유도해야 한다.
- **능동적인 회의를 유도한다** : 영업회의는 영업관리자가 영업사원들의 보고와 의견을 듣고 나서 회의 끝부분에 자신이 생각하는 결론을 얘기하고 지시를 내리는 형태로 이루어지는 경우가 많다. 이러한 형태의 회의에서는 영업사원이 수동적인 태도를 취할 수밖에 없기 때문에 영업관리자의 지시가 자신의 의견과 배치되는 경우에 반발심이 생길 수 있고, 이를 수행할 의욕도 떨어질 수 있다. 영업관리자는 이러한 현상을 최소화시키기 위해 영업사원들이 능동적으로 회의에 참여할 수 있도록 유도하는 것이 중요하다. 이를 실현할 수 있는 좋은 방법은 참석자에게 회의에서의 역할을 미리 부여하는 것이다. 이러한 역할에는 회의에 사용될 자료의 수집 및 작성, 작성된 자료의 발표, 주제에 대한 구체적인 대안의 제시, 영업회의의 사회 담당 등이 있다. 이렇게 역할을 부여하면 영업사원은 자신이 회의에서 주도적인 역할을 하였다는 의식을 갖게 된다. 비록 회의의 결론이 영업관리자가 생각하는 방향으로 내려졌다고 하더라도 자신들이 능동적으로 참여한 회의에서 결정된 사안인 만큼 책임감을 가지고 수행해야 한다는 생각을 갖게 된다.
- **참여자들의 주의력을 높인다** : 참여자들이 진지하게 영업회의에 참여하도록 하기 위해서

는 회의주제에 몰입할 수 있도록 하는 것이 중요하다. 이를 위해서는 자료를 준비함에 있어서 세심한 주의를 기울일 필요가 있다. 먼저 자료를 제시함에 있어서 구체적인 수치를 포함시키는 것이 바람직하다. 예를 들어 영업관리자가 잠재고객의 확보를 위한 방문활동이 원활하지 않다고 판단하여 회의 중에 이에 대해 "우리 영업팀의 잠재고객에 대한 방문활동이 원활하지 않다"라고 막연히 얘기하면 영업사원들은 이에 대해 "자신들도 최선을 다해서 방문하도록 노력하고 있다"는 등의 여러 가지 변명을 늘어놓을 수 있다. 하지만 "우리 영업팀 영업사원의 잠재고객의 확보를 위한 방문활동횟수가 하루 평균 2건으로 회사 전체 영영사원의 평균치인 4건의 50% 수준에 불과하다"라는 자료를 제시하면 참석자 모두의 공감을 얻을 수 있고, 회의의 긴장감도 더할 수 있다. 또한 구두로 전달하는 것보다 시각적인 자료를 활용하는 것도 주의력을 높이는 효과적인 방법이 될 수 있다. 매출액, 이익, 고객유지율 등의 수치에 대한 시계열자료를 도표, 그래프 등으로 제시하면 시각적으로 즉시에 이해가 가능하기 때문에 회의의 효율을 높일 수 있다. 상품사용방법, 효과적인 고객응대방법, 클레임 발생상황 등을 참가자들에게 보다 명확하게 진달하기 위해서는 말보다는 사진, 슬라이드, 동영상 등을 활용하는 것이 훨씬 효과적이며, 역할연기나 시연을 활용하거나 참여자들을 소집단으로 나누어 토론을 하도록 하는 것 등도 참여자들의 주의력을 높일 수 있는 좋은 방법이 된다.

- **미래의 업무를 중심으로 토론한다** : 영업사원이 회의를 통해서 얻고자 하는 가장 중요한 것은 가까운 미래에 보다 더 많은 성과를 올리기 위해 필요한 지식, 정보, 아이디어 등이라고 할 수 있다. 즉, 내일부터 누구를 어떻게 만나는 것이 바람직하고, 어떠한 방향으로 가치제안을 하는 것이 효과적이며, 판매의 종결이나 반론극복 등은 어떻게 해나가는 것이 바람직한지 등에 대해 지식도 얻고 아이디어도 듣고 싶은 것이다. 그런데 만일 영업회의가 과거의 실적에 대한 보고와 부진한 부분에 대한 질책과 책임소재의 확인 등으로 이루어진다면 모든 영업사원들은 매우 수동적이고 방어적으로 회의에 임하게 된다. 즉, 이러한 영업회의에서 영업사원들은 변명과 책임전가에만 급급하게 되고, 미래를 위한 발전적인 생각을 할 수 없게 된다. 영업회의에서 일정부분 과거의 실적에 대한 평가와 원인분석에 대한 논의도 이루어져야 하지만, 이 부분에 대한 논의는 앞으로의 계획을 수립하는데 필요한 정도로 최소화하고 대부분의 회의시간은 미래를 위한 전략과 활동계획에 초점이 맞추어져야 한다.

제6절 리더십의 효과

영업관리자의 훌륭한 리더십은 여러 가지 긍정적인 효과를 가져다준다. 이러한 긍정적인 효과로 우수한 영업사원의 양성, 영업사원 간의 신뢰증진, 영업사원의 만족도증진, 영업팀의 사기진작, 높은 영업성과, 시민행동의 향상 등을 들 수 있다.

1. 우수한 영업사원의 양성

영업관리자는 훌륭한 리더십을 발휘함으로써 우수한 영업사원을 양성할 수 있다. 영업관리자는 영업사원이 영업활동을 수행하는 과정에서 부족한 점에 대해 피드백이나 롤모델의 제시를 통해서 보완할 수 있는 방법을 알려줄 수 있으며, 적합한 교육훈련 프로그램에 참여하도록 할 수도 있다. 또한 영업사원에게 미래에 대한 비전을 제시함으로써 영업사원이 자기개발을 위한 부단한 노력을 기울이도록 유도할 수 있다. 즉, 영업관리자는 영업사원이 현재 자신이 지니고 있는 단점이나 약점을 바로바로 보완해 나가는 한편, 영업인으로서의 장기적인 비전을 가지고 꾸준히 노력하도록 함으로써 우수한 영업인재로 성장하는 데 기여할 수 있다.

2. 영업사원 간의 신뢰증진

우수한 영업관리자는 영업사원들이 동료들과는 직장이 같다는 사실 이외에는 별다른 관련 없이 서로 독립적으로 활동하고 있는 것이라고 생각하지 않고, 회사와 팀의 공동의 목표를 위해 서로 격려하면 노력하는 관계라는 인식을 심어주기 위해 노력한다. 왜냐하면 이들은 영업사원들 간의 이러한 공동체의식이 자신이 관리하는 영업팀의 활성화와 성공을 위해 매우 중요하다는 것을 잘 알고 있기 때문이다. 영업사원들이 현장에서 혼자 활동하는 경우가 많다고 하더라도, 영업관리자는 영업사원들이 공식적 및 비공식적 모임에 적극 참여하여 정보교환, 상대방의 의견청취, 친분강화, 공동작업 등의 활동을 활발히 할 수 있도록 장려함으로써 영업사원 상호 간의 신뢰감을 향상시키는 데 기여할 수 있다. 정기적인 산행이나 체육행사 등을 실시하는 것은 물론, 같은 취미를 가지고 있는 영업사원들의 동아리모임이나 특정 주제에 대해 연구하는 소모임을 지원하는 것, 영업회의 시간에 발표할 자료를 공동으로 준비시키는 것, 역할연기의 파트너가 되어 보도록 하는 것 등도 영업사원 상호 간의 신뢰를 증진시키는 좋은 방법이 될 수 있다. 영업사원들 간의 신뢰는 특히 영업이 팀단위로 이루어지는 경우에 더욱 더 중요한 요소가 된다. 내가 할 수 없는 일을 다른 영업사원이 보완해 줄 수 있다는 믿음이 없으면 영업활동에 부조화가 발생하게 마련이고, 이러한 분위기는 시간이 걸릴 수는 있지만 영업의 대상인 고객에게도 그대로 전달되어 영업활동을 성공적으로 수행할 수 없게 된다. 영업관리자는 이러한 점을 감안하여 특히 영업이 팀단위로 이루어지는 경우에는 상호 간의 신뢰를 증진시키는 데 진력함으로써 팀 구성원 간의 시너지가 일어날 수 있도록 해야 한다.

3. 영업사원의 만족도증진

영업사원들의 만족도는 보상수준, 업무안전도, 업무환경 등 여러 가지 요인에 의해 결정된다. 이러한 요인 중에는 보상방법의 기본 틀에 대한 결정이나 업무환경의 획기적인 개선 등과 같이 일선 영업관리자가 통제할 수 있는 범위를 넘어서는 것들도 많이 있다. 그럼에도 불구하고 훌륭한 리더십을 갖춘 영업관리자는 영업사원의 만족도 향상에 크게 기여할 수 있다. 영업사원의 입장에서 자신의 단점을 보완해주고, 자신의 발전을 위해 노력하도록 격려해주며, 자신의 입장에서 생각해주는 상사가 있다는 사실이 영업사원에게는 안전감, 소속감, 성취욕구 등을 가져다주며, 이러한 감정은 직업에 대한 만족도 향상으로 이어진다.

4. 영업팀의 사기진작

영업관리자의 탁월한 리더십은 영업팀 전체의 사기진작에 기여한다. 우수한 리더십을 통해 영업사원들의 능력이 향상되고, 만족도가 높아지며, 구성원들 간의 신뢰가 증진되면, 이러한 영업사원들이 소속된 영업팀의 사기는 자연스럽게 높아진다. 영업팀은 공동의 목표를 설정하고 이를 달성하기 위해 노력하게 되며, 서로의 어려움과 단점을 나누어갖고 보완해주는 매우 건설적인 분위기가 형성된다.

5. 높은 영업성과

우수한 영업관리자의 리더십으로 인해 능력이 향상되고, 자신의 직업에 대해서도 만족감을 느끼며, 동료나 본사 직원들과의 협업체계에 대해서도 익숙해진 영업사원은 자연스럽게 향상된 영업성과를 보이게 된다. 또한 자신의 단점을 보완해 줄 수 있는 영업관리자가 있고, 자신을 도와줄 수 있는 동료 영업사원이 있다고 믿는 영업사원은 더욱 더 강한 도전의식을 가지고 영업에 임할 수 있다. 즉, 보다 높은 매출목표를 설정하여 달성하기 위해 노력하며, 신시장 개척이나 신제품판매와 같이 난이도가 높은 영업업무에 대한 도전의식도 강해진다. 이러한 노력은 자연히 영업성과의 향상으로 이어지며, 또한 장기적인 관점에서도 영업사원의 발전은 물론 회사의 발전에도 크게 기여하게 된다.

6. 시민행동의 향상

리더십을 갖춘 우수한 영업관리자는 영업에 대한 탁월한 식견을 갖고 있을 뿐만 아니라. 인격적으로도 훌륭하여 다른 사람이나 자신이 속한 지역사회에 대한 배려를 행동을 통해 보여줌으로써 주변 사람을 감화시킬 수 있는 능력을 가지고 있다. 이러한 영업관리자가 양성한 영업사원은 영업업무에서 뿐만 아니라, 회사의 일원으로서 더 나아가 지역사회의 일원으로서 건강한 시민정신을 갖게 된다. 이러한 시민정신은 시민행동으로 이어진다. 영업사원이 보여줄 수 있는 시민행동의 예로는 다음과 같은 것들을 들 수 있다.

- 어려움을 겪고 있는 신입 영업사원을 마음으로부터 격려하고, 자진해서 자신의 시간을 할애하여 멘토의 역할을 수행해준다.
- 동료 영업사원이 영업부진의 어려움을 겪고 있을 때 같이 고민해주고 원인을 파악할 수 있도록 도움을 준다.
- 정시출근은 물론, 필요하면 일찍 출근하여 사무실을 정리한다.
- 타부서의 직원과 같이 명확한 입장의 차이가 있는 경우에도 상대방의 입장에서 생각하려고 노력한다.
- 회의는 물론, 불가피한 경우가 아니라면 회사가 주최하는 공식 행사에 빠짐없이 참가한다.
- 지역사회의 봉사활동에 자발적으로 참여한다.
- 자기 주장을 너무 내세우지 않고 전체의 조화를 우선시 한다.

시민행동은 누가 강요하는 것도 아니고, 하지 않는다고 불이익을 주는 것도 아니다. 또한 영업사원 자신의 영업실적 향상에 직접적인 도움이 되는 것도 아니다. 하지만 이러한 시민행동은 전체 영업조직의 사기를 진작시키고, 업무환경을 개선하며, 구성원들 간의 공감대를 증진시킴으로써 영업조직 전체의 생산성의 향상에 크게 이바지할 수 있다.

CHAPTER 14

영업경비

제1절 영업경비의 중요성

제2절 바람직한 영업경비의 특성

제3절 영업경비 집행방법

제4절 항목별 경비집행방안

제5절 여타 영업경비 통제방법

제1절 영업경비의 중요성

영업경비(sales expense)는 영업사원이 영업활동을 수행하는 과정에서 소요되는 모든 비용을 의미하며, 여기에는 숙박비, 교통비, 차량지원비, 식사비, 통신비, 접대비 등 다양한 항목들이 포함된다. 영업경비는 [그림 14-1]에서와 같이 여러 가지 이유로 인해 영업관리에서 중요한 위치를 차지하고 있다.

첫째, 영업경비의 지출이 없이는 영업이 이루어질 수 없다는 점이다. 영업활동을 수행하기 위해서는 영업사원이 고객이 있는 장소로 이동해야 하고, 고객과 연락을 취해야 하며, 고객과 같이 시간을 보내야 하기 때문에 이와 관련된 경비는 영업을 위한 필수불가결한 요소가 된다. 둘째, 영업경비의 규모는 업종이나 구체적인 업무에 따라 크게 차이가 나지만, 인적 판매가 주력 판매수단인 경우에는 회사 전체의 지출에서 차지하는 비중이 매우 크다는 점이다. 따라서 회사의 입장에서는 영업경비를 적절히 통제하지 않으면 수익성이 악화될 수 있다. 높은 수익을 올리는 기업은 그렇지 못한 기업에 비해 영업경비에 대한 통제를 훨씬 더 잘 하고 있다는 한 연구조사 결과도 수익창출 과정에서의 영업경비의 중요성을 시사해주고 있다. 셋째, 영업경비는 남용되거나 낭비될 수 있는 소지를 많이 가지고 있다는 점이다. 영업경비를 과다하게 청구한다든지, 사적으로 사용한 비용을 청구한다든지, 구매하지 않은 물건에 대한 비용을 청구한다든지, 같은 물품의 구입비용을 중복하여 청구한다든지 하는 등 영업경비를 부당하게 청구할 수 있는 방법은 무수히 많이 있다. 또한 영업활동의 수준과는 무관하게 일정한 액수를 영업경비로 지급하는 경우에는 영업사원은 영업경비를 최대한으로 줄여서 사용하고 나머지를 개인 용도로 사용할 수도 있다. 따라서 회사는 영업경비가 부정하게 사용되지 않고 회사의 목표 달성에 적절하게 사용될 수 있도록 노력을 기울여야 한다. 넷째, 영업경비는 회사의 영업전략의 일환으로도 활용될 수 있다는 점이다. 신생기업이거나 혹은 재정적으로 영업경비를 부담하기 어려운 회사의 경우에는 영업사원으로 하여금 영업경비를 모두 부담하게 하고, 이에 대한 반대급부로 커미션 비율을 상향 조정함으로써 영업경비가 모두 매출수준에 따른 변동비용으로 처리될 수 있도록 할 수 있다. 반대로 영업경비를 회사가 모두 부담함은 물론 컴퓨터, 핸드폰 등의 고가 기기까지 무상으로 제공함으로써 영업경비를 영업사원의 정착률을 높이고, 신규 영업사원의 모집을 용이하도록 하는 수단으로 활용할 수도 있다. 이처럼 회사 전체의 전략적 관점에 부합하는 경비 운용 방식을 선택할 수 있다.

그림 14-1 | 영업경비의 중요성

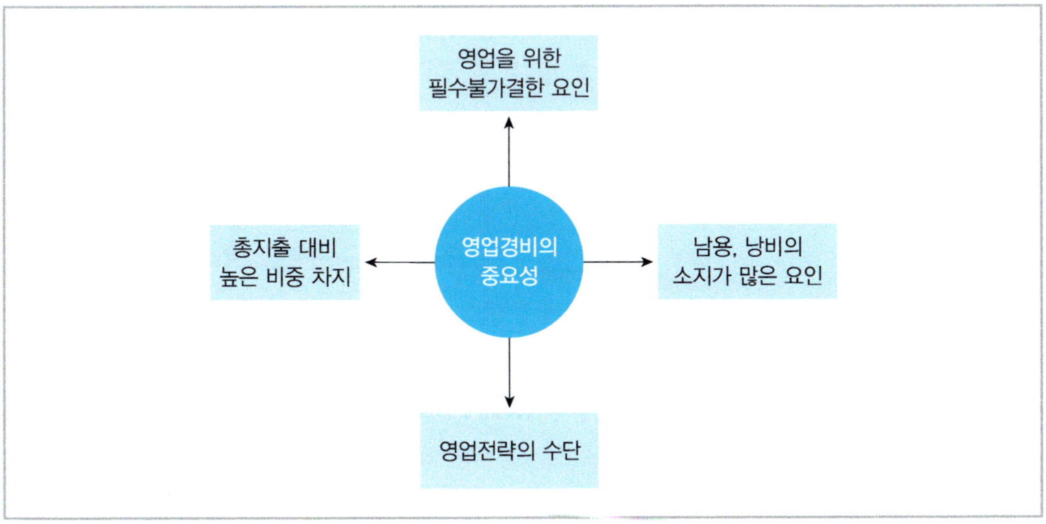

제2절 바람직한 영업경비의 특성

영업경비의 바람직한 특성으로 다음과 같은 점들을 들 수 있다.

- 첫째, 영업사원이 영업활동을 하면서 자신이 경비를 지출하게 하여서도 안 되지만 영업경비를 통해 영업사원이 이득을 보게 하는 것도 바람직하지 않다. 어떤 기업은 영업경비를 보상의 일환으로 간주하는 경우도 있고, 영업사원의 입장에서도 경비를 통한 보상은 세금을 내지 않아도 되기 때문에 급여나 인센티브보다 더 선호하는 경향도 있다. 하지만 이러한 경향이 심해지면 급여나 인센티브와 같은 회사의 통상적인 보상체계가 제대로 작동하지 않을 수도 있고, 더욱이 관련 법규를 위반하는 것이 되기 때문에 바람직하지 않다.
- 둘째, 영업경비는 외부에서 일을 할 때에도 사무실에서 근무하는 것만큼의 생활수준을 유지할 수 있을 정도의 수준에서 지급되는 것이 바람직하다. 또한 각 영업사원이 담당하는 구역의 여건은 모두 다르기 때문에 이러한 여건을 감안하여 차등적으로 지급함으로써 어떤 구역에서 영업활동을 하든 생활수준에 있어서 형평성을 유지할 수 있도록 하는 것이 바람직하다.

- 셋째, 영업경비를 책정하는 방식이 영업활동을 저해하는 방향으로 설정되어서는 안 된다. 예를 들어 영업경비를 판매액의 일정비율로 책정하면 새로운 고객을 개척한다거나 신제품을 판매하는 일에 소홀해 질 수 있다. 왜냐하면 새로운 고객을 개척하거나 신제품을 판매하기 위해서는 기존고객에게 기존의 상품을 판매하는 것에 비해 경비가 더 많이 소요되기 때문이다.
- 넷째, 영업경비의 집행방법에 있어서 영업관리자와 영업사원 사이에 오해가 발생하지 않도록 충분한 커뮤니케이션이 이루어져야 한다. 즉, 영업관리자는 영업경비항목, 지급수준, 경비지급시기 등에 대해 영업사원에게 명확하게 설명하고, 최종적인 영업경비 집행방안을 문서화한 뒤 실행에 옮기는 것이 바람직하다.
- 다섯째, 회사는 영업경비를 엄격하게 통제하는 한편, 과다하게 청구하는 것에 대해서는 이의 지급을 거부할 수 있어야 한다. 이는 경비의 지출을 까다롭게 하여서 영업사원의 사기를 떨어지게 하려는 것이 아니라, 원칙을 가지고 영업경비를 집행하기 위함이다. 영업사원들이 영업경비를 과다하게 청구한다는 것은 회사의 보상체계나 교육훈련 등 여타 영업관리부문에 문제가 있다는 것을 시사한다. 영업경비의 과다청구가 예외적인 상황이 아니라 상당히 빈번하게 일어난다면 회사는 보상체계를 수정하거나 영업사원으로서의 윤리의식 등에 대한 교육훈련을 실시함으로써 개선이 이루어질 수 있도록 도모해야 한다.

제3절 영업경비 집행방법

영업경비의 집행방법에 대한 의사결정은 두 가지로 분류될 수 있다. 첫째는 영업경비를 회사가 지출할 것인지 혹은 영업사원이 부담하도록 할 것인지에 대한 것이고, 둘째는 회사가 부담한다면 어떠한 방식으로 할 것인지에 대한 것이다. 이러한 기준에 따라 영업경비의 집행방법은 영업사원의 부담, 회사의 무제한 부담, 회사의 제한적 부담, 혼합방식의 부담 등으로 나누어질 수 있다.

1. 영업사원의 부담

이 방법은 영업사원의 수입이 전적으로 판매액의 일정비율로 결정되는 커미션에 의존할 때 흔히 쓰이는 방법이다. 이 경우에는 커미션의 개념 안에 영업경비에 대한 부분까지 포함되어 있는 것으로 볼 수 있다. 우리나라에서는 방문판매조직이 대부분 이러한 방법을 채택하고 있다. 예를 들어 설계사를 통해 보험상품을 판매하는 보험사나 다단계 판매조직을 활용하여 건강식품, 화장품 등을 판매하는 기업의 경우에 커미션 비율의 결정에 영업비용을 감안할 뿐, 영업경비를 별도로 책정하지는 않는다([글 14-1] 참조).

영업사원의 입장에서 이 방법이 채택되면 몇 가지 좋은 점이 있다. 먼저 경비를 집행함에 있어서 회사에 일일이 용도를 보고할 필요가 없고, 자신의 판단에 따라 필요한 부분에 필요한 만큼 지출할 수 있다. 또한 지출한 경비에 대해 소득공제를 받을 수 있기 때문에 커미션과 경비를 별도로 지급받을 때 비해 세금을 적게 낼 수 있다. 회사의 입장에서도 이점이 있다. 경비에 대한 행정처리를 할 필요가 전혀 없기 때문에 행정적으로 매우 편리한 측면이 있으며, 경비를 별도로 지급하는 경우에 발생할 수도 있는 영업사원에 의한 경비 부풀리기 등도 전혀 걱정할 필요가 없다.

그렇지만 단점이 없는 것은 아니다. 회사에서 영업사원의 영업경비를 부담하지 않기 때문에 영업사원의 활동에 대한 통제력이 떨어지게 된다. 영업사원이 먼 거리에 있는 고객을 방치한다거나 잠재력은 매우 크지만 판매가능성이 낮은 신규고객 개척에 소홀히 할 때 이를 적절하게 통제하기가 힘들어진다. 또한 회사가 전략적인 차원에서 신시장 개척이나 신제품의 론

글 14-1

특급 보험설계사의 영업경비

보험판매왕 중 10억~20억 원의 연간 수입을 올리는 사람이 많다. 많게는 100억 원 이상 매출을 올리는 데 따른 보상 성격이다. 비단 보험왕은 아니더라도 억대 연봉을 받는 설계사는 1만 명을 넘는다는 것이 업계의 추산이다. '특급' 설계사들은 국내 최고수준의 '월급쟁이'지만 영업비용이 만만치 않다고 얘기한다. 고급 호텔을 빌려서 재테크 세미나를 개최하는 등 지속적으로 고객을 관리해야 하기 때문이다. 요즘엔 고객의 2, 3대 가족까지 함께 관리하는 추세여서 비용이 더 많이 들어간다고 한다. 보험설계사가 자신의 이름을 내건 골프대회를 매년 열거나 VIP고객들을 고급 호텔로 초청해 재테크세미나를 마련하기도 한다. 이런 관리를 위해 개인사무실에다 비서를 두세 명씩 두고 있다. 한 보험사 설계사는 "기존고객을 지속적으로 관리하고 새 고객을 창출하기 위해 매달 수입의 절반 이상을 재투자하고 있다"며 "정년이 없는 직업인만큼 고객과 장기 신뢰를 쌓는 데 역점을 두고 있다"고 말하고 있다.

출처 : 한국경제, 2012년 보험 연도대상, 2012년 5월 29일

칭, 가치제안을 중심으로 하는 영업문화의 정착 등을 실행하고자 할 때에도 영업사원의 협력을 얻어내기가 매우 힘들어진다.

2. 회사의 무제한 부담

전적으로 영업사원이 부담하게 하는 방법에 정반대되는 방법은 회사가 무제한적으로 영업경비를 부담하는 것이다. 즉, 영업사원이 영업활동 과정에서 사용한 경비에 대해 영수증과 같은 증빙서류를 제시하기만 하면 회사에서 모든 비용을 부담하는 방식이다. 이 방식의 가장 주된 장점은 경비집행의 유연성에 있다. 즉, 회사가 구역, 고객, 제품 등에 따라 경비한도를 사전에 구분해놓을 필요가 없으며, 구체적인 상황에 따라 융통성 있게 경비를 지출할 수 있다. 영업사원이 정직하게 자신이 집행한 비용을 청구한다면 이 방법은 영업활동을 수행한 만큼 영업경비가 발생하는 것이기 때문에 모든 영업사원에게 매우 공평한 방법이라고 할 수 있다. 또한 이 방법은 영업사원의 행동에 대한 통제력을 강화시킬 수 있다. 영업사원에게 경비를 부담하게 하는 경우와는 달리, 접근하는 데 시간이 많이 소요되는 고객에 대한 방문활동이나 새로운 구역의 개발, 신제품의 론칭 등과 같이 많은 비용이 소요되는 영업활동도 원활하게 전개될 수 있도록 할 수 있다.

이러한 장점을 가지고 있음에도 불구하고 이 방법은 실제로는 거의 사용되지 않는다. 이에 대한 가장 주된 이유는 이 방법하에서는 영업사원이 경비를 절약해서 쓰고자 하는 유인이 적어서 경비가 남용될 가능성이 높기 때문이다. 즉, 영업활동과 직접적인 관련이 없는 지출이나 경비 부풀리기 등이 발생할 가능성이 상존하고, 또 이를 방지하기 위해서는 경비가 정당하게 지출되었는지에 대한 감시 · 감독을 강화해야 하기 때문에 결국 행정력이 절약되는 강점도 발휘할 수 없게 된다.

3. 회사의 제한적 부담

이 방법은 회사가 일정한 한도 내에서 경비를 부담하는 방법으로 대부분의 기업들이 이 방법을 채택하고 있다. 이 방법은 영업사원의 활동이 상당히 규칙적으로 이루어질 때 특히 유용하게 사용될 수 있다. 왜냐하면 이러한 경우에 회사가 어떠한 상황에서 경비가 필요한지를 비교적 정확하게 산출해낼 수 있기 때문이다. 주류회사, 생활용품회사, 의류회사 등에 소속되어 일정한 구역 내에 위치한 도매상이나 대리점 등을 관리하는 루트(route) 영업사원들이 이러한 범주에 속한다. 이 방법은 다시 두 가지 유형으로 구분될 수 있다. 첫 번째 유형은 숙박비, 식사비, 교통비, 접대비 등 각 항목별로 지출한도를 정해놓는 방법이고, 두 번째 유형은 하루 혹은 일주일에 사용할 수 있는 경비의 한도를 정해놓는 방법이다. 두 번째 유형은 첫 번째 유형에 비해 보다 유연한 유형이라고 할 수 있지만, 하루 혹은 일주일의 한도를 정하기 위해서는 교통비, 식사비 등에 대한 한도가 기반이 되어야 한다는 점에서 기본적으로는 첫 번째 유형과 유사한 측면이 있다.

이 방법의 장점은 경비지출에 대한 예측이 상당히 정확해 질 수 있다는 점이다. 따라서 예산을 관리하는 입장에서는 예산 집행상의 편의성을 도모할 수 있다. 또한 예산한도가 합리적으로 책정되면 영업사원과 영업관리자 간에 경비를 둘러싸고 갈등이 발생할 가능성이 줄어든다. 반면에 이 방법의 가장 큰 단점은 경비 항목별로 혹은 일별로 지출한도를 정해놓아야 한다는 점이다. 회사는 교통비의 산정을 위해 영업사원이 하루에 이동하는 거리, 이용 교통수단, 교통수단별 교통비, 각급 호텔이나 모텔의 숙박료, 식대 등을 조사해서 합리적인 한도를 정할 수 있어야 한다. 그런데 각 항목의 경비수준이 각 영업사원이 담당하고 있는 구역에 따라 달라질 수 있고, 또한 시간의 흐름에 따라 가격상승분도 반영해야 하기 때문에 이러한 작업은 생각만큼 간단하지 않다. 이를 해결하기 위한 방법으로 영업사원들의 행동을 관찰하는 방법이 있다. 즉, 몇몇의 경험이 많고, 모범적이며, 실적이 우수한 영업사원들과 동행하여 그들이 경비를 지출하는 행동을 관찰하고 이를 기반으로 경비지출기준을 정하는 방법이다. 이 방법의 또 다른 단점으로는 융통성이 부족하다는 점을 들 수 있다. 한도 이상은 집행할 수 없기 때문에 영업사원은 영업을 위해 반드시 필요하다고 판단되는 경비를 지출할 수 없는 상황에 처할 수 있다. 이러한 경우에 예외적인 규정을 두어서 별도로 보고서를 작성하여 제출하면 경비를 지출할 수 있도록 할 수도 있지만, 영업사원의 입장에서는 매우 불편할 수밖에 없다. 예를 들어 영업의 종결을 위해 접대가 꼭 필요하다고 판단되는 경우에 이에 대해 회사가 지출을 허락할지가 불확실하기 때문에 영업사원은 접대비를 자신이 부담하게 될 수도 있다는 불안감을 갖게 되고, 따라서 접대비를 지출하지 않는 선택을 할 수 있다. 또한 각 항목에 대해 한도를 정해놓으면 영업사원들이 각 항목에 대해 책정된 한도액을 모두 사용하기 위해 실제로는 지출하지 않는 항목을 사용한 것처럼 서류를 작성하여 경비를 타가는 도덕적 해이를 막기 어렵다는 단점도 있다.

4. 혼합방식의 부담

회사가 무한정 부담하는 방법과 제한적으로 부담하는 방법을 혼합한 방법도 사용될 수 있다. 예를 들어 숙박비나 식사비에 대해서는 한도를 설정하되, 교통비에 대해서는 한도를 설정하지 않는 방법을 사용할 수도 있다. 이러한 방법은 구역에 따른 도로상황이 매우 상이한 경우에 유용하게 사용될 수 있고, 또한 영업사원의 활동량에 따른 차이를 적절하게 경비에 반영시켜 줄 수 있다는 장점도 있다. 또 다른 방법은 경비의 한도를 판매액과 같은 여타 변수와 연계시켜 집행하는 방법이다. 예를 들어 영업경비의 한도를 '전월 매출액의 5%' 등으로 책정할 수 있다. 회사는 이러한 방법을 통해 영업에서 발생하는 직접 경비를 적극적으로 통제할 수 있다. 그렇지만 이 방법을 사용하면 영업사원이 매출에 매우 민감해질 수밖에 없고 따라서 신규고객의 개척이나 신제품의 판매 등과 같이 판매의 가능성이 적음에도 불구하고 많은 경비가 소요될 것으로 예상되는 영업활동을 기피하게 된다. 하지만 접대비와 같이 남용될 소지가 큰 항목에 한하여 전월 매출액의 일정비율을 책정함으로써 접대비 수준을 적절하게 통제할 수 있다.

제4절 항목별 경비집행방안

영업경비에는 숙박비, 식사비, 차량유지비, 교통비, 접대비, 통신비 등이 포함되는데, 이 가운데 가장 많은 비용이 소용되는 항목은 차량지원비라고 할 수 있으며, 문제를 일으킬 가능성이 가장 많은 항목은 접대비라고 할 수 있다. 여기에서는 차량유지비와 접대비를 중심으로 경비집행방안을 기술하고, 여타 항목은 간단히 언급한다.

1. 영업사원 소유의 차량에 대한 유지비 지원

영업사원의 이동과 관련하여 소요되는 비용을 보전해주는 방법은 크게 세 가지로 나뉠 수 있다. 첫째는 대중교통 수단을 기준으로 교통비를 산정하여 지급하는 것이고, 둘째는 회사에서 차량을 지급하여 운행하도록 하는 방법이며, 셋째는 영업사원이 자신의 차를 영업활동에 활용하도록 하고 대신에 차량유지비를 지원하는 방법이다. 대중교통 수단의 교통비를 산정하는 것은 비교적 간단하고, 회사에서 차량을 지급하는 경우에도 영업사원은 연료비의 영수증만 잘 관리하면 되기 때문에 이 또한 경비의 산정이 비교적 간단하다. 가장 복잡한 경우는 영업사원이 자신의 차를 영업에 활용하는 경우이다. 이 경우에 회사는 차량유지비를 지원하게 되는데, 차량유지비는 3가지 유형으로 구분된다. 첫째는 차량의 주행 정도와 비례하는 변동비용으로 연료비(휘발유, 경유, LPG 등), 타이어 교체비, 엔진오일 교체비 등과 같은 비용이 이에 포함된다. 둘째는 주행 정도보다는 시간과 관련된 고정비용으로 보험료, 정기검사료, 자동차세, 감가상각비 등이 이에 포함된다. 세 번째는 변동비용이나 고정비용으로 분리하기 힘든 여타 모든 비용으로 주차비, 고속도로통행료, 수리비 등이 포함될 수 있다. 차량유지비를 지원하는 방안은 크게 고정수당제도와 변동수당제도로 나뉜다.

1.1 고정수당제도

고정수당지원은 단위 거리당 정해진 수당을 주행거리에 곱하여 지급하거나(거리산정 고정수당), 일주일 혹은 이주일 동안 사용할 수 있는 고정된 금액을 주행거리와 관계없이 지급하는 것(일정기간 고정수당)을 의미한다. 고정수단 지원의 가장 큰 장점은 집행하기가 매우 수월하다는 점이다. 특히 일정기간 고정수당의 경우는 운행일지 등이 전혀 필요하지 않기 때문에 훨씬 더 간단하고, 또한 회사가 차량지원비를 얼마를 지출하게 될 것인지를 사전에 정확하게 파악할 수 있다.

이렇게 고정수단 지원은 운영하기가 매우 수월하기 때문에 많은 기업들이 이 방법을 채택하고 있지만, 가장 큰 단점으로는 영업사원들 간의 형평성이 유지되기 어렵다는 점이 지적될 수 있다. 거리산정 고정수당의 경우에는 모든 영업사원이 똑같은 차량을 가지고 동일한 거리를 주행한다는 조건이 형성되지 않으면 영업사원들 간의 형평성이 유지될 수 없다. 이러한 현상이 발생하는 가장 주된 이유는 주행하는 거리가 많아질수록 고정수당 지원금이 차량유지를 위한 고정비용을 보전할 수 있는 부분이 커지기 때문이다. 다시 말해서 주행거리가 커질수록 km당 총비용은 감소하기 때문이다. 이는 [표 14-1]의 예를 통해 살펴볼 수 있다.

영업사원이 A, B, C의 3명이 있고, 각각 1년 동안 자신의 차를 이용하여 영업활동을 위해 1만km, 2만km, 3만km 주행하였다. 연료비 등 km당 평균변동비용은 300원이며, 따라서 연간 총변동비용은 각각 300만 원, 600만 원, 900만 원이다. 고정비용은 500만 원으로 모든 영업사원이 동일하다. 회사에서 지원되는 km당 수당은 500원으로 각 영업사원에 대한 거리산정 고정수당은 각각 500만 원, 1,000만 원, 1,500만 원이 된다. 따라서 영업사원 A의 경우 고

표 14-1 | 거리산정 고정수당제도의 예시

영업사원	1년간 주행거리	총변동비용 (300원/km)	고정비용	총비용	km당 총비용	거리산정 고정수당 (500원/km)	거리산정 고정수당 – 총비용
A	10,000km	3백만 원	5백만 원	8백만 원	800원	5백만 원	– 3백만 원
B	20,000km	6백만 원	5백만 원	1천1백만 원	550원	1천만 원	– 1백만 원
C	30,000km	9백만 원	5백만 원	1천4백만 원	467원	1천5백만 원	+ 1백만 원

정수당은 변동비용보다는 200만 원이 많지만 고정비용 중 300만 원은 자신이 부담해야 하고, 영업사원 B는 고정비용 중의 100만 원을 자신이 부담해야 한다. 반면에 영업사원 C의 경우에는 회사로부터의 수당이 변동비용과 고정비용을 모두 커버하고도 100만 원이 남는다. 즉, 영업사원의 주행거리가 커질수록 더 많은 혜택이 돌아가는 결과가 발생하게 된다. 일정기간 고정수당의 경우에는 전혀 반대의 현상이 나타난다. 주행거리와는 관계없이 일정한 비용이 매월 혹은 매주 지급되기 때문에 영업사원의 입장에서는 차량을 주행하지 않는 것이 더 이득이다. 결론적으로 고정수당지원제도는 집행하기는 수월하지만 형평성의 관점에서는 문제가 있는 방식이라고 할 수 있다.

1.2 변동수당제도

고정수당제도가 가지고 있는 단점을 보완하기 위해 km당 수당을 고정시키지 않고, 주행거리가 늘어남에 따라 km당 수당을 계단식으로 감소시키는 방법을 도입할 수 있다. 이러한 방식을 채택하면 영업사원 간의 자기부담금에서 차이가 나는 현상을 완화시킬 수 있다. [표 14-2]의 변동수당제도의 예시에서는 km당 수당이 500원으로 고정되어 있지 않고, 1만km까지는 km당 수당 500원, 1만 이상은 300원 등으로 차등을 두고 있으며, 결과적으로 각 영업사원이 부담하는 비용이 3백만 원으로 모두 같아지는 결과를 얻을 수 있게 되었다.

표 14-2 | 변동수당제도의 예시

영업사원	1년간 주행거리	총변동비용 (300원/km)	고정비용	총비용	변동수당*	거리산정 고정수당 – 총비용
A	10,000km	3백만 원	5백만 원	8백만 원	5백만 원	– 3백만 원
B	20,000km	6백만 원	5백만 원	1천1백만 원	8백만 원	– 3백만 원
C	30,000km	9백만 원	5백만 원	1천4백만 원	1천1백만 원	– 3백만 원

* 변동수당 : 1만km까지 km당 500원, 1만km 이상부터 km당 300원

우리나라 기업들의 차량유지비 지원

글 14-2

우리나라 기업들의 경우 회사가 영업 차량을 제공하는 경우도 있지만, 대부분은 영업 사원이 소유한 차량의 유지비를 지원하고 있다. 차량유지비는 연료비를 지원하는 경우가 가장 일반적이고, 이와 더불어 감가상각, 보험, 세금 등을 위한 보조금을 지원하는 경우도 있다.

연료비는 실비로 지원하는 것이 가장 일반적이며, 이를 원칙으로 다양한 방법들이 사용되고 있다. 이동의 빈도가 높지 않은 경우에는 영업활동을 위해 방문한 장소와 주행거리를 제시하도록 하는 경우도 있고, 영업사원의 영업구역이 일정지역으로 확정되어 있는 경우에는 지정된 주유소에서만 주유하도록 하는 회사도 있다. 또한 매월 영업활동 중에 발생한 실주행거리를 계산하고, 여기에 회사에서 정한 주행거리당 금액을 곱하여 지급하는 거리산정 고정수당제도를 채택하고 있는 경우도 있는데, 특히 외국계 회사들은 대부분 이 제도를 채택하고 있다. 또한 영업사원은 영업활동은 물론 개인적인 용도로도 자신의 차량을 사용하기 때문에 개인적으로 사용한다고 인정되는 주행거리를 초과한 연료비만을 지원해주는 경우도 있다. 연료비 이외에 감가상각비와 보험 및 세금 등의 일부를 보전해 주기도 한다. 국내 A사의 경우 영업사원 차량의 감가상각비로 km당 40원, 보험과 세금지원 명목으로 연 60만 원을 지원하고 있으며, B사의 경우에도 월별 일정액(10~15만 원)을 연료비와는 별도로 지급하고 있다.

그러나 이 방법도 보험료나 자동차세 등 차량의 종류 등에 따른 고정비의 차이를 반영시켜주지 못하는 단점이 있다. 이러한 단점을 추가적으로 보완하기 위해 고정비에 해당하는 부분은 일정기간 고정수당의 형태로 지급하고, 변동비에 해당하는 부분을 커버해주기 위해 변동수당제도를 도입하는 방법을 고려할 수 있다. 예를 들어 특정 차종에 대해 고정비 지원 명목으로 연간 300만 원을 지급하고, 이와 더불어 주행거리에 따라 1만km까지 km당 200원, 1만km 이상부터 km당 150원을 지급할 수 있다. 물론 고정비 지원 부분은 차종에 따라 달라질 수 있다.

2. 접대비

영업경비 가운데 가장 논란이 많은 부분은 접대비라고 할 수 있다. 접대비는 영업사원이 고객에 대한 접대를 위해 사용하는 경비를 의미하며, 식사나 술을 마시는 것뿐만 아니라, 상품권이나 선물세트 등을 돌리거나 여행경비를 보조해주는 것도 모두 포함된다. 접대비는 업무와 관련이 없는 개인적인 접대, 비자금의 조성, 과도한 접대 등에 악용될 수 있고, 이로 인해 과소비나 향락문화의 조장 등과 같은 사회적인 문제를 일으킬 소지를 가지고 있다. 이러한 이

우리나라 법인세법상의 접대비 손금산입한도

글 14-3

접대비의 손금산입한도는 1항과 2항을 합한 액수가 된다.

1. 연간 1,200만 원(중소기업은 1,800만 원)
2. 수입금액 100억 원 이하 : 수입금액 × 0.2%
   수입금액 100억~500억 원 : 2,000만 원 + 100억 원 초과금액 × 0.1%
   수입금액 500억 원 이상 : 6,000만 원 + 500억 원 초과금액 × 0.03%

예를 들어 매출 규모가 700억 원인 중소기업의 경우 접대비 한도액은 다음과 같이 계산될 수 있다.

: 1,800만 원 + 6,000만 원 + 200억 원 × 0.03% = 8,400만 원

유로 우리나라의 법인세법에서는 접대비의 손금산입한도(損金算入限度)에 관한 규정을 두고 있다. 손금산입이란 세무상의 문제를 발생시키지 않는 범위 내에서 비용으로 처리할 수 있도록 한다는 것을 의미하며, 따라서 접대비의 손금산입한도는 세무상 적법하게 처리할 수 있는 접대비의 한도액을 의미한다. 즉, 우리나라의 법인세법에서는 접대비를 무한정 비용으로 인정해 주는 것이 아니라, 일정수준의 접대비만을 비용으로 인정하여 손익계산에 반영할 수 있도록 하고 있다. [글 14-3]은 우리나라 법인세법에서 규정하고 있는 접대비 손금산입 한도를 계산하는 방식을 기술하고 있다.

이와 같이 접대비는 많은 문제점들을 일으킬 가능성을 가지고 있고, 또한 실제로도 비자금, 리베이트, 호화접대 등과 관련한 사회적 이슈들이 언론을 통해 꽤 빈번하게 보도되고 있다. 그럼에도 불구하고 기업들이 접대비를 없애거나 대폭 줄이지 못하는 것은 접대비의 수익에 미치는 영향이 크기 때문이다. 이와 관련하여 우리나라의 한 연구는 1999년부터 2007년까지 한국증권거래소에 연속 상장된 1,967개의 제조기업을 대상으로 접대비가 수익창출 능력이 있는지의 여부를 실증적으로 분석하고자 하였다. 전체 기업을 대상으로 분석한 결과, 접대비와 수익은 유의한 양(+)의 관계를 갖는 것으로 나타났다. 접대비 한도 초과 여부에 따라 기업을 구분하여 분석한 결과에서도 접대비와 수익은 유의한 양(+)의 관계를 갖는 것으로 나타났는데, 이러한 결과는 기업의 입장에서는 접대비 한도 초과액을 손금으로 인정받지 못한다고 하더라도 매출액 증가로 이를 상쇄할 수 있기 때문에 많은 접대비를 지출하고 있는 것으로 해석될 수 있다. 결과적으로 접대비가 여러 가지 문제를 일으킬 소지를 가지고 있음에도 불구하고 지속적으로 지출되고 있는 이유는 회사의 수익창출에 기여하는 측면이 있기 때문이다.

그렇지만 접대비는 영업경비 가운데 가장 남용되기 쉬운 부분이고, 또한 잘못된 접대비의 집행은 사회적인 문제로까지 비화되어 회사의 이미지에 악영향을 미칠 수도 있기 때문에 다

접대비를 통제해야 한다

글 14-4

사업을 하는 데 접대비는 필요악이다. 달갑지 않은 지출이긴 하지만 쓰지 않을 수도 없다. 게다가 접대비는 통제하기가 여간 곤란한 게 아니다. 기분에 따라 아주 많이 쓸 수도 있고 아주 적게 쓸 수도 있기 때문에 얼마를 써야 적당한지 판단을 내리기가 어렵다. 영수증도 아주 불완전하다. 접대비 영수증은 아무데서나 쉽게 구할 수가 있기 때문이다. 또한 접대비는 회사에서 어느 정도의 위치에 있는 간부급들이 주로 사용하기 때문에 간섭하기도 껄끄럽다. 일반관리비와 같이 매월 사용액을 예상할 수 있고 영수증이 분명한 비용보다 훨씬 더 많은 신경을 써야 한다.

접대비와 관련되어 가장 많이 발생하는 부당지출 유형은 사업과 관련 없이 개인적으로 지출한 유흥비를 접대비로 올리거나, 금액을 부풀리는 것이다. 우선 전자의 유형, 사업과 관련 없는 접대비 지출을 방지하기 위해서는 접대할 경우에 사전에 책임자에게 보고해야 함을 원칙으로 세우도록 한다. "어제 저녁에 아무개에게 접대를 해서 보고합니나"가 아니라, "오늘 저녁 아무개에게 접대를 하려고 하는데, 대체적으로 이 정도의 금액을 예상하고 있습니다"가 되어야 한다. 불가피하게 사전에 보고되지 않은 접대비를 지출했을 경우에는 누구에게 어디에서 무슨 목적으로 접대를 했는지 별도의 보고서를 요구해야 한다. 후자의 유형, 접대비를 부풀리는 것을 방지하기 위해서는 일정금액 이상의 접대비를 반드시 카드로 사용하도록 의무화시켜야 한다. 접대비 영수증의 상당 부분은 간이영수증인데, 간이영수증은 얼마든지 구할 수 있다. 그래서 실제로는 3만 원 정도의 식사를 하고도 빈 영수증을 받아 10만 원을 기재해서 접대비를 청구하면 별수 없이 10만 원을 지급하게 되는 것이다. 그렇다고 모든 영수증을 카드로 받아오도록 요구하는 것은 현실적으로 불가능하다. 따라서 일정금액 이상, 예를 들면 3만 원 이상의 접대비를 카드로 사용하도록 하는 것을 원칙으로 한다면 금액을 부풀리는 부당지출은 효과적으로 방지될 수 있을 것이다. 또한 접대비의 카드사용액을 늘릴 경우, 접대비를 세법상 비용으로 인정받을 수 있는 효과도 있다.

출처 : 윤종훈 (2007), 강한 회사로 키우는 CEO의 경영노트, 페이퍼로드, 88-89.

른 어떤 유형의 영업경비보다도 강력한 통제가 이루어져야 한다([글 14-4] 참조). 즉, 접대비 사용한도의 책정은 물론, 접대내용의 사전보고 의무화, 법인카드 사용의 의무화 등을 통해 접대비의 개인적 사용, 비용 부풀리기 등의 부사용을 최소화시켜야 한다. 우리나라에서는 접대비라는 용어가 가지고 있는 부정적인 이미지 때문에 판촉비, 시장조사비, 복리후생비 등 다른 명칭을 사용하는 경우가 많다. 대부분 이러한 항목으로 영업사원당 월 일정액을 책정하고 있으며, 법인카드의 사용을 의무화하고 있는 경우가 많다. 영업사원이 직접 수주활동을 하는 경우에는 전월 매출액의 인정비율로 익월 사용가능금액을 책정하기도 한다. 책정된 금액을 초과하여 지출해야 할 필요가 있는 경우에는 사전에 상급자에게 문서 혹은 구두로 보고하고 결재를 득한 후 사용하는 것이 일반적이다.

3. 숙박비, 식사비, 통신비

숙박비는 늘 발생하는 비용이 아니기 때문에 대부분 기안을 작성한 후 결재를 득하여 별도로 정산처리를 하는 것이 일반적이다. 우리나라 기업들의 경우 숙박비는 일박당 약 5~7만원 정도로 책정되어 있으며, 비용 사용 후에 영수증 등 관련 증빙자료를 첨부하여 영업활동에 사용했다는 증거를 제시하도록 하기도 한다. 식사비는 고객과 같이 식사하는 경우가 아니라 개인적으로 식사하는 경우를 의미한다. 고객과 같이 식사를 하는 경우에 발생하는 비용은 접대비에 포함된다. 우리나라 기업들은 개인 식사비는 월급에 포함시켜 지급하기도 하고, 실비로 정산하도록 하는 경우도 있으며, 별도의 활동지원비 명목으로 지급하기도 한다. 별도의 활동지원비를 지급하는 경우에는 식사비뿐만 아니라 주유비, 부대비용, 통신지원비 등이 포함된 경비를 일일활동비로 책정하여 일일 혹은 일주일 간격으로 지급하는 경우도 있다. 통신비의 경우에는 법인소유의 휴대폰을 지급하는 경우도 있고, 월 5만~10만 원 정도의 한도를 두고 지급하는 경우도 있으며, 하루 최대 지원비를 책정하고 이를 기반으로 지급하는 경우도 있다.

제5절 여타 영업경비 통제방법

영업경비는 회사의 지출에서 큰 비중을 차지하기 때문에 회사는 앞에서 언급한 방법 이외에도 다양한 방법으로 영업경비를 줄이기 위해 노력하고 있다. 가장 기본적인 노력은 교육훈련 등의 커뮤니케이션활동을 통해 영업사원들이 직장인으로서의 윤리의식을 가지고 영업활동에 임할 수 있도록 하는 것이다. 영업경비의 남용은 회사에 손실을 입히는 것이기 때문에 회사는 이에 대한 처벌 규정을 두고 이를 영업사원들에게 적극적으로 알려야 한다. 경비와 관련한 규정을 어긴 경우에는 사용한 비용을 회수함은 물론, 규정 위반 사실을 인사고과에 반영하여 승진, 승급, 보너스 등에 불이익을 줄 수도 있고, 남용이 심한 경우에는 해고까지 고려할 수 있다. 이러한 규정이 없으면 영업사원들은 죄의식 없이 영업경비의 방만한 지출을 당연시 할 수 있고, 이러한 현상은 영업조직에 도덕적 해이를 불러오며, 더 나아가 정직하게 직장생활을 하려는 영업사원들의 사기를 떨어뜨려서 이들을 이탈하게 만드는 결과를 초래할 수 있다.

최근에 가장 눈에 뜨이는 경비절감 노력 중의 하나는 신용카드 사용을 의무화하고 있는 경우가 늘어나고 있다는 점이다. 대부분의 식당이나 상점에서 소액결제가 가능하기 때문에 큰 무리 없이 이러한 정책을 펼칠 수 있고, 이를 통해 경비 부풀리기 등을 크게 줄여나갈 수 있다. 접대비의 경우에는 접대의 내용을 바꾸는 것도 접대비를 통제하는 좋은 방법이 될 수 있다. 우리나라의 전형적인 접대방법인 술자리와 골프접대를 지양하고, 집으로의 식사 초대, 대학로 등에서의 문화공연 관람, 스포츠경기 관람, 전통맛집 기행 등 시간이나 비용이 훨씬 적게 들면서도 오래 기억될 수 있는 이벤트를 마련하는 것이 훨씬 효과적인 접대방법이 될 수 있다. 또한 많은 회사들이 인터넷이나 전화를 통한 판매를 활성화시킴으로써 원천적으로 영업사원이 필요하지 않은 상황을 만들어가는 예를 많이 볼 수 있다. 홈쇼핑을 통한 금융상품의 판매나 인터넷을 활용한 각종 상품의 판매 등이 모두 이러한 예에 속한다고 할 수 있다. 이를 통해 회사는 영업경비를 대폭 절감할 수 있고, 소비자의 입장에서도 시간과 비용을 절약할 수 있다는 장점이 있다. 이러한 방법의 단점으로는 영업사원이 고객과 접촉할 수 있는 기회가 사라짐으로써 고객과의 장기적인 관계구축이나 교차판매 등이 매우 어려워진다는 점이 지적될 수 있다.

영업사원들의 출장이 잦은 대규모 회사의 경우에는 여행 담당자를 두거나 혹은 내부에 여행대리점을 두고 이들로 하여금 보다 비용효율적인 출장방법을 찾도록 할 수 있다. 비행기 요금은 여행날짜나 요일, 예약일로부터 출발예정일까지의 기간, 체류기간, 항공사 및 경유지 등에 따라 매우 차이가 크기 때문에 전문적으로 이를 전담하는 직원을 둠으로써 경비를 크게 감소시킬 수 있다. 더 나아가 렌트카나 호텔의 예약 등에 대한 업무도 같이 수행함으로써 체류지에서의 비용을 최소화시킬 수 있는 방안을 보다 체계적으로 찾아나갈 수 있다. 전담 직원을 둘 수 없는 경우에는 외부의 여행사를 활용하는 방법도 고려할 수 있다. 즉, 특정 여행사와 계약을 맺고 이 여행사의 직원이 출장과 관련된 업무를 수행할 수 있도록 함으로써 경비를 절약할 수 있는 방안을 찾아갈 수 있다.

CHAPTER 15
영업자동화

제1절 SFA의 개념

제2절 SFA 도입의 목적

제3절 SFA의 기능

제4절 모바일 SFA

제5절 SFA 도입의 저항요인과 극복방안

제1절 SFA의 개념

기업들은 정보기술을 활용하여 경영을 보다 과학적이고 합리적으로 운영하려는 노력을 기울여 왔다. 이러한 노력은 우선적으로 백오피스(back-office, 고객과의 직접적인 접점이 없는 부문)의 전산시스템화로 가시화되었으며, 그 결과 회계, 재무, 생산, 인사부문의 전산시스템인 ERP(Enterprise Resource Planning)가 도입되었다. 그리고 이어서 영업, 마케팅, 서비스 등의 프런트오피스(front-office, 고객과의 직접적인 접점이 있는 부서)의 전산화가 이루어졌는데, 그러한 노력의 결과가 CRM(Customer Relationship Management)으로 나타났다. 미국에서 1980년대 중반부터 시작된 CRM은 우리나라에는 1990년대 중반에 도입되었다. CRM 도입의 초기에는 CRM시스템의 도입이 곧 CRM의 시작이라는 시스템중심적인 사고방식이 널리 퍼져 있었지만, 현재는 이러한 시각은 불식되고 CRM을 고객중심적인 경영전략의 일환으로 인식하려는 경향이 강해지고 있다. 이러한 추세에 따라 CRM은 "정보기술을 포함한 기업의 다양한 자원과 역량을 활용하여 고객과의 관계 획득, 유지, 강화 등의 활동을 전개함으로써 기업과 고객 간의 상호 이익을 극대화하기 위한 전사적 경영전략"이라고 정의될 수 있다.

CRM시스템은 [그림 15-1]에서 나타나는 바와 같이 분석 CRM시스템, 운영 CRM시스템, 협업 CRM시스템의 세 부분으로 나누어진다. 분석 CRM시스템은 전체 CRM시스템의 기반이 되는 영역으로 고객정보를 축적·관리·분석하기 위한 일련의 정보기술 요소로 구성된다. 여기에는 고객정보의 저장 장소인 데이터웨어하우스(data warehouse)와 데이터마트(data mart), 그리고 분석도구인 OLAP(online analytical processing)와 데이터마이닝(data mining) 도구 등이 포함된다. 운영 CRM시스템은 분석된 고객정보를 활용하여 구체적인 CRM전략(고객의 획득, 유지, 강화전략)을 실행해 나가기 위한 일련의 정보기술을 제공한다. 고객과의 접촉이 주로 마케팅, 영업, 서비스 등의 분야에서 이루어지기 때문에 운영 CRM시스템에는 마케팅자동화시스템, 영업자동화시스템, 그리고 고객서비스자동화시스템 등이 포함된다. 마지막으로 협업 CRM시스템은 콜센터, 인터넷, 모바일기기, 오프라인 매장, DM(Direct Mail), 키오스크, 영업사원 등 다양한 고객접점에서 기업과 고객과의 상호작용을 보다 효과적으로 지원하기 위한 일련의 정보기술 요소로 구성된다. 협업 CRM시스템의 주된 목적은 모든 고객접점 채널을 통합함으로써 회사의 모든 부서에서 고객을 동일한 시각으로 바라볼 수 있는 고객단일시각(customer single view)을 확보하는 데 있다. 보는 시각에 따라서는 협업 CRM 시스템을 운영 CRM시스템에 포함시키기도 한다.

위에서 살펴본 바와 같이 영업자동화를 의미하는 SFA(Sales Force Automation)는 마케팅

그림 15-1 | CRM시스템의 구조

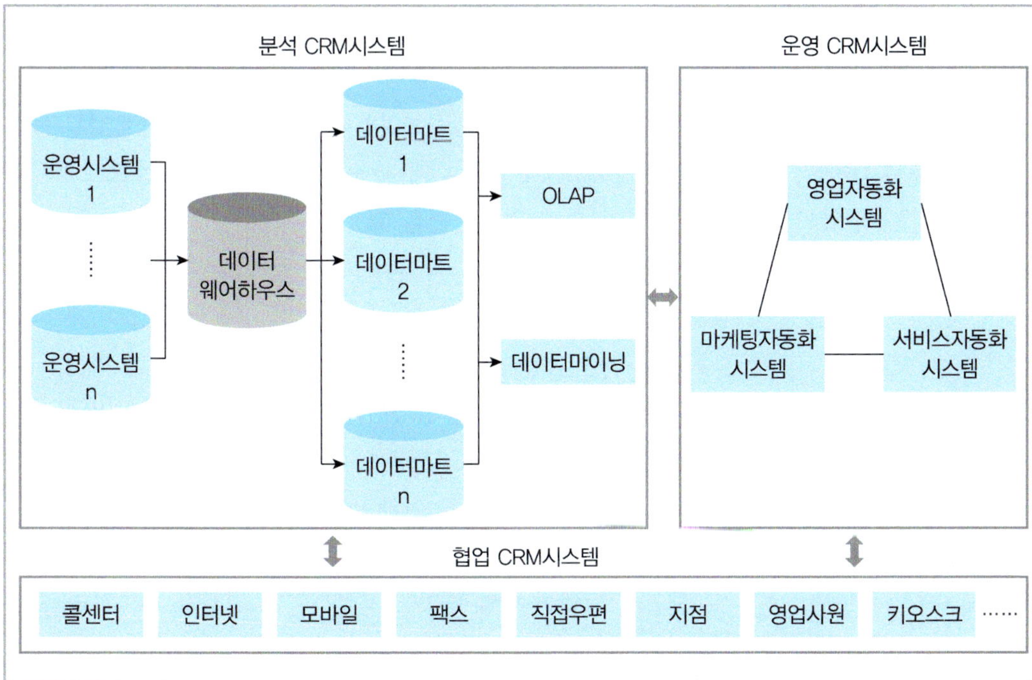

자동화 및 서비스자동화와 함께 운영 CRM을 구성하고 있다. 즉, SFA는 CRM 중심의 영업전략이 효과적으로 수행될 수 있도록 지원하는 운영 CRM이다. 따라서 SFA는 CRM의 일부이며, 그 등장배경도 CRM의 등장배경과 일치한다고 할 수 있다. CRM의 등장은 시장의 포화와 경쟁의 심화라는 두 가지 현상을 배경으로 하고 있다. 고객과의 관계를 관리하려는 기업의 활동은 CRM이라는 용어가 등장하기 훨씬 이전부터 있어 왔지만, 전산시스템을 이용하여 대규모 고객을 체계적으로 관리하려는 시도는 1980년대 들어서 공급이 수요를 초과하고, 기업 간의 치열한 경쟁으로 인해 신규고객의 확보가 어려워지면서 시작되었다고 볼 수 있다. 이러한 현상이 발생하면서 기업들은 신규고객의 확보를 위주로 하는 매스마케팅에 대한 의존도를 줄이고 고객정보에 대한 분석을 통해 보다 과학적이고 체계적으로 고객들을 관리해나가는 것이 수익성의 향상을 위해 보다 바람직하다는 것을 발견하게 되었다.

SFA의 도입도 이러한 현상과 맥을 같이 한다. 즉, SFA가 등장한 이유는 시장의 성장이 둔화되고 기업 간의 경쟁이 점차 심해져 가는 영업현장에서 매출을 지속적으로 향상시키기 위해서는 영업사원 개인의 능력에 의존하는 것에서 벗어나서, 회사 전체의 차원에서 영업 프로세스를 보다 과학적이고 체계적으로 관리함으로써 전체 영업사원의 생산성을 향상시켜야 하는 필요성이 커졌기 때문이다. 이러한 의미에서 SFA는 "영업사원과 영업관리자가 업무와 관련된 목적을 달성할 수 있도록 지원하기 위해 정보기술을 적용시키는 것", "영업과 관련된 각종 하드웨어와 소프트웨어 애플리케이션들을 다양하게 결합하여 사용함으로써 수작업으로 진행되어 왔던 영업활동을 전자적인 과정으로 전환시키는 것", "업업사원의 생산성을 향상시킬 목적으로 정보를 수집하고, 저장하고, 분석하고, 배분하는 데 사용되는 하드웨어와 소프트웨어를 활용하는 것", "영업의 기능을 지원하기 위해 정보기술을 적용하는 것" 등으로 정의될 수 있다.

산업별로 보면 SFA는 소비재 기업보다는 산업재 기업에서 더 많이 사용된다. 소비재 기업의 경우에는 광고나 판매촉진과 같은 수단을 통해서 최종소비자에게 직접 소구하는 방법이 많이 사용되는 반면, 원자재, 기계, 부품, 산업서비스 등의 산업재 부문에서는 고객사와의 커뮤니케이션을 거의 대부분 영업사원에게 의존하고 있다. 따라서 소비재기업의 경우에는 영업사원관련 예산이 마케팅관련 예산(광고, 인적판매, 홍보, 판매촉진 등)에서 큰 비중을 차지하지 않은 반면, 산업재 기업의 경우에는 영업사원과 관련한 예산이 마케팅예산 가운데 가장 큰 비중을 차지한다. 이러한 이유로 산업재 기업이 상대적으로 영업사원을 체계적으로 관리할 필요성이 더 크고 따라서 SFA의 도입도 더 활성화되어 있다. 또한 SFA를 기반으로 관리되는 고객들은 최종소비자보다는 기업과 같은 조직구매자인 경우가 많다. 산업재 기업의 경우에는 유통에 있어서 직접 제조업체에 판매하거나 혹은 도매상과 같은 유통업체에 판매하기 때문에 제조업체와 유통업체가 관리의 대상이 된다. 소비재의 경우에도 직접 최종소비자에게 판매하는 경우도 있지만 특히 FMCG와 같은 경우에는 유통업체를 통해서 최종소비자에게 판매되기 때문에 유통업체가 관리의 주요 대상이 된다. 그러나 은행이나 보험과 같은 업종에서는 기업고객뿐만 아니라 개인고객도 중요한 고객으로 인식되기 때문에 기업고객은 물론 개인고객도 SFA을 활용한 관리대상이 될 수 있다.

제2절 SFA 도입의 목적

운영 CRM시스템을 구성하는 3개의 시스템 가운데에서도 가장 신속하게 도입된 것은 영업자동화시스템이라고 할 수 있는데, 그 이유는 기업들이 마케팅자동화나 서비스자동화보다는 판매 그 자체를 다루고 있는 SFA가 가장 신속하게 가시적인 효과를 가져다 줄 수 있다고 판단

그림 15-2 | SFA 도입의 목적

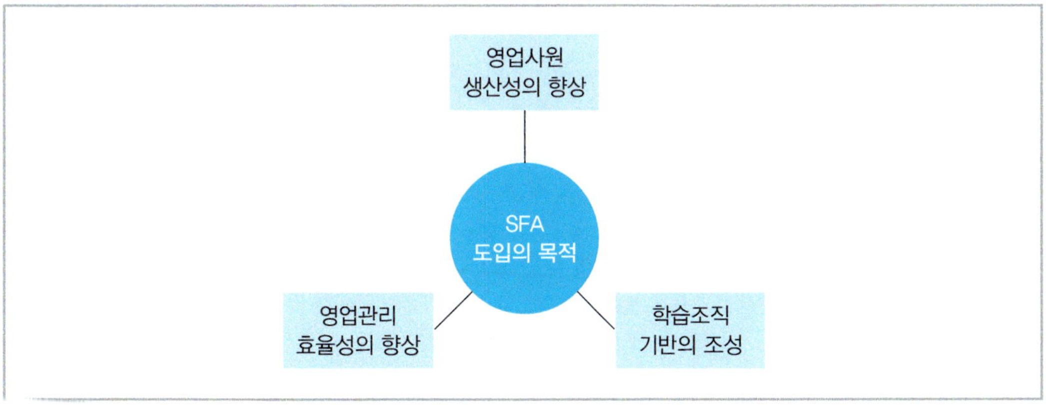

하였기 때문이다. SFA 도입의 보다 구체적인 목적을 살펴보면, [그림 15-2]에서와 같이 영업사원 생산성의 향상, 영업관리 효율성의 향상, 그리고 학습조직 구축을 위한 기반의 조성 등의 3가지를 들 수 있다.

1. 영업사원 생산성의 향상

SFA를 도입하는 가장 주된 목적은 영업사원들이 영업활동을 전개하는 과정에서 수행하는 여러 가지 업무들(예를 들어 잠재고객의 확보, 고객니즈의 파악, 상담, 프레젠테이션, 시간관리, 주문접수 등)을 시스템을 통해 지원함으로써 그들의 생산성을 향상시키는 데 있다. 영업사원의 생산성은 영업의 효율성(efficiency)과 영업의 효과성(effectiveness)을 향상시킴으로써 얻어질 수 있다. 영업생산성, 영업효율성, 그리고 영업효과성은 각각 다음과 같이 표현될 수 있다.

- 영업생산성 = 영업성과 / 일정기간의 총업무시간
  = 영업효율성 × 영업효과성
- 영업효율성 = 영업활동시간 / 일정기간의 총업무시간
- 영업효과성 = 영업성과 / 영업활동시간

즉, 영업생산성은 업무시간을 투자하여 얼마나 많은 성과를 거두었느냐를 의미한다. 영업효율성은 업무시간 중에서 얼마나 많은 시간을 실제로 영업을 하는 데 사용하였는가를 의미하

우리나라 제약회사 A사의 SFA 도입

글 15-2

우리나라의 제약회사인 A사는 개방화로 인한 외국계 거대 제약업체의 국내 진출, 의약분업으로 인한 사업환경의 변화, 그리고 점차 치열해져 가는 제약회사 간의 경쟁 등으로 인하여 영업경쟁력을 강화해야 할 필요성을 인식하고 있었다. 당시 A사는 영업사원의 이동시간, 업무보고, 영업준비 등 영업외 활동에 소요되는 시간을 최소화하여야 하는 과제를 가지고 있었다. 또한 영업관리의 측면에서는 영업사원들이 고객 및 영업정보를 개인적으로 관리하고 있었기 때문에 본사에서는 영업사원의 영업활동 진행 현황을 파악할 수 없었다. 이 회사는 이러한 문제점들을 해결하기 위해 자사의 영업업무의 특성 및 문제점에 대한 분석을 바탕으로, 고객만족의 극대화 및 영업생산성의 향상을 목표로 SFA시스템을 구축하였다. 이 회사는 SFA시스템을 기존의 ERP시스템 및 기간계시스템과 연동시켜 전사적으로 고객정보를 통합시켰으며, 각 시스템 간에 정보가 상호 교류될 수 있도록 하였다.

구축 초기에는 영업사원의 SFA 활용도를 높이기 위해, 영업사원들을 대상으로 SFA시스템에 대한 집중적인 교육을 실시하는 한편, 영업과 관련한 각종 보고업무를 SFA시스템을 이용하여 통합적으로 관리하도록 하였다. 구축 6개월이 지난 시점에서 A사는 고객 및 영업정보의 입력을 70% 수준으로 끌어올릴 수 있었으며, 이에 따라 가시적인 효과도 얻을 수 있었다. 즉, 영업외 활동의 시간 비중을 줄임으로써 업무시간 활용의 효율성을 높여가고 있으며, 영업기회의 발굴 측면에서도 많은 향상을 보이고 있다. 그 결과 영업사원 1인당 매출액에서 괄목한 만한 성장을 이루었다. A사는 기존고객 및 영업활동에 대한 정보의 입력이 완료되고, SFA가 영업조직에 완전히 정착되는 시점이 되면, 영업사원별로 매출액이 2배로 신장하는 등 영업생산성 측면에서 혁신적인 향상이 이루어질 것으로 예상하고 있다.

출처 : Gilbert 블로그, gilbert.blog.me/100009526766, 2012년 1월22일 입력

고, 영업효과성은 영업활동을 통해 얼마나 많은 성과를 거두었는가를 의미한다. 영업생산성은 영업효율성과 영업효과성을 곱한 것이기 때문에 영업생산성을 향상시키기 위해서는 영업효율성과 영업효과성을 향상시킬 수 있어야 한다. 따라서 SFA가 영업생산성의 향상에 기여하기 위해서는 영업효율성과 영업효과성의 향상에 도움을 줄 수 있어야 한다([글 15-2] 참조).

1.1 영업효율성의 향상

영업의 효율성이 향상되기 위해서는 영업사원의 총업무시간에서 차지하는 영업활동시간의 비중을 높여주어야 한다. 그런데 실제로는 영업사원들은 많은 시간을 고객과의 접촉이 아닌 업무에 사용하고 있다. 즉, 영업성과의 극대화를 위해서는 고객의 유지나 활성화, 신규고객의 확보를 위한 고객접촉 등 영업성과와 직접적으로 관련된 업무에 대부분의 시간을 사용해야 함에도 불구하고, 실제로는 사무실 내에서 보고서를 작성하는 일이나 이동이나 대기 등을 위해 업무시간의 상당 부분을 사용하고 있는 것으로 조사되고 있다. [표 15-1]은 미국의

표 15-1 | 영업사원들의 영업활동시간 비중의 국가 간 비교

	상담준비 및 상담(%)	이동 및 대기(%)	내부업무처리(%)	기타(%)*
한국	21	7	45	27
미국	51	20	17	12
일본	29	21	38	12

* 기타는 고객들의 요구에 의한 사후서비스 등을 위한 업무를 의미함.

AMA(American Management Association)에서 한국, 미국, 일본을 대상으로 영업사원들의 영업활동시간의 비중을 조사한 자료를 보여주고 있다. 한국의 경우 국토가 좁은 관계로 미국이나 일본에 비해 이동이나 대기에 소요되는 시간의 비중은 상대적으로 적지만, 영업활동(상담준비 및 상담)을 위해 사용되는 시간의 비중은 가장 적고, 내부업무처리에 사용되는 시간의 비중은 가장 큰 것으로 나타나고 있다. 이는 우리나라 영업사원들의 영업효율성이 3개국 가운데 가장 낮다는 것을 의미한다.

데이터웨어하우스(DW) 등의 CRM시스템이 도입되면서 전산부서에 의존하던 정보를 OLAP이나 데이터마이닝과 같은 분석도구를 이용하여 신속하게 확보할 수 있게 되었던 것과 마찬가지로, 영업사원은 SFA를 활용하여 필요 문서(제안서, 견적서, 프레젠테이션 자료, 보고서)의 작성, 고객정보의 검색, 본사와의 업무연락, 고객접촉내역 기록이나 주문 등의 업무를 신속하게 처리함으로써 본연의 업무인 고객접촉에 최대한 많은 시간을 할애할 수 있다. 또한 SFA의 접촉관리 기능은 영업사원의 고객방문 동선을 체계적으로 관리해줌으로써 고객이 있는 장소로의 이동에 걸리는 시간도 단축될 수 있다. 이러한 SFA의 목적이 의도대로 실현되지 못하는 경우도 종종 보고되고 있지만(예를 들어 미국에서 실시된 한 조사에서 조사대상 영업사원의 75%가 SFA를 이용하였음에도 불구하고 고객접촉시간이 증가하지 않았다고 응답), 시행착오를 거치면서 이러한 상황은 지속적으로 개선되고 있다.

또한 SFA는 조직 내부의 커뮤니케이션을 활성화시킴으로써 영업효율성의 향상에 기여할 수 있다. 영업사원의 영업활동 상황에 대한 보고는 SFA를 통해 자동으로 기록되기 때문에 영업관리자는 이를 확인한 후 바로 시스템상에서 영업사원을 대상으로 코칭활동을 할 수 있다. 또한 영업사원 간의 영업정보의 교환도 시스템을 통해 원활하게 이루어질 수 있다. 즉, SFA를 활용하면 영업사원과 영업관리자, 영업사원과 영업사원이 오프라인에서 만나서 미팅을 하거나 대화를 나눌 필요가 적어진다. 따라서 이러한 자동보고기능과 커뮤니케이션기능은 영업의 효율성 향상에 크게 기여할 수 있다.

SFA의 구축을 통해 가장 단시일 내에 혜택을 볼 수 있는 부문이 바로 비영업업무에 소요되는 시간의 절약이다. 현대자동차는 2만여 명의 영업사원에게 더욱 신속하고 편리한 업무환경을 제공하기 위해 SFA시스템 구축에 200억 원가량을 투자하였는데, 이 시스템을 통해 영업사원이 영업업무를 현장에서 처리할 수 있게 됨으로써 불필요한 이동시간이 최소화돼 판매 건당 평균영업시간이 절반으로 단축되었다. 또한 본사의 각종 자료를 온라인으로 검색할 수 있게 되었기 때문에 PC 등 장비구입이나 각종 인쇄물의 인쇄비용을 절감할 수 있었으며, 영업사원의 빠른 피드백으로 고객만족도도 높일 수 있었다.

1.2 영업효과성의 향상

영업 생산성을 올리기 위해서는 효율성의 향상과 함께 효과성의 향상이 동반되어야 한다. [글 15-3]은 효과성이 동반되지 않는 영업시간의 확대가 생산성의 향상으로 이어지지 않을 수 있음을 지적하고 있다.

영업효과성의 향상은 고객방문당 수주확률을 높인다는 것을 의미한다. 먼저 영업효과성은 즉각적인 탐색이 가능한 다양한 정보의 제공, 주문가능성이 높은 잠재고객 리스트의 제공, 모범사례의 제공, 각종 분석자료의 제공, 고객니즈에 부합하는 제품구성의 지원 등 시스템을 통해 영업사원에게 유용한 정보를 제공함으로써 향상될 수 있다. 사실 SFA에 담겨 있는 영업 프로세스는 해당 산업에서의 모범사례(best practice)를 기반으로 만들어진 것이기 때문에 SFA의 이용 자체가 영업의 효과성을 향상시키는 역할을 수행한다. 즉, SFA에 내재된 영업 프로세스를 활용하면 일관되고 수준 높은 영업활동을 전개할 수 있다. 그래서 신입 영업사원이나 영업사원의 이탈로 고객을 새로 인수받은 영업사원도 많은 시간이 걸리지 않고도 고객에게 높은 수준의 서비스를 제공함으로써 수주의 확률을 높여갈 수 있다.

또한 SFA를 통해 고객현황과 영업활동에 대한 정보들이 관리되고 공유됨으로써 보다 효과적인 팀영업이 가능해진다는 점도 영업효과성 증진에 기여한다. 즉, 영업사원 개인의 역량에 의존하던 영업활동에서 고객정보 등 영업정보가 통합되고 공유됨으로써 개인 영업사원의 차원을 뛰어넘는 팀 차원에서 보다 효과적인 영업전략 수립이 용이해지며, 이를 바탕으로 영업활동이 보다 과학적으로 이루어질 수 있게 된다. 영업효과성의 향상은 영업활동과 영업성과에 대한 분석과 피드백을 통해서도 이루어질 수 있다. 영업관리자는 영업사원별, 영업팀별로 영업활동과 영업성과에 대한 정보를 분석하여 영업의 성과를 달성하는 데 보다 효과적인 방법을 제시할 수 있으며, 영업의 진행상황을 적시에 모니터링함으로써 활동상의 문제점을 발견하고 이에 대한 대처방안을 제시해 줄 수 있다.

효율성의 함정

글 15-3

오늘날처럼 비용 압박이 심한 시장환경에서는 많은 기업들이 철저한 영업활동 감사를 통한 영업인력 감축과 영업의 효율성 향상에 혈안이 될 수밖에 없다. 일부 기업들의 경우 영업인력이 행정업무에 쏟는 시간을 대폭 줄이고 실제 판매활동에 더욱 많은 시간을 할애하도록 하기 위해 시스템을 구축한다. 물론 이러한 방법이 중요하고 유용하긴 하지만 늘어난 실제 '판매활동' 시간에 구체적으로 어떤 일을 해야 할지에 대해서는 정의하지 못하는 경우가 대부분이다. 영업담당 임원들의 말을 들어보면 "대부분의 영업사원들은 고객과 만나는 시간을 내는 게 문제가 아니라 진정으로 필요한 미팅 자리를 마련하거나 판매계약을 체결하기 위해 어떤 말과 어떤 행동을 해야 하는지에 대해 잘 모른다"고 한다. 다시 말해 매출신장을 위해서는 비판매활동에 할애하는 시간을 판매활동 시간으로 전환해야 할 뿐 아니라, 판매활동 자체를 좀 더 생산적으로 바꿔야 한다는 것이다. 요컨대 주어진 판매시간 동안 목표고객에 대해 적정한 영업활동을 수행하는 것이 중요하다.

출처 : 메리 라슨, 롬니 레스니(2008), "영업효율 투자의 덫," 동아비즈니스리뷰, 10월, 18호, 94-96,
원문 : Larson, Mary and Romney Resney(2004), "Why "sales force effectiveness" isn't",
Handbook of Business Strategy, 5(1), 233–238.

2. 영업관리 효율성의 향상

SFA의 또 하나의 주된 목적은 영업관리를 보다 효율적으로 수행하는 데 있다. SFA를 이용하면 영업사원들의 동선 및 외부활동에 대한 관리와 다양한 기준에 의한 영업사원 평가가 보다 용이하게 수행될 수 있기 때문에 영업사원에 대한 관리가 효율적으로 이루어진다. 즉, 영업관리자는 SFA를 활용하여 영업사원별, 영업팀별로 활동이 어떻게 진행되어가고 있는지를 파악할 수 있음은 물론, 각 영업사원이 어느 분야에 강점과 단점을 가지고 있는지, 영업사원 간에 영업생산성의 차이가 발생하는 이유는 무엇인지 등을 파악하고, 이를 교육훈련, 코칭, 성과평가, 보상 등에 반영함으로써 종합적이고 효율적으로 영업사원에 대한 관리를 수행해 나갈 수 있다.

그런데 바로 이러한 SFA의 영업관리의 효율성 향상 기능이 뒤에서 기술할 영업사원들의 SFA에 대한 저항의 주요 원인이 될 수 있다. 즉, 영업사원의 입장에서는 자신들의 생산성향상을 위한 SFA의 기능은 기꺼이 받아들일 수 있지만, 자신의 행동을 관리하고 통제하는 기능에 대해서는 거부감을 가질 수 있다. 영업사원들의 입장과는 달리 관리자의 입장에서는 영업사원의 생산성 향상을 지원하는 것도 중요하지만 사무직원에 비해 관리가 어려운 영업사원을 효율적으로 관리하는 것도 매우 중요하다. 결론적으로 SFA가 영업지원 기능과 영업관리의 기능을 동시에 가지고 있다는 점이 SFA의 도입을 복잡하게 만드는 원인이 된다. 그런데 SFA의 근본적인 취지는 영업사원의 생산성의 향상에 있고, 또한 영업사원의 적극적인 SFA에 대한 수용 없이는 영업생산성의 향상이 이루어지지 않기 때문에, SFA의 영업관리기능을 최대한 줄이는 한편, 이러한 SFA의 영업관리기능에 대해 영업사원들의 공감을 충분히 확보함으로써 SFA의 수용이 극대화될 수 있도록 도모하는 것이 무엇보다 중요하다.

3. 학습조직기반의 조성

SFA는 개별 영업사원의 생산성 향상이나 영업관리의 효율성 향상을 위해서도 중요하지만 영업조직을 학습조직(learning organization)화시키는 데도 중요한 역할을 담당한다. 학습조직은 "조직구성원 모두의 학습을 촉진시키고 이를 통해 끊임없이 변신을 시도하는 조직" 또는 "지식을 창조하고, 획득하고, 전파하는 기술을 가지고 있을 뿐만 아니라, 새로운 지식과 통찰을 통해 스스로의 행동을 변화시키는 데 능숙한 조직"이라고 정의될 수 있다. 즉, 학습조직에서는 업무수행 과정 자체가 학습의 과정이며, 이러한 과정에서 생산되는 정보와 지식은 전 조직에 걸쳐 공유되어 향후의 활동을 보다 생산적으로 만들어 가는 데 활용된다. 학습조직에 대한 정의에도 반영되어 있는 바와 같이 학습조직은 정보와 지식을 중심으로 하는 개념이다. 학습조직은 정보의 획득, 정보의 배분, 그리고 정보에 대한 해석의 공유 등의 3단계가 지속적으로 반복되는 과정에서 형성된다. 즉, 학습조직을 구축한다는 것은 "여러 정보원천으로부터 정보가 획득되면 이 정보는 조직의 모든 부문에 공유되어 모두가 공감할 수 있는 해석이 내려지며, 이러한 과정에서 생산되는 지식은 향후의 이용을 위해 저장된다"는 정보중심의 과정으로 파악될 수 있다.

과거의 경험을 기억하지 못하는 조직은 실수를 반복할 수밖에 없으며, 따라서 어떻게 조직기억(organizational memory)이 유지될 수 있도록 할 것인가는 학습조직의 형성에 있어서 매우 중요하다. 즉, 사람이 과거의 경험을 기억하듯이 조직도 과거의 경험을 기억할 수 있어야 한다. 그런데 인간의 기억은 한계가 분명하고 또한 경험에 대한 기록이 조직에 남아 있지 않으면 구성원의 이탈과 함께 그 경험은 조직에서 영원히 사라져버리기 때문에 조직기억의 활성화를 위해서는 어떠한 형태로든 경험에 대한 기록이 조직 내에 남아 있어야 한다. 조직구성원들이 시간적 · 공간적으로 구애를 받지 않고 조직이 경험한 정보에 접근할 수 있도록 하기 위해서는 정보시스템을 이용하여 조직기억을 구축해야 한다. 고객, 제품 등에 대한 다양한 정보를 제공하는 SFA는 영업부문에서 조직기억의 역할을 수행함으로써 조직이 학습조직화되는데 기여할 수 있다.

영업직은 사무직에 비해 이직률이 상대적으로 높기 때문에, 고객에 대한 정보가 시스템화되어 있지 않으면 빈번한 이직으로 인해 정보의 공유, 지식의 축적 등 학습조직을 위한 전제조건이 충족되지 않는다. 보다 현실적으로는 조직기억이 축적되지 않으면 학습조직의 형성은 물론 영업사원의 이탈에 따른 업무 인수인계가 원활하게 수행되지 않아 업무의 지속성을 확보하기가 어려워질 수도 있다. 특히 우리나라 중소기업의 경우에는 영업사원의 재직기간이 평균 2~3년에 불과한 경우가 많기 때문에 이러한 현상이 더 심하게 나타날 수 있다. 업무 인수인계는 현재 진행되고 있는 업무를 중심으로 이루어지는 것이 보통이고, 따라서 3~4년 전에 일어난 일에 대해서는 조직기억에 남아 있지 않으면 조직 내에서 아는 사람이 거의 없는 상황에 처할 수 있다. 그래서 중소기업의 경우에 고참 영업사원 1~2명의 퇴사로 인해 회사 전체가 영향을 받는 현상도 발생할 수 있다. 결론적으로 SFA는 학습조직 형성의 기반을 제공해 줌은 물론, 업무의 지속성을 확보해주는 데 기여한다.

제3절 SFA의 기능

SFA는 기본적으로 영업사원과 영업관리자를 대상으로 그들에게 유용한 정보를 제공하기 위해 정보를 수집하고, 저장하고, 분석하고, 배분하는 메커니즘이다. SFA를 통해 어떠한 정보가 제공되는가는 그 회사의 SFA 구축 목적 혹은 제품이나 회사가 속한 산업의 특성에 따라 달라질 수 있다. 즉, SFA시스템의 구체적인 형태는 회사의 크기, 영업활동의 특성, 고객접촉의 강도, 영업의 복잡성 정도 등 다양한 변수에 따라 달라질 수 있다. 예를 들어 단순한 형태의 거래가 영업의 중심을 이루는 환경에서는 영업의 창출을 위한 기회관리가 가장 중요한 부분을 차지하는 반면, 보다 복잡하고 상기적인 영업이 이루어져야 하는 환경에서는 장기적인 관점에서의 고객관리를 위한 접촉관리나 상세한 통계분석 자료의 중요성이 증가한다. [그림 15-3]은 어느 제약회사의 SFA 메인 화면과 고객정보 화면에 나타난 다양한 SFA 기능 모듈(module)을 보여주고 있다.

SFA 기능은 크게 영업지원기능과 영업관리기능의 두 가지 부문으로 나누어질 수 있다. 영

그림 15-3 | SFA시스템의 모듈의 예

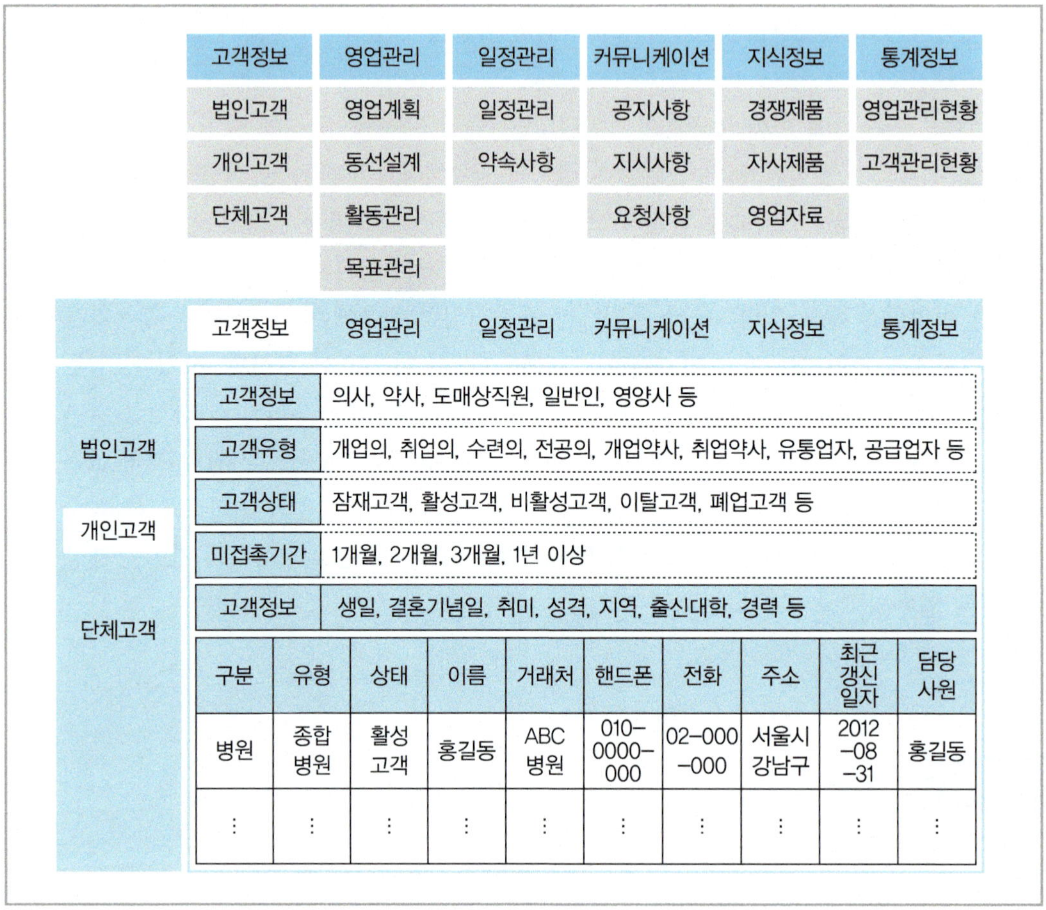

업지원기능에는 기회관리, 접촉관리, 계정관리, 활동관리, 지식관리 등이 포함되고, 영업관리 기능에는 대시보드, 성과관리 및 관리자기능 등이 포함된다.

▪ 기회관리

영업사원이 지속적인 영업활동을 전개하기 위해서는 현재의 고객을 유지하는 것에 그쳐서는 안 되고, 신규고객이나 기존고객을 대상으로 새로운 영업의 기회를 지속적으로 탐색하여야 한다. SFA의 기회관리(opportunity management) 모듈은 영업사원에게 새로운 영업의 기회를 제공하기 위해 구매가능성이 높은 고객에 대한 정보를 제공해주는 기능을 수행한다. 리드관리(lead management) 혹은 파이프라인관리(pipeline management)라고도 불리는 이 기능은 단순히 잠재고객의 리스트를 제공하는 것이 아니라, 교차판매 혹은 상승판매 가능성 등과 같은 분석을 통해 고객의 구매패턴을 예측하여 이러한 정보를 함께 제공해준다.

■ **접촉관리**

접촉관리(contact management) 모듈은 영업사원의 고객접촉 업무를 지원하기 위한 기능을 수행한다. 즉, 방문하려는 고객사의 기본정보, 거래지점 및 직원, 구매이력, 프로모션 반응이력, 접촉이력 등에 대한 정보를 영업사원에게 제공하고, 고객접촉 일정의 지정과 조정을 자동화시켜 줌으로써 영업사원의 고객방문 스케줄을 최적화시켜 주는 기능을 수행한다. 또한 고객과의 접촉과정에서 확보되는 다양한 정보, 예를 들어 고객의 요구, 불만, 제안, 고객사의 내부조직 구성, 핵심인물 동향 등의 최신정보를 입력하고 관리할 수 있는 기능을 지원함으로써 고객의 요구가 시간의 흐름에 따라 어떻게 변화하고 있는지를 파악하고 이를 바탕으로 보다 효과적인 영업전략을 수립할 수 있도록 지원한다. 이러한 기능은 특히 영업사원이 회사를 떠났을 경우에 그 영업사원이 담당하였던 고객들을 적절하게 관리하는 데 매우 중요하다.

■ **계정관리**

계정(account)은 고객과 비슷한 의미로 쓰이지만, 한 고객사 내에 거래하는 사업부가 여러 개가 있으면 각각의 사업부가 별도의 계정이 된다. 계정관리(account management) 모듈은 SFA가 제공하는 대부분의 기능을 계정의 관점에서 통합적으로 활용할 수 있도록 하는 기능을 제공한다. 즉, 이를 활용하면 각 계정의 구매상품, 주문현황, 서비스이력, 접촉이력, 조직구조 및 핵심인물 등을 파악할 수 있으며, 더 나아가 각 계정별 영업기회의 관리, 각 영업기회별 주요 성공요인 및 영업전략의 정의, 영업목표의 관리, 다양한 분석보고서 생성 등이 가능해진다.

■ **활동관리**

활동관리(activity management) 모듈은 영업사원에게 영업 프로세스의 각 단계에서 필요한 업무들을 자동으로 할당해줌으로써 영업사원이 보다 효율적이고 일관성 있는 영업활동을 전개할 수 있도록 지원하는 역할을 수행한다. 즉, 이 모듈은 각 계정별 혹은 영업기회별로 영업사원에게 각 영업단계에서 수행되어야 할 과제들을 최적화된 일정과 함께 제공함으로써 생산적인 영업활동이 수행될 수 있도록 지원한다. 이러한 과정에서 이 모듈은 영업 프로세스의 각 단계별로 관련된 활동 내용을 각 영업사원에게 이메일 등을 통해 알려주는 알림기능도 수행한다.

▪ 지식관리

지식관리(knowledge management) 모듈은 영업사원이 자신이 필요로 하는 모든 정보와 지식을 적시에 효과적으로 활용할 수 있도록 하는 기반을 제공한다. 이 모듈은 영업관련 지식의 등록과 공유, 문서의 수정이력관리, 다양한 조건에 의한 지식검색, 개별지식의 통합제공 등의 기능을 제공한다. 이러한 일반적인 지식경영 관련 기능 이외에도 이 모듈은 개별 고객들의 니즈에 부합하도록 제품이나 서비스를 구성하는 제품구성기능이나 고객중심적인 가치제안을 위해 개별고객에 적합한 제안서나 프레젠테이션 자료를 구축할 수 있는 기능도 제공한다.

▪ 대시보드

원래 자동차나 비행기의 계기판을 뜻하는 대시보드(dashboard)는 웹상에서는 한 화면에서 다양한 정보를 중앙집중적으로 검색하고 관리할 수 있도록 하는 사용자 인터페이스기능을 의미한다. SFA에서의 대시보드는 영업관리자가 각종 영업성과를 한눈에 파악할 수 있도록 하는 기능을 제공한다. SFA의 도입과 관련하여 영업관리자가 가장 관심 있어 하는 것 중의 하나는 영업사원들이 SFA를 얼마나 수용하고 있는지에 대한 것인데, 이는 대시보드상에서 영업사원들이 SFA의 어느 부분에 얼마나 빈번하게 접근하였는지를 나타내는 지표를 통해 파악할 수 있다. SFA의 성공 여부는 영업사원이 시스템을 얼마나 많이 활용하느냐에 달려 있기 때문에 이러한 지표는 매우 중요한 의미를 지닌다. 대시보드상의 또 다른 주된 지표는 영업성과에 대한 것이다. 여기에는 회사 전체의 판매실적, 전략고객 대상의 판매실적, 영업 파이프라인상의 예상매출액, 잠재고객의 수, 영업활동 등에 대한 통계자료가 제시된다. 영업관리자는 여기에서 제공되는 수치를 바탕으로 개별 영업사원의 영업실적을 평가할 수 있으며, 또한 드릴다운(drill-down)기능을 이용하여 고객접촉자료, 영업기회자료, 예상판매자료 등 보다 상세한 자료에 대한 접근이 가능하기 때문에 대시보드 메인화면에서 나타난 문제점들의 원인을 진단할 수도 있다.

▪ 성과관리 및 관리자기능

성과관리 모듈은 계정별, 제품 및 서비스별, 영업지역별, 영업팀별, 영업사원별 등 다양한 기준으로 영업실적을 분석하여 실적보고서를 자동으로 생성할 수 있는 기능을 제공한다. 영업관리자기능은 회사의 영업 프로세스, 영업지역, 지점 및 지점장, 영업구조 및 인력규모 등 영업을 위한 기준정보를 설정하고 관리할 수 있는 일련의 기능을 제공한다.

제4절 모바일 SFA

최근 들어서 모바일 컴퓨팅관련 기술이 급속히 발전하면서 데스크탑 컴퓨터용으로 개발된 SFA 애플리케이션들이 스마트폰, 태블릿 PC, 넷북 등과 같은 모바일기기에 적용되어 활용되고 있다. 이렇게 모바일기술을 바탕으로 하는 SFA를 모바일 SFA(mSFA)라 한다. 모바일 SFA는 기존의 데스크용 애플리케이션이 가지고 있는 '장소와 시간의 제약'이라는 한계를 극복하여야 한다는 영업분야의 요구와 모바일 단말기의 급속한 보급, 인터넷과 이동통신의 융합 등과 같은 정보기술의 환경 변화가 맞물리면서 급속하게 확산되고 있다. 영업사원은 이동 중에도 모바일 SFA를 활용하여 고객, 상품, 재고 등에 대한 정보를 검색함으로써 고객과의 상담에 대비할 수 있다.

고객과의 접점에서는 상품재고 상황, 제품별 단가 등에 대한 정보의 검색, 고객의 요구에 맞는 상품설계, 견적서 현장출력 및 제시 등의 업무가 가능하기 때문에 보다 효율적인 상담을 진행할 수 있다. 또한 수주, 주문, 수금 등의 업무를 현장에서 실시간으로 처리함으로써 업무의 효율을 높일 수 있다. 영업관리자의 입장에서도 영업과 관련된 정보를 모바일기기를 통해 매우 신속하게 공지할 수 있으며, 영업사원이 영업과 관련된 업무를 현장에서 스스로 처리하기 때문에 본사 스태프 인력의 부담을 줄일 수 있다. 또한 영업사원의 위치정보를 바탕으로 영업사원의 동선을 관리해 줄 수 있음은 물론, 이러한 정보를 구역설계, 성과분석 등을 보다 효율적으로 수행하는 데 활용할 수 있다. [글 15-4]는 모바일 SFA시스템을 개발한 업체의 사례를 기술하고 있으며, [글 15-5]는 모바일 SFA를 도입한 세 개 기업(제약회사, 생명보험회사, 레미콘회사)의 사례를 기술하고 있다.

모바일 SFA 상품 사례

글 15-4

더존비즈온은 영업 및 현장지원 업무에 필수적인 모바일 영업자동화시스템 'Smart SFA'를 출시하고 본격적인 판매에 돌입했다고 23일 밝혔다. 'Smart SFA'는 기업에 구축된 ERP시스템을 스마트폰, 태블릿 PC 등의 모바일기기와 연동시켜 다차원적 업무환경을 제시한다. 이를 통해 영업활동에 필요한 방대한 정보가 사용자 관점에서 재평가되고, 영업 프로세스에 따라 카테고리로 분류된 핵심 영업정보가 체계적으로 제공된다. 사용자는 'Smart SFA'를 통해 주문, 채권, 재고현황 등의 영업정보와 고객사정보를 빠르고 간편하게 실시간으로 조회할 수 있으며, 증강현실기술을 적용한 주변검색기능을 활용해 현 위치 부근의 고객사를 파악하고, 기동성 있는 현장 영업활동을 전개할 수 있다. 또한, 거래처 방문 시에는 품목별 재고현황 및 영업단가를 참고하여 효과적인 상담을 수행할 수 있으며, 현장에서 바로 견적서를 작성해 실사출력이 가능하다. 주문서, 거래명세서 등 각종 출력물들도 즉시 이메일로 전송함으로써 보다 신속하고 정확하게 업무를 처리할 수 있다. 뿐만 아니라, 회사의 입장에서는 현장직원들에게 영업과 관련된 주요 정보를 실시간 공지하고, 전 직원의 영업일정을 효율적으로 관리할 수 있다는 장점이 있다. 외근 직원들이 모든 업무를 모바일로 직접 처리하기 때문에 영업 지원에 투입되는 인력을 축소할 수 있다는 것도 큰 이점이다. 이 회사의 부사장은 "모바일 기반의 스마트워크 트렌드는 시대적 패러다임이다. 이미 메일과 전자결재가 가능한 1단계 수준을 넘어서, 실무진의 비즈니스 요구사항을 다양하게 반영한 2단계 시스템으로 빠르게 진화하고 있다"고 말했다.

출처 : 파이낸셜뉴스, "더존비즈온, 모바일 영업자동화시스템 'Smart SFA' 출시," 2011년 2월 23일

모바일 SFA 구축 사례

글 15-5

■ 사례 1 : 제약회사

지난해 리베이트 쌍벌제 도입 이후 '관행적' 영업이 여의치 않아지자 제약회사들은 태블릿 PC, 스마트폰 등의 첨단기기를 동원하여 효율적으로 제품 및 학술정보를 전달하는 데 영업의 초점을 맞추고 있다. 6일 제약업계에 따르면 JW 중외제약은 지난주 영업력 강화 차원에서 영업사원 560명 전원에게 태블릿 PC '갤럭시 탭'을 지급했다. 브로셔 등 인쇄물을 통한 기존 정보전달 방식에서 벗어나 사진, 동영상 등 멀티미디어 콘텐츠를 활용하여 병원을 비롯한 고객에게 제품 및 최신 의약정보를 빠르고 정확하게 설명하는 이른바 '학술마케팅'을 강화하기 위한 것이다. 아울러 이 제약회사는 영업사원이 태블릿 PC로 의약품 재고 및 주문현황 등을 실시간으로 파악하고 처리할 수 있도록 하는 '모바일 영업자동화 솔루션'의 구축도 마쳤다. 보령제약도 지난 2일 고혈압 신약 '카나브' 발매와 함께 영업사원에게 태블릿 PC 아이패드(i-Pad)를 나눠줬다. 1차로 115명에게 지급됐고 조만간 530명 영업사원 전원에게 지급할 계획이다. 보령제약은 카나브 등 주요 제품의 효능과 관련된 데이터를 고객들에게 정확하게 설명하고 전달하는 데 태블릿 PC를 적극 활용할 방침이다. 지난해 4월 사원들에게 스마트폰을 지급하며 업계의 모바일 트렌드를 선도한 녹십자 역시 향후 태블릿 PC 등을 이용하여 한 단계 업그레이드된 '스마트 워크' 영업을 준비하고 있다. 녹십자 관계자는 "학술마케팅을 위한 스마트폰 · 태블릿 PC용 애플리케이션, 모바일 그룹웨어, SNS(소셜네트워크서비스) 애플리케이션 등을 개발하고 있고, 이를 통해 보다 효율적이고 전문적인 영업에 나설 것"이라고 설명했다. 광동제약은 지난달 OTC(일반의약품) 및 ETC(전문의약품) 유통사업부의 영업사원 300여 명에게 스마트폰을 지급하고 모바일영업시스템을 업그레이드했다. 기존의 PDA 기반 영업시스템을 스마트폰 환경에서 새로 개발한 것이다. 이 프로그램을 통해 각종 분석 · 통계, 거래처 등록조회, 주문 및 수금관리, 품목조회 등 영업에 필수적인 모든 업무를 실시간으로 처리할 수 있다. 제약업계 관계자는 "리베이트 쌍벌제 이후 제품의 장점과 관련 의약 트렌드를 정확하게 설명함으로써 객관적 설득력을 얻는 '정보형 마케팅'의 중요성이 커지고 있다"며 "이 때문에 동영상 등 멀티미디어 콘텐츠를 사용하고 실시간으로 정보를 전달할 수 있는 태블릿 PC 등이 중요한 영업수단으로 주목받는 것"이라고 설명했다.

출처 : 연합뉴스, "제약영업도 이제 '스마트시대'," 2011년 3월 6일

■ 사례 2 : 생명보험회사

SK C&C가 국내 생보업계 최초로 메트라이프생명에 태블릿 PC 기반 모바일 영업지원시스템을 구축했다. SK C&C는 메트라이프생명의 태블릿 기반 모바일 영업지원시스템(Mobile Office System) 구축사업을 성공리에 완료했다고 20일 밝혔다. 메트라이프생명의 MOS 프로젝트는 고객만족도 및 영업경쟁력 극대화를 위해 고객, 영업, IT 인프라, IT 애플리케이션 등 분야별로 최적화된 모바일환경을 구축하는 것이 핵심이다. 종전의 모바일 영업지원시스템에서는 상품설계, 고객관리 등을 위한 영업지원시스템이 스마트폰의 제한적 범위에만 한정되어 운영되었다면, MOS 프로젝트는 PC에서만 가능했던 대다수 서비스를 대체할 수 있는 것이 특징이다. 이 시스템에서는 하나의 플랫폼에서 현재 출시된 모든 기종의 스마트폰 운영체제를 지원하는 모바일 업무환경을 제공한다. 또 단 한 번의 애플리케이션 개발로 스마트폰, 태블릿 PC 등 다수의 이기종 모바일기기에 대응할 수 있다는 점에서 완성도가 높다. 이 회사의 영업총괄상무(CMO)는 "지금까지 부분적인 상품설계만 가능했던 기존 타사 시스템과 달리 메트라이프생명은 생보업계 최초로 태블릿을 통해 현재 판매 중인 모든 상품의 설계 및 가입이 가능해져서 사업경쟁력이 배가될 것으로 기대된다"며 "이번 모바일 영업지원시스템 구축으로 현장에서 살아 숨쉬는 영업이 가능해졌다"고 말했다.

출처 : 이투데이, "SK C&C, 메트라이프생명 모바일 영업지원시스템 구축," 2011년 12월 20일

■ 사례 3 : 레미콘회사

유진기업 영업직원들이 현장에서 넷북을 통해 모바일 수주영업시스템을 이용하고 있다. 유진기업은 콘크리트 영업 전 과정을 지원하는 모바일 기반 수주영업시스템을 오픈한다고 21일 밝혔다. 유진기업 관계자는 "올해 2월 업계 최초로 영업담당자들에게 태블릿 PC를 지급하면서 모바일 기반 시스템을 도입했다"면서 "시험운영 결과, 업무효율성 측면에서 만족도는 높았지만 처리업무의 제한과 원격접속에 따른 불편 등이 문제점으로 나타나 새로운 시스템 개발에 나선 것"이라고 설명했다. 새 시스템은 일부 영업관련 정보만을 제공하고 간접적인 원격지원 수준에 머물렀던 기존 모바일시스템과 달리, 콘크리트 영업환경을 고려해 사무실과 동일한 환경에서 수주와 주문, 출하, 매출, 수금 등 영업 전 과정의 외부접속이 가능하다. 또한 업무처리 프로세스 단순화를 통해 영업담당자들의 접근성과 이동성을 극대화하여 외부영업에 집중할 수 있는 환경을 마련했다. 본사와 사업장, 실무자와 관리자가 실시간으로 수주관련 진행과정을 공유하고 소통할 수 있도록 함으로써 보다 효과적인 업무처리가 가능하다고 유진기업은 전했다. 유진기업은 내달부터 본격 운영에 들어갈 예정이며 이를 위해 시범운용자를 선정, 외부접속이 가능한 넷북을 우선 지급했다. 유진기업 관계자는 "강화된 모바일 기반 시스템은 업무특성에 맞춰 언제 어디서나 꼭 필요한 정보를 제공받고, 업무를 처리할 수 있는 시스템"이라면서 "중장기적으로 모바일 오피스 도입을 위해 지속적인 투자를 하겠다"고 말했다.

출처 : 파이낸셜뉴스, "유진기업, 모바일 수주영업시스템 오픈," 2011년 12월 21일

제5절 SFA 도입의 저항요인과 극복방안

SFA가 영업사원의 생산성 향상이라는 가시적인 효과를 매우 신속하게 보여줄 수 있다는 장점 때문에 SFA는 세 분야(영업, 마케팅, 서비스)의 CRM 운영시스템 중에서 가장 많이 도입된 시스템이다. 그런데 SFA의 도입이 아직 성공적이라고 평가하기는 어려울 것으로 보인다. 조사에 따라 다르기는 하지만 미국의 경우 25~60%의 기업이 SFA의 도입이 성공적이지 못하다고 평가하고 있는 것으로 나타났다. 또한 미국의 한 대기업에서 2000년대 말에 실시된 조사에서는 SFA를 도입한 후 6개월이 경과한 후에도 이 시스템을 지속적으로 사용하고 있는 영업사원은 전체의 50%에도 미치지 못하는 것으로 나타났다. 이러한 조사 결과는 SFA의 도입이 의도한 대로 진행되고 있지 않음을 보여준다. 우리나라에서는 SFA 도입의 성공 여부에 대한 설문조사가 실시된 바는 없는 것으로 보이지만, 미국의 경우와 상황은 크게 다르지 않을 것으로 판단된다. 우리나라의 한 컨설턴트가 쓴 아래의 [글 15-6]도 우리나라에서의 SFA의 도입이 그다지 순탄치 않음을 보여주고 있다. 이 글에서는 우리나라에서 SFA 도입이 실패하는 이유로 기업의 고유한 영업 프로세스에 부합하지 않는 시스템의 도입, 영업사원의 형식적인 데이터 입력 등을 꼽고 있다.

SFA의 도입이 실패하는 이유

글 15-6

SFA 도입이 실패하는 이유는 무엇일까? 2000년대 초반부터 우리나라 기업의 영업조직에 SFA가 활발히 도입되었다. 이러한 붐은 IMF를 경험하면서 불황기에도 영업을 잘 헤쳐나가야 한다는 의식과 함께 더욱 퍼져나갔다. 항상 성장만을 지속해오던 기업이 경기불황으로 갈 길을 잡지 못하고 있을 때 SFA는 업력 강화를 위한 바이블로 여겨졌다. 그렇지만 너무 성급히 도입되었던 탓인지 기업의 구체적 실정에 적합한 형태보다는 기존의 SFA 틀에 기업의 영업형태를 맞추어야 했다. 단 3개월, 6개월 만에 도입된 SFA는 기업의 영업 프로세스를 충분히 반영하지 못했고, 영업담당자들의 반발과 형식적인 데이터 입력으로 인해 실패하게 되었다. 하지만 이러한 실패에도 불구하고 영업조직의 체계를 잡아서 효율성을 높이고 실행력을 강화하겠다는 기업의 니즈는 지속되었고, 최근 들어 PDA 대신 넷북과 태블릿 PC를 이용한 SFA의 도입이 증가하고 있다.

SFA 도입의 실패는 기기의 실패가 아닌 SFA가 기업문화 속으로 침투하지 못했다는 데 그 근본적인 원인이 있다. 이를 무시하고 단순히 PDA에서 태블릿 PC로 모바일 디바이스를 바꾼다고 실패했던 정책이 살아날 수 있을까? 아니다. 결국 영업의 답은 영업에서 찾아야 한다. 영업사원들이 SFA의 도입에 반발했던 것은 단순히 새로운 기계에 대한 두려움 때문이 아니다. 영업사원들이 거부하는 진짜 이유는 그들의 영업 프로세스에 기반한 프로그램이 아니기 때문이다. 영업사원들의 니즈를 충분히 반영한 SFA 프로그램은 단 3개월, 6개월 만에 나오지 않는다. 그들의 활동을 분석하고, 그동안 관리되던 수많은 KPI를 단순화해서 핵심 KPI를 도출하는 등의 제도 개선이 수반되어야 한다.

한 통계자료에 따르면 미국의 영업사원은 평균 51%의 시간을 영업활동에 사용하고, 나머지는 이동, 보고자료작성, 회의, 부대업무 등에 사용한다고 한다. 그럼 우리나라는 어떨까? 우리나라는 평균 21% 만을 영업활동에 사용한다. 이는 이웃나라 일본의 29%와 비교해도 크게 뒤쳐지는 수치이다. 영업사원들의 행동을 분석해서 영업의 양을 늘리고, 영업의 질을 높여 실행력이 강한 영업 프로세스로의 변화를 진행해야 한다. 또한, 조금씩 개선 컨설팅을 진행함으로써, 업무 습관 속에 SFA가 깊숙이 파고들도록 하여야 한다. 실제 컨설팅을 진행해 본 결과 성공적으로 SFA를 도입하는데 A사는 3년, L사는 2년 6개월, D사는 3년이 걸렸다. 평균적으로 3년이 가까운 기간이 소요되는 것이다. 성공적인 SFA 도입은 앞서 언급한 KPI의 단순화, 기업고유의 영업 프로세스에 기반을 둔 SFA 프로그램의 개발, 그리고 장기간에 걸친 습관화 과정이 선행되어야만 가능한 것이다.

출처 : KMAC Sales Leaders 블로그, blog.naver.com/kmacsales, 2011년 11월 1일

1. 영업사원의 내재적 특성

SFA시스템의 성공 여부는 영업사원에게 달려 있다. 이는 SFA의 도입이 최고경영진의 강력한 의지에 의해 도입되었다고 하더라도 실제로 SFA를 수용하고 사용하는 사람은 다름 아닌 현장의 영업사원이기 때문이다. 따라서 SFA의 수용과정에서 발생하는 문제점을 이해하기 위해서는 영업사원이 다른 직종의 직장인들과 비교할 때 어떠한 특성을 지니고 있는가에 대한 이해가 선행되어야 한다.

영업사원의 가장 큰 특성은 영업이라는 업무가 다른 직종의 업무에 비해 독립적으로 이루어진다는 데 있다. 영업사원의 업무는 고객과의 접점을 통해 이루어지는데 고객과의 접촉이 주로 외부에서 이루어지기 때문에 외부에서 보내는 시간이 많을 수밖에 없고, 따라서 영업관리자 이외에는 회사 내부에 업무상 접촉해야 하는 사람도 별로 없다. 특히 보상체계가 성과에 따른 커미션을 중심으로 구성되어 있는 경우에는 이러한 경향이 더욱 심하게 나타난다. 우리나라의 어느 거대 다국적 IT 기업의 경우 사무실에 영업사원들을 위한 별도의 사무공간이나 개인용 집기를 두지 않고 개인 사물함과 공동으로 쓸 수 있는 책상 정도만 구비해 놓고 있다. 영업사원들은 고객사로 출근하고 고객사에서 바로 퇴근하는 것이 일반적이며, 본사와의 커뮤니케이션은 이메일이나 스마트폰 등 통신장비를 통해 이루어진다. 정례회의를 제외하고는 본사를 특별히 방문할 일이 별로 없다. 이러한 경향은 앞으로 SFA시스템의 도입과 비용절감의 필요성 등으로 인해 더욱 심화될 것으로 예상된다.

영업사원은 일반적으로 자신이 두 가지의 역할을 가지고 있다고 생각한다. 하나는 영업분

야의 전문인으로서의 역할이고, 또 하나는 특정 기업에 소속되어 있는 조직구성원으로서의 역할이다. 다른 직종에 종사하는 직장인들도 어느 정도 이러한 인식을 가지고 있는 것이 사실이지만, 두 개의 역할에 부여하는 상대적인 중요성에 있어서는 큰 차이를 보인다. 즉, 영업사원은 조직구성원으로서의 역할보다는 영업분야의 전문인으로서의 역할에 더 큰 의미를 부여한다. 판매실적이 우수한 베테랑 영업사원 중에는 영업관리자로의 승진을 원하지 않고 그대로 영업사원으로 남아 있기를 원하는 경우도 드물지 않게 볼 수 있다. 성공한 영업사원으로서의 수입이 영업관리자의 수입보다 많다는 것도 승진을 하지 않는 이유가 될 수 있겠지만, 그보다 더 중요한 이유는 영업관리자로서의 경력이 혹시 있을 수도 있는 다른 회사로의 이동에 별 다른 도움이 되지 않기 때문이다. 그래서 회사의 입장에서는 영업실적이 우수한 사람을 영업관리자로 양성하는 것이 필요하다고 판단했더라도 이를 관철하기는 쉽지 않다. 일반적으로 승진은 대부분의 직장인들이 원하는 것이지만 영업사원의 경우에는 꼭 그렇지는 않은 것이다. 결론적으로 영업사원의 경우 두 개의 역할 사이에 갈등이 발생하고, 이러한 갈등이 해소될 수 있는 것이 아니라고 판단되면, 특정 회사의 구성원으로서의 역할보다는 보다 자유롭고, 보다 오랜 기간 동안 일할 수 있고, 보다 높은 수입을 올릴 수 있는 영업 전문인으로서의 역할을 선택한다.

이러한 영업사원의 특성이 SFA의 도입에 상당한 어려움을 주고 있다. 이와 관련하여 매우 재미있는 한 실험의 결과가 보고되고 있다. 미국에서 통신 및 부동산분야의 영업사원을 대상으로 실시된 한 실험에서 연구자들은 SFA 도입 초기에 영업사원을 대상으로 SFA에 대한 교육훈련을 집중적으로 실시한 뒤, SFA 도입 초기 시점과 도입 후 6개월이 지난 시점의 2개의 시점에서 SFA에 대한 태도 등에 대한 설문조사를 실시하였다. 자료분석 결과 SFA에 대한 교육훈련이 집중적으로 이루어진 도입 초기에는 영업사원들이 SFA에 대해 긍정적인 생각을 갖고 있었지만, SFA를 도입한 후 6개월이 지난 시점에서는 SFA에 대해 거부감을 가질 뿐만 아니라 결근이나 자발적인 이직이 증가하고 있다고 보고하고 있다. 이러한 현상에 대해 연구자들은 다음과 같이 설명하고 있다. "영업사원은 업종의 특성상 상대적으로 자율성이 많이 보장되어 있고, 또한 외부와의 접촉이 빈번하다. 이러한 특성을 지닌 영업사원은 SFA를 사용하면서 직관적으로 SFA가 영업사원으로서의 경력관리에 도움이 되지 않는다는 것을 발견하게 되고, 이로 인해 SFA의 사용을 거부하게 되며, 더 나아가 결근을 하거나 회사를 떠나는 결과가 초래된다." 결론적으로 영업사원이 지니고 있는 고유의 특성을 잘 이해하지 않으면 자체적으로 아무리 우수한 SFA시스템이라고 하더라도 성공적인 도입을 보장받을 수 없다.

2. SFA 도입의 저항요인

영업사원의 특성에 대한 논의는 SFA에 대한 영업사원의 저항은 단순히 설득이나 교육 등을 통해 해결될 수 있는 문제가 아니라 상당히 근원적인 치유책이 찾아져야 한다는 점을 시사하고 있다. 이를 위해서는 영업사원이 SFA에 저항하는 이유가 무엇인지에 대한 면밀한 검토가 필요하다. 변화에 대한 저항(resistance)이란 "현재의 상태를 변화시키려는 압력에 대항하여 현재의 상태를 유지하려고 하는 행위"라고 정의될 수 있다. 이에 따라 SFA에 대한 저항은 "SFA의 도입에 의해 초래되는 변화에 대항하여 지금까지 해왔던 영업의 관행을 그대로 유지하려는 행위"라고 할 수 있다.

SFA의 성공적인 도입에 대한 논의는 대부분 영업사원의 SFA에 대한 저항의 관점보다는 영업사원의 SFA 수용에 영향을 미치는 요인의 관점에서 논의되어 왔다. 이러한 예로 어떤 연구는 영업사원이 SFA를 사용하는 주된 이유는 '영업생산성 및 효율성의 향상'이며, 사용에 있어서의 주된 장애요인은 '관리적, 기술적 지원'의 부족이고, '교육훈련'이 SFA의 사용을 증진시키는 가장 중요한 가장 중요한 요인이라고 결론짓고 있다. 또 다른 연구는 기술수용모델(Technology Acceptance Model : TAM)에 기반하여 SFA의 수용에 가장 큰 영향을 미치는 요인은 'SFA시스템의 지각된 유용성'이며 이 외에도 '시스템 사용에 대한 정확한 기대', '영업사원의 신기술에 대한 혁신성', 'SFA시스템의 지각된 용이성', '상사의 격려와 지원' 등의 요인들이 영향을 미치는 것으로 보고 있다. 우리나라의 보험사 영업사원을 대상으로 실시된 한 연구는 '영업사원 자신의 컴퓨터 사용능력에 대한 평가', 'SFA에 대한 관심도', 'SFA에 대한 자발적 사용의도' 등의 요인이 SFA에 대해 긍정적인 지각을 갖게 하고, 이러한 긍정적인 지각이 다시 SFA의 사용에 영향을 미친다는 실증분석 결과를 보고하고 있다. 이 외에도 많은 연구들이 SFA의 수용에 영향을 미치는 다양한 요인들을 제시하고 있다.

그러나 SFA와 같은 혁신을 수용하는 요인이 혁신에 대해 저항하는 요인과 일치하지 않는다. 따라서 SFA의 수용을 촉진하는 요인이 아무리 활성화되어도 SFA에 대한 저항요인이 자연스럽게 해소되는 것이 아니다. 혁신을 수용하는 요인을 파악하는 것도 중요하지만, 보다 현실적으로는 SFA의 수용에 대한 저항요인을 파악하고 이를 해소하기 위한 조치를 취하는 것이 훨씬 더 중요하다. 이는 SFA가 아무리 유용하고 사용하기가 편하다고 하더라도 영업사원이 SFA에 저항하는 근본적인 원인이 해소되지 않으면 SFA의 수용이 원활하게 이루어질 수 없기 때문이다. 즉, 경영자 혹은 영업관리자의 입장에서 최선의 환경을 갖춘다고 해도 영업사원이 SFA를 수용하지 않는 근본적인 원인을 심도 있게 파악하고 이에 대한 해결책을 제시하지 못하면 SFA의 원활한 활용은 이루어질 수 없다. 결론적으로 SFA에 대한 수용은 SFA에 대한 저항이 해소되었을 때 비로소 시작되는 것이기 때문에 수용에 영향을 미치는 요인에 대한 논의 이전에 영업사원들이 SFA에 왜 저항하는가에 대한 논의가 이루어져야 한다.

SFA가 활성화되기 위해서는 많은 변화가 요구된다. 그런데 그 변화를 수용해야 하는 주체는 영업사원이기 때문에 SFA의 활성화를 위해서는 SFA로 인하여 영업사원에게 어떠한 변화가 요구되며, 영업사원들이 이러한 변화에 왜 저항하는가에 대한 이해가 선행되어야 한다. 변화에 대한 저항의 강도는 변화로부터 초래된 위협의 정도와 비례한다. 즉, 위협이 크다고 생각할수록 저항은 심해진다. SFA의 도입이라는 변화로 초래되는 영업사원에 대한 위협요인으로 권력의 상실, 간섭에 대한 두려움, 시간과 노력의 낭비 등을 들 수 있다.

2.1 권력의 상실

영업사원이 SFA의 도입으로 인해 느끼는 가장 큰 위협은 권력의 상실(loss of power)이다. 따라서 권력의 상실은 영업사원이 SFA의 도입에 저항하는 가장 주된 이유이다. 영업사원들의 입장에서는 자신들이 보유하고 있는 고객정보가 바로 권력의 원천이 된다. 영업사원의 입장에서는 자신이 보유하고 있는 고객정보는 자신이 회사나 영업관리자를 상대로 자신을 내세울 수 있는 기반이고, 자신을 다른 영업사원들과 차별화시킬 수 있는 원천이며, 더 나아가 자신이 회사를 떠났을 때에도 자신을 지켜줄 수 있는 자산이 된다. 따라서 이를 시스템에 입력하여 회사와 공유하는 순간, 자신의 권력은 대폭 줄어들 수밖에 없다고 생각하기 때문에 영업사원들은 SFA의 도입에 저항하게 된다. 즉, 영업사원들은 SFA가 아무리 유용하고 아무리 사용하기에 편하다고 할지라도 자신이 가지고 있는 고객정보를 회사와 공유하게 되면 자신의 가치는 급격히 떨어질 수 있다는 두려움을 갖고 있기 때문에 SFA의 도입에 저항하게 된다. 그래서 소수의 스타급 영업사원에 대한 의존도가 큰 업종에서는 SFA의 도입이 처음부터 이루어지지 않는다. 이들 스타급 영업사원은 자신이 관리하는 고객들의 정보를 회사와 공유하지 않으며, 다른 회사로 자리를 옮길 때는 자신이 관리하던 고객들도 같이 가져간다. 즉, 영업사원의 이탈이 고객들의 동반 이탈로 이어진다. 이러한 현상이 발생하여도 회사로서는 고객의 정보도 부족하고, 고객과의 관계 형성도 잘 되어 있지 않기 때문에 이러한 현상을 방지하기 위한 별다른 조치를 취하기가 어렵다.

조선시대 상인과 고객정보

글 15-7

조선시대 상인들은 장사를 하면서 두 가지 장부를 통해 그 맥을 유지해 갔다. 그 가운데 하나가 치부책(置簿册)인데, 말 그대로 금전출납부의 성격을 띤 장부이다. 그런데 이보다 더 소중하게 여겼던 것은 녹심첩(錄心帖)으로, 이는 곧 단골의 명부를 적어 놓은 장부이다. 여기에는 단골손님의 5대까지의 가계가 족보처럼 상세히 기록되어 있다. 또한 친가와 외가의 가계까지 들어 있어 상인에게 있어서는 가보와도 같은 존재였다. 녹심첩은 가업을 물려받을 때 그 어떤 상술보다 높은 가치로 평가될 수밖에 없었다. 그래서 평소 녹심첩은 신주단지 옆에 높이 모셔 두었고, 상운을 비는 제사를 지낼 때 제단에 올려 놓는 소중한 존재였던 것이다.

출처 : 강영민 (2010), 기상천외 조선사, 이가출판사, 68.

2.2 간섭에 대한 두려움

SFA는 영업사원의 생산성 향상에 기여하는 기능과 함께 영업사원에 대한 관리를 효율적으로 수행하는 데 필요한 기능을 동시에 가지고 있다. 영업관리자는 SFA를 활용하여 예를 들어 영업사원이 시간을 어떻게 활용하고 있는지를 정확하게 파악하고, 이 정보를 바탕으로 영업사원의 시간이라는 자원을 보다 효율적으로 배분할 수 있게 된다. 이러한 SFA의 관리기능 때문에 영업사원들은 SFA의 도입으로 인하여 영업관리자가 자신의 영업활동의 세세한 부분들을 매우 신속하게 또한 매우 쉽게 파악할 수 있게 된다는 두려움을 갖게 된다. 즉, 영업사원은 SAF가 가지고 있는 잠재적인, 이른바 'Big Brother'(독재자) 효과를 두려워하는 것이다. SFA 도입 이전까지는 비교적 독립적이고 자유롭게 영업활동을 하여 왔는데, SFA의 도입으로 인하여 회사나 영업관리자의 간섭이 심해질 것이라는 우려가 있다. 영업현장에서 일어나는 문제에 대해서 SFA의 도입 이전까지는 영업사원 스스로가 주도적으로 그러한 문제의 본질을 파악하고 해결책을 만들어 나갔는데, SFA가 도입됨으로 인하여 자신의 관할 영역에서 일어난 문제에 대해서 영업관리자가 일일이 간섭하고 지시하는 상황으로 바뀌는 것을 원하지 않는 것이다.

2.3 시간과 노력의 낭비

영업사원이 SFA의 도입에 저항하는 또 다른 요인으로 SFA의 도입으로 인해서 자신들의 시간과 노력이 낭비된다는 인식을 가지고 있다는 점을 들 수 있다. SFA를 활용하기 위해서는 이를 학습하기 위한 시간과 노력을 기울여야 하고, 또한 고객 접촉정보를 비롯한 다양한 정보를 입력하는 데도 시간과 노력이 소요된다. 영업사원들은 SFA의 도입으로 인하여 영업활동시간이 증가하는 것이 아니라 SFA가 요구하는 업무가 증가하여 영업활동에 오히려 방해가 될 수 있다는 인식이 있을 수 있다. 또한 베테랑 영업사원일수록 자신만의 독특한 영업방식을 가지고 있는데, SFA가 요구하는 영업 프로세스에 맞추기 위해서는 자신의 것을 버리고 새로운 것을 학습해야 하는데, 이 또한 많은 시간과 노력이 요구되고, 따라서 영업사원의 입장에서는 이러한 상황이 반가울 수 없다.

SFA에 대한 저항은 영업사원의 경력 및 연령이 높아질수록 심한 것으로 알려져 있다. 경력이 많은 영업사원, 그 중에서도 특히 영업실적이 우수한 베테랑 영업사원은 SFA에 대한 가치를 상대적으로 덜 느낀다. 이들은 나름대로 체득한 영업기술을 활용하여 성공적인 영업성과를 올려 왔고, 또한 자신의 노하우에 대해 상당한 자부심을 가지고 있기 때문에 자신이 가지고 있는 정보를 회사와 공유하면서까지 시스템이 요구하는 방식대로 자신의 영업 형태를 바꿀 필요는 없다고 생각한다. 또한 나이가 많은 영업사원의 경우에는 SFA에 대해 익숙해지기 위해서는 많은 노력이 필요한데 영업사원으로서의 경력이 많이 남아 있지 않기 때문에 구태여 그렇게 해야 할 필요를 상대적으로 덜 느낀다. 따라서 연령이 많은 베테랑 영업사원일수록

그림 15-4 | SFA의 수용과 SFA에 대한 저항의 관계

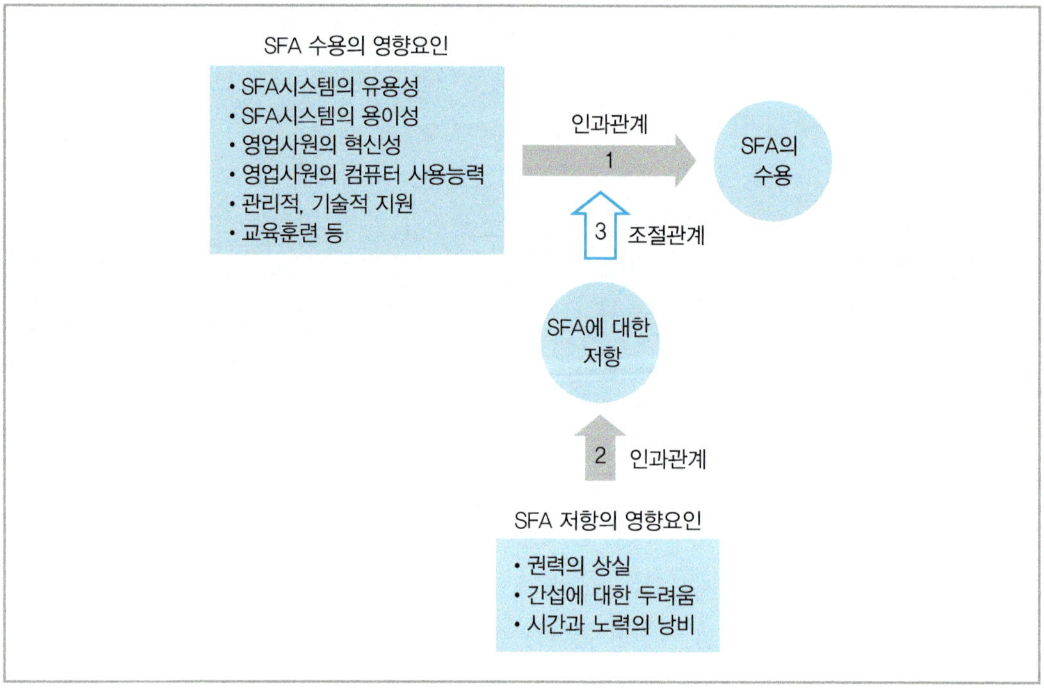

SFA에 대한 저항은 심해질 수 있다.

지금까지의 논의는 [그림 15-4]와 같이 정리될 수 있다. 먼저 그림에서 화살표 1은 여러 가지 요인들이 SFA의 수용에 영향을 미치고 있음을 의미한다. 예를 들어 'SFA시스템의 유용성'이 높아질수록 영업사원들이 SFA를 보다 적극적으로 수용한다. 화살표 2는 SFA에 대한 저항도 여러 요인들에 의해 영향을 받는다는 것을 의미한다. 예를 들어 '권력의 상실'이나 '간섭에 대한 두려움'이 클수록 영업사원들은 SFA의 도입에 더 강하게 저항한다. 화살표 3은 SFA에 대한 저항이 SFA 수용의 영향요인들이 SFA의 수용에 영향을 미치는 데 있어서 조절적인 역할(moderating role)을 한다는 것을 의미한다. 이는 SFA에 대한 저항이 심하지 않은 경우에는 SFA 수용의 영향요인들이 SFA의 수용에 영향을 미칠 수 있지만, SFA에 대한 저항이 심한 경우에는 SFA 수용의 영향요인들이 SFA의 수용에 영향을 미칠 수 없다는 것을 의미한다. 즉, SFA에 대한 저항이 심한 경우에는 SFA 시스템이 매우 유용하고, 사용하기 편하다고 하더라도 SFA의 수용에는 영향을 미칠 수 없다는 것을 의미한다. 따라서 SFA의 수용을 높이기 위한 노력이 효과를 보기 위해서는 영업사원들의 SFA에 대한 저항을 최소화시켜야 한다.

3. SFA 도입의 저항에 대한 해결방안

SFA 도입에 대한 저항을 최소화하기 위해서 쉽고 단순한 시스템의 구축, 영업지원중심 시스템의 구축, 영업사원의 참여에 의한 시스템의 구축, 고객정보의 오너십에 대한 교육, 영업활동이 중시되는 보상체계 등 다양한 방안이 검토될 수 있다.

3.1 쉽고 단순한 시스템

먼저 시스템은 사용하기 쉽고 단순하게 만들어져야 한다. 과다한 기능을 가진 SFA를 만들어 놓으면 이를 정상적으로 유지하기 위해서는 영업사원이 입력해야 하는 데이터가 증가하게 되고 이는 곧 영업사원의 부담 증가로 이어진다. 쉽고 단순한 시스템을 만들기 위해서는 무엇보다 선택과 집중의 원칙에 입각하여 가장 필요한 기능을 선별하고 이를 중심으로 시스템을 구현하는 것이 중요하다. 즉, 용도가 불확실하거나 반드시 필요하지 않은 정보를 산출하는 데 사용되는 기능은 과감히 포기하고 꼭 필요한 기능만을 탑재시키는 것이 바람직하다. 또한 회사의 규모가 큰 경우에는 제품 분야별로 여러 개의 사업부가 존재하게 되는데, 이러한 경우에 여러 사업부에 공통적으로 적용되는 시스템을 구축하는 것은 바람직하지 않다. 왜냐하면 모든 사업부에 적용되는 시스템을 구현하려면 여러 부서의 다양한 요구사항을 반영해야 하기 때문에 시스템은 자연히 복잡해지는데, 영업사원의 입장에서는 이러한 시스템이 사용하기도 힘들 뿐만 아니라, 자신의 영업활동이 타부서의 구성원에게 그대로 노출되는 데 대해 부담을 가질 수 있기 때문이다.

3.2 영업지원중심의 시스템

SFA는 영업지원의 기능과 영업관리의 기능을 동시에 가지고 있다. 영업관리자와 영업사원 간에는 SFA에 대한 기대에 있어서 상당한 차이가 있다. 영업관리자는 SFA가 행정적이며 보고 지향적인 기능을 많이 수행할 것으로 기대하는 반면, 영업사원은 SFA가 유연하게 자신들의 업무를 지원하고 양질의 잠재고객 정보를 제공해주기를 기대한다. 즉, 영업관리자는 영업관리 기능을 중심으로 SFA를 생각하고, 영업사원은 영업지원 기능을 중심으로 SFA를 생각한다. 그런데 시스템의 도입을 결정하고 이를 추진하는 주체는 영업사원이 아니라 관리자의 입장에 있는 경영층이기 때문에 의식적인 노력을 하지 않으면 영업관리의 기능이 상대적으로 강한 시스템이 만들어지기가 쉽다. 이렇게 되면 영업사원은 시스템에 대해 더 많은 거부감을 갖게 되고, 따라서 활용도도 당연히 떨어지게 된다. 이러한 일이 발생하지 않게 하기 위해서는 시스템을 통해 관리를 해야 할 부분을 최소화하고 영업지원에 초점을 맞춘 시스템을 구축해야 한다. 예를 들어 영업사원의 활동을 일별로 관리하는 것을 지양하고, 영업사원의 활동(예를 들어 고객방문횟수 등)이 정상적인 범위 내에 있으면, 이를 주단위 혹은 월단위로 모니터링하는 정도의 관리만을 하는 방향으로 시스템을 운영하는 것이 바람직하다. 이왕 시스템을 구축하는데 이런저런 관리기능을 모두 포함시키는 것이 바람직하지 않느냐는 반론도 있을 수 있지만, SFA의 주목적은 영업지원에 있고, 또한 영업사원이 사용하지 않는 시스템은 무용지물일 수밖에 없다는 생각을 기반으로 SFA의 구축이 이루어져야 한다.

3.3 영업사원의 참여에 의한 시스템 구축

영업사원들의 SFA에 대한 저항을 줄이기 위해서는 SFA의 구축 초기단계부터 영업사원들을 적극적으로 참여시키는 것이 중요하다. 특히 영업사원들 가운데에서도 리더격인 베테랑 영업사원을 참여시키는 것이 대단히 중요하다. 영업사원들을 SFA의 구축에 적극적으로 참여시켜야 하는 이유는 두 가지로 요약될 수 있다. 첫째는 영업사원들의 적극적인 참여를 통해서 영업사원들의 니즈에 부응하는 현실적인 SFA가 구축될 수 있다는 점이다. 일반적으로 SFA의 구축과정에서 SFA의 구축을 의뢰받은 외부업체 소속의 컨설턴트가 1~2주일에 걸쳐 요구사항

분석을 위해 인터뷰 형식으로 영업사원들로부터 SFA에 어떠한 기능들이 포함되기를 원하는지에 대한 정보를 수집하지만, 이것으로 충분한 것은 아니다. 왜냐하면 인터뷰 과정에서 영업사원이 충분한 정보를 전달하지 못할 가능성이 높기 때문이다. 이는 영업사원이 막연한 거부감을 가지고 있는 SFA의 구축에 대해 이런 저런 얘기를 하고 싶지 않기 때문일 수도 있지만, 자신이 무엇을 원하는지를 잘 알지 못하거나 혹은 알고 있다고 하더라도 잘 표현하지 못하기 때문일 수도 있다. 따라서 외부업체에 SFA시스템의 구축을 의뢰하기 이전에 적어도 몇 개월 동안 영업조직으로 하여금 자체적으로 어떠한 시스템이 바람직한 것인가에 대한 의견을 수렴하도록 할 필요가 있다. 물론 영업사원들의 의견을 100% 수용하는 것을 불가능하지만 이러한 과정을 거쳐야 해당 조직의 체질에 맞는 시스템이 구축될 수 있다.

흔히 SFA가 패키지의 형대로 들어오는 경우도 있지만 이러한 경우 실패할 가능성이 매우 높다. 왜냐하면 대부분 외국산인 이 패키지들은 외국 기업의 모범사례를 바탕으로 만들어진 것으로 우리나라 기업의 체질에는 맞지 않을 가능성이 높기 때문이다. 패키지의 도입은 옷을 체형에 맞추는 것이 아니라, 체형을 옷에 맞추어야 하는 것과 같은 결과를 초래할 수 있고, 이러한 급격한 변화에 대해 영업사원들이 심하게 저항할 가능성이 높다. SFA의 구축과정에 영업사원들을 적극적으로 참여시켜야 하는 두 번째 이유는 최종적으로 어떤 형태의 시스템이 만들어지든 관계없이 SFA가 영업사원의 주도적인 역할을 통해서 만들어진 것인지 혹은 회사에서 일방적으로 만든 것인지는 영업사원이 만들어진 시스템을 바라보는 시각과 태도에 상당한 차이를 가져오기 때문이다. 즉, 자신 혹은 자신이 속한 영업조직의 작품이라고 생각하는 경우에는 그렇지 않은 경우에 비해 만들어진 SFA에 대한 저항이 훨씬 줄어든다.

3.4 고객정보의 오너십에 대한 교육

SFA 사용이 활성화되기 위해서는 SFA가 영업사원에게 양질의 다양한 정보를 제공할 수 있어야 하고, 이를 위해서는 영업사원이 고객에 대한 다양한 정보를 정확하게 입력해야 한다. 이를 위해서는 영업사원이 앞에서 언급한 '권력의 상실'이라는 인식을 갖지 않도록 하는 것이 중요하다. 이 문제의 해결을 위해서는 고객정보의 오너십(ownership)에 대한 회사의 명확한 입장 정리가 선행되어야 한다. 즉, 영업사원의 고객정보에 대한 오너십을 인정할 것인가 혹은 인정하지 않을 것인가에 대한 입장을 정하는 것이 우선되어야 하고, 이에 따라 영업사원의 공감대를 형성할 수 있는 교육이 이루어져야 한다. 먼저 영업사원의 고객정보에 대한 오너십을 인정하지 않는 경우에는 고객정보는 회사의 소유라는 입장을 명확히 하고, 이의 근거와 타당성에 대한 교육이 이루어져야 한다. 그런데 영업사원은 고객정보 오너십에 대한 뿌리 깊은 애착을 가지고 있기 때문에 이러한 인식을 단기간에 불식시키기는 매우 어렵다. 어떤 기업의 경우에는 이 문제를 해결하기 위해 영업사원을 선발할 때 영업사원으로서의 경력을 전혀 갖고 있지 않은 사람들을 선발하고, 이들을 대상으로 입사 시부터 고객정보는 회사의 소유라는 것을 교육과 시스템을 통해 명확히 하는 예도 있다. 영업사원의 고객정보 오너십을 인정하지 않는 입장을 취할 수 있는 기업은 창업단계이거나 규모가 크지 않아서 영업사원에 대한 교육이 상대적으로 용이하거나, 혹은 기업의 명성과 능력이 출중해서 회사가 영업사원에게 주는 혜택이 다른 경쟁사에 비해 매우 큰 경우에 국한된다. 그렇지 않은 기업의 경우에는 단기간에 고객정보의 오너십에 대한 인식을 바꾸는 것은 거의 불가능하다.

두 번째로 영업사원의 고객정보에 대한 오너십을 인정하는 경우에는 회사는 시스템과 제도를 통해 최대한 이를 보호해주는 방안을 검토해야 한다. 영업사원은 자신이 담당하고 있는 고객의 정보가 다른 영업사원에게 노출될 수 있다는 점을 우려한다. 따라서 회사는 다른 영업사원에게 해당 영업사원의 고객정보가 노출되지 않도록 세심하게 배려해야 한다. 즉, 해당 영업사원이 담당하는 고객정보에는 다른 영업사원이 접근하지 못하도록 하는 시스템적인 조치가 필요하다. 또한 영업관리자에 의한 고객정보의 활용도 명시되어 있는 제한된 목적으로만 사용하도록 할 필요가 있다. 예를 들어 통계분석 자료의 산출, 전략의 수립 등 제한된 목적으로만 고객정보가 사용되게 함으로써 영업사원이 덜 불안한 마음으로 고객정보를 입력할 수 있도록 하는 것이 중요하다. 회사의 방침이 정해지면 영업사원과 영업관리자를 대상으로 이에 대한 교육이 이루어지고, 이를 통해 고객정보의 오너십에 대한 전사적인 공감대를 형성시켜나가야 한다.

3.5 영업활동이 중시되는 보상체계

판매액과 같은 영업의 최종적인 결과만을 중시하는 보상체계하에서는 SFA시스템의 활용이 활성화되기 어렵다. 왜냐하면 SFA의 기본적인 취지는 영업의 각 단계에서 이루어져야 하는 영업사원의 활동을 보다 효율적이고 효과적으로 지원하는 것인데, KPI가 판매액과 같은 최종 결과만으로 구성되어 있으면 영업사원의 입장에서는 SFA를 활용하여 각 영업 프로세스상에서의 활동을 보다 충실하게 수행하기보다는 자신이 가장 잘할 수 있는 익숙한 방법으로 판매액을 올리는 데 매진하려 할 것이기 때문이다. 즉, 지금 당장의 매출도 중요하지만 미래의 매출에 기여할 수 있는 활동을 동시에 중시하는 보상체계가 만들어져야 SFA 사용의 활성화가 이루어질 수 있다. 이와 함께 KPI에 시스템 활용도에 대한 지표(주요 기능 사용횟수, 정보입력횟수 및 입력정보 정확도 등)를 포함시킴으로써 영업사원에게 시스템의 활용이 영업활동의 일부이며, 회사가 SFA의 활용에 대한 강한 의지를 가지고 있다는 인식을 지속적으로 심어줄 필요가 있다. 아래의 [글 15-8]은 정보입력과 보상체계의 관계에 대한 한 사례를 기술하고 있다.

정보입력과 보상체계

글 15-8

모든 시스템이 마찬가지이지만, SFA시스템도 성공적으로 도입되기 위해서는 필요한 정보가 적시에 정확하게 입력되어야 한다. SFA의 경우에는 필요한 정보가 대부분 고객에 대한 정보이다. 고객의 정보는 크게 세 가지로 분류될 수 있다. 첫째는 기본정보로 여기에는 인구통계적 신상정보와 전화번호와 같은 접촉정보가 포함된다. 둘째는 거래와 관련된 정보이며, 셋째는 고객과의 접촉이력에 관련된 정보이다. 이 가운데 거래정보는 매우 정확하고 정형화된 형태로 저장이 되지만, 기본정보와 특히 접촉이력정보는 정형화되어 있지 않은 것이 보통이다. SFA는 기본정보와 접촉이력정보에 대한 최신화와 정형화를 촉진하여 고객정보의 활용을 극대화하는 데 기여한다. 고객에 대한 접촉정보 갱신은 물론 접촉이력이나 고객의 니즈 등에 대한 정보가 입력되어야 적절한 예측이 가능해지고 적절한 전략의 수립이 가능해진다. 그런데 이를 가장 잘 수행할 수 있는 사람은 영업사원이고, 따라서 영업사원이 정확한 정보를 적시에 입력하지 않으면 SFA는 제 기능을 수행할 수 없게 된다. 영업사원의 입장에서는 고객정보의 입력은 시간이 소요될 뿐만 아니라 자신만의 자산으로 생각하고 있는 고객정보를 회사와 공유하는 것이기 때문에 자발적인 노력을 기대하기 어렵다. 따라서 이에 대한 적절한 보상을 하는 것이 정보입력을 활성화시킬 수 있는 좋은 방법이 될 수 있다. 다음은 보상체계가 영업사원의 고객정보 입력에 미치게 되는 긍정적인 효과의 사례를 보여 주고 있다.

방문판매를 하고 있는 우리나라의 어느 소비재 기업에서 새로 출시된 제품의 판매를 촉진하는 데 사용할 목적으로 지난 수십 년간 축적되어온 고객 데이터를 점검하게 되었는데, 그 결과 고객정보가 마케팅 목적으로 활용하기 곤란한 정도로 엉망인 것으로 파악되었다. 고객의 이름도 실명보다는 '철수 엄마'처럼 일상생활에서 부르는 이름으로 입력된 경우도 많았고, 주소도 정확한 행정주소보다는 '소방소 옆 파란 대문집'처럼 본인이 기억하기 쉬운 형태로 입력된 경우도 많았다. 또한 2~3년마다 이사를 하는 고객들도 많아서 중복으로 입력된 고객들도 상당히 많았다. 이러한 상황을 파악한 회사가 영업사원들에게 이름과 주소 등의 고객정보를 정확하게 입력할 것을 지시했지만 결과는 신통치 않았다. 즉, 영업사원들은 회사의 지시에 따라 할 수 없이 고객정보를 더 많이 입력하기는 했지만 여전히 사용이 불가능한 엉터리 정보를 입력하였다. 그래서 회사는 영업사원들을 대상으로 고객정보 입력 캠페인을 전개하게 되었다. 반기별로 고객정보를 가장 많이, 그리고 가장 정확하게 입력한 영업사원을 홈페이지에 순위대로 공개하고, 이들 가운데 최상위 2~5명을 선정하여 국내 여행항공권을 제공하는 사내 캠페인을 전개하였다. 이를 계기로 영업사원들은 비로소 고객주소와 이름은 물론 가족의 정보까지 입력하는 적극성을 보이기 시작하였다.

PART 6

영업조직의 성과관리와 보상방법

CHAPTER 16

성과관리

제1절 성과관리의 개요

1. 성과관리의 개념

성과관리(performance management)는 “영업사원의 성과를 평가하고, 이를 바탕으로 영업사원에 대한 지속적인 지도와 피드백을 제공하며, 더 나아가 이를 제도화하거나 시스템화하는 일련의 과정”을 의미한다. 성과관리는 영업의 목표를 설정하고, 계획하고, 실행하고, 평가하고, 피드백과 개선이 이루어지는 과정이 반복되는 순환구조를 가지고 있다. 기업은 순환구조를 통해 성과관리의 전 과정에 대한 노하우를 축적할 수 있으며, 이 노하우는 기업의 경쟁력 강화에 기여하게 된다. 이러한 과정이 지속적으로 이루어지면서 기업은 학습조직(學習組織)으로서의 면모를 갖추어가게 되고, 이를 통해 영업사원 개개인의 생산성이 향상됨으로써 기업이 경쟁력 있는 조직으로 성장해 나갈 수 있게 된다. 즉, 성과관리는 영업사원의 생산성을 관리하는 지속적인 통제시스템이라고 할 수 있다.

성과관리의 개념에는 [그림 16-1]에서와 같이 단순히 과거 일정기간 동안의 성과에 대한 평가를 통해 영업사원에 대한 보상을 실시한다는 의미를 넘어서서, 성과를 가져온 원인에 대한 분석을 통해 발견된 문제점을 개선하거나 기회요인을 도출하여 이의 활용을 극대화한다는 적극적인 변화관리의 의미도 동시에 포함되어 있다. 전자가 과거지향적인 목적라고 한다면, 후자는 보다 미래지향적인 목적이라고 할 수 있다. 성과관리의 미래지향적인 의미에는 영업사원 개개인의 영업활동에 대한 피드백은 물론, 회사 전체적인 차원에서의 생산성 향상을 위한 의사결정이 이루어지는 것도 같이 포함된다. 예를 들어 우수한 성과를 나타낸 영업사원들의 특성을 분석함으로써 이들의 특성을 신입 영업사원의 모집 과정에서 자격요건으로 포함시킬 수 있으며, 또한 이들의 활동패턴에 대한 분석결과를 시스템을 통해 전체 영업사원이 공유하게 함으로써 전체 영업사원의 평균생산성을 향상시킬 수 있다. 반대로 성과가 좋지 않은 영업사원들의 부족한 영업기술이나 지식을 발견해 냄으로써 교육훈련 프로그램이나 코칭 내용에 반영할 수 있고, 부족한 부문(구역, 제품, 고객군 등)에 대한 영업활동을 강화시킴으로써 영업의 생산성 증대를 기할 수 있다. 또한 구역별 성과분석을 통해 필요한 경우에는 각 영업사원 혹은 영업팀의 구역조정이 이루어질 수도 있다. 즉, 성과에 대한 분석은 개별 영업사원에 대한 의사결정을 넘어서서 회사의 영업관리 전반에 걸친 의사결정에도 영향을 미치게 된다.

그림 16-1 | 성과관리의 두 가지 목적

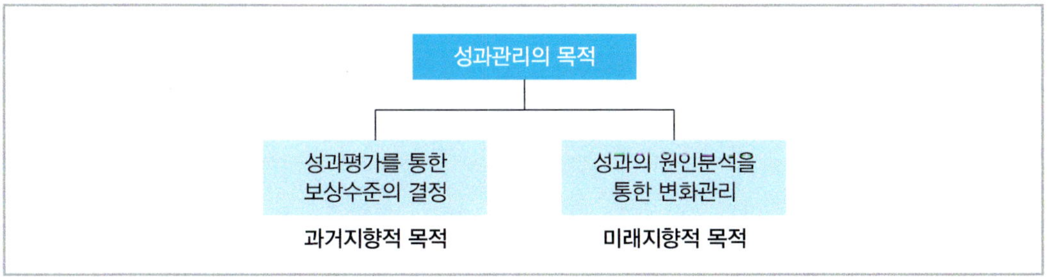

2. 성과관리의 중요성

영업에서 성과관리의 중요성이 특히 부각되는 이유는 영업사원의 업무 자체가 다른 업종에 비해 상대적으로 독립적으로 이루어지며, 또한 근무환경의 변화가 상대적으로 심하기 때문이다. 일반 사무직의 경우에는 거의 매일 접하는 상사나 동료에 의한 피드백이 상시로 일어나기 때문에 직원의 활동에 오류가 있거나 비효율적인 경우에 이를 바로 잡을 수 있는 기회가 많지만, 관리자와의 접촉이 상대적으로 적고 현장에서 자신의 능력과 판단에 의해 업무를 수행해야 하는 영업사원의 경우에는 상시적인 피드백을 기대하기 어렵다. 따라서 영업사원의 입장에서는 자신의 영업활동에 방향을 제시해 줄 수 있는 가이드라인이 보다 절실하게 필요하고, 영업관리자의 입장에서는 현장에서의 영업활동이 회사의 영업목표에 부합하는지에 대해 지속적으로 모니터링하면서 영업활동의 방향을 잡아주어야 할 필요가 있다. 성과관리는 바로 이러한 역할을 수행하는 매우 중요한 영업관리활동이다.

영업관리자는 객관적이고 합리적인 성과평가를 통해 인센티브, 승진, 인정 등과 같은 동기부여 및 보상의 수단을 보다 효율적으로 활용할 수 있다. 또한 성과에 대한 원인분석을 통해 부진한 실적을 보이는 영업사원에 대한 교육훈련이나 코칭의 방향을 설정할 수 있고, 우수한 실적을 보이는 영업사원의 활동 내용을 전사적으로 전파하여 영업조직 전체의 생산성 향상을 기할 수 있다. 즉, 앞에서 언급한 바와 같이 성과의 관리는 성과를 평가하는 데 그치지 않고, 보상이나 동기부여는 물론, 교육훈련, 리더십 등 여타 영업관리활동의 방향을 설정하는 데 큰 도움을 줄 수 있다.

영업사원은 자신의 성과가 어떠하였는지에 대한 피드백을 통해서 회사가 자신에게 기대하는 바가 무엇이고, 이를 위해서는 어떠한 활동을 어떻게 전개해야 하는지에 대한 올바른 가이드라인을 제시받을 수 있다. 예를 들어 판매액의 증진만을 위해 영업활동을 하고 있고, 또한 실제로 높은 판매실적을 올리고 있는 영업사원이 있다고 할 때 이를 꼭 긍정적으로 평가할 수 없는 경우도 있다. 즉, 회사가 판매액보다는 순이익을 중심으로 경영하기를 원한다면 해당 영업사원의 활동은 회사의 입장에서는 바람직하지 않을 수 있다. 왜냐하면 영업사원이 판매액의 증진을 위해 과다하게 가격을 할인하거나 영업경비를 과다하게 지출할 수도 있기 때문이다. 또한 회사가 신제품의 성공적인 출시를 목표로 하고 있는데 판매액의 증진을 위해 기존제품만을 열심히 판매하고 있는 경우에도 판매액 일변도의 영업활동은 바람직하지 않을 수 있다. 이러한 경우에 영업관리자는 영업사원의 성과에 대한 분석을 통해 문제점을 파악하고 영업활동의 방향을 수정하도록 해줄 필요가 있다. 또한 영업관리자는 성과에 대한 평가를 통해 실적이 부진한 원인을 파악하여 피드백해줌으로써 영업사원이 어떠한 측면에서 보완을 하여야 하는지를 제시해 줄 수 있다. 실적이 부진한 영업사원은 방문활동이나 근무일수가 절대적으로 부족한 것이 실적 부진의 원인일 수도 있고, 혹은 잠재고객의 발견이나 프레젠테이션 과정에서의 기술이 부족한 것이 원인일 수도 있다. 영업관리자는 이러한 원인을 정확히 파악하여 영업사원이 보완할 수 있도록 해줌으로써 해당 영업사원의 생산성 향상에 크게 기여할 수 있다.

3. 성과관리의 어려움

영업사원에 대한 성과관리는 영업관리자가 가장 수행하기 어려운 일에 속한다. 여기에는 여러 가지 원인이 있다. 첫째는 성과에 대한 평가가 객관적으로 이루어지기가 매우 힘들기 때문이다. 판매 후의 고객서비스가 주된 영업활동인 경우, 팀영업이 이루어져서 개별 영업사원의 판매실적이 모호한 경우, 영업주기가 매우 길어서 1년에 한두 번의 계약만이 이루어지는 경우 등이 객관적 수치에 의한 평가가 어려운 경우에 속한다. 또한 판매액이나 순수익과 같은 객관적 지표가 산출될 수 있는 경우라고 하더라도 해당 영업구역의 잠재력, 경쟁상황, 지리적 여건 등에 따라 같은 노력하에서도 실적은 매우 큰 차이를 보일 수 있기 때문에 모든 영업사원의 공감을 얻을 수 있는 성과평가는 여전히 힘들다. 둘째는 성과평가는 보상, 승진, 해임, 구역조정 등과 같이 영업사원들의 이해관계와 직결되는 후속조치와 밀접하게 연관되어 있기 때문이다. 따라서 공감대를 얻을 수 없는 성과평가는 영업사원의 강한 반발을 불러일으킬 수 있으며, 이는 결국 전체 영업조직의 생산성에 부정적인 영향을 미치게 된다. 그런데 어떠한 평가방법을 사용하든 모든 영업사원들의 공감대를 이루기는 현실적으로 매우 어렵기 때문에 성과평가는 항상 영업조직에서 가장 논란이 많은 대상이 된다. 셋째는 성과평가는 영업사원에 대한 동기부여라는 목적도 가지고 있는데, 어느 정도의 수준을 기준으로 성과가 좋은지 나쁜지를 평가해야 영업사원의 동기부여 수준을 최대한으로 끌어올 수 있는지를 결정하는 것도 쉽지 않다. 너무 낮은 수준을 설정하면 영업사원들의 전반적인 동기부여 수준이 낮아질 수 있고, 특히 우수한 영업사원이 보상을 충분히 받을 수 있는 기회를 상실하게 되어 불만이 커질 가능성이 높다. 반대로 너무 높은 수준이 설정되면 미리 포기하는 영업사원이 속출하여 동기부여를 강화하려는 목적과는 반대의 결과가 초래될 수 있다. 적정한 성과평가 수준에 대한 일반적인 룰은 없기 때문에 회사는 반복적인 실행을 통해 시행착오를 거치면서 적정한 성과평가 수준을 찾아갈 수밖에 없다.

제2절 성과관리의 과정

성과관리의 과정은 [그림 16-2]와 같은 순환구조에 따라 목표의 설정, 계획, 실행, 평가, 피드백 및 개선의 5개 단계로 나누어질 수 있다.

그림 16-2 | 성과관리 순환구조

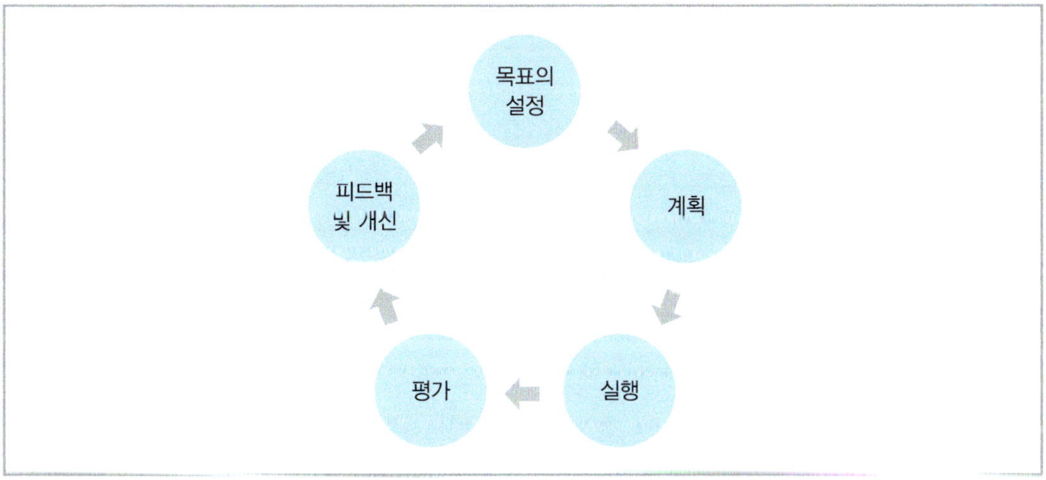

1. 목표의 설정

영업의 목표를 설정한다는 것은 [그림 16-3]에서와 같이 영업의 목표가 되는 변수를 결정하고, 이어서 결정된 목표변수에 대한 달성수준을 설정한다는 것을 의미한다.

그림 16-3 | 목표의 설정

1.1 목표변수의 결정

목표변수를 결정한다는 것은 기업이 영업활동을 통해 추구해야 하는 대상을 결정한다는 것으로, 이는 곧 영업사원의 성과를 어떤 변수를 기준으로 평가할 것인가를 의미한다. 따라서 목표변수를 결정한다는 것은 어떠한 성과지표를 선택할 것인가를 의미한다. 가장 빈번하게 사용되는 목표변수(혹은 성과지표)는 판매액이지만, 이 이외에도 매우 다양한 기준들이 사용될 수 있다.

목표변수는 크게 결과지표와 과정지표로 나누어진다(뒤의 성과지표에서 상술). 결과지표 가운데 가장 대표적인 변수라고 할 수 있는 판매액은 가장 이해하기가 쉽고, 영업사원들에게 가장 강력한 판매동기를 부여할 수 있는 기준이지만, 경우에 따라서는 회사에 예기치 않은 부정적인 결과를 가져올 수 있다. 즉, 단기적인 판매액만을 성과평가의 기준으로 할 경우, 전략적인 신상품이나 마진율이 높은 상품보다는 단기적으로 쉽게 판매할 수 있는 상품에 판매가 집중될 수 있으며, 미래의 성장동력의 확보에 필요한 신규고객의 개발이 도외시되고 친숙한 기존고객을 대상으로 하는 판매에만 영업사원의 노력이 집중될 수 있다. 그 결과 매출증진은 이루어질 수 있지만 수익률이 낮아진다거나, 혹은 신규시장으로의 진출이나 새로운 고객의 확보 등이 이루어지지 못하는 결과가 초래될 수 있다. 또한 내구소비재나 산업재와 같이 판매가 빈번하게 이루어지지 않는 업종의 경우에는 판매액 일변도의 목표로 인해 판매 후의 고객서비스가 원활하게 이루어지지 않게 됨으로써 장기적인 관점에서의 고객관계와 판매에 부정적인 영향을 미칠 수 있다.

목표변수를 설정함에 있어서 가장 중요하게 고려되어야 할 점은 기업의 전략이 목표변수에 반영되도록 해야 한다는 것이다. 즉, 영업사원의 노력의 방향이 회사의 발전방향과 일치되도록 조율하는 것이 가장 중요하다. 예를 들어 신규고객을 창출해야 하는 기업의 경우에는 매출성장률이나 유치 신규고객의 수 등이 중요하지만, 기존시장을 유지하는 것이 중요한 기업의 경우에는 고객유지율, 공헌마진, 지출비용 등이 더 중요한 의미를 갖는다. 혹은 몇몇 핵심 고객이 매출의 많은 부분을 차지하는 경우에는 장기적인 관점에서의 핵심고객 관리가 중요한 의미를 지니게 되고, 따라서 고객만족도나 고객순추천지수 등이 주요한 목표변수가 될 수 있다. 또한 기업의 전략적 목표가 시장점유율의 극대화보다는 수익극대화에 있다면 판매수량이 목표변수가 되어서는 안 되며, 대신에 수익률이나 공헌마진액이 목표변수가 되어야 영업사원이 가격할인이나 접대비용의 지출을 통해 판매를 늘리려는 욕구를 자제하도록 만들 수 있다.

1.2 목표변수 달성수준의 설정

목표변수가 결정되면 다음으로는 목표변수의 달성수준이 설정되어야 한다. 달성수준을 기술함에 있어서는 달성기간, 기준치, 변동치 등의 3가지 사항이 목표변수와 함께 최대한 상세하게 기술되어야 한다. 예를 들어 자동차보험 영업사원의 경우 '올해 하반기 동안(달성 기간)의 여성운전자의 신규유치건수(목표변수)를 작년 동 기간 대비(기준치) 20% 증가(변동치)' 등으로 기술되는 것이 바람직하다. 건설자재 공급사의 경우 '내년 1년 동안 매출액 1,000억 원 이상의 건설사 5개사를 신규확보하고, 이들 신규고객사 대상 연매출 50억 억 달성' 등으로 목표를 설정하는 것도 한 예가 될 수 있다.

목표변수의 달성수준을 결정하기 위해서는 두 가지 작업이 필요하다. 첫째는 목표변수의 예측치를 산출하는 것이고, 둘째는 이러한 예측치를 기반으로 자신이 다양한 영업활동을 통해 달성할 수 있을 것으로 판단되는 변동치를 정하는 것이다. 예를 들어 목표변수가 판매액이라고 하면 우선 판매예측이 이루어지고, 그 다음으로 이를 기반으로 달성하고자 하는 판매목표가 정해진다. 판매예측을 위해서는 고객과 시장에 대한 정확한 정보가 확보되어야 한다. 예를 들어 소매점을 대상으로 영업활동을 하고 있는 도매업체의 영업사원이라고 하면, 그 소매점이 대상으로 하고 있는 고객들의 소비동향, 소매점들의 전년 대비 매출증감현황, 주변 경쟁소매점들의 동향, 소매점들의 구매방침 등에 대한 정확한 정보를 입수하여야 하며, 이러한 정보를 바탕으로 판매예측이 이루어져야 한다. 판매예측이 이루어지면 이를 기반으로 판매목표를 설정할 수 있다. 영업사원은 판매예측을 기준으로 고객접촉 방식을 개선하거나, 새로운 판매채널을 개척하거나, 새로운 프로모션이나 이벤트를 도입하거나 하는 다양한 방법을 통해 달성할 수 있을 것으로 판단되는 판매액을 판매목표로 설정하게 된다. 따라서 통상적으로 판매목표는 판매예측을 초과하게 된다. 이렇게 충분한 근거와 판단을 기반으로 가지고 판매목

제약 영업사원의 목표관리

글 16-1

제약영업에서는 자동차영업이나 보험영업에서와는 달리 영업사원이 영업을 시작할 시점부터 담당할 의원이나 약국이 주어진다. 더 나아가 특정 병원 내의 특정 분과, 예를 들면 내분비내과, 순환기내과 등 본인이 관리해야 할 '시장'이 주어진다. 이 시장은 사내의 다른 어떤 영업사원과도 겹치지 않는다. 간혹 의원이나 약국이 중복되더라도 서로 다른 제품을 판촉하기 때문에 경쟁하는 관계는 아니다. 제약영업자는 이렇게 주어진 시장에 대해서 자신을 '소사장'으로 여겨야 한다. 제약영업은 '비즈니스 오너십(business ownership)'이 여타 영업보다 훨씬 중요하며, 이러한 자세가 기본이 되어야 일을 잘할 수 있다.

영업의 첫 걸음은 고객별로 고객이 처한 시장, 프로필, 거래현황 등의 고객 히스토리와 고객성향, 그리고 경쟁제품 및 경쟁상황, 타사 대비 자사에 대한 고객의 호감도 등을 철저히 분석하는 일이다. 영업을 잘하는 사람은 지역과 고객을 분석하는 데서 그치지 않는다. 분석이 끝나면 특성별로 그룹을 묶은 후(경쟁제품 사용 그룹, 질환에 관심이 없는 그룹, 자사제품을 많이 사용하는 그룹, 환자는 많은데 비즈니스와 연결시키기 어려운 그룹 등), 그에 맞게 대응 전략을 세우고 또 그 전략에 입각해서 다양한 교육 프로그램 계획을 짠다.

단순히 어떠한 프로그램을 운영할지 나열하는 수준이 아니다. 정성적 · 정량적 목표를 정하는 것이다. 정성적 목표는 고객별로 제품에 대한 인식과 태도를 어떻게 바꾸어 나갈지 정하는 것이다. 정량적 목표는 세일즈 목표치를 잡는 것이다. 상위 10%의 영업자는 각 목표별로 목표시한까지 정해둔다. 언제까지 어느 프로그램을 통해서 고객의 태도를 변화시키거나 세일즈 목표를 달성할지를 정해놓는 것이다. 이보다 더 구체적으로 준비하는 사람은 목표를 단계별로 더 세분화하고 단계별 목표와 단계별 시간까지 정해서 고객관리를 한다.

출처 : 이동수, 오혜연, 조현 (2010), 제약영업의 기술, 한언, 102–107.

표가 이루어져야 사후적으로 성과를 평가할 때 자신이 실행한 새로운 플랜들(앞에서 언급한 새로운 프로모션이나 이벤트 등)이 계획대로 잘 작동하였는지를 평가할 수 있고, 이를 기반으로 앞으로의 개선방향을 명확히 해 나갈 수 있다. [글 16–1]은 우리나라의 제약업계에서 달성목표를 정하는 작업이 어떻게 이루어져야 하는지에 대해 기술하고 있다.

그런데 판매액 등의 결과변수가 목표변수일 경우에 특히 주의할 점은 특정 영업사원이 담당하고 있는 구역(혹은 제품이나 고객군)의 잠재력이 고려되어야 한다는 점이다. 시장의 잠재력은 판매액과 대단히 강한 선형관계(線型關係)를 갖고 있기 때문에, 전년도에 똑같은 판매실적을 올렸다고 하더라도 담당하고 있는 구역의 잠재력에 따라 올해에 실현되는 실적에는 크게 차이가 날 수 있다. 따라서 변동치를 설정할 때 이러한 점이 충분히 감안되어야 한다. [표 16–1]은 A와 B의 두 개 구역에서 영업활동을 전개하고 있는 가상적인 회사의 예를 보여주고 있다. 2011년의 매출실적은 두 개 구역에서 각각 10억 원으로 동일하다. 회사의 총매출액 목표성장률이 20%라고 가정하고 이를 단순히 2개 지역에 적용하면 두 개 지역의 목표달성 수준

표 16-1 | 잠재력을 감안한 목표변수 달성수준의 설정

(단위 : 백만 원)

	2016년 판매실적	20% 매출성장목표를 단순적용한 구역별 목표수준	잠재력지수(%)	잠재력을 감안한 구역별 목표수준
A구역	1,000	1,200	55	1,320
B구역	1,000	1,200	45	1,080
합계	2,000	2,400	100	2,400

은 각각 12억 원이 된다. 그런데 이러한 달성수준 결정방식이 합리성을 갖기 위해서는 두 개 구역의 시장잠재력이 동일하다는 가정이 성립되어야 한다. 그렇지 않다면 목표수준을 정함에 있어 상이한 시장잠재력을 감안하여야 한다. 구역별 시장잠재력지수는 통계청 자료를 기반으로 구역별 소득수준, 가구수 및 인구수 등의 자료를 활용하여 산출할 수 있다. 이러한 자료를 바탕으로 계산된 이 회사의 A구역과 B구역의 상대적 잠재력지수가 각각 55%와 45%라고 가정하면, 회사가 달성하고자 하는 전체 목표판매액에 각 구역의 잠재력지수를 곱하여 각 구역의 달성목표를 산출해 낼 수 있다(24억 원×0.55=13억 2천만 원, 24억×0.45=10억 8천만 원). 전년도의 판매실적이 동일하더라도 잠재력을 감안하면 차년도의 목표수준은 크게 차이가 난다는 것을 알 수 있다. 결론적으로 각 구역의 시장잠재력을 감안하지 않으면 잘못된 목표수준이 정해질 수 있고, 이는 잘못된 성과관리로 연결될 수 있다는 점을 잘 인식해야 한다.

잠재력이 지역별로 크게 편차를 보이는 경우에 달성수준을 합리적으로 결정하는 또 하나의 방법은 판매액 대신에 시장점유율을 목표변수로 삼는 것이다. 영업구역에서는 자사의 제품 이외에도 여러 회사의 경쟁제품들도 같이 판매되고 있을 것이기 때문에, 특정 구역에서 판매되는 해당 제품군의 전체 판매액에서 자사의 제품이 차지하는 비중(시장점유율)이 목표변수가 되면 시장잠재력을 별도로 계산하지 않아도 된다. 다만 이를 이용하기 위해서는 전체 시장의 규모에 대한 정확한 자료를 확보할 수 있어야 한다.

3. 계획의 수립

계획의 수립은 설정된 목표를 달성할 수 있는 구체적인 계획을 수립하는 것을 의미한다. 계획의 내용은 두 가지로 분류될 수 있는데, 하나는 판매 등의 궁극적인 목표를 달성하기 위한 활동에 대한 것이고, 또 하나는 영업사원의 자기개발에 대한 것이다. 계획수립과정은 [그림 16-4]와 같이 나타낼 수 있다. 먼저 수립된 목표를 달성하는 데 영향을 줄 수 있는 외부환

그림 16-4 | 계획수립과정

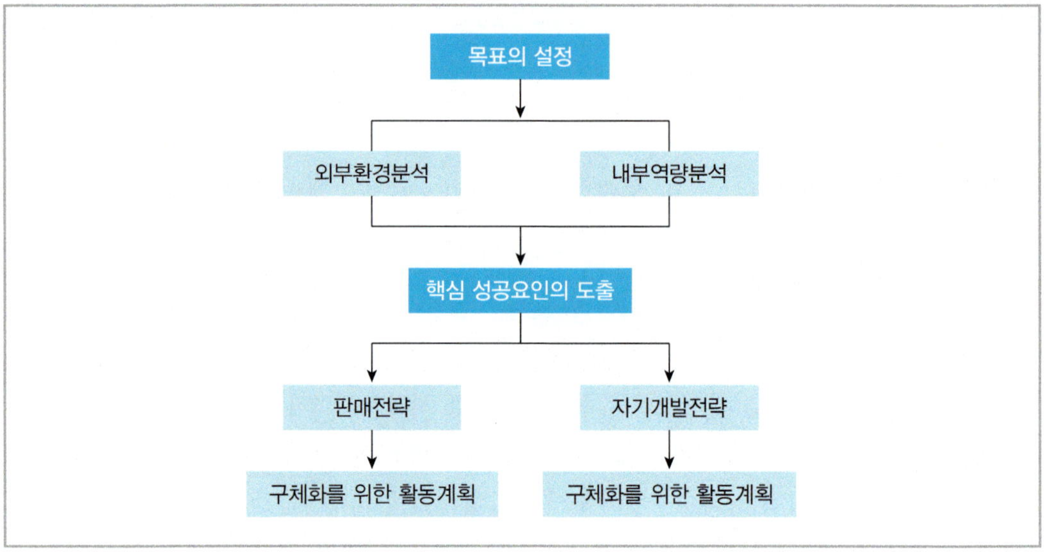

경 및 내부역량에 대한 분석이 이루어진다. 예를 들어 어느 제약회사에서 신시장 개척을 위해 개발한 신규약품의 매출을 일정액 이상 달성하는 것이 목표로 설정되었다면, 매출에 영향을 미칠 수 있는 시장의 규모, 경쟁상황, 고객의 니즈 등의 외부환경에 대한 분석과 영업사원의 제품에 대한 지식이나 영업기술수준 등의 내부역량에 대한 분석이 이루어진다. 이러한 분석을 통해 가장 핵심적인 성공요인(critical success factor)들이 도출되고, 이에 따라 판매전략과 자기개발전략이 수립된다. 제약회사의 예에서 내·외부분석을 통해 도출된 핵심 성공요인이 중소규모의 재활시설을 갖춘 정형외과 병원을 대상으로 하는 판매활성화라고 하면, 이를 달성하기 위한 판매전략이 세워지고, 또한 이를 수행하는 영업사원의 자기개발전략도 세워진다. 이어서 수립된 판매전략 및 자기개발전략을 구체화하기 위한 활동계획이 세워진다.

목표변수가 영업사원의 능력(기술, 지식, 자질 등)이나 활동(방문고객수, 판매액 대비 영업비용, 제안서 제출횟수 등) 등의 과정지표인 경우에는 계획수립이 비교적 용이하지만, 판매액이나 시장점유율과 같이 결과지표인 경우에는 보다 복잡한 과정을 거치게 된다. 왜냐하면 목표변수가 결과지표인 경우에도 계획은 과정지표를 중심으로 세워져야 하는데, 이를 위해서는 결과지표와 과정지표 간의 인과관계에 대한 파악이 선행되어야 하기 때문이다. 예를 들어 일정 수 이상의 신규 거래처의 확보가 목표로 설정된 건설자재 공급사의 경우, 이를 달성하기 위한 과정지표들(잠재고객 리스트의 확보, 고객선별, 제안가치의 개발, 방문 등)과 목표변수와의 관계의 강도를 파악하고 이를 기반으로 과정지표의 달성을 위한 구체적인 계획이 세워져야 한다.

4. 실행

실행은 영업사원이 필드에서 행하는 모든 활동과 또한 이를 원활하게 하기 위한 준비 등의 활동을 의미한다. 즉, 잠재고객의 확보, 고객선별, 고객니즈의 파악, 프레젠테이션, 판매종결, 사후서비스 등 모든 활동을 의미한다. 또한 영업기술이나 제품지식수준 등의 개별능력이 성과지표인 경우에는 이를 향상시키기 위한 내부 및 외부에서의 교육훈련활동이 실행에 포함된다. 또한 개별영업이 아닌 팀영업이 이루어지는 경우에는 팀영업이 원활하게 이루어질 수 있도록 다른 부서(마케팅, R&D, 재무, 생산 등)의 인력과 조율하는 것도 매우 중요한 업무에 속한다.

5. 평가

평가는 영업사원의 실적의 목표 대비 달성도로 이루어진다. 목표설정 과정에서 목표변수의 달성수준이 정해지기 때문에 실행 이후의 평가는 거의 기계적으로 이루어진다. 다만 예상치 못했던 시장상황의 변화가 일어난 경우에는 이에 대한 고려가 필요할 수도 있다. 예를 들어 본사를 다른 지역에 두고 있던 고객사가 각 지사에서 구매하던 관행을 없애고 본사가 직접 구매하는 제도를 도입하였다고 하면, 담당구역의 지사가 더 이상 구매를 하지 않기 때문에 해당 영업사원의 노력 여부와는 관계없이 판매실적이 갑자기 하락하는 결과가 초래된다. 따라서 이러한 경우에는 합리적인 기준을 설정하여 해당 영업사원의 목표수준을 하향시켜 줄 필요가 있다.

[표 16-2]는 판매액이 성과지표일 경우의 평가가 어떻게 이루어지는지에 대한 예를 보여주고 있다. 이 표에서는 4개의 판매구역을 각각 1명씩의 영업사원이 담당하고 있는 회사를 가정하고 있으며, 전년도(2011년) 및 금년도(2012년)의 판매실적, 증가액, 증가율 등이 나타나 있다. 이에 의하면 4명의 영업사원 중에서 증가액에서는 김선달이 가장 우수하고, 증가율에서는 박문수와 이몽룡 두 사람만이 10%대를 기록한 것으로 나타났다. 그런데 앞서서 목표수립과정에서도 언급한 바와 같이 목표달성수준을 결정할 때는 각 구역의 잠재력이 감안되어야 하는데, 아래의 표에서는 잠재력지수가 이를 표현하고 있다. 즉, 이 회사는 4개 구역의 시장잠재

표 16-2 | 가상 회사의 영업사원 평가의 예

(단위 : 백만 원)

구역담당 영업사원	2015년 판매실적	2016년 판매실적	증가액	증가율 (%)	시장잠재력 지수(%)	달성 목표액	목표 달성률(%)	실적-할당
이몽룡	750	825	+75	10.0	26	943	87.5	−118
박문수	500	570	+70	14.0	15	543	105.0	+27
김선달	1,025	1,110	+85	8.3	32	1,159	95.8	−50
홍길동	960	1,000	+40	4.2	27	978	102.2	+23
계	3,235	3,505	+270	8.3	100	3,623	96.7	−118

력의 상대적 크기에 대한 자료를 수집하였는데, 이에 따르면 김선달이 담당하고 있는 구역의 잠재력이 가장 크고 박문수가 담당하고 있는 구역이 가장 작은 것으로 나타났다. 이러한 잠재력을 바탕으로 하여 회사가 목표로 하는 성장률을 달성하기 위해서는 4개 구역에 회사 전체의 목표판매액이 어떻게 할당되어야 하는지를 다음과 같은 공식을 이용하여 계산할 수 있다.

$$\text{A구역 영업사원의 달성목표액} = \text{전년도 총판매실적} \times (1 + \text{목표성장률}) \times \text{A구역의 시장잠재력지수}$$

이 회사의 목표성장률이 전년 대비 12%라고 하면, 예를 들어 이몽룡의 달성목표액은 9억 4천3백만 원(3,235×1.12×0.26)이 된다. 이를 기준으로 보면, 박문수와 홍길동은 목표달성률이 100%를 넘었으나, 증가액에서 수위를 차지한 김선달이나 증가율 10%를 기록한 이몽룡은 달성목표액을 채우지 못한 것으로 나타났다. 이러한 평가 결과에 의하면 잠재력지수가 가장 낮은 지역에서 가장 높은 목표달성률을 기록한 박문수가 가장 높이 평가를 받아야 하고, 또한 가장 높은 수준의 보상도 받아야 한다. 예를 들어 박문수에 대한 보상의 일환으로 가장 높은 잠재력을 지닌 지역에서 부진한 실적을 보인 김선달의 일부 구역을 박문수가 추가적으로 담당하도록 하는 방안도 검토될 수 있다. 또한 이몽룡의 경우 판매증가율은 10%였지만, 판매실적은 달성목표액에 훨씬 미치지 못하였다. 이몽룡의 담당구역의 잠재력이 매우 좋다는 점을 감안하면, 이를 이몽룡의 영업기술 등이 모자라서 시장에서의 기회를 충분히 살리고 있지 못하는 것을 의미하며, 따라서 보다 면밀한 검토를 거쳐 이몽룡을 영업기술을 향상시킬 수 있는 교육훈련 프로그램에 참여시킨다거나 그에 대한 코칭의 내용을 변경하는 등의 피드백이 수반되어야 한다. 결론적으로 시장잠재력을 감안한 경우와 그렇지 않은 경우의 평가결과와 피드백의 내용이 이처럼 크게 달라질 수 있다.

6. 피드백 및 개선

영업관리자는 영업사원에 대한 피드백을 실시함에 있어서 가장 핵심적인 역할을 수행한다. 성과평가의 주체도 영업관리자이고, 평가결과를 분석하여 향후의 계획을 세우는 것도 영업관리자이며, 이를 바탕으로 영업사원과의 피드백 커뮤니케이션을 담당하는 것도 영업관리자의 책무이다. 피드백은 개별 영업사원에 대한 피드백뿐만 아니라 영업팀, 영업지점 등에 대한 피드백도 포함된다. 또한 영업관리자는 발견된 문제점들을 회사 전체의 차원에서 구조적으로 해결하기 위해 제도를 개선하거나 생산성 향상을 도모할 수 있는 시스템을 도입하는 데 있어서도 주도적인 역할을 수행한다.

성과에 대한 평가는 평가의 주기에 따라 연차성과평가, 정기성과평가, 수시성과평가 등으로 나누어질 수 있다. 연차성과평가는 1년에 한 번 이루어지는데, 이 평가결과는 영업사원의 보상에 대한 결정은 물론 승진, 해임 등의 중요한 결정의 근거가 된다. 또한 이를 근거로 향후 1년간의 영업전략에 대한 결정이 이루어진다. 정기성과평가는 분기별 혹은 반기별로 이루어진다. 지난 분기 혹은 반기에 대한 평가가 이루어지고 1년 중 남은 기간에 대한 전략적 결정이 이루어진다. 영업사원에 대한 보상에 인센티브(커미션, 보너스 등)가 포함되어 있는 경우, 여기에서의 평가결과에 따라 영업사원의 인센티브가 결정될 수 있다. 수시성과평가는 공식적인 평가라기보다는 일상적인 영업활동에서의 코칭이나 조언을 제공하기 위한 평가를 의미한다. 매일매일의 판매액을 점검하고 이에 대한 원인을 파악하여 다음 날 혹은 다음 주의 영업활동에 대한 계획을 수립하는 것 등이 이에 속한다. 이 경우의 피드백은 공식적인 형태를 취하기보다는 대화, 전화, 이메일 등을 활용한 비공식적인 형태로 이루어지는 것이 보통이다.

제3절 성과지표

성과평가를 위해서는 성과를 평가할 기준이 마련되어야 한다. 성과지표는 바로 이러한 성과평가 기준들을 의미한다. 성과지표는 성과사슬(performance chain)을 통해 도출될 수 있다. 성과사슬은 영업의 최종적인 성과인 판매가 이루어지기까지의 인과관계를 나타낸 것이다([그림 16-5] 참조). 이에 따르면 먼저 영업기술이나 지식 등과 같은 영업사원의 능력을 통해 고객니즈의 파악이나 프레젠테이션과 같은 영업사원의 활동이 이루어지고, 영업사원의 활동

그림 16-5 | 성과사슬(performance chain)

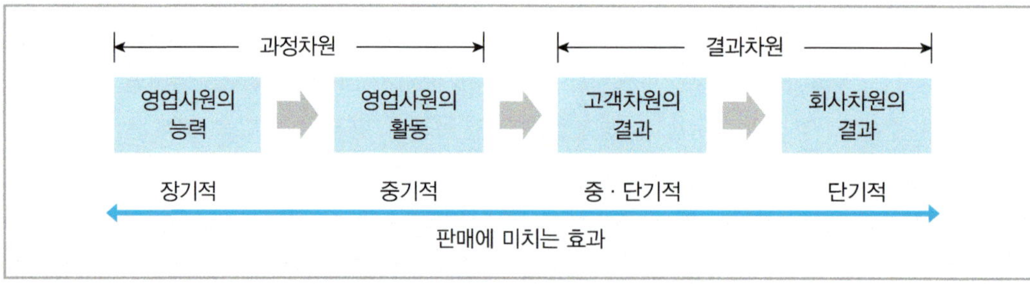

은 고객만족과 같은 고객차원의 결과를 이끌어내며, 고객차원의 결과는 다시 판매와 같은 회사차원의 결과를 가져온다. 성과지표는 이상과 같은 성과사슬의 4개 측면(영업사원의 능력, 영업사원의 활동, 고객차원의 결과, 회사차원의 결과) 모두에서 도출될 수 있다. 이 가운데 영업사원과 능력과 활동은 과정차원의 성과지표(이하 과정지표)라고 할 수 있으며, 고객차원의 결과와 회사차원의 결과는 결과차원의 성과지표(이하 결과지표)라고 할 수 있다. 실제의 판매에 미치는 영향에 있어서 과정지표의 영향은 중장기적인 데 반하여, 결과지표의 영향은 상대적으로 단기적이라고 할 수 있다. [글 16-2]는 우리나라 자동차회사 영업사원의 평가시스템에 매우 다양한 성과지표들이 사용되고 있음을 보여주고 있다.

현대자동차의 영업사원 평가제도

글 16-2

[표 16-3]은 현대자동차의 영업사원에 대한 인사고과제도에서의 평가요소와 평가항목, 그리고 각 평가항목의 가중치 및 내용을 보여주고 있다. 먼저 평가요소는 태도, 능력, 업적 등의 3개로 구분하였는데, 태도는 업무, 자기계발, 회사 규칙의 준수, 고객만족 등에 대한 열의나 노력의 정도를 의미하고, 능력은 영업에 대한 지식이나 기술적인 측면을 의미하며, 업적은 최종적인 성과뿐만 아니라 영업활동 과정까지 포괄하는 개념으로 규정되어 있다.

표 16-3 | 현대자동차 영업사원에 대한 인사고과 항목 및 가중치

평가요소	평가항목	가중치	내용
태도	책임성	20	자기에게 부여된 업무를 수행하려는 의욕 · 자세의 정도
	적극성	30	업무 및 자기계발에 대한 도전, 의욕, 열의의 정도
	성실성	20	업무에 대해 성의를 가지고 노력하는 정도
	규율성	20	상사의 지시 또는 회사의 규정, 규칙 등을 지키는 정도
	고객친절도	ㅈ10	고객만족을 위해 노력하는 정도

능력	업무지식	30	업무에 대한 지식의 소유 정도
	이해력	20	문제와 상황을 정확히 파악 · 이해하고 응용하는 능력
	표현력	20	구두, 문서 등 의사전달로 상대방을 이해시키는 능력
	섭외력	30	자기의 목적을 상대에게 이해시키는 능력
업적	업무수행도	100	업무처리의 과정 및 결과의 성과 정도

태도, 능력, 업적 등 3개 평가요소를 각각 100점 만점으로 평가를 한 후에 이를 단순 합계하여 최종적인 점수를 산출하는 것이 아니라, 아래의 [표 16-4]와 같이 평가결과의 활용분야에 따라 3개 평가요소들의 가중치를 달리 하여 사용하고 있다. 즉, 단발적인 보상수단이라고 할 수 있는 상여(보너스)의 경우에는 업적의 가중치가 80%에 이르는 반면, 지속적인 보상수단이라고 할 수 있는 승급 · 승진에서는 상대적으로 태도나 능력과 같은 역량 차원에서의 평가요소들을 중시하고 있음을 할 수 있다.

표 16-4 | 활용분야에 따른 평가요소별 가중치

평가요소	활용부문		
	상여	승급	승진
태도	10	30	30
능력	10	20	30
업적	80	50	40

참조 : 전략기업컨설팅 (2007), 한국 30대 주요기업 인사고과제도 편람, 87-104.

1. 과정지표

[표 16-5]는 과정지표를 보여주고 있다. 앞에서 언급한 바와 같이 과정지표는 크게 영업사원의 능력을 나타내는 지표와 영업사원의 활동을 나타내는 지표로 나누어진다. 영업사원의 능력은 영업활동을 수행하는 데 필요한 능력이 얼마나 있는가를 의미하며, 이는 다시 영업사원의 기술, 지식, 자질(資質) 등의 3개 분야로 구분될 수 있다. 기술에는 설득, 프레젠테이션, 고객니즈 파악 등과 같은 영업기술, 자료분석기술, 컴퓨터기술 등이 포함되고, 지식에는 제품지식, 고객지식, 시장지식 등이 포함되며, 자질에는 솔선성, 리더십, 팀정신, 창의성, 윤리성 등이 포함된다. 그런데 영업사원의 능력을 제외한 성과지표(영업사원의 활동, 고객차원의 결과, 회사차원의 결과)들에 대한 평가는 대부분 객관적으로 측정될 수 있는 양적인 지표를 통해 이루어지지만, 영업사원의 능력(기술, 지식, 자질 등)에 대한 측정은 대부분 영업관리자의

표 16-5 | 과정지표

영업사원의 능력			영업사원의 활동		
기술	지식	자질	판매활동	지원활동	지출
• 영업기술(잠재고객확보, 고객선별, 니즈분석, 대화, 프레젠테이션, 설득, 협상, 판매종결 등) • 기획능력 • 커뮤니케이션기술 • 자료분석기술 • 컴퓨터기술 • 시간관리기술 • 구역관리기술	• 제품지식 • 고객지식 • 시장지식 • 경쟁제품 지식 • 회사정책 지식 • 가격지식	• 태도 • 용모와 매너 • 솔선성 • 팀정신 • 창의성 • 리더십 • 영향력 • 융통성 • 윤리성	• 1일방문 고객수 • 근무일수 • 방문당 소요시간 • 제안서 제출건수 • 잠재고객 확보를 위한 전화콜수 • 판매활동시간비중	• 판매촉진용 전시물 설치건수 • 시연 • 서비스제공 방문수 • 고객사 미팅건수 • 고객사직원 교육건수 • 고객불만건수	• 총지출 • 판매액 대비 지출 • 할당 대비 지출 • 방문당 평균 비용 • 제품별 지출 • 고객별 지출

주관적인 평가에 따라 이루어지기 때문에 양적이라기보다는 질적인 특성을 지닌다. 영업사원의 능력을 최대한 객관적으로 측정하기 위한 도구들이 개발되고는 있지만, 평가자인 영업관리자의 편견이나 오판가능성을 배제할 수는 없다. 그럼에도 불구하고 영업사원의 능력은 영업의 원천이기 때문에 성과관리에 있어서 매우 중요한 위치를 차지하며, 실제로도 대부분의 기업에서 이를 성과평가의 주요 내용 중의 하나로 채택하고 있다.

과정지표의 또 하나의 축인 영업사원의 활동에는 판매활동은 물론 지원활동과 지출 등도 포함된다. 판매활동은 판매에 직접적인 영향을 미치는 활동을 의미하며, 이에 대한 측정은 1일방문 고객수, 근무일수, 방문당 소요시간, 제안서 제출건수, 잠재고객의 확보를 위한 전화콜수 등을 통해 이루어진다. 지원활동은 직접적인 판매활동은 아니지만 판매에 간접적인 영향을 줄 수 있는 활동이나 판매후의 서비스와 같이 고객관계의 유지 및 증진에 필요한 활동들을 의미한다. 고객관계의 관리가 점차 중요해지면서 이러한 지원활동에 대한 중요성이 점차 커지고 있다. 이러한 활동에 대한 측정은 서비스제공을 위한 방문수, 거래 유통점을 위한 판매촉진용 전시물 설치건수, 고객사 대상 미팅 혹은 교육 프로그램 실시건수, 접수된 고객불만건수 등을 통해 이루어진다. 지원활동에 대한 자료는 주로 영업사원이 제출하는 영업일지(sales report)를 통해 확보하지만, 고객으로부터 직접 확보하는 경우도 있다. 마지막으로 지출은 각종 비용(교통비, 숙식비, 접대비 등)을 어떠한 형태로 얼마나 지출하고 있는가를 의미하며, 이에 대한 측정은 총지출, 판매액 대비 지출, 할당액 대비 지출, 방문당 평균비용 등을 통해 이루어진다.

영업사원의 판매활동에 대한 자료를 획득하는 가장 보편적인 방법은 영업사원이 작성하는 일일, 주간, 월간 영업일지를 분석하는 것이다. 영업일지에는 영업사원이 누구를 방문하였고, 그 잠재고객이 현재 판매과정상에서 어디에 위치하고 있으며, 또한 향후에는 어떠한 활동이 요구되는지 등이 기록된다. 이를 분석하면 1일 방문수, 제출한 제안서의 수 등의 판매활동에 대한 자료를 추출해낼 수 있다([글 16-3] 참조). 특히 웹상에서 구동되는 SFA(Sales Force Automation)시스템을 활용하면 영업사원의 판매활동에 대한 자료를 쉽게 축적하고 분석할 수 있다. 영업사원이 노트북이나 넷북을 이용하여 방문정보를 입력하고 이 정보를 본사의 시스템에 전송하면, 영업관리자는 컴퓨터를 통해 영업사원의 판매활동에 대한 자료를 매우 용이하게 확보할 수 있다.

글 16-3

영업일지와 성과평가

우수한 영업관리자는 영업일지를 보는 것만으로도 부하 영업사원의 활동상황과 진척상황, 고객의 욕구 등을 파악할 수 있다. 영업일지는 대개 다음과 같은 항목들을 담고 있다.

- 고객명(회사명 혹은 개인명)
- 방문목적, 방문부서, 방문장소, 방문일시
- 면담자(이름, 직책)
- 방문결과
- 익일의 방문예정지 및 방문목적

영업일지를 활용하면 영업관리자는 다음과 같은 질문들에 대한 답변을 구함으로써 영업사원의 활동이 계획대로 이루어지고 있는지를 파악할 수 있다. 또한 영업관리자는 이러한 질문들을 회의를 통해 영업사원에게 하나하나 확인하게 되는데, 영업사원은 이러한 질문들에 대답함으로써 자신의 영업활동에서 부족한 점을 체크할 수 있고, 이후에 어떻게 해야 할지에 대해서도 스스로 깨달을 수 있다.

- 방문해야 할 고객을 방문하고 있는가?
- 방문빈도는 적절한가?
- 계획한 대로 방문이 이루어지고 있는가?
- 키맨을 만나고 있는가?
- 방문할 때마다 상담이 진척되고 있는가?
- 판매하고자 하는 상품을 판매하고 있는가?

출처 : 야마구찌 히로야스 (1999), 강한 영업사원을 만드는 영업회의 활용법, 번역서, 더난출판사, 124–125.

2. 결과지표

[표 16–6]은 다양한 유형의 결과지표를 보여주고 있다. 결과지표는 크게 고객차원의 결과

지표와 회사차원의 결과지표로 나누어지며, 회사차원의 결과지표는 다시 판매, 수익, 수주, 계정 등의 영역으로 세분화될 수 있다.

표 16-6 | 결과지표

회사차원의 결과지표				고객차원의 결과지표
판매	수익	수주	계정	
• 총판매액 • 전년 대비 증감액 • 할당 대비 판매액 • 판매성장률 • 판매수량 • 시장점유율 • 주문당 판매액 • 제품별 판매액 • 고객별 판매액 • 신규고객 판매액	• 순수익 • 총마진 • 총마진율 • 공헌마진 • 공헌마진율 • 투자수익률 • 판매액 대비 순수익 • 제품별 공헌마진 • 고객별 공헌마진 • 판매비용 수익률	• 주문건수 • 평균주문액 • 방문 대비 수주율 • 취소주문율	• 유효계정수 • 신규계정수 • 탈락계정수 • 탈락계정비율 • 연체계정수	• 고객만족도 • 순추천지수 • 고객유지율 • 고객전환율 • 고객불만건수

2.1 고객차원의 결과지표

고객차원의 성과지표에는 고객전환율, 고객유지율, 고객만족도, 순추천지수 등이 있다. 고객전환율은 영업사원이 접촉한 잠재고객수 대비 신규고객이 된 고객수를 의미하며, 따라서 고객전환율이 높을수록 영업사원과 접촉한 잠재고객들의 반응이 좋았다는 것을 의미한다. 고객차원의 결과지표는 판매지향적인 조직문화를 고객지향적인 조직문화로 변화시키기 위한 수단으로 사용되기도 한다. 즉, 판매액과 같은 회사 차원의 결과지표와 함께 고객만족도와 같은 고객차원의 결과지표를 성과지표에 포함시킴으로써 영업사원들이 영업의 질적인 측면도 중요하게 여길 수 있도록 유도할 수 있다.

고객유지율이나 고객전환율은 데이터베이스에 축적된 정보를 분석하여 계산될 수 있는 데 반하여, 고객만족도나 순추천지수는 설문조사에 의해 수집된 자료를 분석하여 계산된다. 설문조사가 이루어져야 하는 고객만족도나 순추천지수의 경우에는 샘플링 과정에서의 오차나 응답자의 주관을 배제할 수 없다는 단점이 있다. 성과지표로서의 고객만족도는 고객만족도가 높아지면 고객의 구매도 많아진다는 것을 전제로 하고 있지만 이에 대한 비판도 적지 않은데, 비판의 주된 근거는 고객만족과 고객의 지속적인 구매가 선형관계를 갖는 것이 아니라 [그림 16-6]에서와 같이 비선형적인 관계를 갖고 있는 경우가 많다는 점이다. 즉, 고객만족도가 높아질수록 고객유지율도 같이 높아지는 것이 아니라, 고객만족도가 증가하여도 고객의 지속적

그림 16-6 | 고객만족도와 고객유지율의 관계

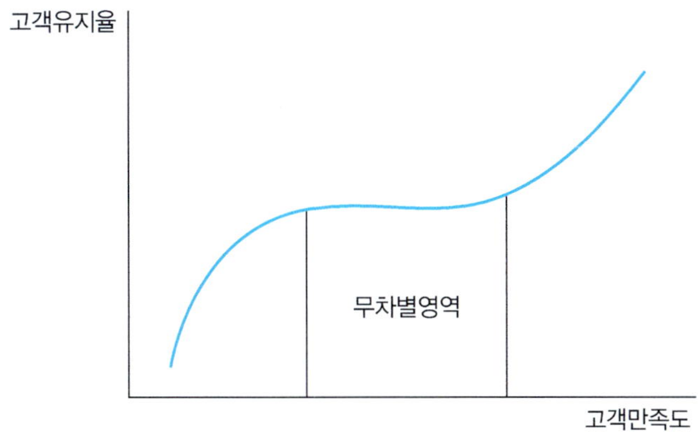

인 구매가 정체현상을 보이는 무차별영역(zone of indifference)이 존재한다.

고객만족도를 대체할 수 있는 성과지표로 순추천지수(純推薦指數, net promoter score : NPS)를 들 수 있다. 고객들의 추천의지가 고객만족도보다 매출 등의 조직성과를 월등하게 잘 설명해준다는 것이 실증적으로 밝혀지면서 이에 대한 활용이 늘고 있으며, 따라서 영업사원에 대한 평가에 있어서도 NPS는 유용하게 활용될 수 있다. 영업사원에 대한 만족은 스스로 느끼는 데서 그치는 반면, 영업사원을 지인에게 추천하는 행위는 자신에게도 위험부담이 따르는 것이기 때문에 매우 신중하게 생각하는 경향이 있다. 이러한 면에서 순추천지수는 고객만족도에 비해 고객이 영업사원에 대해 느끼는 강도를 보다 정확하게 나타낼 수 있다는 장점이 있다. 또한 고객만족도와는 달리 '추천의도(likelihood of recommendation)'를 묻는 단 하나의 문항으로만 측정되기 때문에 매우 쉽게 자료를 획득할 수 있다는 장점도 가지고 있다 ([그림 16-7] 참조). 영업사원에 대한 순추천지수가 어느 정도 되어야 바람직하다고 할 수 있는가는 업종에 따라 크게 차이가 날 수 있다. 예를 들어 제조업체 등을 대상으로 하는 B2B 영업의 경우에는 질문의 내용이 경쟁사일 가능성이 높은 동종의 제조업체에게 자신의 영업사원을 추천하겠느냐는 것이 되기 때문에 NPS의 크기는 최종소비자를 대상으로 하는 영업사원에 대한 NPS의 크기에 비해 현저히 작게 나올 가능성이 높다. NPS가 어느 정도 이상이면 바람직한가에 대한 통계치는 전혀 없지만 최종소비자를 대상으로 하는 영업사원의 경우에 10~20% 정도만 되어도 대단히 높은 수준일 것으로 판단된다.

그림 16-7 | 순추천지수의 측정설문과 계산식

당신은 주변의 사람들에게 당신의 영업사원을 추천할 의향이 얼마나 있으십니까?

NPS=추천고객비율(9~10으로 응답한 고객의 비율)
−비추천고객비율(0~6으로 응답한 고객의 비율)

2.2 회사차원의 결과지표

회사차원의 결과지표에는 판매, 수익, 수주, 계정 등과 관련된 지표들이 포함된다. 그 가운데 가장 빈번하게 사용되는 것은 판매와 수익과 관련된 성과지표라고 할 수 있다. 아래의 [표 16-7]은 판매 및 수익과 관련된 몇 가지 중요 지표들에 대한 가상적인 예를 보여주고 있다. 먼저 총판매액에서 제품비용을 차감하면 총마진이 산출되고, 총마진에서 영업사원에 대한 보상(커미션, 급여), 영업경비(교통비, 숙식비, 접대비, 통신비 등) 등의 직접판매비용을 차감하면 공헌마진(contribution margin)이 산출된다. 여기에서 다시 본사 인건비, 감가상각비 등의 간접비용을 차감하면 수익이 산출된다.

이러한 통계치를 통해 각 영업사원들의 판매전략이나 활동에 있어서의 문제점을 파악해 낼 수 있다. 예를 들어 총판매액 자체가 낮은 수준이라면 영업능력 전반에 걸쳐 문제점이 있다는 것을 의미하고, 총판매액 수준이 높음에도 불구하고 총마진이 낮은 수준이라면, 이는 영업사원이 마진이 적은 상품의 판매에 치중하고 있거나 혹은 가격할인을 주요 수단으로 영업을 하고 있음을 의미한다. 또한 총마진은 높음에도 불구하고 공헌마진이 낮은 수준이라면, 이는 영업사원에 대한 보상수준(커미션과 급여)이 너무 높게 책정되어 있거나 혹은 영업사원이 교통비나 접대비 등의 영업경비를 과도하게 지출하고 있음을 의미한다. 또한 공헌마진은 높은데 수익이 낮다면 회사가 간접비용을 적절하게 통제하고 있지 못하고 있다는 것을 의미한다. 회사는 파악된 문제를 코칭활동이나 제도의 개선 등을 통해 해결해 나가야 한다.

고객들의 주문건수는 영업사원의 판매종결 능력을 보여주는 성과지표라고 할 수 있다. 주문건수가 많을수록 영업활동을 활발하게 하고 있음은 물론, 방문 대비 수주성공률이 매우 높은 효과적인 영업활동을 수행하고 있다고 평가할 수 있다. 그렇지만 주문건수뿐만 아니라 평균주문액도 동시에 평가되어야 한다. 주문건수는 많은데 평균주문액이 적다면 이는 영업사원

표 16-7 | 판매 및 수익관련 주요 성과지표의 예

항목	가상 예 (단위 : 천 원)
총판매액	1,000,000
– 제품비용	–320,000
총마진(gross margin)	680,000
– 영업사원 커미션	–330,000
– 영업사원 급여	–45,000
– 영업경비	–45,000
(교통비)	(10,000)
(숙식비)	(13,000)
(접대비)	(15,000)
(본사 사무실비용)	(7,000)
공헌마진(contribution margin)	260,000
판매액 대비 공헌마진율	26%
– 간접비(스태프 인력 인건비, 감가상각비 등)	160,000
수익	100,000
판매액 대비 수익률	10%

이 규모나 잠재력이 작은 고객을 중심으로 영업활동을 펼치고 있다는 것을 의미하기 때문이다. 더욱이 주문처리비용이 많이 소요되는 기업의 경우에는 주문액이 작을 경우에는 수익이 거의 나지 않기 때문에 평균주문액은 더욱 중요해진다. 이러한 경우에는 고객으로 하여금 인터넷과 같은 다른 채널을 이용하여 구입하게 한다든지, 혹은 최소주문액을 설정하여 그 이하의 주문을 받지 않도록 한다든지 하는 조치가 필요할 수도 있다. 또한 영업관리자는 영업사원의 생산성을 향상시키기 위해 난이도는 높지만 좀 더 큰 규모의 수주를 할 수 있는 방향으로 영업활동을 전환하도록 동기부여를 할 수도 있다.

계정(account)의 사전적인 의미는 "부기(簿記)의 원장(原帳)에서 자산, 부채, 자본, 수익, 비용, 손실에 대하여 그 증감을 계산하거나 기록하기 위하여 설정한 단위"인데, 영업분야에서는 '고객'과 거의 같은 의미로 사용된다. 광고대행사의 거래처 담당 영업사원을 'account executive'라고 부르는 것이 바로 이러한 예에 속한다. 다만 '계정'이 '고객'과 다른 점은 하나의 기업에 대해서도 여러 사업부와 거래를 하고 있는 경우에는 여러 개의 계정이 만들어 질 수 있다는 점이다. 계정에 대한 정보는 해당 영업사원이 구역을 얼마나 잘 관리하고 있는가에 대한 정보를 제공해준다. 가장 건전한 계정 구성은 기존계정들이 잘 유지되고 있는 동시에, 신규계정의 확보가 꾸준하고 원활하게 이루어지고 있는 형태라고 할 수 있다. 여러 계정들의 상호관계는 아래의 공식과 같이 표현될 수 있다. 이 공식에 포함된 유효계정수, 신규계정수, 탈락계정수 등이 유용한 성과지표로 빈번하게 사용되고 있다. 어떠한 계정을 탈락한 계정으로 볼 것인가에 대해서는 주로 제품의 특성에 따라 결정된다. 예를 들어 빈번하게 구매가 이루어지는 제품(예를 들어 방문판매를 통해 판매가 이루어지는 생활용품, 화장품, 건강식품 등)의 경우에는 과거 6개월 동안 한 번도 구매가 이루어지지 않은 계정, 구매가 비교적 덜 빈번하게 이루어지는 제품(예를 들어 의류, 가전제품 등)의 경우에는 과거 1년 동안 한 번도 구매가 이루어지지 않은 계정 등으로 정해질 수 있다.

$$\text{유효계정수} = \text{기존계정수} - \text{탈락계정수} + \text{신규계정수}$$

3. 과정지표와 결과지표의 장 · 단점 분석

[표 16-8]은 과정중심의 평가와 결과중심의 평가의 장 · 단점을 기술하고 있다. 과정중심의 평가는 영업사원의 능력이나 구체적인 영업활동에 초점이 있기 때문에 영업사원의 능력 향상과 활동의 개선에 유리하고, 단기적인 성과에 치우치지 않기 때문에 지원활동에도 많은 시간을 할애할 수 있으며, 따라서 고객과의 관계 증진에도 크게 도움이 된다. 그렇지만 영업사원의 능력에 대한 평가가 대부분 판매액과 같은 객관적인 숫자가 아닌 영업관리자의 판단에 의해 이루어지기 때문에 정실(情實)에 의한 평가가 이루어질 가능성을 배제할 수 없다. 또한 결과중심의 평가에 비해 평가를 하는 데 있어서 많은 시간이 소요되고, 통제(統制)가 많이 이루어져야 하기 때문에 영업관리자의 우수한 능력이 보다 많이 요구된다. 또한 취급하는 제품이나 고객군이 다를 경우에는 요구되는 영업사원의 능력이나 활동도 달라지기 때문에 전사적인 적용이 어려울 수 있다.

결과중심의 평가는 판매액이나 수익률과 같은 객관적인 숫자에 의해 이루어지기 때문에 적용하기가 용이하고, 평가에 걸리는 시간이 적으며, 일관성 있는 전사적인 적용이 가능하다. 또한 정실에 의한 판단이 이루어질 가능성도 훨씬 적다. 또한 영업사원의 자발적인 노력을 유도해내는 데도 유리하다. 그러나 영업사원의 능력을 직접 평가하는 것은 아니기 때문에 영업사원의 전문성을 제고시키는 데 불리하며, 따라서 회사의 장기적인 발전에 바람직하지 않을 수 있다. 또한 영업사원이 대부분의 시간을 단기적인 판매활동에 할애해야 하기 때문에 판매

표 16-8 | 과정지표와 결과지표의 장 · 단점

	과정지표	결과지표
장점	• 영업사원의 활동을 개선시키는 데 유리하다. • 영업사원의 능력을 향상시키는 데 유리하다. • 고객과의 관계를 개선시키는 데 유리하다.	• 적용하기가 용이하다. • 솔선적인 행동을 유도할 수 있다. • 조직 전체에 일관된 적용이 용이하다. • 평가시간이 적게 소요된다. • 정확한 평가가 가능하다. 따라서 정실에 의한 평가를 배제할 수 있다.
단점	• 영업관리자의 보다 많은 능력이 요구된다. • 평가하는 데 많은 시간이 소요된다. • 영업사원의 자질 등에 대한 평가에 있어 주관성을 배제하기 어렵다. 따라서 정실에 의한 평가의 가능성이 있다. • 조직 전체에 일관된 적용이 어렵다.	• 영업사원의 전문성을 제고시키는 데 불리하다. • 장기적인 발전을 제약할 수 있다. • 고객과의 관계개선을 제약할 수 있다.

후의 서비스제공과 같은 지원활동에 소홀할 수 있고, 따라서 고객과의 관계를 증신시키는 데는 불리한 측면이 있다.

어떠한 경우에 과정중심의 평가가 적합하고, 어떠한 경우에 결과중심의 평가가 적합할까? [표 16-9]는 두 가지 평가방법의 상대적인 적합성에 영향을 미칠 수 있는 다양한 변수들과 각 변수들의 수준에 따라 어떤 성과평가방법이 적절한가에 대해 기술하고 있다. 여기에서의 내용은 다음과 같이 요약될 수 있다. 판매를 이끌어내는 데 있어서 영업사원의 자발적이고 창의적인 노력이 요구되는 경우에는 결과중심의 평가가 더 적합하다고 할 수 있다. 즉, 고객의 니즈에 부응하고자 하는 자발적인 노력(예를 들면 적응적 판매)이나 고객의 문제를 해결하기 위한 창의적인 아이디어의 창출 등이 요구되는 분야에서는 영업사원의 능력이나 활동을 일일이 평가에 반영하기 어렵기 때문에 결과에 의한 평가가 더 적합하다. 따라서 고객의 구매상황이 단순재구매가 아닌 신구매 혹은 수정재구매의 경우에는 결과중심의 평가가 더 적합하다.

또한 시장이 경쟁이 심한 경우, 제품의 차별화가 어려운 경우, 판매방법이 매우 다양한 경우, 고객과의 신뢰관계에 의해 판매가 이루어지는 경우에도 그렇지 않은 경우에 비해 보다 많은 영업사원의 창의적인 노력이 요구되기 때문에 결과에 의한 평가가 더 적합하다. 반면에 과정중심의 평가는 단기적인 매출뿐만 아니라 장기적인 관점에서의 브랜드관리나 지원활동을 통한 고객관리가 중요한 경우, 또는 단순재구매에서와 같이 영업사원의 특정 활동과 판매와의 인과관계가 매우 강한 경우에 보다 적합하다고 할 수 있다. 또한 영업사원의 숙련도가 낮아서 스스로의 판단에 의한 판매 노력을 기울이기 힘든 경우나, 혹은 팀영업에서와 같이 성과의 배분을 둘러싸고 영업사원들 간에 갈등이 일어날 가능성이 큰 경우에도 과정중심의 평가가

표 16-9 | 결과중심 성과평가 vs 과정중심 성과평가의 조절변수

조절 변수	내용
고객의 구매상황 유형	신규구매 혹은 수정재구매의 경우에 고객은 매우 신중한 의사결정을 하기 때문에 영업사원은 수주를 위해 고객의 요구에 능동적이고 유연하게 부응할 필요가 있다. 이러한 경우에는 영업사원의 활동과 같은 과정중심의 평가보다는 영업의 성공 여부를 측정할 수 있는 결과중심의 평가가 더 적절하다. 반면에 구매가 정해진 과정에 따라 이루어지는 단순재구매의 경우에는 정해진 활동을 차질 없이 수행하는 것이 매우 중요하기 때문에 영업의 과정을 중시하는 성과평가가 더 적절하다.
고객과의 신뢰성	금융상품과 같이 판매가 주로 고객과 영업사원과의 신뢰관계에 의존하여 이루어지는 경우에는 결과에 의한 성과평가가 적절하다.
시장경쟁	시장경쟁이 심할수록 영업사원의 노력과 능력이 보다 많이 요구되고 따라서 결과에 의한 성과평가가 적절하다.
제품차별화	제품차별화가 적은 경우에는 영업사원의 노력과 능력이 보다 많이 요구되고 따라서 결과에 의한 성과평가가 적절하다.
판매방법의 수	영업사원이 상품을 판매하는 방법이 여러 가지인 경우 과정에 의한 평가보다는 결과에 의한 평가가 적절하다.
영업사원의 숙련도	영업사원의 숙련도가 낮을수록 영업사원의 활동을 통제하고 좋은 영업습관을 익히도록 하는 데 유리한 과정중심의 평가가 적합하다.
브랜드의 중요성	브랜드이미지가 매우 중요한 경우에는 기업은 자사를 대변하는 영업사원의 활동을 통제할 필요가 있으며, 따라서 과정중심의 평가가 적절하다.
지원활동의 중요성	고객신뢰의 구축이나 상품개발 등과 같이 지원활동이 중요한 경우에는 이러한 활동을 촉진시키는 데 유리한 과정중심의 평가가 적절하다.
판매기여도의 평가	팀영업의 경우와 같이 판매에 대한 기여도를 산정하기 어려운 경우에는 팀 내부의 갈등을 최소화하기 위해 과정중심의 평가가 적절하다.

더 적합하다.

이러한 논의는 회사의 구체적인 상황에 따라서 결과중심의 성과평가와 과정중심의 성과평가가 같은 회사에서 병행될 수도 있음을 시사한다. 예를 들어 다양한 유형의 고객이 있는 경우에 세분시장에 따라 각기 다른 유형의 평가시스템을 도입하는 것이 보다 합리적일 수 있다. 제록스사는 이에 대한 좋은 사례를 보여주고 있다. 영업 개혁을 추진하였던 제록스사는 특정 형태의 영업조직이나 성과평가에 집착하기보다는 고객에 따라 탄력적으로 영업조직 및 성과평가방식을 달리하는 방향으로 전환하였다. 즉, 주력 시장인 대형 복사기 고객에 대해서는 고객관계를 한층 더 강화하는 전략을 선택한 뒤, 이에 맞추어 팀형 영업과 과정중심의 성과평가방식을 도입하였다. 반면에 대형 복사기를 사용하더라도 사용량이 많지 않은 고객이나 소형 복사기 고객에 대해서는 신규고객 확보를 주목적으로 하는 전략을 선택한 뒤, 개인형 영업과 결과중심의 성과평가방식을 도입하였다. 즉, 시장을 이원화하고 각 세분시장의 영업방식과 성과평가방식을 각각 다르게 운용하고 있다.

그런데 최근에 특히 B2B 부문에서 자문적 영업이나 파트너십 영업과 같은 관계적 영업이 부상하면서 결과중심의 성과평가를 지양하고, 과정중심의 성과평가를 도입해야 한다는 목소리가 높아지고 있다. 이는 관계적 영업이 주로 팀영업을 통해 이루어지기 때문에 개별 구성원들의 성과평가가 정확하게 이루어지기 어렵다는 것도 그 이유가 되지만, 그보다는 일단 관계적 영업에서는 판매주기가 길기 때문에 단기적인 매출액 중심의 평가를 적용하기가 실질적으로 매우 힘들고, 단기적인 판매목표보다는 고객서비스활동, 방문활동, 제안활동 등을 통한 장기적 관계강화가 미래의 매출을 위해 더 바람직하다는 판단이 깔려 있기 때문이라고 할 수 있다([글 16-4] 참조).

결과중심지표에서 과정중심지표로의 전환 사례

글 16-4

일본의 유니참펫케어는 유아용품, 가정용품, 식품포장재 등의 사업을 펼치고 있는 유니참을 모기업으로 하는 회사로, 애완동물의 사료와 케어용품을 취급하고 있다. 이 회사는 1986년에 설립되어 경제 거품 붕괴 이후에도 순조롭게 성장하였지만, 그 뒤 실적이 크게 하락하면서 2000년에는 6.4억 엔의 적자를 기록하였다. 2001년 모기업의 상무이사였던 후타나미 군페이가 사장에 취임하면서 상황을 개선시키기 위한 변화를 모색하기 시작하였다. 후타나미 사장은 문제의 근원이 판매실적을 맞추기 위한 '푸시영업'에 있음을 발견하였다. 영업지점의 지점장들은 판매액 할당의 달성 여부를 기준으로 평가를 받고 있었으며, 판매액은 도매상에 상품을 출하했을 때 계상되고 있었다. 지점장들은 판매액 할당을 달성하지 못할 것으로 예상되면 가격 인하와 리베이트를 제공하면서 제품을 무리하게 도매상으로 밀어내고 있었다. 사정이 이렇다보니 회사는 실제의 판매동향을 파악하기도 어려웠고, 판매경비도 과다하게 지출되고 있었으며, 도매상은 넘치는 재고처리를 위해 제품을 싼 값에 시장에 내다 팔았기 때문에 가격도 안정되지 못하였다.

'푸시영업'이라는 폐단을 개선하기 위해 후타가미 사장이 내린 결단은 판매액 할당제를 철폐하는 것이었다. 이는 당장 판매액은 떨어지더라도 거래처인 도매상이 필요하지도 않은 상품을 창고에 쌓아두지 않게 하려는 것이었다. 이를 위해 지금까지 사용한 판촉비용을 신속하게 전표 처리하라고 지시하고 그에 대한 책임은 묻지 않았다. 그는 판매액 할당 대신에 방문처별 방문횟수를 주별로 관리하는 시스템을 도입하였다. 즉, 평가지표를 결과중심지표에서 과정중심지표로 전환한 것이다. 후타가미 사장은 판매액 할당을 성과지표로 하였을 때는 영업사원이 목표를 달성하지 못한 데 대해서 다양한 변명을 할 수 있지만, 행동을 기반으로 하는 시스템에서는 변명이 쉽지 않다는 점을 간파하고 있었다. 이에 대해 사장은 다음과 같이 말하고 있다. "판매액 할당을 성과지표로 하였을 때는 자신의 의지만으로는 어쩔 수 없는 상황이 발생할 수 있기 때문에 이런 저런 변명이 붙습니다. 야구 시합에서 안타를 치지 못한 타자가 '오늘 투수의 피칭이 훌륭했다'라고 핑계를 대는 것처럼 '이번 상담은 거의 성사될 뻔했는데, 경쟁사에서 말도 안 되는 조건을 제시하는 바람에 완전히 뒤집혀졌다'와 같은 변명을 늘어놓죠. 하지만 행동에는 변명이 통용되지 않습니다. 행동은 100% 자신의 의사로 이루어지는 것입니다."

새로운 시스템이 도입되자마자 당연히 판매액도 떨어졌다. 그러나 영업사원들의 행동에는 큰 변화가 생겨나기 시작했다. 변화 이전에는 영업사원은 방문하기 편한 곳만 찾아가는 경향이 있었지만, 거래처별로 방문횟수가 성과평가와 직결되면서는 판매액의 대소와 관계없이 모든 거래처를 방문하여야 했다. 게다가 빈번하게 방문하여야 했기 때문에 얼마 지나지 않아서 상담 소재가 바닥이 나는 현상이 발생했다. 이를 극복하기 위해 영업사원들은 자기 혁신을 할 수밖에 없었다. 즉, 영업사원은 구매담당자와 편하게 대화를 나누고 또한 자신이 우수한 영업사원이라는 것을 보여주기 위해서 구매담당자에게 '가치 있는 정보'를 제공하여야 했고, 가치 있는 정보를 확보하기 위해서는 스스로 열심히 공부하고 동료 영업사원들과 수시로 의견을 교환하여야 했다. 또한 회사가 제공하는 신상품 기획이나 캠페인 정보를 마른 목을 축이듯이 탐욕스럽게 흡수해서 철저하게 활용하여야 했다. 이에 따라 60~70%에 머물던 주간 영업회의의 참석률이 거의 100%에 이르게 되었다. 이러한 현상들은 판매액 할당만 채우고자 했을 때에는 전혀 찾아볼 수 없던 것이었다. 이러한 변화와 함께 유니참펫케어의 실적은 2001년 하반기부터 빠르게 회복세로 돌아섰다. 그 결과 2000년 6.4억 엔, 2001년 1.2억 엔의 적자를 기록했던 것에서, 2002년에는 흑자(10.1억 엔)로 전환되었고, 2003년 15.6억 엔, 2004년 22.6억 엔, 2005년 30.4억 엔, 2006년 34.5억 엔, 2007년 45.9억 엔, 그리고 2008년 60.2억 엔으로 시간이 갈수록 흑자폭이 계속 커지고 있다.

출처 : 스기타 히로아키 (2009), 보스턴컨설팅그룹의 영업테크닉, 비즈니스맵, 번역서, 81-97.

4. 선행지표

4.1 선행지표의 개념과 활용방법

성과를 평가를 위한 평가지표로서 과정지표나 결과지표를 사용하는 방법 이외에 선행지표(先行指標, leading indicator)의 개념을 사용하는 방법도 제안되고 있다. 선행지표는 과정지표의 영향을 받으면서, 결과지표에 직접적으로 영향을 미치는 변수라고 할 수 있다. 예를 들어 병원의 의사를 대상으로 영업활동을 전개하는 제약회사의 경우에 의사가 영업사원에 대해 어느 정도의 신뢰를 가지고 있느냐에 따라 판매액이 크게 영향을 받는다고 하면, '의사의 영업사원에 대한 신뢰수준'이 선행지표가 된다. 물론 제약회사의 판매액에는 매우 다양한 변수들이 영향을 미치고 있지만, 선행지표는 이러한 변수 가운데 특히 더 영향력이 큰 변수를 의미한다. 이러한 선행지표는 주로 영업사원들의 영업활동 과정에서의 경험을 기반으로 도출된다. 즉, 선행지표의 도출에는 일정한 원칙이 있는 것은 아니고, 해당 산업과 회사에 대한 이해가 깊은 영업사원들의 브레인스토밍(brain storming) 과정을 통해서 도출되는 것이 일반적이다. 이러한 의미에서 선행지표는 영업의 구체적인 상황에 따라 각기 다른 형태를 취할 수 있는 매우 실전적(實戰的)인 개념이라고 할 수 있다. [표 16-10]은 여러 기업에서 사용되었던

표 16-10 | 선행지표의 사례

회사유형	선행지표	근거
주택회사	120분 이상 면담횟수	내방고객과의 면담시간이 120분 이상이 되면 계약률이 높아진다.
식품회사	대리점 신규개척수, 대리점 상담건수	대리점을 통한 영업을 하고 있기 때문에 대리점의 매출이 올라가면 매출이 증가한다.
의류회사	로열고객수, 활성고객수	백화점 등에서 고급정장을 판매하고 있기 때문에, 구매한 고객들의 재구매가 매출증대를 위한 가장 핵심적인 요소가 된다.
제약회사	의사의 영업사원에 대한 신뢰수준, 10분 이상 면담횟수	영업대상인 의사는 하루에도 20명 정도의 영업사원의 방문을 받고 있기 때문에 의사로부터 가장 많은 신뢰를 받는 것이 매출증대를 위한 가장 핵심적인 요소가 된다.
자동차 판매법인	내방고객 체류시간, 설문조사 회수율	전시장 내방고객의 체류시간이 길수록, 설문조사 회수율이 높을수록 판매 가능성이 높아진다.

선행지표의 사례를 보여주고 있다. 이 사례에서 알 수 있듯이 선행지표는 판매활동이 될 수도 있고(예를 들어 120분 이상의 면담횟수, 설문조사 회수율), 회사차원의 결과가 될 수도 있으며(예를 들어 대리점 신규개척수, 로열고객수), 고객차원의 결과(예를 들어 영업사원에 대한 신뢰수준)가 될 수도 있다.

선행지표를 성과지표로 관리하는 과정은 다음과 같은 3단계로 구성된다.

- 1단계 : 가장 중요한 결과지표의 선정
- 2단계 : 결과지표에 직접적으로 영향을 미치는 변수들을 도출하고 이 가운데 가장 영향력이 큰 변수를 선행지표로 선정
- 3단계 : 선행지표를 달성하기 위해 필요한 영업활동, 즉 과정지표를 선정

예를 들어 제약회사 영업의 가장 중요한 결과지표는 판매액이고(1단계), 판매액에 가장 직접적으로 영향을 미치는 변수는 의사의 영업사원에 대한 신뢰수준이며(2단계), 이러한 신뢰를 구축하기 위해 가장 효율적인 방법은 영업사원의 방문활동이라면(3단계), [그림 16–8]에서와 같이 방문활동, 신뢰수준, 그리고 판매액 간의 인과관계가 형성되고, 회사는 선행지표인 '의사의 영업사원에 대한 신뢰수준'의 향상을 중심으로 성과관리를 해 나가게 된다.

선행지표를 관리하기 위해서는 선정된 선행지표에 대한 측정이 이루어질 수 있어야 한다. [표 16–10]에서 120분 이상 면담횟수, 대리점 신규개척수, 로열고객수 등은 자료를 통해 쉽게 측정될 수 있지만, 그렇지 않은 경우에는 선행지표에 대한 측정도구가 개발되어야 한다. 예를 들어 위의 제약회사의 예에서의 선행지표인 '의사의 영업사원에 대한 신뢰수준'은 [표

그림 16-8 | 선행지표 중심의 성과관리

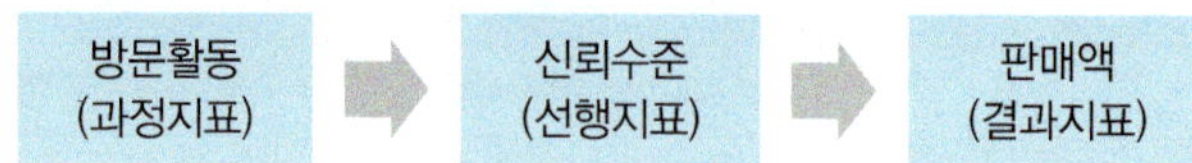

16-11]에서와 같이 '의사의 영업사원에 대한 인식 정도'와 '의사의 영업사원에 대한 호칭'의 2개 변수를 기준으로 여러 등급으로 나누어질 수 있다. [표 16-12]는 신뢰수준의 측정에 대한 또 다른 예를 보여주고 있다. 이 예는 정해진 거래처를 정기적으로 방문하는 루트 영업사원의 경우인데, 루트 영업에서는 어떤 변수보다 고객인 점주와의 신뢰관계가 매출에 가장 많은 영향을 미친다. 여기에서는 고객의 영업사원에 대한 신뢰수준이 '고객의 나에 대한 인식', '고객의 정보제공', '고객의 방문에 대한 태도' 등의 변수를 기준으로 여러 등급으로 나누어지고 있음을 보여주고 있다. 이들 예에서 보는 것처럼 선행지표에 대한 측정도구의 개발도 선행지표의 도출과 마찬가지로 영업현장에서의 경험을 바탕으로 이루어진다.

표 16-11 | 영업사원에 대한 신뢰수준 측정의 예(제약 영업사원)

구분	의사의 영업사원에 대한 인식 정도	의사의 영업사원에 대한 호칭
단계 1	누구인지 모른다.	부르지 않는다.
단계 2	어느 회사 영업사원인지 정도를 알고 있다.	회사명으로 부른다.
단계 3	영업사원의 얼굴과 이름을 기억하고 있다.	영업사원의 이름을 부른다.
단계 4	영업사원의 취미나 성격도 잘 알고 있다.	영업사원의 이름을 부른다(경우에 따라서는 경칭 생략).

표 16-12 | 영업사원에 대한 신뢰수준 측정의 예(대리점 루트 영업사원)

구분	고객의 나에 대한 인식	고객의 정보 제공	고객의 방문에 대한 태도
단계 1	지속적으로 방문하여 제품을 공급해주는 사람이다.	정보를 거의 주지 않는다.	오는 것을 귀찮아한다.
단계 2	자기 회사 제품에 대해서만 관리해주고 정보를 주며 조언해 주는 사람이다.	정보를 가끔씩 준다.	오면 그냥 만난다.
단계 3	우리의 사업 전반에 대해 관심을 갖고 매출을 올릴 수 있는 정보와 제언을 해주는 동반자다.	나에게 지속적으로 시장 정보를 제공해준다.	내가 와 주기를 바란다.

4.2 선행지표를 활용한 성과관리의 이점

이러한 선행지표를 이용한 성과관리는 몇 가지의 이점을 가지고 있다. 첫째는 여러 가지의 영업활동 가운데 가장 효과적인 영업활동을 선정하는 것이 용이해진다는 점이다. 왜냐하면 선행지표는 결과지표에 가장 직접적으로 영향을 주는 변수이고, 다양한 영업활동 가운데 선행지표의 향상에 가장 큰 기여를 할 수 있는 영업활동이 선택되어 수행되기 때문이다. 둘째는 보다 과학적인 영업관리가 가능해진다는 점이다. 선행지표를 중심으로 하는 성과관리는 선행지표가 결과지표에 영향을 미칠 것이라는 가설(假說)을 전제로 하고 있으며, 선행지표의 향상을 위한 영업활동은 이 가설을 증명하기 위한 과정이라고도 볼 수 있다. 물론 방문활동과 같은 과정지표를 중심으로 성과를 관리하는 경우에도 과정지표가 결과지표에 영향을 미칠 것이라는 가설을 전제로 하고 있지만 선행지표의 경우가 훨씬 더 구체적이다. 위의 제약회사의 예에서 선행지표를 중심으로 하는 성과관리와 과정지표를 중심으로 하는 성과관리의 가설을 제시하면 나음과 같다. 두 개의 가설을 비교해보면, 선행지표에 의한 성과관리에서의 가설이 훨씬 더 구체적이라는 것을 알 수 있다.

- 선행지표에 의한 성과관리에서의 가설
  : 의사의 영업사원에 대한 신뢰수준이 높아질수록 의사의 처방횟수는 증가한다.
- 과정지표에 의한 성과관리에서의 가설
  : 의사에 대한 방문횟수가 증가할수록 의사의 처방횟수는 증가한다.

셋째는 영업활동의 구체적인 방향을 제시해 줄 수 있다는 점이다. 어떤 제약회사가 영업사원의 방문횟수를 성과지표로 삼고 관리하고 있다면, 영업사원은 의사의 처방가능성을 고려하여 방문할 병원을 선택하기보다는 방문하기 용이한 병원을 더 찾게 되고, 자신을 잘 대해주는 의사를 더 빈번하게 방문할 수 있다. 또한 방문횟수가 중요하기 때문에 의사와 만나서 나누게 되는 대화의 내용에 대해서는 상대적으로 소홀해지기 쉽다. 즉, 방문횟수에 의한 성과관리는 방문활동의 질적인 부분에 대한 고려를 하기 어렵게 만들 수 있다. 더욱이 판매액과 같은 결과변수를 중심으로 성과관리를 하는 경우에는 영업사원의 방문활동이 구체적으로 어떻게 이루어지는지에 대해서 더욱 무관심해질 수 있다. 반면에 '의사의 영업사원에 대한 신뢰수준'이라는 선행지표를 향상시키기 위한 방문활동을 전개해야 한다면, 어떤 병원을 찾아가야 하는지, 어느 의사를 만나야 하는지, 의사와 어떤 대화를 나누고 어떤 정보를 제공해야 하는지와 같은 질적인 측면에 대한 고려가 이루어져야 하기 때문에 방문활동의 질을 제고시키는 데 기여할 수 있다. 이러한 이유 때문에 선행지표의 활용은 목표로 하는 결과지표의 향상에 크게 기여할 수 있다([글 16-5] 참조).

글 16-5

우리나라 의류업체의 선행지표를 활용한 성과관리 사례

우리나라의 한 의류업체는 전년 대비 매출액 10% 상승이라는 목표를 달성하기 위해 등급이 상승한 고객의 수를 전년 대비 10% 증가시키는 것을 선행지표로 선정하였다. 또한 이의 실행을 위한 과정지표로 아래의 그림과 같이 해피콜 실시, 자필편지 발송, 택배결과 SMS 발송, 서비스실명제 실시 등의 4가지 행동변수를 과정지표로 선정하였다. 과정지표를 중심으로 활동을 전개한 결과, 불과 4개월 만에 모든 고객유형에서 선행지표의 1년 목표치를 초과달성하는 성과를 거두었다.

결과지표	선행지표	과정지표
전년 대비 매출액 10% 증가	전년 대비 등급상승 고객 10% 증가	휴면고객 및 가동고객 대상 1일 3회 해피콜 실시
		자필편지 1일 3통 발송
		배송결과 SMS서비스 100% 실시
		서비스실명제 100% 실시

➡

고객유형	활동 전	활동 후
VVIP고객	4명	16명
VIP고객	21명	41명
로열고객	32명	53명
일반고객	210명	265명

출처 : 이경욱 (2012), "현장접점에서 영업실행력 향상을 위한 활동체계의 구축," 제2차 Sales Leaders Forum 발표집, KMAC, 115-126.

제4절 성과관리의 접근방법

성과관리에서 또 하나의 중요한 의사결정 사항은 성과관리과정에서 통제의 수준을 어느 정도로 유지할 것인가에 대한 것이다. 통제의 수준을 낮게 한다는 것은 회사가 목표수준을 정하고 난 후에는 영업사원에 대한 별다른 통제 없이 결과를 기다리는 것을 의미한다. 즉, 영업사원에게 최대한의 자율을 부여하고, 최종적으로 결과가 산출되면 그것을 설정된 목표와 비교하여 평가하는 것을 의미한다. 이 경우에 영업관리자는 성과사슬(영업사원의 능력 → 영업사원의 활동 → 고객차원의 결과 → 회사차원의 결과)의 과정에서 주로 영업사원이 필요로 하는 자원을 공급해주는 조력자의 역할을 담당하게 되며, 성과관리의 형태도 공식적인 방법보다는 비공식적인 방법에 의존하게 된다.

반대로 통제의 수준을 높게 한다는 것은 성과사슬의 모든 단계에서 영업관리자의 영향력을 강화한다는 것을 의미한다. 영업사원의 능력을 향상시키기 위한 교육훈련의 강도를 높인다거나, 능력 있는 영업사원을 선발하기 위해 선발요건을 강화한다든지, 영업사원의 활동에 대한 코칭활동을 강화하는 것 등을 의미한다. 성과관리의 형태도 공식적인 방법을 주로 사용하게 되며, 영업관리자도 단순히 도움을 제공하는 사람이 아니라 적극적인 코칭을 제공하는 역할을 담당하게 된다. 결론적으로 낮은 수준의 통제에서 필요한 것은 영업사원을 선발하고 나서 수동적으로 결과를 기다리는 것이지만, 높은 수준의 통제에서는 선발은 물론, 교육훈련이나 코칭의 중요성도 강조된다.

[표 16-13]은 자율이 강조되어야 하는 경우와 통제가 강조되어야 하는 경우에 대해 기술하고 있다. 자율이 강조되는 경우는 시장에서의 불확실성이나 고객니즈의 편차가 커서 영업과정을 일일이 통제하기가 어렵고, 따라서 영업사원의 능력을 믿고 결과를 기다리는 것이 최선이라고 판단될 때라고 할 수 있으며, 반대로 통제가 강조되는 경우는 시장이나 고객니즈에 큰 변화나 차이가 없어서 과정에 대한 통제에 의해 좋은 결과를 얻을 수 있다고 판단되는 때라고 할 수 있다. 또한 판매 등과 같은 최종적인 결과에 대한 정확한 측정이 어려운 경우에는 다른 여건과는 관계없이 성과평가가 과정중심으로 이루어질 수밖에 없고 따라서 자율보다는 통제에 의한 성과관리가 이루어질 가능성이 크다. 그렇지만 통제의 수준에 대한 문제는 실제로는 '통제를 할 것인가' 혹은 '자율을 부여할 것인가'의 두 가지 사항에 대한 선택의 문제가 아니라, 구체적인 상황에 따라 동일한 영업사원에 대해서도 통제와 자율의 두 가지 수단을 적절하게 사용할 수 있어야 한다. 즉, 영업사원이 자율적인 상황에서도 잘 해나갈 수 있는 부분에 대해서는 자율을 부여하고, 미숙하고 능력이 부족한 부분에 대해서는 통제를 해나가는 유연성이 발휘되어야 한다.

표 16-13 | 성과관리의 두 가지 접근법의 상대적 중요성을 결정하는 요인

'자율'이 강조되는 경우	• 영업관리자가 영업 프로세스에 대한 지식수준이 낮은 경우 • 영업사원의 해당 분야에 대한 지식수준이 높은 경우 • 영업과정이 대단히 복잡하고, 고객에 따라 많은 차이를 보이는 경우 • 고객사의 구조가 복잡하고, 팀영업이 보편적으로 이루어지는 경우 • 결과에 대한 측정이 정확하게 이루지는 경우
'통제'가 강조되는 경우	• 영업관리자가 성공적인 영업에 대한 노하우를 잘 알고 있는 경우 • 영업사원의 해당 분야에 대한 지식수준이 낮은 경우 • 모든 고객에 대해 동일한 영업과정이 적용될 수 있는 경우 • 영업조직이 매우 커서 업무의 효율을 위해 일관된 기준을 적용할 필요가 큰 경우 • 최고의 실천사례를 전사적으로 공유하는 것이 중요한 경우 • 결과에 대한 측정이 정확하게 이루어지기 힘든 경우

CHAPTER 17 보상방법

보상(compensation)은 회사가 직원들의 노력에 대한 대가로 지불하는 재정적 및 비재정적 혜택을 의미하며, 영업사원에게 동기를 부여하는 가장 강력한 수단 중의 하나이다. 또한 경쟁력 있는 보상방법은 우수한 영업사원을 유치하는 데 있어서도 대단히 중요한 역할을 한다. 그렇지만 기업의 입장에서 보상은 비용이기 때문에 잘못 설계된 보상방법은 회사에 큰 손실을 가져다 줄 수도 있다. 보상방법을 설계하는 데 있어서 특정한 공식이나 보편적인 접근법이 존재하는 것은 아니기 때문에, 기업들은 시행착오를 거치면서 자신의 기업에 맞는 방법을 찾아야 한다.

영업사원에 대한 보상의 궁극적인 목적은 회사의 목적인 이윤을 실현하는 것이고, 이윤을 실현하기 위한 영업전략은 시장과 회사의 상황 변화에 따라 끊임없이 달라지기 때문에 보상의 수준이나 방법도 시장과 회사의 구체적인 상황 변화에 따라 변화하여야 한다. 결론적으로 회사는 항상 최선의 보상수준과 방법이 무엇인가에 대한 탐색을 지속적으로 실행하여야 소기의 목적을 달성할 수 있다. 최근 미국에서 실시된 설문조사에 의하면 미국 기업들의 80% 정도가 매년 보상방법을 바꾸고 있는 것으로 나타났는데, 이러한 현상도 보상방법을 설계하는 데 있어서의 어려움을 시사해주고 있다.

보상의 유형은 [표 17-1]과 같이 재정적 보상(financial compensation)과 비재정적 보상(nonfinancial compensation)으로 나누어지고, 재정적 보상은 다시 금전적 보상과 간접적 보상으로 나누어진다. 여기에서는 주로 금전적 보상에 대해 기술하고, 승진이나 인정과 같은 비재정적 보상은 제12장의 '동기부여'에서 기술한다.

표 17-1 | 보상의 유형

유형		예
재정적 보상	금전적 보상	급여, 커미션, 인센티브 등
	간접적 보상	유급휴가, 보험, 퇴직금 등
비재정적 보상		승진, 인정 등

제1절 바람직한 보상방법의 특징

가장 바람직한 보상방법은 회사의 수익을 가장 많이 실현할 수 있는 보상방법이라고 할 수

그림 17-1 | 바람직한 보상방법의 특징

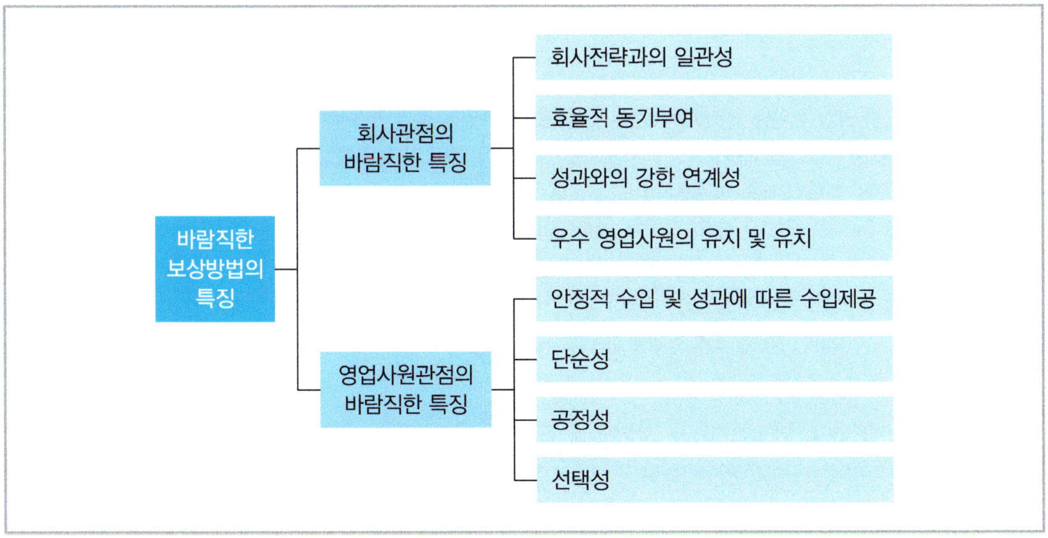

있다. 따라서 보상방법이 어떠한 특징을 지닐 때 회사의 수익 실현을 위해 가장 적합할 것인지에 대한 논의는 매우 중요한 의미를 지닌다. 바람직한 보상방법의 특징은 [그림 17-1]에서와 같이 회사의 관점과 영업사원의 관점의 두 가지 관점에서 검토될 수 있다.

1. 회사관점의 바람직한 특징

1.1 회사전략과의 일관성

먼저 영업사원에 대한 보상방법은 기업의 전략적인 목표를 달성할 수 있는 방향으로 설계되어야 한다([글 17-1] 참조). 이를 위해서는 보상의 근거가 되는 성과평가에 있어서 설정된 전략목표가 성과를 평가하는 기준인 성과지표에 반영되도록 하고, 이러한 성과지표를 바탕으로 영업사원에 대한 보상방법이 설계되도록 하는 것이 중요하다. 예를 들어 기업의 성과지표로 흔히 전체 판매액이 사용되지만, 전략적인 신제품이 출시되었을 경우에는 전체 판매액이 아닌 신제품 판매액의 극대화와 같은 전략적인 목표를 세우고, 이 목표를 중심으로 보상방법을 설계하는 것이 더 바람직하다. 장기적인 관점에서의 고객과의 관계 유지 및 강화가 중요시되는 기업의 경우에는 단기적인 판매실적이 보상수준을 결정하는 커미션보다는 고객에 대한 서비스수준이나 고객만족도를 성과지표로 설정하고, 이를 바탕으로 급여중심의 보상방법을

기업의 전략목표와 보상방법의 연계 사례

글 17-1

미국 미주리주에 본사를 두고 있는 경영컨설팅회사인 Maritz Inc.는 여러 개의 사업부(마케팅 컨설팅, 영업 컨설팅, 경영전략 컨설팅 등)를 두고 있다. 이렇게 여러 사업부분으로 구성되어 있는 경우 교차판매는 사업의 활성화를 위해 매우 중요한 위치를 차지하지만, 통상적으로 사업부 간의 신뢰의 부족, 제품지식이나 경영지원의 부족 등으로 인해 활성화되기 힘들다. 이를 활성화시키기 위해서는 교차판매의 성과가 보상방법에 포함되어야 한다. 이 회사는 영업사원이 자신이 제공하는 서비스를 다른 사업부에 판매한 경우는 물론, 잠재고객의 리스트를 타 사업부에 제공하였을 때에도 커미션을 받을 수 있도록 보상방법을 설계하였다. 제공되는 커미션의 크기는 영업의 성사에 대한 기여도에 따라 결정된다. 이러한 전략은 크게 효과를 발휘하여, 현재는 7개 사업부의 170명의 영업사원이 하나의 팀처럼 움직인다.

출처 : Cummings, Betsy (2004), "Breaking down boundaries," *Sales & Marketing Management*, 156, 10.

설계하는 것이 더 적합하다. 또한 회사의 목적이 판매의 극대화가 아닌 이윤의 극대화에 있다면, 판매액이 아닌 실현이익을 기준으로 인센티브를 지급함으로써 영업사원이 가격할인을 자제하고 경비를 절약하도록 유도하는 것이 바람직하다. 이러한 방법을 활용하여 보상방법이 영업사원의 활동이 회사의 전략과 일관성을 이룰 수 있도록 하는 '보이지 않는 손'으로 작용할 수 있도록 해야 한다.

1.2 효율적 동기부여

보상방법은 영업사원이 소기의 목적 달성을 위해 매진하려는 의욕을 가질 수 있도록 설계되어야 한다. 그런데 영업사원은 개인적인 상황, 목표, 가치관 등에 따라서 선호하는 동기부여의 수단이 다르기 때문에 하나의 보상방법으로 모든 영업사원에게 강한 동기를 부여하기는 어렵다. 영업사원의 개인적인 성향에 따라 각기 다른 보상방법을 설계하는 것이 최선일 수 있지만, 이는 현실적으로 불가능하다. 따라서 회사는 영업사원을 같은 특성을 가진 몇 개의 군으로 구분하여 보상방법을 달리 설계하거나, 보상방법의 일부를 개별 영업사원의 욕구에 부합하는 형태로 설계하거나, 혹은 몇 개 유형의 보상방법을 설계하고 영업사원으로 하여금 선택하게 함으로써 너무 복잡하지 않으면서도 효율적으로 동기부여를 할 수 있는 보상방법을 설계할 수 있다.

1.3 성과와의 강한 연계성

보상은 성과와 높은 수준의 연계성을 지니고 있어야 한다. 즉, 보상방법은 높은 성과를 올린 영업사원에게 더 많은 보상을 제공할 수 있도록 설계되어야 한다. 매우 당연한 말이지만 실상은 그렇게 되지 않는 경우도 많이 있다. 이러한 현상이 발생하는 가장 주된 원인은 성과에 대한 측정이 정확하게 이루어지지 않기 때문이다. 예를 들어 고객으로부터 직접 주문을 받는 것이 아니라 제품에 대한 정보를 제공하거나 판촉물을 전달하는 것이 주된 영업활동인 경우, 팀단위의 영업이 이루어지는 경우, 영업의 성과가 광고나 브랜드 파워에 크게 의존하고 있는 경우, 대리점으로부터의 단순재구매가 영업의 대부분을 차지하는 경우 등에서는 개별 영업사원의 실적을 정확하게 파악하기가 힘들다. 또한 개별 영업사원의 실적을 정확하게 파악하고 있다고 하더라도, 실적에 따른 보상의 차이를 아주 작게 함으로써 실적에 따른 보상의 차이를 크게 느낄 수 없도록 하는 것도 성과와의 연계성을 약화시키는 원인으로 지적될 수 있다. 회사는 이러한 점들을 감안하여 보상방법이 영업사원의 성과를 최대한 정확하게 반영할 수 있도록 해야 한다.

1.4 우수 영업사원의 유지 및 유치

보상방법은 우수한 영업사원을 유지하고, 외부로부터 우수한 영업사원을 유치하는 데 도움이 될 수 있어야 한다. 이는 단순히 영업사원에 대한 금전적 보상의 수준이 높아야 한다는 것만을 의미하는 것은 아니다. 우수한 영업사원에 대한 금전적 보상수준이 평범한 영업사원과 확실히 구분될 수 있도록 해야 함은 물론, 승진이나 인정과 같은 비금전적 보상을 통해서 성취감을 느낄 수 있도록 하는 것도 이에 포함된다.

2. 영업사원관점의 바람직한 특징

2.1 안정적 수입 및 성과에 따른 수입의 제공

보상방법은 영업사원에게 기본적인 생활을 영위하는 데 크게 불편하지 않을 정도의 금전적 보상을 안정적으로 제공할 수 있도록 설계되어야 한다. 영업성과가 좋지 않은 경우에도, 아파서 며칠을 쉬어야 하는 경우에도 큰 걱정 없이 생활할 수 있을 정도의 수입이 확보될 수 있어야 한다. 동시에 보상방법은 성과를 올린만큼의 대가를 받을 수 있도록 설계되어야 한다. 즉,

보상방법은 기대 이상의 성과를 올린 경우에 이에 대한 충분한 보상을 받음으로써 더 열심히 일할 수 있는 의욕이 생길 수 있도록 설계되어야 한다. 그런데 통상적으로 보상방법이 안정성이 뛰어나면 성과에 대한 보상부분이 약하고, 성과에 대한 보상부분이 강하면 안정성이 약해지는 경향이 있다. 왜냐하면 보상은 회사로서는 비용이기 때문에 두 가지 측면에서의 보상을 모두 높게 유지하면 수익률이 크게 낮아지기 때문이다. 따라서 회사는 생활을 위한 안정적 보상과 성과에 따른 보상의 상대적 중요도를 감안하여 자사의 문화나 상황에 적합한 보상방법을 설계해야 한다.

2.2 단순성

보상방법은 가능한 한 영업사원이 쉽게 이해할 수 있도록 단순하게 설계되어야 한다([글 17-2] 참조). 보상방법이 복잡하게 설계되면 영업사원은 일정한 수준의 보상을 확보하기 위해서 필요한 판매목표를 설정할 수가 없고, 이에 따라 동기부여가 저하될 수 있다. 또한 회사에서 지급된 보상이 기대에 미치지 못하는 경우에 보상방법이 복잡하면 영업사원은 자신의 보상이 어떻게 산출된 것인지를 모르기 때문에 혼란스러워지고, 회사에 대한 불만이 생길 수 있다. 보상방법은 영업사원이 자신의 성과에 따른 보상의 수준을 바로 계산할 수 있을 정도로 단순한 것이 바람직하다. 이를 위해서는 3개 이상의 변수가 보상방법에 포함되는 것은 바람직

단순한 보상방법의 사례

글 17-2

세계적인 우편화물 특송회사인 FedEx Corporation은 급여와 커미션, 그리고 보너스를 합해 놓은 보상방법을 가지고 있었다. 그런데 보상이 적기에 지급되지도 않고, 커미션과 보너스의 기준도 모호하다는 비판이 영업사원들로부터 꾸준히 제기되었다. 또한 FedEx는 현재 1개인 제품라인에 2개의 신규 제품라인을 추가하였기 때문에 이를 추가적으로 판매해야 할 필요성도 가지고 있었다. 이를 계기로 FedEx는 새로운 보상방법을 도입하였다. 새로운 보상방법의 주목적은 3개의 제품라인에 대해서 커미션과 보너스가 지급되는 판매수준을 명확하게 제시함으로써 영업사원들이 보상방법을 쉽게 이해하게 하는 데 있었다. 새로운 보상방법의 효과는 매우 빨리 나타났다. 영업직원들의 불만은 사라졌고 영업사원들 간에 어떻게 하면 3개 제품라인에 대한 판매를 증진시킬 수 있는지에 대한 논의가 활발히 이루어졌다. 이러한 변화에 따라 매출수준과 주가도 높아졌다. 이 사례는 표면상 복잡해 보이는 보상방법도 이해가 쉽도록 단순화하고 기업의 목적에 부합하도록 설계하면 성공적인 결과를 거둘 수 있음을 보여주고 있다.

출처 : Cron, William L. and Thomas E. DeCarlo (2010), *Sales Management*: Concepts and Cases, 10th ed., John Wiley & Sons, Inc., 308.

하지 않다. 복잡한 보상방법의 또 다른 단점은 영업사원에게 어느 부문에 집중해야 하는지에 대해 혼란을 줄 수 있을 뿐만 아니라, 경우에 따라서는 영업직원의 동일한 행동이 두 개 이상의 보상기준이 서로 상반된 방향으로 움직이게 하는 결과를 초래할 수도 있다는 점이다. 보상방법을 가능한 한 단순하게 설계함으로써 전략목표의 달성을 위해 영업력이 집중될 수 있도록 하는 것이 중요하다.

2.3 공정성

보상방법은 모든 영업사원이 공정한 대우를 받을 수 있도록 설계되어야 한다. 영업사원은 자신의 보상수준을 다른 영업사원과 비교하는데, 만일 보상방법이 공정하지 않다고 판단하면 회사에 대해 매우 심한 불만을 갖게 된다. 이에 따라 영업에 대한 동기부여가 저하됨은 물론 이직의 형태로 불만을 표출할 수도 있다. 최대한 공정한 보상방법을 위해서는 영업사원의 노력과 능력의 정도에 따라 이루어지는 성과를 정확하게 측정하고, 이를 기반으로 보상을 하는 것이다. 이렇게 하면 성과가 좋지 않은 영업사원은 보상을 적게 받더라고 그 원인이 자신의 노력과 능력의 부족에 있음을 알고 있기 때문에 회사에 대한 불만을 갖기보다는 영업을 위해 더 많은 노력을 기울이고, 자신의 영업능력을 제고하기 위해 진력하게 된다.

2.4 선택성

영업사원은 자신에 대한 보상방법을 자신 스스로가 선택하기를 원한다. 영업사원은 위험을 부담하려는 성향에 따라 선호하는 보상방법이 달라질 수 있다. 즉, 위험부담 성향이 큰 영업사원일수록 인센티브의 비중이 높은 보상방법을 선호하는 경향이 있다. 또한 영업사원은 경력단계(탐색, 구축, 유지, 이탈의 4단계)에 따라서 선호하는 보상방법이 다를 수 있다. 영업기술이 미숙하여 성과가 좋지 않은 탐색기의 영업사원이나 은퇴를 준비하는 이탈기의 영업사원은 상대적으로 고정급여의 비중이 높은 보상방법을 선호하는 경향이 있고, 성과에 대한 자신감이 높고 금전적 필요성이 많은 구축기나 유지기의 영업사원은 인센티브의 비중이 높은 보상방법을 선호하는 경향이 있다. 회사는 모든 영업사원으로 하여금 인센티브와 고정급여의 비중을 정할 수 있도록 할 수 있지만, 너무 복잡해질 수 있기 때문에 영업사원에게 몇 개의 대안을 제시하고 그 가운데 하나를 선택하도록 하는 절충안을 선택할 수도 있다.

제2절 보상에 대한 의사결정

보상과 관련한 의사결정은 [그림 17-2]에 나타낸 바와 같이 보상수준, 성과평가, 보상방법, 그리고 성과와 보상의 연계의 4가지 사항으로 나누어질 수 있다. 먼저 보상수준과 관련하여, 보상은 기업의 입장에서는 비용이지만 영업사원의 입장에서는 생활의 원천이 되는 소득이기 때문에 보상의 수준은 적정한 수준에서 결정되어야 한다. 또한 보상은 영업사원의 성과에 대한 평가를 바탕으로 하기 때문에 평가에 사용되는 성과지표 등을 결정함에 있어 공감대를 형성할 수 있도록 공정성이 확보되어야 한다. 보상방법의 결정은 급여와 인센티브(커미션과 보너스)의 비율에 대한 결정을 의미하고, 성과와 보상과의 연계는 성과평가의 결과를 어떻게 보상과 관련지을 것인가를 의미하는데, 이 두 가지 사안에 대한 결정은 영업사원에게 최대한의 동기부여가 이루어질 수 있도록 합리적으로 이루어져야 한다. 동기부여의 과정을 설명하는 기대이론의 관점에서 보면 보상수준과 보상방법은 유인성(valence)과 관련이 있고, 성과평가 및 성과와 보상의 연계는 수단성(instrumentality)과 관련이 있다. 이 네 가지 의사결정 사항 가운데 보상과 관련한 가장 핵심적인 의사결정 사항은 유인성과 관련이 있는 보상수준과 보상방법에 대한 것이다. 여기에서는 이 두 가지 사항에 대해 기술하고, 성과평가에 대해서는 제16장에서 기술한다.

그림 17-2 | 보상과 관련한 의사결정 사항

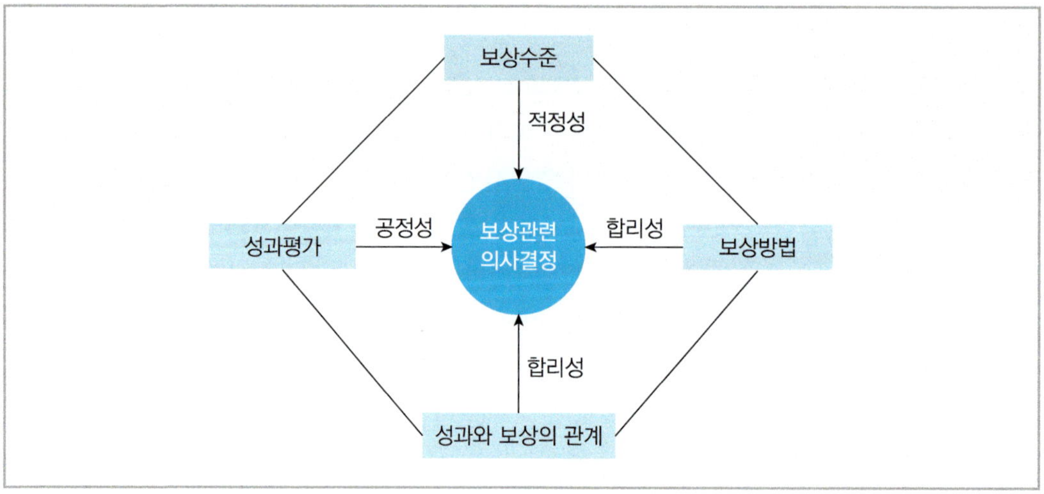

1. 보상수준에 대한 의사결정

보상에 대한 가장 기본이 되는 의사결정은 영업사원에 대한 보상의 수준을 어느 정도로 할 것인가를 결정하는 문제이다. 보상의 수준은 영업사원이 일정기간 동안 받게 되는 보상의 평균값을 의미한다. 보상의 수준에 대한 결정은 보상의 방법에 대한 결정보다 더 중요하다. 왜냐하면 영업사원들은 보상을 받는 방법보다는 보상의 절대적인 수준에 더 많은 관심을 갖기 때문이다. 보상방법이 자신에게 적합하지 않다고 생각하더라고 보상의 수준이 충분히 높으면 만족할 수 있지만, 반대로 보상방법이 자신에게 적합하다고 생각하더라도 예상되는 보상의 수준이 기대에 미치지 못하면 불만을 갖게 된다. 회사의 입장에서도 영업사원에 대한 보상은 비용이기 때문에 비용을 지출하는 방법보다는 비용의 절대적인 수준에 더 많은 관심을 갖게 된다. 보상의 수준은 산업의 유형, 회사의 수익성, 업무관련 요인, 전체 노동시장에서의 인력의 수급상황 등 여러 가지 요인에 의해 영향을 받는다.

1.1 산업의 유형 및 회사의 수익성

먼저 영업사원에 대한 보상의 수준은 산업에 따라 크게 차이가 난다. 이는 산업에 따라 영업 프로세스가 다르고 이에 따라 영업사원에게 요구되는 능력과 노력의 수준도 달라지기 때문이다. 예를 들어 같은 B2B부문이더라도 고객의 문제를 해결해주기 위한 심도 있는 컨설팅 서비스가 수반되어야 하는 산업에서의 보상수준은 유통업체로부터의 통상적인 재구매를 위한 영업이 주류를 이루는 산업에서의 보상수준에 비해 높을 수밖에 없다. 통상적으로 정보기술 부문이나 금융부문의 보상수준이 상대적으로 높고, 제조업체 대리점 영업사원의 보상수준이 상대적으로 적은 경향을 보인다. 같은 산업 내에 속한 기업들 간에도 영업사원에 대한 보상수준은 차이가 있다. 당연히 많은 수익을 내는 회사가 그렇지 않은 회사보다 더 많은 보상을 제공한다. 그렇지만 그 차이는 산업 간에서 보이는 차이보다는 작은 경향이 있다. 한 기업 내에서도 영업사원에 따른 차이가 존재한다. 특히 성과와 직결되는 인센티브의 비중이 높을수록 영업사원 간의 보상수준의 차이는 커진다. 인센티브의 비중이 대단히 높은 자동차업계나 보험업계의 경우 고소득 영업사원에 대한 보상수준은 평균 보상수준의 3~5배 수준에 이르며, 예외적이지만 10배 이상이 되는 경우도 있다.

1.2 업무관련 요인

보상의 수준은 업무의 난이도에 영향을 미치는 다양한 업무관련 요인들에 의해서도 영향을

표 17-2 | 영업활동의 난이도에 영향을 미치는 업무관련 요인들

요인	근거
고객의 규모	고객의 규모가 크다는 것은 공급사에 더 많은 요구를 할 수 있는 힘이 있다는 것을 의미하며, 이에 대응하기 위해서는 영업사원의 보다 많은 기술, 지식, 자질이 요구된다. 따라서 고객의 규모가 클수록 영업사원의 보상수준은 높아진다.
시장경쟁	공급사 간의 시장경쟁이 심할수록 고객사의 전환비용은 낮아지고 제품차별화는 어려워지며, 이에 따라 영업도 힘들어진다. 따라서 경쟁이 심한 시장일수록 보상수준은 높아진다.
역할 비중	판매가 주로 브랜드 파워, 광고 및 홍보 혹은 장기계약 등에 의존하여 이루어지는 경우보다는 영업사원의 개인적인 능력이나 노력에 의해 이루어지는 경우에 보상수준이 보다 높다.
신규고객 개발의 필요성	영업활동이 주로 기존고객을 대상으로 이루어지는 경우보다 새로운 고객의 발굴을 통해 이루어지는 경우에 보상수준이 더 높다.
구매 및 판매 프로세스	고객의 구매 프로세스가 복잡하면, 이에 따라 영업 프로세스도 복잡해지고 이를 수행하기 위해서는 높은 수준의 전문성이 요구된다. 따라서 고객의 구매 프로세스가 복잡할수록, 또한 이에 따른 영업 프로세스가 복잡해질수록 영업사원에 대한 보상수준은 높아진다.
제공하는 고객가치	컨설팅의 형태로 이루어지는 영업에서와 같이 영업사원이 고객에게 제공하는 고객가치가 많아질수록 보상수준은 높아진다.
요구되는 기술 및 지식수준	영업과정에서 요구되는 기술이나 지식이 많을수록 보상수준은 높아진다.

받는다. [표 17-2]는 이러한 요인들과 이 요인들이 보상의 수준에 영향을 미치는 이유에 대해 기술하고 있다. 대체로 고객의 규모가 클수록, 시장경쟁이 심할수록, 영업의 역할비중이 클수록, 신규고객 개발의 필요성이 클수록, 구매 및 판매 프로세스가 복잡할수록, 제공하는 고객가치가 클수록, 요구되는 기술 및 지식수준이 높을수록 영업활동의 난이도는 높아지고, 이에 따라 보상의 수준도 높아진다.

1.3 노동시장에서의 인력수급상황

영업사원의 보상수준은 산업이나 회사의 특성과는 관련 없이 특정 시점에서의 노동시장에서의 인력수급상황에 따라서도 달라진다. 즉, 노동시장에서의 수요가 늘어나는 시기에는 영업사원에 대한 보상수준도 높아지고, 수요가 줄어들면 보상수준도 낮아진다. 한국고용정보원은 2010년에 2018년까지의 영업직을 포함한 업종별 인력수요에 대한 전망을 발표하였는데, [글 17-3]은 이 가운데 일부 영업직과 관련한 시장상황을 기술하고 있다. 이에 따르면 주로 B2B와 관련되는 기술영업직에 대한 수요가 대폭 증가할 것으로 예상되었으며, 또한 미국, EU, 중국, 일본 등의 경제대국과의 FTA 체결, 기업들의 해외진출 활성화 등으로 인해 해외영업직 등에 대한 수요도 증가할 것으로 예상되었다. 자동차 영업 및 일반제품 영업직에 대한

우리나라 영업직의 수요 전망

글 17-3

기술 영업사원의 고용은 2008년~2018년 기간 중에 연평균 1.9% 증가할 것으로 전망되었다. 기업 간의 경쟁이 치열해 짐에 따라 기업은 제품판매에 직접적인 영향을 미치는 영업사원의 역량 향상과 수적 증가에 많은 노력을 기울이고 있다. 특히 고부가가치 제품의 판매에 있어서 기술 영업사원의 역할이 점점 중요해질 것으로 예상되고 있어 동 직업의 고용은 증가할 것으로 보인다. 해외 영업사원의 고용은 2008년 이후 10년 동안 연평균 1.7% 증가할 것으로 전망되었다. 미국, EU, 중국, 인도, 일본 등 주요 경제대국과의 FTA 체결로 인한 무역량의 증가는 수출입에서 중요한 역할을 담당할 해외 영업사원의 고용증가를 촉진할 것으로 전망된다. 또한 향후 예상되는 해외시장 진출 증가 역시 해외 영업사원의 고용 증가에 기여할 것으로 보인다.

자동차 영업사원의 고용은 2008년 이후 향후 10년 동안 큰 변동 없이 유지될 것으로 전망되었다. 국내 자동차시장의 판매 정체와 저출산, 고령화의 진전 등의 요인은 자동차 영업사원의 고용에 부정적인 영향을 미칠 것으로 보인다. 제품 및 광고 영업사원 역시 2008년 이후 향후 10년 동안 큰 변동 없이 유지되거나 근소하게 감소할 것으로 전망되었다. 전통적인 오프라인 판매는 감소하고 있는 반면 인터넷쇼핑이나 홈쇼핑 등을 통한 상품 판매는 지속적으로 늘어나고 있다. 이러한 추세는 전통적인 오프라인 판매를 담당해온 일반제품 영업사원과 광고 영업사원의 고용에 부정적인 영향을 미칠 것으로 보인다.

통신서비스 영업사원과 인터넷 영업사원의 고용은 2008~2018년 기간 중에 비교적 큰 폭으로 증가할 것으로 전망되었다. 인터넷쇼핑이나 홈쇼핑을 통한 상품 구입자의 증가는 이들의 고용 증가에 직접적인 영향을 미칠 것으로 보인다. 텔레마케터는 2008~2018년 기간 중에 연평균 2.7% 증가할 것으로 전망되었다. 온라인쇼핑이 늘어나면서 상품구입 상담, 반송, 고객불만처리 등을 담당하는 텔레마케터에 대한 수요는 늘어날 것으로 보인다. 반면에 방문판매 영업사원의 고용은 2008년 이후 10년 동안 연평균 1.8% 감소할 것으로 전망되었다. 전자상거래의 증가는 방문판매 영업사원의 고용에 부정적인 영향을 미칠 것으로 예상된다. 아울러 건강음료, 정수기, 화장품 등 전통적으로 방문판매의 의존도가 높은 업종에서는 대형마트 입점, 온라인판매의 활성화 등 판매채널이 다각화하고 있는 점이 이들의 고용에 부정적인 영향을 미칠 것으로 보인다.

표 17-3 | 직업별 예상 취업자수 및 증감률

직업면	취업자 수(천 명)			증감률(%)		
	2008년	2013년	2018년	2008~2013년	2013~2018년	2008~2018년
기술 영업사원	208	228	252	1.8	2.0	1.9
해외 영업사원	83	89	98	1.5	1.9	1.7
자동차 영업사원	63	64	64	0.3	0.1	0.2
제품 및 광고 영업사원	525	519	519	−0.2	0.0	−0.1
통신서비스 영업사원	69	84	107	4.2	5.0	4.6
인터넷 영업사원	57	71	91	4.6	5.0	4.8
방문판매 영업사원	73	66	61	−2.0	−1.6	−1.8

출처 : 한국고용정보원(2011), 직업별 인력수요 전망, 45-50.

수요에는 큰 변화가 없을 것으로 예상되었으며, 통신서비스 및 인터넷관련 영업사원에 대한 수요는 인터넷쇼핑이나 홈쇼핑의 활성화에 따라 증가할 것으로 전망되었다. 반면에 방문판매 영업사원에 대한 수요는 전자상거래의 증가, 대형마트의 증가 등으로 인해 줄어들 것으로 전망되었다. 이러한 노동시장에서의 수급상황에 따라 각 기업에서 책정하는 영업사원에 대한 보상수준도 달라지게 된다.

2. 보상방법에 대한 의사결정

2.1 보상의 기본수단

금전적 보상의 가장 기본적인 수단은 급여(salary)와 인센티브(incentive)이다. 급여는 정기적으로 지급되는 고정금액을 의미하며, 인센티브는 영업사원에게 특정한 행동(예를 들어 특정 제품에 대한 판매)을 장려하기 위한 목적으로 지급되는 금액으로 커미션(commission)과 보너스(bonus)가 여기에 포함된다. 인센티브는 주로 판매액, 판매수량, 순수익 등과 같은 단기적인 성과에 근거하여 지급된다. 여타 직업군의 직원에 대한 보상과 비교할 때 영업사원에 대한 보상의 가장 큰 특징은 인센티브의 활용이 매우 활성화되어 있다는 점이다. 순수하게 고정급여만으로 영업사원에게 보상을 제공하는 비율은 미국의 경우 20%에도 미치지 못한다. 우리나라에는 이러한 통계가 없지만, 미국의 경우와 크게 다르지 않을 것으로 판단된다. 다른 업종에 비해 영업직에서 인센티브의 활용이 활성화되어 있는 이유가 무엇인지에 대해 살펴볼 필요가 있다.

첫 번째 이유는 회사의 매출을 책임지고 있는 영업사원에게 강력한 동기부여수단을 제공할 필요가 있기 때문이다. 회사의 매출목표는 곧 영업부서의 매출목표가 된다. 매출은 영업사원에 의해 이루어지기 때문에 이들이 최선의 노력을 다하여 매출의 증진에 임할 수 있도록 해야 하고, 이를 위해서는 인센티브만큼 좋은 수단은 없다. 두 번째 이유는 영업사원의 성과는 대부분 객관적인 측정이 가능하기 때문이다. 회사는 각 판매구역별로 판매액, 지출경비 등을 산출할 수 있으며, 이를 전년도 실적, 구역잠재력, 구역목표액, 더 나아가서는 경쟁사의 실적 등과 비교할 수 있다. 이를 통해서 회사는 영업사원의 실적을 비교적 객관적으로 평가할 수 있고, 이러한 평가를 바탕으로 인센티브의 지급이 원활하게 이루어질 수 있다. 마지막으로 영업사원은 다른 부서의 직원들과는 달리 독립적으로 일하는 경우가 많고, 또한 고객의 거부와 같은 많은 스트레스 요인을 극복하면서 근무해야 하기 때문이다. 영업사원은 주로 혼자서 외근을 해야 하기 때문에 이들에게 활동의 방향을 제시해 줄 수 있는 방향타와 같은 존재가 필요한데, 바로 성과와 연계된 인센티브가 이러한 역할을 수행한다. 또한 거친 근무환경을 극복할 수 있는 힘의 원천이 되는 것도 바로 인센티브이다.

■ 급여

급여는 영업사원의 업무수행능력, 성과, 경험, 업무시간, 업무태도 등의 다양한 기준에 대한 판단에 근거하여 정기적으로 지급되는 일정한 금액을 의미하며, 주로 1년을 단위로 조정된다. 고정급을 표현하는 용어로 급여 이외에 임금(wage)이 있다. 급여는 전문직종이나 사무직

글 17-4

인센티브의 보편화

인센티브에 대한 논의는 현대 경제학에서 워낙 널리 퍼져 있어서 급기야 독자적으로 규정된 영역을 갖기에 이르렀다. 시카고대학 경제학자인 Steven Levitt과 Steven Dubner는 『괴짜 경제학(Freakonomics)』의 첫 장에서 "인센티브는 현대 삶의 초석이며, 경제학은 결국 본질적으로 인센티브를 연구하는 학문이다"라고 선언했다. 이들은 인센티브를 다음과 같이 묘사했다. "경제학자들은 인센티브를 사랑한다. 그들은 인센티브를 동경하고, 제정하고, 연구하고, 만지작거린다. 전형적인 경제학자는 적절한 인센티브 계획을 고안할 재량권만 있다면 세상에 자신이 고칠 수 없는 문제는 없다고 믿는다. 그의 해결책이 항상 산뜻하지만은 않아서 강압이나 과도한 처벌이 따를 수 있고, 시민의 자유를 침범할 수도 있겠지만, 본래의 문제는 고쳐지리라 확신해도 좋다. 인센티브는 자그마하지만 상황을 변화시키는 놀라운 힘을 발휘하는 탄환이고, 지렛대이자, 열쇠다."

그다지 모양새는 좋지 않지만 최근 들어 널리 사용되기 시작한 동사 '인센티바이즈(incentivize, 인센티브화하다)'에는 현대인의 삶에서 증가하고 있는 인센티브의 사용과 인센티브를 누군가 인위적으로 만들어 내야 한다는 필요성이 반영되어 있다. '옥스포드 영어사전'에 따르면 인센티바이즈는 "주로 재정적인 인센티브를 제공하는 방식으로 사람, 특히 피고용인이나 고객을 부추기거나 격려하는 것"이다. 단어의 뿌리는 1968년까지 거슬러 올라가지만, 지난 10년 동안 특히 경제학자, 기업체 중역, 정부관료, 정책분석가, 정치가, 논설위원에게 인기를 끌었다. 1990년 무렵까지도 책에는 거의 등장하지 않았지만 그 후로 사용빈도가 1,400퍼센트 이상 급등했다. 법률 관련 데이터베이스인 렉시스넥시스(LexisNexis)로 주요 신문을 검색해보아도 이와 비슷한 경향이 드러난다. 주요 신문에 '인센티바이즈'가 등장한 횟수는 다음과 같다. 1980년대 48회, 1990년대 449회, 2000년대 6,159회, 2010~2011년 5,885회. 최근 인센티바이즈는 대통령의 말에도 등장한다. 조지 H.W. 부시는 미국 대통령으로는 처음으로 공개석상에서 이 용어를 두 번 사용했다. 빌 클린턴은 조지 H.W. 부시가 그랬듯이 8년 임기 동안 단 한 번 사용했다. 버락 오바마는 3년이 조금 넘는 임기 동안 29번 사용했다. 오바마는 예방치료에 좀 더 관심을 기울이도록 의사, 병원, 그리고 의료인을 인센티브화하기를 촉구하고, 책임감 있는 주택 소유주와 소기업체에 대출을 제공하도록 "은행을 쑤시고 자극하고 인센티브화하기를" 원했다.

출처 : 마이클 샌델 (2012), 돈으로 살 수 없는 것들 : 무엇이 가치를 결정하는가, 번역서, 와이즈베리, 124–127.

종에서 주로 쓰이고, 임금은 노무직종에서 흔히 쓰이지만, 실질적인 구분의 실익이 없기 때문에 이 책에서는 급여로 통일하여 부르기로 한다.

■ 커미션

커미션은 성과의 일정한 비율을 지급하는 형태로 이루어지는 보상을 의미한다. 따라서 커미션을 보상방법에 포함시키기 위해서는 성과의 몇 %를 커미션으로 지급할 것인가를 결정해야 한다. 즉, 커미션비율(commission rate)이 결정되어야 하는데, 이 커미션비율은 회사에 따라 다르고, 또한 같은 회사 내에서도 구역, 고객, 제품 등에 따라 달라질 수 있다. 커미션비율에 영향을 미치는 요인으로는 ① 영업사원에 대한 보상의 수준, ② 판매제품의 마진율, ③ 판매의 난이도 등을 들 수 있다. 영업사원에 대한 보상수준이 높을수록, 판매제품의 마진율이 높을수록, 그리고 판매의 난이도가 높을수록 커미션비율은 높아진다. 커미션비율은 [그림 17-3]에서와 같이 판매액과 같은 성과지표가 증가할 때 일정하게 유지할 수도 있고, 점증하는 형태를 채택할 수도 있으며, 반대로 점감하는 형태를 채택할 수도 있다. 점증비율 커미션제를 채택하면 성과가 높을수록 더 높은 커미션비율이 적용되기 때문에 영업사원에게 보다 많은 성과를 내도록 동기부여를 하는 데 유리하다. 회사의 입장에서도 판매가 많아질수록 판매단위당 고정비용은 감소하기 때문에 점증비율 커미션제로 인해 직접비용의 비중이 증가하더라도 판매단위당 총비용, 즉 평균비용[(직접비용+고정비용)/총판매량]은 일정하게 유지시켜 나갈 수 있다. 그런데 커미션은 일정기간 동안의 성과를 근거로 계산되기 때문에 점증비율 커미션제를 채택하면 영업사원들은 보다 높은 커미션비율을 적용받기 위해 판매를 지연시키거

그림 17-3 | 커미션비율의 형태

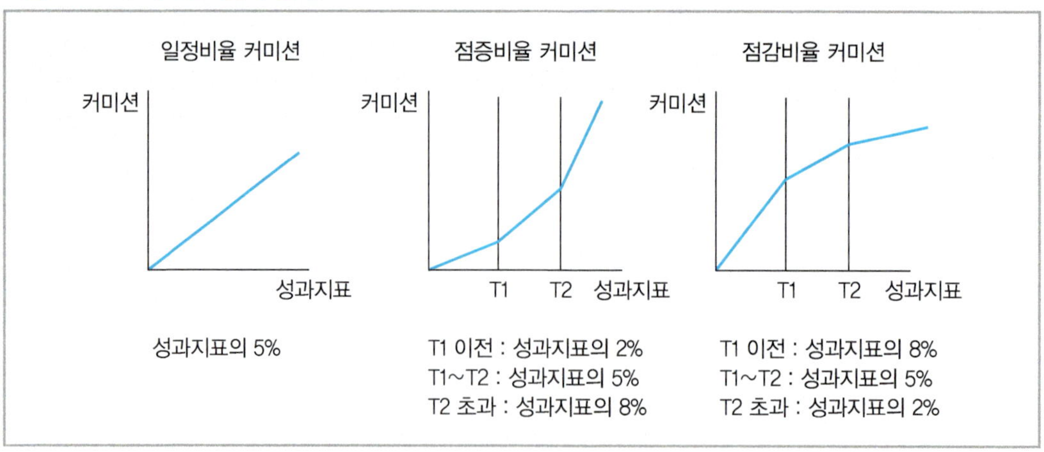

나 혹은 조기판매를 함으로써 판매가 한 시기에 집중될 수 있도록 할 수 있다. 따라서 회사는 이러한 현상이 발생하지 않도록 주의를 기울일 필요가 있다.

점증하는 커미션비율과는 반대로 점감하는 커미션비율을 채택할 수도 있다. 점감비율 커미션제는 제조업체 영업사원의 유통점을 대상으로 하는 영업에서와 같이 첫 번째 주문을 얻어내는 것은 매우 어렵지만, 이후의 재구매는 비교적 용이하게 이루어지는 경우에 적용할 수 있다. 또한 이 제도하에서는 성과가 높은 영업사원과 그렇지 않은 영업사원들 간의 커미션 격차를 줄이는 효과가 있기 때문에 회사가 전체 영업사원의 커미션수준을 비슷하게 유지시켜 나가고자 할 때 유용하게 사용될 수 있다. 이 제도하에서는 점증형 커미션제와는 반대로 영업사원이 판매를 여러 기간에 걸쳐 분산시킴으로써 보다 높은 커미션비율을 적용받으려고 할 수 있다. 예를 들어 커미션비율이 감소하는 판매량이 100이라고 할 때 일정시기에 판매량이 100을 초과한 영업사원은 100을 초과하는 판매를 다음 시기로 연기시킴으로써 보다 높은 커미션비율을 적용받으려고 할 수 있기 때문에 이러한 점에 대해 주의를 기울일 필요가 있다.

■ 보너스

보너스는 회사가 전략적 목표에 부합하는 성과지표에 대해 미리 할당(quota)수준을 정해 놓고, 영업사원이 이를 달성하였거나 초과하였을 때 지급되며, 성과지표로는 특정 제품의 총 판매액이나 순수익 등과 같은 결과지표뿐만 아니라 고객방문횟수나 서비스제공횟수와 같은 다양한 과정상의 지표들도 사용될 수 있다. 커미션은 그 하나만으로도 보상방법이 설계되기도 하지만, 보너스만을 가지고 보상을 설계하는 경우는 거의 없다. 보너스는 [그림 17-4]에서와 같이 일정 달성수준을 초과할 때 1회에 한하여 지급될 수도 있고(좌측 그림), 달성수준을 복수로 설정하고 2차례 이상에 걸쳐 지급될 수도 있다(우측 그림).

그림 17-4 | 보너스 적용의 예

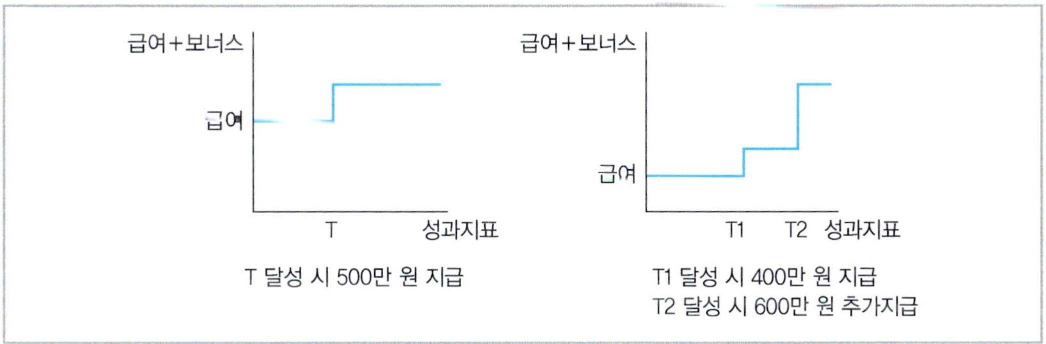

2.2 급여와 인센티브의 상대적 비중

급여는 안정적인 수입원을 제공하는 역할을 하는 반면, 인센티브는 영업사원의 특정한 행동을 유도해내는 데 큰 역할을 한다. 보상방법을 설계함에 있어서 가장 중요한 결정 중의 하나는 급여와 인센티브의 상대적인 비중을 어떻게 정할 것인가에 대한 것이다. 일정한 법칙이 있는 것은 아니지만 영업사원으로부터 목적하는 행동을 이끌어내기 위해서는 인센티브가 전체 보상의 최소한 약 15~30% 정도는 차지해야 한다는 가이드라인이 제시되고 있다. 미국 영업사원들의 경우 인센티브가 영업사원의 수입에서 차지하는 비중은 약 40%에 이르고 있다. 급여와 인센티브의 적절한 비중을 결정하기 위해서는 다음과 같은 요인들이 검토되어야 한다.

▪ 성과지표의 측정가능성

인센티브는 영업사원의 성과에 대한 평가를 바탕으로 이루어지기 때문에 성과평가의 기준이 되는 변수(성과지표)들에 대한 측정이 이루어질 수 있어야 한다. 즉, 성과평가 변수들의 측정가능성이 전제가 되어야 인센티브제도를 도입할 수 있다. 측정가능성은 측정기준 변수들에 대한 자료의 획득가능성, 정확성, 그리고 시의적절성의 3가지의 측면에서 검토되어야 한다. [표 17-4]는 이러한 세 가지 요인들에 대한 위협요인들에 대해 기술하고 있다.

자료의 획득가능성과 관련하여 특히 주류회사와 같이 고객으로부터 직접 주문을 받는 것

표 17-4 | 성과의 측정가능성의 위협요인들

구분	내용
획득가능성	• 도매상이나 소매상 등 중간상을 대상으로 영업활동을 하는 경우, 이들에게 판매한 자료는 사내 전산 시스템에서 쉽게 확보할 수 있지만, 최종소비자에게 얼마나 판매되었는지에 대한 자료는 확보하기가 거의 불가능하다. • 맥주나 소주회사와 같은 주류 제조업체의 영업사원은 식당이나 주점에 직접 맥주나 소주를 판매하는 것이 아니라 식당이나 주점이 자사가 거래하는 도매상과 같은 중간상로부터 자사의 제품을 주문해줄 것을 설득하는 업무를 수행한다. 따라서 이 같은 경우 판매실적에 대한 자료를 획득하기 힘들다. • 팀영업(team selling)이 이루어지는 경우 영업사원 개인별 판매기여도를 알기 어렵다.
정확성	• 소비자만족도 등과 같이 설문조사를 통해 측정되는 성과지표의 경우, 표본오차 등이 존재하기 때문에 판매액과 같이 객관적인 자료를 통해 계산되는 성과지표와는 달리 그 정확성에 대해 이론의 여지가 많다. 더욱이 영업사원 스스로가 고객으로부터 설문을 수집하게 하는 경우에는 영업사원이 응답자 자신이 평가한 내용을 볼 수 있다고 생각하기 때문에 솔직한 응답을 기대하기 어렵다. • 자료를 추출하는 과정에서 발생할 수 있는 전산상의 오류도 배제할 수 없다.
시의적절성	• 자료의 수집이 지연되거나 자료추출과정이 복잡하면 적기에 필요자료를 확보하기 어렵다.

이 아니라 제품에 대한 정보를 제공하거나 판촉물을 전달하는 것이 주된 활동인 판촉영업(missionary selling)의 경우에는 판매실적에 대한 자료를 획득하기 힘들기 때문에 인센티브를 도입하는 데 어려움이 있다. 즉, 우리나라의 맥주나 소주는 70~80% 정도가 종합주류도매상과 연쇄점 본지부(할인점, 기업형 슈퍼마켓 등의 본부와 지부)에 판매되고 있으며, 종합주류도매상이 다시 중소규모의 슈퍼마켓, 식당, 주점 등에 공급하는 유통구조를 이루고 있다. 주류회사의 영업사원은 종합주류도매상이나 연쇄점 본지부를 대상으로 하는 영업활동을 하는 한편, 식당이나 주점 등을 방문하여 식당 및 주점의 주인이나 손님들을 상대로 자사 제품에 대한 판촉활동을 한다. 따라서 특정 영업사원의 활동에 의해 최종소비자가 얼마나 자사의 제품을 구입하였는지는 알기가 어렵다. 이러한 이유로 소주나 맥주를 생산하는 대규모 주류회사들은 대부분 영업사원의 활동에 대한 평기에 기반을 둔 급여제를 실시하고 있다.

▪ 인과관계의 명확성

개별 영업사원의 영업활동과 판매실적과의 인과관계에 대한 부분도 인센티브의 비중을 결정하는 데 중요한 역할을 한다. 즉, 다른 요인보다는 해당 영업사원의 노력과 능력에 의해 판매가 이루어졌다는 점이 명백할 때 성과를 평가하여 이에 따른 인센티브를 제공하는 것이 가능해진다. 예를 들어 일용소비재와 같이 제품의 판매가 주로 브랜드 파워나 판촉, 광고 등과 같은 본사의 마케팅활동에 의해 이루어지고 있다면, 영업활동과 판매와의 인과관계가 크지 않다고 할 수 있으며, 따라서 인센티브보다는 급여의 비중을 높이는 것이 타당하다. 또한 팀 단위의 영업이 이루어지기 때문에 개별 영업사원의 판매기여도를 정확히 파악해 낼 수 없는 경우에도 인센티브의 비중은 높아질 수 없다. 반대로 주로 영업사원의 개인적인 능력에 의존해야 하는 보험, 자동차 등의 분야에서는 인센티브의 비중이 높아진다.

▪ 판매활동과 지원활동의 상대적 중요성

영업과정에서 일어나는 영업사원의 활동은 크게 판매활동과 비판매활동으로 나누어질 수 있다. 판매활동은 고객방문, 고객접촉 니즈 파악, 제안서/견적서 제시, 계약/수주와 같이 판매와 직결된 활동을 의미하는 반면, 비판매활동이란 잠재고객의 개발, 기존고객 대상의 서비스 제공, 연구개발, 계획수립, 회의 등과 같이 판매 후의 서비스제공 활동이나 보다 효과적인 판매활동의 수행을 위해 필요한 활동들을 의미한다. 비판매활동도 장기적으로 보면 판매를 위한 활동인 것은 확실하지만, 적어도 단기적으로는 당장의 판매와는 어느 정도 거리가 있다는 점에서 판매활동과 구분될 수 있다.

인센티브는 주로 판매활동의 결과로 얻어지는 판매를 기준으로 정해진다. 따라서 인센티브가 큰 비중을 차지하는 보상방법은 당연히 판매활동의 상대적 비중을 증가시키는 효과를 가져온다. 판매활동과 판매와의 인과관계가 아주 명확한 환경하에서는 판매활동을 강화하는 것이 필요하고 이를 위해 인센티브의 비중을 높이는 것이 바람직하다. 그러나 판매활동의 강화는 자연스럽게 비판매활동의 약화를 가져오기 때문에 산업의 특성상 지원활동이 중요한 위치를 차지하거나, 고객과의 장기적인 관계가 중요한 경우라면 지원활동을 강화하기가 용이한 급여 중심의 보상방법이 더 바람직할 수 있다. 즉, 높은 수준의 문제해결능력 및 전문적 지식과 기술이 요구되어서 이를 준비하기 위한 심도 있는 R&D활동이나 정보탐색, 시장조사, 세미나 등이 필요한 경우, 판매사이클이 길어서 영업활동이 오랜 기간 지속되어야 하는 경우, 또는 대규모 기업과 같이 거래의 규모도 크고 단기적인 매출보다는 장기적인 관점에서의 고객관계의 개선 및 유지가 중시되는 경우 등에는 판매활동보다는 비판매활동을 강화하기에 적합한 보상방법이 도입되어야 한다.

▪ 기업의 성장전략

급여와 인센티브의 비중은 기업이 현재 어떠한 성장전략을 가지고 있는가에 의해서도 달라질 수 있다. 고객을 기존고객과 신규고객으로 구분하고, 제품을 기존제품과 신규제품으로 구분하면 [표 17-5]와 같이 고객-제품 매트릭스(customer-product matrix)가 작성될 수 있다. 기존고객을 대상으로 기존제품을 판매하는 전략은 기존고객을 유지하거나 교차판매/상승판매 등을 통해 보다 많은 매출이 이루어질 수 있도록 도모한다는 것을 의미하고, 기존고객을 대상으로 신규제품을 판매하는 전략은 기존시장에서 보다 다양한 품목을 판매한다는 것을 의미한다. 또한 신규고객을 대상으로 하는 전략은 신규시장을 개척하는 것으로 기존상품을 활용하는 경우는 시장확장전략, 신규제품을 활용하는 경우는 신규사업창출전략이라고 할 수 있다. 각 전략에 대해 어떠한 보상방법이 적합할 것인가는 각 전략의 난이도에 의해 결정된다고 할 수 있다. 즉, 영업사원의 보다 공격적인 활동이 요구되는 전략하에서는 인센티브제가 더 적합하고, 기존시장을 수성하는 전략하에서는 영업사원들의 활동을 보다 잘 관리할 수 있

표 17-5 | 고객-제품 매트릭스

		제품유형	
		기존제품	신규제품
고객유형	기존고객	고객관계관리전략	품목확대전략
	신규고객	시장확장전략	신규사업창출전략

는 급여제가 더 적합하다고 할 수 있다. 따라서 신규시장의 개척에 해당하는 시장확대전략이나 신규사업창출전략하에서는 인센티브제가 적합하고, 고객관계관리전략하에서는 급여가 더 적합하며, 난이도에 있어 그 중간에 해당하는 기존고객 대상의 품목확대전략하에서는 급여와 인센티브의 결합 형태가 보다 적합하다고 할 수 있다.

2.3 각 보상방법의 장 · 단점

보상방법은 다양한 보상수단(급여, 커미션, 보너스 등)의 조합으로 구성된다. 보상수단 가운데 보너스는 단독으로 보상방법을 구성하는 경우는 거의 없기 때문에 실제로 사용되는 보상방법은 [그림 17-5]에서와 같이 6개의 유형으로 나누어질 수 있다. [그림 17-6]은 결합형태 보상방법의 각 방법을 나타내고 있는데, 성과수준에 따른 보상수준이 굵은선으로 표시되어 있다.

각각의 유형은 나름대로의 장 · 단점을 가지고 있기 때문에 구체적인 상황에 적합한 보상방법을 선택할 수 있어야 한다. 여기에서는 단독형태 보상방법인 급여제와 커미션제, 그리고 가장 대표적인 결합형태 보상방법인 급여+커미션+보너스제의 장 · 단점에 대해 기술한다.

그림 17-5 | 보상방법의 유형

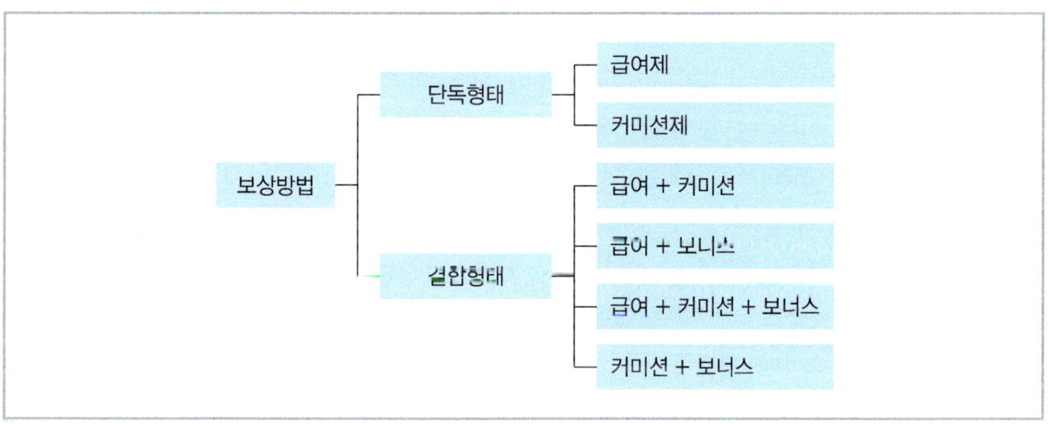

그림 17-6 | 결합형태의 보상방법

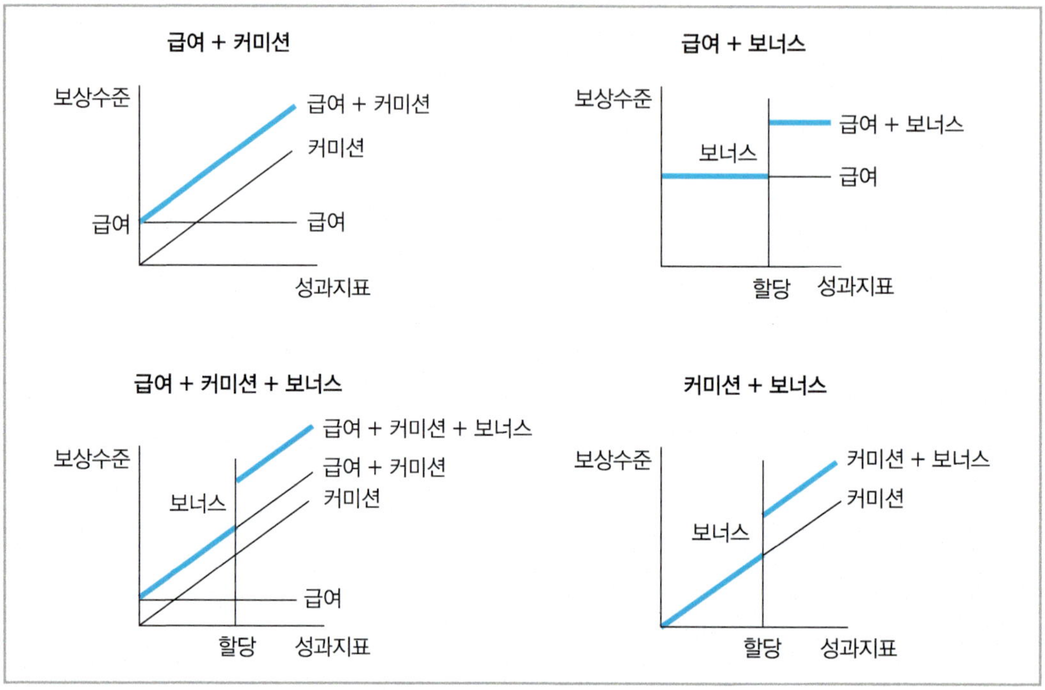

■ 급여제

급여만으로 보상방법이 구성되는 급여제(straight salary)의 가장 큰 장점으로는 여러 가지 측면에서 관리가 용이하다는 점을 들 수 있다. 먼저 전체 보상수준에 대한 관리가 용이해진다. 인센티브의 경우에는 영업사원의 성과에 따라 보상수준이 가변적이지만, 급여제도하에서는 일정기간 동안의 보상수준을 확정지을 수 있다. 또한 영업사원으로 하여금 판매활동 이외의 다양한 활동을 하도록 지시할 수 있기 때문에 영업사원들의 활동에 대한 관리의 수준도 높아진다. 이에 따라 시장조사, 고객문제에 대한 분석, 광고나 판촉활동, 고객서비스, 고객사 미팅이나 교육지원 등의 비판매활동의 비중을 높일 수 있다. 따라서 사후서비스나 전문적인 서비스에 대한 니즈가 많은 고객의 입장에서는 담당 영업사원이 급여에 의해 보상을 받는 것을 더 선호할 수 있다.

급여는 판매액과 관련이 없는 고정비이기 때문에 판매액이 증가하고 있는 경우에는 전체의 판매액에서 임금이 차지하는 비중은 줄어들게 된다. 따라서 회사의 매출액이 성장하고 있는 추세라면 비용의 차원에서는 급여제가 커미션제에 비해 유리하다. 급여제는 영업사원에게 안정적인 수입을 보장해주기 때문에 자신이 담당하는 구역, 제품, 고객군에 대해 덜 민감하며,

따라서 기업은 영업사원의 담당구역, 담당제품, 담당고객 등에 대한 변경을 통해 적재적소에 영업사원을 배치하는 것이 용이해진다. 영업사원의 입장에서 급여제는 안정적인 수입을 보장하기 때문에 숙련된 영업사원보다는 신참사원이나 담당하는 분야에 대해 익숙하지 않은 영업사원들이 더 선호하는 경향이 있나. 더욱이 이 제도는 매우 단순하기 때문에 신참사원이라도 매우 쉽게 이해할 수 있다.

급여제의 가장 큰 단점은 영업사원이 최선의 노력을 기울이게 하는 데 필요한 만큼의 동기부여를 하지 못한다는 점이다. 물론 영업사원의 노력에 대한 평가를 급여에 반영할 수 있지만, 이러한 조정은 통상 1년에 한 번 정도 이루어지기 때문에 즉각적인 보상이 이루어지는 인센티브제에 비해 동기부여의 정도가 약할 수밖에 없다. 이와 관련하여 자발적이며 도전적인 성향을 가지고 있는 영업사원들의 이탈을 불러와서 조직의 활력을 떨어뜨릴 가능성도 있다. 또 다른 단점으로는 이를 실행하기 위해서는 영업사원에 대한 감독이 보다 철저히 이루어져야 한다는 점이다. 급여제가 영업사원의 자발적인 활동을 이끌어내는 정도가 약하기 때문에 영업사원의 활동에 대한 감독이 보다 철저하게 이루어져야 하고, 따라서 이러한 감독을 위한 시간과 비용이 더 많이 소요된다. 또한 영업사원들 간에 성과가 차이남에도 불구하고 똑같은 급여를 받을 경우, 우수한 영업사원의 사기를 떨어뜨리는 결과를 가져오게 된다. 평가의 측면에서도 영업사원에 대한 평가의 많은 부분이 영업관리자의 주관적인 판단에 따라 이루어지기 때문에 성과에 근거한 인센티브제에 비해 공정성이 떨어질 수 있다.

■ 커미션제

커미션만으로 보상방법이 구성되는 커미션제(straight commission)의 가장 큰 장점으로는 매우 단순하여 관리하기가 대단히 용이하다는 점을 들 수 있다. 커미션제에서는 대개 총판매액이나 순수익 등의 결과중심의 성과지표가 사용되는데, 사용되는 성과지표의 수가 급여제에서 사용되는 성과지표의 수보다 훨씬 적고, 또한 모든 지표가 영업관리자의 주관적인 판단이 아니라 객관적인 숫자로 측정되기 때문에 관리하기가 대단히 용이하다. 커미션제의 또 다른 장점으로는 영업사원에게 강력한 동기를 부여하는 데 적합하다는 점이다. 영업사원은 커미션제의 구조에 맞추어 가장 많은 보상을 받을 수 있는 판매활동에 진력하기 때문에 커미션제를 회사의 목표에 맞게 잘 구성하면 영업사원의 최선의 노력을 이끌어낼 수 있다. 예를 들어 신제품에 대한 판매를 커미션과 연결시키면 조기에 신제품이 성공적으로 론칭되는 것을 기대할 수 있으며, 수익성을 커미션과 연계시키면 사내에서 가장 마진율이 좋은 상품에 대한 판매를 촉진시킬 수 있음과 동시에 영업사원의 지출 절감 노력도 이끌어낼 수 있다.

커미션제와 급여제 가운데 회사의 입장에서 어느 쪽이 비용이 덜 드는가는 커미션율, 급여

그림 17-7 | 급여제와 커미션제의 비교

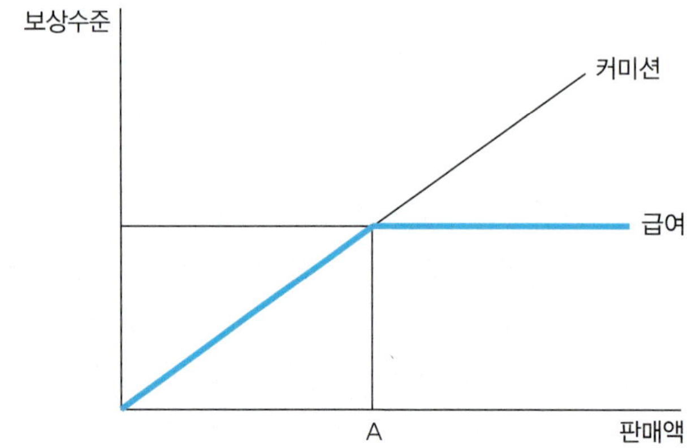

액, 그리고 성과지표(예를 들어 판매액)의 수준의 3개 변수에 의해 결정된다. [그림 17-7]에서와 같이 커미션은 판매액이 증가할 때 증가하고, 급여는 판매액과 관계없이 일정하기 때문에 급여를 나타내는 선과 커미션을 나타내는 선은 일정지점에서 교차하게 된다. 어느 수준의 판매액에서 교차할 것인가는 커미션율과 급여의 크기에 의해 결정되는데, 커미션율이 높을수록(커미션을 나타내는 선의 기울기가 가파를수록), 또한 급여수준이 낮을수록 교차하는 지점에 해당하는 판매액의 수준은 낮아진다. 회사의 입장에서는 영업사원의 실적이 교차지점에 해당하는 판매액에 미치지 못하는 경우에는 커미션제가 비용이 더 적게 소요되고, 반대로 해당 판매액을 초과하는 경우에는 급여제가 비용이 더 적게 든다. 그림에서 굵은선은 판매량에 따른 비용이 절감되는 보상방법을 나타내고 있다.

■ 급여+커미션+보너스제

급여와 커미션, 그리고 여기에 보너스를 결합한 형태의 보상방법도 사용될 수 있다. 이 보상제도의 가장 큰 장점은 매우 유연하게 보상방법을 설계할 수 있다는 점이다. 이 제도를 활용하면 급여와 커미션, 그리고 보너스가 가지고 있는 장점들을 모두 살릴 수 있다. 즉, 급여를 통해서는 안정성을 부여할 수 있고, 커미션을 통해서는 성과지표의 극대화를 위한 노력을 기울이도록 할 수 있으며, 보너스를 통해서는 목표의식을 고취시킬 수 있다. 또한 다른 보상방법에 비해 다양한 성과지표를 활용할 수 있기 때문에 영업사원이 회사가 원하는 다양한 활동들을 수행하도록 도모할 수 있다. 예를 들어 급여의 책정을 위해서는 영업사원의 능력(영업기술, 제품지식, 리더십, 팀워크 등)이나 활동(고객방문, 서비스제공 등)과 같은 과정중심의 성과지표를 활용하고, 커미션이나 보너스의 책정을 위해서는 판매액, 수익성 등과 같은 결과중심의 성과지표를 활용함으로써 영업 프로세스상의 여러 단계에서 좋은 성과가 이루어질 수 있도록 도모할 수 있다. 이 제도가 갖고 있는 유연성을 활용하면 각 영업사원에 대한 맞춤형 보상방법의 설계도 가능해진다. 회사는 각 영업사원의 특성이나 담당하고 있는 제품, 지역, 고객 등의 특성에 맞는 보상방법을 설계함으로써 각 영업사원이 최선의 성과를 이룰 수 있도록 할 수 있다.

이 제도의 가장 큰 단점은 그 복잡성으로 인해 다른 보상방법에 비해 설계와 운용에 많은 노력과 시간이 소요된다는 점이다. 설계과정에서 영업관리자, 영업사원, 인사담당자 간에 많은 논의가 이루어져야 하고, 보상수준을 계산하는 과정에서도 더 많은 시간과 노력이 요구된다. 영업사원의 입장에서도 보상방법을 정확하게 이해하기 힘들고, 따라서 달성하기 쉬운 한두 개의 성과지표에만 매진하고 정작 전략적으로 중요한 성과지표를 소홀히 할 가능성도 있다. 경우에 따라서는 영업사원의 동일한 활동이 성과지표들 간에 충돌을 일으키게 할 수도 있다. 예를 들어 커미션은 수익성을 기준으로 하고 보너스는 판매량을 기준으로 한다고 하면, 특정 고객에 대한 빈번한 방문활동은 판매량 증가에는 도움이 되지만, 지출을 증가시켜 수익성에는 부의 영향을 미칠 수 있다. 이로 인해 보상방법이 영업사원에게 일관성 있는 지침을 명확하게 제시해주지 못하는 결과가 초래될 수 있다. 그렇지만 이러한 단점들에도 불구하고 이 제도가 갖고 있는 유연성 때문에 점점 더 많은 기업들이 이 제도를 채택하고 있다.

제3절 팀영업과 보상

고객과의 장기적인 관계를 중시하는 관계적 영업이 증가하고, 전략고객의 중요성이 강조되면서 팀영업이 활성화되고 있는 추세에 있다. 팀영업의 경우에는 영업팀에 소속된 각 구성원이 기여도를 정확하게 측정하기 어렵기 때문에 보상도 개별적으로 활동하는 영업사원에 대한 보상과는 다른 방법으로 이루어져야 한다. 영업팀의 운영에 있어서 가장 큰 문제점 중의 하나는 무임승차와 관련된 것이다. 영업팀의 구성원 중에는 자신이 일을 하지 않아도 다른 구성원이 자신의 업무를 보완해 줄 수 있으며, 그럼에도 불구하고 다른 구성원과 같거나 비슷한 수준의 보상을 받을 수 있다고 생각하는 사람이 있을 수 있다. 이것이 바로 무임승차이며, 이러한 현상은 영업팀의 규모가 커지면 커질수록 심해지는 경향이 있다.

영업팀의 구성원들에게 서로 겹치지 않는 업무를 부여하고, 부여된 각 업무의 성과를 정확히 평가하여 보상함으로써 무임승차 현상을 해결할 수 있지만, 현실적으로 구성원의 업무를 서로 독립적으로 겹치지 않게 구성하는 것 자체가 거의 불가능하다. 이는 영업팀을 구성하는 이유가 구성원들 간의 협업을 통해 시너지를 창출하려는 데 있기 때문에 한 구성원의 업무를 다른 구성원의 업무와 아무런 연계성을 갖지 않도록 설계하는 것이 바람직하지 않기 때문이다. 따라서 영업팀에 대한 보상을 개별적으로 활동하는 영업사원에 대한 보상과 같은 방법으로 하기에는 많은 어려움이 따른다. 개별적으로 활동하는 영업사원에 대한 성과평가가 주로 판매액이나 순수익과 같은 결과지표에 의해 이루어지는 경우가 많은 반면, 영업팀에 대한 성과평가는 결과지표보다는 방문활동이나 고객만족도와 같은 과정지표나 고객차원의 지표에 의해 이루어지는 경향이 있다. 그래서 성과평가에 따른 보상에 있어서도 개별적으로 활동하는 영업사원의 경우에는 인센티브의 비중이 높은 반면, 영업팀의 경우에는 인센티브보다는 주로 급여에 의존한 보상이 이루어진다. 특히 전략고객의 관리에서와 같이 단기적인 매출성과보다는 장기적인 관계증진이 훨씬 더 중요하고, 또한 영업주기가 몇 주나 몇 달이 아니라 1~2년 혹은 그 이상이 소요되는 경우에는 과정지표나 고객차원의 지표를 기반으로 성과를 평가하고, 이에 따라 급여수준을 결정하여 지급하는 것이 거의 유일한 선택대안이라고 할 수 있다.

영업팀에 대한 보상으로 급여와 함께 인센티브를 포함시키는 경우에는 두 가지 사안이 결정되어야 한다. 첫째는 영업팀에 대해 어떠한 형태의 인센티브를 적용하는 것이 바람직할 것인가에 대한 것이고, 둘째는 영업팀 전체에 대해 부여한 인센티브를 각 구성원들에게 어떻게 배분할 것인가에 대한 것이다. 무임승차와 같은 현상을 방지하기 위한 가장 바람직한 인센티브 부여방법은 영업팀에게 할당목표를 주고 이의 달성 여부에 따라 팀단위의 보너스를 지급하는 방법이다. 할당목표를 달성하지 못하면 팀 구성원 전체가 보너스를 전혀 받을 수 없기 때문에 모든 구성원이 팀에 대한 책임감과 동료로부터의 압력을 느끼게 되고, 따라서 무임승차 현상을 완화시킬 수 있다.

보너스를 팀 구성원들에게 배분하는 방법은 두 가지로 나누어질 수 있다. 첫째는 모든 팀 구성원들에게 똑같이 배분하는 방법이고, 둘째는 구성원의 성과나 노력에 따라 달리 배분하는 방법이다. 두 번째 방법을 채택하였을 경우에는 배분에 대한 결정을 누가 할 것인지에 대한 결정도 이루어져야 한다. 성과를 많이 내도록 독려하고 무임승차의 가능성을 최소화하기 위해서는 성과나 노력에 따라 달리 배분하는 방법이 바람직하지만, 이 경우에는 성과나 노력에 대한 평가가 공정하게 이루어져야 한다. 그렇지 않으면 불신이 조장되어 팀워크를 해치고 사기를 떨어뜨리는 결과가 초래될 수 있다. 팀 구성원들의 노력이나 성과를 평가할 수 있는 가장 적합한 사람은 팀 구성원들이라고 할 수 있다. 따라서 구성원들로 하여금 평가를 하도록 하는 방법도 바람직하지만, 다만 이 경우에 성과나 노력에 대한 평가보다는 인기도나 개인적 친분과 같은 비업무적 요소가 개입될 수 있기 때문에 주의를 기울여야 한다.

결론적으로 보너스에 대한 배분을 구성원의 성과나 노력에 따라 차등적으로 지급하고자 하는 경우에는 모든 구성원이 수긍할 수 있는 성과평가방법이 도출될 수 있어야 한다. 그렇지 않은 경우에는 모든 구성원들에게 똑같이 배분하는 것이 큰 문제를 발생시키지 않는 보다 현명한 방법이 될 수 있다. 균등배분으로 인해 역차별을 받았다고 생각하는 성과가 우수한 영업사원에 대해서는 우수한 성과를 승진이나 인정 등과 같은 비금전적 보상에 반영시켜 줌으로써 불만을 줄여줄 수 있다.

CHAPTER 18

할당

제1절 할당의 개념

제2절 할당의 목적

제3절 할당의 유형

제4절 할당수준의 결정

제1절 할당의 개념

영업에서의 할당(quota)은 영업단위에게 일정기간 동안 달성하도록 부여된 성과목표를 의미한다. 할당의 개념은 [그림 18-1]에서와 같이 할당대상, 할당단위, 할당변수, 할당기간 등의 4개 차원으로 구성된다. 먼저 할당의 대상은 제품(예를 들어 신규제품이나 마진이 높은 제품)이 될 수도 있고, 고객(예를 들어 신규고객이나 특정 인구통계적 특성을 지닌 고객집단)이 될 수도 있다. 할당의 단위는 개별 영업사원이 되는 것이 보편적이지만, 영업팀이 할당의 단위가 될 수도 있고, 영업구역이나 영업지점이 단위가 될 수도 있다. 회사는 각 영업지점에 대한 할당을 먼저 정한 뒤, 해당 영업지점 내의 영업구역의 할당을 정하고, 이를 기반으로 다시 각 영업팀과 영업사원의 할당을 정할 수 있다.

할당변수는 할당을 책정할 때 사용되는 변수를 의미한다. 할당변수는 기업의 전략적 목표에 따라 다양한 변수들이 채택될 수 있다(제3절 '할당의 유형'에서 상세히 기술). 예를 들어 기업의 전략적 목표를 시장점유율의 확대나 매출극대화에 두고 있는 경우에는 판매액이나 판매수량과 같은 변수들이 할당변수로 적합하지만, 시장점유율보다는 회사의 수익을 증진시키는

그림 18-1 | 할당의 차원

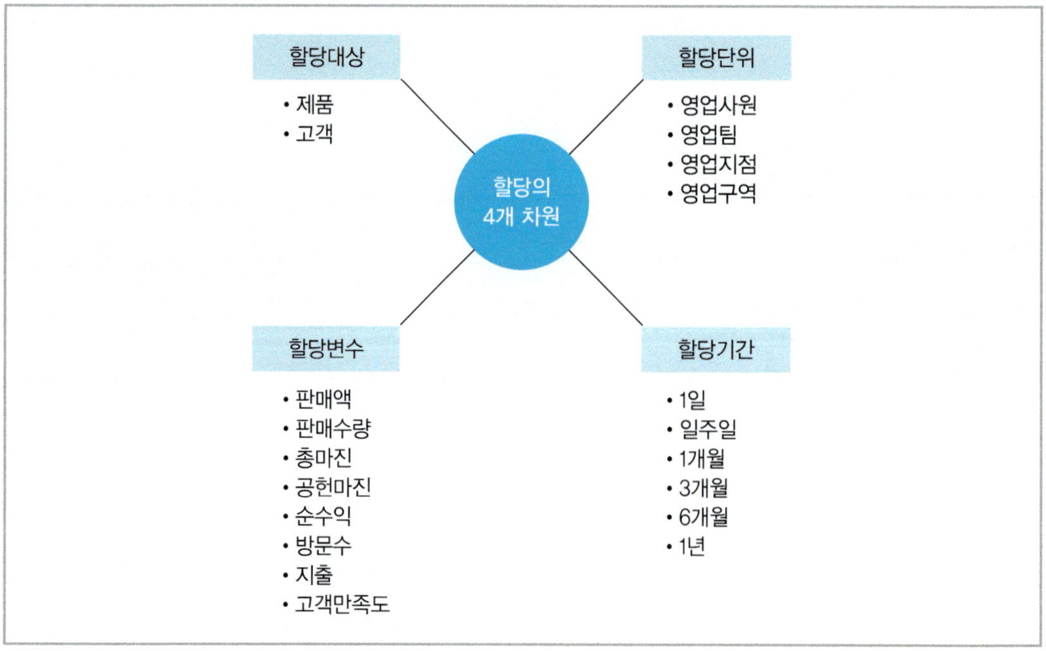

것이 중요한 경우에는 총마진, 공헌마진, 순수익, 지출 등의 변수를 중심으로 할당이 부여되는 것이 더 적합하다. 또 기존고객의 이탈이 중요한 이슈로 부각되는 경우에는 고객유지율과 같은 변수가 할당변수로 사용될 수 있으며, 판매보다도 장기적인 관점에서의 고객관리가 중요한 의미를 지니는 경우에는 고객만족도가 중요한 할당변수가 되기도 한다. 또한 영업사원의 활동에 대한 통제가 중요한 경우에는 결과중심의 기준보다는 고객방문수나 근무일수, 고객사 미팅건수 등의 구체적인 활동변수들이 사용될 수도 있다. 할당기간은 월, 분기, 반기가 채택되는 것이 보편적이지만, 경우에 따라서는 일주일 혹은 1일이 될 수도 있고, 또는 1년 단위의 할당이 책정되기도 한다. 할당기간은 영업관리의 강도 및 판매주기와 관련이 있다. 영업사원에 대한 관리를 보다 강하게 할 필요성이 클수록, 또한 판매주기가 짧을수록 할당기간은 짧아진다.

제2절 할당의 목적

할당은 [그림 18-2]에서와 같이 다양한 목적을 위해 활용될 수 있다.

그림 18-2 | 할당의 목적

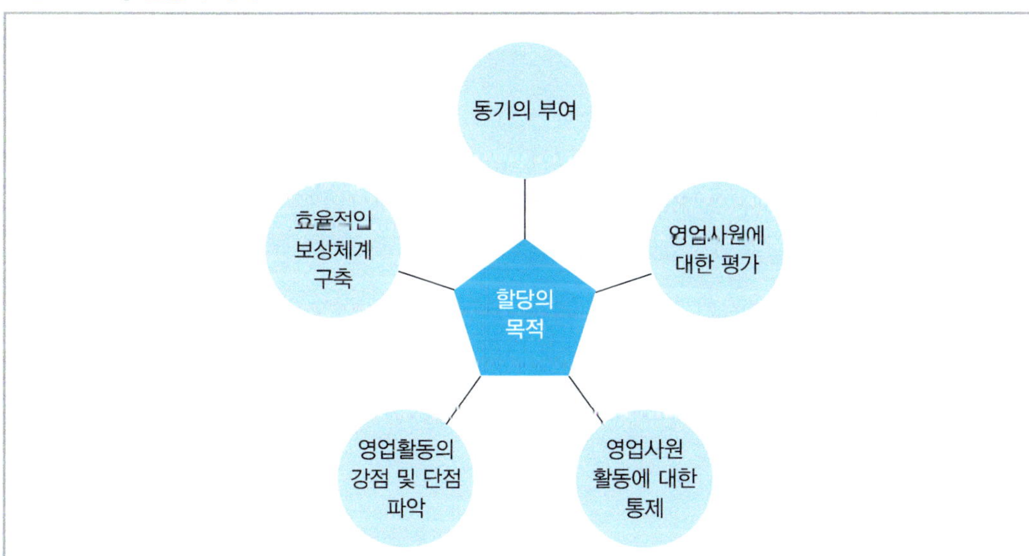

1. 동기의 부여

할당은 미국의 경우 85~90%의 기업들이 도입하고 있을 정도로 영업관리에 있어서 가장 보편적으로 사용되는 도구 중의 하나이다. 우리나라의 경우에도 할당은 대부분의 영업조직에서 채택하고 있는 영업관리 수단이다. 이렇게 할당이 보편화되어 있는 가장 주된 이유는 영업사원이 목표의식을 갖게 함으로써 보다 강하게 동기부여를 할 수 있기 때문이다. 목표이론(目標理論)에 따르면 달성하기 어려운 목표가 설정되었을 때 목표가 보통 이하의 수준이거나 전혀 제시되지 않았을 때에 비해서 보다 좋은 성과를 거둘 수 있다. 적정한 수준에서 정해진 할당은 영업사원에게 목표의식을 고취시켜주는 역할을 하고, 또한 자신의 실적이 만족스러운지의 여부를 판단하는 기준이 되기 때문에 자발적인 노력을 이끌어내는 데 큰 역할을 한다. 즉, 막연히 열심히 하라고 하는 것보다는 구체적인 수치를 달성목표로 제시하는 것이 동기유발에 훨씬 더 유리하다. 더욱이 할당의 달성 여부는 영업사원의 성과를 평가하는 데 사용되고, 또 그 평가 결과는 보너스와 같은 보상과도 연계되기 때문에 영업사원은 할당의 달성을 위해 진력하게 된다.

2. 영업사원에 대한 평가

회사는 영업사원의 실적과 영업사원에게 부여된 할당을 비교함으로써 그 영업사원의 성과를 평가할 수 있다. 많은 경우에 이러한 평가의 결과에 따라 승진이나 보너스 등에 대한 결정이 이루어진다. 또한 할당을 통한 영업사원 평가는 영업관리자에게 영업사원이 어떠한 점에 있어서 부족한 점이 있다는 것을 알려주는 기능도 수행한다. 예를 들어 어떤 영업사원이 기존 고객 대상의 판매액 할당은 초과달성하였는데, 신규고객 대상의 판매액 할당은 훨씬 미달하였다면 잠재고객의 확보, 잠재고객에 대한 접근, 프레젠테이션 등 신규고객의 확보와 관련된 영업기술이 부족하다는 것을 알 수 있다. 이를 통해 영업관리자는 영업사원을 대상으로 어떠한 교육훈련이나 코칭활동을 실시할 것인가에 대한 결정을 내릴 수 있다.

3. 영업사원의 활동에 대한 통제

회사는 할당의 기준이 되는 변수(할당변수)를 통해 영업사원들에게 어떠한 활동에 집중해주기를 원하는지에 대한 의사표시를 하는 셈이 된다. 예를 들어 수익성을 할당변수로 채택하면, 영업사원들은 자연히 마진이 적은 제품보다는 마진이 높은 제품의 판매를 위해 노력하게 되고, 판매 활성화를 위한 무리한 가격할인을 자제하게 되며, 숙식비나 접대비 등의 영업경비의 지출을 줄이게 된다. 또한 회사가 시장의 확대를 목표로 하고 있다면 신제품의 판매량이나 신규고객 확보수 등을 할당기준으로 책정함으로써 영업사원의 활동에 대한 구체적인 지침을 제시할 수 있다. 영업활동의 결과보다는 영업사원들의 구체적인 활동에 대한 통제가 필요한 경우에는 1일당 방문수나 제안서 제출횟수 등과 같은 과정변수에 할당이 부여될 수도 있으며, 과도한 지출이 문제가 되고 있는 경우라면 지출경비에 할당을 책정하여 영업사원이 영업경비를 효율적으로 지출하도록 유도할 수 있다. 할당변수를 무엇으로 할 것인가와 더불어 몇 개의 할당변수를 활용할 것인가도 중요한 이슈 중의 하나이다. 할당은 영업사원의 활동이 회사의 전략과 일관성을 유지하도록 하는 역할을 하지만, 너무 많은 할당변수가 책정되면 영업사원들이 혼란스러워 할 수 있고, 영업사원들의 노력이 여러 방면으로 분산됨으로써 의도하였던 성과를 이루지 못할 수도 있으며, 의도와는 달리 할당변수들 간에 충돌이 발생할 수도 있다. 적절한 할당변수의 수로는 3~4개 정도가 추천되고 있다.

4. 영업활동의 강점 및 단점의 파악

각 구역에 대한 할당이 적절하게 책정되면, 회사는 할당의 달성이 이루어졌는가의 여부에 따라 각 구역에서의 영업활동이 적절하게 이루어지고 있는가에 대해 판단을 내릴 수 있다. 즉, 할당이 달성되지 못하였다면 이는 영업현장에서 원래의 예상과는 다른 상황이 발생하고 있다는 것을 의미한다. 그렇지만 할당의 달성 혹은 미달 그 자체가 달성 혹은 미달의 원인까지 알려주는 것은 아니기 때문에 그 원인에 대한 추가 조사가 필요하다. 이러한 조사를 통해 회사는 자사의 영업에 있어서 어떠한 부분에 강점이 있고, 또한 고쳐나가야 할 점은 무엇인지 등에 대한 시사점을 얻을 수 있다. 특히 실적이 할당에 미치지 못한 경우에는 처음부터 할당수준이 너무 높게 책정되었는지, 영업사원의 능력이나 활동 등에 문제가 있는지, 제품 자체의 성能력이 떨어진 것인지, 경쟁이 심화되었거나 소비자의 니즈가 변화한 결과로 부진한 결과가 나타난 것인지 등에 대한 면밀한 검토를 거쳐 판매예측 모델의 개선, 영업사원의 교육훈련 강화, 제품품질의 개선, 영업구역의 변경 등의 조치를 취해야 한다.

5. 효율적인 보상체계의 구축

보다 효율적인 보상체계를 구축하는 것도 할당의 중요한 목적 중의 하나이다. 회사는 자사의 보상체계에 급여나 커미션과 함께 할당과 연계된 보너스를 함께 사용함으로써 보다 유연한 형태의 보상체계를 구축해나갈 수 있다(제17장 [그림 17-6] '결합형태의 보상방법' 참조). 또한 할당은 보너스와 연계되지 않은 경우에도 다른 형태의 보상(급여와 커미션)의 효용을 증진시키는 데 기여할 수 있다. 고정급인 급여의 경우 급여조정 여부를 할당달성 여부와 연계시킴으로써 보다 합리적인 급여의 책정을 도모할 수 있다. 또한 커미션을 보상체계에 포함시키고 있는 경우에, 회사는 할당 이상의 판매수준에서만 커미션을 적용함으로써 영업사원에게 보다 강한 동기를 부여할 수 있다.

할당은 각 구역의 시장잠재력의 차이에서 오는 불합리한 점을 완화시키는 데도 기여할 수 있다. 급여+커미션제를 채택하고 있는 경우에 시장잠재력이 구역마다 상이하면 영업사원이 동일한 노력을 기울이더라도 시장잠재력에 따라 커미션에서 큰 차이를 보일 수 있고, 이에 따라 시장잠재력이 작은 구역에 배정되어 불이익을 보는 영업사원은 큰 불만을 갖게 된다. 이러한 문제점을 완화화기 위해 회사는 [그림 18-3]에서와 같이 시장잠재력이 큰 지역에서의 커미션이 적용되는 할당수준을 시장잠재력이 낮은 지역에서의 그것에 비해 높게 책정할 수 있다. 할당이 판매 콘테스트와 연계되어 활용되는 경우에도 각 구역의 시장잠재력에 따라 할당을 달리 책정함으로써 참여하는 영업사원들이 콘테스트에서 이길 확률을 최대한 같아지도록 만들 수 있다.

그림 18-3 | 급여 + 커미션 보상체계하에서의 할당의 역할

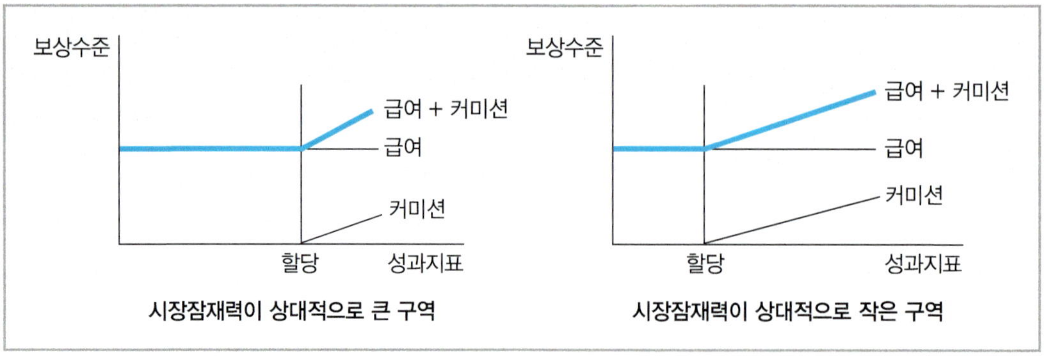

제3절 할당의 유형

할당의 유형은 할당을 정할 때 사용되는 변수인 할당변수에 의해 구분될 수 있다. [그림 18-4]에서와 같이 할당변수는 영업의 결과를 나타내는 변수와 영업의 과정을 나타내는 변수로 구분될 수 있다. 영업의 결과를 나타내는 변수는 다시 회사차원의 결과변수와 고객차원의 결과변수로 구분되고, 회사차원의 결과변수는 판매기반의 변수와 수익기반의 변수로 다시 나누어진다. 또한 과정변수는 다시 활동관련 변수와 지출관련 변수로 나누어질 수 있다. 이러한 변수 가운데 가장 보편적으로 사용되는 변수는 판매기반의 변수와 수익기반의 변수이다. 미국 기업의 경우 판매기반 할당을 사용하고 있는 기업의 비율이 약 75%, 수익기반 할당을 채택하고 있는 기업의 비율이 약 20%로 대부분의 기업들이 회사차원의 결과변수인 판매와 수익을 할당변수로 사용하고 있다.

할당에 사용되는 변수는 성과평가에서 사용되는 성과지표의 일부라고 할 수 있다. 성과지표로 사용되는 변수 가운데 영업사원의 능력(영업기술, 지식, 자질 등)을 나타내는 변수는 할당변수로는 사용되지 않는다. 성과를 평가할 때에는 매우 다양한 성과지표들이 사용되지만, 할당변수로는 위에서 언급한 바와 같이 주로 회사차원의 결과변수인 판매와 수익과 관련되는 변수 몇 개가 주로 사용되는 특징이 있다.

그림 18-4 | 할당변수의 유형

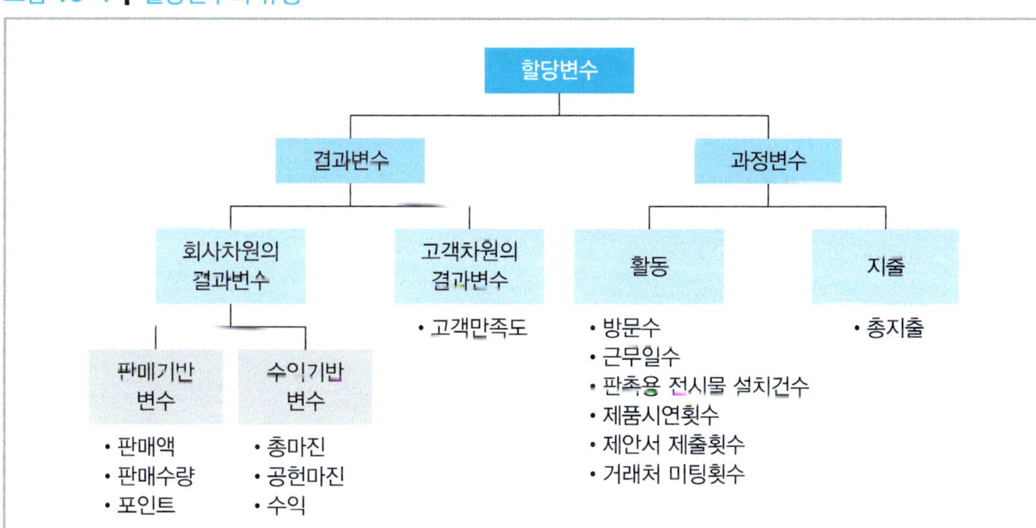

1. 판매기반 할당

판매는 가장 보편적으로 사용되는 할당변수로 그 구체적인 형태에 따라 판매액 할당, 판매수량 할당, 포인트 할당으로 구분된다. 판매액 할당은 의약품 도매상과 같이 취급하는 품목의 수가 대단히 많을 때 유용하게 사용될 수 있다. 왜냐하면 취급하는 품목수가 많으면 가격의 편차도 심할 가능성이 높고, 따라서 판매량이 많더라도 판매액은 적을 수 있고, 반대로 판매량은 적더라도 판매액은 많을 수 있기 때문이다. 또한 판매액 할당은 회사가 가격이 낮은 제품보다는 고가제품의 판매에 주력하고자 할 때에도 유용하게 사용될 수 있다. 판매수량 할당은 자동차회사와 같이 제한된 숫자의 고가제품을 판매하는 경우나 해당 제품의 가격변화가 심해서 판매액이 판매 노력을 제대로 반영해주지 못하는 경우에 적합하다. 판매하고자 하는 제품의 수가 대단히 많은 경우에도 이들 제품을 몇 개의 제품라인으로 구분한 뒤(가전제품 전문점의 경우라면 백색가전, 전자가전, 소형가전의 3개 제품라인), 각 제품라인에 대해 판매수량으로 할당을 정하는 방법을 사용할 수도 있다. 판매액 대신에 각 제품의 판매에 부여하는 포인트를 기준으로 할당을 정하는 포인트 할당도 유용하게 사용될 수 있다. 포인트 할당은 특정 제품의 판매를 강화하고자 할 때 그 제품에 부여하는 포인트를 증가시키기만 하면 되기 때문에 매우 유연하게 기업의 전략에 부합하는 할당제도를 운용할 수 있다.

2. 수익기반 할당

수익기반 할당에서는 판매에서 제반비용을 차감한 변수들이 할당변수가 된다. 판매액에서 제품구입비용을 차감한 것이 총마진이고, 총마진에서 영업사원에 대한 커미션, 급여, 숙식비, 여비, 접대비 등의 직접판매비용을 차감하면 공헌마진이 되며, 여기에서 제반 간접비용을 차감하면 순수익이 된다. 일반적으로 순수익보다는 총마진이나 공헌마진이 할당변수로 더 빈번하게 사용된다. 순수익은 직접판매비용은 물론 본사의 지원인력 인건비나 감가상각비 등의 간접비용을 포함한 제반비용에 대한 복잡한 계산을 거쳐 산출되기 때문에 영업사원의 입장에서는 한 개의 상품을 판매했을 때 순수익이 얼마인지에 대해 알기가 어렵고, 따라서 현재 자신에게 주어진 할당의 몇 %를 달성하였는지를 알기가 어렵다.

이러한 이유로 영업사원은 스스로가 매우 많은 실적을 올렸다고 생각하고 있는데, 회사의 차원에서 계산된 실적은 부진할 수 있으며, 이로 인해 회사와 영업사원들 간의 갈등이 발생할 소지가 있다. 이에 비해 총마진은 계산이 간단하여 현재 자신이 할당의 몇 %를 달성하였는지를 바로 알 수 있다. 또한 공헌마진은 총마진보다는 계산이 복잡하지만, 대부분의 비용(숙식비, 여비, 접대비 등)을 영업사원 스스로가 통제할 수가 있기 때문에 회사에서 파악하고 있는 자신의 실적이 자신이 계산하고 있는 실적과 크게 차이가 날 수 없으며, 따라서 회사와의 갈등이 발생할 소지도 그만큼 적다.

이러한 수익기반 할당변수들을 채택하면 영업사원은 보다 수익공헌도가 높은 제품에 대한 판매에 진력하게 되고, 가격할인이나 지출을 자제하게 된다. 또한 수익기반 할당은 판매기반 할당에 비해 회사와 영업사원과의 공생관계를 형성하는 데 더 유리하다. 판매기반 할당하에서는 영업사원은 충분히 보상을 받는 반면 회사는 수익을 창출하지 못하는 상황이 발생할 수도 있지만, 수익기반 할당하에서는 회사와 영업사원이 모두 이득을 보는 방향으로 영업활동의 노력이 이루어진다.

3. 활동중심 할당

판매나 수익과 같은 결과지표중심의 할당을 실시하면 단기적인 성과에 매달리게 되어 고객과의 장기적인 관계나 중장기 관점에서의 판매에 영향을 미칠 수 있는 판매과정에 소홀해질 우려가 있다. 고객과의 긴밀한 관계나 장기적인 관점에서의 판매가 중시되는 경우에는 영업사원의 활동(예를 들어 1일당 고객방문수, 근무일수, 서비스제공 방문횟수, 판촉용 전시물 설치건수, 거래처 미팅횟수, 제안서 제출횟수, 제품시연횟수 등)을 중심으로 할당을 하는 방안이 도입될 수 있다. 이 방법을 유용하게 활용하려면 회사는 우선 영업사원의 어떠한 활동이 최종적인 결과(판매, 수익 등)와 강한 인과관계를 가지고 있는지를 파악하고 있어야 한다. 이를 위해 회사는 우수 영업사원의 활동을 벤치마킹하여 우수 영업사원의 특징적인 활동을 할당변수로 채택할 수도 있고, 혹은 영업사원의 활동과 판매실적에 대한 자료를 바탕으로 회귀분석과 같은 다변량분석기법을 활용하여 통계적으로 결과변수와 연관성이 높은 활동들을 추출해 낼 수도 있다. 이러한 활동중심의 할당은 주류회사나 제약회사 영업사원의 판촉영업과 같이 제품에 대한 정보를 제공하거나 판촉물을 전달하는 것이 주된 활동인 경우에 특히 적당하다. 또한 판매과정이 비교적 정형화되어 있는 재구매의 경우나 영업사원의 숙련도가 낮아서 영업사원의 활동을 통제함으로써 숙련도를 높이고자 하는 의도를 가지고 있을 때에도 유용하게 사용될 수 있다.

활동중심의 할당의 장점은 할당의 내용이 되는 활동을 영업사원 스스로가 통제할 수 있기 때문에 영업사원이 할당 달성의 수준을 바로 파악할 수 있고, 따라서 보다 강한 동기부여가 가능하다는 점이다. 그렇지만 이 방법도 몇 가지의 단점을 가지고 있다. 먼저 이 방법은 판매나 수익중심의 할당에 비해 영업사원에게 더 많은 피드백을 해주어야 하기 때문에 영업관리자는 영업사원의 관리에 보다 많은 시간과 노력을 투자해야 한다. 또한 영업사원의 활동에 대한 자료를 영업사원이 작성하는 활동보고서에 의존해야 한다는 점 때문에 나타날 수 있는 단점을 들 수 있다. 영업사원은 활동보고서의 작성에 더 많은 시간을 할애해야 하고, 경우에 따라서는 할당의 달성을 위해 활동보고서를 허위로 작성할 가능성도 있다. 또한 활동에 대한 강조는 의도와는 달리 판매에 나쁜 영향을 미칠 가능성도 있다. 예를 들어 고객방문횟수를 할당변수로 채택한 경우에 영업사원은 이동시간이 많이 걸리는 방문을 꺼려하고 이동시간이 적게 걸리고 익숙한 고객을 빈번하게 방문할 가능성도 있다. 이로 인해 이동시간이 많이 걸리지만 유망한 잠재고객을 개발하지 못하는 부작용을 낳을 수도 있다. 활동중심의 할당이 이러한 단점들을 가지고 있기 때문에 영업관리자는 이를 잘 인식하여 이를 최소화시킬 수 있도록 세심한 주의를 기울여야 한다.

4. 고객만족도중심 할당

단기적인 매출보다는 고객과의 장기적인 관계가 훨씬 더 중요한 의미를 지니는 경우에는 고객만족도가 중요한 할당변수가 될 수 있다. 특히 고객과의 관계가 고객이 필요로 하는 제품이나 서비스를 판매하는 거래적 영업이 아니라, 고객이 가지고 있는 문제를 해결하고 끊임없이 새로운 가치를 제공하는 관계적 영업(자문적 영업 혹은 파트너십 영업)인 경우가 이에 해당된다. 거대 기업을 대상으로 비즈니스를 영위하는 B2B 분야에서 이러한 관계가 많이 나타난다. 예를 들어 대기업을 대상으로 통신서비스, IT 솔루션, 컨설팅서비스 등을 제공하는 공급업체들은 정기적으로 고객으로부터 영업사원의 대응능력, 제품에 대한 지식, 고객의 요구를 제품 솔루션과 연계시킬 수 있는 능력 등을 조사하고, 그 목표치를 설정하여 달성의 여부를 보상과 연계시키고 있다. 관계적 영업에서는 공급업체와 고객과의 관계는 개별 영업사원의 차원을 넘어서서 회사와 회사와의 관계이며, 공급업체는 전사적인 역량을 기울여서 고객이 가지고 있는 문제를 해결하고, 새로운 가치도 끊임없이 창출해 나가야 한다. 그렇지 못하면 고객은 불만을 갖게 되고 이러한 불만은 당장은 아니더라도 공급업체의 미래의 매출실적에 심대한 영향을 미칠 수 있다. 따라서 이러한 경우에는 특히 단순히 단기적인 매출보다는 고객이 공급업체의 서비스에 대해 얼마나 만족하고 있는가가 훨씬 더 중요한 의미를 지니게 된다.

5. 지출중심 할당

어떤 기업들은 영업사원들의 수익에 대한 인식을 높이기 위해 지출에 할당을 부여하기도 한다. 즉, 영업사원이 통제할 수 있는 식사비, 교통비, 숙박비, 통신비, 접대비 등의 영업경비에 할당을 부여하고 이를 보상체계와 연계시키기도 한다. 할당의 수준은 '판매액의 5% 이내'와 같이 주로 판매액과 연동되어 설정되며, 이의 달성 여부가 보상과 연계된다. 지출중심의 할당은 긍정적인 것(예를 들어 판매)을 더욱 잘 하도록 격려하는 차원이 아니라, 지출을 부정적인 것으로 보고 이를 억제하는 의미를 담고 있기 때문에 영업사원의 사기에는 부정적인 영향을 미칠 수 있다. 또한 신규시장 개척 등과 같이 회사의 입장에서는 비용이 많이 들더라도 장기적인 관점에서는 매우 중요한 업무가 소홀하게 취급될 우려도 있다. 대체적으로 이 방안은 영업과정이 매우 정형화되어 있고, 영업사원의 능력보다는 회사의 능력에 의해 영업이 이루어지고 있는 경우에 보다 적합하다고 할 수 있다.

6. 복수의 할당변수

한 개의 할당변수가 아니라 복수의 할당변수를 사용할 수도 있는데, 이러한 경우에 할당의 달성 여부를 어떻게 평가할 것인가도 할당제도 실행상의 중요한 과제가 된다. [표 18-1]은 이러한 경우에 어떻게 평가가 이루어질 수 있는지에 대한 가상적인 예를 보여주고 있다. 특정 영업사원에게 3개월 안에 달성해야 할 3개의 할당변수(총마진, 1일평균방문수, 고객만족도)의 목표치가 주어졌고, 3개월 후의 실적치가 조사되었다. 총마진과 고객만족도에 대해서는 초과달성이 이루어진 반면, 1일평균방문수에 대해서는 목표치에 미달하였다. 3개 할당변수 달성도의 단순평균은 98.3%로, 달성에 거의 근접하긴 했지만 미달되었다. 그런데 이러한 단순평균은 3개의 할당변수의 중요도가 모두 같다는 것을 전제로 하고 있다. 따라서 각 할당변수

표 18-1 | 복수의 할당변수 사용 시의 평가방법

할당변수	3개월 할당	실적	달성도	가중치	가중점수
총마진	9억	9억 9천	110%	0.6	66%
1일평균방문수	5회	4회	80%	0.2	16%
고객만족도	80점	84점	105%	0.2	21%
			98.3%(단순평균)		103%(가중평균)

의 상대적인 중요도를 추가로 고려하면 결과가 달라질 수 있다. 만일 회사가 총마진을 다른 할당변수보다 훨씬 중요하게 생각하여 총마진의 가중치를 0.6으로 하고, 다른 할당변수들의 가중치를 각각 0.2로 하였다면, 이 경우의 달성도는 103%로 초과달성한 것으로 분석된다.

제4절 할당수준의 결정

할당에 관한 또 하나의 중요한 결정사항은 선정된 할당변수의 할당수준에 관한 것이다. 할당이 너무 높은 수준에서 책정되면 영업사원은 과도한 스트레스로 인해 사기가 저하될 수 있으며, 반대로 너무 낮은 수준에서 책정되면 동기부여의 역할을 기대하기 어렵다. 따라서 적정수준에서 할당을 책정하는 것은 매우 중요한 일이지만, 이를 실현하는 것은 매우 어려운 일에 속한다. 할당수준의 결정은 모든 할당변수에 대해 논의될 수 있지만, 그 가운데 여기에서는 가장 보편적으로 사용되는 할당변수인 판매량의 할당수준을 어떻게 결정할 것인가에 대해 논의하도록 한다. 그렇지만 그 적용논리는 다른 할당변수에 대해서도 똑같이 적용될 수 있다.

판매액의 할당수준은 [그림 18-5]에서와 같이 과거 판매량에 기초한 판매예측, 판매잠재력, 영업사원 및 구역의 구체적 상황, 할당의 목적 등에 의해 이루어진다. 할당의 수준은 판매예측이나 판매잠재력과 동일한 수준으로 결정된다고 생각하는 경향도 있지만, 할당은 판매예측이나 판매잠재력과는 전혀 다른 개념이다. 판매예측은 개별 기업이 자사가 기획한 특정한 마케팅전략하에서 특정 시장에서 이루어질 것으로 예상되는 향후 일정기간 동안의 제품이나 서비스의 판매액 혹은 판매수량을 의미한다. 만일 회사가 보다 공격적인 영업활동을 전개할 계획을 가지고 있다거나, 혹은 최우수 영업사원들에게 보너스를 지급하기 위한 목적으로 할당을 활용하고자 하는 경우에는 판매예측치보다 높은 수준의 할당이 책정될 수도 있고, 반대로 대부분의 영업사원에게 보너스를 주기 위한 목적으로 할당을 활용한다면 판매예측치보다 낮은 수준에서 할당수준이 책정될 수 있다. 판매잠재력은 회사가 창출해낼 수 있는 최대의 판매수준을 의미한다. 그런데 회사의 여건이 최대의 판매수준을 뒷받침할 수 있을 만큼 충분하지 못한 경우가 대부분이고, 또한 소속된 모든 영업사원의 잠재력이 최대한 발휘되도록 할 수는 없기 때문에 현실적인 판매수준은 판매잠재력에 미치지 못하고, 따라서 할당도 판매잠재력에 미치지 못하는 수준에서 결정된다.

그림 18-5 | 판매량 할당수준의 결정에 영향을 미치는 요인

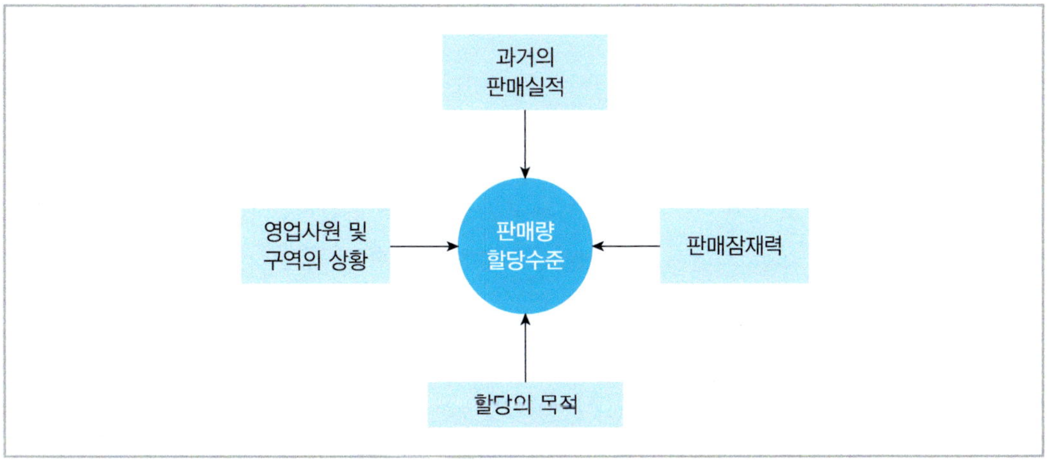

1. 과거의 판매실적에 기초한 결정

직관적으로 가장 쉽게 할당수준을 결정할 수 있는 방법은 예상성장률을 도출해내거나 혹은 회사가 원하는 목표성장률을 정한 뒤, 이를 과거의 판매실적(작년의 판매실적 혹은 과거 몇 년간의 판매실적의 평균)에 반영하여 할당수준을 정하는 방법이다. 가령 특정 영업구역의 전년도 매출액이 50억 원이었고 회사가 예상하거나 목표로 하는 매출성장률이 10%라고 가정하면 해당 구역의 판매액 할당수준은 55억 원이 된다. 이 방법의 유일한 장점은 할당수준을 매우 쉽게 책정할 수 있고 실행절차도 매우 간단하다는 데 있다.

이 방법의 단점은 과거의 실적이 어떠한 상황을 기반으로 산출된 것인지에 대한 고려가 전혀 없다는 점이다. 예를 들어 작년에 어느 구역을 담당하다 회사를 떠난 영업사원이 부족한 능력으로 인해 실적이 좋지 않았다고 가정할 때, 이러한 실적을 바탕으로 다음 해의 할당수준을 정하게 되면 매우 낮은 수준의 할당이 정해질 수 있으며, 그렇게 되면 그 구역을 새롭게 담당한 영업사원은 매우 쉽게 할당을 달성할 수 있다. 반대로 어떤 영업사원이 담당구역의 판매잠재력에 근접하는 우수한 실적을 올렸다고 하였을 때, 이를 기반으로 다음 해의 할당수준을 정하면 판매잠재력을 초과하는 과도한 수준의 할당이 책정될 수 있다. 이로 인해 담당 영업사원은 실제로는 매우 우수한 실적을 올렸음에도 불구하고 할당을 채우지 못하여 사기가 저하될 가능성이 높다. 또한 이 방법을 사용하면 과거에는 발생하지 않았던 각 구역에서의 구체적인 상황의 변화(지역 경기의 침체, 주요 고객사의 타지역으로의 이동, 경쟁사의 진입, 제품의 성

숙기 진입 등)를 반영할 수 없다는 단점들도 있다.

2. 판매잠재력에 기초한 결정

과거의 실적을 바탕으로 할당수준을 정하는 것보다 좀 더 바람직한 방법은 해당 구역의 판매잠재력을 계산하고 이를 기반으로 판매할당수준을 결정하는 것이다([글 18-1] 참조). 즉,

할당수준의 결정에 영향을 미치는 요인

글 18-1

미국에서 실시된 한 연구는 영업성과의 평가를 위해 할당제를 채택하고 있는 여러 회사에서 근무하는 186명의 영업관리자 혹은 영업관련 임원을 대상으로 설문조사를 실시하고, 이를 바탕으로 할당수준을 결정함에 있어서 어떠한 요인들을 우선적으로 고려하고 있는가를 분석하였다. [표 18-2]는 그 결과를 보여주고 있는데, 매우 특징적인 결과는 중요도 순위에서 1~3위를 차지하고 있는 항목들이 모두 구역의 매출창출능력, 즉 구역의 잠재력과 관련이 있다는 점이다. 이와는 대조적으로 영업사원의 과거 영업실적은 6위를 차지하는 데 그치고 있다.

표 18-2 | 할당수준의 결정에 영향을 미치는 요인에 대한 분석 결과

항목	평균*	순위
구역의 비즈니스 밀집도가 할당의 수준을 결정하는 데 중요하다.	1.82	1
구역의 지리적 크기가 할당의 수준을 결정하는 데 중요하다.	1.95	2
구역의 비즈니스 성장률이 할당의 수준을 결정하는 데 중요하다.	2.11	3
영업관리자의 지원수준이 할당의 수준을 결정하는 데 중요하다.	2.23	4
판매제품의 복잡성이 할당의 수준을 결정하는 데 중요하다.	2.50	5
영업사원의 과거 영업실적이 할당의 수준을 결정하는 데 중요하다.	2.54	6
제품계열의 수가 할당의 수준을 결정하는 데 중요하다.	2.59	7
보상과 같은 금전적 지원수준이 할당의 수준을 결정하는 데 중요하다.	2.76	8
제품계열 간의 관련성이 할당의 수준을 결정하는 데 중요하다.	2.82	9
행정적 지원수준이 할당의 수준을 결정하는 데 중요하다.	3.13	10

* 5점 척도 : 1(전적으로 동의함)~5(전혀 동의하지 않음)

출처 : Good, David J. and Robert W. Stone (1991), "Selling and sales management in action : Attitudes and applications of quotas by sales executives and sales managers," *Journal of Personal Selling & Sales Management*, 11(3), 57–60.

각 구역의 구매력지수 등을 감안하여 전체 지역에서 각 구역이 차지하는 상대적인 구매력비중을 계산하고, 여기에 회사가 목표로 하는 회사 전체의 판매수준을 곱하여 각 구역의 판매할당수준을 책정하는 방식이다. 이 방법을 활용하면 모든 구역의 잠재력을 고려한 비교적 공평한 할당수준의 책정이 가능해진다. 즉, 전기의 영업실적과는 관계없이 잠재력을 기준으로 하기 때문에 전기의 실적을 바탕으로 할당수준을 정함으로 인해서 전기의 판매실적이 우수한 영업사원이 불이익을 보는 일 등은 없어지게 된다.

그러나 이 방식도 단점을 가지고 있다. 이 방법의 주된 단점은 잠재력 이외에 각 구역이 가지고 있는 구체적인 상황이나 여건이 모두 다르다는 점을 무시하고 있다는 점이라고 할 수 있다. 각 구역의 구체적인 상황이나 여건으로는 경쟁구도의 변화나 고객의 새로운 동향과 같은 시장환경적인 요소, 회사의 광고지원, 생산시설 및 물류시설 접근성 등과 같은 조직요인, 그리고 영업사원의 영업기술, 지식, 자질 등의 영업사원 요인 등이 있다. 이러한 구체적인 요인들을 감안하여 할당의 수준을 결정해야 영업사원에 대한 동기부여라는 할당의 목적을 달성할 수 있다.

3. 종합적인 관점에서의 결정

할당수준을 결정하는 가장 바람직한 방법은 판매실적 및 판매잠재력과 함께 영업사원의 구체적 상황, 해당 구역의 구체적인 상황, 할당의 목적 등을 종합적으로 고려하여 결정하는 것이다. 예를 들어 영업사원의 경우에 회사에 오래 몸담고 있는 50대의 영업사원이 있다면 할당수준을 30~40대 전성기에 있는 영업사원과 동일하게 책정하기는 어렵다. 그렇다고 조기 해임하는 것도 해당 영업사원 본인과의 관계 차원에서는 물론 영업조직 전체의 사기에 좋지 않은 영향을 미치기 때문에 이러한 경우에는 할당을 하향조정하는 것이 바람직하다. 또한 신임 영업사원의 경우에도 달성할 수 있는 수준의 할당을 주어야 자신감도 얻을 수 있고, 지속적으로 업무를 수행할 수 있는 동력을 얻게 된다. 각 구역의 구체적인 상황에는 각 구역에서 경쟁 등의 시장 환경이 우호적으로 전개될 것인지에 대한 전망, 각 구역에 대한 회사의 지원 정도나 이동 및 물류의 편의성이 정도, 영업사원들의 숙련도 등이 포함된다. 경쟁심화가 예상될수록, 회사의 지원 정도가 약할수록, 물류 등이 원활하지 않을수록, 같은 영업팀의 동료 영업사원들의 숙련도가 낮을수록 할당의 수준을 낮추는 것이 합리적이다.

할당의 수준은 할당의 목적이 무엇인가에 따라서도 크게 영향을 받는다. 경우에 따라서는 할당의 목적이 할당의 수준을 정하는 주된 고려사항이 되고 판매예측치나 판매잠재력은 단순히 참조사항으로만 그칠 수도 있다. 할당의 목적에 따라서는 할당이 대부분의 영업사원이 달성할 수 있는 낮은 수준에서 결정될 수도 있고, 절반 정도의 영업사원이 달성할 수 있는 수준에서 결정될 수도 있으며, 또한 매우 극소수의 우수한 영업사원만이 달성할 수 있는 수준에서 결정될 수도 있다. 특히 할당의 수준은 할당과 보상과의 연계 형태에 의해 크게 영향을 받는다. 할당의 달성 여부가 보너스 수령 여부 및 액수와 직접적으로 연계되어 있다든지, 혹은 커미션 플랜에서 커미션의 지급이 시작되는 판매실적을 할당수준으로 책정하였다든지 하는 경우와 같이 할당이 영업사원의 일상적인 수입과 직결되어 있는 경우에는 많은 영업사원이 달성 가능한 수준에서 할당을 책정하는 것이 타당하다. 그렇지 않고 할당의 결과를 콘테스트 등과 연계시켜 이를 달성한 영업사원에게 표창을 하거나 혹은 일회성 보상(상금, 여행패키지 등)을 제공함으로써 이들의 사기를 올려주고, 이를 통해 지속적으로 근무할 수 있도록 유도하는 것이 주된 목적인 경우에는 극소수의 우수한 영업사원만이 달성할 수 있도록 높은 수준에서 할당을 책정하는 것이 필요하다.

| 참 | 고 | 문 | 헌 |

제1장 영업 및 영업관리의 개관

김경욱, 김호정 (2002), 대리점 · 총판 마케팅 : 이렇게 하면 성공한다, 도서출판 문장, 79–85.

김현철 (2009), CEO, 영업에 길을 묻다, 한국경제신문, 31–32.

이재석 (2008), "현대제철 기술영업팀 소개," 한국강구조학회지, 20 (4), 84–85.

정창환 (2008), "목표달성의 시너지 효과를 위해 마케팅과 영업을 통합하라," MARKETING, 11월, 17~21.

한국고용정보원 (2011), 직업별 인력수요 전망, 45–50.

이마무라 히데아키 (2007), 보스턴컨설팅그룹의 B2B 마케팅, 번역서, 비즈니스맵, 149–153, 192–196.

스기타 히로아키 (2009), 보스턴컨설팅그룹의 영업테크닉, 번역서, 비즈니스맵, 144–147.

Charan, Ram (2007), What the Customer Wants You to Know: *How Everybody Needs to Think Differently About Sales*, 번역서 B2B 세일즈 , 교보문고, 30, 125.

Cron, William L. and Thomas E. DeCarlo (2010), *Sales Management : Concepts and Cases*, 10th ed., John Wiley & Sons, Inc., 3–4, 30–42.

Ingram, Thomas N., Raymond W. LaForge, Ramon A. Avila, Charles H. Schwepker, Jr., and Michael R. Williams (2009), *Sales Management : Analysis and Decision Making*, 7th ed., M.E. Sharpe, 7–14, 35–36.

Moncrief, William C., Greg W. Marshall, and Felicia G. Lassk (2006), "A comtemporary taxonomy of sales positions," *Journal of Personal Selling & Sales Management*, 26 (1), 55–65.

Sales Education Foundation (2015), "2015 Top Universities for Professional Sales Education," *Sales Education Annual* 2015, Issue 9, 6–7.

Sales Education Foundation (2011), "Is a university education worth the price?," *Sales Education Annual* 2011, Issue 4, 2–3.

Spiro, Rosann L., Gregory A. Rich, and William J. Stanton (2008), *Management of a Sales Force*, 12th ed., McGraw–Hill, 11–18.

Weitz, Barton A. and Kevin D. Bradford (1999), "Personal selling and sales management : A relationship marketing perspective, *Journal of the Academy of Marketing Science*, 27 (2), 241–254.

WFDSA (2011), Global Statistical Report – 2010, www.wfdsa.org/files/pdf/global–stats/Global_Statistical_Report

Wotruba, Thomas (1991), "The evolutions of personal selling," *Journal of Personal Selling & Sales Management*, 11 (Summer), 1–12.

Zoltners, Andris A., Prabhakant Sinha, and Sally E. Lorimer (2008), "Sales force effectiveness : A framework for researchers and practitioners," *Journal of Personal Selling & Sales Management*, 28 (2), 115–131.

Zoltners, Andris A., Prabhakant Sinha, and Greggor A. Zoltners (2001), *The Complete Guide to Accelerating Sales Force Performance*, AMACOM, 1–35.

제2장 판매과정

김기영 (2002), 한국을 뒤흔든 세일즈 마케터, 시대의 창, 134–137.

김동범 (2004), 1사람이 50명의 계약을 낳는 소개마케팅, 다산북스, 154–157.

김용기 (2010), "판매를 넘어... 고객의 비즈니스를 개발해줘라," 동아비즈니스리뷰, 61 (2), 92–94.

김현철 (2009), CEO, 영업에 길을 묻다, 한국경제신문, 96–102.

박익춘 (2011), 생산성 영업을 실현하는 쓰나미 세일즈, 비비에스마케팅, 76–77.

박찬욱 (1999), 금융기관의 데이터베이스마케팅, 시그마 인사이트 그룹, 314–315, 364.

삼성전자 유통연수소, 마케팅 MBA (2003), 삼성전자 고객 맞춤 세일즈, 21세기북스, 169.

유동근, 서승원 (2011), 관계지향적 영업관리, 한경사, 178–183, 235–251.

이남훈 (2011), 고객이 생각하지 못한 가치를 제안하라, 가디언, 129–131.

이성동 (2005), 영업달인은 절대 세일즈하지 않는다, 호이테북스, 149–150.

진병운 (2011), 영업은 기획이다, 21세기북스, 39–45, 102–126.

KMAC, LAC–J (2010), 세일즈 DIPS : Double IP System, KMAC, 16–19.

다카하시 가츠히로 (2005), 솔루션 영업의 기본전략, 번역서, 시공사, 154–174, 232–245.

이마무라 히데아키 (2007), 보스턴컨설팅그룹의 B2B 마케팅, 번역서, 비즈니스맵, 170–175, 185–187.

Charan, Ram (2007), *What the Customer Wants You to Know: How Everybody Needs to Think Differently About Sales*, 번역서 B2B 세일즈 , 교보문고, 102–103.

Gallo, Carmine (2010), *The Presentation Secrets of Steve Jobs*, 번역서 스티브 잡스 프레젠테이션의 비밀, 111–112, 194–196.

Cron, William L. and Thomas E. DeCarlo (2010), *Sales Management : Concepts and Cases*, 10th ed., John Wiley & Sons, Inc., 89–92, 134–149.

Johnston, Mark W. and Greg W. Marshall (2011), *Churchill/Ford/Walker's Sales Force Management*, 10th ed., MaGraw–Hill, 46–51.

Spiro, Rosann L., Gregory A. Rich, and William J. Stanton (2008), *Management of a Sales Force*, 12th ed., McGraw–Hill, 65–79.

Stinnett, Bill (2009), Understanding your customer's buying process, May 20, http://www.eyesonsales.com/content/article/

제3장 구매과정

고양명 (2008), 영업의 핵심, 리드리드출판, 89–90.

김신중, 이정세 (2008), "제품 표준화 수준에 따른 공급업체 선정 요인별 중요도 평가에 관한 실증적 연구 : 사무용품 및 사무기기 공급업체를 대상으로," 한국컴퓨터정보학회논문집, 13 (1), 261–272.

유영목 (2004), "공급업체 선정기준과 고객주문획득 평가기준의 일관성이 공급사슬성과에 미치는 영향," 한국생산관리학회지, 15 (1), 87–107.

이학식, 안광호, 하영원 (2006), 소비자행동 : 마케팅전략적 접근, 법문사, 29–36.

전동균, 오은주, 신용필, 오현주 (2011), B2B 마케팅 원리, 학현사, 67–75.

진병운 (2011), 영업은 기획이다, 21세기북스, 197–208.

KMAC (2012), 대리점 채널 영업 활성화 전략 세미나, 2012 Sales Leaders Forum, 2월 23일, 24–25.

다카하시 가츠히로 (2005), 솔루션 영업의 기본전략, 번역서, 시공사, 128–149, 205, 230.

Cron, William L. and Thomas E. DeCarlo (2010), *Sales Management : Concepts and Cases*, 10th ed., John Wiley & Sons, Inc., 112–120.

Johnston, Mark W. and Greg W. Marshall (2011), *Churchill/Ford/Walker's Sales Force Management*, 10th ed., MaGraw–Hill, 52–59.

제4장 기존고객의 관리

김현철 (2009), CEO, 영업에 길을 묻다, 한국경제신문, 20–23.

김형수, 김영걸, 박찬욱 (2009), 고객관계관리 전략 : 원리와 응용, 사이텍미디어, 333–339, 386–389.

박찬욱 (1999), 금융기관의 데이터베이스 마케팅, 시그마 인사이트 그룹, 128–130.

오준석 (2010) "The Ritz–Carlton Case : "We are Ladies and Gentlemen Serving Ladies and Gentlemen"," 專門經營人硏究, 13(1), 1–19.

이성동 (2005), 영업달인은 절대 세일즈하지 않는다, 호이테북스, 307.

진병운 (2011), 영업은 기획이다, 21세기북스, 130–175.

서닐 굽타, 도날드 레흐만 (2006), 당신의 고객을 업그레이드 하라, 번역서, 럭스미디어, 86–88.

스기타 히로아키 (2009), 보스턴컨설팅그룹의 영업테크닉, 비즈니스맵, 번역서, 61–80.

스탠리 브라운 (2001), "신용카드사의 CRM 전략 : 신용카드사 캐피털 원의 대량 맞춤형 서비스 성공 비력," in 프라이스워터하우스쿠퍼스, 세계 최고 기업들의 CRM 전략, 번역서, 북21, 75–84.

윌리엄 밴드 (1994), 고객을 위한 가치창조, 번역서, 21세기북스, 193.

매일경제, "안전만 빼고 고객요구 100% 들어줍니다" : 세빈 하들리 비스포크 디자이너, 2012년 11월 22일.

일본경제신문, "복합화로 고수익 올리는 오릭스," 2004년 10월 6일, 신형원, 이승현, 홍선영 (2008), "한국기업의 CRM 성공전략," 삼성경제연구소 CEO Information, 647호, 재인용.

Cron, William L. and Thomas E. DeCarlo (2010), Sales Management : Concepts and Cases, 10th ed., John Wiley & Sons, Inc., 92–100.

Hawkins, Trace (2010), "Retain customer and win : How a comprehensive churn management approach improves margins," North Highland White Paper.

Ingram, Thomas N., Raymond W. LaForge, Ramon A. Avila, Charles H. Schwepker, Jr., and Michael R. Williams (2009), *Sales Management : Analysis and Decision Making*, 7th ed.,

M.E.Sharpe, 93–96.

Reichheld, Frederick F. (1999), *The Loyalty Effect, The Hidden Force Behind Growth, Profits, and Lasting Value*, Harvard Business School Press, 33–62.

Thomas, Kenneth (1976), "Conflict and conflict management," in *Handbook of Industrial and Organizational Psychology*, ed. Marvin Dunnette, Palo Alto, CA: Consulting Psychologists Press, 889–935.

Weitz, Barton and Kevin Bradford (1999), "Personal selling and sales management: A relationship marketing perspective," *Journal of Personal Selling & Sales Management*, 27 (2), 241–254.

제5장 영업과 마케팅

김현철 (2009), CEO, 영업에 길을 묻다, 한국경제신문, 31–32, 57.

박충환, 오세조, 김동훈 (2002), 마케팅관리, 전정판, 박영사, 5–6.

잡앤조이 (2010), 아무리 취직 못해도 영업은 싫다?, 9월, 제5호.

장우정, 채서일 (2007), "마케팅과 영업의 통합을 통한 마케팅 능력 향상과 기업 성과," 한국경영학회 통합학술대회, 1–19.

정창환 (2008), "목표달성의 시너지 효과를 위해 마케팅과 영업을 통합하라," MARKETING, 11월, 17–21.

Walters Isaacson (2011), Steve Jobs, 번역서 스티브 잡스, 민음사.

Dewsnap, Belinda and David Jobber (2000), "The sales–marketing interface in consumer packaged–goods companies: A conceptual framework," *Journal of Personal Selling & Sales Management*, 20 (2), 109–119.

Guenzi, Paolo and Gabriele Troilo (2006), "Developing marketing capabilities for customer value creation through marketing–sales integration," *Industrial Marketing Management*, 35 (8), 974–988.

Lyus, David, Beth Rogers, and Christopher Simms (2011), "The role of sales and marketing integration in improving strategic responsiveness to market change," *Database Marketing & Customer Strategy Management*, 18 (1), 39–49.

Kotler, Philip and Gary Armstrong (2004), *Principles of Marketing*, 10th ed., Prentice–Hall, 12–15.

Kotler, Philip, Neil Rackham, and Suj Krishnaswamy (2006), "Ending the War Between Sales & Marketing," *Harvard Business Review*, 84 (7–8), 68–78.

Meunier–FitzHugh, Kenneth Le and Nigel F. Piercy (2011), "Exploring the relationship between market orientation and sales and marketing collaboration," *Journal of Personal Selling & Sales Management*, 31 (3), 287–296.

Rouzies, Dominique, Erin Anderson, Ajay K. Kohli, Ronald E. Michaels, Barton A. Weitz, and Andris A. Zoltners (2005), "Sales and marketing integration: A proposed framework," *Journal of Personal Selling & Sales Management*, 25 (2), 113–122.

Zoltners, Andris A., Prabhakant Sinha, and Sally E. Lorimer (2009), *Building a Winning Sales Force*, AMACOM, 421–453, 446–447.

www.kbench.com, 2002년 8월 9일 입력

제6장 고객관계전략

김기영 (2002), 한국을 뒤흔든 세일즈 마케터, 시대의 창, 226–227 .

김용기 (2010), "판매를 넘어... 고객의 비즈니스를 개발해줘라," 동아비즈니스리뷰, 61 (2), 92–94.

김현철 (2009), CEO, 영업에 길을 묻다, 한국경제신문, 31.

이남훈 (2011), 고객이 생각하지 못한 가치를 제안하라, 가디언, 170–177.

전동균, 오은주, 신용필, 오현주 (2011), B2B 마케팅 원리, 학현사, 267–272, 292–295.

KMAC, LAC–J (2010), 세일즈 DIPS : Double IP System, KMAC, 165–184.

다카하시 가츠히로 (2005), 솔루션 영업의 기본전략, 번역서, 시공사, 42–78, 268–270.

이마무라 히데아키 (2007), 보스턴컨설팅그룹의 B2B 마케팅, 번역서, 비즈니스맵, 161–164, 170–182, 218–220.

Charan, Ram (2007), *What the Customer Wants You to Know: How Everybody Needs to Think Differently About Sales*, 번역서 B2B 세일즈 , 교보문고, 19–20, 30, 43–44, 110–112, 199–201.

Anderson, James C., James A. Narus, and Wouter Van Rossum (2006), "Customer value propositions in business markets," *Harvard Business Review*, 84 (3), 91–99.

Berry, Leonard L. (1983), "Relationship Marketing," in *Emerging Perspectives on Service Marketing*, (eds.) Leonard L. Berry, G. Lynn Shostack, and Gregory Upah, Chicago, IL: American Marketing Association, 25–28.

Beatty, Sharon E., Morris Mayer, James E. Coleman, Kristy E. Reynolds, and Jungki Lee (1996), "Customer–Sales Associate Retail Relationships," *Journal of Retailing*, 72(3), 223–247.

Bitner, Mary Jo (1995), "Building Service Relationships: It's All About Promises," *Journal of Academy of Marketing Science*, 23(4), 246–251.

Butcher, Ken, Beverely Sparks, and Frances O'Callaghan (2002), "On the Nature of Customer–Employee Relationships," *Marketing Intelligence & Planning*, 20(5), 297–306.

Cron, William L. and Thomas E. DeCarlo (2010), *Sales Management : Concepts and Cases*, 10th ed., John Wiley & Sons, Inc., 47–54, 121.

Goodwin, Cathy and Dwayne D. Gremler (1996), "Friendship over the Counter: How Social Aspects of Service Encounters Influence Consumer Service Loyalty," *Advances in Services Marketing and Management*, 5, 247–282.

Gwinner, Kevin P., Dwayne D. Gremler, and Mary Jo Bitner (1998), "Relational Benefits in Services Industries: The Customer's Perspective," *Journal of Academy of Marketing Science*, 26(2), 101–114.

Johnston, Mark W. and Greg W. Marshall (2011), *Churchill/Ford/Walker's Sales Force Management*, 10th ed., MaGraw–Hill, 4–5, 80–85.

Kinni, Theodore (2004), "How strategic is your sale strategy?," *Harvard Management Update*, 9 (2), 3–5.

Palmer, Adrian and David Bejou (1994), "Buyer–Seller Relationships: A Conceptual Model and Empirical Investigation," *Journal of Marketing Management*, 10, 495–512.

Reichheld, Frederick F. (1996), *The Loyalty Effect*, Bain & Company, Inc.

Sales Education Foundation (2011), "The end of sales as we know it!," *Sales Education Annual*, Issue 4, 5–7.

Schurr, Paul (2007), "Buyer–seller relationship development episodes: Theories and methods," *Journal of Business & Industrial Marketing*, 22 (3), 161–170.

Spiro, Rosann L., Gregory A. Rich, and William J. Stanton (2008), *Management of a Sales Force*, 12th ed., McGraw–Hill, 55–56.

Weitz, Barton and Kevin Bradford (1999), "Personal selling and sales management: A relationship marketing perspective," *Journal of Personal Selling & Sales Management*, 27 (Spring), 241–254.

Zoltners, Andris A., Prabhakant Sinha, and Sally E. Lorimer (2009), *Building a Winning Sales Force*, AMACOM, 155–156.

제7장 판매예측과 영업예산의 책정

문성열 (2000), "호텔업의 영업예산제도 활용 실태에 관한 실증연구," 관광 · 레저연구, 12 (1), 33–45.

심병구 (1981), 豫算管理論, 박영사, 29–35.

황민우 (2007), 반드시 통과되는 마케팅 보고서, 마젤란, 134–136.

Cron, William L. and Thomas E. DeCarlo (2010), Sales Management : *Concepts and Cases*, 10th ed., John Wiley & Sons, Inc., 59–72, 78–85.

Ingram, Thomas N., Raymond W. LaForge, Ramon A. Avila, Charles H. Schwepker, Jr., and Michael R. Williams (2009), *Sales Management : Analysis and Decision Making*, 7th ed., M.E. Sharpe, 115–127.

Spiro, Rosann L., Gregory A. Rich, and William J. Stanton (2008), *Management of a Sales Force*, 12th ed., McGraw–Hill, 49, 349–375.

http://blog.naver.com/che2005/90051181631

제8장 구역설계

김경욱, 김호정 (2002), 대리점 · 총판 마케팅 : 이렇게 하면 성공한다, 도서출판 문장, 132–134.

박진수, 장남식 (2008), "효과적인 영업관리를 위한 W사의 지역정보 평가시스템 구축 사례," Entrue Journal of Information Technology, 7 (1), 105–118.

임현우, 임종원, 이한석 (2009), "방문판매 영업의 지역거점 구조 개선에 관한 연구 : 공간통계기법을 이용한 매출 분포분석을 중심으로," 마케팅연구, 24 (4), 87–105.

다카하시 가츠히로 (2005), 솔루션 영업의 기본전략, 번역서, 시공사, 216–218.

이마무라 히데아키 (2007), 보스턴컨설팅그룹의 B2B 마케팅, 번역서, 비즈니스맵, 30.

Cron, William L. and Thomas E. DeCarlo (2010), *Sales Management : Concepts and Cases*, 10th ed., John Wiley & Sons, Inc., 178–191.

Grant, Ken, David W. Cravens, George S. Low, and William C. Moncrief (2001), "The role of satisfaction with territory design on the motivation, attitudes, and work outcomes of salespeople," *Journal of the Academy of Marketing Science*, 29 (2), 165–178.

Ingram, Thomas N., Raymond W. LaForge, Ramon A. Avila, Charles H. Schwepker, Jr., and Michael R. Williams (2009), *Sales Management : Analysis and Decision Making*, 7th ed., M.E. Sharpe, 101–108.

Spiro, Rosann L., Gregory A. Rich, and William J. Stanton (2008), *Management of a Sales Force*, 12th ed., McGraw–Hill, 385–403.

Zoltners, Andris A., Prabhakant Sinha, and Sally E. Lorimer (2009), *Building a Winning Sales Force*, AMACOM, 124–125.

Zoltners, Andris A., Prabhakant Sinha, and Greggor A. Zoltners (2001), *The Complete Guide to Accelerating Sales Force Performance*, AMACOM, 132–159.

http://cafe.naver.com/changuptop100/72, 2006년 2월 26일 게재

제9장 영업조직의 구조

공정거래위원회 (2012), "'방문판매 등에 관한 법률 시행령 · 시행규칙 개정안' 입법예고," 보도자료.

김경욱, 김호정 (2002), 대리점 · 총판 마케팅 : 이렇게 하면 성공한다, 도서출판 문장, 102–105, 125–130, 356–368.

디지털데일리 (2011), 시스코가 중견시장에서 급성장한 비결?… "고객 조직관리 혁신", 11월 16일.

매일경제 (2011), "영업에 주력할 수 있는 환경, 어떻게 구축할까," Luxmen, 제13호 (10월).

박찬욱 (2005), 한국적 CRM 실천방안, 시그마인사이트, 194–196.

헤럴드경제 (2012), 나난세입제 5곳 올해 1분기에 폐 · 휴업, 4월 19일.

이마무라 히데아키 (2007), 보스턴컨설팅그룹의 B2B 마케팅, 번역서, 비즈니스맵, 196–211.

Cron, William L. and Thomas E. DeCarlo (2010), *Sales Management : Concepts and Cases*, 10th ed., John Wiley & Sons, Inc., 78–81, 153–174.

Homburg, Christian, John P. Workman, Jr., Ove Jensen (2000), "Fundamental changes in marketing organization: The movement toward a customer–focused organizational structure," *Journal of the Academy of Marketing Science*, 28 (4), 459–478.

Ingram, Thomas N., Raymond W. LaForge, Ramon A. Avila, Charles H. Schwepker, Jr., and Michael R. Williams (2009), *Sales Management : Analysis and Decision Making*, 7th ed., M.E. Sharpe, 77–101.

Johnston, Mark W. and Greg W. Marshall (2011), *Churchill/Ford/Walker's Sales Force Management*, 10th ed., MaGraw–Hill, 97–120.

Spiro, Rosann L., Gregory A. Rich, and William J. Stanton (2008), *Management of a Sales Force*, 12th ed., McGraw-Hill, 91-112.

Weitz, Barton and Kevin Bradford (1999), "Personal selling and sales management: A relationship marketing perspective," *Journal of Personal Selling & Sales Management*, 27 (Spring), 241-254.

Zoltners, Andris A., Prabhakant Sinha, and Greggor A. Zoltners (2001), *The Complete Guide to Accelerating Sales Force Performance*, AMACOM, 111-131.

제10장 영업사원의 채용과 유지

김기영 (2002), 한국을 뒤흔든 세일즈 마케터, 시대의 창, 132-133.

문충태 (2006), 프로는 리크루팅을 하고 아마추어는 영업을 한다, 중앙경제평론사, 60-61, 132, 149, 165-166.

박찬욱, 조아라, 안성민 (2015), "B2B 영업사원의 역량모델 개발에 의한 탐색적 연구," 마케팅관리연구, 20 (3), 31~63.

조진국 (2012), "강한 영업조직 구축을 위한 총체적 영업경쟁력 진단 방법론," 제2차 Sales Leaders Forum 발표집, KMAC, 129-149.

오헌석, 배진현, 윤정이 (2010), "자동차 영업사원의 핵심역량에 관한 연구," 기업교육연구, 12 (1), 41-68,

유창조, 윤동기, 여준상 (2008), "영업사원의 개별특성, 판매행동양식, 영업성과에 관한 구조적 모형 : 기존 모형의 확장," 마케팅연구, 23 (1), 1-21.

Barrick, Murray R. and Michael K. Mount (1991), "The Big Five personality dimensions and job performance : A meta-analysis," *Personal Psychology*, 44 (1), 1-26.

Barrick, Murray R., Greg L. Stewart and Mike Piotrowski (2002), "Personality and representatives," *Journal of Applied Psychology*, 87 (1), 43-51.

Boyatzis, E. Richard (1982), *The Competent Manager : A Model for Effective Performance*, New York : John Wiley & Son Inc.

Conte, Jeffrey M. and Jeremy N. Gintoft (2005), "Plychoronicity, big five personality dimensions, and sales performance," *Human Performance*, 18 (4), 427-444.

Johnston, Mark W. and Greg W. Marshall (2011), Churchill/Ford/Walker's Sales Force Management, 10th ed., MaGraw-Hill, 249-259.

Levoy, Bob (2010), "Employee Referral Program (ERP)," Podiatry Management, February, 35.

Lucia, Anntoinette D., and Richard Lepsinger (1999), The Art and Science of Jowwey-Bass/Pfeiffer, 정재창, 민병모, 김종명 (2000), 알기 쉬운 역량모델링, 번역서, PSI 컨설팅.

Mansfield, Richard S. (2005), "Practical questions in building competency models," Research Notes, Workitect.

McClelland, David C. (1973), "Testing for competence rather than for 'intelligence'," *American Psychologist*, 28 (1), 1-14.

McClelland, David C. (1993), 제1장 서론, in Spencer, Lyle M. and Sign M. Spencer, *Competence at Work : Models for Superior Performance*, 1st ed., John Wiley & Sons, 민병모, 박동건, 박종구, 정재창 (1998), 핵심역량모델의 개발과 활용, 번역서, PSI 컨설팅, 13−17.

Spencer, Lyle M., and Phd Signe M. Spencer (1993), Competence at Work : Models for Superior Performance, 1st ed., John Wiley & Sons, 민병모, 박동건, 박종구, 정재창 (1998), 핵심역량모델의 개발과 활용, 번역서, PSI 컨설팅.

Spiro, Rosann L., Gregory A. Rich, and William J. Stanton (2008), Management of a Sales Force, 12th ed., McGraw−Hill, 126−148.

Vinchur, Andrew J., Jeffery S. Schippmann, Fred S. Switzer, III, and Philip L. Roth (1998), "A meta-analytic review of predictors of job performance for salespeople," *Journal of Applied Psychology*, 83 (4), 586−597.

Wiles, Michael A. and Rosann Spiro (2004), "Attracting graduates to sales positions and the role of recruiter knowledge: A reexamination," Journal of Personal Selling & Sales Management, 24 (1), 39−48.

Zoltners, Andris A., Prabhakant Sinha, and Sally E. Lorimer (2009), Building a Winning Sales Force, AMACOM, 395−420.

Zoltners, Andris A., Prabhakant Sinha, and Greggor A. Zoltners (2001), The Complete Guide to Accelerating Sales Force Performance, AMACOM, 160−194.

제11장 교육훈련

삼성전자 유통연수소 · 마케팅 MBA (2003), 삼성전자 고객 맞춤 세일즈, 21세기북스, 12−22.

Cron, William L. and Thomas E. DeCarlo (2010), *Sales Management : Concepts and Cases*, 10th ed., John Wiley & Sons, Inc., 217−233.

Ingram, Thomas N., Raymond W. LaForge, Ramon A. Avila, Charles H. Schwepker, Jr., and Michael R. Williams (2009), *Sales Management : Analysis and Decision Making*, 7th ed., M.E.Sharpe, 167−186.

Leach, Mark P. and Annie H. Liu (2003), "Investigating interrelationships among sales training evaluation methods," *Journal of Personal Selling & Sales Management*, 23 (Fall), 327−329.

Spiro, Rosann L., Gregory A. Rich, and William J. Stanton (2008), *Management of a Sales Force*, 12th ed., McGraw−Hill, 193−216.

http://blog.joinsmsn.com/khnews, 2010년 9월 8일 입력

제12장 동기부여

고수일, 한주희 (2001), "직무몰입, 조직시민행동에 대한 성과지향적 보상체계의 효과 : 영업직을 중심으로," 생산성논집, 15 (3), 219−245.

박찬욱 (1995), "급여체계, 보상성향 및 지각된 업무챌린지가 판매사원의 동기부여에 미치는 영향에 관한

연구 : 변수간의 상호작용을 중심으로," 마케팅연구, 10 (1), 51-63.
안태식, 남혜정 (2005), "성과급 제도의 도입 효과 : 한국기업 사례," 회계학 연구, 30 (2), 79-107.
윤정헌 (2009), "여행업 종사원의 동기부여 및 영업역량이 성과에 미치는 영향," 인적자원관리연구, 16 (1), 103-118.
임창희 (2008), 조직행동, 4판, 220-223.
매일경제, news.mk.co.kr/newsRead.php?year=2011&no=833788, 2011년 12월 27일 입력
시사위크, www.sisaweek.com/sub_read.html?uid=3097, 2010년 1월 19일 입력
Cron, William L., Alan J. Dubinsky, and Ronald E. Michaels (1988), "The influence of career stages on components of salesperson motivation," *Journal of Marketing*, 52 (January), 78-92.
Johnston, Mark W. and Greg W. Marshall (2011), *Churchill/Ford/Walker's Sales Force Management*, 10th ed., MaGraw-Hill, 228-234.
Murphy, William H., Peter A. Dacin, and Neil M. Ford (2009), "Sales contest effectiveness: An examination of sales contest design preferences of field sales forces," *Journal of the Academy of Marketing Science*, 32 (2), 127-143.
Spiro, Rosann L., Gregory A. Rich, and William J. Stanton (2008), *Management of a Sales Force*, 12th ed., McGraw-Hill, 227-246.
교보생명 홈페이지, www.kyobo.co.kr/KBLCM/rm/fpView.do
매일경제, news.mk.co.kr/newsRead.php?year=2011&no=833788, 2011년 12월 27일 입력
시사위크, www.sisaweek.com/sub_read.html?uid=3097, 2010년 1월 19일 입력
아시아경제, www.asiae.co.kr/news/view.htm?idxno=2012021209451035539, 2012년 2월 12일 입력

제13장 리더십

김상범, 박성영, 나운봉 (2009), "판매관리자의 코칭이 판매원의 역할지각 및 성과에 미치는 영향에 관한 탐색적 연구," 마케팅관리연구, 14 (4), 159-176.
야마구찌 히로야스 (1999), 강한 영업사원을 만드는 영업회의 활용법, 번역서, 더난출판사, 30-38, 48-58, 65-73, 85-87, 103-112, 121-122.
이희경 (2005), 코칭입문, 교보문고
파이낸셜뉴스 2011년 5월 29일
한겨레 2011년 11원 24일
이마무라 히데아키 (2007), 보스턴컨설팅그룹의 B2B 마케팅, 번역서, 비즈니스맵, 228-230.
Besty Cummings, Betty (2001), "Getting reps to live your mission," *Sales & Marketing Management*, October, p. 15.
Cron, William L. and Thomas E. DeCarlo (2010), Sales Management : *Concepts and Cases*, 10th ed., John Wiley & Sons, Inc., 237-251.
Hersey P. & Blanchard K. H. (1981), "So you want to know your leadership style?," *Training and Development Journal*, 35 (6), 34?54.
Ingram, Thomas N., Raymond W. LaForge, Ramon A. Avila, Charles H. Schwepker, Jr., and

Michael R. Williams (2009), *Sales Management : Analysis and Decision Making*, 7th ed., M. E. Sharpe, 210–211.

Jaworski, Bernard J. and Ajay K. Kohli (1991), "Supervisory feedback: Alternative types and their impact on salespeople's performance and satisfaction," *Journal of Marketing*, 28 (May), 190–201.

Onyemah, Vincent (2009), "The effects of coaching on salespeople's attitudes and behaviors," *European Journal of Marketing*, 43 (7/8), 938–960.

Rich, Gregory A. (1998), The constructs of sales coaching: Supervisory feedback, role modeling and trust," *Journal of Personal Selling & Sales Management*, 18 (1), 53–63.

Spiro, Rosann L., Gregory A. Rich, and William J. Stanton (2008), *Management of a Sales Force*, 12th ed., McGraw–Hill, 317–331, 243.

제14장 영업경비

윤종훈 (2007), 강한 회사로 키우는 CEO의 경영노트, 페이퍼로드, 88–89.

이태정 (2009), "접대비 지출과 기업성과의 관계에 대한 실증분석," 경영연구, 24 (4), 191–209.

한국경제, 2012년 보험 연도대상, 2012년 5월 29일, C1.

Cravens, David W., Ken Grant, Thomas N. Ingram, Raymond W. LaForge, and Clifford Young (1992), "In search of excellent sales organizations," *European Journal of Marketing*, 26 (1), 6–23.

Cron, William L. and Thomas E. DeCarlo (2010), *Sales Management : Concepts and Cases*, 10th ed., John Wiley & Sons, Inc., 312–313.

Ingram, Thomas N., Raymond W. LaForge, Ramon A. Avila, Charles H. Schwepker, Jr., and Michael R. Williams (2009), *Sales Management : Analysis and Decision Making*, 7th ed., M.E. Sharpe, 240–242.

Spiro, Rosann L., Gregory A. Rich, and William J. Stanton (2008), *Management of a Sales Force*, 12th ed., McGraw–Hill, 295–309.

제15장 영업자동화

강영민 (2010), 기상천외 조선사, 이가출판사, 68.

김형수, 김영걸, 박찬욱 (2009), 고객관계관리: 원리와 응용, 사이텍미디어, 442–457.

박찬욱 (2004), "CRM 활성화를 위한 조직관련 요인에 대한 연구: 학습조직 이론을 바탕으로," 한국마케팅저널, 6 (3), 1–26.

이선로, 김동현 (2007), "모바일 SFA (mSFA) 시스템의 수용 요인 및 도입 성과에 관한 연구," 經營科學, 24 (1), 127–145.

한국소프트웨어진흥원 (2002), 모바일 비즈니스를 위한 애플리케이션 사업자 전략

함유근, 조치선 (2004), "SFA 시스템의 도입과 활용에 영향을 미치는 요인에 관한 연구: 보험회사의 영업

사원을 중심으로," *Journal of Information Technology Application & Management*, 11 (3), 89-116.

연합뉴스, "제약영업도 이제 '스마트시대'", 2011년 3월 6일

이투데이, "SK C&C, 메트라이프생명 모바일 영업지원시스템 구축," 2011년 12월 20일

파이낸셜뉴스, "유진기업, 모바일 수주영업시스템 오픈," 2011년 12월 21일

Avlonitis, George J. and Nikolaos G. Panagopoulos (2005), "Antecedents and consequence of CRM technology acceptance in the sales force," *Industrial Marketing Management*, 34 (4), 355-368.

Baran, Roger J., Robert J. Galka, and Daniel P. Strunk (2008), *Principles of Customer Relationship Management*, Thomson South-Western, 304-314.

Barker, Robert M., Stephan F. Gohmann, Jian Guan, and David J. Faulds (2009), "Why is my sales force automation system failing?," *Business Horizon*, 52 (3), 233-241.

Buehrer, Richard E., Sylvain Senecal, and Ellen Bolman Puulins (2005), "Sales force technology usage-reasons, barriers, and support : An exploratory investigation," *Industrial Marketing Management*, 34 (4), 389-398.

Buttle, Francis (2009), *Customer Relationship Management : Concepts and Technologies*, Butterworth-Heinemann, 395-409.

Buttle, Francis, Lawrence Ang, and Reiny Iriana (2006), "Sales force automation: review, critique, research agenda," *International Journal of Management Reviews*, 8 (4), 213-231.

Garvin, David A. (1993), "Building a learning organization," *Harvard Business Review*, 71 (4), 78-91.

Huber, George P. (1991), "Organizational Learning: The contributing processes and the literatures," *Organization Science*, 2 (1), 88-115.

Morgan, Amy J. and Scott A. Inks (2001), "Technology and the sales force," *Industrial Marketing Management*, 30 (5), 463-472.

O'Connor John and Eamonn Galvin (1997), *Marketing & Information Technology, Financial Times*, 236-242.

Speier, Cheri and Viswanath Venkatesh (2002), "The hidden minefield in the adoption of sales force automation technologies," *Journal of Marketing*, 66 (3), 98-111.

Gilbert 블로그, gilbert.blog.me/100009526766, 2012년 1월 22일 입력

KMAC Sales Leaders 블로그, blog.naver.com/kmacsales, 2011년 11월 1일 입력

제16장 성과관리

김현철 (2009), CEO, 영업에 길을 묻다, 한국경제신문, 106.

김형수, 김영걸, 박찬욱 (2009), 고객관계관리 전략 : 원리와 응용, 사이텍미디어, 77-78, 93-95.

이경욱 (2012), "현장접점에서 영업실행력 향상을 위한 활동체계의 구축," 제2차 Sales Leaders Forum 발표집, KMAC, 115-126.

이동수, 오혜연, 조현 (2010), 제약영업의 기술, 한언, 102-107.
전략기업컨설팅 (2007), 한국 30대 주요기업 인사고과제도 편람, 87-104.
KMAC (2012), 영업조직의 경쟁력 강화 전략과 혁신사례 공유 세미나, 7월20일, 36.
KMAC, LAC-J (2010), 세일즈 DIPS : Double IP System, KMAC, 104-110, 165-184.
스기타 히로아키 (2009), 보스턴컨설팅그룹의 영업테크닉, 비즈니스맵, 번역서, 81-97.
야마구찌 히로야스 (1999), 강한 영업사원을 만드는 영업회의 활용법, 번역서, 더난출판사, 124-125.
Cron, William L. and Thomas E. DeCarlo (2010), *Sales Management : Concepts and Cases*, 10th ed., John Wiley & Sons, Inc., 323-340.
Jackson, Jr., Donald W., John L. Schlacter, and William G. Wolfe (1995), "Examining the bases utilized for evaluating salespeoples' performance," *Journal of Personal Selling and Sales Management*, 15 (4), pp. 57-65.
Johnston, Mark W. and Greg W. Marshall (2011), *Churchill/Ford/Walker's Sales Force Management*, 10th ed., MaGraw-Hill, 403-425.
Spiro, Rosann L., Gregory A. Rich, and William J. Stanton (2008), *Management of a Sales Force*, 12th ed., McGraw-Hill, 457-477.
Zoltners, Andris A., Prabhakant Sinha, and Greggor A. Zoltners (2001), *The Complete Guide to Accelerating Sales Force Performance*, AMACOM, 415-433.

제17장 보상방법

한국고용정보원 (2011), 직업별 인력수요 전망, 45-50.
마이클 샌델 (2012), 돈으로 살수 없는 것들 : 무엇이 가치를 결정하는가, 번역서, 와이즈베리, 124-127.
Dreamdrug.com/Users/News/newsView.html?ID=125883&nSection=4, 2010년 5월 18일 입력
Anderson, Eugene W. and Vikas Mittal (2000), "Strengthening the satisfaction-profit chain," *Journal of Service Research*, 3 (2), pp. 107-120.
Cron, William L. and Thomas E. DeCarlo (2010), *Sales Management : Concepts and Cases*, 10th ed., John Wiley & Sons, Inc., 301-316.
Cummings, Betsy (2004), "Breaking down boundaries," *Sales & Marketing Management*, 156, 10
Ingram, Thomas N., Raymond W. LaForge, Ramon A. Avila, Charles H. Schwepker, Jr., and Michael R. Williams (2009), *Sales Management : Analysis and Decision Making*, 7th ed., M.E.Sharpe, 231-236.
Kuster, Ines and Pedro Canales (2011), "Compensation and control sales policies, and sales performance: the filed sales manager's points of view," *Journal of Business & Industrial Marketing*, 26(4), 273-285.
Spiro, Rosann L., Gregory A. Rich, and William J. Stanton (2008), *Management of a Sales Force*, 12th ed., McGraw-Hill, 256-275.
Weitz, Barton and Kevin Bradford (1999), "Personal selling and sales management: A relationship marketing perspective," *Journal of Personal Selling & Sales Management*, 27 (2), 241-254.

Zoltners, Andris A., Prabhakant Sinha, and Greggor A. Zoltners (2001), *The Complete Guide to Accelerating Sales Force Performance*, AMACOM, 268–325.

제18장 할당

Cron, William L. and Thomas E. DeCarlo (2010), *Sales Management : Concepts and Cases*, 10th ed., John Wiley & Sons, Inc., 287–293.

Good, David J. and Robert W. Stone (1991), "Selling and sales management in action : Attitudes and applications of quotas by sales executives and sales managers," *Journal of Personal Selling & Sales Management*, 11 (3), 57–60.

Ingram, Thomas N., Raymond W. LaForge, Ramon A. Avila, Charles H. Schwepker, Jr., and Michael R. Williams (2009), *Sales Management : Analysis and Decision Making*, 7th ed., M.E.Sharpe, 295–297.

Spiro, Rosann L., Gregory A. Rich, and William J. Stanton (2008), *Management of a Sales Force*, 12th ed., McGraw–Hill, 284–295.

| 찾 | 아 | 보 | 기 |

| 저자약력 |

박찬욱 교수는 서울대학교 경제학부에서 학사 및 석사학위를 취득하고, 미국 인디아나 대학교(Indiana University)에서 마케팅 전공으로 경영학 박사학위를 취득하였다. 귀국 후 제일기획 마케팅연구소에서 3년간 근무하면서 마케팅전략, 광고전략, 다이렉트마케팅전략 등과 관련한 업무를 수행하였으며, 1995년부터 경희대학교 경영대학에서 교수로 재직하고 있다. 주요 관심분야는 고객관계관리, 영업, 유통, 소비자행동 등이다. 저서로는 우리나라 최초의 CRM 서적인 데이터베이스마케팅(1996)을 비롯하여 금융기관의 데이터베이스마케팅(1999), 모바일마케팅(2002), 한국적CRM 실천방안(2005), 고객관계관리(2014), 한국의 소매업태 및 업종별 유통경로(2014), 실전유통론(2015) 등이 있으며, 국내외의 유명 학술지에 CRM, 영업, 유통, 광고, 소비자의사결정 등을 주제로 하는 다수의 학술논문을 발표하였다. 1995년 이래 금융, 제조, 유통, 서비스 등 다양한 기업에서 마케팅 관련 자문교수 및 사외이사를 역임하였다. 또한 한국CRM협회의 초대 회장과 한국CRM학회의 회장을 지냈으며, 현재는 한국영업관리학회의 회장직을 맡고 있다.

고객관계구축을 위한 **영업관리** (제2판)

2012년 12월 10일 1판 1쇄 발행
2022년 6월 20일 2판 2쇄 발행

저　　자 | 박찬욱
발 행 인 | 이수영
발 행 처 | 도서출판 청람
서울시 마포구 독막로 288(대흥동, 세양상가 109호)
전　　화 | 02)3272-2601~2
팩　　스 | 02)3272-2603
이 메 일 | crbooks@daum.net
홈페이지 | www.crbooks.co.kr
등　　록 | 2000년 8월 26일 제6-0509호

ISBN 978-89-5972-567-0 93320　　[정가 33,000원]